CB122843

Modificação do Caso Julgado Material Civil por Alteração das Circunstâncias

Modificação do Caso Julgado Material Civil por Alteração das Circunstâncias

2018

Isabel Alexandre
Professora Auxiliar da Faculdade de Direito da Universidade de Lisboa

ALMEDINA

MODIFICAÇÃO DO CASO JULGADO MATERIAL CIVIL POR ALTERAÇÃO DAS CIRCUNSTÂNCIAS

AUTORA

Isabel Alexandre

EDITOR

EDIÇÕES ALMEDINA, S.A.

Rua Fernandes Tomás, nºs 76-80

3000-167 Coimbra

Tel.: 239 851 904 · Fax: 239 851 901

www.almedina.net · editora@almedina.net

DESIGN DE CAPA

FBA.

PRÉ-IMPRESSÃO

João Jegundo

IMPRESSÃO E ACABAMENTO

Novembro, 2018

DEPÓSITO LEGAL

Os dados e as opiniões inseridos na presente publicação são da exclusiva responsabilidade do(s) seu(s) autor(es).

Toda a reprodução desta obra, por fotocópia ou outro qualquer processo, sem prévia autorização escrita do Editor, é ilícita e passível de procedimento judicial contra o infrator.

ALMEDINA | GRUPOALMEDINA

BIBLIOTECA NACIONAL DE PORTUGAL – CATALOGAÇÃO NA PUBLICAÇÃO

ALEXANDRE, Isabel

Modificação do caso julgado material civil por alteração das Circunstâncias. – (Teses de doutoramento)

ISBN 978-972-40-7693-5

CDU 347

NOTA DA AUTORA

O presente texto corresponde, com algumas alterações e actualizações não muito relevantes, à tese de doutoramento que apresentei, com o mesmo título, na Faculdade de Direito da Universidade de Lisboa em Dezembro de 2010.

A tese foi realizada sob a orientação do Senhor Professor Doutor Miguel Teixeira de Sousa, a quem agradeço o apoio, a confiança e a disponibilidade, que foram decisivos para a finalização da tarefa que me impus.

A discussão da tese teria lugar em Janeiro de 2012, perante um júri constituído pelos Senhores Professores Doutores Pedro Romano Martinez (Presidente), José Lebre de Freitas, João Paulo Remédio Marques, Marcelo Rebelo de Sousa, Miguel Teixeira de Sousa, Luís Menezes Leitão, Pedro Pais de Vasconcelos e Paula Costa e Silva: a todos os membros do júri agradeço a presença, que tanto me honrou; aos Senhores Professores Doutores José Lebre de Freitas e Paula Costa e Silva, em especial, agradeço o encargo da arguição da tese.

Não encetei, para o efeito da presente publicação, nova pesquisa bibliográfica e jurisprudencial, até porque o Código de Processo Civil entretanto surgido (em 2013) manteve a disposição fundamental sobre a modificação do caso julgado material por alteração das circunstâncias (hoje contida no artigo 619º, nº 2, deste Código).

Assim, se o leitor confrontar o texto ora publicado com o texto original da referida tese, verificará que apenas tive a preocupação de adaptá-lo ao actual Código de Processo Civil (mas já não pude atender às alterações – de resto, sem repercussão no conteúdo da tese – da Lei nº 49/2018, de 14 de Agosto, que criou o regime do maior acompanhado), a outra legislação portuguesa mais recente e pertinente para o tema que havia tratado (assim, por exemplo, o Regime Geral do Processo Tutelar Cível), a alguma jurisprudência portuguesa entretanto surgida que também me pareceu mais significativa para esse fim e, bem assim, a alterações legislativas entretanto ocorridas em outros ordenamentos que já pesquisara.

Dito de outro modo, *a doutrina e a jurisprudência citadas no texto que ora se publica são essencialmente as que tive em conta até à apresentação da tese (Dezembro de 2010), só a legislação tendo sido objecto de actualização.* Não considerei, nomeadamente, os artigos entretanto publicados pela Senhora Professora Doutora Paula Costa e Silva e pelo Senhor Dr. Nuno Trigo dos Reis sobre a estabilidade e caso julgado no direito da obrigação de indemnizar e sobre a acção modificativa do caso julgado arbitral, cuja pertinência para o tema aqui tratado é manifesta. Não considerei também a edição mais recente (de 2014-2018) do *Código de Processo Civil anotado* do Senhor Professor Doutor José Lebre de Freitas, na qual tive o gosto de colaborar.

Setembro de 2018

MODO DE CITAR

As decisões judiciais são referidas no texto apenas com a indicação do tribunal que as proferiu e da respectiva data; quando o mesmo tribunal tenha, na mesma data, proferido mais do que uma decisão, também se indica o número de processo. A indicação do local da publicação da decisão encontra-se na lista final de jurisprudência. Quando a decisão tenha sido directamente solicitada, para consulta, ao tribunal que a proferiu, indica-se o local da publicação a título provável (uma vez que a publicação não foi consultada).

A legislação consultada encontra-se citada no texto, quando de tal dependa a melhor compreensão deste. Não sendo este o caso, ou em se tratando de versões originais de legislação estrangeira, a legislação é referenciada num anexo próprio do texto. A legislação referenciada neste anexo não corresponde, pois, a toda a legislação consultada, apenas servindo de auxiliar de leitura do texto.

ABREVIATURAS

ABGB – Allgemeine bürgerliche Gesetzbuch (Código Civil austríaco, de 1 de Junho de 1811)
Ac. – acórdão
AcP – Archiv für die civilistische Praxis
ADC – Anuario de Derecho Civil
BAG – Bundesarbeitsgericht
BFDUC – Boletim da Faculdade de Direito de Coimbra
BGB – Bürgerliches Gesetzbuch (Código Civil alemão, de 18 de Agosto de 1896, na versão vigente a partir de 1 de Janeiro de 2002)
BGH – Bundesgerichtshof
BGHZ – Entscheidungen des Bundesgerichtshofes in Zivilsachen
BMJ – Boletim do Ministério da Justiça
BVerfG – Bundesverfassungsgericht
BVerfGG – Gesetz über das Bundesverfassungsgericht (Bundesverfassungsgerichtsgesetz)
CC – Código Civil, aprovado pelo Decreto-Lei nº 47 344, de 25 de Novembro de 1966
CC de 1867 – Código Civil, aprovado pela Carta de Lei de 1 de Julho de 1867
c.c. – Codice Civile (Código Civil italiano, de 1942)
CIRE – Código da Insolvência e da Recuperação de Empresas, aprovado pelo Decreto-Lei nº 53/2004, de 18 de Março
CJ – Colectânea de Jurisprudência
CJ/STJ – Colectânea de Jurisprudência (Acórdãos do Supremo Tribunal de Justiça)
CJA – Cadernos de Justiça Administrativa
CP – Código Penal, aprovado pelo Decreto-Lei nº 400/82, de 23 de Setembro
CPA de 1991 – Código do Procedimento Administrativo aprovado pelo Decreto-Lei nº 442/91, de 15 de Novembro e revogado pelo Decreto-Lei nº 4/2015, de 7 de Janeiro
CPA de 2015 – Código do Procedimento Administrativo aprovado pelo Decreto-Lei nº 4/2015, de 7 de Janeiro

CPC – Código de Processo Civil, aprovado pela Lei nº 41/2013, de 26 de Junho
CPC de 1939 – Código de Processo Civil português, aprovado pelo Decreto-lei nº 29 637, de 28 de Maio de 1939
CPC de 1961 – Código de Processo Civil, aprovado pelo Decreto-Lei nº 44129, de 28 de Dezembro de 1961
c.p.c. – Codice di Procedura Civile (Código de Processo Civil italiano, de 1940)
CPP – Código de Processo Penal, aprovado pelo Decreto-Lei nº 78/87, de 17 de Fevereiro
CPT – Código de Processo do Trabalho, aprovado pelo Decreto-Lei nº 480/99, de 9 de Novembro
CPTA – Código de Processo nos Tribunais Administrativos, aprovado pela Lei nº 15/2002, de 22 de Fevereiro
DR – Deutsches Recht. Zentralorgan des NS.-Rechtswahrerverbundes
DRiZ – Deutsche Richterzeitung
DtZ – Deutsch-Deutsche Rechts-Zeitschrift
DZWir – Deutsche Zeitschrift für Wirtschafts- und Inzolvenzrecht
Ed. – edição
Enc. Dir. – Enciclopedia del Diritto
esp. – especialmente
FamFG – Gesetz über das Verfahren in Familiensachen und in den Angelegenheiten der freiwilligen Gerichtsbarkeit (lei alemã sobre o processo em assuntos de direito da família e nas matérias da jurisdição voluntária, de 17 de Dezembro de 2008)
FamRZ – Ehe und Familie im privaten und öffentlichen Recht. Zeitschrift für das gesamte Familienrecht
FGG – Gesetz über die Angelegenheiten der freiwilligen Gerichtsbarkeit (lei alemã sobre as matérias da jurisdição voluntária, de 17 de Maio de 1898)
Foro it. – Il Foro italiano
GG – Grundgesetz
Giur. Cost. – Giurisprudenza Costituzionale
Giur. it. – Giurisprudenza italiana
Giust. civ. – Giustizia civile
GRLx – Gazeta da Relação de Lisboa
Gruchot – Beiträge zur Erläuterung des Deutschen Rechts, in besonderer Beziehung auf das Preussische Recht mit Einfluss des Handels- und Wechselrechts / Beiträge zur Erläuterung des Deutschen Rechts (Berlin) (fund. J.A. Gruchot)
GRUR – Gewerblicher Rechtsschutz und Urheberrecht
IPRax – Praxis des Internationalen Privat-und Verfahrensrechts
JA – Juristische Arbeitsblätter
JhADR – Akademie für Deutsches Recht / Jahrbuch (Berlin / München)
JhJ – Jherings Jahrbücher für die Dogmatik des bürgerlichen Rechts
JR – Juristische Rundschau

Judicium	– Judicium / Vierteljahrsschrift für die gesamte Zivilrechtspflege / Organ der Vereinigung Deutscher Zivilprozessrechtslehrer (Hamburg/Mannheim/Berlin/Leipzig)
Jura	– Juristische Ausbildung
JuS	– Juristische Schulung
JW	– Juristische Wochenschrift
JZ	– Juristenzeitung
KG	– Kammergericht
KindUG	– Gesetz zur Vereinheitlichung des Unterhaltsrechts minderjährigen Kinder (Kindesunterhaltsgesetz), de 6 de Abril de 1998
LAV	– Lei da Arbitragem Voluntária, aprovada pela Lei nº 63/2011, de 14 de Dezembro
LAV de 1986	– Lei da Arbitragem Voluntária, aprovada pela Lei nº 31/86, de 29 de Agosto
LEC	– Ley de Enjuiciamiento Civil (aprovada pela Ley 1/2000, de 7 de Janeiro)
LG	– Landgericht
LM	– Das Nachschlagewerk des Bundesgerichtshofts im Zivilsachen, fundado por Lindenmaier e Möhring
LOFTJ	– Lei de Organização e Funcionamento dos Tribunais Judiciais, aprovada pela Lei nº 58/2008, de 28 de Agosto
LOSJ	– Lei da Organização do Sistema Judiciário, aprovada pela Lei nº 62/2013, de 26 de Agosto
LPCJP	– Lei de Protecção de Crianças e Jovens em Perigo, aprovada pela Lei nº 147/99, de 1 de Setembro.
LZ	– Leipziger Zeitschrift für Deutsches Recht
MDR	– Monatsschrift für Deutsches Recht
MünchKommBGB/...	– *Münchener Kommentar zum Bürgerlichen Gesetzbuch*
MünchKommZPO/...	– *Münchener Kommentar zur Zivilprozessordnung mit Gerichtsverfassungsgesetz und Nebengesetzen*
NCPC	– Nouveau code de procédure civile (Código de Processo Civil francês, instituído pelo decreto nº 75-1123, de 5 de Dezembro de 1975)
NDI	– Nuovo Digesto Italiano
NJW	– Neue Juristische Wochenschrift
NssDI	– Novissimo Digesto Italiano
öJBl	– Juristische Blätter (Wien)
OLG	– Oberlandesgericht
org.	– organização
OTM	– Organização Tutelar de Menores (aprovada pelo Decreto-Lei nº 314/78, de 27 de Outubro e revogada pela Lei nº 141/2015, de 8 de Setembro)
öZPO	– österreichische Zivilprozessordnung (Código de Processo Civil austríaco, de 1 de Agosto de 1895)

Proc. – processo
Quad. Cost. – Quaderni Costituzionale
RabelsZ – Zeitschrift für ausländisches und internationales Privatrecht
RAJ – Aranzadi, Repertorio de Jurisprudencia
RC – Relação de Coimbra
RDC – Rivista di Diritto Civile
RDE – Revista de Direito e Economia
RDP – Rivista di Diritto Processuale
RDPC – Rivista di Diritto Processuale Civile
RE – Relação de Évora
Reimpr. – reimpressão
Rev. Trib. – Revista dos Tribunais
RFDUL – Revista da Faculdade de Direito da Universidade de Lisboa
RG – Relação de Guimarães
RGD – Revista General de Derecho
RGPTC – Regime Geral do Processo Tutelar Cível (aprovado pela Lei nº 141/2015, de 8 de Setembro)
Riv. dir. comm. – Rivista del Diritto Commerciale e del Diritto Generale delle Obbligazione
Riv. it. dir. lav. – Rivista Italiana di Diritto del Lavoro
Riv. it. sc. giur. – Rivista Italiana per le Scienze Giuridice
RL – Relação de Lisboa
RLJ – Revista de Legislação e de Jurisprudência
ROA – Revista da Ordem dos Advogados
RP – Relação do Porto
RTDC – Revue Trimestrielle de Droit Civil
RTDPC – Rivista Trimestralle di Diritto e Procedura Civile
Sep. – separata
STA – Supremo Tribunal Admnistrativo
Stein/Jonas/... – Friedrich Stein / Martin Jonas, *Kommentar zur Zivilprozessordnung*
STJ – Supremo Tribunal de Justiça
TC – Tribunal Constitucional
Vol. – volume
Vols. – volumes
ZCivRP – Zeitschrift für Civilrecht und Prozess (Giessen)
ZPO – Zivilprozessordnung (Código de Processo Civil alemão, de 30 de Janeiro de 1877)
ZVglRW – Zeitschrift für Vergleichende Rechtswissenschaft
ZZP – Zeitschrift für Zivilprozess

INTRODUÇÃO

§ 1º O tema e o plano da investigação

I. Delimitação do tema

1. A lei

Pretende-se, com esta tese, tratar da modificação, por alteração de circunstâncias, de decisões judiciais civis constitutivas de caso julgado material.

A lei portuguesa admite genericamente esta possibilidade no artigo 619º, nº 2, do CPC.

O artigo 619º do CPC, sistematicamente inserido no capítulo dedicado aos efeitos da sentença no processo comum de declaração, dispõe o seguinte:

"Artigo 619º

Valor da sentença transitada em julgado

1 – Transitada em julgado a sentença ou o despacho saneador que decida do mérito da causa, a decisão sobre a relação material controvertida fica a ter força obrigatória dentro do processo e fora dele nos limites fixados pelos artigos 580º e 581º, sem prejuízo do disposto nos artigos 696º a 702º.

2 – Mas se o réu tiver sido condenado a prestar alimentos ou a satisfazer outras prestações dependentes de circunstâncias especiais quanto à sua medida ou à sua duração, pode a sentença ser alterada desde que se modifiquem as circunstâncias que determinaram a condenação.".

No campo da jurisdição voluntária, onde aliás se discute a ocorrência do fenómeno do caso julgado material, o artigo 988º do CPC – sistematicamente inserido no capítulo relativo às disposições gerais desses processos –, permite também no seu nº 1, em termos curiosamente próximos, a modificação das resoluções que porventura aí tenham sido proferidas:

> **"Artigo 988º**
> **Valor das resoluções**
>
> 1 – Nos processos de jurisdição voluntária, as resoluções podem ser alteradas, sem prejuízo dos efeitos já produzidos, com fundamento em circunstâncias supervenientes que justifiquem a alteração; dizem-se supervenientes tanto as circunstâncias ocorridas posteriormente à decisão como as anteriores, que não tenham sido alegadas por ignorância ou outro motivo ponderoso.
>
> 2 – Das resoluções proferidas segundo critérios de conveniência ou oportunidade não é admissível recurso para o Supremo Tribunal de Justiça.".

Para além destes dois preceitos de carácter genérico, é possível encontrar, tanto no Código de Processo Civil como fora dele – por exemplo, no Código Civil, no Código de Processo do Trabalho, no Regime Geral do Processo Tutelar Cível ou na Lei de Protecção de Crianças e Jovens em Perigo –, vários preceitos legais prevendo, explícita ou implicitamente, a modificação de decisões judiciais.

Mas, apesar da multiplicidade de preceitos, no nosso ordenamento, permitindo a modificação de decisões judiciais – transitadas em julgado ou não e constitutivas ou não de caso julgado material –, não encontramos nele um regime mais ou menos completo atinente à modificação por alteração de circunstâncias, diferentemente do que sucede, por exemplo, no ordenamento alemão, que nos §§ 323, 323a e 323b, todos da ZPO, regula a acção modificativa (*Abänderungsklage*).

A descoberta desse regime orientará a nossa pesquisa, sendo certo, porém, que convém desde já traçar-lhe um rumo mais preciso, atendendo à vastidão que o tema, até agora apresentado, certamente comporta.

2. Decisões judiciais

A questão da modificação por alteração de circunstâncias pode colocar-se relativamente a qualquer título executivo referenciado no artigo 703º do CPC e não apenas em relação àqueles que constituam decisões judiciais.

No entanto, não nos centraremos nos títulos executivos que não constituam decisões judiciais, porque em relação a eles – ou, pelo menos, em relação àqueles que assumam natureza negocial – o regime que imediatamente surge como aplicável é o do direito substantivo, constante dos artigos 437º e seguintes do CC (que tratam precisamente da resolução ou modificação do contrato por alteração das circunstâncias).

Por outro lado, esses títulos executivos não formam caso julgado material, qualidade que só as decisões judiciais podem possuir[1], e a presente investigação

[1] Claramente, STJ, 13.05.1999, em cujo sumário se lê: "[...] III – Quer o caso julgado material, quer o caso julgado formal são gerados por uma decisão judicial". No mesmo sentido, à luz do Código Civil de 1867, E.

destina-se justamente a descobrir a permeabilidade do caso julgado material à alteração das circunstâncias.

Do que ficou dito resulta que, em princípio, nos interessarão apenas as decisões judiciais, embora a definição desta realidade (e, correlativamente, a das realidades aptas à constituição de caso julgado) não seja pacífica: pense-se, por exemplo, no carácter híbrido que assumem – na medida em que, antes da sua consagração no ordenamento português, as matérias sobre que versam eram objecto de decisões judiciais – as decisões proferidas pelo Ministério Público ou pelas conservatórias do registo civil ao abrigo do Decreto-Lei nº 272/2001, de 13 de Outubro[2], e, bem assim, os actos de atribuição de força executiva à petição e de aposição da fórmula executória no requerimento de injunção, possibilidades conferidas pelos artigos 2º e 14º do regime anexo ao Decreto-Lei nº 269/98, de 1 de Setembro[3].

Focaremos, de qualquer modo, o problema da modificação, por alteração de circunstâncias, de títulos executivos que não constituem decisões judiciais,

Hintze Ribeiro (*O caso julgado...*, pág. 15): "[...] os casos julgados só podem resultar de sentenças judiciaes".

[2] Sobre estas decisões das conservatórias, RL, 10.03.2005, salientando que a conservatória do registo civil da residência do requerido é competente para a acção especial de alimentos a filhos maiores, numa primeira fase (a fase em que se tenta obter o acordo na fixação dos alimentos), sendo consequentemente incompetentes, nessa fase, os tribunais de família. Veja-se também RG, 01.02.2007, entendendo, conforme se lê no respectivo sumário, que "quando o processo consubstanciar um verdadeiro litígio, demonstrando, à saciedade, ser irreconciliável a vontade das partes, não se justifica o recurso prévio ao procedimento tendente à formação de acordo das partes a que alude o [...] artigo 5º, nº 1 [do Decreto-Lei nº 272/2001, de 13 de Outubro], podendo a acção ser instaurada, desde logo, no tribunal judicial"; no mesmo sentido, RG, 26.04.2007, salientando que a intervenção das conservatórias no âmbito dos alimentos a maiores "só se compreende e justifica no caso de existir a possibilidade de acordo na fixação dos alimentos e, por isso, se não for detectável uma palpável razão para a intervenção dos tribunais, assoberbados com a resolução de evidenciadas questões a exigir mais a sua intervenção". Criticamente em relação à transferência de funções dos juízes para os conservadores, Antunes Varela, "Os tribunais...".

[3] No sentido da não atribuição de natureza de decisão judicial ao acto do juiz e ao acto do secretário judicial, veja-se P. Costa e Silva ("O título...", pág. 595), para quem "[...] não poderão vir a ser qualificados como títulos executivos europeus as injunções de créditos não contestados, salvo quando o procedimento simplificado vier a terminar com o proferimento de uma sentença condenatória, circunstância que ocorrerá quando a revelia do requerido for inoperante", uma vez que o Regulamento (CE) nº 805/2004, do Parlamento Europeu e do Conselho, de 21 de Abril de 2004, que cria o título executivo europeu para créditos não contestados, "restringe o seu campo de intervenção às decisões judiciais, às transacções judiciais e aos documentos que, na versão portuguesa, surgem qualificados como autênticos". Refira-se que o Regulamento (CE) nº 4/2009 do Conselho, de 18 de Dezembro de 2008 substituiu aquele primeiro Regulamento em matéria de obrigações alimentares, nos termos do seu artigo 68º, nº 2, aplicando-se a decisões, transacções judiciais e actos autênticos (artigos 16º e seguintes e 48º, nº 2) e englobando na noção de decisão tanto as decisões judiciais como as proferidas por autoridades administrativas, verificados certos requisitos (considerando nº 12 e artigo 2º, nº 2). Sobre a qualificação, como títulos executivos judiciais impróprios, dos mencionados actos do secretário judicial, J. Lebre de Freitas, *A acção executiva...*, págs. 63-64.

quando analisarmos o direito alemão e quando tratarmos do objecto possível da modificação (concretamente, dos pressupostos, quanto à decisão modificanda, da acção modificativa): a proximidade em relação ao tema que nos ocupa justifica essa referência particular.

Dentro das decisões judiciais, colocam problemas autónomos, decorrentes da dependência do respectivo caso julgado da validade do negócio subjacente[4], aquelas que homologam conciliações, confissões do pedido ou transacções das partes (cfr. o artigo 290º, nº s 3 e 4, do CPC)[5]. Atendendo, porém, à sua relevância prática no campo das acções de alimentos – aquelas a que claramente se destina o regime do artigo 619º, nº 2, do CPC –, a presente investigação ficaria incompleta se não lhes fizessemos alusão. Fá-la-emos, portanto, também quando tratarmos dos pressupostos, quanto à decisão, da acção modificativa.

Finalmente, o que deixámos dito em relação ao não tratamento (ou melhor, ao não tratamento prioritário) dos títulos executivos que não constituam decisões judiciais não significa que apenas nos propunhamos tratar das decisões judiciais que constituam títulos executivos. Apesar de o artigo 619º, nº 2, do CPC, com a referência que faz às sentenças condenatórias, dar a entender que a modificação do caso julgado material se traduz na modificação da decisão judicial que constitui (ou, pelo menos, que é apta a constituir) título executivo, a verdade é que nos interessa averiguar se assim é e, como tal, não perderemos de vista a generalidade das sentenças.

É claro que, se a decisão judicial também constituir título executivo, a sua modificação pode colocar autónomos problemas, nomeadamente o da tramitação da modificação na execução porventura em curso. Mas isso não significa que a modificação, em si, não constitua um problema da generalidade das decisões judiciais.

[4] A expressão é de M. Teixeira de Sousa, *Acção executiva...*, pág. 75.

[5] Parece ainda de inserir nesta categoria a sentença homologatória de acordo obtido em mediação, prevista no nº 5 do artigo 273º do CPC. Embora não homologue desistência, confissão ou transacção das partes (dispensando, aliás, tal homologação), o auto de conciliação, a que se referem os artigos 52º e 53º do CPT parece consubstanciar também uma decisão judicial com natureza negocial, a aproximar das decisões homologatórias. E o carácter de decisão judicial do auto de conciliação decorre, ao que julgamos, da circunstância de a desistência, confissão ou transacção – sujeitas a certificação do juiz, nos termos dos artigos 51º, nº 2, e 52º, nº 2, do CPT – produzirem, por expressa imposição legal (cfr. o artigo 52º, nº 1, do CPT), "efeitos de caso julgado", e, bem assim, da aplicação, à execução para pagamento de quantia certa baseada em auto de conciliação efectuado em audiência, do regime da execução baseada em sentença de condenação em quantia certa (cfr. o artigo 97º, nº 3, do CPT, na versão anterior ao Decreto-Lei nº 295/2009, de 13 de Outubo). Já escapa à categoria das sentenças homologatórias previstas no artigo 290º, nº s 3 e 4, do CPC a decisão homologatória da partilha, prevista no artigo 66º do Regime Jurídico do Processo de Inventário, aprovado pela Lei nº 23/2013, de 5 de Março, uma vez que homologa uma decisão do notário (cfr. o artigo 59º do mesmo Regime).

3. Decisões civis

A área do conhecimento sobre a qual incide a presente tese é a do direito processual civil, pelo que não nos centraremos na análise de problemas análogos que se coloquem noutras áreas.

Assim, só pontualmente poderemos tratar, e na medida em que tal releve para o tema que nos ocupa, da questão da modificação de *decisões judiciais penais*[6] (e

[6] A modificação das decisões penais coloca problemas autónomos, porque não só os fundamentos do caso julgado penal parecem ser diversos dos do caso julgado civil (sobre esses fundamentos e sobre a autonomia das duas figuras, cfr. Américo A. Taipa de Carvalho, *Sucessão...*, 2ª ed., págs. 221-234, e 3ª ed., págs. 284-296, salientando que a *ratio* do caso julgado penal seria a "segurança jurídico-penal individual face ao *ius puniendi* do Estado"), como também porque os requisitos do caso julgado civil não podem ser transpostos, sem mais, para o caso julgado penal, e a impugnação do caso julgado civil obedece a regras diversas das do caso julgado penal. A este propósito, refira-se o tratamento autónomo que ao caso julgado tem dado a doutrina penalista (assim, por exemplo, A. Rocco, *Opere...*, págs. 205-224, ou Eduardo Correia, *Caso julgado...*), bem como que, no acórdão da Relação de Lisboa de 21 de Maio de 1991, se entendeu, conforme resulta do respectivo sumário, que "[o]s princípios gerais do caso julgado penal não se articulam com as regras do processo civil"; especificamente em relação ao diverso regime de impugnação do caso julgado civil e penal, veja-se C. R. Dinamarco (*A instrumentalidade...*, págs. 86 e 108), aludindo à figura da coisa *soberanamente* julgada, típica da sentença penal absolutória, que é menos permeável à revisão. Em sentido algo diverso, aludindo à possibilidade de um conceito unitário de caso julgado, válido para o caso julgado penal e para o civil, na medida em que, quanto a ambos, esse conceito traduziria uma "nova força da sentença e da decisão nela contida", decorrente do respectivo trânsito em julgado, E. T. Liebman, "Unità...", pág. 236; aludindo à recente aproximação entre o processo civil e o penal, no que diz respeito ao tratamento do caso julgado, veja-se, ainda, W. Sauer, "Zum Streit...", págs. 308-310. De qualquer modo, é patente que as decisões penais, pelo menos as que apliquem medidas de coacção, podem ser modificadas, referindo-se por exemplo nos acórdãos da Relação de Lisboa de 18 de Dezembro de 1991 e de 23 de Fevereiro de 1994 que, aí, a força do caso julgado está sujeita à condição *rebus sic stantibus*. E essa modificação parece apenas possível quando advenha alteração de circunstâncias: assim, o já referido acórdão da Relação de Lisboa de 23 de Fevereiro de 1994 e o de 9 de Julho de 1992, podendo no sumário deste último ler-se que "[d]eve ser indeferido o pedido de revogação da prisão preventiva quando dos autos resultam indícios suficientes de que se mantêm as circunstâncias que justificaram a sua aplicação". Também no sumário do acórdão da Relação de Lisboa de 4 de Novembro de 2004 pode ler-se que "[s]e aquando de reexame dos pressupostos da prisão preventiva inexistirem circunstâncias supervenientes que modifiquem as exigências cautelares, ou alterem os pressupostos da medida de coação aplicada, constitui fundamentação bastante da decisão da sua manutenção, a referência à persistência do condicionalismo que a impôs". De igual modo, lê-se o seguinte no sumário do acórdão da Relação do Porto de 14 de Setembro de 1995: "[...] II – Enquanto não surgir alteração fundamental da situação que existia à data em que se decidiu aplicar a prisão preventiva (admitindo que, nessa altura, existiam as condições ou pressupostos exigidos por lei), não pode o tribunal reformar essa decisão sob pena de, fazendo-o, provocar instabilidade jurídica decorrente de julgados contraditórios". E no sumário do acórdão do Supremo Tribunal de Justiça de 25 de Outubro de 1989 lê-se: "[...] IV – Só uma modificação substancial dos pressupostos processuais que alicerçam a decisão que aplicou a medida da prisão preventiva pode levar à sua alteração".

Fora do campo das medidas de coacção, refira-se que, no acórdão da Relação de Lisboa de 1 de Outubro de 1997 se considerou, como pode ler-se no respectivo sumário, que "a decisão que admitiu o assistente tem valor de caso julgado formal subordinado à condição "rebus sic stantibus", pelo que alterado o objecto da lide, pela acusação, se a relação processual até então estabelecida for alterada, deve ser reapreciada

menos ainda do problema – que nem sequer é um problema de alteração de decisões judiciais – da alteração substancial dos factos no processo penal), de *decisões judiciais paralelas às decisões penais*[7], de *decisões judiciais administrativas*[8], de *decisões*

aquela qualidade com base na nova posição processual" (no sentido, porém, de que o despacho que admite a constituição de um certo sujeito como assistente não adquire sequer a força de caso julgado formal, veja-se o acórdão da Relação de Lisboa de 9 de Julho de 2002 – referido em STJ, 16.10.2003, que, aliás, entendeu não existir a oposição de julgados que fundamentara o recurso em questão; veja-se igualmente o acórdão da Relação de Lisboa de 25 de Janeiro de 2001, onde se afirmou que, em homenagem aos princípios do processo penal, particularmente o do *favor rei* e o do *favor libertatis*, "não pode retirar-se ao juiz, no momento em que aprecia o requerimento de abertura de instrução, o poder de avaliar a legitimidade do requerente para se constituir assistente relativamente aos crimes objecto da requerida instrução, mesmo que no decurso do inquérito essa legitimidade tenha já sido reconhecida"). Já, porém, no acórdão da Relação de Lisboa de 26 de Maio de 1999 parece ter-se entendido que a alteração da caução económica não depende da alteração de circunstâncias.
Refira-se, por último, que as considerações expendidas não se aplicam às decisões civis proferidas em processo penal, que, sob o ponto de vista do correspondente caso julgado, devem ser tratadas como vulgares decisões civis: assim, RC, 10.02.2009.

[7] Referimo-nos, na falta de outro termo que melhor as qualifique – porque, embora possuindo também finalidades de prevenção, assentam, não na culpa, mas na necessidade de educação para o direito revelada no facto e subsistente à data da decisão (cfr. artigos 2º e 7º da Lei nº 166/99, de 14 de Setembro, que aprovou a Lei Tutelar Educativa) –, às decisões proferidas no âmbito do processo tutelar educativo, cuja revisão a Lei Tutelar Educativa expressamente prevê (cfr. o artigo 61º, relativo às medidas cautelares, e os artigos 136º e seguintes, relativos à revisão das medidas tutelares). A propósito da revisão das medidas tutelares educativas, observa T. d' Almeida Ramião (*Lei Tutelar*..., pág. 176) o seguinte: "As medidas tutelares têm por finalidade responder a necessidades educativas do menor e que subsistam no momento da decisão (artº 7º/1). E porque o menor é um ser em formação, pode suceder que durante a execução da medida aplicada surjam factos ou circunstâncias quer relacionados com o menor quer com as concretas condições da sua execução, que justifiquem a sua reavaliação, face às suas actuais necessidades educativas, por forma a que a medida então aplicada possa manter-se adequada à satisfação dessas necessidades. Por outro lado, importa controlar e acompanhar a execução da medida e a consequente evolução do processo educativo do menor, cujo decurso do tempo gera, em regra, alterações significativas na sua personalidade. Por forma a alcançar esse objectivo, compete ao juiz decidir sobre a revisão da medida tutelar aplicada e acompanhar a evolução do processo educativo do menor [...]".

[8] Actualmente, a doutrina administrativista não parece questionar a susceptibilidade de produção de caso julgado pelas decisões proferidas no contencioso administrativo, concentrando-se, antes, na questão dos "limites objectivos do caso julgado material no âmbito dos processos de impugnação de actos administrativos" – e aqui admitindo que "o caso julgado resultante da pronúncia judicial anulatória transitada se reporta ao acto administrativo na sua globalidade, e não às causas de invalidade que lhe tenham sido imputadas" – e na do "alcance do caso julgado subjectivo no campo das sentenças anulatórias" – concebendo o CPTA "diversas soluções que têm em vista proteger a posição jurídica daqueles que, não tendo intervindo no processo, possam ser afectados pela execução da sentença anulatória" (cfr. C. A. F. Cadilha, *Dicionário*... (Caso julgado), págs. 150-159; veja-se também M. Aroso de Almeida, *Sobre a autoridade*..., págs. 53-72). Sobre os efeitos, em geral, das sentenças de anulação de actos administrativos (entre os quais se contaria o dever, para a Administração, de executar a sentença e de respeitar o julgado), veja-se, ainda, J. C. Vieira de Andrade, *A justiça*..., págs. 384-396. Os problemas específicos que o caso julgado material das sentenças anulatórias suscita no contencioso administrativo aconselham, assim, e seja qual for a solução daqueles que sumariamente se deixaram enunciados, a que a presente tese não tenha como objecto as decisões respectivas.

do Tribunal Constitucional[9], bem como – até pela circunstância de aos actos administrativos não ser extensível o fenómeno do caso julgado material[10] – da ques-

Por outro lado, o instituto da alteração das circunstâncias parece repercutir-se nas decisões judiciais administrativas apenas ao nível da respectiva execução, fundando uma *causa legítima de inexecução* – o excepcional prejuízo para o interesse público na execução da sentença –, nos termos do artigo 163º do CPTA, na medida em que esta causa legítima de inexecução se reporta, em regra (isto é, em se tratando de sentença condenando a Administração à prestação de facto ou à entrega de coisa), e segundo o nº 3 daquele preceito, "a circunstâncias supervenientes ou que a Administração não estivesse em condições de invocar no momento oportuno do processo declarativo" (veja-se, porém, o disposto no artigo 175º, nº 2, do CPTA para as sentenças de anulação de actos administrativos, caso em que "não se exige [...] que as circunstâncias invocadas sejam supervenientes", porque, como observam M. Aroso de Almeida / C. A. F. Cadilha, *Comentário...*, págs. 935-936 e 992, o processo de execução de sentenças de anulação não pressupõe uma condenação, sendo "um processo eminentemente declarativo, no qual são pela primeira vez discutidas questões que não tinham sido objecto de apreciação no processo em que foi proferida a sentença, de estrita anulação", e em que, portanto, o tribunal deve ser "chamado a analisar todas as circunstâncias relevantes, independentemente do momento em que elas se possam ter produzido"): sobre a categoria da "grave lesão do interesse público" (a que a anterior versão do CPTA se referia, em termos aliás não coincidentes com a actual, que alude ao "excepcional prejuízo) como "fundamento para um fenómeno cuja lógica até certo ponto se aproxima da do instituto da *expropriação* por razões de interesse público e que pode ser configurado como um afloramento da *teoria do estado de necessidade*", veja-se M. Aroso de Almeida (*Anulação de actos administrativos...*, págs. 782-789).
Mas, apesar de todas estas particularidades do contencioso administrativo em relação ao processo civil comum – que legitimam que nos concentremos nas decisões judiciais civis –, é de salientar que o Código de Processo nos Tribunais Administrativos, se bem que não contenha preceito semelhante ao artigo 619º, nº 2, do CPC, manda aplicar subsidiariamente a lei de processo civil ao processo nos tribunais administrativos (cfr. o artigo 1º do CPTA), pelo que também em relação às decisões judiciais administrativas se pode, em teoria, colocar a questão de saber se são modificáveis com fundamento em alteração de circunstâncias nos termos daquele artigo 619º, nº 2.
Problemas particulares ao nível do âmbito do respectivo caso julgado levantam ainda, dentro das decisões judiciais administrativas, as proferidas em matéria eleitoral (cfr. F. Miatti, "L'autorité...").

[9] A propósito das decisões do Tribunal Constitucional, pode também colocar-se o problema, para o qual alertam K. Vogel ("Rechtskraft...", págs. 594-596) e R. Bocanegra Sierra (*El valor...*, págs. 216-220), dos limites temporais do respectivo caso julgado, quando, não obstante não tenham surgido novos factos, se produza uma alteração fundamental nas relações da vida ou na opinião jurídica geral: na medida em que tal alteração pode consubstanciar uma autêntica alteração da situação fáctica inicial, equivalendo essencialmente à ocorrência de novos factos, é plausível sustentar que "o Tribunal Constitucional poderia desconsiderar o valor de caso julgado da anterior decisão e decidir por meio de uma nova sentença a mesma questão de modo diferente" (R. Bocanegra Sierra, *ibidem*, trad. nossa). Aflorando igualmente o problema e propugnando idêntica solução, J. Concheiro del Rio (*La revisión...*, págs. 56-57).
A questão dos limites temporais do caso julgado das decisões do Tribunal Constitucional autonomiza-se, de qualquer modo, da idêntica questão na área do processo civil, não só pela assinalada possibilidade de equiparação da "alteração fundamental nas relações da vida ou na opinião jurídica geral" à alteração da base factual anteriormente considerada, mas, desde logo, porque a aptidão de tais decisões para a produção de caso julgado material, nos *processos de controlo de normas* – e atenta a circunstância de, aí, não ser aplicada uma norma a uma concreta situação de facto, mas unicamente apreciada uma norma face a outra norma –, não é líquida na doutrina (cfr., quanto à doutrina alemã, K. Vogel, "Rechtskraft...", págs. 604-605, e R. Bocanegra Sierra, *El valor...*, págs. 49-55). No sentido, porém, de que mesmo as decisões de inconstitucionalidade ou de ilegalidade com força obrigatória geral previstas no artigo

tão da modificação das *decisões da Administração*[11], que, nomeadamente na área do urbanismo e do ambiente, assume particular actualidade e especiais contornos[12].

282º da Constituição produzem, não apenas caso julgado formal, mas também caso julgado material, veja-se C. Blanco de Morais (*Justiça*..., págs. 202-205) "porque, sendo eliminada do ordenamento a norma impugnada, a natureza das coisas impede que possam ocorrer novos processos que envolvam a questão da sua validade ou aplicabilidade, já que os mesmos careceriam de objecto". Nos *recursos de constitucionalidade*, a possibilidade de as decisões do Tribunal Constitucional constituírem caso julgado material enfrenta o obstáculo do disposto no artigo 80º da Lei do Tribunal Constitucional, porquanto este preceito apenas alude ao caso julgado formal dessas decisões (obrigatoriedade no processo em que são proferidas): sobre o ponto, A. Rocha Marques, "O Tribunal Constitucional...", págs. 462-463. Parece, assim, que essas decisões são equiparáveis, sob o ponto de vista da sua inaptidão para o caso julgado material, às decisões que os restantes tribunais profiram sobre questões de inconstitucionalidade (sobre o caso julgado destas decisões, veja-se M. Galvão Teles, "A competência...", pág. 120, nota 23).

[10] O denominado *caso decidido ou resolvido*, porque resultante da irrecorribilidade (e, para alguma doutrina, da irrevogabilidade) de um acto administrativo e não de uma decisão judicial, não se confunde com o caso julgado material em sentido próprio, que é o que temos em vista. Sobre a questão de saber se o acto administrativo pode produzir caso julgado material, veja-se, em sentido negativo, Rui Machete ("Caso julgado...", págs. 274-277), atendendo a que "a protecção definitiva, completa que é dada à decisão judicial que passou a ter "força obrigatória dentro do processo e fora dele", [...] não se verifica na situação emergente do acto constitutivo de direitos. Enquanto na sentença judicial dotada de caso julgado material, a imutabilidade dos seus efeitos, ou o vínculo da obediência subsistem sempre, ainda que haja uma decisão contraditória posterior com trânsito (Cód. Proc. Civil [de 1961], art. 671º, 1), o acto administrativo que, com efeitos "ex tunc" ou "ex nunc" vier revogar o acto constitutivo de direitos, é ferido de uma nulidade simples susceptível de sanar com o decurso do prazo para a interposição do recurso contencioso sem que a sua ilegalidade tenha sido feita valer, ficando, a partir daí, a ser obrigatória a regulamentação posterior". Na doutrina estrangeira, sobre a questão de saber se o caso julgado material deve ficar reservado para as decisões judiciais, veja-se A. Merkl, *Die* Lehre..., págs. 3-61 (tratando simultaneamente das decisões administrativas e das decisões dos tribunais administrativos), e E. Böttcher, *Die Bindung*..., págs. 532-535. Não obstante não pretendermos tratar dos actos administrativos, admitimos que algumas das soluções a que cheguemos lhes sejam aplicáveis, e, bem assim, que também nos interessem alguns ensinamentos da doutrina administrativista, até porque, como sublinha L. Nunes de Almeida (*A justiça constitucional*..., pág. 38), "[o] conceito de caso julgado não se encontra constitucionalmente definido, pelo que se suscitam dúvidas, desde logo, sobre a questão de saber se ele abrange tão-só o caso julgado judicial ou também o denominado caso julgado administrativo, isto é, aquelas decisões administrativas que se consolidaram definitivamente, por já não serem juridicamente susceptíveis de impugnação contenciosa".

[11] A modificação do acto administrativo, segundo Pedro Gonçalves ("Revogação...", pág. 307, notas 9 e 11), "altera o conteúdo do acto anterior, mediante a sua *substituição* parcial", sendo que "[a]s regras que regulam a *alteração* e a *substituição* de actos administrativos são, em princípio, as que regulam a revogação (art. 147º do Código do Procedimento Administrativo [de 1991; face ao CPA de 2015, veja-se o artigo 173º])". Atendendo a que, na modificação e na substituição, está "implicado um efeito revogatório" (*idem*, pág. 307) e a revogação pode decorrer da verificação, por parte da Administração, da "existência de alterações na situação de facto sobre que o acto incide (*superveniência objectiva*)", ou de alterações nas "próprias [da Administração] concepções sobre o modo de prosseguir o interesse público (*superveniência subjectiva*)" (*idem*, pág. 306), deduz-se que, para o Autor, também à modificação pode subjazer a superveniência objectiva ou subjectiva. Saliente-se, de qualquer modo, que a doutrina portuguesa tem criticado a imposição legal da aplicação, à modificação do acto administrativo, das regras da revogação constantes dos artigos 138º e seguintes do (anterior) Código do Procedimento Administrativo (assim: implicitamente, J. C. Vieira de Andrade, "A "revisão" dos actos...", págs. 185-187, porque tece reparos

à consagração da revogação como figura central da revisão dos actos administrativos, podendo esta redundar na modificação do acto; C. Amado Gomes, "Mudam-se os tempos...", págs. 239 e 255-266, e "Da aceitação...", págs. 1043-1044, para quem "nem a revogação por invalidade originária (artigo 141º do CPA [de 1991]), nem a revogação por alteração sobre a concepção da melhor forma de prossecução do interesse público subjacente ao acto (artigos 140º/1 e 145º/1 do CPA [de 1991]) veiculam a transformação interna do acto autorizativo de modo a adaptá-lo à alteração decorrente da superveniência de novos factores de risco (ou de novas técnicas de gestão deste) associados aos que já se encontram cobertos pela conformação inicialmente realizada", propugnando, como tal, a consagração de um regime diferenciado para a *revisão modificativa*, baseado no instituto da alteração das circunstâncias).

12 Na área do *urbanismo*, importa referir que o Decreto-Lei nº 380/99, de 22 de Setembro (entretanto revogado pelo Decreto-Lei nº 80/2015, de 14 de Maio) já previa a alteração e a revisão dos instrumentos de gestão territorial, podendo a alteração desses instrumentos decorrer (cfr. o artigo 93º, nº 2, alínea *a)*) "[d]a evolução das perspectivas de desenvolvimento económico e social que lhes estão subjacentes e que os fundamentam, desde que não ponham em causa os seus objectivos globais"; por seu lado, "[a] revisão dos planos municipais e especiais de ordenamento do território decorre da necessidade de actualização das disposições vinculativas dos particulares contidas nos regulamentos e nas plantas que os representem" (cfr. o artigo 93º, nº 3, do referido Decreto-Lei). O referido regime encontra correspondência nos artigos 115º e seguintes do Decreto-Lei nº 80/2015, de 14 de Maio. Sobre a alteração e revisão dos planos, F. Condesso, *Direito...*, págs. 1103-1105. De assinalar, ainda, o artigo 48º, nº 1, do Regime Jurídico da Urbanização e da Edificação (aprovado pelo Decreto-Lei nº 555/99, de 16 de Dezembro), que estabelecia, na versão emergente da Lei nº 60/2007, de 4 de Setembro, que "[a]s condições da licença ou comunicação prévia de operação de loteamento podem ser alteradas por iniciativa da câmara municipal desde que tal alteração se mostre necessária à execução de plano municipal de ordenamento do território, plano especial de ordenamento do território, área de desenvolvimento urbano prioritário, área de construção prioritária ou área crítica de recuperação e reconversão urbanística", o que, como assinalava L. P. Pereira Coutinho ("Notas...", pág. 22), permitia a revisão, em sentido desfavorável para o seu titular, de licença urbanística válida, na hipótese especial de superveniência de novas normas urbanísticas; e, embora o texto do artigo se tenha entretanto alterado, esta conclusão parece dever manter-se.

Quanto à área do *ambiente*, assinale-se a possibilidade de renovação de licenças ambientais antes do respectivo termo, por alteração das circunstâncias, nos termos do Decreto-Lei nº 69/2000, de 3 de Maio (cfr. V. Pereira da Silva, *Verde cor de* direito..., págs. 203-205). Por outro lado, na Comunicação relativa ao princípio da precaução, de 2 de Fevereiro de 2000, considerou a Comissão das Comunidades Europeias que as medidas baseadas no princípio da precaução – enquanto "princípio de aplicação geral que deve ser tido em conta, nomeadamente, nos domínios da protecção do ambiente, da saúde das pessoas e dos animais bem como da protecção vegetal" (cfr. págs. 10-11) – "se inscrevem no quadro geral da análise de riscos, mais precisamente na gestão de riscos" (cfr. pág. 14), devendo "manter-se enquanto os dados científicos permanecerem insuficientes, imprecisos ou inconclusivos e enquanto se considerar o risco suficientemente elevado para não aceitar fazê-lo suportar pela sociedade. Em caso de surgirem novos conhecimentos científicos, é possível que se devam alterar ou mesmo suprimir as medidas num prazo determinado. Contudo, este facto não está relacionado com o factor tempo mas antes com a evolução dos conhecimentos científicos" (cfr. pág. 21). Sobre o princípio da precaução, veja-se C. Amado Gomes ("Dar o duvidoso...", in *Textos...*, págs. 141 e seguintes), considerando que da ideia de precaução decorre, entre o mais, um "[d]ever de estabelecer cláusulas de revisibilidade das decisões de acordo com os avanços técnicos [...]" (cfr. pág. 158). Quanto à questão de saber "que estabilidade detém uma autorização ambiental emitida com base em pressupostos de facto envoltos em incerteza", refira-se que a mesma constitui, aliás, o tema central da tese de doutoramento da Autora (cfr. C. Amado Gomes, *Risco...*, págs. 17-18). O tratamento desta questão envolve a análise da repercussão, em certos actos administrativos, de uma *específica superveniência*: a "superveniência de factores de risco desconhecidos à data da modelação

Interessam-nos, porém, as *decisões proferidas em processo laboral* e, em geral, nos *processos de jurisdição voluntária*, não só pela proximidade entre estes processos e o processo civil comum[13] – e, por isso, pela provável inserção da regulação res-

inicial da relação autorizativa" e a superveniência de "técnicas de minimização de riscos já conhecidos" (*idem*, pág. 716). Segundo a Autora, no caso do "acto autorizativo emitido num cenário de incerteza" (de que é exemplo a licença ambiental), existe uma dupla incerteza: quanto ao risco, para os bens ambientais, da actividade a desenvolver pelo particular (incerteza quanto aos pressupostos de facto actuais); quanto à "evolução das interacções entre o exercício da actividade e a tutela ambiental", ou seja, incerteza quanto ao "desenvolvimento futuro dos pressupostos de facto" (*idem*, págs. 585-586). Assim sendo, a Autora qualifica tal acto como precário (págs. 592-593), considerando que ele tem sempre imanente "uma condição resolutiva, explícita ou implícita [...] por força da superveniência de circunstâncias de risco intolerável para os bens ambientais naturais [...] ou [...] uma reserva de modo que permita à Administração proceder à actualização do conteúdo dos deveres de protecção do ambiente inicialmente estabelecidos" (pág. 595). À revisão de uma específica licença ambiental (a licença de utilização privativa dos recursos hídricos do domínio público), com fundamento em "alteração das circunstâncias de facto existentes à data da sua emissão e determinantes desta, nomeadamente a degradação das condições do meio hídrico", se refere expressamente o artigo 67º, nº 3, alínea *a)*, da Lei nº 58/2005, de 29 de Dezembro, que aprova a Lei da Água, entendendo C. Amado Gomes "que a figura da alteração das circunstâncias deve gozar de plena aplicação no procedimento administrativo no tocante a actos modais – porque é nestes e só nestes que se joga o restabelecimento de uma "justiça negocial" subitamente perdida –, constituindo o fundamento da figura da revisão e eximindo-a dos condicionamentos estabelecidos em sede de revogação do acto administrativo" (*idem*, pág. 729). A revisão, enquanto "instituto que visa a modificação ou extinção de um acto administrativo misto (que atribua direitos e imponha deveres) por força da alteração dos pressupostos de facto ou da valoração técnica que sobre eles incidiu, ou dos pressupostos de direito, em momento cronológica e juridicamente posterior ao do seu conhecimento pelo destinatário, alteração essa que ofende de tal forma os interesses públicos cuja prossecução o acto autorizativo visa que a sua subsistência, nos moldes iniciais, se revela insustentável" (*idem*, págs. 731 e 752), obedeceria depois a um regime próprio (*idem*, págs. 731-733; veja-se também, da mesma Autora, "Da aceitação...", págs. 1064-1089), de que se salientam – na medida em que relevam também para a presente investigação – os seguintes aspectos: o de que "[a] revisão do acto autorizativo deve ser promovida pela Administração [...] podendo ainda ser desencadeada pelo titular [...] e por terceiros, investidos ou não em legitimidade popular [...], bem como o de que [a] competência de revisão projecta-se para futuro, ou seja, quedam consolidados os efeitos produzidos à sombra do acto antes de operada a revisão, ficando o titular sujeito à nova regulação a partir da data de notificação do acto revisto". Adiante veremos (*infra*, § 32º, II, 2, § 34º, I, 1, e § 37º) se, também no caso de modificação de decisões judiciais transitadas em julgado – a modificação que especialmente nos interessa –, o correspondente procedimento pode ser oficiosamente promovido, se existem regras próprias de legitimidade das partes e, bem assim, se se ressalvam os efeitos produzidos pela decisão anterior.
Ao problema geral da relevância de alterações factuais e jurídicas para a apreciação da validade do acto administrativo e à possibilidade de modificação deste nos termos do artigo 121º do antigo CPA, aprovado pelo Decreto-Lei nº 442/91, de 15 de Novembro (relativo à sujeição dos actos administrativos a condição, termo ou modo) refere-se ainda Mafalda Carmona, *O acto...*, pág. 229, nota 978, e pág. 252, nota 1055; face ao CPA aprovado pelo Decreto-Lei nº 4/2015, de 7 de Janeiro, veja-se o artigo 149º, relativo a cláusulas acessórias, bem como os artigos 167º, nº 2, alínea *c)*, e 173º.

[13] A proximidade entre o *processo laboral* e o processo civil comum resulta nomeadamente da aplicação subsidiária àquele da regulação deste (cfr. o artigo 1º, nº 2, do CPT), da identidade de conceitos que utilizam e da semelhança da respectiva tramitação.

Relativamente à *jurisdição voluntária*, e como nota P. A. de Miguel Asensio (*Eficacia...*, págs. 29-30), a sua delimitação face à jurisdição contenciosa surge como especialmente problemática quando se constata que decisões sobre uma mesma matéria e com eficácia análoga podem ser adoptadas tanto por meio de procedimentos de jurisdição voluntária como por via de processos contenciosos: o Autor dá como exemplo, no direito espanhol (e ainda não considerando a actual *Ley 15/2015, de 2 de julio, de la Jurisdicción Voluntaria*), a área da protecção dos menores.
No caso do direito português, assinale-se que, embora a medida executiva especialíssima dantes prevista no artigo 189º da OTM e, hoje, no artigo 48º do RGPTC – relativos aos meios de tornar efectiva a prestação de alimentos – não possa, ao contrário do processo executivo especial previsto nos artigos 933º e seguintes do CPC (correspondentes aos artigos 1118º e seguintes do CPC de 1961), ter por base um documento autêntico ou particular (cfr., face à antiga OTM, J. P. Remédio Marques, *Algumas notas...*, pág. 433), "é ponto praticamente assente na jurisprudência o de que os alimentos a menores tanto podem ser cobrados coercivamente pelos meios indicados no art. 189º da OTM (trata-se aqui de um processo executivo especialíssimo) como através de uma comum execução por alimentos (regulada nos arts. 1118º e segs. do CPC [de 1961]). [...] A lei permite [...] que o credor dos alimentos (o menor) opte por qualquer um destes dois meios processuais" (cfr. RG, 30.10.2002; identicamente, RL, 30.04.2009 (Proc. 8771/08-2). Em sentido algo diverso, porém, na medida em que sustenta apenas a possibilidade de uso dos dois mecanismos sucessivamente, veja-se, face à antiga OTM, J. P. Remédio Marques, *Algumas notas...*, págs. 433-434). Refira-se, de qualquer modo, a propósito do assinalado artigo 189º da OTM (hoje, artigo 48º do RGPTC), que o Tribunal Constitucional, no acórdão nº 306/05, de 8 de Junho, já julgou "inconstitucional, por violação do princípio da dignidade humana, contido no princípio do Estado de Direito, com referência aos nº s 1 e 3 do artigo 63º da Constituição, a norma da alínea *c)* do nº 1 do artigo 189º da Organização Tutelar de Menores, aprovada pelo Decreto-Lei nº 314/78, de 27 de Outubro, interpretada no sentido de permitir a dedução, para satisfação de prestação alimentar a filho menor, de uma parcela da pensão social de invalidez do progenitor que prive este do rendimento necessário para satisfazer as suas necessidades essenciais". Refira-se, ainda, que segundo J. P. Remédio Marques (*Algumas notas...*, pág. 131, nota 171), "os *alimentos provisórios devidos a menores* nunca seguem o regime plasmado nos arts. 399º e 402º do CPC [de 1961, correspondentes aos artigos 384º e seguintes do actual CPC], na redacção dada pelo Decreto-Lei nº 329-A/95, de 12 de Dezembro [...], não só porque podem ser concedidos, mesmo *ex officio* pelo tribunal onde corre a acção de divórcio ou separação litigiosos, outrossim porque, igualmente, são decididos pelo próprio tribunal onde corre a acção de regulação do exercício do poder paternal ou de alimentos devidos a menores (art. 157º da OTM [correspondente ao artigo 28º do RGPTC])".
Também a Relação de Coimbra, em acórdão de 19 de Outubro de 2004, já considerou que, na pendência da acção de divórcio, e havendo "necessidade de se acautelarem certos efeitos da pretendida dissolução ou definir regimes provisórios relativamente a alguns desses efeitos", a lei põe "ao dispor do interessado dois meios processuais autónomos: – o regulado nos arts. 399º e ss [do CPC de 1961, respeitante aos alimentos provisórios]; e – o previsto no art. 1407º, nº 7 [do CPC de 1961, respeitante à fixação de regime provisório quanto a alimentos, na pendência de divórcio ou separação litigiosa, actualmente designado divórcio ou separação sem consentimento do outro cônjuge e regulado no artigo 931º do CPC]", sendo que o procedimento previsto neste último preceito configuraria um "incidente submetido aos princípios e regras que regem o processo de jurisdição voluntária".
A este propósito, lê-se ainda no sumário do acórdão da Relação do Porto de 20 de Março de 2001: "[...] II – Os alimentos provisórios fixados em procedimento cautelar obedecem a critérios de legalidade, os fixados em incidente da acção de divórcio ou de separação litigiosos obedecem a critérios de oportunidade".
Refira-se que, neste acórdão, a Relação do Porto considerou que o indeferimento do pedido de alimentos provisórios formulado ao abrigo do artigo 1407º, nº 7, do CPC, "não inibe a Req.te de se socorrer do procedimento cautelar previsto no artº 399º do C.P.Civil, onde haverá oportunidade de mais larga indagação sobre as necessidades actuais dela e das possibilidades do Req.do para prestar alimentos, ou de lançar mão mesmo da acção de alimentos definitivos, desde que se verifiquem os respectivos

pressupostos legais"; não obstante, no acórdão do Supremo Tribunal de Justiça de 6 de Junho de 2000 entendeu-se que pode haver litispendência entre o procedimento cautelar especial previsto no artigo 1407º, nº 7, do CPC, e o procedimento cautelar de fixação de alimentos provisórios nos termos dos artigos 399º e seguintes do mesmo Código, nomeadamente por ser "substancialmente o mesmo o efeito jurídico que a [então] requerente visa obter mediante as pretensões apresentadas em ambos os procedimentos cautelares (artigo 498º, nº 3, [do CPC de 1961]), consistindo, num e noutro caso, na fixação de uma prestação, a ser-lhe paga pelo [então] recorrido, a título de alimentos provisórios".
O mesmo Supremo já entendera, porém, que a circunstância de um acórdão emergir de um processo de jurisdição voluntária e outro de um processo de jurisdição contenciosa podia impedir a verificação do requisito da oposição de acórdãos, necessário para a produção de um assento: assim, no sumário do acórdão de 30 de Abril de 1996 lê-se que "Não há oposição, por serem diversas as situações fácticas que se confrontam, entre o acórdão-fundamento que decidiu um incidente de atribuição da casa de morada de família num processo de jurisdição contenciosa, ao passo que, no acórdão recorrido, se decidiu o mesmo incidente mas num processo de jurisdição voluntária".
Além do problema de delimitação das duas jurisdições (a contenciosa e a voluntária) – essencialmente materializado na possibilidade de *a mesma matéria se incluir em qualquer delas* –, a que acabámos de aludir, outros problemas se verificam neste domínio: por um lado, o do *alargamento progressivo das matérias abrangidas pelos processos de jurisdição voluntária e consequente restrição do âmbito de aplicação das regras do processo civil comum* (tendência que, na Alemanha, já se fazia sentir no início do século passado, como dá conta F. Baur, *Freiwillige...*, págs. 1-6); por outro lado, o da *natureza híbrida de alguns processos* (assim, sobre o processo de inventário – actualmente sujeito a um diferente regime jurídico, aprovado pela Lei nº 23/2013, de 5 de Março –, STJ, 09.07.1992, em cujo sumário se lê: "I – O processo de inventário, ainda que de natureza contenciosa, apresenta uma feição particular, muito diferente da das acções declarativas, o que, em alguns aspectos, o aproxima mesmo dos processos de jurisdição voluntária. [...]"); em terceiro lugar, o da *inserção, na parte do Código de Processo Civil dedicada aos processos de jurisdição voluntária, de processos que possuem natureza contenciosa*, seja qual for o critério de distinção entre as duas jurisdições que se adopte (e caso, naturalmente, se adopte um critério de distinção diverso do da "expressa vontade da lei", a que se alude no acórdão da Relação de Coimbra de 4 de Junho de 1991). É este último o caso do processo respeitante à tutela da personalidade, do nome e da correspondência confidencial que se encontrava previsto nos artigos 1474º e 1475º do CPC de 1961, sistematicamente inseridos na jurisdição voluntária (com regulação substancialmente distinta, e fora da jurisdição voluntária, veja-se o actual CPC, que trata da tutela da personalidade nos artigos 878º e seguintes), a que se vinha atribuindo natureza contenciosa: neste sentido, J. de Castro Mendes, *Direito processual...*, 1º vol., pág. 83, e J. Lebre de Freitas, *Introdução...*, pág. 53, nota 20; aparentemente em sentido contrário, embora em termos pouco claros: RL, 04.10.1994; contra, T. Soares da Fonseca ("Da tutela...", págs. 259-261 e 266-267), na medida em que considera que no "processo especial destinado a regular os requerimentos de aplicação de providências preventivas e/ou atenuantes, substancialmente previstas no art. 70º, nº 2 *in fine* do Cód. Civil", estabelecido nos artigos 1474º e 1475º do CPC, o interesse a regular é apenas um, concretamente, "[n]as acções de tutela da personalidade, do nome e da correspondência confidencial existe alguém que tem interesse na tutela da sua personalidade, de alguma forma ameaçada ou a ser lesada", sendo, aliás, útil a qualificação do mencionado processo como um processo de jurisdição voluntária, porque daí nomeadamente decorreria a possibilidade de decretar a providência requerida contra terceiros, isto é, contra "pessoas que não sendo responsáveis pela ameaça ou violação do direito, possam, no seguimento de decisão judicial e, através da sua conduta, evitar a consumação da ameaça ou atenuar os efeitos da ofensa já cometida".
A este propósito, cfr. ainda STJ, 02.10.2003 (Proc. 03B1727), em cujo texto se lê: "[...] parafraseando o Prof. Castro Mendes, [...] a jurisdição voluntária está ainda por explicar, sendo certo que, no capítulo do Código de Processo Civil consagrado a processos desta natureza, estão incluídos processos de jurisdição contenciosa e fora dele processos de jurisdição voluntária".

pectiva no direito processual civil[14] –, como, sobretudo, pelo contributo que o estudo que sobre essas decisões tem incidido pode prestar ao presente estudo.

[14] Contra esta inserção, em relação aos *processos de jurisdição voluntária*, manifestava-se J. de Castro Mendes (*Direito processual...*, 1º vol., págs. 80-81), sustentando que "[o]s processos de jurisdição voluntária não são [...] processo civil, no sentido restrito e próprio deste termo [...], baseado no conceito de litígio. São processos em sentido lato e impróprio, definido por um critério *orgânico*, complexos de actos praticados nos tribunais para a realização das funções destes"; já em anterior obra, aliás, Castro Mendes remetera os processos de jurisdição voluntária para a função administrativa, considerando-os "processos impróprios" (cfr. *O direito de acção...*, págs. 230 e 233). Identicamente, embora reconhecendo não poder dizer-se com segurança qual o critério distintivo da jurisdição voluntária face à contenciosa adoptado pelo Código de Processo Civil, veja-se J. Ferreira de Almeida (*O problema do processo...*, págs. 38-44), que conclui no sentido de que "no processo voluntário não há lide; mas não nos parece que ele possa ser classificado como processo sem lide, porque não é processo: através dele exerce-se antes uma actividade administrativa: trata-se de um "processo impróprio"". No mesmo sentido pronuncia-se J. Lebre de Freitas (*Introdução...*, págs. 53-55), que afirma: "Constituindo o conflito de interesses a base do processo civil, não há processo civil onde não haja conflito de interesses. Por isso se situa fora do processo civil a categoria dos processos de jurisdição voluntária, ainda quando estes são regulados no Código de Processo Civil (arts. 1409 e segs.)" (no mesmo sentido, do mesmo Autor, "Comissões...", págs. 38-40). Mais recentemente, M. Teixeira de Sousa, em obra ainda não publicada mas a que gentilmente nos foi facultado o acesso (J. de Castro Mendes / M. Teixeira de Sousa, *Manual de processo civil*, II. Aspectos comuns, § 7º, II, 3.3.), inclui a jurisdição voluntária no processo civil, se bem que qualificando-a, em virtude das suas especialidades e características, como um *tertium genus* deste (a par do processo declarativo e do processo executivo). *Não negando que, na base da consagração, no direito positivo português, de processos de jurisdição voluntária, se encontra subjacente a ideia, historicamente muito marcante, de ausência de conflito de interesses*, e que parece ainda reunir grande consenso no plano do direito comparado (cfr. J. Jodlowsky, "La procedura...", pág. 1589, ou J.-L. Bergel, "Les dernières...", pág. 124) – embora, como já notava Manuel de Andrade, *Lições...*, pág. 93, a propósito dos processos de interdição regulados no anterior Código de Processo Civil, "[p]ode não haver um conflito de interêsses e a lei, no entanto, mandar seguir um processo de jurisdição contenciosa, se bem que especial também" –, *parece-nos, porém, que a noção de conflito de interesses é actualmente muito pouco operativa ou, pelo menos, só o será ao nível da identificação das decisões que competem aos tribunais* (ainda que seja judicial apenas "a última palavra": sobre o princípio da reserva da jurisdição aos tribunais e suas duas vertentes, veja-se J. de Oliveira Ascensão, "A reserva...", págs. 470-472 e 484, que aliás conclui no sentido de que "no âmbito jurisdicional, não é só a última palavra, são todas as palavras que estão reservadas aos tribunais"), *por força do disposto no artigo 202º, nº 2, da Constituição, atendendo a que este preceito lhes atribui a tarefa de dirimir conflitos de interesses públicos e privados, assim parecendo assentar a essência da função jurisdicional na composição de conflitos de interesses* (em termos próximos, J. de Oliveira Ascensão, "A reserva...", pág. 468, porque entende que "a solução de conflitos de interesses é o núcleo histórico da actividade jurisdicional, pelo que é sem dúvida abrangida por esta"; em termos próximos também, e sintetizando a jurisprudência do Tribunal Constitucional sobre a matéria, M. Assunção Esteves, "Direitos...", págs. 10-11; entendendo, porém, que o referido preceito constitucional não pretende caracterizar a essência da função jurisdicional, sendo "mais descritivo que técnico", J. de Castro Mendes, "Art. 206º...", pág. 396; criticando o referido critério de distinção entre a função jurisdicional e as outras funções do Estado, que é o de Carnelutti, veja-se, porém, Manuel de Andrade, *Lições...*, págs. 309-319, para quem o mesmo "não especifica a actividade jurisdicional pela sua estrutura, mas sòmente no aspecto funcional (fim para o qual opera)"; entendendo também que a teoria de Carnelutti, segundo a qual a composição da lide seria a finalidade característica do processo de declaração, não explica "a natureza essencialmente publicística do processo nos modernos ordenamentos jurídicos, como instrumento para realizar em concreto a abstracta vontade do Estado",

4. Decisões sobre o mérito

Interessa-nos, como já deixámos sugerido, tratar da modificação de decisões que recaiam sobre o mérito da causa – abrangendo aqui aquelas que, não obstante não conheçam do mérito (por serem tomadas por imposição de regras proces-

pelo que tal finalidade deveria, antes, buscar-se na actuação do direito objectivo, conforme propugnado por Wach e Chiovenda, veja-se P. Calamandrei, "Il concetto...", págs. 7-9; veja-se, também com interesse, A. Rodrigues Queiró, *Lições...*, págs. 50-53, caracterizando a função jurisdicional pela finalidade de realização da paz jurídica decorrente da resolução de uma questão de direito: em atenção, portanto, a um critério diverso do da resolução de um conflito de interesses; veja-se, por fim, Palma Carlos, *Direito processual civil*, tomo II, págs. 67-70, que, aceitando embora que a presença ou ausência de litígio seja elemento diferenciador das duas jurisdições, entende que tal corresponde a uma diferenciação mais profunda, dada por, na jurisdição contenciosa, se apreciarem direitos anteriores e, na voluntária, se ordenarem matérias relativas ao futuro).

Mas já quanto à extensão ou não, a certos processos, dos princípios gerais do direito processual civil, a sua qualificação como processos de jurisdição voluntária e a discussão acerca da sua natureza jurisdicional ou administrativa (ou acerca da sua função: de solução de conflitos de interesses ou outra) pouco ou nada adiantará: além de que a especialidade, ao nível dos princípios, que porventura caracterize um determinado processo não é, segundo julgamos, suficiente para o subtrair ao direito processual civil, apenas influindo na sua caracterização como processo especial.

Entendemos, em suma, que tem razão A. Anselmo de Castro (*Direito...*, vol. I, págs. 153-154), quando afirma que "só do legislador, em face de razões de oportunidade e conveniência averiguadas caso por caso, depende a inclusão na jurisdição voluntária de determinados processos. Trata-se, assim, apenas de uma classificação meramente legal", bem como que "[m]ais importante que o problema da distinção doutrinal entre jurisdição contenciosa e voluntária, é a análise da sua regulamentação e o confronto entre as características das decisões graciosas e as das sentenças proferidas em acções de jurisdição contenciosa [...]".

Relativizando também a distinção entre a jurisdição voluntária e a contenciosa, mas por entender que o seu escopo social é o mesmo (a pacificação, "o mais relevante dos escopos da jurisdição"), veja-se C. R. Dinamarco, *A instrumentalidade...*, págs. 143-148; considerando mesmo que o conceito de jurisdição voluntária pertence à história das doutrinas, se não mesmo das ideologias processuais, porque não se caracterizaria, nem pela ausência de partes, nem pela iniciativa do juiz, nem pela inexistência de correspondência entre o pedido e o decidido, nem pela inexistência de impugnação ou de caso julgado, veja-se V. Denti, "La giurisdizione...", págs. 338-339. Sobre as características dos actos graciosos no direito francês, que, do seu ponto de vista, ainda possuiriam natureza jurisdicional, veja-se também, com interesse, J. Vincent / S. Guinchard, *Procédure...*, págs. 205-210, S. Guinchard / F. Ferrand, *Procédure...*, págs. 242-247, e D. Tomasin, *Essai...*, págs. 110-112.

Trataremos, todavia, desta questão mais adiante, quando analisarmos o fundamento da regra do artigo 988º, nº 1, do CPC (*infra*, § 2º, II, 9.), tanto quanto possível com a profundidade que o tema merece.

Quanto ao *direito processual laboral*, a sua autonomia face ao direito processual civil parece-nos hoje – não obstante a manutenção de um Código de Processo do Trabalho a par do Código de Processo Civil – definitivamente comprometida. Como em anteriores estudos procurámos salientar (cfr. Isabel Alexandre, "Princípios..." e "A execução laboral..."), a especialidade, ao nível dos princípios orientadores, que tradicionalmente se apontava ao direito processual laboral, sofre hoje tão grandes desvios que dificilmente esses princípios podem servir a sua função – a que alude o artigo 1º, nº 2, alínea *d)*, do CPT – de integração de lacunas no campo do processo do trabalho. Não vemos, assim, qualquer razão para ignorar, na presente tese, as decisões proferidas em processo laboral.

suais), decidam sobre o mérito, pois também elas podem constituir caso julgado material[15] – e não sobre a relação processual.

Ainda que quanto às decisões sobre a relação processual – apenas aptas, nos termos do artigo 620º do CPC, a constituírem caso julgado formal[16] – também se coloque o problema de saber em que termos a alteração superveniente de circunstâncias permite a sua modificação, afigura-se-nos que, na sua resolução, não assumirá relevância a necessidade de o juiz apreciar certas "circunstâncias especiais" (cfr. os artigos 619º, nº 2, e 282º, nº 2, do CPC), o que imediatamente condicionará a aplicabilidade, a essas decisões, do disposto nos artigos 619º, nº 2, e 988º, nº 1, do CPC e, consequentemente, autonomizará o problema em causa perante aquele que nos ocupa.

Por outro lado, a regra, constante do artigo 620º do CPC, da força obrigatória dessas decisões apenas dentro do processo em que foram proferidas[17] – decorrente do entendimento segundo o qual tais decisões não concedem uma tutela jurídica que revista um valor económico[18] – implica que, em relação a elas, se não suscitem muitas das questões que trataremos, como por exemplo a de saber se, na sequência de alteração das circunstâncias, o interessado na modificação pode optar entre propor uma acção modificativa ou uma acção autónoma[19].

Finalmente, as decisões que não recaem sobre o mérito não colocam, atendendo ao seu específico objecto, o problema, que também estudaremos, da delimitação do campo de aplicação da acção modificativa e da acção suplementar (a

[15] Neste ponto, afastamo-nos do entendimento adoptado no acórdão do Supremo Tribunal de Justiça de 25 de Outubro de 1995: o de que a condenação de preceito não constitui caso julgado, porque não conhece do mérito.

[16] Enquanto o caso julgado material se refere à imodificabilidade da decisão em ulteriores processos, traduzindo o carácter vinculativo do conteúdo da decisão e tutelando esse conteúdo, o caso julgado formal refere-se à imodificabilidade da decisão no próprio processo em que foi proferida, equivalendo à sua inimpugnabilidade na sequência do esgotamento dos recursos ordinários e tutelando o próprio título (cfr. S. Koussoulis, *Beiträge*..., págs. 12-14 e 19-20). O artigo 620º do CPC conexiona o caso julgado meramente formal com as decisões sobre a relação processual, mas não é, todavia, incontroverso que só as decisões sobre o mérito possam produzir caso julgado material: sobre o ponto, E. Redenti, "Il giudicato...", págs. 258-260 (admitindo a figura da eficácia processual universal ou pan-processual de certas decisões sobre a relação processual, que não se confundiria com o caso julgado material); C. Ferri, "Sentenze...", esp. págs. 427-436, ou A. Proto Pisani, in *Foro it.*, 1986, págs. 3009-3010; na doutrina alemã, veja-se, por exemplo, W. Grunsky, "Prozess- und Sachurteil", págs. 61-63, e W. Henckel, *Prozessrecht*..., págs. 227-231.

[17] Assim, STJ, 31.05.2005, em cujo texto se lê que "[s]ó a sentença cuja decisão verse sobre a relação material controvertida é susceptível de assumir a eficácia de caso julgado material [...]". Considerando, porém, que em certos casos a decisão sobre a relação processual pode possuir eficácia fora do processo, STJ, 29.10.1997 (decisão do Supremo Tribunal de Justiça sobre competência em razão da matéria), e STJ, 13.04.1994 (decisão que indefere uma arguição de nulidade por omissão de pronúncia).

[18] Sobre as razões da atribuição da autoridade de caso julgado apenas às sentenças que decidem sobre o mérito, veja-se G. Chiovenda, "Del sistema ...", págs. 237-238.

[19] *Infra*, § 34º, II, 3, *a*).

Zusatzklage ou *Nachforderungsklage* do direito alemão)[20], nem o de saber se a alteração superveniente pode ser feita valer na execução, na oposição à execução ou no recurso que esteja pendente[21].

De qualquer modo, quando tratarmos dos pressupostos, quanto à decisão, da acção modificativa, aludiremos às decisões sobre a relação processual, nomeadamente para verificar se o regime daqueles preceitos lhes pode ser (ao menos em parte) analogicamente aplicável[22].

5. Decisões constitutivas de caso julgado

Interessa-nos a modificação de decisões constitutivas de caso julgado *material*.

Quedará, assim, arredada da nossa atenção a modificação de decisões, de que são exemplo as providências cautelares ordinárias (e com esta designação abrangemos as que hajam sido decretadas sem a inversão do contencioso prevista no artigo 369º do CPC), que, por assentarem num mero perigo de dano para um direito e se bastarem com uma mera probabilidade (ainda que séria) da existência deste direito (cfr. os artigos 362º, nº 1, e 368º, nº 1, do CPC) – e que, aliás, logo por essa circunstância, não configuram decisões sobre o mérito, no sentido de decisões sobre a relação material controvertida, a que já aludimos[23]/[24] e particularmente nos interessa (sem prejuízo de poder reconhecer-se a existência de um mérito cautelar)[25] –, não são aptas a constituírem caso julgado material, nos termos do artigo 619º, nº 1, do CPC.

Ainda que a modificação das providências cautelares ordinárias não seja livre – e, nessa medida, haja alguma proximidade face ao problema que nos ocupa, que também pressupõe a estabilidade da decisão como valor a proteger –, a circunstância de a lei prever um regime específico de substituição das providências (cfr. o artigo 368º, nº s 3 e 4, do CPC), de redução ou revogação das providências (cfr. o artigo 372º, nº 1, alínea *b)*, e nº 3, do CPC) e de caducidade das providências (cfr. o artigo 373º do CPC) sempre exigiria um tratamento diferenciado da questão; por outro lado, o artigo 362º, nº 4, do CPC – de acordo com o qual "[n]ão é admissível, na dependência da mesma causa, a repetição de providência que haja sido julgada injustificada ou tenha caducado" – dá a entender que o caso

[20] *Infra*, § 23º, IV.

[21] *Infra*, § 34º, II, 1, e § 14º, III.

[22] *Infra*, § 17º.

[23] *Supra*, § 1º, I, 4.

[24] Como assinala J. de Castro Mendes (*Direito processual*..., 1º vol., págs. 252-253), a circunstância de o seu objecto ser um mero "fumus boni juris" constitui uma das características do procedimento cautelar.

[25] Assinala Rui Pinto (*A questão de mérito*..., pág. 283) que, "de um ponto de vista global, *não há identidade* entre o mérito da tutela de urgência que já convencionámos designar por tutela cautelar e o mérito da tutela antecipatória/plena: na tutela cautelar o *periculum* para um direito é a causa de pedir e a *providência cautelar* é o pedido".

julgado das providências cautelares não apresenta os mesmos contornos do caso julgado das decisões proferidas na causa principal, motivo pelo qual nele não nos deteremos. O caso julgado que nos ocupa é aquele que é "rebelde ao provisório" e tem uma "vocação de perenidade"[26].

Parece-nos, porém, útil averiguar se a norma do artigo 619º, nº 2, do CPC (ou a do artigo 988º, nº 1, do mesmo Código) pode ser analogicamente aplicada às providências cautelares ordinárias[27], atendendo a que, no campo dos alimentos provisórios – e também, ao que se julga, no do arbitramento de reparação provisória –, a lei permite a alteração ou cessação da prestação que tiver sido fixada (cfr. artigos 386º, nº 2, e 389º, nº 1, do CPC)[28] e o regime em causa é ainda mais incompleto do que o contido naqueles primeiros preceitos e, bem assim, a que a doutrina e a jurisprudência portuguesas têm propendido a estender o instituto do caso julgado e as suas regras às providências cautelares, entendendo nomeadamente que a excepção de caso julgado opera no procedimento cautelar e que o indeferimento da providência cautelar impede a formulação de nova pretensão cautelar assente na mesma causa de pedir[29].

As providências cautelares decretadas com inversão do contencioso mas ainda não consolidadas nos termos do artigo 371º, nº 1, do CPC não serão também objecto da nossa atenção, desde logo por não constituírem, à semelhança das

[26] As expressões são de D. de Béchillon, "Sur l'identification...", pág. 1806.

[27] *Infra*, § 18º.

[28] À luz do CPC de 1961, que continha regras idênticas, veja-se, no sentido da abrangência, na remissão contida no artigo 404º, nº 1, do CPC, da regra do artigo 401º, nº 2, e portanto, no sentido da aplicação do disposto na lei quanto à cessação ou alteração dos alimentos provisórios à reparação provisória do dano, J. Cura Mariano (*A providência cautelar...*, págs. 112-113).

[29] Assim: STJ, 06.06.2000, considerando que "a natureza dos procedimentos cautelares não é avessa às figuras das excepções de litispendência ou do caso julgado, nada obstando a que qualquer dessas excepções se coloque entre dois processos de natureza cautelar"; A. S. Abrantes Geraldes, *Temas...*, III vol., págs. 125-126 e notas 188 e 189. Também Rui Pinto (*A questão de mérito...*, págs. 596 e 681-682) alude a um caso julgado cautelar, formal e material – embora assinale a inidoneidade da tutela cautelar para adquirir o valor de caso julgado absoluto (*idem*, pág. 305) – e, bem assim (*idem*, págs. 568 e 599), a uma causa de pedir da causa cautelar, que integraria factos idênticos aos alegados na acção principal (que seriam, concretamente, os factos relativos à titularidade de um direito subjectivo ou de um interesse legalmente protegido) e factos diferentes dos aí alegados (que seriam os factos integrativos do perigo e idóneos, segundo um critério de causalidade adequada presumida, a causar um dano, novo ou continuado – mas um dano futuro, de qualquer modo –, a esse direito ou interesse). Sobre o uso destes conceitos na jurisprudência portuguesa, veja-se ainda Rui Pinto (*idem*, págs. 243-244, nota 1213). Contra o uso do conceito de caso julgado material em sede de providências cautelares, porque "o efeito de caso julgado é próprio duma decisão de mérito, como tal definidora das situações jurídicas das partes", veja-se, porém, J. Lebre de Freitas ("Repetição...", págs. 473-475), que explica o preceito do artigo 381º, nº 4, do CPC de 1961 (correspondente ao artigo 362º, nº 4, do Código actual) – nos termos do qual "[n]ão é admissível, na dependência da mesma causa, a repetição de providência que haja sido julgada injustificada ou tenha caducado" – "pela inadequação do conceito de caso julgado à figura da providência cautelar".

ordinárias, caso julgado material. Mas admitimos que a sua alteração com fundamento em circunstâncias supervenientes não levante os mesmos problemas que a alteração das providências cautelares ordinárias, atendendo a que a lei prevê um específico meio de impugnação da existência do direito por elas acautelado: a proposição da acção principal pelo requerido.

Relativamente às providências cautelares que se tenham consolidado por força da inversão do contencioso, nos termos do artigo 371º, nº 1, do CPC, não podemos excluí-las da nossa pesquisa com o fundamento de que não são aptas a constituírem caso julgado material, mas apenas com o de que a afirmação do caso julgado material de tais providências sempre implicaria um estudo da figura em múltiplos aspectos do seu regime, que não podemos empreender. Diríamos, numa primeira aproximação, que se o regime da sua alteração não for o do artigo 386º, nº 2, do CPC, deve ser o do artigo 619º, nº 2, do CPC, sendo portanto natural estudar também a aplicação desta regra a tais providências: mas com tal abordagem contribuiríamos, quanto muito, para o estudo da natureza da providência cautelar consolidada e pouco para o do tema que nos interessa desenvolver.

Não excluiremos, no entanto, da nossa pesquisa as decisões relativamente às quais se questiona, por razões distintas das características do procedimento em que foram proferidas ou da sua não incidência sobre o mérito, e que mais se prendem com o seu conteúdo assistencial, a possibilidade de formarem caso julgado material, de que constituem exemplo as resoluções da jurisdição voluntária, já mencionadas[30].

Seria, aliás, anómalo ignorá-las, atendendo a que dispõem de um regime próprio de modificação, que exige ser confrontado com o das decisões referidas no artigo 619º, nº 2, do CPC.

Apesar de o objecto da presente tese se referir à modificação do caso julgado material, parece-nos que se impõe analisar ainda a questão paralela de saber se a alteração de circunstâncias que a justificaria permite igualmente a modificação da decisão pelo próprio órgão que a proferiu, após a extinção do seu poder jurisdicional mas antes do trânsito em julgado, bem como a modificação da decisão pelo tribunal perante o qual um eventual recurso esteja pendente.

Trata-se, no fundo, de saber se o interessado na modificação terá de esperar pelo trânsito em julgado da decisão para propor a acção correspondente – por outras palavras ainda, se o caso julgado *formal* é pressuposto da acção modificativa –, ou se poderá invocar a alteração das circunstâncias perante o órgão que

[30] No direito italiano, porém, discute-se – em atenção às debilidades desses procedimentos, no que diz respeito à salvaguarda do contraditório – se as decisões proferidas nos *procedimenti in camera di consiglio* deverão formar caso julgado (cfr. Isabel Alexandre, "O caso julgado...", págs. 16-18). De qualquer modo, não parece questionável a possibilidade de as resoluções da jurisdição voluntária constituírem decisões sobre o mérito: assim, RP, 02.02.1993.

proferiu a decisão ou o tribunal de recurso. Complementarmente, justificar-se-á ainda investigar se essa alteração das circunstâncias pode ser deduzida após o encerramento da discussão na primeira instância e antes do proferimento da correspondente decisão.

Na verdade, o tratamento das questões que acabam de ser referidas – às quais o artigo 619º, nº 2, do CPC não dá resposta, atendendo a que, pelo menos face ao teor literal da epígrafe respectiva, se refere apenas à sentença transitada em julgado – é imprescindível para a compreensão da especificidade que o trânsito em julgado introduz no tema que escolhemos. A elas também aludiremos quando tratarmos dos pressupostos relativos à decisão modificanda[31].

6. Modificação por via judicial

Interessa-nos apenas a modificação das decisões por via judicial. Ainda que se conclua que tal modificação pode ser determinada por outra via – por exemplo, por via de uma alteração legislativa, que nessa eventualidade consubstanciaria a própria alteração das circunstâncias a que alude o artigo 619º, nº 2, do CPC[32] –, razões de ordem constitucional impediriam, desde logo, que a modificação operasse através da prática de um acto legislativo, político ou administrativo, uma vez que, à revelia do disposto no artigo 205º, nº 2, da Constituição, tal significaria que as decisões dos tribunais não seriam, afinal, obrigatórias para as outras autoridades, além de que violaria o princípio da separação de poderes consagrado no artigo 111º da Constituição[33].

[31] *Infra*, § 14º.

[32] Sobre este problema, *infra*, § 25º.

[33] A Comissão Constitucional referiu-se, pela primeira vez, à garantia do caso julgado relativamente a decisões subsequentes, concretas e individuais, de órgãos diversos dos tribunais, no seu acórdão nº 87, de 16 de Fevereiro de 1978. Sobre a protecção do caso julgado face à lei na jurisprudência constitucional portuguesa, veja-se a síntese de J. P. Cardoso da Costa, *O princípio da reserva...*, pág. 9, nota 10. A este propósito, assinala ainda Paulo Otero (*Ensaio...*, pág. 51), o seguinte: "o princípio da intangibilidade do caso julgado não permite afirmar que a Constituição impossibilita que uma nova decisão judicial possa colocar em causa uma sentença transitada em julgado. Se dúvidas existissem, o próprio artigo 282º, nº 3, 2ª parte, confirma essa mesma possibilidade. Por isso mesmo, a garantia constitucional do caso julgado é, antes de mais, uma exclusão de intervenção directa dos actos jurídicos dos restantes poderes públicos". Considerando que a eliminação do caso julgado por via legislativa consubstanciaria grave atentado aos princípios do Estado de direito, H. W. Fasching, *Lehrbuch...*, pág. 780. Nesta perspectiva, pode ainda aceitar-se a opinião de O. Bülow (*Gesetz...*, pág. 7), segundo a qual o caso julgado tem força superior à força da lei, através dele proferindo o poder estadual a última palavra. Mais correcta é, porém, a abordagem de J. de Castro Mendes ("Caso julgado...", pág. 49), quando afirma que da qualificação dos tribunais como órgãos de soberania e do princípio da separação de poderes decorre que "[t]ransitada em julgado, a sentença desprende-se da lei em que se gerou e *vale por si mesma*, baseada directamente na Constituição". Refira-se que esta discussão acerca do fundamento da validade do caso julgado e repercussão desse fundamento na possibilidade de modificação do caso julgado por via legislativa tem algumas afinidades com a discussão – de que um pouco mais adiante daremos conta – que envolve a

A modificação que nos ocupa pressupõe, pois, a intervenção de um juiz, ainda que cumpra esclarecer os termos dessa intervenção (nomeadamente, se ela terá lugar em acção autónoma, em recurso pendente ou na oposição à execução).

E pressupõe, naturalmente, o entendimento segundo o qual a Constituição não proíbe – ainda que dentro de limites que importa apurar – a modificação do caso julgado por outro tribunal[34].

7. Modificação e cessação de efeitos

Apesar do termo utilizado ("modificação"), interessar-nos-á também a pura e simples cessação dos efeitos de uma decisão judicial transitada, em virtude da alteração de circunstâncias: o fenómeno é, aliás, conhecido no direito civil, onde se reconhece que, perante certos casos de alteração de circunstâncias, não se justifica a manutenção de qualquer efeito de um negócio jurídico anteriormente celebrado, impondo-se a respectiva resolução (cfr. os artigos 439º e 432º e seguintes do CC)[35].

Indo até mais longe, justifica-se que analisemos se a modificação se pode traduzir na pura e simples obtenção do efeito jurídico da decisão anterior, mas em benefício da parte então vencida, ou em prejuízo de um terceiro.

Trataremos destas questões quando analisarmos, no quarto capítulo, o possível conteúdo da sentença modificativa[36].

teoria material e a teoria processual do caso julgado: também estas teorias se interrogam sobre a razão da vinculatividade do caso julgado que contraria a lei (assinalando ser esta a questão que ocupa as duas teorias, E. M. Michelakis, "Rechtsnorm...", págs. 311-312).

[34] Segundo Paulo Otero (*Ensaio...*, pág. 52), "[e]m termos constitucionais, apenas o princípio do Estado de Direito e seus inerentes valores impossibilitam directamente que os próprios tribunais derroguem o caso julgado. [...] Todavia, sempre importa sublinhar que o próprio princípio do Estado de Direito pode fundamentar uma intervenção excepcional dos tribunais sobre decisões já transitadas em julgado. [...] pode dar-se como assente que, segundo a Constituição, apenas mediante uma nova decisão judicial [...] o caso julgado pode ser afectado, verificada alguma das circunstâncias excepcionais anteriormente indicadas [...]". Uma dessas circunstâncias excepcionais é precisamente, de acordo com o autor, a situação regulada no artigo 619º, nº 2, do CPC (artigo 671º, nº 2, do CPC de 1961) (*infra*, § 1º, III, 3.).

[35] Como salienta P. Pais de Vasconcelos (*Teoria geral...*, pág. 377), "[a] modificação do negócio jurídico, como alternativa à sua resolução, só deve ser admitida enquanto o seu resultado possa ainda ser imputado à autonomia privada das partes, e deve ser afastada quando se conclua que as partes, ou uma delas, não teria fechado o negócio com esse conteúdo". A resolução, na definição de M. J. de Almeida Costa (*Direito das obrigações*, pág. 285), é "o acto de um dos contraentes dirigido à dissolução do vínculo contratual, em plena vigência deste, e que tende a colocar as partes na situação que teriam se o contrato não se houvesse celebrado". Sobre a distinção entre a resolução, a denúncia e a revogação de um "contrato duradoiro válido em vias de execução", veja-se J. Baptista Machado ("Anotação", págs. 278-279, nota 9), aderindo ao entendimento segundo o qual a resolução se caracterizaria "por ser comum aos contratos com prestações instantâneas e aos contratos duradouros e por produzir os seus efeitos em plena vigência do prazo contratualmente fixado, tendo normalmente por fundamento [...] uma perturbação na execução do contrato que afecta o interesse do credor".

[36] *Infra*, § 35º.

8. Alteração das circunstâncias

A alteração das circunstâncias relevante para efeitos de modificação é um conceito que só poderemos precisar quanto tratarmos dos pressupostos, quanto às circunstâncias, da acção modificativa contemplada no artigo 619º, nº 2, do CPC[37]: nomeadamente, ainda nada podemos avançar quanto à equivalência entre circunstância e facto, quanto à necessidade de alteração objectiva de circunstâncias ou quanto à referência temporal da alteração[38].

Atendendo à impossibilidade, por ora, de delimitação positiva do objecto da presente investigação, se nos centrarmos no conceito de alteração das circunstâncias, torna-se importante salientar que os pressupostos da modificação que nos interessa são, em princípio, diversos dos do recurso extraordinário de revisão – a essa diversidade aludindo o próprio artigo 619º do CPC, que contempla as duas realidades em números distintos –, justificando a modificação por alteração das circunstâncias, só por isso, tratamento autónomo em relação à modificação da decisão que porventura decorra da procedência daquele recurso extraordinário.

E a alteração das circunstâncias relevante para efeitos do artigo 619º, nº 2, do CPC não se traduzirá, também em princípio, na verificação da condição, no decurso do prazo ou na prática do facto a que o artigo 621º – se bem que pressupondo (ao menos literalmente), ao invés daquele primeiro preceito, não uma sentença condenatória, mas uma sentença absolutória – alude: na verdade, seria estranho que os mesmos factos conduzissem simultaneamente à caducidade do caso julgado (a que o artigo 621º inequivocamente respeita, pois prevê situações em que *a sentença deixou de constituir obstáculo* à renovação do pedido) e à modificação do caso julgado, figura a que, pelo menos aparentemente, subjaz a manutenção dos efeitos do caso julgado.

Finalmente, a alteração das circunstâncias a que se refere o artigo 619º, nº 2, do CPC não parece equivaler à superveniência de um facto modificativo ou extintivo da obrigação, porque para essa superveniência o Código prevê a figura da oposição à execução (cfr. o artigo 729º, alínea *g*), do CPC).

A alteração das circunstâncias relevante para a acção modificativa aproxima-se, assim, da alteração das circunstâncias relevante para a resolução ou modificação do contrato nos termos dos artigos 437º e seguintes do CC, mas este ponto, como dissemos, só poderá ser esclarecido posteriormente.

[37] *Infra*, §§ 23º a 31º.

[38] Dado que ainda nada podemos concluir quanto a estes aspectos, não podemos também fazer coincidir, desde já, a alteração das circunstâncias com a *superveniência*, no sentido em que este conceito é utilizado por Remo Caponi (*L'efficacia...*, pág. XVI): o de efeito jurídico que se produz depois do momento a que se refere o julgado, e que pode consistir num facto novo, numa lei nova ou num efeito jurídico que continua depois do julgado.

II. Delimitação negativa

1. Impugnação do caso julgado através de recurso extraordinário de revisão

Como deixámos sugerido[39], é necessário sujeitar o presente tema a uma delimitação negativa face ao tema afim do recurso extraordinário de revisão (regulado nos artigos 696º e seguintes do CPC)[40].

É certo que tal delimitação negativa não assume especiais dificuldades quando se entenda que, subjacente ao regime do artigo 619º, nº 2, do CPC, se encontra uma alteração da causa de pedir da acção anterior: é que, como se salientou em acórdão do Supremo Tribunal de Justiça de 9 de Março de 1973 – embora face a um regime legal que ainda distinguia a revisão da oposição de terceiro –, o recurso de revisão assenta precisamente na causa de pedir da acção anterior[41].

Já quando se considere que a acção modificativa não pressupõe necessariamente uma alteração da causa de pedir – ou quando se considere que há que averiguar a existência de tal pressuposto, não o dando como adquirido –, a fronteira entre esse instituto e o da revisão esbate-se consideravelmente, porque ambos

[39] *Supra*, § 1º, I, 8.

[40] Antes da entrada em vigor do Decreto-Lei nº 303/2007, de 24 de Agosto, que integrou o antigo recurso extraordinário de oposição de terceiro na revisão (cfr. a redacção do artigo 771º, alínea *g*), do CPC de 1961, emergente daquele diploma) e consagrou um novo recurso extraordinário – o recurso para uniformização de jurisprudência –, diríamos que essa delimitação deveria ser feita perante os recursos extraordinários em geral.

[41] Quanto à oposição de terceiro, outrora um recurso extraordinário autónomo (cfr. os artigos 778º e seguintes do CPC de 1961, na redacção anterior ao Decreto-Lei nº 303/2007, de 24 de Agosto) – e admitindo que a questão era pertinente, face à inexistência de uma fase rescisória semelhante à do recurso de revisão, em que a causa anterior seria novamente instruída e julgada (sobre este aspecto: J. de Castro Mendes, *Direito processual...*, 3º vol., pág. 75, nota 75; A. Ribeiro Mendes, *Recursos...*, págs. 298 e 314, salientando que, na oposição de terceiro, as fases rescindente e rescisória só num plano lógico se distinguem, bem como que, "[s]e a decisão for no sentido de rescisão da decisão transitada em julgado, seguir-se-á depois, no mesmo acto, a substituição desta pela nova decisão (juízo rescisório)") –, parece-nos que a causa de pedir da acção anterior sempre diferiria da do recurso extraordinário, porque os únicos factos que o recorrente tinha de alegar – e demonstrar, em regra mediante a junção da "sentença transitada em julgado, da qual conste que a decisão recorrida resultou de simulação processual das partes e envolve prejuízo para terceiro" – eram a simulação e o prejuízo (cfr. o artigo 779º do CPC de 1961, na redacção anterior ao Decreto-Lei nº 303/2007, de 24 de Agosto), factos que obviamente não tinham constituído a causa de pedir da acção anterior. Face à versão do Código de Processo Civil de 1961 emergente do Decreto-Lei nº 303/2007, de 24 de Agosto, que integrou a oposição de terceiro na revisão (cfr. o artigo 771º, alínea *g*), daquele Código) – solução que é também a actual, conforme resulta do artigo 696º, alínea *g*), do CPC –, diríamos que, sendo embora diversa a causa de pedir da revisão intentada ao abrigo do artigo 771º, alínea *g*) face à causa de pedir da acção anterior (porque, como resultava do artigo 773º, nº 1, do CPC de 1961, o recorrente apenas tinha de alegar o facto constitutivo do fundamento do recurso e o prejuízo resultante da simulação processual), a circunstância de tal recurso extraordinário culminar com a anulação da decisão recorrida, não havendo nova instrução ou julgamento da causa anterior (cfr. o artigo 776º, nº 2, do CPC de 1961), retirava-lhe qualquer paralelismo com a acção prevista no artigo 671º, nº 2, do CPC de 1961 (correspondente ao artigo 619º, nº 2, do CPC actual), tornando desnecessária a demarcação das duas figuras.

parecem produzir o mesmo efeito: precisamente, a destruição do caso julgado (ou a modificação do caso julgado).

E ainda mais se esbate tal fronteira quando se considera que a revisão assume uma *natureza híbrida* (de recurso, na 1ª fase ou fase rescindente, em que se visa revogar a decisão anterior; de acção declarativa, na fase subsequente ou fase rescisória, em que se visa substituir a decisão anterior) ou mesmo só a *natureza de acção*[42], bem como que, subjacente à revisão, pode estar a *superveniência de elementos decisivos*, conforme sustentava ALBERTO DOS REIS[43], referindo-se às duas hipóteses previstas respectivamente nos nº s 3º e 7º do artigo 771º do CPC de 1939 – a da apresentação de "documento novo de que a parte não dispusesse nem tivesse conhecimento e que, por si só, seja suficiente para destruir a prova em que a sentença se fundou" e a da contrariedade da sentença revidenda "a outra que constitua caso julgado para as partes, formado anteriormente, se o vencido mostrar que não teve conhecimento dele enquanto o processo esteve pendente" (esta última hipótese, aliás, tendo deixado de estar prevista no artigo 771º do CPC de 1961, na redacção emergente do Decreto-Lei nº 303/2007, de 24 de Agosto) –, ou a *mudança das circunstâncias que se verificavam ao tempo do julgamento*, de acordo com o que, segundo o mesmo Autor, se prevê na *Zivilprozessordnung* alemã[44].

[42] Veja-se, a este respeito, Manuel Rodrigues (*Dos recursos*, págs. 213-214), observando, à luz do CPC de 1939, que "[a] revogação que se obtém hoje por um recurso, obtinha-se no regime do Código anterior [...] por uma acção, a acção de anulação de caso julgado", verificando-se que "[d]e facto, porém, a situação não mudou. No regime anterior anulava-se a sentença, mas respeitava-se o processo – é o que sucede agora. Elimina-se o vício de acção ou de omissão e julga-se novamente com os elementos nêle existentes, salvo o caso do nº 6 do art. 771º, em que tudo se deverá refazer". Aceitando a natureza híbrida do recurso de revisão, RL, 30.04.2009 (Proc. 9297/08-2), e F. Amâncio Ferreira, *Manual...*, 9ª ed., págs. 342-343. Parecendo, todavia, atribuir à revisão natureza de acção, mesmo na fase rescindente, veja-se J. Lebre de Freitas ("Recurso de revisão...", págs. 363-364), que dessa característica deduz a possibilidade de equiparação do requerimento de interposição da revisão a uma petição inicial (assim, o fundamento de facto especificado pelo recorrente, nos termos do artigo 773º, nº 1, do CPC de 1961, poderia ser diferentemente qualificado pelo tribunal); posteriormente, porém, o Autor ("Recurso extraordinário...", pág. 25) viria a sustentar a natureza híbrida da revisão (porque nela se combinariam recurso e acção), atendendo a que a revisão se destinaria a impugnar uma sentença (o que lhe atribuiria a característica de recurso) e, simultaneamente, numa das suas fases (rescisória ou, excepcionalmente, rescindente) teria estrutura semelhante à de uma acção declarativa. Configurando a revisão como um recurso, atendendo a vários elementos (por exemplo, destinar-se a revisão a atacar uma decisão, proceder o tribunal da revisão a um novo exame da causa, não haver independência absoluta em relação ao anterior processo, não ser aplicável a regra da competência da 1ª instância, serem aplicáveis à revisão as regras dos recursos e ser o recorrido notificado e não citado), veja-se Teresa Santos, *O recurso extraordinário...*, págs. 346-349.

[43] J. Alberto dos Reis, *Código...*, vol. VI, pág. 339.

[44] Segundo J. Alberto dos Reis (*Código...*, vol. VI, pág. 332), a acção de restituição alemã (que adiante designamos como acção de revisão e que coincide parcialmente com o nosso recurso extraordinário de revisão) pode ter dois tipos de fundamentos: prática de actos puníveis e mudança de circunstâncias, abrangendo este último tipo a anulação posterior da decisão em que se fundou a sentença a rever, a descoberta de "uma sentença civil anterior que devesse ser tomada em conta e imponha decisão contrária

Aliás, para ALBERTO DOS REIS[45], o recurso de revisão português assemelhar-se-ia mais a uma *acção de rescisão* do que a uma *acção de anulação* (assim se aproximando do modelo italiano em detrimento do germânico, que se diferenciariam por este visar "ou a *anular* ou a *rescindir* uma sentença definitiva" e o modelo italiano destinar-se "ùnicamente a rescindir uma sentença cuja base de facto está inquinada de erro grave"), pois só no caso contemplado no nº 6º do artigo 771º do CPC de 1939 (correspondente à alínea *e)* do artigo 771º do CPC de 1961 e à alínea *e)* do artigo 696º do actual CPC) – ou seja, na hipótese de "tendo corrido à revelia a acção e a execução, se mostrar que faltou ou foi nulamente feita a citação do réu" – "é que na base da revisão está um erro de actividade ou de processo (*error in procedendo*); nos outros casos, rescinde-se a sentença passada em julgado, porque ela assentou sobre *bases de facto* que se descobre serem erradas".

Este erro pode, é certo, ainda segundo ALBERTO DOS REIS[46], constituir também um *vício* (excepto nas já mencionadas hipóteses dos nº s 3º e 7º do artigo 771º do CPC de 1939); de qualquer modo, *vício processual* só existiria no caso do referido nº 6º (falta ou nulidade da citação em caso de revelia). Algo contraditoriamente porém, ALBERTO DOS REIS[47] também pareceria sustentar, em outro lugar[48], que aquilo que distingue a modificação da decisão da respectiva revisão através do correspondente recurso extraordinário é a primeira justificar-se pela "modificação das condições e circunstâncias em que foi emitida" e a segunda ter sido "tomada em condições irregulares", isto é, achar-se "inquinada de vício ou infecção grave".

Do que acabou de dizer-se decorre que *não pode afirmar-se, sem mais, que a impugnação do caso julgado em que a revisão se traduz* – equivalha tal impugnação à respectiva anulação ou declaração de nulidade[49], ou à respectiva revogação (é, de resto, flutuante a terminologia legal: de acordo com o artigo 701º, nº 1, do CPC, se o fundamento da revisão for julgado procedente, a decisão é revogada; já de

à que foi proferida" e, por último, a obtenção pela parte de "documento novo, susceptível de determinar decisão que lhe seja mais favorável".

[45] J. Alberto dos Reis, *Código...*, vol. VI, pág. 334.

[46] J. Alberto dos Reis, *Código...*, vol. VI, pág. 339.

[47] J. Alberto dos Reis, *Código...*, vol. VI, pág. 340.

[48] Concretamente, a propósito do problema de saber se pode intentar-se recurso extraordinário de revisão de uma resolução da jurisdição voluntária, por esta não constituir caso julgado.

[49] Segundo J. de Castro Mendes (*Limites objectivos...*, pág. 31), do artigo 675º do CPC de 1961 (actual artigo 625º) decorre que "*não forma caso julgado a sentença que ofende caso julgado anterior* (...). A revisão (cfr. art. 771 alínea *g)* [do CPC de 1961]) é aqui um recurso de declaração de nulidade e não de anulação; declarativo e não constitutivo". Porém, e como já se referiu, este fundamento de revisão a que alude o Autor deixou de estar consagrado no CPC de 1961, na redacção emergente do Decreto-Lei nº 303/2007, de 24 de Agosto (cfr. o artigo 771º do CPC de 1961, depois deste diploma). Sobre as razões da abolição deste fundamento de revisão e avançando algumas críticas à solução actual, J. Lebre de Freitas / A. Ribeiro Mendes, *Código...*, vol. 3º, tomo I, págs. 227-228.

acordo com o artigo 701º, nº 2, que contempla um fundamento de revisão que, antes do Decreto-Lei nº 303/2007, de 24 de Agosto, motivava a oposição de terceiro, "se o fundamento da revisão for julgado procedente anula-se a decisão recorrida")[50] – *se traduz num recurso e não numa acção, diversamente do que sucederia com a acção modificativa, nem pode afirmar-se que a revisão pressupõe necessariamente um vício da sentença transitada em julgado*[51] – ou a respectiva inexactidão[52] – *e nunca*

[50] J. Alberto dos Reis (*Código...*, vol. VI, págs. 391-406) fala indiferenciadamente em anulação e revogação da sentença a rever. J. Lebre de Freitas / A. Ribeiro Mendes (*Código...*, vol. 3º, tomo I, págs. 240-241), por seu lado, criticam a redacção do artigo 776º, nº 2, do CPC de 1961 (correspondente ao artigo 701º, nº 2, do CPC actual), entendendo que, em rigor, se verifica a revogação da decisão recorrida. Considerando que a decisão que julga procedente o recurso de revisão revoga a decisão revidenda, veja-se também Teresa Santos, *O recurso extraordinário...*, pág. 283. No direito italiano, a propósito da *revocazione straordinaria* (sensivelmente equivalente ao recurso de revisão português), a doutrina refere também indiferenciadamente a revogação ou anulação consequente à procedência de tal recurso: assim, E. Fazzalari ("Revocazione...", págs. 299-300), observando que "il giudice emette sentenza che 'revoca' la sentenza impugnata, cioè l'annulla ('revoca', come 'rescissione', come 'cassazione', è sinonimo tradizionale di 'annullamento')". Supomos que o uso, na lei, e a propósito da revisão, tanto do termo "revogação" como do termo "anulação" reflecte o antecedente histórico da revisão (que foi a acção de anulação de caso julgado) e, bem assim, a circunstância, a que se referia Manuel Rodrigues, de substancialmente a revisão equivaler àquela acção.

[51] Parece-nos que, não obstante o recurso extraordinário de revisão (tal como, aliás, os recursos ordinários) ser um meio de impugnação de *decisões*, o vício que lhe pode servir de fundamento – e abstraindo agora da questão de saber se se trata do único fundamento possível – sempre será um *vício da sentença* (decorrente de um vício do processo ou da própria sentença) e não necessariamente uma anomalia da parte decisória da sentença. A doutrina revela, todavia, alguma oscilação na determinação do *quid* a que o vício pode ser imputado: assim, salientava Palma Carlos (*Direito processual civil – Dos recursos*, págs. 255-257, e *Direito processual civil – Dos recursos (Lições...)*, pág. 274) que os recursos extraordinários (o Autor não se referia, naturalmente, ao actual recurso para uniformização de jurisprudência, que, ao tempo, não constituía recurso extraordinário), na medida em que se destinam a combater vícios da sentença transitada em julgado (no caso da revisão, e exceptuada a hipótese da preterição do caso julgado, "vícios objectivos na organização do processo"; no caso da (antiga) oposição de terceiro, "vícios de ordem subjectiva (que se verificam nos sujeitos da relação jurídico-processual)"), devem ser qualificados como recursos de reparação; M. Teixeira de Sousa (*Estudos...*, págs. 597-598), por seu lado, reduz a dois os fundamentos dos recursos extraordinários: concretamente, a vícios *do processo* ou *da decisão*; F. Pessoa Jorge (*Direito...*, pág. 63) fala simplesmente em vícios ocorridos na decisão; J. Lebre de Freitas / A. Ribeiro Mendes (*Código...*, vol. 3º, tomo I, pág. 222) referem que "[o] recurso extraordinário de revisão visa combater um vício ou anomalia processual de especial gravidade, de entre um elenco taxativamente previsto"; J. C. Hitters (*Revisión...*, pág. 95), referindo que o Código de Portugal enumera entre os motivos de revisão erros *in procedendo* e vícios substanciais.

[52] Face ao direito alemão, observa W.-D. Walker ("Beseitigung...", pág. 379) que a objectiva inexactidão da sentença não é necessária nem suficiente condição de admissibilidade da reabertura do processo nos termos dos §§ 578 e seguintes da ZPO; no mesmo sentido, K. Johannsen ("Rechtfertigung...", págs. 82-83), frisando que o fim da revisão não é a obtenção de uma sentença mais conforme com o direito material, como o demonstra a circunstância de a eventual injustiça da sentença a rever não ser discutida nas várias fases desse processo. Parece-nos que este entendimento vale também para o direito português.

uma alteração das circunstâncias[53], destinando-se, por causa desse vício, a destruir os efeitos da sentença[54].

O mesmo é dizer que não é possível arredar, desde já, do objecto da presente investigação a figura do recurso de revisão, com o argumento de que apenas nos motiva a modificação do caso julgado em virtude da alteração de circunstâncias – signifique ou não esta alteração uma alteração da causa de pedir – e não em virtude de um vício originário da sentença modificanda: trata-se de aspecto que,

[53] J. C. Hitters (*Revisión*..., pág. 10), porém, distingue claramente entre a modificação das circunstâncias e o vício da sentença, considerando que a revisão pressupõe necessariamente esta última hipótese.

[54] Essa destruição dos efeitos da sentença transitada em julgado tem lugar na fase rescindente dos recursos extraordinários: como observa A. Ribeiro Mendes (*Recursos*..., pág. 298), nessa fase "o tribunal vai apreciar os fundamentos do recurso, de forma a poder decidir se a decisão já transitada em julgado deve ou não ser aniquilada (rescindida)".

Ao dizermos que a destruição dos efeitos da sentença revidenda comporta a anulação do caso julgado estamos a tomar posição, e em sentido afirmativo, sobre a questão de saber *se o caso julgado é um efeito da sentença transitada em julgado* (contra, entendendo que o caso julgado não é um efeito, mas um atributo da sentença enquanto acto e dos seus efeitos – que podem ser declarativos, constitutivos ou executivos –, equivalendo, portanto, à imodificabilidade de ambos os elementos, e estando os terceiros sujeitos à eficácia da sentença, mas não à autoridade do caso julgado, veja-se E. T. Liebman, *Efficacia ed autorità*..., especialmente págs. 24-48, "Ancora sulla sentenza...", págs. 239-247 e 248-250, "Effetti della sentenza ...", págs. 2-5, e "Sentenza...", págs. 3-4; identicamente, V. Andrioli, "Limiti...", pág. 58, e *Appunti*..., págs. 218-222, e E. Fazzalari, "Il cammino...", págs. 590-591). E entendemos que o caso julgado é um efeito da sentença, não só pela regulação da figura num capítulo autónomo do CPC – dedicado, precisamente, aos efeitos da sentença (cfr. os artigos 619º e seguintes) –, mas também porque a força obrigatória em que ele se traduz não significa uma mera diferença de grau relativamente à eficácia que a sentença apresenta, uma vez proferida. Crítico em relação à tese de Liebman que, na sua formulação mais recente, reconhece à sentença, depois da pronúncia, força vinculativa plena para as partes relativamente ao conteúdo da decisão, fazendo ainda impender sobre o juiz de um processo no qual a sentença seja invocada – e na hipótese de tal processo não ser suspenso – o dever de fundar a sua decisão na precedente declaração judicial (cfr. E. T. Liebman, "Effetti della sentenza...", págs. 5-6 e 7-10), veja-se A. Attardi ("Il giudicato...", especialmente págs. 261-264 e 298), salientando que, em se seguindo tal orientação, é difícil determinar o que acrescenta o trânsito em julgado à sentença e, bem assim, observando que "não é configurável uma eficácia declarativa na sua forma pura e natural [...], susceptível de ser entendida como força vinculativa da declaração judicial que opera até que se demonstre que a sentença é injusta ou padece de *error in iudicando*"; E. T. Liebman manteria, porém, a sua posição em "Sentenza...", págs. 7-16. Críticos também em relação à distinção de Liebman entre a imperatividade da sentença e o caso julgado, veja-se, entre muitos outros Autores: F. Carnelutti ("Efficacia...", págs. 205-206, e "Bilancio...", págs. 78-79), considerando que a autoridade não pode equivaler à imutabilidade, que a autoridade se confunde com a eficácia, e que apenas se justifica a distinção entre eficácia e imutabilidade; E. Heinitz (*I limiti*..., págs. 20-25), assinalando que a essência do caso julgado não é suficientemente caracterizada com a mera referência à imutabilidade; M. Vellani (*Naturaleza*..., págs. 72-100), para quem a imperatividade que torna a sentença apta a constituir a regra da relação material declarada pelo juiz só se adquire nos termos do artigo 2909º do c. c. e, portanto, só desde a constituição de caso julgado formal; entre nós, A. J. Brandão ("Caso julgado...", págs. 99-101 e 106), considerando a tese de Liebman "uma longa, embora brilhante tautologia: imutabilidade da eficácia e irrecorribilidade são expressões equivalentes" e concluindo que "o caso julgado é um efeito da sentença-de-mérito e só dela".

só numa primeira aproximação, distingue a figura da acção modificativa face à daquele recurso extraordinário[55] e, aliás, face à de qualquer recurso[56].

Não apenas pelo seu fundamento, mas também pelos seus efeitos pode ser tentada a autonomização da figura da modificação do caso julgado por alteração das circunstâncias da do recurso extraordinário de revisão.

Assim, pode aventar-se que, enquanto a segunda (a revisão) constituiria uma nova instância[57], a primeira (a acção modificativa) implicaria a renovação da instância extinta (cfr. o artigo 282º do CPC): mas este critério é muito pouco seguro, não faltando Autores que, relativamente à revisão, sustentam que a mesma também implica a renovação da instância extinta, pelo menos na sua fase rescisória[58],

[55] Também J. de Castro Mendes (*Direito processual...*, 3º vol., págs. 126-127) – seguido, neste particular, por A. Ribeiro Mendes (*Recursos...*, pág. 303) –, embora admitisse que, subjacente ao recurso de revisão se podia encontrar um *vício* (*do processo de decisão* ou *da decisão, em si mesma considerada*), apontava dois outros fundamentos de revisão que dificilmente se reconduzem à figura do vício: trata-se dos "fundamentos que se traduzem em características dos elementos de formação da decisão", de que constituem exemplos a "falsidade de documento, depoimento de parte ou testemunha ou laudo de perito" e a "superveniência de documento" (cfr. as actuais alíneas *b)* e *c)*, do artigo 696º do CPC).

[56] Subjacente a qualquer recurso encontra-se a ideia de vício substancial da sentença, isto é, a ideia de injustiça da decisão (cfr. Paulo Cunha, "Defeitos...", págs. 100 e 109-110).

[57] No sentido da existência de uma nova instância: STJ, 29.10.1946; F. Pessoa Jorge, *Direito...*, pág. 7; Barbosa de Magalhães (*Estudos...*, pág. 272), argumentando que a existência de uma nova instância decorre da circunstância de os recursos extraordinários se destinarem a atacar o caso julgado e da de em ambos a parte contrária ter de ser notificada pessoalmente; J. C. Hitters (*Revisión...*, pág. 16), assinalando que esta seria a orientação da maioria da doutrina.

[58] Distinguindo entre a fase rescindente e a fase rescisória do recurso extraordinário, a primeira abrindo uma nova instância – a antiga acção de anulação do caso julgado, prevista no artigo 148º do CPC de 1876 – e, a segunda, implicando a renovação da instância anterior: J. de Castro Mendes, *Direito processual...*, 3º vol., págs. 74-75. No sentido da renovação da instância, em se tratando de revisão: *Rev. Trib.*, ano 65º, pág. 83 (sustentando que "[a] instância, extinta pelo julgamento com trânsito, revive por via da interposição do recurso extraordinário"); J. Alberto dos Reis (*Código...*, vol. VI, págs. 373-378), entendendo que a "instância aberta pelo recurso de revisão é a própria instância que o caso julgado extinguira", verificando-se que "a instância extinta *revive, ressurge*, por virtude do recurso extraordinário de revisão"; J. Lebre de Freitas / A. Ribeiro Mendes, *Código...*, vol. 3º, tomo I, págs. 223 e 234; A. Ribeiro Mendes, *Recursos em processo civil (Reforma de 2007)*, pág. 180. Já quanto à (antiga) oposição de terceiro, J. Alberto dos Reis (*idem*, pág. 439) afirma que "não é possível encará-la como renascimento e continuação da acção anterior", porque a figura "corresponde a uma acção nova proposta por terceiro contra as pessoas que figuraram como partes na acção de que emanou a sentença a impugnar" (idênticas considerações podendo tecer-se, ao que julgamos, quanto à revisão hoje prevista no artigo 696º, alínea *g)*, do CPC, equivalente à antiga oposição de terceiro).
Refira-se que, quanto à *revista do feito* do antigo direito português das Ordenações, a fase preliminar ou rescindente "não era considerada nova instância, visto que o Desembargo *não julgava*: apenas declarava se, apesar do caso julgado ("feito findo"), havia lugar a revisão" (cfr. Paulo Merêa, "Bosquejo...", pág. 52). Já a segunda fase – a rescisória – constituía uma nova instância, revivendo o feito julgado (cfr. Paulo Merêa, "Bosquejo...", pág. 54). Parece, portanto, que no tratamento doutrinário da antiga *revista do feito*, era diverso o sentido atribuído ao conceito de "nova instância": a fase rescindente não constituía nova

desta característica inferindo, aliás, a *natureza de recurso* (e não de acção, qualificação que, como já acima se referiu, também lhe tem sido atribuída) da revisão[59].

Embora à luz do direito alemão, WALKER[60] distingue a modificação do caso julgado com fundamento em alteração das circunstâncias (prosseguida através da *Abänderungsklage*) dos mecanismos de reabertura do processo concluído através de sentença transitada em julgado (*Wiederaufnahme des Verfahrens*) – que são dois (cfr. §§ 578 e seguintes da ZPO): a acção de nulidade (*Nichtigkeitsklage*) e a acção de revisão (*Restitutionsklage*), ambos se integrando, ressalvadas algumas particularidades, na figura do recurso de revisão do direito português[61], e, tal como este recurso, comportando uma fase rescindente e uma fase rescisória[62] –, ainda de acordo com um outro critério: o dos *efeitos sobre o caso julgado* de cada uma dessas figuras.

Utilizando este critério, considera o referido Autor que, enquanto a reabertura do processo (ou, mais simplesmente, a revisão) se destinaria à *eliminação* (*Beseitigung*) do caso julgado formal e material, a modificação do caso julgado com fundamento em alteração das circunstâncias teria em vista a *quebra* (*Durchbrechung*) do caso julgado material, deixando intocado o caso julgado formal do título.

Não sendo, porém, pacífica a resposta à questão de saber se a acção modificativa se caracteriza pela quebra do caso julgado material ou pela confirmação das

instância, porque nela não se julgava; a fase rescisória constituía nova instância, porque nela se julgava (ainda que, nela, revivesse o feito julgado).

59 Atribuindo à revisão a natureza de recurso atendendo à circunstância de, na revisão, ocorrer o ressurgimento da instância primitiva, veja-se Cândida Neves ("O recurso...", págs. 109-112), que, aliás, atribui tal natureza ao recurso de revisão na sua globalidade e não, como J. Alberto dos Reis, apenas à fase rescindente. Também no sentido de que, na fase rescisória, e em virtude da ocorrência de renovação da instância extinta (destinada a substituir a decisão rescindida), a revisão seria um verdadeiro recurso, Isabel Graes, *O recurso de revisão...*, pág. 72. Parece-nos, porém, que da renovação da instância extinta que implica não se pode inferir a caracterização da revisão como recurso, porque um recurso não se caracteriza pela circunstância de importar a renovação de uma instância extinta, mas pela de importar a impugnação de uma decisão (artigo 627º do CPC) e, eventualmente, a continuação da instância.

60 W.-D. Walker, "Beseitigung...", págs. 369-370.

61 Como observa J. Alberto dos Reis (*Código...*, vol. VI, págs. 331-332), "[a] revisão germânica assemelha-se, por um lado, às acções e apresenta, por outro, traços de afinidade com os recursos. A parte prejudicada por sentença passada em julgado pode, em certos casos excepcionais, formular ou o pedido de nulidade da decisão (*querela nullitatis insanabilis*), ou o pedido de restituição (*restitutio in integrum*)". Este pedido de restituição parece-nos poder ser melhor traduzido, em português, por pedido de revisão, e por isso denominámos a *Restitutionsklage* acção de revisão: no entanto, esse pedido remonta à restituição do direito pretoriano (cfr. G. W. Wetzell, *System...*, págs. 674-701). O direito alemão não conhece, porém, ao contrário do português (e do italiano) a figura da oposição de terceiro, hoje integrada no recurso de revisão: cfr. W. Grunsky, "Proto-Pisani...", pág. 329.

62 Sobre estas duas fases do *Wiederaufnahmeverfahren*, o *iudicium rescindens* versando sobre a respectiva admissibilidade e fundamentação e comportando uma decisão anulatória, o *iudicium rescissorium* destinando-se à renovação da discussão da causa principal e ao proferimento de uma decisão substitutiva, veja-se P. Gilles, "Zur Systematik des Wiederaufnahmeverfahrens (Iudicium rescindens)", pág. 466.

respectivas regras – como teremos ocasião de verificar, quando nos referirmos (o que faremos várias vezes ao longo da exposição) à *teoria da equidade* e à *teoria da confirmação* –, nem líquida a diferenciação feita por WALKER entre a eliminação e a quebra do caso julgado – verificando-se, aliás, como observa P. COSTA E SILVA, que o conceito de quebra do caso julgado (*Rechtskraftdurchbrechung*) "não tem equivalente na dogmática processual civil portuguesa"[63], e, bem assim, que a própria doutrina alemã também se refere à "anulação da sentença anterior" quando trata da sentença modificativa[64], efeito que, entre nós, decorre do recurso de revisão –, este critério distintivo da acção modificativa face ao recurso de revisão não apresenta, pelo menos para já, grande utilidade.

De tudo o que ficou dito resulta que, embora não seja esse o objecto da presente tese, teremos necessariamente de atender às regras do recurso extraordinário de revisão, porque só em as atendendo resultará delimitada dogmaticamente a própria figura da modificação do caso julgado por alteração das circunstâncias (não será, aliás, por acaso que esta última também apareça às vezes referenciada, tanto pela lei como pela doutrina e jurisprudência, como uma *revisão* da decisão, e o recurso de revisão caracterizado como implicando a *modificação* da decisão[65]).

Além de que, como veremos, situações existem que se revelam próximas, tanto das que se encontram taxativamente descritas no artigo 696º do CPC e justificam o recurso de revisão, como das que justificam a modificação do caso julgado por alteração das circunstâncias prevista no artigo 619º, nº 2, do CPC: referimo-nos, por exemplo, aos conhecimentos científicos surgidos depois do proferimento da decisão e que abalam os fundamentos desta.

Neste caso parece, por um lado, que a decisão está afectada por um vício (ou, se se preferir, por um erro na base de facto da sentença) e que as regras a aplicar são as da revisão – que, aliás, determinariam o indeferimento imediato do requerimento de interposição do recurso, por não haver motivo para revisão, desde logo porque o elemento novo não é um *documento* (cfr. os artigos 696º e 699º, nº 1, do CPC) –; mas também parece, por outro lado, que a aplicabilidade das regras da

[63] P. Costa e Silva, *A litigância...*, pág. 649, nota 1150. O conceito de *Rechtskraftdurchbrechung* é também usado na doutrina alemã a propósito da dedução de pretensão indemnizatória, em virtude de uso da sentença contra a boa fé, nos termos do § 826 do BGB (a que adiante aludimos: *infra*, § 1º, II, 3.). E significa, como dá conta a Autora, a cessação do efeito de caso julgado de uma decisão, através da superveniência de uma outra decisão, que não a destrói, mas é com ela incompatível.

[64] Assim, W. Zeiss / K. Schreiber, *Zivilprozessrecht*, pág. 228, ou H.-J. Musielak, *Grundkurs...*, pág. 379.

[65] No direito alemão, a reabertura do processo (*Wiederaufnahme des Verfahrens*) através de acção de nulidade ou de acção de revisão chega mesmo a ser designada *acção modificativa* (*Abänderungsklage*): assim, O. P. Behre, *Der Streitgegenstand...*, pág. 10. E, embora se refira à revisão no processo criminal, não deixa de ser curioso que A. Vilela (*A revisão...*, pág. 61) a defina como "[o] meio legítimo de modificar os julgados criminaes pelo reexame dos processos respectivos", isto é, frisando o efeito *modificativo* que a revisão produz.

revisão não se coaduna com a particularidade de, na hipótese do surgimento de novos conhecimentos científicos, *não ser evidente o vício, para a parte vencedora, logo no momento do proferimento da decisão*[66], nem, muito provavelmente, no apertado prazo para interpor o recurso de revisão (o que significará, por outras palavras, que aquando da consagração das regras da revisão não foi ponderada a situação acima identificada, sendo, portanto, de considerar antes a aplicabilidade do regime da modificação constante do artigo 619º, nº 2, do CPC).

Finalmente, e apesar de não pretendermos tratar da revisão, atenderemos ainda às correspondentes regras, tanto na perspectiva de que o regime da modificação do caso julgado por alteração das circunstâncias não há-de servir para contornar as regras do recurso de revisão, como também na de que não é de excluir a aplicação analógica destas regras no preenchimento de alguma lacuna que porventura detectemos no regime da modificação.

2. Oposição à decisão ou à execução

A lei admite, por vezes, que uma dada decisão seja impugnada por via de oposição.

Encontra-se nessa situação a sentença que declara a insolvência, que, aliás, pode igualmente ser impugnada por meio de recurso (cfr. artigos 40º e 42º do CIRE).

Na medida em que a oposição pode ter como fundamento novos factos – no caso da sentença que declara a insolvência, a oposição pode ainda fundar-se em novos meios de prova (cfr. artigo 40º, nº 2, do CIRE) –, verifica-se alguma duplicação entre o correspondente regime e o regime da modificação de decisões, consagrado no artigo 619º, nº 2, do CPC.

Uma via de superação de tal duplicação pode consistir no entendimento segundo o qual a oposição visa a revogação da anterior decisão (cfr. artigo 43º do CIRE), enquanto a modificação – como o próprio nome o sugere – a respectiva alteração.

[66] Como adiante veremos (*infra*, § 27º, III), de vários dos fundamentos do recurso de revisão decorre a conclusão de que, subjacente à consagração deste recurso extraordinário, está também o entendimento segundo o qual a quebra do caso julgado se justifica especialmente quando a parte vencedora sabe de antemão que a decisão é injusta. O carácter evidente do vício, neste sentido, não se confunde com o modo especialmente evidente com que, também nas hipóteses de revisão, são abalados os fundamentos da sentença: neste segundo sentido, em que se tem presente a circunstância de, na revisão, o caso julgado ser atingido através do oferecimento de meios de prova que, com especial força probatória, demonstram a inexactidão dos fundamentos da sentença (assim: H. F. Gaul, *Die Grundlagen*, págs. 81-83, e "Anmerkung", in *FamRZ*, 1963, pág. 179; U. Spellenberg, "Rechtskraft...", pág. 555), o regime imediatamente aplicável, quando se pretenda destruir o caso julgado invocando novos conhecimentos científicos, parece ser outra vez o da revisão.

No entanto, e como já atrás se assinalou[67], nada impede que a modificação redunde na pura e simples cessação dos efeitos da anterior decisão, o que equivalerá, em princípio, à respectiva revogação[68].

A distinção entre a oposição à decisão e a modificação pode eventualmente basear-se na consideração de que, enquanto a primeira impede o trânsito em julgado da decisão – não consistindo, portanto, num meio de revogação do caso julgado –, a segunda o pressupõe necessariamente. Contudo, e concretamente no caso da oposição à sentença que declara a insolvência, é problemático que assim seja, atendendo a que o artigo 628º do CPC não faz depender o trânsito em julgado da insusceptibilidade de oposição (mas apenas da insusceptibilidade de recurso ordinário ou de reclamação)[69]; por outro lado, importa discutir se o regime consagrado no artigo 619º, nº 2, do CPC efectivamente pressupõe o trânsito em julgado da decisão a modificar, sucedendo que, se a resposta for negativa (à semelhança do que se verifica no direito alemão[70]), perde sentido o critério de distinção em referência.

Em suma: não nos parece possível delimitar rigorosamente, pelo menos nesta fase da investigação, a oposição à sentença da modificação, no que aos respectivos pressupostos e efeitos diz respeito.

A única precisão que importa fazer é a seguinte: só nos interessará a oposição à sentença, na medida em que alguns aspectos do seu regime possam coincidir com certos aspectos do regime da modificação ou na medida em que a modificação possa ser feita valer na oposição. Dito de outro modo: não estudaremos o *regime da oposição à sentença* (que, aliás, nem sequer é uniforme, atendendo a que

[67] *Supra*, § 1º, I, 7.

[68] Disse-se "em princípio", porque se a final se concluir que a modificação nunca possui efeitos retroactivos, haverá aí uma especialidade face à revogação: é que esta pode possuir tais efeitos (cfr. o artigo 43º do CIRE, que apenas ressalva os efeitos dos actos legalmente praticados pelos órgãos da insolvência).

[69] E também não parece que se possa considerar que o artigo 628º do CPC engloba, na referência que faz à reclamação, a própria oposição à decisão: se é certo que, como refere M. Teixeira de Sousa (*Estudos*...págs. 369 e 372), "[o]s embargos constituem uma modalidade de reclamação e são um meio de reacção contra medidas de carácter executivo", sendo que "[a] característica dos embargos como meios de reacção contra medidas de conteúdo executivo levou a que estes passassem a abranger a própria oposição a eventuais medidas de carácter executivo [...]", a verdade é que a oposição a que se reporta o artigo 40º do CIRE não pode ser qualificada como uma oposição a eventuais medidas de carácter executivo.
Sobre este ponto, veja-se P. Costa e Silva ("A liquidação...", pág. 725), assinalando nomeadamente que "[s]e a oposição determina a dedução de elementos novos e se estes deverão ser apreciados pelo tribunal, não pode aceitar-se que haja transitado em julgado uma decisão contra a qual pende oposição. Isto porque o conceito de trânsito em julgado contém uma ideia de imutabilidade e de estabilidade da decisão judicial. Ora se a decisão proferida antes da dedução de oposição não pode considerar-se nem estável, nem imutável já que é susceptível de alteração em atenção aos novos elementos a ponderar pelo tribunal, não pode dizer-se que tal decisão haja transitado em julgado".

[70] *Infra*, § 3º, I, 1.

a oposição pode ser movida contra variadíssimas decisões e, consoante os casos, com fundamentos diversos), mas apenas os pontos de contacto entre esse regime e o da modificação.

A revogação do caso julgado parece poder ainda operar através da procedência da *oposição à execução de sentença* (transitada em julgado): e, nos casos em que o fundamento dessa oposição seja um dos constantes no artigo 729º, alínea *g*), do CPC (ou seja, um facto extintivo ou modificativo da obrigação posterior ao encerramento da discussão no processo de declaração), torna-se especialmente difícil a distinção entre essa aparente revogação e a modificação da sentença com fundamento em alteração das circunstâncias.

No entanto, a procedência da oposição à execução reflecte-se essencialmente na eliminação (ainda que parcial ou temporária) da exequibilidade do título e na extinção da execução, não atingindo o caso julgado que a decisão anterior eventualmente tenha constituído, o que, aliás, se coaduna com a diferenciação, enquanto efeitos da sentença, entre a exequibilidade e o caso julgado[71]: deste modo, não pode visualizar-se, na oposição à execução, uma situação de revogação do caso julgado[72].

[71] Sobre esta diferenciação, K. A. Bettermann, *Die Vollstreckung...*, págs. 35 e 53-57.

[72] Assim, por exemplo, H.-U. Graba (*Die Abänderung...*, págs. 60, 80 e 104), salientando que o pedido que constitui o objecto da oposição à execução é o da determinação da inadmissibilidade da execução da sentença (tendo, por isso, natureza constitutiva a correspondente decisão), bem como que o respectivo caso julgado não abrange (salvo formulação de pedido de apreciação incidental) a questão de saber se a pretensão subsiste e se lhe não são oponíveis excepções. Também com interesse sobre a natureza da oposição à execução, que concebe, não como acção de simples apreciação negativa da pretensão de direito material exequível (*vollstreckbare materielle Anspruch*) ou da pretensão de execução (*Vollstreckungsanspruch*) – a primeira dirigida contra o devedor, a segunda contra o Estado –, mas como acção constitutiva processual (porque uma decisão de procedência de tal acção extingue a, até aí admissível, execução), veja-se E. R. von Maurnböck, *Die Abänderungsklage...*, págs. 41-44. Salientando igualmente que a sentença proferida na oposição à execução não elimina nem modifica a sentença anterior, apenas declarando inadmissível a execução que nela se funde, K. Mayer, *Anspruch...*, pág. 133. Sobre as várias teses relativas à natureza jurídica da oposição à execução, consulte-se ainda Rosenberg/Gaul/Schilken, *Zwangsvollstreckungsrecht...*, págs. 612-615; na doutrina italiana, sobre a natureza e o objecto da oposição à execução, e propendendo para a respectiva função de apreciação negativa, C. Mandrioli, "Opposizione...", págs. 439-440. Entre nós, veja-se STJ, 18.12.2008, em cujo sumário se lê que "[a] fase declarativa em que se traduz a oposição, estruturalmente extrínseca à acção executiva, configura-se como contra-execução destinada à declaração da sua extinção, sob o fundamento da inexistência da obrigação exequenda ou da inexistência ou ineficácia do título executivo", bem como que "[o] pedido formulado na oposição à execução pelo oponente no sentido de ser absolvido da acção executiva deve ser entendido como pretensão da sua extinção"; veja-se, ainda, J. Lebre de Freitas (*A acção executiva...*, págs. 189-190, "Acção executiva...", págs. 227-233, e "Concentração...", pág. 179, nota 13), que, aceitando embora que a oposição à execução possa ter por objecto a apreciação da subsistência da obrigação titulada (não se cingindo, portanto, à declaração da inadmissibilidade da execução) – o que sucederá quando essa oposição tenha um fundamento de mérito –, salienta que, sendo o título executivo uma sentença, esta não é atacada em si mesma, mas apenas na sua exequibilidade.

Ora, não operando a procedência da oposição à execução a revogação do caso julgado, não é pelos seus efeitos ou pelo seu fim que a oposição à execução pode apresentar afinidades com a acção modificativa, mas pelos seus fundamentos: dito de outro modo, a dificuldade na delimitação das duas figuras radica na possibilidade, que encontra apoio na letra da lei, de certos fundamentos da acção modificativa servirem igualmente como fundamentos da oposição à execução[73].

Seja como for, também não é nosso propósito estudar o regime da oposição à execução: a ele atenderemos apenas na medida em que se cruze com o da acção modificativa.

3. Desconsideração do caso julgado. Uso da sentença contra a boa fé

Quedará também fora do objecto do presente estudo o tema da desconsideração do caso julgado, nomeadamente aquela que se funde em uso da sentença contra a boa fé.

Salienta Menezes Cordeiro[74] que "[o] primeiro sector do extra-civil no qual a boa fé se impôs foi, precisamente, o do processo civil", tendo o *Reichsgericht* alemão, numa decisão de 14 de Outubro de 1905, "numa primeira incursão das cláusulas gerais do BGB em processo [restringido], em nome delas, o próprio caso julgado"[75].

A este propósito, cumpre referir que, na Alemanha, o Supremo Tribunal Federal (*Bundesgerichtshof*), desde a sua instituição[76], e certa doutrina, na esteira do *Reichsgericht*, vêm defendendo que, quando a sentença tenha sido *obtida* ou seja *utilizada* de forma atentatória dos bons costumes, nos termos do § 826 do BGB[77],

[73] Ainda que, como H.-U. Graba (*Die Abänderung...*, pág. 60), se possa vir a concluir a final que, sob o ponto de vista do devedor, a redução ou a supressão da pretensão corresponde ao fim da acção modificativa e ao fundamento da oposição à execução.

[74] A. Menezes Cordeiro, *Litigância...*, pág. 83.

[75] À jurisprudência do *Reichsgericht* sobre o uso da sentença contra a boa fé parece também referir-se Vaz Serra ("Objecto...", pág. 57), quando afirma o seguinte: "A jurisprudência admite a excepção contra o exercício de uma sentença de facto inexacta, mas com força de caso julgado, quando o exercente a obteve de modo baixo ou quando outras circunstâncias mostram ser contrário aos bons costumes o seu actual procedimento. Mas, dada a autoridade do caso julgado, tal excepção só é admissível quando a inexactidão da sentença e o dolo são evidentes, o choque contra a boa fé é tão grave que, mesmo atendendo à essência e ao fim do caso julgado, seria de todo insuportável admiti-lo". Sobre esta jurisprudência do *Reichsgericht* veja-se também, entre nós, P. Costa e Silva (*A litigância...*, págs. 650-652), e, na Alemanha, W. Bernhardt, "Auswirkungen...", págs. 79-92. Refira-se que a boa fé tem servido, na jurisprudência alemã, não apenas para obter a desconsideração do caso julgado, mas também para expandir os seus efeitos, quer objectivos quer subjectivos: sobre o ponto, W. Zeiss, *El dolo...*, págs. 107-113.

[76] W.-D. Walker, "Beseitigung...", pág. 372.

[77] Tem-se considerado que o exercício da acção indemnizatória prevista no § 826 do BGB fundada em uso da sentença contra a boa fé pressupõe um de dois tipos de comportamento do réu: ou um comportamento atentatório dos bons costumes no processo precedente ou uma utilização contrária aos bons costumes da sentença anterior (assim, por exemplo: Rosenberg/Schwab/Gottwald, *Zivilprozessrecht*, 17ª ed., § 162,

não pode produzir o efeito obrigatório típico do caso julgado, justificando mesmo o exercício da acção indemnizatória prevista neste preceito, por execução de sentença inexacta[78/79].

6; C. Klados, "§ 826 BGB...", pág. 707). A suficiência da *utilização* abusiva (portanto, a não exigência de *obtenção* abusiva) começou por ser sustentada logo pelo *Reichsgericht*, conforme observam G. Hönn ("Dogmatische...", pág. 266) ou J. Braun ("Der Anspruch...", pág. 2380). É necessária a verificação de certas circunstâncias que atestem a obtenção ou a utilização contrária à boa fé da sentença (cfr. S. Würthwein, "Neue...", pág. 462 e jurisprudência aí citada, e J. Braun, "Die materielle Rechtskraft...", págs. 182-183).

[78] Neste sentido, BGH, 09.02.1999 (a título meramente exemplificativo, porque, como refere U. Spellenberg, "Rechtskraft...", pág. 555, se trata de jurisprudência constante dos tribunais superiores); K. Mayer, *Anspruch...*, págs. 108 e 134-135; Schönke/Schröder/Niese, *Zivilprozessrech*, pág. 340; W. Bernhardt, ""Auswirkungen...", esp. págs. 99-100, e *Das Zivilprozessrecht...*, págs. 310-313; W.-D. Walker ("Beseitigung...", págs. 375-381), salientando que o carácter taxativo dos fundamentos de revisão apenas exclui outros fundamentos de revisão (e não a quebra do caso julgado por outras vias) e, bem assim, que são diversos os pressupostos e finalidades da revisão e da acção proposta nos termos do § 826 do BGB; C. Klados ("§ 826 BGB...", págs. 709-710), salientando o carácter incompleto das regras dos §§ 578 e seguintes da ZPO e, bem assim, que o caso julgado não é o mais importante bem jurídico, e propugnando o desenvolvimento de uma teoria da revisão do caso julgado apta a harmonizar os princípios estabelecidos naqueles preceitos e os que a jurisprudência vem extraindo do § 826 do BGB; H.-J. Musielak ("Zur Klage...", pág. 13), propugnando a harmonização da acção proposta nos termos do § 826 do BGB com o regime processual da revisão, o que nomeadamente implicaria a impossibilidade de, naquela primeira acção, serem alegados factos que o autor já podia ter alegado na acção que culminou na sentença transitada. *Contra*, nomeadamente sustentando que tal tese é incompatível com as regras que, no direito alemão, regulam a destruição do caso julgado, ou seja, com as regras relativas à reabertura do processo (*Wiederaufnahme des Verfahrens*), constantes dos §§ 578 e seguintes da ZPO (de algum modo equivalentes, como já se disse, às do recurso extraordinário de revisão português): O. Jauernig, "Auswirkungen...", concluindo que aquelas disposições regulam, de modo exaustivo, a possibilidade de afectação do caso julgado material; H. F. Gaul ("Materielle...", págs. 2-5, "Anmerkung", in *JZ*, 1964, págs. 515-518, e *Möglichkeiten...*, págs. 40-43); F. W. Bosch, "Amerkung", in *FamRZ*, 1963, pág. 139; W. Zeiss ("Restitutionsklage...", págs. 365-367) e W. Zeiss / K. Schreiber (*Zivilprozessrecht*, págs. 233-236); G. Baumgärtel / D. Scherf ("Ist die Rechtsprechung..."); Baumbach/Lauterbach/Albers/Hartmann (*Zivilprozessordnung*, Einf §§ 322-327, 28-35), que também referem ser apenas admissível a oposição à execução quando, não obstante o pagamento, o vencedor promove a execução da sentença condenatória e, bem assim, constituir a obtenção astuciosa da sentença um fundamento de revisão, nos termos do § 580, 4, da ZPO; A. Zeuner ("Beobachtungen...", págs. 342-344); U. Spellenberg ("Rechtskraft...", págs. 554 e seguintes), admitindo, todavia, que as exigências constantes dos §§ 582 e 586 da ZPO possam ser excepcionalmente afastadas, por exercício inadmissível de direito. Admitindo, embora com cautela, o exercício da acção indemnizatória, Rosenberg/Schwab/Gottwald, *Zivilprozessrecht*, 17ª ed., § 162, 7. Referências mais completas à jurisprudência do *Bundesgerichtshof*, bem como à querela doutrinária que ficou enunciada, podem encontrar-se em P. Costa e Silva (*A litigância...*, págs. 652-656). Segundo S. Koussoulis (*Beiträge...*, págs. 76-79), a discussão em torno da admissibilidade da quebra do caso julgado material mediante acção indemnizatória nos termos do § 826 do BGB ilustra a relevância prática da opção pela teoria material ou processual do caso julgado, pois em se aceitando as premissas desta última teoria não pode duvidar-se da exactidão da sentença constitutiva de caso julgado e, consequentemente, propor-se aquela acção (recorde-se que o mais importante pressuposto daquela acção é justamente a inexactidão da sentença). Já para G. Hönn ("Dogmatische...", págs. 269-270), a questão da possibilidade de quebra

Neste caso, contudo, para além de não ocorrer uma alteração de circunstâncias – exigindo-se, diversamente a *inexactidão da sentença*[80] –, *a sentença anterior não é modificada, mas apenas desaplicada*[81], ainda que essa desaplicação implique, tal como a modificação, a quebra do caso julgado[82] fora dos condicionalismos do recurso extraordinário de revisão[83] e em homenagem ao fim do processo de

do caso julgado através do mecanismo do § 826 do BGB – possibilidade que tem sido constantemente admitida pela jurisprudência e constantemente contrariada por boa parte da doutrina – traduz, na sua essência, a questão da autonomia do direito processual face ao direito material, à qual o Autor responde negativamente.

79 Para além das sentenças, a jurisprudência alemã tem sujeitado à acção proposta nos termos do § 826 do BGB outros títulos susceptíveis de constituírem caso julgado: sobre o ponto, B. Grün, "Notwendigkeit...".

80 Para Schönke/Schröder/Niese (*Zivilprozessrecht*, págs. 341-342), a sentença seria inexacta, para o efeito de permitir a acção prevista no § 826 do BGB, quer nos casos de processo aparente, quer nos casos em que a parte adoptou procedimentos contrários à ética e, assim, desfigurou dolosamente os factos em que se baseou a sentença. Considerando também que o pressuposto fundamental do exercício da acção indemnizatória prevista no § 826 do BGB é o erro da sentença, Rosenberg/Schwab/Gottwald (*Zivilprozessrecht*, 17ª ed., § 162, 9): "Grundvoraussetzung eines Schadenersatzanspruchs ist, dass das Urteil nach Überprüfung eindeutig objektiv unrichtig ist". Sobre o requisito da inexactidão da sentença, veja-se, ainda, W.-D. Walker, "Beseitigung...", págs. 382-383, e C. Klados, "§ 826 BGB...", págs. 707-708.

81 Como observa C. Klados ("§ 826 BGB...", pág. 706), o pedido formulado nos termos do § 826 do BGB não é um pedido de anulação ou de revogação da sentença. Assim também J. Kohler ("*Aequitas*...", pág. 275), a propósito da *actio* e da *exceptio doli* que, contra o caso julgado, considera possível fazer valer. A circunstância de a acção proposta nos termos do § 826 do BGB não visar a anulação do caso julgado diferencia-a também do recurso de revisão, embora, como observa W. Bernhardt ("Auswirkungen...", pág. 92), nem sempre seja possível, neste último meio processual, a anulação, com efeitos retroactivos, da sentença anterior (assim, se, na sequência de sentença que decrete o divórcio, a parte voltar a casar, a rescisão daquela sentença não opera a reposição do anterior estado de casado).

82 W.-D. Walker ("Beseitigung...", pág. 371) sustenta que a condenação nos termos do § 826 do BGB, com fundamento em obtenção ou utilização de sentença de forma atentatória dos bons costumes, consubstancia uma quebra do caso julgado, porque contém a declaração da inexactidão da sentença transitada. Identicamente, C. Klados ("§ 826 BGB...", págs. 708-709), salientando que, enquanto o caso julgado formal permanece intocado (contrariamente ao que sucede no âmbito do regime do § 580 da ZPO), o caso julgado material é quebrado, porque na acção de indemnização é proferida decisão sobre a inexactidão da sentença atingida. Veja-se, ainda, H.-J. Musielak ("Zur Klage...", pág. 11), considerando que, sendo embora diversos os respectivos objectos, a acção proposta nos termos do § 826 do BGB versa sobre pretensão dependente da apreciada no primeiro processo, que só será satisfeita se a inexactidão da anterior sentença for declarada. Entre nós, P. Costa e Silva (*A litigância*..., págs. 656-657) entende também que "a decisão de procedência de uma pretensão indemnizatória, destinada a reparar danos provocados por uma decisão proferida em acção anterior, colide directamente com esta, visando compensar ou anular os seus efeitos" e conclui que "a admissibilidade de uma correcção dos resultados materiais obtidos através de uma decisão implica uma colisão com o caso julgado". Aceitando, em teoria, a possibilidade de proposição de acção indemnizatória por danos decorrentes da condenação no pagamento de uma prestação infundada, numa hipótese em que não estavam verificados os pressupostos da revisão da sentença (e dando a entender que tal não geraria a quebra do caso julgado), veja-se M. Jahn, "Unzulänglichkeit...", pág. 187.

83 A acção proposta nos termos do § 826 do BGB não está nomeadamente sujeita aos prazos para interpor recurso de revisão, mas às regras gerais de prescrição (sobre este ponto, J. Braun, *Rechtskraft*

assegurar a justiça[84]: ou seja, a sentença não é obrigatória para os tribunais e a parte contrária pode pedir, na acção proposta nos termos do § 826 do BGB[85], a entrega da sentença (*Herausgabe des Urteils*) e a declaração da inadmissibilidade da respectiva execução[86] ou uma indemnização em dinheiro[87].

Por outro lado, *a alteração de circunstâncias não gera necessariamente um uso da sentença contra a boa fé*, susceptível de, em termos análogos, conduzir à desconsideração do caso julgado. Assim, por exemplo, à parte que execute uma sentença de alimentos desconhecendo, sem culpa, uma diminuição relevante das possibilidades do obrigado a alimentos, talvez não deva ser negada a execução, apesar do seu comportamento objectivamente abusivo, pois além de o obrigado ter ao seu dispor o mecanismo da acção modificativa, essa parte actua de boa fé[88].

und Rechtskraftdurchbrechung..., págs. 34-39). Terão sido justamente os muito apertados prazos de revisão que, entre o mais, motivaram o *Reichsgericht* a desenvolver a aplicação, às sentenças, do regime do § 826 do BGB (cfr. G. Reinicke, "Die Kollision...", pág. 6).

[84] Como assinala H. F. Gaul ("Zur Frage...", pág. 40), a jurisprudência que, com fundamento no § 826 do BGB, tem admitido a desaplicação da sentença, reconhece a função do caso julgado de garantia da paz e da segurança jurídicas, mas subordina essa função ao próprio fim do processo.

[85] Refira-se que, em se tratando de outro título executivo, que não importe a constituição de caso julgado material, não é necessário propor acção nos termos do § 826 do BGB, podendo a respectiva inexactidão ser feita valer fora dos condicionalismos do § 767, 2, da ZPO (cfr. *MünchKommBGB*/Habersack, § 826, 166).

[86] Schönke/Schröder/Niese, *Zivilprozessrecht*, pág. 342. W.-D. Walker ("Beseitigung...", pág. 371) considera que o pedido formulado nos termos do § 826 do BGB é, antes, o de abstenção da execução da sentença. C. Klados ("§ 826 BGB...", pág. 706), por seu lado, refere uma pretensão de abstenção da execução da sentença e de entrega do título. De qualquer modo, o pedido formulado nos termos do § 826 do BGB também não se confunde com o pedido deduzido pelo devedor na oposição à execução, na medida em que tem por fim a quebra do caso julgado e não a dedução posterior de excepções (cfr. *MünchKommZPO*/K. Schmidt, § 767, 19); diversamente, porque concebe, nestas hipóteses, a existência de uma excepção (obtenção injusta ou exercício inadmissível de um direito), por isso sustentando a possibilidade de dedução de oposição à execução, veja-se R. Lukes, "Die Vollstreckungsabwehrklage...", págs. 116-122; diversamente também, S. Wesser, "Abwehr...", págs. 173-176 e 181-183, entendendo que o caso julgado material da sentença utilizada contra a boa fé não obsta à admissibilidade da oposição à respectiva execução nos termos do § 767 da ZPO, embora seja igualmente lícito ao executado defender-se dessa utilização mediante acção de indemnização ou de prevenção de danos, proposta nos termos do § 826 do BGB.

[87] Admitindo esta alternativa, Rosenberg/Schwab/Gottwald, *Zivilprozessrecht*, 17ª ed., § 162, 13. W.-D. Walker ("Beseitigung...", pág. 371) e C. Klados ("§ 826 BGB...", pág. 706) sublinham que o pedido indemnizatório se justifica perante uma execução já concretizada; no caso de a execução ainda não estar concretizada, observa J. Soyka (*Die Abänderungsklage*..., 1ª ed., pág. 49) que o uso da sentença contra a boa fé pode ser alegado na oposição à execução. Ponderando a possibilidade de o regime do § 826 do BGB obstar ao efeito positivo do caso julgado de uma sentença (hipótese em que o pedido formulado ao abrigo deste preceito será, ao que parece, diverso daqueles a que já se fez referência), veja-se J. Braun, "Rechtskraf und Rechtskraftdurchbrechung", págs. 149-150.

[88] Como salienta A. Menezes Cordeiro ("Do abuso do direito...", págs. 381 e 385): "O abuso do direito, nas suas múltiplas manifestações, é um instituto puramente objectivo. Quer isto dizer que ele não depende de culpa do agente nem, sequer, de qualquer específico elemento subjectivo. Evidentemente: *a presença ou ausência de tais elementos poderão, depois, contribuir para a definição das consequências do abuso.*

Naquelas situações em que, porém, a alteração de circunstâncias gere um uso da sentença contra a boa fé[89], coloca-se o problema do enquadramento dogmático da questão e, consequentemente, o do regime aplicável[90].

Na impossibilidade de tratarmos da questão de saber se o nosso direito permite a desaplicação de uma sentença quando o seu uso seja atentatório da boa fé – não obstante nos parecer ter encontrado alguma relutância da jurisprudência portuguesa em seguir essa via[91] – e, bem assim, se tal uso poderia ainda consti-

[...] o abuso do direito implica, sempre, uma ponderação global da situação em jogo, sob pena de se descambar no formalismo de que se pretende fugir; assim, embora sendo um instituto objectivo, *a intenção das partes pode constituir um elemento a ter em conta*" (itálico acrescentado). Saliente-se que, como observa W.-D. Walker ("Beseitigung...", pág. 373), a par da inexactidão da sentença que se pretende executar, constituem pressupostos da quebra do caso julgado nos termos do § 826 do BGB, por um lado, o conhecimento, por parte do credor exequente, dessa inexactidão, e, por outro, a ocorrência de circunstâncias especiais das quais resulte o carácter atentatório dos bons costumes da execução dessa sentença (sobre o conhecimento: *idem*, págs. 383-384; sobre as circunstâncias especiais: *idem*, págs. 385-390). Sobre a questão do conhecimento da inexactidão do título como pressuposto da acção intentada ao abrigo do § 826 do BGB, veja-se, ainda, M. Geissler, "Die Rechtskraft...", págs. 169-170. Refira-se, finalmente, que embora a alteração das circunstâncias não gere necessariamente um uso da sentença contra a boa fé, nos termos e pelos fundamentos que ficaram expostos, tal não significa que o conceito de boa fé seja alheio ao instituto da alteração das circunstâncias e, portanto, ao preceito do artigo 619º, nº 2, do CPC (tal como, aliás, ao do artigo 437º do CC): mas trata-se aqui de um problema diverso daquele que debatemos, essencialmente traduzido em saber se o conceito de boa fé deve ser entendido, nesses preceitos, como uma regra do agir ou, antes, como uma exigência de justiça objectiva (sobre este problema, e propendendo para esta última solução, cfr. M. Carneiro da Frada, *Teoria da confiança...*, págs. 863-865, nota 966).

[89] Esta possibilidade é admitida por W.-D. Walker ("Beseitigung...", págs. 376 e 386), que dá como exemplo o do credor de alimentos que, em virtude de comportamento prévio, estava obrigado a comunicar ao devedor a cessação da necessidade deles e, não obstante, omite tal comunicação (assim impedindo o devedor de propor a acção modificativa) e promove a execução da correspondente sentença. Identicamente, J. Soyka, *Die Abänderungsklage...*, 1ª ed., pág. 49.

[90] À luz do direito alemão e perante uma situação à qual sejam potencialmente aplicáveis os dois regimes, W.-D. Walker ("Beseitigung...", págs. 376-378) parece dar primazia ao regime do § 826 do BGB face ao do § 323 da ZPO, que regula a acção modificativa relativa a sentenças, nomeadamente porque este último só permite a alteração da sentença para o futuro, não tendo, além disso, a pretensão de dispor genericamente sobre a eliminação e a quebra do caso julgado de sentenças inexactas.

[91] A jurisprudência portuguesa tem aceitado a permeabilidade do direito adjectivo ao princípio da boa fé (assim, por exemplo, STJ, 04.11.2008) e, em particular, à figura do abuso de direito (ver, a este respeito, a jurisprudência referida em Pedro de Albuquerque, *Responsabilidade...*, págs. 77-84), mas, na verdade, verificámos a existência de alguns acórdãos em que se parece conceber a desaplicação de uma sentença, por o seu uso ser atentatório da boa fé, como proibida pelo ordenamento português. Assim, no sumário do acórdão da Relação de Lisboa de 4 de Fevereiro de 1992 lê-se o seguinte: "I – Respeitando uma acção de despejo, por falta de residência permanente, ao período que vai de 1974 a 30/03/89 e outra ao período que vai de 20/10/89 a 19/04/90, não se verifica a excepção de caso julgado pois o facto jurídico que serve de fundamento à presente acção ocorreu posteriormente à sentença que se pretende constituir caso julgado. [...] VII – Não há que apreciar se os autores actuaram com abuso de direito quando exerceram judicialmente o seu direito apenas em 30/03/89 na primeira acção que intentaram; essa apreciação, a ter

tuir fundamento de revisão[92] ou reconduzir-se a um dos comportamentos típicos abusivos descritos por Menezes Cordeiro, nomeadamente o *tu quoque*[93],

lugar, devia sê-lo na respectiva acção". Ou seja, o abuso no exercício do direito de acção não parece ter sido concebido, pela Relação de Lisboa, como impeditivo da aplicação do regime geral do caso julgado. Por outro lado, no sumário do acórdão do Supremo de 11 de Março de 1999 (Proc. 98A1236) refere-se, em termos peremptórios, que "[n]unca poderá constituir abuso do direito a invocação de relevância do caso julgado formado pela sentença que declarou a nulidade de um contrato de arrendamento". Curiosamente, porém, existe jurisprudência mais antiga do Supremo conferindo menor preponderância ao caso julgado: assim, nos acórdãos de 30 de Maio e de 25 de Julho de 1944 defendeu-se a tese – aliás criticada na *Revista dos Tribunais* ("Simulação processual...") –, segundo a qual não há caso julgado quando, na segunda acção, se demonstra que a primeira foi simulada. Concretamente, diz-se o seguinte no primeiro dos referidos arestos: "Quando o objecto real visado pelas partes não fôr aquêle que se manifeste na acção, mas outro diverso ou contrário, o fim ou objecto simulado não admite confronto e equiparação para determinar a sua identidade com o fim ou objecto real e efectivo doutra acção. O julgador tem assim de ter em conta, na apreciação da identidade de sujeitos e objecto das acções, ser ou não simulado algum dêles, conduzindo a absurdo admitir a sua adstrição à obrigação de aceitar como idêntico o simulado, consagrando o dolo e a fraude".
Registe-se, contudo, que da jurisprudência referida – e da qual inferimos a tendência no sentido da não desaplicação da sentença, mesmo quando o seu uso seja atentatório da boa fé – não pode extrair-se a conclusão de que o uso da sentença contrário à boa fé não responsabiliza o agente: na verdade, pode o caso julgado dever ser respeitado e, ainda assim, valerem as regras gerais respeitantes à responsabilidade por abuso do direito de acção ou culpa *in agendo* (sobre estas regras: A. Menezes Cordeiro, *Litigância...*, especialmente págs. 91-93 e 137-151). Por outro lado, o respeito pelo caso julgado pode não implicar o reconhecimento, ao vencedor, do direito à execução de sentença, quando posteriormente a esta actue com abuso de direito: assim, no acórdão do Supremo de 28 de Novembro de 1996, considerou-se que "um dos efeitos jurídicos próprios do Abuso de Direito (do "Venire Contra Factum Proprium") é a legitimidade da oposição ao direito de execução por incumprimento da obrigação [que havia sido estabelecida em acordo homologado por sentença transitada]".
Do lado da doutrina portuguesa, o problema que se discute é não tanto o da desaplicação da sentença, mas o da responsabilidade do exequente por execução injusta, e salientando-se sempre a existência de meios processuais específicos, quer para questionar o crédito na pendência da execução (a oposição à execução), quer para reagir ao caso julgado da sentença (a revisão): sobre o problema, J. M. G. Sampaio (*A acção...*, págs. 325 e seguintes), que, aliás, conclui no sentido de que "se depois de promovida a execução vier a verificar-se a inexistência do direito consubstanciado no título [em consequência da procedência de recurso contra ela interposto], a responsabilidade do exequente não deve, em princípio, ir além do encargo das custas da execução [...]; exceptua-se, logicamente, o caso de o exequente [...] ser considerado e condenado como litigante de má fé".

92 A proposta de P. Costa e Silva (*A litigância...*, págs. 678 e seguintes), a este propósito, "vai no sentido de, a partir do art. 771 [do CPC de 1961, correspondente ao actual artigo 696º], ser construída uma cláusula geral de admissibilidade da revisão de uma decisão judicial que possa representar uma justiça intolerável".

93 Refere A. Menezes Cordeiro ("Do abuso do direito ...", pág. 359) que "*Tu quoque* (também tu!) exprime a máxima segundo a qual a pessoa que viole uma norma jurídica não pode, depois e sem abuso: – ou prevalecer-se da situação jurídica daí decorrente; – ou exercer a posição jurídica violada pelo próprio; – ou exigir a outrem o acatamento da situação já violada". Parece-nos que, dos comportamentos abusivos típicos descritos por A. Menezes Cordeiro no mencionado estudo (*venire contra factum proprium*, inalegabilidade formal, *suppressio*, *tu quoque* e desequilíbrio no exercício), o *tu quoque* (na primeira modalidade apontada) é o que mais facilmente integraria o exemplo do uso da sentença contra a boa fé: embora não possa esquecer-se que o próprio Autor previne que tal tipicidade não encerra uma classificação, antes equivalendo a

limitar-nos-emos a fazer referências pontuais ao tema, nomeadamente quando aludirmos aos novos conhecimentos científicos como eventual fundamento da acção modificativa[94].

Finalmente, refira-se que não nos interessará o tema mais geral da desconsideração ou do não cumprimento do caso julgado, que pode ter múltiplas manifestações e motivos: essa desconsideração pode, por exemplo, traduzir-se na recusa, pelo Conservador, do registo de uma sentença transitada[95], na não execução da sentença[96] (mas já não na fundamentação da falta de cumprimento da obrigação exequenda, contida na decisão que julga improcedente a oposição à execução[97], ou no "acrescentamento doutra decisão com o objectivo de fixar o sentido e alcance desta, sem a contradizer, para tornar possível o cancelamento de penhoras"[98]), no não reconhecimento do direito de retenção[99], ou em duas pronúncias no mesmo processo sobre a existência de caso julgado[100], e, quando provenha de um acto da parte, no recurso contra o que se decidiu com força de caso julgado (também gerador de litigância de má fé)[101] ou na omissão de qualquer referência à existência de anterior acção, com trânsito em julgado e com o mesmo objecto (igualmente gerador de litigância de má fé)[102].

"ordenações características" (*idem*, págs. 348-349); sobre outras possíveis ordenações, veja-se Pedro de Albuquerque (*Responsabilidade*..., págs. 75-76). Sublinhe-se, de qualquer modo, que na figura do *tu quoque* cabe uma realidade de certo modo oposta à do uso da sentença contra a boa fé: a da prática de um acto ilícito com o fito de não cumprir uma sentença transitada, que o Supremo Tribunal de Justiça já entendeu dever sancionar com a nulidade (cfr. STJ, 21.09.1993, aliás citado por A. Menezes Cordeiro: *idem*, pág. 361). Concretamente, nuns embargos de executado, o Supremo considerou que, tendo a embargante sido condenada, por sentença transitada, a pagar ao embargado certa quantia, era nulo o cumprimento da obrigação, invocado pela embargante, em virtude de abuso de direito, atendendo a que: *a)* a embargante teve "a pretensão – pretensão esta alcançada – de cumprir a obrigação, em seu nome e na do seu segurado, com ela condenado solidariamente, pagando só 3.000 contos [isto é, uma quantia inferior à que a sentença a havia condenado a pagar]"; *b)* "tal conduta é substancialmente agravada pelo facto de se ter dito, no documento-recibo de quitação dos 3.000 contos, que o pagamento desta quantia estava de acordo com a sentença proferida na acção sumária, o que não correspondia à verdade, e ainda pelo facto de nada se ter dito sobre a recusa do mandatário [...] em aceitar a 1ª via dum documento". Sobre a figura do *tu quoque* contratual, enquanto manifestação, não de tutela da confiança, mas do princípio da primazia da materialidade subjacente, também ele concretizador da boa fé, veja-se ainda A. Menezes Cordeiro, *Tratado*..., vol. I, tomo IV, págs. 327-339.

94 *Infra*, § 27º, III.

95 Assim, RL, 07.02.1991 (Proc. 0043142).

96 Assim, STJ, 26.01.1973.

97 Assim, STJ, 28.02.1978.

98 Assim, STJ, 10.01.1995 (Proc. 086269).

99 Assim, STJ, 06.04.1978.

100 Assim, STJ, 21.10.1993.

101 Assim, STJ, 03.05.1989.

102 Assim, STJ, 15.06.1989.

4. Caducidade do caso julgado. Referência aos limites temporais da sentença e aos limites temporais do caso julgado

Na medida em que nos interessa a modificação (ou cessação dos efeitos) do caso julgado por alteração de circunstâncias, ficará arredado da presente investigação o fenómeno da *caducidade do caso julgado*, que, embora possa depender, tal como a modificação do caso julgado, de declaração judicial[103], e, à semelhança da modificação, constitua um desvio à *regra da perenidade do caso julgado*[104], não pressupõe, todavia, a alteração de circunstâncias.

[103] No caso das decisões judiciais que reconheçam direitos a pensões temporárias por acidente de trabalho do qual tenha resultado a morte do sinistrado (cfr. o artigo 20º da anterior Lei nº 100/97, de 13 de Setembro, e os artigos 56º e 57º da Lei nº 98/2009, de 4 de Setembro), a extinção dos correspondentes direitos, por caducidade, está sujeita a declaração judicial, a requerer pelas entidades responsáveis pelo pagamento das pensões (cfr. o artigo 152º, nº 1, do CPT): e essa declaração tem lugar num incidente, que corre por apenso ao processo a que disser respeito (cfr. o artigo 153º do CPT), visando "tão-só a verificação, pelo tribunal [...], da existência ou não dos pressupostos legais da caducidade, estabelecidos pela lei substantiva. Verificados que estejam esses pressupostos – termo resolutivo e pagamento da pensão até esse termo –, ao juiz mais não resta do que declarar a caducidade da pensão, com efeitos à data da verificação do termo resolutivo, e não à data da entrada em juízo do requerimento [...]" (cfr. RP, 24.10.2005; sobre a decisão que declara a caducidade do direito à pensão, nomeadamente sobre o caso julgado que produz, veja-se, ainda, RC, 22.09.2005).

[104] Não iremos aqui desenvolver o tema da natureza perene ou, pelo contrário, mutável da norma jurídica em geral e, em particular, da sentença: permitimo-nos apenas uma referência a algumas teses que nos parecem emblemáticas e uma tomada de posição breve sobre o assunto, destinada a explicitar o significado da "regra da perenidade do caso julgado". Uma dessas teses a que aludimos é a de G. Chiovenda ("Sulla cosa giudicata...", pág. 400; "Cosa giudicata e preclusione...", págs. 261-262 e 275-278), para quem as normas são essencialmente mutáveis, tendo o legislador, por razões de conveniência, estabelecido a imutabilidade das decisões judiciais. Outra das referidas teses é a de H. Kelsen (*Teoria geral do Estado*, págs. 63 e 110-111), que, partindo do pressuposto de que a ordem estadal surge com a pretensão de valer eternamente, sustenta que as normas jurídicas em geral e, em particular, as normas criadas pela jurisdição (que, como qualquer função do Estado, é uma função de criação do direito), são também geradas para valer eternamente, sendo, por essência, imutáveis (e só modificáveis quando uma disposição positiva o autorize). Na doutrina portuguesa, destacamos E. Hintze Ribeiro (*O caso julgado...*, págs. 20-21) – que considera que a perenidade do caso julgado, ou a regra de que o caso julgado subsiste sempre ("Judicati actio perpetua est"), constitui um efeito do caso julgado decorrente de um outro efeito deste: o de que o caso julgado é tido por verdade ("Res judicata pro veritate accipitur") – e, bem assim, A. Barbosa de Melo (*Sobre o problema...*, págs. 35-37) – para quem a função legislativa, contrariamente à jurisdicional, se caracteriza pela autoreversibilidade, porque enquanto o tribunal não dispõe do poder de modificar a sentença depois de proferida e "o acto jurisdicional, uma vez esgotados os recursos, se estabiliza em princípio definitivamente na ordem jurídica positiva", "a legislação assume-se como transitoriedade ou novidade permanente, o que lhe consente dirigir *pari passu* o imprevisível na História e orientar a contínua dinâmica da Sociedade" – e A. J. Brandão ("Caso julgado...", págs. 98-99) – que, relativamente à lei, ao acto administrativo e ao contrato, considera a respectiva imutabilidade muito relativa, ao contrário do que sucederia quanto à sentença de mérito irrecorrível. Mais recentemente, na doutrina alemã, D. Leipold ("Zur zeitlichen...", págs. 277-279) destacaria que também a sentença dotada de caso julgado material não pode reclamar um valor de eternidade ("[...] kann auch ein rechtskräftiges Urteil keinen Ewigkeitswert beanspruchen"), porque a situação jurídica nela definida constitui uma simples parcela das

E não a pressupõe, quer se adopte o sentido amplo, quer o sentido restrito da expressão "caducidade", que, como ensina MENEZES CORDEIRO[105], "[e]m sentido amplo, [...] corresponde a um esquema geral de cessação de situações jurídicas, mercê da superveniência de um facto a que a lei ou outras fontes atribuam esse efeito" e, em sentido restrito, "é uma forma de repercussão do tempo nas situações jurídicas que, por lei ou por contrato, devam ser exercidas dentro de certo termo. Expirado o respectivo prazo sem que se verifique o exercício, há extinção"[106].

Assim, em sentido lato, a caducidade do caso julgado significará a mera verificação de um facto previsto na sentença ou na lei e determinante, nos termos da própria sentença ou da lei, da cessação dos efeitos do caso julgado e, em sentido restrito, a extinção dos efeitos do caso julgado pelo decurso do prazo pre-

relações jurídicas de direito privado existentes entre as partes, sujeita à mudança, tal como as restantes, e dependendo a alteração posterior e as condições da alteração posterior daquela situação jurídica do *direito material*; por outro lado, a decisão judicial apresenta um constrangimento temporal, no sentido em que conclui um concreto processo num momento determinado ("[d]ie gerichtliche Entscheidung ist insofern zeitgebunden, als sie einen konkreten Prozess in einem bestimmten Zeitpunkt beendet"), regulando o *direito processual* o momento até ao qual podem ser considerados factos. Por último, uma referência, no ordenamento espanhol, a J. Nieva Fenoll (*La cosa juzgada...*, págs. 254-264), que, frisando que o caso julgado conhece limites temporais, como qualquer entidade, real ou ideal, bem como que a sua vigência ilimitada provocaria, no futuro, a insegurança jurídica que pretende evitar no presente (ideia que, do seu ponto de vista, se encontra espelhada na previsão legal da inexequibilidade da sentença após um certo tempo), acaba por concluir que a fixação legal de limites temporais do caso julgado (que, na sua opinião, não se prendem com a repercussão da alteração das circunstâncias na sentença, mas com a repercussão da *passagem do tempo* no caso julgado) seria contraproducente e ainda mais perigosa para a segurança jurídica: nesta medida, "sempre que se consiga demonstrar a relação entre os litigantes actuais e aqueles que o foram em pleitos anteriores, certo é que esses litigantes podem valer-se de sentenças antigas para evitar pleitos actuais, seja qual for a antiguidade dessas sentenças". Do nosso ponto de vista, não é contraditório aceitar a vocação eterna do caso julgado e, assim, a regra da perenidade do caso julgado, que espelha a natureza do instituto – ambas ditadas pelas razões de segurança jurídica que o justificam e que não parecem poder fundar uma análoga perenidade da norma jurídica ou do direito: a norma é mutável por natureza, porque, como salienta G. Broggini ("Dauer...", pág. 28), é a melhor realização dos fins humanos que assim o exige; o direito é determinado pela história, para ser o direito justo no tempo (A. Kaufmann, "La struttura...", pág. 575); as leis são o produto do seu tempo e constitui missão do legislador reformar as antigas (I. v. Münch, "Die Zeit...", págs. 4-5) –, e, simultaneamente, o seu constrangimento temporal, se se atender à circunstância, aliás evidenciada por Leipold (*idem*, págs. 278-279), de o caso julgado, em princípio, não cessar com o decurso do tempo nem com o surgimento de novos factos, podendo estes repercutir-se apenas na situação jurídica definida na sentença e sendo as próprias regras do caso julgado a determinar tal repercussão.

105 A. Menezes Cordeiro, "Da caducidade...", págs. 819-820.

106 A caducidade em sentido restrito é, como observa A. Menezes Cordeiro ("Da caducidade...", págs. 833-834), susceptível de "ordenações em função de certas características diferenciadoras que possa assumir": assim, "pode ser legal ou convencional, consoante seja predisposta directamente pela lei ou por convenção das partes (330º/1)", "relativa a matéria disponível e a matéria indisponível", relativa "a actos substantivos e a acções judiciais" e, finalmente, "ser classificada em função do sector jurídico-normativo em que se ponha".

visto na sentença ou na lei, sendo que nenhuma destas hipóteses se reconduz à alteração de circunstâncias[107].

Parece-nos que, para a diferenciação entre a modificação e a caducidade do caso julgado, é relevante a distinção que, quanto ao acto administrativo, a doutrina estabelece entre a respectiva *revogação* e *declaração de caducidade* (não obstante – como já frisámos[108] –, não ser pacífica a subordinação, nos termos do artigo 147º do CPA de 1991, da modificação do acto administrativo ao regime da revogação do mesmo acto), distinção a que o Código do Procedimento Administrativo não faz, aliás, referência[109].

Assim, a *revogação* – que, como assinala PEDRO GONÇALVES[110] face ao CPA de 1991, pode ser por modificação ou substituição, quando a Administração pratica "um acto de revogação acompanhado de uma nova disciplina jurídica para a relação subjacente ao acto revogado" – tem como fundamento a "necessidade de manter uma adequação constante das relações jurídicas administrativas às exigências do interesse público", podendo o administrador chegar à conclusão "de que os efeitos de um acto administrativo deixaram de ser adequados ou convenientes" em virtude de superveniência objectiva ou subjectiva[111]; já a *declaração de caducidade*, como tem lugar quando "a autoridade *verifica* a ocorrência de um *facto objectivo* (previsto na lei ou no acto) que determina a cessação da operatividade de um acto administrativo" – por exemplo, a "ocorrência de um *termo final* ou de uma *condição resolutiva*"[112] –, é alheia à superveniência, nenhuma repercussão tendo esta na prática do acto declaratório[113].

[107] No campo do direito civil, A. Menezes Cordeiro ("Da caducidade...", pág. 821) relaciona as hipóteses de caducidade em sentido amplo com: *a)* a verificação de um termo; *b)* a impossibilidade superveniente das prestações; *c)* a ilegitimidade superveniente. Sobre a caducidade em sentido lato e em sentido restrito, veja-se ainda A. Menezes Cordeiro (*Tratado...*, vol. I, tomo IV, págs. 207-231), concluindo, quanto à natureza da caducidade em sentido restrito, que "– a caducidade reportada a posições indisponíveis traduz uma delimitação temporal às situações envolvidas: atingido o prazo fixado, elas cessam *ipso iure*; – a caducidade reportada a posições disponíveis confere, ao beneficiário, um direito potestativo: o de, através da declaração de vontade que consiste em invocar a própria caducidade, pôr termo à situação jurídica atingida".

[108] *Supra*, § 1º, I, 3 (em nota).

[109] Crítico em relação a esta ambiguidade, face ao CPA de 1991: J. C. Vieira de Andrade, "Revogação...", pág. 54.

[110] Pedro Gonçalves, "Revogação...", pág. 305.

[111] *Idem*, pág. 306.

[112] *Idem*, págs. 308-309.

[113] Também C. Amado Gomes ("Mudam-se os tempos...", pág. 241, e "Da aceitação...", págs. 1045-1051), que, como vimos (*supra*, § 1º, I, 3, em nota), claramente autonomiza a figura da modificação face à da revogação do acto administrativo, salienta "a dimensão criativa e não destrutiva da operação de modificação – pelo menos sempre que a concreta alteração das circunstâncias de acto o admitir" e, nessa medida, "uma fundamental diferença entre a caducidade e a revisão modificativa, a saber, a capacidade da segunda para aproveitar adaptativamente o acto, ao contrário da primeira, que o condenará à extinção".

Também pode ser relevante para a distinção entre a modificação e a caducidade do caso julgado a distinção, com cobertura legal, entre a cessação ou alteração da providência cautelar e a caducidade da providência cautelar (cfr., respectivamente, os artigos 386º, nº 2, e 373º do CPC), pois só à cessação ou alteração da providência subjaz uma alteração das circunstâncias que a determinaram[114]; já as causas da caducidade não são qualificadas pela lei como uma alteração das circunstâncias e encontram-se expressamente identificadas, prendendo-se, ou com um determinado comportamento processual do requerente da providência, ou com o destino da acção principal, ou com as vicissitudes do próprio direito que se pretendeu acautelar[115].

A modificação do caso julgado por alteração das circunstâncias e a caducidade do caso julgado são também figuras que, já nas *Lições* de 1926 de Carnelutti, não pareciam confundir-se (embora Carnelutti não se referisse, bem vistas as coisas, ao caso julgado, mas à sentença)[116].

Assinale-se, de qualquer modo, o carácter complexo, não apenas da figura da revogação (e modificação) do acto administrativo, mas também da figura da caducidade deste acto (e, em geral, da caducidade no direito administrativo, "em face da diversidade ou atipicidade das suas manifestações concretas": cfr. M. Fernanda Maçãs, "A caducidade...", pág. 125): na verdade, a caducidade do acto administrativo, para além de poder decorrer da verificação de um facto objectivo, previsto na lei ou no acto, pode ainda decorrer, como refere C. Amado Gomes ("Mudam-se os tempos...", pág. 245, e "Da aceitação...", págs. 1050-1051) do total desaparecimento dos pressupostos do acto e da consequente perda de utilidade da correspondente regulação, como sucede – o exemplo é também da Autora – com a licença de caça de uma espécie que se extingue.

[114] O artigo 122º do CPTA alude igualmente à distinção entre a caducidade e a alteração ou revogação das providências cautelares: os casos que determinam a caducidade encontram-se previstos no artigo 123º; as situações que fundamentam a alteração ou revogação das providências estão contempladas no artigo 124º, reconduzindo-se à alteração dos pressupostos de facto e de direito inicialmente existentes (cfr. o nº 1 deste preceito). É de notar que do artigo 122º, nº 3, do CPTA parece decorrer que a caducidade da providência cautelar determina a cessação dos seus efeitos independentemente de decisão judicial nesse sentido, enquanto a alteração ou revogação da providência só opera mediante decisão judicial: e o artigo 123º, nº 3, do mesmo Código reforça tal ideia, porque aí se esclarece (depois da revisão do CPTA de 2015) que "[a] caducidade da providência é reconhecida pelo tribunal, oficiosamente ou a pedido fundamentado de qualquer interessado, mediante prévia audição das partes", ou seja, esclarece-se que a caducidade é *reconhecida* e não (como antes da revisão sucedia) *declarada*. As providências cautelares no contencioso administrativo parecem ainda poder cessar por forma diversa da caducidade, alteração ou revogação, na medida em que o artigo 122º, nº 2, do CPTA autonomiza a providência sujeita a termo ou condição, assim dando a entender que a verificação de termo final ou de condição resolutiva importa uma também autónoma forma de cessão de eficácia da providência: mas não vemos como, neste caso, não interfira a figura da caducidade.

[115] Sobre as causas e regime da caducidade da providência cautelar em processo civil, veja-se A. S. Abrantes Geraldes, *Temas...*, III vol., págs. 291-317.

[116] J. Nieva Fenoll (*La cosa juzgada*, págs. 246-247, nota 919) sublinha igualmente que, no ensino de Carnelutti, era clara a autonomização do problema das repercussões da pura passagem do tempo no julgado, determinando a cessação da sua vigência, do problema da alteração das circunstâncias em que a sentença assentou.

Na verdade, ao tratar da questão da *eficácia da sentença no tempo* – que, conforme a delimitação do Autor[117], se prende com a determinação do momento a partir do qual a sentença começa a ser eficaz e do momento em que cessa tal eficácia –, frisa CARNELUTTI[118] que, com ela, não está relacionado o fenómeno da mutabilidade da sentença (ou da possibilidade de substituí-la por uma outra), já que, especificamente a propósito da cessação dessa eficácia, cumpriria apenas averiguar *se o mero decurso do tempo* é apto a produzir tal resultado.

Deste modo, quanto à questão da eficácia da sentença no tempo, limita-se CARNELUTTI a salientar o seguinte: por um lado, que a sentença, ao contrário do que sucede com a lei, é, em regra, retroactiva, pois determina os efeitos de factos já ocorridos, não de factos futuros[119], pelo que, e também diversamente do que se verifica com a lei, nenhum obstáculo há a que "quando o comando se torna perfeito, os seus efeitos se reportem a um tempo anterior ao da sua perfeição"[120] – o que, no caso da sentença de simples apreciação, seria uma verdadeira necessidade lógica[121] e, no caso da sentença constitutiva, se justificaria por razões de conveniência, pois permitiria eliminar os inconvenientes da duração do processo[122]; por outro lado, e quanto ao momento da cessação da eficácia da sentença, que se em relação às sentenças de simples apreciação não é possível conceber a aposição de um termo final, nada obsta a que, pelo menos em relação às sentenças dispositivas[123] (relativamente às outras sentenças, o problema estaria ainda em aberto) – por exemplo, em matéria de alimentos – o juiz lhes aponha um tal termo[124].

O fenómeno da mutabilidade da sentença é depois tratado por CARNELUTTI num capítulo autónomo das suas *Lições*[125], no qual, entre o mais, é referida a relação entre a imutabilidade da sentença e a sua função declarativa (pelo que essa imutabilidade se compreenderia menos, quando a sentença fosse dispositiva)[126], bem como a permissão legal de modificação da sentença, em matéria de alimentos[127].

Já CRISTOFOLINI, num estudo de 1935 dedicado à eficácia da sentença no tempo, não parece distinguir tão claramente quanto CARNELUTTI entre a cadu-

[117] F. Carnelutti, *Lezioni...*, pág. 437.

[118] F. Carnelutti, *Lezioni...*, págs. 443-444.

[119] *Idem*, pág. 438.

[120] *Idem*, pág. 439.

[121] *Idem*, pág. 440.

[122] *Idem*, págs. 440-441.

[123] As sentenças dispositivas traduzem, a par das sentenças de *accertamento constitutivo*, uma das modalidades das sentenças constitutivas (cfr. F. Carnelutti, *Lezioni...*, pág. 440). Sobre esta figura, *infra*, § 6º, IV.

[124] *Idem*, págs. 443-444.

[125] *Idem*, págs. 479 e segs.

[126] *Idem*, págs. 481-482.

[127] *Idem*, pág. 482.

cidade do caso julgado e a sua modificação em virtude de alteração de circunstâncias, porque analisa, a propósito da questão da *eficácia das disposições contidas na sentença* – questão essa que, a par da da *eficácia da sentença como acto jurídico*, se integraria, na sua perspectiva, no tema comum da eficácia da sentença no tempo[128] – ou, mais propriamente, a propósito da questão da *cessação da eficácia das disposições contidas na sentença*, realidades que se podem incluir em ambos os fenómenos.

Relativamente à questão da *eficácia da sentença como acto jurídico*, considera CRISTOFOLINI[129] que, em regra, o respectivo termo inicial é marcado pelo momento do trânsito em julgado; já quanto à cessação dessa eficácia, entende o Autor que "[a] limitação dos efeitos da sentença em virtude de um termo final (que se refira essencialmente à providência e não à relação jurídica declarada) não pode constituir certamente um fenómeno normal; é evidente que tal colide com o princípio da economia processual, tornando necessária a renovação do processo e da providência, e com o princípio [...] do *ne bis in idem*, não se conciliando também com o princípio da imutabilidade da sentença e com o instituto do caso julgado".

No que diz respeito ao problema – que é o que agora nos interessa – da *eficácia das disposições contidas na sentença*, CRISTOFOLINI analisa, a par do *termo inicial da eficácia da sentença* (que, quanto à declaração nela contida, normalmente coincide com um momento anterior ao do trânsito em julgado[130] – mesmo quando o juiz aprecia antecipadamente efeitos jurídicos futuros[131] ou quando se trata de acção de condenação *in futurum*[132] –, havendo regras próprias a considerar quando a

[128] Sobre as duas vertentes do tema da eficácia da sentença no tempo: G. Cristofolini, "Efficacia della sentenza ...", págs. 293-298. Crítico relativamente a esta distinção, C. Ferri (*Profili*..., págs. 184-187), observando, por exemplo, que o conteúdo da sentença não possui autonomia face aos efeitos próprios da sentença, pelo que o problema da eficácia no tempo da pronúncia judicial não pode ser diverso consoante se trate de efeitos do acto-sentença ou de efeitos do seu conteúdo, devendo ser tratado unitariamente.

[129] G. Cristofolini, "Efficacia della sentenza ...", pág. 303.

[130] Segundo G. Cristofolini ("Efficacia della sentenza ...", pág. 314), e em regra, "não apenas a apreciação tem eficácia retroactiva, mas tem normalmente eficácia em relação a um momento anterior ao trânsito em julgado da sentença".

[131] G. Cristofolini ("Efficacia della sentenza ...", págs. 316-317) dá como exemplo a declaração, pelo juiz, de que certa obrigação de pagamento, embora já constituída, se vence em certo dia.

[132] G. Cristofolini (*idem* e notas) dá como exemplos de acções destinadas à declaração de obrigações futuras, também designadas acções de condenação *in futurum*, as acções previstas nos §§ 257 a 259 da ZPO, considerando, todavia, que as acções de alimentos do direito italiano não se incluem em tal categoria, atento o carácter constitutivo do processo de alimentos; também no caso da condenação no pagamento de prestação dependente de prévio cumprimento da contraprestação, o termo inicial da eficácia da sentença coincidiria com um momento anterior ao trânsito em julgado da sentença.

sentença seja constitutiva ou dispositiva[133] ou condenatória[134]), a *cessação da eficácia da sentença*, incluindo aqui, como se disse, realidades que correspondem, quer ao fenómeno da caducidade quer ao da modificação.

Na verdade, CRISTOFOLINI[135] qualifica como *sentenças com termo final* (limitadas na sua eficácia no tempo), embora implícito, as sentenças relativas a relações jurídicas de duração limitada (por exemplo, servidões pessoais e direitos reais imateriais), bem como as sentenças sujeitas à cláusula *rebus sic stantibus*, que criam uma situação jurídica que pode ser modificada *ex nunc* num processo posterior (por exemplo, a revogação da interdição ou da inabilitação ou a modificação da sentença determinativa em matéria de alimentos): ora, estando tais sentenças sujeitas a termo final, parece que, para CRISTOFOLINI, as mesmas *caducam*, uma vez verificado esse termo.

Também CORRADO FERRI[136] parece resumir a um mesmo problema – o problema da *duração dos efeitos da sentença* – a questão da caducidade e a da modificação da sentença por alteração das circunstâncias, uma vez que, a propósito dele, alude tanto às sentenças com termo final como às previstas no § 323 da ZPO (preceito que regula a modificação da sentença por alteração das circunstâncias) e apenas o contrapõe ao problema da *eficácia da sentença no tempo* (este último reportado à questão de saber se os efeitos constitutivos da sentença podem ser antecipados para um momento anterior ao da emanação da própria sentença ou ao do seu trânsito em julgado, à qual deve, aliás, e do seu ponto de vista, ser dada uma resposta negativa[137]).

Um pouco mais tarde do que CARNELUTTI – que, como vimos atrás, tratava autonomamente fenómenos que se podiam reconduzir à figura da caducidade do caso julgado e fenómenos que implicavam a respectiva modificação –, GUASP também distinguiria – ao menos implicitamente – a caducidade do caso julgado da respectiva modificação, mas através do tratamento de uma outra distinção: aquela que opõe os *limites temporais da sentença* aos *limites temporais do caso julgado* (caso julgado que é, na perspectiva de GUASP[138], um efeito processual de carácter declarativo da sentença).

133 G. Cristofolini, "Efficacia della sentenza...", págs. 317-322. Às regras que, segundo este Autor, são próprias da sentença constitutiva ou dispositiva, no que diz respeito ao termo inicial da sua eficácia, aludiremos adiante: *infra*, § 37º, III.

134 G. Cristofolini, "Efficacia della sentenza...", págs. 322-323. A propósito de tais regras, veja-se também *infra*, § 37º, III.

135 G. Cristofolini, "Efficacia della sentenza ...", págs. 323-324.

136 C. Ferri, *Profili...*, pág. 161 e nota.

137 Segundo C. Ferri (*Profili...*, págs. 170-171 e 186-187, e "Costitutiva...", págs. 5-6), da conjugação entre o artigo 324º do c.p.c. e o artigo 2909º do c.c. resulta que a eficácia declarativa e a constitutiva não operam, em regra, antes do trânsito em julgado da sentença.

138 J. Guasp, "Los límites temporales...", págs. 436-437.

Os *limites temporais da sentença* exprimem, para o Autor[139], o entendimento segundo o qual existe um instante temporal em que a sentença nasce juridicamente e um lapso de tempo durante o qual a sentença prolonga a sua eficácia, verificando-se, quanto a este último aspecto, que a sentença pode projectar a sua eficácia sobre o tempo anterior à sua produção (assim, a sentença de simples apreciação normalmente opera para o passado indefinidamente; também a sentença constitutiva opera, em regra, para o passado, mas apenas para o período posterior à proposição da acção, sendo portanto difícil denominá-la retroactiva) e inevitavelmente projecta a sua eficácia para o futuro, de um modo que não é, em princípio, temporalmente definido (assim, por exemplo, a sentença de condenação numa certa quantia "compreende, de modo indefinido, todos os instantes de tempo posteriores à própria sentença"); só haverá essa definição temporal para o futuro em se tratando de *sentença sujeita a condição* (suspensiva, se a eficácia da sentença depender da verificação da condição; resolutiva, se a sentença cessar a produção dos seus efeitos com a verificação da condição) – condição essa que "não se limita a ser a mera exigência de que ocorram ou de que subsistam os elementos essenciais que determinam a situação jurídica reconhecida na sentença" – ou de *sentença sujeita a termo* (inicial ou final), constituindo ambas um fenómeno relativamente raro, pela incerteza da decisão do litígio que comportam e sendo, como tal, em geral silenciadas pelo direito positivo (que apenas consagra a figura da sentença cujo *conteúdo* – e não a sentença em si – se encontra sujeito a termo inicial ou final: exemplo da sentença cujo conteúdo se encontra sujeito a termo inicial é, precisamente, a sentença de condenação *in futurum*).

Já os *limites temporais do caso julgado*, que se relacionariam, segundo Guasp[140], *com a actividade em que a pronúncia se traduz* (tal como, aliás, os limites do caso julgado *em razão do lugar* e *em razão da forma*: os primeiros significando que, se se tratar de decisão proferida fora do território nacional, o caso julgado, enquanto tal, não opera; os segundos, que o caso julgado apenas abrange a decisão e não se estende aos respectivos fundamentos), *expressam a ideia de que a posterior alteração das circunstâncias fundamentais que determinaram a decisão judicial se repercute* ("a par de certas demarcações temporais que eventualmente acompanham o caso julgado desde o seu início") *no caso julgado*, ocasionando, "não a ineficácia absoluta da sentença, mas a possibilidade de que esta deixe de ser inatacável e se abra um novo litígio sobre a mesma matéria", isto é, a possibilidade de a sentença ser alterada ou modificada.

Refira-se que, além de naturalmente distintos dos *limites subjectivos do caso julgado*, porque estes se prendem com a identidade dos sujeitos[141], os limites tempo-

[139] J. Guasp, "Los límites temporales...", págs. 445-451.

[140] J. Guasp, "Los límites temporales...", págs. 443, 444-445 e 452.

[141] J. Guasp, "Los límites temporales...", págs. 443-444.

rais do caso julgado não se confundiriam com os *limites objectivos*, na medida em que estes dizem respeito à identidade do *bem* sobre o qual se litiga e à identidade dos *fundamentos de facto* em virtude dos quais se reclama[142]: fundamentos de facto estes que GUASP tanto parece conceber de modo abstracto[143] – perspectiva que torna duvidosa a validade da distinção, a que procede, entre os limites temporais e os limites objectivos decorrentes da causa de pedir num sistema, como o português, em que a causa de pedir é, nos termos do artigo 581º, nº 4, do CPC, um facto concreto[144] –, como de modo concreto, seguindo o ensinamento da teoria da substanciação[145] – perspectiva que, embora torne mais difícil a demarcação do limite causal face ao temporal, não a impossibilita, se se considerar que "a modificação temporal das circunstâncias que deram origem à decisão não é, em absoluto, uma modificação intrínseca e total das mesmas circunstâncias, já que muitas vezes a modificação temporal deixa subsistir as características fundamentais da motivação anterior, imprimindo-lhe, não obstante, certas alterações suficientes para determinar a sua modificabilidade, o que é especialmente claro em certas sentenças condenatórias em que a eficácia da transformação temporal é indiscutível, sem que a razão básica da sentença se altere substancialmente" (assim, a sentença que condena num futuro fornecimento periódico, quando, em relação ao momento em que se proferiu a sentença, se altera no tempo a situação do mercado)[146/147].

Sublinhe-se finalmente que, no entendimento de GUASP, não é *o tempo*, em si, a constituir limite do caso julgado – pois não basta o seu mero decurso para fazer desaparecer o caso julgado –, mas as novas circunstâncias, na medida em que se modificam *no tempo* (ou, dito de outro modo, na medida em que o tempo nelas se repercute), relevando, como tal, na sua qualidade de novidades cronológicas: este o significado preciso da expressão "limites temporais do caso julgado", que GUASP[148] não vê razões para abandonar.

[142] J. Guasp, "Los límites temporales...", pág. 444. Em obra posterior, J. Guasp (*La pretensión*..., págs. 57-66) consideraria a pretensão processual como o verdadeiro objecto do processo.

[143] Na verdade, J. Guasp ("Los límites temporales...", pág. 454) afirma que pode não ocorrer a modificação da anterior causa de pedir quando os factos em que se apoia sejam diversos e posteriores aos que a anterior decisão teve em conta, o que permite inferir que concebe a causa de pedir como um facto abstracto.

[144] Sobre a causa de pedir como facto concreto, à luz do disposto no artigo 498º, nº 4, do CPC de 1961 (e actual artigo 581º, nº 4), RL, 6.11.2008 (Proc. 7509/2008-2): assim, por exemplo, não é suficiente, para que a causa de pedir se tenha como indicada, "a indicação de um tipo de contrato, havendo que especificar o contrato que, em concreto, foi celebrado, com uma determinada data, forma e, em particular, com um determinado conteúdo obrigacional".

[145] J. Guasp, "Los límites temporales...", pág. 469.

[146] J. Guasp, "Los límites temporales...", págs. 469-470.

[147] Refira-se, todavia, que os limites temporais do caso julgado se relacionam também, na perspectiva de J. Guasp ("Los límites temporales...", pág. 457), com os fundamentos *jurídicos* da sentença, por este prisma já se autonomizando necessariamente dos limites objectivos decorrentes da causa de pedir.

[148] J. Guasp, "Los límites temporales...", págs. 452-453.

A distinção, realizada por GUASP, entre os limites temporais da sentença e os limites temporais do caso julgado só permite, porém, *autonomizar até certo ponto* as realidades que importam a caducidade do caso julgado das que importam a respectiva modificação.

É que, se por um lado a referência aos *limites temporais da sentença* se prende com a figura da *caducidade* do caso julgado (estaria nesta situação a verificação da condição resolutiva ou do termo final aposto na sentença, ou a não subsistência dos elementos essenciais que determinam a situação jurídica reconhecida na sentença: no exemplo do Autor[149], a morte do credor da renda vitalícia em cujo pagamento o devedor havia sido condenado), por outro lado a referência aos *limites temporais do caso julgado* também abrange realidades que – embora consideradas por GUASP[150] determinativas da modificação ou alteração da sentença e aptas, em teoria, a desencadear um mecanismo semelhante ao da *Abänderungsklage* alemã – só podem, na verdade, importar a respectiva *caducidade* (assim, e seguindo os exemplos com que GUASP[151] ilustra os limites temporais do caso julgado, parecem ser, quando muito, hipóteses de caducidade, e não de modificação do caso julgado, a do adquirente do bem novamente alienado que, não obstante ter ficado vencido na acção anterior, pode reivindicar a coisa ao sujeito que antes foi declarado proprietário, e, bem assim, a do devedor condenado no pagamento e que posteriormente paga, assim se libertando da eficácia imutável da sentença que lhe impôs a obrigação).

De tudo o que se disse parece-nos resultar que, se a caducidade do caso julgado pode traduzir um fenómeno de cessação da eficácia da sentença (em virtude de verificação de condição resolutiva ou termo final aposto na sentença, de facto previsto na lei, ou da não subsistência dos elementos essenciais que determinam a situação jurídica reconhecida na sentença), a modificação do caso julgado por alteração das circunstâncias nunca pode traduzir um fenómeno dessa natureza: por este prisma, a caducidade e a modificação distinguem-se naturalmente.

Maior dificuldade na delimitação das duas figuras surge, porém, quando se admita que a caducidade do caso julgado pode não traduzir um fenómeno de cessação da eficácia da sentença em virtude de qualquer um dos factores que se mencionaram, mas um fenómeno de cessação do próprio caso julgado em virtude de um facto posterior, ao qual nem a lei, nem a sentença, confiram expressamente tal relevância (aspecto que trataremos a propósito da incidência da alteração da lei no caso julgado[152]): neste caso, a distinção entre a caducidade do caso julgado e a modificação do caso julgado por alteração das circunstâncias prevista no artigo 619º, nº 2, do CPC passa necessariamente pela concretização da função deste preceito, que, como veremos, é a de adaptação do título.

[149] J. Guasp, "Los límites temporales...", pág. 449.

[150] J. Guasp, "Los límites temporales...", pág. 464.

[151] J. Guasp, "Los límites temporales...", págs. 453, 459 e 460.

[152] *Infra*, § 25º, III, 1.

III. Interesse do tema

1. Incompletude do regime legal

A lei portuguesa dispõe, como já salientámos, de vários preceitos que permitem a modificação de decisões judiciais em virtude de alteração de circunstâncias, mas o regime em causa é extremamente lacunoso.

Adiantando já alguns aspectos relativos ao plano de investigação que seguiremos, parece-nos evidente que, perante tais preceitos, impõe-se nomeadamente clarificar quais as decisões susceptíveis de modificação, quais as circunstâncias atendíveis e quais os limites da modificação.

Por outro lado, intui-se uma qualquer articulação dos preceitos que permitem a modificação de decisões, entre si e também com os preceitos da lei substantiva que permitem a modificação de contratos ou que consagram excepções modificativas ou extintivas susceptíveis de fundarem, por exemplo, a oposição à execução, mas não é possível precisar imediatamente qual é essa articulação. A única certeza é a de que todos esses preceitos expressam a repercussão da evolução da realidade factual e do ordenamento jurídico nos actos jurídicos (traduzindo-se ou não tal repercussão numa adaptação destes actos), mas esta afirmação é demasiado vaga para constituir elemento teleológico da sua interpretação.

O tema que nos propomos tratar suscita assim, e desde logo, o interesse da descoberta de um regime jurídico que não mereceu a atenção do legislador e que parece interferir ou sofrer a interferência de outros regimes, sendo como tal necessário harmonizá-lo com eles.

2. Relevância prática

O regime da modificação que pretendemos descobrir é potencialmente aplicável a múltiplas situações da vida prática.

Percorrendo a jurisprudência portuguesa relacionada, directa ou indirectamente, com o tema da modificação de decisões judiciais, concluímos que as matérias relativamente às quais tal modificação tem operado ou sido ponderada são as seguintes:

a) Revisão de pensões por acidentes de trabalho[153] e doenças profissionais[154];

[153] A título exemplificativo: RC, 05.07.1988; RC, 16.12.2004; RL, 18.03.1992; RL, 20.11.2002; RL, 24.05.2006; RL, 08.11.2006; RP, 11.07.1993; RP, 27.10.1997; RP, 08.06.1998; RP, 10.05.2004; RP, 07.03.2005; RP, 12.12.2005; RP, 26.06.2008; STJ, 25.03.1983; STJ, 06.05.1983; STJ, 06.01.1984; STJ, 20.07.1984 (revisão e actualização); STJ, 27.07.1984; STJ, 08.02.1985 (Proc. 922); STJ, 22.02.1985; STJ, 13.07.1988; STJ, 16.10.2002; STJ, 24.11.2004. A revisão de pensões por acidentes de trabalho encontra-se regulada no artigo 70º da Lei nº 98/2009, de 4 de Setembro (artigo 25º da anterior Lei nº 100/97, de 13 de Setembro).

[154] A título exemplificativo: STJ, 17.06.1983 (Proc. nº 466) (distinguindo também entre a revisão e a actualização da pensão); STJ, 17.06.1983 (Proc. nº 525); STJ, 01.07.1983 (sobre acidentes de trabalho e doenças profissionais); STJ, 08.02.1985 (Proc. 951) (sobre acidentes de trabalho e doenças profissionais).

b) Actualização de pensões por acidentes de trabalho e doenças profissionais[155];
c) Remição de pensões por acidentes de trabalho[156];
d) Cessação da obrigação alimentar[157];
e) Alteração do montante da prestação alimentícia[158];

A revisão de pensões por doenças profissionais encontra-se regulada, tal como a revisão de pensões por acidentes de trabalho, no artigo 70º da Lei nº 98/2009, de 4 de Setembro.

155 A actualização de pensões por acidente de trabalho vem regulada nos artigos 6º e seguintes do Decreto-Lei nº 142/99, de 30 de Abril. Quanto às doenças profissionais, a actualização das correspondentes pensões encontra-se prevista no artigo 124º da Lei nº 98/2009, de 4 de Setembro (veja-se também o artigo 39º da anterior Lei nº 100/97, de 13 de Setembro e o artigo 62º do anterior Decreto-Lei nº 248/99, de 2 de Julho). Sobre a actualização de pensões, a título exemplificativo: RC, 09.03.2004; RC, 15.04.2004; RL, 17.10.1990; RL, 19.12.1990; RL, 29.01.1992; RL, 29.03.93; RP, 03.03.2004 (Proc. 398/04); RP, 07.03.2005 (actualização da pensão revista); STJ, 06.06.1980; STJ, 04.02.1983; STJ, 18.03.1983; STJ, 30.11.1984; STJ, 08.03.1985.

156 A remição de pensões por acidentes de trabalho encontra-se prevista nos artigos 75º e seguintes da Lei nº 98/2009, de 4 de Setembro (veja-se também o artigo 33º da revogada Lei nº 100/97, de 13 de Setembro e os artigos 56º e seguintes do também revogado Decreto-Lei nº 143/99, de 30 de Abril, prevendo ainda este diploma, no artigo 74º, um regime transitório de remição das pensões). Sobre a remição de pensões, a título exemplificativo: RC, 25.11.2004; RE, 25.05.2004; RE, 30.05.2005; RL, 18.03.1992; RL, 11.02.2004; RP, 25.10.2004 (Proc. 4217/04); RP, 25.10.2004 (Proc. 4995/04); RP, 26.10.2009; STJ, 25.09.2002. Existe também numerosa jurisprudência do Tribunal Constitucional sobre a questão da remição obrigatória de pensões, de que ressalta a necessidade de dar primazia à vontade do trabalhador, porque só ele avalia a justa reparação, no caso de incapacidades iguais ou superiores a 30%: refira-se, entre muitos outros, o *ac. nº 302/99, de 18.05* (que julga inconstitucional, por violação das disposições conjugadas dos artigos 13º, nº 1, 59º, nº 1, alínea *f)*, e 63º, nº 3, todos da Constituição, a norma do artigo 64º, nº 2, do Decreto nº 360/71, de 21 de Agosto, na redacção conferida pelo Decreto-Lei nº 459/79, de 23 de Novembro, em conjugação com o artigo 2º do Decreto-Lei nº 668/75, de 24 de Novembro, na parte em que veda, a requerimento dos pensionistas ou das entidades responsáveis, a remição de pensões correspondentes a desvalorizações iguais ou superiores a 20% e inferiores a 30%, desde que o seu valor não exceda o valor da pensão calculada com base numa desvalorização de 20% sobre o salário mínimo nacional) e o *ac. nº 163/08, de 05.03* (que julga inconstitucional, por violação do disposto no artigo 59º, nº 1, alínea *f)*, da Constituição, o conjunto normativo constante dos artigos 56,º, nº 1, alínea *a)* e 74º do Decreto-Lei nº 143/99, de 30 de Abril, interpretado no sentido de impor a remição obrigatória, independentemente da vontade do trabalhador sinistrado, de pensões atribuídas em consequência de acidentes de trabalho de que resulte incapacidade parcial permanente igual (ou superior) a 30%).

157 A título exemplificativo: RC, 13.04.1999 (Proc. 46/99); RC, 05.04.2005; RC, 22.03.2006; RC, 24.05.2006; RC, 16.01.2007; RE, 28.09.2006; RE, 08.03.2007; RE, 22.03.2007; RL, 12.11.1998; RL, 10.12.1998; RL, 27.04.2004; RP, 21.11.1994; RP, 08.06.1995; RP, 28.10.1999; RP, 15.03.2001; RP, 06.12.2004; RP, 05.02.2007 (Proc. 0656592); STJ, 08.04.1981; STJ, 28.10.1997; STJ, 07.07.1999; STJ, 18.11.2004 (sobre a cessação e a redução); STJ, 06.07.2005; STJ, 03.10.2006; STJ, 31.05.2007; STJ, 08.04.2008; STJ, 22.04.2008.

158 A título exemplificativo: RC, 02.12.2003; RC, 03.05.2005; RL, 09.05.1991; RL, 12.11.1991; RL, 23.06.1992; RL, 24.05.2007; RP, 11.12.1980; RP, 08.01.1991 (Proc. 9050398); RP, 09.04.1991; RP, 11.04.1991; RP, 27.05.1991; RP, 22.10.1991; RP, 04.02.1992; RP, 27.04.1992; RP, 19.11.1992; RP, 28.10.1993; RP, 20.06.1994; RP, 18.12.1995; RP, 07.10.1996; RP, 19.11.1996 (Proc. 9521150); RP, 02.06.1998; RP, 22.01.2002 (Proc. 0121751); RP, 27.02.2003; RP, 13.11.2007; STJ, 13.01.1981; STJ, 06.11.1986; STJ, 08.01.1987; STJ, 13.01.1989; STJ, 02.10.1997; STJ, 15.12.2005.

f) Actualização das pensões de alimentos[159];
g) Cessação da adjudicação determinada em execução especial por alimentos[160];
h) Alteração da mútua renúncia da exigência de alimentos[161];
i) Alteração da regulação do poder paternal (hoje, responsabilidades parentais)[162];
j) Alteração do acordo sobre o destino da casa de morada da família[163];
k) Renovação do pedido de apoio judiciário[164] ou modificação da decisão que o concedeu[165];
l) Alteração da decisão relativa à entrega judicial de menor (ou de criança, para usar a terminologia legal actual)[166];
m) Cessação da tutela instituída a menor[167] ou alteração da decisão que a instituiu[168];
n) Reestruturação do conselho de família, em processo de instauração de tutela[169];
o) Remoção de tutor nomeado, em processo de interdição[170];

159 A título exemplificativo: RC, 27.06.2000; RL, 02.07.1996; RP, 17.04.1990; RP, 20.02.1992; RP, 19.03.1992; RP, 26.06.1997; RP, 08.05.2000 (Proc. 0050335); RP, 28.11.2000.

160 A título exemplificativo: RL, 07.02.1991 (Proc. 21496). No sentido de que a decisão de adjudicação não é, em si, susceptível de alteração quando o seu montante se revele excessivo, devendo o executado em situação económica de carência socorrer-se, antes, do meio processual próprio para obter a redução da prestação alimentícia (que era, à data do acórdão, o previsto no artigo 1121º do CPC de 1961 – actual artigo 936º –, caso estivesse pendente execução por alimentos), veja-se RP, 21.10.2008 (Proc. 0825421). Diversa da adjudicação destinada a assegurar o pagamento de prestações periódicas é, porém, a adjudicação do bem penhorado, sucedendo que "os despachos que, em processo executivo, adjudicam o bem penhorado e ordenam a remessa dos autos à conta não formam caso julgado nem extinguem o poder jurisdicional do juiz relativamente à decisão posterior de anulação de todos os actos praticados desde o despacho que ordenou a venda [...]" (RP, 13.06.1996).

161 A título exemplificativo: RP, 07.06.1993; RL, 17.11.2011.

162 A título exemplificativo: RC, 30.03.2004; RE, 15.02.2007; RL, 06.05.1977; RL, 09.11.1993; RL, 16.11.1993; RL, 03.10.1996; RL, 16.01.1997; RL, 21.11.2000; RL, 03.05.2001; RL, 15.03.2007 (Proc. 9669/06-2); RP, 10.01.2002; RP, 24.01.2002; RP, 18.05.2006; RP, 09.10.2006.

163 A título exemplificativo: RC, 13.03.2007; RC, 29.01.2008; RG, 07.05.2003; RL, 22.02.1994; RL, 27.05.2003; RL, 15.03.2007 (Proc. 713/07-6); RP, 02.05.1995; RP, 17.02.2000; RP, 30.09.2002; RP, 03.03.2004 (Proc. 0322808); RP, 22.11.2005; RP, 26.10.2006; RP, 05.02.2007 (Proc. 0657165); RP, 10.04.2007; RP, 23.04.2007; STJ, 02.10.2003 (Proc. 03B1727); STJ, 15.02.2005.

164 A título exemplificativo: RC, 13.04.1999 (Proc. 749/99); RL, 17.03.1992; RL, 01.06.1993; RL, 07.07.1998; RP, 09.02.1998; RP, 06.06.2001; RP, 05.11.2002; STJ, 17.12.1991.

165 A título exemplificativo: RP, 03.12.1991.

166 A título exemplificativo: RP, 19.02.1991.

167 A título exemplificativo: RP, 18.10.1993.

168 A título exemplificativo: RP, 17.05.1999.

169 A título exemplificativo, STJ, 25.05.2000.

170 A título exemplificativo, RL, 07.11.2006.

p) Alteração da decisão que fixou a data da convocação da assembleia de sócios[171];
q) Alteração da sentença que decretou o despejo[172];
r) Alteração da sentença de inabilitação[173].

Particularmente em matéria de alimentos e de pensões por acidentes de trabalho, é vastíssima a jurisprudência relativa à modificação das correspondentes decisões judiciais[174], ainda que essa jurisprudência raramente aprofunde o regime que aplica: mas este aspecto ainda mais acentua, quanto a nós, o interesse do tratamento do presente tema.

Por outro lado, não é de excluir a aplicação do regime da modificação – nomeadamente daquele que, embora de forma embrionária, se encontra vertido no artigo 619º, nº 2, do CPC – a matérias relativamente às quais essa aplicação não tem sido efectuada pela jurisprudência. Se a final concluirmos que a modificação pode operar também quanto a essas matérias, nada impedirá a generalização da acção modificativa, à semelhança do que sucede na Alemanha.

3. Tratamento doutrinário e jurisprudencial

Trata-se, ainda, de um tema que não tem merecido a atenção da doutrina e, como já se disse, da jurisprudência portuguesas. Contrariamente ao que sucede, por exemplo, na Alemanha, onde os estudos doutrinários e as decisões dos tribunais versando sobre a *Abänderungsklage* são hoje praticamente inabarcáveis, em Portugal nenhuma monografia encontramos sobre a possibilidade de modificação de sentenças contemplada no artigo 619º, nº 2, do CPC, correspondente ao artigo 671º, nº 2, do CPC de 1961, limitando-se os tribunais, quando confrontados com a aplicação deste preceito, a reproduzir o seu teor literal. Relativamente a outras disposições legais que permitem a modificação – por exemplo, na vasta e pouco estudada área do direito dos menores –, é idêntico o panorama.

A escolha do presente tema foi, portanto, também determinada pelo esquecimento a que tem sido votado pela doutrina e pela jurisprudência portuguesas. E, acrescente-se, pela estranheza que nos causou tal esquecimento, atendendo à profusão de preceitos legais prevendo a modificação e à sua relevância prática, a que já aludimos.

171 A título exemplificativo: RP, 08.11.1993.

172 A título exemplificativo: RP, 24.09.1996.

173 A título exemplificativo: STJ, 04.07.1995 (Proc. 086653); RP, 13.06.1994.

174 Na Alemanha, e como assinala P. Kurz (*Die Reformbedürftigkeit...*, pág. 1), a acção modificativa prevista no § 323 da ZPO (e, depois da reforma da ZPO de 2008/2009, também nos §§ 323a e 323b) reveste também, em matéria de alimentos, uma grande importância prática.

O desenvolvimento maior do regime actualmente contido no artigo 619º, nº 2, do CPC deve-se ainda a CASTRO MENDES, que aliás lhe reconhece pouca utilidade.

O Autor[175] começa por salientar que todas as sentenças se encontram sujeitas à cláusula *rebus sic stantibus*, porque a alteração da causa de pedir torna ineficaz o caso julgado: assim sendo, nem a sentença proferida nos termos do artigo 619º, nº 2 constituiria exemplo de uma categoria de sentenças que seria especial em atenção à sua sujeição à cláusula *rebus sic stantibus*, nem este preceito versaria sobre o caso julgado material, uma vez que, "como norma sobre caso julgado material, seria uma desnecessária repetição da regra segundo a qual o caso julgado só é eficaz enquanto se não invoque alteração da causa de pedir".

O artigo 619º, nº 2 seria, então, apenas uma *norma sobre caso julgado formal*, pois a sua única utilidade residiria em, face a uma alteração da causa de pedir, permitir a alteração da sentença anterior no próprio processo em que foi proferida.

O entendimento perfilhado por CASTRO MENDES a propósito do regime actualmente instituído no artigo 619º, nº 2, do CPC inscreve-se na concepção do Autor sobre os limites temporais do caso julgado, tal como caracterizados por GUASP[176], e que são normalmente referidos, por quem aceita a sua existência, à data do encerramento da última discussão oral sobre a matéria de facto[177].

Na verdade, CASTRO MENDES[178] questiona a expressão "limites temporais do caso julgado" e nega-lhes autonomia face aos limites objectivos decorrentes da causa de pedir: na sua opinião, não só aquela expressão seria enganadora, atendendo a que o mero decurso do tempo, desacompanhado de uma alteração de circunstâncias, não permitiria a propositura de nova acção, como também a indiscutibilidade da situação tornada indiscutível apenas com relação a certo momento (o do encerramento da discussão em 1ª instância, no caso do direito português), a que se reconduziriam os denominados limites temporais, mais não significaria do que essa indiscutibilidade apenas com relação a certa causa de pedir.

Não nos parece, contudo, que a análise de um preceito como o do artigo 619º, nº 2, do CPC se baste com uma conclusão do teor daquela a que chegara CASTRO MENDES, face ao equivalente preceito do Código anterior (o artigo 671º, nº 2, do CPC de 1961): a de que a sua única utilidade seria a de permitir a alteração da sentença sem um novo processo.

Por um lado, e desde logo, porque é duvidoso que a acção modificativa não dê origem à abertura de um novo processo[179]; em segundo lugar, porque sem-

[175] J. de Castro Mendes, *Limites*..., págs. 25-26.

[176] *Supra*, § 1º, II, 4.

[177] Assim, J. R. Moritz, *Probleme*..., pág. 68.

[178] J. de Castro Mendes, *Limites*..., págs. 59-61.

[179] No sumário do acórdão do Tribunal da Relação do Porto de 11 de Abril de 1991 lê-se, a este respeito, o seguinte: "O pedido de alteração dos alimentos devidos a menores, anteriormente fixado por sentença,

pre se imporia, para concluir que a modificação das sentenças prevista no artigo 619º, nº 2, do CPC pressupõe uma alteração da causa de pedir – não havendo, como tal, qualquer quebra do caso julgado anterior, cuja eficácia depende naturalmente da identidade da causa de pedir –, demonstrar que a modificação só é permitida (e é sempre permitida) quando as novas circunstâncias constituem uma nova causa de pedir; finalmente, porque mesmo que assim seja, a norma do artigo 619º, nº 2, do CPC nunca dispensaria um tratamento autónomo no qual se versasse o regime processual da acção modificativa – nomeadamente a sua articulação com o da oposição à execução fundada no artigo 729º, alínea *g)*, do mesmo Código, que determina constituir fundamento de oposição à execução baseada em sentença "[q]ualquer facto extintivo ou modificativo da obrigação, desde que seja posterior ao encerramento da discussão no processo de declaração e se prove por documento" – e, bem assim, o conteúdo, efeito e limites da sentença modificativa.

Refira-se, a este propósito, o vasto tratamento que a acção modificativa tem tido na Alemanha, mesmo entre os partidários da teoria que, por entender que, a essa acção, subjaz necessariamente uma nova situação de facto, nela vê a confirmação das regras do caso julgado: a denominada *teoria da confirmação*[180].

A restante doutrina portuguesa – que de seguida percorreremos – faz algumas breves observações a propósito do artigo 619º, nº 2, do CPC, que por vezes sugerem certa hesitação perante a natureza da norma aí contida e sobre a sua utilidade.

Assim, ALBERTO DOS REIS[181] começa por parecer inclinar-se para a natureza especial da norma contida no artigo 671º, 2ª parte, do CPC de 1939 – que, tal como o artigo 671º, nº 2, do CPC de 1961, era idêntico ao artigo 619º, nº 2, do Código actual – face à regra da inalterabilidade do caso julgado material. Diversamente das normas reguladoras dos recursos extraordinários de revisão e de oposição de terceiro (este último, abolido pelo Decreto-Lei nº 303/2007, de 24 de Agosto[182]), que *excepcionalmente* permitiriam a alteração do caso julgado material,

abre novo processo, previsto nos artigos 186 e seguintes da O.T.M. [actualmente, veja-se o artigo 45º do RGPTC], que dá origem ao processado e às diligências aí previstas, cuja omissão determina, só por si, a nulidade de todo o processo".

180 Como observa T. M Petzoldt (*Die Rechtskraft...*, pág. 65), mesmo entre os partidários da teoria da confirmação existe divergência quanto à questão de saber quais as modificações de facto que relevam face ao caso julgado e, bem assim, quanto à extensão da nova avaliação que permitem.

181 J. Alberto dos Reis, *Código...*, vol. V, págs. 167-169 e 158.

182 Passou, como já atrás se disse, a constituir fundamento do recurso extraordinário de revisão, nos termos do artigo 771º, alínea *g)*, do CPC de 1961, após aquele diploma, o facto de o litígio assentar sobre acto simulado das partes e o tribunal não ter feito uso do poder que lhe confere o artigo 665º do mesmo Código, por não se ter apercebido da fraude; não obstante, a revisão com este fundamento continuou a apresentar particularidades de regime (cfr., por exemplo, os artigos 680º, nº 3, 773º, nº 1, e 776º, nº 2, todos do CPC de 1961, e todos com preceito equivalente no novo CPC).

para eliminar o escândalo da injustiça, aquela norma possibilitaria tal alteração – que seria, nas palavras do Autor, lógica, justa, razoável e natural – em atenção à índole instável da decisão, que assentaria sobre um circunstancialismo *especial* susceptível de oscilação.

Na medida em que Alberto dos Reis parece reconhecer à norma daquele artigo 671º, 2ª parte, carácter especial, deduz-se que, na sua perspectiva, não era inútil tal preceito: ou seja, que a solução nele consagrada não decorreria, sem mais, da regra da inoperância do caso julgado em virtude de alteração da causa de pedir.

Contudo, e algo contraditoriamente, Alberto dos Reis[183] afirma, algumas páginas depois, que, como notava Manuel de Andrade, daquele preceito e do artigo 673º (regulador do alcance do caso julgado, e correspondente ao artigo 621º do CPC actual) se extrai a lição segundo a qual "a sentença só define a relação material controvertida *tal como existia ao tempo* em que foi pronunciada [...]. Se a relação substancial sofre alteração posterior, o caso julgado não opera, porque a alteração vem a traduzir-se numa modificação da *causa petendi*. Verifica-se aqui um fenómeno semelhante ao que a cláusula *rebus sic stantibus* faz produzir em matéria de contratos".

Com esta afirmação, Alberto dos Reis acaba por negar a utilidade que antes reconhecera ao disposto no artigo 671º, 2ª parte, do CPC de 1939 – a de possibilitar a alteração da decisão, em atenção à sua própria índole e por razões de justiça (e outras) –, pois se o preceito pressupõe uma modificação da causa de pedir[184], nenhuma relevância então assumem a índole da decisão e as razões invocadas para a alteração, vigorando apenas as regras gerais respeitantes aos limites do caso julgado.

As dúvidas acerca da utilidade que Alberto dos Reis reconhecia ao artigo 671º, 2ª parte, aumentam quando se constata que o Autor[185], ao tratar dos requisitos do caso julgado, adverte para a necessidade de, na apreciação da excepção de caso julgado, ter sempre presente a regra formulada no 1º trecho do artigo 673º (artigo 621º do Código actual) – que determinava constituir a sentença caso julgado nos precisos limites e termos em que julga –, pois "[p]ode suceder que concorram as três identidades exigidas pelo art. 502º [artigo 581º do CPC actual] e todavia não seja lícito invocar o caso julgado".

Ou seja: Alberto dos Reis tanto parece perspectivar a conjugação das normas do artigo 671º, 2ª parte e do artigo 673º do CPC de 1939 como uma confirmação da regra segundo a qual a alteração posterior da relação substancial

183 J. Alberto dos Reis, *Código...*, vol. V, pág. 178.

184 Sobre o conceito de causa de pedir para J. Alberto dos Reis – enquanto "acto ou facto susceptível de produzir efeitos jurídicos, que se invoca como base de determinado pedido", e enquanto "facto material e *concreto*" –, veja-se, ainda, do Autor, "Os poderes do juiz...", págs. 406-407, e "Causa de pedir...", pág. 263.

185 J. Alberto dos Reis, *Código...*, vol. III, págs. 90-146 e especialmente págs. 132-133.

determina a inoperância do caso julgado em virtude da modificação da causa de pedir, como parece atribuir à norma desse artigo 673º um sentido útil (isto é, não meramente confirmatório do sentido de outra regra): o de que a identidade da causa de pedir (a par, naturalmente, da identidade de sujeitos e de objecto) pode não ser suficiente para que a excepção de caso julgado opere.

Por outro lado, é questionável que ALBERTO DOS REIS[186] reconheça alguma utilidade ao artigo 671º, 2ª parte, do CPC de 1939 face às correspondentes normas da lei substantiva que autorizam a alteração da prestação: na verdade, segundo o Autor, esse preceito estaria "em perfeita conformidade" com os textos que contém tais normas, sendo que a admissibilidade da alteração haveria de ser determinada, em cada caso concreto, pela lei substancial. Por outras palavras, aquela norma adjectiva nada parece acrescentar, no pensamento do Autor, às normas da lei substantiva que prevêem a alteração da prestação.

Mas, nada referindo ALBERTO DOS REIS quanto ao carácter repetitivo da norma do artigo 671º, 2ª parte, do CPC de 1939 face às correspondentes normas da lei substantiva, julgamos que o Autor ainda lhe reconhece, perante elas, uma utilidade que assenta na circunstância de essas normas da lei substantiva não preverem a possibilidade de alteração da prestação, quando ela tenha sido fixada por sentença transitada em julgado. Introduzindo o trânsito em julgado da sentença uma especificidade nas "prestações fixadas em atenção a determinadas circunstâncias especiais", seria necessário contemplá-la na lei adjectiva, prevendo-se aí a correspondente alteração da sentença.

Seja como for, a aferição – ainda na perspectiva de ALBERTO DOS REIS – da admissibilidade da alteração, *em cada caso concreto*, pela lei substancial, sugere que, para o Autor, a doutrina constante daquele preceito não pode ser generalizada a qualquer prestação fixada em atenção a determinadas circunstâncias especiais e muito menos estendida a sentenças diversas das de trato sucessivo. Mas não é possível extrair uma conclusão minimamente segura nesse domínio, pelo que não prosseguiremos nesta via.

MANUEL DE ANDRADE[187], por seu lado, filia o disposto no actual artigo 619º, nº 2, do CPC na ideia, que agora está consagrada no artigo 621º, segundo a qual a extensão objectiva do caso julgado se comede pelo próprio teor da decisão, sendo possível deduzir novamente a pretensão em juízo se a decisão não estatuir de modo exaustivo sobre ela. Mas, acrescenta o Autor, "por via de regra, quando em novo processo se sustente ou pretenda uma alteração superveniente daquela relação, a inoperância do caso julgado já terá a sua plena justificação noutro motivo: a diversidade da *causa petendi*".

[186] J. Alberto dos Reis, *Código...*, vol. V, págs. 168-169.

[187] Manuel de Andrade, *Noções elementares...*, págs. 325-327.

Desta referência à existência, *em regra*, de diversidade da causa de pedir, retira-se que, para MANUEL DE ANDRADE, não era óbvia essa diversidade, quando se pretendesse a modificação da sentença, nos termos do artigo 619º, nº 2: casos haveria, parece, em que no processo tendente à modificação se invocaria a mesma causa de pedir, embora – e este aspecto, supõe-se, destruiria de novo a utilidade do preceito, no raciocínio do mesmo Autor – a solução consagrada no artigo 619º, nº 2, já decorresse do disposto naquele que é actualmente o artigo 621º.

Em suma: julga-se ser possível inferir que, para MANUEL DE ANDRADE, o artigo 619º, nº 2, do CPC seria inútil, ou porque a regra dele constante já resulta do artigo 621º, ou porque a sua solução já decorre do princípio segundo o qual a excepção de caso julgado não opera quando seja diversa a causa de pedir. De qualquer modo, e apesar de MANUEL DE ANDRADE não tratar da questão subsequente – que é a de saber quando é que a acção modificativa se funda em idêntica ou diversa causa de pedir –, as suas considerações confirmam o nosso entendimento de que não é possível concluir a análise do artigo 619º, nº 2, do CPC com a breve observação de que tal preceito se limita a permitir uma nova sentença sem um novo processo.

MANUEL DE ANDRADE[188] introduz ainda outro dado de relevo para o estudo da acção modificativa, ao salientar, a propósito da doutrina actualmente contida no artigo 621º do CPC, que "a sentença que se limitou a reconhecer a existência de certos elementos do direito deduzido pelo Autor não faz embaraço a que mais tarde uma nova decisão venha negar-lhe esse direito, por falta de qualquer outro dos seus elementos ou pressupostos legais".

Na verdade, e na medida em que MANUEL DE ANDRADE articula o actualmente disposto no artigo 619º, nº 2, do CPC, com o regime que agora está no artigo 621º do mesmo Código, aquela referência sugere que, na sua perspectiva, o juiz da acção modificativa não poderia deixar de reconhecer os elementos antes reconhecidos, cingindo-se os seus poderes de cognição aos elementos não reconhecidos ou não apreciados: entendimento aliás contestado por ANSELMO DE CASTRO[189], que, quanto à doutrina consagrada no artigo 621º, considera que "os próprios elementos [do direito deduzido pelo autor] reconhecidos poderão ser recusados na acção subsequente".

Ora aquela observação de MANUEL DE ANDRADE (e concomitante crítica de ANSELMO DE CASTRO) relaciona-se com uma questão que, na Alemanha e a propósito da *Abänderungsklage*, tem sido muito discutida: a de saber qual a medida da vinculação do juiz da acção modificativa ao decidido na acção anterior. Pensamos poder dizer, com alguma segurança, que MANUEL DE ANDRADE pro-

188 Manuel de Andrade, *Noções elementares...*, pág. 327.

189 A. Anselmo de Castro, *Direito processual...*, vol. III, pág. 396.

penderia para uma vinculação do juiz maior do que aquela que Anselmo de Castro sustentaria.

Vaz Serra[190], por seu lado, reportando-se às sentenças que fixam os alimentos, considera que elas "passam em julgado quanto à situação de facto existente na data deles, não quanto às situações futuras, podendo, por isso, ser alterada a fixação quando mudar a situação de facto".

Com esta referência, Vaz Serra, para além de expressar a sua adesão à tese segundo a qual, subjacente ao artigo 619º, nº 2, do CPC, estaria uma alteração da causa de pedir, chama também a atenção para um ponto muito reiterado pela já mencionada *teoria da confirmação* alemã: o de que o objecto do processo anterior não pode integrar factos futuros, pelo que o caso julgado desse processo não pode abranger situações futuras.

Cândida Neves[191] reconhece utilidade à figura dos limites temporais do caso julgado no âmbito das sentenças de trato no futuro ou trato sucessivo, considerando que "a mudança das circunstâncias fundamentais que produziram a decisão judicial é, no fim de contas, o maior limite temporal do instituto do caso julgado" e, bem assim, alertando para a doutrina alemã sobre a alteração da sentença, mediante a demanda de adaptação.

Anselmo de Castro[192], por sua vez, acrescenta apenas, a propósito do preceito correspondente ao actual artigo 619º, nº 2 (que era, como se tem dito, o artigo 671º, nº 2, do CPC de 1961) , que "[o] caso julgado é [...] mutável por sua natureza, nos casos previstos no Artº 671, 2", bem como que "[e]m princípio está excluído que a nova lei, mesmo interpretativa, vá atingir essas relações".

Antunes Varela[193] limita-se a uma fugaz chamada de atenção para o disposto no artigo 671º, nº 2, do CPC de 1961 quando define o caso julgado material, dando a entender, sem concretizar, que aquele preceito consagraria alguma especialidade quanto à força obrigatória do caso julgado material.

Teixeira de Sousa[194] trata do regime do artigo 671º, nº 2, do CPC de 1961 (artigo 619º do CPC actual) a propósito dos limites temporais do caso julgado, considerando a modificabilidade da decisão (ou a substituição da decisão transitada por outra decisão) a que aquele preceito alude uma consequência, respeitante ao futuro, da referência temporal do caso julgado.

A consequência respeitante ao passado residiria na *preclusão* ("da invocação num processo posterior de questões não suscitadas no processo findo, mas anteriores ao encerramento da discussão na fase da audiência final e que nele podiam

190 Vaz Serra, "Obrigação de alimentos", pág. 138.

191 Cândida Neves, "O recurso...", págs. 68-69.

192 A. Anselmo de Castro, *Direito processual...*, vol. III, pág. 395.

193 Antunes Varela, *Manual...*, pág. 703, nota 2.

194 M. Teixeira de Sousa, *Estudos...*, págs. 583-587.

ter sido apresentadas"[195]); a outra consequência respeitante ao futuro residiria na *caducidade* do caso julgado, de que constituiriam hipóteses as enumeradas no anterior artigo 673º (artigo 621º do CPC actual).

Contudo, enquanto a *caducidade* "ocorre quando deixa de se verificar a situação de facto subjacente à decisão"[196], "[a] *substituição* da decisão transitada por uma outra pode ser requerida quando se altera a situação de facto a ela subjacente"[197].

Na medida em que Teixeira de Sousa trata do regime do artigo 619º, nº 2, do CPC a propósito dos limites temporais do caso julgado e autonomiza os limites temporais em relação aos limites objectivos – estes referentes ao "*quantum* da matéria que foi apreciada pelo tribunal [que] recebe o valor de indiscutibilidade do caso julgado[198], aqueles referentes à "matéria de facto tal como ela se apresenta no momento do encerramento da discussão"[199] –, não parece que conceba a questão da modificação do caso julgado em virtude da alteração da situação de facto subjacente à decisão como uma questão de inoperância do caso julgado em virtude de alteração da causa de pedir.

Não resulta, porém, para nós claro em que medida, no pensamento do Autor, essa alteração da situação de facto subjacente à decisão (ou essa alteração das circunstâncias temporais[200]) se diferencia da alteração da causa de pedir, justificando que, só em relação a ela, se invoque o princípio *rebus sic stantibus* para permitir a modificação ou substituição da decisão.

Por outro lado, a distinção a que Teixeira de Sousa procede entre alteração da situação de facto subjacente à decisão (justificativa da modificação ou substituição da decisão) e cessação da situação de facto subjacente à decisão (justificativa da caducidade do caso julgado) levanta algumas dúvidas quanto aos seus reflexos ao nível do regime concretamente aplicável, porque a acção modificativa a que se reporta o artigo 619º, nº 2, do CPC pode tender, por exemplo, à cessação da obrigação alimentar judicialmente fixada (cfr. o artigo 282º, nº 1), pressupondo portanto, nesse caso, que a situação de facto subjacente à decisão transitada deixou de se verificar.

[195] *Idem*, pág. 584.

[196] *Idem*, pág. 586.

[197] *Idem*, pág. 587.

[198] *Idem*, pág. 578.

[199] Julgamos ser esta a definição dos limites temporais do caso julgado subjacente à análise de M. Teixeira de Sousa (*idem*, págs. 584 e 586).

[200] Refira-se que, em obra mais antiga (cfr. *Sobre a teoria...*, pág. 160), M. Teixeira de Sousa distinguia a causa de pedir das circunstâncias temporais (estas firmando-se como limites temporais do caso julgado), que de comum apresentavam o constituírem elementos individualizadores da pretensão processual (tal como as circunstâncias subjectivas): parece-nos que as mencionadas circunstâncias temporais ainda corresponderão à "situação de facto subjacente à decisão" a que actualmente alude.

O mesmo é dizer que não nos parece clara a fronteira entre a caducidade do caso julgado e a substituição da decisão transitada nem claras as razões pelas quais se invoca o regime do artigo 619º, nº 2, apenas a propósito da substituição: aquela fronteira não assenta tanto, quanto a nós, na distinção entre cessação e alteração da situação de facto subjacente à decisão, mas, sobretudo, no relevo que, no caso da substituição, assume a *superveniência*, não havendo mera verificação de um facto objectivo[201].

Mais recentemente, Teixeira de Sousa[202], a propósito da limitação temporal do caso julgado material (e não dos limites temporais do caso julgado material), que por vezes ocorre – não ocorrendo, por exemplo, quanto à decisão que reconhece uma relação de filiação, que vale para sempre –, distingue a "alteração das circunstâncias que se verifique após o trânsito em julgado da decisão" da "não confirmação da prognose em que assentou a decisão", parecendo, pelos exemplos que a seguir dá, reportar a primeira hipótese à situação descrita no artigo 621º, 2ª parte, do CPC e a segunda à prevista no artigo 619º, nº 2.

Todavia, embora consideremos importante a referência ao juízo de prognose que subjaz às sentenças a que alude o artigo 619º, nº 2, temos algumas dúvidas em basear no mencionado critério a distinção entre o regime deste preceito e o do artigo 621º, até porque aquela primeira disposição tem literalmente em vista a alteração das circunstâncias.

Lebre de Freitas / Montalvão Machado / Rui Pinto[203] não parecem conceber a modificação prevista no artigo 619º, nº 2, CPC como uma excepção à regra da imutabilidade do caso julgado, uma vez que apontam como excepção a essa regra apenas o recurso extraordinário de revisão[204]; a modificação seria antes

[201] Já deixámos este aspecto sugerido, quando assinalámos o interesse que, para a presente investigação, pode possuir a distinção, a que procede a doutrina, entre a revogação e a declaração de caducidade do acto administrativo (*supra*, § 1º, II, 4).

[202] J. de Castro Mendes / M. Teixeira de Sousa, *Manual de processo civil*, VII. Composição da acção, § 36º, II, 2. (obra ainda não publicada mas a que nos foi facultado o acesso).

[203] J. Lebre de Freitas / A. Montalvão Machado / Rui Pinto, *Código...*, vol. 2º, págs. 714-715.

[204] A redacção do artigo 671º, nº 1, do CPC de 1961 emergente do Decreto-Lei nº 303/2007, de 24 de Agosto – de conteúdo igual à do artigo 619º, nº 1, do CPC actual – suscita o problema de saber se também o recurso para uniformização de jurisprudência, que passou a ser um recurso extraordinário (a par da revisão), constitui uma excepção à regra da imutabilidade do caso julgado e se, por conseguinte, se mantém actual a referência que os citados Autores faziam, na antecedente edição do citado volume, aos *recursos extraordinários*. É que, se por um lado o artigo 671º, nº 1, do CPC de 1961 apenas passou a mencionar a revisão (enquanto excepção àquela regra), é, por outro lado, claro que o recurso para uniformização de jurisprudência passou a dever ser interposto depois do trânsito em julgado da decisão recorrida, podendo ter como efeito a substituição desta decisão (cfr. os artigos 764º, nº 1, e 770º, nº 2, do CPC de 1961). Assim sendo, parece-nos que a referência que o artigo 671º, nº 1, do CPC de 1961 (na versão emergente do Decreto-Lei nº 303/2007, de 24 de Agosto) faz ao recurso de revisão – o recurso regulado nos artigos 771º a 777º do mesmo Código, para que remete aquele preceito – não pode deixar

uma emanação do princípio segundo o qual o caso julgado se constitui com referência à situação de facto existente no momento do encerramento da discussão.

Mas, na medida em que os Autores implicitamente aceitam a categoria dos limites temporais do caso julgado (de que a modificação seria uma expressão), deduz-se que não reduzem o regime do artigo 619º, nº 2, a uma mera consequência da alteração da causa de pedir[205].

A propósito deste preceito, tratam ainda LEBRE DE FREITAS / MONTALVÃO MACHADO / RUI PINTO[206], se bem que perfunctoriamente, da questão de saber quais as sentenças aí abrangidas (que seriam, em primeiro lugar, as sentenças de condenação em prestações vincendas, como as que fixam alimentos e as que decretam o despejo do arrendatário nas situações de denúncia do direito ao arrendamento para habitação própria do senhorio[207]) e da da repercussão das modificações de direito no caso julgado (verificando-se que, mesmo quando a lei nova se pretende retroactiva, o caso julgado não deve ser afectado, por força do princípio que se extrai do artigo 282º, nº 3, 1ª parte, da Constituição): dois problemas que, como veremos, têm sido abundantemente debatidos na doutrina alemã.

P. COSTA E SILVA dedica um parágrafo da sua tese de doutoramento – que visa comprovar a relevância da vontade no acto postulativo[208] – à aplicabilidade, ao acto postulativo, do regime constante do artigo 437º do CC, relativo à alteração das circunstâncias em que as partes fundaram a decisão de contratar[209].

Nesse parágrafo, e não obstante só fazer uma breve referência ao regime contido no artigo 619º, nº 2, do CPC, nomeadamente para concluir que "o caso julgado não é insensível à modificação das circunstâncias que fundam a decisão de condenar", o que traduziria a "expressão processual da figura da base do

de ser entendida como uma referência aos recursos extraordinários em geral, porque todos eles podem implicar a destruição do caso julgado: dito de outro modo, julgamos continuar pertinente a menção que os citados Autores faziam, na obra em referência, aos *recursos extraordinários* (em geral). Lebre de Freitas, porém, em obra mais recente ("Recurso extraordinário...", págs. 20-24) contesta a qualificação do recurso para uniformização de jurisprudência como recurso extraordinário, entendendo que apenas a revisão merece tal qualificação.

205 Lebre de Freitas, aliás, dá a entender, na sua *Introdução...* (cfr., pág. 55, nota 28), que uma alteração de circunstâncias não gera necessariamente uma alteração da causa de pedir, quando, a dado passo, afirma: "[...] uma alteração de circunstâncias integradoras da causa de pedir *pode* gerar uma causa de pedir diversa, impeditiva da verificação da excepção do caso julgado" (itálico acrescentado).

206 J. Lebre de Freitas / A. Montalvão Machado / Rui Pinto, *Código...*, vol. 2º, pág. 715.

207 A propósito, não do artigo 619º, nº 2, do CPC, mas do artigo 282º, nº 2, do CPC, J. Lebre de Freitas / J. Redinha / Rui Pinto (*Código...*, vol. 1º, págs. 565-566) referem ainda as sentenças que apreciam a existência ou o conteúdo de obrigações duradoiras emergentes de contrato: segundo se deduz, essas sentenças podem também ser alteradas, na medida em que posteriormente se requeira a modificação, nos termos do artigo 437º do CC, do próprio contrato do qual emergem essas obrigações.

208 P. Costa e Silva, *Acto e processo...*, págs. 19-45.

209 P. Costa e Silva, *Acto e processo...*, págs. 617-633.

negócio"[210], trata a Autora das seguintes questões directa ou indirectamente relacionadas com o objecto da presente investigação: a da inclusão, na base do negócio a que se refere o artigo 437º do CC, não só das circunstâncias presentes e passadas, mas também das circunstâncias futuras, a que a Autora dá uma resposta afirmativa[211]; a da inclusão do erro de previsão das partes no artigo 437º do CC, a que a Autora também responde afirmativamente[212]; a da data a que se reportam os efeitos da resolução, quando esta tenha uma causa superveniente ao momento da celebração do contrato, que a Autora considera ser a data da verificação dessa causa[213]; a da aplicação, aos negócios processuais, do disposto no artigo 437º do CC, quanto a ela concluindo a Autora que "[a] materialidade subjacente impõe que as razões que justificam a operância dos mecanismos previstos no art. 473 do CC atinjam os negócios processuais", como é o caso da transacção que venha a ser homologada por sentença[214], verificando-se ainda que "os problemas que a alteração de circunstâncias pode suscitar perante um negócio processual que tenha fundado uma decisão não devem ser colocados em sede de caso julgado", pois "o problema não está na decisão, que permanece intocada, mas apenas no negócio, que é alterado para além da decisão"[215].

Estas questões tratadas por P. Costa e Silva relevam para a presente investigação, pelo seguinte: a propósito das sentenças de condenação em prestações periódicas vincendas (previstas, no direito português, no artigo 557º, nº 1, do CPC), tem a doutrina igualmente sustentado que a respectiva "base" é constituída por circunstâncias futuras (pois também estas circunstâncias integram o objecto do processo no qual tais sentenças são proferidas); a acção modificativa tem sido caracterizada, no direito alemão, pela sua função de correcção de erros de previsão do juiz, pelo que não é de excluir que também a acção prevista no artigo 619º, nº 2, do CPC desempenhe tal função; um dos problemas que a acção

[210] P. Costa e Silva, *Acto e processo...*, pág. 627.

[211] P. Costa e Silva, *Acto e processo...*, págs. 622-623. Diz a Autora nomeadamente o seguinte: "[...] quando as partes contratam e o título se estende no tempo, quer porque justifica uma exigibilidade diferida, quer porque justifica uma exigibilidade duradoura, é irrealista afirmar que entre a base se encontram apenas circunstâncias presentes e passadas".

[212] P. Costa e Silva, *Acto e processo...*, págs. 622-624. É esta a conclusão que se extrai do pensamento da Autora, porque, na sua perspectiva, quando se verifique um "desvio entre a realidade expectável e a realidade que vem a verificar-se", a situação "não está coberta pelo art. 252/2 [do CC], uma vez que não pode haver erro quando a má representação não é da realidade, mas da realidade expectável", nem existe lacuna no sistema, sendo que "o erro só releva nas mesmas condições em que releva a alteração de circunstâncias".

[213] P. Costa e Silva, *Acto e processo...*, págs. 625-627.

[214] Quanto à confissão e à desistência do pedido, a inaplicabilidade do artigo 437º do CC fundar-se-ia na circunstância de tais negócios não criarem vinculações que perdurem no tempo (cfr. P. Costa e Silva, *Acto e processo...*, pág. 629, nota 1316).

[215] P. Costa e Silva, *Acto e processo...*, págs. 627-631.

modificativa coloca é justamente o da data a que se reportam os efeitos da sentença modificativa, discutindo-se se essa data pode ser a da verificação da alteração das circunstâncias; finalmente, as sentenças homologatórias de transacções colocam o problema da articulação entre o artigo 619º, nº 2, do CPC e o artigo 437º do CC, quando a elas sobrevenha alteração de circunstâncias, porque neste caso ambos os regimes parecem aplicáveis (o primeiro à sentença enquanto tal e, o segundo, ao negócio que lhe subjaz), parecendo a Autora dar primazia ao segundo regime em desfavor do primeiro, porque entende que tal alteração de circunstâncias não suscita sequer um problema de caso julgado (e, deduzimos nós, um problema que possa desencadear a aplicação do artigo 619º, nº 2, do CPC).

M. França Gouveia, ao tratar, na sua tese de doutoramento, da questão de "saber o que se deve entender por causa de pedir na acção declarativa"[216], não faz directa referência à noção de causa de pedir contida no artigo 619º, nº 2, do CPC (artigo 671º, nº 2, do CPC de 1961): concretamente, não toma posição expressa sobre o problema da eventual recondução da alteração de circunstâncias aqui prevista a uma alteração da causa de pedir e sobre o do conceito de causa de pedir pressuposto pelo preceito. Todavia, a Autora adopta noções de causa de pedir para efeitos de excepção de caso julgado e de autoridade de caso julgado das quais se infere que, na sua perspectiva, o regime instituído naquele preceito pressuporia a inoperância da excepção de caso julgado na acção modificativa, em virtude de alteração da causa de pedir (no sentido que, para o instituto do caso julgado, assumiria o conceito de causa de pedir).

Segundo a Autora, "[a] causa de pedir, para efeitos de excepção de caso julgado é [...] definida através dos factos constitutivos de todas as normas em concurso aparente que possam ser aplicadas ao conjunto de factos reconhecidos como provados na sentença transitada"[217].

Acrescenta depois, ainda a propósito da noção de causa de pedir para efeitos de excepção de caso julgado, que "[a] noção de causa de pedir defendida para a excepção de caso julgado adequa-se também plenamente ao estipulado no artigo 673º [do CPC de 1961, que é o artigo 621º do CPC actual] – a limitação do caso julgado aos precisos limites da decisão"[218], bem como que "[a] causa de pedir definida nestes termos tem ainda como consequência a não inserção no seu âmbito de factos supervenientes. Estes, sejam ou não essenciais, podem sempre voltar a ser alegados em posterior acção com o mesmo pedido, portanto, em casos de concurso aparente de normas" (embora, nestes casos, possa funcionar a autoridade de caso julgado)[219].

[216] M. França Gouveia, *A causa...*, pág. 17.
[217] M. França Gouveia, *A causa...*, pág. 493
[218] M. França Gouveia, *A causa...*, pág. 496.
[219] M. França Gouveia, *A causa...*, págs. 496-497 e nota 1526.

É desta última referência – a de que no âmbito da causa de pedir não se inserem os factos supervenientes – que sobretudo se retira que, para M. França Gouveia, a alteração de circunstâncias a que alude o artigo 619º, nº 2, equivale a uma alteração da causa de pedir, sendo consequentemente inoperante, na acção em que se pretenda fazer valer tal alteração de circunstâncias, a excepção de caso julgado.

Mais uma vez nos parece, porém, que a análise do regime instituído no artigo 619º, nº 2, não pode resumir-se à conclusão (que inferimos do raciocínio da Autora que vimos seguindo) de que tal preceito, enquanto norma sobre caso julgado material, se limita a repetir a regra segundo a qual o caso julgado não opera quando se altere a causa de pedir.

Na verdade, tal conclusão prescinde da análise do regime do artigo 619º, nº 2, do CPC na construção do conceito de causa de pedir ínsito no artigo 581º do mesmo Código (correspondente ao artigo 498º do CPC de 1961), análise que nos parece, desde logo, fundamental para sustentar (como faz a Autora) que nenhum facto superveniente se insere no âmbito da causa de pedir. Dito de outro modo: para se chegar à (eventualmente correcta) conclusão de que o artigo 619º, nº 2, se limita a repetir a regra segundo a qual o caso julgado não opera quando se altere a causa de pedir, é necessário demonstrar primeiro que a alteração de circunstâncias a que aquele preceito alude equivale à alteração da causa de pedir a que alude o artigo 581º e que esta causa de pedir não integra factos supervenientes, demonstração essa que naturalmente não prescinde da análise do regime da acção modificativa.

A análise do regime da acção modificativa deve preceder, assim, a construção de um conceito de causa de pedir relevante para efeitos de excepção de caso julgado; não é a construção de um tal conceito que pode preceder essa análise.

Quando define a causa de pedir para efeitos de autoridade de caso julgado, M. França Gouveia[220] conclui que "[a] causa de pedir abrangerá os factos constitutivos da previsão normativa, o que significa que as decisões sobre os factos constitutivos terão a potencialidade de ter autoridade de caso julgado em processos subsequentes". Os factos constitutivos seriam os factos "essenciais à procedência da acção", isto é, "aqueles que são delimitados pela previsão da norma jurídica aplicável"[221].

220 M. França Gouveia, *A causa...*, pág. 501.

221 M. França Gouveia, *A causa...*, pág. 505. Mais adiante (págs. 511-512), a Autora insere os factos constitutivos na categoria dos *factos principais*, referindo mesmo que: "[...] dizer que a causa de pedir para o caso julgado se define através dos factos constitutivos equivale a dizer que a noção de causa de pedir apresentada para o caso julgado se define através do conjunto de todos os factos principais constantes da acção".

Como decorre da noção da Autora, a autoridade das decisões sobre a causa de pedir não dispensa a verificação de certos requisitos, sendo, por exemplo, de aceitar nas situações de dependência da segunda acção em relação à primeira ("na primeira acção o pedido X é resultado dos factos A e B, e na segunda o pedido Y é resultado de X e C") e nas de paralelismo de efeitos ("casos em que na primeira acção se pede o efeito Z resultado dos factos E e F, e na segunda acção se pede o efeito W resultado dos factos E e G"), nestas se incluindo as de prejudicialidade lógica ("as situações em que se debate a validade da relação jurídica para um efeito e posteriormente para outro")[222].

Esta última referência da Autora – a de que se verificaria a autoridade da decisão sobre a causa de pedir, nas situações de paralelismo de efeitos – releva, de algum modo, para a resolução da questão de saber se, na acção modificativa, o juiz se encontra vinculado ao decidido na acção anterior e que permaneceu imodificado. Aparentemente, e seguindo o raciocínio da Autora, a resposta seria afirmativa.

Também Remédio Marques tece algumas considerações sobre a acção modificativa: na verdade, o Autor[223], pronunciando-se embora de modo especial sobre as sentenças que fixam alimentos a menores, começa por afirmar que tais sentenças "não têm efeitos de caso julgado", para depois precisar que o respectivo caso julgado material "produz *efeitos temporalmente limitados*", e acabar por concluir que "o *caso julgado* não opera quando as circunstâncias determinantes da sua fixação se modificarem (art. 2012º do CC)". O mesmo Autor, em obra mais recente[224], reforça, ao que nos parece, a sua posição no sentido de que os limites temporais do caso julgado se reduzem à alteração da causa de pedir, com duas afirmações: "[d]ado que os factos que integram a causa de pedir apreciada na sentença apresentam sempre uma característica de *vinculação temporal*, os factos nela apreciados referidos à decisão que é proferida implicam a possibilidade de modificação do julgado anterior"; "a alteração das circunstâncias que integram a causa de pedir (*principal* e não meramente *complementadora*) [a que se refeririam os artigos 621º, 2ª parte, e 619º, nº 2, do CPC] gera uma causa de pedir (principal) diferente, o que impede a verificação do caso julgado".

Abrantes Geraldes[225], por seu lado, qualifica a norma do artigo 619º, nº 2, do CPC (e também a do artigo 386º, nº 2, do CPC, que permite a alteração ou a cessação da prestação alimentícia provisória), como uma norma excepcional, cujo fundamento seria o seguinte: "[e]m sede de alimentos, a especial natureza do direito e da correspectiva obrigação, a variação temporal dos factos que

[222] M. França Gouveia, *A causa*..., págs. 502-503.

[223] J. P. Remédio Marques, *Algumas notas*..., págs. 108-109.

[224] J. P. Remédio Marques, *Acção declarativa*..., págs. 676-678.

[225] A. S. Abrantes Geraldes, *Temas*..., IV vol., pág. 128.

interessam para a fixação da justa medida ou a necessidade de fomentar a justiça material, por forma a compatibilizar as carências efectivas com as reais possibilidades dos diversos sujeitos, conduziram o legislador a passar para segundo plano os objectivos de segurança e de certeza jurídica que rodeiam a figura do caso julgado e a privilegiar os valores da justiça e da equidade".

Finalmente, uma referência a RUI PINTO. Embora na sua tese de doutoramento, dedicada à questão de mérito na tutela cautelar, o Autor não trate especificamente da modificação do caso julgado material por alteração das circunstâncias, fazendo apenas algumas referências à alteração das resoluções da jurisdição voluntária e das decisões de indeferimento ou deferimento de pedidos cautelares[226], o certo é que as considerações que tece acerca do objecto processual das acções de condenação *in futurum* reguladas no artigo 472º do CPC de 1961 e no idêntico artigo 557º do CPC actual (que, na sua perspectiva, não sofre variação em virtude da antecipação da tutela, pois diversamente do que se verificaria na área da tutela cautelar, em que a causa de pedir abrange factos integrativos do perigo e idóneos, segundo um critério de causalidade, a causar um dano a um direito, naquelas acções o *periculum in mora* não seria elemento constitutivo da causa de pedir)[227] relevam para o problema – que especialmente nos interessa – de saber se a acção modificativa prevista no artigo 619º, nº 2, do CPC pressupõe uma causa de pedir diversa da da primitiva acção: seguindo RUI PINTO, dir-se-ia que, correspondendo a acção de condenação em prestações vincendas à denominada tutela antecipada e a acção prevista naquele artigo 619º, nº 2 à tutela obtida no momento próprio (pois só neste momento ocorreram os factos que alicerçam o direito que se pretende fazer valer), a resposta é negativa, isto é, que a causa de pedir dessas acções é idêntica.

Também em áreas diversas da do processo civil o tema que nos interessa aparece aflorado na doutrina portuguesa.

[226] Rui Pinto, *A questão de mérito*..., págs. 97-98 e 241-243.

[227] Rui Pinto, *A questão de mérito*..., esp. págs. 269-304, 515-516 e 567-600. Afirma, por exemplo, o Autor (cfr. págs. 541-542): "na tutela antecipatória não há uma alteração ao objecto do processo, para nele se acomodar o problema do perigo – este não é o *thema decidendum*, sendo-lhe externo, pois não é por ele que o sujeito vai a tribunal. Nela o *periculum in mora* é nuns casos uma mera *ratio legis* de uma estatuição normativa em conexão com um tipo de direito que ela mesma prevê e noutros casos um pressuposto processual de interesse em agir cuja verificação o requerente tem o ónus de alegar e demonstrar". O *periculum in mora* é definido, por Rui Pinto (*A questão de mérito*..., pág. 527), como o "perigo de dano para o direito substantivo do autor imputável ao Estado, resultante de ser objectiva e razoavelmente previsível que o cumprimento do tempo da tutela processual disponível levará à violação do direito à tutela efectiva, na vertente do prazo razoável"; diferentemente, na tutela cautelar, o dano que se pretende evitar é o "dano resultante de uma ingerência ilícita na esfera jurídica alheia, em violação de uma norma de proibição" e o perigo de dano é imputável ao réu (*idem*, págs. 527-530).

Assim, numa obra situada no campo do direito internacional privado convencional, Ferreira Pinto[228] dedica algumas páginas à revisão de pensões alimentares, embora, quando refira o princípio da revisibilidade, por alteração das circunstâncias, dessas pensões, o alicerce no artigo 2012º do CC, sem mencionar qualquer preceito da lei processual civil portuguesa.

Rodrigues Bastos[229], a propósito da alteração dos alimentos fixados, regulada no artigo 2012º do Código Civil, refere que "[a] sentença que tenha sido proferida com base naquela situação [a situação com referência à qual vigorava a precedente regulamentação quanto a alimentos] deixa, a partir da mudança verificada, de ter força de caso julgado, e nasce contemporaneamente um direito de acção dirigido a modificar a relação alimentar pré-existente". Parece, portanto, que na perspectiva do Autor a sentença de alimentos *caduca* com a verificação da alteração das circunstâncias, gerando esta simultaneamente uma nova causa de pedir, na qual se alicerçaria a acção modificativa que fosse eventualmente proposta.

A doutrina constitucionalista portuguesa tem igualmente dado alguma atenção ao regime da modificação do caso julgado por alteração de circunstâncias. Esse interesse prende-se com a relevância constitucional do tema do caso julgado e, em particular, com a questão da ressalva dos casos julgados na sequência de uma declaração de inconstitucionalidade ou de ilegalidade com força obrigatória geral, consagrada no artigo 282º, nº 3, da Constituição (segundo este preceito, daquela declaração "[f]icam ressalvados os casos julgados, salvo decisão em contrário do Tribunal Constitucional quando a norma respeitar a matéria penal, disciplinar ou de ilícito de mera ordenação social e for de conteúdo menos favorável ao arguido": preceito do qual resulta, em conjugação com a regra da obrigatoriedade das decisões dos tribunais para todas as entidades, constante do artigo 205º, nº 2, da Constituição, "a garantia, em princípio, do caso julgado"[230]).

Assim, Paulo Otero[231] sustenta que a norma do artigo 619º, nº 2, do CPC (artigo 671º, nº 2, do CPC de 1961) possui carácter excepcional, por permitir a modificação do caso julgado. Mais precisamente, afirma o Autor que, *excepcionalmente*, o caso julgado admite modificabilidade nas seguintes situações: *a)* revisão, embora no processo civil haja prazos para a sua interposição; *b)* oposição de terceiro[232]); *c) modificação das circunstâncias, nos casos do artigo 671º, nº 2, do CPC* [de 1961, correspondente ao artigo 619º, nº 2, do actual CPC]; *d)* em matéria penal, nos casos do artigo 2º, nº 2, do CP (isto é, nos casos de descriminalização da

[228] F. A. Ferreira Pinto, *Do conflito de leis...*, págs. 259-263.

[229] J. Rodrigues Bastos, *Notas ao Código Civil*, VII, pág. 225.

[230] Jorge Miranda, "Constituição e processo civil", págs. 12-13.

[231] Paulo Otero, *Ensaio...*, págs. 45-48.

[232] Recorde-se que actualmente a oposição de terceiro integra a revisão (*supra*, § 1º, II, 1).

condutra[233]); *e)* na situação prevista no artigo 282º, nº 3, da Constituição (declaração de inconstitucionalidade ou de ilegalidade com força obrigatória geral de norma penal menos favorável ao arguido).

Rui Medeiros[234], por seu lado, parece aceitar a categoria dos limites temporais do caso julgado e a relevância da distinção entre situações jurídicas instantâneas e situações jurídicas duradouras no tratamento do instituto do caso julgado.

Na verdade, quando trata da "questão de saber se, estando em causa situações de trato sucessivo, a ressalva dos casos julgados [estabelecida no artigo 282º, nº 3, da Constituição] impede em absoluto que se atribua relevância à decisão de inconstitucionalidade"[235], o Autor refere que, "além de um limite subjectivo e objectivo, a eficácia do caso julgado tem também um limite temporal"[236], assumindo a distinção entre situações jurídicas instantâneas e duradouras, para este efeito, um relevo central. Assim, "estando em causa uma situação duradoura, a intangibilidade dos casos julgados não impede que se atribua relevância (para o futuro) à declaração de inconstitucionalidade com força obrigatória geral. A Constituição não tinha de entrar nestas questões processuais. A fórmula genérica *ficam ressalvados os casos julgados*, utilizada pelo legislador constitucional português, não dispensa, por isso, a doutrina e a jurisprudência da tarefa de esclarecer o significado e de delimitar o alcance exacto dessa regra"[237].

Seriam dois os argumentos no sentido da relevância da ulterior declaração de inconstitucionalidade: por um lado, o de que tal relevância não afronta as exigências de certeza e de segurança jurídicas, nas quais assentaria a própria ressalva dos casos julgados[238]; por outro lado, o de que seria contraditório atribuir relevância a factos normativos supervenientes e não a atribuir a uma superveniente declaração de inconstitucionalidade, já que no primeiro caso a lei foi bem aplicada e, no segundo caso, não.

Rui Medeiros admite, todavia, que esta conclusão deixa muitas questões por resolver: "[p]ense-se, por exemplo, no critério de distinção entre situações instantâneas e duradouras, nos pressupostos de que depende em concreto a relevância do efeito jurídico superveniente nos diferentes tipos de sentença ou na forma como podem ser invocadas as novas circunstâncias. Isto para não falar do problema da determinação do momento a que se refere a eficácia do caso julgado

[233] Actualmente, haverá ainda a contar com os casos do artigo 2º, nº 4, do CP, na redacção emergente da Lei nº 59/2007, de 4 de Setembro, porque o preceito passou a admitir a afectação dos casos julgados também nos casos de lei penal posterior não descriminalizadora mas concretamente mais favorável ao agente.

[234] Rui Medeiros, *A decisão...*, págs. 562-568.

[235] Rui Medeiros, *A decisão...*, pág. 562.

[236] Rui Medeiros, *A decisão...*, pág. 563.

[237] Rui Medeiros, *A decisão...*, pág. 566.

[238] Sobre estas razões, veja-se também M. Gomes da Silva ("Sentenças...", págs. 386-387).

e na questão – que, como é sabido, é muito controversa no contencioso administrativo de anulação – da eventual atendibilidade pelo juiz das modificações de facto ou de direito durante o processo"[239].

Diversa da de Rui Medeiros é a posição de Vitalino Canas.

Em estudo anterior ao acabado de citar, Vitalino Canas[240] sustentava que a ressalva dos casos julgados abrange (embora, *de jure condendo*, não devesse abranger) a manutenção dos efeitos do caso julgado que tenha "repercussões futuras, nomeadamente quando se trata de obrigações que se traduzem em prestações periódicas", pois "[o] legislador da revisão não nos dá qualquer indício ou sinal que possa servir para nos convencer que previu a existência de várias hipóteses de caso julgado no que se refere ao momento da produção dos seus efeitos". Mais tarde, e na sequência da tese de Rui Medeiros, Vitalino Canas[241] reforçaria, com outros argumentos – que adiante serão mais detalhadamente analisados[242] –, a sua posição no sentido de que o caso julgado sobre uma situação duradoura não pode ser atingido, quanto aos seus efeitos futuros, pela decisão de provimento com força obrigatória geral do Tribunal Constitucional.

Finalmente, registe-se que, na área do direito administrativo, Rui Machete sustenta expressamente a existência de limites temporais do caso julgado administrativo, não obstante não analise a eventual modificabilidade, por alteração de circunstâncias, da sentença que anule um acto administrativo[243].

Concluindo agora esta breve digressão pela doutrina portuguesa mais directamente relacionada com o tema que nos ocupa, julgamos estar em condições de afirmar que a modificação, por alteração de circunstâncias, do caso julgado

[239] Rui Medeiros, *A decisão...*, págs. 567-568. Pode também suscitar dúvidas, para efeitos da ressalva dos casos julgados constitucionalmente estabelecida, a determinação da própria decisão constitutiva de caso julgado material: assim, no caso de remição de pensão por acidente de trabalho, entendeu-se no acórdão da Relação de Lisboa de 20 de Janeiro de 1993, que "[n]ão se forma caso julgado sobre o montante do capital de remição [...], pois a actividade do juiz esgota-se com o despacho que admite a remição"; também nos acórdãos do STJ de 26 de Fevereiro de 1992, 25 de Março de 1992 e 26 de Janeiro de 1994 se considerou que o cálculo do capital e o despacho que o ordena não transitam em julgado. Por outro lado, o Tribunal Constitucional tem considerado que a sua própria competência não se estende à determinação das decisões judiciais constitutivas de caso julgado (cfr. Isabel Alexandre, "O caso julgado...", pág. 35, e jurisprudência referida a págs. 21 e segs.; cfr., ainda, Jorge Miranda, "O Tribunal Constitucional...", pág. 800, especificamente sobre a questão apreciada no Acórdão do Tribunal Constitucional nº 61/2003, de 4 de Fevereiro).

[240] Vitalino Canas, *Introdução...*, págs. 66-67.

[241] Vitalino Canas, "Os efeitos das decisões...", págs. 230-232.

[242] *Infra*, § 26º, II, 2. *a)*.

[243] Rui Machete, "Caso julgado...", pág. 291. Os limites temporais, segundo o Autor, adviriam da circunstância de que "[o] caso julgado da sentença administrativa só é vinculativo para a Administração e para os particulares na base desse condicionalismo fáctico [o correspondente à situação existente no momento do encerramento da discussão]".

material, não tem constituído um problema autónomo a resolver, sendo escassas e muitas vezes contraditórias as referências ao regime instituído no artigo 619º, nº 2, do CPC. Assim sendo, o contributo dessa doutrina para a presente investigação, ainda que decisivo, só pode ser indirecto e pontual.

4. Objecto do processo e da sentença

A estranheza que nos suscita o esquecimento a que a doutrina e a jurisprudência portuguesas têm votado o tema da modificação, por alteração de circunstâncias, do caso julgado material – e que julgamos ter ficado demonstrado na síntese que efectuámos – acentua-se quando constatamos que o seu estudo pode facilitar a compreensão de certos conceitos, como sejam o do objecto do processo[244] e da sentença.

E isto porque a análise do regime da acção modificativa envolve a identificação do pedido e da causa de pedir da acção anterior e da acção subsequente – que são, nos termos do artigo 581º, nº 1, do CPC, os elementos integrantes do respectivo objecto, seja qual for a caracterização dos mesmos por que se opte (e

[244] Ainda que o conceito de objecto do processo não seja único (neste sentido, face às várias disposições da lei processual alemã que se referem ao objecto do processo e à pretensão, G. Baumgärtel, "Zur Lehre...", págs. 72-75, sustentando que esse objecto é composto apenas pelo pedido, para efeitos da regulação da cumulação de pedidos e da alteração do pedido, e pelo pedido e pela causa de pedir, para efeitos da regulação da litispendência e do caso julgado; neste sentido também, J. de Castro Mendes, "Dr. José Inácio...", págs. 444-447, partindo da distinção entre objecto material e objecto formal do processo, e ainda diferenciando, dentro do objecto material, entre o objecto próximo, ou pedido, e o objecto remoto, ou litígio; neste sentido também, ao que nos parece, M. J. Capelo, "A reforma...", pág. 749, porquanto considera dever atender-se, nas acções de investigação da paternidade e para o efeito da aplicação das regras respeitantes à admissibilidade da modificação da causa de pedir, *à causa de pedir instrumental* (que seria o facto base da presunção legal da paternidade), e, para o efeito da excepção de caso julgado, *à causa de pedir principal* (que seria o facto da procriação); contra, J. de Sousa e Brito, "Identidade...", pág. 31, para quem "[a] solução dada ao problema do objecto do processo é comum à excepção de litispendência, à alteração do processo, à cumulação sucessiva e, portanto, à cumulação inicial").

Interessa-nos, de qualquer modo, o conceito de objecto do processo relevante para a litispendência e para o caso julgado e esse conceito parece ser um só, mesmo para quem, como G. Baumgärtel ("Zur Lehre...", pág. 75), sustenta a variabilidade do conceito: assim também, *RLJ*, ano 53º, nº 2158, 1921, págs. 341 e 342, aí se referindo que "[...] para haver litispendência, é necessário que concorram os mesmos requisitos que o artigo 2503º do Código civil exige para o caso julgado [...]" – citando-se depois numerosa bibliografia e jurisprudência em conformidade – e, bem assim, que "[...] é princípio seguro e incontestável que a litispendência só se verifica quando existiria caso julgado [...]"; porém, no sentido de que o conceito de objecto do processo para efeitos de litispendência é diverso do mesmo conceito para efeitos de caso julgado, Stein/Jonas/Roth[22], §253, 60-61; no sentido também de que esse conceito não é exactamente coincidente para estes dois efeitos, G. De Stefano ("Per una teoria...", págs. 233-236), para quem a matéria que integra o tema de um processo em curso não pode ser tratada em outro processo contemporâneo (e a matéria que não o integra já o pode ser), mas pode haver utilidade em admitir a discussão, num processo futuro, de um tema suficientemente diverso do actualmente tratado, mas que não consubstancie demanda nova.

sendo certo que, quanto à causa de pedir, se debatem a teoria da individualização e a da substanciação)[245] –, bem como a determinação daquilo que decidiu o juiz da primeira acção e daquilo que pode decidir o juiz da acção modificativa.

[245] Como assinala G. Baumgärtel ("Zur Lehre...", pág. 69), na Alemanha, a discussão doutrinária acerca do objecto do processo tem-se prendido sobretudo com a questão de saber se a causa de pedir integra esse objecto; sobre os termos dessa discussão e sobre a distinta situação em Itália, "onde nunca se duvidou de que a causa de pedir servisse para a identificação das acções", veja-se G. De Stefano ("L'oggetto...", págs. 334-335, e "Per una teoria...", pág. 229), bem como E. Heinitz ("Considerazioni...", págs. 758-760 e 764-768) ou G. Tarzia, "Recenti..."; a tendência actual na Alemanha parece ser, de todo o modo, no sentido de que o conceito de objecto do processo relevante para o caso julgado (admitindo, portanto, que esse conceito pode ser variável) integra a causa de pedir (assim, H.-J. Musielak, "Der rechtskräftig...", pág. 3593 e nota 5).
Sobre a referida discussão acerca do objecto do processo, uma breve referência. Segundo K. H. Schwab (*Der Streitgegenstand...*, esp. págs. 183-192; "Der Streitgegenstand im Eheprozess", esp. págs. 107 e 111-113; "W. J. Habscheid ...", esp. págs. 157-160; "Der Stand der Lehre...", págs. 83-84; "La teoria...", págs. 321-324; "Gegenwartsprobleme...", pág. 71; "Noch einmal...", págs. 794-799), apenas o pedido, definido como a solicitação da decisão judicial identificada na petição inicial (*"das Begehren der im Klageantrag bezeichneten gerichtlichen Entscheidung"*), integraria o objecto do processo, nomeadamente pela dificuldade de delimitação dos factos alegados que constituem o fundamento da acção e pela possibilidade de existência de várias causas de pedir e de um só pedido: trata-se, assim, de um conceito de objecto do processo de conteúdo puramente processual e desligado do complexo factual alegado como fundamento da acção (cfr. G. Lüke, "Zur Streitgegenstand...", págs. 309-310); crítico em relação a esta perspectiva, designadamente por descurar o disposto no § 253, 2, 2, da ZPO, que manda identificar, na petição inicial, o fundamento da pretensão que se faz valer, veja-se P. Arens (*Streitgegenstand...*, págs. 21-22) e, em geral, as críticas de A. Nikisch ("Zur Lehre..."); entre nós, vejam-se as críticas de M. Teixeira de Sousa ("Acções de simples apreciação...", págs. 136-140).
Também A. Nikisch ("Zur Lehre...", págs. 298-299) concebe a afirmação da situação subjectiva como o objecto do processo – o que, aliás, permitiria verdadeiramente diferenciar o direito material do direito processual (em processo apenas se lidaria com direitos afirmados) –, assim não integrando nesse objecto a causa de pedir; mas ressalva as hipóteses em que a causa de pedir serve a individualização dessa afirmação de direito. Já para L. Rosenberg (desde a 1ª ed. do seu *Lehrbuch...*, de 1927: cfr. págs. 236-243 e 472), o objecto do processo seria constituído, além do pedido, também pela causa de pedir, mas apenas quando tal fosse necessário para a identificação do pedido (o que não sucederia quando se pretendesse a apreciação de direitos absolutos: assim, por exemplo, quando se pretendesse a apreciação do direito de propriedade, já que não é concebível mais do que um direito de propriedade sobre a mesma coisa).
W. J. Habscheid, num dos seus últimos artigos ("Die neuere...", pág. 183), reafirma, por sua vez, a concepção do objecto do processo como comportando também dois elementos, mas seriam eles a afirmação de direito (*Rechtsbehauptung*) e a situação da vida (*Lebenssachverhalt*) que suporta a exigência do autor (concepção que já reafirmara, por exemplo, em "Stein-Jonas...", pág. 479, ou em "L'oggetto...", esp. pág. 462): criticamente em relação à concepção de Habscheid sobre o objecto do processo, veja-se A. Nikisch, "Dr. Walther J. Habscheid...".
Marcante é também a tese de O. Jauernig (*Verhandlungsmaxime...*, esp. págs. 6-7, 10-13 e 23), que delimita o objecto do processo (e, bem assim, a situação de facto que fundamenta a acção, nem sempre necessária para a individualização do pedido), em função da vigência, no processo, do princípio da investigação ou do princípio dispositivo (criticamente, W. J. Habscheid, "Bestimmen...", esp. págs. 297-298, considerando que os princípios processuais não são aptos a delimitar o objecto do processo; criticamente ainda, T. Yoshimura, "Streitgegenstand...", págs. 246-252).

Com efeito, e no que ao tratamento do tema do objecto do processo diz respeito, verifica-se que uma das questões que o regime da acção modificativa coloca – a de saber se a sentença modificativa opera ou não a quebra do caso julgado – só pode ser respondida afirmativamente depois de se reconhecer que a causa de pedir de ambas as acções é idêntica e, bem assim, distintas as figuras da alteração das circunstâncias e da alteração da causa de pedir; por outro lado, para se saber se se está perante uma alteração das circunstâncias justificativa da proposição de acção modificativa ou, ao invés, perante factos novos susceptíveis de fundar uma nova e autónoma acção, é também importante tratar a distinção entre alteração das circunstâncias e alteração da causa de pedir.

E, no que se refere ao tratamento do tema do objecto da sentença – constituído pelos factos que constituem o objecto do processo e que, num sistema de disponibilidade objectiva, devem, em regra, ter sido alegados pelas partes[246] –, importa salientar que, na acção modificativa, bem pode suceder que o juiz esteja vinculado ao anteriormente decidido quanto à matéria de facto que permaneceu

Entre nós, a integração da causa de pedir no objecto do processo não oferece dúvidas, face ao disposto no artigo 581º, nº 1, do CPC, apenas podendo discutir-se como se caracteriza a causa de pedir, se de acordo com os ensinamentos da teoria da individualização – assim, por exemplo, face ao CPC de 1939, Barbosa de Magalhães (*Processo civil...*, págs. 325-326 e 330-334), equipara o conceito de causa de pedir ao de direito –, se com os da teoria da substanciação: como, a este propósito, sintetiza M. Teixeira de Sousa (*Sobre a teoria...*, págs. 156-160), enquanto para a teoria da individualização, na sua formulação clássica, "a causa de pedir é formada pela relação jurídica que é pressuposto do efeito pretendido", e, na sua formulação corrigida, pelos factos que condicionam essa relação jurídica, para a teoria da substanciação (que o Autor, aliás, propugna), "a causa de pedir é formada por factos sem qualificação mas com relevância jurídica", aos quais "compete a individualização objectiva da pretensão processual".

Sobre a distinção entre a teoria da individualização e a da substanciação, veja-se, ainda, A. Wach, "Zur Lehre...", págs. 4-9, e *Conferencias...*, págs. 22-40; E. Betti (*Diritto processuale...*, págs. 175-180), G. De Stefano ("Per una teoria...", págs. 228-229), A. Anselmo de Castro (*Direito processual...*, vol. I, págs. 204-207) ou – analisando desenvolvidamente a forma como a jurisprudência espanhola tem acolhido uma ou outra das teorias – S. Cavanillas Mugica / I. Tapia Fernández (*La concurrencia...*, págs. 209-235). Sobre as consequências da adopção da teoria da individualização ou da substanciação na definição da causa de pedir das acções de investigação da paternidade (nomeadamente quanto ao âmbito do caso julgado dessas acções), A. Finocchiaro, "Giudicato...", pág. 1985.

[246] Sobre este ponto, M. Teixeira de Sousa, *O objecto da sentença...*, págs. 24-31. Não obstante, o Autor distingue conceptualmente o objecto do processo do objecto da sentença (assim, também, as teses que vêem no objecto da sentença ou do caso julgado um direito substantivo, ou uma pretensão material: a este propósito, veja-se, por exemplo, F. Lent, "Streitgegenstand..." e "Zur Lehre vom Entscheidungsgegenstand", esp. págs. 64-66 e 78, concluindo que o objecto da decisão e do caso julgado é um direito material determinado e concreto; diferentemente, K. H. Schwab, *Der Streitgegenstand...*, págs. 139-148, considerando que esse objecto é a pretensão processual que na acção se fez valer e não a pretensão material), porque, partindo do pressuposto da distinção entre a individualização e a fundamentação da acção e da característica de instrumentalidade concreta que o processo declarativo deve possuir, atribui àquele uma caracterização adjectiva e a este uma caracterização substantiva (cfr., quanto a estes pontos, M. Teixeira de Sousa, *O objecto da sentença...*, págs. 78-83).

inalterada e que tal vinculação signifique a restrição do objecto da sentença aos novos factos alegados pelas partes: se assim for, e se se entender que o objecto do processo modificativo é constituído, não apenas pelos novos factos alegados pelas partes, mas também pelos factos antigos que permaneceram inalterados, pode aventar-se a não coincidência entre o objecto da sentença modificativa e o objecto do processo do qual esta emerge.

5. Limites e extensão do caso julgado

A análise do regime da acção modificativa é igualmente fundamental para a verificação da existência, a par de limites objectivos (e, naturalmente, subjectivos) – que podem, na esteira de Chiovenda, considerar-se *naturais*[247] –, de outros limites do caso julgado (nomeadamente de natureza temporal[248]), bem como para a verificação da extensão do caso julgado aos fundamentos da decisão.

Na verdade, caso se conclua que a causa de pedir e o pedido da acção modificativa são idênticos aos da acção anterior, a possibilidade de proferimento de uma nova sentença de mérito aparentemente só se justifica em virtude da interferência de um outro limite do caso julgado. E, operando tal limite, uma eventual restrição do poder de apreciação do juiz da acção modificativa às novas circunstâncias (decorrente da vinculação ao decidido quanto à matéria de facto inalterada desde um certo momento do processo anterior) poderá ficar a dever-se à extensão da autoridade da sentença anterior aos fundamentos da decisão (e não, como no ponto anterior se sugeriu, à não coincidência entre o objecto da sentença modificativa e o objecto do processo modificativo).

Por outro lado, caso se entenda que o pedido e a causa de pedir da acção modificativa não são idênticos aos da acção anterior (não ocorrendo, como tal, uma repetição de acções, relevante para efeitos da excepção de caso julgado), haverá, do mesmo modo, que explicar uma eventual restrição do poder de apreciação do juiz da acção modificativa às novas circunstâncias, porque ela pode assentar na extensão da autoridade da sentença anterior aos fundamentos da decisão.

6. Instrumentalidade do direito processual civil

A descoberta do regime jurídico da acção modificativa, aflorado no artigo 619º, nº 2, do CPC, permitirá também, segundo cremos, compreender melhor a articulação entre o caso julgado e a modificação da situação material por ele resol-

[247] G. Chiovenda, "Identificazione ...", pág. 159. A esses limites, objectivos e subjectivos, encontram-se referências já nas fontes romanas (cfr. E. Betti, "Regiudicata...").

[248] Não obstante poder ser diverso o objecto da doutrina dos limites temporais do caso julgado face ao da doutrina dos limites objectivos do caso julgado, também é verdade que, como assinala Remo Caponi (*L'efficacia...*, pág. XIII), ambas perseguem um fim comum, que é o da salvaguarda da essência do caso julgado material.

vida e, por essa via, a instrumentalidade do direito processual civil face ao direito substantivo[249/250] na regulação do instituto do caso julgado.

Esta instrumentalidade – que significa também a *utilidade* do direito processual (na realização do direito material)[251], ou o contributo do processo para a eficácia do direito material[252], mas que não equivale à inexistência de valores próprios do direito processual civil[253], à inexistência de outros fins do processo para além do da realização do direito material[254] ou à indiferença do direito substantivo em relação ao direito processual[255] – parece-nos dever manifestar-se mesmo

[249] J. de Castro Mendes (*O direito de acção*..., págs. 238-241) alude, a este propósito, à dependência teleológica da acção em relação ao direito material e ao "carácter teleològicamente subsidiário do Processo", frisando que "[o] Direito Processual Civil não é fim em si mesmo, nem tem uma finalidade metajurídica, mas destina-se a tutelar o Direito Privado". Diversa da dependência teleológica da acção em relação ao direito material é a dependência teleológica da acção em relação ao direito subjectivo, a que se referia o artigo 2º do CPC de 1939 – correspondente ao artigo 2º, nº 2, do Código actual –, aliás criticado pelo Autor, por se prender com uma questão que "pertence mais à teoria do direito subjectivo. Seria bem melhor que o artigo nos viesse dizer se toda a acção pressupõe um direito; a questão inversa tem uma importância bem reduzida, dentro do Direito Processual" (*idem*, págs. 249-250).

[250] A instrumentalidade do direito processual civil pode ainda afirmar-se noutro plano, que aqui não nos interessará: o da realização dos fins do Estado, entre os quais a paz social. Sobre a instrumentalidade nesta acepção não jurídica (a que o Autor atribui, aliás, maior relevo do que à acepção jurídica, responsável, na sua óptica, pelo "imobilismo do sistema, que nasceu sob o signo do individualismo"), veja-se C. R. Dinamarco, *A instrumentalidade*..., págs. 177-207 e 262. É nesta perspectiva que também J. Montero Aroca / J. L. Gómez Colomer / A. Montón Redondo / S. Barona Vilar, *Derecho*..., págs. 282-283, aludem ao carácter instrumental do processo.

[251] Assim, H.-M. Pawlowski, "Aufgabe...", pág. 368, referindo essa utilidade – num cenário de constante mutação do Direito –, ao direito actual e aplicável ao caso concreto; assim também, H.-U. Graba (*Die Abänderung*..., pág. 3), propugnando que a essa utilidade se atenda, aquando da interpretação e aplicação dos preceitos processuais.

[252] Assim, M. Teixeira de Sousa (*O objecto*..., págs. 9-10), a propósito da por si designada *instrumentalidade abstracta* (que se distinguiria da instrumentalidade concreta, referente à "contribuição do processo para a existência da situação subjectiva" e "posterior à proposição da acção").

[253] A este propósito, salientam J. de Castro Mendes / M. Teixeira de Sousa (*Manual de processo civil*, I.Teoria geral, § 1º, 4) – obra ainda não publicada mas a que nos foi facultado o acesso –, que a assinalada relação de instrumentalidade "não significa, porém, que o direito processual civil não possua valores próprios – ou que ele tenha de acompanhar os valores do direito civil e do direito comercial. Se o direito privado reflecte e tutela interesses privados, o direito processual civil não pode deixar de se orientar pelo interesse público na administração da justiça". Aliás, da classificação do direito processual como direito público já decorre, de algum modo, a sua libertação face ao direito material, e a possibilidade de reconhecer-lhe a prossecução de interesses diversos dos das partes (assim, P. Arens, "Prozessrecht...", pág. 250).

[254] Assim, E. Schumann ("Fehlurteil...", págs. 319-320): para o Autor, seriam esses outros fins do processo que explicariam a vinculatividade da sentença injusta.

[255] Como acentua A. Proto Pisani (*Lezioni*..., págs. 5-6), tendo em conta a proibição da auto-tutela privada, sem o direito processual o direito substantivo seria um ordenamento incompleto. Por outro lado, e como já advertia P. Calamandrei ("Il processo inquisitorio...", págs. 239 e 242), pode suceder que uma reforma do direito processual constitua uma indirecta reforma do direito substantivo (assim, por exemplo, quando o reforço dos poderes do Ministério Público em processo civil redunde na publicização do interesse privado tutelado).

num instituto como o do caso julgado, e quer se adopte a teoria processual ou a material do caso julgado.

Com efeito, embora a adopção da teoria processual do caso julgado implique, de algum modo, o entendimento segundo o qual a decisão judicial transitada reflecte a indiferença do direito processual civil face ao direito substantivo, pois essa decisão valerá, independentemente da sua actuação no plano da situação jurídica substantiva, em futuros processos[256] – e, bem vistas as coisas, também a adopção da teoria material do caso julgado, na medida em que o postulado da substituição da regulação do direito substantivo por uma regulação que teve a sua origem num processo ainda reflecte tal indiferença[257/258] –, o certo é que,

[256] A teoria processual do caso julgado, maioritária na Alemanha, é geralmente referida como aquela que sustenta que os destinatários da autoridade do caso julgado são os juízes perantes os quais a acção será, de novo, proposta (assim a refere, por exemplo, F. Nicklisch, *Die Bindung*..., págs. 43 e 45; assim a refere, também, E. Allorio, "Natura...", pág. 242, assinalando que à teoria processual é repetidamente criticada a sua unilateralidade, porque, ao considerar o instituto do caso julgado apenas na perspectiva do vínculo do juiz nos futuros processos, esquece que o caso julgado deve, antes do mais, ser respeitado pelas partes, nas suas recíprocas relações no terreno do comércio jurídico substantivo; Manuel de Andrade, *Noções*..., pág. 307, define igualmente a teoria processual como aquela para a qual a autoridade do caso julgado se traduziria numa norma dirigida aos tribunais ou outras autoridades e não às partes; identicamente, V. Andrioli, *Appunti*..., pág. 227; também para E.T. Liebman, "Giudicato...", pág. 6, a teoria processual concebe a essência do caso julgado no vínculo do futuro juiz à declaração resultante da pronúncia). Para uma outra orientação – que nos parece mais precisa –, a teoria processual distinguir-se-ia (da teoria material), não por defender que o caso julgado vincula o juiz (porque as duas teorias aceitam esta ideia), mas por explicar a vinculação do juiz ao caso julgado sem qualquer referência à actuação do caso julgado no plano da situação jurídica substantiva (diversamente da teoria material, que explicaria tal vinculação justamente por força dessa actuação) e, portanto, de um modo puramente processual: adoptando este critério distintivo, S. Koussoulis, *Beiträge*..., especialmente págs. 24 e 27-28; implicitamente também o adoptando, E. Heinitz, *I limiti*..., págs. 60-61. Seguem a teoria processual, entre muitos outros Autores: F. Stein, *Ueber die bindende*..., págs. 19-24; K. Hellwig, *Anspruch*..., pág. 210, nota 5, e *Wesen*..., págs. 7-21; G. Kuttner, *Urteilswirkungen*..., pág. 18; E. Bötticher, *Kritische*..., págs. 95-104; J. Goldschmidt, *Der Prozess*..., págs. 164-227, *Derecho procesal*..., págs. 387-388, e *Derecho justicial*..., págs. 229-233; F. Lent, *Die Gesetzeskonkurrenz*..., vol. II, págs. 165-194; L. Rosenberg, (desde a 1ª ed. do seu *Lehrbuch*...: cfr. págs. 466-468); H. F. Gaul, *Möglichkeiten*..., págs. 18-20; A. Segni, "La natura...", págs. 831-833.

[257] A teoria material do caso julgado é geralmente caracterizada como aquela que sustenta que os destinatários da autoridade do caso julgado são as partes do processo do qual ele emergiu, porque "a sentença passada em julgado é fonte directa e imediata da configuração que assumem as relações jurídicas das partes respeitantes ao objecto da lide" (assim a refere, por exemplo, E. T. Liebman, "Giudicato...", pág. 6, observando que, em Itália, essa seria a teoria maioritária; sobre a teoria, veja-se ainda W. Sauer, *Allgemeine*..., págs. 234-235). Seguem a teoria material, a título meramente exemplificativo: Savigny, *System*..., VI, págs. 257-265 e 271-272 (na perspectiva de que o caso julgado seria uma ficção de verdade, criando um direito formal; sobre este ponto da teoria de Savigny, veja-se: A. Merkl, *Die Lehre*..., págs. 61-69; H. F. Gaul, "Die Entwicklung...", págs. 453-459, 469-471 e 492-498); B. Windscheid, *Diritto delle Pandette*, vol. I, §§ 127-132; A. Wach / P. Laband, *Zur Lehre*..., págs. 8-11; J. Kohler (*Lehrbuch*..., págs. 218-219, *Der Prozess*..., págs. 64 e 112, e "Das materielle...", esp. págs. 1-3 e 5-6); M. Pagenstecher, *Zur Lehre*..., págs. 29-45 e 137-144, e "Die praktische...", págs. 9-12; R. Pohle, "Gedanken...", págs. 388 e 397; F. Carnelutti, *Lezioni*..., págs. 416-417; E. Allorio ("Natura...", págs. 221 e seguintes; "L'ordinamento...", pág. 53), sublinhando que a teoria material

como afirmou a Comissão Constitucional[259], o caso julgado não é um valor em si, justificando-se a sua protecção em homenagem a outros valores.

Desta afirmação – que pode significar a instrumentalidade da regulação do caso julgado perante os fins do Estado[260] (perspectiva que não nos interessa agora desenvolver[261]) e que rejeita uma visão autocentrada do processo[262] – é possível

– concebida como aquela segundo a qual "a sentença declarativa, tornada irrevogável, determina um novo regulamento das relações substantivas por ela decididas; o qual, se conforme com aquele que precedentemente a lei ditava para essas relações (caso da sentença *justa*), concorre com o regulamento precedente; e, se desconforme (caso da sentença *injusta*), substitui-o" – coaduna-se com o entendimento, que o Autor adopta, segundo o qual o fim do processo é a composição da lide e não a actuação do direito (sobre a tese de Allorio acerca da natureza do caso julgado, veja-se, por exemplo, N. Trocker, "Enrico Allorio...", págs. 342-349); J. Martens, "Rechtskraft...", esp. págs. 417-420. A lei portuguesa parece ter adoptado a teoria processual do caso julgado, atendendo a que, nas situações de conflito de casos julgados, atribui preferência ao primeiro (veja-se o disposto no artigo 625º do CPC), solução que decorre daquela teoria e é incompatível com a teoria material do caso julgado na sua versão clássica, sustentada nomeadamente por Savigny, Kohler e Pagenstecher (esta última, na verdade, imporia uma solução semelhante à da contradição de leis, porque concebe o caso julgado como criador de novos direitos subjectivos, alargando desmesuradamente o leque das sentenças constitutivas e descaracterizando-as): sobre este ponto, S. Koussoulis, *Beiträge...*, págs. 81-82; críticos quanto à descaracterização das sentenças constitutivas, alegadamente decorrente da formulação clássica da teoria material, F. Nicklisch, *Die Bindung...*, págs. 44-45, E. T. Liebman, "Giudicato...", pág. 7, e S. Satta, "Premesse...", pág. 351, nota 2, este último Autor reconhecendo, porém, um carácter constitutivo à sentença, inerente à sua função, e independente do caso julgado; M. Vellani (*Naturaleza...*, págs. 115 e seguintes), sublinha, porém, que a teoria material não transforma todas as sentenças em sentenças constitutivas, porque apenas o título de regulação da relação substantiva gerado pelo caso julgado é novo, não necessariamente a disciplina da relação; numa perspectiva de fusão das duas teorias e assinalando o momento constitutivo de qualquer sentença, G. Lüke, "Die wiederholte...", págs. 384-387.

[258] A indiferença face ao direito substantivo de que falamos (e que se nos afigura decorrer tanto da formulação da teoria processual como da formulação da teoria material) – E. T. Liebman ("Giudicato...", págs. 7-8) fala, a este propósito, do fechamento do processo na sua concha, erro de que padeceria tanto a teoria processual como a material, e que inquinaria a respectiva disputa – não significa que, à sentença transitada em julgado, não possa ser reconhecida, por quem defenda qualquer das duas teorias, influência no plano da situação jurídica substantiva – questão com que se debatem as denominadas *teorias do caso julgado em sentido amplo*, que, ou lhe reconhecem uma função declarativa (teoria processual do caso julgado em sentido amplo), ou lhe reconhecem uma função constitutiva (teoria material do caso julgado em sentido amplo), sendo esta última a predominante na Alemanha –, conforme, a este respeito, assinala S. Koussoulis (*Beiträge...*, págs. 24 e 28-29); e essa indiferença também não significa que as referidas teorias procurem dar resposta a uma outra questão, que é a de saber se o caso julgado, no seu alcance, pode sofrer a influência do direito material (que constitui fundamento da decisão), desse modo situando-se numa zona de confluência entre o direito processual e o direito material (assim, A. Zeuner, *Die objektiven...*, págs. 176-177).

[259] No acórdão a que logo no início fizemos referência: o Acórdão nº 87, de 16 de Fevereiro de 1978 (*supra*, § 1º, I, 6).

[260] Sobre a instrumentalidade do caso julgado face ao escopo social principal do processo, que, na sua perspectiva, é a pacificação, veja-se C. R. Dinamarco, *A instrumentalidade...*, pág. 197.

[261] Como já dissemos, não trataremos da instrumentalidade do direito processual civil numa acepção não jurídica.

[262] Criticando também a perspectiva segundo a qual o processo se orientaria para a produção do caso julgado (ou seja, o caso julgado seria o fim do processo), veja-se W. Sax, "Das unrichtige...", págs. 26-27,

inferir três coisas, no que diz respeito à instrumentalidade daquela regulação face ao direito substantivo.

Por um lado, que o decidido pelo juiz não há-de impedir a *normal sujeição da situação material resolvida ao direito substantivo*, aceitando a sua permeabilidade, quer a factos posteriores tidos como relevantes pelo direito substantivo, quer à lei nova[263], pois as razões de certeza e de segurança que justificam o caso julgado[264] – ou, noutra perspectiva, as razões de utilidade social que aconselham a sua consagração[265], ou o perigo de contradição de julgados que o caso julgado evita[266],

O. Jauernig, "Materielles...", págs. 329-330, ou C. R. Dinamarco, *A instrumentalidade...*, págs. 210-212. Outra visão autocentrada do processo (desligada do direito material) é a que lhe atribui como fim a obtenção da verdade e a realização da justiça (criticamente, O. Jauernig, "Materielles...", pág. 330): essa nos parece ser a orientação, por exemplo, de H. Sperl, "Unwahrkeit", págs. 46-49.

263 Como observa Remo Caponi (*L'efficacia...*, pág. 6), também ao sistema do direito substantivo deve reconhecer-se carácter instrumental face aos interesses: e é esta instrumentalidade que explica a modificação das normas jurídicas no decurso do tempo, porque sendo uma das características do interesse a sua *temporalidade*, também a norma jurídica a deve possuir.

264 Sobre estas razões justificativas, entre muitos outros, RL, 27.09.1995; RP, 01.10.1996; STJ, 17.02.1994. Especificamente em relação às razões justificativas do caso julgado formal, ou, melhor dizendo, do caso julgado que incide sobre a relação processual, veja-se RP, 07.01.1993, em cujo sumário se lê: "A afirmação do caso julgado formal, ou seja, aquele que recai unicamente sobre a relação processual e tem força obrigatória apenas dentro do processo, pretende assegurar a estabilidade da lide e radica no princípio da preclusão". Sobre a consagração constitucional do princípio da segurança jurídica e sobre o princípio da intangibilidade do caso julgado enquanto expressão do princípio da segurança jurídica na jurisprudência do Tribunal Constitucional, veja-se L. Nunes de Almeida, "Constitution...", págs. 249-251 e 253-254. Referindo o princípio do caso julgado como um princípio comum a todos os processos europeus e como decorrência do disposto no artigo 6º, 1, da CEDH, R. Stürner, "Rechtskraft...", pág. 913. Considerando as regras sobre o caso julgado expressão, no domínio processual, da segurança jurídica e esta, por sua vez, elemento essencial dos princípios do Estado de direito, E. Benda / A. Weber, "Der Einfluss...", págs. 291-292. Articulando as regras relativas ao caso julgado com o direito fundamental à tutela judicial efectiva, conforme orientação da jurisprudência espanhola, F. Chamorro Bernal, *La tutela...*, págs. 295-301, e J. González Pérez, *El derecho...*, págs. 297-300.

265 No acórdão do Supremo Tribunal de Justiça de 22 de Maio de 1962, perfilha-se a orientação – que se louva na tese de Hintze Ribeiro – segundo a qual "[o] respeito pelo caso julgado é um princípio de ordem pública; tem o seu fundamento na utilidade social". Para E. Hintze Ribeiro (*O caso julgado...*, págs. 21-23), os efeitos do caso julgado "encontram o seu fundamento nas conveniencias praticas, e na utilidade social, mas jámais nos strictos preceitos da Philosophia do Direito. A maxima – "res judicata pro veritate accipitur" – é uma pura ficção juridica, e se o direito positivo se pode amoldar ás ficções, repugnam ellas ao rigor dos principios". Rejeitando também que a justificação do caso julgado se possa encontrar na verdade que encerra, J. Binder, *Prozess...*, pág. 312, e L. Prieto-Castro, *Derecho...*, págs. 204-205; fazendo decorrer a força de verdade legal que reconhece ao acto jurisdicional da necessidade de manter a paz social (e, assim, acabando por assentar o caso julgado neste fundamento último), G. Jèze, "De la force de vérité...", pág. 439; sobre o significado daquela máxima no direito romano, G. Pugliese, "*Res iudicata...*", págs. 503-515, e "Giudicato civile", págs. 748-750; sobre a difusão dessa máxima no direito posterior, G. Pugliese, "*Res iudicata...*".

266 P. Arens / W. Lüke (*Zivilprozessrecht...*, págs. 334-339) atribuem a função de garantia da paz e segurança jurídicas ao caso julgado formal e a função de prevenção de decisões contraditórias ao caso julgado material (que, como pressupõe o caso julgado formal, teria também aquela primeira função).

ou, ainda, as exigências de economia processual que o justificam[267] – não impõem a perenidade da regulação contida na decisão judicial.

Por outro lado, que *a quebra, que a lei eventualmente preveja, do caso julgado pode justificar-se em atenção à realização do direito material* – tal como, aliás, sucede em relação ao recurso de revisão[268] –, não deixando, a este propósito, de ser significativo que Graba[269], um dos seguidores da teoria que, na Alemanha, atribui à acção modificativa a finalidade da quebra do caso julgado (a *teoria da equidade*), sustente que essa não é a única finalidade dessa acção, pois tal quebra visa, em última análise, a actualização da sentença anterior (assim, por exemplo, a adaptação do título aos alimentos que, em cada momento, são devidos de acordo com as pertinentes regras do direito material).

Em terceiro lugar, que *pode ser a própria natureza da situação material resolvida a exigir o reforço do caso julgado*: por exemplo, a extensão do caso julgado a situações futuras, como, justamente a propósito das sentenças sujeitas à *Abänderungsklage*, vem sendo sustentado na Alemanha. Queremos com isto dizer que a instrumentalidade do direito processual civil face ao direito substantivo não tem de equivaler necessariamente à negação do caso julgado ou à relativização do caso julgado – esta última propugnada, por exemplo, por alguma doutrina brasileira para algumas sentenças, e significando, no essencial, a possibilidade da sua revisão independentemente do uso da acção rescisória[270] –, que já tem, aliás, alguma expressão entre nós[271].

[267] Estas exigências são nomeadamente discutidas por L. P. Comoglio (*Il principio...*, tomo II, págs. 107-138), perante as várias regras de direito positivo relativas ao caso julgado.

[268] Como refere M. Teixeira de Sousa (*Sobre a teoria...*, págs. 33-34), o recurso de revisão "pode vir a postergar uma decisão, que já obteve a força de caso julgado, em nome de uma instrumentalidade que não incidiu sobre a situação subjectiva real em que se encontram as partes, não foi obtida com as necessárias garantias ou não respeitou decisão anteriormente transitada em julgado".

[269] H.-U. Graba, *Die Abänderung...*, pág. 24. Sobre a tese deste Autor, de que ao longo da exposição iremos dando conta, veja-se também a recensão de G. Pregler, "Die Abänderung..." e de H. Vogel, "Hans-Ulrich Graba...".

[270] Como assinala L.G. Marinoni ("Sobre a chamada...", pág. 2), "[u]m dos exemplos que a doutrina tem usado para dar fundamento à tese da "relativização" é o da ação de investigação de paternidade, cuja sentença, transitada em julgado, declarou que o autor não é filho do réu (ou o inverso), vindo depois um exame de DNA a demonstrar o contrário"; segundo o Autor (cfr. *Coisa julgada...*, págs. 177-204), o princípio da proporcionalidade não pode ser invocado a fim de relativizar este caso julgado (que alguma doutrina qualifica como "coisa julgada inconstitucional"), mas é aceitável interpretar o referido exame como um "documento novo" para o efeito da acção rescisória, embora seja necessário alterar a regulação legal desta acção "para que seja evidenciada a possibilidade do uso da ação rescisória com base em exame de DNA, bem como o seu prazo". Considerando que "a relativização da coisa julgada só ocorrerá nos casos em que não ficou demonstrado que o réu era o pai da criança", diferente devendo ser a solução "quando a sentença concluiu pela improcedência da ação em razão do laudo pericial ter excluído de forma absoluta a paternidade" ou "nos casos em que a sentença, mesmo sem um juízo de certeza, tenha reconhecido a paternidade", V. Brega Filho, *A relativização....* Propugnando a possibilidade de as

IV. O plano da investigação

O *primeiro capítulo* da investigação será dedicado ao regime positivo da modificação, por alteração das circunstâncias, de decisões judiciais, elencando-se e analisando-se os vários preceitos legais que a contemplam, bem como, na medida em que tal se afigure relevante, os respectivos antecedentes históricos.

Começaremos por referir a lei portuguesa – aqui tomando posição sobre a natureza adjectiva ou substantiva da lei reguladora da modificação (o que releva

partes interessadas realizarem o exame de ADN, para confirmarem o pronunciamento judicial, M. G. B. Ribeiro, *Da coisa julgada...*, ponto 6. Dando conta das várias posições que, a propósito da coisa julgada na acções de investigação de paternidade, se têm confrontado na doutrina e na jurisprudência, M. J. Boldori Fernandes, *A autoridade...*, ponto V.. R. Dinamarco (*A instrumentalidade...*, pág. 109) também refere estar em curso "uma seriíssima tendência a relativizar a autoridade da coisa julgada, como reflexo pela preocupação em torno de decisões portadoras de ultrage a valores de nível mais elevado que a própria segurança jurídica [...] ou que constituam resultado de fraude manifesta". Sobre essa relativização, no campo das acções civis públicas, e propugnando "extrema cautela" na utilização do conceito, F. P. Hill ("O jurisdicionado...", especialmente págs. 17 e 21-22). Sobre essa relativização, no âmbito do direito ambiental, T. C. M. Zandona, *A relativização...*, 6.-10. Considerando que "[o] sistema jurídico brasileiro não admite a relativização (*rectius*: desconsideração) da coisa julgada fora dos casos autorizados em *numerus clausus*, pois caso isso ocorra terá havido negação do fundamento da república do *Estado democrático de direito* [...], que é formado, entre outros elementos, pela autoridade da coisa julgada", N. Nery Junior, "Coisa julgada...", pág. 1212; identicamente, entendendo que a desconsideração só deve ter lugar nos casos expressamente previstos e através de meios de impugnação extraordinários, Flávia Sampaio, *Uma abordagem...*, págs. 43-48. Refira-se, por último, que a relativização do caso julgado de que tem tratado a doutrina brasileira nada tem a ver com a *relativité de la chose jugée* a que, à luz do direito francês, alude R. Perrot (*Institutions...*, pág. 485), já que esta última figura designa a força obrigatória da sentença apenas em relação à questão que foi julgada, isto é, nas hipóteses em que seja o mesmo o objecto, a causa e as partes. Essa relativização do caso julgado também não se confunde com a *relatività della cosa giudicata*, que, na doutrina italiana, significa a possibilidade de a sentença transitada ser impugnada através de meio extraordinário (*revocazione* ou *opposizione di terzo*): sobre este ponto, E. Fazzalari, *Istituzioni...*, págs. 475-477.

[271] Referimo-nos à tendência para o alargamento do campo de aplicação do recurso de revisão, aflorada, por exemplo, no Ac. nº 209/04, de 24.03, do Tribunal Constitucional, porque neste se julgou "inconstitucional, por violação do princípio do contraditório, em que se integra a *proibição da indefesa*, ínsito nos artigos 2º e 20º da Constituição, a norma contida no nº 2 do artigo 772º do Código de Processo Civil [de 1961], na parte em que prevê um prazo absolutamente peremptório de cinco anos para a interposição do recurso de revisão, contados desde o trânsito em julgado da sentença a rever, quando interpretada no sentido de ser aplicável aos casos em que a acção na qual foi proferida a decisão cuja revisão é requerida foi uma acção oficiosa de investigação de paternidade, que correu à revelia e seja alegado, para fundamentar o pedido de revisão, a falta ou a nulidade da citação para aquela acção". Em sentido algo divergente, na medida em que não atribuiu idêntica relevância ao princípio do contraditório, veja-se, todavia, o Ac. nº 310/05, de 08.06, do mesmo Tribunal, no qual se decidiu "[n]ão julgar inconstitucional a norma contida no artigo 772º, nº 2 do CPC, na parte em que refere não poder ser interposto recurso de revisão se tiverem decorrido mais de cinco anos sobre o trânsito em julgado da decisão, quando esteja em causa o caso julgado formado por uma sentença homologatória de partilha, num inventário para separação de meações, que tenha corrido à revelia do requerente da revisão e este alegue a falta ou nulidade da citação para esse inventário, nos termos do artigo 771º, nº 1, alínea *f*), do CPC [de 1961]". Seguindo esta última orientação, veja-se também RC, 06.03.2007.

nomeadamente para a determinação da lei aplicável à modificação de títulos estrangeiros) – e, só depois, a estrangeira, a comunitária e a internacional. A referência ao direito estrangeiro privilegiará os ordenamentos histórica e culturalmente mais próximos do português, tendo em vista a construção, a final, de modelos de sistemas de modificação ou de opções possíveis de regulação nesse domínio; no caso do direito internacional, centrar-nos-emos nas convenções celebradas pelo Estado português.

Interessar-nos-á, através desta pesquisa de direito positivo, identificar os problemas que a modificação do caso julgado material por alteração de circunstâncias pode suscitar no ordenamento português. Esses problemas serão tratados nos capítulos subsequentes da investigação.

O *segundo capítulo* da investigação será dedicado ao objecto da modificação, concretamente, à determinação das decisões judiciais susceptíveis de modificação com fundamento em alteração das circunstâncias.

Sendo certo que as denominadas sentenças de trato sucessivo (como é o caso das sentenças que condenam em prestações alimentícias) constituem o alvo directo de normas como a do artigo 619º, nº 2, do CPC, interessar-nos-á saber se, para além delas, outras com diverso conteúdo podem estar aí incluídas: é o caso – a título exemplificativo – das sentenças de condenação numa prestação futura (não periódica), das sentenças absolutórias, das sentenças que condenam em indemnização sob forma de capital (e não sob forma de renda) ou das sentenças de simples apreciação.

Trataremos ainda, a propósito do objecto da modificação, da possibilidade de esse objecto ser constituído por decisões judiciais não transitadas em julgado, assim confrontando a questão de saber se o juiz que proferiu a decisão modificanda e o tribunal de recurso podem modificá-la, com fundamento em alteração de circunstâncias. Basicamente, tentaremos verificar se as partes devem aguardar pelo trânsito em julgado da decisão, a fim de desencadearem o mecanismo previsto no artigo 619º, nº 2, ou se podem invocar tal alteração no processo em curso.

Questão afim da anterior é a da identificação do objecto da modificação, quando na acção anterior tenha havido recurso ordinário: nesta eventualidade, pode haver incerteza quanto à decisão que deve ser o objecto da acção modificativa (se a da primeira instância, se a do tribunal que julgou o recurso), que também procuraremos resolver.

No campo específico da jurisdição voluntária, ensejaremos identificar as resoluções abrangidas pela norma do artigo 988º, nº 1, do CPC e averiguar se o seu campo de aplicação se estende às providências.

Embora o seu elemento literal e sistemático não aponte nesse sentido, pode aventar-se a aplicabilidade do artigo 619º, nº 2, do CPC a decisões que, pelo seu objecto, não são aptas a constituírem caso julgado material, como sejam as decisões sobre a relação processual e as providências cautelares: em parágrafos próprios, analisaremos se também o objecto da acção modificativa pode ser uma dessas decisões.

Faremos igualmente uma referência às sentenças homologatórias de conciliações, confissões ou transacções, bem como aos títulos executivos diversos de decisão judicial, pois em muitas destas situações se coloca o problema de saber se o regime potencialmente aplicável à modificação que porventura se pretenda é o do artigo 619º, nº 2, do CPC ou o dos artigos 437º e seguintes do CC (resolução ou modificação do contrato por alteração das circunstâncias). A este propósito, cumpre salientar que a aplicação do regime dos artigos 437º e seguintes do CC a estas realidades pode ter, para o interessado, a vantagem de, contrariamente ao que sucede na acção modificativa, o juiz não se encontrar vinculado ao decidido, na acção anterior, em relação à matéria de facto inalterada.

Ainda a propósito dos títulos executivos diversos de decisão judicial, merecerão relevo as decisões do Ministério Público ou do conservador do registo civil proferidas ao abrigo do Decreto-Lei nº 272/2001, de 13 de Outubro – porque a desjudicialização que esteve subjacente a este diploma sugere a atribuição, a essas decisões, de um valor equiparado ao do caso julgado, sem que todavia sejam claras as consequências dessa atribuição –, bem como as decisões proferidas pelo juiz e pelo secretário judicial ao abrigo do disposto nos artigos 2º e 14º do regime anexo ao Decreto-Lei nº 269/98, de 1 de Setembro – atendendo à duvidosa qualificação de tais actos como decisões judiciais, como dissemos[272] – e as decisões arbitrais – na medida em que a Lei da Arbitragem Voluntária (LAV) não prevê a competência do tribunal arbitral para a modificação de decisões proferidas por este tribunal (ou, melhor dizendo, prevê apenas a competência do tribunal arbitral para modificar providência cautelar ou ordem preliminar que haja decretado: veja-se o seu artigo 24º). Em todos estes casos se pode colocar o problema da aplicabilidade, directa ou por analogia, do estatuído no artigo 619º, nº 2, do CPC (e do regime geral da acção modificativa, que a final viermos a descobrir).

A determinação do objecto possível da modificação tanto pode traduzir uma questão de admissibilidade como uma questão de procedência da acção modificativa: dito de outro modo, o pedido de modificação, nos termos do artigo 619º, nº 2, do CPC, de uma decisão judicial aí não contemplada, pode, consoante se qualifique o pressuposto da acção modificativa relativo ao objecto como um pressuposto processual ou como uma condição de procedência dessa acção, determinar uma decisão de absolvição da instância ou, diversamente, uma decisão de absolvição do pedido. Na medida em que abrimos um capítulo especificamente dedicado às condições da modificação – o *quarto capítulo* –, optámos por, só nesta

[272] *Supra*, § 1º, I, 2.

sede, tomar posição a respeito da qualificação da susceptibilidade de modificação da decisão como pressuposto processual ou como condição de procedência.

O *terceiro capítulo* versará sobre os fundamentos da acção modificativa e nele tentaremos identificar as circunstâncias atendíveis para efeitos da alteração da decisão judicial contemplada no artigo 619º, nº 2, do CPC.

Começaremos, então, por analisar a noção de circunstância superveniente, pois a modificação das circunstâncias pressuposta pelo artigo 619º, nº 2, do CPC parece, pelo menos, significar que relevam (todas e apenas) as circunstâncias ocorridas num momento posterior àquele que serviu para – ainda usando a terminologia do mesmo preceito – determinar a condenação.

Na medida em que a circunstância só pode ser qualificada como superveniente quando se adopte uma referência temporal e esta referência temporal será, em princípio, a do caso julgado (até pela inserção sistemática do artigo 619º, nº 2, do CPC), importa tratar, em particular, do momento a que se refere o caso julgado e, bem assim, das implicações da identificação de um tal momento, nomeadamente quanto à repercussão da circunstância subjectivamente superveniente no caso julgado e na sua modificação (sendo que, quanto a este aspecto, os regimes dos artigos 619º, nº 2, e 988º, nº 1, do CPC parecem ser distintos[273]).

A circunstância superveniente a que se reporta o artigo 619º, nº 2, do CPC parece também, de acordo com o teor literal do preceito, relevar apenas enquanto signifique uma alteração de certas circunstâncias: precisamente, as que determinaram a condenação. Daí que, além de uma referência temporal, tenhamos tido a necessidade de encontrar uma referência material para a superveniência.

Densificaremos, assim, o conceito de circunstância superveniente, verificando se nele se incluem realidades como, por exemplo, a alteração de circunstâncias não consideradas na sentença modificanda, a alteração de circunstâncias que não foram essenciais para a decisão modificanda, ou a superveniência de circunstâncias já previsíveis à data da sentença, mas não previstas. E, na medida em que a sentença modificanda pode ter sido proferida sem precedência de decisão quanto à matéria de facto – é o que sucede nas hipóteses de revelia operante (cfr. o artigo 567º, nº 2, do CPC) e de confissão ou desistência do pedido ou transacção (cfr. o artigo 290º, nº s 3 e 4, do CPC) – ou ser, de algum modo, omisso o título quanto às circunstâncias em que assentou a decisão, trataremos igualmente do problema

[273] Desde logo por este motivo, é-nos difícil subscrever a afirmação de A. S. Abrantes Geraldes (*Temas...*, IV vol., págs. 127-128) de que "*a solução prevista no art. 1411º, nº 1* [do CPC de 1961, correspondente ao artigo 988º, nº 1, do CPC actual] *em sede dos processos de jurisdição voluntária, acabou por ser acolhida tanto pelo art. 671º, nº 2* [do CPC de 1961, correspondente ao art. 619º, nº 2, do CPC actual] *(para a decisão sobre alimentos definitivos)*, como pelo art. 401º, nº 2 [do CPC de 1961, correspondente ao artigo 386º, nº 2] (aplicável à decisão sobre alimentos provisórios). Em qualquer dos casos, esses preceitos vêm dar seguimento à norma substantiva do art. 2012º do CC" (itálico acrescentado).

se saber qual a referência material da superveniência nessas hipóteses e, consequentemente, do da aferição da existência de uma alteração das circunstâncias.

Problemas especiais suscita, ainda neste domínio, a questão de saber se o regime do artigo 619º, nº 2, do CPC deve ser aplicado, não apenas às hipóteses de ocorrência de alteração das circunstâncias, mas também àquelas (ou a algumas daquelas) em que se pretenda fazer valer circunstâncias antigas não consideradas na acção anterior, por nesta ter sido feito valer pedido parcial. Trata-se, no fundo, de averiguar se a acção modificativa pode preterir a demanda acessória ou suplementar (a *Zusatzklage* ou *Nachforderungsklage* do direito alemão), em certos casos de formulação da parte restante do pedido, assim se dispensando excepcionalmente o requisito da alteração das circunstâncias ou da superveniência.

Depois da análise da noção de superveniência relevante, tentaremos precisar a diferença entre alteração de circunstâncias e circunstâncias novas: concretamente, a novidade exigida pelo artigo 619º, nº 2, do CPC pode ser uma novidade total, ou a acção modificativa exige uma qualquer afinidade entre as circunstâncias antigas, em que se baseou a sentença modificanda, e as novas? Trata-se de um problema que é, de algum modo, o inverso do anterior, pois tal como se pode discutir se a acção modificativa prescindirá, em certos casos, da alegação de circunstâncias novas, também pode questionar-se se prescindirá, em outros, de uma verdadeira alteração das circunstâncias (por nenhuma conexão existir entre as circunstâncias agora alegadas e as anteriores).

A análise dos fundamentos da acção modificativa não fica, contudo, encerrada com a discussão em torno do requisito da alteração das circunstâncias ou da superveniência: este é, digamos, um requisito de carácter geral, sendo ainda necessário determinar que tipo de circunstâncias pode fundar aquela acção. Dito de outro modo: assente que o artigo 619º, nº 2, do CPC exige a verificação de uma alteração das circunstâncias, cabe precisar quais as realidades que se enquadram na noção de circunstância que o preceito tem em vista e que constituem, como tal, circunstâncias relevantes para a acção modificativa.

Assim sendo, discutiremos se a alteração da lei ou da jurisprudência justificará a modificação, se a alteração das circunstâncias se pode traduzir no surgimento de novos meios de prova (nomeadamente de novos conhecimentos científicos), e – porque é essa a expressão utilizada no artigo 619º, nº 2, do CPC –, se a nova circunstância se refere necessariamente à medida ou à duração da prestação.

Seguir-se-á a análise de um eventual requisito de carácter qualitativo da alteração das circunstâncias prevista no artigo 619º, nº 2, do CPC: o da essencialidade dessa alteração. Definida a alteração das circunstâncias pressuposta pela acção modificativa e identificadas as circunstâncias que, para esse efeito, relevam, importa, na verdade, verificar ainda se também quanto à própria alteração a lei formula (ainda que não explicitamente) algumas exigências.

No capítulo dedicado aos fundamentos da modificação faremos ainda uma comparação entre o regime da modificação, por alteração das circunstâncias, do caso julgado material, e dois outros regimes: por um lado, o regime substantivo da modificação de contratos, constante dos artigos 437º e seguintes do CC; por outro, o regime da oposição à execução, consagrado nos artigos 728º e seguintes do CPC. Interessar-nos-á, nos correspondentes parágrafos, verificar em que medida diferem as circunstâncias justificativas da aplicação de cada um destes regimes.

A qualificação da alteração das circunstâncias e da atendibilidade da circunstância ou da alteração como pressupostos processuais ou como condições de procedência da acção modificativa será tratada (à semelhança da qualificação da susceptibilidade de modificação da decisão) apenas no *quarto capítulo*.

O *quarto capítulo*, dedicado às condições da modificação, será dividido em três parágrafos, o primeiro deles respeitando aos pressupostos processuais da modificação, o segundo às suas condições de procedência e o terceiro ao processo da modificação.

Começaremos pela análise dos pressupostos da modificação que indubitavelmente constituem pressupostos processuais – como sejam, no campo dos pressupostos processuais especiais, a competência internacional e interna para a acção modificativa e a legitimidade para esta acção – e, só depois, avançaremos para os pressupostos relativos ao objecto e aos fundamentos da modificação, que, como atrás dissemos, suscitam dúvidas quanto à sua qualificação como pressupostos processuais ou como condições de procedência.

A propósito das condições de procedência da acção modificativa, analisaremos nomeadamente os pressupostos temporais desta acção, isto é, o prazo para propô-la. No caso da modificação de decisão judicial que fixe uma pensão por acidente de trabalho, o artigo 25º, nº 2, da Lei nº 100/97, de 13 de Setembro – entretanto substituída pela Lei nº 98/2009, de 4 de Setembro – estabelecia um prazo preclusivo de 10 anos após a fixação da pensão para requerer a respectiva revisão: ora, abstraindo dos problemas de constitucionalidade que tal prazo preclusivo suscita[274], coloca-se o problema de saber se a proposição da acção modificativa está, em geral, sujeita a um prazo, e se este prazo constitui condição de admissibilidade ou de procedência de tal acção.

Diferente deste é o problema da decisão a proferir na sequência de pedido de modificação respeitante a período diverso daquele em que a modificação pode legalmente actuar: admitindo que não é possível modificar uma decisão judicial para o período anterior à dedução do correspondente pedido (veremos depois se é

[274] Referimo-nos, em particular, aos Acórdãos do Tribunal Constitucional nº s 155/2003, 147/2006, 612/2008 e 161/2009, adiante referenciados (§ 33º, II, 3. *a*)).

este o momento de referência da eficácia da modificação) e que o interessado, apesar dessa proibição, formula um pedido nesse sentido, surge, na verdade, a dúvida sobre se ainda haverá lugar a uma decisão de mérito (de absolvição do pedido).

O terceiro parágrafo deste capítulo versará, como dissemos, sobre o regime processual da modificação. Aqui trataremos da instância modificativa – nomeadamente da sua constituição e da renovação da instância extinta –, do procedimento ou procedimentos aplicáveis à modificação, e, por último, do regime de impugnação das decisões proferidas na acção modificativa, entre as quais se inclui a sentença modificativa.

A propósito do procedimento da modificação, abordaremos também o problema da sua harmonização com o regime da execução e da oposição à execução e com outros regimes – por exemplo, o da revisão de sentenças estrangeiras (aqui debatendo a questão de saber se a revisão pode ser recusada com fundamento em alteração de circunstâncias, ou se no processo de revisão pode ter lugar a modificação da sentença revidenda) –, e, bem assim, a possibilidade de opção entre a acção modificativa e a acção autónoma.

O *quinto* e último *capítulo* da investigação versará sobre a decisão da modificação. Interessar-nos-á averiguar o possível conteúdo da decisão proferida na acção modificativa, os limites da modificação (nomeadamente a possibilidade de, através da modificação, se corrigirem erros da sentença modificanda ou de, na nova sentença, se adoptarem novos critérios de julgamento), o momento a partir do qual a modificação opera (ou os efeitos produzidos pela sentença anterior que ficam ressalvados), a eficácia da sentença modificativa, e, finalmente, a natureza da decisão proferida na acção modificativa.

A propósito da eficácia da sentença modificativa, discutiremos se esta sentença afecta o caso julgado material, determinando a respectiva modificação, ou, antes, o deixa intocado. A questão é muito discutida na Alemanha, onde se confrontam a *teoria da confirmação* e a da *equidade* (já mencionadas[275]), aquela concebendo o regime da *Abänderungsklage* como uma confirmação das regras do caso julgado, por lhe subjazer uma nova situação de facto[276], e esta como uma excepção

[275] *Supra*, § 1º, II, 1, e § 1º, III, 3.

[276] Seguem a teoria da confirmação, nomeadamente: J. C. Schwartz, *Das Billigkeitsurtheil...*, págs. 68-105; E. Vogel, *Die sogen. Abänderungsklage...*, pág. 38; P. Oertmann, "Zur Lehre...", págs. 281-290; H. Knecht, *Die Abänderungsklagen*, págs. 23-24 e 47-48; H. Maier, "Die "entsprechende" Abänderung...", pág. 128; R. Bruns, *Zivilprozessrecht*, págs. 379-380, para quem o § 323 da ZPO apenas constitui expressão dos limites temporais do caso julgado, contendo uma regra especial em relação à do § 767; P. Gottwald, "Abänderungsklage...", págs. 163-164; A. Tintelnot, "Unterhaltsausgleich...", pág. 245; Schönke/ Schröder/Niese, *Zivilprozessrecht*, pág. 344 (na medida em que afirmam que, quando se façam valer circunstâncias supervenientes, nos termos do § 323 da ZPO, não resulta ofendido o caso julgado da sentença anterior); M. Grosch, *Rechtswandel...*, pág. 355; W. Thalmann (P. Wendl / S. Staudigl / W. Thalmann, *Das Unterhaltsrecht...*, págs. 971-972, e "Die Abänderungsklage...", págs. 622-623), entendendo

ou um desvio a estas regras (justamente por tal regime não pressupor uma situação de facto diversa da considerada pela sentença modificanda), determinada por razões de equidade[277].

Para responder a tal questão, será necessário delimitar a causa de pedir e o pedido da acção modificativa, pois só na eventualidade de serem idênticos aos da acção que culminou na sentença modificanda se poderá assinalar qualquer desvio às regras gerais relativas à excepção de caso julgado. E, ao proceder a tal delimitação, forçosamente teremos de explorar a distinção entre factos essenciais e complementares ou concretizadores, acolhida no direito português desde a reforma de 1995/1996 do Código de Processo Civil de 1961.

Se concluirmos que não se verifica qualquer desvio às regras do caso julgado, será ainda necessário analisar a razão da vinculação do juiz da acção modificativa – admitindo que tal vinculação existe – à decisão, que teve lugar na acção anterior, quanto à matéria de facto que permaneceu inalterada: nomeadamente, será necessário analisar se tal razão assentará na extensão do caso julgado aos fundamentos da decisão e não somente a esta.

Se, pelo contrário, chegarmos à conclusão de que se verifica um desvio às regras do caso julgado, impor-se-á averiguar se, pelo menos em relação a algumas sentenças, o caso julgado conhece limites que não se prendem com os sujeitos, o pedido ou a causa de pedir, nomeadamente limites temporais. E, além disso, determinar (tal como na hipótese de inexistência de desvio às regras gerais do

que o objecto temporalmente não delimitado da primeira acção é restringido com a proposição, por uma das partes, de acção modificativa, e que só tal entendimento é compatível com a inexistência de super-revisões de sentenças transitadas; Rosenberg/Schwab/Gottwald, *Zivilprozessrecht*, 15ª ed., § 158, I, 3 (embora L. Rosenberg, *Lehrbuch...*, 1927, pág. 480, concebesse a *Abänderungsklage* como um mecanismo de quebra do caso julgado, a par da *Wiederaufnahme des Verfahrens*, reconhecendo também os Autores, na sequência da reforma da ZPO de 2008/2009, que a teoria contrária se acha hoje consagrada no Código: veja-se *Zivilprozessrecht*, 17ª ed., § 158, 4); *MünchKommZPO*/Gottwald, § 323, 9.

[277] Perfilham a teoria da equidade, sem quaisquer preocupações de exaustividade: K. Hellwig, *System...*, pág. 811, e *Anspruch...*, pág. 167, nota 14; W. Kisch, *Beiträge...*, págs. 183-186, e *Elementos...*, pág. 260; W. Oppermann, "Zur Lehre...", págs. 451-452; H. Seybold, *Die Umwandlungsklage...*, págs. 102-109; J. Goldschmidt, *Derecho procesal...*, págs. 390-391; W. Voigt, *Die Abänderungsklage...*, pág. 26; E. Pliester, "Die Abänderunsklage...", pág. 25; E. R. von Maurnböck, *Die Abänderungsklage...*, págs. 15 e 20; A. Nikisch, *Zivilprozessrecht...*, págs. 421-422; F. Grasmeher, *Abänderungsklage...*, pág. 81; J. Künkel, "Zur Frage...", págs. 425-426; H. Brox, "Erhöhung...", pág. 854; W. Erting, *Probleme...*, págs. 17-21; S. Kratz, *Die Abänderungs- und Nachtragsklage...*, págs. 11-21; W. Grunsky, *Grundlagen...*, págs. 533-534; O. Jauernig, *Zivilprozessrecht*, págs. 207-209; P. Schlosser, *Gestaltungsklagen...*, págs. 251-252; H. Thomas / H. Putzo, *Zivilprozessordnung*, § 323, 1; H. Roth, "Richterliche...", págs. 1233-1234; B. Keitel, *Rechtskräftiges...*, págs. 56-58; M.-M. Hahne, "Probleme...", pág. 1189; R. Boetzkes, *Probleme...*, págs. 17-18; T. M. Petzoldt, *Die Rechtskraft...*, pág. 94; P. Kurz, *Die Reformbedürftigkeit...*, págs. 20-21; E. Schilken, *Zivilprozessrecht*, págs. 546-551; H.-U. Graba, *Die Abänderung...*, págs. 22-24 e 99; J. Soyka, *Die Abänderungsklage...*, 1ª ed., págs. 24-25; Stein/Jonas/Leipold[22], § 323, 1-2.

caso julgado) a razão pela qual subsiste a vinculação do juiz à decisão da matéria de facto inalterada desde a acção anterior.

A finalizar o quinto capítulo, analisaremos, como dissemos, a natureza da decisão proferida na acção modificativa (ocupando-nos tanto da decisão de procedência como da de improcedência). Com a referência à natureza da decisão modificativa queremos significar que averiguaremos, por um lado, se tal decisão é meramente declarativa, constitutiva ou condenatória, e, por outro lado, se tal decisão se distingue, e de que modo, da decisão de mérito proferida no recurso extraordinário de revisão. Esta última perspectiva servir-nos-á para salientar a especificidade da acção modificativa que, ao que cremos, reside em ela traduzir a instrumentalidade do direito processual civil perante o direito substantivo na regulação de certos casos julgados.

Seguir-se-ão as teses extraídas da investigação.

Capítulo I
Enquadramento Legal

§ 2º A lei portuguesa
I. O artigo 619º, nº 2, do CPC
1. Inserção sistemática: o caso julgado material

A possibilidade de modificação, por alteração de circunstâncias, do caso julgado material encontra-se prevista, como já várias vezes se referiu, no artigo 619º, nº 2, do CPC.

É claro que o primeiro problema interpretativo que se coloca em relação a este preceito diz respeito à sua exclusiva referência ao caso julgado, pois literalmente abrange qualquer condenação, mesmo aquela que ainda não tenha transitado em julgado.

Só por confronto com o nº 1 do artigo 619º do CPC chegamos, na verdade, à conclusão de que o legislador terá concebido a modificação contemplada no nº 2 como uma modificação da decisão transitada.

E, percorrendo os preceitos ulteriores, todos eles relacionados com o caso julgado, reforçamos essa conclusão: o artigo 619º, nº 2, do CPC encontra-se sistematicamente integrado em disposições respeitantes ao caso julgado, pelo que só por analogia poderá ser aplicado à modificação de decisões não transitadas.

Por outro lado, a modificação de decisões não transitadas aparece prevista em outros lugares do Código. Com efeito, os artigos 613º e seguintes regulam a modificação de decisões pelo próprio juiz que as proferiu e os artigos 627º e seguintes a modificação (aliás, de decisões não transitadas e transitadas) pelos tribunais superiores, mediante recursos.

Assim sendo, verifica-se que, no tocante à sua inserção sistemática, o artigo 619º, nº 2, do CPC se aproxima da disposição paralela do direito alemão: o § 323 da ZPO (*Abänderungsklage*), que também surge na ZPO logo após a disposição relativa ao caso julgado material (o § 322). Embora, como se verá depois, a doutrina alemã entenda que o § 323 da ZPO não pressupõe necessariamente o trânsito em julgado da decisão modificanda, (havendo mesmo quem considere que tal preceito constitui uma excepção à regra da irrevogabilidade da decisão pelo próprio tribunal que a proferiu, consagrada no § 318 da ZPO – que, em termos similares ao artigo 613º do CPC, regula a extinção do poder jurisdicional do juiz –, implicitamente admitindo, portanto, que o § 323 da ZPO não figura entre as regras relativas ao caso julgado[278]).

Contudo, e contrariamente à lei alemã (veja-se o § 323a da ZPO), o artigo 619º, nº 2, do CPC não contempla títulos executivos diversos de sentenças, o que também coloca o problema de saber se a modificação que prevê lhes é extensível.

Portanto, concluindo quanto a este ponto, dir-se-á que a inserção sistemática do artigo 619º, nº 2, do CPC coloca o problema de saber se o objecto da modificação aí prevista é apenas constituído por decisões judiciais transitadas em julgado.

Ao que foi dito acresce ainda o seguinte: diversamente do que sucede com o § 323 da ZPO, o artigo 619º, nº 2 surge no Código depois de uma regra que refere a figura do recurso extraordinário de revisão, o que também coloca o problema de saber se o regime deste último preceito importa, tal como o deste recurso, a quebra do caso julgado.

2. Sentenças condenatórias

a) Condenação no pedido. Comparação com o artigo 621º do CPC

Literalmente, o artigo 619º, nº 2, do CPC abrange apenas as sentenças que condenaram o réu no pedido, não as que o absolveram do pedido ou da instância.

Quanto a este aspecto, é curiosa a comparação com o artigo 621º, relativo ao alcance do caso julgado: este preceito, contrariamente, prevê apenas situações de absolvição do pedido.

Mas nem todas as situações de absolvição do pedido estão reguladas no artigo 621º: nomeadamente, *não parece estar contemplada neste preceito a situação da absolvição num pedido de prestações vincendas formulado nos termos do nº 1 ou do nº 2 do artigo 557º do CPC*, sendo que tal pedido, a ser acolhido, preencheria, em princípio, a previsão do artigo 619º, nº 2.

[278] Neste sentido, Schönke/Schröder/Niese, *Zivilprozessrecht*, pág. 332: algo contraditoriamente, porém, os Autores afirmam igualmente que a acção modificativa regulada no § 323 da ZPO pressupõe o trânsito em julgado da sentença modificanda (cfr. pág. 347). Também E. Bötticher ("Zur Lehre...", págs. 77-78, nota 3), A. Blomeyer (*Zivilprozessrecht...*, págs. 462-463) e F. Baur, (*Freiwillige...*, pág. 245) sustentam a tese – que J. Soyka (*Die Abänderungsklage...*, 1ª ed., pág. 24) denomina "teoria da vinculação" (*Bindungstheorie*) – de que o § 323 da ZPO afasta a regra do § 318, com a consequência de que a acção modificativa não quebraria o caso julgado, antes atingiria o conteúdo da sentença. D. Schwab / H.-U. Maurer (*Handbuch...*, pág. 398), por seu lado, consideram que a acção modificativa constitui um desvio à regra do § 318 da ZPO e às regras relativas ao caso julgado material, este último não sendo seu pressuposto de aplicação.

E não o parece estar porque tal absolvição não poderia fundar-se na não verificação de uma condição, na falta de decurso de um prazo ou na circunstância de determinado facto não ter sido praticado, a que o artigo 621º do CPC alude: na verdade, a formulação do pedido de prestações vincendas pressupõe o exercício de uma pretensão relativa a uma prestação futura, por natureza ainda não exigível, sendo anómalo que essa inexigibilidade, não obstando embora à admissibilidade da correspondente acção, obstasse sempre à sua procedência.

A que casos, então, se aplica o artigo 621º?

O artigo 621º tem de ser articulado com o artigo 610º, nº 2, alínea *a)*, porque aparentemente estes preceitos possuem um campo de aplicação coincidente: assim, por exemplo, o não preenchimento do prazo dá lugar, nuns casos, à condenação *in futurum* prevista neste último preceito e, noutros casos, à absolvição (temporária) do pedido, nos termos daquela primeira disposição.

Segundo Alberto dos Reis[279], a articulação entre os dois preceitos faz-se da seguinte forma: o artigo 610º (correspondente ao artigo 662º do CPC de 1939 e do CPC de 1961), nº 2, alínea *a)*, só tem aplicação no momento da sentença final, pelo que se o juiz verificar, no momento do despacho saneador, que a obrigação era inexigível no momento da proposição da acção, deve absolver o réu do pedido, valendo então o disposto no artigo 621º (correspondente ao artigo 673º do CPC de 1939 e do CPC de 1961).

Portanto, *o artigo 621º parece apenas aplicar-se a pedidos de prestações futuras formulados fora das condições a que se refere o artigo 557º, tendo a inexigibilidade da prestação sido detectada num momento processual anterior ao da sentença*[280].

[279] J. Alberto dos Reis, *Código...*, vol. V, págs. 71-80.

[280] Se, na sequência do ensinamento de M. Teixeira de Sousa (*As partes...*, págs. 102-106, 111-112 e 129-131), o interesse processual for qualificado como pressuposto processual, o artigo 621º do CPC só será aplicável (tal como, aliás, o artigo 610º, nº 2, alínea *a)*) se o autor, na petição inicial, apresentar a obrigação como exigível e se venha a verificar que ela o não é; caso o autor apresente a obrigação como não exigível e não estejam preenchidos os requisitos do artigo 557º, a consequência será a absolvição do réu da instância, se este contestar (ou a improcedência da acção, que, actualmente, pode fundar-se no disposto no artigo 278º, nº 3, parte final). Sobre a articulação entre o artigo 472º, nº 2, e o artigo 662º, nº 1, e nº 2, alínea *a)*, do CPC de 1961 (correspondentes aos artigos 557º, nº 2, e 610º, nº 1, e nº 2, alínea *a)*, do CPC actual), veja-se, ainda, em obra não publicada mas a que tivemos acesso, J. de Castro Mendes / M. Teixeira de Sousa (*Manual de processo civil*, V. Objecto, § 29º, II, 2): para estes Autores, o artigo 472º, nº 2, do CPC "refere-se às hipóteses em que o autor apresenta o direito como não exigível e não vencido", enquanto o artigo 662º, nº 1, "refere-se aos casos em que o autor apresenta o direito como exigível e vencido, mas em que o tribunal, no momento do proferimento da decisão final, verifica que ele não é exigível ou não está vencido". Também para A. Anselmo de Castro (*Direito...*, vol. I, pág. 107), o artigo 662º do CPC de 1961 abrange "apenas casos de incerteza inicial de violação do direito e não já os de obrigações dadas como não vencidas". Diversa é, por exemplo, a tese de J. Lebre de Freitas / A. Montalvão Machado / Rui Pinto (*Código...*, vol. 2º, pág. 270), para quem "o art. 662 [do CPC de 1961] trata das obrigações constituídas, mas ainda inexigíveis, enquanto que o art. 472 [do CPC de 1961]trata daquelas que ainda nem sequer

A pergunta que imediatamente nos surge quando comparamos o artigo 619º, nº 2, do CPC com o artigo 621º é, assim, a de saber se, não obstante o teor literal daquele primeiro preceito – que apenas se refere a sentenças condenatórias –, o mesmo também pode aplicar-se a (certas) sentenças absolutórias, já que às sentenças absolutórias proferidas nas acções a que se refere o artigo 557º, nº s 1 e 2 não é aplicável o regime do artigo 621º.

Uma outra interrogação que suscita a comparação do artigo 619º, nº 2, com o artigo 621º prende-se com o motivo pelo qual aquele primeiro preceito se refere ao *valor* da sentença transitada em julgado e este último ao *alcance* do caso julgado, sendo certo que ambos os preceitos prevêem a possibilidade de fazer valer a alteração das circunstâncias posterior à sentença. E, numa primeira aproximação, o motivo parece ser o de que a alteração das circunstâncias a que alude cada um dos preceitos se projecta de modo diverso sobre o caso julgado neles pressuposto, já que na situação regulada no artigo 619º, nº 2 essa alteração das circunstâncias pode afectar o valor da decisão – isto é, a sua obrigatoriedade dentro do processo e fora dele –, e na situação regulada no artigo 621º essa obrigatoriedade não é posta em causa.

Deste modo, e contrariamente ao que alguma doutrina sustenta[281], afigura-se que o artigo 619º, nº 2, do CPC, longe de repetir a regra do artigo 621º, contém uma regra muito distinta: não só pelas decisões judiciais a que se aplica, como também pela eficácia sobre as decisões que atribui à alteração das circunstâncias.

b) Exclusão das sentenças de simples apreciação e constitutivas

Mas nem todas as sentenças que condenaram o réu no pedido se encontram contempladas no artigo 619º, nº 2, do CPC, porque este se limita a aludir àquelas que o condenaram a satisfazer uma prestação: em suma, às sentenças condenatórias.

A este propósito, é curiosa a semelhança relativamente às sentenças que podem constituir título executivo: de acordo com o artigo 703º, nº 1, alínea *a)*, do CPC, só as sentenças condenatórias se encontram em tal situação.

De fora da previsão do artigo 619º, nº 2, do CPC parecem ficar, portanto, as sentenças de simples apreciação e as constitutivas.

Isto não significa, porém, que as acções de que emerjam as sentenças contempladas neste preceito hajam de ser necessariamente acções de condenação ou que tais sentenças não possam integrar um juízo declaratório ou constitutivo: na verdade, as acções de alimentos, inequivocamente tidas em vista pelo artigo 619º,

estão constituídas, mais não havendo do que um direito potestativo de cujo exercício resultará a sua constituição, ou até apenas uma simples expectativa de que venham a sê-lo".

281 *Supra*, § 1º, III, 3.

nº 2, do CPC, parecem ser acções constitutivas[282] e as sentenças de alimentos possuir uma vertente constitutiva[283]. O que sucede é que – podendo, como observa Anselmo de Castro[284], coexistir na acção constitutiva a constituição do direito e a execução – só o juízo de condenação eventualmente contido na sentença é considerado determinante para efeitos da respectiva alteração: tal como, aliás, para efeitos da respectiva exequibilidade, sublinhando, a este propósito, Lopes do Rego[285] que "[a] jurisprudência vem admitindo a exequibilidade, nos termos da alínea *a)* [do nº 1 do artigo 46º do CPC de 1961, correspondente à alínea *a)* do nº 1 do artigo 703º do CPC actual] das sentenças – nomeadamente constitutivas – que contenham uma "condenação implícita" – v.g. as que declaram procedente acção de preferência [...]"[286].

A norma do artigo 619º, nº 2, do CPC coloca, assim, o problema da razão da exclusão das sentenças absolutórias, de simples apreciação e constitutivas: dito de outro modo, por que razão se admitirá apenas – pelo menos, de acordo com o teor literal do preceito – a modificação, por alteração de circunstâncias, das sentenças condenatórias?

3. Sentenças de trato sucessivo relativas a dívidas de valor

Dentro das sentenças condenatórias, o artigo 619º, nº 2, do CPC refere-se às que condenam a satisfazer prestações dependentes de circunstâncias especiais quanto à sua medida ou à sua duração, salientando as que condenam a prestar alimentos.

A referência, a título exemplificativo, à sentença que condena a prestar alimentos, sugere imediatamente que estão em causa sentenças relativas a dívidas

[282] Assim: A. Anselmo de Castro, *Direito...*, vol. I, pág. 101; J. Lebre de Freitas, *Introdução...*, pág. 25, nota 14, e *A acção executiva...*, págs. 8-9.

[283] Assim, embora face ao direito italiano, W. J. Habscheid, "Urteilswirkungen und Gesetzesänderungen", pág. 454. Face ao direito português, J. Lebre de Freitas (*A acção executiva...*, pág. 9, nota 5) salienta que, embora a sujeição à prestação de alimentos se constitua uma vez verificados os respectivos pressupostos, nos termos do artigo 2009º do CC, a sentença que os fixa é constitutiva, uma vez que o artigo 2006º do CC estabelece que a concretização do dever de alimentar, mediante a fixação do conteúdo da respectiva obrigação, só tem lugar mediante acordo ou decisão judicial.

[284] A. Anselmo de Castro, *Direito...*, vol. I, pág. 101.

[285] C. Lopes do Rego, *Comentários...*, vol. I, pág. 84.

[286] A este propósito, observa ainda J. Lebre de Freitas (*A acção executiva...*, pág. 38) que "o efeito constitutivo da sentença produz-se *automaticamente*, nada restando dele para executar, e o que pode vir a ser objecto de execução é ainda uma decisão condenatória, *expressa* ou *implícita*, que com ele se pode cumular (condenação no pagamento dos alimentos fixados, condenação na desocupação e entrega do prédio arrendado: cf. art. 1121-4 [actual artigo 936º, nº 4] e art. 1081-1 CC)". Expressando, todavia, algumas dúvidas sobre a admissibilidade da condenação implícita, dada a consagração do princípio dispositivo, veja-se o mesmo Autor (*idem*, págs. 38-39, nota 6). Sobre a admissibilidade das condenações implícitas, veja-se ainda A. S. Abrantes Geraldes, "Exequibilidade...", pág. 58, nota 15 e pág. 60.

da mesma natureza da dos alimentos, ou seja, *dívidas de valor*, enquanto realidade contraposta às dívidas de dinheiro[287].

As dívidas de valor, na definição de VAZ SERRA[288], traduzem "dívidas que não tendo, quando nascem, por objecto dinheiro, pois a sua finalidade é fazer entrar no património do credor uma determinada quantidade de bens reais (que lá estavam antes ou que, não estando, nele devem entrar), são convertidas em dinheiro, que substitui esses bens", como sucede, não só com a obrigação de alimentos[289], mas também com a obrigação de indemnização[290].

O dinheiro, no caso das dívidas de valor, só intervém "a título de meio de determinação do "quantum" dessa diferente prestação ou de meio para a respectiva liquidação", verificando-se esta última hipótese, no caso da obrigação de alimentos e da obrigação de indemnização[291].

E seria justamente porque titulam dívidas de valor, não sujeitas ao princípio nominalista consagrado no artigo 550º do CC[292] – e, portanto, actualizáveis nos termos do artigo 551º do CC (preceito que, a propósito da actualização das obrigações pecuniárias, determina que "[q]uando a lei permitir a actualização das prestações pecuniárias, por virtude das flutuações do valor da moeda, atender-se-á, na falta de outro critério legal, aos índices dos preços, de modo a restabelecer, entre a prestação e a quantidade de mercadorias a que ela equivale, a relação

[287] A dívida de valor contrapõe-se à *dívida de dinheiro* (só esta sendo uma autêntica obrigação pecuniária, pois a respectiva prestação debitória consiste numa quantia de dinheiro, "que se toma pelo seu valor propriamente monetário"): cfr. M. J. Almeida Costa, *Direito das obrigações*, págs. 681-682.

[288] Vaz Serra, "Obrigações pecuniárias", pág. 152.

[289] Como assinala J. P. Remédio Marques (*Algumas notas...*, pág. 101), referindo-se aos alimentos ao menor, o objecto último da prestação é o de "prover ao *sustento, habitação, vestuário* e *educação* do menor, sendo o dinheiro apenas *um meio* ou *instrumento* de liquidar (ou *quantificar*) a prestação". Sobre o conceito, papel e evolução dos alimentos, A. Menezes Cordeiro, "Alimentos", págs. 263-264. Sobre a prestação de alimentos como dívida de valor, STJ, 13.01.1989.

[290] Sobre a obrigação de indemnização como dívida de valor que, só com a liquidação, com fixação definitiva da indemnização, se transforma em obrigação pecuniária de soma ou quantidade, veja-se STJ, 01.02.1995.

[291] J. Ribeiro de Faria, *Direito das obrigações*, vol. II, págs. 226-228.

[292] Este preceito encontra-se sistematicamente inserido numa subsecção dedicada às obrigações de quantidade. O princípio do nominalismo monetário diz respeito, como salienta J. Ribeiro de Faria (*Direito das obrigações*, vol. II, págs. 216-217), às obrigações pecuniárias de soma ou quantidade (cujo objecto é um puro quantitativo em dinheiro), e significa que "o devedor se desonera desde que pague em quaisquer espécies monetárias com curso legal [...] a soma em que a obrigação pecuniária se cifra ou traduz". Sobre o princípio do nominalismo monetário enquanto causa justificativa do enriquecimento do devedor beneficiado com a desvalor da moeda e sobre as razões (essencialmente, de segurança jurídica) subjacentes à consagração de tal princípio, veja-se D. Leite de Campos, *A subsidiariedade...*, págs. 425-428; já para J. Ribeiro de Faria (*Direito das obrigações*, vol. II, págs. 220-221), decisivas parecem ser, antes, razões de justiça, porque não se justifica revalorizar uma obrigação de soma quando o devedor não investiu o quantitativo em dívida nem o credor lhe teria dado esse destino, se tivesse o dinheiro em seu poder.

existente na data em que a obrigação se constituiu")[293/294] –, que as sentenças previstas no artigo 619º, nº 2, do CPC seriam também modificáveis (tal como, aliás, os acordos ou estipulações negociais que titulem tais dívidas[295]).

Por outro lado, mencionando-se, neste último preceito, a *duração* das prestações, convoca-se a categoria das *sentenças de trato sucessivo*, de que o exemplo mais comum é precisamente o das sentenças que condenam em prestações alimentícias periódicas.

A implícita consideração, no artigo 619º, nº 2, do CPC, das dívidas de valor e das sentenças de trato sucessivo, coloca naturalmente o problema da aplicação do aí estatuído:

a) À generalidade das sentenças proferidas ao abrigo do artigo 557º, nº 1, do CPC, atendendo a que as dívidas aqui contempladas não são necessariamente dívidas de valor;

b) À generalidade das sentenças condenatórias, como por exemplo as sentenças de condenação numa prestação vencida (por exemplo, uma prestação de alimentos já vencida) ou numa prestação futura instantânea (por exemplo, no despejo ou no pagamento na data do vencimento da prestação, nos termos do artigo 557º, nº 2, do CPC, ou em alimentos ou numa indemnização sob forma de capital e não sob forma de renda, ao abrigo do disposto nos artigos 567º, *a contrario*, e 2005º, nº 1, parte final, ambos do CC).

Este é, portanto, um outro problema que coloca o preceito que temos vindo a analisar: o de saber se só algumas sentenças condenatórias são susceptíveis de modificação ou, dito de outro modo, se o artigo 619º, nº 2, do CPC deve articular-se com o que, a propósito do pedido de prestações periódicas vincendas, dispõe o artigo 557º, nº 1, do CPC.

Saliente-se, desde já, que a este respeito é diversa a redacção do artigo 619º, nº 2, do CPC e a do congénere preceito alemão (o § 323 da ZPO): é que esta disposição, ao contrário daquela, alude expressamente à condenação em prestações

[293] Em 1966, assinalava Manuel de Andrade (*Teoria geral das obrigações*, pág. 244) como estando muito em voga na doutrina italiana a orientação (que lhe parecia acertada) segundo a qual o princípio da não actualização não seria aplicável às chamadas dívidas de valor.

[294] A possibilidade de actualização encontra-se ainda prevista no artigo 2109º, nº 3, do CC (que, a propósito da colação, refere a doação em dinheiro e os encargos que a oneraram e foram cumpridos pelo donatário), sendo sustentável a sua extensão às compensações pelo pagamento de dívidas do casal previstas no artigo 1697º do CC (sobre o ponto, C. M. Araújo Dias, "Das compensações...", esp. págs. 330-334).

[295] Assim, Manuel de Andrade (*Teoria geral das obrigações*, pág. 238), a propósito dos alimentos taxados por acordo, transação ou testamento.

periódicas vincendas, pelo que a doutrina e a jurisprudência alemãs tendem a relacionar o § 323 da ZPO com o § 258 do mesmo Código (que regula a acção de condenação em prestações periódicas vencidas e vincendas).

4. Circunstâncias atendíveis

O artigo 619º, nº 2, do CPC é muito pouco claro a respeito das circunstâncias que considera relevantes para a modificação de uma sentença.

Se, por um lado, a primeira parte do preceito parece atender apenas às "circunstâncias especiais quanto à sua [da prestação] medida ou à sua duração", a segunda parte, ao referir-se genericamente às "circunstâncias que determinaram a condenação", dá a entender que qualquer alteração dos fundamentos – quer de facto quer de direito – da decisão anterior justifica a respectiva modificação.

Já por aqui se vê que não é possível afirmar, sem mais, que o artigo 619º, nº 2, do CPC tem em vista uma alteração da causa de pedir, pelo menos no sentido em que este conceito é inequivocamente utilizado no artigo 581º, nº 4, do Código e que, dada a inserção sistemática daquele primeiro preceito (caso julgado), parece ser o sentido que, também para os seus efeitos, é o relevante: o sentido de facto jurídico.

Se, por exemplo, a lei ou a jurisprudência se alterarem, não é despropositado sustentar que houve uma alteração das circunstâncias que determinaram a condenação, pois o artigo 619º, nº 2, do CPC nem sequer alude à sua natureza fáctica, e, no entanto, pode não ter ocorrido qualquer alteração no domínio dos factos jurídicos em que assentou a acção anterior (e algum ou alguns deles hão-de integrar a causa de pedir desta acção).

A única certeza a respeito das circunstâncias relevantes para a modificação é a de que a sentença modificativa deve fundar-se em circunstâncias diversas das que fundaram a decisão anterior, pois esse é o sentido mais imediato da referência à alteração das circunstâncias constante do preceito: dito de outro modo, circunstâncias idênticas não justificam a modificação.

Esta conclusão sugere-nos que a modificação não será permitida se se destinar a corrigir o erro da decisão anterior, pelo menos na parte em que aplicou o direito então vigente aos factos: quanto à fixação da matéria de facto, já é duvidoso que o erro não esteja contemplado no artigo 619º, nº 2, do CPC, pois se a decisão anterior indevidamente considerou certo facto como provado e ele não existe, ou se previu certo facto e ele não se vem a verificar, regista-se uma alteração factual por referência ao texto da sentença, ainda que efectivamente nenhuma alteração tenha ocorrido.

A própria exigência de modificação objectiva das circunstâncias fácticas apresenta-se, assim, problemática face ao teor literal do artigo 619º, nº 2, do CPC.

Acrescente-se, ainda, que da referência, no nº 1 deste preceito, aos artigos 696º a 702º e, portanto, ao recurso extraordinário de revisão (antes do Decreto--Lei nº 303/2007, de 24 de Agosto, o correspondente preceito –o artigo 671º, nº 2, do CPC de 1961 – aludia também ao recurso de oposição de terceiro), não pode deduzir-se que as circunstâncias que justificam este recurso não constituem também circunstâncias relevantes para a modificação. Na verdade, pode perfeitamente interpretar-se o artigo 619º, nº 2, no sentido de que certas sentenças possuem um regime especial (ou excepcional) de modificação do caso julgado, independente do da revisão: assim, se certas sentenças apenas poderiam ser modificadas quando se verificassem as circunstâncias que justificam a revisão, outras haveria que o poderiam ser, não só quando essas, mas também quando outras circunstâncias ocorressem.

Em suma: as circunstâncias atendíveis para a modificação terão de ser determinadas de acordo com elementos de interpretação diversos do literal, na medida em que este elemento apenas parece excluir a possibilidade de modificação fundada em deficiente aplicação do direito aos factos.

De qualquer modo, saliente-se que a jurisprudência portuguesa tem considerado atendíveis, para efeitos do artigo 619º, nº 2, do CPC (ou de outras disposições que prevêem a modificação de decisões com fundamento em alteração das circunstâncias), as seguintes circunstâncias: a inflação, a doença do credor e a subida dos rendimentos do devedor[296], a superveniência de lei que estabelece a actualização das pensões[297], a necessidade de habitação da credora[298], a superveniência de lei que disponha sobre a forma de cumprir as prestações periódicas ou sobre o seu montante[299], o maior aumento dos rendimentos do devedor, face ao dos rendimentos do credor[300], a melhoria da situação do obrigado e o agravamento das condições do alimentado[301], a inflação[302], a depreciação do valor da moeda[303], a variação dos rendimentos do devedor e/ou da necessidade

[296] STJ, 03.02.1976.

[297] STJ, 06.06.1980.

[298] STJ, 13.01.1981.

[299] STJ, 08.04.1981. Já a superveniência de lei que disponha sobre a obrigação mesma de prestar alimentos não é susceptível, segundo o acórdão, de determinar a respectiva cessação. Refira-se, de qualquer modo, que nesse acórdão não é claro que, para o Supremo, as hipóteses de superveniência de lei convoquem um problema de modificação da sentença, nos termos do artigo 619º, nº 2, do CPC, ou, antes, de caducidade do caso julgado.

[300] STJ, 06.11.1986.

[301] STJ, 08.01.1987.

[302] STJ, 13.01.1989; RP, 27.041992; RP, 21.12.1992 (Proc. 9210557).

[303] RP, 27.04.1992.

do credor[304], a inflação e o aumento das necessidades do menor decorrente do seu crescimento[305] ou a aquisição de uma fonte de rendimentos pelo credor[306].

Portanto, a jurisprudência portuguesa tem considerado relevante, não apenas a alteração das circunstâncias fácticas, mas também a alteração da lei; por outro lado, concentrando-se essa jurisprudência na alteração objectiva de circunstâncias, dá a entender que não releva a superveniência subjectiva.

5. Procedimento aplicável

O procedimento aplicável à modificação não se encontra referido no artigo 619º, nº 2, do CPC.

Contudo, como este preceito pressupõe uma sentença transitada em julgado, deduz-se que o meio processual adequado não será o dos recursos ordinários ou o da reclamação. Mas já poderá ser o da oposição à execução, o do recurso extraordinário de revisão, ou o da nova acção, porque nenhuma destas hipóteses se encontra expressamente excluída.

Para responder a esta questão deve, de qualquer modo, ter-se em conta o disposto nos artigos 282º e 936º do CPC.

De acordo com aquele primeiro preceito (o artigo 282º), o pedido de modificação deve ser deduzido no primeiro processo, seguindo-se os termos deste e renovando-se a instância. E aí parece mesmo rejeitar-se a hipótese de opção por uma acção autónoma ou de utilização de um dos meios processuais a que se fez referência (por exemplo, o da oposição à execução) para fazer valer a modificação.

O segundo preceito (o artigo 936º) – sistematicamente inserido nas disposições (dos artigos 933º e seguintes) relativas à execução especial por alimentos[307] e parecendo ter um âmbito mais restrito do que o do artigo 282º, na medida em que regula apenas o processo para a cessação ou alteração dos alimentos, enquanto este regula o processo para a cessação ou alteração dos alimentos (cfr. o nº 1 do artigo 282º) e dos "casos análogos" (cfr. o nº 2 do artigo 282º) – estabelece, por seu turno, a regra de que o pedido de modificação deve ser deduzido por apenso ao processo de execução, se o houver (cfr. o nº 1 do artigo 936º), e, não o havendo, por dependência da acção condenatória (cfr. o nº 4 do artigo 936º).

Os artigos 282º e 936º suscitam dificuldades interpretativas, particularmente ao nível da respectiva conciliação.

[304] RP, 08.01.1991 (Proc. 9050398); RC, 03.05.2005.

[305] RP, 28.10.1993.

[306] RE, 08.03.2007.

[307] As disposições dos artigos 933º e seguintes do CPC aplicam-se também quando, sendo arbitrada reparação provisória do dano, ocorra a falta de pagamento voluntário dessa reparação (cfr. o artigo 389º, nº 1, do CPC).

Desde logo, pode perguntar-se o que é que o nº 1 do artigo 282º (que se refere aos alimentos) acrescenta ao artigo 936º. Aparentemente, apenas esclarece que ocorre a renovação da instância extinta, quando se deduza o pedido de cessação ou alteração como dependência da causa principal. Mas, *a contrario*, dir-se-á que não ocorre renovação da instância extinta quando, nos termos do artigo 936º, nº 1, o pedido seja deduzido por apenso ao processo de execução. Nesta eventualidade, o artigo 282º, nº 1 nada acrescenta ao artigo 936º.

Por outro lado, o nº 2 do artigo 282º tem alguma utilidade, na medida em que, nas palavras de Lopes do Rego[308], "por evidentes razões de economia processual e de concentração do processado, generaliza a todos os processos que se refiram a obrigações duradouras, susceptíveis de actualização ou alteração mediante apreciação jurisdicional, o regime que o artigo 1121º do Código de Processo Civil [de 1961; actual artigo 936º] estabelecia para a alteração da prestação alimentícia, no âmbito da execução por alimentos"[309]. No entanto, se o nº 2 do artigo 282º tem a utilidade de esclarecer qual o procedimento aplicável quando se deduza o pedido de modificação (de decisão diversa da de alimentos) como dependência da causa principal, a verdade também é que o preceito nada dispõe – nem, aliás, o artigo 936º – acerca do procedimento aplicável quando, havendo execução, se pretenda a modificação de decisão diversa da de alimentos. Assim sendo, pode questionar-se se a regra, constante do nº 1 do artigo 936º, de que "[h]avendo execução, o pedido de cessação ou de alteração da prestação alimentícia deve ser deduzido por apenso àquele processo", se estende a todos os casos em que se pretenda modificar uma decisão pendente de execução.

Abstraindo agora destes problemas, que tentaremos resolver no quarto capítulo da presente investigação[310], verifica-se, de qualquer modo, que, regulando os artigos 282º e 936º o procedimento aplicável à modificação (este último, apenas no campo dos alimentos), a (única) utilidade que Castro Mendes atribuía ao artigo 671º, nº 2 (actual artigo 619º, nº 2) – a de permitir uma nova sentença sem um novo processo[311] – nem sequer lhe pode ser reconhecida: é que, se este preceito se limita a consagrar tal permissão, ele é pura e simplesmente inútil, porque repete o estatuído no artigo 282º (e, no âmbito dos alimentos, no artigo 936º).

É claro que, ao tempo em que escrevia Castro Mendes, não existia no Código de Processo Civil uma norma equivalente à do artigo 282º, que só foi

[308] Lopes do Rego, *Comentários...*, vol. I, pág. 289.

[309] Identicamente, J. Lebre de Freitas / J. Redinha / Rui Pinto, *Código...*, vol. 1º, pág. 565: "A inovação do nº 2 está em preceituar a tramitação declarativa por dependência da acção principal em todos os outros casos em que o pedido de alteração de decisão proferida acerca de uma obrigação duradoira se funde em circunstâncias supervenientes ao trânsito em julgado nela proferido".

[310] *Infra*, § 34º, II, 2.

[311] *Supra*, § 1º, III, 3.

introduzida no CPC de 1961 com a reforma operada pelos Decretos-Leis nº s 329-A/95, de 12 de Dezembro e 180/96, de 25 de Setembro, e sob o artigo 292º: na versão inicial do Código de 1961, este artigo 292º regulava a deserção dos recursos, sendo que apenas a propósito da alteração da prestação alimentícia provisória ou definitiva se previa a dedução do pedido no mesmo processo (veja-se o originário artigo 392º do CPC de 1961, correspondente ao que viria a ser o artigo 401º, nº 2, bem como o originário artigo 1121º do mesmo Código – hoje, artigo 936º – que aliás não sofreu alterações de monta).

Em suma: actualmente não é possível sustentar, como fazia CASTRO MENDES, que a utilidade do artigo 619º, nº 2, do CPC se resume a permitir uma nova sentença sem um novo processo, porque tal permissão já decorre de outros preceitos; além disso, como esses preceitos não resolvem todos os problemas de carácter processual que, a propósito da modificação, se podem colocar, o estudo desta não pode dar-se por findo com a afirmação de que o correspondente pedido deve ser deduzido no processo anterior.

Que utilidade, então, pode ser reconhecida ao artigo 619º, nº 2, face ao que actualmente se dispõe nos artigos 282º e 936º? Se bem se reparar, a previsão e a estatuição daquele primeiro preceito repetem – com certas diferenças terminológicas (por exemplo, o uso da expressão "prestações dependentes de circunstâncias especiais quanto à sua medida ou à sua duração", em vez da expressão "obrigação duradoura") – o que já se acha consagrado no artigo 282º, nº 2. Assim sendo, pode aventar-se que apenas o elemento sistemático de interpretação do artigo 619º, nº 2 apresente hoje alguma utilidade, por significar alguma sua especificidade face às regras gerais sobre o caso julgado.

6. Antecedentes históricos

a) *O artigo 671º, 2ª parte, do CPC de 1939*

O artigo 619º do (actual) CPC é decalcado (salvo quanto aos preceitos legais para que remete) do artigo 671º do CPC de 1961, na sua última versão, pelo que analisar os seus antecedentes históricos equivale a analisar os do artigo 671º do CPC de 1961.

Ora o artigo 671º do CPC de 1961 – cujo nº 2 não sofreu, durante a vigência do Código, alterações de redacção[312] – corresponde essencialmente ao artigo 671º do CPC de 1939, que determinava o seguinte:

[312] Refira-se, todavia, que os Anteprojectos do Código de Processo Civil publicados em 1988 e em 1993 pelo Ministério da Justiça não continham disposição idêntica à do artigo 619º, nº 2, do CPC, regulando apenas a cessação ou alteração dos alimentos como processo especial (cfr. os artigos 544º e 948º do primeiro Anteprojecto e os artigos 525º e 992º do segundo Anteprojecto). Tal omissão corresponderá, porventura, à convicção de que essa disposição é inútil; aliás, a ela lhe faz escassa referência Antunes Varela, o Autor dos citados Anteprojectos, no seu *Manual* (*supra*, § 1º, III, 3).

"ARTIGO 671º

(Valor da sentença transitada em julgado)

Transitada em julgado a sentença, a decisão fica tendo força obrigatória dentro do processo e fora dele nos limites marcados nos artigos 501º e seguintes, sem prejuízo do que vai disposto nos artigos 771º e seguintes.

Mas se o réu tiver sido condenado a prestar alimentos ou a satisfazer outras prestações dependentes de circunstâncias especiais quanto à sua medida e à sua duração, pode a sentença ser alterada desde que se modifiquem as circunstâncias que determinaram a condenação".

A 2ª parte deste preceito – que é aquela que para nós releva – apenas diferia do nº 2 do artigo 671º do CPC de 1961 num pormenor: em vez de aludir a "prestações dependentes de circunstâncias especiais quanto à sua medida *ou* à sua duração", refere-se a "prestações dependentes de circunstâncias especiais quanto à sua medida *e* à sua duração" (itálico acrescentado). Mas, como adiante se verá, este pormenor não tem significado[313].

Dos *Projectos de Revisão do Código de Processo Civil* apresentados por Lopes Cardoso em 1960 decorre que a Comissão Revisora do Código de 1939 não discutiu o regime que se encontrava consagrado no seu artigo 671º, 2ª parte[314].

A norma constante da 2ª parte do artigo 671º do CPC de 1939 representou uma inovação na ordem jurídica portuguesa, pois até à sua entrada em vigor apenas no âmbito da denominada jurisdição voluntária e em matéria de alimentos e de indemnizações e pensões por acidentes de trabalho se permitia (pelo menos expressamente) a modificação de sentenças.

Aliás, os próprios artigos 671º e 672º do CPC de 1939 representaram, ao regular o valor do caso julgado, uma inovação[315].

Vejamos, então, a evolução legislativa relativa à modificação de sentenças até ao CPC de 1939.

b) Evolução legislativa até ao CPC de 1939

b) 1. Ordenações

Recuando ao tempo das *Ordenações* – Afonsinas, Manuelinas e Filipinas –, verifica-se, percorrendo os respectivos textos, particularmente os correspondentes

[313] *Infra*, § 28º, II, 3.

[314] *Projectos de revisão...*, vol. III. A propósito da sentença, discutiu-se, todavia, a matéria da elaboração da sentença e a dos vícios e reforma da sentença (cfr. págs. 182-192).

[315] Como observa Luiz Magalhães ("Do caso julgado", pág. 306), antes do CPC de 1939 "não havia preceito que declarasse o valor do caso julgado", a não ser o § único do art. 2.503º do Código civil, quando o caso julgado recaisse sôbre questões de capacidade, filiação ou casamento, e o art. 2.504º com relação ao caso julgado executório em matéria criminal".

ao livro 3º dessas Ordenações, que regulava o processo civil, que não vigorou qualquer disposição que permitisse a modificação de sentenças em virtude de alteração de circunstâncias (em matéria de alimentos ou outra), apenas se disciplinando a figura algo próxima da *revista do feito*, que podia ser *de justiça* ou *de graça especial* ou *especialíssima* e era um recurso extraordinário[316]/[317].

O Assento de 9 de Abril de 1772 regulava, porém, a cessação dos alimentos entre parentes, admitindo LOBÃO[318], ao comentá-lo, a possibilidade de diminuição desses alimentos; a causa de alimentos pertencia à classe das causas sumárias, obedecendo a regras próprias[319].

b) 2. Reforma Judiciária

Da análise do texto da *Reforma Judiciária*, promulgada pelo Decreto nº 24, de 16 de Maio de 1832, da *Nova Reforma Judiciária*, promulgada pelos Decretos de 29 de Novembro de 1836 e de 13 de Janeiro de 1837, e da *Novíssima Reforma Judiciária*, promulgada pelo Decreto de 21 de Maio de 1841, retira-se igualmente a conclusão de que a modificação de sentenças por alteração de circunstâncias não foi objecto de regulação[320].

[316] Nas Ordenações Afonsinas, a revista do feito encontrava-se prevista no Título CVIII do Livro III; nas Ordenações Manuelinas, no Título LXXVIII do Livro III; nas Ordenações Filipinas, no Título XCV do Livro III. Sobre esta regulação, J. Romeiro, *Da revisão*, págs. 13-23. Sobre a aplicabilidade do estabelecido nas Ordenações quanto à revisão cível à revisão criminal, A. Vilela, *A revisão...*, págs. 100-101. Sobre a revista nas Ordenações, nomeadamente distinguindo-a da revogação, por acção ordinária, da sentença nula, e dos embargos (do executado) de nulidade, Pereira e Sousa, *Primeiras linhas...*, Tomos II e III, respectivamente págs. 90-108 e 81-82. Sobre a semelhança entre os fundamentos da revista de graça especial e os fundamentos do recurso de revisão constantes do artigo 771º do CPC de 1939, J. Alberto dos Reis, *Código...*, vol. VI, págs. 339. Assinalando a semelhança entre a revista de justiça e os hodiernos recursos extraordinários de revisão, Isabel Graes, *O recurso de revisão...*, págs. 20-23. Sobre as características e as fases da revista de justiça, que já incluíam o juízo rescindente e o rescisório, Paulo Merêa, "Bosquejo...", págs. 49-57. Sobre a instituição da revista de graça especialíssima, Paulo Merêa, "Bosquejo...", págs. 57-60.

[317] Sobre a legislação deste período: M. A. S. Lobão, *Segundas linhas...*, Parte I, esp. págs. 558 a 606, versando a sentença.

[318] Lobão, Not. a Mell. L. 2 tit. 6. §§. 11.19. e 25 (*apud* M. A. Coelho da Rocha, *Instituições...*, Tomo I, pág. 224).

[319] Sobre a causa de alimentos: Pereira e Sousa, *Primeiras linhas*, Tomo IV, págs. 7-9.

[320] Sobre a legislação deste período: J. Dias Ferreira, *Novissima...*; Corrêa Telles, *Manual do processo...*, esp. págs. 83-84 (sobre a sentença) e 146-147 (sobre os alimentos); F. J. Duarte Nazareth (*Elementos* ..., em especial págs. 342-348 e 384-388, respectivamente sobre a sentença e o caso julgado e sobre a revista), assinalando (págs. 345-348) os casos em que tinha lugar a *acção de nulidade e rescisão da sentença*, em parte correspondente ao actual recurso de revisão, e, bem assim (págs. 384-385), que a *revista* (que passara a ser recurso ordinário) podia ter por fundamento a nulidade da sentença (a qual, por sua vez, tinha lugar quando a sentença julgasse directamente o contrário do que dispunha qualquer lei do reino ou dela fizesse aplicação manifestamente errada, ou tivesse algum defeito substancial, ou de que resultasse nulidade na conformidade do Título 75 do Livro 3 das Ordenações e mais leis do reino); E.

Mantendo-se, de qualquer modo, em vigor o já referido Assento de 9 de Abril de 1772, e regendo o Código Civil francês a modificação dos alimentos, a doutrina referia-se à possibilidade de cessação, diminuição ou aumento destes[321].

b) 3. Código de Processo Civil de 1876

O *Código de Processo Civil de 1876*, promulgado pela Carta de Lei de 8 de Novembro de 1876, continha – a par da acção de anulação de sentença transitada em julgado (cfr. o artigo 148º do CPC de 1876), essencialmente coincidente, nos seus fundamentos, com o actual recurso de revisão, introduzido pelo Código de 1939 – dois preceitos que permitiam a modificação de sentenças com fundamento em alteração das circunstâncias.

Por um lado, o artigo 473º, sistematicamente inserido numa subsecção relativa às acções de separação de pessoas e bens (artigos 443º e seguintes), determinava o seguinte:

> "Art. 473º Se, por circumstancias supervenientes, for necessario alterar o que se tiver deliberado a respeito dos filhos ou de alimentos, ou quando houver necessidade de tomar alguma providencia nova a esse respeito, seguir-se-ha o processo estabelecido no artigo 471º"[322].

Por sua vez, o artigo 962º do CPC de 1876, sistematicamente inserido num capítulo dedicado às especialidades das execuções por alimentos, dispunha do seguinte modo:

> "Art. 962º Havendo fundamento para serem reduzidos os alimentos ou alterado o modo de os prestar, será o pedido deduzido por embargos na execução.
>
> § 1º O exequente será citado para contestar os embargos na segunda audiencia depois de accusada a citação, e seguir-se-hão, sem mais articulados, os termos do processo ordinario.
>
> § 2º Os embargos não suspendem a execução enquanto não forem julgados procedentes.
>
> § 3º A appellação interposta da sentença que julgar procedentes os embargos será recebida só no effeito devolutivo.

Hintze Ribeiro (*O caso julgado...*, págs. 17-20), referindo o regime instituído pelo Decreto de 19 de Maio de 1832 e pela Lei de 19 de Dezembro de 1843, relativo à demarcação do campo de aplicação da acção de nulidade da sentença e da revista.

[321] Assim, M. A. Coelho da Rocha, *Instituições...*, Tomo I, págs. 223-225.

[322] O processo estabelecido no artigo 471º apresentava apenas as seguintes particularidades: dedução do pedido em requerimento articulado; citação da parte contrária para contestar em certo prazo, não havendo mais articulados.

§ 4º As disposições d'este artigo não são applicaveis, quando os alimentos tiverem sido arbitrados em conselho de familia".[323]

O regime do Código de Processo Civil de 1876 em matéria de alimentos, acabado de referir, articulava-se, não com o regime dos pedidos de prestações vincendas[324], mas com o que, sobre a matéria dos alimentos, dispunha o Código Civil de 1867.

Refira-se que este último Código, embora regulasse o caso julgado nos artigos 2502º a 2505º – definindo-o, naquele primeiro preceito, como "o facto, ou o direito tornado certo por sentença, de que já não há recurso"[325] –, não continha qualquer preceito consagrando, em termos genéricos, a sua modificação; mas, a propósito dos alimentos, previa-se a respectiva cessação ou redução, bem como a possibilidade de os alimentos serem prestados como pensão ou em casa e companhia do obrigado aos alimentos (cfr. os artigos 179º a 181º e 183º do CC de 1867), entendendo Hintze Ribeiro[326] que essa previsão se conformava com a retratabilidade, a todo o tempo, da sentença proferida sobre alimentos ordinários, a qual constituía uma excepção à regra da irretratabilidade do caso julgado.

b) 4. Lei nº 3, de 3 de Novembro de 1910

Posteriormente ao Código de Processo Civil de 1876, o artigo 31º da *Lei nº 3, de 3 de Novembro de 1910*, passaria a prever a possibilidade, em caso de divórcio, de

[323] Os citados artigos do CPC de 1876 não tinham correspondência, nem no projecto do Código do Processo Civil apresentado em 1869 por Alexandre de Seabra (cfr. *Motivos do projecto...*, especialmente artigos 231º e seguintes do projecto, sobre as causas de separação de pessoas e bens, e artigos 307º e seguintes, relativos às execuções), nem no projecto definitivo apresentado, pelo mesmo Autor, em 1872 (cfr. *Projecto definitivo...*, especialmente artigos 342º e seguintes, referentes às causas de separação de pessoas e bens, e artigos 494º e seguintes, respeitantes às execuções). Sobre o CPC de 1876, veja-se ainda: *Actas da commissão revisora...*, em 3 volumes, de 1917 a 1922 (sendo a última revisão do projecto de 1875); J. Dias Ferreira, *Codigo...*, tomo I, esp. págs. 239-243 e 500-503; E. Alves de Sá, *Commentario...*, 1º vol., págs. 22-33 (sobre a história do Código); F.A. das Neves e Castro, *Manual...*, esp. págs. 1-5, 305-310 e 496-499, sobre o processo em geral, o caso julgado e os alimentos provisórios; J. C. de Carvalho Pessoa, *Codigo...*, esp. págs. 177-178, sobre as particularidades das execuções por alimentos.

[324] Estes pedidos encontravam-se expressamente previstos no CPC de 1876 (por exemplo, a propósito do incidente de verificação do valor da acção: cfr. Trindade Coelho, *Incidentes...*, págs. 51-52).

[325] Criticando esta definição, veja-se E. Hintze Ribeiro (*O caso julgado...*, pág. 14): "O *caso* judicial não é o *facto*, não é o *direito*, assumpto da controversia, e muito menos a *sentença*; é, sim, a propria controversia, levantada nos tribunaes, sobre facto ou direito. *Caso* definitivamente *julgado*, e *controversia* definitivamente *extincta*, como expressões synonimas, são effeitos identicos, produzidos por sentença, de que já não ha recurso". Sobre o referido artigo 2502º, L. Cabral de Moncada, *Lições...*, págs. 820-829, e G. Alves Moreira, *Instituições...*, págs. 744-751; sobre a excepção de caso julgado à luz do Código Civil de 1867 e do Código de Processo Civil de 1876, Azevedo Souto, *Código...*, págs. 148-153.

[326] E. Hintze Ribeiro (*O caso julgado...*, pág. 21).

redução ou aumento[327] da prestação de alimentos que tivesse sido fixada, deduzindo-se o respectivo pedido (que só podia ser admitido um ano após a fixação de alimentos) na acção de alimentos; a cessação de alimentos encontrava-se prevista no artigo 32º da citada Lei, podendo o respectivo pedido ser deduzido desde que se verificasse o facto que lhe servia de fundamento[328].

b) 5. Decreto nº 4288, de 9 de Março de 1918

O *Decreto nº 4288, de 9 de Março de 1918*, que aprovou o regulamento da lei dos desastres no trabalho, regularia pela primeira vez a revisão de pensões e de indemnizações por acidente laboral[329], determinando no artigo 33º o seguinte:

> "Qualquer interessado poderá requerer ao competente Tribunal de Desastres no Trabalho a revisão da pensão e da indemnização estabelecida, alegando modificação na capacidade de trabalho do sinistrado, ainda mesmo no caso da incapacidade dêste ter sido julgada permanente e absoluta".

b) 6. Decreto nº 4618, de 13 de Julho de 1918

O Decreto nº 4 618, de 13 de Julho de 1918, alterou vários artigos do Código de Processo Civil de 1876, mas nada dispôs acerca da modificação de sentenças. Sucedeu o mesmo em relação ao Decreto nº 12 353, de 22 de Setembro de 1926, ao Decreto nº 12 488, de 14 de Outubro de 1926 e ao Decreto nº 13 979, de 25 de Julho de 1927.

b) 7. Decreto nº 21 287, de 26 de Maio de 1932

O *Decreto nº 21 287, de 26 de Maio de 1932*, que procedeu à compilação de toda a legislação sobre processo civil e comercial que andava dispersa por vários diplomas, aproveitando "o ensejo para suprimir algumas disposições que não deram bom resultado na prática e para introduzir também preceitos novos de manifesta

[327] O artigo 181º do Código Civil de 1867 não previa expressamente o aumento do montante dos alimentos.

[328] Assim, M. Dias da Silva (*Processos especiais*, págs. 291-293), também com referências sobre o processo a seguir (que era o mesmo) para qualquer dos três pedidos (de redução, aumento ou cessação dos alimentos).

[329] As pensões e as indemnizações encontravam-se previstas na Lei nº 83, de 24 de Julho de 1913 (cfr. os seus artigos 5º e 6º), que era, todavia, omissa quanto à respectiva revisão. Refira-se que esta Lei distinguia entre as pensões (devidas no caso de, ao acidente, se seguir a morte) e as indemnizações (devidas no caso de o acidente ocasionar incapacidade de trabalhar – que podia ser permanente ou temporária, bem como absoluta ou parcial – da vítima): sobre os artigos 5º e 6º da Lei nº 83, de 24 de Julho de 1913, consulte-se F. Emygdio da Silva, *Acidentes...*, págs. 147-154. Sobre as origens da Lei nº 83, de 24 de Julho de 1913, pioneira, em Portugal, da regulamentação da responsabilidade pelos acidentes de trabalho, veja-se A. Tavares da Silva, "O enquadramento...", págs. 417-422. Assinale-se, ainda, que o Decreto nº 5637, de 10 de Maio de 1919, que estabeleceu a organização do seguro social obrigatório contra desastres no trabalho, incluiria no conceito de desastre no trabalho, para os efeitos deste decreto, "todos os casos de doenças profissionais devidamente comprovadas" (cfr. o seu artigo 3º, 3º parágrafo).

necessidade ou vantagem" (cfr. o respectivo preâmbulo), porém, introduziu alterações ao regime da modificação de sentenças.

Assim, os seus artigos 141º e 142º, integrados numa secção respeitante ao divórcio, dispuseram como segue:

"Art. 141º. Todo o pedido para cessação, redução ou aumento de alimentos, embora tenham sido estipulados por acôrdo, e bem assim para alteração sôbre o modo de os prestar, será deduzido por meio de petição não articulada na acção em que tenham sido concedidos, alegando-se claramente os fundamentos legais. Em seguida o juiz convocará os interessados a uma conferência, que se realizará dentro de dez dias, para acordarem sôbre o pedido. Se chegarem a acôrdo, será êste homologado pelo juiz em sentença proferida dentro das quarenta e oito horas seguintes. Não havendo acôrdo, o pedido pode ser impugnado por embargos no prazo de dez dias, a contar da conferência, e os embargos podem ser contestados no prazo de cinco dias, seguindo-se depois, sem mais articulados, os termos do processo ordinário.

§ único. O pedido de redução e aumento de alimentos só pode ser apresentado depois de decorrido um ano sôbre a anterior fixação.

Art. 142º Ao pagamento e à execução por alimentos, quer provisórios quer definitivos, são aplicáveis os artigos 960º a 963º do Código de Processo Civil e o que neste decreto vai estabelecido sôbre as execuções por alimentos".

Por outro lado, o artigo 191º do mesmo Decreto nº 21 287, de 26 de Maio de 1932, inserido num capítulo que tratava das especialidades das execuções por alimentos, determinou o seguinte:

"Art. 191º Não havendo execução, a cessação, redução ou aumento de alimentos, ou a alteração sôbre o modo de os prestar serão pedidas pelo modo estabelecido no artigo 141º".

b) 8. Decreto nº 21 694, de 29 de Setembro de 1932

O Decreto nº 21 694, de 29 de Setembro de 1932, introduziu várias alterações ao CPC de 1876, mas nenhuma quanto à modificação de sentenças.

b) 9. Lei nº 1942, de 27 de Julho de 1936

No domínio laboral, a *Lei nº 1942, de 27 de Julho de 1936* – regulamentada pelo Decreto nº 27649, de 12 de Abril de 1937 –, não obstante estender às respectivas disposições a certas doenças profissionais (cfr. o seu artigo 8º), limitaria a revisão das pensões[330] por acidente de trabalho às incapacidades de trabalho permanen-

[330] A distinção clara entre pensão e indemnização, constante da Lei nº 83, de 24 de Julho de 1913, esbateu-se com a Lei nº 1942, de 27 de Julho de 1936, porque, aqui, se previa uma pensão, não só para o

tes do sinistrado, estabeleceria pressupostos temporais para requerer a revisão e consagraria como fundamento do correspondente pedido a "modificação na capacidade geral de ganho da vítima do acidente", nos seguintes termos:

"Art. 24º Qualquer interessado pode requerer a revisão das pensões por incapacidade permanente, durante o prazo de cinco anos, a contar da data da homologação do acôrdo ou do trânsito em julgado da sentença, alegando modificação na capacidade geral de ganho da vítima do acidente, desde que, sôbre a data da fixação da pensão ou da última revisão, tenham decorrido seis meses, pelo menos"[331].

c) Origem do artigo 671º, 2ª parte, do CPC de 1939. A doutrina italiana sobre o caso julgado das sentenças determinativas

Por que razão se teria introduzido, no CPC de 1939, um preceito como o do artigo 671º, 2ª parte, que previa, em termos mais amplos que as correspondentes disposições da antecedente legislação – a que acabámos de aludir –, a modificação de sentenças?

Tal preceito não foi inspirado no Código de Processo Civil italiano, aprovado pouco tempo depois (em 28 de Outubro de 1940), atendendo a que em tal diploma não se encontra disposição equivalente.

Idêntica conclusão parece poder retirar-se relativamente ao Código de Processo Civil brasileiro, aprovado pelo Decreto-lei nº 1608, de 18 de Setembro de 1939 e, tal como o italiano, contemporâneo do português de 1939[332]. Na verdade, o artigo 289, II, do referido Código brasileiro (sistematicamente integrado num capítulo dedicado à eficácia da sentença) previa a possibilidade de modificação de sentenças com fundamento em alteração de circunstâncias, mas o regime contido nesse preceito era substancialmente diverso do consagrado no artigo 671º, 2ª parte, do CPC de 1939. Era o seguinte esse regime:

caso de morte da vítima (cfr. o artigo 16º), como também para os casos de incapacidade permanente de trabalho (cfr. o artigo 17º, alíneas *a)* e *b)*); a indemnização ficava reservada para a incapacidade temporária (cfr. o artigo 17º, alíneas *c)* e *d)*).

[331] Sobre a figura da revisão, tal como constava da proposta que deu origem à Lei nº 1942, de 27 de Julho de 1936, veja-se o "Parecer sôbre a proposta de lei nº 67", da Câmara Corporativa, onde se diz o seguinte (cfr. pág. 426-O): "Não achamos justo que se limite a cinco anos o prazo dentro do qual se pode requerer a revisão da pensão. Entendemos que não deve haver qualquer limitação para êste prazo, pois não conhecemos razões que militem a favor do princípio que se pretende innovar. Em compensação, não veríamos inconveniente em que se aumentasse para um ano o prazo de seis meses dentro do qual se não pode alterar o que tenha sido estabelecido".

[332] Como assinala J. Alberto dos Reis ("O novo Código de Processo Civil português", págs. 341-342), os Códigos de Processo Civil português (de 1939), brasileiro (de 1939) e italiano (de 1940) tiveram uma ascendência comum, na medida em que resultaram da concepção publicística do processo gerada pela ciência jurídica alemã a partir do último quartel do século XIX e depois desenvolvida em Itália, especialmente por Chiovenda.

"Art. 289 – Nenhum juiz poderá decidir novamente as questões já decididas, relativas à mesma lide, salvo:

I – nos casos expressamente previstos;

II – quando o juiz tiver decidido de acôrdo com a equidade determinada relação entre as partes, e estas reclamarem a reconsideração por haver-se modificado o estado de fato".

Não é de excluir, todavia, que o disposto no artigo 289, II, do Código de Processo Civil brasileiro de 1939 não tenha sido ignorado aquando da introdução do artigo 671º, 2ª parte, do CPC de 1939, até porque a literatura brasileira da época era considerada nas obras do Autor do projecto deste Código[333].

Por outro lado, a *decisão segundo a equidade* a que se referia o artigo 289, II, do Código brasileiro (e a que, aliás, ainda hoje se refere o artigo 113º do c.p.c. italiano, embora aqui pretendendo especificamente designar as excepções à regra do julgamento segundo o direito[334]), caracterizava, segundo a doutrina italiana da época, as denominadas *sentenças determinativas ou dispositivas* – uma nova categoria de sentenças identificada por KISCH[335], por si denominadas *festsetzenden Urteile*[336] –, relativamente às quais esta mesma doutrina vinha discutindo a existência de especificidades ao nível do respectivo caso julgado (ou no sentido da negação ou atenuação desse caso julgado – orientação que parecia ser a dominante –, ou no sentido da conformação desse caso julgado às regras gerais, ou, finalmente, no sentido da aplicação, a esse caso julgado, de um regime excepcional)[337].

A consulta dos trabalhos preparatórios do CPC de 1939 não é muito elucidativa acerca das razões da introdução do preceito que nos interessa (o do artigo 671º, 2ª parte)[338].

333 Referência a essa literatura encontra-se em J. Alberto dos Reis, *Processo ordinário...*, 2ª ed., pág. 93.

334 Assim, C. Mandrioli, *Corso...*, págs. 69-71. S. Satta / C. Punzi (*Diritto...*, págs. 179-181) e A. Attardi (*Diritto processuale...*, págs. 109-111 e 478) salientam, por seu lado, que o *giudizio di equità* consentido pelo artigo 113 do c.p.c. substitui o *giudizio secondo diritto* (por isso se podendo falar aqui de equidade "substitutiva"), mas, fora destas hipóteses excepcionais, a equidade pode intervir como critério informador do *giudizio secondo diritto*, como sucede aquando do proferimento de sentenças determinativas (por exemplo, em matéria de alimentos), em que o juiz determina, apreciando discricionariamente, alguns elementos da relação jurídica. Desenvolvidamente sobre a equidade como *um modo de aplicar a norma em atenção às especiais circunstâncias do caso concreto* e a equidade como *um modo de criar, por contraposição às normas codificadas, novas normas jurídicas já existentes no sentimento comum*, P. Calamandrei, "Il significato...", págs. 20-22.

335 W. Kisch, *Beiträge...*, págs. 110-140.

336 E. Betti (*Efficacia...*, pág. 8) traduz esta designação por "sentenças fixativas".

337 Das várias teses, na doutrina italiana da época, sobre o caso julgado das sentenças determinativas, dá conta E. Heinitz (*I limiti...*, págs. 247-254).

338 Sobre os trabalhos preparatórios do CPC de 1939, consulte-se J. Alberto dos Reis ("O novo Código ...", págs. 2-5 e 17-21), e Barbosa de Magalhães ("O novo Cód....").

No *Projecto de Código de Processo Civil* apresentado por ALBERTO DOS REIS em 1935 e em 1936[339] nenhuma referência se faz a tais razões. Apenas se diz, no relatório da primeira parte desse *Projecto*, que "[é] nova quási toda a matéria dêste capítulo [o capítulo que tinha por objecto a sentença]", aludindo-se ao regime dos artigos 631º, 632º e 634º e ao princípio de que a sentença esgota o poder jurisdicional do magistrado.

Decorre, de qualquer modo, da leitura desse *Projecto*, que nele já se encontrava, sem alterações de redacção, o preceito que corresponderia ao do artigo 671º, 2ª parte, do CPC de 1939. A este propósito, veja-se o artigo 641º, 2ª parte, da primeira parte do *Projecto*, e o artigo 598º, 2ª parte, da segunda parte do *Projecto*, ambos sistematicamente inseridos numa secção relativa ao valor da sentença.

O regime constante do artigo 671º, 2ª parte, do CPC de 1939 parece, assim, ter-se ficado a dever unicamente ao labor do Autor daquele *Projecto*, não tendo tido os trabalhos da Comissão Revisora (dos quais resultou um projecto apresentado ao então Ministro da Justiça, MANUEL RODRIGUES, em Agosto de 1938) e a colaboração (da qual também resultaria um novo projecto), desde Janeiro de 1939 até fins de Março do mesmo ano, entre o Ministro da Justiça e ALBERTO DOS REIS, qualquer influência na redacção final daquele preceito[340/341].

É certo que, percorrendo as lições publicadas por ALBERTO DOS REIS antes da entrada em vigor do CPC de 1939[342], nos excertos que nelas são dedicados ao caso julgado, se pode constatar que o Autor nenhuma referência faz à modificação do caso julgado por alteração das circunstâncias.

[339] A primeira parte do projecto foi apresentada em 20 de Novembro de 1935, dizendo apenas respeito ao processo de declaração e não contendo os processos especiais, e a segunda parte em Novembro de 1936.

[340] À instalação da Comissão encarregada de rever o *Projecto* apresentado por J. Alberto dos Reis se refere a Acta nº 1 das *Actas da comissão revisora do projecto...*: daí resulta que os trabalhos dessa Comissão se iniciaram em 1 de Março de 1937. Da leitura da Acta nº 23 da sessão de 1 de Dezembro de 1937 dessa Comissão decorre que o Capítulo V ("Da sentença") do *Projecto* de J. Alberto dos Reis foi bastante discutido, se bem que não os seus aspectos relacionados com a modificação do caso julgado (cfr. *Actas da comissão revisora do projecto...*, Acta nº 23, págs. 278-284). Por outro lado, percorrendo o relatório apresentado, pelo Ministro da Justiça à Comissão Revisora, sobre o Capítulo do *Projecto* respeitante à sentença, constata-se igualmente que a matéria da modificação do caso julgado por alteração das circunstâncias não foi objecto de crítica (cfr. Manuel Rodrigues, "Observações e propostas de alterações ao projecto do Código de Processo Civil – Da sentença...", págs. 339-340).

[341] Aos projectos emergentes dos trabalhos da Comissão Revisora e da colaboração com o então Ministro da Justiça se refere J. Alberto dos Reis ("O novo Código...", págs. 4-5 e 17-18).

[342] Consultaram-se, a este propósito, as seguintes obras de J. Alberto dos Reis: *Processo ordinário civil...*, págs. 436-447, *Processo ordinário...*, 2ª ed., págs. 198-221, *Curso de processo ordinário e sumário...*, págs. 156-165, e *Curso de processo ordinário, sumário e sumaríssimo...*, págs. 193-213. A bibliografia completa de J. Alberto dos Reis, tanto a anterior como a posterior ao CPC de 1939, foi já organizada por Mário dos Reis Faria, encontrando-se referenciada no *BFDUC*, Suplemento XV (Homenagem ao Doutor José Alberto dos Reis), Vol. I, 1961, págs. XV a CXXXIII.

É conhecida, porém, a influência que a doutrina processualista italiana da época exerceu no pensamento de ALBERTO DOS REIS[343], como se infere da bibliografia que cita no seu *Processo ordinário e sumário*, de 1928[344]; particularmente importante terá sido a influência de CHIOVENDA, já que, através da leitura deste Autor, ALBERTO DOS REIS[345] concluiria ser a literatura alemã a mais rica.

Ora, como já se afirmou, a doutrina italiana da época vinha discutindo as especificidades do caso julgado das sentenças determinativas ou dispositivas, que não deviam ser desconhecidas de ALBERTO DOS REIS (tal como, aliás, não o eram de MANUEL RODRIGUES[346]).

A generalidade dessa doutrina sustentava a atenuação do caso julgado de tais sentenças[347].

Assim, CHIOVENDA[348], por entender, na sequência de OTTO MAYER, que, faltando um direito preexistente ao concretamente disposto pelo juiz, o direito público admite que as partes, por acordo, requeiram uma nova disposição (haveria, então, um caso julgado relativo).

Também CARNELUTTI[349] distinguia o *processo declarativo* do *processo dispositivo ou de equidade.*

Aquele visaria o acertamento de um estado jurídico[350] já existente, no pressuposto da existência de uma norma material compondo um conflito de interesses; este – de que era exemplo o processo destinado à fixação de alimentos, previsto no artigo 145º do c. c. – visaria a constituição de um estado jurídico ainda não existente, no pressuposto da existência de uma norma instrumental conferindo ao juiz o poder de compor um conflito de interesses e, portanto, de criar, e não meramente declarar, direito[351].

[343] Da influência exercida por Mortara, Chiovenda e Alfredo Rocco dá conta, nomeadamente, L. Correia de Mendonça (*Direito processual...*, em especial págs. 46-47 e 112-124).

[344] J. Alberto dos Reis, *Processo ordinário...*, 2ª ed., págs. 91-92. Nesta obra encontram-se referenciados Mortara, Chiovenda, Alfredo Rocco, Ugo Rocco, Vincenzo Galante, Carnelutti, Simoncelli, Cavalleri, Mattirolo, Borsari, Mancini, Pisanelli e Scialoja, Gargiulo, Ricci e Cuzzeri.

[345] J. Alberto dos Reis, *Processo ordinário...*, 2ª ed., pág. 93.

[346] Manuel Rodrigues (*Lições...*, pág. 451) alude, em 1940, à categoria da *sentença dispositiva*, cuja decisão teria "por base um juízo de equidade no exercício de um poder discricionário", referindo ainda que se, na formulação dos juízos de equidade, "o caso julgado não actua do mesmo modo é apenas porque se consideram variáveis as condições de facto e pareceu justo tê-las em consideração". O Autor (*idem...*, pág. 463) afirmaria depois que as sentenças determinativas constituem caso julgado.

[347] Dando conta dessa orientação geral da doutrina italiana, mas rejeitando, todavia, a atenuação do caso julgado das sentenças determinativas, E.T. Liebman, *Efficacia ed autorità...*, págs. 17-19.

[348] G. Chiovenda, *Principii...*, pág. 195.

[349] F. Carnelutti, *Sistema...*, vol. I, págs. 133-136.

[350] Estado jurídico (*stato giuridico*) significa, na terminologia de Carnelutti, o modo de ser de um conflito de interesses segundo o direito: *idem*, pág. 133.

[351] Para Carnelutti (*idem*, pág. 146), o processo dispositivo distinguir-se-ia do processo (de acertamento) constitutivo, porque, neste, o juiz se limitaria a declarar a existência dos pressupostos previstos na lei, da qual – e não da vontade do juiz – decorreria a modificação da relação.

Segundo Carnelutti[352], o problema da mutabilidade da sentença – que seria um problema de caso julgado formal e não de caso julgado material[353] – colocar-se-ia em termos diversos, consoante a sentença fosse declarativa ou *dispositiva* (isto é, determinativa[354]), já que, no primeiro caso, a imutabilidade da sentença constituía uma condição da realização do fim do processo e, no segundo, se justificava essencialmente pelo direito das partes a obter uma decisão do juiz e pela perda do benefício da decisão se tal direito nunca se extinguisse.

Por outro lado, Carnelutti[355] considerava como limite particular (porque valendo apenas para certos tipos de processos) do caso julgado formal o instituto da *revisão*, cujo pressuposto seria a modificação da situação (de direito ou de facto) subjacente ao juízo: exemplos de revisão por modificação da situação de facto (e, portanto, de cessação do caso julgado formal) seriam a cessação, redução ou aumento da prestação alimentícia, nos termos do artigo 144º do c. c., a revogação da interdição, prevista no artigo 338º do c. c. ou a revisão da indemnização devida por acidente industrial ou agrícola, regulada nos diplomas respectivos. Destas disposições legais considerava Carnelutti poder extrair-se o princípio da revisibilidade das decisões que regulavam uma situação continuada (*situazione continuativa*), quando sobreviesse uma notória modificação no estado de facto (colocando-se, todavia, e face ao direito italiano, a questão de saber se tal princípio possuía eficácia jurídica, questão aliás análoga à que se apresentava a propósito dos contratos quanto à denominada cláusula *rebus sic stantibus*, e que devia ser resolvida da mesma maneira). De qualquer modo, a mutabilidade de tais decisões não seria comparável à mutabilidade dos comandos do legislador, já que esta não depende da alteração da situação de facto[356].

Outra doutrina italiana da época em que Alberto dos Reis elaborou o *Projecto de Código de Processo Civil* reconhecia a aptidão das sentenças determinativas para a produção de caso julgado e sujeitava-o às regras gerais, concebendo

[352] F. Carnelutti, *Sistema...*, págs. 303-306; veja-se também, do mesmo Autor, o mais antigo "Funzione del processo...", págs. 125-128.

[353] O caso julgado formal seria, segundo Carnelutti, o efeito de uma preclusão do direito de impugnar a decisão, nenhuma relação tendo com a preclusão o caso julgado material, que coincidiria com a imperatividade da decisão (*Sistema...*, págs. 306 e 278). Específico do caso julgado material seria, de acordo com Carnelutti (*Sistema...*, págs. 292-296), o problema da *eficácia da decisão no tempo* (isto é, o problema do comportamento, no tempo, da imperatividade da decisão), que se prenderia com a determinação do início e do fim da eficácia da sentença: neste último caso, tratar-se-ia de averiguar se o decurso do tempo, em si mesmo considerado, seria apto a determinar a cessação de tal eficácia.

[354] Como nota A. Raselli, "Le sentenze determinative...", pág. 568, nota 4, as expressões "sentença determinativa" (*festsetzende Urteil*) e "sentença dispositiva" (*verfügende Urteil*) equivaliam na generalidade da doutrina italiana, preferindo Carnelutti a primeira expressão; apenas Betti atribuía significados autónomos às duas expressões (como adiante se refere: *infra*, § 6º, IV).

[355] F. Carnelutti, *Sistema...*, págs. 307-312.

[356] F. Carnelutti, "Funzione del processo...", pág. 128.

a alteração das circunstâncias que as afectasse como uma alteração da causa de pedir, justificativa, nos termos gerais, de proposição de nova acção[357].

Finalmente, uma terceira orientação da doutrina italiana, inspirada na alemã, justificava a possibilidade de prolação de segunda sentença determinativa pela necessidade de corrigir, por razões de justiça, a sentença anterior (na qual o juiz, ao fixar a medida da prestação, tomou em consideração tanto a situação actual como a futura), assim aproximando a segunda acção fundada em alteração das circunstâncias dos recursos extraordinários, dos quais apenas diferiria por operar *ex nunc* e estes *ex tunc*. Referimo-nos à orientação de HEINITZ[358], para quem à tese anterior pode contrapor-se: em primeiro lugar, que "nem todos os elementos que influem no conteúdo da prestação têm como função a individualização da pretensão" (é o caso da desvalorização monetária), pelo que nem sempre uma alteração das circunstâncias gera uma nova causa de pedir; em segundo lugar, que se a nova acção se fundasse numa nova causa de pedir, então a primeira sentença manteria eficácia a par da segunda – o que não sucede, pois esta sentença é corrigida e substituída; finalmente, que a questão de saber se as novas circunstâncias alteram a situação jurídica fixada na sentença só assume pertinência quando se reconhece que o objecto da segunda acção é idêntico ao da primeira.

Provavelmente terão sido os referenciados estudos da doutrina alemã e italiana sobre as particularidades das sentenças determinativas a inspiração de ALBERTO DOS REIS para a redacção do 671º, 2ª parte, do CPC de 1939: à excepção do de HEINITZ, que não pode ter sido considerado aquando da elaboração do citado *Projecto* de 1935-1936, uma vez que é um pouco posterior (de 1937).

Ora, embora não seja possível, da leitura deste preceito, inferir se aí se optou pela tese da atenuação do caso julgado das sentenças determinativas (que, como se disse, era a dominante na doutrina italiana da época) ou, antes, pela da aplicação, a esse caso julgado, dos princípios gerais a ele relativos (que era a tese, entre outros Autores, de LIEBMAN), o que parece certo é que, perante a unanimidade

[357] Neste sentido se pronunciavam E. Betti (*Efficacia...*, págs. 184-192, e *Diritto processuale...*, págs. 549 e 579), S. Costa ("Le sentenze civile..., págs. 291-295), G. Cristofolini ("Efficacia della sentenza...", págs. 323-324), A. Raselli (*La magistratura...*, pág. 176) ou E. T. Liebman (*Efficacia ed autorità...*, págs. 17-19. Posteriormente, Liebman expressaria a mesma orientação em "Revocabilità...", pág. 329, e "Giudicato...", págs. 5-6), frisando que o caso julgado das sentenças determinativas que tenham por objecto *relações continuativas* não é menos rígido que o caso julgado das restantes sentenças, justificando-se a possibilidade de proposição de nova acção quando as circunstâncias se alterassem por, nos termos gerais, uma nova causa de pedir não sofrer o obstáculo do caso julgado. Raselli retomaria também o seu pensamento em "Appunti...", pág. 724, nota 1, aqui sublinhando que, nas matérias a decidir segundo a equidade (sobre as quais versam as mencionadas sentenças determinativas), "a causa de pedir não é constituída por um facto determinado do qual uma norma legal particular retire determinada consequência, mas por todo o complexo de circunstâncias com fundamento nas quais uma dada solução pode surgir como justa. Daí que uma modificação desse complexo de circunstâncias, ou seja, do estado de facto, altere a causa de pedir".

[358] E. Heinitz, *I limiti...*, págs. 247-254.

então existente acerca da permeabilidade de certas sentenças à alteração das circunstâncias e perante o tratamento da questão a propósito do caso julgado, o legislador português optou por: consagrar expressamente essa permeabilidade; prever essa permeabilidade justamente no preceito dedicado ao caso julgado[359]; prever essa permeabilidade com autonomia em relação ao recurso extraordinário de revisão (já que a doutrina italiana também distinguia a *revisione*, que supunha a modificação do facto em que assentava a sentença, da *revocazione*, que supunha uma sentença baseada num facto que, no momento do proferimento da sentença, era diverso do que se julgava[360]).

7. Fundamento

A acção modificativa consagrada no artigo 619º, nº 2, do CPC justifica-se pela natureza da obrigação expressamente prevista no preceito: a obrigação de alimentos.

Destinando-se esta obrigação "a satisfazer as reais necessidades do credor", "[d]aqui resulta que, fixada pelo juiz em consideração dos elementos legais a importância da pensão, esta pode ser posteriormente alterada, quando êsses elementos sofram mudança. Assim se justifica que os alimentos possam ser reduzidos [...] e que, pela mesma razão, possam ser aumentados. É que, neste caso, não é a importância paga ao credor dos alimentos que representa o conteúdo da dívida: o conteúdo da dívida é a satisfação das necessidades do alimentando"[361].

Se, porém, a natureza da obrigação de alimentos justifica o regime consagrado no artigo 619º, nº 2, do CPC – tal como a natureza da obrigação de reparação em caso de acidente de trabalho, que se destina a compensar a redução na capacidade de trabalho ou de ganho da vítima, justifica o instituto da revisão da pensão[362] –, a identificação do fundamento deste não pode bastar-se com a alusão às dívidas de valor.

[359] Contudo, convém não esquecer que J. Alberto dos Reis (*Código...*, vol. V, págs. 158-159) criticou a concepção de Carnelutti segundo a qual a decisão só devia ser imperativa quando, por ter transitado em julgado, tivesse atingido a condição da imutabilidade: na verdade, a decisão podia ser obrigatória mesmo antes de transitar em julgado, conclusão confirmada pela possibilidade de executar uma decisão sujeita a recurso. Distinguindo também entre a imperatividade da sentença e o caso julgado da sentença, veja-se, conforme exposto *supra* (§ 1º, II, 1, em nota), E. T. Liebman (especialmente, *Efficacia ed autorità...*, pág. 37).

[360] Assim, S. Costa, "Le sentenze...", pág. 288 (além da referência à revisibilidade de certas sentenças que, conforme se disse, já se encontrava em Carnelutti). No entanto, em relação a certas sentenças determinativas (por exemplo, as sentenças de alimentos), S. Costa entendia que a respectiva *revisione* não era possível, por a lei prever, antes, a nova acção, quando as circunstâncias se alterassem (*idem*, págs. 329-330 e 293).

[361] *RLJ*, Ano 63º, nº 2418, 1930, pág. 230.

[362] Assim, face ao nº 1 da Base XXII da Lei nº 2127, de 3 de Agosto de 1965, STJ, 16.10.2002. Conclusão semelhante extraía-se também do nº 1 do artigo 25º da anterior Lei nº 100/97, de 13 de Setembro; actualmente, o preceito de referência é o artigo 70º, nº 1, da Lei nº 98/2009, de 4 de Setembro.

A dívida pode, na verdade, ser uma dívida de valor e entender-se que não é admissível a modificação da sentença que condene no seu pagamento, caso em que o fundamento do regime tem de ser procurado mais além: referimo-nos, em particular, à sentença que condene em indemnização sob forma de capital, relativamente à qual é questionável a respectiva modificação com fundamento em alteração de circunstâncias.

Por outro lado, a dívida pode não ser de valor e justificar-se que a ela também se aplique o regime do artigo 619º, nº 2, do CPC, hipótese em que o fundamento deste não se prenderá com a natureza da dívida: temos em vista as sentenças que condenem em prestações periódicas vincendas diversas das de alimentos ou de rendas indemnizatórias, às quais o preceito – interpretado em conexão com o artigo 282º, nº 2, que genericamente se refere às *obrigações duradouras* (expressão mais ampla do que *prestações dependentes de circunstâncias especiais quanto à sua medida ou à sua duração*, constante do artigo 619º, nº 2) – pode igualmente estender-se.

Em Itália e na Alemanha, a propósito de preceitos que prevêem a alteração de sentenças em termos semelhantes ao do artigo 619º, nº 2, do CPC, a doutrina tem salientado uma característica das sentenças que condenam em prestações periódicas vincendas, relativas a obrigações duradouras cujo facto constitutivo é, também ele, duradouro e variável: a tais sentenças subjaz um juízo de prognose sobre a evolução futura desse facto, sendo consequentemente maior a probabilidade de assentarem numa errada decisão sobre a matéria de facto[363]. Este um fundamento possível para a regra do artigo 619º, nº 2, se concluirmos que se aplica à generalidade das sentenças de condenação em prestações periódicas vincendas.

II. O artigo 988º, nº 1, do CPC

1. Inserção sistemática

a) Disposições gerais dos processos de jurisdição voluntária

O artigo 988º, nº 1, do CPC insere-se sistematicamente nas disposições gerais dos processos de jurisdição voluntária.

Assim sendo, é potencialmente aplicável, não só aos processos de jurisdição voluntária regulados no título próprio do Código de Processo Civil, mas também aos processos regulados noutros diplomas, aos quais se mandem aplicar aquelas disposições gerais[364].

Será o caso dos *processos tutelares cíveis* – que eram, face à antiga OTM, a adopção (artigos 162º a 173º-G), a regulação do exercício do poder paternal e resolução de questões a este respeitantes (artigos 174º a 185º), os alimentos devidos a

[363] Assim, Remo Caponi, *L'efficacia...*, pág. 90

[364] No sentido da não definitividade da generalidade das medidas de jurisdição voluntária, RL, 18.01.2001, em cujo texto se lê: "Não se deve [...] olvidar que a inibição do poder paternal, como as demais medidas de jurisdição voluntária, não são definitivas: a lei permite o levantamento da inibição (artigo 1916º do CC)".

menores (artigos 186º a 190º), a entrega judicial de menor (artigos 191º a 193º), a inibição e limitações ao exercício do poder paternal (artigos 194º a 201º) e a averiguação oficiosa de maternidade ou de paternidade (artigos 202º a 207º); hoje, veja-se o elenco constante do artigo 3º do RGPTC –, já que quer o artigo 150º da revogada OTM, quer o artigo 12º do RGPTC os consideram de jurisdição voluntária. É também o caso do *processo de adopção*, na sua fase final, atendendo ao preceituado no artigo 31º do Regime Jurídico do Processo de Adopção, aprovado pela Lei nº 143/2015, de 8 de Setembro. O mesmo se diga relativamente ao *processo judicial de promoção dos direitos e protecção das crianças e jovens em perigo*, regulado nos artigos 100º a 126º da LPCJP – que pode originar a aplicação de uma das medidas previstas no artigo 35º, nº 1, da LPCJP (ou seja, apoio junto dos pais, apoio junto de outro familiar, confiança a pessoa idónea, apoio para a autonomia de vida, acolhimento familiar, acolhimento residencial e, finalmente, confiança a pessoa selecionada para a adopção, a família de acolhimento ou a instituição com vista à adopção) –, face ao disposto no artigo 100º da LPCJP[365].

É igualmente o caso do processo judicial a que alude o artigo 9º do Decreto-Lei nº 272/2001, de 13 de Outubro (diploma que, de acordo com o seu artigo 1º, determinou "a atribuição e transferência de competências relativas a um conjunto de processos especiais dos tribunais judiciais para o Ministério Público e as conservatórias do registo civil, regulando os correspondentes procedimentos"). Na verdade, o nº 2 daquele artigo 9º (na redacção emergente do Decreto-Lei nº 122/2013, de 26 de Agosto, manda aplicar, "com as necessárias adaptações, o disposto nos artigos 986º a 988º do Código de Processo Civil", quando cesse, na conservatória do registo civil, o procedimento tendente à formação de acordo das partes – nomeadamente para efeitos de alimentos a filhos maiores ou emancipados (cfr. o artigo 5º, nº 1, do mencionado Decreto-Lei) –, e o processo seja remetido ao tribunal judicial[366].

[365] Sustentando a aplicabilidade dos artigos 1409º a 1411º do CPC de 1961 aos procedimentos que a OTM considerava de jurisdição voluntária: STJ, 09.01.1979; T. d'Almeida Ramião, *Organização...*, pág. 39; David Pinho, *Da protecção...*, pág. 27. Veja-se também RL, 15.03.2007 (Proc. 9669/06-2), considerando, relativamente ao processo de regulação do exercício do poder paternal (hoje, responsabilidades parentais), que se trata "de um processo de jurisdição voluntária em que as decisões tomadas podem sempre ser revistas, desde que ocorram factos supervenientes que justifiquem a alteração – arts. 150º da OTM e 1411º do CPC [de 1961]". Sobre a aplicabilidade do artigo 1411º do CPC de 1961 (actual artigo 988º) aos processos de promoção e protecção, RL, 06.11.2008.

[366] Não é claro, todavia, o sentido da remissão do artigo 9º, nº 2, do Decreto-Lei nº 272/2001, de 13 de Outubro, para os artigos 986º a 988º do CPC. É que alguns dos processos judiciais a que esse preceito se refere encontram-se regulados no título do Código de Processo Civil dedicado aos processos de jurisdição voluntária – como é o caso dos alimentos a filhos maiores ou emancipados ou da atribuição da casa de morada da família (cfr. artigos 989º e 990º do CPC) –, pelo que as disposições gerais da jurisdição voluntária em princípio já se lhes aplicariam. Aliás, e em boa verdade, o Decreto-Lei nº 272/2001, de 13 de Outubro, tornou mais nebulosa ainda a matéria da jurisdição voluntária: basta atentar no seu

Sendo potencialmente aplicável a todos estes processos, o problema que se coloca é o de saber a que decisões o artigo 988º, nº 1, do CPC efectivamente se aplica (problema que, aliás, já se colocava à luz do equivalente preceito do CPC de 1939[367]).

Assim, por exemplo, o artigo 988º, nº 1, não pode ser aplicado à decisão que decreta a adopção, atendendo a que a adopção é irrevogável (cfr. o artigo 1989º do CC) e só é revisível preenchidos certos requisitos (cfr. os artigos 1990º a 1991º do CC); e, na fundamentação de um acórdão do Tribunal da Relação do Porto de 17 de Fevereiro de 2000, refere-se, entre o mais, que "a decisão que decreta o divórcio, apesar de ser proferida em processo de jurisdição voluntária, não pode ser alterada com fundamento em circunstâncias supervenientes"[368].

A jurisprudência tem também maioritariamente entendido que o (actual) artigo 988º, nº 1, do CPC não é aplicável às decisões, proferidas nas acções de divórcio por mútuo consentimento, que homologam os acordos sobre a atribuição da casa de morada da família, condicionadoras daquele divórcio[369/370].

Em anotação da *Revista dos Tribunais*[371] a acórdão do Supremo Tribunal de Justiça de 21 de Dezembro de 1962 – no qual se concluiu ser admissível o recurso para o Pleno, nos termos do (entretanto revogado) artigo 764º do CPC de 1961, de acórdãos opostos das Relações proferidos em processos de jurisdição voluntária[372] –, reafirmou-se o entendimento, já expresso pela mesma *Revista* a propósito

artigo 5º, nº 2, que manda aplicar, em certos casos, a tramitação constante do Código de Processo Civil aos pedidos de privação do direito ao uso dos apelidos do outro cônjuge e de autorização de uso dos apelidos do ex-cônjuge, esquecendo que essa mesma tramitação deixou de existir em virtude de revogação expressa do próprio diploma (cfr. o seu artigo 21º, *b)*, na parte em que se refere aos – antigos – artigos 1414º e 1414º-A do CPC de 1961).

[367] Veja-se, a este propósito, a discussão havida na comissão revisora do *Projecto do Código de Processo Civil* apresentado por J. Alberto dos Reis (*Actas da comissão revisora do projecto...*, Acta nº 44, págs. 311-318), entendendo o Autor do *Projecto* que as disposições gerais dos processos de jurisdição voluntária só aos processos regulados no capítulo respeitante a essa jurisdição deviam ser aplicadas, sem prejuízo de a aplicação, a algum desses processos, poder, em concreto, não ser possível (seria, por exemplo, o caso do processo de verificação de gravidez).

[368] Palma Carlos (*Direito processual civil*, tomo II, pág. 74) parece mesmo considerar a sentença que decrete o divórcio ou a separação definitivos o único caso em que a sentença proferida em processo de jurisdição voluntária é definitiva.

[369] Cfr. RL, 18.02.1993, RP, 02.05.1995, RP, 17.02.2000, RG, 07.05.2003, STJ, 02.10.2003 (Proc. 03B1727), STJ, 15.02.2005; contra: RL, 27.05.2003.

[370] Se se entender, porém, que tais decisões, pelo menos as proferidas no âmbito de processos de divórcio ou de separação judicial de pessoas e bens sem consentimento do outro cônjuge, não se inscrevem na jurisdição voluntária – como se entendeu no já referido acórdão do Tribunal da Relação de Coimbra de 4 de Junho de 1991 (embora face a um regime que ainda consagrava a figura do divórcio ou separação litigiosa) –, não se coloca obviamente o problema de saber se o artigo 988º, nº 1, do CPC lhes é aplicável.

[371] *Rev. Trib.*, ano 81º, nº 1779, 1963, págs. 137-139.

[372] Esta orientação jurisprudencial viria a ser perfilhada no assento do Supremo de 6 de Abril de 1965.

do anterior artigo 1451º do CPC de 1939[373], segundo o qual o preceito que permite a alteração das resoluções "tem de restringir-se [...] às que, pela sua própria natureza admitem modificações".

Aliás – adianta-se em posterior anotação da *Revista dos Tribunais*[374] – "a simples leitura dos artºs 1412º a 1507º revela que só excepcionalmente a alteração das decisões é possível. São-no, evidentemente, as providências relativas aos filhos em caso de divórcio, separação de pessoas e bens e nulidade do casamento – artºs 1412º e 1413º. Mas já o depósito de mulher casada (art. 1414º) é definitivo, como o é o arrolamento (art. 1415º [...]), a entrega ou não entrega da mulher ao marido (art. 1416º), o recebimento daquela por este (art. 1417º), a conversão da separação de pessoas e bens em divórcio (art. 1418º), o restabelecimento da sociedade conjugal de cônjuges separados de pessoas e bens (art. 1419º), o divórcio e a separação de pessoas e bens por mútuo consentimento (artº s 1420º-1 424º), etc., são processos em que a decisão proferida é inalterável".

Já não parece que a natureza contenciosa da providência determine a exclusão da aplicação do artigo 988º, nº 1, do CPC. A este propósito, refira-se que podem existir processos sistematicamente inseridos no título do Código de Processo Civil relativo aos processos de jurisdição voluntária e que não possuam tal natureza (era, à luz do CPC de 1961, o caso do processo de tutela da personalidade, do nome e da correspondência confidencial, regulado nos seus artigos 1474º e 1475º do CPC): a essas situações aplicar-se-á o artigo 988º, nº 1 ou o artigo 619º, nº 2, do CPC? A favor da aplicação do artigo 988º, nº 1, milita o elemento sistemático, pois a inserção desses processos nesse título há-de ter alguma consequência[375]. Adiante veremos, todavia, se esta conclusão deve ser mitigada por outra regra: a que distingue entre resoluções tomadas segundo critérios de legalidade estrita e as tomadas segundo critérios de oportunidade[376].

A vocação universal do artigo 988º, nº 1, do CPC enfrenta ainda a dificuldade decorrente da existência de algumas disposições próprias de certos processos de jurisdição voluntária prevendo a alteração da decisão que tenha sido proferida: encontram-se nessa situação o artigo 989º, nº 2, do CPC, relativo aos alimentos a filhos maiores ou emancipados, o artigo 28º, nº 2, do RGPTC, relativo à generalidade dos processos tutelares cíveis – que, curiosamente, permite a *alteração provisória de decisões já tomadas a título definitivo*[377] –, e os artigos 62º e 62º-A da LPCJP e

[373] *Infra*, § 2º, II, 8.

[374] *Rev. Trib.*, ano 83º, nº 1800, 1965, págs. 161-163.

[375] No sentido da aplicabilidade do (actual) artigo 988º, nº 1, do CPC a estes processos, T. Soares da Fonseca, "Da tutela...", pág. 262.

[376] *Infra*, § 2º, II, 3.

[377] Sustentando que do preceito da OTM correspondente ao do RGPTC referido no texto (o artigo 157º, nº 2) decorria, por maioria de razão, que o tribunal "pode alterar ou revogar as medidas provisórias

9º do Decreto-Lei nº 12/2008, de 17 de Janeiro (que estabelece o Regime de Execução das Medidas de Promoção e Protecção das Crianças e Jovens em Perigo), relativos à revisão das medidas de promoção e protecção.

A existência de tais disposições coloca o problema da aplicação do artigo 988º, nº 1, do CPC a esses processos, porque elas podem ser consideradas especiais em relação a este preceito, excluindo portanto a sua aplicação.

No caso dos artigos 62º e 62º-A da LPCJP e 9º do Decreto-Lei nº 12/2008, de 17 de Janeiro, essa especialidade, aliás, parece evidente, atendendo a que a medida aplicada é obrigatoriamente revista findos determinados prazos (cfr. o nº 1 do artigo 62º), o que significa que, em tais eventualidades, a revisão não depende de qualquer superveniência objectiva ou subjectiva; por outro lado, fora dessas situações, a revisão da medida depende da ocorrência de "factos que a justifiquem" (cfr. o nº 2 do artigo 62º), requisito que não coincide, pelo menos na sua formulação textual, com as "circunstâncias supervenientes que justifiquem a alteração", a que alude o artigo 988º, nº 1, do CPC[378]; finalmente, a mencionada Lei prevê medidas só excepcionalmente revisíveis, como é o caso das medidas de confiança a pessoa selecionada para a adopção, a família de acolhimento ou a instituição com vista a adopção (cfr. os nºs 1 e 2 do artigo 62º-A)[379].

Em síntese, quanto ao que ficou exposto: o artigo 988º, nº 1, do CPC não é aplicável a todos os processos de jurisdição voluntária regulados no título próprio do Código de Processo Civil nem a todos os processos de jurisdição voluntária regulados em outros diplomas, aos quais sejam, por força da lei, subsidiariamente aplicáveis as disposições gerais daqueles primeiros processos. Assim sendo, a alterabilidade das resoluções não parece constituir nota distintiva da jurisdição voluntária (tal como, no direito italiano, não o parece ser a revogabilidade dos decretos[380]).

tomadas e adoptar outras que julgue mais adequadas e oportunas, tendo em conta os interesses do menor", T. d'Almeida Ramião, *Organização...*, pág. 55.

[378] Sobre a revisão das medidas de promoção e protecção das crianças e jovens em perigo, consulte-se T. d'Almeida Ramião, *Lei de Protecção...*, págs. 97-102. Tal revisão, como salienta este Autor (pág. 98), é mesmo um imperativo de Direito Internacional: "A criança que foi objecto de uma medida de colocação num estabelecimento pelas autoridades competentes, para fins de assistência, protecção ou tratamento físico ou mental, tem direito à revisão periódica do tratamento a que foi submetida e de quaisquer outras circunstâncias ligadas à sua colocação – artº 25º da Convenção sobre os Direitos da Criança".

[379] Estas medidas, em regra, duram até ser decretada a adopção. Face à anterior versão da LPCJP, que não o admitia expressamente, T. d' Almeida Ramião (*Lei de Protecção...*, pág. 103) considerava que a revisão das medidas, nos termos do artigo 62º da LPCJP, justificava-se, em homenagem aos superiores interesses da criança, "sempre que no decurso da execução ocorram factos supervenientes que impeçam a concretização da adopção"; a reforçar o entendimento no sentido da admissibilidade da revisão encontrar-se-ia a circunstância de se estar "em presença de processo de jurisdição voluntária, cujas decisões poderão ser revistas e alteradas, nos termos dos artºs 100º, e 1411º do C. Proc. Civ. [de 1961]".

[380] Veja-se, a este propósito, G. A. Micheli ("Per una revisione...", págs. 18-23, "Forma...", pág. 120, "Efficacia...", págs. 190-192, e "Significato...", págs. 541-544), sublinhando que a revogabilidade não

De qualquer modo, e como sublinha De Miguel Asensio[381], é habitual que a modificabilidade das resoluções varie nos diversos ordenamentos em atenção às características da matéria abrangida pelo acto de jurisdição voluntária: por exemplo, existem motivos óbvios para que a estabilidade de uma decisão sobre a custódia de um menor não seja tão intensa como a relativa à constituição de uma adopção.

Não sendo o artigo 988º, nº 1, do CPC aplicável a um concreto processo de jurisdição voluntária, pode igualmente suscitar-se o problema da aplicabilidade, a esse processo, do artigo 619º, nº 2, do CPC, na medida em que aos processos de jurisdição voluntária podem ser subsidiariamente aplicáveis as disposições do processo civil comum (cfr. artigos 549º, nº 1, do CPC e 33º, nº 1, do RGPTC).

Não nos parece, todavia, que tendo aquela aplicação sido excluída, nomeadamente em atenção ao carácter instantâneo da providência, ou à necessidade de revestir esta de maior estabilidade, seja sustentável a aplicação do artigo 619º, nº 2, pois também estes motivos podem justificar a exclusão da aplicação deste preceito.

Finalmente, refira-se que podem existir processos de jurisdição voluntária regulados fora do Código de Processo Civil, ou fora do título do Código dedicado aos processos de jurisdição voluntária, relativamente aos quais a lei não mande expressamente aplicar a regra do artigo 988º, nº 1, deste Código. Diríamos que, se a analogia das situações o justificar, esta regra é, quanto aos primeiros processos, e nos termos gerais, aplicável; já quanto aos processos de jurisdição voluntária regulados no Código, mas fora do título dedicado aos processos de jurisdição voluntária, a aplicabilidade da regra do artigo 988º, nº 1 é mais difícil de sustentar, não só pelo carácter problemático dessa qualificação (um processo de jurisdição voluntária é, para o CPC, apenas aquele que se ache sistematicamente integrado no título dedicado aos processos de jurisdição voluntária), mas atendendo a que, por força do artigo 549º, nº 1, do CPC, lhes são aplicáveis as regras do processo comum (entre as quais se situa o artigo 619º, nº 2).

b) Decisões transitadas e não transitadas em julgado

Contrariamente ao artigo 619º, nº 2, do CPC, que parece pressupor o trânsito em julgado da sentença modificanda, o artigo 988º, nº 1 aplica-se aparentemente a qualquer resolução que haja sido proferida, seja ou não susceptível de recurso ordinário: na verdade, este preceito situa-se imediatamente antes do preceito que limita o recurso para o Supremo.

pode constituir elemento caracterizador da jurisdição voluntária, uma vez que existem processos não contenciosos que a não contemplam e actos de processos contenciosos que são revogáveis.

381 P.A. de Miguel Asensio, *Eficacia...*, pág. 74.

Deste modo, a inserção sistemática do artigo 988º, nº 1, do CPC dá a entender que o preceito estende o poder jurisdicional do juiz para além do momento do proferimento da decisão, assim excepcionando, para os processos de jurisdição voluntária, o disposto no artigo 613º, nº 1: veremos, todavia, se é esta a principal função do preceito[382].

2. Resoluções e outras decisões

O artigo 988º, nº 1, do CPC aplica-se expressamente às resoluções. Todavia, na área da jurisdição voluntária, a lei usa também outros termos para designar actos do juiz: providências (assim, o artigo 987º), sentenças (assim, o artigo 1013, nº 5), medidas cautelares (assim, o artigo 1050º)[383] ou pura e simplesmente decisões (assim, o artigo 1051º)[384].

Aplicar-se-á o artigo 988º, nº 1, apenas às decisões a que a lei denomine resoluções (como sucede, por exemplo, no artigo 1000º, nº 3, relativo ao suprimento de consentimento no caso de recusa), ou a todas as decisões da jurisdição voluntária, sejam ou não legalmente designadas resoluções?

Não configurando as resoluções uma categoria específica de decisões, antes equivalendo, pura e simplesmente, a decisões[385], representando ambas

[382] *Infra*, § 2º, II, 9. *d)*.

[383] Sobre a distinção entre estas medidas cautelares e as providências cautelares, RL, 09.02.1982. Medidas semelhantes às referidas medidas cautelares parecem ser ainda as previstas no artigo 931º, nº 7, do CPC, decorrentes da fixação, na pendência de divórcio ou separação sem consentimento do outro cônjuge, de um regime provisório quanto a alimentos, quanto à regulação do exercício das responsabilidades parentais dos filhos e quanto à utilização da casa de morada da família: sobre estas medidas provisórias, RL, 21.02.1991 (Proc. 0027252). São também semelhantes as medidas a que aludia o artigo 157º, nº 1, da OTM, e alude o artigo 28º, nº 1, do RGPTC, cujo fim essencial é "a execução útil da decisão que a final deva ser proferida", visando, "no interesse dos menores, a atempada e adequada decisão de questões urgentes que se não coadune com a demora normal do procedimento em causa" (cfr. RL, 01.06.2000). Sobre a possibilidade de decretamento oficioso das medidas previstas nos artigos 157º da OTM (actual artigo 28º do RGPTC) e 1407º, nº 7, do CPC de 1961 (actual artigo 931º, nº 7, do CPC), veja-se J. P. Remédio Marques, *Algumas notas...*, pág. 129.

[384] Se se conceber o arrolamento especial previsto no artigo 409º, nº 1, do CPC – o arrolamento como preliminar ou incidente da acção de separação judicial de pessoas e bens, divórcio, declaração de nulidade ou anulação de casamento – como um processo de jurisdição voluntária (neste sentido, RL, 11.01.1994 (Proc. 0066341)), a correspondente providência constituirá também um acto do juiz diverso da típica *resolução*. Assinala F. Baur (*Freiwillige...*, págs. 223-227) que a lei alemã relativa à jurisdição voluntária também não usa uma terminologia precisa, quando se refere às decisões que aí podem ser proferidas.

[385] Neste sentido, face ao CPC de 1961, J. dos Santos Silveira, *Impugnação...*, pág. 14: "Da análise das diversas disposições legais acerca dos processos de jurisdição voluntária infere-se que não houve a preocupação de criar mais uma categoria de decisões além da anterior classificação tripartida: *despachos*, *sentenças* e *acórdãos*. O termo resolução equivale ao de decisão". No mesmo sentido também, veja-se a anotação da *Revista dos Tribunais* ao assento do Supremo Tribunal de Justiça de 6 de Abril de 1965 (*Rev. Trib.*, ano 83º, nº 1800, 1965, págs. 161-163. Contra, veja-se o voto de vencido do Conselheiro Lopes Cardoso neste assento: "A expressão resoluções, duas vezes empregada no art. 1 411º do Cód. de Proc.

sentenças[386] – o que também significa, ao que julgamos, que o uso do termo "resolução" na lei portuguesa apenas se deve à importação do termo "resoluzione" da doutrina italiana ou do termo "Verfügung" da lei alemã relativa à jurisdição voluntária –, a resposta deverá ser afirmativa: qualquer decisão da jurisdição voluntária estará, em princípio, submetida à regra da alterabilidade consagrada no artigo 988º, nº 1, do CPC (embora, para efeitos da recorribilidade para o Supremo Tribunal de Justiça prevista no nº 2 deste preceito, já seja necessário proceder a uma diferenciação de decisões[387]).

Evidentemente, as providências e as medidas cautelares levantam problemas autónomos, porque não configuram propriamente decisões (cfr. o artigo 152º do CPC). Também colocam problemas autónomos as decisões sobre questões processuais tomadas nesses processos, não por não configurarem decisões, mas porque o artigo 988º, nº 1, do CPC, tal como aliás o artigo 619º, nº 2, parece reportar-se prioritariamente a decisões sobre questões de natureza substantiva,

Civ. actual [de 1961], como já era usada no art. 1 451º do código de 1939, opõe-se a *decisões*, que é a denominação geral das sentenças e despachos. Só nos processos de jurisdição voluntária tais actos podem ter o nome e categoria de *resoluções*, que se distinguem pela sua alterabilidade e por não estarem sujeitas a critérios de legalidade estrita. Isso não quer dizer que nos processos de jurisdição voluntária não haja também *decisões*, estas inalteráveis, sujeitas a estrita legalidade e passíveis de revista ou agravo até ao Supremo, por não lhes ser aplicável o nº 2 do art. 1 411º". Contra ainda, mas por diverso motivo, J. de Castro Mendes / M. Teixeira de Sousa (*Manual de processo civil*, VII. Composição da acção, § 35º, I, 1: obra ainda não publicada, mas a que se teve acesso), na medida em que configuram as resoluções como uma quarta categoria de decisões (a par dos despachos, sentenças e acórdãos): concretamente, como as decisões proferidas nos processos de jurisdição voluntária com base em critérios de conveniência e oportunidade.

386 Diz-se, a este propósito, no assento do Supremo Tribunal de Justiça de 6 de Abril de 1965, já referido: "[...] as resoluções e decisões representam sentenças – como se alcança, de entre outros preceitos, do nº 3 do art. 1409º [actual nº 3 do artigo 986º] [...]". Concordando, veja-se a anotação ao mesmo assento da *Revista dos Tribunais*, ano 83º, nº 1800, 1965, págs. 161-163. Idêntica conclusão, porém, parecia não ser possível face ao CPC de 1939: como, à luz deste Código, concluía V. Anjos Magalhães ("Da novação...", pág. 406), "[t]em a sentença "de jure condito" (segundo o que de essencial ressalta do Código de Processo Civil de 1939), o sentido de exprimir a decisão que põe termo e resolve o fundo de determinada questão. Às decisões que igualmente põem termo a certas questões que decorrem em condições especiais, ou seja, que decorrem no campo da jurisdição graciosa ou voluntária, porque de natureza e carácter diferente, se dá o nome de resoluções e, com tal consideração, se afastam dum conceito de sentença".

387 Para efeitos do artigo 988º, nº 2, do CPC, não é possível afirmar, sem mais, que as resoluções aí previstas correspondam a qualquer decisão proferida num processo de jurisdição voluntária, porque o preceito exclui, de antemão, as resoluções proferidas segundo critérios de conveniência. Assim, face ao idêntico preceito do CPC de 1961, STJ, 27.11.1997, em cujo sumário se lê: "I – O termo "resoluções" do artigo 1411 nº 2 do CPC67 refere-se às decisões que ordenam, ou indeferem, as providências objecto dos diferentes processos em que o tribunal não está sujeito a critérios de legalidade estrita, e não a outras decisões que sejam proferidas nos autos e em que o tribunal haja de obedecer a critérios de estrita legalidade. [...]". Veja-se também os acórdãos referidos *infra*, § 2º, II, 9. *d)*, em nota (a propósito do artigo 988º, nº 2, do CPC, correspondente ao artigo 1411º, nº 2, do CPC de 1961).

isto é, a decisões sobre o mérito[388]: às decisões sobre questões processuais deverá, de qualquer modo, aplicar-se analogicamente o regime do artigo 988º, nº 1, se se entender que às decisões sobre questões processuais proferidas em processos contenciosos se aplica analogicamente o artigo 619º, nº 2[389].

3. Resoluções (ou decisões) proferidas segundo critérios de legalidade estrita

Embora o artigo 988º, nº 1, do CPC se aplique tendencialmente a qualquer decisão proferida num processo de jurisdição voluntária (e não apenas àquelas que a lei denomine "resoluções"), a regra do nº 2 do preceito (que restringe o recurso para o Supremo Tribunal de Justiça às resoluções proferidas segundo critérios de legalidade estrita) coloca o problema de saber se a alterabilidade, com fundamento em circunstâncias supervenientes, das resoluções (ou decisões) proferidas num processo de jurisdição voluntária segundo critérios de legalidade estrita não deverá ser, antes, regida pelo disposto no artigo 619º, nº 2, do CPC.

A letra do artigo 988º, nº 1, não parece permitir esta solução, uma vez que, ao contrário do nº 2, não distingue as resoluções consoante o critério do seu proferimento: mas se o objectivo da regra é, como se afirma em Acórdão do Supremo Tribunal de Justiça de 27 de Maio de 2008, "o de possibilitar que, em cada momento, o interesse que a lei quer proteger seja prosseguido da forma mais adequada", talvez a regra só se justifique quando se utilizem critérios de conveniência, pois a prossecução daquele interesse da forma mais adequada é também o objectivo que levou o legislador a consagrar o uso, nos processos de jurisdição voluntária, de critérios de conveniência[390].

[388] Assim, STJ, 18.10.1994, em cujo sumário se lê: "I – O legislador, de um ponto de vista histórico, conforme se afigura, quis designar todas as decisões finais de mérito proferidas em processos de jurisdição voluntária, pela expressão "resoluções". [...]".

[389] No acórdão do Supremo Tribunal de Justiça de 9 de Janeiro de 1979 aplicou-se às decisões sobre questões processuais proferidas nos processos de jurisdição voluntária um outro aspecto do regime das resoluções: o da inadmissibilidade de recurso para o Supremo, nos termos do artigo 1411º, nº 2, do CPC de 1961 (actual artigo 988º, nº 2, do CPC). Tal entendimento viria a ser reiterado no acórdão do mesmo Supremo de 23 de Outubro de 1979, em cujo sumário se pode ler o seguinte: "Não é admissível recurso dos acórdãos da Relação proferidos em processos de jurisdição voluntária, sendo tal inadmissibilidade extensiva a todas e quaisquer decisões ou providências neles tomadas".

[390] Este é o entendimento que nos parece também subjazer ao mencionado Acórdão do STJ de 27.05.2008, onde se afirma, mais precisamente, o seguinte: "[...] se por um lado, quanto às medidas tomadas de acordo com critérios de conveniência e oportunidade, cabe às Relações proferir a última palavra, por outro permite-se que a decisão que assim tenha sido proferida (eventualmente em recurso) possa ser modificada de acordo com a evolução da situação de facto [...], em afastamento da imutabilidade do caso julgado que, em regra, cabe às decisões judiciais transitadas que conheçam do mérito da causa (cfr. nº 1 do artigo 671º e nº 1 do artigo 1411º do Código de Processo Civil [de 1961, actuais artigos 619º, nº 1, e 988º, nº 1, do CPC]). O objectivo, como facilmente se alcança, é o de possibilitar que, em cada momento, o interesse que a lei quer proteger seja prosseguido da forma mais adeaquada".

Todavia, como adiante veremos[391], o que essencialmente justifica o regime do artigo 988º, nº 1, do CPC é o poder de investigação livre dos factos. Ora, sendo tal poder conferido ao juiz independentemente da natureza da decisão que venha depois a proferir, não há razão para subtrair as decisões proferidas segundo critérios de legalidade estrita àquele regime; além de que as sentenças ditas determinativas ou dispositivas – que constituem o objecto natural da acção modificativa consagrada no artigo 619º, nº 2, do CPC – são, como vimos[392], usualmente definidas como as proferidas de acordo com a equidade.

4. Conteúdo possível da decisão modificanda

Diversamente do artigo 619º, nº 2 (ao menos, da sua letra), o artigo 988º, nº 1, do CPC não se limita a permitir a alteração de decisões que condenem no cumprimento de uma "prestação dependente de circunstâncias especiais quanto à sua medida ou à sua duração": aparentemente, aplica-se a qualquer resolução, nomeadamente àquela que tenha indeferido o pedido do requerente, àquela que constitua uma situação jurídica (por exemplo, que converta a separação judicial de pessoas e bens em divórcio, nos termos do artigo 993º) ou àquela que condene numa prestação instantânea (era o caso da restituição de uma carta missiva confidencial, nos termos dos artigos 1474, nº 3, e 1475º, do CPC de 1961, que consubstanciava um processo de jurisdição voluntária, ao contrário do que sucede presentemente[393])[394].

Em suma, e usando a terminologia própria da jurisdição contenciosa, o artigo 988º, nº 1 parece aplicar-se a sentenças absolutórias, a sentenças constitutivas ou de simples apreciação e a qualquer sentença condenatória, não se cingindo às sentenças de trato sucessivo.

5. Ressalva dos efeitos

No caso de alteração de uma resolução, o artigo 988º, nº 1, manda ressalvar os efeitos já produzidos.

[391] *Infra*, § 2º, II, 9. *h*).

[392] *Supra*, § 2º, I, 6. *c*).

[393] Outro exemplo era dado por T. Soares da Fonseca ("Da tutela...", pág. 262): segundo o Autor, do artigo 1411º, nº 1, do CPC de 1961 (actual artigo 988º, nº 1, do CPC) decorria que "a decisão de insonorização de uma discoteca pelo ruído provocado possa ser alterada por uma decisão de encerramento da mesma, no caso de se verificar que os clientes que a frequentam ficam a conversar fora da mesma, até altas horas da madrugada, impedindo o repouso das pessoas que naquela zona residem".

[394] Também no direito alemão a modificação das resoluções da jurisdição voluntária não estava, durante a vigência do § 18 da FGG (ao qual adiante se fará referência: *infra*, § 3º, I, 2) condicionada pela natureza duradoura da resolução modificanda (assim, W. Rothe, *Möglichkeiten*..., pág. 58). Actualmente, porém, o § 48 da FamFG (ao qual também aludiremos: *infra*, § 3º, I, 3) alude à eficácia duradoura da decisão modificanda.

Como o artigo 619º, nº 2, não formula idêntica exigência, pode legitimamente questionar-se se, na área da jurisdição contenciosa, a sentença modificativa tem, ou pode ter, efeitos retroactivos.

De qualquer modo, o artigo 988º, nº 1, não responde ao problema de saber se os efeitos já produzidos que se ressalvam são aqueles que se tenham produzido até ao momento em que a alteração ocorreu, até ao momento em que o pedido de alteração foi formulado, até ao momento em que a decisão modificativa foi proferida ou até ao momento em que esta decisão transitou em julgado.

Assim sendo, a ressalva dos efeitos já produzidos constante do artigo 988º, nº 1, exige não só que se verifique a existência de idêntico regime na jurisdição contenciosa como também os exactos contornos desse regime na jurisdição voluntária.

Relacionada com a questão da ressalva dos efeitos já produzidos encontra-se ainda a da ressalva dos direitos de terceiro. Justificar-se-á essa ressalva se, por exemplo, o terceiro tiver tido conhecimento da ocorrência da alteração antes da dedução do pedido modificativo? E o conceito de terceiro abrangerá o próprio requerido na acção modificativa?

6. Circunstâncias atendíveis

O artigo 988º, nº 1, refere-se a circunstâncias objectivamente supervenientes à decisão ("as circunstâncias ocorridas posteriormente à decisão"), a circunstâncias que a esta sejam subjectivamente supervenientes ("as circunstâncias [...] anteriores, que não tenham sido alegadas por ignorância") e, ainda, a "circunstâncias [....] anteriores, que não tenham sido alegadas por [...] outro motivo ponderoso".

Esta última modalidade não equivale exactamente à superveniência subjectiva, já que esta, nos termos do artigo 588º, nº 2, pressupõe a não alegação da circunstância (anterior) por ignorância[395].

A propósito – ao que se deduz – da superveniência subjectiva e desta última modalidade de superveniência, assinala J. Labareda que "(...) não deverão (...) ser tidas como supervenientes as circunstâncias que, apesar de não alegadas, acabaram por ser consideradas na decisão, uma vez reveladas no processo em resultado do exercício do poder inquisitorial do juiz (...)"[396].

Se se reparar, o artigo 988º, nº 1 não alude, diversamente do artigo 619º, nº 2, a uma *modificação das circunstâncias* que determinaram o proferimento da resolução.

Tal não alusão prende-se provavelmente com a implícita consideração de que a superveniência subjectiva e a dedução de circunstância antes não alegada por motivo ponderoso diverso da ignorância não geram uma modificação das

[395] A. Anselmo de Castro (*Direito...*, vol. I, pág. 156) afirma, a este propósito, que na jurisdição voluntária "releva a superveniência objectiva e subjectiva em termos amplos".

[396] J. Labareda, "Notícia ...", pág. 62.

circunstâncias, sendo que a essas formas de superveniência se pretendeu dar também relevo.

Esta conclusão pode ter alguma importância na interpretação do artigo 619º, nº 2: em princípio, a expressão "modificação das circunstâncias" aqui contida não tem um sentido inócuo, porque implica a ocorrência posterior de circunstâncias – isto é, a superveniência objectiva –, a outra realidade a que igualmente se refere o artigo 988º, nº 1.

A referência temporal da superveniência objectiva – isto é, a data em relação à qual se afere a ocorrência posterior de uma circunstância – parece ser, nos termos do artigo 988º, nº 1, a *data da decisão* (embora se possa imediatamente questionar se esta coincide com a data do proferimento da decisão ou com a do seu trânsito em julgado) e não a data do encerramento da discussão (ou de qualquer outro momento processual que, na jurisdição voluntária, marque a última oportunidade do requerente e do requerido para se pronunciarem sobre os factos em que a decisão assentou).

O artigo 619º, nº 2, diferentemente do artigo 988º, nº 1, nada dispõe acerca da relevância da superveniência subjectiva (ou da circunstância antes não alegada por motivo ponderoso diverso da ignorância) nem acerca do momento a que a alteração relevante se reporta: embora, ao pressupor genericamente que se tenham modificado as circunstâncias que determinaram a condenação, dê a entender que só a superveniência objectiva releva, bem como que a data atendível, para o efeito de se saber se houve ou não alteração que justifique um pedido modificativo, não é a data da própria decisão, mas uma data anterior (embora relativamente próxima da da decisão).

Os artigos 988º, nº 1, e 619º, nº 2, também diferem quanto às circunstâncias a que expressamente aludem.

Assim, o primeiro preceito não faz referência às circunstâncias relativas à medida ou à duração da prestação, dando a entender que é atendível um leque maior de circunstâncias.

Assinala De Miguel Asensio[397] que, em vários sistemas jurídicos, a modificação não aparece prevista apenas em situações em que tenham surgido factos novos que tornem aconselhável uma adaptação, o que é imprescindível em relação a situações duradouras: é possível que tal modificação tenha lugar sem a concomitante ocorrência de factos novos, ou seja, que se funde no mero decurso do tempo, sempre que tal seja necessário para salvaguardar os interesses objecto de protecção. O respeito pelos direitos adquiridos por terceiros de boa fé com base em tais resoluções operará normalmente, em tais casos, como limite à sua modificação.

[397] P.A. de Miguel Asensio, *Eficacia...*, pág. 73.

Não é esta, porém, a solução do direito português vigente, no campo da jurisdição voluntária. A modificação exige sempre a superveniência de uma circunstância, nomeadamente de um facto, ainda que essa superveniência seja subjectiva (ou equiparada)[398]: excepto apenas, ao que parece, em matéria de regulação do exercício das responsabilidades parentais, pois o artigo 42º, nº 1, do RGPTC permite a alteração do regime que tiver sido estabelecido tanto quando ocorram circunstâncias supervenientes como quando "o acordo ou a decisão final não sejam cumpridos [...]"[399] e, bem assim, o artigo 41º, nº 4, do mesmo diploma, permite aos pais acordar na alteração, quando um deles não tenha cumprido o acordado ou decidido.

Do que ficou referido resulta que o artigo 988º, nº 1, do CPC não regula a extinção, *pelo mero decurso do tempo*, de uma situação constituída por uma resolução (por exemplo, a extinção da tutela quando o menor atinge a maioridade)[400]: o mesmo é dizer que, tal como o artigo 619º, nº 2, esse preceito não dispõe sobre a *caducidade do caso julgado*, fenómeno que, como já assinalámos, não se funda na superveniência, quedando arredado da presente investigação[401].

7. Procedimento aplicável

O procedimento aplicável à alteração não se encontra descrito no artigo 988º, nº 1, do CPC, à semelhança do que sucede com o artigo 619º, nº 2.

Tendo em conta, porém, que o artigo 282º, a que já se fez referência[402], se encontra sistematicamente inserido no livro do Código de Processo Civil dedicado ao processo em geral, afigura-se que o procedimento aí contemplado servirá também no âmbito da jurisdição voluntária (assim, o pedido de alteração deve ser deduzido como dependência da causa principal, seguindo-se, com as adaptações necessárias, os termos desta, e considerando-se renovada a instância).

Só assim não será se a lei previr algum procedimento especial para a alteração, como sucede em matéria de alimentos devidos a crianças (cfr. artigos 45º e seguintes do RGPTC) ou a filhos maiores ou emancipados nos termos dos

398 No sentido de que a mera alteração da qualificação jurídica não é suficiente para a modificação, RP, 26.02.1991 (Proc. 0409805), em cujo sumário se lê o seguinte: "I – As "circunstâncias supervenientes", para efeito de alteração de decisão em processo de jurisdição voluntária, não cobrem a invocação da qualificação jurídica de situações de facto mas somente as realidades acontecidas [...]". No sentido de que, para o efeito da alteração da decisão que instituiu a tutela de um menor, "não é superveniente o facto de a mãe do menor haver sugerido no processo de inibição do poder paternal pessoa ou pessoas para o cargo de tutor, de cuja nomeação [...] só tardiamente soube", RP, 17.05.1999.

399 Sobre os motivos justificativos da modificação do regime de exercício do poder paternal, M. Clara Sottomayor, *Exercício...*, págs. 364-383.

400 Sobre esta figura: P.A. de Miguel Asensio, *Eficacia...*, pág. 74.

401 *Supra*, § 1º, II, 4.

402 *Supra*, § 2º, I, 5.

artigos 1880º e 1905º do CC (cfr. o artigo 989º do CPC, que manda aplicar aquele procedimento[403]).

8. Antecedentes históricos

O preceito correspondente, no CPC de 1961, ao artigo 988º, nº 1, do CPC – o artigo 1411º, nº 1 – não sofreu alterações durante a vigência desse Código[404].

No CPC de 1939, porém, era outro o regime da alterabilidade das resoluções da jurisdição voluntária, pois o artigo 1451º desse Código – que tinha como epígrafe "Limitação dos recursos e revogabilidade das decisões" – determinava, na sua segunda parte, que "[a]s resoluções podem ser livremente alteradas, sem prejuízo porém dos efeitos já produzidos"[405].

Segundo Alberto dos Reis[406], a livre alterabilidade da resolução não significava a sua arbitrária ou caprichosa alterabilidade, atendendo a que, se o tribunal de 1ª instância modificasse uma resolução anterior, teria de justificar o seu veredicto e, além disso, a alteração ficava sujeita à censura da Relação, caso coubesse recurso.

Num acórdão do Supremo Tribunal de Justiça de 6 de Janeiro de 1956 considerou-se que a referida livre alterabilidade das resoluções da jurisdição voluntária se devia à circunstância de que "ao tomá-las, o tribunal não está sujeito a critérios rigorosos de legalidade estrita; deve adoptar em cada caso a solução que julgar mais conveniente e oportuna, como dispõe o art. 1.449º desse Código [de Processo Civil]". E dessa livre revogabilidade decorreria a inadmissibilidade de recurso para o Supremo Tribunal de Justiça, porque este Tribunal, "julgando de direito, tem de obedecer à legalidade estrita".

Porém, em voto de vencido constante do mesmo acórdão, considerou-se curiosamente que tais resoluções não diferiam, quanto ao aspecto da livre alterabilidade, das decisões proferidas em matéria de alimentos: "[a]lteram-se, desde

[403] Veja-se, a este propósito, RL, 06.05.2008: "No pedido de alimentos a maiores seguir-se-á, com as necessárias adaptações, os termos de alimentos a menores (art. 1412º do CPC [de 1961]), e não de regulação do poder paternal – arts. 174º e ss. da OTM [actuais artigos 34º e seguintes do RGPTC]. Os fundamentos são os do art. 1880º, e não os dos arts. 1905º a 1908º [do CC]".

[404] Nos Anteprojectos do Código de Processo Civil publicados em 1988 e em 1993 pelo Ministério da Justiça conservou-se também a regra hoje constante do artigo 988º, nº 1, do CPC: cfr., respectivamente, os artigos 1052º, nº 2, e 1000º, nº 2, desses Anteprojectos. Apenas a inserção sistemática da regra mudou, porque foi colocada a seguir à regra limitadora dos recursos.

[405] A segunda parte do *Projecto de Código de Processo Civil*, apresentada por Alberto dos Reis em 1936, continha já um preceito igual ao do artigo 1451º, 2ª parte, do CPC de 1939: o do artigo 1026º, 2ª parte. Sobre a discussão, na comissão revisora, dos preceitos do *Projecto* relativos às disposições gerais dos processos de jurisdição voluntária, bem ilustrativa da dificuldade, quer da delimitação entre a jurisdição contenciosa e a voluntária, quer da instituição de regras próprias para os processos de jurisdição voluntária: *Actas da comissão revisora do projecto...*, Acta nº 44, págs. 311-318.

[406] J. Alberto dos Reis, *Processos especiais*, vol. II, pág. 403.

que se modifiquem as circunstâncias de facto que determinaram a condenação; mas enquanto tal não suceder, e uma vez transitadas, têm força obrigatória (art. 671º)". Em anotação da *Revista dos Tribunais* a acórdão do Supremo Tribunal de Justiça de 10 de Janeiro de 1958[407] – acórdão que, embora implicitamente, não reconheceu às resoluções abrangidas pelo artigo 1451º do CPC de 1939 força de caso julgado material –, e tendo em conta que "na quase totalidade dos processos em causa [de jurisdição voluntária], as decisões proferidas constituem caso julgado material, que não pode ser alterado, uma vez que se verifique o trânsito", entendeu-se igualmente que "[a] livre alteração das *resoluções* é, assim, limitada às que, por sua própria natureza, admitam modificações. Quer dizer, o art. 1.451º, na sua 2ª alínea, nada mais fez do que repetir o que consta do art. 671º, II [...]". Idêntico entendimento viria, aliás, a ser sustentado mais tarde pela mesma *Revista*[408], embora a propósito do artigo 1411º, nº 1, do CPC de 1961 (actual artigo 988º, nº 1), que se concluiu ser inútil perante o artigo 671º, nº 2, do mesmo Código (actual artigo 619º, nº 2).

Fosse qual fosse a melhor interpretação face ao artigo 1451º do CPC de 1939, a verdade é que o actual artigo 988º, nº 1, do CPC (e, antes dele, o artigo 1411º, nº 1, do CPC de 1961) só permite a alteração da resolução com fundamento em circunstâncias supervenientes, exigência que o Código de 1939 literalmente não formulava, pois dizia que as resoluções podiam ser *livremente* alteradas[409].

O que terá levado o legislador, em 1961, a mudar o regime da alteração das resoluções?

Parece-nos que se terá pretendido, não apenas salientar que a alteração não podia ser arbitrária – se assim fosse, bastaria condicionar a alteração a um genérico *motivo justificado* –, mas fazê-la depender, em princípio, da superveniência objectiva, isto é, da alteração das circunstâncias, assim aproximando o regime do artigo 1411º, nº 1, do CPC de 1961 (actual artigo 988º, nº 1), do do artigo 671º, nº 2 (actual artigo 619º, nº 2).

9. Fundamento

a) Introdução à questão

Como já afirmámos, não encontramos obstáculo à inserção da regulação dos processos de jurisdição voluntária no direito processual civil[410].

Existem, todavia, algumas características tradicionalmente atribuídas aos processos de jurisdição voluntária que podem explicar a existência de uma regra como a do artigo 988º, nº 1, do CPC.

[407] *Rev. Trib.*, ano 76º, nº 1717, 1958, pág. 78. No mesmo sentido, *Rev. Trib.*, ano 74º, nº 1695, 1956, pág. 70.

[408] *Rev. Trib.*, ano 83º, nº 1800, 1965, págs. 161-163.

[409] Assinalando esta diferença, *Rev. Trib.*, ano 81º, nº 1779, 1963, págs. 137-139.

[410] *Supra*, § 1º, I, 3.

Iremos de seguida assinalar tais características, unicamente na perspectiva da descoberta de um fundamento para esta regra: dito de outro modo, não nos ocupará, pelo menos de modo directo, a identificação de um critério de distinção entre a jurisdição voluntária e a contenciosa – e muitos têm sido tentados[411] –,

[411] Como salienta F. Baur (*Freiwillige*..., págs. 26-30), a delimitação da jurisdição voluntária face à jurisdição contenciosa constitui uma das mais difíceis questões do direito processual, radicando alguns dos correspondentes critérios distintivos na diversa finalidade das duas jurisdições, outros no seu diferente objecto, outros ainda nos seus diversos meios e os restantes na diferente regulação legal dessas jurisdições: de entre os critérios que atendem à diversa *finalidade* das duas jurisdições salienta-se o que atribui à jurisdição voluntária finalidade assistencial – adiante referido (*infra*, § 2º, II, 9. *b*)) e partilhado nomeadamente por F. Baur, que todavia salienta não ser possível uma delimitação teórica rigorosa das duas jurisdições, válida para todos os casos –, por contraposição à jurisdição contenciosa, que visaria a actuação de direitos, submetendo-os à decisão do juiz; perfilhando um critério que atende ao *objecto* da jurisdição voluntária e da jurisdição contenciosa encontra-se F. Lent ("Zivilprozess und freiwillige...", págs. 269-272), para quem na jurisdição contenciosa, e não na voluntária, o juiz teria de decidir sobre uma afirmação de direito apresentada pelo autor contra o réu (criticando a posição de Lent, veja-se E. Allorio, "Nuove riflessioni...", págs. 97-101); os critérios referentes aos *meios* das duas jurisdições constatam, por seu turno, que os meios da jurisdição contenciosa, e não os da jurisdição voluntária, são a apreciação, com força de caso julgado, de uma pretensão, e a sua exequibilidade; os critérios *positivos*, finalmente, renunciando a uma definição da essência da jurisdição voluntária, afirmam, por exemplo, que a ela pertencem todas as matérias a que o legislador manda aplicar o processo da jurisdição voluntária ou sujeita à competência das respectivas autoridades.

No direito italiano, e como assinala C. M. de Marini ("Considerazioni...", pág. 269), as teorias que se defrontam na área da jurisdição voluntária são principalmente aquela que lhe reconhece natureza jurisdicional e aquela que lhe atribui natureza administrativa.

Face ao direito português, reveste especial interesse a discussão que, na comissão revisora do *Projecto do Código de Processo Civil* apresentado por J. Alberto dos Reis em 1935 e em 1936, teve lugar a propósito da demarcação entre a jurisdição voluntária e a contenciosa (cfr. *Actas da comissão revisora do projecto*..., Acta nº 44, págs. 311-318): enquanto o Ministro da Justiça, Manuel Rodrigues, observava que, "na maior parte dos casos, a jurisdição não é só uma e que há duas espécies de jurisdição voluntária. Voluntária é a jurisdição nos notários que se limitam a chancelar aquilo que os contraentes deliberam; a jurisdição voluntária, quando referida ao juiz, pode ter ou não ter essa característica. Umas vezes intervém como notário, outras investiga os factos, averigua plenamente" (posição que Manuel Rodrigues desenvolveria nas suas *Lições*..., de 1940, págs. 56-59, aqui dando conta da dificuldade em definir a jurisdição voluntária), o Autor do *Projecto* sustentava que o capítulo XV do *Projecto*, relativo aos processos de jurisdição voluntária, "contém uma enumeração taxativa, orientada pelo critério de que o juiz, na jurisdição voluntária, é solicitado para praticar um acto de carácter administrativo" (veja-se, a propósito, também J. Calejo, "Jurisdição...", pág. 184). Esta era à data, aliás, a noção tradicional da jurisdição voluntária no direito italiano, que muito influenciou o legislador português (e também o brasileiro: cfr. C. R. Dinamarco, *A instrumentalidade*..., págs. 143-144, nota 164): a de *actividade administrativa desenvolvida por órgãos judiciários* (cfr. L. Mortara, *Commentario*..., vol. V, págs. 666-667, assinalando as razões do cometimento de tal actividade a estes órgãos; G. Zanobini, "Sull'amministrazione...", págs. 175-185, reservando, todavia, o carácter administrativo para os actos que constituem meras verificações, porque os restantes actos da jurisdição voluntária integra-os o Autor na designada "jurisdição não contenciosa" e não na denominada "administração pública do direito privado"; E. T. Liebman, "Giurisdizione volontaria...", pág. 281, observando que os actos de jurisdição voluntária são materialmente administrativos e, na medida em que praticados por órgãos normalmente incumbidos do exercício do poder jurisdicional, e ainda menos a origem histórica dessa distinção[412], mas apenas a razão de ser da aparente especialidade do regime da alteração das resoluções da jurisdição voluntária.

Refira-se, de qualquer modo, que o artigo 988º, nº 1, do CPC não consagra uma irrestrita possibilidade de alteração destas resoluções. Aliás, não o poderia fazer, sob pena de ameaça da paz e da segurança jurídicas[413]: mesmo num ordenamento como o alemão, em que, como veremos, a alteração das resoluções da jurisdição voluntária pelo próprio juiz que as proferiu é permitida em termos mais latos do que no direito português, a doutrina salienta que tal alteração conhece necessários limites[414].

b) Finalidade assistencial

Pode tentar encontrar-se o fundamento da regra do artigo 988º, nº 1, do CPC – como, de resto, o da generalidade das regras de teor idêntico consagradas em outros ordenamentos para os processos de jurisdição voluntária – na finalidade assistencial típica destes processos (à semelhança, aliás, com o que sucede, no direito substantivo, quanto às cláusulas ou prestações assistenciais – nomeadamente as incluídas em convenções colectivas de trabalho –, que são, como refere Menezes Cordeiro[415], "particularmente sensíveis à evolução das circunstâncias").

formalmente jurisdicionais; G. Cristofolini, "Efficacia dei provvedimenti...", págs. 393-396; E. Allorio, "Saggio polemico...", pág. 13; M. T. Zanzucchi, *Diritto...*, págs. 45-48; G. Arieta, "Giurisdizione...", págs. 1041-1042); noção esta que, no direito italiano actual, já se encontra de algum modo ultrapassada, porque a doutrina maioritária reconhece natureza integralmente jurisdicional aos *procedimenti in camera di consiglio*, nomeadamente com base no interessante argumento segundo o qual a *Corte costituzionale* já admitiu a possibilidade de suscitar questões de constitucionalidade nestes processos (a este propósito, veja-se: J. Jodlowsky, "La procedura...", pág. 1578; G. Arieta, "Giurisdizione...", págs. 1044-1045; V. Denti, "La giurisdizione...", págs. 325-327).

Recentemente, M. Teixeira de Sousa (J. de Castro Mendes / M. Teixeira de Sousa, *Manual de processo civil*, II. Aspectos comuns, § 7º, II, 3.2.: obra ainda não publicada, mas facultada à autora) propõe como critério distintivo entre os processos graciosos e contenciosos, no direito português, o contido no actual artigo 987º do CPC: "nos processos graciosos, não se deve aplicar tanto o direito, como critérios de conveniência e oportunidade", sem prejuízo da obediência às regras imperativas (preceptivas ou proibitivas) e concretas a que a entidade decisória esteja vinculada.

[412] Sobre esta questão, veja-se S. Solazzi, "Iurisdictio...", concluindo que *iurisdictio voluntaria* não é um "nome romano", não obstante a referência que lhe é feita no Digesto (D.1.16.2). A *iurisdictio voluntaria* designaria, na linguagem jurídica medieval, os actos realizados pelos órgãos da jurisdição mediante acordo dos interessados (cfr. F. U. Di Blasi, "Giurisdizione...", págs. 1095-1096).

[413] C. R. Dinamarco (*A instrumentalidade...*, pág. 146) refere que "tal seria a negação do próprio poder [do Estado], pois vale pouco o poder que decide e não sustenta as próprias decisões, deixando-as ao sabor dos ventos".

[414] Assim, W. Rothe, *Möglichkeiten...*, pág. 16.

[415] A. Menezes Cordeiro, "Da adaptação...", pág. 305, e "Convenções...", pág. 114.

É este o entendimento, embora ainda sem considerar a posterior e actualmente vigente *Ley 15/2015, de 2 de julio, de la Jurisdicción Voluntaria*, de De Miguel Asencio[416], para quem esse objectivo típico da jurisdição voluntária – o assistencial – se encontraria (a par do carácter unilateral do procedimento em que elas são proferidas[417]) na base da menor estabilidade das correspondentes resoluções. Assinala o Autor que, no sistema espanhol[418], e em regra, o estabelecido numa resolução de jurisdição voluntária pode ser revisto, não apenas no âmbito de um processo contencioso como também no de um novo expediente de jurisdição voluntária. Ora, a peculiar modificabilidade de algumas das decisões da jurisdição voluntária – estranha aos processos civis contenciosos – coadunar-se-ia, nos vários sistemas jurídicos, com a circunstância de que normalmente tais decisões se inserem no exercício de uma actividade assistencial que não termina com a adopção da resolução e que exige capacidade de adaptação à modificação das circunstâncias.

A mesma orientação adopta Münzel[419], face ao direito alemão, se bem que qualificando esta função assistencial como uma função "administrativa": seria esta função assistencial-administrativa das medidas da jurisdição voluntária que justificaria a obediência à decisão apenas se se mantivessem as circunstâncias em que esta assentou.

Similar é ainda a concepção de João Labareda[420], que considera que "[a] regra da alterabilidade das resoluções judiciais tomadas no processo, quando ocorram circunstâncias supervenientes que justifiquem a modificação, compreende-se facilmente por referência ao tipo de decisão proferida – consubstanciada na adopção de providências concretas, dirigidas à satisfação do interesse tutelado –, não suscitando qualquer reparo".

A concepção de que estes processos possuem finalidade assistencial parece ainda estar subjacente à afirmação de que, neles, há um determinado interesse a tutelar, que assim assume o predomínio em relação a outros que porventura se pretendam fazer valer[421]: a afirmação da existência de um interesse predomi-

[416] P.A. de Miguel Asensio, *Eficacia...*, págs. 34 e 73.

[417] Sobre este carácter unilateral do processo voluntário, entendido como não afectando situações jurídicas de pessoas alheias ao interesse cuja tutela se visa, A. Scaglioni, "Limiti...", págs. 143-144.

[418] Sobre o sistema espanhol, *infra*, § 3º, IV, 2.

[419] K. Münzel, "Freiwillige...", págs. 369-370.

[420] J. Labareda, "Notícia...", pág. 61.

[421] Assim, por exemplo, o interesse dos menores (ou crianças, na terminologia hoje preferida pelo legislador) em matéria de direito da família (RL, 28.02.1991; RP, 03.11.1994) e, genericamente, "o interesse fundamental tutelado pelo direito" (RL, 23.06.1994) ou o interesse juridicamente protegido (RC, 23.11.1999) ou o interesse na justiça objectiva, que assumiria predomínio em relação à exigência de certeza do direito (A. Chizzini, "La revoca...", págs. 88-89).

nante não equivale, porém, à aceitação de que em tais processos apenas estejam em causa direitos indisponíveis[422].

De qualquer modo, se a finalidade assistencial se encontra na base da regra constante do artigo 988º, nº 1, cabe perguntar por que motivo tal regra não é aplicável à generalidade dos processos com finalidade assistencial: concretamente, por que motivo não estão sujeitas a essa regra todas as acções de alimentos, mas apenas as relativas a filhos e crianças (artigos 989º do CPC e 45º e seguintes do RGPTC).

Por outro lado, existem vários processos de jurisdição voluntária relativamente aos quais a finalidade assistencial não pode ser reconhecida[423]: não lhes será, então, aplicável a regra do artigo 988º, nº 1, do CPC?

Nada aconselha, ao que julgamos, esta conclusão. Não só o preceito não distingue, para efeitos da sua aplicabilidade, entre processos com e sem finalidade assistencial, como a avaliação casuística dos processos que aí podiam ser enquadrados geraria enorme incerteza, incompatível com a simplicidade da respectiva regulação.

Parece-nos, assim, que também atendendo à aplicação do artigo 988º, nº 1, do CPC aos processos sem finalidade assistencial, esta não pode constituir o fundamento da correspondente regra.

c) Carácter duradouro das situações ordenadas

A possibilidade de modificação das decisões de jurisdição voluntária para salvaguarda dos interesses tutelados articula-se, segundo De Miguel Asensio[424], com o carácter duradouro típico das situações ordenadas por meio da jurisdição voluntária.

Baur[425] também salienta que, prendendo-se muitas vezes a jurisdição voluntária com regulações duradouras, e desenvolvendo-se frequentemente as correspondentes situações de modo diferente do inicialmente previsto, torna-se necessário assegurar a possibilidade de modificação das decisões judiciais aí proferidas.

Porém, esta característica não se encontra presente apenas na jurisdição voluntária, a ela aludindo, aliás, também o artigo 619º, nº 2, do CPC: assim sendo, não parece que o fundamento da regra constante do artigo 988º, nº 1 – ou, tal-

[422] Assim RP, 30.05.1995, em cujo sumário se lê: "I – Nos processos de jurisdição voluntária as partes podem por si, ou seja, desacompanhadas dos respectivos mandatários judiciais, pôr fim à demanda desde que estejam em causa direitos disponíveis".

[423] F. Baur (*Freiwillige*...págs. 13-17) assinala, face ao direito alemão, a diversidade das matérias abrangidas pela jurisdição voluntária, considerando possível agrupá-las segundo a sua finalidade: ou assistencial ou de resolução de litígios de direito privado. A finalidade assistencial seria, assim, apenas típica dos processos de jurisdição voluntária clássicos (sobre essa finalidade e estes processos, veja-se, numa perspectiva de direito comparado, Z. Stalev, "Non-contentious...", págs. 269-272).

[424] P.A. de Miguel Asensio, *Eficacia*..., págs. 259-260.

[425] F. Baur, *Freiwillige*..., pág. 15.

vez melhor, o fundamento desta regra, na parte em que esta se diferencia da do artigo 619º, nº 2, do CPC – possa ser encontrado no típico carácter duradouro das situações abrangidas pelas resoluções da jurisdição voluntária (tal como o carácter duradouro da situação não justifica, como salienta PROTO PISANI[426] à luz do direito italiano e em matéria de direitos dos menores, a sua tutela através de um processo de jurisdição voluntária). Por outro lado, cumpriria ainda demonstrar que todas as resoluções da jurisdição voluntária (e, em geral, todas as decisões judiciais) que incidem sobre situações duradouras são modificáveis por alteração das circunstâncias nos termos do artigo 988º, nº 1, do CPC (ou do artigo 619º, nº 2, do CPC), demonstração que não é possível (pois muitas delas se encontram sujeitas a apertados requisitos de modificabilidade, consagrados no direito substantivo)[427].

O mesmo vale em relação à realização, na jurisdição voluntária, de juízos de prognose (como decorrência do carácter duradouro das situações ordenadas)[428]: a realização de juízos desse teor pode explicar a modificabilidade das resoluções da jurisdição voluntária, mas também não explica a especificidade que o artigo 988º, nº 1 apresenta em relação ao artigo 619º, nº 2, porque este preceito, como depois melhor veremos, também tem em vista decisões assentes em juízos de prognose.

Finalmente, e como já dissemos[429], diferentemente do artigo 619º, nº 2, o artigo 988º, nº 1 não alude a decisões que condenem em prestações periódicas, pelo que cumpre, pelo menos, averiguar se as decisões com outro conteúdo se encontram igualmente sujeitas ao regime particular estabelecido neste preceito.

d) Excepção à regra do artigo 613º do CPC

A regra contida no artigo 988º, nº 1 pode ainda ser concebida como uma regra excepcional em relação à do artigo 613º (que estabelece a extinção do poder jurisdicional do juiz quanto à matéria da causa, uma vez proferida a sentença)[430] e não à do artigo 619º, nº 2: a utilidade do artigo 988º, nº 1 residiria, assim, em

[426] A. Proto Pisani, "Garanzia...", pág. 474.

[427] Sobre o ponto, E. Dorndorf (*Rechtsbeständigkeit...*, págs. 97-101), referindo, à luz do direito alemão, várias resoluções duradouras que não são alteráveis nos termos gerais do – antigo – § 18 da FGG: assim, a decisão que nomeia um tutor ao incapaz.

[428] J. Baptista Machado (*Introdução...*, pág. 259) faz decorrer esses juízos da natureza materialmente administrativa das decisões da jurisdição voluntária, o que talvez se articule com a concepção da jurisdição que perfilha, segundo a qual "o tribunal, na sua função estritamente jurisdicional, não faz prognoses, não decide com base em prognoses com vista à realização ou constituição de uma ordem social e jurídica diversa da ordem social vigente" (*idem*, pág. 147).

[429] *Supra*, § 2º, II, 4.

[430] Esta regra é antiga no ordenamento jurídico português, já se encontrando consagrada nas Ordenações Afonsinas (cfr. o Título LXVIIII, 4, do Livro III): "[...] depois que o Julguador der huuma vez Sentença defenitiva em alguum Feito, nam ha mais poder de ha revoguar dando outra contraira; e fe a revoguaffe, e deffe outra contraira depois, a outra fegunda ferá nenhuuma per Direito".

permitir ao juiz que decretou a resolução a sua alteração, aplicando-se, depois do trânsito em julgado, as regras gerais relativas ao caso julgado, nomeadamente a do artigo 619º, nº 2[431].

Parece ser esta a posição de MANUEL DE ANDRADE[432], atendendo a que o Autor assinala o contraste entre o regime hoje contido no artigo 988º, nº 1 e o do (actual) artigo 613º, quando trata dos princípios fundamentais aplicáveis aos processos de jurisdição voluntária[433].

A favor desta concepção encontra-se a inserção sistemática da regra do artigo 988º, nº 1: antes da regra relativa aos recursos (a constante do artigo 988º, nº 2, nos termos do qual "[d]as resoluções proferidas segundo critérios de conveniência ou oportunidade não é admissível recurso para o Supremo Tribunal de Justiça"[434]); contra, militam, não só os seus antecedentes históricos – já que a

[431] Esta tese possui algumas afinidades com aquela que, a propósito do (anterior) § 18 da FGG, F. Baur (*Freiwillige*..., págs. 242-243 e 246) assinalava como sendo maioritária: a tese segundo a qual a modificabilidade da decisão pelo próprio juiz que a proferiu só é de reconhecer até ao momento da formação do caso julgado formal, constituindo assim o § 18 da FGG uma excepção ao disposto no § 318 da ZPO.

[432] Manuel de Andrade, *Noções*..., pág. 72.

[433] Refira-se, porém, que em obra anterior (*Lições*..., págs. 94-95), Manuel de Andrade contrapunha o princípio, próprio da jurisdição voluntária, da livre modificabilidade das resoluções ou providências, ao princípio da inalterabilidade das decisões da jurisdição contenciosa consagrado, não no preceito que tratava da extinção do poder jurisdicional do juiz, mas nos preceitos que tratavam do caso julgado. Identicamente à mais recente posição de Manuel de Andrade, veja-se também RL, 13.07.1995, em cujo sumário se lê que "[...] II – As decisões tomadas nos processos de jurisdição voluntária não assumem, pela sua própria natureza, a força de caso julgado, podendo, por isso, ser alteradas pelo juiz que as proferiu logo que circunstâncias supervenientes ou ignoradas pelo julgador justifiquem a modificação" (sublinhado acrescentado). Assim, e não obstante neste acórdão se aludir também à inexistência de caso julgado na jurisdição voluntária, o aspecto que nele se salienta é o da alterabilidade da decisão pelo próprio juiz que a proferiu e, portanto, o da não extinção do seu poder jurisdicional. Esta concepção não implica, porém, e ao que julgamos, um entendimento do processo de jurisdição voluntária como um processo eternamente pendente: como se salientou no acórdão da Relação de Lisboa de 27 de Junho de 2000, ainda que a decisão proferida em processo de jurisdição voluntária seja posteriormente modificável, não pode esse processo considerar-se *pendente*, uma vez proferida a decisão. Inferindo (a nosso ver, sem base legal), da referida excepção à regra da extinção do poder jurisdicional do juiz após o proferimento da decisão, a inaptidão das decisões da jurisdição voluntária para a produção de caso julgado, veja-se T. Soares da Fonseca, "Da tutela...", pág. 262.

[434] Sobre esta regra, que restringe o recurso para o Supremo nos processos de jurisdição voluntária às decisões proferidas segundo critérios de legalidade, vedando-o, portanto, quando a decisão o foi ao abrigo do disposto no actual artigo 987º do CPC (artigo 1410º do CPC de 1961), veja-se, com muito interesse, STJ, 27.05.2008, no qual se sustenta que a redacção do artigo 1411º do CPC de 1961 (actual artigo 988º) que emergiu do Decreto-Lei nº 329-A/95, de 12 de Dezembro, "visou alterar o regime resultante da anterior versão do mesmo nº 2 com o sentido que lhe fora fixado pelo assento de 6 de Abril de 1965", do qual resultava que em caso algum cabia revista ou agravo em 2ª instância num processo de jurisdição voluntária, apenas sendo possível recurso para o Tribunal Pleno, nos termos do (então) artigo 764º do CPC (em sentido contrário, veja-se C. Lopes do Rego, *Comentários*..., vol. II, pág. 299, referindo que o nº

norma paralela do Código de 1939 sempre foi concebida como consagrando uma particularidade, no tocante ao caso julgado, da jurisdição voluntária –, como

2 do artigo 1411º do CPC de 1961 "consagra[va] a solução que já resultava, nomeadamente, do assento de 6/4/65, segundo a qual a limitação à recorribilidade da decisão, aqui prevista, apenas se aplica às resoluções que tenham sido proferidas segundo critérios de conveniência ou oportunidade").

Face ao regime anterior à revisão de 1995-1996 do CPC de 1961, consulte-se nomeadamente: STJ, 06.05.1982 (dizendo-se aqui que o recurso para o Supremo nos processos de jurisdição voluntária é inadmissível, mesmo que tenha por objecto uma questão de direito ou se baseie em ofensa de caso julgado); STJ, 17.03.1994 (Proc. 085066) (em idêntico sentido, afirmando-se ainda que, "face ao Assento do Supremo Tribunal de Justiça de 1965/04/06 [...], nos processos de jurisdição voluntária em que se faça a interpretação e aplicação de preceitos legais em relação a determinadas questões de direito, as respectivas decisões são recorríveis para o Tribunal Pleno, nos termos do artigo 764 do Código de Processo Civil – portanto, desde que haja conflito de jurisprudência"); STJ, 04.04.1995; STJ, 18.06.1996 (referindo-se no respectivo sumário que "[...] IV – [...] participando o incidente [de transferência do direito ao arrendamento da casa de morada de família], em que foi proferido o acórdão recorrido, da natureza de jurisdição voluntária do processo em que surgiu [o processo de divórcio por mútuo consentimento], desse acórdão não é admissível recurso para este Supremo").

Como se refere no Acórdão do STJ de 27 de Maio de 2008, já citado, a última redacção do artigo 1411º, nº 2, do CPC de 1961 torna "necessário determinar, quando se pretende interpor recurso para o Supremo Tribunal de Justiça de um acórdão da Relação proferido no âmbito da jurisdição voluntária, se a decisão concreta a impugnar corresponde ao resultado de um processo de interpretação e aplicação da lei, ou de integração das suas lacunas, ou se, diferentemente, foi alcançada nos termos previstos no artigo 1410º do Código de Processo Civil (ou seja, de acordo com o que, no caso, o tribunal considera mais adequado à defesa do interesse que lhe incumbe prosseguir)", sendo que a inadmissibilidade do recurso nesta última hipótese se explica em atenção à circunstância de que "a escolha das soluções mais convenientes está intimamente ligada à apreciação da situação de facto em que os interessados se encontram; não tendo o Supremo Tribunal de Justiça o poder de controlar a decisão sobre tal situação [...], a lei restringe a admissibilidade de recurso até à Relação". A este propósito, veja-se ainda STJ, 09.12.1999, em cujo sumário se lê que a limitação do artigo 1411º, nº 2, do CPC de 1961 "decorre da teleologia do recurso de revista, que o exclui sempre que ele não possa realizar qualquer função de harmonização da aplicação da lei, o que sucede quando o critério de decisão utilizado pela relação não seja normativo mas individual e concreto, e como acontece, por exemplo, quando a decisão é orientada pela discricionariedade ou equidade".

Sobre a qualificação de uma decisão como proferida segundo critérios de conveniência ou, antes, de legalidade estrita: STJ, 21.05.1998, STJ, 25.01.2000 e STJ, 29.01.2004 (todos configurando o acórdão da Relação que fixa o quantitativo dos alimentos em acção de regulação do poder paternal como uma decisão proferida segundo critérios de conveniência e oportunidade, da qual não cabe recurso para o Supremo, nos termos dos artigos 1411º, nº 2, do CPC [de 1961], e 146º, alíneas *d)* e *e)*, e 150º, da [antiga] OTM); STJ, 21.03.2000 (entendendo, como se lê no sumário respectivo, que "[...] [s]e o juiz se limita a averiguar os requisitos da adopção, profere um juízo de legalidade; profere um juízo de conveniência se decidir sobre as vantagens da adopção"); STJ, 03.05.2000 (Rev. nº 1118/99) (considerando inadmissível o recurso para o Supremo, por aplicação analógica do nº 2 do artigo 1411º, nº 2, do CPC de 1961, da decisão que fixa um regime provisório quanto a alimentos na pendência de processo de divórcio, porque os alimentos provisórios, de acordo com o disposto no artigo 2007º, nº 1, parte final, do CC, são taxados segundo o prudente arbítrio do tribunal); e, ainda, STJ, 27.05.2008 (considerando que "[a] decisão de determinar a entrega da menor ao pai, BB, em vez de a confiar à guarda dos recorrentes [...] foi tomada de acordo com critérios de conveniência e oportunidade: foi a que o acórdão recorrido considerou melhor prosseguir o superior interesse da menor").

também a circunstância de que não é facilmente compreensível que, só até ao trânsito em julgado, a jurisdição voluntária possua uma regra própria quanto à alterabilidade das respectivas decisões, aplicando-se o regime comum (ao que parece, o do artigo 619º, nº 2) depois desse trânsito. Quanto a este último ponto, e em concreto, por que motivo a superveniência subjectiva relevaria, na jurisdição voluntária, unicamente até ao trânsito em julgado da resolução?

Em suma, não se apresenta muito convincente o entendimento segundo o qual a função do artigo 988º, nº 1 seria a de consagrar uma excepção ao regime do artigo 613º, valendo principalmente para o período subsequente ao proferimento da decisão e anterior ao trânsito em julgado.

Com esta afirmação não se pretende dizer que o regime do artigo 988º, nº 1 não deva prevalecer sobre o do artigo 613º. Com efeito, mesmo que se entenda que a correspondente regra tem sobretudo em vista o período subsequente ao trânsito em julgado (como sucede, aliás, com a regra do artigo 619º, nº 2), provavelmente há que aplicá-la também, por razões de economia processual, depois do proferimento da decisão e até ao trânsito (e, neste caso, obstando à aplicação do regime do artigo 613º): mas idêntico problema suscita o artigo 619º, nº 2, sendo que, a propósito deste preceito, não parece possível sustentar que a sua função é a de consagrar uma excepção ao princípio estabelecido no artigo 613º[435].

e) Inexistência de caso julgado material

e) 1. Refutação da tese

O fundamento da regra constante do artigo 988º, nº 1, do CPC pode ainda ser procurado na inexistência de caso julgado material das resoluções da jurisdição voluntária[436], quer esta inexistência radique, por sua vez, na não actuação de direitos na jurisdição voluntária[437], na ausência de litígio[438], ou em outro motivo (por exemplo,

[435] Diversa da nossa, embora também da de Manuel de Andrade, é a posição de Rui Pinto (*A questão de mérito...*, pág. 97, nota 376): segundo o Autor, as resoluções da jurisdição voluntária, "sob pena de completo e iníquo arbítrio", não podem deixar de alcançar um primeiro nível de estabilidade, dado pela sua submissão ao disposto no artigo 666º, nº 1, do CPC [de 1961, correspondente ao artigo 613º do CPC actual].

[436] Trata-se de característica da jurisdição voluntária frequentemente referenciada, a par da inexistência de partes em conflito (cfr. E. T. Liebman, "Intorno ai limiti...", pág. 279). A inexistência de caso julgado material – ou, pelo menos, o carácter problemático da figura – na jurisdição voluntária seria, segundo F. Baur (*Freiwillige...*, págs. 15-16), de algum modo compensado pela eficácia *erga omnes* da decisão proferida no respectivo processo.

[437] Na base da consagração de uma regra própria dos processos de jurisdição voluntária em matéria de alterabilidade de decisões pode eventualmente encontrar-se a concepção segundo a qual tais processos, contrariamente aos da jurisdição contenciosa, não visariam a actuação de direitos: seria esta, aliás, a característica distintiva das duas jurisdições, segundo G. Chiovenda ("Sulla natura...", págs. 311-312). Contra, porém, veja-se S. Satta ("Sulla natura...", pág. 358, e "La giurisdizione...", págs. 353-355), daí fazendo decorrer a impossibilidade de reconduzir a jurisdição voluntária à actividade administrativa; no

na menor solenidade dos correspondentes procedimentos, insusceptível de conferir natureza jurisdicional à actividade desenvolvida na jurisdição voluntária[439]).

É claro que a algumas das decisões proferidas nestes processos é imperioso reconhecer a aptidão para produzirem caso julgado material: mesmo na Alemanha, onde até há bem pouco vigorava uma regra (a do § 18 da FGG) que, sob o ponto de vista da alterabilidade das resoluções, era mais permissiva do que a do artigo 988º, nº 1, do CPC[440], tal eventualidade era unanimemente reconhecida[441].

sentido de que a jurisdição voluntária visaria, tal como a contenciosa, a protecção de direitos subjectivos, veja-se ainda W. Grunsky, *Grundlagen*..., págs. 11-12; considerando, por seu lado, que no caso das sentenças dispositivas não se verifica a actuação de um direito de uma parte contra a outra – apenas as precedendo o direito de acção –, pelo que a não actuação de direitos não pode traduzir característica da jurisdição voluntária, G. Cristofolini, "Efficacia dei provvedimenti...", págs. 384-387. A jurisprudência portuguesa também já se manifestou contrária a tal entendimento, porque já admitiu a figura dos direitos disponíveis na jurisdição voluntária (assim, RP, 30.05.1995).

[438] Assim, por exemplo, P. Lacoste (*De la chose*..., págs. 55-67), observando que o princípio da autoridade do caso julgado foi estabelecido para pôr fim ao processo, pelo que supõe um litígio. Refira-se que o NCPC aludia expressamente à ausência de litígio como característica da jurisdição voluntária (cfr. G. Couchez, *Procédure*..., págs. 174-175). Como também observa J. Jodlowsky ("La procedura...", pág. 1596), nos ordenamentos em que se opõe estreitamente o processo e o procedimento não contencioso, é vulgar negar às decisões não contenciosas a autoridade do caso julgado, o que seria consequência da tese da ausência de litígio neste procedimento (sem litígio, não faria sentido haver um caso julgado).

[439] Assim, E. Allorio ("Saggio polemico...", págs. 17 e 32-48), para quem o caso julgado seria um sinal inequívoco da jurisdição propriamente dita e uma figura incompatível com o carácter pouco solene e complexo dos *procedimenti in camera di consiglio*, típicos da jurisdição voluntária (esta deveria ser, por isso, incluída na actividade administrativa). Assinale-se que, para o Autor (cfr. E. Allorio, "Nuove riflessioni...", pág. 67), o caso julgado material – entendido como o efeito vinculativo da pronúncia jurisdicional ou, na terminologia de Carnelutti, como a imperatividade da sentença – distinguiria precisamente a função jurisdicional das outras funções do Estado, a ponto de, na sua ausência, dever concluir-se no sentido da inexistência de função jurisdicional (identicamente, Manuel de Andrade, *Lições*..., pág. 314, para quem "[o] que contradistingue a actividade jurisdicional, o que nela há de singular e específico, é a fôrça de verdade legal atribuída à sentença, o seu carácter imperativo e vinculante; é a autoridade de caso julgado que lhe anda conexa"). Já para E. T. Liebman ("Giurisdizione volontaria...", págs. 277 e 282), a inexistência de caso julgado material das respectivas decisões não caracterizaria, em si mesma, a jurisdição voluntária: mas seria mera consequência da natureza administrativa de tal jurisdição, esta, sim, a sua característica distintiva. G. A. Micheli ("Significato...", págs. 530-534) critica igualmente a tese de Allorio, considerando que "o direito positivo não esgota no acertamento nem no caso julgado a característica essencial da jurisdição"; nesta mesma linha, M. Cappelletti ("Pronunce di rigetto...", pág. 140 e notas), considera que o que distingue a jurisdição das outras funções não é o resultado nem o próprio fim da actividade exercida; entre nós, realçando a existência de decisões jurisdicionais sem força de caso julgado, veja-se M. Rebelo de Sousa, "As indemnizações...", pág. 395 (sobre a noção de função jurisdicional, para o Autor, veja-se *Orgânica*..., págs. 8-9); já A. Wach (*Handbuch*..., págs. 48-52) alertava, aliás, para a impossibilidade de distinção entre a jurisdição voluntária e a contenciosa de acordo com o critério da eficácia dos respectivos actos, porque o processo nem sempre é apto à produção do caso julgado nem um acto pode ser qualificado como processual por ser inimpugnável ou executório.

[440] A regra do § 18 da FGG é analisada *infra*, § 3º, I, 2.

[441] Assim, U. Schäfer, *Abänderbarkeit*..., pág. 46. A este propósito, F. Baur (*Freiwillige*..., pág. 267) assinalava que a opinião maioritária não aceitava nem rejeitava indiferenciadamente a produção de caso julgado

Por este motivo há quem sustente, mais propriamente, que a figura do caso julgado é privativa dos processos nos quais se dirima um litígio, só aí adquirindo sentido, porque só aí tem utilidade: deste modo, os processos de jurisdição voluntária respeitantes a matérias litigiosas (*Streitsachen der freiwilligen Gerichtsbarkeit*) – e sê-lo-iam aqueles em que se decidisse sobre direitos subjectivos das partes (isto é, em que o juiz, na posição de terceiro neutral, decidisse sobre direitos subjectivos privados invocados por uma das partes contra a outra)[442] ou, seguindo diverso critério, aqueles nos quais as partes defendessem interesses contrapostos[443] (diversidade de critérios essa que, de algum modo, ilustra a dificuldade de definição do próprio conceito de *litígio* ou *lide*[444]) – podem culminar no caso julgado; já os relativos a matérias não litigiosas, mas meramente assistenciais (*Fürsorgeangelegenheiten der freiwilligen Gerichtsbarkeit*), não podem nele culminar[445].

Ou, noutra perspectiva, há também quem defenda que o caso julgado só opera nas hipóteses em que a necessidade de relações jurídicas estáveis se sobrepõe ao interesse da justiça do caso concreto (mesmo que a elas não subjaza um litígio ou direitos subjectivos das partes), pelo que a ele seriam imunes, após uma

material na jurisdição voluntária, preferindo enveredar por uma diferenciação casuística (assim, a figura do caso julgado interviria quando se tratasse de matéria litigiosa da jurisdição voluntária ou quando aqui se fizesse sentir a "necessidade de uma pacificação definitiva" semelhante à que se reconhece no processo civil); segundo o Autor (*idem*..., págs. 264-279), seriam aplicáveis as regras gerais da ZPO respeitantes ao caso julgado material nomeadamente às matérias puramente litigiosas da jurisdição voluntária, mas a generalidade das resoluções seria imune a tal figura (criticamente em relação a este ponto da tese de Baur, entre o mais por considerar que a vinculação (*Bindung*) por si propugnada praticamente não se diferencia do caso julgado material, veja-se E. Bötticher, "Abänderbarkeit...", págs. 584-585, e *Die Bindung*..., págs. 519-520). Todas estas considerações, porém, parecem-nos dever ser repensadas pela doutrina alemã, atendendo à revogação do § 18 da FGG, e sua substituição pelo § 48 da FamFG, muito mais restritivo quanto à possibilidade de alteração de decisões.

442 A este critério distintivo das matérias litigiosas alude U. Schäfer, *Abänderbarkeit*..., págs. 52 e seguintes. Trata-se do critério seguido, quanto a nós, por W. J. Habscheid ("Problemi...", págs. 233-234), que insere as causas litigiosas da jurisdição voluntária no processo civil.

443 A este critério distintivo das matérias litigiosas alude U. Schäfer, *Abänderbarkeit*..., págs. 62 e seguintes.

444 Sobre esta dificuldade, veja-se J. de Castro Mendes (*O direito de acção*..., pág. 104), afirmando que "tanto quanto nos parece, o litígio é uma contraposição de dois interesses, cuja forma de tutela jurídica ou é incerta ou ainda se não traduziu numa modificação da situação de facto em favor do interesse tutelado, que permita a este a sua normal satisfação. Um dos interesses, pelo menos, há-de ser objecto duma afirmação judicial. À afirmação dum interesse em juízo como tutelado pelo Direito damos o nome de *pretensão*". Mais adiante (*idem*, págs. 224-230), o Autor aderiria fundamentalmente à noção carneluttiana de lide que, em sentido estrito, envolve um elemento material (o conflito de interesses) e um elemento formal (composto pela pretensão e pela resistência e, em substância, traduzindo "um conflito de opiniões sobre a sua [dos interesses] exacta composição jurídica"); dissentiria, porém, quanto à exigência de *resistência* (*idem*, págs. 235-236).

445 Posições sintetizadas em U. Schäfer, *Abänderbarkeit*..., págs. 46-48.

apreciação casuística e de ponderação de interesses, os processos de jurisdição voluntária em que tal sobreposição não ocorresse[446].

Mas será, de qualquer modo, de perfilhar a orientação segundo a qual certas resoluções da jurisdição voluntária – provavelmente, a maioria delas – não produzem caso julgado (ou porque nos correspondentes processos não existe litígio, ou porque, nesses processos, a necessidade de relações jurídicas estáveis não assume preponderância)?

Contra o entendimento segundo o qual as resoluções da jurisdição voluntária – genericamente consideradas – não produzem caso julgado material parecia, numa primeira leitura, pronunciar-se Alberto dos Reis.

Na verdade, perante a segunda parte do artigo 1451º do CPC de 1939, que se referia, como vimos, à livre alterabilidade das providências, este Autor[447] sustentava que, nos processos de jurisdição voluntária, "o caso julgado forma-se nos mesmos termos em que se forma nos processos de jurisdição contenciosa, isto é, nos precisos termos do § único do art. 677º" (preceito que dispunha que a decisão se considerava transitada em julgado, quando não pudesse recorrer-se ou logo que estivessem esgotados os recursos ordinários): o que sucedia era que, nos processos de jurisdição voluntária, o caso julgado não possuía o dom da irrevogabilidade, podendo a resolução ser livremente alterada, embora houvesse transitado em julgado.

Esta construção de Alberto dos Reis[448] referia-se, porém, bem vistas as coisas, única e exclusivamente ao *caso julgado formal* (pouca utilidade revestindo, aliás, atendendo a que a aplicação das regras relativas ao trânsito em julgado à jurisdição voluntária ou, dito de outro modo, a possibilidade de as respectivas decisões se tornarem inimpugnáveis mediante recurso ordinário, não oferecia, face ao estatuído no artigo 472º, 2º parágrafo, do CPC de 1939, especiais dúvidas[449]).

[446] Assim, por exemplo, W. Rothe (*Möglichkeiten*..., págs. 163-167), assinalando que a circunstância de, na jurisdição voluntária, não ser configurável um direito subjectivo constitutivo, ou uma pretensão equivalente àquela que, no processo civil e no processo penal, erige o caso julgado material, não obsta à aceitação deste conceito naquela área *quando uma ponderação de interesses o justifique*, porque, visando o direito processual a efectivação do direito material, esta também implica o asseguramento da estabilidade da decisão. As várias posições sobre a questão encontram-se sintetizadas em U. Schäfer, *Abänderbarkeit*..., pág. 47.

[447] J. Alberto dos Reis, *Processos especiais*, vol. II, pág. 403.

[448] Reiterada, por exemplo, em RL, 30.05.1995.

[449] O referido preceito mandava aplicar aos processos especiais – e, entre eles, encontravam-se os processos de jurisdição voluntária (cfr. artigos 1448º e seguintes do CPC de 1939) –, no que respeitava a recursos, o regime do processo sumário, sendo que a este eram aplicáveis as disposições gerais dos recursos – entre as quais se encontrava a regra relativa ao trânsito em julgado –, sistematicamente enquadradas no sub-título dedicado ao processo ordinário (cfr. artigo 472º, 1º parágrafo, do CPC de 1939). F. Baur (*Freiwillige*..., págs. 240-243), face ao direito alemão vigente à data em que escrevia J. Alberto dos Reis (e que, entretanto, foi alterado: a FGG, na verdade, foi substituída pela FamFG), admitia também

Com efeito, se tal construção se referisse ao caso julgado material, a sua insustentabilidade seria, ao que julgamos, manifesta, porque um caso julgado que não possui o dom da irrevogabilidade não podia configurar um caso julgado material no sentido do artigo 671º, 1º parágrafo, do CPC de 1939: é que a decisão livremente alterável não possuiria a força obrigatória a que se referia este preceito, desde logo porque podia ser modificada, fosse qual fosse o fundamento, sem que se verificassem os pressupostos do recurso de revisão (e, ao tempo, também os da oposição de terceiro)[450].

De qualquer modo, se o regime contido na segunda parte do artigo 1451º do CPC de 1939 ainda podia ser explicado pela inexistência, nos processos de jurisdição voluntária, da figura do caso julgado material prevista no artigo 671º, 1º parágrafo, do mesmo Código – embora nos pareça que, mais do que fundamento de tal regime, a inexistência de caso julgado constituía manifestação de uma realidade (precisamente, a da jurisdição voluntária), a que o legislador reconhecia contornos específicos[451] –, tal explicação não convenceria à luz do actual artigo 988º, nº 1, do CPC (e do artigo 1411º, nº 1, do CPC de 1961)[452].

É que se a decisão, nos termos deste preceito, só pode ser alterada com fundamento em circunstâncias supervenientes, é porque não pode ser alterada seja qual for o fundamento[453]: e tal alterabilidade pode muito bem ser compatível com

claramente a figura do caso julgado formal na jurisdição voluntária, distinguindo-o da imodificabilidade da correspondente decisão.

450 O conceito de caso julgado material subentende, na verdade, o de imodificabilidade da decisão, a ponto de esta característica da decisão se confundir, em alguma doutrina, com aquele conceito (a imodificabilidade designar-se-ia caso julgado): assim, C. G. Freudenstein, *Die Rechtskraft*..., págs. 2-4. Nesta óptica, é até contraditória a própria figura da modificação do caso julgado, de que trata a presente tese.

451 Assim, face ao artigo 742º do c.p.c. italiano – adiante analisado –, que contempla igualmente a livre modificabilidade e revogabilidade dos decretos da jurisdição voluntária, veja-se G. Arieta ("Giurisdizione...", págs. 1062-1063), para quem a inexistência de caso julgado é, não a causa, mas a necessária consequência da função e da estrutura dos procedimentos que geram tais decretos, decorrendo o poder de modificação e revogação da necessidade de permitir ao juiz da jurisdição voluntária o controlo, a todo o tempo e com os mesmos poderes, dos requisitos de legitimidade e/ou de oportunidade que devem verificar-se mesmo depois do proferimento do decreto; tal necessidade decorreria, por sua vez, das características do objecto e da finalidade da tutela em causa.

452 Contra, sustentando que do artigo 1411º, nº 1, do CPC de 1961 decorria que, nos processos de jurisdição voluntária, não se forma caso julgado: A. Anselmo de Castro, *Direito*..., vol. I, pág. 156.

453 E nessa medida não parece possível caracterizar a jurisdição voluntária pela livre modificabilidade das decisões (RL, 09.11.1993), pela livre revogabilidade das resoluções (A. Anselmo de Castro, *Direito*..., vol. I, pág. 155; RP, 29.04.2003), ou pela livre modificabilidade das resoluções (STJ, 09.01.1979). Refira-se ainda que, na Alemanha, e a propósito do anterior § 18 da FGG, um dos argumentos utilizados por W. Kamm ("Die materielle...", págs. 110-112) para sustentar a existência de caso julgado material na jurisdição voluntária era precisamente a existência de um poder de modificação das resoluções em virtude de alteração das circunstâncias: na jurisdição voluntária vigoraria assim o princípio do caso julgado, válido na generalidade das jurisdições (*idem*, págs. 92-95).

o caso julgado a que se refere o artigo 619º, nº 1, do CPC, não sendo necessário aludir a um *caso julgado relativo* (portanto, a um caso julgado especial, porque dotado de características particulares) das resoluções da jurisdição voluntária[454].

Dito de outro modo: como a força obrigatória a que se refere o artigo 619º, nº 1, apenas não é conciliável com a livre alterabilidade da decisão, podendo ser conciliável com a alterabilidade por certos fundamentos, o artigo 988º, nº 1 não configura qualquer ruptura com a figura do caso julgado desenhada no artigo 619º, nº 1, levantando apenas a dúvida sobre se os fundamentos da alterabilidade da resolução da jurisdição voluntária são diversos dos fundamentos da alterabilidade de qualquer outra decisão.

Uma hipótese, talvez a mais evidente, é considerar que a superveniência subjectiva relevaria no caso das resoluções, não relevando para as outras decisões: a justificação do regime contido no artigo 988º, nº 1 residiria assim na atribuição de relevância à superveniência subjectiva, para efeitos de alteração do caso julgado na jurisdição voluntária, o que não significaria a negação da figura do caso julgado na jurisdição voluntária, desenhada, como se disse, no artigo 619º, nº 1.

A esta conclusão pode objectar-se o seguinte. É que, ainda que se entenda, ante o exposto, que o regime consagrado no artigo 988º, nº 1, do CPC é compatível com o do artigo 619º, nº 1 (ou que este preceito se aplica à jurisdição voluntária), a verdade é que, se se considerar que a figura do caso julgado anda, no direito português, indissociavelmente ligada à existência de *partes* – atendendo a que, quando a lei estabelece os seus requisitos, alude inequivocamente a esta realidade (cfr. artigo 581º, nº s 1 e 2, do CPC) –, difícil se torna aceitar um caso julgado material em sentido próprio na jurisdição voluntária, pelo menos naquelas situações em que, no processo, só existe um requerente (ou vários requerentes), não se vislumbrando um requerido[455]. Verificar-se-ia assim, na jurisdição

[454] Rui Pinto (*A questão de mérito...*, págs. 95-98 e nota 376) refere, pelo contrário, a existência de um caso julgado desse teor (*caso julgado relativo* ou *rebus sic stantibus*) a propósito das resoluções da jurisdição voluntária: na sua perspectiva, os efeitos destas resoluções gozam apenas de *estabilidade relativa* – explicando-se tal menor estabilidade (ou provisoriedade) por razões materiais ou intrínsecas –, a qual se caracteriza pela circunstância de que "enquanto não se verificarem as previsões de reapreciação mantém-se o *conteúdo da providência* e, em qualquer caso, há uma *vinculação das partes e tribunal à decisão que esteja vigente*"; de qualquer modo, o mencionado caso julgado relativo seria ainda expressão da tutela efectiva. F. J. da Silva (*Caso julgado...*, págs. 26-33 e 39), não negando embora a existência de caso julgado na jurisdição voluntária, alude também a um caso julgado *sui generis*.

[455] F. Baur (*Freiwillige...*, págs. 142-143), por exemplo, rejeita a utilização do conceito de *parte em sentido formal* próprio do processo civil na jurisdição voluntária, porque aqui não se enfrentam duas pessoas, produzindo afirmações de direito (*Rechtsbehauptungen*) que o juiz deva estabelecer. A aceitação de um conceito de *parte em sentido material* na jurisdição voluntária também reveste, segundo F. Baur (*Freiwillige...*, págs. 126-128), especiais dificuldades, atendendo a que a actuação oficiosa do juiz torna difícil a determinação das pessoas cujos assuntos são tratados e às quais, por isso, deve ser

voluntária, um fenómeno *semelhante* ao do caso julgado, pois a correspondente resolução vincularia em ulteriores processos, mas não seria possível aplicar-lhe directamente o regime próprio do caso julgado.

Saliente-se, porém, que a jurisprudência já tem aludido à existência de pedido, causa de pedir e partes nos processos de jurisdição voluntária[456], e aí admitido, por exemplo, a vigência do princípio do contraditório[457], bem como a ocorrência de litígio[458] e de caso julgado[459]; a própria lei, a propósito da jurisdição voluntária, usa, por vezes, o conceito de parte[460].

dada a oportunidade de defesa: de qualquer modo, a adoptar-se um conceito de parte na jurisdição voluntária, tal conceito deverá ser determinado numa perspectiva material, permitindo a participação no processo de qualquer pessoa cuja posição jurídica é ou pode ser afectada pela decisão judicial. Assim sendo, o Autor (*Freiwillige*..., págs. 126-134) prefere usar, na jurisdição voluntária, em vez do conceito de parte, o conceito de *participante* (*Beteiligte*), atribuindo-lhe um sentido material e um sentido formal: no primeiro sentido, o conceito reporta-se a qualquer pessoa cuja posição jurídica é ou pode ser afectada pela decisão judicial; no segundo sentido, o conceito de interessado designa aquele a quem a lei reconhece o direito de requerer ou de impugnar uma decisão, desde que tal direito seja exercido.

456 Assim, RL, 27.06.1991; RL, 10.10.1991 (Proc. 0041921); RL, 10.12.1991; RL, 19.10.1999; RP, 09.01.1995; RP, 30.03.1995; RP, 30.05.1995. Contra, negando a existência de partes em sentido técnico-processual nos processos de jurisdição voluntária: RP, 20.02.1995 (embora admitindo a aplicação analógica das regras dos artigos 417º, nº 2, *in fine*, do CPC, e do artigo 357º, nº 2, do CC).

457 Assim, RL, 04.07.1991; RL, 26.10.1995; RP, 20.05.1993; RP, 12.11.1998; RP, 09.11.1999 (Proc. 9921155). No entanto, dessa vigência não pode inferir-se a aplicação, aos processos de jurisdição voluntária, da cominação decorrente da falta de contestação: propugnando tal inaplicabilidade, RL, 05.03.1992. No direito italiano, a doutrina e a jurisprudência tendem também a admitir a vigência do contraditório nos *procedimenti camerali* nos quais seja identificável um contrainteressado e, em geral, do direito de defesa (face ao juiz) naqueles que não possuam estrutura dialéctica (cfr. F. Tommaseo, "I processi...", pág. 526; A. Carratta, "I procedimenti...", págs. 1077-1078); F. Carnelutti ("Vizio di incompetenza...", pág. 216), por seu lado, distinguia dois tipos de processo voluntário, em contraditório e sem contraditório; mas, em geral, esses *procedimenti* não comportam contraditório, sendo esta uma das suas características distintivas face ao processo de declaração (cfr. E. Fazzalari, "Procedimento...", págs. 912-913.

458 Assim, RL, 13.01.2000, em cujo sumário se lê: "[...] II – Nos processos de jurisdição voluntária pode o tribunal condenar em objecto diverso do pedido, quando entre a condenação e a pretensão exista uma efectiva conexão e quando, assim procedendo, se tenha como objectivo realizado uma solução mais adequada para o litígio. [...]"; RP, 21.10.1993. Contra, negando a existência de conflito de interesses, STJ, 22.11.1990, em cujo sumário se lê: "[...] II – O processo de notificação para preferência é de jurisdição voluntária, isto porque, não intenta resolver qualquer conflito de interesses, mas apenas sossegar o espírito de quem a ele recorre. [...]".

459 Assim, RL, 12.11.1991; RP, 19.02.1991; RP, 13.01.1992 (Proc. 9110703); STJ, 07.10.1997 (Proc. 97A587); STJ, 21.03.2000. A propósito do caso julgado da decisão que autoriza o divórcio provisório por mútuo consentimento, prevista no artigo 1422º, nº 3, do CPC de 1961, na sua versão originária, STJ, 13.02.1970. Contra, negando, à luz do direito actual, a força de caso julgado às decisões tomadas nos processos de jurisdição voluntária: RL, 13.07.1995; RL, 09.05.1996; RP, 25.09.2001; STJ, 05.03.1996; STJ, 18.01.2000.

460 Veja-se, por exemplo, os artigos 5º e 8º do Decreto-Lei nº 272/2001, de 13 de Outubro.

Além do mais, pouca utilidade teria negar a existência de um verdadeiro caso julgado na jurisdição voluntária, ao qual seriam aplicáveis essencialmente as mesmas regras que a este se aplicam[461].

Não nos parece, portanto, que a possível inexistência de partes na jurisdição voluntária possa constituir obstáculo à aplicação das regras do caso julgado material.

e) 2. Relevância da questão

A questão de saber se as resoluções da jurisdição voluntária produzem caso julgado material releva ou pode relevar a vários níveis, já que da inexistência desse caso julgado tem a doutrina tradicionalmente extraído que o requerente pode sempre repetir a acção inicialmente rejeitada ou que o juiz que proferiu a decisão não se lhe encontra vinculado, podendo retractar-se[462].

Entre nós, essa questão releva não apenas para a determinação do regime da modificação das resoluções (que é o que particularmente nos interessa), mas também, entre outros, para efeitos da respectiva afectação por posterior declaração de inconstitucionalidade com força obrigatória geral, impugnabilidade através de recurso extraordinário de revisão e susceptibilidade de confirmação, quando provenham de um tribunal estrangeiro: na verdade, o artigo 282º, nº 3, da CRP, manda apenas ressalvar os casos julgados da declaração de inconstitucionalidade com força obrigatória geral, o artigo 696º do CPC reporta o recurso extraordinário de revisão às sentenças transitadas em julgado e o artigo 980º, alínea *b)*, do CPC consagra como requisito necessário para a confirmação (de uma sentença) o respectivo trânsito em julgado "segundo a lei do país em que foi proferida" (confirmação de que depende, em regra, e como se verá[463], a própria admissibilidade da modificação do título estrangeiro).

Não obstante, existem fortes razões para proteger os efeitos já produzidos pela resolução da superveniente declaração de inconstitucionalidade[464].

---

461 Trata-se de crítica que F. Baur (*Freiwillige...*, pág. 267) formula a Lent, quando constata que este Autor, negando embora a intervenção da figura do caso julgado na jurisdição voluntária, reconhece a operatividade do princípio "ne bis in idem" sempre que os fundamentos de facto permaneçam inalterados.

462 Assinalando estes corolários, M. Planiol, *Caractère...*, pág. 89, e H. Solus / R. Perrot, *Droit...*, págs. 457-459.

463 *Infra*, § 32º, II, 1. *b)* 2.

464 Rui Medeiros (*A decisão...*, pág. 553 e nota 103) refere, a este propósito, que se se entender que as resoluções da jurisdição voluntária não formam caso julgado, o problema do respeito pelo caso julgado por parte da declaração de inconstitucionalidade não se põe (ou põe-se em termos completamente diversos), porque as resoluções podem ser alteradas. Segundo o Autor (*A decisão...*, pág. 554), sendo o conteúdo da decisão contenciosa igualmente mutável em face de circunstâncias supervenientes (podendo, por isso, atender-se à declaração de inconstitucionalidade quando esteja em causa um caso julgado de trato sucessivo) e mandando o (actual) artigo 988º, nº 1, do CPC respeitar os efeitos já produzidos pela resolução

Por outro lado, no que à admissibilidade de recurso extraordinário de revisão da resolução da jurisdição voluntária diz respeito, constata-se que, mesmo à luz do Código de Processo Civil de 1939, que previa a livre alteração das resoluções e, portanto, a insusceptibilidade de formarem caso julgado, ALBERTO DOS REIS[465] sustentava que "[a] possibilidade de livre alteração das resoluções, consignada no art. 1451º, não supre a revisão" e rejeitava a hipótese de o legislador ter querido "subtrair à revisão uma sentença proferida por peita ou suborno, por exemplo, em processo de jurisdição voluntária, ou uma sentença fundada em peças cuja falsidade se ache verificada ou possa sê-lo", concluindo depois que devem "considerar-se passadas em julgado, para os efeitos do art. 771º, as sentenças lavradas em processos de jurisdição voluntária, desde que ocorram os casos previstos no § único do art. 677º.". Perante o artigo 988º, nº 1, do actual Código a dúvida tem ainda menor razão de ser, pelo que deve seguir-se idêntica orientação.

Relativamente à susceptibilidade de confirmação de sentença estrangeira da jurisdição voluntária, e uma vez que se entenda que o artigo 980º, alínea *b)*, do CPC apenas exige o caso julgado formal, a consideração de que a resolução de jurisdição voluntária não produz caso julgado material (mas apenas formal) não constitui evidentemente obstáculo à sua confirmação.

No direito espanhol, por exemplo, exige-se que a decisão estrangeira seja *firme* para poder ser reconhecida e não já que constitua caso julgado material. Como, a este propósito, assinala DE MIGUEL ASENSIO[466], esta exigência de *firmeza* implica, de harmonia com o significado que lhe é atribuído no artigo 369º da LEC de 1881, que a decisão não seja susceptível de recurso no procedimento em que foi proferida, caracterizando-se, pois, pela sua definitividade, ou seja, por constituir uma decisão final em certo procedimento: ora, a circunstância de a decisão não ser vinculativa em ulteriores procedimentos, bem como a possibilidade de essa decisão ser modificada noutro procedimento – típicas da jurisdição voluntária –, não decorreriam da falta de firmeza dessa decisão, mas da ausência de caso julgado material que caracterizaria a jurisdição voluntária, pelo que não constituiriam obstáculo ao referido reconhecimento. Em suma, seria possível obter o reconhecimento de uma resolução de jurisdição voluntária, excepto se essa resolução fosse susceptível de recurso no procedimento em que fora adoptada.

Coloca-se, todavia, o problema de saber – a ele aludindo também DE MIGUEL ASENSIO[467] – se são susceptíveis de confirmação as resoluções de jurisdição volun-

anterior, dificilmente se poderia admitir que a declaração de inconstitucionalidade prejudicasse os efeitos já produzidos pela resolução que, em processo de jurisdição voluntária, se tenha apoiado em lei posteriormente declarada inconstitucional.

465 J. Alberto dos Reis, *Código...*, vol. VI, pág. 340.

466 P.A. de Miguel Asensio, *Eficacia...*, págs. 150-152.

467 P.A. de Miguel Asensio, *Eficacia...*, págs. 154-155 e nota 23.

tária que não constituem caso julgado formal em virtude da circunstância de, delas, ser sempre possível interpor recurso ordinário, como sucedia, na vigência da FGG, com as resoluções do direito alemão[468]. Segundo o Autor[469] – em obra que, todavia, ainda não considerava a posterior e actual *Ley 15/2015, de 2 de julio, de la Jurisdicción Voluntaria* espanhola –, não é de rejeitar a possibilidade de tais resoluções serem reconhecidas, pois se a resolução não constitui caso julgado material, "o estabelecimento de um sistema de recursos apresenta um significado menor, na medida em que o conteúdo da resolução é sempre atacável devido à ausência de caso julgado material. Na realidade, pouco afecta a estabilidade de uma resolução que não constitui caso julgado material a existência de um prazo ilimitado de recurso contra ela". O requisito da *firmeza* sempre implicará, contudo, que as resoluções de jurisdição voluntária adoptadas como medidas provisórias em outro processo ou procedimento não possam ser reconhecidas[470/471].

A doutrina portuguesa tem, como sublinha Lima Pinheiro[472], manifestado divergência quanto ao ponto da susceptibilidade de confirmação das resoluções da jurisdição voluntária, sustentando-se quer a tese de que as decisões estrangeiras proferidas em processos de jurisdição voluntária não estão sujeitas ao processo de revisão, quer a tese oposta: segundo o Autor[473], porém, justificar-se-ia uma diferenciação consoante a decisão formasse ou não caso julgado material no direito do Estado de origem, pois na primeira hipótese "o reconhecimento dos seus efeitos enquanto acto jurisdicional depende de revisão e confirmação", enquanto na segunda "parece que o disposto nos arts. 1094º e segs. CPC [de 1961, actuais artigos 978º e seguintes] não será directamente aplicável ao reconhecimento da decisão que não forme caso julgado no Direito do Estado de origem. No entanto, nos casos pouco frequentes em que seja necessário executar o acto, parece defensável uma aplicação analógica deste regime e, por conseguinte, a necessidade de revisão e confirmação"[474].

[468] Assinalava F. Baur à luz da FGG (*Freiwillige...*, pág. 306) a existência de certos recursos na jurisdição voluntária não sujeitos a prazos: seria o caso da *einfache Beschwerde* e da *weitere Beschwerde*; apenas a *sofortige Beschwerde* devia ser interposta num certo prazo. A esta última figura aludia o § 18, II, da FGG.

[469] P.A. de Miguel Asensio, *Eficacia...*, págs. 155-156.

[470] P.A. de Miguel Asensio, *Eficacia...*, pág. 157.

[471] Sobre o problema, em Espanha, veja-se, ainda, J. C. Fernández Rozas / S. Sánchez Lorenzo, *Curso...*, págs. 578-585. Sobre o problema em Itália, sustentando a necessidade do processo de revisão de sentenças estrangeiras, veja-se M. Cappelletti, *El valor de las sentencias...*, págs. 41-43, e F. Carpi, "L'attribuzione..."; sobre o problema na Alemanha, sustentando a aplicabilidade, à jurisdição voluntária, dos princípios contidos no § 328 da ZPO (que lhe não seria directamente aplicável), H. Dölle, "Über einige Kernprobleme...", págs. 235-238.

[472] L. de Lima Pinheiro, "Regime interno...", págs. 589-590.

[473] L. de Lima Pinheiro, "Regime interno...", págs. 590-591.

[474] Aquando da elaboração do CPC de 1939 também se colocou o problema de saber se as decisões estrangeiras da jurisdição voluntária deviam ou não estar sujeitas ao processo de revisão de sentenças

A confirmação das resoluções da jurisdição voluntária levanta ainda, a par do problema da aplicabilidade do processo especial de revisão de sentenças estrangeiras (atendendo à possível não produção de caso julgado por essas resoluções), um outro problema, assinalado por De Miguel Asensio: na medida em que o efeito processual característico destas resoluções é o constitutivo[475], elas apresentam uma íntima ligação ao direito material, pelo que a sua confirmação surge aparentemente como uma questão de direito aplicável. Relativamente a este problema, o Autor[476] nega, porém, que o reconhecimento das resoluções (com eficácia constitutiva) de jurisdição voluntária se traduza numa questão de direito aplicável, porque embora haja uma íntima ligação entre essas resoluções e o direito material, a intervenção judicial que as origina está longe de constituir uma mera exigência formal ou de responder a uma finalidade de constatação; tal intervenção judicial, diversamente, aprecia o fundo e decide da criação, modificação ou extinção de uma situação jurídica[477].

Em suma, do que ficou exposto resulta que muito dificilmente pode encontrar-se o fundamento do regime da modificação das resoluções na inexistência de caso julgado material destas resoluções, pois para o efeito da aplicação de vários regimes gerais, como o do recurso extraordinário de revisão ou o do processo de revisão de sentenças estrangeiras, essa inexistência (para quem a sustente) não tem constituído obstáculo.

estrangeiras (cfr. *Actas da comissão revisora do projecto...*, Acta nº 32, págs. 310-312), sendo que, não obstante o Autor do *Projecto*, o Professor J. Alberto dos Reis, ter propugnado a solução negativa, a comissão revisora entendeu "que a revisão abrange também os processos de jurisdição voluntária"; de qualquer modo, quando questionado posteriormente sobre "[c]omo podem ser revistas as sentenças proferidas na jurisdição voluntária se elas nunca transitam", o Autor do *Projecto* respondeu que "[e]ssa circunstância não obsta a que fiquem sujeitas à revisão como as demais sentenças" (*idem*, pág. 315). J. Alberto dos Reis viria a considerar mais tarde, em 1940 (cfr. "Anotação", pág. 122) que "[n]ão pode [...] sustentar-se hoje que estão isentos de revisão e confirmação os actos de jurisdição voluntária de tribunais estrangeiros a que queira dar-se execução em Portugal".

475 Assinalando igualmente que, na jurisdição voluntária, o juiz molda, em regra, relações jurídicas, veja-se W. Rothe (*Möglichkeiten...*, pág. 14). Referindo que a índole e a função constitutiva das providências da juridição voluntária foram, durante muito tempo, apontadas como as notas marcantes da jurisdição voluntária (por contraposição à eficácia declarativa das providências jurisdicionais), V. Colesanti, "Variazioni...", pág. 130. Criticando a assimilação dos julgamentos graciosos aos julgamentos constitutivos para o efeito de atribuir aos primeiros um efeito ou autoridade absoluta, ou para o efeito de negar aos segundos uma autoridade absoluta, uma vez que os julgamentos da jurisdição voluntária não possuem "nenhuma autoridade", veja-se L. Mazeaud, "De la distinction...", pág. 47.

476 P.A. de Miguel Asensio, *Eficacia...*, págs. 96-98.

477 É de notar que, como já atrás se assinalou, que estas considerações do Autor são anteriores à *Ley 15/2015, de 2 de julio, de la Jurisdicción Voluntaria* espanhola. Face ao direito português, e sobre a questão geral da necessidade de sujeição do reconhecimento dos efeitos constitutivos, modificativos ou extintivos das sentenças ao processo de revisão, veja-se L. de Lima Pinheiro, "Regime interno...", págs. 582-587, e "A triangularidade ...", págs. 335-341, aqui concluindo no sentido de que "os efeitos constitutivos dependem exclusivamente do Direito aplicável" (cfr. pág. 359).

f) Carência de tutela judicial
O fundamento da regra do artigo 988º, nº 1, do CPC pode ainda ser procurado no princípio – que também vale nos processos da jurisdição voluntária – segundo o qual o pedido só é admissível quando o autor manifeste carência de tutela judicial (*Rechtsschutzbedürfnis*): é que esta carência deve ser reconhecida nos casos de superveniência de factos ou de meios de prova e o referido preceito considera-os (pelo menos ao primeiro, claramente) circunstâncias justificativas da alteração da resolução anterior[478].

É claro que a aceitação deste fundamento de algum modo se confunde com a aceitação do fundamento a que já se fez referência: o da inaptidão das resoluções da jurisdição voluntária para a produção de caso julgado. Na verdade, a exigência de carência de tutela judicial (ou a genérica invocação do princípio *ne bis in idem*[479]) só assume pertinência quando se reconheça aquela inaptidão.

g) Outras características da jurisdição voluntária
Outras características que têm sido apontadas à jurisdição voluntária não parecem justificar, pelo menos directamente, a regra do artigo 988º, nº 1. Assim, a inexistência de oposição[480] ou a predominância do "bom senso"[481].

h) Conclusão
Qual o fundamento, pois, da regra do artigo 988º, nº 1? Ou dito de outro modo, por que motivo à jurisdição voluntária não é simplesmente extensível a regra do artigo 619º, nº 2?

No que se refere à relevância, quer da superveniência subjectiva, quer das circunstâncias antes não alegadas por motivo ponderoso diverso da ignorância, parece-nos que o regime especial constante do artigo 988º, nº 1 decorre da regra segundo a qual o tribunal pode investigar livremente os factos, consagrada no artigo 986º, nº 2, 1ª parte: como, relativamente à dedução de factos, o princípio dispositivo sofre uma atenuação considerável na jurisdição voluntária, é natural que, no âmbito desta jurisdição, as consequências da não alegação de factos deduzíveis sejam menos severas do que aquelas que são próprias da jurisdição

[478] A este fundamento alude, face ao direito alemão, U. Schafer, *Abänderbarkeit...*, págs. 82 e seguintes.
[479] Sobre o princípio "ne bis in idem", consulte-se V. Andrioli (""Ne bis in idem""), assinalando que, no direito romano, a eficácia prática da máxima consistia em a mesma *actio* não poder ser exercida ou feita valer duas vezes e que, no direito italiano actual, a conformação positiva do princípio é diversa no processo civil, por confronto com o processo penal. Aceitando a relevância do princípio em processo civil, G. Costantino, in *Foro it.*, 1979, I, pág. 492.
[480] RL, 20.12.1990.
[481] RL, 28.02.1991.

contenciosa, porque essa não alegação devia ter sido, em princípio, suprida pelo juiz, através do exercício dos seus poderes de investigação[482].

Se, para além desta particularidade face ao artigo 619º, nº 2, o artigo 988º, nº 1 possuir ainda outras – nomeadamente, quanto ao momento a partir do qual opera a modificação –, será necessário encontrar outros fundamentos para o respectivo regime: no entanto, tal conclusão pressupõe um estudo do regime geral da acção modificativa, que ainda não fizemos.

III. Outros preceitos legais

1. Preceitos incluídos no Código de Processo Civil

Para além dos artigos 619º, nº 2, e 988º, nº 1, do CPC, que *genericamente* admitem a modificação do caso julgado material com fundamento na alteração de circunstâncias, é possível encontrar, no nosso ordenamento, múltiplos preceitos que à modificação de decisões judiciais fazem referência, expressa ou implícita. Importa considerá-los, para uma visão sistemática do instituto da modificação, ainda que nem todos versem sobre o tema da presente investigação, delimitado na *Introdução*[483].

Do Código de Processo Civil, enunciamos os seguintes:

- O artigo 282º, relativo à renovação da instância extinta, no caso de cessação ou alteração de obrigação duradoura judicialmente fixada;
- O artigo 352º, nº 3, relativo à modificação da decisão que considerou improcedente a habilitação, com fundamento em factos diferentes ou em provas diversas;
- O artigo 368º, nº s 3 e 4, relativo à substituição, por caução, da providência cautelar que tenha sido decretada;
- O artigo 372º, nº 3, relativo à manutenção, redução ou revogação da providência cautelar que tenha sido decretada;
- O artigo 373º, relativo à caducidade da providência cautelar;
- O artigo 386º, nº 2, relativo à alteração ou cessação da prestação alimentícia provisória;
- O artigo 390º, relativo à caducidade do arbitramento de reparação provisória;

[482] Sobre o alcance da *Untersuchungsmaxime* nos processos de jurisdição voluntária, veja-se, à luz do direito alemão, W. F. Lindacher, "Verfahrensgrundsätze...", págs. 580-581. Estes processos podem, assim, integrar a categoria mais ampla do "processo civil inquisitório", de que falava P. Calamandrei ("Linee fondamentali...", págs. 152-155). Sobre o maior relevo atribuído ao princípio do inquisitório – o que, do seu ponto de vista, diferenciaria, a par do uso de critérios de decisão específicos, a jurisdição voluntária face à contenciosa –, veja-se J. P. Remédio Marques, *Acção declarativa...*, págs. 79-80.

[483] Para uma visão sistemática do instituto da modificação no direito alemão (que também não se encontra confinado à modificação por alteração das circunstâncias essencialmente regulada no § 323 da ZPO), veja-se W. Gäbelein, "Zur Abänderbarkeit...".

- O artigo 395º, relativo à caducidade do arresto;
- Os artigos 613º a 617º, relativos à rectificação de erros materiais, supressão de nulidades e reforma da sentença;
- Os artigos 627º a 702º, relativos à (possibilidade de) modificação da sentença mediante recurso, ordinário ou extraordinário;
- O artigo 761º, relativo à remoção do depositário;
- O artigo 791º, nº 6, que permite que a graduação dos créditos seja "refeita se vier a ser verificado algum crédito que, depois dela, seja reclamado nos termos do nº 3 do artigo 788º";
- Os artigos 864º e 865º, relativos ao diferimento da desocupação de imóvel arrendado para habitação;
- Os artigos 888º e 890º, relativos à cessação da curadoria definitiva dos bens do ausente;
- O artigo 905º, relativo ao levantamento da interdição ou inabilitação;
- O artigo 931º, nº 7, relativo ao regime provisório quanto a alimentos, quanto à regulação do exercício das responsabilidades parentais dos filhos e quanto à utilização da casa de morada da família, na pendência do processo de divórcio ou de separação sem consentimento do outro cônjuge;
- O artigo 936º, relativo ao processo para a cessação ou alteração dos alimentos (havendo ou não execução);
- O artigo 950º, nº s 2 e 3, relativo à impugnação das contas aprovadas durante a incapacidade;
- O artigo 954º, relativo à anulação do processo de regulação e repartição de avarias marítimas, por falta de intervenção, no compromisso, de algum interessado;
- O artigo 963º, nº 2, relativo à reforma de decisões judiciais que não seja possível reconstituir;
- O artigo 964º, relativo ao destino do processo de reforma, no caso de aparecimento do processo original;
- O artigo 966º, nº 2, alínea *b)*, relativo à substituição de acórdão, no processo de reforma;
- O artigo 989º, relativo a alimentos a filhos maiores ou emancipados;
- O artigo 993º, relativo à conversão da separação em divórcio;
- O artigo 1024º, relativo à substituição do curador provisório;
- O artigo 1025º, relativo à cessação da curadoria provisória;
- O artigo 1055, nº 5, relativo à destituição de titulares de órgãos judicialmente designados.

2. Preceitos não incluídos no Código de Processo Civil

a) *Código Civil*

No Código Civil, é possível encontrar os seguintes preceitos:

- O artigo 151º, relativo ao levantamento da interdição;
- O artigo 155º, relativo ao levantamento da inabilitação;
- O artigo 551º, relativo à actualização das obrigações pecuniárias;
- O artigo 567º, nº 2, relativo à modificação da sentença (ou do acordo) que estabeleceu uma indemnização em renda;
- O artigo 1793º, relativo à caducidade, a requerimento do senhorio e com fundamento em circunstâncias supervenientes que o justifiquem, do arrendamento da casa de morada da família dado pelo tribunal a um dos cônjuges (nº 2) e à alteração, nos termos gerais da jurisdição voluntária, do regime fixado, quer por homologação do acordo dos cônjuges, quer por decisão do tribunal (nº 3);
- O artigo 1795º-B, relativo ao termo da separação judicial de pessoas e bens;
- O artigo 1795º-D, relativo à conversão da separação judicial de pessoas e bens em divórcio;
- O artigo 1813º, relativo à improcedência da acção de averiguação oficiosa da maternidade e à nova acção fundada nos mesmos factos;
- O artigo 1914º, relativo à cessação da inibição de pleno direito do exercício das responsabilidades parentais;
- O artigo 1916º, relativo ao levantamento da inibição do exercício das responsabilidades parentais;
- O artigo 1920º-A, relativo à revogação ou alteração das decisões decretadas em caso de perigo para a segurança, saúde, formação moral, educação ou património do filho;
- Os artigos 1948º e seguintes, relativos à remoção e exoneração de tutor;
- O artigo 1960º, relativo à remoção e exoneração dos vogais do conselho de família;
- Os artigos 1990º e 1991º, relativos à revisão da sentença que decretou a adopção;
- O artigo 2012º, relativo à alteração dos alimentos fixados;
- O artigo 2019º, relativo à cessação da obrigação alimentar;
- O artigo 2086º, relativo à remoção do cabeça-de-casal.

b) *Código de Processo do Trabalho*

O Código de Processo do Trabalho também prevê a modificação de decisões judiciais, destacando-se, a esse propósito, os seguintes preceitos:

- O artigo 121º, nº 2, relativo à rectificação da pensão ou indemnização por acidente de trabalho provisoriamente fixada;
- Os artigos 145º a 147º, relativos à revisão da incapacidade ou da pensão por acidente de trabalho.

c) Outros diplomas legais

- O artigo 70º da Lei nº 98/2009, de 4 de Setembro, relativo aos requisitos de natureza substantiva da revisão das prestações por acidente de trabalho ou doença profissional[484];
- Os artigos 75º a 77º e 135º da Lei nº 98/2009, de 4 de Setembro, relativos à remição de pensões por acidente de trabalho ou doença profissional[485];
- O artigo 124º da Lei nº 98/2009, de 4 de Setembro, relativo à actualização das pensões por doença profissional;

[484] Anteriormente a esta Lei, a matéria da revisão de pensões por acidentes de trabalho encontrava-se regulada no artigo 25º da *Lei nº 100/97, de 13 de Setembro*. Os artigos 63º e 71º e seguintes do *Decreto-Lei nº 248/99, de 2 de Julho* – também revogado pela Lei nº 98/2009, de 4 de Setembro – tratavam, respectivamente, da revisão das pensões por doença profissional e da cessação das prestações por doença profissional. Para a Administração Pública, rege o *Decreto-Lei nº 503/99, de 20 de Novembro*, que, conforme o respectivo preâmbulo, "acolhe, na generalidade, os princípios consagrados na [...] Lei nº 100/97 (lei geral), adaptando-os às especificidades da Administração Pública", dispondo, no artigo 40º, sobre a revisão da incapacidade e das prestações da responsabilidade da Caixa Geral de Aposentações, e, no artigo 42º, sobre a actualização das pensões. A Lei nº 100/97, de 13 de Setembro, por seu lado, procedeu à revogação, embora com algumas ressalvas, da *Lei nº 2127, de 3 de Agosto de 1965*, que promulgou as bases gerais do regime jurídico dos acidentes de trabalho e doenças profissionais. A Lei nº 2127, de 3 de Agosto de 1965, contemplava, no nº 1 da sua Base XXII, a possibilidade de revisão e aumento, redução ou extinção das prestações devidas por acidente de trabalho ou doença profissional, quando se verificasse modificação da capacidade de ganho da vítima: o artigo 147º do CPT de 1981 estabelecia depois o procedimento a seguir (sobre esta norma, e quanto à parte em que não admitia a revisão de pensão fixada aos filhos de um sinistrado falecido em acidente de trabalho afectados de doença física ou mental que os incapacitasse para o trabalho, RC, 10.09.2009). Sobre o projecto que deu origem à Lei nº 2127, de 3 de Agosto de 1965, veja-se o Parecer nº 21/VIII da Câmara Corporativa, no qual se afirma o seguinte a propósito do preceito relativo à revisão das pensões (cfr. nº 29 do parecer): "O preceito agora proposto é mais amplo e perfeito. O prazo para o exercício do direito alarga-se de cinco para dez anos e não se exige para as doenças profissionais de carácter evolutivo, como era necessário. Por outro lado, regula-se melhor o espaçamento dos pedidos". Recorde-se que, mesmo antes da Lei nº 2127, de 3 de Agosto de 1965, o instituto da revisão de pensões se encontrava consagrado no domínio laboral (mais precisamente, desde o Decreto nº 4288, de 9 de Março de 1918, a que já se fez referência: *supra*, § 2º, I, 6. *b)* 5).

[485] Anteriormente a esta Lei, esta matéria encontrava-se regulada no artigo 33º da Lei nº 100/97, de 13 de Setembro (e, antes desta última, a Lei nº 2127, de 3 de Agosto de 1965, previa na Base XXXIX a remição de pensões, nos seguintes termos: "Salvo tratando-se de doenças profissionais, serão obrigatòriamente remidas as pensões de reduzido montante, e poderá ser autorizada a remição quando deva considerar-se econòmicamente mais útil o emprego judicioso do capital"). Refira-se, ainda, que os artigos 56º e seguintes do Decreto-Lei nº 143/99, de 30 de Abril – que regulamentava a Lei nº 100/97, de 13 de Setembro – também tratavam da remição de pensões de acidentes de trabalho.

- O artigo 6º do Decreto-Lei nº 142/99, de 30 de Abril, relativo à actualização anual das pensões de acidentes de trabalho;
- Os artigos 62º, 62º-A e 63º da LPCJP, relativos à revisão e cessação das medidas de promoção dos direitos e de protecção das crianças e dos jovens em perigo;
- Os artigos 61º a 64º da Lei Tutelar Educativa, aprovada pela Lei nº 166/99, de 14 de Setembro, relativos à revisão, cessação e extinção de medidas cautelares;
- O artigo 112º da mesma Lei Tutelar Educativa, relativo à correcção da decisão;
- Os artigos 136º e seguintes, ainda da Lei Tutelar Educativa, relativos à revisão das medidas tutelares;
- O artigo 28º, nº 2, do RGPTC, relativo à alteração provisória de decisões tomadas a título definitivo, nos processos tutelares cíveis;
- O artigo 41º, nº 4, do RGPTC, relativo à alteração, por acordo, da regulação do exercício das responsabilidades parentais;
- O artigo 42º do RGPTC, relativo à alteração da regulação do exercício das responsabilidades parentais;
- O artigo 45º do RGPTC, relativo à alteração de alimentos devidos a criança;
- O artigo 59º do RGPTC, relativo ao levantamento da inibição ou da medida limitativa do exercício das responsabilidades parentais;
- O artigo 57º do Regime Jurídico do Processo de Adopção, aprovado pela Lei nº 143/2015, de 8 de Setembro, relativo à revisão da adopção;
- O artigo 84º, nº 2, do CIRE, relativo à cessação dos alimentos ao insolvente, por decisão do administrador da insolvência;
- O artigo 10º da Lei nº 34/2004, de 29 de Julho, relativo ao cancelamento da protecção jurídica[486].

[486] Não obstante a decisão sobre a concessão de protecção jurídica competir, em regra, ao dirigente máximo dos serviços de segurança social referido no nº 1 do artigo 20º da Lei nº 34/2004, de 29 de Julho, pode suceder que essa decisão seja proferida por um tribunal judicial, na sequência de impugnação judicial nos termos dos artigos 27º a 29º da mesma Lei, caso em que o cancelamento da protecção jurídica significará a modificação de uma decisão judicial. Mas como esse cancelamento também compete, em regra, a uma entidade administrativa (é o que resulta dos artigos 10º, nº 5, e 12º, da Lei nº 34/2004, de 29 de Julho) – não deixando, aliás, de causar alguma perplexidade esta possibilidade de uma decisão judicial ser revogada por um acto administrativo –, não interessará, em princípio, ao presente tema de investigação: só interessará na medida em que o cancelamento seja determinado por um tribunal, o que só sucederá na hipótese de impugnação judicial da decisão administrativa que determine o cancelamento, regulada pelo artigo 12º, que remete para os mencionados artigos 27º e 28º. O regime anterior de acesso ao direito e aos tribunais constava da Lei nº 30-E/2000, de 20 de Dezembro, que previa igualmente a retirada do apoio judiciário (cfr. artigo 37º).

IV. Síntese da regulação legal

1. Regulação na lei substantiva e na lei adjectiva

No ordenamento português, tanto a lei substantiva como a adjectiva prevêem a modificação de decisões judiciais, sobrepondo-se por vezes a respectiva regulação.

Nem todos os preceitos legais inventariados dizem respeito à modificação, por alteração de circunstâncias, do caso julgado material, mas a sua referência serviu os seguintes fins: o de autonomizar aquela modificação em relação ao fenómeno mais amplo da modificação de decisões judiciais e o de identificar os possíveis limites da permissão genérica de modificação, por alteração de circunstâncias, do caso julgado material, contida nos artigos 619º, nº 2, e 988º, nº 1, do CPC.

Em relação a este último aspecto, saliente-se, por exemplo, a existência de disposições especificamente dedicadas ao levantamento da interdição e da inabilitação ou à revisão da adopção, das quais se infere que a cessação ou substituição dos efeitos das correspondentes decisões não obedece ao regime do artigo 619º, nº 2, ou 988º, nº 1.

A existência de vários preceitos, na lei substantiva, prevendo, expressa ou implicitamente, a modificação de decisões, coloca, aliás, o problema de saber se a modificação prevista nos artigos 619º, nº 2, e 988º, nº 1, só pode operar nesses casos previstos na lei substantiva[487].

Casos únicos de aplicação do artigo 619º, nº 2, seriam, então, o da indemnização sob forma de renda e o dos alimentos (respectivamente, artigos 567º, nº 2, e 2012º do CC). Relativamente ao artigo 988º, nº 1, seria provavelmente maior o seu campo de aplicação, atendendo ao leque de decisões possíveis na área do direito da família e dos menores; mas tal disposição sempre sofreria a concorrência de outras disposições processuais constantes do RGPTC ou da Lei de Protecção de Crianças e Jovens em Perigo.

Em suma: o enquadramento legal da modificação, por alteração de circunstâncias, do caso julgado material, para além dos problemas que coloca ao nível da compatibilização das pertinentes normas, sugere a existência de um *numerus clausus* quanto às decisões susceptíveis de modificação.Veremos, todavia, se assim é, quando tratarmos dos pressupostos da acção modificativa relativos à decisão modificanda, isto é, do objecto da acção modificativa[488].

Por outro lado, a regulação dessa modificação parece assentar na distinção entre processos de jurisdição contenciosa e processos de jurisdição voluntária: os primeiros conheceriam um regime de modificação mais apertado, quer quanto

[487] Parece ser esta a posição de J. Alberto dos Reis, face ao correspondente preceito do direito anterior (*supra*, § 1º, III, 3).

[488] *Infra*, Capítulo II.

às decisões susceptíveis de modificação, quer quanto às circunstâncias atendíveis para efeitos de modificação. Não obstante, as razões que subjazem à permissão da modificação de certas decisões da jurisdição contenciosa, por alteração das circunstâncias, parecem valer também no campo da jurisdição voluntária (assim, por exemplo, quanto às decisões que condenam em alimentos, a permissão da modificação explica-se, quer num caso quer no outro, por essas decisões titularem dívidas de valor), o que sugere a existência de um fundamento comum dessa permissão.

2. Natureza adjectiva ou substantiva da lei reguladora da modificação

a) O problema. Lei aplicável à modificação de títulos estrangeiros

Ao que sabemos, a doutrina e a jurisprudência portuguesas ainda não trataram da questão da natureza, adjectiva ou substantiva, da norma constante do artigo 619º, nº 2, do CPC (e de outras que, no direito português, prevêem a modificação de decisões judiciais com fundamento em alteração das circunstâncias); a questão da natureza jurídica do § 323 da ZPO, que regula a *Abänderungsklage*, tem, no entanto, sido muito discutida na Alemanha[489].

A determinação da natureza da lei portuguesa reguladora da modificação assume importância nomeadamente quando se requeira a modificação, perante um tribunal português, de uma decisão judicial estrangeira (ou de outro título estrangeiro), porque para este efeito importa saber qual a lei que esse tribunal aplicará[490]: ora, entendendo-se que a lei reguladora da modificação (por exemplo, o artigo 619º, nº 2 do CPC) assume natureza processual, parece ser essa a lei

[489] No sentido da natureza processual do § 323 da ZPO, na medida em que diz respeito à modificabilidade da sentença e aos limites do caso julgado, Stein/Jonas/Leipold[22], § 323, 4, 28, 57 e 60. No sentido da natureza substantiva do § 323 da ZPO, P. Gottwald, "Abänderungsklage...", págs. 156-158. No sentido da natureza processual (na medida em que o § 323 da ZPO tem como função a quebra do caso julgado) e material (na medida em que tem como função estabelecer os fundamentos da modificação de uma pretensão), K. Siehr, "Ausländische...", págs. 929-930 e 962. Também P. Kurz (*Die Reformbedürftigkeit...*, pág. 73) considera que, não obstante a natureza processual do regime consagrado no § 323 da ZPO – enquanto instrumento para a actuação processual da modificação de títulos relativos a prestações periódicas vincendas –, lhe deve igualmente ser reconhecida uma vertente material, na medida em que o preceito estabelece os fundamentos dessa mesma modificação: concretamente, permite-a quando sobrevenha uma alteração essencial das circunstâncias. Propugnando a aplicabilidade do § 323, 3 da ZPO à modificação de títulos estrangeiros (por se tratar de regulação processual) e do estatuto dos alimentos aos aspectos relacionados com a medida da alteração, K. Johannsen / D. Henrich / G. Brudermüller, *Eherecht*, § 323 ZPO, 54, e G. Brudermüller, "Zur Abänderbarkeit...", págs. 915-916. Contra a natureza dupla do § 323 da ZPO, veja-se, porém, D. Leipold, "Das anwendbare...", pág. 202.

[490] Se bem que, como sublinha F. A. Ferreira Pinto (*Do conflito de leis...*, págs. 261-262), "o problema da lei aplicável à revisão de uma pensão alimentar pode pôr-se, quer no caso de a decisão a rever ter sido proferida pelas autoridades de um Estado estrangeiro, quer na hipótese de ela emanar das próprias autoridades do Estado em que é formulado o pedido de revisão".

a aplicar, por esse motivo[491]; já em se entendendo que a lei reguladora da modificação assume natureza substantiva, deverá sustentar-se a sua aplicação apenas se a lei a aplicar ao fundo da causa pelo tribunal português for, de acordo com as regras do direito internacional privado, a lei portuguesa.

Assim, e concretizando ainda mais, quando se pretenda a modificação de uma sentença estrangeira de alimentos, pode sustentar-se, ou que o tribunal português deve aplicar logo o disposto no artigo 619º, nº 2, do CPC (ou no artigo 988º, nº 1, do CPC) – e, como tal, só a conceder se os correspondentes requisitos se encontrarem preenchidos –, em virtude de essas regras possuírem natureza processual, ou que o tribunal português deve aplicar a lei que, segundo as regras do direito internacional privado, for aplicável quando se requeira a modificação de alimentos judicialmente fixados (devendo, neste caso, aplicar o artigo 619º, nº 2, do CPC apenas e na medida em que este preceito se integre nessa lei).

Prévio a este problema é, naturalmente, o da competência dos tribunais portugueses para a modificação de decisões estrangeiras e, em geral, o da modificabilidade de uma decisão estrangeira: apesar de os artigos 619º, nº 2, e 988º, nº 1, do CPC não fazerem qualquer referência à proveniência da decisão modificanda, a verdade é que, relativamente às sentenças estrangeiras, o Código só prevê a respectiva revisão e confirmação, não a sua modificação.

Mas, como teremos ocasião de verificar[492], nada obsta a que um tribunal português proceda à modificação de uma decisão estrangeira, com fundamento em alteração de circunstâncias, desde que preenchidos certos requisitos.

Já quanto à lei a aplicar por esse tribunal quando se requeira a modificação, com fundamento em alteração das circunstâncias, salienta KURZ[493] a existência, na Alemanha, de três orientações.

De acordo com uma delas, essa lei é a *lei do Estado no qual foi proferida a sentença modificanda*[494]; tal orientação foi, todavia, rejeitada pelo *Bundesgerichtshof*[495], com

[491] Segundo E. Allorio ("L'ordinamento...", págs. 123-125), a relevância da qualificação de certa norma como substantiva ou adjectiva manifesta-se sobretudo na disciplina dos conflitos de leis, valendo para as normas processuais o critério da *lex fori* e, para as normas substantivas, o critério da *lex causae*. A propósito da questão de saber qual a lei aplicável ao modo e à medida da modificação, observa D. Henrich ("Die Abänderungsklage...", pág. 141) que, para quem encare o § 323 da ZPO como uma pura norma processual, a lei aplicável é a *lex fori*, porque o processo de um tribunal é sempre definido pelo próprio direito.

[492] *Infra*, Capítulo IV, § 32º, II, 1. *b)* 2.

[493] P. Kurz, *Die Reformbedürftigkeit...*, págs. 148-151.

[494] Assim, U. Spellenberg, "Abänderung...", págs. 305-308. Esta primeira orientação pode, como assinala D. Henrich ("Die Abänderungsklage...", pág. 141), sustentar-se no entendimento de que a acção modificativa visa a quebra dos efeitos do caso julgado: assim, só o direito (processual ou material, consoante a inserção da norma que permite a modificação) do Estado que produziu a sentença pode decidir sobre essa quebra.

[495] BGH, 01.06.1983.

base no argumento segundo o qual, dependendo a produção de efeitos pelos títulos estrangeiros no território nacional do seu reconhecimento, também os correspondentes limites devem ser definidos pelo ordenamento nacional[496].

A segunda orientação propugna – seguindo ainda KURZ – a aplicação, à modificação de decisões estrangeiras, do disposto no § 323 da ZPO, considerando que, em qualquer litígio submetido à apreciação dos tribunais alemães, estes aplicam o direito processual alemão: a lei aplicável à modificação de decisões estrangeiras seria, então, a *lei do foro*[497].

Por último, cabe referir a terceira orientação – maioritária, como dá conta KURZ –, de acordo com a qual a lei a aplicar à modificação é, no caso da modificação de alimentos judicialmente fixados, *a lei reguladora dos alimentos*, definida pelo direito internacional privado do Estado a cujos tribunais incumbe decidir sobre a modificação[498]; o regime do § 323 da ZPO seria, nesta perspectiva, aplicável unicamente quando também fosse aplicável o estatuto dos alimentos alemão[499].

Existem ainda, como observa P. BAUMANN[500], algumas orientações que não respondem de modo uniforme à questão de saber qual a lei aplicável à modificação dos alimentos, preferindo antes cindir tal questão: assim, por exemplo, considerando que o disposto no § 323, 3, da ZPO (que regula o momento a partir do qual opera a modificação) seria sempre aplicável à modificação de títulos estrangeiros, já podendo não o ser outros aspectos do regime consagrado neste preceito. Nessas orientações não uniformes julgamos poder incluir a de GRABA[501] e a de SOYKA[502].

[496] Concordando com a crítica do BGH, cfr. H.-U. Graba, *Die Abänderung...*, pág. 189.

[497] Seguem esta orientação: D. Leipold, "Das anwenbare...", pág. 208; Stein/Jonas/Leipold[22], § 323, 28; P. Baumann ("Leistungs- und Abänderungsklage...", pág. 31) fundamentalmente por considerar que razões de segurança jurídica e praticabilidade militam no sentido da aplicação do § 323, nomeadamente do seu terceiro parágrafo. Um outro motivo para considerar-se aplicável o § 323 da ZPO radica, como observa D. Henrich ("Die Abänderungsklage...", pág. 141), numa certa concepção do instituto do reconhecimento de decisões estrangeiras: a que o encara como realizando a incorporação da decisão estrangeira no direito nacional, que passaria a equivaler a uma decisão nacional; no entanto, se se considerar que, com o reconhecimento, não é recebida a própria decisão, mas apenas os seus efeitos (como sustenta o Autor: *idem*, pág. 140), esse motivo não é válido.

[498] Perfilham-na, por exemplo, K. Siehr, "Ausländische...", págs. 947-960, e D. Henrich, "Die Abänderungsklage...", pág. 141. Como dá conta H.-U. Graba (*Die Abänderung...*, pág. 190), não é também pacífica a resposta à questão de saber se o estatuto dos alimentos é o definido pelo direito internacional privado do Estado da modificação ou pelo direito internacional privado do Estado que proferiu a sentença ou se corresponde, antes, ao direito efectivamente aplicado por este Estado.

[499] P. Baumann, "Leistungs- und Abänderungsklage...", pág. 31.

[500] P. Baumann, "Leistungs- und Abänderungsklage...", pág. 31.

[501] Embora aceite a tese da aplicação da lei do foro à modificação, distinguindo entre a questão substantiva (que é a de saber se a alteração das circunstâncias afecta a pretensão de alimentos) e a questão adjectiva (que é a de saber se e em que condições pode o título estrangeiro ser modificado), e, bem assim,

Não só na Alemanha, mas também em outros ordenamentos jurídicos – e como observa Ferreira Pinto[503] –, o problema da lei aplicável à modificação, por alteração das circunstâncias, das pensões alimentares fixadas por decisão judicial ou administrativa ou por qualquer outro título foi bastante discutido à luz da Convenção Relativa à Lei Aplicável em Matéria de Prestação de Alimentos a Menores, concluída na Haia, em 24 de Outubro de 1956[504], verificando-se que "[a]pós alguma hesitação inicial (sobretudo por parte da jurisprudência) acabou por formar-se um certo consenso em torno da ideia de que compete à lei referida pelas normas da Convenção, não apenas decidir sobre a modificabilidade do título, como também estabelecer os respectivos pressupostos e determinar os critérios a que deve obedecer a modificação".

b) A diversa natureza das regras relativas à modificação

À luz do direito alemão, assinala Petzoldt[505] que é preferível, na averiguação da natureza material ou processual do § 323 da ZPO, tratar de modo autónomo cada uma das suas regras: por um lado, a que respeita ao poder de modificação, em si mesmo considerado, constante do 1º parágrafo; por outro lado, a que condiciona este poder à alegação de certos factos (os produzidos depois do encerramento da última discussão oral), constante do 2º parágrafo; finalmente, a que restringe os efeitos da modificação ao período subsequente à dedução do pedido, constante do 3º parágrafo.

enfatizando a qualificação legal do § 323 como norma processual, H. U. Graba (*Die Abänderung...*, págs. 189-192) admite, porém, a cedência da regra do § 323, 2, da ZPO, caso o estatuto dos alimentos permita a modificação com fundamento em erros originários da sentença; já a cedência da regra da essencialidade, constante do § 323, 1, da ZPO não seria possível, atendendo a que, com ela, se pretende poupar os tribunais a litígios irrelevantes; quanto à regra do § 323, 3, da ZPO, haveria que articulá-la com o direito material aplicável, pelo que só se este permitir a modificação para o passado tal regra não se aplica.

502 J. Soyka (*Die Abänderungsklage...*, 1ª ed., págs. 199-200) perfilha também, de um modo geral, a segunda das referidas orientações. Na verdade, o Autor aplica o disposto no § 323, 2 e 3, da ZPO à modificação de sentenças estrangeiras, com base no argumento de que esses preceitos não dizem directamente respeito à pretensão de alimentos, antes estabelecem limites à modificação, por razões de ordem processual. Mas já quanto à medida da modificação, e considerando que o § 323, 1, da ZPO não permite uma livre fixação da prestação nem uma valoração divergente das circunstâncias, rege, segundo Soyka, não a lei do foro, mas *a lei que o tribunal aplicou na sentença modificanda* (e, se essa lei entretanto se tiver alterado, a lei que a tiver substituído). Parece, portanto, que Soyka não aplicaria à modificação de decisões estrangeiras a regra actualmente constante do § 323, 4 (versão emergente da reforma de 2008/2009), que diz respeito à medida da vinculação à decisão anterior.

503 F. A. Ferreira Pinto, *Do conflito de leis...*, págs. 259-260.

504 Aprovada pelo Decreto-Lei nº 48 495, de 22 de Julho de 1968. Sobre esta Convenção da Haia de 1956, veja-se também F. A. Ferreira Pinto, *Do conflito de leis...*, págs. 33-45.

505 T. M. Petzoldt, *Die Rechtskraft...*, pág. 60.

Assim, por exemplo, no que se refere ao poder de modificação, atribuem-lhe natureza material KNECHT[506] e GOTTWALD[507]. Na perspectiva de PETZOLDT[508], só seria possível incluir a regulação do poder de modificação no direito substantivo se se concebesse a acção prevista no § 258 da ZPO (a acção de condenação em prestações periódicas vencidas e vincendas) como uma acção de condenação e definisse o correspondente caso julgado de acordo com a teoria material do caso julgado, ou se se concebesse aquela acção como uma acção constitutiva e o direito de modificação como um direito potestativo de natureza parcialmente substantiva: ora, não é de aceitar, nem a teoria material do caso julgado, nem a concepção da acção prevista no § 258 da ZPO como uma acção constitutiva.

Parece-nos também que, face ao direito português, é conveniente proceder a uma autonomização das várias regras que regulam a modificação de decisões judiciais por alteração das circunstâncias – e elas não se resumem às constantes dos artigos 619º, nº 2, e 988º, nº 1, do CPC – e, atendendo à matéria que regulam, aferir a correspondente natureza. Mais precisamente, entendemos que, para a dilucidação da questão da natureza das normas do direito português que regulam a modificação e da do direito aplicável à modificação, cumpre identificar claramente o que, na modificação, assume carácter estritamente adjectivo.

E, tal como PETZOLDT[509] salienta a propósito do § 323 da ZPO, para a resolução da questão da natureza material ou processual do regime da modificação não assume relevância a inserção da regulação da acção modificativa no Código de Processo Civil[510] ou a tendencial regulação da possibilidade de modificação pelo direito substantivo, nos ordenamentos estrangeiros[511].

506 H. Knecht, *Die Abänderungsklagen*, págs. 48 e 56-58. Criticamente em relação a esta qualificação a que procede Knecht, veja-se: G. Baumgärtel, "Heinz Knecht...", pág. 84; W. J. Habscheid, "Dr. Heinz Knecht...", pág. 15 (sublinhando que, pelo menos à luz do direito alemão, o § 323 da ZPO possui natureza processual, quer se opte pela teoria da equidade, quer pela da confirmação).

507 P. Gottwald, "Abänderungsklage...", pág. 160.

508 T. M. Petzoldt, *Die Rechtskraft*..., pág. 61.

509 T. M. Petzoldt, *Die Rechtskraft*..., pág. 60.

510 Face ao direito japonês, K. Sakamoto (*Rechtskräftige*..., pág. 4) entende também que a previsão da acção tendente à modificação ou à cessação dos alimentos na lei substantiva não impede que se atribua natureza processual à correspondente regra. Refira-se que, como informa o mesmo Autor (*idem*, págs. 4, 17 e 31 e seguintes), o direito japonês não dispõe de um preceito semelhante ao do § 323 da ZPO, prevendo o respectivo Código Civil, todavia, no § 880, a alteração ou cessação dos alimentos judicialmente fixados, na eventualidade de alteração de circunstâncias; de qualquer modo, a doutrina maioritária não reconhece à sentença de alimentos aptidão para produzir caso julgado, dado que a insere na jurisdição voluntária.

511 Na generalidade dos direitos europeus, e como refere P. Kurz (*Die Reformbedürftigkeit*..., págs. 168 e 153 e seguintes), a questão da modificação de títulos relativos a alimentos representa um problema de direito substantivo e não de direito processual, sendo, a este respeito, significativo o tratamento da questão nas disposições da lei substantiva, bem como a ausência, em regra, de um preceito equivalente ao do § 323 da ZPO; identicamente, P. Gottwald, "Abänderungsklage...", págs. 153-156. Curiosamente,

Assim, o *procedimento* previsto na lei portuguesa parece-nos ser o procedimento a seguir, sempre que a modificação com fundamento em alteração de circunstâncias seja requerida perante um tribunal português: nessa medida, se em Portugal for requerida a modificação de um título estrangeiro com esse fundamento, o procedimento é o previsto nos artigos 282º, 619º, nº 2 e 936º (eventualmente, se se tratar de matéria da jurisdição voluntária, aplicar-se-ão os procedimentos aí previstos) e não, por exemplo, o procedimento previsto para casos semelhantes no direito do Estado que proferiu a sentença ou no direito aplicável à relação subjacente[512].

O mesmo é dizer que os preceitos da lei portuguesa que regulam os aspectos procedimentais da modificação têm natureza adjectiva.

Também a *competência* para a acção modificativa nos parece ser regulada por preceitos de natureza adjectiva, pelo que deve ser necessariamente disciplinada pela lei do foro.

Que a lei do foro regula o procedimento da modificação e a competência para a modificação é algo que, quanto a nós, também resulta do Regulamento (CE) nº 4/2009 do Conselho, de 18 de Dezembro de 2008 (relativo à competência, à lei aplicável, ao reconhecimento e à execução das decisões e à cooperação em matéria de obrigações alimentares), que, a propósito dos pedidos à disposição do credor e do devedor (entre os quais o de alteração de uma decisão), determina no artigo 56º, nº 4, que "[s]alvo disposição em contrário do presente regulamento, os pedidos [...] são tratados nos termos do direito do Estado-Membro requerido e estão sujeitos às regras de competência aplicáveis nesse Estado-Membro"[513].

A lei do foro é também a lei reguladora da generalidade dos pressupostos processuais da acção modificativa, excepção feita, eventualmente, à *legitimidade* – que julgamos dever seguir o regime dos aspectos não estritamente adjectivos da modificação, dada a sua proximidade em relação à questão da titularidade do

K. Siehr ("Ausländische...", págs. 927-928 e nota 5) insere o direito português nesta tendência, referindo apenas o disposto no artigo 2012º do CC.

[512] Neste sentido, embora face ao direito alemão, veja-se P. Baumann ("Leistungs- und Abänderungsklage...", pág. 31), H.-U. Graba (*Die Abänderung...*, pág. 188) e J. Soyka (*Die Abänderungsklage...*, 1ª ed., pág. 199), salientando que o meio processual adequado para a modificação de uma sentença estrangeira é o da acção modificativa, prevista no § 323 da ZPO; para a hipótese particular da modificação de sentenças da antiga Alemanha Oriental, veja-se H.-U. Graba, "Zur Abänderung...", pág. 39, P. Stankewitsch, "Kollisionsrechtliche...", págs. 107-109, ou H.-U. Maurer, "Zum Unterhaltsrecht...", esp. págs. 130-131, e "Kindesunterhalt...", esp. pág. 338 (a título meramente exemplificativo, porque tal hipótese é abundantemente tratada na doutrina e na jurisprudência alemãs).

[513] Sustentando a aplicabilidade do artigo 5º, nº 2, do Regulamento (CE) nº 44/2001, do Conselho, de 22 de Dezembro de 2000, em matéria de alimentos em geral, incluindo acções modificativas, P. F. Schlosser, *EU-Zivilprozessrecht...*, pág. 60. As disposições deste regulamento em matéria de obrigações alimentares foram substituídas pelas do regulamento europeu citado no texto, e o próprio regulamento foi substituído pelo Regulamento(UE) nº 1215/2012, de 12 de Dezembro.

próprio direito[514] (embora, reconhecemos, também existem fortes razões militando no sentido de lhe ser aplicável o estatuto da sentença[515]) – e aos *pressupostos (especiais) respeitantes ao objecto e aos fundamentos da modificação* (qualificáveis, como adiante verificaremos, como pressupostos processuais[516]), que também devem seguir esse regime, mais adiante assinalado.

É também a lei do foro a aplicável a outras questões de índole estritamente adjectiva, "como seja, por exemplo, a de saber se uma alteração da situação de facto que ocorra já na pendência da lide pode ser tomada em consideração pelo juiz"[517].

Quanto aos *aspectos não estritamente adjectivos* da modificação, há que ter em conta, como sublinha FERREIRA PINTO[518], o disposto no artigo 8º da Convenção sobre a Lei Aplicável às Obrigações Alimentares, concluída na Haia, em 2 de Outubro de 1973[519], que estabelece o seguinte:

> "Por derrogação dos Artigos 4º e 6º, a lei aplicada ao divórcio rege, no Estado contratante em que este foi decretado ou reconhecido, as obrigações alimentares entre cônjuges divorciados e a revisão das decisões relativas a essas obrigações.
>
> O parágrafo precedente é igualmente aplicável aos casos de separação de pessoas e bens, de nulidade ou de anulação de casamento".

Portanto, a lei aplicável à revisão das decisões relativas a obrigações alimentares entre cônjuges divorciados coincide, nos termos do citado artigo 8º da Convenção da Haia de 1973, com a lei aplicável a essas mesmas obrigações (enfim, com o estatuto dos alimentos, que não tem, por sua vez, de coincidir necessa-

[514] O artigo 10º, nºs 1 e 2, da Convenção da Haia de 2 de Outubro de 1973 (aprovada pelo Decreto nº 339/75, de 2 de Julho: sobre esta Convenção, veja-se também F. A. Ferreira Pinto, *Do conflito de leis...*, págs. 62-63 e 89 e seguintes) dá também a entender – uma vez que estatui que a lei aplicável à obrigação alimentar determina "se, em que medida e de quem o credor pode reclamar alimentos", bem como "a quem é permitido intentar a acção alimentar" – que a legitimidade para a acção modificativa é aferida de acordo com o estatuto dos alimentos. Sobre o sentido do referido artigo 10º, veja-se F. A. Ferreira Pinto (*Do conflito de leis...*, págs. 248-259). O Protocolo sobre a Lei Aplicável às Obrigações Alimentares, concluído na Haia em 23 de Novembro de 2007 – acto que, nos termos do seu artigo 18º, substitui aquela Convenção –, dispõe igualmente: no artigo 11º, alínea *a)*, que a lei aplicável à obrigação alimentar determina a quem o credor pode pedir os alimentos; no artigo 11º, alínea *d)*, que a lei aplicável à obrigação alimentar determina a quem é lícito propor a acção de alimentos, ressalvadas as questões relativas à capacidade jurdiciária e à representação em juízo.

[515] H.-U. Graba (*Die Abänderung...*, págs. 188-189) considera que a legitimidade para a acção modificativa é regida pelo *estatuto da sentença*, porque é esta que estabelece a eficácia do caso julgado (nomeadamente, a favor e contra terceiros).

[516] *Infra*, § 32º, II, 3 e 4.

[517] F. A. Ferreira Pinto, *Do conflito de leis...*, pág. 262, nota 550.

[518] F. A. Ferreira Pinto, *Do conflito de leis...*, págs. 260-261.

[519] Referida *supra*, neste ponto.

riamente com a lei do Estado no qual foi proferida a sentença modificanda ou com a lei do foro).

O Protocolo sobre a Lei Aplicável às Obrigações Alimentares, concluído na Haia em 23 de Novembro de 2007, substituiu, porém, nas relações entre os Estados contratantes, aquela Convenção da Haia de 1973 (cfr. o artigo 18º do Protocolo), sucedendo que não contém disposição semelhante à daquele artigo 8º[520]: assim, do Protocolo não decorre que seja a mesma a lei aplicável às obrigações alimentares e à revisão das decisões relativas a essas obrigações. E o Regulamento (CE) nº 4/2009 do Conselho, de 18 de Dezembro de 2008, remete simplesmente para o Protocolo, quanto à determinação da lei aplicável (artigo 15º do Regulamento).

No entanto, parece-nos que deste mesmo Regulamento se pode inferir que os aspectos relacionados com a modificação de decisões em matéria de alimentos, que não se prendam com a respectiva tramitação ou competência, constituem problemas a resolver de acordo com a lei aplicável às obrigações alimentares, a qual é determinada de acordo com o Protocolo da Haia de 2007: na verdade, os pedidos de modificação são, no Regulamento (CE) nº 4/2009, tratados a par dos pedidos de concessão de alimentos (cfr., por exemplo, o artigo 56º, alíneas *c)*, *d)*, *e)* e *f)*), sendo que, em relação a todos eles, subjaz a regra de que a tramitação e a competência são regidas pela lei do foro ou pelo próprio Regulamento (artigos 3º e seguintes e artigo 56º, nº 4), e os restantes aspectos são regidos pela lei aplicável às obrigações alimentares (artigo 15º).

Do exposto decorre que da eventual função de quebra do caso julgado da acção modificativa não resulta a aplicação, à própria modificação, do estatuto do caso julgado. Quanto a este aspecto, assinale-se apenas que, no plano do direito internacional discute-se qual a lei reguladora da produção e do alcance do caso julgado de uma decisão estrangeira: se a lei do Estado do qual a sentença provém, que assim definiria a medida da vinculação dos tribunais dos outros Estados (teoria da primeira *lex fori*), ou, diversamente, se a lei do Estado em que o caso julgado da decisão estrangeira deve ser tomado em consideração (teoria da segunda *lex fori*), sendo a primeira a tese dominante na Alemanha, embora a preferência deva ser dada, ao que nos parece, à segunda[521]. Ora, à modificação,

[520] Do Protocolo da Haia de 2007 resulta apenas que a lei aplicável à obrigação de alimentos – que é, em regra, a lei do Estado da residência habitual do credor (cfr. o seu artigo 3º) – regula, por exemplo, a existência e a medida dos alimentos, a quem podem ser exigidos, a possibilidade de os alimentos serem exigidos retroactivamente, a base de cálculo do montante dos alimentos e a indexação, quem pode propor a acção de alimentos, a prescrição ou os prazos para propor uma acção e a medida da obrigação do devedor de alimentos (quando um órgão público lhe exija a restituição das quantias pagas ao credor em substituição dos alimentos): veja-se o artigo 11º do Protocolo.

[521] Assim, S. Koussoulis, *Beiträge...*, págs. 74-76. Segundo o Autor, o tratamento do instituto do caso julgado no plano do direito internacional demonstra a relevância prática da discussão entre a teoria material e a teoria processual do caso julgado, porque a primeira tese (a tese da primeira *lex fori*) só é

por alteração das circunstâncias, da decisão relativa a alimentos não é aplicável, nem a primeira *lex fori*, nem a segunda *lex fori*, mas a lei que é também aplicável à obrigação apreciada na sentença modificanda (e que pode ou não coincidir com a primeira ou com a segunda *lex fori*).

Quando seja aplicável a Convenção da Haia de 1973, o princípio segundo o qual a modificação (ou revisão) das decisões relativas a uma pensão alimentar está sujeita à *lei reguladora da obrigação de alimentos* aplica-se, ainda segundo FERREIRA PINTO[522], aos casos cobertos pelos artigos 4º a 7º daquela Convenção (que estabelecem a lei aplicável à generalidade das obrigações alimentares provenientes de relações de família, de parentesco, de casamento ou de afinidade, incluindo as obrigações alimentares relativas a um filho ilegítimo), e não apenas àqueles a que se refere o mencionado artigo 8º (que, como se viu, diz respeito às obrigações alimentares entre cônjuges, em caso de divórcio, separação de pessoas e bens, nulidade e anulação de casamento).

A lei reguladora da obrigação de alimentos corresponde, em regra:

a) À *lei interna da residência habitual do credor de alimentos*, se se tratar de obrigações de alimentos entre maiores de idade decorrentes de relações familiares ou, em certos casos, perante menores (cfr. a mencionada Convenção sobre a Lei Aplicável às Obrigações Alimentares, concluída na Haia, em 2 de Outubro de 1973, especialmente os seus artigos 1º, 4º e 18º)[523];

b) À *lei da residência habitual do menor*, se se tratar de certas obrigações alimentares perante menores (cfr. a Convenção Relativa à Lei Aplicável em Matéria de Prestação de Alimentos a Menores, concluída na Haia, em 24 de Outubro de 1956, especialmente o seu artigo 1º; cfr., ainda, o já referido artigo 18º da Convenção sobre a Lei Aplicável às Obrigações Alimentares, concluída na Haia, em 2 de Outubro de 1973)[524];

compreensível na perspectiva da teoria material do caso julgado (aquela tese pressupõe, com efeito, que as normas estrangeiras sobre o caso julgado sejam aplicadas como quaisquer outras normas estrangeiras de direito material); já à segunda tese – a da segunda *lex fori* – subjaz a aceitação da teoria processual do caso julgado, atendendo a que desta decorre que seja o direito processual e não o direito substantivo a definir a vinculação ao caso julgado. Contra, na medida em que considera que a teoria processual do caso julgado (por si perfilhada) pode ainda coadunar-se com a teoria da primeira *lex fori* (que também sustenta), veja-se, porém, E. Heinitz, *I limiti...*, págs. 85 a 87. Sobre a discussão em torno do estatuto do caso julgado, veja-se ainda U. Spellenberg, "Abänderung...", págs. 305-308; entre nós, S. Torres Magalhães (*O caso julgado...*, págs. 18-24), entendendo que os efeitos do caso julgado são regidos pela lei do Estado de origem da decisão, embora não possam ser preteridos os limites do caso julgado (objectivos, subjectivos ou temporais) que o ordenamento jurídico do Estado do reconhecimento estabeleça.

522 F. A. Ferreira Pinto, *Do conflito de leis...*, pág. 261.

523 Sobre a residência habitual do credor de alimentos como factor de conexão tendencialmente único na Convenção de 1973, veja-se J. P. Remédio Marques, *Algumas notas...*, pág. 49.

524 Sobre a Convenção de 1956, a relação entre esta Convenção e a Convenção de 1973, e a lei aplicável à prestação de alimentos a menores, veja-se J. P. Remédio Marques, *Algumas notas...*, págs. 50-53.

c) À *lei da residência habitual do credor*, se se tratar de obrigações alimentares emergentes de relações de família, de filiação, de casamento ou de afinidade, aí compreendidas as obrigações alimentares em relação a um menor independentemente da situação matrimonial dos seus progenitores (cfr. os artigos 1º e 3º do Protocolo da Haia de 2007, que, de acordo com o seu artigo 18º, e como já se referiu, substituiu, nas relações entre os Estados contratantes, a Convenção Relativa à Lei Aplicável em Matéria de Prestação de Alimentos a Menores, concluída na Haia, em 24 de Outubro de 1956, e a Convenção sobre a Lei Aplicável às Obrigações Alimentares, concluída na Haia, em 2 de Outubro de 1973).

Tratando-se de *obrigação de alimentos contemplada nas referidas Convenções ou Protocolo, mas não sendo estes, por qualquer motivo, aplicáveis ao caso*, parece que o estatuto dos alimentos corresponde à lei referida no artigo 52º do CC, no caso de alimentos entre cônjuges (em regra, a lei nacional comum), ou à lei referida no artigo 57º do CC, no caso de alimentos entre pais e filhos (em regra, a lei nacional comum dos pais)[525].

Em se tratando de *obrigação de alimentos não contemplada nas mencionadas Convenções ou Protocolo*, a lei que a regula – e que, portanto, adoptando o mesmo princípio, também regulará a revisão, por alteração das circunstâncias, da sentença que os fixe – coincide com:

a) A lei referida nos artigos 3º e 4º do Regulamento (CE) nº 593/2008, do Parlamento Europeu e do Conselho, de 17 de Junho de 2008, sobre a lei aplicável às obrigações contratuais (Regulamento Roma I) – que é, respectivamente, a *lei escolhida pelas partes ou, subsidiariamente, a lei do país com o qual o contrato apresente uma conexão mais estreita*[526] –, se se tratar de alimentos de fonte contratual não excluída pelo artigo 1º, nº 2, alíneas *b)* ou *c)*, deste Regulamento[527/528];

[525] Sobre a aplicabilidade do artigo 52º do CC aos alimentos entre cônjuges e ex-cônjuges e do artigo 57º do CC aos alimentos devidos aos filhos menores na sequência de divórcio ou separação judicial de pessoas e bens, veja-se J. P. Remédio Marques (*Algumas notas...*, págs. 46-49 e nota 58), sustentando ainda que "[n]as demais eventualidades de alimentos *iuris sanguinis*, legais ou negociais, é que cumpre utilizar a norma de conflitos do art. 27º do CC [isto é, a lei pessoal do credor de alimentos]". Também J. Rodrigues Bastos (*Notas ao Código Civil*, VII, pág. 222) afirma que "[o] direito aos alimentos deve considerar-se disciplinado pela lei nacional da pessoa que está carecida deles, por se tratar de um direito da personalidade (art. 27º)".

[526] Desenvolvidamente sobre o sentido dos artigos 3º e 4º do Regulamento Roma I, veja-se L. de Lima Pinheiro, "O novo Regulamento...", in *Estudos...*, págs. 415-433.

[527] O Regulamento em referência substituiu, nos termos do seu artigo 24º, a Convenção sobre a Lei Aplicável às Obrigações Contratuais (a Convenção de Roma de 1980), publicada no Jornal Oficial da União Europeia, de 30 de Dezembro de 2005, C 334. Por outro lado, só se aplica aos contratos celebrados

b) A lei referida no artigo 62º do CC, se a fonte dos alimentos for de natureza sucessória (por exemplo, um legado de alimentos: cfr. os artigos 2073º e 2273º, do CC).

E, no caso da modificação, por alteração das circunstâncias, de *obrigações diversas das obrigações de alimentos*, mas de *fonte contratual* (não excluída pelo artigo 1º, nº 2, alíneas *b)*, ou *c)*, do Regulamento (CE) nº 593/2008), os aspectos substantivos dessa modificação são também regulados, segundo cremos, pela lei referida nos artigos 3º e 4º deste Regulamento; tratando-se de *fonte não contratual*, importa ter presente a regra geral consagrada no artigo 4º, nº 1, do Regulamento (CE) nº 864/2007, do Parlamento Europeu e do Conselho, de 11 de Julho de 2007, relativo à lei aplicável às obrigações extracontratuais (Regulamento Roma II) – segundo a qual "a lei aplicável às obrigações extracontratuais decorrentes da responsabilidade fundada em acto lícito, ilícito ou no risco é a lei do país onde ocorre o dano" –, os artigos 41º e seguintes do CC, se este Regulamento não for aplicável (assim, por exemplo, quando se trate de modificação de indemnização sob forma de renda parece aplicável a lei a que alude o artigo 45º do CC, relativo à responsabilidade extracontratual), bem como o estatuído no artigo 62º do CC – que indica a lei pessoal do autor da sucessão ao tempo do falecimento deste –, se se tratar de uma obrigação imposta pelo testador.

Em suma: os pressupostos (da modificação) relativos à decisão modificanda – isto é, ao *objecto* possível da acção modificativa –, bem como às circunstâncias atendíveis para efeitos de modificação – ou seja, ao *fundamento* possível da acção modificativa – e ao *prazo* para propor a acção modificativa, como se prendem com a regulação do próprio direito reconhecido na sentença anterior, devem também ser regulados pela lei aplicável a esse direito – enfim, pelo *estatuto dos alimentos*,

após 17 de Dezembro de 2009, nos termos do seu artigo 28º, pelo que em relação aos contratos anteriores continua a aplicar-se a Convenção de Roma de 1980 (sobre o âmbito temporal do Regulamento Roma I, veja-se L. de Lima Pinheiro, "O novo Regulamento...", in *Estudos*..., pág. 414). À luz desta Convenção, as considerações do texto devem entender-se reportadas aos seus artigos 3º, 4º, e 1º, nº 2, alínea *b)*.

[528] Não obstante nos parecer ser a lei referida nos artigos 3º e 4º do Regulamento (CE) nº 593/2008 a aplicável a estes casos, há que reconhecer que o artigo 12º do mesmo Regulamento não prevê (ao menos expressamente) que essa lei possa regular a modificação, por alteração das circunstâncias, do contrato. Refira-se, ainda, que em se tratando de fonte contratual excluída da aplicação do disposto no Regulamento (CE) nº 593/2008 pelo artigo 1º, nº 2, alíneas *b)* ou *c)*, do mesmo Regulamento, parece que aos aspectos substantivos da modificação de decisão judicial relativa a alimentos de fonte contratual é aplicável o previsto nos artigos 41º e 42º do CC (que mandam, respectivamente, aplicar a lei que os sujeitos do negócio jurídico tiverem designado ou houverem tido em vista, ou a lei da residência habitual comum das partes). Não sendo contratual a fonte dos alimentos, há a considerar a aplicação cumulativa da lei do alimentando e da lei do obrigado, "no sentido de não reconhecer nenhum direito e nenhuma obrigação que não seja sancionada por ambas as aludidas leis", tese sustentada, por exemplo, por L. P. Moitinho de Almeida (*Os alimentos*..., pág. 44).

já acima concretizado, em se tratando de obrigação de alimentos –, que não é necessariamente a lei do país onde foi proferida a sentença[529].

Os *efeitos da decisão modificativa* (nomeadamente a sua eventual eficácia retroactiva) devem também, pela mesma razão, ser regulados pela lei aplicável ao direito[530].

O que acima ficou dito vale igualmente para a modificação de títulos estrangeiros diversos de sentenças. Com a particularidade de, sendo o título modificando uma *transacção*, a natureza contratual da obrigação dele constante implica, em princípio, que a respectiva modificação se reja pela lei referida nos artigos 3º e 4º do Regulamento (CE) nº 593/2008, nos termos atrás expostos[531].

Concluindo, a lei portuguesa reguladora da modificação é, em parte, adjectiva e, em parte, substantiva: no caso dos preceitos que genericamente a contemplam – os artigos 619º, nº 2, e 988º, nº 1, do CPC –, parece-nos que assumem, tal como os artigos 2012º ou 567º, nº 2, do CC, uma feição marcadamente substantiva, pelo que, se a lei reguladora do direito a alimentos (ou de um outro qualquer direito reconhecido numa sentença estrangeira cuja modificação se pretenda) for estrangeira, tais preceitos não terão aplicação.

[529] Identicamente, F. A. Ferreira Pinto (*Do conflito de leis...*, págs. 262-263), concluindo que "compete à *lex obligationis* regular a maior parte das questões que se prendem com a revisão de uma pensão alimentar", como seja a de saber se a decisão pode ser modificada, quais os pressupostos e as modalidades da revisão, quais as circunstâncias relevantes para efeitos de modificação, se a modificação pode implicar a supressão do dever de prestar alimentos, qual o montante da prestação e de que modo deverão os alimentos ser prestados. À luz do direito alemão, e no sentido de que, aos aspectos processuais da modificação, é aplicável o § 323 da ZPO, sendo aplicáveis, aos aspectos materiais, o estatuto dos alimentos (que também definiria os limites temporais da modificabilidade), veja-se Rosenberg/Schwab/Gottwald, *Zivilprozessrecht*, 17ª ed., § 158, 7. Especificamente em relação à natureza material das regras reguladoras da eficácia da alteração das circunstâncias sobre a pretensão estabelecida na sentença e salientando que, quanto à questão da modificabilidade da própria sentença, um argumento no sentido de que vale também o estatuto dos alimentos é o de que essa modificabilidade se encontra prevista, na generalidade dos ordenamentos, no respectivo direito material, o que indicia a respectiva natureza substantiva, veja-se H.-U. Graba, *Die Abänderung...*, pág. 189.

[530] Assim, F. A. Ferreira Pinto (*Do conflito de leis...*, págs. 262-263), referindo que é à *lex obligationis* que compete definir "a partir de que data é devida a nova pensão (susceptibilidade ou não de uma alteração retroactiva)". Rosenberg/Schwab/Gottwald (*Zivilprozessrecht*, 17ª ed., § 158, 34) sustentam também, à luz do direito alemão, que a regra que estabelece a eficácia da alteração apenas para o período subsequente à dedução do correspondente pedido (o § 323, 3, da ZPO) é de direito material. Especificamente em relação ao artigo 8º da Convenção da Haia de 1973 – que, como vimos, trata do direito aplicável à modificação de decisões de alimentos e determina que o estatuto da modificação coincide essencialmente com o estatuto dos alimentos –, sustenta também U. Kartzke ("Abänderung...", págs. 106-107) que o estatuto da modificação regula a admissibilidade, os pressupostos e o alcance da modificação.

[531] Face ao direito alemão, H.-U. Graba (*Die Abänderung...*, pág. 194) aplica o artigo 27º da *Einführungsgesetz zum Bürgerlichen Gesetzbuch* (EGBGB), quer aos pressupostos da modificação, quer aos efeitos da alteração das circunstâncias nos acordos sobre alimentos.

§ 3º A lei estrangeira

I. Alemanha

1. Os §§ 323, 323a e 323b da ZPO

a) Texto

A acção modificativa (*Abänderungsklage* ou *Umwandlungsklage*[532]) – actualmente regulada nos §§ 323, 323a e 323b da ZPO (logo a seguir, portanto, ao preceito referente ao caso julgado material, que é o § 322 da ZPO) –, encontra-se consagrada neste Código desde a Novela de 17 de Maio de 1898[533].

A Lei Complementar da ZPO (*Gesetz zur Ergänzung der ZPO*) de 13 de Agosto de 1919 aditou um parágrafo 4º ao § 323 da ZPO, que assim estendeu a acção modificativa, originariamente destinada à modificação de sentenças, a transacções judiciais[534]; o artigo 2º, 1, da Lei de 29 de Julho de 1976 introduziria um parágrafo 5º ao § 323 da ZPO.

Os parágrafos 3º, 4º e 5º do § 323 da ZPO foram modificados pela KindUG de 6 de Abril de 1998, que entrou em vigor em 1 de Julho de 1998[535/536].

[532] É esta última a designação usada, por exemplo, por F. Jaeger (*Die Umwandlungsklage*...), na sua dissertação de 1897, publicada em 1898. Em 1910, H. Seybold (*Die Umwandlungsklage*...) também a utilizou.

[533] O regime constante dos §§ 323, 323a e 323b não constava, portanto, da versão originária da ZPO, que é de 30 de Janeiro de 1877. Refira-se que, na Novela, o actual § 323, 1 a 3 correspondia ao § 293 *a)*, sendo que o caso julgado material se encontrava tratado, desde a versão originária da ZPO, no § 293 (sobre o caso julgado material, à luz do disposto no § 293 da ZPO, veja-se, por exemplo, W. Endemann, *Der deutsche*..., Band 2, págs. 132-140). Só com a republicação da ZPO de 20 de Maio de 1898 passou a ser o § 323 o preceito regulador da acção modificativa.

[534] Sobre as razões históricas deste aditamento ao § 323 da ZPO, que se prendem com a depreciação monetária subsequente à 1ª Guerra Mundial e correlativa necessidade de alargar o regime da acção modificativa a títulos diversos de sentenças (até porque, não regulando o BGB, à época, o instituto do desaparecimento da base do negócio nem estando consolidada, na doutrina e na jurisprudência, a correspondente teoria, não era líquida, à luz do direito civil de então, a possibilidade de adaptar tais títulos à alteração de circunstâncias): P. Kurz, *Die Reformbedürftigkeit*..., págs. 67-68 e 73-74. Salientando também que, até à Lei de 13 de Agosto de 1919, a jurisprudência não aceitava a modificabilidade das transacções, bem como que, só a partir de um acórdão do *Reichsgericht* de 21 de Setembro de 1919, foi desenvolvida, pela jurisprudência, a teoria da base do negócio: H.-U. Graba, *Die Abänderung*..., págs. 8-9; E. R. von Maurnböck (*Die Abänderungsklage*..., págs. 35-36), observando que, no direito austríaco, a modificabilidade de transacções judiciais com fundamento em alteração das circunstâncias era, ao contrário do que sucedia no direito alemão, em geral tida como admissível, por força da tendência para a equiparação daquelas transacções às sentenças.

[535] Sobre esta lei, na parte em que alterou o § 323 da ZPO, A. Weber, "Das Gesetz...", pág. 2001. Na mesma data, entraram em vigor outras alterações à ZPO e à FGG em matéria de direito da família (cfr. H. Büttner, "Änderungen...").

[536] O ordenamento alemão conhecera, entretanto, alterações versando certos processos, nomeadamente modificativos, em matéria de alimentos: sobre uma alteração desse teor, ocorrida em 1986 (através da *Unterhaltsrechtsänderungsgesetz*), veja-se U. Diedrichsen, "Änderungen...", esp. págs. 1470-1471, e W. Jaeger, "Die Übergangsregelung...", esp. págs. 741-742.

Actualmente – isto é, depois da *Gesetz zur Reform des Verfahrens in Familiensachen und in den Angelegenheiten der freiwilligen Gerichtsbarkeit (FGG-Reformgesetz – FGG-RG)*, de 17 de Dezembro de 2008, entrada em vigor em 1 de Setembro de 2009 (e que, por isso, pode ser designada como a *reforma da ZPO de 2008/2009*) –, a ZPO distingue entre a modificação de sentenças e a modificação de transacções e documentos, respectivamente regulados no § 323 e no § 323a, dedicando ainda um outro preceito (o § 323b) à responsabilidade agravada do credor decorrente da proposição de acção modificativa destinada a reduzir a prestação, proposição esta que é equiparada, para o efeito do § 818, 4, do BGB (relativo ao enriquecimento sem causa), à proposição da acção aqui prevista.

Antes desta lei, era a seguinte a redacção do § 323 da ZPO (que referimos, uma vez que muitos dos problemas que a doutrina e a jurisprudência alemãs têm tratado a propósito da *Abänderungsklage*, e que a nós interessam, foram precisamente causados por essa redacção):

"§ 323 Acção modificativa

(1) Se, no caso de condenação em prestações periódicas vincendas, se verificar uma alteração essencial das circunstâncias que foram determinantes para a condenação na satisfação das prestações, para a fixação do montante das prestações ou para a fixação da duração do seu pagamento, pode qualquer das partes solicitar, por via de acção, a correspondente alteração da sentença.

(2) A acção só é admissível se os fundamentos em que se baseia tiverem surgido depois do encerramento da discussão oral na qual se tivesse podido deduzir, pela última vez, uma ampliação do pedido ou excepções, e desde que esses fundamentos já não possam fazer-se valer por meio de oposição.

(3) A sentença só pode ser alterada para o período subsequente à dedução do pedido. Esta regra não se aplica se a alteração puder ser solicitada para um momento anterior, ao abrigo do disposto no § 1360a, parágrafo 3º, no § 1361, parágrafo 4º, proposição 4ª, no § 1585b, parágrafo 2º, e no § 1613, parágrafo 1º, todos do Código Civil.

(4) As disposições anteriores aplicam-se analogicamente aos títulos de dívida previstos no § 794, parágrafo 1º, números 1, 2 *a)* e 5, desde que neles tenham sido aceites ou estabelecidas prestações do tipo assinalado no parágrafo 1º.

(5) Os títulos de dívida relativos ao pagamento de alimentos, cuja alteração seja admissível de acordo com o § 655, só podem ser alterados nos termos das disposições anteriores, se uma adaptação de acordo com o § 655 conduzir a uma quantia que difere substancialmente da importância que atende à evolução das circunstâncias especiais das partes.".

Actualmente, é a seguinte a redacção dos §§ 323, 323a e 323b da ZPO:

"§323 Modificação de sentenças

(1) Se numa sentença for reconhecida uma dívida relativa a prestações periódicas vincendas, pode qualquer das partes solicitar a respectiva alteração. A acção só é admissível se o requerente alegar factos dos quais resulte uma alteração essencial das circunstâncias de facto ou de direito em que assentou a decisão.

(2) A acção só pode basear-se em fundamentos que tenham surgido depois do encerramento da discussão sobre a matéria de facto no precedente processo e que não seja ou tenha sido possível fazer valer atavés de oposição.

(3) A modificação é admissível para o período subsequente à pendência da acção.

(4) Se se verificar uma alteração essencial das circunstâncias de facto ou de direito, deve adaptar-se a decisão, respeitando os seus fundamentos.

§ 323a Modificação de transacções e documentos

(1) Se numa transacção, prevista no § 794, 1, 1, ou num documento exequível for reconhecida uma dívida relativa a prestações periódicas vincendas, pode qualquer das partes requerer a modificação do título. A acção só é admissível se o requerente alegar factos que justifiquem a modificação.

(2) Os restantes pressupostos e a extensão da modificação regem-se pelos preceitos da lei substantiva.

§ 323b Responsabilidade agravada

A pendência de acção modificativa destinada à redução da prestação é equiparada, para o efeito da aplicação do § 818, 4 do BGB, à pendência da acção de restituição da quantia dispendida.".

Alguns preceitos da lei substantiva aludem também à acção modificativa consagrada no § 323 da ZPO, pois prevêem a possibilidade de o tribunal de família, a pedido do interessado, revogar ou modificar uma decisão transitada em julgado, quando, posteriormente à decisão, as circunstâncias se tenham alterado de modo essencial (veja-se, por exemplo, o § 1382, 6, do BGB).

b) Antecedentes históricos

Embora a *Abänderungsklage* não se encontrasse regulada na versão originária da *Zivilprozessordnung*, a construção jurídica que lhe subjaz era, como ilustra KURZ[537], de há muito conhecida na Alemanha: encontram-se, na verdade, fontes no direito romano reconhecendo que o lesado e o autor da lesão podem exigir, não obstante o caso julgado da sentença, ou uma quantia adicional, ou a restituição da

[537] P. Kurz, *Die Reformbedürftigkeit...*, págs. 10-16.

quantia paga[538]; SAVIGNY, na obra *System des heutigen Römischen Rechts*[539], atribuía à sentença uma referência temporal, considerando que o caso julgado não possuía eficácia relativamente a litígios assentes em factos surgidos após a sentença; a jurisprudência alemã também vinha considerando que a sentença valia até que as circunstâncias por ela consideradas se alterassem[540]; o *preussischen Allgemeinen Landrecht* (ou seja, o "Allgemeine Landrecht für die preussischen Staaten" – ALR, de 5 de Fevereiro de 1794), no § 119 (da parte I, título 6), determinava que ao valor da indemnização atribuída ao lesado fosse descontada a importância correspondente ao rendimento efectivo que, apesar da lesão, o lesado viesse a obter[541]; o Código Civil francês de 1804, nos seus artigos 209º e 210º, previa a possibilidade de modificação de decisões referentes a alimentos; o § 7, 2 da *Reichshaftpflichtgesetz*, de 7 de Junho de 1871[542], continha, a propósito da alteração da indemnização sob forma de renda, um regime semelhante ao do § 323 da ZPO[543]; o § 65 da *Unfallversicherungsgesetz* alemã de 6 de Julho de 1884 previa, em matéria de acidentes de trabalho, a possibilidade de alteração da correspondente indemnização, sempre que as circunstâncias que haviam sido determinantes para a sua fixação tivessem sofrido uma alteração essencial[544]; o § 608 do Código Imperial

538 Sobre estas fontes romanas que recordam o pensamento subjacente à *Abänderungsklage*, veja-se H. Scholz, *Historische...*, págs. 1-3.

539 Savigny, *System...*, VI, pág. 378.

540 Sobre esta jurisprudência da segunda metade do século XIX, H. Scholz, *Historische...*, pág. 4-5.

541 Como salienta E. R. von Maurnböck (*Die Abänderungsklage...*, pág. 7), o § 119 do ALR diferia logo do § 323 da ZPO no ponto em que só considerava relevantes as circunstâncias supervenientes que traduzissem uma melhoria da condição do lesado. Sobre a regra, veja-se ainda H. Scholz, *Historische...*, pág. 3, e E. Pliester, *Die Abänderungsklage...*, pág. 2.

542 A *Reichshaftpflichtgesetz* regulava a responsabilidade por mortes e ferimentos ocorridos nos caminhos de ferro, minas, pedreiras e fábricas.

543 Na verdade, o § 7, 2 da *Reichshaftpflichtgesetz* permitia ao autor da lesão exigir, a qualquer altura, o cancelamento ou a redução da renda, sempre que as circunstâncias que haviam condicionado a concessão ou a medida da renda se tivessem modificado de forma essencial; o mesmo preceito também permitia ao lesado, desde que este tivesse feito valer a pretensão indemnizatória dentro do prazo de prescrição, exigir a qualquer altura o aumento da renda ou a prestação de novas garantias, quando as circunstâncias que haviam sido decisivas para o reconhecimento, redução ou cancelamento da renda se tivessem modificado de forma essencial. A possibilidade de modificação por parte do lesado não constava, porém, do projecto que deu origem à *Reichshaftpflichtgesetz*, que a previa apenas a favor do lesante (assim, J. R. Moritz, *Probleme...*, págs. 31-32). Sobre a discussão, na Alemanha, acerca da modificabilidade da renda atribuída nos termos do § 7, 2, da *Reichshaftpflichtgesetz* e sobre o caso julgado da correspondente sentença, veja-se também J. R. Moritz (*idem*, págs. 34-36) e, desenvolvidamente sobre os pressupostos da acção modificativa prevista nesse preceito, F. Jaeger, *Die Umwandlungsklage...*, págs. 4-28. Sobre a essencial diferença entre este preceito e o § 323 da ZPO, consistente em este último abranger todas as prestações periódicas vincendas, veja-se E. R. von Maurnböck, *Die Abänderungsklage...*, págs. 8-9. Sobre as críticas de que o § 7, 2, da *Reichshaftpflichtgesetz* foi objecto, H. Scholz, *Historische...*, págs. 5-7.

544 Sobre este preceito, H. Scholz, *Historische...*, pág. 7.

de Seguros[545] (*Reichsversicherungsordnung*), na versão de 19 de Julho de 1911, permitia uma nova fixação da indemnização, quando as circunstâncias que haviam sido decisivas para a anterior fixação tivessem sofrido uma alteração essencial; finalmente, o primeiro projecto (de 1888) do Código Civil alemão previa a modificabilidade, por alteração das circunstâncias, de decisões judiciais, tanto no campo da responsabilidade civil como no do direito da família[546], tendo o correspondente regime acabado por ficar consagrado, não nesse Código, mas na *Zivilprozessordnung* (precisamente, através da Novela de 1898), no § 323, 1 a 3[547].

Face a estes antecedentes, não admira que, já antes da consagração da *Abänderungsklage* no § 323 da ZPO, a modificação de sentenças de condenação no pagamento de rendas colocasse problemas à doutrina e à jurisprudência[548]: tal como, aliás, os colocavam os próprios contornos da condenação *in futurum*[549].

c) Pressupostos gerais da Abänderungsklage

Não considerando, por agora, os títulos executivos previstos no § 323a da ZPO (correspondente ao quarto e ao quinto parágrafos do § 323 da ZPO, na sua redacção anterior), vejamos os contornos da acção modificativa no direito alemão.

Na síntese de ZIMMERMANN[550], o § 323 da ZPO estabelece os seguintes *pressupostos da acção modificativa*:

1) Existência de uma sentença de condenação do réu no pedido (embora não necessariamente transitada em julgado nem condenatória) – § 323, 1;
2) Condenação em prestações periódicas vincendas – § 323, 1;
3) Alteração essencial das circunstâncias – § 323, 1;
4) Verificação dos fundamentos da alteração depois do encerramento da discussão oral – § 323, 2;
5) Identidade entre as partes do primeiro processo e as do processo de modificação;
6) Identidade entre o objecto do primeiro processo e o do processo de modificação.

545 Adoptamos a tradução de F. Emygdio da Silva (*Acidentes*..., pág. 59), que, aliás, também fornece uma sintética descrição da evolução da legislação do Império Alemão sobre o risco profissional e o seguro obrigatório em matéria de acidentes de trabalho (*idem*, págs. 58-62).

546 Respectivamente, no § 724, 6 e no § 1493 (cfr. *Entwurf*..., págs. 161 e 356).

547 Como observa E. R. von Maurnböck (*Die Abänderungsklage*..., págs. 9-10), aquando da 2ª revisão do projecto do BGB, a Comissão decidiu que a matéria possuía natureza processual e eliminou a respectiva regulação, que viria a ser introduzida no projecto da ZPO; o Autor (idem, págs. 6-10) menciona ainda outras fontes do § 323 da ZPO, que não desenvolveremos. Sobre a transferência do regime do BGB para a ZPO, veja-se ainda H. Seybold, *Die Umwandlungsklage*..., págs. 20-24.

548 Assim, T. M. Petzoldt, *Die Rechtskraft*..., pág. 1.

549 Sobre estes problemas: T.M. Petzoldt, *Die Rechtskraft*..., págs. 79-80.

550 W. Zimmermann, *Zivilprozessordnung*, págs. 613-616.

Relativamente ao primeiro pressuposto – o da *existência de uma sentença de condenação do réu no pedido*, embora não necessariamente transitada em julgado nem condenatória –, não pode afirmar-se a unanimidade da doutrina alemã na sua delimitação.

É certo que existe grande consenso quanto à inadmissibilidade da acção modificativa quando a sentença tenha absolvido totalmente o réu do pedido (devendo, neste caso, propor-se nova acção nos termos do § 258 da ZPO)[551], ou quando se trate de uma medida provisória[552]: mas o § 323, 1, da ZPO coloca o problema de saber se aquela acção pressupõe a existência de uma *sentença condenatória*.

A este respeito, SCHÖNKE/SCHRÖDER/NIESE[553] consideram que a acção modificativa não pode ter como objecto uma sentença de simples apreciação: é que, neste caso e além do mais, tal acção não seria necessária, atendendo a que as partes poderiam alegar as modificações entretanto ocorridas no processo subsequente destinado a determinar a prestação. Em sentido contrário pronunciam-se, todavia, ROSENBERG/SCHWAB/GOTTWALD[554], que entendem, em geral, sujeitas ao regime do § 323 da ZPO, as decisões que se baseiem numa avaliação de ocorrências futuras (como por exemplo as sentenças que estabelecem uma determinada incapacidade para o trabalho do lesado e as sentenças inibitórias).

Supomos que este problema se encontra, todavia, ultrapassado face à nova redacção do § 323, 1, da ZPO: este preceito deixou de aludir à condenação em prestações periódicas vincendas e agora apenas exige o reconhecimento de uma dívida respeitante a prestações periódicas vincendas, pelo que a sentença de simples apreciação parece abrangida.

Quanto à possibilidade de modificação de sentenças constitutivas, a doutrina pronuncia-se negativamente[555].

A propósito da exigência de *trânsito em julgado da sentença modificanda*, regista-se alguma flutuação na doutrina e jurisprudência alemãs, a que adiante nos referiremos com mais pormenor[556]: concretamente, tem-se discutido, no direito alemão,

[551] Assim, E. R. von Maurnböck, *Die Abänderungsklage...*, págs. 26-27; Zimmermann, *Zivilprozessordnung*, pág. 614; Rosenberg/Schwab/Gottwald, *Zivilprozessrecht*, 17ª ed., § 158, 12; Baumbach/Lauterbach/Albers/Hartmann, *Zivilprozessordnung*, § 323, 12; H.-U. Graba, *Die Abänderung...*, pág. 38; J. Soyka, *Die Abänderungsklage...*, 1ª ed., pág. 18. Identicamente, à luz da Reichshaftpflichtgesetz, F. Jaeger, *Die Umwandlungsklage...*, pág. 6. Contra: K.-A. Klauser, "Abänderung...", pág. 712; OLG Karlsruhe, 22.05.1980 e 21.10.1980.

[552] Para as medidas provisórias, existem regras próprias destinadas ao respectivo levantamento. Assim: H. Brox, "Abänderungsklage...", pág. 239; Zimmermann, *Zivilprozessordnung*, pág. 614; Rosenberg/Schwab/Gottwald, *Zivilprozessrecht*, 17ª ed., § 158, 8.

[553] Schönke/Schröder/Niese, *Zivilprozessrecht*, pág. 345.

[554] Rosenberg/Schwab/Gottwald, *Zivilprozessrecht*, 17ª ed., § 158, 9.

[555] Assim, admitindo embora excepções, Rosenberg/Schwab/Gottwald, *Zivilprozessrecht*, 17ª ed., § 158, 13.

[556] *Infra*, § 14º, II.

se, e em que termos, deve ser feita valer a alteração das circunstâncias ocorrida após o proferimento da decisão (ou após o momento a que essa decisão atendeu).

Será, de qualquer modo, suficiente a condenação subsequente a confissão do pedido, nos termos do § 307 da ZPO (*Anerkenntnisurteil*)[557], bem como a condenação resultante do funcionamento das regras do § 331 da ZPO, que pressupõem certos comportamentos omissivos do réu (*Versäumnisurteil gegen den Beklagten*)[558].

Problema ainda diferente dos anteriores, que não aprofundaremos[559], é o de saber se o regime do § 323 da ZPO pode ser aplicado a decisões diferentes de sentenças, por exemplo, decisões administrativas.

Quanto ao segundo pressuposto da acção modificativa – o respeitante à *condenação em prestações periódicas vincendas*, de que o exemplo típico é o da sentença que condena em prestações alimentícias[560], podendo ainda assinalar-se a sentença que condena numa indemnização sob forma de renda, nos termos dos §§ 843, 844, 2, e 845, do BGB[561] –, é por alguma doutrina entendido no sentido de que, se a condenação se reportar ao pagamento de um capital determinado, a acção modificativa não é admissível[562].

Dado que a regulação do pedido de condenação em prestações periódicas vincendas, constante do actual § 258 da ZPO[563] – hoje também aplicável ao processo laboral, por força do disposto no § 46, 2, 1ª parte, da *Arbeitsgerichtsgesetz* de 2 de Julho de 1979 –, foi introduzida naquele Código[564], tal como a *Abänderungsklage*, pela Novela de 1898[565], este entendimento tem a seu favor, além do elemento literal, o elemento histórico de interpretação.

557 Assim: W. Zimmermann, *Zivilprozessordnung*, pág. 613; Schönke/Schröder/Niese, *Zivilprozessrecht*, pág. 345; H.-U. Graba, *Die Abänderung...*, págs. 102-103; J. Soyka, *Die Abänderungsklage...*, 1ª ed., págs. 170-173.

558 Assim: W. Zimmermann, *Zivilprozessordnung*, pág. 613; Schönke/Schröder/Niese, *Zivilprozessrecht*, pág. 347; H.-U. Graba, *Die Abänderung...*, pág. 103.

559 Sobre o ponto, M. Sachs, "Das Wiederaufgreifen...", pág. 265.

560 O § 323, 1, da ZPO não refere expressamente, ao contrário do artigo 619º, nº 2, do CPC, as sentenças de alimentos: no entanto, e como observa Remo Caponi (*L'efficacia...*, pág. 92, nota 79), são estas as sentenças que, na prática jurisprudencial, mais têm convocado a *Abänderungsklage* e, bem assim, as que a doutrina tem tido sobretudo em vista, ao estudar esta acção.

561 Trata-se da segunda mais importante modalidade de sentença contemplada no § 323 da ZPO: assim, K. Sakamoto, *Rechtskräftige...*, pág. 5.

562 Neste sentido, E. R. von Maurnböck, *Die Abänderungsklage...*, pág. 29; Schönke/Schröder/Niese, *Zivilprozessrecht*, pág. 345; Rosenberg/Schwab/Gottwald, *Zivilprozessrecht*, 17ª ed., § 158, 10; P. Kurz, *Die Reformbedürftigkeit...*, pág. 5; *MünchKommBGB*/Habersack, § 843, 78.

563 O § 258 da ZPO ("Klage auf wiederkehrende Leistungen") determina que, tratando-se de prestações periódicas, pode também pedir-se a condenação do devedor no pagamento das prestações que se vençam depois do proferimento da sentença. No texto original: "Bei wiederkehrenden Leistungen kann auch wegen der erst nach Erlass des Urteils fällig werdenden Leistungen Klage auf künftige Entrichtung erhoben werden".

564 Concretamente, no seu § 231 b.

565 A ZPO, na sua versão originária, fazia depender o direito de acção da violação de um direito, pressupondo esta, por sua vez, no caso dos direitos de crédito, a respectiva exigibilidade; como, porém,

As prestações a que alude o § 323 da ZPO devem, de qualquer modo, ser unilaterais e a sua exigibilidade deve depender unicamente do decurso de determinado prazo[566/567].

O terceiro pressuposto da acção modificativa – o da *essencialidade da alteração* – traduz uma característica que deve possuir a alteração de certas circunstâncias: concretamente, daquelas que constituíram fundamento da sentença modificanda[568].

A formulação legal de tal pressuposto coloca vários problemas. Assim: se releva uma alteração das circunstâncias de direito[569] (problema que hoje nos parece resolvido em sentido afirmativo, pois a nova redacção do § 323, 1 e 4 alude a circunstâncias de facto e de direito); se é suficiente uma alteração no modo de apreciação das circunstâncias antigas (por exemplo, alteração das opiniões da

não era prático compelir o titular do direito a propor uma acção sempre que uma das prestações periódicas se vencesse, a jurisprudência vinha admitindo a proposição de uma acção de simples apreciação antes da violação do direito e, ainda, a concessão de exequibilidade à sentença que o viesse a reconhecer, no caso de superveniente exigibilidade desse direito (assim: P. Kurz, *Die Reformbedürftigkeit...*, págs. 9-10; H.-U. Graba, *Die Abänderung...*, pág. 12; desenvolvidamente sobre o direito anterior à ZPO e sobre o regime originário da ZPO, no que se refere à inadmissibilidade das acções de condenação no pagamento de dívida inexigível, e propugnando a modificação desse regime, Förster, "Ist seit..."). Em matéria de alimentos, porém, a jurisprudência aceitava, já desde o início do século XIX, a acção de condenação no pagamento, sob forma de pensão, de prestações periódicas (assim, J. R. Moritz, *Probleme...*, pág. 23). Refira-se, ainda, que se previu inicialmente que a regulação legal da acção de condenação em prestações periódicas vincendas constasse do BGB e não da ZPO, conforme resultava do § 190, 2, do projecto do BGB (cfr. J. R. Moritz, *Probleme...*, pág. 39).

566 Neste sentido, Schönke/Schröder/Niese, *Zivilprozessrecht*, pág. 345.

567 Também a propósito do § 258 da ZPO a doutrina alemã sustenta que a acção de condenação em prestações periódicas aqui prevista não pode destinar-se ao exercício de direitos dependentes de simultânea ou prévia contraprestação, como é o caso do direito ao pagamento das rendas de um aluguer ou arrendamento, ou do direito ao salário (cfr. F. López Simo / S. Cavanillas Múgica / F. Gascón Inchausti, *Las condenas de futuro*, págs. 67-68; cfr., ainda, E. Becker-Eberhard, "Zur Möglichkeit...", pág. 185, a propósito da questão de saber se os juros por danos causados pela mora podem ser qualificados como prestações periódicas vincendas não dependentes de contraprestação, no sentido dos §§ 258 e 323 da ZPO, e concluindo afirmativamente). Já o mesmo não sucederia em relação às prestações contempladas no § 259 da ZPO (cfr. Musielak / Foerste, *ZPO*, § 259, 2), que podem depender de contraprestações ou da verificação de condição, que neste caso devem ficar assinaladas na sentença.

568 Neste sentido, H.-U. Graba, *Die Abänderung...*, pág. 126.

569 Em sentido afirmativo: Rosenberg/Schwab/Gottwald, *Zivilprozessrecht*, 15ª ed., § 158, V, 2, e 17ª ed., § 158, 25; H. Oetker, "Die materielle...", pág. 6 (citando outra jurisprudência e doutrina); M. Grosch, *Rechtswandel...*, págs. 339-341, assinalando que já era essa a orientação do *Reichsgericht*; sobre esta orientação, que também segue, Gaedeke, "Ist Abänderungsklage...". Contra, na medida em que afirmam que "é sempre necessária uma alteração das circunstâncias fácticas" (*tatsächlichen Verhältnisse*): Schönke/Schröder/Niese, *Zivilprozessrecht*, pág. 344; K.-A. Klauser ("Abänderung...", pág. 711), acrescentando que, na acção modificativa, o requerido pode alegar que a sentença modificanda assentou (de um modo que lhe foi favorável) numa errada decisão da matéria de facto, excepto se tal erro se ficou a dever ao seu próprio comportamento doloso no primeiro processo.

Medicina ou da jurisprudência acerca das consequências de um acidente)[570]; se tais modificações devem ser de natureza tal que não teria sido possível prevê-las no momento em que se fixou a quantia a pagar (isto é, *se só uma alteração imprevisível constitui uma alteração essencial das circunstâncias*)[571]; se só podem tomar-se em consideração as alterações das circunstâncias que foram determinantes para a anterior condenação[572]; se as novas circunstâncias devem ser de carácter geral ou se podem dizer apenas respeito à pessoa do devedor ou do credor[573].

O conceito de "alteração essencial" afasta, de qualquer modo, a suficiência da variação insignificante[574]. Na prática, considera-se insignificante, em regra, uma alteração das circunstâncias que conduza a uma alteração da pensão inferior a 10%[575].

Do quarto pressuposto – relativo à *verificação dos fundamentos da alteração depois do encerramento da última discussão oral* –, decorreria, segundo a doutrina, não ser suficiente que os motivos em que se funda a modificação tenham chegado ao conhecimento da parte posteriormente ao encerramento da discussão oral: dito de outro modo, decorreria de tal pressuposto a irrelevância da superveniência subjectiva, embora se admita também a atenuação da regra do § 323, 2, da ZPO em função do princípio da boa fé[576].

570 Em sentido negativo, Schönke/Schröder/Niese, *Zivilprozessrecht*, pág. 346.

571 Em sentido afirmativo: E. R. von Maurnböck, *Die Abänderungsklage...*, págs. 29-30; Schönke/Schröder/Niese, *Zivilprozessrecht*, pág. 346; G. Arzt ("Zur Fehlerberichtigung...", pág. 397), sustentando que "as alterações que o juiz anterior teria podido prever, mas que não previu, ou que previu incorrectamente, indiscutivelmente não abrem a via da acção modificativa"; Baumbach/Lauterbach/Albers/Hartmann, *Zivilprozessordnung*, § 323, 2. Contra: Rosenberg/Schwab/Gottwald (*Zivilprozessrecht*, 17ª ed., § 158, 23), para quem esta previsibilidade não é decisiva; K.-A. Klauser ("Abänderung...", pág. 712), sustentando que as circunstâncias futuras que deviam ter sido consideradas na sentença anterior, mas que não foram valoradas ou ponderadas pelas partes e pelo juiz, podem fundar a modificação; OLG Köln, 01.06.1979; H.-U. Graba (*Die Abänderung...*, págs. 132-133), discutindo, todavia, a questão da exigência da imprevisibilidade a propósito, não do requisito da essencialidade da alteração, mas do requisito da verificação posterior do fundamento da acção modificativa, constante do § 323, 2, da ZPO); J. Soyka (*Die Abänderungsklage...*, 1ª ed., págs. 99-101), configurando igualmente a imprevisibilidade como uma questão de interpretação da regra da preclusão ínsita no § 323, 2, da ZPO.

572 Neste sentido, Schönke/Schröder/Niese, *Zivilprozessrecht*, pág. 346.

573 No sentido de que todas estas circunstâncias podem traduzir uma alteração essencial das circunstâncias, E. R. von Maurnböck, *Die Abänderungsklage...*, págs. 29 e 31.

574 Neste sentido, Schönke/Schröder/Niese, *Zivilprozessrecht*, pág. 347.

575 W. Zimmermann, *Zivilprozessordnung*, pág. 614; K.-A. Klauser, "Abänderung...", pág. 713.

576 No sentido de que a superveniência subjectiva não pode fundar a acção modificativa: Schönke/Schröder/Niese (*Zivilprozessrecht*, pág. 347); K.-A. Klauser, ("Abänderung...", pág. 711), salientando que, se se admitisse a relevância da superveniência subjectiva, estar-se-ia a erigir um fundamento de revisão adicional; OLG Düsseldorf, 16.06.1979; OLG Karlsruhe, 22.05.1980. A irrelevância da superveniência subjectiva não constitui, todavia, um princípio irrestrito para toda a doutrina: assim, P. Schlosser, ("EMRK...", pág. 1405), considera duvidosa a admissibilidade da preclusão prevista no § 767, 2, da ZPO

No caso de sucessivas acções modificativas, a exigência da verificação dos fundamentos da alteração depois do encerramento da discussão oral reportar-se-ia ao último processo[577], pelo menos se, neste, a acção foi julgada procedente[578]; de qualquer modo, surgindo o fundamento de alteração até ao encerramento da discussão oral no último processo (situação que é possível, quando o fundamento beneficie o réu deste processo), é nesse processo que esse fundamento deve ser feito valer, através de reconvenção[579].

A que momento do processo corresponde o encerramento da discussão oral a que alude o § 323, 2, da ZPO (e que é relevante também para outros efeitos processuais[580])?

Corresponde, em regra, ao encerramento da discussão oral na instância da apelação (*Berufungsinstanz*)[581], pois os factos novos não podem, também em regra, ser alegados na revista (*Revisionsinstanz*)[582]. No caso, porém, de o recurso ser julgado inadmissível, ou de desistência do recurso, a data a considerar é a do encerramento da última discussão na primeira instância[583].

No caso da que, embora impropriamente, podemos designar "decisão à revelia" (*Versäumnisurteil*), proferida nos termos do § 331 da ZPO, a que já aludimos, o § 323, 2, da ZPO manda atender, não à data do encerramento da última discussão oral, mas ao fim do prazo para deduzir oposição (*Einspruch*)[584]: daqui decorre

que não dependa de culpa, face ao artigo 6º da CEDH; H.-U. Graba (*Die Abänderung*..., pág. 132), por seu lado, considera que a preclusão independente de culpa pode conduzir a resultados inaceitáveis, quando o caso julgado se projecte para o futuro; J. Soyka (*Die Abänderungsklage*..., 1ª ed., págs. 99 e 103) entende que, por razões de equidade, podem constituir fundamento de modificação factos silenciados na acção anterior mas que continuam, depois do encerramento da discussão, a produzir os seus efeitos (assim, por exemplo, o rendimento líquido real do obrigado a alimentos), e, bem assim, factos cuja consideração não elimina o caso julgado da sentença anterior.

577 W. Zimmermann, *Zivilprozessordnung*, pág. 615.

578 A este propósito, parece sustentar K.-A. Klauser ("Abänderung...", pág. 712) que, se a acção modificativa anterior foi julgada improcedente, o pressuposto em causa reportar-se-á ao primeiro processo: na verdade, o Autor considera que a alteração essencial de circunstâncias que a posterior acção modificativa (também) pressupõe se refere, não às circunstâncias existentes à data do indeferimento do pedido modificativo, mas às circunstâncias anteriormente existentes, porque, se assim não fosse, tal indeferimento constituiria um prejuízo adicional para o requerente da modificação. Concluindo de idêntico modo, H.-U. Graba, *Die Abänderung*..., pág. 131.

579 Assim, J. Soyka, *Die Abänderungsklage*..., 1ª ed., págs. 106-109.

580 Sobre esses outros efeitos veja-se, nomeadamente, W. Schur, "Die Behandlung...".

581 A este momento se refere, por exemplo, o § 540, 1, 2, da ZPO.

582 Assim, W. J. Habscheid, "Urteilswirkungen und Gesetzesänderungen", pág. 404, e F. Mattern, "Neues Vorbringen...", pág. 649. A este respeito, veja-se nomeadamente os §§ 545, 559 e 563, relativos aos poderes de cognição do tribunal de revista.

583 Neste sentido: H.-U. Graba (*Die Abänderung*..., pág. 131); J. Soyka (*Die Abänderungsklage*..., 1ª ed., pág. 98).

584 Assim: H.-U. Graba, *Die Abänderung*..., pág. 131; BGH, 12.05.2010. A oposição encontra-se regulada nos §§ 338 e seguintes da ZPO.

que não pode constituir fundamento de acção modificativa uma circunstância que pudesse ter sido alegada nessa oposição[585/586].

O quinto pressuposto – o da *identidade entre as partes do primeiro processo e as do processo de modificação* – tem sido densificado do seguinte modo: haverá identidade de partes quando as partes da acção modificativa sejam as mesmas da acção anterior ou os seus sucessores[587]; noutra formulação, quando as partes da acção modificativa sejam aquelas relativamente às quais se estende o caso julgado da sentença anterior[588].

O sexto e último pressuposto – o da *identidade entre o objecto do primeiro processo e o do processo tendente à modificação* – pretende, na formulação de ZIMMERMANN, salientar a especificidade da acção modificativa perante a nova acção[589].

A este propósito, discute a doutrina alemã o problema – a que adiante nos referiremos mais pormenorizadamente[590] – de saber se a acção modificativa tem lugar nos casos em que, na primeira acção, se formulou um pedido parcial, pretendendo o credor posteriormente a satisfação de outra parte do crédito.

Ora, há quem defenda que, tendo havido formulação *explícita* de um pedido parcial, a acção adequada não é a acção modificativa, mas a *acção suplementar* (*Nachforderungsklage* ou *Zusatzklage*), que se traduz numa vulgar acção de condenação (*Leistungsklage*), não submetida, portanto, aos apertados requisitos da acção modificativa; não tendo essa formulação sido explícita (*verdeckte Teilklage*) – porque o autor, podendo pedir mais do que pediu, não o deu a conhecer –, a acção adequada será a acção modificativa.

d) *Outros aspectos do regime da Abänderungsklage relativa a sentenças*

A *delimitação entre a acção modificativa e outras figuras* – é o caso do recurso, da oposição subsequente à sentença de condenação à revelia (*Einspruch*), da oposição à execução ou da acção acessória ou suplementar – tem colocado múltiplos problemas à doutrina alemã[591]: deles daremos conta quando, a propósito do direito português, tratarmos das correspondentes matérias.

Quanto ao *processo aplicável à acção modificativa*, ZIMMERMANN[592] salienta a necessidade de pedido ou de reconvenção, podendo – como, aliás, já ficou suge-

585 Assim, J. Soyka, *Die Abänderungsklage...*, 1ª ed., pág. 97.

586 Quando, nos termos do § 128, 2, da ZPO, a decisão judicial não seja precedida de discussão oral, coloca-se o problema de saber qual o momento que, nesse processo, corresponde à data do encerramento da discussão oral a que alude o § 323, 2, da ZPO: sobre esta questão, veja-se F. Baur, "Anmerkung" (ao acórdão do BGH, de 21.10.1965) e G. Furtner, *Das Urteil...*, págs. 320 e 322-324.

587 Neste sentido, Schönke/Schröder/Niese, *Zivilprozessrecht*, pág. 347.

588 W. Zimmermann, *Zivilprozessordnung*, pág. 615.

589 W. Zimmermann, *Zivilprozessordnung*, pág. 615.

590 *Infra*, § 23, IV.

591 Sumariamente assinalados por W. Zimmermann, *Zivilprozessordnung*, págs. 616-617.

592 W. Zimmermann, *Zivilprozessordnung*, pág. 617.

rido – propor-se sucessivas acções modificativas, caso ocorram sucessivas alterações de circunstâncias.

Relativamente à *decisão da acção modificativa*, o mesmo Autor[593] observa, por exemplo, que o § 323 da ZPO não permite uma livre fixação dos alimentos, independente do seu montante inicial, nem uma avaliação divergente da relação subjacente, tendo antes em vista a adaptação do título primitivo (característica que hoje resulta inequivocamente do disposto no § 323, 4 da ZPO), bem como que a alteração só vale, em regra, para o período subsequente à dedução do pedido.

Estes aspectos serão desenvolvidos ao longo da exposição, cabendo aqui apenas uma referência particular ao último, uma vez que tem consagração legal expressa.

A regra geral contida no § 323, 3, da ZPO – a de que a modificação só vale para o período subsequente à dedução do pedido (na redacção anterior à reforma de 2008/2009, o preceito consagrava também excepções a essa regra) –, tem a sua origem, segundo assinala KURZ[594], na jurisprudência do *Reichsgericht* sobre a já mencionada *Reichshaftpflichtgesetz*: embora o § 7, 2, deste diploma não estabelecesse o momento a partir do qual a modificação da decisão produzia os seus efeitos, o *Reichsgericht* entendia que tal momento não coincidia com o da verificação da alteração das circunstâncias, mas com o da dedução do pedido respectivo[595].

O momento da dedução deste pedido, a que se refere o § 323, 3, da ZPO, não é também aquele que, no direito português, corresponde ao da proposição da acção, e que é, nos termos do artigo 259º, nº 1, do CPC, em regra, o da entrada da petição inicial na secretaria[596]. Com efeito, o momento da dedução do pedido, a que se refere o § 323, 3, da ZPO, é o da notificação do respectivo requerimento à parte contrária (*Klagezustellung*), acto regulado no § 271 da ZPO e genericamente previsto no § 253, 1 do mesmo Código, a propósito da petição inicial[597].

[593] W. Zimmermann, *Zivilprozessordnung*, págs. 617-619.

[594] P. Kurz, *Die Reformbedürftigkeit...*, pág. 21.

[595] Sobre a jurisprudência relativa ao momento a partir do qual a modificação surte efeitos, à luz da *Reichshaftpflichtgesetz*, veja-se ainda J. R. Moritz, *Probleme...*, págs. 141-142.

[596] O artigo 259º, nº 1, do CPC ressalva o disposto no artigo 144º do mesmo Código. E deste artigo decorre (como do correspondente artigo 150º do CPC de 1961, na sua última versão, decorria) que a regra, no ordenamento português actual, talvez já não seja a de que a acção se considera proposta no momento da entrada da petição incial na secretaria, mas a de que a acção se considera proposta no momento da expedição, por via electrónica, da petição inicial, uma vez que esta é a via normal da sua apresentação a juízo. Com efeito, o artigo 144º do CPC determina, no nº 1, que "[o] s atos processuais que devam ser praticados por escrito pelas partes são apresentados a juízo por transmissão eletrónica de dados, nos termos definidos na portaria prevista no nº 1 do artigo 132º, valendo como data da prática do ato processual a da respectiva expedição", verificando-se que a forma electrónica só não é exigida, segundo os nºs 7 e 8 do mesmo artigo, quando "se trate de causa que não importe a constituição de mandatário, e a parte não esteja patrocinada", ou quando ocorra justo impedimento para a prática do acto por via electrónica.

[597] A identificação do momento da dedução do pedido de modificação com o momento da respectiva notificação à parte contrária é, ao que julgamos, pacífica na doutrina e na jurisprudência alemãs, a tal

Seja como for, a dedução do pedido marca, no direito alemão e tal como no português, o início da litispendência, nos termos do § 261, 1, da ZPO; por outro lado, no direito português, e salvo disposição legal em contrário, a proposição da acção só produz efeitos em relação ao réu a partir do momento da citação (cfr. o artigo 259º, nº 2, do CPC).

O fundamento da regra do § 323, 3, da ZPO prende-se, segundo SCHÖNKE/SCHRÖDER/NIESE[598], com a normal dificuldade na determinação do momento em que a alteração das circunstâncias ocorreu[599]. Já para ROSENBERG/SCHWAB/GOTTWALD[600], aquela regra é expressão do princípio da confiança (mas não uma emanação do caso julgado da decisão anterior[601]), pelo que, também em homenagem a esse princípio, se justifica a sua não aplicação em certos casos: nomeadamente quando a parte contrária, conhecendo o fundamento da modificação, o tenha ocultado àquela que, através da acção modificativa, o pretenda fazer valer.

O regime constante do § 323, 3, da ZPO tem sido alvo de críticas da doutrina[602]: a elas aludiremos quando tratarmos da decisão da modificação e, mais concretamente, da referência temporal dos efeitos da modificação[603].

Refira-se, todavia, que o § 323, 3, da ZPO previa também, na sua segunda parte, certas excepções à regra segundo a qual a sentença só pode ser alterada para o período subsequente à dedução do pedido, as quais diziam respeito ao aumento dos alimentos fixados e se encontravam concretizadas em vários preceitos da lei substantiva, nomeadamente no § 1613, 1, do BGB[604]; alguns destes preceitos da lei substantiva encontram-se, mesmo depois da reforma da ZPO de

não sendo provavelmente alheia a circunstância de o § 253, 1, da ZPO determinar expressamente que a dedução do pedido se efectua através da notificação da petição correspondente. Não nos parece que a notificação à parte contrária pressuposta pelo § 323, 3, da ZPO equivalha à *citação* do direito português, porque esta se traduz no primeiro acto de chamamento do réu ao processo (cfr. artigo 219º, nº 1, do CPC) e, no caso da acção modificativa, não é líquida a abertura de um novo processo (isto é, a abertura de um processo diverso do anterior), justificativa de nova citação: o acto pressuposto pelo § 323, 3, da ZPO, corresponde, assim, à vulgar notificação do direito português.

598 Schönke/Schröder/Niese, *Zivilprozessrecht*, pág. 347.

599 A este fundamento aludia também a Exposição de Motivos do primeiro projecto do BGB, na parte referente ao § 724, 6 (cfr. *Motive...*, vol. II, pág. 790), que previa a modificação da decisão judicial que tivesse decretado uma indemnização, com fundamento em alteração de circunstâncias: o correspondente regime, porém, e conforme já se disse (*supra*, § 3º, I, 1. *b)*), acabou por ficar contido na ZPO.

600 Rosenberg/Schwab/Gottwald, *Zivilprozessrecht*, 17ª ed., § 158, 29.

601 A este propósito, refira-se que os Autores (*Zivilprozessrecht*, 17ª ed., § 158, 3-5) rejeitam a teoria da equidade (da qual pode decorrer a concepção segundo a qual o § 323, 3, da ZPO ainda é emanação do caso julgado da decisão anterior) e seguem a teoria da confirmação.

602 É o caso de F. Stein ("Zu dem Gesetzentwurf...", pág. 225), que, aquando da sua introdução na ZPO (na altura, integrado no § 293 *a)*), logo propugnou que fosse eliminado.

603 *Infra*, § 37º, IV, 2.

604 Sobre estas excepções: H.-U. Graba (*Die Abänderung...*, págs. 181-182); J. Soyka (*Die Abänderungsklage...*, 1ª ed., págs. 125-126).

2008/2009, ainda em vigor, pelo que subsiste a possibilidade de exigir alimentos para o passado (*Unterhalt für die Vergangenheit*).

e) Títulos executivos previstos no § 323a da ZPO

e) 1. Transacções judiciais

Entre os títulos executivos mencionados no § 323a da ZPO (preceito correspondente ao quarto e ao quinto parágrafos do § 323 da ZPO, na versão anterior à reforma de 2008/2009) – os quais podem, portanto, a par das sentenças, constituir objecto da *Abänderungsklage* – encontram-se contempladas, em primeiro lugar, as *transacções judiciais* (referidas no *§ 794, 1, 1, da ZPO*).

Antes da reforma de 2008/2009, a doutrina e a jurisprudência vinham entendendo que a adaptação destes títulos, que possuem uma natureza dupla (processual e material)[605], regia-se de acordo com os princípios da modificação ou desaparecimento da base do negócio, que a doutrina e a jurisprudência alemãs têm retirado do § 242 do BGB (*Leistung nach Treu und Glauben*)[606] – e que agora, depois da Lei de Modernização do Direito das Obrigações de 26 de Novembro de 2001, se encontram consagrados no § 313 do BGB (*Störung der Geschäftsgrundlage*)[607] –, e não de acordo com as regras do § 323, 1, da ZPO[608].

Embora às transações judiciais fossem aplicáveis os princípios da modificação ou desaparecimento da base do negócio, a verdade é que, como salientava a doutrina[609], tanto ao § 323 da ZPO como ao § 242 do BGB subjazia a preocupação de conciliação da modificabilidade com a vinculação (à sentença ou ao acordo) e, portanto, de conciliação do interesse na obtenção de uma solução materialmente justa com o interesse no asseguramento da paz e da segurança jurídicas: daí que a sua função fosse semelhante (quebra do caso julgado, no primeiro caso; quebra do vínculo contratual, no segundo).

605 A transacção judicial constitui simultaneamente, como sublinha H.-U. Graba (*Die Abänderung...*, pág. 18), um acto processual, cujos efeitos são determinados pelo direito processual, e um contrato de direito privado, ao qual se aplicam as regras do direito material.

606 Sobre os institutos que o § 242 do BGB permitiu desenvolver, A. Menezes Cordeiro, "A boa fé...", pág. 896.

607 Trata-se da *Gesetz zur Modernisierung des Schuldrechts*. Sobre esta lei, A. Menezes Cordeiro, "A modernização...", esp. págs. 328-331 e 342-345.

608 Assim: BGH, 04.10.1982; J. Soyka (*Die Abänderungsklage...*, 1ª ed., págs. 142-152), referindo nomeadamente que não se coloca um problema de adaptação do título, mas da sua anulação nos termos do § 123 do BGB, nos casos em que, aquando da celebração do negócio, uma das partes silencia à outra uma circunstância decisiva (cfr. págs. 151-152); K.-A. Klauser ("Abänderung...", pág. 715), assinalando a conveniência em fazer constar, do texto da transacção, os fundamentos desta, a fim de facilitar a respectiva modificação.

609 Assim, por exemplo, G. Brudermüller, "Billigkeitskorrekturen...", pág. 46, e H.-U. Graba, *Die Abänderung...*, págs. 2 e 4-5.

Por outro lado, e como também observava GRABA[610], era idêntica a finalidade da acção modificativa, quer respeitasse a transacções em matéria de alimentos, quer a sentenças de alimentos. Em todos estes casos se visava a adaptação do título à actual condição do devedor e do credor.

A inaplicabilidade das regras do § 323, 1, da ZPO à modificação das transacções judiciais não significava obviamente que a modificação das transacções judiciais devesse ser feita valer através de uma acção diversa da da acção modificativa[611]; por outro lado, e como referia SOYKA[612], decorria do próprio § 324, 4, da ZPO que os pressupostos processuais da acção modificativa que tivesse como objecto uma transacção judicial eram tendencialmente idênticos aos da que tivesse como objecto uma sentença.

Às transacções judiciais consideravam-se também inaplicáveis as regras do § 323, 2 e 3, da ZPO, justificando o *Bundesgerichtshof* a diferenciação de regime face às sentenças por aquelas não constituírem caso julgado[613].

A não sujeição da transacção judicial à regra do § 323, 2, da ZPO significava que a modificação da transacção era possível, ainda que também com fundamento em circunstâncias ocorridas antes da celebração do acordo: era necessário, todavia, que tivessem sido frustradas as representações e expectativas de ambas as partes e não apenas as de uma delas[614].

Relativamente à inaplicabilidade da regra constante do § 323, 3, da ZPO, assinale-se que não era, em bom rigor, um aspecto pacífico, quer na doutrina, quer na jurisprudência[615]: assim, por exemplo, o *Bundesgerichtshof* começou por seguir o entendimento segundo o qual a modificação da transacção produz efeitos desde o momento da verificação da alteração das circunstâncias[616]; depois, veio a considerar que razões de conveniência e de protecção da confiança justificavam a aplicação, às transacções judiciais, do disposto no § 323, 3, da ZPO[617];

610 H.-U. Graba (*idem*, págs. 9-10, e "Die Abänderung von Unterhaltsvergleich...", pág. 2345).

611 H.-U. Graba, *Die Abänderung...*, pág. 49.

612 J. Soyka, *Die Abänderungsklage...*, 1ª ed., pág. 141.

613 Sobre esta jurisprudência, G. Brudermüller, "Billigkeitskorrekturen...", pág. 46.

614 Neste sentido, J. Soyka, *Die Abänderungsklage...*, 1ª ed., pág. 150.

615 Dando conta das oscilações a propósito da questão, U. Deisenhofer / H. Göhlich, "Rückwirkende...", pág. 229.

616 Assim, BGH, 09.07.1963. Criticamente: L. Rosenberg, "Anmerkung", in *JZ*, 1963, pág. 713; W. Grunsky, "Anmerkung", in *ZZP*, 77 (1964), pág. 317 (observando não se vislumbrar motivo para que o titular do direito à modificação se encontre numa posição mais vantajosa no caso de o título consistir numa transacção judicial do que no caso de esse título consistir numa sentença); G. Bauer, "Gilt die Bestimmung...", assinalando que, não obstante o BGH ter adoptado a tese da doutrina maioritária, não apaziguara a discussão em torno da admissibilidade da modificação retroactiva; R. Gabius, "Rückwirkende...", esp. págs. 313-316, assinalando o paralelismo entre o caso julgado da sentença e a exequibilidade das transacções judiciais e documentos, sob o ponto de vista da confiança que geram nos interessados.

617 BGH, 03.03.1982.

finalmente, rejeitou estes argumentos de conveniência e de protecção da confiança e assentou na orientação de acordo com a qual este preceito não seria aplicável às transacções judiciais, sendo portanto possível a sua modificação retroactiva[618].

Mas esta última orientação também não recolheu unanimidade. Assim, KURZ[619], salientando embora o seu acolhimento pela jurisprudência e pela maior parte da doutrina[620], considerava que não existiam razões que justificassem um tratamento diferenciado da transacção judicial e da sentença, no que à questão dos efeitos da modificação diz respeito, e propugnava, *de lege ferenda*, a concessão de efeitos retroactivos *também* à modificação de sentenças[621].

Não era, todavia, como também acentua KURZ[622], claro o sentido da remissão, constante do 4º parágrafo do § 323 da ZPO, para "as disposições anteriores", dando a letra da lei a entender, aliás, que aos títulos aqui previstos se aplicava o regime consagrado nos parágrafos 1º a 3º (do que resultava que a modificação de uma transacção judicial não produziria efeitos retroactivos)[623].

As razões históricas subjacentes à introdução do 4º parágrafo no § 323 da ZPO – às quais já se aludiu[624] – mostravam, porém, que não era esta a melhor interpretação: como observava KURZ[625], tal preceito teve apenas em vista esclarecer que os títulos aí contemplados estavam sujeitos a modificação por alteração das circunstâncias (tal como as sentenças), e não subtraí-los às regras gerais do direito material respeitantes à modificação ou desaparecimento da base do negócio que, pouco depois da sua introdução na *Zivilprozessordnung*, foram sendo firmadas na doutrina e na jurisprudência alemãs.

Portanto, e em síntese, na doutrina e na jurisprudência alemãs entendia-se geralmente, antes da reforma da ZPO de 2008/2009 (portanto, à luz do anterior § 323, 4, da ZPO), que a modificação da transacção judicial com fundamento em alteração das circunstâncias operava a partir do momento em que esta alteração tivesse ocorrido[626].

618 BGH, 04.10.1982; mais recentemente, BGH, 21.01.2009.

619 P. Kurz, *Die Reformbedürftigkeit...*, págs. 80-84.

620 Criticando, porém, esta última orientação do BGH, W. Grunsky, "Anmerkung", in *ZZP*, 96 (1983), págs. 260-266.

621 Sobre este ponto, *infra*, § 37º, IV, 2.

622 P. Kurz, *Die Reformbedürftigkeit...*, págs. 68-70.

623 Assinalando que a não aplicação do regime do § 323, 1 a 3 às transacções judiciais não decorria da letra da lei, nem podia decorrer da menor dificuldade da prova, no caso dessas transacções, do momento da verificação da alteração das circunstâncias, R. Haase, "Die Anwendung...", pág. 1742.

624 *Supra*, § 3º, I, 1. *a)*.

625 P. Kurz, *Die Reformbedürftigkeit...*, pág. 75.

626 Assim, por exemplo: H. J. Bull, "Rückwirkung...", págs. 518-519; H. Behr, "Nochmals:...", págs. 187-188; J. Soyka, *Die Abänderungsklage...*, 1ª ed., pág. 157; B. Mertens, "Unterhaltsrückforderung...", pág. 601.

Todavia, o não exercício prolongado do direito de modificação podia justificar a excepção da *Verwirkung*, também decorrente do disposto no § 242 do BGB[627]; por outro lado, no caso do pedido de aumento de alimentos para o passado, devia o credor observar o disposto nos §§ 1613, 1, e 1585b, do BGB (*Unterhalt für die Vergangenheit*)[628] (preceitos insusceptíveis de aplicação analógica ao pedido de redução de alimentos para o passado[629]); finalmente, havendo pedido de redução dos alimentos, a confiança do credor encontrava-se tutelada através do disposto no § 818, 3, do BGB (*Umfang des Bereicherungsanspruchs*), que exclui o dever de restituição ou de indemnização fundado em enriquecimento sem causa, sempre que o enriquecimento haja cessado[630].

Actualmente, o § 323a da ZPO explicitamente não exige, no que à modificação das transacções judiciais diz respeito, uma alteração essencial das circunstâncias (porque se limita a exigir a alegação de factos que *justifiquem* a alteração) e, bem assim, remete para as disposições do direito substantivo, a propósito dos pressupostos e alcance da modificação. Parece-nos, portanto, que aquele preceito acolheu os ensinamentos que a doutrina e a jurisprudência maioritárias vinham dando quanto ao sentido do anterior § 323, 4, da ZPO.

e) 2. Outros títulos executivos

Para além das transacções judiciais, o § 324, 4 e 5 da ZPO, na redacção anterior a reforma da ZPO de 2008/2009, fazia referência aos títulos relativos a alimentos a menores previstos no *§ 794, 1, 2 a), da ZPO*[631], que eram, porém, também modificáveis de acordo com as regras dos §§ 654 a 656 da ZPO[632].

627 Assim, J. Soyka, *Die Abänderungsklage...*, 1ª ed., págs. 157-159. A *Verwirkung* alemã corresponde, segundo A. Menezes Cordeiro (*Tratado...*, vol. I, tomo IV, pág. 312), à *suppressio*, que "agrupa uma das modalidades típicas do vasto instituto do abuso do direito" e designa "a posição do direito subjectivo – ou, mais latamente, a de qualquer situação jurídica – que, não tendo sido exercida, em determinadas circunstâncias e por um certo lapso de tempo, não mais possa sê-lo por, de outro modo, se contrariar a boa fé".

628 Assim, J. Soyka, 1ª ed., *Die Abänderungsklage...*, pág. 159. Sobre estas normas, H. Strauss, "Probleme...", págs. 1000-1001.

629 Assim, B. Mertens, "Unterhaltsrückforderung...", págs. 602-603.

630 Assim, B. Mertens, "Unterhaltsrückforderung...", págs. 603-604. O § 818, 3, do BGB dispõe o seguinte: "Die Verpflichtung zur Herausgabe oder zum Ersatz des Wertes ist ausgeschlossen, soweit der Empfänger nicht mehr bereichert ist".

631 O § 794, 1, 2 *a)*, da ZPO, entretanto revogado, previa certas resoluções proferidas num procedimento simplificado respeitante a alimentos a menores. Este procedimento, por seu lado, encontrava-se regulado nos §§ 645 a 660 (*Vereinfachte Verfahren über den Unterhalt Minderjähriger*), também entretanto revogados: sobre este procedimento, veja-se, por exemplo, J. Timm, "Abänderungsklage...".

632 Como informavam H.-U. Graba (*Die Abänderung...*, págs. 86-87) e J. Soyka (*Die Abänderungsklage...*, 1ª ed., págs. 21, 27 e 177-180), os títulos previstos no § 794, 1, 2 *a)* da ZPO podiam também ser modificados nos termos do § 654 da ZPO (preceito hoje correspondente ao § 240 da FamFG: cfr. Luthin / Koch / Margraf, *Handbuch...*, pág. 7340), que previa uma acção modificativa especial, não subordinada aos

Encontravam-se, de igual modo, sujeitos à *Abänderungsklage* os documentos exequíveis referidos no *§ 794, 1, 5, da ZPO*[633], relativamente aos quais também se considerava serem inaplicáveis as regras do § 323, 1 e 2 da ZPO, operando, antes, a sua modificação segundo as regras do direito substantivo respeitantes ao desaparecimento ou alteração da base do negócio[634].

Ainda quanto a estes documentos exequíveis, entendia KLAUSER[635] ser necessário distinguir consoante deles apenas resultasse a obrigação do devedor de alimentos ou, diversamente, a vinculação de ambas as partes: no primeiro caso, as disposições relativas à acção modificativa valiam apenas para o devedor, não estando vedado ao credor exigir o aumento do montante da prestação através da comum acção de condenação; no segundo caso, a respectiva modificação com fundamento em alteração das circunstâncias devia ser feita valer através da acção modificativa.

Mas esta opinião não era unânime: assim, por exemplo, SOYKA[636] entendia que o credor, quando pretendesse o aumento da prestação, só não devia propor a acção modificativa se o título dissesse respeito a uma parte da pretensão e não à totalidade; dizendo respeito à totalidade, a acção indicada seria a modificativa, nela valendo também os princípios relativos ao desaparecimento e à alteração da base do negócio.

Como salientava KURZ[637], também a propósito dos documentos exequíveis referidos no § 794, 1, 5, da ZPO se vinha colocando o problema da aplicabilidade do § 323, 3 da ZPO, devendo ser-lhes extensível, até por maioria de razão, a orientação segundo a qual a modificação das transacções pode produzir efeitos retroactivos. A idêntica conclusão chegou o *Bundesgerichtshof*[638].

De modo que, relativamente aos títulos previstos no § 323, 4, da ZPO, era possível sustentar que a acção modificativa a que estavam sujeitos essencialmente equivalia a uma vulgar acção condenatória, sendo, como tal, inútil a discussão

pressupostos do § 323, nomeadamente à alteração das circunstâncias. Quanto ao § 655 da ZPO (em conjugação com o § 656 da ZPO) previa, tal como o § 654, uma algo complexa acção modificativa especial para as hipóteses dos §§ 1612b) e 1612c) do BGB – acção que não tem paralelo na actual FamFG: cfr. Luthin / Koch / Margraf, *Handbuch...*, 7341 –, que embora tendo, nos termos do § 323, 5, da ZPO, precedência relativamente à acção modificativa prevista neste preceito, podia ser preterida pelas partes, a favor da acção modificativa "comum" (assim: K. Schumacher / K.-J. Grün, "Das neue...", págs. 793-795; H.-U. Graba, *Die Abänderung...*, págs. 87-88; J. Soyka, *Die Abänderungsklage...*, 1ª ed., págs. 27 e 180-185).

633 O § 794, 1, 5, da ZPO regulava e regula nomeadamente certos documentos autênticos.

634 Assim, distinguindo consoante a esses títulos esteja subjacente um contrato ou um reconhecimento de dívida: J. Soyka, *Die Abänderungsklage...*, 1ª ed., págs. 141-150 e 160-170;

635 K.-A. Klauser, "Abänderung...", pág. 718.

636 J. Soyka, *Die Abänderungsklage...*, 1ª ed., pág. 165.

637 P. Kurz, *Die Reformbedürftigkeit...*, págs. 84-87.

638 BGH, 11.04.1990 e 28.11.1990.

sobre se a afectação de alguns desses títulos devia ter lugar mediante acção modificativa ou acção condenatória[639].

Actualmente, o § 323a da ZPO prevê apenas a modificação de documentos exequíveis, não remetendo para o § 794, 1, 5, da ZPO; mas este preceito mantém-se em vigor, pelo que os documentos aqui previstos parecem ali também contemplados. De qualquer modo, a modificação orienta-se, agora explicitamente, pelas regras do direito substantivo.

f) Comparação com o artigo 619º, nº 2, do CPC

O § 323 da ZPO regula muito mais detalhadamente do que o artigo 619º, nº 2, do CPC a modificação de sentenças por alteração das circunstâncias, em particular os aspectos relacionados com os fundamentos da modificação (que só podem, em regra, ser factos ocorridos após o encerramento da última discussão oral) e com a decisão da modificação (cujos efeitos não são, em regra, retroactivos); tanto o § 323 da ZPO como o artigo 619º, nº 2, do CPC são, porém, pouco claros quanto ao objecto possível da modificação, quando esta verse sobre sentenças, porque deles não se retira se a modificação pode ter como objecto qualquer sentença de condenação em prestações periódicas vincendas e se só uma sentença desta natureza é susceptível de modificação.

Diversamente do CPC, a ZPO trata também da modificação, por alteração das circunstâncias, de títulos diversos de sentenças (no § 323a).

A questão da modificação, por alteração de circunstâncias, de sentenças e outros títulos, relaciona-se, em ambos os Códigos, com a matéria do caso julgado, mas a respectiva disciplina encontra-se sistematicamente distanciada da disciplina da figura que explicitamente importa a quebra daquele caso julgado (a *Wiederaufnahme des Verfahrens* ou reabertura do processo, e os recursos extraordinários).

Estes os traços gerais distintivos da *Abänderungsklage* do direito alemão e da acção modificativa do direito português, que iremos aprofundando ao longo do texto.

2. O § 18 da (anterior) FGG

a) Texto

No campo da jurisdição voluntária, a FGG – que viria a ser substituída pela FamFG, aprovada pela *Gesetz zur Reform des Verfahrens in Familiensachen und in den Angelegenheiten der freiwilligen Gerichtsbarkeit (FGG-Reformgesetz – FGG-RG)*, de 17 de Dezembro de 2008, e entrada em vigor em 1 de Setembro de 2009, que, como vimos, também alterou o § 323 da ZPO – dispunha o seguinte no § 18, sistema-

[639] Assim, P. Finger, "Vollstreckbare...", págs. 353 e 355.

ticamente inserido nas disposições gerais do diploma e inalterado, na sua redacção, desde a publicação daquela lei (até à respectiva revogação):

"§18

(1) Se o tribunal, depois de proferir uma resolução, a considerar injustificada, pode modificá-la; se uma resolução só puder ser proferida mediante requerimento e tal requerimento tiver sido indeferido, a modificação só pode ter lugar mediante requerimento.

(2) Ao tribunal não é lícito modificar uma resolução que esteja sujeita a recurso a interpor num certo prazo".

O § 18 da FGG consagrava, na expressão de ROTHE[640], um poder de modificação (de resoluções) de natureza processual, que se distinguia do poder de modificação de natureza material, consagrado em vários preceitos da lei substantiva e não sujeito às limitações constantes daquela disposição: a este último, porém, não aludiremos[641].

Por outro lado, o § 18 da FGG continha apenas uma regra geral: o ordenamento processual alemão contemplava várias outras que total ou parcialmente excluíam a possibilidade de modificação de resoluções aí prevista ou a admitiam em termos (ainda) mais generosos, às quais também não faremos referência.

b) Pressupostos gerais e regime da modificação de decisões na jurisdição voluntária

De acordo com a doutrina que, a propósito do § 18 da FGG, dominava na Alemanha – e que para nós tem interesse, uma vez que este preceito vigorava, há longa data, no ordenamento alemão, ao tempo da introdução do regime do artigo 1411º, nº 1 no CPC de 1961 (actual artigo 988º, nº 1) –, a modificação das resoluções da jurisdição voluntária podia fundar-se quer na sua injustiça originária, quer em circunstâncias subjectiva ou objectivamente supervenientes que as tivessem tornado injustificadas[642] (fundamento que também distinguia o regime do § 18 da FGG do regime do § 323 da ZPO, vocacionado para a correcção de erros de prognose[643]): quanto à injustiça superveniente, porém, era muito discutida a questão de saber se ela podia fundar apenas a alteração da decisão anterior num novo processo ou também no mesmo processo, nos termos do § 18 da FGG, predomi-

[640] W. Rothe, *Möglichkeiten...*, págs. 27-30.

[641] Sobre essas regras do direito substantivo, veja-se H. Bonvie, *Änderung...*, pág. 15, 39-42 e 48 e seguintes, e A. Chizzini, "La revoca...", págs. 93-94 (sobre o § 1696 do BGB).

[642] Assim, U. Schäfer, *Abänderbarkeit...*, pág. 4.

[643] Assim, H. Bonvie, *Änderung...*, págs. 26 e seguintes e 103-105. Sobre outros aspectos de diferenciação face ao § 323 da ZPO, F. Baur, "Die Wirksamkeit...", págs. 303-304.

nando de qualquer modo o entendimento, segundo U. SCHÄFER[644], de que este preceito *não seria aplicável à alteração objectiva de circunstâncias*[645].

Discutia-se também se o § 18 da FGG só permitia a modificação das resoluções que o tribunal de primeira instância tivesse proferido, ou se permitia também a modificação de resoluções proferidas em via de recurso, inclinando-se a doutrina e a jurisprudência maioritariamente no primeiro sentido[646]: e a tese da impossibilidade de modificação, por um tribunal de primeira instância, de resoluções proferidas em via de recurso, vinha conduzindo ao entendimento de que, proferida uma resolução em via de recurso, a respectiva correcção ou modificação só podia ter lugar no (eventual) subsequente recurso ou num novo (independente) processo[647].

Outros problemas colocados pelo § 18 da FGG eram, entre outros, os seguintes: qual o sentido do próprio termo *Verfügung* (que traduzimos por "resolução")

[644] U. Schäfer, *Abänderbarkeit...*, págs. 4 e 41.

[645] U. Schäfer (*Abänderbarkeit...*, pág. 43) não perfilhava, contudo, este entendimento. A favor, veja-se, por exemplo, F. Baur (*Freiwillige...*, págs. 244-245, 246-247 e 258-264), para quem o § 18 da FGG regularia apenas situações idênticas àquelas que, no direito civil, permitem a anulação do negócio com fundamento em erro da vontade; a modificação da resolução com fundamento em alteração objectiva de circunstâncias reger-se-ia por outras disposições, nomeadamente por certas disposições da lei civil que expressamente a contemplam, não excluindo, ainda, o Autor a possibilidade de lhe serem aplicáveis analogicamente certos aspectos do regime contido no § 18 da FGG (criticamente em relação a esta concepção de Baur, veja-se E. Böttricher,"Abänderbarkeit...", pág. 584). Referências detalhadas ao problema e à doutrina que sobre ele se debruçou podem ainda ser encontradas em W. Rothe (*Möglichkeiten...*, págs. 40-59), que conclui no sentido da aplicação do § 18 da FGG à alteração objectiva de circunstâncias, e em A. Chizzini ("La revoca...", págs. 94-96), sustentando a existência de um dever do juiz de modificar/revogar a providência quando se alterem as circunstâncias, e, bem assim, propugnando a aplicação, a essa modificação/revogação, de alguns aspectos do regime da revogação propriamente dita, consagrado no § 18 da FGG (por exemplo, a necessidade de pedido)..

[646] U. Schäfer, *Abänderbarkeit...*, págs. 4-5; W. Rothe, *Möglichkeiten...*, pág. 69. Desenvolvidamente sobre o problema, W. Rothe (*Möglichkeiten...*, págs. 69-84), que conclui no sentido de que o tribunal de primeira instância não pode modificar a resolução proferida em via de recurso (ainda que esta se tenha limitado a confirmar a decisão da primeira instância) com fundamento em diversa avaliação de direito ou de facto: só no caso de se *verificar um facto objectiva ou subjectivamente superveniente ou ser descoberto um novo meio de prova* não ocorreria vinculação do tribunal de primeira instância ao anteriormente decidido pelo tribunal de recurso (ou seja, aquele tribunal poderia modificar a decisão deste, nos termos do § 18 da FGG); de qualquer modo, na pendência de um recurso, seria proibida qualquer modificação pelo tribunal de primeira instância (*idem*, págs. 88-89).

[647] U. Schäfer, *Abänderbarkeit...*, págs. 6-7. No caso de alteração objectiva de circunstâncias, sustentava F. Baur (*Freiwillige...*, pág. 262) que era competente para a modificação o tribunal de primeira instância. Sobre o *poder de modificação, nos termos do § 18 da FGG, do próprio tribunal que proferiu a decisão em via de recurso*, veja-se W. Rothe (*Möglichkeiten...*, págs. 92-98), assinalando que a jurisprudência e doutrina maioritárias rejeitavam um tal poder, quando a situação de facto permanecesse inalterada (ou seja, a modificação de resoluções, nos termos do § 18 da FGG, constituiria competência exclusiva dos tribunais de primeira instância), bem como que, ocasionalmente, se aceitava que tal poder pudesse ser exercido, em se verificando alteração das circunstâncias.

aí utilizado, parecendo que abrangia qualquer decisão ou providência adoptada pelo juiz[648] (e tendo, como tal, e em rigor, um significado mais amplo do que o termo "resolução" do direito português); se aquela disposição permitia ao juiz a modificação da resolução ou, antes, lhe impunha tal dever[649]; se esta disposição permitia a modificação de resoluções constitutivas de caso julgado formal, ou seja, de resoluções inimpugnáveis mediante recurso[650/651]; se o poder de modificação estava sujeito a limites temporais[652]; se a modificação retroagia os seus efeitos à data da primeira resolução[653]; se as resoluções da jurisdição voluntária

[648] Assim, W. Rothe, *Möglichkeiten...*, págs. 18-19. Não obstante, as medidas provisórias da jurisdição voluntária conheciam um regime próprio de eficácia (cfr. W. Zimmermann, "Das neue...", pág. 277).

[649] F. Baur (*Freiwillige...*, págs. 247-248), não obstante a letra da lei apontar no primeiro sentido, reconhecia aqui um dever do juiz. Identicamente, A. Chizzini, "La revoca...", págs. 90-91. Desenvolvidamente, W. Rothe (*Möglichkeiten...*, págs. 197-200), considerando também que se verificava um dever de modificação e frisando que o exercício deste implicava a avaliação da oportunidade e adequação da própria modificação: assim, uma *errada* resolução não deveria ser modificada se tal se revelasse inadequado (porque, nessa eventualidade, a resolução não podia qualificar-se como *injustificada*, nos termos do § 18 da FGG).

[650] Sobre este sentido da expressão, W. Rothe, *Möglichkeiten...*, págs. 112 e 152.

[651] F. Baur (*Freiwillige...*, págs. 250 e 260) entendia que tal disposição não o permitia, assinalando ser este o entendimento maioritário: o caso julgado formal não impediria, porém, a modificação da resolução com fundamento em alteração objectiva de circunstâncias, não estando esta eventualidade, aliás, e na sua opinião, contemplada no § 18 da FGG (como já dissemos). W. Rothe (*Möglichkeiten...*, págs. 58-59 e 110-152), por seu lado, considerava que o § 18, 2, da FGG impunha que, após o caso julgado formal, não fosse possível eliminar formalmente a resolução através de simples modificação: assim sendo, se o interessado pretendesse alegar alteração objectiva de circunstâncias após esse momento, devia fazê-lo num processo autónomo, no qual a existência da resolução anterior não seria afectada, mas apenas eventualmente adoptada uma resolução de conteúdo divergente daquela; de qualquer modo, e em síntese, o caso julgado formal e a insusceptibilidade de modificação nas hipóteses de não alteração da situação de facto (*Unabänderbarkeit*) – esta última contemplada no § 18, 2, da FGG – seriam conceitos distintos e independentes (o primeiro, proibindo a reapreciação do decidido pelo tribunal de recurso; o segundo, pelo tribunal de primeira instância) –, verificando-se a existência, na área da jurisdição voluntária, de resoluções que não podiam ser modificadas e, ainda assim, não constituíam caso julgado formal, bem como de resoluções que constituíam caso julgado formal e podiam ser modificadas.

[652] F. Baur (*Freiwillige...*, págs. 251-254) considerava que, em regra, tal sujeição não ocorria. O mesmo sucederia (*idem*, págs. 261-262) no caso de alteração objectiva de circunstâncias (não contemplada, como já se referiu várias vezes, no § 18 da FGG). Identicamente, W. Rothe, *Möglichkeiten...*, págs. 31-32.

[653] F. Baur (*Freiwillige...*, págs. 255-258) sustentava a não retroactividade, tanto nos casos em que a primeira resolução tivesse um conteúdo negativo (indeferindo, por exemplo, um requerimento) e a segunda um conteúdo positivo (deferindo tal requerimento) – aqui, atendendo à natureza das coisas –, como nos casos em que a primeira resolução tivesse um conteúdo positivo – aqui, em homenagem ao princípio da confiança; no caso de alteração objectiva das circunstâncias, seria de aplicar regime idêntico ao contido no § 323, 3 ZPO, não retroagindo a decisão modificativa os seus efeitos, nem à data da decisão modificanda, nem à data da ocorrência da alteração (*idem*, pág. 263). W. Rothe (*Möglichkeiten...*, págs. 200-201), depois de observar que a doutrina maioritária rejeitava a retroactividade da resolução modificativa, afirmava que este entendimento seria de aceitar, porque, devido à natureza constitutiva da generalidade das resoluções, não é possível apagar os respectivos efeitos de facto.

produziam, em geral, caso julgado material[654]; se o poder de modificação conferido pelo § 18 da FGG podia ser exercido num novo e autónomo processo[655]; se a modificação estava sujeita ao princípio da proibição da *reformatio in pejus*[656].

c) Comparação com o artigo 988º, nº 1, do CPC

Comparando a mencionada disposição da lei alemã com o artigo 1411º, nº 1, do CPC de 1961 (idêntico ao artigo 988º, nº 1, do CPC) verifica-se, em primeiro lugar, que ela permitia a modificação das resoluções da jurisdição voluntária sempre que ao tribunal se afigurasse *injustificada* uma resolução por si proferida (1ª parte do primeiro parágrafo do § 18 da FGG) e não, como na lei portuguesa, quando ocorram *circunstâncias supervenientes* que justifiquem a alteração: a superveniência objectiva parecia, assim, quedar fora do campo de aplicação do § 18 da FGG (embora este ponto não fosse, como vimos, pacífico na doutrina alemã); já a mera

[654] Já atrás referimos a posição da doutrina alemã acerca desta questão (*supra*, § 2º, II, 9. *e)* 1). Neste contexto, acrescente-se apenas a posição de Rothe e a de Allorio. Para W. Rothe (*Möglichkeiten...*, pág. 120), não é configurável o caso julgado material quando, nos termos do § 18 da FGG, a situação de facto permanece inalterada e a decisão pode, não obstante, ser modificada; entendia ainda o Autor (*idem*, pág. 121) que a definitividade da decisão nas hipóteses de permanência da situação de facto constitui pressuposto necessário do caso julgado material, mas não condição suficiente deste; concluía (*idem*, págs. 153-196), assinalando que também na jurisdição voluntária pode assumir preponderância, face a outros valores, a razão justificativa do caso julgado material (o asseguramento da paz e da segurança jurídicas), bem como que o § 18 da FGG exercia, no campo da jurisdição voluntária e em relação aos factos objectiva e subjectivamente supervenientes, a mesma função que os §§ 323 e 578 e seguintes da ZPO desempenhavam no processo civil (que regulam, respectivamente, a acção modificativa e a reabertura do processo mediante acção de nulidade ou de revisão) – do que também resultaria a *tendencial inaplicabilidade destes preceitos na jurisdição voluntária* –, porque permitia a modificação de certas resoluções constitutivas de caso julgado material (aquelas que não se encontravam submetidas ao disposto no § 18, 2, da FGG), sem que daí resultasse a quebra deste (quanto a este último ponto parecendo o Autor, portanto, seguir a orientação da designada *teoria da confirmação*). Para E. Allorio ("Nuove riflessioni...", págs. 111-112), a imodificabilidade da resolução, decorrente do disposto no § 18, 2 da FGG, constituía um simples fenómeno de caso julgado formal e não de caso julgado material, porque, embora inimpugnável, tal resolução podia ser sempre sindicada num processo jurisdicional em sentido próprio, isto é, num processo contencioso.

[655] No sentido de que, num novo e autónomo processo – e sem prejuízo da aplicação das regras relativas à litispendência e à excepção de caso julgado –, não podia ser modificada uma resolução da jurisdição voluntária, mas apenas adoptada uma segunda resolução de conteúdo divergente, que não eliminaria, aliás, a existência formal da primeira, veja-se W. Rothe, *Möglichkeiten...*, págs. 24-27.

[656] W. Rothe (*Möglichkeiten...*, pág. 32) respondia negativamente a esta questão, quer o poder de modificação fosse de carácter oficioso, quer dependesse de requerimento do interessado: no primeiro caso, porque o procedimento não estava submetido ao princípio dispositivo, no qual se fundava a proibição da *reformatio in pejus*; no segundo caso, porque tal proibição sempre seria dificilmente compatível com o carácter assistencial da jurisdição voluntária no procedimento em primeira instância. Sobre o fundamento da proibição da *reformatio in pejus* em processo civil, que seria, por um lado, o princípio dispositivo, e, por outro, o princípio da sucumbência, enquanto condição de legitimidade para recorrer, veja-se P. Calamandrei, "Appunti...", págs. 301-303.

modificação na avaliação da situação existente à data do proferimento da decisão, resultante do seu diverso enquadramento jurídico ou de uma diversa valoração dos meios de prova[657] – que não se funde na superveniência subjectiva ou em circunstância antes não alegada por motivo ponderoso diverso da ignorância, e que, como tal, se traduza em erro do juiz (dir-se-ia: em erro apenas imputável ao juiz) aquando do proferimento da primeira decisão –, não se encontra contemplada, ao menos expressamente, no artigo 988º, nº 1, do CPC.

Assim sendo, o § 18 da FGG e o artigo 988º, nº 1, do CPC apenas têm de comum, quanto aos fundamentos de alteração que prevêem, a relevância atribuída à superveniência subjectiva ou às circunstâncias antes não alegadas por motivo ponderoso diverso da ignorância (dir-se-ia: a relevância atribuída ao erro não apenas imputável ao juiz)[658], aqui podendo englobar-se também os *meios de prova e os factos instrumentais supervenientemente descobertos*[659].

Verifica-se, em segundo lugar, que o § 18 da FGG – consagrando embora a regra da modificação oficiosa da resolução[660] – inequivocamente exigia, nos casos em que a resolução só pudesse ser proferida na sequência de um pedido do interessado e o pedido tivesse sido rejeitado, que a própria modificação resultasse de um pedido (2ª parte do primeiro parágrafo): ora, o artigo 988º, nº 1, do CPC é omisso quanto à necessidade de pedido para se obter a modificação ou, noutra perspectiva, quanto à possibilidade (excepcional ou não) de modificação oficiosa da resolução.

Finalmente, e em terceiro lugar, o segundo parágrafo do § 18 da FGG proibia ao tribunal que proferiu a resolução modificá-la, sempre que a mesma estivesse sujeita a recurso a interpor num certo prazo (*sofortige Beschwerde*)[661] – e era,

[657] Entendendo que estas duas hipóteses se encontravam previstas na 1ª parte do primeiro parágrafo do § 18 da FGG, veja-se W. Rothe, *Möglichkeiten...*, pág. 36.

[658] No sentido de que o § 18 da FGG permitia a modificação com fundamento em factos ocultos (à data do proferimento da resolução modificanda), consulte-se W. Rothe, *Möglichkeiten...*, pág. 37.

[659] À luz do direito alemão, a possibilidade de a modificação fundar-se em novos meios de prova e em factos instrumentais supervenientemente descobertos resultava da nova avaliação da situação de facto a que conduz e que, como tal, tornava a resolução injustificada para o juiz (cfr. W. Rothe, *Möglichkeiten...*, pág. 37). Face ao direito português, tal possibilidade deve ser afirmada em função de um argumento por maioria de razão: se a lei, no artigo 988º, nº 1, do CPC, confere relevância à superveniência subjectiva e ao motivo ponderoso (distinto da ignorância) que conduziu à não alegação anterior do facto antigo, não se vê por que motivo não há-de conferi-la ao meio de prova e ao facto instrumental supervenientemente descoberto, já que, nestas duas hipóteses, as razões de segurança que aconselhariam a não reabertura do processo ainda menos se fazem sentir; por outro lado, e quanto ao facto instrumental supervenientemente descoberto, a descoberta posterior pode configurar mesmo superveniência objectiva, categoria que, conforme expressamente previsto no preceito, legitima, de modo autónomo, a alterabilidade da resolução.

[660] Esta regra não vigorava na generalidade dos processos de jurisdição contenciosa, porque aí a modificação dependia de recurso (cfr. W. Rothe, *Möglichkeiten...*, pág. 11).

[661] O traço mais distintivo do regime da *sofortige Beschwerde*, por comparação à *einfache Beschwerde* – ambos os recursos a interpor de decisões da primeira instância –, parecia ser a sua sujeição a um prazo, ao qual aludia o § 22 da FGG (cfr. F. Baur, *Freiwillige...*, págs. 357-358 e 361): daí, na falta de termo

para este efeito, irrelevante que tal recurso tivesse ou não sido interposto[662] –, sucedendo que, quanto a este ponto, também nada dispõe o preceito português equivalente: do artigo 988º, nº 1 parece, assim, retirar-se que a modificação é possível logo após o proferimento da resolução, esteja ela ou não sujeita a recurso.

3. Os §§ 48 e 238 a 241 da FamFG

A FamFG, que em 2009 passou a regular o processo em assuntos de direito da família e nas matérias da jurisdição voluntária e que, nos termos do seu § 1º, se aplica preferencialmente a outras leis que versam sobre idênticas matérias, contém um preceito (o do § 48) que nos parece ter visado substituir o do anterior § 18 da FGG e, bem assim, três outros (os dos §§ 238 a 241) que equivalem aos §§ 323, 323a e 323b da ZPO: isto significa, dada a especialidade da FamFG, que os §§ 323, 323a e 323b da ZPO não são aplicáveis à generalidade das sentenças de alimentos, sendo-o, antes, os pertinentes preceitos da FamFG, assim versando este último diploma as acções modificativas que, na prática judicial, serão as mais significativas[663].

O *§ 48 da FamFG*, inserido nas disposições gerais da parte geral, permite ao juiz da primeira instância, entre o mais, revogar ou modificar decisões finais com eficácia duradoura transitadas em julgado, quando supervenientemente se modifique, de forma essencial, a situação de facto ou de direito em que assentou a decisão.

Por sua vez, os *§§ 238 a 241 da FamFG*, sistematicamente inseridos na parte do diploma respeitante aos processos em assuntos de direito da família e, mais especificamente, aos processos em matéria de alimentos, contém vários preceitos que repetem ou densificam aspectos do regime constante dos §§ 323, 323a e 323b da ZPO, procedendo a uma separação entre a modificação de decisões judiciais (§ 238 da FamFG), a modificação de certas transacções e documentos exequíveis (§ 239 da FamFG) e a modificação de decisões proferidas nos termos dos §§ 237 ou 253 da FamFG (§ 240 da FamFG), e prevendo ainda casos de responsabilidade agravada (§ 241 da FamFG).

No que se refere à modificação de decisões judiciais (§ 238 da FamFG), refira-se que, entre outros aspectos de regulação, tem a mesma lugar quando a decisão

equivalente, a tradução da figura por que optámos. A FGG conhecia ainda (*idem*, pág. 374) a *sofortige weitere Beschwerde* – regulada nos §§ 22, 26 e 29 –, que consistia num recurso a interpor também num certo prazo, mas de decisões proferidas em via de recurso (sendo que o recurso destas decisões não estava, em regra, sujeito a prazo).

[662] Assim, F. Baur, *Freiwillige...*, pág. 249. É claro que (como, aliás, observava o Autor) a proibição só valia se, atendendo ao fundamento da modificação, fosse aplicável o § 18 da FGG: assim, ela não valeria na eventualidade de circunstância objectivamente superveniente que tivesse tornado injustificada a resolução, caso em que, segundo o Autor, não se aplicava o § 18 da FGG (cfr., ainda, pág. 260).

[663] Neste sentido, H.-J. Musielak, *Grundkurs...*, pág. 378, nota 301.

estabeleça um dever de pagamento de prestações periódicas vincendas (diversamente do § 323, 1, da ZPO, na sua redacção anterior à reforma de 2008/2009, mas identicamente à versão actual deste preceito, o § 238, 1, da FamFG não pressupõe uma *condenação* no pagamento de prestações dessa natureza) e funda-se em factos dos quais decorra uma alteração essencial das circunstâncias de facto ou de direito em que assentou a decisão e que tenham ocorrido após o encerramento da discussão sobre a matéria de facto no anterior processo; a modificação opera, *em regra*, para o período subsequente à dedução do pedido (mas o preceito contempla várias excepções das quais resulta a faculdade de obter o aumento e também a redução de alimentos para o passado, neste ponto contendo um regime divergente do consagrado no § 323, 3, da ZPO) e traduz-se numa adaptação da decisão anterior, respeitando os seus fundamentos[664].

No que se refere à modificação de certas transacções e documentos exequíveis (§ 239 da FamFG), é também necessário que estes estabeleçam um dever de pagamento de prestações periódicas vincendas, mas a modificação não depende de uma alteração essencial das circunstâncias (apenas de factos que justifiquem a modificação) e está sujeita, quanto aos seus restantes pressupostos e extensão, às regras do direito substantivo[665].

O § 240 da FamFG trata da modificação de certas decisões quanto a alimentos: as previstas no § 237 (alimentos na pendência do estabelecimento da paternidade) e no § 253 (alimentos fixados por despacho, no âmbito do processo simplificado de alimentos a menores)[666].

Finalmente, o § 241 da FamFG repete o disposto no § 323b da ZPO.

Mencione-se ainda, por curiosidade, a consagração, na FamFG, de uma regra respeitante à revogação ou modificação de medidas provisórias (§ 54) e de outras respeitantes à modificação de certas decisões e acordos (por exemplo, o § 166).

II. Itália

1. Perspectiva geral

O Código de Processo Civil italiano regula o caso julgado formal (ou a não sujeição da sentença aos meios ordinários de impugnação) no seu artigo 324; quanto ao caso julgado material, a respectiva previsão encontra-se no artigo 2909 do

[664] Sobre o § 238 da FamFG, veja-se, numa perspectiva de comparação com o § 323 da ZPO, Rosenberg/Schwab/Gottwald, *Zivilprozessrecht*, 17ª ed., § 158, 1, 33 e 42. Desenvolvidamente sobre o § 238 da FamFG: J. Soyka, *Das Abänderungsverfahren...*, 3ª ed., esp. págs. 18-23, 29-39 e 69-138; Luthin / Koch / Margraf, *Handbuch...*, 7262-7326.

[665] Sobre este regime: J. Soyka, *Das Abänderungsverfahren...*, 3ª ed., págs. 138-181; Luthin / Koch / Margraf, *Handbuch...*, 7327-7334.

[666] Sobre este regime: J. Soyka, *Das Abänderungsverfahren...*, 3ª ed., págs. 183-186; Luthin / Koch / Margraf, *Handbuch...*, 7340-7344.

c.c.[667]; as acções de condenação *in futurum* – também denominadas, na doutrina mais antiga, *giudizi preventivi*[668] – encontram-se, por sua vez, previstas nos artigos 657 ("Intimazione di licenza e di sfratto per finita locazione") e 664 ("Pagamento dei canoni") do c.p.c. – ambos integrados no *procedimento per convalida di sfratto* e equivalentes, de algum modo, ao artigo 557º, nº 2, 1ª parte, e ao artigo 557º, nº 1, do CPC, respectivamente (embora este último preceito se refira à generalidade das prestações periódicas e não, como o artigo 664 do c.p.c. italiano, apenas às rendas locatícias) –, verificando-se que a doutrina mais recente, tendencialmente, restringe as hipóteses de condenação *in futurum* aos casos típicos que ficaram enunciados, não aceitando que, em homenagem ao princípio do interesse em agir, essas hipóteses possam ser alargadas[669].

Percorrendo aquele Código de Processo Civil, não encontramos, porém, qualquer disposição paralela à do artigo 619º, nº 2, do CPC nem, aliás, qualquer previsão expressa sobre a referência temporal do caso julgado ou equiparável à do § 767, 2, da ZPO ou do artigo 729º, alínea *g)*, do CPC.

Não obstante estas omissões, a doutrina tem admitido a generalização das regras contidas nos artigos 440 e 445 do c.c., referentes aos alimentos[670], e, bem assim, considerado que "o momento a que se refere a eficácia do caso julgado quanto aos factos relevantes para a existência e modo de ser do efeito invocado em juízo é o último momento em que as partes podem alegar os desenvolvimentos da situação de facto respeitantes ao direito deduzido em juízo", isto é, o momento em que as partes formulam as conclusões (*momento della precisazione*

[667] Sobre o alcance deste preceito, origens históricas e razões para a sua inclusão na lei substantiva, veja-se, por exemplo, G. A. Micheli, *Corso...*, págs. 293 e seguintes, E. Redenti, *Diritto...*, vol. I, págs. 65 e seguintes, A. Cerino-Canova, "Passaggio...", págs. 99-105, ou F. D. Busneli, "Considerazioni...", págs. 1317-1319 e 1329 e seguintes, e "La cosa giudicata...", págs. 410-415. Sobre a possibilidade de certos acertamentos, em princípio abrangidos na previsão do artigo 2909 do c.c., produzirem efeitos de intensidade menor, V. Denti, "I giudicati...", pág. 1345-1350. Sobre a aptidão para o caso julgado da tutela decisória sumária, L. Lanfranchi, "Profili...", págs. 88-93 e 127-129, "I rimedi...", págs. 1066-1068, e "Diritti...", págs. 387-388. Sobre a diferença entre o ordenamento italiano e o alemão, sob o ponto de vista da regulação do caso julgado material, M. Montanari, "L'efficacia...", págs. 336-346.

[668] Assim, V. Galante, *Diritto...*, pág. 237.

[669] Assim, F. López Simo / S. Cavanillas Múgica / F. Gascón Inchausti, *Las condenas de futuro*, pág. 63. Era esta já, de resto, a opinião de L. Montesano ("Critica della teoria...", págs. 46-51), à luz da versão originária do Código, que apresentava uma regulação bem diversa da da ZPO quanto à condenação *in futurum*. A tese tradicional na doutrina italiana, que remontava a Chiovenda, era, porém, no sentido da admissibilidade, em geral, da condenação *in futurum*, com base no princípio do interesse em agir (cfr. R. Paolini, "Note...", esp. págs. 530-543; V. Rognoni, *La condanna in futuro*, págs. 3-5). Considerando, também, tendencialmente admissível a acção de condenação *in futurum*, sem prejuízo da necessidade de analisar, em concreto, a verificação do requisito do interesse em agir, A. Proto Pisani, "Appunti sulla tutela di condanna", págs. 1140 e 1179-1189, e *Lezioni...*, págs. 163-165. Sobre a questão, veja-se ainda L. Lanfranchi, "Note...", págs. 1140-1146.

[670] *Infra*, § 3º, II, 2 *b)*.

delle conclusioni) a que se referem nomeadamente os artigos 183 e 189 do c.p.c., e que pode, caso o processo tenha subido em recurso de *appello* ou de *rinvio* e o facto superveniente tenha ocorrido na respectiva pendência, corresponder a um momento desse recurso[671]; paralelamente, essa doutrina admite a existência de limites cronológicos do caso julgado[672].

2. Os artigos 440 e 445 do c.c.

a) Texto

Segundo Remo Caponi[673], o artigo 440 do c.c. ("Cessazione, riduzione e aumento" [degli alimenti]), em conjugação com o artigo 445 do mesmo Código ("Decorrenza degli alimenti"), contém uma disposição funcionalmente equivalente à do § 323 da ZPO na área das obrigações de alimentos, porque o primeiro preceito determina que "se depois da fixação dos alimentos se alterarem as condições económicas de quem os presta ou de quem os recebe, a autoridade judicial providencia no sentido da sua cessação, redução ou aumento, segundo as circunstâncias"[674] e o segundo estabelece que "os alimentos são devidos desde a proposição da acção".

Ambos os preceitos se integram no título do Código Civil italiano referente aos alimentos (artigos 433 e seguintes do c.c.), que, sendo de fonte legal, traduzem uma obrigação de trato sucessivo, condicionada e variável, características que explicam o aludido regime do artigo 440 do c.c., inderrogável por vontade das partes[675].

b) Pressupostos

Observa Remo Caponi[676] que o direito italiano não exige, ao contrário do que sucede no direito alemão, uma alteração essencial das circunstâncias para modificar a sentença. Aliás, nem sequer exige uma alteração da situação factual existente

[671] Assim: Remo Caponi, *L'efficacia*..., págs. 114 e 117-127; S. Menchini, *Il giudicato*..., págs. 205-206; F. P. Luiso, *Diritto*...vol. II, págs. 433-434; V. Tavormina, "In tema di condanna...", pág. 26, nota 15. Face à redacção do artigo 184 do c.p.c. emergente da reforma de 1950, considerava E.T. Liebman ("La precisazione...", pág. 334) que a preclusão do *ius novorum* aí estabelecida tinha lugar com o despacho do juiz que convidava as partes a formularem as conclusões. Actualmente, sobre o artigo 184 do c.p.c., L. P. Comoglio, "Istanze...", esp. págs. 989-997.

[672] Sobre estes limites, quanto a um certo tipo de sentenças de anulação, B. Sassani, *Impugnativa*..., págs. 162-169. Veja-se também F. P. Luiso ("Rinnovazione...", pág. 560, e *Diritto*..., vol. I, págs. 162 e seguintes), respectivamente sobre a relação entre direitos potestativos e limites cronológicos do caso julgado e sobre os limites temporais como o momento até ao qual dura o caso julgado.

[673] Remo Caponi, *L'efficacia*..., págs. 96-97.

[674] Porém, como observa F. Messineo (*Manuale*..., pág. 229), a dívida de alimentos, enquanto dívida de valor, está sujeita a revisão independentemente das hipóteses do artigo 440 do c.c..

[675] Assim, G. Provera, *Degli alimenti*, págs. 95-96, e G. Tedeschi, "Alimenti...", págs. 501-502.

[676] Remo Caponi, *L'efficacia*..., pág. 98.

no momento da *precisazione delle conclusioni*, pois a possibilidade dessa modificação pressupõe, antes, um desvio entre a evolução efectiva da situação factual e a evolução prevista pelo juiz[677].

Ainda para REMO CAPONI[678], é possível aplicar analogicamente as normas dos artigos 440 e 445 do c.c. às decisões respeitantes a outras (diversas dos alimentos) relações continuadas com facto constitutivo duradouro; HEINITZ[679] e MENCHINI[680], por seu lado, estendem tais normas a todas as sentenças determinativas relativas a prestações continuadas[681].

c) Efeitos

Como informam SCHLOSSER[682] e KURZ[683], a jurisprudência italiana, na falta de uma disposição semelhante à do § 323, 3, da ZPO, tem ainda considerado que, no caso do pedido de aumento do montante dos alimentos, é aplicável a regra do artigo 445 do c.c. (correspondente ao § 1613 do BGB, já referido[684], que tem como epígrafe *Unterhalt für die Vergangenheit*), pelo que conclui que a modificação da sentença só produz efeitos, em regra, a partir da dedução desse pedido, sendo, de qualquer modo, suficiente a constituição da contraparte em mora; no caso do pedido de redução do montante dos alimentos, essa jurisprudência, bem como a doutrina, têm sustentado que a modificação produz efeitos desde o momento da verificação da alteração das circunstâncias[685].

3. O artigo 742 do c.p.c. (jurisdição voluntária)

Apenas no campo das disposições comuns dos *procedimenti in camera di consiglio* (artigos 737 e seguintes do c.p.c.) – sistematicamente inseridas na regulação dos processos (especiais) em matéria de família e de estado das pessoas (Capítulo VI do Título II do Livro IV), mas aplicáveis a todos os *procedimenti in camera*

677 F. P. Luiso, *Diritto...*, vol. I, págs. 166-167.

678 Remo Caponi, *L'eficacia...*, págs. 99-100.

679 E. Heinitz, *I limiti...*, págs. 246 e 252.

680 S. Menchini, *Il giudicato...*, págs. 212-213.

681 Como assinala S. Menchini (*Il giudicato...*, pág. 215), a jurisprudência italiana tem ainda equiparado às sentenças determinativas que têm como objecto prestações periódicas as sentenças incidentes sobre relações duradouras, como por exemplo a locação, para o efeito de permitir a dedução de circunstâncias de facto surgidas posteriormente: assim, no caso de a acção proposta pelo locador ter sido julgada improcedente, nada obsta a que este deduza mais tarde idêntico pedido, uma vez surgido o facto integrante do estado de necessidade.

682 P. Schlosser, "Zur Abänderung...", pág. 122.

683 P. Kurz, *Die Reformbedürftigkeit...*, págs. 164-165.

684 *Supra*, § 3º, I, 1. *d*).

685 No sentido de que a modificação opera sempre a partir do momento da dedução do pedido de alteração (e nunca a partir do momento da verificação da alteração das circunstâncias), veja-se S. Menchini (*Il giudicato...*pág. 214), citando também jurisprudência conforme com esta orientação.

di consiglio (no essencial correspondentes aos processos de jurisdição voluntária do direito português, embora a doutrina italiana actual não utilize muito este último conceito[686] e tenda a diferenciar essa jurisdição, não apenas da jurisdição contenciosa, mas também da denominada jurisdição objectiva, esta última caracterizada por dizer respeito a interesses supra-individuais[687]), ainda que não regulados nos capítulos precedentes do Código e não respeitem a matéria de família ou de estado das pessoas (cfr. o artigo 742-bis) – se encontra uma norma prevendo a revogabilidade dos *decreti* (que constituem a forma das providências tomadas *in camera di* consiglio – cfr. o artigo 737 do c.p.c. –, correspondendo às nossas resoluções)[688].

Trata-se da norma do artigo 742 do c. p. c. – cuja formulação foi fortemente influenciada pela orientação que reconhece à jurisdição voluntária natureza administrativa[689] (sendo *judiciários* e não *jurisdicionais* os respectivos processos[690]), o que também explica a tese segundo a qual o preceito não seria aplicável às providências que, embora formalmente inseridas na jurisdição voluntária, apresentassem natureza contenciosa[691] –, que determina o seguinte:

[686] Assim, F. Tommaseo, *Appunti...*, pág. 152. Segundo F. U. Di Blasi ("Giurisdizione...", págs. 1094-1095, e "Incertezze...", págs. 829-830), o próprio legislador teria evitado a expressão "jurisdição voluntária", dados os múltiplos critérios que têm sido seguidos para a distinguir da jurisdição contenciosa e a sua cada vez maior abrangência, por isso tendo surgido, na lei processual, a regulação dos *procedimenti in camera di consiglio*. A *camera di consiglio* é o local no qual o juiz decide quanto às providências a adoptar e distingue-se, antes do mais, da sala de audiências (P. D'Onofrio, "Camera...", pág. 772)

[687] Sobre esta jurisdição objectiva, cujos contornos são algo indefinidos, veja-se a síntese de A. Cantafio, "Procedimento...", págs. 832-836, nota 7.

[688] É duvidoso que decretos proferidos fora destes procedimentos estejam sujeitos à regra do artigo 742 do c.p.c.: sobre a questão, M. Giuliano, "Sulla revocabilità...".

[689] Assim: G. Arieta, "Giurisdizione...", pág. 1062; L. Montesano, "Sull'efficacia...", págs. 618 e 596-597 (que, todavia, considera tal concepção contrária ao direito constitucional vigente, o qual, atribuindo embora ao legislador alguma liberdade na escolha das matérias que devem ser apreciadas por magistrados, reveste de natureza jurisdicional e não administrativa as funções por estes desempenhadas). Contra a concepção segundo a qual da revogabilidade das providências se deduziria a respectiva natureza administrativa, G. A. Micheli, "Efficacia...", págs. 191-193. Sublinhando, à luz do direito anterior ao c.p.c., a substancial identidade entre as autorizações concedidas no âmbito da jurisdição voluntária e as autorizações do direito administrativo, por ambas serem revogáveis, F. G. Lipari, "L'annullamento...", págs. 57-58.

[690] Procedendo a esta distinção, F. Tommaseo, *Appunti...*, pág. 154.

[691] Assim, E. T. Liebman, "Revocabilità...", págs. 329-330. Refira-se, aliás, que quando o procedimento deva concluir-se com uma decisão apta à produção de caso julgado, não só o artigo 742 do c.p.c. não deve ser aplicado, como é também censurável a total "cameralização" do procedimento, dada a "centralidade" daquela norma (cfr. C. Mandrioli, "In tema...", pág. 979, e "C.d....", págs. 924-925, L. Montesano, "Dovuto...", págs. 928-931, ou L. P. Comoglio, "Difesa...", pág. 728). No entanto, como sublinha V. Denti ("I procedimenti...", pág. 1103), acolhendo neste ponto a perspectiva da *Corte costituzionale*, a modificabilidade, com fundamento em circunstâncias supervenientes, das decisões proferidas *rebus sic*

"Art. 742

Revogabilidade das providências

As resoluções podem ser modificadas ou revogadas em qualquer altura, ficando ressalvados os direitos adquiridos de boa fé por terceiros, em virtude de convenções anteriores à modificação ou à revogação".

Segundo LUISO[692], deste preceito decorreria, não só que as resoluções da jurisdição voluntária não adquirem a estabilidade própria do julgado ordinário[693], bem como que a respectiva revogação ou modificação podem fundar-se em circunstâncias já existentes no momento da sua emissão[694].

Qualquer interessado pode requerer a modificação ou revogação da providência, a tal não obstando a eventualidade de, anteriormente, ter da mesma reclamado[695]; já é mais duvidoso que também o próprio órgão que a emitiu possa oficiosamente modificá-la ou revogá-la[696], ou que um tribunal inferior possa revogar ou modificar uma providência proferida por um tribunal superior[697].

stantibus não ofende a autoridade do caso julgado, quer a modificação tenha lugar sob forma "cameral", quer sob forma contenciosa.

692 F. P. Luiso, *Diritto*..., vol. IV, págs. 240-241.

693 Sobre a inaplicabilidade, aos decretos da jurisdição voluntária, dos artigos 2909 do c.c. e 324 do c.p.c, relativos, respectivamente, ao caso julgado material e ao formal, A. Cerino-Canova, "Per la chiarezza...", págs. 449-450. E. T. Liebman ("Revocabilità...", págs. 328-329) e V. Colesanti ("Variazioni...", págs. 124-127) referem também, a este propósito, que as providências emitidas *in camera di consiglio* são eficazes, ao abrigo do disposto no artigo 741º do c.p.c., mas não constituem nem caso julgado formal nem material. Refira-se que a inaptidão das decisões da jurisdição voluntária para a produção de caso julgado vinha sendo sustentada pela doutrina italiana mais antiga: assim, por exemplo, L. Mattirolo, *Trattato*..., vol. V, pág. 15. A norma do artigo 742 do c.p.c. constitui, ainda, excepção ao princípio da extinção do poder jurisdicional do juiz após o proferimento da decisão (cfr. G. Franchi, "Sull'impugnabilità...", pág. 799).

694 Também no sentido de que o artigo 742º do c.p.c. não permitiria sequer uma interpretação intermédia, segundo a qual a modificação ou revogação pressuporia que o facto ou argumento fosse, pela primeira vez, feito valer, E.T. Liebman ("Nuove questioni...", pág. 491).

695 Assim, E. T. Liebman, "Revocabilità...", pág. 328. Sobre a articulação entre a reclamação e a modificação ou revogação do decreto, F. Danovi, "Principio...", págs. 747-748, nota 47, e G. Franchi, "Sull'impugnabilità...", págs. 809-810.

696 No sentido de que o princípio da iniciativa do interessado, também vigente na jurisdição voluntária, impediria essa modificação ou revogação oficiosa, E.T. Liebman, "Nuove questioni...", pág. 492; aceitando esse poder oficioso, L. Montesano, "Sull'efficacia...", págs. 619-620; aceitando esse poder oficioso, mas apenas em relação aos decretos proferidos oficiosamente, F. Cipriani, "Il controllo...", pág. 92. E. Fazzalari ("Giurisdizione volontaria...", pág. 351) observa ainda que o tribunal superior não pode revogar ou modificar oficiosamente a providência do tribunal inferior, mas por outros motivos: porque não é o autor do acto e porque a sua intervenção pressupõe reclamação do interessado.

697 No sentido de que o tribunal inferior pode revogar a providência do tribunal superior com fundamento em invalidade decorrente de circunstâncias supervenientes, E. Fazzalari ("Giurisdizione volontaria...", pág. 351); contra, F. Carnelutti, ("Revoca del decreto...", págs. 315-317). Seguro parece apenas que não pode solicitar-se ao tribunal superior a revogação ou modificação da sua própria providência (E. Fazzalari, *ibidem*; E.T. Liebman, "Nuove questioni...", págs. 491-492) e que as providências do tribunal superior

A revogação ou modificação opera *ex tunc* ou *ex nunc*, consoante se funde em circunstâncias já existentes (vícios originários) ou em circunstâncias supervenientes à emissão da resolução[698]. A revogação a que alude o artigo 742 do c.p.c. não o é, assim, em sentido técnico, pois abrange a anulação da providência por motivo de ilegitimidade[699].

A referência, no artigo 742 do c.p.c., à possibilidade de modificação ou revogação "em qualquer altura", não parece ser univocamente interpretada na doutrina: assim, por exemplo, FAZZALARI[700] entende-a como significando que estão sujeitas a revogação ou modificação, não apenas as providências cujos efeitos se protraem no tempo, mas também as que possuem eficácia instantânea e, bem assim, aquelas cujos efeitos se hajam já esgotado, pois o que para tanto releva é a permanência da competência do autor do acto para a regulação da pertinente matéria; já para FRANCHI[701], que parte da consideração de que, tal como a providência, a revogação e a modificação têm um tempo no qual podem ser utilmente dispostos (não seria nomeadamente possível revogar uma autorização já utilizada mediante a realização do acto autorizado), a referência à possibilidade de modificação ou revogação "em qualquer altura" apenas significa que, ao contrário da reclamação, a revogação e a modificação não estão sujeitas, sob pena de inadmissibilidade ou ineficácia, a um prazo.

Como exemplo da salvaguarda de direitos de terceiro, ordenada pelo artigo 742 do c.p.c., LUISO[702] dá o seguinte: se o juiz autoriza o representante legal do menor a vender um bem deste e a venda é realizada, a ulterior revogação da autorização não afecta o direito do comprador, se este desconhecia, no momento da compra, o motivo da revogação. Considera-se, assim, de má fé não só o terceiro que fraudulentamente contribui para o proferimento da providência revogada, mas também o terceiro que conhece, ou pode conhecer usando a diligência normal, o vício da providência[703]; presume-se (embora se trate de mera presunção judicial) a boa fé do terceiro, uma vez que a providência proferida constitui acto

podem, nos termos gerais, padecer do vício de injustiça ou de ilegalidade (sobre este ponto, F. Carnelutti, "Sul concetto...").

[698] Assim: G. Arieta, "Giurisdizione...", pág. 1064; A. Tognoni, "Bambini...", pág. 907. Distinguindo a eficácia da revogação ou modificação, consoante o conteúdo, positivo ou negativo, do decreto, F. Cipriani, "Il controllo...", pág. 93.

[699] Assim, A. Massari, "La protezione...", pág. 824.

[700] E. Fazzalari, "Giurisdizione volontaria...", pág. 352.

[701] G. Franchi, "Sulla revoca...", pág. 217.

[702] F. P. Luiso, *Diritto...*, vol. IV, pág. 241.

[703] E. Fazzalari, "Giurisdizione volontaria...", pág. 352. Sobre a boa ou má fé do terceiro, veja-se ainda P. Drago, "Ancora...", págs. 817-818, e R. Sacco, "La tutela...", págs. 42-46, este último referindo que a boa fé é sempre um facto intelectivo e que a lei não é clara quanto ao tipo de invalidade que deve ser objecto do conhecimento do terceiro.

do juiz[704]. A salvaguarda dos direitos de terceiro, como pressupõe a existência de uma prévia convenção, não abrange os direitos adquiridos por terceiro em virtude de negócio unilateral, mas já inclui aqueles que decorram de contrato gratuito[705/706].

Além da revogação e modificação dos decretos da jurisdição voluntária, nos termos estabelecidos no artigo 742 do c.p.c., a doutrina admite ainda a sua anulação num processo de natureza contenciosa, a requerimento de um terceiro lesado pela providência[707], ou mesmo a sua desaplicação nesse processo, quando o decreto padeça de nulidade[708]; mas discute-se se, nesse processo, são invocáveis os vícios atinentes ao mérito da providência[709].

4. Outros preceitos

No direito italiano, preceitos especiais prevêem a modificação ou revogação de decisões em casos particulares: assim, o artigo 9 da lei do divórcio (*Legge 1 Dicembre 1970, n. 898*) prevê a modificação do estabelecido em matéria de guarda dos filhos e de alimentos, quando sobrevenham motivos justificados[710]; por seu lado, o artigo 156 do c.c. prevê possibilidade semelhante quando se decrete a separação dos cônjuges[711].

704 E. Fazzalari, "Giurisdizione volontaria...", págs. 352-353. A norma do artigo 742 do c.p.c. não se aplica, portanto, quando o terceiro haja celebrado o negócio antes do respectivo acto autorizativo (cfr. G. Stolfi, "Ancora...", págs. 837-838).

705 E. Fazzalari, "Giurisdizione volontaria...", pág. 352.

706 Desenvolvidamente sobre a protecção do terceiro de boa fé e a necessária articulação da norma do artigo 742 do c.p.c. com as normas substantivas tendentes à protecção dos incapazes, A. Massari, "La protezione...". Considerando que, na apontada hipótese de revogação da autorização para a venda, não se verifica propriamente revogação (porque o acto autorizado já foi realizado), e que também não se está perante uma providência de jurisdição voluntária, uma vez que são afectados direitos de terceiro, G. Franchi, "Sulla revoca...", pág. 219.

707 F. P. Luiso, *Diritto...*, vol. IV, pág. 241; V. Denti, "Note sui provvedimenti...", pág. 18. Assim também, já face ao direito anterior, F. G. Lipari, "L'annullamento...", pág. 59.

708 Sobre este problema, E. Allorio, "A proposito...", págs. 1345-1348, concluindo que a possibilidade de desaplicação dos decretos indicia que estes consubstanciam actos administrativos, e M. F. Ghirga, "Sulla proponibilità...", págs. 1167-1168, considerando que a possibilidade de desaplicação não exclui o interesse na proposição de acção de declaração de nulidade do decreto. Sobre a figura da desaplicação, veja-se ainda F. Carnelutti, "Disapplicazione...".

709 Em sentido negativo, E. Fazzalari, "Giurisdizione volontaria...", pág. 361, e R. Vaccarella / M. Giorgetti, *Codice...*, págs. 2991-2992. Embora rejeite uma geral dedutibilidade contenciosa da invalidade da providência autorizativa, L. Montesano ("Provvedimento camerale...", pág. 572) admite a discussão sobre o mérito da providência, a par da discussão sobre a sua legalidade, quando esta discussão deva ter lugar (o que pode suceder incidentalmente, ou seja, quando se sindique contenciosamente o acto autorizado, de que a providência é pressuposto).

710 F. P. Luiso, *Diritto...*, vol. IV, pág. 253.

711 F. P. Luiso, *Diritto...*, vol. IV, págs. 256-257, e F. Carpi, "Doveri...", pág. 234.

III. França

1. O artigo 1069-6 do NCPC; o *Code de procédure civil*

O *Nouveau code de procédure civile* (NCPC) continha, no Capítulo IV bis (Obrigação de alimentos e contribuição para os encargos do matrimónio) do Título I (Pessoas) do Livro III (Disposições próprias de certas matérias), um preceito – o do artigo 1069-6 – que previa a modificação da contribuição fixada, a pedido de um dos cônjuges, no caso de alteração da situação de qualquer dos cônjuges. Como, nos preceitos do NCPC relativos ao julgamento de mérito e ao caso julgado (os artigos 480 e 481), não se encontrava qualquer disposição paralela à do artigo 619º, nº 2, do CPC, isto é, uma disposição genérica sobre a modificação do caso julgado por alteração de circunstâncias – o mesmo sucedendo quanto aos preceitos gerais do *Code civil* respeitantes ao caso julgado (então os artigos 1350, 3 e 1351: hoje, veja-se o artigo 1355)[712] –, concluía-se que, só em matéria de alimentos e de contribuição para os encargos do matrimónio, houvera a preocupação de fixação de um regime processual para a modificação das circunstâncias.

O actual *Code de procédure civile*, instituído pela Lei nº 2007 –1787, de 20 de Dezembro de 2007, não contém, sequer, disposição idêntica à do referido artigo 1069-6 do NCPC: contém, não obstante, regras próprias para as matérias de natureza graciosa (artigos 25 a 29, 60 e 61, 797 a 800, 950 a 953, bem como um Anexo contendo disposições especialmente aplicáveis em matéria graciosa) – entre as quais encontramos uma relativa à alteração oficiosa da decisão (Anexo, artigo 6) –, regras sobre o caso julgado das decisões de mérito (artigos 480 e 481), e, a propósito do divórcio e da separação de pessoas, regras sobre a modificação de medidas acessórias, as quais apenas fugazmente aludem à superveniência de um novo facto (artigos 1083 a 1085).

[712] Sobre a tripla identidade exigida pelo caso julgado (de objecto, de causa e de partes), nos termos do artigo 1351 do *Code civil*, veja-se H. Croze / C. Morel / O. Fradin, *Procédure...*, págs. 58-60; segundo os Autores, haveria ainda a distinguir entre a superveniência de uma causa jurídica nova e a superveniência de circunstâncias novas, só nesta hipótese se levantando a questão - que, aliás, não desenvolvem - da modificação de decisões anteriores (*idem*, pág. 55). Do artigo 1351 do *Code civil*, referente ao caso julgado, decorreria ainda, segundo Y. Lambert-Faivre ("L'évolution...", págs. 29-30), a possibilidade de propor nova acção de indemnização com fundamento em agravação do dano, caso tal agravação não houvesse sido prevista e considerada no processo de indemnização. Desenvolvidamente sobre o âmbito do caso julgado no direito francês: R. Perrot, "La cosa..."; S. Guinchard / F. Ferrand, *Procédure...*, págs. 254-262; C. Bléry, *L'efficacité...*, págs. 117-140; e, numa perspectiva de direito comparado, A. Zeuner, "Rechtsvergleichende...", págs. 608-612. Veja-se, ainda, sobre o caso julgado no direito francês, D. Tomasin, *Essai...*, esp. págs. 192-202 e 219-233 (salientando a inaplicabilidade dos limites objectivos tradicionais – relacionados com o objecto e a causa da acção – ao efeito positivo do caso julgado, porque este operaria "desde que se discuta, entre as mesmas partes, as consequências jurídicas decorrentes de uma questão já resolvida num primeiro processo") e R. Guillien ("Retours...", págs. 130-132), sobre a regra da autoridade relativa.

2. Outros preceitos

No *Code civil* francês de 21 de Março de 1804 encontra-se, porém, uma referência ao fundamento jurídico da acção (de cuja identidade dependeria a autoridade do caso julgado)[713], e, a propósito das obrigações que surgem em consequência do casamento (artigos 203 e seguintes), algumas disposições relativas à actualização e à modificação da obrigação de alimentos.

No que se refere à actualização, dispõe o artigo 208, 2º parágrafo, do *Code civil*, que o juiz pode, mesmo oficiosamente, e consoante as circunstâncias do caso, subordinar a pensão de alimentos a uma cláusula de actualização permitida pelas leis em vigor; e o artigo 209 do mesmo Código prevê a redução dos alimentos ou mesmo a cessação da correspondente obrigação, quando se alterem as possibilidades do obrigado ou as necessidades do alimentando.

O artigo 209 do *Code civil* – cuja redacção originária ainda não sofreu alterações – inspirou o artigo 181º do Código Civil português de 1867, colocando (tal como, aliás, o seu equivalente português) o problema da admissibilidade do *aumento* do montante dos alimentos, pois apenas a cessação e a redução se encontram contempladas: a doutrina pronunciou-se, a esse propósito, em sentido afirmativo[714].

IV. Espanha

1. O artigo 775 da LEC

O artigo 775 da LEC – sistematicamente inserido num capítulo relativo aos processos matrimoniais e de menores (artigos 769 e seguintes) – prevê a modificação das medidas convencionadas entre os cônjuges ou adoptadas na falta de acordo, "sempre que tenham variado substancialmente as circunstâncias tidas em conta ao aprová-las ou acordá-las" (nº 1).

É a única disposição da LEC prevendo expressamente a modificação de medidas definitivas.

Na disposição respeitante ao caso julgado material (o artigo 222 da LEC)[715], bem como na que regula as sentenças de condenação *in futurum* (o artigo 220 da LEC, relativo à condenação em prestações periódicas, vencidas e vincendas)[716], não se encontra qualquer norma equivalente à do artigo 619º, nº 2, do CPC.

[713] Sobre a "cause" ou "fondement juridique", hoje referenciada no artigo 1355 do *Code civil*, G. Cornu / J. Foyer, *Procédure*..., págs. 525-526.

[714] *RLJ*, Ano 69º, nº 2584, 1937, pág. 377.

[715] Sobre o conceito, no direito espanhol actual, veja-se, por exemplo, F. Ramos Méndez, *El sistema*..., págs. 230-232, ou V. Cortés Domínguez / V. Gimeno Sendra / V. Moreno Catena, *Derecho*..., págs. 355-367.

[716] Segundo I. Tapia Fernández (*El objeto*..., págs. 125-128), embora a questão não seja líquida no direito espanhol, as acções de condenação *in futurum* só são admissíveis nos casos de prestações periódicas, expressamente previstos no artigo 220 da LEC, e não em todas as hipóteses em que seja previsível o incumprimento futuro. No sentido da admissibilidade de tais acções fora desses casos, veja-se, porém, F.

Também o artigo 447 da LEC, que prevê a ausência de caso julgado em situações especiais (por exemplo, nas hipóteses de sentenças sobre pretensões de tutela que a própria lei qualifique como sumária), não contém qualquer norma desse teor.

Por seu lado, o artigo 147 do Código Civil espanhol (aprovado em 24 de Julho de 1889), sistematicamente inserido num título relativo aos alimentos entre parentes, prevê a redução ou o aumento dos alimentos "proporcionalmente, de acordo com o aumento ou a diminuição que sofram as necessidades do alimentando e a possibilidade daquele que haja de satisfazê-los"; o artigo 152 do mesmo Código prevê a cessação desses alimentos, nomeadamente quando o credor fique impossibilitado de prestá-los ou o devedor deixe de carecer deles (cfr. os respectivos nº s 2 e 3)[717].

Segundo HEREDIA CERVANTES[718], a doutrina espanhola tem maioritariamente entendido que "as demandas modificativas dão origem a um processo autónomo, porque se baseiam numa nova *causa petendi*", mas alguma jurisprudência já sustentou, ou que "a demanda de modificação constitui um simples incidente do processo inicial", ou que, embora independente, tal demanda deve ser tramitada pelo juiz da causa principal, dada a relação entre as duas. E, face

López Simo / S. Cavanillas Múgica / F. Gascón Inchausti, *Las condenas de futuro*, págs. 80-83. Assinale-se que o artigo 220 da LEC foi alterado em 2013, já depois destas reflexões. De qualquer modo, a própria LEC prevê outras hipóteses de condenação *in futurum*, concretamente, no artigo 661, 2 (condenação no despejo futuro de imóvel embargado): sobre a figura, que em 2015 sofreu todavia uma intervenção legislativa, veja-se F. López Simo / S. Cavanillas Múgica / F. Gascón Inchausti, *idem*, págs. 87-89. Face ao direito anterior à LEC, também F. R. Valcarce ("La acción...", págs. 90-91) sustentava a admissibilidade da acção de condenação *in futurum*, por suspeita de incumprimento (embora não a da acção destinada a declarar o imediato vencimento do crédito, por suspeita de incumprimento: *idem*, págs. 93-94), a tal não obstando a possibilidade de factos supervenientes à sentença de condenação *in futurum* se repercutirem no direito declarado, porque tal possibilidade também ocorre nas sentenças de condenação presente (*idem*, págs. 94-95); J. A. De Veja y Ruiz ("Embargo...", págs. 180-183) também entendia que eram admissíveis os embargos preventivos por dívidas não vencidas, submetidas a condição suspensiva ou a termo, e, quanto à condenação de futuro (de que seria exemplo a acção de condenação em prestações periódicas), admitia-a genericamente; C. Viada López Puigcerver ("Embargos de futuro", págs. 86-87), por seu lado, sustentava a admissibilidade, em geral, das acções de condenação *in futurum*, desde que verificado o interesse em agir, e, bem assim, a do procedimento cautelar de embargos destinado a garantir dívida futura, desde que verificados os pressupostos gerais desse procedimento (*fumus boni iuris* e perigo de não satisfação da dívida); L. Prieto Castro ("La condena...", págs. 12-15), por fim, assinalava o carácter taxativo das acções de condenação *in futurum*, referindo que, no direito espanhol, apenas se encontravam expressamente previstos os casos de condenação em prestações alimentícias, as hipóteses em que a lei permite a resolução do contrato mediante a fixação, pelo tribunal, de um prazo de exigibilidade, e as eventualidades de condenação numa abstenção, por receio de perturbação da posse.

717 Sobre os elementos a ter em conta na fixação dos alimentos, A. Perez Martin, *Derecho de familia (El procedimiento...)*, págs. 504 e seguintes.

718 I. Heredia Cervantes, "Competencia...", pág. 203.

ao regime do artigo 222 da LEC, GUASP / ARAGONESES[719] sustentam a tese (de GUASP, à qual já nos referimos[720]) segundo a qual um dos limites do caso julgado material se prende com o *tempo* da actividade em que a pronúncia se traduz, significando a limitação da eficácia deste caso julgado na eventualidade de modificação das circunstâncias fundamentais que produziram a decisão judicial. Diferente da demanda modificativa é, de qualquer modo, a demanda de actualização da pensão, à qual se referem os artigos 90, 97, 100 e 103 do Código Civil espanhol[721].

2. O artigo 1818 da LEC de 1881 (jurisdição voluntária). A Ley 15/2015, de 2 de julio, de la Jurisdicción Voluntaria

No campo da jurisdição voluntária – essencialmente regulada, até à *Ley 15/2015, de 2 de julio, de la Jurisdicción Voluntaria*, pela LEC de 1881, nos termos do nº 1, 1ª, da disposição derrogatória única da LEC[722] –, o artigo 1818 da LEC de 1881 (que só viria a ser revogado por aquela *Ley*, assim subsistindo mesmo depois da entrada em vigor do CPC português actual) estabelecia a regra segundo a qual o juiz podia rever ou modificar as providências que emitisse, sem sujeição aos prazos e formas estabelecidos para as providências da jurisdição contenciosa, à excepção das decisões que valessem como definitivas e contra as quais não se houvesse interposto qualquer recurso.

Como observava DE MIGUEL ASENSIO[723], a possibilidade de revisão ou modificação, num novo procedimento, das resoluções definitivas de jurisdição voluntária encontrava-se expressamente estabelecida, no Código Civil, quanto a matérias específicas: seria o caso da tutela, da curadoria ou da declaração de morte (cfr. artigos 215 e seguintes e 193 e seguintes, ainda hoje vigentes). Por outro lado, fora do Código Civil espanhol, outras leis remetiam para as disposições da jurisdição voluntária: assim, por exemplo, a *Ley Orgánica 1/1996*, de 15 de Janeiro, de protecção jurídica aos menores, que procedeu à modificação parcial do Código Civil e da LEC (cfr. as respectivas disposições adicionais 1ª e 3ª).

A propósito do artigo 1818 da LEC de 1881, discutia a doutrina espanhola quer a aptidão das resoluções da jurisdição voluntária para a produção de caso julgado quer a natureza e eficácia executiva dessas resoluções.

[719] J. Guasp / P. Aragoneses, *Derecho...*, págs. 583-587.

[720] *Supra*, § 1º, II, 4.

[721] Sobre a actualização da pensão, que por vezes pode ser automática, veja-se A. Perez Martin, *Derecho de familia (La ejecución...)...*, págs. 323-333.

[722] Sobre as origens históricas da regulação da jurisdição voluntária no direito espanhol, V. Fairen Guillen, "Sobre el paso...", págs. 947-952.

[723] P.A. de Miguel Asensio, *Eficacia...*, pág. 74.

No que ao primeiro aspecto dizia respeito, e de acordo com GONZÁLEZ POVEDA[724], o artigo 1818 da LEC de 1881 consagrava o princípio da invariabilidade das resoluções definitivas e limitava a possibilidade de modificação às ordenatórias, não sendo, como tal, possível afirmar, à luz do direito espanhol, que a jurisdição voluntária se distinguia da jurisdição contenciosa pela revogabilidade das suas resoluções. É que, como também explicava DE MIGUEL ASENSIO[725], do referido artigo 1818 da LEC de 1881 decorria que as resoluções *definitivas* adoptadas em procedimentos de jurisdição voluntária – que são aquelas que decidem o pedido que gerou o procedimento e as que obstam à continuação deste – podem produzir o efeito de caso julgado formal (ou seja, o efeito da inatacabilidade da resolução no próprio procedimento em que é proferida), à semelhança das sentenças proferidas nos processos de jurisdição contenciosa.

Existia, todavia, incerteza – observava ainda DE MIGUEL ASENSIO[726] – quanto à possibilidade de as resoluções definitivas de jurisdição voluntária produzirem o efeito de caso julgado material, traduzido na vinculação dos órgãos judiciais em ulteriores processos: na verdade, sendo o fundamento último do caso julgado material o de garantir a segurança jurídica, permitindo que a decisão sobre a titularidade e o âmbito dos direitos subjectivos não possa ser mais questionada, e não coincidindo a finalidade típica da jurisdição voluntária com a que é própria dos processos de jurisdição contenciosa – essencialmente porque nela não tem lugar uma controvérsia sobre direitos entre as partes que deva a final ficar resolvida, de modo a garantir a segurança jurídica e a ordem social –, não se justificava que as resoluções definitivas adoptadas em procedimentos de jurisdição voluntária dessem lugar à peculiar e específica vinculação própria do caso julgado material[727]. Assim, concluía o mesmo Autor[728], uma resolução definitiva de jurisdição voluntária, para além de poder ser modificável num procedimento posterior, não impedia, em regra, que ulteriormente se pudesse questionar o seu conteúdo num processo ordinário, no qual o órgão judicial não se encontrasse vinculado – pelo menos, em termos equiparáveis aos do caso julgado material – à resolução anterior de jurisdição voluntária; deste modo, em Espanha[729] (como,

[724] González Poveda, *La jurisdicción...*, págs. 167-168.

[725] P.A. de Miguel Asensio, *Eficacia...*, págs. 68-69.

[726] P.A. de Miguel Asensio, *Eficacia...*, pág. 70.

[727] Note-se que, nos termos do artigo 1811 da LEC de 1881, a jurisdição voluntária parecia caracterizar-se pela ausência de conflito de interesses, porque "[s]e considerarán actos de jurisdicción voluntaria todos aquellos en que sea necesaria o se solicite la intervención del Juez sin estar empeñada ni promoverse cuestión alguna entre partes conocidas y determinadas".

[728] P.A. de Miguel Asensio, *Eficacia...*, pág. 71.

[729] Assim também, por exemplo, J. Almagro Nosete, *Derecho...*, tomo I, vol. 2, págs. 379-382, ou J. Carreras Llansana, "Eficacia...", págs. 287-288.

aliás, na grande maioria dos ordenamentos estrangeiros) considerava-se que o efeito de caso julgado material seria alheio à jurisdição voluntária.

Esta conclusão não implicava, porém, como sublinhava De Miguel Asensio[730], que as resoluções definitivas de jurisdição voluntária não vinculassem os órgãos judiciais em posteriores acções: apenas significava que essas resoluções não podiam gerar a peculiar e específica vinculação própria do caso julgado material. Com efeito, na medida em que uma resolução de jurisdição voluntária cria, modifica ou extingue uma situação jurídica, a sua eficácia é de *natureza constitutiva* – como, de resto, é consensualmente afirmado, tanto em Espanha como no estrangeiro – e, como tal, o subjacente facto jurídico não pode ser ignorado em posteriores processos.

A denominada eficácia constitutiva própria das resoluções de jurisdição voluntária não pressupõe, como observava o mesmo Autor[731], a equiparação de tais resoluções às sentenças constitutivas proferidas em processos de jurisdição contenciosa, pois estas, diversamente daquelas, não só implicam o exercício de um direito subjectivo de constituição, modificação ou extinção de uma concreta situação jurídica – isto é, resultam da proposição de uma acção constitutiva –, como também produzem o caso julgado material, com a sua peculiar força vinculativa; ora, a eficácia constitutiva da resolução deriva directamente da própria resolução, traduzindo-se no objectivo fundamental do procedimento. E, como a maior parte das resoluções definitivas de jurisdição voluntária revestem carácter constitutivo, criando, modificando ou extinguindo directamente uma situação jurídica, elas não carecem, em princípio, de força executiva, pelo que, como assinalava De Miguel Asensio[732], a doutrina espanhola, quando analisava a eficácia das resoluções estrangeiras de jurisdição voluntária, salientava normalmente que uma das circunstâncias condicionantes do seu regime é a de que tais resoluções não possuem força executiva[733].

Actualmente, porém, e como já atrás se disse, há a considerar a recente *Ley 15/2015, de 2 de julio, de la Jurisdicción Voluntaria*. E o preceito que nesta *Ley* nos parece fundamental para testar as posições doutrinárias acabadas de expor é o artigo 19º, particulamente os seus nº s 3 e 4, do qual decorre, por exemplo, que a resolução de jurisdição voluntária não obsta à instauração de um processo jurisdicional com o mesmo objecto, mas já obsta à instauração de um outro processo de jurisdição voluntária, a menos que ocorram circunstâncias supervenientes.

730 P.A. de Miguel Asensio, *Eficacia*..., págs. 71-72 e 75.

731 P.A. de Miguel Asensio, *Eficacia*..., págs. 76-77.

732 P.A. de Miguel Asensio, *Eficacia*..., págs. 81-82.

733 No entanto, sublinha o mesmo Autor (*idem*, págs. 82-85), certas decisões de jurisdição voluntária podem revestir força executiva (e, quando provenham de um tribunal estrangeiro, colocar o problema da sua exequibilidade em Espanha), como sejam aquelas que ordenam a restituição de um menor ou fixam a retribuição do tutor.

V. Brasil

1. O artigo 471, I, do CPC brasileiro de 1973; o CPC brasileiro de 2015 (artigo 505)

O Código de Processo Civil brasileiro, aprovado pela Lei nº 5.869, de 11 de Janeiro de 1973, previa a denominada acção revisional – também conhecida por acção modificativa ou de modificação – no seu artigo 471, I, sistematicamente inserido numa secção dedicada à coisa julgada (artigos 467 e seguintes)[734]. Determinava o artigo 471:

> "Art. 471. Nenhum juiz decidirá novamente as questões já decididas, relativas à mesma lide, salvo:
> I – se, tratando-se de relação jurídica continuativa, sobreveio modificação no estado de fato ou de direito; caso em que poderá a parte pedir a revisão do que foi estatuído na sentença;
> II – nos demais casos prescritos em lei."

Esta disposição, segundo ARAKEN DE ASSIS[735], seria uma reprodução, com aperfeiçoamento, do estatuído no artigo 289, II, do anterior Código de Processo Civil brasileiro (de 1939), preceito ao qual já fizemos referência[736]; de qualquer modo, o artigo 15 da Lei nº 5.478, de 25 de Julho de 1968 (que dispõe sobre a acção de alimentos e dá outras providências, e se encontra ainda em vigor[737]), já determinara que "[a] decisão judicial sobre alimentos não transita em julgado e pode a qualquer tempo ser revista em face da modificação financeira dos interessados".

As relações jurídicas continuativas, mencionadas no citado artigo 471, I, do Código de Processo Civil brasileiro de 1973, abarcariam, no entendimento de FURTADO FABRÍCIO[738], "um vasto universo de relações, do qual só se excluem aquelas – raras, aliás – "instantâneas", comparáveis, em representação gráfica, ao ponto geométrico".

A acção revisional, segundo FURTADO FABRÍCIO[739], traduziria outra demanda, fundada em *causa petendi* diversa da do anterior processo, sendo que "[o]s tribunais, à evidência, recusariam atenção a pedido modificatório baseado, *v. g.*, em erro de apreciação de prova ou de aplicação do direito, sem a introdução no debate de qualquer dado novo capaz de configurar uma *causa petendi* também nova" e fundando-se a rejeição de tal demanda na existência de coisa julgada.

[734] Sobre o instituto do caso julgado no direito brasileiro, J.C. Barbosa Moreira, *Temas...*, esp. págs. 85-89 e 100-108.

[735] Araken de Assis, *Breve contribuição...*, nº 3.

[736] *Supra*, § 2º, I, 6. *c)*.

[737] Sobre esta Lei, J. M. Santos, *O novo Direito...*, ponto 5.

[738] A. Furtado Fabrício, *A coisa julgada...*, nº 13.

[739] A. Furtado Fabrício, *A coisa julgada...*, nº 14.

Na verdade, acrescenta o Autor[740], a sentença emergente da impropriamente designada acção modificativa nada modifica, porque ela se traduz numa nova sentença, permanecendo a sentença anterior "tão imutável quanto era antes, ou quanto outra sentença qualquer". O artigo 471, I "repete o que, sem ele, resultaria dos princípios, sobretudo aqueles relativos à identificação das demandas, vitalmente importantes quando se trata de apurar o alcance da coisa julgada. O que CASTRO MENDES afirmou relativamente a disposição similar do Direito Português seria plenamente aplicável a esse texto legal"[741/742].

É curiosa esta aproximação entre a doutrina brasileira e a portuguesa, não obstante a diversidade dos textos legais relativos à acção modificativa (ou revisional): especialmente porque o artigo 471, I, do CPC brasileiro de 1973 atribuía relevância à "modificação no estado de direito", a qual não configura sempre, ao que julgamos, alteração da *causa petendi*[743].

Essa aproximação pode, todavia, dever-se à comum influência da tese de LIEBMAN, a que já aludimos[744], relativa ao caso julgado das sentenças determinativas que tenham por objecto *relações continuativas* (precisamente a expressão usada no artigo 471, I, do Código brasileiro de 1973): segundo tal tese, esse caso julgado

[740] A. Furtado Fabrício, *A coisa julgada...*, nº 15.

[741] A. Furtado Fabrício, *A coisa julgada...*, nº 16.

[742] Considerando também: que "não se decide sobre a mesma questão quando se está diante de nova circunstância", porque esta configura nova causa de pedir, L. G. Marinoni (*Coisa julgada...*, págs. 137-142); "[a] ação de revisão que poderá ser interposta é uma outra ação (elementos distintos), porque fundada em outra causa de pedir", F. S. Didier Júnior, "Cognição..."; "a impropriamente dita ação de modificação (para redução, majoração, exoneração ou mesmo inversão) é outra demanda, fundada em *causa petendi* diversa da que estivera presente no processo anteriormente julgado", J. M. Rosa Tescheiner, *Elementos...*, 6.. Em termos igualmente próximos, J. L. R. Pereira (*Ação de modificação...*, nº 3), entendendo embora, algo contraditoriamente, que à referida acção subjaz uma "mera atenuação da coisa julgada".

[743] Entendendo, porém, que o artigo 471, I, do CPC brasileiro de 1973 apenas tinha em vista as circunstâncias de direito posteriores que configuram nova causa de pedir, veja-se L. G. Marinoni, *Coisa julgada...*, págs. 142-143. O Autor dá, porém, a este respeito, o exemplo da superveniência de lei segundo a qual "a relação de parentesco, que dava origem ao dever alimentar reconhecido na sentença transitada em julgado, não mais obriga o condenado a pagar alimentos ao autor da acção anterior". Consideramos, porém, que não sendo a relação de parentesco o facto constitutivo do dever de alimentos, a superveniência da referida lei reflectir-se-á, antes, ao nível dos pressupostos do caso julgado anterior, determinando a respectiva caducidade, pelo que a nova acção não tenderá à modificação da decisão anterior (não sendo, por isso, abrangida pelo mencionado artigo 471, I.): deste modo, a modificação do estado de direito a que o preceito alude deverá ser apenas aquela que permite a modificação da sentença anterior. Por outro lado, não nos parece evidente que a modificação do estado de direito referente aos factos constitutivos do dever de alimentos represente sempre uma alteração da causa de pedir: assim, a superveniente declaração de inconstitucionalidade – que o mesmo Autor considera (aliás, tal como a declaração de constitucionalidade) poder repercutir-se nas relações continuativas (*idem*, págs. 153-159) –, não gera nova causa de pedir, porque não atribui directa relevância jurídica a factos (essa relevância continua, parece-nos, a ser dada pela lei).

[744] *Supra*, § 2º, I, 6. *c*).

não seria menos rígido, porque a possibilidade de invocação de superveniente alteração de circunstâncias traduziria nova causa de pedir[745].

Propondo-se acção revisional ou modificativa sem que as respectivas condições se mostrem preenchidas, ocorreria, nos termos do artigo 267, VI, do CPC brasileiro de 1973, "declaração de carência de ação do autor, com a extinção do processo sem julgamento da ação"[746].

E como regula as relações jurídicas continuativas o CPC brasileiro actual, aprovado pela Lei nº 13.105, de 16 de Março de 2015?

Diríamos que o artigo 505 deste Código praticamente repete o artigo 471 do Código anterior, a que fizemos referência, pelo que nesta matéria não parece ter existido inovação.

2. O artigo 602, § 3º, do CPC brasileiro de 1973

O artigo 602, § 3º, do CPC brasileiro de 1973 – inserido no Capítulo V do Título I do Livro II (que regulava as disposições gerais da execução em geral) – continha também uma norma que permitia a modificação da prestação alimentícia, nos seguintes termos:

> "Art. 602. Toda vez que a indenização por ato ilícito incluir prestação de alimentos, o juiz, quanto a esta parte, condenará o devedor a constituir um capital, cuja renda assegure o seu cabal cumprimento.
>
> [...]
>
> § 3º Se, fixada a prestação de alimentos, sobrevier modificação nas condições econômicas, poderá a parte pedir ao juiz, conforme as circunstâncias, redução ou aumento do encargo.
>
> [...]".

Este preceito foi, porém, revogado pela Lei nº 11.232, de 22 de Dezembro de 2005. E o artigo 475-Q do CPC brasileiro de 1973, na redacção desta Lei, inserido num capítudo dedicado ao cumprimento da sentença (artigos 475-I e seguintes), passou a dispor, em termos semelhantes, o seguinte:

> "Art. 475-Q. Quando a indenização por ato ilícito incluir prestação de alimentos, o juiz, quanto a esta parte, poderá ordenar ao devedor constituição de capital, cuja renda assegure o pagamento do valor mensal da pensão.

[745] Refira-se que, na doutrina brasileira, a categoria das sentenças determinativas abrange, por vezes, as próprias sentenças penais, para o efeito de sujeitar estas, não à acção de revisão propriamente dita, mas à acção modificativa (cfr. J. Romeiro, *Da revisão*, págs. 60-61, criticando esta orientação). Sobre o acolhimento de tal categoria no artigo 471, I, do Código brasileiro, C. Santos, *Coisa julgada...*, ponto 1.3.

[746] Assim, J. L. R. Pereira, *Ação de modificação...*, nº 4.

§ 1º Este capital, representado por imóveis, títulos da dívida pública ou aplicações financeiras em banco oficial, será inalienável e impenhorável enquanto durar a obrigação do devedor.

§ 2º O juiz poderá substituir a constituição do capital pela inclusão do beneficiário da prestação em folha de pagamento de entidade de direito público ou de empresa de direito privado de notória capacidade econômica, ou, a requerimento do devedor, por fiança bancária ou garantia real, em valor a ser arbitrado de imediato pelo juiz.

§ 3º Se sobrevier modificação nas condições econômicas, poderá a parte requerer, conforme as circunstâncias, redução ou aumento da prestação.

§ 4º Os alimentos podem ser fixados tomando por base o salário-mínimo.

§ 5º Cessada a obrigação de prestar alimentos, o juiz mandará liberar o capital, cessar o desconto em folha ou cancelar as garantias prestadas".

No CPC brasileiro actual, o preceito correspondente ao acabado de referir é o artigo 533.

3. O artigo 1.111 do CPC brasileiro de 1973 (jurisdição voluntária)

No âmbito da jurisdição voluntária (artigos 1.103 e seguintes), o artigo 1.111 do Código de Processo Civil brasileiro de 1973 determinava:

"Art. 1.111. A sentença poderá ser modificada, sem prejuízo dos efeitos já produzidos, se ocorrerem circunstâncias supervenientes".

Embora a propósito da acção rescisória (regulada nos artigos 485 e seguintes, e funcionalmente equivalente ao recurso de revisão português[747]), o Código de Processo Civil brasileiro de 1973 continha também um preceito que parecia aplicar-se aos actos da jurisdição voluntária[748]: tratava-se do artigo 486, nos termos do qual "[o]s atos judiciais, que não dependem de sentença, ou em que esta for meramente homologatória, podem ser rescindidos, como os atos jurídicos em geral, nos termos da lei civil".

[747] A acção rescisória pressupõe o caso julgado, o que significa que as sentenças que não passam em julgado não precisam de tal acção (cfr. Pontes de Miranda, *A acção rescisória*..., pág. 93). Mas, na acção rescisória, e segundo Pontes de Miranda (*Tratado da ação rescisória*..., pág. 357), não se rediscute a pretensão de direito material, apenas a subsistência da entrega da prestação jurisdicional, o que a afasta do recurso de revisão português.

[748] Assim, C. R. Dinamarco, *A instrumentalidade*..., págs. 146-147, e J. A. Vitagliano, *Coisa julgada*..., 10.

Já o Código de Processo Civil anterior (de 1939) dispunha, no seu artigo 288:

> "Art. 288. Não terão efeito de coisa julgada os despachos meramente interlocutórios e as sentenças proferidas em processo de jurisdição voluntária e graciosa, preventivos e preparatórios, e de desquite por mútuo consentimento"[749].

O CPC brasileiro actual (de 2015) trata da jurisdição voluntária nos artigos 719 e seguintes, mas não parece ter preceito equivalente àqueles que citámos.

VI. Outros ordenamentos

1. Ordenamentos europeus

Percorridos os ordenamentos mais próximos do nosso, justifica-se ainda uma referência sucinta a outros, a que tivemos acesso e que, ou por apresentarem afinidades com os já tratados, ou por regularem de modo original o instituto da modificação, por alteração das circunstâncias, do caso julgado, nos mereceram atenção.

Assim, na Suíça, a *Loi fédérale de procédure civile fédérale*, de 4 de Dezembro de 1947, regula o caso julgado no seu artigo 71[750], mas é no artigo 286 do *Code civil*, de 10 de Dezembro de 1907 – sistematicamente inserido num capítulo relativo à obrigação de sustento dos pais em relação aos filhos (artigos 276 e seguintes) –, que se encontram algumas referências à possibilidade de alteração, por modificação essencial das circunstâncias, da contribuição que haja sido fixada[751]. Há ainda a contar com o *Code de procédure civile*, de 19 de Dezembro de 2008, vigente desde 1 de Janeiro de 2011 e aplicável aos processos perante as jurisdições dos cantões, que prevê a modificação e revogação de alguns actos e decisões: registos sobre o estado civil, medidas provisórias e decisões da jurisdição voluntária (cfr. os artigos 22, 268, 276 ou 256, 2 do *Code*).

Já o *Code Judiciaire* belga, de 10 de Outubro de 1967 – que, na sua quarta parte, regula o processo civil (artigos 664 e seguintes) – contém, num capítulo destinado às pensões de alimentos (Capítulo XII), três preceitos (Arts. 1320 a 1322)

[749] Este preceito situa-se numa linha de orientação a propósito das sentenças que não passam em julgado de que, já em 1910, dava conta F. de Paula Baptista, *Compendio...*, pág. 173. Sobre as sentenças que não fazem caso julgado, veja-se ainda M. Aureliano de Gusmão, *Coisa julgada...*, págs. 20-31.

[750] Sobre o caso julgado à luz da lei suíça, nomeadamente a sua necessidade, a admissibilidade de pedido parcial e suplementar, a revisão da sentença, a alteração da situação de facto depois da sentença e os limites temporais do caso julgado, W. J. Habscheid, *Droit judiciaire...*, págs. 282-296, e M. Kummer, *Das Klagerecht...*, págs. 62-135.

[751] Sobre este artigo 286, cujo conteúdo já não é hoje o mesmo, veja-se W J. Habscheid, *Droit judiciaire...*, pág. 295, P. Tuor / B. Schnyder, *Das schweizerische...*, págs. 309-310, e M. Guldener, *Schweizerisches...*, pág. 379 (aludindo a um reforço do caso julgado, nas hipóteses de condenação em prestações periódicas de alimentos ou indemnizatórias, bem como à necessidade de uma *Abänderungsklage* para fazer valer a alteração essencial das circunstâncias).

relativos ao respectivo procedimento, que é tanto aplicável à fixação dos alimentos como à sua alteração; o *Code civil* belga de 21 de Março de 1804 continua também a prever, no artigo 209, a cessação ou redução dos alimentos fixados.

O Código de Processo Civil austríaco (öZPO) não contém regime idêntico ao do § 323 da ZPO, prevendo, todavia: a possibilidade de condenação *in futurum*, embora apenas em matéria de alimentos (cfr. o § 406 da öZPO)[752]; o caso julgado da sentença que decida sobre a pretensão ou sobre relação material ou direito controvertidos (cfr. o § 411 da öZPO, semelhante ao § 322 da ZPO)[753]; a impugnação do caso julgado através da *Nichtigkeits- und Wiederaufnahmsklage* (figura funcionalmente idêntica à do recurso de revisão português), nos termos dos §§ 529 e seguintes da öZPO), nomeadamente com fundamento no conhecimento superveniente de novos factos, ou na superveniente descoberta ou disponibilidade de meios de prova, que a parte, sem culpa, não pôde fazer valer antes do encerramento da discussão em primeira instância (cfr. o § 530, 1, 7 e 2 da öZPO). No âmbito da jurisdição voluntária, regulada fora do Código de Processo Civil, admite-se a modificabilidade das resoluções, não obstante a vinculatividade destas[754]. A lei substantiva, por seu lado, prevê a redução da pretensão de alimentos (cfr. os §§ 231 e seguintes do ABGB), nomeadamente da pretensão de alimentos do filho, por aquisição dos seus próprios rendimentos.

A jurisprudência e a doutrina austríacas desde sempre, porém, têm considerado admissível a modificação, com fundamento em alteração das circunstâncias, de decisões judiciais que condenem em prestações periódicas vincendas, designadamente por partirem do pressuposto de que tal alteração constitui uma nova pretensão, podendo como tal, e de acordo com as regras gerais sobre o caso julgado material (isto é, por directa decorrência do § 411 da öZPO), ser feita valer em juízo em nova acção (que é uma acção autónoma, uma vez que a *Abänderungsklage* não se encontra consagrada no ordenamento austríaco)[755]: nesta orientação inscreve-se ainda FASCHING[756], para quem o limite temporal do caso julgado das sentenças relativas a prestações periódicas vincendas é dado, tal como em relação às restantes sentenças, pelo momento do encerramento da discussão oral, conduzindo uma posterior alteração das circunstâncias a uma decisão sobre uma pretensão diversa[757].

[752] O § 406 da öZPO consagra a regra da inadmissibilidade de condenação em prestações ainda não vencidas à data do proferimento da sentença, permitindo-a unicamente quando se faça valer uma pretensão de alimentos.

[753] Sobre a discussão, no direito austríaco, em torno do conceito de objecto do processo, veja-se P. Böhm, "Die Ausrichtung...", esp. págs. 87-108.

[754] Sobre a questão, W. Kralik, "Die Wirksamkeit...".

[755] Sobre esta doutrina e jurisprudência do início do século passado, consulte-se E. R. von Maurnböck, *Die Abänderungsklage*..., págs. 11-12 e 32-35.

[756] H. W. Fasching, *Lehrbuch*..., pág. 775.

[757] Sobre a doutrina austríaca referente a este tema, veja-se, ainda, P. Gottwald, "Abänderungsklage...", págs. 153-154, e G. Musger, "Zur "Abänderung"...", págs. 109-110.

Uma outra via que a jurisprudência austríaca tem seguido, na ausência de uma regra equivalente à do § 323 da ZPO e face a uma posterior alteração das circunstâncias, é a de negar o caso julgado das sentenças de condenação em prestações vincendas, de modo a permitir a respectiva correcção: o que, segundo Petzoldt[758], tem significado, na prática, a existência de um grupo de sentenças inaptas à produção de caso julgado.

2. Direito angloamericano

Nos Estados Unidos, o termo "res judicata" designa genericamente o efeito preclusivo que o julgamento numa acção assume numa outra acção e comporta duas modalidades principais: *claim preclusion* (que, por sua vez, abrange as figuras *merger* e *bar*) e *issue preclusion* (aqui se englobando a *direct estoppel* e a *collateral estoppel*)[759].

As *Federal Rules of Civil Procedure* – que, nos termos do § 2072, *a)* do título 28 do *United States Code*, são aprovadas pelo *Supreme Court* dos Estados Unidos e aplicáveis aos litígios perante os *district courts* e os *courts of appeals* dos Estados Unidos – contém, na sua redacção actual[760], uma referência à "res judicata" enquanto meio de defesa (cfr. *Rule 8. General Rules of Pleading, c), 1)*, bem como um regime que, de algum modo, corresponde ao do recurso de revisão português (cfr. *Rule 60. Relief from a Judgement or Order*)[761]; não aludem, porém, à modificação de decisões judiciais com fundamento em alteração das circunstâncias.

Este instituto não é, porém, ignorado no ordenamento (ou nos vários ordenamentos) dos Estados Unidos, reconhecendo Casad/Clermont[762] tal possibilidade (mesmo com carácter retroactivo) quanto a decisões que determinam actividades futuras (por exemplo, *injunctions, support orders, custody determinations*), que, nem por isso, seriam menos aptas a produzir caso julgado: na verdade, tais decisões seriam ainda "suficientemente finais para efeitos da produção de caso julgado", verificando-se apenas que a alteração das circunstâncias gera, nos termos gerais, diferentes *claims* e *issues*.

Freedman[763], por seu lado, informa que em várias decisões se reconheceu que a *collateral estoppel* não opera quando as circunstâncias se alteraram, ou quando ocorreram desenvolvimentos no conhecimento científico entre a data do primeiro

[758] T. M. Petzoldt, *Die Rechtskraft...*, pág. 174.

[759] R. C. Casad / K. M. Clermont, *Res judicata*, págs. 9-12; D. Shapiro, *Civil procedure...*, págs. 10 e 32-60.

[760] As *Rules* originárias entraram em vigor em 16 de Setembro de 1938 e a última emenda em 1 de Dezembro de 2007: veja-se a nota histórica constante do documento elaborado pelo *Committee on the Judiciary* em 1 de Dezembro de 2007, e intitulado precisamente *Federal Rules of Civil Procedure* (in http://www.uscourts.gov/rules/civil2007.pdf).

[761] Sobre este regime, R. C. Casad / K. M. Clermont (*Res judicata*, págs. 247 e seguintes) e M. Grosch (*Rechtswandel...*, págs. 420-430).

[762] R. C. Casad / K. M. Clermont, *Res judicata*, págs. 50-51 e 123.

[763] W. Freedman, *Res judicata...*, pág. 29.

julgamento e a subsequente acção. Daqui parece decorrer que essa alteração das circunstâncias não equivale a uma diversa *cause of action*, pois "a *collateral estoppel* preclude, num processo subsequente relativo a uma diversa *cause of action*, o reexame de *issues* já decididos mediante sentença transitada em julgado"[764] (ou seja, a *collateral estoppel* aplica-se, e aplica-se apenas, quando o segundo processo se funda numa *cause of action* diversa[765]).

Também em virtude do surgimento de novo facto, não impede a proposição de nova acção (não funcionando, portanto, a *claim preclusion*) a absolvição resultante da inexigibilidade da dívida, se esta entretanto se tornou exigível (a menos que as circunstâncias criem a convicção de que é particularmente injusto para o réu sujeitá-lo a essa nova acção)[766/767]. Porém, a alteração do direito não tem, no ordenamento norte-americano, sido considerada como circunstância justificativa da modificação ou anulação da decisão (nomeadamente, da *injunction*) transitada em julgado[768].

No Reino Unido, as *Civil Procedure Rules* – que entraram em vigor em 26 de Abril de 1999, regendo actualmente os processos que correm perante o *High Court*, o *Court of Appeal*, e os *County Courts*[769/770] –, contém disposições sobre a *judicial review* (*Part 54*), instituto que, de algum modo, se aproxima do recurso de revisão português e se afasta da acção modificativa, já que consiste numa acção destinada a aferir a licitude de actos[771]; mas não contém referências à figura do caso julgado material, o que talvez decorra do seu enquadramento no instituto *estoppel*, regulado pelo direito probatório (assim, a excepção de caso julgado material é feita valer mediante *estoppel per rem judicatam*)[772].

Porém, fora das *Rules*, encontram-se vários preceitos prevendo a modificação de decisões judiciais, alguns deles aludindo expressamente à alteração das circunstâncias como pressuposto dessa modificação.

Assim, o *Maintenance Orders Act*, de 1958, alude à possibilidade de alteração de *orders* registadas em *magistrates' courts* ou no *High Court* (secções 4 e 4A).

[764] M. Taruffo, "Collateral...", pág. 653.

[765] *Idem*, pág. 656.

[766] R. C. Casad / K. M. Clermont, *Res judicata*, págs. 91-92.

[767] Sobre a possibilidade de modificação de sentenças de alimentos, nos Estados Unidos, veja-se também P. Gottwald ("Abänderungsklage...", págs. 154-155).

[768] Sobre esta problemática, M. Grosch, *Rechtswandel...*, págs. 420-453.

[769] Veja-se o *Civil Procedure Act*, de 1997 (secção 1, 1), bem como J. Bunge, *Zivilprozess...*, pág. 107.

[770] Para um panorama geral das *Rules*, J. C. Barbosa Moreira, "Uma novidade...".

[771] A *judicial review* tem contornos distintos na jurisdição administrativa inglesa: sobre este aspecto, Sérvulo Correia, *Direito...*, págs. 146-168.

[772] Sobre este enquadramento do caso julgado material, G. S. Bower, *The doctrine...*, parte 1, capítulo 1, 9; J. Bunge, *Zivilprozess...*, págs. 127 e 135-137. Sobre a distinção entre *cause of action estoppel* e *issue estoppel*, R. Stürner, "Rechtskraft...", págs. 920-922.

Por seu lado, o *Matrimonial Causes Act*, de 1973, prevê, numa secção intitulada *Variation, discharge and enforcement of certain orders, etc* (*Part II, 31 a 33*), a modificação, cessação, suspensão ou cessação da suspensão de certas decisões de condenação no pagamento de alimentos (nomeadamente ao ex-cônjuge), sob forma de pensão ou numa quantia única, concretizando que tal modificação pressupõe a alteração das circunstâncias, bem como que esta alteração pode ser feita valer retroactivamente (mediante reposição de quantias indevidamente recebidas); regula, ainda, a modificação de acordos, nomeadamente em virtude de alteração das circunstâncias (*Part II, 35* e *36*).

E, em matéria de alimentos ao cônjuge ou aos filhos do casal, o *Domestic Proceedings and Magistrates' Court Act*, de 1978, regula, de modo muito completo: os termos iniciais e finais que podem ser apostos a condenações em pagamentos periódicos e a caducidade das correspondentes decisões em virtude da ocorrência de certos factos (*Part I, 4 e 5*); a alteração, revogação ou cessação de decisões de condenação em pagamentos periódicos (*Part I, 20, 20ZA, 20A*, 23 e 25), aqui se integrando a possibilidade de proferir uma nova decisão de condenação no pagamento de uma quantia única (*Part I, 20, 1, 2, 3, 7 e 8*), a de suspender temporariamente uma decisão já proferida e fazer cessar tal suspensão (*Part I, 20, 6*), ou a de repristinar uma decisão que já havia cessado os seus efeitos (*Part I, 20A*); a alteração da própria decisão de condenação no pagamento em prestações de uma quantia única, que pode consistir na alteração do número de prestações a efectuar, do montante de cada prestação ou da data do pagamento de cada prestação (*Part I, 22*).

Também o *Magistrates' Courts Act*, de 1980, na sua Parte II (*Civil jurisdiction and procedure*), e genericamente quanto às *orders for periodical payment* (secções 59 a 61), regula a revogação e modificação (aqui incluída a suspensão e cessação da suspensão) destas *orders*.

Finalmente, o *Children Act*, de 1989, prevê a possibilidade de cessação ou alteração das *care orders* e das *supervision orders* (*Part IV, 39*) – que são medidas de protecção de menores (*Part IV, 31*) – e o *Child Support Act*, de 1991, consagra, na secção 17 (que tem como epígrafe "Reviews on change of circumstances"), a possibilidade de modificação, por alteração das circunstâncias, do *maintenance assessment*, que consiste numa quantia a pagar ao filho pelo progenitor ausente, em regra periodicamente (secção 1, 2 e 3, e secção 3, 6)[773].

Não encontrámos referências, no direito inglês, à questão de saber se estes preceitos importam ou não a quebra do caso julgado; generalizado é, porém, o

[773] Sobre a modificabilidade, no ordenamento do Reino Unido, das decisões em matéria de alimentos, por tais decisões não serem finais, veja-se ainda R. Stürner, "Rechtskraft...", págs. 925-926, que também alude à figura dos limites temporais do *res iudicata estoppel* e do *issue estoppel*.

entendimento segundo o qual o caso julgado não opera quando a situação se altera ("there can be no *res judicata* in a changing situation")[774].

3. Ordenamentos da América Latina

O *Codigo Procesal Civil y Comercial de la Nación* (argentino), aprovado pela Ley 17454, de 20 de Setembro de 1967, prevê no artigo 650, a propósito do processo especial de alimentos, uma tramitação para a respectiva modificação ou cessação e, bem assim, determina que este procedimento não afecta a percepção das quantias já fixadas; consagra, ainda, o mesmo preceito a regra segundo a qual a modificação, quando seja no sentido do aumento, só opera para o futuro, mais precisamente a partir da notificação do correspondente pedido (o que levanta a questão de saber a partir de quando opera a modificação, quando se trate da diminuição ou cessação dos alimentos).

VII. Modelos de regulação

Da pesquisa realizada resulta a necessidade de distinguir entre os sistemas que possuem uma *regra geral* atinente à modificação do caso julgado com fundamento em alteração de circunstâncias e os que a não possuem.

Entre os sistemas que possuem tal regra geral situam-se o português, o alemão e o brasileiro; curiosamente, o ordenamento do Reino Unido também prevê a genérica possibilidade de modificação de decisões judiciais (cfr. o *Magistrates' Courts Act*, de 1980), embora aí não se aluda claramente à alteração das circunstâncias como seu pressuposto.

Entre os sistemas que não possuem uma regra geral encontra-se o direito francês (que, todavia, contém regras especiais, quer na lei adjectiva, quer na substantiva, prevendo a modificação de decisões), o direito belga (que também possui regras especiais na lei adjectiva e substantiva), o direito espanhol (que possui regras especiais, na lei adjectiva e substantiva), o direito italiano (que possui normas especiais, na lei substantiva), o direito austríaco (que não possui qualquer regra adjectiva respeitante a essa modificação, prevendo a lei substantiva apenas a redução da pretensão), o direito suíço (que possui normas especiais, na lei substantiva, permitindo a modificação), o direito argentino (que possui normas especiais, na lei adjectiva) e o ordenamento federal dos Estados Unidos (no qual não encontrámos qualquer norma prevendo a modificação de decisões judiciais por alteração das circunstâncias).

A inexistência de uma regra geral parece traduzir a concepção segundo a qual a modificação, por alteração de circunstâncias, do caso julgado, não constitui verdadeiramente um problema de quebra ou limitação do caso julgado (que

[774] G. S. Bower, *The doctrine...*, parte 1, capítulo 2, 383.

é acolhida, segundo vimos, no direito austríaco); mas a existência de uma regra geral não parece traduzir a concepção oposta, pois dessa existência tanto pode deduzir-se a confirmação como a excepção às regras gerais do caso julgado.

De qualquer modo, e pelo menos quanto às sentenças de condenação em prestações alimentícias, a generalidade dos ordenamentos aceita pacificamente a possibilidade da sua modificação por alteração das circunstâncias.

O fundamento em que se sustenta a possibilidade de modificar sentenças, por alteração das circunstâncias, varia nos vários ordenamentos. Como dá conta HEREDIA CERVANTES[775], "[e]m alguns Estados limita-se temporalmente a força do caso julgado da sentença no próprio momento do seu proferimento [...]. Em outros Estados (por exemplo, na Alemanha) não se restringe *ab initio* a força do caso julgado, mas permite-se limitá-la no futuro [...]".

§ 4º Direito europeu

Como assinalam GROUSSOT / MINSSEN[776], o princípio do caso julgado encontra-se firmemente assente, não apenas no direito dos Estados-Membros, mas também na jurisprudência do Tribunal de Justiça da União Europeia.

Tendo como reconhecido objectivo a salvaguarda dos interesses das partes (no caso do réu, o interesse em não ser demandado repetidamente sobre a mesma questão; no caso do autor, o interesse em que essa questão seja completamente discutida) e do interesse público da boa administração da justiça e da segurança jurídica, o caso julgado não assume, porém, naquela jurisprudência, um valor absoluto (à semelhança, aliás, do que tem sucedido com o próprio princípio da segurança jurídica), porque o Tribunal de Justiça vem apontando a necessidade da sua harmonização com o princípio da legalidade[777].

Concretamente, em acórdão de 30 de Setembro de 2003, a propósito do *caso Gerhard Köbler contra República da Áustria*, o Tribunal de Justiça admitiu a possibilidade de os Estados-Membros serem responsabilizados pela violação do direito europeu por um dos seus tribunais superiores, decidindo, entre o mais, que "[o] princípio segundo o qual os Estados-Membros são obrigados a ressarcir os danos causados aos particulares pelas violações do direito comunitário que lhes são imputáveis é igualmente aplicável quando a violação em causa resulte de uma decisão de um órgão jurisdicional decidindo em última instância, desde que a norma de direito comunitário violada se destine a conferir direitos aos particulares, que a violação seja suficientemente caracterizada e que exista um nexo de causalidade directo entre a violação e o dano sofrido pelas pessoas lesadas. A fim

775 I. Heredia Cervantes, "Competencia...", pág. 186.

776 X. Groussot / T. Minssen, "Res judicata...", pág. 386.

777 X. Groussot / T. Minssen, "Res judicata...", págs. 388-393.

de determinar se tal violação é suficientemente caracterizada quando a violação em causa resulte dessa decisão, o juiz nacional competente deve, tendo em conta a especificidade da função judicial, apurar se essa violação tem carácter manifesto. É à ordem jurídica de cada Estado-Membro que cabe designar o órgão jurisdicional competente para decidir os litígios relativos a tal ressarcimento"[778].

Por outro lado – e se bem que, em acórdão de 16 de Março de 2006, proferido no âmbito do *caso Rosmarie Kapferer contra Schlank & Schick GmbH*, o Tribunal de Justiça tenha decidido que "[o] princípio da cooperação decorrente do artigo 10º CE não obriga um órgão jurisdicional nacional a não aplicar as regras processuais internas a fim de reexaminar e revogar uma decisão judicial transitada em julgado, quando se apure que a mesma é contrária ao direito comunitário", assim conferindo maior significado aos valores da independência e da segurança jurídica quando a decisão em causa seja uma decisão judicial, comparativamente aos casos em que essa decisão é administrativa[779] –, esse Tribunal também já entendeu que "[o] direito comunitário opõe-se à aplicação de uma disposição do direito nacional que pretende consagrar o princípio da força do caso julgado, como o artigo 2909º do Código Civil italiano (*codice civile*), quando a sua aplicação obsta à recuperação de um auxílio de Estado concedido em violação do direito comunitário e cuja incompatibilidade com o mercado comum foi declarada em decisão da Comissão das Comunidades Europeias que se tornou definitiva" (consulte-se, a este respeito, o Acórdão de 18 de Julho de 2007, referente ao *caso Ministero dell'Industria, del Commercio e dell'Artigianato contra*

[778] X. Groussot / T. Minssen, "Res judicata...", págs. 393-396. Como observam estes Autores (cfr. pág. 395), do *caso Köbler* resulta o reconhecimento de um direito de indemnização – mas já não de um direito de revisão – em virtude do proferimento de uma decisão judicial por um Estado-Membro. A parte decisória do acórdão encontra-se publicada no *Jornal Oficial da União Europeia*, de 15 de Novembro de 2003, pág. 13.

[779] A parte decisória do acórdão referido no texto encontra-se publicada no *Jornal Oficial da União Europeia*, de 3 de Junho de 2006, pág. 14; sobre este acórdão, veja-se X. Groussot & T. Minssen, "Res judicata...", págs. 405-409. A possibilidade – ou melhor, a obrigatoriedade – de revisão de decisões administrativas finais contrárias ao direito europeu foi admitida pelo Tribunal de Justiça em acórdão de 13 de Janeiro de 2004, no *caso Kühne & Heitz NV contra Productschap voor Pluimvee en Eieren* (publicado no *Jornal Oficial da União Europeia* de 21 de Fevereiro de 2004, pág. 2), no qual aquele Tribunal decidiu o seguinte: "O princípio da cooperação que decorre do artigo 10º CE impõe que um órgão administrativo, ao qual foi apresentado um pedido nesse sentido, reexamine uma decisão administrativa definitiva para ter em conta a interpretação da disposição pertinente entretanto feita pelo Tribunal de Justiça quando: — dispõe, segundo o direito nacional, do poder de revogação desta decisão; — a decisão em causa se tornou definitiva em consequência de um acórdão de um órgão jurisdicional nacional que decidiu em última instância; — o referido acórdão, face à jurisprudência do Tribunal de Justiça posterior a esse acórdão, se fundamenta numa interpretação errada do direito comunitário aplicada sem que ao Tribunal de Justiça tivesse sido submetida uma questão prejudicial nas condições previstas no artigo 234º, nº 3, CE, e — o interessado se dirigiu ao órgão administrativo imediatamente depois de ter tido conhecimento da referida jurisprudência".

Lucchini Siderurgica SpA[780]), deste modo reconhecendo, pelo menos na específica e sensível área dos auxílios estatais, prioridade ao princípio da legalidade face ao princípio da segurança jurídica (sem, todavia, chegar ao ponto de sustentar que a obrigatoriedade de reabertura de um processo judicial obedece aos mesmos requisitos da de reabertura de um processo administrativo)[781].

Diversamente do princípio do caso julgado, o princípio da modificabilidade das decisões judiciais por alteração das circunstâncias não tem merecido a atenção da jurisprudência europeia.

Não obstante, o artigo 9º, nº 1, do Regulamento (CE) nº 2201/2003 do Conselho, de 27 de Novembro de 2003 (relativo à competência, ao reconhecimento e à execução de decisões em matéria matrimonial e em matéria de responsabilidade parental) pressupõe a modificabilidade de certas decisões (as relativas à atribuição, ao exercício, à delegação, à limitação ou à cessação da responsabilidade parental: cfr. os artigos 1º, nº s 1, alínea *b)*, e 2, e 2º, nº 4, do mesmo Regulamento), porque determina que "[q]uando uma criança se desloca legalmente de um Estado-Membro para outro e passa a ter a sua residência habitual neste último, os tribunais do Estado-Membro da anterior residência habitual da criança mantêm a sua competência, em derrogação do artigo 8º, durante um período de três meses após a deslocação, *para alterarem uma decisão, sobre o direito de visita proferida nesse Estado-Membro antes da deslocação da criança*, desde que o titular do direito de visita, por força dessa decisão, continue a residir habitualmente no Estado-Membro da anterior residência habitual da criança" (itálico acrescentado).

Também o Regulamento (CE) nº 4/2009 do Conselho, de 18 de Dezembro de 2008 pressupõe a modificabilidade, com fundamento em alteração das circunstâncias, das decisões em matéria de obrigações alimentares, uma vez que a essa realidade alude em vários dos seus preceitos: assim, no artigo 8º, a propósito da competência para alterar ou obter uma nova decisão num Estado-Membro diverso daquele que proferiu a decisão anterior (não esclarecendo o preceito a distinção entre alteração da decisão anterior e nova decisão); no artigo 21º, nº 2, último parágrafo, a propósito da recusa ou suspensão da execução de decisão, esclarecendo-se aí que "[u]ma decisão que tenha por efeito alterar, com base na alteração das circunstâncias, uma decisão anterior em matéria de obrigações alimentares não é considerada uma decisão incompatível na acepção do segundo parágrafo" [isto é, uma decisão cuja execução possa ser recusada, por ser incom-

[780] A parte decisória deste acórdão encontra-se publicada no *Jornal Oficial da União Europeia* de 8 de Setembro de 2007, pág. 3.

[781] Sobre o *caso Lucchini* e as suas implicações no modo de entendimento, pelo Tribunal de Justiça, do princípio do respeito pelo caso julgado, veja-se, a título exemplificativo, X. Groussot & T. Minssen, "Res judicata...", págs. 409-414, e (na perspectiva da consideração do caso julgado como princípio fundamental do ordenamento constitucional italiano) M. G. Pulvirenti, "Intangibilità...", págs. 346-379.

patível com uma decisão proferida no Estado-Membro de execução ou com uma decisão proferida noutro Estado-Membro ou num país terceiro que reúna as condições necessárias para o seu reconhecimento no Estado-Membro de execução]; no artigo 24º, último parágrafo, a propósito dos motivos de recusa do reconhecimento, aí se determinando que "[u]ma decisão que tenha por efeito alterar, com base na alteração das circunstâncias, uma decisão anterior em matéria de obrigações alimentares não é considerada uma decisão incompatível na acepção das alíneas *c)* ou *d)*" [preceito do qual decorre, por exemplo, que a decisão modificativa não pode deixar de ser reconhecida por ser considerada inconciliável com decisão que anteriormente tenha sido proferida "entre as mesmas partes, em acção com o mesmo pedido e a mesma causa de pedir"]; no artigo 56º, referente aos pedidos à disposição do credor que pretenda cobrar a prestação de alimentos no âmbito do Regulamento ou do devedor contra o qual exista uma decisão de prestação de alimentos, aí se prevendo "[a] alteração de uma decisão proferida no Estado-Membro requerido" (nº 1, alínea *e)*, e nº 2, alínea *b)*), bem como "[a] alteração de uma decisão proferida num Estado que não seja o Estado-Membro requerido" (nº 1, alínea *f)*, e nº 2, alínea *c)*); no artigo 61º, nº 1, e nº 2, 2º parágrafo, a propósito do acesso das autoridades centrais às informações necessárias para facilitar a alteração de uma decisão.

§ 5º Direito internacional

O princípio da modificabilidade de decisões judiciais com fundamento em alteração de circunstâncias retira-se de certas convenções celebradas entre o Estado português e outros Estados.

Assim, na Convenção sobre a Cobrança de Alimentos no Estrangeiro (a Convenção de Nova Iorque de 1956)[782] estabelece-se, no artigo 8º, que "[a]s disposições da presente Convenção são também aplicáveis aos pedidos que visam modificar as decisões judiciais proferidas em matéria de obrigações de alimentos". Esta Convenção seria parcialmente substituída pela Convenção sobre a Cobrança Internacional de Alimentos em benefício dos Filhos e de outros Membros da Família, aprovada na Haia em 23 de Novembro 2007 (cfr. o artigo 49º desta última Convenção): mas, a Convenção da Haia de 2007, no seu artigo 10º, continua a aludir à possibilidade de modificação de uma decisão.

Na Convenção Relativa à Competência das Autoridades e à Lei Aplicável em Matéria de Protecção de Menores, concluída na Haia em 5 de Outubro de 1961[783], consagra-se igualmente a modificabilidade, tanto por autoridades judiciais como

[782] Concluída em Nova Iorque em 20 de Junho de 1956 e aprovada pelo Decreto-Lei nº 45942, de 28 de Setembro de 1964. Sobre a preparação desta Convenção e o seu objectivo, veja-se F. A. Ferreira Pinto, *Do conflito de leis...*, págs. 24-31.

[783] Aprovada pelo Decreto-Lei nº 48 494, de 22 de Julho de 1968.

administrativas, de medidas de protecção da pessoa ou dos bens do menor, que hajam sido decretadas por autoridades judiciais ou administrativas, nacionais ou estrangeiras (cfr. artigos 4º e 5º da Convenção). Esta Convenção seria revista e parcialmente substituída pela Convenção relativa à Competência, à Lei Aplicável, ao Reconhecimento, à Execução e à Cooperação em Matéria de Responsabilidade Parental e Medidas de Protecção das Crianças, adoptada na Haia em 19 de Outubro de 1996[784], a qual contém igualmente disposições relativas à modificação de decisões (veja-se os seus artigos 14º e 18º).

Também no Acordo sobre Cobrança de Alimentos entre a República Portuguesa e a República de Cabo Verde[785] se determina, no artigo 8º, que "[a]s disposições do presente Acordo são também aplicáveis aos pedidos que visem modificar as decisões judiciais proferidas em matéria de obrigações de alimentos", contendo a Convenção sobre Cobrança de Alimentos entre a República Portuguesa e a República Democrática de São Tomé e Príncipe[786] norma idêntica no artigo 8º.

De referir ainda o Acordo entre o Governo da República Portuguesa e o Governo dos Estados Unidos da América sobre Cobrança de Alimentos[787], no qual se estabelece , no artigo 2º, nº 2, que "[e]ste Acordo aplica-se à cobrança dos montantes em dívida que decorram de uma decisão em vigor sobre prestações de alimentos e quaisquer juros aplicáveis à dívida, bem como a modificações, variações ou outras alterações oficiais relativamente a montantes em débito que se verifiquem por via de uma decisão sobre prestações de alimentos em vigor".

Cabe também assinalar o Acordo de Cooperação Jurídica e Judiciária entre a República Portuguesa e a República de Angola[788], que, no artigo 14º, nº 3, alude ao reconhecimento e execução de decisões e transacções que modifiquem decisões ou transacções em matéria de alimentos.

Finalmente, uma referência aos princípios de processo civil internacional adoptados pelo Instituto Internacional para a Unificação do Direito Privado (UNIDROIT) em Abril de 2004: estes contemplam o caso julgado (Princípio 28.), mas não o tratam na perspectiva da sua modificabilidade.

[784] Aprovada pelo Decreto nº 52/2008, de 13 de Novembro de 2008.

[785] Assinado em 3 de Março de 1982 e aprovado pelo Decreto do Governo nº 45/84, de 3 de Agosto. Sobre este Acordo, veja-se F. A. Ferreira Pinto, *Do conflito de leis...*, págs. 80-81.

[786] Assinada em 7 de Maio de 1984 e aprovada pelo Decreto do Governo nº 44/84, de 1 de Agosto. Sobre esta Convenção, consulte-se F. A. Ferreira Pinto, *Do conflito de leis...*, págs. 80-81.

[787] Assinado em Lisboa em 30 de Maio de 2000 e aprovado pelo Decreto nº 1/2001, de 24 de Janeiro.

[788] Assinado em Luanda em 30 de Agosto de 1995 e aprovado, para ratificação, pela Resolução da Assembleia da República nº 11/97, de 4 de Março.

Capítulo II
Objecto da Modificação

§ 6º Sentenças de condenação em prestações periódicas vincendas

I. Colocação do problema

A referência à condenação a prestar alimentos, constante do artigo 619º, nº 2, do CPC, sugere que a sentença aí prevista (ou seja, a sentença modificanda) coincide com aquela a que alude o artigo 557º, nº 1, do CPC, ao regular o pedido de condenação em prestações periódicas vencidas e vincendas: com efeito, o pedido de condenação a prestar alimentos é, atento o modo normal de os prestar – em prestações pecuniárias mensais (cfr. o artigo 2005º, nº 1, do CC) –, um exemplo possível de pedido de condenação em prestações periódicas.

Importa, pois, delimitar o campo de aplicação do artigo 557º, nº 1, do CPC, bem como verificar se *apenas* as sentenças e *todas* as sentenças contempladas neste preceito podem ser modificadas nos termos do artigo 619º, nº 2.

Dito de outro modo: articularemos, neste parágrafo, a previsão do artigo 619º, nº 2, do CPC – no que ao objecto da modificação diz respeito –, com o regime estabelecido no artigo 557º, nº 1, tendo em vista determinar se só as sentenças de condenação em prestações periódicas vincendas a que este último preceito alude, e se todas elas, são susceptíveis de modificação por alteração das circunstâncias.

II. Sentenças previstas no artigo 557º, nº 1, do CPC

1. Sentenças com trato sucessivo

O artigo 557º, nº 1, do CPC, relativo ao *pedido de prestações vincendas*, ao qual já fizemos várias vezes referência, determina que, "[t]ratando-se de prestações periódicas, se o devedor deixar de pagar, podem compreender-se no pedido e na condenação tanto as prestações já vencidas como as que se vencerem enquanto subsistir a obrigação"[789].

[789] A prestações periódicas se referem outros preceitos do CPC, designadamente o artigo 916º, nº 3 – que, sistematicamente inserido nas disposições relativas à consignação em depósito, prevê depósitos

O momento do vencimento da prestação, para o efeito de considerar a prestação vencida ou vincenda, nos termos do artigo 557º, nº 1, parece ser tanto o momento da formulação do pedido como o momento da prolação da sentença.

É o momento da formulação do pedido e não, por exemplo, o momento da prolação da sentença, que releva para a qualificação do pedido formulado pelo autor como um pedido de prestações vencidas ou vincendas, até porque o preceito aparece sistematicamente inserido nas disposições do Código relativas à petição inicial e a par de outros preceitos incidentes sobre tipos de pedidos: em outros ordenamentos, porém, a questão é menos líquida, designadamente no espanhol, no alemão e no austríaco, verificando-se que o termo "prestação vincenda" ou "futura" parece ser utilizado, na lei, para designar aquela que se vence em momento posterior ao da prolação da sentença (cfr., respectivamente, o artigo 220º da LEC, § 258 da ZPO e § 406 da ZPO austríaca)[790].

Mas só pode ser o momento da prolação da sentença o momento que releva para a qualificação de uma sentença como sentença de condenação numa prestação vencida ou numa prestação vincenda, à qual também se refere o artigo 557º, nº 1: é o que decorre do artigo 557º, nº 2, que prevê a hipótese de diferimento temporal entre a condenação que gera o título executivo e o vencimento da prestação e qualifica aquela condenação como uma condenação numa prestação futura.

O artigo 557º, nº 1, ao determinar que se podem compreender na condenação em prestações periódicas as prestações vincendas, permite obter uma sentença com trato sucessivo, que pode ser definida como aquela que habilita o credor a executar imediatamente o devedor, logo que este, de futuro, deixe de pagar uma prestação[791], ou, talvez mais impressivamente, como aquela que tem força suficiente para servir de base a execuções sucessivas[792]. Como explica I. Galvão Telles[793], "[o] devedor fica logo condenado em todas as prestações; mas o credor só poderá reclamar as prestações futuras à medida que elas se forem vencendo".

sucessivos –, o artigo 933º, nº 1 – que se refere à adjudicação ou consignação de rendimentos para pagamento de prestações vencidas e vincendas, no âmbito da execução especial por alimentos –, e o artigo 937º – que, ainda no âmbito desta execução, regula a garantia do pagamento das prestações vincendas.

790 Não obstante, em Espanha, a jurisprudência tem entendido que o momento da proposição da acção é o que determina o carácter actual ou futuro da prestação, daí decorrendo a qualificação, como acção de condenação *in futurum*, daquela em que se requeiram prestações periódicas não vencidas ao tempo da proposição da acção, mas que se vencem no decurso desta: cfr. F. López Simo / S. Cavanillas Múgica / F. Gascón Inchausti, *Las condenas de futuro*, pág. 146.

791 J. Alberto dos Reis, *Código*..., vol. I, pág. 376.

792 Assim, J. Alberto dos Reis, *Processo de execução*..., vol. 2º, pág. 509. Como também se refere num acórdão do Supremo Tribunal de Justiça (STJ, 12.01.2010), "[o] reconhecimento do trato sucessivo está inerente ao título e só se extingue com a extinção da fonte da obrigação, o que significa que opera à medida que novos e reiterados incumprimentos se forem vencendo enquanto a fonte da obrigação existir".

793 I. Galvão Telles, *Direito*..., pág. 40.

Às sentenças de trato sucessivo se refere expressamente o artigo 850º, nº 1, do CPC, que, perante tais títulos, permite a renovação, no mesmo processo, da execução extinta, "para pagamento de prestações que se vençam posteriormente"[794].

Também se lhes reporta o artigo 933º do CPC, relativo aos termos que segue a execução especial por alimentos, o qual prevê a adjudicação de quantias ou a consignação de rendimentos (que são modos de pagamento do crédito exequendo) para pagamento das prestações vencidas e vincendas, independentemente de penhora. Registe-se, a este propósito, que nos *Projectos de Revisão do Código de Processo Civil* (de 1939)[795], apresentados por Lopes Cardoso em 1958, propôs-se que a execução por alimentos fosse, "desde o início, instaurada para cobrança das prestações já vencidas e das que se vencerem", sendo que, "[n]o requerimento inicial, o exequente [devia nomear] logo à penhora os bens por cujo produto [devessem] ser pagas as primeiras e [podia] requerer adjudicação para futuro pagamento das vincendas"[796]; esta proposta ficaria consagrada no artigo 1118º, nº 1, alínea *d)*, e nº 3, do Código de Processo Civil de 1961 (versão originária)[797]; e, com a revisão de 1995-1996 do CPC de 1961, a adjudicação passou a constituir um mecanismo de garantia, não só das prestações vincendas, como também das vencidas[798].

O Código de Processo do Trabalho alude igualmente à figura das sentenças de trato sucessivo no artigo 39º, nº 3, aqui estabelecendo que, em caso de decretamento da suspensão de despedimento individual, a execução, relativamente aos salários em dívida, da correspondente decisão, tem trato sucessivo, seguindo os termos da execução de sentença de condenação em quantia certa[799].

[794] Sobre a renovação da acção executiva, nestes casos, J. Lebre de Freitas, *A acção executiva...*, págs. 358-359.

[795] *Projectos de revisão...*, vol. I, pág. 34.

[796] O sistema do processo especial de execução por alimentos era diverso no CPC de 1939: na verdade, o artigo 1119º deste Código só estabelecia "especialidade quanto à renovação da execução para cobrança de novas prestações que se vençam e não sejam pagas depois de o executado ter sido citado. Só para este caso dispensa[va] nova citação e só então autoriza[va] o exequente a pedir a adjudicação de rendimentos" (*ibidem*).

[797] Sobre as particularidades da execução por alimentos na versão originária do CPC de 1961, veja-se A. Anselmo de Castro, *Lições...*, págs. 540-543.

[798] Sobre a função da adjudicação, à luz do CPC de 1961, RP, 21.10.2008 (Proc. 0825421).

[799] Sobre outro tipo de sentença de trato sucessivo em processo laboral, RL, 07.11.1989: "A sentença que declarou nulo o despedimento e subsistente o contrato de trabalho é título executivo na execução destinada a obter o pagamento das prestações pecuniárias vencidas até à sentença, bem como das posteriores, se se provar, em relação a estas últimas, que o trabalhador-exequente não prestou trabalho por culpa exclusiva da entidade patronal".

2. Sentenças de condenação no pagamento de prestações (de *dare* ou de *facere*) periódicas vencidas e vincendas

a) Prestações periódicas

As sentenças com trato sucessivo que o artigo 557º, nº 1, do CPC permite obter dizem respeito, como vimos, a prestações periódicas (por isso se designando essas sentenças, no direito alemão, *Rentenurteilen*).

As prestações periódicas – também denominadas prestações reiteradas ou com trato sucessivo – constituem uma das modalidades das prestações duradouras e distinguem-se, *quanto ao tempo da sua realização*, das prestações instantâneas e das prestações fraccionadas (ou repartidas)[800].

Essas prestações podem ser de *dare* (quando se traduzem na entrega de quantia em dinheiro ou de outra coisa) ou de *facere* (sempre que significam uma conduta do devedor diversa da entrega de um objecto).

b) Distinção entre as prestações periódicas e as instantâneas e fraccionadas

As prestações periódicas, a que o artigo 557º, nº 1, do CPC faz referência, distinguem-se, antes do mais, das prestações *instantâneas*. Estas, na definição de VAZ SERRA[801] (que também as qualifica como momentâneas ou transeuntes), "são as prestações que se fazem num só momento"[802], embora possam ser diferidas no tempo, caso em que se estará, na terminologia de BAPTISTA MACHADO[803], perante uma relação obrigacional complexa não duradoira que "persiste no tempo até ao integral cumprimento das relações obrigacionais simples (relações estas que se extinguem pelo cumprimento) e extingue-se ou caduca [...] com o desempenho da sua missão de relação-quadro que serve de moldura a todos os direitos, deveres e estados de sujeição surgidos do contrato ou durante a vida do contrato – o que quer dizer que se extingue com o integral cumprimento de todas as obrigações e deveres contratuais".

As prestações periódicas distinguem-se, em segundo lugar, das prestações *fraccionadas*, relativamente às quais, e como observa ANTUNES VARELA[804], "o

[800] Adoptamos aqui uma das classificações das prestações de Antunes Varela (*Das obrigações...*, vol. I, págs. 92-97). Seguindo também este Autor, veja-se STJ, 03.02.2004, referindo que, quanto ao tempo da sua realização, as prestações podem ser instantâneas, fraccionadas ou repartidas, e duradouras (estas últimas distinguindo-se em prestações de execução continuada e prestações periódicas).

[801] Vaz Serra, "Objecto...", pág. 39.

[802] Segundo Antunes Varela (*Das obrigações...*, vol. I, pág. 92), as prestações instantâneas são aquelas "em que o comportamento exigível do devedor se esgota num só momento ou num período de tempo de duração praticamente irrelevante [...]; entrega de certa coisa; pagamento do preço numa só prestação; etc.". Para I. Galvão Telles (*Direito...*, pág. 39), "[a] prestação é *instantânea* quando consiste num acto isolado, não se protelando no tempo".

[803] J. Baptista Machado, "Anotação", págs. 276-277.

[804] Antunes Varela, *Das obrigações...*vol. I, págs. 94-95: constituiriam exemplos destas prestações, segundo o Autor, o preço pago a prestações, bem como o fornecimento de certa quantidade de mercadorias ou de géneros a efectuar em várias partidas.

tempo não influi na determinação do seu objecto, apenas se relacionando com o modo da sua execução"[805], podendo mesmo reconduzir-se, com a particularidade do fraccionamento, à categoria das prestações instantâneas[806].

c) As prestações duradouras: distinção entre as prestações periódicas e as prestações de execução continuada

As prestações periódicas – as únicas a que o artigo 557º, nº 1, do CPC expressamente se reporta – constituem, a par das prestações de execução continuada, uma das modalidades de prestações *duradouras*[807].

A prestação duradoura, como assinala ANTUNES VARELA[808], "protela-se no tempo, tendo a duração temporal da relação creditória influência decisiva na conformação global da prestação", o que depois se reflecte em várias diferenças entre o seu regime e o das prestações instantâneas[809] e fraccionadas[810].

Dentro das prestações duradouras, as prestações *periódicas* distinguem-se das prestações de *execução continuada* ou *continuadas*, na medida em que, nestas, o

[805] Vaz Serra ("Objecto...", pág. 39) denomina-as prestações *divididas*, ou seja, "prestações a fazer por partes, em momentos diferentes".

[806] I. Galvão Telles (*Direito...*, pág. 40). Já para M. J. Almeida Costa (*Direito das obrigações*, págs. 644-645) as prestações fraccionadas não constituem modalidade das prestações instantâneas, mas sim das prestações duradouras, distinguindo-se das periódicas por se reconduzirem a uma única prestação e não a diversas prestações. Este último aspecto é, aliás, consensual: as prestações periódicas constituem *várias prestações* a efectuar periodicamente, enquanto as prestações fraccionadas ou divididas constituem *uma só prestação* a realizar por partes (assim também, por exemplo, Vaz Serra, "Objecto...", pág. 39).

[807] Já vimos (cfr. a nota anterior), que há quem também qualifique as prestações fraccionadas como duradouras.

[808] Antunes Varela, *Das obrigações...*, vol. I, pág. 92.

[809] No campo do direito das obrigações, a relevância da distinção entre as prestações periódicas ou de execução continuada e as instantâneas manifesta-se no regime do artigo 793º do CC: "nos contratos com prestações periódicas ou continuadas, a impossibilidade da prestação de uma das partes, durante algum tempo, exonera a outra da contraprestação relativa a esse tempo" (cfr. M. J. Almeida Costa, *Direito das obrigações*, pág. 647). A resolução do contrato de execução continuada ou periódica não tem também, em princípio, efeito retroactivo, conforme dispõe o artigo 434º, nº s 1 e 2, do CC (*ibidem*). Sobre a questão de saber se "às relações obrigacionais complexas que persistem no tempo pelo facto de as respectivas prestações, ou uma delas, pela sua natureza, não poderem ser imediatamente exigíveis (prestações de prazo natural), ou mesmo a todas as relações obrigacionais com prestações diferidas, deve ser aplicado o regime da resolução por justa causa, típico das relações contratuais duradoiras e só para estas previsto na lei", e concluindo afirmativamente, veja-se J. Baptista Machado, "Anotação", págs. 277-318.

[810] A distinção entre obrigações duradouras (de execução continuada ou de prestação periódica) e obrigações de prestação fraccionada ou repartida releva para efeitos do disposto no artigo 434º, nº 2, do CC, porque só não há retroactividade na resolução das primeiras (cfr. C. A. da Mota Pinto, *Teoria...*, págs. 661-662). Por outro lado, só no caso das prestações fraccionadas, a falta de pagamento de uma delas autoriza o credor a exigir as restantes, nos termos dos artigos 781º e 934º do CC, relevando ainda a distinção para o efeito de "saber-se do momento em que deve ter lugar a aceitação, ou se deve ela ter-se como feita, num contrato de empreitada em que seja convencionado a execução por partes" (cfr. J. Ribeiro de Faria, *Direito das obrigações*, vol. I, págs. 84-85 e nota, e vol. II, págs. 324-327).

"cumprimento se prolonga ininterruptamente no tempo", enquanto aquelas "se renovam, em prestações singulares sucessivas, por via de regra ao fim de períodos consecutivos"[811].

As prestações duradouras constituem o objecto das obrigações duradouras, categoria desenvolvida na Alemanha por VON GIERKE[812], em 1914, na área do direito das obrigações: para o Autor, a obrigação instantânea refere-se a uma prestação concentrada num certo momento ou a prestações que, embora se repitam no tempo, traduzem o cumprimento parcial de uma mesma obrigação (como sucede com o pagamento a prestações do preço de um contrato de compra e venda), ocorrendo a cessação da obrigação quando se verifica o cumprimento; já a obrigação duradoura teria como conteúdo uma prestação que se estende num certo período de tempo, devendo-se a respectiva cessação, não ao cumprimento da prestação (como, face ao disposto no § 362 do BGB, poderia entender-se) mas ao próprio decurso do tempo. Exemplos de obrigações duradouras seriam, segundo VON GIERKE[813], a obrigação de omissão de uma conduta, a obrigação de adopção de um comportamento positivo continuado ou a obrigação referente a prestações periódicas.

Sensivelmente na mesma altura (mais precisamente, em 1912-1913), OSTI[814] desenvolveria, em Itália, a categoria dos contratos duradouros, observando que a distinção entre contratos de prestação única e contratos de prestações periódicas é "absolutamente desconhecida pelos autores alemães aos quais se deve o início e a maior elaboração da cláusula [*rebus sic stantibus*] dos nossos dias"[815], registando a dissociação entre a teoria dos contratos duradouros e a teoria da cláusula *rebus sic stantibus*[816] e, bem assim, concluindo ser meramente acidental,

[811] Antunes Varela, *Das obrigações...*, vol. I, págs. 92-93. Como assinala o mesmo Autor (*idem*, pág. 93), "[c]onstituem exemplos típicos de prestações de execução *continuada* as do locador, do fornecedor de água, gás, electricidade ou dados informáticos, do depositário, do comodante, e, de um modo geral, as *prestações de facto negativas* (que só em raros casos deixarão de ter natureza continuada). Como exemplos de prestações *periódicas* podem citar-se as do locatário (pagamento da renda ou aluguer), do antigo foreiro, do devedor da renda perpétua ou vitalícia, da empresa fornecedora de cerveja ou refrigerantes a certo estabelecimento, do consumidor de água, gás ou electricidade, etc.". Sobre as duas categorias, consagradas no código civil italiano, veja-se ainda A. De Martini, "Obbligazione...", pág. 657. Segundo K. Nastelski ("Die Zeit...", págs. 294-295), a ligação entre o tempo e o objecto da prestação é especialmente acentuada no caso das prestações de execução continuada e das prestações de facto negativo (deveres de omissão), porquanto o tempo individualiza a própria prestação e esta torna-se impossível se o devedor não satisfaz o tempo da execução.

[812] O. von Gierke, "Dauernde...", esp. págs. 357-359 e 363.

[813] O. Von Gierke, "Dauernde...", págs. 359-362.

[814] G. Osti, "La così detta..." e "Appunti...".

[815] G. Osti, "La così detta...", págs. 4-5.

[816] G. Osti, "La così detta...", pág. 46.

na doutrina italiana da época, a limitação da aplicabilidade do princípio relativo à cláusula *rebus sic stantibus* aos contratos duradouros[817/818].

A distinção entre as obrigações instantâneas e as duradouras é, segundo Remo Caponi[819], susceptível de ser generalizada às restantes situações jurídicas[820], sendo possível, na sua perspectiva, distinguir também as situações jurídicas instantâneas das duradouras, de acordo com o critério da relação entre a extinção da situação jurídica e o seu escopo: as primeiras (de que constituiria exemplo o direito ao pagamento do preço de uma compra e venda) atingem o seu escopo quando e na medida em que se extinguem; as segundas atingem o seu escopo, não quando e na medida em que se extinguem, mas enquanto duram no tempo; e, para o Autor, subjacente à situação jurídica instantânea encontrar-se-ia um interesse instantâneo e à situação jurídica duradoura um interesse duradouro[821].

Assinala ainda Remo Caponi[822] que o facto constitutivo da situação instantânea e da situação duradoura pode ser de formação instantânea ou duradoura, verificando-se, todavia, que enquanto na situação instantânea o respectivo facto constitutivo (de formação instantânea ou duradoura) não influi no efeito jurídico após a respectiva produção, na situação duradoura pode, em alguns casos, ocorrer tal influência, reflectindo-se as vicissitudes desse facto constitutivo na existência e no modo de ser desta situação.

Esta influência funda-se, segundo o Autor[823], na variabilidade no tempo do interesse duradouro: tal variabilidade caracterizaria, por exemplo, o estado de necessidade que é pressuposto da obrigação legal de alimentos, por contraposição à necessidade satisfeita através da disponibilidade da *res locata*, que traduz um interesse tendencialmente invariável no tempo. Assim, no caso da obrigação de alimentos – mais precisamente, da obrigação de alimentos de fonte legal –, os respectivos factos constitutivos (estado de necessidade do alimentando, condições patrimoniais de quem ministra e de quem recebe os alimentos e relação de

817 G. Osti, "La così detta...", pág. 56, e "Appunti...", pág. 471.

818 Criticando a noção de "contrato duradouro", por duradoura ser a relação e não o contrato, G. Oppo, "I contratti...", pág. 145. Como observa Remo Caponi (*L'efficacia*..., pág. 12), a autonomização da categoria das obrigações duradouras foi, nos seus traços essenciais, aceite na Alemanha e na Itália. Sobre esta categoria, veja-se, por exemplo, K. Larenz, *Lehrbuch*..., págs. 29-33.

819 Remo Caponi, *L'efficacia*..., págs. 8-15.

820 Sobre a generalização do conceito de "situação jurídica" aos vários ramos do direito positivo, operada pela recente doutrina italiana, V. Frosini, "Situazione...", pág. 470. Em geral, o termo evoca o carácter não instantâneo e duradouro de qualquer forma de relação do homem com o mundo (cfr. P. Rescigno, "Situazione...", págs. 209-210).

821 Sobre os vários interesses duradouros que podem fundar relações duradouras, G. Oppo, "I contratti...", págs. 149-153.

822 Remo Caponi, *L'efficacia*..., págs. 15-16.

823 Remo Caponi, *L'efficacia*..., pág. 16.

parentesco) seriam, eles próprios, duradouros, reagindo permanentemente na determinação do *se* e da *medida* da obrigação[824], mesmo havendo sentença transitada em julgado fixando os alimentos[825]: a obrigação alimentar estaria assim exposta, não apenas à acção de factos extintivos supervenientes, mas também à da modificação dos factos constitutivos, o que incrementaria quantitativamente, em relação a ela, o fenómeno da superveniência[826].

Sendo o interesse duradouro variável, considera Remo Caponi[827] que ao legislador deve ser reconhecida discricionariedade na sua tutela, ou através da previsão de uma situação duradoura com facto constitutivo instantâneo (assim "comprimindo o relevo jurídico da variabilidade do interesse duradouro"[828]), ou através da previsão de uma situação duradoura com facto constitutivo duradouro: tanto assim que, no direito alemão, a obrigação alimentar segue o primeiro modelo e a obrigação de indemnização de danos permanentes de natureza pessoal o segundo, enquanto no direito italiano o panorama é o inverso[829].

A distinção entre situações jurídicas instantâneas e duradouras tem, segundo Remo Caponi[830], um relevo central para a teoria da eficácia do caso julgado no tempo, já que a superveniência se repercute em ambas de modo diverso: concretamente, só as primeiras são disciplinadas de modo tendencialmente integral através da sentença.

O artigo 557º, nº 1, do CPC não se refere às prestações duradouras (refere-se apenas a uma modalidade destas: as periódicas), mas o artigo 282º, nº 2 reporta-se

824 Remo Caponi, *L'efficacia...*, pág. 17. No caso da obrigação de alimentos de fonte *contratual*, considera o Autor (cfr. págs. 17-18, nota 42), na esteira de E. Betti (*Efficacia...*, págs. 160-166), que "quando o *quantum* da prestação não seja determinado, as condições patrimoniais do credor e do devedor apenas relevam no momento inicial, e definitivamente, para a determinação desse *quantum*", pelo que a alteração posterior dessas condições nenhuma influência tem na obrigação. Daí que, deduzimos nós, o Autor não admita a modificação de sentença que condene em alimentos de fonte contratual (tal como E. Betti, *Efficacia...*, págs. 242-243 e 265-268, não admitia a modificação, com fundamento em alteração de circunstâncias e nos termos do – actual – artigo 440 do c.c., de sentença determinativa que convertesse o objecto de um legado de alimentos indeterminado numa pensão alimentícia fixa).

825 Remo Caponi, *L'efficacia...*, pág. 18.

826 Remo Caponi, *L'efficacia...*, pág. 18.

827 Remo Caponi, *L'eficacia...*, págs. 19-21.

828 Remo Caponi, *L'efficacia...*, pág. 25.

829 O Autor baseia esta conclusão na constatação de que, no direito alemão, e de acordo com o disposto no § 323 da ZPO, a modificação da sentença que condena em alimentos depende de uma alteração essencial das circunstâncias e no direito italiano essa essencialidade não é exigida (Remo Caponi, *L'efficacia...*, págs. 89-100); mas o direito alemão, no § 843, 1 e 3, do BGB prevê a condenação, sob forma de renda, no pagamento de indemnização por danos permanentes de natureza pessoal, enquanto o direito italiano (pelo menos, a prática da jurisprudência italiana) tende à liquidação imediata de todo o dano, mesmo futuro, o que espelha o menor relevo que, no plano dessa indemnização, possui a superveniência neste último ordenamento (*idem*, págs. 20-22).

830 Remo Caponi, *L'efficacia...*, pág. 25.

literalmente às obrigações duradouras. Esta categoria – e, em geral, a das situações jurídicas duradouras[831] – tem, portanto, interesse para o tema da modificação da sentença por alteração das circunstâncias.

d) Razão de ser das acções de condenação em prestações periódicas vencidas e vincendas

O artigo 557º, nº 1, do CPC alude às sentenças de condenação no pagamento de prestações periódicas vencidas e vincendas, mas, pela sua inserção sistemática, regula, antes do mais, o correspondente pedido ou acção.

Importa, assim, verificar a razão de ser desse pedido ou acção.

Assinala CRISTOFOLINI[832], quanto à generalidade das acções de condenação *in futurum*[833] – e não apenas quanto às acções relativas a prestações periódicas vincendas –, que a sua finalidade é essencialmente a definição (*accertamento*)[834] antecipada de uma obrigação futura, que é admitida em atenção, quer à probabilidade de, no momento previsto para o vencimento da obrigação, esta ainda subsistir, quer à conveniência em facultar antecipadamente ao credor um título executivo, assim o protegendo dos danos resultantes da demora na realização do seu direito.

Também RUI PINTO[835] justifica a generalidade das acções de condenação *in futurum* – tanto as previstas no artigo 557º, nº 1, do CPC, como as reguladas no nº 2 do mesmo preceito – e, portanto, a possibilidade de antecipação da tutela condenatória, pela necessidade de evitar o perigo de mora processual que pode

[831] Como assinala A. De Martini ("Obbligazione...", pág. 655), a doutrina, além de mencionar a categoria das obrigações duradouras e das prestações duradouras, refere também a da relação duradoura e a do contrato duradouro: em bom rigor, porém, a duração diria respeito à prestação, qualificando assim a obrigação que a tem por objecto.

[832] G. Cristofolini, "Efficacia della sentenza...", págs. 316-317.

[833] As acções de condenação *in futurum* conhecem também outras designações na doutrina, como por exemplo: acções de condenação para o futuro, acções de condenação em prestações futuras, demandas antecipadas, acções de condenação com reserva da excepção de cumprimento (cfr. C. Molina Portela, *Condena de futuro*, págs. 13-16). Para F. López Simo / S. Cavanillas Múgica / F. Gascón Inchausti (*Las condenas de futuro*, pág. 39), as características distintivas das acções de condenação *in futurum*, geralmente apontadas pela doutrina, são duas: a prestação não é exigível no momento da proposição da acção e no da sentença; a eficácia executiva da sentença não é imediata, mas diferida. Verdadeiramente, nestas acções apenas a lesão do direito seria futura, não a situação jurídica digna de protecção e o interesse do autor em recorrer aos tribunais (F. López Simo / S. Cavanillas Múgica / F. Gascón Inchausti, *Las condenas de futuro*, pág. 41); por isso, as respectivas sentenças de condenação no pedido podem ser definidas como condenações actuais com execução futura ou como condenações actuais numa prestação futura (*idem*, pág. 45).

[834] Sobre o *accertamento*, no direito italiano (que, ao longo deste texto, referiremos como acertamento, definição ou declaração), veja-se A. Falzea, "Accertamento", considerando que os elementos necessários da figura são o efeito preclusivo e a declaração de ciência.

[835] Rui Pinto, *A questão de mérito...*, esp. págs. 271-273, 526-527 e 541-542.

lesar o direito do autor (perigo presumido pelo legislador, no caso das acções do nº 1 e do nº 2, 1ª parte; perigo que tem de ser alegado pelo autor, na hipótese do nº 2, parte final, e que opera como interesse processual): mais precisamente, em todas essas acções "procura-se evitar que os tempos processuais ignorem os tempos do direito tutelando, permitindo-se que o autor obtenha o mesmo que teria por via plena, mas mais cedo".

Vejamos agora, em particular, qual a razão de ser das acções de condenação em prestações periódicas vencidas e vincendas.

A admissibilidade da acção de condenação em prestações futuras prevista no artigo 557º, nº 1, do CPC (correspondente ao artigo 472º, nº 1, do CPC de 1961) explica-se, segundo Lebre de Freitas / Montalvão Machado / Rui Pinto[836], por três razões: pela probabilidade de não pagamento dessas prestações, atenta a circunstância de o devedor não ter pago as anteriores; pela vantagem que para o credor decorre da não instauração de tantas acções quantos os actos de incumprimento; pela inexistência de uma desvantagem para o devedor, pois apesar de já condenado só é obrigado a pagar as prestações futuras em cada um dos respectivos vencimentos[837].

À luz do direito alemão – concretamente, do § 258 da ZPO –, sublinha Graba[838] duas ordens de razões para a sujeição das acções de alimentos ao correspondente regime: por um lado, facultar ao credor a imediata execução de cada prestação, à medida do seu vencimento; por outro lado, libertá-lo do encargo de propor várias acções de conteúdo idêntico.

Perante o direito espanhol, que regula as acções de condenação *in futurum* no artigo 220º da LEC – preceito que, aliás, e como já dissemos, só prevê, como modalidade de tais acções, a de condenação em prestações periódicas vencidas e vincendas –, consideram López Simo / Cavanillas Múgica / Gascón Inchausti[839] que tais acções apresentam as seguintes vantagens: a de evitar o recurso reiterado aos tribunais (pois uma só sentença servirá de título executivo para cada um dos eventuais incumprimentos), assim encontrando a sua justificação em razões de economia processual; a de permitir uma clara aproximação temporal entre o momento em que o título executivo se encontra disponível e o momento em que se produz a exigibilidade da prestação (vantagem que se diria comum à generalidade das acções de condenação *in futurum*); a de permitir ao

[836] J. Lebre de Freitas / A. Montalvão Machado / Rui Pinto, *Código...*, vol. 2º, pág. 269.

[837] J. Alberto dos Reis (*Comentário...*, vol. 3º, págs. 189-190, e *Código...*, vol. I, pág. 376) refere-se também, embora à luz do artigo 276º, 1ª parte, do CPC de 1939, a esta vantagem para o credor e inexistência de desvantagem para o devedor.

[838] H.-U. Graba, *Die Abänderung...*, págs. 1 e 10.

[839] F. López Simo / S. Cavanillas Múgica / F. Gascón Inchausti (*Las condenas de futuro*, págs. 39-40 e 102-103).

credor um acesso mais económico à via judicial, atendendo ao tendencialmente diminuto montante de cada uma das prestações periódicas e aos custos que a proposição de várias acções implicaria.

REMO CAPONI[840], considerando o direito italiano, invoca, para justificar as acções de condenação em prestações periódicas vencidas e vincendas, a economia de juízos e o princípio da tutela jurisdicional efectiva: este último imporia que, entre a lesão do direito e a tutela executiva, não fosse excessivo o tempo decorrido.

Sintetizando, pode dizer-se que a especial vantagem que, ao autor, faculta a acção prevista no artigo 557º, nº 1, do CPC reside na economia processual e de custos, à qual se soma a vantagem (comum, como dissemos, à generalidade das acções de condenação *in futurum*) decorrente da obtenção antecipada de um título executivo (vantagem esta que se traduz na protecção contra o perigo de demora processual que pode causar dano ao direito do autor).

Qual é, porém, a razão justificativa da atribuição destas vantagens ao autor da acção de condenação *in futurum* a que se refere o artigo 557º, nº 1, do CPC?

Uma razão possível é a de que, subjacente a esta acção, se encontra a presunção de que a demora processual causaria dano ao direito do autor: parece ser esta a já explicitada posição de RUI PINTO (que, aliás, e como se disse, encontra idêntica justificação para as acções previstas no artigo 557º, nº 2, 1ª parte).

Temos, contudo, dúvidas em aceitar esta justificação. Se, no caso a que se refere o artigo 557º, nº 2, 1ª parte – que regula o pedido de despejo de um prédio no momento em que findar o arrendamento –, pode presumir-se que a falta de título executivo na data do vencimento da prestação causaria grave prejuízo ao senhorio (que é também o autor da acção) – atendendo a que, não o tendo nesse momento ao seu dispor, não poderia arrendar imediatamente o imóvel a um terceiro –, nas hipóteses a que alude o artigo 557º, nº 1 nem sempre é possível presumir esse grave dano: porventura só em se tratando de alimentos, e considerando a respectiva função, operará razoavelmente tal presunção. Mas, sendo outro o objecto da obrigação periódica, não se vê por que motivo se há-de inferir que a falta de título executivo no momento do vencimento de cada uma das prestações vincendas gerará grave prejuízo ao credor (ou seja, um prejuízo mais grave do que aquele que qualquer credor, em geral, padece em virtude da necessária demora processual, quando intenta uma acção em juízo).

Por outro lado, o *periculum in mora* não apresenta uma relação necessária com a circunstância de o devedor ter deixado de pagar: dito de outro modo, não é por o devedor ter deixado de pagar que pode presumir-se o perigo de a demora processual causar dano ao direito do autor (este perigo parece, antes, dever decorrer

[840] Remo Caponi, *L'efficacia...*, págs. 84-85.

imediatamente de uma característica ou fragilidade do próprio direito do credor, como sucede nas hipóteses do artigo 557º, nº 2, do CPC[841]).

Ora, o artigo 557º, nº 1, contrariamente ao que sucede com o seu nº 2, alude expressamente a uma situação de incumprimento pretérito por parte do réu, o que permite igualmente inferir que a razão justificativa do regime nele consagrado é diversa da que subjaz ao do nº 2.

Parece-nos que a razão justificativa da atribuição das mencionadas vantagens ao autor, nas acções a que se refere o artigo 557º, nº 1, do CPC (ou, noutra óptica, a razão justificativa da admissibilidade destas acções), se prende essencialmente, não com o *periculum in mora* a que a lei pretende poupar o autor, mas com a economia de juízos que elas implicam: a antecipação da tutela pode também, ao que julgamos, servir este fim, que é sobretudo de simplificação processual.

Esta justificação coaduna-se melhor, ao que julgamos, quer com a categoria de prestações prevista no artigo 557º, nº 1 (prestações periódicas), quer com a referência ao incumprimento pretérito pelo devedor.

Quanto ao perigo ou à probabilidade de incumprimento do devedor no momento do vencimento da prestação, não obstante não lhe ser feita referência na letra do artigo 557º, nº 1, do CPC (tal como, aliás, na do nº 2 do mesmo preceito), configura, ao que parece, o interesse processual do autor, uma vez que a lei apenas permite a proposição da acção de condenação em prestações periódicas vencidas e vincendas "se o devedor deixar de pagar": é porque o devedor deixou de pagar que, na perspectiva do legislador, se justifica a proposição daquela concreta acção de condenação *in futurum* (referente às prestações vincendas), porque muito provavelmente voltará a não cumprir.

Só assim é também possível atribuir algum sentido à exigência de o devedor ter deixado de pagar (com efeito, se esta exigência, constante do artigo 557º, nº 1, do CPC, não configurasse o interesse processual do autor, a que título a lei a formularia?)[842].

[841] Assim, e como à luz do artigo 276º, 2ª parte, do CPC de 1939 – equivalente ao artigo 472º, nº 2, do CPC de 1961 e ao artigo 557º, nº 2, do Código actual – observava J. Alberto dos Reis (*Comentário*..., vol. 3º, págs. 196-197), "[s]e a acção de despejo só fôsse permitida depois de vencida a obrigação, isto é, depois de chegado o têrmo do contrato, o senhorio sofreria prejuízo grave, visto que não teria o prédio à sua disposição no fim do arrendamento, caso o arrendatário o não entregasse voluntàriamente, e estaria portanto inibido ou de entrar imediatamente na fruição dêle, ou de o arrendar a outra pessoa"; do mesmo modo, se A se comprometeu a entregar a B, em determinada data, certo lote de mercadorias e B, contando com o cumprimento da obrigação, venceu a C esse lote, obrigando-se a entregá-lo na mesma data em que A deveria fazer a prestação, entendia Alberto dos Reis que o artigo 276º, 2ª parte, do CPC de 1939 era aplicável se, antes de vencida a obrigação, B tivesse conhecimento de que A se dispunha a faltar.

[842] Neste sentido, embora qualificando o interesse processual como condição de procedência, F. López Simo / S. Cavanillas Múgica / F. Gascón Inchausti (*Las condenas de futuro*, págs. 153-177), a propósito do artigo 220º da LEC que, aliás, não formula expressamente a exigência de que o devedor tenha deixado de pagar.

A probabilidade de incumprimento das prestações periódicas vincendas (e, portanto, o interesse processual para a proposição da acção de condenação *in futurum*) presume-se, uma vez demonstrado o incumprimento das prestações vencidas[843].

e) Sentenças de condenação em prestações vincendas sem concomitante condenação em prestações vencidas

Um dos problemas que o artigo 557º, nº 1, do CPC coloca – e que se prende com a sua razão de ser, que acabámos de tratar – é o de saber se a condenação *in futurum* aqui prevista pressupõe sempre uma concomitante condenação nas prestações vencidas.

Como o não pagamento, pelo réu, das prestações já vencidas constitui circunstância demonstrativa do interesse em agir do autor, parece que, se esse pagamento ficar demonstrado, é inadmissível o pedido de condenação nas prestações vincendas (diversamente, por exemplo, do que sucede no direito alemão, porque o § 258 da ZPO não alude ao incumprimento do devedor[844]), não sendo, por isso, configurável a condenação prevista no artigo 557º, nº 1, do CPC.

Não parece também, nestes casos, possível a condenação em prestações vincendas nos termos do artigo 610º, nº 2, alínea *a)*, do CPC – preceito que determina que, "[s]e não houver litígio relativamente à existência da obrigação", "o réu é condenado a satisfazer a prestação ainda que a obrigação se vença no decurso da causa ou em data posterior à sentença, mas sem prejuízo do prazo neste último

[843] Segundo Teixeira de Sousa (*As partes*..., págs. 111 e 129), a probabilidade de incumprimento condiciona também o interesse processual nas acções de condenação *in futurum* a que alude o artigo 472º, nº 2, do CPC de 1961 (actual artigo 557º, nº 2). Embora não discutamos que tal probabilidade de incumprimento possa constituir elemento aferidor do interesse processual do autor, já temos, porém, dúvidas em aceitar que o grave prejuízo resultante da falta de título executivo no momento do vencimento da prestação – que o artigo 557º, nº 2 arvora em condição de admissibilidade dessas acções – possa decorrer, como parece sustentar o referido Autor, "de uma propalada contestação ou oposição do devedor ao cumprimento da prestação no momento do seu vencimento": consideramos, antes, que aquele grave prejuízo se prenderá com a demora processual e com as características do próprio direito do autor, não podendo inferir-se da probabilidade de incumprimento em si mesma. Como tal, tendemos a concluir que o interesse processual nessas acções depende cumulativamente da probabilidade de a falta de título executivo na data do vencimento causar grave prejuízo ao credor e da probabilidade de incumprimento pelo devedor/réu.

[844] A exigência de que o devedor tenha deixado de pagar não consta do texto do § 258 da ZPO. A este propósito, assinala H.-U. Graba (*Die Abänderung*..., págs. 10-12) que o credor dos alimentos pode ter interesse em obter um título que abranja a totalidade dos alimentos, ainda que o devedor tenha sempre pontualmente cumprido, porque este pode suspender os pagamentos a qualquer momento, caso em que o credor precisará desse título; de qualquer modo, segundo Graba, alguma ou algumas das prestações de alimentos hão-de ser exigíveis no momento da proposição da acção, sob pena de inadmissibilidade desta (o § 258 da ZPO, na verdade, não permite que se faça valer *apenas* a pretensão futura). No sentido, porém, de que o § 258 da ZPO não exige a demanda simultânea no pagamento de prestações já vencidas, veja-se Stein/Jonas/Roth[22], § 258, 9, ou F. López Simo / S. Cavanillas Múgica / F. Gascón Inchausti (*Las condenas de futuro*, pág. 79).

caso" –, sob pena de inutilidade da exigência contida no artigo 557º, nº 1 (a de que o devedor tenha deixado de pagar): com efeito, um dos momentos normais para a realização da prova do pagamento é a audiência de discussão e julgamento (hoje, audiência final), pelo que se se entendesse que, por razões de economia processual, seria possível a condenação nas prestações vincendas não obstante a prova (nessa audiência) do pagamento das prestações vencidas, nunca poderia o réu contestar eficazmente a falta de interesse do autor (isto é, retirar dessa falta de interesse a sua consequência normal, que é a absolvição da instância).

Se, porém, o réu não contestar a falta de interesse do autor – alegando que pagou as prestações vencidas –, é concebível uma hipótese de condenação apenas nas prestações vincendas: aquela em que o réu efectua o pagamento das prestações vencidas até à audiência de discussão e julgamento. Nesta hipótese, o tribunal não irá naturalmente condenar no pagamento das prestações vencidas, atento o disposto no artigo 611º do CPC; mas, por outro lado, a falta de contestação, pelo réu, da falta de interesse do autor, impede que se considere inadmissível o pedido de condenação nas prestações vincendas, que poderá, como tal, ser julgado procedente. A condenação nas prestações vincendas não operará, então, nos termos do artigo 610º, nº 2, alínea *a)*, do CPC, se se considerar que a aplicação deste preceito pressupõe que, na petição inicial, se haja apresentado como vencida uma dívida que o não está[845]: ora, no exemplo dado, as prestações periódicas vincendas nas quais o réu será condenado são efectivamente apresentadas como vincendas na petição inicial.

O que dissemos acerca da exigência de o devedor ter deixado de pagar, constante do artigo 557º, nº 1, do CPC, não significa que, tendo o devedor deixado de pagar, só possa formular-se o pedido de condenação em prestações vincendas se, simultaneamente, se formular o pedido de condenação nas prestações já vencidas: com efeito, essa cumulação de pedidos constitui uma opção para o autor, nada na letra do preceito sugerindo que aquele primeiro pedido é (ou deve ser) complementar do segundo (ao contrário do que sucede, por exemplo, no direito espanhol, face ao teor literal do artigo 220º da LEC[846])[847].

[845] Havendo formulação de pedido de condenação no pagamento de uma dívida que se apresenta como vencida e que, no momento da decisão, se verifica que o não está, entendemos poder haver condenação *in futurum*, nos termos do artigo 610º, nº 2, alínea *a)*, do CPC (*supra*, § 2º, I, 2. *a)*).

[846] O artigo 220º da LEC prevê que, quando se requeira o pagamento de juros ou prestações periódicas, a sentença possa abranger a condenação na satisfação dos juros ou prestações posteriores ao momento em que é proferida, o que sugere que, no direito espanhol, o pedido de condenação em prestações periódicas vincendas só é admissível a título complementar (do de condenação nas prestações já vencidas): veja-se, quanto a este ponto, F. López Simo / S. Cavanillas Múgica / F. Gascón Inchausti, *Las condenas de futuro*, pág. 79).

[847] A cumulação do pedido de condenação em prestações vencidas com o pedido de condenação em prestações vincendas podia, em certos casos, ser obrigatória na vigência do Código de Processo do

Em suma: só pode formular-se pedido de condenação em prestações vincendas, nos termos do artigo 557º, nº 1, do CPC, se o devedor tiver deixado de pagar, o que não significa que simultaneamente se deva formular pedido de condenação nas prestações já vencidas; formulando-se, nestes termos, apenas pedido de condenação em prestações vincendas, naturalmente que também será possível uma condenação apenas nas prestações vincendas. E a condenação apenas nas prestações vincendas também é possível quando, no decurso da acção, o réu tenha pago as prestações vencidas.

Esta conclusão interessa para o seguinte: a sentença a que alude o artigo 557º, nº 1, do CPC, ao ter condenado apenas nas prestações periódicas vincendas, pode ter condenado apenas numa única prestação, o que levanta o problema de saber se o artigo 619º, nº 2, do CPC, ainda assim, lhe é aplicável (porque o preceito alude a várias prestações); respondendo-se afirmativamente, tal funcionará como argumento no sentido de este preceito ser também aplicável aos casos do artigo 557º, nº 2, do CPC, em que está essencialmente em causa uma única prestação futura.

Veremos seguidamente, tendo presente a função das acções de condenação em prestações periódicas vencidas e vincendas, quais as sentenças que podem estar compreendidas na estatuição do artigo 557º, nº 1, do CPC, bem como se lhes pode ser aplicado o regime do artigo 619º, nº 2.

f) Sentenças de condenação do inquilino no pagamento das rendas

A formulação, nos termos do artigo 557º, nº 1, do CPC, de pedido de condenação em prestações periódicas vencidas e vincendas é admissível quando, deixando o inquilino de pagar a renda, o senhorio pretende a respectiva condenação no pagamento das rendas já vencidas mas ainda não pagas, e, bem assim, das rendas que se vencerem enquanto subsistir o arrendamento: trata-se, aliás, do exemplo normalmente apontado pela doutrina[848].

Trabalho de 1981, porque o artigo 30º, nº 1, desse Código afirmava que o autor devia cumular na petição inicial todos os pedidos que até à data da propositura da acção pudesse deduzir contra o réu (salvo se se verificassem alguns condicionalismos aí previstos), sob pena de, nos termos do nº 3 do mesmo preceito, não poder mais tarde deduzir o pedido antes não deduzido: sobre tal eventualidade, RL, 20.11.1991, em cujo sumário se lê: "V – [...] a verdade é que na acção anterior não estava o Autor impedido de pedir as prestações já vencidas e as que se vierem a vencer no decurso da acção [...]. VI – Assim, estava o Autor, por força do imperativo legal do nº 1 do apontado artigo 30º, obrigado a formular todos os pedidos de prestações vencidas e vincendas para obviar ao funcionamento da cominação prevista no nº 3 do mesmo preceito legal. Não o tendo feito, procede a excepção de não cumulação de pedidos [...]". No entanto, mesmo a regra do artigo 30º, nº s 1 e 3, do Código de Processo do Trabalho de 1981 não significava qualquer impossibilidade de formulação de pedido de prestações vincendas sem concomitante formulação de pedido de prestações vencidas.

[848] Assim, por exemplo, J. Lebre de Freitas / A. Montalvão Machado / Rui Pinto, *Código*...vol. 2º, pág. 269; A. Montalvão Machado / Paulo Pimenta, *O novo*..., 8ª ed., pág. 142, nota 328.

Sendo o pedido a que alude o artigo 557º, nº 1, do CPC julgado procedente, coloca-se o problema de saber se a correspondente sentença de condenação no pagamento das rendas vincendas pode ser alterada, nos termos do artigo 619º, nº 2, do CPC.

Trata-se, no fundo, da questão que já antes deixámos enunciada: a de saber se todas as sentenças a que o artigo 557º, nº 1, do CPC alude se englobam na previsão do artigo 619º, nº 2 respeitante ao objecto da modificação.

À luz do direito alemão, a resposta seria afirmativa, mas com a particularidade de aí não ser tão abrangente o leque das possíveis condenações em prestações periódicas vincendas: na verdade, no direito alemão entende-se que os §§ 258 e 323 da ZPO não abrangem as prestações periódicas vincendas dependentes de contraprestação, como é o caso das rendas a pagar pelo inquilino, podendo estas, todavia, ser exigidas nos termos do § 259 da ZPO[849].

No direito português, não havendo restrição desse teor, o problema que, de qualquer modo, se coloca, é o de as rendas a pagar pelo inquilino não terem sido propriamente fixadas pelo juiz em atenção a certas circunstâncias especiais – como se pressupõe no artigo 619º, nº 2, do CPC –, antes resultando o seu montante e duração de um contrato celebrado entre as partes (o senhorio e o inquilino).

Ou, noutra perspectiva, para a condenação no pagamento das rendas em causa não foi realizado qualquer juízo de prognose quanto aos factos que fundam o direito do autor e as excepções do réu, pelo que a correcção desse juízo de prognose não se torna necessária.

Ora, se se considerar que o campo de aplicação da acção modificativa coincide exactamente com a correcção de tal juízo, torna-se patente a sua inadmissibilidade, quando se pretenda a alteração da sentença que condenou o inquilino no pagamento das rendas vincendas.

A este propósito, assinala Becker-Eberhard[850] que, se a *Abänderungsklage* é a via processual a seguir quando se pretenda a alteração da sentença que condene no pagamento de juros, a uma certa taxa fixada pelo juiz, por danos causados pela mora, já não o é se a condenação disser respeito a juros cuja taxa foi contratualmente estabelecida pelas partes, pois nesta eventualidade nenhum juízo de prognose lhe subjaz: assim sendo, qualquer alteração das circunstâncias que, em relação ao acordado quanto aos juros, as partes queiram fazer valer deve, eventualmente, ser alegada numa autónoma demanda adicional (*Nachforderungsklage*) ou na oposição à execução, porque estas vias processuais não se destinam à quebra do caso julgado[851].

[849] *Supra*, § 3º, I, 1. *c)*.

[850] E. Becker-Eberhard, "Zur Möglichkeit...", pág. 189.

[851] Sobre a sujeição da condenação no pagamento de juros à acção modificativa, H. Kahlert, "Nochmals...", págs. 1716-1717. Sobre as desvantagens, para o devedor, da sujeição da condenação no pagamento de

Parece, portanto, que a não abrangência das sentenças de condenação do inquilino no pagamento das rendas vincendas na previsão do artigo 619º, nº 2, do CPC resulta de as prestações em causa não dependerem de circunstâncias especiais quanto à sua medida ou à sua duração que hajam sido consideradas aquando da condenação.

É certo que, aplicando-se aos contratos de arrendamento o regime do artigo 437º do CC[852], não deixa de causar alguma estranheza que a respectiva modificação ou resolução seja possível, com fundamento em alteração das circunstâncias, e já não o seja a própria sentença que declare a existência de uma obrigação do mesmo teor da que resulta daqueles contratos (a obrigação de pagamento das rendas). Mas, podendo o credor atingido pela alteração das circunstâncias propor nova acção destinada a obter o aumento das rendas e, bem assim, o devedor lesado invocar a alteração das circunstâncias na oposição à execução da sentença – em ambos os casos sendo o fundamento legal das correspondentes pretensões o artigo 437º do CC –, a admissibilidade da acção modificativa não decorre necessariamente da aplicabilidade, ao caso, do regime do artigo 437º do CC.

g) Sentenças de condenação em prestações fraccionadas. O caso da venda a prestações e dos outros contratos com finalidade equivalente (artigos 934º a 936º do CC). O caso da indemnização em prestações

As prestações *fraccionadas* não se encontram, numa primeira abordagem, abrangidas pelo artigo 557º, nº 1, do CPC, uma vez que este preceito se reporta literalmente às prestações periódicas e estas, como vimos, constituem realidade distinta das fraccionadas[853]. Assim, o preceito, embora preveja, como acabámos de ver, a condenação do inquilino no pagamento de rendas, já não parece aplicar-se à condenação do locatário no pagamento das rendas emergentes do contrato de locação financeira, uma vez que estas rendas constituem prestações fraccionadas[854].

juros à acção modificativa (nomeadamente por dificuldades de prova da alteração das circunstâncias, que normalmente se situa na esfera jurídica do credor), A. Frühauf, "Zinsprognose...", págs. 1219-1220, e S. B. Reichenbach, "Tenor und Klageantrag...".

852 Sobre o problema, J. Pinto Furtado, *Manual...*, págs. 755-760.

853 O artigo 220º da LEC, que, no ordenamento espanhol, prevê a condenação em prestações periódicas, vencidas e vincendas, também não se aplica às prestações fraccionadas: assim, F. López Simo / S. Cavanillas Múgica / F. Gascón Inchausti, *Las condenas de futuro*, pág. 87.

854 Neste sentido, STJ, 03-02-2004: "[...] as rendas da locação financeira não são rendas locatícias, nem representam a contrapartida da utilização do bem, objecto do contrato, antes constituem a amortização do mesmo bem, por forma a possibilitar que, no seu termo, o locatário possa exercer a opção da sua compra, pelo valor residual. Por isso, não estamos verdadeiramente perante prestações periódicas. Trata-se, antes, do cumprimento, fraccionado no tempo, de uma única obrigação".

A este propósito, assinalam LEBRE DE FREITAS / MONTALVÃO MACHADO / RUI PINTO[855] que o artigo 557º, nº 1, do CPC (correspondente ao artigo 472º, nº 1, do CPC de 1961) não abrange, em princípio, "as dívidas a prestações (por exemplo, a de pagar periodicamente o juro durante o prazo do mútuo), porquanto, uma vez não paga uma prestação, o credor pode logo exigir as demais, cujo vencimento logo ocorre (art. 781 CC). Já abrangido pelo nº 1 é o caso da dívida de juros de mora, cujo montante depende da duração da situação de incumprimento. Não se tratando embora já de prestações vincendas, o preceito é aplicável ao pedido de actualização da quantia devida, em função da inflação que venha a verificar-se até que seja efectivamente paga".

No caso da venda a prestações, importa, porém, atender ao disposto no artigo 934º do CC, nos termos do qual a falta de pagamento de uma prestação pode não importar a perda do benefício do prazo relativamente às prestações seguintes: mais precisamente, determina o preceito que "[v]endida a coisa a prestações, com reserva de propriedade, e feita a sua entrega ao comprador, a falta de pagamento de uma só prestação que não exceda a oitava parte do preço não dá lugar à resolução do contrato, nem sequer, haja ou não reserva de propriedade, importa a perda do benefício do prazo relativamente às prestações seguintes, sem embargo de convenção em contrário". Este preceito aplica-se a contratos com finalidade equivalente ao da venda a prestações (cfr. o artigo 936º do CC).

Por outro lado, e como observa I. GALVÃO TELLES[856], podem os contraentes convencionar "por ex. que o vencimento antecipado das prestações futuras não é automático, dependendo de interpelação, ou que o vencimento antecipado só se dá em caso de atraso de duas prestações".

Nestas situações de fraccionamento da prestação, em que o não pagamento de uma parcela não determina o vencimento antecipado das parcelas subsequentes, pode formular-se o pedido a que alude o artigo 557º, nº 1, não obstante não se tratar de prestações periódicas?

Parece-nos que a resposta deve ser afirmativa, porque as razões que explicam a admissibilidade deste pedido encontram-se também presentes nessas hipóteses de prestações fraccionadas[857].

Assim sendo, não é por o artigo 557º, nº 1, do CPC não aludir expressamente a prestações fraccionadas que pode considerar-se arredada a possibilidade de o artigo 619º, nº 2 ter também em vista essas prestações.

A isto acresce que, não só este último preceito não refere a figura das prestações periódicas, como também quando se formule pedido de condenação no

[855] J. Lebre de Freitas / A. Montalvão Machado / Rui Pinto, *Código...*, vol. 2º, pág. 269.

[856] I. Galvão Telles, *Direito...*, pág. 41, nota 1.

[857] Neste sentido também, M. Teixeira de Sousa, *As partes...*, pág. 129. Sobre as razões que explicam a admissibilidade do pedido de condenação em prestações periódicas vincendas, *supra*, § 6º, II, 2. *d)*.

pagamento de prestações fraccionadas, o título que assim se obtenha pode ainda ser qualificado como sentença de trato sucessivo. Aliás, como observam LEBRE DE FREITAS / RIBEIRO MENDES[858], o título de trato sucessivo não se refere apenas a obrigações periódicas, podendo dele ainda constar uma obrigação "a pagar em prestações (ex.: prestações do preço duma compra e venda)".

Portanto, e em síntese, a exclusão das sentenças de condenação em prestações fraccionadas da previsão do artigo 619º, nº 2, do CPC tem de fundar-se em motivo diverso da não previsão daquelas sentenças no artigo 557º, nº 1.

Esse motivo pode, em tese, consistir: na não abrangência dos contratos de que emerjam obrigações de prestações fraccionadas na previsão do artigo 437º do CC (ou seja, na não aplicação, a esses contratos, do regime da resolução ou modificação do negócio por alteração das circunstâncias); na não dependência das prestações fraccionadas de "circunstâncias especiais quanto à sua medida ou à sua duração", e, como tal, na não abrangência das sentenças que condenem nessas prestações na previsão do artigo 619º, nº 2, do CPC.

O primeiro motivo não procede. Como, a este propósito, assinala ALMEIDA COSTA[859], para efeitos do nº 1 do artigo 437º do CC, "não interessa que se trate de contratos de que resultem obrigações reiteradas ou prestações de execução dividida, com periodicidade certa ou não, de execução contínua, ou mesmo de execução instantânea, contanto que diferida".

Já o segundo motivo parece proceder. As prestações fraccionadas reconduzem-se, no fundo, a uma única prestação, e o artigo 619º, nº 2, do CPC pressupõe uma condenação em várias prestações, cada uma delas determinada na sua medida pelo juiz, em atenção a circunstâncias especiais, e resultando o número total das prestações (ou a duração da obrigação correspondente) também de certas circunstâncias.

No entanto, se se considerar que o artigo 619º, nº 2, do CPC é também aplicável aos casos de condenação numa única prestação vincenda – o que é de aceitar, pelo menos nos casos em que, subsequentemente à condenação em prestações periódicas, apenas seja de aguardar o vencimento de uma única dessas prestações –, este último argumento deixa de ter cabimento: o que interessa, então, é que a medida da prestação tenha sido fixada em atenção a circunstâncias especiais, o que pode suceder, por exemplo, quando haja sido proferida sentença de condenação no pagamento de uma indemnização em prestações.

Num Acórdão do Supremo Tribunal de Justiça de 20 de Dezembro de 1989 admite-se, aliás, a possibilidade de modificação, ao abrigo do disposto no artigo 619º, nº 2, do CPC, de decisão que haja condenado no pagamento, a prestações,

[858] J. Lebre de Freitas / A. Ribeiro Mendes, *Código...*, vol. 3º, pág. 636.
[859] M. J. Almeida Costa, *Direito das obrigações*, pág. 308.

de indemnização condicionadora da suspensão da execução de pena de prisão[860] (decisão que actualmente se encontra prevista no artigo 51º do CP, sendo a respectiva modificação, por alteração das circunstâncias, regulada neste preceito e no artigo 492º do CPP[861]).

h) Sentenças de condenação em prestações decorrentes de contratos de renda perpétua e vitalícia (artigos 1231º e seguintes e 1238º e seguintes do CC)

O devedor de uma renda perpétua ou vitalícia – a primeira regulada nos artigos 1231º e seguintes[862] e a segunda nos artigos 1238º e seguintes do CC[863] – está adstrito ao cumprimento de prestações periódicas[864], pelo que, se deixar de cumprir, o credor pode formular o pedido a que se refere o artigo 557º, nº 1, do CPC.

Enquadrando-se a sentença que condena em prestações decorrentes de contratos de renda perpétua e vitalícia na previsão do artigo 557º, nº 1, do CPC, nenhum obstáculo parece existir à sua integração também na previsão do artigo 619º, nº 2, do mesmo Código.

[860] É o seguinte o respectivo sumário: "I – O calendário para o pagamento, a prestações, de uma indemnização que condicionou a suspensão de uma pena não está abrangido pela proibição de "reformatio in pejus", estabelecida pelo artigo 667º do Código de Processo Penal de 1929. II – Tal calendário pode ser alterado pelo mesmo tribunal que o fixou. III – O nº 2 do artigo 671º do Código de Processo Civil [de 1961] contempla as chamadas "decisões instáveis" que assentam em condicionalismos susceptíveis de alteração".

[861] Dispõe o artigo 51º do CP, sob a epígrafe "Deveres": "1 – A suspensão da execução da pena de prisão pode ser subordinada ao cumprimento de deveres impostos ao condenado e destinados a reparar o mal do crime, nomeadamente: *a)* Pagar dentro de certo prazo, no todo ou na parte que o tribunal considerar possível, a indemnização devida ao lesado, ou garantir o seu pagamento por meio de caução idónea; [...] 3 – Os deveres impostos podem ser modificados até ao termo do período de suspensão sempre que ocorrerem circunstâncias relevantes supervenientes ou de que o tribunal só posteriormente tiver tido conhecimento. [...]". Por seu lado, é a seguinte a redacção do artigo 492º do CPP, sob a epígrafe "Modificação dos deveres, regras de conduta e outras obrigações impostos": "1 – A modificação dos deveres, regras de conduta e outras obrigações impostos ao condenado na sentença que tiver decretado a suspensão da execução da prisão é decidida por despacho, depois de recolhida prova das circunstâncias relevantes supervenientes ou de que o tribunal só posteriormente tiver tido conhecimento. 2 – O despacho é precedido de parecer do Ministério Público e de audição do condenado, e ainda dos serviços de reinserção social no caso de a suspensão ter sido acompanhada de regime de prova.".

[862] Nos termos do artigo 1231º do CC, o "[c]ontrato de renda perpétua é aquele em que uma pessoa aliena em favor de outra certa soma de dinheiro, ou qualquer outra coisa móvel ou imóvel, ou um direito, e a segunda se obriga, sem limite de tempo, a pagar, como renda, determinada quantia em dinheiro ou outra coisa fungível".

[863] Nos termos do artigo 1238º do CC, o "[c]ontrato de renda vitalícia é aquele em que uma pessoa aliena em favor de outra certa soma de dinheiro, ou qualquer outra coisa móvel ou imóvel, ou um direito, e a segunda se obriga a pagar certa quantia em dinheiro ou outra coisa fungível durante a vida do alienante ou de terceiro".

[864] Assim, Antunes Varela, *Das obrigações...*, vol. I, pág. 93, e L. Menezes Leitão, *Direito das obrigações*, vol III, págs. 570, 571, 573, 576 e 578.

No entanto, relativamente ao *contrato de renda vitalícia*, coloca-se o problema da sua permeabilidade à alteração de circunstâncias, nos termos dos artigos 437º e seguintes CC, atendendo a que é um contrato aleatório[865].

Se se entender que os artigos 437º e seguintes do CC não são aplicáveis aos contratos de renda vitalícia[866], ou que só lhes são aplicáveis com limitações, parece que a modificação, nos termos do artigo 619º, nº 2, do CPC, da sentença que condene no pagamento das rendas vincendas não é também possível, ou só é possível em casos semelhantes aos que justificam a resolução ou modificação do correspondente contrato ao abrigo dos artigos 437º e seguintes do CC.

Mas este raciocínio não seria correcto. Se aos contratos aleatórios não se aplica o disposto nos artigos 437º e seguintes (ou se só se aplicam as correspondentes regras com limitações), tal deve-se aos riscos próprios desses contratos.

Ora, relativamente à sentença com trato sucessivo, não faz sentido afirmar que a mesma possui riscos inerentes, ou que as partes e o juiz contam ou devem contar com as alterações das circunstâncias que determinaram a condenação.

Assim, parece que essa sentença, quando diga respeito a um contrato de renda vitalícia, é modificável nos termos gerais do artigo 619º, nº 2, do CPC.

O mesmo é de dizer em relação à sentença respeitante ao contrato de renda perpétua, que não é, aliás, um contrato aleatório[867].

O problema que se coloca é, porém, o de a sentença que condenou no pagamento de prestações emergentes de contrato de renda perpétua ou vitalícia não ter atendido às "circunstâncias especiais" a que se reporta o artigo 619º, nº 2, do CPC, que são circunstâncias que influem na medida ou na duração das prestações. Ou seja, nessa sentença não foi realizado qualquer juízo de prognose em relação a circunstâncias futuras, porque essa prognose só é necessária quando ao juiz incumba determinar a medida ou a duração das prestações e, havendo contrato de renda perpétua ou vitalícia, essa determinação é feita pelos próprios contraentes.

Daí que, pelas razões que já antes apontámos quando tratámos da modificabilidade de sentenças que condenem o inquilino no pagamento de rendas, ou em certas prestações fraccionadas, nos pareça que o artigo 619º, nº 2, do CPC

[865] Sobre este problema, Vaz Serra, "Resolução...", págs. 334-338.

[866] Assim, STJ, 7.2.1980: "Esse carácter aleatório, relativamente à renda vitalícia onerosa, faz com que lhe seja inaplicável o instituto da resolução ou modificação do contrato por alteração das circunstâncias, previsto no artigo 437º do Código Civil".

[867] Sobre o problema da resolução ou modificação do contrato de renda perpétua, com fundamento em alteração de circunstâncias, veja-se Vaz Serra, "Resolução...", págs. 354-358. Sobre o carácter não aleatório da renda perpétua, porque "*[n]ão há aqui incerteza de ganho ou perda*", veja-se I. Galvão Telles, *Manual...*, pág. 484.

não é aplicável às sentenças que condenem em rendas emergentes de contratos de renda perpétua ou vitalícia[868].

i) Especificidade e desvantagens das sentenças previstas no artigo 557º, nº 1, do CPC

Observa PETZOLDT[869] que os diversos problemas com que a jurisprudência e a doutrina alemãs se têm debatido a propósito do regime consagrado no § 323 da ZPO só podem ser solucionados de uma forma sistematicamente coerente, depois de ficar claramente identificada a especificidade das acções previstas no § 258 da ZPO, que, para a correcção das correspondentes sentenças, justifica aquele regime especial.

Na medida em que o artigo 619º, nº 2, do CPC parece ter sobretudo em vista as sentenças proferidas nas acções previstas no artigo 557º, nº 1 (o preceito correspondente ao § 258 da ZPO), tal raciocínio tem também cabimento à luz do direito português, podendo aqui identicamente perguntar-se o que distinguirá estas acções, de modo a que, para as sentenças nelas proferidas, o legislador tenha sentido a necessidade de consagrar um preceito como o do artigo 619º, nº 2, do CPC.

Repare-se que este problema não se confunde com um outro que já aflorámos, e que é o da razão de ser das acções previstas no artigo 557º, nº 1, do CPC[870]: interessa-nos agora encontrar alguma particularidade destas acções que se reflicta nas sentenças nelas proferidas e que, consequentemente, possa justificar o especial regime de modificação que se encontra desenhado para estas sentenças.

Para BRAUN[871] – no que é seguido por GRUNSKY[872] –, a necessidade de correcção de sentenças subjacente ao disposto no § 323 da ZPO assenta na eficácia duradoura das sentenças de trato sucessivo.

Esta explicação, porém, não convence PETZOLDT[873]: segundo este Autor, se a justificação do regime do § 323 da ZPO radicasse na eficácia duradoura de certas sentenças, não se compreenderia por que motivo este preceito não prevê as sentenças inibitórias e as sentenças de simples apreciação.

Tal justificação reside, de acordo com PETZOLD[874], numa outra característica das sentenças previstas no § 258 da ZPO, resultante da conjugação de dois

[868] Também no sentido de que o § 323 da ZPO tem essencialmente em vista as prestações periódicas respeitantes a indemnizações e alimentos, deixando de fora os juros e rendas contratuais, W. Oppermann, "Zur Lehre...", págs. 447-449, E. Pliester, *Die Abänderungsklage...*, pág. 12, nota 53.

[869] T. M. Petzoldt, *Die Rechtskraft...*, pág. 8.

[870] *Supra*, § 6º, II, 2. *d)*.

[871] J. Braun, *Rechtskraft und Restitution*, 2º vol., págs. 266-267.

[872] W. Grunsky, *Grundlagen...*, pág. 532, "Veränderungen...", págs. 377 e 382, nota 12, e "Zur zeitlichen Wirkung...", pág. 330.

[873] T. M. Petzoldt, *Die Rechtskraft...*, pág. 9.

[874] T. M. Petzoldt, *Die Rechtskraft...*, pág. 10.

elementos, que as distinguiria das restantes: aquelas sentenças decidiriam sobre pretensões futuras com base num juízo de prognose sobre factos.

A conjugação destes dois elementos não se encontra, segundo o Autor[875], nas restantes sentenças: assim, *as sentenças previstas nos §§ 843 e 844 do BGB* – preceitos que, muito em síntese, regulam a indemnização sob forma de renda ou de capital por diminuição da capacidade de ganho ou aumento das necessidades do lesado e, bem assim, a indemnização sob forma de renda por privação do direito a alimentos – assentariam também num juízo de prognose sobre os factos, mas não decidiriam sobre pretensões futuras, quando condenassem num capital[876]; já *as sentenças previstas nos §§ 257 e 259 da ZPO* – preceitos que prevêem, respectivamente, a acção de condenação numa prestação futura (pagamento de uma dívida pecuniária futura, não dependente de contraprestação, ou despejo futuro de terreno ou local que sirva um fim distinto do de habitação) e a acção por suspeita de incumprimento do devedor[877] – decidiriam sobre pretensões futuras, mas não assentariam necessariamente num juízo de prognose sobre os factos.

Relativamente ao primeiro elemento característico das sentenças a que alude o § 258 da ZPO – a *decisão sobre pretensões futuras* –, assinala PETZOLDT[878] que, até ao início do século XIX, apenas se considerava admissível a condenação com base em pretensões exigíveis, pelo que as normas dos §§ 257 a 259 da ZPO foram expressamente concebidas como normas excepcionais[879]; por outro lado, e como também salienta o mesmo Autor[880], as razões que levaram o legislador a consagrar acções sobre pretensões futuras no actual § 258 da ZPO encontram-se explicitadas na Exposição de Motivos do § 190, 2 do primeiro projecto do BGB, que

875 T. M. Petzoldt, *Die Rechtskraft...*, pág. 10.

876 Que o Autor se refere apenas à condenação num capital, e não às sentenças que, nos termos dos §§ 843 ou 844 do BGB, condenem numa renda, é algo que resulta de págs. 39 e segs. da mesma obra (T. M. Petzoldt, *Die Rechtskraft...*, págs. 39 e segs.). Assinale-se que a redacção do § 844 do BGB foi alterada em 2017.

877 A acção por suspeita de incumprimento prevista no § 259 da ZPO, e como salientam F. López Simo / S. Cavanillas Múgica / F. Gascón Inchausti (*Las condenas de futuro*, págs. 70-71), pode servir – diversamente do que sucede com a acção prevista no § 257 ou no § 258 da ZPO – para exercer qualquer direito que não esteja vencido, seja qual for o conteúdo da respectiva prestação (pecuniária ou de outro tipo), e ainda que esse direito dependa de uma contraprestação ou esteja submetido a condição que haja de verificar-se posteriomente à sentença (não podendo, contudo, ser futuro o próprio direito). A suspeita de incumprimento, a que alude o § 259 da ZPO, não é exigida nas acções de condenação *in futurum* a que se referem os §§ 257 e 258 da ZPO, pelo que tal elemento não pode considerar-se pressuposto necessário das acções de condenação em prestações futuras (cfr. E. Allorio, "Rechtsschutzbedürfnis?", págs. 328-329).

878 T. M. Petzoldt, *Die Rechtskraft...*, pág. 11.

879 A este aspecto já antes aludimos, a propósito de um dos pressupostos da *Abänderungsklage* (a condenação em prestações periódicas vincendas): *supra*, § 3º, I, 1. *c)*. Todos estes meios processuais têm também em comum o reforço da protecção jurídica do credor (cfr. Musielak / Foerste, *ZPO*, § 259, 1).

880 T. M. Petzoldt, *Die Rechtskraft...*, págs. 14-15.

determinava que "[n]o caso de prestações periódicas, não decorrentes de negócios jurídicos, a condenação pode também abranger as prestações que só se vençam no futuro"[881]; ora, nessa Exposição de Motivos é realçada, em primeiro lugar, a limitação dos direitos de defesa do réu que qualquer condenação numa prestação futura acarreta e, bem assim, a exigência de que tal limitação atenda a uma forte necessidade, aludindo-se, de seguida, à existência de tal necessidade no caso das prestações periódicas não decorrentes de negócios jurídicos, pois a consagração, em relação a elas, da possibilidade de condenação, não só nas prestações vencidas, mas também nas prestações futuras, permite, logo após o vencimento destas, a sua imediata execução (sendo que idêntica necessidade já não ocorreria quanto às prestações de base negocial, em virtude da possibilidade, dada às partes, de a sua imediata execução se fundar num documento exequível[882]).

Ora, como se disse, o primeiro elemento característico das sentenças a que alude o § 258 da ZPO não estaria presente em certas sentenças que, todavia, assentariam num juízo de prognose.

Para além das já mencionadas indemnizações sob forma de capital previstas nos §§ 843 e 844 do BGB – cuja correcção só poderá operar nos termos do direito material (a tal parecendo, de qualquer modo, obstar o respectivo carácter transaccional), uma vez que as mesmas versam sobre pretensões actuais[883] –, refere Petzoldt[884] as decisões que incidem sobre pretensões de provisão (*Vorschussansprüche*), nomeadamente para as despesas decorrentes da eliminação dos defeitos da obra ou da prossecução do mandato (respectivamente previstas no § 637, 3, e no § 669 do BGB); porém, a correcção dessas decisões efectua-se, não nos termos do § 323 da ZPO, mas segundo as regras do direito material, concretamente, através do dever de desconto da provisão efectuada (*Abrechnungspflicht*)[885/886].

[881] *Entwurf...*, pág. 45, e *Motive...*, vol. I, págs. 364-367.

[882] Esta exclusão das prestações de base negocial não viria a constar da versão definitiva do § 258 da ZPO, porque o legislador chegou à conclusão de que, também em relação a elas – nomeadamente por, em virtude de recusa de uma das partes, não ter sido obtido o documento exequível –, podia justificar-se a acção prevista naquele preceito (cfr. T. M. Petzoldt, *Die Rechtskraft...*, págs. 15 e 24-25).

[883] T. M. Petzoldt, *Die Rechtskraft...*, págs. 39-41. Como já antes se referiu, a redacção do § 844 do BGB foi alterada em 2017, pelo que não há a garantia de que essa alteração não tenha influído numa mais recente opinião do Autor.

[884] T. M. Petzoldt, *Die Rechtskraft...*, pág. 39.

[885] T. M. Petzoldt, *Die Rechtskraft...*, págs. 45-46.

[886] As comuns acções de indemnização previstas nos §§ 249 e seguintes do BGB e no § 287 da ZPO só colocam, segundo T. M. Petzoldt (*Die Rechtskraft...*, págs. 45-46), um problema de prognose, quando os danos ainda não tenham ocorrido à data da última discussão oral e se pretenda obter o ressarcimento das despesas previstas, nomeadamente recorrendo à prova pericial: mas o Autor (*idem*, págs. 46-50) discorda da orientação do *Bundesgerichtshof* – segundo a qual, embora deva ter lugar, nestes casos, um juízo de prognose, não é admissível a condenação do réu se, por exemplo, a evolução dos danos ainda não estiver concluída e, por isso, ainda possam ser melhor concretizados os danos a considerar (devendo o

O segundo elemento distintivo das sentenças referidas no § 258 da ZPO – a *existência de um juízo de prognose sobre a realidade factual* – decorre, segundo PETZOLDT[887], quer da Exposição de Motivos do § 724, 6, do primeiro projecto do BGB[888], quer da jurisprudência do *Reichsgerichts* segundo a qual a acção modificativa não é admissível quando a alteração das circunstâncias já era previsível ao tempo do primeiro processo: assim, a referência, no § 323, 1, da ZPO, às circunstâncias que foram decisivas para a condenação[889], parece dever ser entendida como uma referência, não apenas às circunstâncias factuais existentes à data do encerramento da última discussão oral no primeiro processo, mas também às previsões sobre o futuro que o tribunal do primeiro processo realizou.

Para PETZOLDT[890], de dois modos se distinguem as acções referidas no § 258 da ZPO daquelas a que se referem os §§ 257 e 259: em primeiro lugar, nos casos do § 258 da ZPO, a maior parte dos pressupostos de facto da pretensão é variável no tempo, enquanto nos casos dos §§ 257 e 259 tais pressupostos mantém-se, em regra, até ao momento da exigibilidade da pretensão ou da verificação da condição; em segundo lugar, o § 259 da ZPO não diz respeito a pretensões futuras, no sentido do § 258 da ZPO, antes exige a verificação actual do fundamento da pretensão e a não verificação (ainda) de um ou mais dos seus elementos constitutivos (condições).

A estas duas diferenças soma-se, segundo PETZOLDT[891], uma outra característica distintiva – que é, como foi dito, a essencial – das acções referidas nos §§ 257 e 259 da ZPO face às mencionadas no § 258: naquelas, o juiz não emitiria qualquer juízo de prognose sobre as circunstâncias de facto incertas (a verificação do termo ou da condição), decidindo meramente com base nas circunstâncias de facto actualmente subsistentes; dito de outro modo, o juiz limitar-se-ia, naquelas acções, a apreciar os pressupostos actualmente subsistentes da pretensão exigível no futuro ou da pretensão futura, não fazendo sequer qualquer prognóstico sobre a ocorrência de factos extintivos ou impeditivos dessa pretensão[892].

tribunal, portanto, declarar unicamente o dever de indemnizar) –, porque, na sua opinião, não é sequer de aceitar a possibilidade de um juízo de prognose sobre factos, quando se trate de acção de indemnização não prevista no § 258 da ZPO (e, como a necessidade de correcção de um juízo de prognose só pode naturalmente surgir quando se aceite tal possibilidade, a essa acção não seria de aplicar o regime do § 323 da ZPO). Sobre o § 287 da ZPO, e as dificuldades que coloca quanto à questão de saber quais as circunstâncias que o juiz concretamente valorou, K. Mayer, *Anspruch*..., pág. 113.

[887] T. M. Petzoldt, *Die Rechtskraft*..., págs. 18-19.

[888] *Motive*..., vol. II, págs. 789-791. Trata-se de disposição que previa a modificação da decisão judicial que tivesse decretado uma indemnização, com fundamento em alteração de circunstâncias.

[889] Recorde-se que actualmente o preceito tem uma redacção diferente, referindo-se, antes, às circunstâncias em que assentou a decisão.

[890] T. M. Petzoldt, *Die Rechtskraft*..., págs. 19-20.

[891] T. M. Petzoldt, *Die Rechtskraft*..., págs. 20-21.

[892] Também no sentido de que, nos casos regulados nos §§ 257 e 259 da ZPO o juiz não prognostica acontecimentos futuros, veja-se *MünchKommZPO*/E. Becker-Eberhard, § 257, 3.

Por isso valem, em relação aos limites temporais do caso julgado das sentenças previstas nos §§ 257 e 259 da ZPO, e segundo o Autor[893], as regras gerais: ao réu que haja sido condenado não está vedada a via da oposição à execução ou a da acção de simples apreciação com fundamento em factos ocorridos posteriormente.

MORITZ[894] contesta, porém, este entendimento: na sua opinião, também nas acções previstas nos §§ 257 e 259 da ZPO o juiz profere a decisão com base em factos futuros, pelo que o respectivo caso julgado se projecta para o futuro; por outro lado, a tese de PETZOLDT contradiz o seu próprio pressuposto de que os limites temporais do caso julgado são definidos pelo pedido do autor, porque naquelas acções o pedido do autor alcança o futuro, e, embora os factos constitutivos do seu direito sejam actuais, podem alterar-se até ao momento futuro tido em conta.

Existem também, de acordo com PETZOLDT[895], certas acções relativas a prestações periódicas vincendas não caracterizadas pelo aludido juízo de prognose: é o caso das acções relativas às doações sob forma de renda *(Schenkungsrenten)* previstas no § 520 do BGB ou às rendas vitalícias previstas no § 759 do BGB, nas quais o juiz decide unicamente com base nos factos actualmente existentes. Por isso, a essas acções não se aplicaria, segundo o Autor[896], o disposto no § 258 da ZPO, ficando ao credor reservada a via dos §§ 257 ou 259 da ZPO.

Perante o direito português, a especificidade das sentenças de condenação em prestações periódicas vincendas previstas no artigo 557º, nº 1, do CPC que pode justificar, para elas, o regime do artigo 619º, nº 2, resulta logo do próprio teor deste último preceito: ao aludir a "prestações dependentes de circunstâncias especiais quanto à sua medida ou à sua duração", o artigo 619º, nº 2, do CPC dá a entender que só são modificáveis, por alteração das circunstâncias, as sentenças que assentam em juízos de prognose quanto a factos.

Esta conclusão também significa o seguinte: diversamente do que sucede no direito alemão, a compreensão do regime consagrado no artigo 619º, nº 2, do CPC não depende tanto da identificação da especificidade das sentenças previstas no artigo 557º, nº 1, do CPC. Só quanto a um aspecto essa identificação pode interessar: se se reparar, enquanto o artigo 557º, nº 1 alude a condenação em prestações futuras, o artigo 619º, nº 2 não o faz. Ora, se se entender que entre os dois preceitos existe uma articulação (dada pela referência que este último faz aos alimentos), pode daí extrair-se um argumento no sentido de que a condenação no pagamento de prestações vencidas não está sujeita ao regime da acção modificativa.

893 T. M. Petzoldt, *Die Rechtskraft...*, pág. 23.

894 J. R. Moritz, *Probleme...*, págs. 98-99.

895 T. M. Petzoldt, *Die Rechtskraft...*, pág. 24.

896 T. M. Petzoldt, *Die Rechtskraft...*, pág. 26.

A realização de um juízo de prognose sobre o desenvolvimento futuro da realidade factual – que, como vimos, parece caracterizar as sentenças relativas a prestações periódicas vincendas tidas em vista pelo artigo 619º, nº 2, do CPC e pelo § 323 da ZPO – implica, como sublinha GRABA[897], a demonstração dos factos futuros com os meios de prova actualmente disponíveis e não com os meios de prova disponíveis à data da constituição da pretensão, pelo que, nas correspondentes acções, as partes se encontram, sob o ponto de vista da produção da prova, numa situação pior do que no procedimento de produção antecipada de prova (*Beweissicherungsverfahren*). Repare-se que os factos futuros podem ser factos favoráveis à defesa (isto é, excepções futuras)[898].

Já sob o ponto de vista do ónus objectivo da prova, as acções relativas a prestações periódicas vincendas aparentemente não apresentam desvantagens para as partes: como assinalam GRUNSKY[899] e REMO CAPONI[900], as regras de distribuição do ónus da prova são as mesmas, quer o facto a provar seja presente ou futuro, pelo que a parte onerada com a prova só a si mesma deve imputar o não convencimento, pelo juiz, do facto a si favorável.

A circunstância de, nas acções relativas a prestações periódicas vincendas, a decisão sobre a pretensão não ser proferida em função da situação jurídica existente à data da sua constituição, potencia, por outro lado, o erro do juiz e a inerente desvantagem para a parte vencida (que, no caso de ser o réu, poderia talvez, caso a prestação estivesse já vencida, deduzir um maior número de excepções[901]); mas também para a parte vencedora pode, como observa GRABA[902], ser desvantajoso o erro do juiz, se se entender que essa parte só dentro de apertados limites pode exigir posteriormente um aumento do montante da prestação (como sucede no direito alemão, em que a admissibilidade da acção modificativa depende da verificação dos requisitos consagrados no § 323 da ZPO).

Uma outra desvantagem que, para ambas as partes, pode advir da admissibilidade das acções de condenação em prestações periódicas vincendas, é, segundo GRABA[903], a que se prende com o ónus da alegação e prova dos pressupostos da acção modificativa (a que adiante se fará referência mais desenvolvida[904]): esse

[897] H.-U. Graba, *Die Abänderung...*, pág. 13.

[898] Assim, Musielak / Foerste, *ZPO*, § 258, 5, e § 257, 7.

[899] W. Grunsky, "Veränderungen...", pág. 385.

[900] Remo Caponi, *L'efficacia...*, pág. 91.

[901] Assim, H. Oetker, "Die materielle...", pág. 18. Nesta óptica, têm razão F. López Simo / S. Cavanillas Múgica / F. Gascón Inchausti (*Las condenas de futuro*, págs. 90-91), quando afirmam que a aceitação das acções de condenação *in futurum* deverá ser tanto maior quanto menor for a possibilidade e a probabilidade de o demandado opor fundadamente excepções assentes em factos surgidos posteriormente ao processo.

[902] H.-U. Graba, *Die Abänderung...*, pág. 13.

[903] H.-U. Graba, *Die Abänderung...*, pág. 13.

[904] *Infra*, § 32º, II, 3 e 4.

ónus recai sobre o requerente da modificação, o que significa que é ao devedor dos alimentos que incumbe provar a cessação da necessidade destes; ora, normalmente é ao credor que incumbe provar essa necessidade.

Finalmente, enquanto o caso julgado da generalidade das sentenças não obsta à proposição de nova acção com fundamento em alteração das circunstâncias posterior ao encerramento da última discussão sobre a matéria de facto (porque esse caso julgado se reporta às circunstâncias existentes a esta data), o caso julgado das sentenças relativas a prestações periódicas vincendas, na medida em que se estende para o futuro, obsta à proposição de nova acção com fundamento em alteração das circunstâncias posterior àquela data, caso não estejam preenchidos os requisitos da acção modificativa; compensando, de algum modo, essa impossibilidade, verifica-se, porém, a menor intensidade desse caso julgado, ou seja, a maior permeabilidade à correcção da sentença que assenta num juízo de prognose[905/906].

III. Sentenças de condenação em prestações periódicas vincendas não previstas no artigo 557º, nº 1, do CPC

1. Condenação em alimentos

Um exemplo de condenação no pagamento de prestações periódicas vencidas e vincendas, talvez o mais comum, é o da condenação em alimentos.

Mas nem sempre a condenação em prestações alimentícias mensais pressupõe a formulação (ou melhor, a possibilidade de formulação) de pedido de condenação em prestações periódicas vencidas e vincendas, nos termos do artigo 557º, nº 1, do CPC.

Assim, nos casos de divórcio, separação judicial de pessoas e bens, declaração de nulidade ou anulação do casamento, os alimentos ao filho e a forma de os prestar são regulados por acordo dos pais, sujeito a homologação (ou pelo juiz, se não houver acordo homologado), ainda que o progenitor obrigado nunca tenha incumprido (cfr. os artigos 1905º, 1778º e 1778º-A do CC), pelo que a correspondente condenação não está condicionada pela possibilidade de formulação de pedido de condenação em prestações periódicas *vencidas* ou pela circunstância de o devedor ter *deixado de pagar* (esta última exigência constando, como vimos, do artigo 557º, nº 1, do CPC).

[905] Assim: H.-U. Graba, *Die Abänderung...*, pág. 14; J. Braun, *Grundfragen...*, págs. 202-204 (sobre este ponto da tese de Braun, veja-se P. Wax, "Grundfragen...").

[906] No sentido de que as acções de condenação *in futurum* nenhuma desvantagem apresentam para o devedor, mas sem fundamentar, veja-se C. Molina Portela, *Condena de futuro*, págs. 22-23; para o Autor, tal desvantagem só se verificaria se o instituto se convertesse num meio de ilegítima coacção do demandado (*idem*, págs. 27-28).

Ora, a sentença condenatória proferida nos termos dos citados preceitos pode obviamente ser modificada ao abrigo do disposto no artigo 619º, nº 2, do CPC, uma vez que este último, ao permitir a alteração da sentença de alimentos, não condiciona tal alteração à circunstância de esta sentença ter (também) condenado em prestações vencidas.

Pode daqui inferir-se o seguinte: o artigo 619º, nº 2, do CPC não se articula necessariamente com o artigo 557º, nº 1, porque – além de nem todas as sentenças aqui previstas estarem sujeitas à acção modificativa (e, como vimos, não o estão as que dizem respeito a prestações não dependentes de circunstâncias especiais quanto à sua medida ou à sua duração) – existem sentenças proferidas em acções não enquadráveis na previsão do artigo 557º, nº 1 que estão sujeitas à acção modificativa.

2. Condenação numa indemnização sob forma de renda

Pode perguntar-se se um pedido de condenação numa indemnização sob forma de renda, formulado ao abrigo do artigo 567º do CC, constitui um pedido de condenação no pagamento de prestações vincendas, pois a obrigação de indemnização que lhe subjaz, se bem que resultante de danos futuros, não é uma obrigação inexigível, no sentido usado no artigo 557º, nº 1, do CPC: assim é que, nos termos daquele artigo 567º do CC, o lesado pode imediatamente ser ressarcido da totalidade dos danos, obtendo o pagamento da indemnização sob forma de capital.

Mas, embora tal pedido não deva ser qualificado como um pedido de prestações vincendas, a sentença que o julgue procedente é uma sentença de condenação em prestações periódicas vincendas, pois as prestações da renda fixada se vencem sucessivamente: assim, essa sentença deve ser equiparada à sentença a que alude o artigo 557º, nº 1, do CPC.

É também duvidoso, por outro motivo, que o pedido de condenação numa indemnização sob forma de renda constitua um pedido de condenação no pagamento de prestações periódicas, nos termos do artigo 557º, nº 1, do CPC: se se reparar, o artigo 567º do CC não exige, para a formulação desse pedido, que *o devedor tenha deixado de pagar*, isto é, que o devedor se encontre numa situação de incumprimento, e o artigo 557º, nº 1, do CPC exige-o.

Não obstante o pedido formulado ao abrigo do artigo 567º do CC não se enquadrar no artigo 557º, nº 1, do CPC – porque não traduz necessariamente um pedido de condenação no pagamento de prestações periódicas vincendas e vencidas, no sentido em que estes conceitos são aqui utilizados –, a verdade é que a sua admissibilidade decorre imediatamente daquele primeiro preceito.

E a verdade também é que a sentença que determine a indemnização sob forma de renda tem de ser qualificada como uma sentença de trato sucessivo, podendo portanto ser alterada, nos termos do artigo 619º, nº 2, do CPC.

O que também significa que o artigo 619º, nº 2, do CPC não se relaciona necessariamente com o artigo 557º, nº 1, do CPC, abrangendo sentenças aqui não previstas.

3. Condenação ao abrigo do artigo 610º, nºs 1 e 2, alínea a), do CPC

O artigo 610º, nº s 1 e 2, alínea *a)*, do CPC pressupõe uma condenação *in futurum* proferida fora dos casos a que alude o artigo 557º, nº 2, do CPC, uma vez que a obrigação a que se refere é apresentada como vencida na petição inicial (embora o não esteja)[907].

Mas pode perguntar-se se o artigo 610º, nº s 1 e 2, alínea *a)* é aplicável apenas a prestações futuras instantâneas (como parece decorrer da sua letra) ou também às periódicas, o que pode relevar para o efeito da aplicação, à condenação *in futurum* aí prevista, do regime do artigo 619º, nº 2, do CPC.

Como já se viu[908], não tem muito sentido aplicar o artigo 610º, nº s 1 e 2, alínea *a)* ao pedido de condenação em prestações periódicas vincendas formulado fora das condições do artigo 557º, nº 1, isto é, sem que o réu tenha deixado de pagar: e isto porque tal pedido é apresentado como um pedido de prestações vincendas e não, conforme pressuposto pelo artigo 610º, nº s 1 e 2, alínea *a)*, como um pedido de prestações vencidas.

Assim, se o autor, sem que o réu tenha deixado de pagar as prestações periódicas, formular pedido de condenação no pagamento das vincendas, a consequência parece nunca poder ser uma condenação *in futurum* nos termos do artigo 610º, nº s 1 e 2, alínea *a)*, pois este preceito pressupõe a apresentação da obrigação como vencida: só se o autor formular um pedido de condenação em prestações periódicas, que apresenta como vencidas e o não estão, se pode ponderar a aplicabilidade do artigo 610º, nº s 1 e 2, mas, numa tal eventualidade, o pedido não terá sido formulado ao abrigo do artigo 557º, nº 1, do CPC.

Não se vê, numa primeira análise, obstáculo a que, preenchidas as condições do artigo 610º, nº s 1 e 2, alínea *a)*, seja proferida uma condenação *in futurum* relativamente a prestações, quer instantâneas, quer periódicas: as razões de economia processual que subjazem à possibilidade de, na fase da sentença, proferir uma decisão condenatória, valem também quando estejam em causa prestações periódicas.

Pode, porém, perguntar-se o seguinte: será razoável permitir a condenação *in futurum* (nos termos do artigo 610º, nº s 1 e 2, alínea *a)*) quando o autor indevidamente apresente a prestação como vencida, e não já quando a apresente como vincenda, mas se venha, por exemplo, a concluir que o réu nunca deixou de pagar (sendo, como tal, inadmissível o pedido formulado ao abrigo do artigo 557º, nº 1)?

907 A este aspecto já antes nos referimos (*supra*, § 2º, I, 2. *a)*).

908 *Supra*, § 6º, II, 2. *e)*.

Ao que julgamos, do mesmo modo que não é de aceitar a requerida condenação nas prestações periódicas vincendas se ficar demonstrado que o réu nunca deixou de pagar, também não é de aceitar a condenação *in futurum* nas prestações periódicas inicialmente apresentadas como vencidas, se ficar demonstrado que o réu não deixou de pagar as anteriores: sustentar o contrário permitiria, parece-nos, contornar a exigência de não pagamento das prestações vencidas constante do artigo 557º, nº 1, pois bastaria ao autor apresentar as prestações periódicas vincendas como já vencidas.

Assim sendo, só se se concluir, na fase da sentença, que até esse momento alguma prestação periódica não foi paga, se pode ponderar a condenação *in futurum* nas restantes: e o objecto da acção modificativa subsequente será então, não a sentença prevista no artigo 557º, nº 1, mas a prevista no artigo 610º, nº s 1 e 2, alínea *a)*.

IV. Conclusão acerca da sujeição das sentenças de condenação em prestações periódicas vincendas à acção modificativa. As sentenças determinativas e o poder discricionário do juiz. As dívidas de valor

Acabámos de ver que o artigo 619º, nº 2, do CPC se pode aplicar a sentenças de condenação em prestações periódicas vincendas não previstas no artigo 557º, nº 1, o que sugere que aquele preceito não se articula necessariamente com este.

Esta conclusão não é de estranhar, se se atender ao elemento histórico de interpretação: enquanto os preceitos constantes dos §§ 323 e 258 da ZPO foram introduzidos neste Código no mesmo momento (o que tem levado a doutrina e a jurisprudência alemãs a considerar que a *Abänderungsklage* pressupõe uma condenação em prestações periódicas vincendas)[909], o mesmo não sucedeu com os dos artigos 619º, nº 2, e 557º, nº 1, do CPC. Com efeito, o Código de 1876 já permitia, no § único, 2ª parte, do artigo 7º, a condenação em prestações periódicas vincendas (se bem que regulando-a a propósito dos pedidos genéricos) – permissão que depois se manteria na primeira parte do artigo 276º do Código de 1939[910] –, mas, só com este último Código é que se consagrou, de um modo geral, a possibilidade de modificação de sentenças por alteração das circunstâncias[911].

Vimos também que nem todas as sentenças previstas no artigo 557º, nº 1 estão sujeitas à acção modificativa, apenas o estando as que apresentem certas características, em concreto, aquelas que se refiram a prestações futuras dependentes de circunstâncias especiais quanto à sua medida ou à sua duração.

[909] *Supra*, § 3º, I, 1. *c)*.

[910] Sobre a condenação em prestações de trato sucessivo, no CPC de 1939, veja-se Manuel Rodrigues, *Do processo...*, págs. 37-38.

[911] *Supra*, § 2º, I, 6. *a)*.

Assim sendo, cabe perguntar se o artigo 619º, nº 2, do CPC tem em vista, mais precisamente do que as sentenças de condenação em prestações periódicas vincendas, as denominadas sentenças determinativas.

A autonomização das sentenças determinativas deve-se, como já se referiu[912], a KISCH[913], que lhes atribuiu a função de integração da previsão da norma (*Tatbestand*) substantiva: seria essa função que, aliás, as distinguiria das outras sentenças. Nomeadamente, das sentenças constitutivas, que se caracterizariam por fundar ou eliminar uma situação jurídica ou uma relação jurídica.

Pouco tempo depois, OTTO MAYER[914] encontraria especificidades nas sentenças determinativas (por si designadas "dispositivas": *verfügende Urteile*), ao nível do respectivo caso julgado: na medida em que, quanto a elas, se verifica que ao juiz cumpre determinar o conteúdo da situação substantiva, às partes não é vedado, depois de a sentença transitar em julgado, requerer ao juiz uma nova determinação.

Como observa REMO CAPONI[915], não obstante a categoria das sentenças determinativas ter tido a sua génese na doutrina alemã, foi a italiana que particularmente a acolheu.

Assim, e a título exemplificativo, CHIOVENDA[916], BETTI[917], CALAMANDREI[918], CARNELUTTI[919] – a quem se deve o aperfeiçoamento da categoria das senten-

[912] *Supra*, § 2º, I, 6. *c*).

[913] W. Kisch, *Beiträge*..., esp. págs. 110-113.

[914] Otto Mayer, *Zur Lehre*..., págs. 45-56

[915] Remo Caponi, *L'efficacia*..., págs. 71-72.

[916] G. Chiovenda, *Principii*..., pág. 195, e *Istituzioni*..., vol. I, pág. 190. Segundo o Autor, as sentenças determinativas caracterizar-se-iam por determinar ou alterar o conteúdo ou algum elemento de uma relação jurídica já constituída.

[917] E. Betti: *Efficacia*..., págs. 8-34; *Diritto processuale*..., págs. 548-549; "Cosa giudicata...", pág. 552. Para o Autor, as sentenças dispositivas e as determinativas caracterizar-se-iam por uma valoração discricionária por parte do julgador (maior nas primeiras e menor nas segundas), em função das actuais circunstâncias de facto, acerca dos pressupostos de aplicação da norma legal, o que as aproximaria das disposições das autoridades administrativas consistentes em pronúncias que têm por efeito a configuração de um direito; distinguir-se-iam das constitutivas, por o poder discricionário ser exercido ao nível do acertamento (ou definição) do direito subjectivo; e teriam em comum com estas o destinarem-se a operar directamente uma modificação na situação de direito material, que, pela sua natureza, valeria em relação às partes e a terceiros.

[918] P. Calamandrei, *Opere*..., vol. IV, págs. 89-94 e 100-101. O Autor considera que as sentenças dispositivas se situam na fronteira entre a actividade jurisdicional e a legislativa, porque são proferidas, não mediante aplicação de uma norma jurídica precedentemente emitida pelo legislador, mas no exercício de um poder de equidade, ou seja, de um poder de criar direito para o caso concreto; distinguem-se das sentenças constitutivas na medida em que, nestas, a mudança na ordem jurídica realizada pelo juiz traduz a aplicação de uma norma preexistente e não, como sucede nas sentenças dispositivas, a criação discricionária, segundo o sentimento de equidade do julgador, do direito objectivo mais apto a regular o caso concreto (pelo que pode afirmar-se que, enquanto nas sentenças constitutivas a mudança na ordem jurídica deriva da conclusão, relativamente à qual a norma preexistente serve de premissa maior, nas

ças determinativas ou dispositivas, enquanto sentenças caracterizadas pela sua resistência menor à alteração de circunstâncias[920] –, Raselli[921], Costa[922], Heinitz[923], Liebman[924], Montesano[925], Menchini[926] ou Calvosa[927].

sentenças dispositivas a mudança deriva da criação da própria premissa). São taxativamente estabelecidas pelo legislador as hipóteses de proferimento de sentenças dispositivas, porque constituem excepção ao princípio da legalidade. Por fim, as sentenças dispositivas não constituem uma quarta categoria de sentenças, a par das de mera apreciação, constitutivas e condenatórias, porque a sua colocação sistemática é diversa, prendendo-se, antes, com a distinção entre decisões de equidade e decisões de direito (assim, por exemplo, uma sentença constitutiva pode basear-se em premissas de direito ou de equidade e uma sentença dispositiva pode ser de simples apreciação, constitutiva ou condenatória). Sobre as características das sentenças determinativas ou dispositivas, no pensamento de Calamandrei, veja-se ainda o estudo mais antigo intitulado "Limiti...", (cfr. págs. 84-92), aqui se salientando que, tanto na sentença constitutiva como na proferida no exercício de um poder discricionário, a primeira fase da actividade do juiz consiste no acertamento da vontade da lei, mas a segunda fase apresenta características distintas, porque no primeiro caso se exerce a vontade da lei e, no segundo, exerce-se uma vontade substitutiva da lei.

919 Já referido: *supra*, § 2º, I, 6. *c)*.

920 Assim, Remo Caponi, *L'efficacia...*, pág. 73.

921 A. Raselli, *La magistratura...*, pág. 175, *Il potere...*, vol. II, págs. 13- 23, "Le sentenze...", págs. 572-573 e 602-618, e "Appunti...", págs. 719-722. Segundo o Autor, e em síntese, as sentenças determinativas são proferidas nos casos em que o direito positivo não fixa, no todo ou em parte, os elementos de uma relação jurídica, pelo que estes são necessariamente fixados através de decisão do juiz; distinguem-se das sentenças declarativas pelo *procedimento usado para identificar a concreta vontade da lei para o caso particular* (assim, nas sentenças determinativas é exercido um poder discricionário do juiz – e não uma actividade, inteiramente vinculada, de subsunção lógica do caso à norma –, significando esse exercício a definição da disciplina mais justa para o caso concreto); de qualquer modo, em ambas as sentenças não haveria criação de norma jurídica (como, em certa medida, sustentam Betti ou Carnelutti), mas descoberta ou reconhecimento de uma norma existente. O poder discricionário na actividade jurisdicional visa, para Raselli, actuar a norma e assegurar o respectivo funcionamento (cfr. A. Raselli, *Il potere...*, vol. I, pág. 162), caracterizando-se pela necessidade de valoração da conveniência da acção a realizar, de acordo com princípios de equidade e de justiça (*idem*, pág. 189). Por vezes, no exercício do poder discricionário, o juiz valora comparativamente os interesses contrapostos; outras vezes (como no caso do modo de fixação de alimentos), o juiz escolhe entre duas ou mais soluções; outras vezes ainda (como quando fixa os alimentos), aplica um critério indicado pela lei; pode também a lei atribuir ao juiz, sem mais, um poder de decidir segundo as circunstâncias, ou apelar ao conceito de justiça ou equidade (A. Raselli, "Le sentenze determinative...", págs. 606-607).

922 S. Costa, "Le sentenze...", págs. 177-202, "La clausola...", pág. 89, e *Manuale...*, págs. 43-45. Nestas duas últimas obras, não é muito explícita a noção que o Autor adopta das sentenças determinativas: numa formulação, o juiz determinaria, exercendo poderes de equidade, o conteúdo ou um elemento da relação; noutra formulação, o juiz determinaria, mediante o uso de poder discricionário, as consequências da verificação de certas circunstâncias, como, por exemplo, o modo de prestar e a medida dos alimentos. Na primeira das referidas obras essa noção parece-nos mais clara: a sentença determinativa caracterizar-se-ia pela determinação do objecto da relação, podendo ou não envolver o uso de poder discricionário (e caracterizando-se este pela livre apreciação, pelo juiz, das consequências que decorrem de certo facto jurídico).

923 E. Heinitz, *I limiti...*, págs. 70, 107 e 246-254. Para o Autor, as sentenças determinativas, tal como as constitutivas, não implicam a criação de uma norma pelo juiz (mas a extracção ou explicitação dessa norma da lei preexistente), embora destas se distingam pela premissa maior.

A jurisprudência italiana também tem constantemente atribuído natureza determinativa às sentenças de alimentos, querendo, a propósito, expressar que estas sentenças "não criam novas relações nem se limitam a reconhecer situações antigas: as mesmas estabelecem, antes, o *quantum* adequado à situação actual"[928].

Vários Autores, porém, contestam a autonomização das sentenças determinativas, assinalando von MAURNBÖCK[929] que, logo depois da construção de KISCH, a doutrina se teria encarregado de alargar o conceito de sentenças constitutivas, de modo a abranger as determinativas[930]. E muitos outros, aceitando embora a categoria das sentenças determinativas, entendem que tal qualificação é inde-

[924] E. T. Liebman (*Efficacia ed autorità...*, págs. 16-19, e "Giudicato...", págs. 5-6), definindo as sentenças determinativas ou dispositivas como aquelas cujo conteúdo ou um elemento da relação jurídica é fixado pelo juiz, no exercício de um poder discricionário cometido pela lei; mas o caso julgado destas sentenças, para o Autor, e como já dissemos (*supra*, § 2º, I, 6. *c)*), não apresentaria especialidades, porque a possibilidade de o juiz decidir novamente depende apenas do objecto do caso julgado, materializado numa "relação jurídica variável no tempo segundo as circunstâncias, que, como tal, se apresenta nova e diversa se estas se alteram".

[925] L. Montesano, "Obbligo...", págs. 517-523. Segundo o Autor, o artigo 2908 do c.c. (preceito que, sob a epígrafe "efeitos constitutivos da sentença", estabelece que "nos casos previstos na lei, a autoridade judiciária pode constituir, modificar ou extinguir relações jurídicas") acolheria a tradicional definição, que remonta a Chiovenda, das sentenças determinativas como peculiar modalidade das constitutivas/modificativas, assim as relacionando, pois, com os direitos potestativos; e, dentro das sentenças determinativas, ainda seria possível identificar a modalidade das sentenças dispositivas, que se caracterizariam pela sua maior intensidade inovadora (porque não só constituiriam novas relações jurídicas, mas determinariam o respectivo conteúdo, total ou parcialmente); as sentenças determinativas decorreriam da permissão expressa, dada pela lei ao julgador, de decidir segundo a equidade, ou da referência, na lei, à equidade, enquanto critério para especificar certo elemento de uma relação; a equidade não teria aí uma função criadora, mas integradora. Do mesmo Autor, sobre as sentenças determinativas como sentenças constitutivas, veja-se ainda *La tutela...*, págs. 131-143.

[926] S. Menchini (*Il giudicato...*, pág. 212), assinalando a particularidade de as sentenças determinativas permitirem ao juiz, no uso de um poder discricionário, moldar o conteúdo da prestação.

[927] C. Calvosa, *La sentenza condizionale*, págs. 18-25 e 93-108. Segundo o Autor, a par das sentenças vinculadas, existem as *sentenças discricionárias* (nas quais o juiz resolve, segundo o seu prudente arbítrio, as questões que lhe são colocadas, assim desenvolvendo uma actividade volitiva e determinando o direito do caso concreto), e, nesta última categoria, devem incluir-se as sentenças constitutivas discricionárias, as sentenças determinativas e as sentenças proferidas segundo a equidade; nas sentenças determinativas "o juiz age como o particular que dá vida a um negócio jurídico", verificando-se que têm, "como pressuposto necessário, a existência de uma situação jurídica que, mediante a sentença, é completada ou integrada num dos seus elementos"; assim, a sentença de alimentos seria determinativa, porque, em matéria de alimentos, "ao juiz é conferido o poder de determinar discricionariamente o montante necessário à vida do alimentando, tendo em conta as condições económicas daquele que deve prestar os alimentos".

[928] A. Trabucchi, "Alimenti", pág. 237.

[929] E. R. von Maurnböck, *Die Abänderungsklage...*, págs. 20-21.

[930] Assim, L. Rosenberg, *Lehrbuch...*, 1ª ed., pág. 236, integra as sentenças determinativas nas constitutivas (entendimento que, à data, seria o dominante na Alemanha: cfr. E. Heinitz, *I limiti...*, pág. 246, nota 4). A. Proto Pisani ("Appunti sulla tutela c.d....", págs. 96-100) nega também autonomia às sentenças determinativas, considerando que a categoria só encontra justificação à margem da jurisdição contenciosa.

pendente da classificação das sentenças em condenatórias, de simples apreciação e constitutivas (assim, por exemplo, as sentenças que fixam a medida dos alimentos seriam determinativas, na medida em que pressupõem o exercício de um poder discricionário, e, ao mesmo tempo, condenatórias, pois condenam o obrigado a prestá-los)[931].

Mas, mesmo contestando a autonomização das sentenças determinativas (quer por se integrarem nas constitutivas[932], quer por não excluírem a tradicional classificação tripartida das sentenças[933], quer, ainda, por nelas não ser exercido qualquer poder discricionário ou de equidade), a doutrina tem assinalado especificidades a tais sentenças.

Assim, por exemplo, Remo Caponi[934] – para quem, sendo questionável a própria utilidade da qualificação, as sentenças determinativas se caracterizam pelo maior esforço interpretativo do juiz e não por qualquer poder especial em que este esteja investido – ou Habscheid[935] – que considera que a especialidade das sentenças determinativas reside na circunstância de integrarem elementos das sentenças condenatórias e das constitutivas, pois além de declararem uma relação fundamental moldam esta relação de um modo mais preciso.

A categoria das sentenças determinativas não se encontra, enquanto tal, prevista no artigo 10º do CPC, pelo que também não nos parece que a mesma possua

931 Neste sentido, na doutrina italiana: E. Fazzalari, "Sentenza civile", pág. 1251; A. Raselli, "Le sentenze determinative...", págs. 573-574 e 622, e "Appunti...", pág. 720, nota 1, assinalando ainda que a sentença que concede uma moratória para o cumprimento de uma obrigação, antes de resolver o contrato bilateral por incumprimento, é determinativa, na medida em que implica o exercício de um poder discricionário, e é constitutiva, na medida em que modifica a precedente situação jurídica); P. Calamandrei, que, como vimos (*supra*, em nota deste ponto), considera que as sentenças determinativas podem ser condenatórias, de simples apreciação e constitutivas; M. Vellani, (*Naturaleza...*, págs. 65-66 e 69, nota 98), negando autonomia às sentenças determinativas ou dispositivas (face às sentenças de simples apreciação, condenatórias e constitutivas), mas observando que as mesmas se caracterizam pela circunstância de o juiz não aplicar uma norma rigidamente pré-estabelecida, mas uma norma que lhe atribui um poder discricionário; G. Monteleone, *Manuale...*, págs. 524-525, considerando que um eventual poder discricionário do juiz não influi no tipo de pronúncia. Veja-se, porém, C. Calvosa (*La sentenza condizionale*, pág. 100), sustentando que as sentenças determinativas não constituem uma categoria das sentenças meramente constitutivas, porque têm natureza discricionária e estas últimas natureza vinculada; e também se distinguem das sentenças constitutivas discricionárias, porque estas "não têm necessariamente como pressuposto uma precedente relação jurídica, podendo ou dar vida a uma nova situação jurídica ou modificar e extinguir uma relação já existente".

932 Refira-se que, em Itália, a autonomização das próprias sentenças constitutivas só se tornou um dado pacífico com o Código Civil de 1942 (que as acolheu no artigo 2908): cfr. L. C. Bonaccorso, "Diritti...", págs. 129-133. E também a caracterização e autonomização dos direitos potestativos enfrentou dificuldades (cfr. G. Messina, "Sui cosiddetti...").

933 Esta classificação tripartida, introduzida pela doutrina alemã e aceite pacificamente na italiana, não é também incontroversa, como dá conta F. Invrea, "La sentenza...", esp. págs. 52-53.

934 Remo Caponi, *L'efficacia...*, págs. 74-75.

935 W. J. Habscheid, "Urteilswirkungen und Gesetzesänderungen", págs. 455-456.

autonomia em relação aos três tipos aí estabelecidos, no sentido de uma sentença determinativa não poder ser classificada como condenatória, constitutiva ou de simples apreciação.

No entanto, julgamos que é essa a categoria essencialmente tida em vista pelo artigo 619º, nº 2: a referência que, neste preceito, é feita às prestações que dependem de circunstâncias especiais quanto à sua medida ou à sua duração e às circunstâncias que determinaram a condenação, permite inferir que a lei tem em vista as sentenças em que o conteúdo da situação jurídica declarada é moldado pelo julgador, em função das circunstâncias. A confirmá-lo encontra-se o artigo 282º, nº 2: embora a norma aí contida haja sido introduzida no Código de Processo Civil [de 1961: veja-se o então artigo 292º, nº 2] muito depois de o estudo sobre as sentenças determinativas ter tido o seu apogeu, não deixa de ser significativo que nele se aluda a circunstâncias supervenientes *que careçam de ser judicialmente apreciadas*, as quais fundam a permissão de alteração da decisão proferida. Esta conclusão também significa que, quando o conteúdo da situação jurídica seja moldado pelas partes e o juiz se limite a declará-lo – o que sucede, por exemplo, e como vimos, quando a sentença condene em prestações periódicas contratualmente estabelecidas –, não é aplicável o artigo 619º, nº 2, e a modificação da sentença, a ter lugar, obedecerá a um regime distinto.

Mas não é claro que o poder conferido ao juiz aquando do proferimento das sentenças determinativas, previstas no artigo 619º, nº 2, do CPC, equivalha ao exercício de um *poder discricionário*, como pretende a doutrina italiana que particularmente estudou aquelas sentenças[936].

Na doutrina administrativista, e seguindo o ensinamento de SÉRVULO CORREIA[937], fala-se de poder discricionário quando o legislador, "[e]m vez de estabelecer vinculativamente quais os efeitos de direito que deverão corresponder à verificação do "*Tatbestand*", [...] deixa ao órgão da Administração a liberdade de configurar ele esses efeitos (*Rechtsfolge*)", sendo que, "[p]ara a escola de pensamento tradicional, a discricionariedade localiza-se sempre na parte da norma constituída pela estatuição e nunca na da especificação dos pressupostos" (o que permitiria distinguir a discricionariedade da utilização de conceitos jurídicos indeterminados em sentido próprio); SÉRVULO CORREIA[938], porém, adopta antes o entendimento segundo o qual tanto a utilização de conceitos jurídicos indeterminados como a discricionariedade significam a abertura da norma que estabelece os pressupostos do acto administrativo, situando-se, assim, ao nível da

[936] Como observa A. Raselli ("Le sentenze determinative...", pág. 602), da elaboração teórica em torno do conceito de poder discricionário e sua aplicação no âmbito da função jurisdicional decorreu a concretização do conceito de sentença determinativa.

[937] Sérvulo Correia, *Legalidade*..., págs. 109-110.

[938] Sérvulo Correia, *Legalidade*..., págs. 128-137 e 318-327.

respectiva previsão, porque no primeiro caso é requerido ao "órgão que aplica a norma um juízo próprio de valoração, avaliação ou prognose sobre incertezas de carácter causal-teorético" e, no segundo, verifica-se um "aditamento, pelo órgão competente para a prática do acto, de novos pressupostos ao quadro das situações de facto exigidas por lei para que o poder possa ser validamente exercido".

Quer a concretização ou valoração de conceitos jurídicos indeterminados quer o exercício de poderes discricionários envolvem, como sublinha DINIZ DE AYALA[939] – que dá como exemplo da primeira actividade a aplicação da norma legal que estabelece que a actividade médica deve ser vedada aos médicos que revelarem uma "inabilitação física ou mental para o exercício da profissão", e, da discricionariedade, a atribuição ao órgão titular da competência da "decisão sobre se determinados efeitos preditos mas não impostos pela norma serão ou não produzidos no caso concreto" (discricionariedade de acção ou de decisão "lato sensu") e a atribuição ao órgão administrativo do poder de optar por uma de entre várias condutas positivas possíveis (discricionariedade de escolha) –, um *juízo de prognose*: no primeiro caso, "as dificuldades que eles levantam só são resolúveis através de uma avaliação ou valoração da situação concreta baseada num juízo de prognose típico da autonomia pública administrativa; o que se pede, efectivamente, é que o órgão administrativo faça uma estimativa sobre a futura actuação de uma pessoa (baseado na valoração das suas qualidades presentes), sobre a futura utilidade de uma coisa ou sobre o futuro desenrolar de um processo social"; no segundo caso, "[c]omo pano de fundo à escolha de conteúdos alternativos, à apreciação e ponderação de factos e interesses e à harmonização de interesses públicos e privados encontramos um juízo de prognose, isto é, uma avaliação feita "*a priori*" das possibilidades de evolução futura; é com base nesse tipo de estimativa que o órgão decisor adopta uma solução ao abrigo de um poder discricionário. Nesse sentido, a decisão predominantemente discricionária está finalisticamente orientada para o futuro; o passado, quando muito, apenas é tido em conta como factor instrumental de ponderação, em homenagem a regras de experiência que se pretende fazer valer no futuro"[940/941].

[939] B. Diniz de Ayala, *O (défice)...*, págs. 125 (e nota 220), 134-135 e 149.

[940] A realização de juízos de prognose também na *decisão discricionária* – e, portanto, a existência dessa característica tanto nos conceitos jurídicos indeterminados como na discricionariedade – não nos parece resultar muito nitidamente do pensamento de Sérvulo Correia (talvez por ao pensamento deste Autor subjazer a distinção entre decisões de prognose e decisões de conflitos de interesses – estas últimas as típicas da discricionariedade –, realizada por Walter Schmidt: sobre esta distinção, e sua repercussão no pensamento de Sérvulo Correia, veja-se Ana Paula Dourado, *O princípio da legalidade fiscal...*, págs. 472-475 e nota 1416). Deduzimos, porém, que pelo menos num estudo mais recente, Sérvulo Correira, ("Conceitos jurídicos...", pág. 55) aceita que a decisão discricionária assenta também em juízos de prognose, porque afirma que "[...] aquilo que, tanto no que toca à discricionariedade como no que respeita à margem de livre apreciação, o Tribunal não tem de controlar (nem pode por não dispor de normas jurídicas como

Mas as duas figuras distinguem-se por na discricionariedade o alargamento da previsão normativa ocorrer de modo conjuntivo (uma vez que a lei refere alguns pressupostos e o órgão decisor tem de eleger outros, de acordo com os seus critérios) e, na utilização de conceitos jurídicos indeterminados, esse alargamento ocorrer de modo disjuntivo, conjugando-se "a permissão de ampliação do campo de aplicação da norma com a averiguação do seu conteúdo semântico"[942/943]; por outro lado, no plano dogmático, as duas figuras também se distinguem por ser distinto o seu grau de parametrização pelo princípio da proporcionalidade (enquanto a decisão discricionária é sindicável através das três vertentes do princípio da proporcionalidade, o preenchimento de conceitos jurídicos indeterminados não é sindicável na vertente da necessidade ou indispensabilidade nem na vertente da proporcionalidade em sentido estrito, só o sendo, e eminentemente, na vertente da adequação ou idoneidade, para o efeito de determinar se houve "erro grosseiro ou manifesto de apreciação quanto à correspondência entre a situação concreta e o pressuposto normativo conceptualmente indeterminado")[944].

Nesta perspectiva, as sentenças de alimentos e as que condenam a satisfazer outras prestações dependentes de circunstâncias especiais quanto à sua medida ou à sua duração, a que alude o artigo 619º, nº 2, parecem significar, não propriamente discricionariedade, mas a aplicação de conceitos jurídicos indeterminados

parâmetros de controlo) é tudo aquilo em que a decisão não é condicionada pelo Direito. O juiz move-se apenas dentro de programas normativos definidos e deve respeitar os espaços de opção não só decisória, mas avaliativa e *prognóstica*, que o legislador deixa em aberto quer em previsões quer em estatuições normativas" (itálico acrescentado).

941 Sobre a assimilação dos conceitos vagos que implicam um juízo de prognose às situações de discricionariedade, em virtude desse elemento comum (juízo de prognose), veja-se, numa perspectiva crítica, M. Francisca Portocarrero, "Variações...", págs. 669-679: segundo a Autora, embora não repugne "aceitar que as decisões de prognose, na aplicação de conceitos imprecisos, sobretudo em domínios de administração constitutiva, conformadora e de planeamento devam ser da exclusiva responsabilidade ou competência das autoridades administrativas, que têm o encargo de decidir", "tal não significa nada de extraordinário, uma vez que [parte] de um conceito unitário e abrangente de discricionariedade, que admite a existência de conceitos discricionários, e na hipótese da norma, como uma via legítima de o legislador efectivar a delegação de competência exclusiva na Administração" (pág. 671); por outro lado, na sua perspectiva, a necessidade de realização, pela Administração, de um juízo de prognose não é condição suficiente para reconhecer-lhe a responsabilidade em última instância, sendo, antes, "decisivos o órgão, a matéria, o tipo de relação material envolvida na decisão, de valor e subjectiva" (págs. 672-676).

942 B. Diniz de Ayala, *O (défice)...*, págs. 159-160. Esta distinção entre preenchimento de conceitos jurídicos indeterminados e discricionariedade é, assim, metodológica (cfr. Sérvulo Correia, "Conceitos jurídicos...", págs. 49-50).

943 Os conceitos jurídicos indeterminados reportam-se normalmente, como observa Sérvulo Correia (*Legalidade...*, pág. 333), à previsão normativa, mas "alguns surgem antes com a função de *critérios de discricionariedade*, isto é, como reveladores da vontade legislativa de atribuição ao órgão de um poder discricionário, como base da liberdade de escolha da decisão".

944 Sérvulo Correia, "Conceitos jurídicos...", pág. 50.

ao caso concreto[945]: por um lado, porque tal aplicação, como explica SÉRVULO CORREIA[946], "envolve a emissão de *juízos de valor que inevitavelmente contêm elementos subjectivos*, muitos deles integrados numa *prognose*. A prognose é um raciocínio através do qual se avalia a capacidade para uma actividade futura, se imagina a evolução futura de um processo social ou se sopesa a perigosidade de uma situação futura. [...] O juízo de prognose respeita à subsunção da situação concreta no conceito encerrado na previsão da norma (*Tatbestand*) e não à interpretação em abstracto de tal conceito"; em segundo lugar, porque uma vez preenchidos os conceitos jurídicos indeterminado, não se confere ao juiz o poder de atribuir ou não os alimentos (ou prestações semelhantes) ou de optar entre vários modos de prestá-los (o juiz *deve*, diversamente, atribuí-los, e deve fazê-lo através do modo de prestação dos alimentos previsto na lei).

Mas outras sentenças determinativas já poderão envolver o exercício de um poder discricionário, na medida em que, ao proferi-las, para além de realizar uma prognose, o juiz usa a faculdade, que, segundo SÉRVULO CORREIA[947] caracteriza a discricionariedade, de "aditar aos pressupostos legalmente enunciados outros de sua escolha para, em face do conjunto assim formado, optar por um certo sentido de decisão". É o que sucede quando a lei permite ao juiz, em função das circunstâncias do caso, proferir certa decisão, ou uma entre várias decisões possíveis (havendo no primeiro caso – quase poderia dizer-se – uma "discricionariedade de decisão" e, no segundo, uma "discricionariedade de escolha"[948]).

[945] Seguimos a distinção entre conceitos jurídicos indeterminados e discricionariedade de Sérvulo Correia e B. Diniz de Ayala, que expusémos, não ignorando, todavia, a dificuldade inerente a essa distinção (que, para o tema que estudamos, também consideramos não interessar aprofundar): assim, por exemplo, para K. Engisch (*Introdução...*, págs. 263-264, nota 8), "os conceitos que exprimem discricionaridade, na medida em que surjam como conceitos legais", constituem "uma subespécie dos conceitos jurídicos indeterminados", caracterizando-se estes últimos por o seu conteúdo e extensão serem em larga medida incertos (*idem*, págs. 208-210) e os primeiros por "a convicção pessoal (particularmente, a valoração) de quem quer que seja chamado a decidir [ser] elemento decisivo para determinar qual das várias alternativas que se oferecem como possíveis dentro de certo "espaço de jogo" será havida como sendo a melhor e a "justa"" (*idem*, págs. 214-228); Ana Paula Dourado (*O princípio da legalidade fiscal...*, pág. 505), seguindo parcialmente esta orientação, considera também que os conceitos discricionários constituem uma categoria dos conceitos indeterminados, embora confiram "uma autorização à administração para ponderar as circunstâncias do caso concreto, cabendo-lhe o juízo subjectivo de mérito, dentro dos limites da lei e do Direito", contrariamente aos restantes conceitos jurídicos indeterminados, que "não postulam um juízo de mérito do caso individual por parte de quem os aplica". Sobre os vários conceitos indeterminados que, no exercício da sua actividade, o juiz tem de preencher, C. Vocino, "Sulla c.d....", págs. 673-680.

[946] Sérvulo Correia, *Legalidade...*, pág. 119.

[947] Sérvulo Correia, *Legalidade...*, pág. 322.

[948] Sobre estas classificações da discricionariedade, veja-se, além de B. Diniz de Ayala (já referido), Sérvulo Correia (*Legalidade...*, págs. 109-110, 316 e 323): como ensina este Autor, na discricionariedade de decisão, permite-se à Administração que adopte ou não certa conduta, ou seja, que "escolha entre agir e

Certo é que este poder discricionário é diverso, se não quanto à sua natureza pelo menos quanto ao seu regime, daquele a que aludem os artigos 152º, nº 4, e 630º, nº 1, do CPC (preceitos que, respectivamente, consideram "proferidos no uso legal de um poder discricionário os despachos que decidam matérias confiadas ao prudente arbítrio do julgador", e que excluem a recorribilidade desses despachos), pois essas sentenças admitem recurso nos termos gerais[949]; mas aproxima-se do poder, a que se reportam os artigos 987º e 988º, nº 2, de adoptar providências e proferir resoluções segundo critérios de conveniência ou oportunidade[950].

Portanto, e em suma, as sentenças a que alude o artigo 619º, nº 2, do CPC, ao implicarem a concretização de conceitos jurídicos indeterminados e/ou o uso de um poder discricionário – em sintonia, aliás, com a tendência que se verifica, no direito da família, para o apelo aos conceitos jurídicos indeterminados e à discricionariedade do juiz[951] –, envolvem a formulação de juízos de prognose: este último aspecto é, aliás, também a marca distintiva das sentenças previstas no § 323 da ZPO, de acordo com grande parte da doutrina alemã que tem estudado o regime contido neste preceito, o que torna particularmente importante este estudo para a doutrina e jurisprudência portuguesas que analisem a acção modificativa.

Pode, agora, perguntar-se se, limitando-se a sentença a homologar um acordo das partes (por exemplo, em matéria de alimentos), tal implica a sua não qualificação como determinativa: é que, neste caso, parece que não é ao juiz, mas sim às partes, que compete moldar a situação jurídica em função das circunstâncias, e assim estabelecer as consequências decorrentes destas circunstâncias, mediante alargamento da previsão legal. Diríamos, todavia, que ainda nesta situação intervém a função determinativa do juiz, porque lhe cabe a última palavra acerca da adequação da regulação das partes.

não agir, entre, no caso concreto em que ocorram os pressupostos da previsão normativa, constituir ou não o efeito de direito legalmente enunciado"; na discricionariedade de escolha, permite-se à Administração que escolha entre várias condutas possíveis, assim configurando segundo um juízo de conveniência os efeitos a produzir.

949 Como observa K. Engisch (*Introdução*..., pág. 214), "[o]casionalmente tem-se mesmo pretendido definir "decisões discricionárias" precisamente como aquelas que não são judicialmente sindicáveis": essa definição nunca se aplicaria às decisões previstas no artigo 619º, nº 2, do CPC.

950 Também no sentido de que a conveniência e oportunidade a que aludem estes preceitos equivale a discricionariedade, M. Teixeira de Sousa, *Estudos*...., pág. 381; à luz do direito italiano, e a propósito da valoração judiciária discricionária do "interesse do menor", tanto para o efeito do preenchimento de tipos legais, como para o efeito do conteúdo da decisão que diga respeito do menor, veja-se G. C. Turri, "La valutazione...".

951 Sobre esta tendência, "com especial incidência em matérias atinentes ao Direito da Filiação e seus regimes próximos, a adopção e os alimentos, e, também, ao Direito da Tutela", e suas causas, H. Roque, "Os conceitos...", págs. 93-94.

Mas nem todas as sentenças determinativas interessam para o efeito do artigo 619º, nº 2: quanto a este ponto, *é útil a referência que, no preceito, é também feita aos alimentos, porque a mesma sugere a articulação com a figura da condenação em prestações periódicas vincendas* e, logo, a exclusão de vários dos exemplos de sentenças determinativas que vêm sendo apontados pela doutrina italiana[952]. Assim: a sentença que, em atenção às circunstâncias do caso, estabelece um prazo ao vendedor para reparar ou substituir a coisa vendida, nos termos do artigo 1512 do c.c.; a sentença que, ao abrigo do artigo 930 do c.c. e segundo o prudente arbítrio do juiz, fixa um prémio, a pagar pelo proprietário a quem encontrar a coisa perdida; a sentença prevista no artigo 2030 do c.c., que, tendo em conta as circunstâncias que induziram o gestor de negócios a assumir a gestão, fixa o montante da indemnização por si devida, por danos provocados pela gestão[953]; a sentença que, nos termos do artigo 1015 do c.c. (o qual, para o que agora releva, corresponde aos artigos 1482º e 1470º do CC), fixa as consequências do abuso por parte do usufrutuário. Em todos estes casos a sentença seria determinativa – embora, seguindo a já mencionada doutrina administrativista quanto à distinção entre o uso de conceitos jurídicos indeterminados e discricionariedade, os poderes que, ao proferi-la, exerce o juiz, não correspondam verdadeiramente ao preenchimento de conceitos jurídicos indeterminados (como sucede em matéria de alimentos), sendo, antes, discricionários, pois envolvem "uma tarefa de complementação da "*facti species*""[954] – e, todavia, não estaria abrangida pelo regime da alteração das circunstâncias, porque os seus efeitos se esgotam num só momento (ou, pelo menos, a sentença não produz efeitos diferidos[955]).

Será, então, de afirmar que o artigo 619º, nº 2 se articula de modo meramente complementar com o artigo 557º, nº 1, porque só tem em vista as sentenças determinativas (embora não todas elas) que condenem em prestações periódicas vincendas?

Quanto a este ponto, também não nos parece possível afirmar, com segurança, que o artigo 619º, nº 2 apenas tenha em vista as sentenças que a doutrina italiana, até à introdução do preceito no Código português, vinha qualificando

952 Seguimos S. Costa (*Manuale...*, pág. 44).

953 Não nos parece que os três exemplos acabados de referir possam ser transpostos para o direito português, uma vez que os artigos 914º, 1323º e 466º do CC não atribuem ao juiz poder discricionário quanto ao estabelecimento de um prazo para reparar ou substituir a coisa, à fixação do montante do prémio a pagar pelo dono do animal ou da coisa ao achador (prémio que, aliás, desde 2017 já nem se encontra legalmente previsto) ou ao apuramento da responsabilidade do gestor.

954 Segundo Sérvulo Correia (*Legalidade...*, pág. 770), a discricionariedade envolve sempre esta tarefa. Sobre os limites da tarefa de complementação da previsão normativa, M. Francisca Portocarrero, "Variações...", págs. 653-659.

955 O artigo 619º, nº 2 já não nos parece tão claro quanto à questão de saber se, sendo instantânea a prestação fixada na sentença, embora de execução diferida, o preceito é ainda aplicável.

como determinativas. Não apenas porque na sua previsão não se encontra qualquer referência ao uso de poderes discricionários ou de equidade pelo juiz – a nota distintiva de tais sentenças, segundo essa doutrina –, como também porque, como adiante se verá, a própria doutrina italiana aceitava a sujeição de certas sentenças não determinativas à cláusula *rebus sic stantibus*[956]. Diríamos que o artigo 619º, nº 2, se tem essencialmente em vista as sentenças determinativas, não exclui outras, cuja modificação por alteração das circunstâncias a lei permita, independentemente da margem de livre apreciação de tais circunstâncias para o efeito da declaração do direito, que haja sido conferida ao julgador aquando do proferimento dessas sentenças (poderá ser, por exemplo, o caso da sentença que constituiu servidão, à luz do disposto no artigo 1568º do CC, que regula a mudança de servidão[957]).

Este último exemplo também nos remete para outra conclusão: a de que as sentenças tidas em vista pelo artigo 619º, nº 2, do CPC (determinativas ou não) não são necessariamente as sentenças que condenem em prestações periódicas vincendas. Aliás, o carácter periódico das prestações não pode inferir-se da referência que aí é feita às prestações dependentes de circunstâncias especiais quanto à sua medida ou à sua duração: uma prestação instantânea pode também depender de circunstâncias especiais quanto à sua medida e as prestações de execução continuada podem igualmente depender de circunstâncias especiais quanto à sua medida ou à sua duração.

956 Assim, S. Costa (*infra*, § 10º, IV).

957 Sobre a acção destinada à alteração do modo de exercício de uma servidão (que pode visar, por exemplo, a "extensão duma servidão de passagem, só destinada à passagem de carros de bois e tractores agrícolas, a motociclos, automóveis e tractores não agrícolas"), veja-se RP, 22.06.2010, observando que "[e]sta alteração da amplitude ou modo de exercício da servidão, não havendo acordo das partes, só pode ser efectuada mediante acção judicial intentada para esse efeito, onde se aleguem e provem os factos exigidos para tal – os enumerados no artº 1568º do C. Civil". Veja-se, igualmente, RP, 31.05.2011, pressupondo que a acção destinada a obter a alteração da servidão não é a acção modificativa prevista no artigo 619º, nº 2, do CPC, mas uma autónoma acção declarativa, que se funda em causa de pedir diversa daquela que haja fundado anterior acção de reconhecimento do direito de servidão: com efeito, na primeira acção, "constituiu causa de pedir a alegação dos factos concretos integradores do direito de servidão de passagem (constituído por usucapião) que os autores pretendiam ver reconhecido/declarado pelo Tribunal e, bem assim, dos factos em que consubstanciavam a violação de tal direito por parte dos réus [...]. Estava, assim, ali em causa a demonstração dos pressupostos exigidos pelos arts. 1543º, 1544º, 1545º nº 1, 1547º nº 1 e 1548º, com referência aos arts. 1251º, 1260º nº 1, 1261º nº 1, 1262º, 1263º al. *a)*, 1268º nº 1 e 1296º, todos do CCiv., para que aquele direito pudesse ser declarado pelo Tribunal e para que os demandados pudessem ser condenados a reconhecê-lo e a aceitá-lo. Na presente acção a causa de pedir é subsumível ao preceituado no art. 1568º do CCiv., mais propriamente ao seu nº 3 (com referência ao nº 2), na parte em que se admite a alteração/mudança da servidão quanto ao modo do seu exercício, já que os autores alegam factos concretos [...] com que visam demonstrar a necessidade de alteração do modo de exercício do seu direito de (servidão de) passagem pelo dito portão [...], em virtude dessa mudança lhes trazer vantagens e não prejudicar os réus, proprietários do prédio serviente [...]".

Vejamos agora se é possível afirmar que o artigo 619º, nº 2 tem em vista, não propriamente as sentenças determinativas que condenem em prestações periódicas (pois algumas sentenças não determinativas podem ser ainda aí integradas), mas as sentenças que condenem em prestações relativas a dívidas de valor.

Existe um argumento que aponta para uma resposta afirmativa à questão da aplicabilidade do regime da acção modificativa a todas as sentenças de condenação em prestações periódicas vincendas, bem como em prestações fraccionadas, independentemente de dizerem respeito a dívidas de valor: o de que todos os contratos dos quais resultem obrigações de prestações periódicas vincendas ou de prestações fraccionadas se encontram sujeitos a modificação ou resolução por alteração das circunstâncias nos termos do artigo 437º do CC. Mas já vimos[958] que tal argumento não procede, porque a aplicação do regime consagrado neste preceito ao contrato considerado na sentença pode apenas significar que, se houver alteração das circunstâncias posterior ao proferimento da sentença, às partes é lícito invocar essa alteração em nova acção que proponham ou na oposição à execução (e não necessariamente na acção modificativa). Dito de outro modo: a relação porventura existente entre o regime do artigo 437º do CC e o do artigo 619º, nº 2, do CPC não se traduz na obrigatória utilização da via da acção modificativa sempre que certa sentença tenha apreciado dívida emergente de contrato susceptível de modificação ou resolução ao abrigo daquele primeiro preceito.

Os argumentos no sentido da não necessária articulação entre o artigo 619º, nº 2, do CPC e as dívidas de valor parecem-nos ser antes outros. Por um lado, literalmente, a referência à categoria das "prestações dependentes de circunstâncias especiais quanto à sua medida ou à sua duração", constante do artigo 619º, nº 2, do CPC, articula-se mal com a categoria das dívidas de valor, uma vez que estas são definidas, não pela medida ou duração da correspondente prestação, mas pelo objecto da prestação, que não é directamente dinheiro, mas uma prestação de outra natureza[959]: assim, por exemplo, se o tribunal condenou o inquilino a pagar as rendas vincendas, não parece poder dizer-se que é por estas rendas não constituírem dívidas de valor que a correspondente sentença não se enquadra na previsão do artigo 619º, nº 2, do CPC; do mesmo modo, se o tribunal condenou o fornecedor ou o comprador no pagamento das prestações futuras emergentes de um contrato de fornecimento; ainda, se o juiz condenou o réu no pagamento em prestações de uma dívida.

Por outro lado, a subtracção das dívidas de valor ao princípio do nominalismo monetário não significa que tais dívidas sejam actualizáveis após a liqui-

[958] *Supra*, § 6º, II, 2.*f*).

[959] Assim, STJ, 24.04.1990.

dação: como, a este propósito, salienta RIBEIRO DE FARIA[960], tendo presente o caso das indemnizações por perdas e danos prestadas na forma pecuniária, "se a actualização se faz até ao momento da fixação da indemnização, ela só se faz mesmo até aí: porque, a partir dessa data, todas as oscilações do valor da moeda são já da conta do credor dela". Ora, não sendo as dívidas de valor actualizáveis após a liquidação – pelo menos todas elas, porque nas hipóteses de indemnização sob forma de renda ou de alimentos, a lei expressamente faz intervir o princípio da actualização após esse momento (cfr. os artigos 567º e 2012º do CC)[961] –, não pode admitir-se que, através do mecanismo do artigo 619º, nº 2, do CPC tal actualização venha a final a ser obtida.

De tudo o que ficou exposto decorre que o artigo 619º, nº 2, do CPC *não tem em vista*:

a) Todas as sentenças de condenação em prestações periódicas vincendas;
b) Todas as sentenças determinativas;
c) Apenas as sentenças determinativas que condenem em prestações periódicas vincendas;
d) Todas as sentenças que condenem em dívidas de valor.

Abrange o artigo 619º, nº 2, do CPC, em suma, as sentenças determinativas que condenem em prestações periódicas vincendas ou em outras prestações relativamente às quais hajam sido ponderadas certas circunstâncias para o estabelecimento da respectiva medida ou duração, não excluindo, portanto, ao menos literalmente, as prestações instantâneas ou continuadas; a exclusão das prestações instantâneas parece, porém, decorrer da referência que, naquele preceito, é feita aos alimentos; a abertura do preceito a sentenças não determinativas parece depender de expressa previsão legal (isto é, de um concreto preceito permitindo a modificação, por alteração de circunstâncias, de certa sentença).

§ 7º Sentenças de condenação em prestações continuadas

I. Colocação do problema

Veremos agora se estão abrangidas no artigo 619º, nº 2, não só as sentenças de condenação em prestações periódicas, mas também as de condenação em prestações continuadas, conforme sugere a letra do preceito e acabámos de ver.

Exemplos de sentenças que condenam em prestações continuadas são tanto as sentenças inibitórias (que, concretamente, condenam em prestações de *non facere* de natureza continuada) como as sentenças que condenam em prestações de *dare* ou de *facere* de natureza continuada.

[960] J. Ribeiro de Faria, *Direito das obrigações*, vol. II, págs. 227-228.

[961] J. Ribeiro de Faria, *Direito das obrigações*, vol. II, págs. 223-224, e vol. I, págs. 515-516.

II. Sentenças inibitórias

1. Pretensões inibitórias. Sentenças inibitórias previstas na lei

As sentenças inibitórias têm por base pretensões inibitórias e acções inibitórias.

A pretensão inibitória pode, como observa F. BAUR[962], fundar-se no contrato ou na lei, podendo esta última, consoante o objecto da tutela, distinguir-se em: pretensão inibitória de negação (*negatorischer Unterlassungsanspruch*), quando tutela direitos absolutos, como é o caso daquela que, nos termos do § 1004, 1, 2, do BGB, assiste ao proprietário que teme a continuação de certos danos ao seu direito (preceito que tem alguma correspondência com o artigo 1346º do CC[963]); pretensão inibitória quase-negatória (*quasinegatorischer Unterlassungsanspruch*), quando tutela certos bens jurídicos reconhecidos pela lei, como sucede com aquela que, nos termos do § 12, 2, do BGB, assiste ao titular do direito ao nome; pretensão inibitória para a tutela de interesses individuais (*Unterlassungsanspruch zum Schutz von Individualbereichen*), não arvorados em direitos absolutos ou bens jurídicos.

A admissibilidade, em geral, da acção inibitória (ou a admissibilidade da tutela inibitória atípica) é problema muito debatido[964]. Face ao direito português, foi sustentada por VAZ SERRA[965], observando este Autor que, "[n]o que respeita aos direitos absolutos ou de exclusão, é a acção de abstenção plenamente justificada", sendo que também "os bens jurídicos, que sejam havidos como merecedores e necessitados de protecção pela acção de omissão, parece deverem ser protegidos com esta acção"; e, nomeadamente para os direitos da personalidade, parece, na verdade, ser especialmente indicada a tutela inibitória, atendendo a que o respectivo gozo é muitas vezes assegurado através de obrigações continuadas de *non facere*[966/967].

[962] F. Baur, "Zu der Terminologie...", pág. 381.

[963] O artigo 1346º do CC, relativo à emissão de fumo, produção de ruídos e factos semelhantes, determina que "[o] proprietário de um imóvel pode opor-se à emissão de fumo, fuligem, vapores, cheiros, calor ou ruídos, bem como à produção de trepidações e a outros quaisquer factos semelhantes, provenientes de prédio vizinho, sempre que tais factos importem um prejuízo substancial para o uso do imóvel ou não resultem da utilização normal do prédio de que emanam". Sobre este preceito e sobre o artigo 1347º do CC, veja-se Mafalda Carmona, *O acto...*, págs. 242-248, concluindo que "tendo sido a actividade – sujeita a reserva de autorização por ser potencialmente perigosa – autorizada, confia-se no juízo de prognose da Administração de que a actividade não irá provocar danos "não permitidos por lei". Porém, verificando-se que a previsão da Administração não se realiza, os danos não têm que ser suportados, pois não terá querido o legislador transferir para o vizinho o risco de erro nos juízos de prognose da Administração".

[964] Sobre este assunto, consulte-se, por exemplo, C. Rapisarda, *Profili...*, págs. 96 e seguintes.

[965] Vaz Serra, "Obrigação de indemnização...", págs. 272 e 276-277.

[966] Assim, A. Proto Pisani, "La tutela...", págs. 4 e 7-8. Sobre os vários direitos susceptíveis de tutela inibitória, veja-se, ainda, C. Rapisarda, *Profili...*, págs. 82-87.

[967] Como assinala G. Lüke ("Die Prozessführungsbefugnis", págs. 20-21, e "Zum zivilprozessualen...", pág. 303), o direito processual civil parte da consideração de que toda a pretensão emergente do direito

A lei portuguesa contempla, em várias disposições, acções e sentenças inibitórias.

Assim, o artigo 70º, nº 2, do CC – nos termos do qual "[i]ndependentemente da responsabilidade civil a que haja lugar, a pessoa ameaçada ou ofendida pode requerer as providências adequadas às circunstâncias do caso, com o fim de evitar a consumação da ameaça ou atenuar os efeitos da ofensa já cometida" – prevê, na sua primeira parte, uma acção de condenação inibitória, a qual se caracteriza, usando a terminologia de RUI PINTO[968], pela circunstância de o autor pedir uma tutela para os efeitos futuros de um evento ilícito que ainda não se exauriu ou que ainda vai ocorrer, distinguindo-se da acção de condenação repristinatória (prevista na parte final do mesmo preceito), por, nesta, o autor pedir uma tutela para os efeitos presentes e passados de um evento ilícito ainda não exaurido.

Estas acções de condenação, inibitórias ou repristinatórias, seguem depois os termos do processo especial de tutela da personalidade previsto nos artigos 878º e seguintes do CPC. Este processo encontrava-se, no código anterior, inserido na jurisdição voluntária (veja-se os artigos 1474º e 1475º do CPC de 1961), mas, mesmo face a tal regime, e segundo se depreende de um Acórdão do Supremo Tribunal de Justiça de 16 de Maio de 2000, não era de excluir a possibilidade de tutela da personalidade através da forma comum de processo, nomeadamente quando estivesse em causa o direito à saúde e ao repouso[969].

O já referido artigo 1346º do CC, relativo à emissão de fumo, produção de ruídos e factos semelhantes, bem como o artigo 1278º do mesmo Código, na parte em que prevê a acção de manutenção da posse, prevêem igualmente acções inibitórias.

O artigo 25º do Decreto-Lei nº 446/85, de 25 de Outubro (que institui o regime jurídico das cláusulas contratuais gerais) prevê também uma acção inibitória nos seguintes termos: "As cláusulas contratuais gerais, elaboradas para utilização futura, quando contrariem o disposto nos artigos 15º, 16º, 18º, 19º, 21º e 22º podem ser proibidas por decisão judicial, independentemente da sua inclu-

material pode ser feita valer através da acção de condenação, cuja concreta configuração é tão abrangente quanto o leque das próprias pretensões de direito material; não estando, porém, prevista no ordenamento a possibilidade de propor certa acção (ou seja, não sendo certa acção *statthaftig*), deve esta ser rejeitada, por inadmissível (porque a *Statthaftigkeit* é condição da *Zulässigkeit* da acção). Nesta linha de raciocínio, nada exclui, em princípio, a tutela inibitória.

968 Rui Pinto, *A questão de mérito*..., págs. 371-381.

969 Na situação analisada pelo Supremo no referido acórdão, estavam em causa ruídos e cheiros provocados pela laboração de uma lavandaria instalada por baixo da residência do autor, sendo que este moveu acção declarativa com processo ordinário contra a mesma lavandaria, pedindo a suspensão da respectiva laboração. Em Itália, criticamente em relação à adopção do "modelo camaral", isto é, dos *procedimenti in camera di consiglio* disciplinados nos artigos 737 e seguintes do c.p.c., quando se esteja perante a tutela da personalidade, A. Proto Pisani, "La tutela...", págs. 11-12.

são efectiva em contratos singulares.". E, de acordo com o artigo 29º do mesmo diploma (relativo à forma de processo e isenções, "[a] acção destinada a proibir o uso ou a recomendação de cláusulas contratuais gerais que se considerem abusivas segue os termos do processo sumário de declaração e está isenta de custas", excedendo o respectivo valor 0,01 euro ao fixado para a alçada da Relação. A sentença inibitória vem depois regulada no artigo 30º, que, sob a epígrafe "Parte decisória da sentença", estatui que "[a] decisão que proíba as cláusulas contratuais gerais especificará o âmbito da proibição, designadamente através da referência concreta do seu teor e a indicação do tipo de contratos a que a proibição se reporta" (nº 1) e que "[a] pedido do autor, pode ainda o vencido ser condenado a dar publicidade à proibição, pelo modo e durante o tempo que o tribunal determine". Finalmente, as consequências da proibição definitiva (nomeadamente, a proibição de inclusão das cláusulas em contratos que o demandado venha a celebrar) encontram-se previstas no artigo 32º, e, no artigo 33º, a sanção pecuniária compulsória em que incorre o demandado, que, "vencido na acção inibitória, infringir a obrigação de se abster de utilizar ou de recomendar cláusulas contratuais gerais que foram objecto de proibição definitiva por decisão transitada em julgado".

Registe-se, ainda, a acção e sentença inibitória previstas na Lei nº 24/96, de 31 de Julho, e destinadas, nos termos do seu artigo 10º, nº 1, a "prevenir, corrigir ou fazer cessar práticas lesivas dos direitos do consumidor" consignados na mesma lei, que, nomeadamente, atentem contra a sua saúde e segurança física, se traduzam no uso de cláusulas gerais proibidas ou consistam em práticas comerciais expressamente proibidas por lei; a acção inibitória em matéria de protecção dos interesses dos consumidores seria ainda regulada pela Lei nº 25/2004, de 8 de Julho, que procedeu à transposição para o direito interno da Directiva nº 98/27/CE, do Parlamento Europeu e do Conselho, de 19 de Maio, relativa às acções inibitórias em matéria de protecção dos interesses dos consumidores.

Em outros ordenamentos, prevêem-se outras modalidades de sentenças inibitórias. Nesta categoria parece ainda dever incluir-se a denominada *sentença mandamental* ou provimento mandamental, muito tratada na doutrina brasileira, de que constituem exemplos o mandado de segurança ou a sentença que ordena a certa emissora de televisão que não exiba determinado anúncio: tal sentença ou provimento caracteriza-se por conter uma ordem, por a sua efectivação depender de actos a serem praticados pelo demandado ou por um terceiro e por estabelecer sanções para o não cumprimento da ordem pelo destinatário[970].

[970] Assim, R. Barioni, "Efetivação...", nº s 2 e 3. Entendendo, porém, que a sentença mandamental é apenas instituto análogo ao mandado de segurança (e não propriamente um seu tipo integrador), M. J. M. Bonicio, "Considerações...". Pontes de Miranda (*Tratado das ações*, pág. 211) considera, por seu lado, que a sentença mandamental traduz uma categoria própria, não se confundindo com as constitutivas,

2. Modificabilidade da decisão judicial que proíbe o uso ou a recomendação de cláusula contratual geral e de outras decisões inibitórias

O Decreto-Lei nº 446/85, de 25 de Outubro não prevê a modificação, por alteração das circunstâncias, da decisão judicial que proíbe o uso ou a recomendação de cláusula contratual geral, dando mesmo o já mencionado artigo 32º deste diploma (relativo às consequências da proibição definitiva) a entender que tal modificação não é possível, pois parece pressupor que a proibição vale indefinidamente. Com efeito, este preceito determina que a cláusula não pode ser incluída em contratos que o demandado *venha a celebrar*, nem pode *continuar a ser recomendada*, bem como que é invocável *a todo o tempo* a declaração incidental de nulidade contida na decisão inibitória.

Relativamente à modificabilidade de outras sentenças inibitórias, é também omisso o direito positivo português.

Face a esta omissão, é importante ter presente a discussão em outros ordenamentos e, mais uma vez, sobretudo a doutrina alemã, já que esta tem discutido a questão de saber se as sentenças inibitórias estão sujeitas ao regime do § 323 da ZPO (sendo certo que este preceito não lhes faz expressa referência).

Grunsky[971], ao analisar a eficácia temporal da sentença inibitória da utilização de certas cláusulas contratuais gerais, conclui que – não obstante o princípio segundo o qual a alteração da lei não afecta o caso julgado – a respectiva ordem de abstenção cede, não só perante nova decisão do BGH – nos termos do (anterior) § 19 da AGBG (e actual § 10 da UKlaG)[972] –, mas também perante a

condenatórias ou meramente declarativas. Em geral, sobre a tutela inibitória no direito brasileiro, que "diz respeito à ação ilícita continuada, e não ao ilícito cujos efeitos perduram no tempo", veja-se L. G. Marinoni, *Tutela inibitória*.... Supomos que a categoria da sentença mandamental remonta à *Anordnungsurteil* do direito alemão (identicamente, H. Zaneti Junior, *A eficácia*..., 1.), que, segundo alguma doutrina (veja-se, por exemplo, G. Kuttner, *Urteilswirkungen*..., págs. 21-25, assinalando como exemplo a sentença proferida na procedência da oposição à execução), também não se confundiria com a sentença de simples apreciação, condenatória ou constitutiva. Criticando a autonomização desta sentença, G. Lüke ("Zum zivilprozessualen...", pág. 302), que nomeadamente refere que o caso da oposição à execução traduz o exercício de uma acção constitutiva processual.

[971] W. Grunsky, "Zur zeitlichen Wirkung...", págs. 328-330.

[972] O § 19 da AGBG (*Gesetz zur Regelung des Rechts der Allgemeinen Geschäftsbedingungen*, de 9 de Dezembro de 1976) admitia que, na oposição à execução de sentença que proibisse o uso de certa cláusula contratual geral, se alegasse, verificados certos requisitos, a prolação de posterior acórdão do BGH não proibitivo do uso de tal cláusula. A norma correspondente ao § 19 da AGBG é, actualmente, a do § 10 da UKlaG (*Unterlassungsklagengesetz*, ou, mais propriamente, *Gesetz über Unterlassungsklagen bei Verbraucherrechts- und anderen Verstössen*), que prevê a possibilidade de dedução de uma excepção consistente numa decisão judicial divergente (*Einwendung wegen abweichender Entscheidung*), nos seguintes termos: "Der Verwender, dem die Verwendung einer Bestimmung untersagt worden ist, kann im Wege der Klage nach § 767 der Zivilprozessordnung einwenden, dass nachträglich eine Entscheidung des Bundesgerichtshofs oder des Gemeinsamen Senats der Obersten Gerichtshöfe des Bundes ergangen ist, welche die Verwendung dieser Bestimmung für dieselbe Art von Rechtsgeschäften nicht untersagt, und dass die Zwangsvollstreckung

nova *lei* que faça cessar ou discipline de modo diverso o dever de abstenção estabelecido na sentença: o que se justifica pela circunstância de a decisão sobre a pretensão ter sido proferida num momento em que esta ainda não se constituiu. Mas a nova lei deverá, segundo o Autor[973], ser invocada na oposição à execução – e não através da via da *Abänderungsklage* –, uma vez que a mesma implica a total extinção da pretensão.

Nestes casos, porém, e como sublinha Remo Caponi[974], não se coloca um problema de violação do caso julgado, porque a referência temporal deste, quanto ao direito aplicável, é dada pelo momento da publicação da sentença: assim sendo, a via da *Abänderungsklage* não é, por natureza, a indicada.

O que cumpre, então, perguntar é se – não se pretendendo fazer valer alteração de lei ou de jurisprudência – a sentença inibitória é modificável, nos termos do § 323 da ZPO, por alteração de alguma outra circunstância.

A este propósito, refere Petzoldt[975] que, não obstante a eficácia duradoura da sentença inibitória a equiparar, numa primeira aproximação, à sentença de condenação em prestações periódicas vincendas, o paralelismo é apenas aparente, porque no caso da pretensão inibitória de base negocial não constituem seus fundamentos factos ainda não existentes, cuja ocorrência futura seja prognosticada pelo juiz (característica que, como já se referiu, é típica da pretensão a que alude o § 258 da ZPO)[976], e no caso da pretensão inibitória de base legal (por exemplo, a prevista no § 1004, 1, 2, do BGB, já referida, que assiste ao proprietário) devem também estar preenchidos, no momento da condenação, todos os pressupostos de facto da pretensão, não ocorrendo, como tal, qualquer juízo de prognose sobre os factos (nomeadamente sobre o comportamento futuro do réu)[977] ou, pelo menos, qualquer necessidade de correcção posterior de um juízo de prognose, atendendo a que, havendo lugar a tal juízo (como sucede quando o "perigo" constitui elemento do tipo legal da pretensão), o mesmo serve unicamente para fundar a existência actual da pretensão.

aus dem Urteil gegen ihn in unzumutbarer Weise seinen Geschäftsbetrieb beeinträchtigen würde". Sobre o § 19 da AGBG e a possibilidade da sua aplicação analógica a outras sentenças, veja-se nomeadamente: M. Grosch, *Rechtswandel...*, págs. 217-239 e 328-331; H. F. Gaul, "Die Erstreckung...", págs. 997-1003; Stein/Jonas/Leipold[22], § 322, 257.

973 W. Grunsky, "Zur zeitlichen Wirkung...", pág. 330.

974 Remo Caponi, *L'efficacia...*, pág. 169.

975 T. M. Petzoldt, *Die Rechtskraft...*, págs. 33-37.

976 Como refere o mesmo Autor (*idem*, págs. 34-35), não revestem esta qualidade, por exemplo, a condição ou o termo resolutivo a que esteja submetido um pacto de não concorrência, nem evidentemente o próprio pacto: assim, a posterior verificação da condição ou do termo, ou a revogação do pacto, constituirão factos novos, não integrados no objecto do primeiro processo.

977 Tal juízo nomeadamente não ocorre, segundo o Autor (*idem*, págs. 35-36), quando a lei exige, para o decretamento da inibição, uma "ameaça de lesão". Sobre esta ameaça (actual) de lesão, de que constitui indício uma precedente lesão, veja-se W. Münzberg, "Bemerkungen...", pág. 690.

Estas diferenças entre as sentenças inibitórias e as sentenças que condenam em prestações periódicas vincendas são também acentuadas em Acórdão do *Bundesgerichtshof* de 14 de Março de 2008, aí servindo para concluir que àquelas primeiras sentenças não é aplicável o regime do § 323 da ZPO – por, embora determinarem um comportamento futuro do devedor[978], o respectivo caso julgado se cingir ao passado, não se estendendo à continuidade futura da pretensão inibitória nem, consequentemente, encerrar o risco de um erro de prognose –, entendimento que é, de acordo com este Tribunal, o da doutrina dominante[979]; às sentenças inibitórias apenas seria aplicável o disposto no § 767 da ZPO (oposição à execução), quando as mesmas fossem dadas à execução, com fundamento em extinção posterior da pretensão inibitória subjacente ao título.

Face ao direito espanhol, que regula as condenações em obrigação de não fazer (ou seja, as condenações na abstenção de certa conduta ou em suportar a conduta de outrem) nos artigos 699º, 700º e 710º da LEC, consideram López Simo / Cavanillas Múgica / Gascón Inchausti[980] que, nos casos em que essas acções não pressuponham um incumprimento já verificado (é o caso da acção destinada a obter uma ordem judicial de não publicação de certo livro cujo conteúdo é lesivo da honra do demandante), é visível a semelhança com as acções de condenação *in futurum* no ponto em que também se fundam no temor da lesão futura do direito (além de partilharem, com estas acções, a característica de se destinarem à obtenção de uma sentença que estende a sua eficácia em relação ao futuro comportamento do demandado): todavia, a sentença inibitória, ainda que contenha uma obrigação negativa de trato sucessivo, é imediatamente

978 Esta característica (condenação num comportamento futuro) prende-se com a função da acção inibitória: a de prevenir futuras lesões do direito (cfr. P. Böhm, *Unterlassungsanspruch*..., págs. 52-60 e 68-69).

979 A tese que considera que as sentenças inibitórias não se encontram sujeitas à acção modificativa é designadamente partilhada por: K. Schellhammer, *Zivilprozess*..., pág. 107; *MünchKommZPO*/Gottwald, § 323, 18; Musielak/Musielak, *ZPO*, § 323, 5; H. Thomas / H. Putzo, *Zivilprozessordnung*, § 323, nota 18; Stein/Jonas/Leipold[22], § 323, 22; Rosenberg/Schwab/Gottwald, *Zivilprozessrecht*, 17ª ed., § 158, 11; H. Rüssmann, "Die Bindungswirkungen...", págs. 692-698; A. Zeuner, "Gedanken...", págs. 312-313 (e "Zur Rechtskraftwirkung...", sobre a referência temporal do caso julgado das sentenças inibitórias). A tese que, pelo contrário, admite tal sujeição, nomeadamente por via da analogia, é, entre outros Autores, a de: M. Grosch, *Rechtswandel*..., págs. 363-379 (tendencialmente favorável a esta tese, veja-se J. Braun, "Marcus Grosch...", págs. 386-387); H. Oetker, "Die materielle...", págs. 10-22; F. Völp, "Änderung...", págs. 488-489 e 492-493 (considerando que a oposição à execução deve ficar reservada para as hipóteses em que a pretensão inibitória se extingue como consequência automática da eliminação do fundamento da pretensão – eliminação que se verificará nomeadamente quando o prazo de protecção do direito é ultrapassado –, e, bem assim, qualificando como alteração essencial das circunstâncias, justificativa da proposição de acção modificativa, a alteração da lei que expressamente venha a permitir a prática de acto que a sentença inibitória proibiu).

980 F. López Simo / S. Cavanillas Múgica / F. Gascón Inchausti, *Las condenas de futuro*, págs. 47-50 e 96.

exequível, não sendo necessário esperar pela lesão ou pelo incumprimento para, por exemplo, requerer ao juiz que ordene ao devedor condenado a imediata cessação dos actos preparatórios da lesão do dever de omissão.

Face ao direito italiano, já CRISTOFOLINI tecia algumas considerações a propósito das sentenças que *declaram obrigações de omissão*: segundo este Autor[981], teria eficácia retroactiva o *accertamento* da obrigação nelas contido – obrigação que "é normalmente anterior à sentença, mesmo se destinada a subsistir também no futuro" –, e seria possível, em relação a tais sentenças, invocar factos posteriores que modifiquem ou extingam a obrigação: deduzimos que tais factos seriam, na sua perspectiva, invocáveis através das vias normais, isto é, em nova acção ou na oposição à execução. FRIGNANI[982], por seu lado, acentua que a acção inibitória, embora se baseie no passado (para o efeito de determinar a existência de perigo e a probabilidade de repetição do ilícito), dirige-se ao futuro e não ao passado (pois tem em vista actos susceptíveis de repetição no futuro, isto é, ilícitos continuativos). Finalmente, MONTESANO[983] salienta a impossibilidade da condenação *in futurum* numa obrigação de abstenção, porque a condenação numa abstenção pressupõe a violação de um dever. Ora todas estas observações são importantes, porque permitem estabelecer certas semelhanças e diferenças entre a acção inibitória e a acção de condenação *in futurum*, relevantes para o problema da modificabilidade das respectivas decisões.

Retornando ao direito português, e tomando como exemplo a já mencionada sentença inibitória do uso ou recomendação de cláusulas contratuais gerais, prevista nos artigos 25º e 30º do Decreto-Lei nº 446/85, de 25 de Outubro, julgamos que a sua sujeição ao disposto no artigo 619º, nº 2, do CPC só poderia resultar da existência de alguma essencial semelhança com as sentenças aqui previstas, o que não nos parece que ocorra.

Como vimos, estas sentenças caracterizam-se por o conteúdo da situação jurídica nelas declarada ser moldado pelo julgador, em função das circunstâncias – o que nos remeteu para a categoria das sentenças determinativas e para a problemática (particularmente estudada no direito administrativo) do preenchimento de conceitos jurídicos indeterminados e do uso de poderes discricionários, e, bem assim, nos permitiu uma aproximação à doutrina alemã que, no regime do § 323 da ZPO, descobre a função de correcção de *juízos de prognose*; admitimos também a hipótese de o artigo 619º, nº 2, do CPC ser ainda aplicável às sentenças (não determinativas) cuja modificação por alteração das circunstâncias a lei especificamente preveja.

981 G. Cristofolini, "Efficacia della sentenza...", pág. 317.

982 A. Frignani, "Inibitoria...", págs. 560 e 573, e "Azione...", págs. 653 e 655-657.

983 L. Montesano, *Condanna civile...*, págs. 193-194.

Ora, no caso da sentença inibitória do uso ou recomendação de cláusulas contratuais gerais, verifica-se que a mesma é proferida quando o juiz constate a violação, pelas cláusulas, do disposto nos artigos 15º, 16º, 18º, 19º, 21º ou 22º do Decreto-Lei nº 446/85, de 25 de Outubro. E, embora estes preceitos por vezes apelem para conceitos jurídicos indeterminados (assim, por exemplo, o artigo 19º considera relativamente proibida a cláusula que estabeleça, a favor de quem a predisponha, um *prazo excessivo* para a aceitação ou rejeição de propostas, bem como a cláusula que estabeleça um foro competente que envolva *graves inconvenientes* para uma das partes, sem que os interesses da outra o justifiquem), certo é que tal indeterminação se verifica apenas no aspecto da qualificação da cláusula como proibida, não se reflectindo na aferição dos pressupostos da própria pretensão inibitória. Quer dizer: se o juiz possui margem de livre apreciação para o efeito de declarar se certa cláusula é proibida ou não[984], já não a possui para o efeito de condenar o réu a abster-se de certa conduta, uma vez que o pressuposto do correspondente direito do autor se encontra rigidamente estabelecido (o ser a cláusula proibida).

Assim sendo, não se justifica a alteração, por modificação das circunstâncias, da sentença inibitória do uso ou recomendação de cláusulas contratuais gerais: sobre o pressuposto em que assentou o direito do autor não pode ter incidido qualquer erro de prognose susceptível de ser corrigido, pois se a cláusula deixou de ser proibida, tal não se terá ficado a dever a um erro relacionado com o desenrolar futuro dos acontecimentos, mas a um acontecimento por natureza inabarcável pela prognose (por exemplo, uma alteração legislativa). E se se vem a verificar que não subsiste o pressuposto em que assentou o juízo sobre a ilicitude da cláusula (porque o *prazo excessivo* ou os *graves inconvenientes*, a que a lei alude e que já referimos, não podem agora ser afirmados), tal afectará directamente aquele juízo e só indirectamente a decisão inibitória.

E valerão estas considerações em relação às restantes sentenças inibitórias? Tomando agora como exemplo a sentença prevista no artigo 70º, nº 2, do CC, a que já se aludiu, bem como, em geral, qualquer sentença inibitória que pressuponha um juízo sobre o perigo de lesão de um direito, ou uma ameaça para um direito (não se cingindo à mera constatação da prática de um acto ilícito, como parece suceder, por exemplo, com a sentença a que alude o artigo 210º do Código do Direito de Autor e dos Direitos Conexos, aprovado pelo Decreto-Lei nº 63/85, de 14 de Março[985]), já temos mais dúvidas sobre a não equiparação dessas sentenças às previstas no artigo 619º, nº 2, do CPC.

[984] Em Itália, discute-se se a sentença inibitória do uso de certas cláusulas contratuais gerais reconhece, de modo vinculativo, o carácter abusivo da cláusula; respondendo negativamente, E. Marinucci, "Gli effetti...", esp. págs. 228-233.

[985] Este preceito, sob a epígrafe "Identificação ilegítima", determina que "[o] uso ilegítimo do nome literário ou artístico ou de qualquer outra forma de identificação do autor confere ao interessado o

É certo que sempre se poderá afirmar, na esteira de PETZOLDT, cuja opinião já referimos, que a prognose que o juiz eventualmente faça aquando do proferimento de tais sentenças serve apenas para fundar uma pretensão actual e não uma pretensão futura[986]: diversamente do que sucede com a sentença de alimentos, em que a necessidade do credor e as possibilidades do devedor são ponderadas para o efeito de declarar o direito a uma prestação que não é ainda exigível (e que, em princípio, só seria exercido no momento em que tal necessidade efectivamente surgisse), a sentença inibitória a que se refere o artigo 70º, nº 2, do CC e outras sentenças inibitórias semelhantes (pode ser, por exemplo, o caso, previsto no artigo 10º, nº 1, alínea *a)*, da Lei nº 24/96, de 31 de Julho, da sentença inibitória proferida em acção destinada a prevenir, corrigir ou fazer cessar uma prática que atente contra a saúde e segurança física do consumidor) ponderam o perigo para declarar um dever de abstenção cujo cumprimento pode ser já exigido.

Todavia, não nos parece que esta diferença impossibilite a aplicação, a estas sentenças, do regime da modificação do caso julgado por alteração das circunstâncias. Por quatro razões: em primeiro lugar, a sentença inibitória a que se refere o artigo 70º, nº 2, do CC estava, no Código anterior, sujeita ao disposto no artigo 1411º, nº 1, do CPC de 1961 (actual artigo 988º, nº 1, do CPC), que, recorde-se, versava sobre a alterabilidade, com fundamento em circunstâncias supervenientes, das resoluções da jurisdição voluntária) – atendendo à regulação do correspondente processo nos então artigos 1474º e 1475º do CPC (ou seja, no âmbito dos processos de jurisdição voluntária) e à inexistência de qualquer motivo para que aquele regime lhe não fosse aplicável (na verdade, o artigo 1411º, nº 1, do CPC de 1961, tal como, de resto, o artigo 988º, nº 1, do CPC actual,apenas parecia pressupor uma resolução cujos efeitos ainda subsistissem, o que sucede com aquela sentença inibitória) –, pelo que qualquer outra sentença inibitória devia também, em princípio, ser susceptível de modificação por alteração das circunstâncias (e não vemos qualquer razão para que tal regime tivesse sido alterado pelo novo Código, que se limitou a deslocar o processo de tutela da personalidade da jurisdição voluntária); em segundo lugar, nem o artigo 619º, nº 2 nem o artigo 282º, nº 2 do CPC aludem à inexigibilidade da obrigação definida na sentença, apenas mencionando o seu carácter duradouro, e a concessão de tutela inibitória normalmente supõe a verificação de um comportamento ilícito que se concretiza numa actividade de carácter continuado, ou numa pluralidade de actos suscep-

direito de pedir, além da cessação de tal uso, indemnização por perdas e danos". A sentença que ordene a referida cessação de uso não parece, na verdade, envolver qualquer juízo de perigo.

[986] H. Rüssmann ("Die Bindungswirkungen...", pág. 696) salienta uma constatação semelhante: a de que a sentença inibitória não decide, com força de caso julgado, sobre a continuação da existência da pretensão.

tíveis de repetição[987]; em terceiro lugar, e como sublinha OETKER[988], a favor da extensão às sentenças inibitórias (e, na sua perspectiva, a qualquer sentença que verse sobre obrigações duradouras), da regra atinente à modificação, por alteração das circunstâncias, do caso julgado material, pode invocar-se o lugar paralelo da consideração, no direito administrativo, da alteração das circunstâncias, para o efeito da modificação de actos administrativos de eficácia duradoura[989]; finalmente, e ainda seguindo o referido Autor[990] e RÜSSMANN[991], no caso das sentenças inibitórias, o réu condenado a um dever de omissão não pode deduzir oposição à execução do comando "não fazer" mediante invocação do cumprimento desse mesmo comando, pois continua obrigado à omissão[992] e, bem assim, não pode deduzir, na oposição à execução, e em regra, a excepção de caducidade, atendendo a que a pretensão inibitória normalmente não está sujeita a um prazo.

Estas razões parecem-nos suficientes para admitir, em princípio, a aplicação do regime do artigo 619º, nº 2, do CPC às sentenças inibitórias.

III. Outras sentenças de condenação em prestações continuadas

As sentenças de condenação em prestações, de *dare* ou de *facere*, de natureza continuada (constituindo exemplo das primeiras a sentença que condena o locador a proporcionar ao locatário o gozo da coisa e, das segundas, a sentença que condena o réu a prestar um certo serviço ao autor) não se encontram expressamente previstas no artigo 557º, nº 1, do CPC, embora, se se considerar que este preceito lhes é aplicável, tal pareça funcionar como argumento no sentido de que tam-

987 Assim, C. Rapisarda, *Profili...*, pág. 90.

988 H. Oetker, "Die materielle...", págs. 17-19.

989 Veja-se a referência que se fez à modificação destes actos (*supra*, § 1º, I, 3.).

990 H. Oetker, "Die materielle...", pág. 22.

991 H. Rüssmann, "Die Bindungswirkungen...", págs. 679-680.

992 Tal impossibilidade não parece resultar, no direito português, do disposto nos artigos 876º e 877º do CPC, uma vez que a oposição à execução da obrigação de prestação de facto negativo pode ter como fundamento o cumprimento, dada a remissão do artigo 876º, nº 2, do CPC também para o artigo 729º, alínea *g*), do mesmo Código. No entanto, se bem se reparar, tal remissão não pode significar que o dever de omissão se extinguiu com o seu cumprimento pretérito, mas apenas que a execução se extingue por não verificação do seu pressuposto (violação da obrigação). Nesta medida, pode sustentar-se que, na oposição à execução da obrigação de prestação de facto negativo, quando este seja continuado, sofrem atenuação os meios de defesa do devedor, porque o devedor não pode verdadeiramente deduzir oposição à execução daquela obrigação, que persiste. No contencioso administrativo, prevêem-se igualmente sentenças inibitórias no artigo 37º, nº 1, alíneas *c*) e *h*), e 109º, nº 1 do CPTA, embora também a possibilidade de a Administração invocar causa legítima de inexecução antes mesmo da instauração da execução pelo particular (cfr. o artigo 163º, nº 3, do CPTA): nesta medida, parece que a oposição da Administração não está condicionada à prévia violação do dever de omissão nem a Administração impedida de alegar, na fase da execução da sentença, a insubsistência do dever de omissão (se bem que a lei não esclareça quais as concretas causas legítimas de inexecução, nomeadamente a inclusão, ou não, da alteração das circunstâncias nessas causas).

bém lhes é aplicável o disposto no artigo 619º, nº 2, do CPC, podendo, consequentemente, ser modificadas na eventualidade de alteração das circunstâncias.

Face ao direito espanhol, F. López Simo / S. Cavanillas Múgica / F. Gascón Inchausti[993] consideram que o artigo 220º da LEC, relativo à condenação em prestações periódicas vencidas e vincendas, pode ser analogicamente aplicado às obrigações de fornecimento de água, gás, energia eléctrica, telefone, acesso a bases de dados ou à *Internet*, ou asseguramento ao credor do pacífico uso do bem ou do direito do devedor (entre outras): nestes casos, a condenação teria como objecto o cumprimento, futuro e contínuo, da prestação devida (embora a condenação assuma, muitas vezes, uma formulação negativa: por exemplo, abster-se de cortar o fornecimento), dependendo a admissibilidade da correspondente acção da prática, pelo devedor, de actos preparatórios da infracção do dever de prestar.

Perante o direito português, não repugna também estender, nestes termos, o regime do artigo 557º, nº 1, do CPC às prestações continuadas, embora nos pareça que tal extensão não significa necessariamente a aplicação, às sentenças que condenem nessas prestações, do regime do artigo 619º, nº 2.

Em relação às sentenças que condenem em alimentos, e sendo nelas estabelecido que a obrigação deve ser cumprida de forma diversa da da pensão, por exemplo, em casa e companhia do obrigado (cfr. o artigo 2005º, nº 2, do CC) – situação em que a obrigação de alimentos tem ainda como conteúdo uma prestação de *dare* (se bem que de coisa diversa de dinheiro), que é, todavia, diversamente da prestação pecuniária, uma prestação de execução continuada[994]/[995] –, julgamos que nada obsta à respectiva alteração nos termos do artigo 619º, nº 2, do CPC. Não só, na verdade, este preceito não pressupõe uma condenação em prestações periódicas, como a prestação fixada dependeu, tal como aqui se exige, de circunstâncias especiais que influíram na sua medida e na sua duração (pois no caso dos alimentos a respectiva medida deve ser sempre ponderada em função da necessidade do credor e das possibilidades do devedor, nos termos do artigo 2004º do CC[996]); e à aplicação do artigo 619º, nº 2, do CPC não se opõe igual-

[993] F. López Simo / S. Cavanillas Múgica / F. Gascón Inchausti, *Las condenas de futuro*, págs. 114-115.

[994] Assim, J. P. Remédio Marques, *Algumas notas...*, pág. 113, nota 154.

[995] Vaz Serra ("Obrigação de alimentos", pág. 149) considera ainda possível a prestação dos alimentos mediante colocação do alimentando numa pensão ou instituto de assistência, hipóteses que hoje parecem cobertas pelo disposto no artigo 2005º, nº 1, parte final, do CC. Mas, como salienta L. P. Moitinho de Almeida (*Os alimentos...*, pág. 20), "[p]ara que os alimentos não sejam decretados como pensão é necessário que se justifique a impossibilidade de os prestar de tal modo". No direito italiano também se discute se são ou não taxativos os modos de fixação dos alimentos previstos na lei (sobre o problema, e avançando uma resposta afirmativa, veja-se T. A. Auletta, "Alimenti...", pág. 8).

[996] Deduz-se do artigo 2004º do CC que a medida dos alimentos não se confunde com o montante dos alimentos, porque interessa apurar a medida dos alimentos mesmo que estes não devam ser prestados

mente a não previsão, no artigo 2012º do CC, da alteração dos alimentos fixados, quando estes não sejam prestados sob forma de prestação pecuniária[997], pois essa não previsão decorre da circunstância de os alimentos deverem, em regra, ser fixados em prestações pecuniárias mensais (cfr. o artigo 2005º, nº 1, do CC).

Em relação, porém, a outras sentenças que condenem em prestações de execução continuada, só casuísticamente se deverá reconhecer a aplicabilidade do regime do artigo 619º, nº 2, do CPC: tal como observámos a propósito das sentenças inibitórias, se o seu proferimento não envolveu o preenchimento de qualquer conceito jurídico indeterminado ou o uso de qualquer poder discricionário, tal aplicabilidade deverá, em princípio, ser negada.

§8º Sentenças de condenação numa prestação instantânea futura

I. Colocação do problema

O artigo 619º, nº 2, do CPC, ao aludir às sentenças de condenação em alimentos, que são normalmente prestados sob forma de prestações periódicas, parece pressupor que a sentença modificanda tem como objecto necessário prestações periódicas, não podendo incidir sobre prestações futuras instantâneas e, portanto, articular-se com o disposto no artigo 557º, nº 2, pelo menos na parte em que este preceito regula o pedido de condenação em prestações futuras instantâneas; por identidade de razões, o artigo 619º, nº 2, do CPC também não parece poder articular-se com o disposto no artigo 610º, nºs 1 e 2, alínea *a)*, do CPC, quando, com base neste preceito, seja proferida sentença de condenação *in futurum* de uma prestação instantânea.

O problema é também discutido na Alemanha, a propósito da aplicabilidade do § 323 da ZPO aos casos regulados nos §§ 257 e 259 da ZPO (respectivamente, pedido de condenação numa prestação futura e pedido de condenação, por suspeita de incumprimento, numa prestação futura), aos quais, aliás, já fizemos referência[998].

Vejamos, porém, e antes do mais, a que realidades se pode reportar a sentença de condenação numa prestação instantânea futura: e como o preceito legal que imediatamente parece estar em causa é o artigo 557º, nº 2, do CPC, convém começar por aqui a análise.

sob forma de prestações pecuniárias: no entanto, quando os alimentos devam ser prestados desta forma, o respectivo montante é também a medida dos alimentos.

[997] No artigo 2012º do CC apenas se alude à *redução*, ao *aumento* e à adstrição de outras pessoas à obrigação de alimentos, o que parece significar que a alteração dos alimentos fixados só é possível quando estes tenham sido fixados sob forma de prestações pecuniárias.

[998] *Supra*, § 6º, II, 2. *i)*.

II. Pedido de condenação em prestações futuras (artigo 557º, nº 2, do CPC)
O pedido de condenação em prestações futuras regulado no artigo 557º, nº 2, do CPC não se refere necessariamente a prestações instantâneas, embora às prestações periódicas se reporte apenas o nº 1 do mesmo preceito: ponto é que o crédito que se pretende fazer valer, embora inexigível, seja já existente[999].

Assim, VAZ SERRA[1000] provavelmente enquadraria no artigo 557º, nº 2, do CPC – na medida em que lhe aplicava a regra do artigo 276º, 2, do CPC de 1939, de conteúdo idêntico ao daquele – a hipótese de condenação numa indemnização futura sob forma de renda, por "a restrição da capacidade aquisitiva se referir apenas ao futuro".

Todavia, dissemos já que a admissibilidade do pedido de condenação numa indemnização sob forma de renda se retira do disposto no artigo 567º do CC[1001]; e, não distinguindo este preceito entre a indemnização por danos presentes e futuros ou só por danos futuros, mas apenas exigindo que esses danos tenham natureza continuada, parece-nos que, para fundar a admissibilidade do pedido no caso da indemnização futura sob forma de renda, não é necessário invocar o disposto no artigo 557º, nº 2, do CPC.

Pode, de qualquer modo, dar-se o caso de o pedido de condenação em prestações periódicas apenas referido às *vincendas* não preencher a previsão do artigo 567º do CC (por não consubstanciar um pedido de indemnização sob forma de renda): e, não se integrando igualmente esse pedido na previsão do artigo 557º, nº 1, do CPC (por não dizer concomitantemente respeito a prestações vencidas), parece que a sua admissibilidade só pode decorrer do nº 2 deste preceito. Um exemplo de aplicação do artigo 557º, nº 2, do CPC pode ser justamente o do pedido de condenação em alimentos *apenas para o futuro* – a que já fizemos, aliás, referência[1002] –, que não preenche a previsão do nº 1.

Sendo admissível este pedido à luz do disposto no artigo 557º, nº 2, parece-nos que nenhum obstáculo haverá a que a sentença que o julgue procedente seja alterada nos termos gerais do artigo 619º, nº 2: não faria, com efeito, sentido que

[999] Assim, STJ, 23.10.2003, considerando, como se lê no sumário respectivo, que "o "direito de regresso" contra os responsáveis por acidente de viação e simultaneamente de trabalho que vitimou determinado trabalhador só assiste à entidade patronal, nos termos dos preceitos citados [o artigo 592º, nº 1, do CC, o nº 4 da Base XXXVII da Lei nº 2127, de 3 de Agosto de 1965, e o nº 4 do artigo 31º da Lei nº 100/97, de 13 de Setembro], na medida em que tenha pago ao lesado as indemnizações respectivas assumidas no processo laboral", verificando-se que, "[e]nquanto esse pagamento não for efectuado, a entidade patronal não é titular de um crédito sobre os responsáveis, e nem sequer de um crédito já existente mas ainda inexigível que autorizasse a condenação daqueles *in futurum*, ao abrigo dos artigos 472º, nº 2, e 662º do Código de Processo Civil [de 1961, correspondentes aos artigos 557º, nº 2, e 610º do CPC actual]".

[1000] Vaz Serra, "Obrigação de indemnização...", pág. 161, nota 328.

[1001] *Supra*, § 6º, III, 2.

[1002] *Supra*, § 6º, II, 2, *e*).

a alterabilidade da sentença de condenação em prestações periódicas vincendas estivesse dependente de simultânea condenação em prestações periódicas vencidas, pois quanto a esta parte da condenação, e como veremos[1003], a sentença não pode ser alterada.

Encontrámos, assim, mais um exemplo de sentença de condenação em prestações periódicas vincendas não prevista no artigo 557º, nº 1, à qual é aplicável o regime do artigo 619º, nº 2.

III. Pertinência do problema da aplicabilidade do artigo 619º, nº 2, do CPC às condenações em prestações futuras instantâneas previstas no artigo 557º, nº 2 (e no artigo 610º, nº s 1 e 2, alínea a), do CPC)

Agora, porém, interessa-nos verificar se a condenação numa prestação futura *instantânea* – à qual talvez mais claramente se refere o artigo 557º, nº 2, do CPC – justifica igualmente a modificação, nos termos do artigo 619º, nº 2.

Um exemplo dessa condenação é o da sentença que ordena o despejo de um prédio no momento em que findar o arrendamento[1004].

Se se entender, como entende C. MOLINA PORTELA[1005], que a correspondente acção deve ser intentada num momento relativamente próximo do do incumprimento previsto (para o Autor, não mais de dois anos antes) – sob pena de abuso de direito (por ilegítima coacção da parte contrária) e até porque, sendo proposta com muita antecedência, não é possível prognosticar o próprio incumprimento –, parece que o problema colocado deixa de ter pertinência: na verdade,

[1003] *Infra*, § 9º.

[1004] Sobre a acção destinada a obter o despejo no fim do prazo do arrendamento, ainda à luz do decreto de 30 de Agosto de 1907, veja-se J. Alberto dos Reis (*Acções de despejo...*, págs. 19-68, especialmente págs. 21-22), sustentando que a proposição desta acção é condição obrigatória "para fazer cessar o arrendamento no fim do prazo, [...] quando a renda for superior a 20$00", concretamente, para impedir a relocação tácita. Embora a acção prevista no (actual) artigo 557º, nº 2, 1ª parte, do CPC não se destine a possibilitar ao senhorio a denúncia antecipada do contrato de arrendamento para habitação – nomeadamente por necessidade de habitação pelo próprio ou pelos seus descendentes em 1º grau, nos termos dos artigos 1101º e seguintes do CC –, porque neste caso o contrato de arrendamento é de duração indeterminada e aquele primeiro preceito pressupõe que o arrendamento esteja sujeito a prazo, a verdade é que, como o artigo 1103º, nº 1, do CC determinava, antes de 2012, que a denúncia "é feita nos termos da lei de processo, com antecedência não inferior a seis meses sobre a data pretendida para a desocupação", podia suceder (embora tal hipótese fosse improvável) que a correspondente sentença fosse (à semelhança da prevista no actual artigo 557º, nº 2, 1ª parte, do CPC) uma sentença de condenação *in futurum*, por a desocupação do imóvel só dever ocorrer em data posterior à sentença. O regime dos artigos 557º, nº 2, 1ª parte, do CPC, e 1103º, nº 1, do CC (versão anterior a 2012) mostra, de qualquer modo, que a natureza eminentemente social da matéria do arrendamento urbano não obstou à consagração legal, nesta área, de acções de condenação *in futurum*: no sentido de que tal natureza obsta à aceitação desta figura no campo do arrendamento urbano, na falta de preceito expresso que a preveja, veja-se P. Aragoneses Alonso ("Acción de condena...", págs. 116-117).

[1005] C. Molina Portela, *Condena de futuro*, págs. 38-39 e 54.

entre o proferimento da decisão condenatória e o momento em que a prestação se torna exigível não decorrerá muito provavelmente tempo suficiente para que possa verificar-se uma alteração das circunstâncias[1006].

Mas, não decorrendo da lei a exigência de que a acção de condenação *in futurum* deva ser intentada num momento relativamente próximo do do incumprimento previsto, como resolver a questão de saber se a correspondente sentença é ou não modificável?

A inaplicabilidade do artigo 619º, nº 2, do CPC à condenação numa prestação futura instantânea nos termos do artigo 557º, nº 2, do mesmo Código pode também ser sustentada com o argumento de que a única alteração das circunstâncias que, nesta sede, seria conjecturável, seria a de o incumprimento do devedor deixar de ser previsível e, portanto, tornar-se a correspondente condenação carecida de justificação: ora, considerando-se que a previsibilidade ou imprevisibilidade do incumprimento do devedor apenas influi no problema (prévio) do preenchimento ou não de um dos pressupostos processuais da acção contemplada no artigo 557º, nº 2, do CPC (o interesse em agir ou interesse processual)[1007],

[1006] O mesmo Autor (*idem*, pág. 64) considera que as sentenças de condenação *in futurum* são imodificáveis, com base noutro argumento: o de que tais sentenças não são provisórias, diversamente do que sucede com as medidas provisórias. Mas este argumento não pode interessar-nos, porque a modificação de que tratamos (a prevista no artigo 619º, nº 2, do CPC) também não tem em vista as medidas provisórias.

[1007] Dissemos atrás (*supra*, § 6º, II, 2. *d)*) que o regime do artigo 557º, nº 2, do CPC se explica em atenção a certa característica ou fragilidade do direito de credor e citámos uma afirmação de Alberto dos Reis da qual parece deduzir-se que a suspeita de incumprimento por parte do devedor não é exigida nas hipóteses em que se pretenda obter o despejo dum prédio no momento em que findar o arrendamento, sendo, todavia, exigida nas restantes situações contempladas no mencionado preceito (que não estão, aliás, elencadas). Será, porém, assim? A este propósito, refira-se que o texto da lei portuguesa nem sequer alude à suspeita de incumprimento por parte do devedor (parecendo, portanto, que a não exige para nenhuma das hipóteses previstas no artigo 557º, nº 2, do CPC); e refira-se também que a lei alemã distingue entre a acção por suspeita de incumprimento (regulada no § 259 da ZPO) e a acção de condenação numa prestação futura, nomeadamente no despejo futuro de certos prédios (regulada no § 257 da ZPO), assim também dando a entender que, neste último caso, a suspeita de incumprimento não é erigida em condição de admissibilidade da acção de condenação *in futurum*. Julgamos, porém, que a *suspeita de incumprimento* por parte do devedor é requisito de admissibilidade de todas as acções previstas no artigo 557º do CPC (embora possa não ser condição suficiente para demonstrar o "grave prejuízo ao credor" que, quanto às acções previstas no nº 2, a lei eleva a genérico requisito da sua admissibilidade): assim, no caso das acções a que se reporta o nº 1, o incumprimento futuro é presumido, decorrendo da circunstância de o devedor ter deixado de pagar certa ou certas prestações periódicas; no caso das acções do nº 2 (todas, e não só as mencionadas na sua segunda parte), esse incumprimento futuro não é presumido (carecendo a probabilidade de tal incumprimento de alegação e prova pelo autor) e a constatação de que a lei exige a suspeita de incumprimento decorre logo da referência à eventualidade de falta de título executivo na data do vencimento da prestação. Refira-se, aliás, que as acções de condenação *in futurum*, referenciadas como aquelas que eram propostas pelo credor contra o devedor antes do tempo, encontravam-se proibidas nas Ordenações Afonsinas (Livro III, Título XXXIII), Manuelinas (Livro III, Título XXVI) e Filipinas (Livro III, Título XXXV), mas a doutrina entendia que tal proibição não

seria forçoso concluir que a referida alteração das circunstâncias nunca poderia determinar a aplicação do regime do artigo 619º, nº 2, que, por ter em vista o caso julgado material, não regula a repercussão da superveniência na decisão (de forma) sobre a existência de um pressuposto processual.

Cremos, todavia, que outras alterações de circunstâncias são concebíveis: em geral, todas aquelas que legitimam a modificação de um contrato do qual emerja uma prestação instantânea de execução diferida. A este propósito, já CRISTOFOLINI[1008] salientava, relativamente às acções de condenação *in futurum* – nas quais, como vimos[1009], incluía as relativas a prestações periódicas vincendas –, que nelas se realiza uma apreciação ou definição (*accertamento*) meramente parcial, porque não preclude as excepções decorrentes de factos modificativos ou extintivos do direito surgidos depois da sentença, mas antes do vencimento da obrigação.

Constituindo a alteração das circunstâncias uma dessas excepções, será de ponderar a aplicação do artigo 619º, nº 2, do CPC à sentença proferida nos termos do artigo 557º, nº 2?

Idêntica questão pode colocar-se relativamente à sentença de condenação *in futurum*, proferida nos termos do artigo 610º, nº s 1 e 2, alínea *a)*, do CPC – isto é, quando só no momento da sentença se detecte que a obrigação não era exigível no momento em que a acção foi proposta[1010] –, sempre que tal obrigação tenha como objecto uma prestação instantânea.

IV. A aplicabilidade do artigo 619º, nº 2, do CPC às sentenças de condenação numa prestação instantânea futura

1. Lugar paralelo: a aplicabilidade do regime dos artigos 437º e seguintes do CC às prestações instantâneas de execução diferida

Um argumento a favor da aplicabilidade do artigo 619º, nº 2, do CPC às sentenças de condenação numa prestação instantânea futura reside na aplicabilidade do regime dos artigos 437º e seguintes do CC aos contratos de que emerjam prestações instantâneas de execução diferida.

valia caso o devedor se tornasse *suspeito* (assim, C. Mendes de Almeida, *Codigo...*, pág. 619). A suspeita de incumprimento pode fundar-se em vários indícios, nomeadamente na declaração do devedor, antes do vencimento, da sua intenção de não cumprir (sobre os efeitos desta declaração, entre os quais se situa o direito potestativo do credor de "antecipar as pretensões que do incumprimento decorreriam", veja-se C. Ferreira de Almeida, *Recusa de cumprimento...*, págs. 314-317). A suspeita de incumprimento parece também determinar a inadmissibilidade da fixação judicial de prazo, prevista nos artigos 1026º e 1027º do CPC: assim, RL, 27.01.1994 e RP, 19.09.1995, em cujos sumários se lê, respectivamente, que "[n]ão se justifica a fixação de prazo para cumprimento de obrigação a quem antecipadamente declarou não a querer cumprir" e que "[o] recurso àquele meio processual de fixação do prazo é inadequado se o requerido, reconhecendo a obrigação, assume desde logo a recusa da respectiva prestação".

[1008] G. Cristofolini, "Efficacia della sentenza...", pág. 317.

[1009] *Supra*, § 1º, II, 4.

[1010] *Supra*, § 2º, I, 2. *a)*.

Esta aplicabilidade afigura-se ser consensual na doutrina e na jurisprudência.

Assim, e como assinala VAZ SERRA[1011], "[a] resolução do contrato por alteração das circunstâncias não pode aplicar-se nos contratos de execução imediata, pois que nestes a alteração das circunstâncias não tem relevância, dado que as prestações devem ser logo feitas. [...] O que importa, para aplicação da teoria da resolução por alteração das circunstâncias, é que a prestação deva ser feita no futuro ou, como diziam os antigos, que o contrato tenha *dependentiam de futuro*. Não importa que a prestação deva ser feita periòdicamente ou que o deva ser por uma só vez ou por várias vezes mas sem periodicidade"[1012].

E, ainda também segundo o Autor do Anteprojecto do Código Civil[1013], não seria necessário estabelecer, no Código português, que a resolução do contrato por alteração de circunstâncias só seria aplicável aos contratos de execução continuada ou periódica ou de execução diferida – à semelhança do que prevê o artigo 1467º do Código italiano –, porque "exigindo-se a alteração de circunstâncias e a imprevisibilidade, daí se conclui que o contrato deve ser um contrato com prestações futuras"[1014].

Já, aliás, a teoria da imprevisão – e continuando a seguir VAZ SERRA[1015] – se considerava "exclusiva ou preponderantemente aplicável aos contratos tendo por objecto prestações sucessivas (*qui habent tractum successivum*), ou que dependem do futuro (*qui habent dependentiam de futuro*), isto é, àqueles em que entre a sua conclusão e execução medeia um certo espaço de tempo"[1016]; o mesmo se podendo observar em relação à sua antecessora, a teoria da cláusula *rebus sic stantibus*, firmada para os contratos de longa duração[1017].

[1011] Vaz Serra, "Resolução...", pág. 326.

[1012] No mesmo sentido, a título puramente exemplificativo, Oliveira Ascensão ("Onerosidade...", pág. 632): "O art. 437 CC respeita aos contratos de execução continuada ou diferida". Na jurisprudência, veja-se STJ, 23.10.1986 ("A resolução ou modificação não pode aplicar-se aos contratos de execução imediata, tornando-se necessário que alguma das prestações deva ser realizada no futuro").

[1013] Vaz Serra, "Resolução...", pág. 327.

[1014] No direito italiano, o preceito equivalente ao artigo 437º do CC – isto é, o artigo 1467º do c.c. – prevê a resolução do contrato, em virtude de excessiva onerosidade pela verificação de acontecimentos extraordinários e imprevisíveis; mas alude expressamente aos contratos de execução continuada ou periódica ou de execução diferida.

[1015] Vaz Serra, "Caso fortuito...", pág. 207.

[1016] Sobre a teoria da imprevisão, consulte-se Vaz Serra ("Caso fortuito...", págs. 208-215). A este propósito, A. Rocha de Gouveia (*Da teoria...*, pág. 45) assinala que "[n]ão é necessário que entre o momento da celebração do contrato e o da sua execução medeie um longo espaço de tempo, sendo até, pelo contrário, mais fácil a configuração de relevante alteração da economia originária nos contratos em que a *distantia temporis* é curta", porque "quanto maior for a duração do contrato maior é a probabilidade de mutação do estado de facto em que assenta e, consequentemente, mais fácil a sua previsibilidade".

[1017] Vaz Serra, "Resolução...", pág. 305.

Mas, se bem se reparar – e como já observámos a propósito das sentenças de condenação em prestações periódicas vincendas[1018] –, a aplicabilidade do artigo 437º do CC a certo contrato, ou a certas modalidades de prestações, não significa que a sentença que os tenha como objecto esteja submetida ao regime do artigo 619º, nº 2, do CPC: assim sendo, não será por às prestações instantâneas de execução diferida ser aplicável aquele primeiro preceito que as sentenças que condenem numa prestação desse tipo são modificáveis, por alteração das circunstâncias.

A invocação do artigo 437º do CC neste contexto apenas pode implicar o seguinte: que não é por a sentença não dizer respeito a prestações periódicas, mas a prestações instantâneas, que a aplicabilidade do artigo 619º, nº 2 deve ser negada, uma vez que, em princípio, versando ela sobre prestações diferidas, lhe é extensível a solução da teoria da resolução ou modificação por alteração das circunstâncias.

2. Lugar paralelo: a admissibilidade da oposição à execução fundada no artigo 437º do CC, no caso de prestações instantâneas de execução diferida

Um argumento no sentido da aplicabilidade do artigo 619º, nº 2, do CPC às sentenças de condenação numa prestação instantânea futura é, ainda, o da possibilidade de a oposição à execução destas sentenças fundar-se no regime do artigo 437º do CC: dir-se-ia, então, que tal como o devedor pode alegar, na oposição à execução, a alteração das circunstâncias posterior ao proferimento de sentença de condenação *in futurum*[1019], também o credor o pode fazer, em acção modificativa.

Este argumento, porém, não é particularmente convincente. Por um lado, porque dá a entender que só a oposição à execução (e nunca a acção modificativa) é facultada ao devedor, quando pretenda alegar alteração das circunstâncias, e tal entendimento merece um aprofundamento autónomo; por outro lado, porque dele não decorre necessariamente que a via a usar pelo credor, quando seja ele a alegar essa alteração, deva ser a da acção modificativa, podendo, antes, ser a da nova acção.

Mais uma vez nos parece que o argumento da admissibilidade da oposição à execução fundada no artigo 437º do CC, no caso de prestações instantâneas de execução diferida, funciona apenas no seguinte sentido: o de que não só as sen-

[1018] *Supra*, § 6º, II, 2.*f)* e § 6º, IV.

[1019] A esta possibilidade parece referir-se Guilherme de Oliveira ("Alteração das circunstâncias..", in *Temas...*, págs. 114-117), embora considere que o executado (numa execução de sentença homologatória de acordo de partilhas, para pagamento de quantia certa) que, pretendendo eximir-se ao pagamento das tornas, alegue a alteração das circunstâncias (posterior àquele acordo e à adjudicação dos bens e anterior ao fim do prazo do pagamento das tornas), deve invocar, como fundamento da oposição à execução, a inexigibilidade da obrigação exequenda, por abuso do direito dos credores nos termos do artigo 334º do CC.

tenças de condenação em prestações periódicas vincendas, mas também as sentenças de condenação em prestações instantâneas vincendas, são, em princípio, permeáveis à alteração das circunstâncias. Que daqui possa extrair-se a admissibilidade da acção modificativa é já duvidoso.

3. Lugar paralelo: a revogabilidade de actos administrativos de eficácia duradoura e de eficácia instantânea ainda não executados

No plano do direito administrativo também se coloca o problema de saber se a revogação (também designada revogação propriamente dita, revogação para o futuro ou abrogação) dos actos administrativos é apenas possível quanto aos actos dos quais decorra uma relação jurídica que se desenvolve no tempo: a este propósito, assinala Robin de Andrade[1020] que "[...] deve tratar-se de uma situação contínua, de uma relação que se desenvolve no tempo, e em que portanto pode ter sentido útil o poder de modificar e revogar a relação para o futuro apenas".

Não parece, porém, que só os actos administrativos com eficácia duradoura possam ser objecto da revogação propriamente dita: há que estender esta possibilidade também aos actos de eficácia instantânea ainda não executados.

Como refere Vieira de Andrade[1021], "são susceptíveis de anulação ou revogação anulatória ["acto através do qual se pretende destruir os efeitos de um acto anterior, [...] com fundamento na sua ilegalidade, ou, pelo menos, num vício que o torna ilegítimo, e por isso, inválido"] *quaisquer actos*, ao passo que à revogação propriamente dita ["acto que se dirige a fazer cessar os efeitos doutro acto, por se entender que não é conveniente para o interesse público manter esses efeitos produzidos anteriormente"] estão sujeitos apenas alguns tipos de actos, designadamente os *actos com eficácia duradoura* (ou actos de eficácia instantânea ainda não executados) e apenas aqueles que incluam o exercício de poderes *discricionários*"[1022].

Também F. Urbano Calvão[1023] – reflectindo embora à luz do Código do Procedimento Administrativo de 1991 e a propósito da *revogação com fundamento em invalidade superveniente do acto administrativo* (figura não prevista naquele Código, mas que, segundo a Autora, se justificaria prever, em atenção à possibilidade de alteração da situação de facto ou de direito que serviu de fundamento ao acto) –, observa que o acto em causa há-de ser "um acto com eficácia duradoura (quer

[1020] J. Robin de Andrade, "Revogação administrativa...", pág. 41.

[1021] J. C. Vieira de Andrade, "Revogação...", págs. 54-55.

[1022] No mesmo sentido, Pedro Gonçalves ("Revogação...", pág. 311) e F. Urbano Calvão ("Revogação dos actos...", pág. 40), observando esta Autora que "apenas em relação aos actos que ainda vão produzir efeitos ou que fundam relações jurídicas administrativas continuadas no tempo é que faz sentido a extinção dos efeitos para o futuro".

[1023] F. Urbano Calvão, "Revogação dos actos...", pág. 39.

dizer, para aqui, um acto que fundamenta relações jurídicas duradouras) ou com eficácia instantânea mas ainda não executado".

Transportando este pensamento para a sentença, diríamos que a sentença que condena numa prestação instantânea vincenda – tal como, aliás, a sentença que condena em prestações periódicas vincendas – pode ser qualificada como uma sentença com eficácia duradoura, na perspectiva em que, embora dela não decorra uma obrigação duradoura, dela decorre uma obrigação que persiste no tempo até ao momento do vencimento[1024], sendo, por isso, configurável a possibilidade da sua modificação por alteração das circunstâncias. Mas a persistência no tempo da obrigação não é, só por si, razão suficiente para aplicar o regime do artigo 619º, nº 2, do CPC, como vimos a propósito das sentenças de condenação em prestações periódicas vincendas, sendo também necessário que à sentença subjaza um juízo de prognose.

4. Conclusão: a existência ou não de um juízo de prognose sobre factos futuros

Vimos atrás[1025] que, para PETZOLDT, às acções referidas nos §§ 257 e 259 da ZPO – de algum modo correspondentes às do artigo 557º, nº 2, do CPC – não subjaz um juízo de prognose sobre factos futuros, o que determinaria a não projecção, para o futuro, do caso julgado das sentenças delas emergentes: por isso mesmo, não se justificaria a aplicação, a essas acções, do regime do § 323 da ZPO.

MORITZ[1026] – que, como também já vimos[1027], contraria, de algum modo, tal pressuposto (na medida em que alude à consideração, nessas sentenças, de factos futuros) – não admite expressamente a sujeição das sentenças emergentes das acções previstas nos §§ 257 e 259 da ZPO ao regime da acção modificativa, mas considera ofensiva do direito ao contraditório em processo judicial a impossibilidade de dedução de circunstâncias posteriores que infirmem o juízo de prognose realizado em tais acções: uma das vias de superação do problema seria, na sua perspectiva, a subordinação da exequibilidade da sentença à condição da verificação de certas circunstâncias futuras (à semelhança das situações previstas nos §§ 726 e 751 da ZPO, que regulam, respectivamente, o despacho de execução sujeito a condição, e os requisitos especiais da execução coactiva), assim restringindo o próprio juiz o caso julgado da sentença por si proferida.

Quanto a nós, a questão da aplicabilidade do artigo 619º, nº 2, do CPC às sentenças de condenação numa prestação instantânea vincenda coloca-se nos

[1024] A esta "persistência no tempo" de certas obrigações instantâneas, de que fala Baptista Machado, já acima se fez referência (*supra*, § 6º, II, 2. *b*)).

[1025] *Supra*, § 6º, II, 2. *i*).

[1026] J. R. Moritz, *Probleme...*, pág. 98.

[1027] *Supra*, § 6º, II, 2. *i*).

mesmos termos que a da aplicabilidade do mesmo preceito às sentenças de condenação em prestações periódicas vincendas, sendo certo que, tal como relativamente a estas últimas não é possível afirmar que sempre assentam num juízo de prognose, o mesmo pode dizer-se relativamente às primeiras.

Deste modo, quando esse juízo de prognose não ocorrer, quer por o proferimento da sentença não envolver a concretização de um conceito jurídico indeterminado, quer por não implicar o exercício de um poder discricionário – e não ocorrerá pela mera circunstância de o juiz ter de aferir a *previsibilidade do incumprimento* ou o *grave prejuízo* que, para o credor, pode advir da falta de título executivo na data do vencimento da prestação (cfr. o artigo 557º, nº 2, do CPC), pois tal aferição (embora possa significar a concretização de um conceito jurídico indeterminado) diz respeito aos pressupostos processuais da acção e não à própria obrigação declarada, não implicando, como tal, a apreciação judicial de circunstâncias que podem influir na medida ou duração da prestação (cfr. os artigos 282º, nº 2, e 619º, nº 2, do CPC); não ocorrerá, igualmente, quando o juiz se limite a considerar certo facto futuro (por exemplo, o vencimento que tenha lugar em data posterior à sentença), pois tal consideração não traduz qualquer juízo de prognose no sentido que deixámos atrás delineado[1028] –, a sentença que condene numa prestação instantânea vincenda não estará submetida ao regime do artigo 619º, nº 2; quando, porém, à sentença subjazer um juízo de prognose, não vemos motivo para a subtrair a este regime.

§ 9º Sentenças de condenação em prestações vencidas e na restituição de coisas

I. Colocação do problema. Exclusão das sentenças já executadas

Tratar-se-á agora do problema de saber se, tendo sido proposta, nos termos do artigo 10º, nº 3, alínea *b)*, do CPC, acção de condenação na prestação de uma coisa ou de um facto, pressupondo a violação de um direito, e sido julgada procedente tal acção, pode a correspondente sentença ser modificada, nos termos do artigo 619º, nº 2, do CPC.

Questão com contornos semelhantes à que ficou assinalada é a da modificabilidade de sentença que condene no pagamento dos alimentos devidos até ao encerramento da última discussão oral: a esta questão dá GRABA[1029], aliás, embora à luz do direito alemão, uma resposta negativa, por tal condenação não ter como objecto prestações periódicas vincendas no sentido do § 323 da ZPO.

Os referidos problemas só são, de qualquer modo, pertinentes se o réu não tiver entretanto cumprido a obrigação ou restituído a coisa.

[1028] *Supra*, § 6º, IV.

[1029] H.-U. Graba, *Die Abänderung...*, pág. 40.

Na verdade, se a obrigação já tiver sido cumprida ou a coisa restituída, cessam os efeitos do caso julgado, verificando-se um fenómeno de algum modo semelhante ao da caducidade do caso julgado por desaparecimento dos seus pressupostos e consequente perda de utilidade da respectiva regulação[1030], excepto no ponto – aliás, fulcral para que a hipótese não seja de caducidade – em que não foi o decurso do tempo, em si, a determinar aquela cessação de efeitos. E, extintos os efeitos do caso julgado, a respectiva modificação não é, desde logo por esse motivo, possível.

O mesmo se verifica, aliás, se a sentença condenar em prestação vincenda e, já tendo decorrido o prazo nela estabelecido para o cumprimento da obrigação, o réu já o tiver realizado: sempre que, até agora, admitimos a possibilidade de modificação de tal sentença, partimos do pressuposto de que o cumprimento ainda não se tinha verificado.

A impossibilidade de modificação, por alteração das circunstâncias, de sentença que haja sido executada decorre, ainda, do que em termos idênticos a doutrina tem sustentado para os actos administrativos: essa doutrina, a que já fizemos referência[1031], favorável embora à modificabilidade de actos de eficácia instantânea, estabelece logo como condição não ter o acto sido ainda executado.

A este propósito, parece igualmente possível estabelecer um paralelismo entre a sentença já executada e as obrigações emergentes de contrato e já cumpridas: como observa Vasco Lobo Xavier[1032], em virtude de "exigências inderrogáveis de certeza", "constitui um ensinamento generalizado o de que os contratos já integralmente executados não podem resolver-se ou modificar-se ao abrigo do disposto no artigo 437º [do CC], ou, mais latamente, da doutrina em referência [a doutrina da "base negocial"]"[1033].

1030 Veja-se, a este propósito, um dos exemplos de caducidade dos actos administrativos, dado por C. Amado Gomes ("Mudam-se os tempos...", e "Da aceitação..."), a que já nos referimos (*supra*, § 1º, II, 4).

1031 *Supra*, § 8º, IV, 3.

1032 V. G. Lobo Xavier, "Alteração...", pág. 21.

1033 Segundo o mesmo Autor (*ibidem*), o artigo 437º do CC é também inaplicável às hipóteses "em que a alteração das circunstâncias consiste na perda ou deterioração da coisa adquirida e em que essa perda ou deterioração se tenha verificado depois da transferência do risco regulada no art. 796º", mesmo que o comprador ainda não haja pago integralmente o preço da coisa perecida ou deteriorada: consequentemente, o comprador não pode eximir-se ao pagamento integral, com esse fundamento. Considerando que as regras do risco delimitam negativamente a alteração das circunstâncias, A. Menezes Cordeiro, "A proposta...", págs. 284-285. Em sentido diferente: Antunes Varela / M. Henrique Mesquita ("Resolução...", pág. 14), para quem "[s]ejam quais forem os tipos de eventos a que tem aplicação o artigo 796º, este preceito em caso algum paralisa o funcionamento da regra contida no artigo 437º – regra que se destina a corrigir certas injustiças surgidas no desenvolvimento das relações contratuais e que, nesse plano, se sobrepõe à disciplina estrita estabelecida, em planos diferentes, para as várias espécies de contratos"; Guilherme de Oliveira ("Alteração das circunstâncias ...", in *Temas...*, págs. 104-110), sustentando que "o art. 437º é consumido, em princípio, pelo regime do risco do art. 796º, mas, em casos

Este ensinamento, reflectido na nossa jurisprudência[1034] e na nossa doutrina[1035], não deve, porém, ter-se por inderrogável: assim, num Acórdão de 8 de Fevereiro de 2000, o Tribunal da Relação de Coimbra entendeu que "[e]xcepcionalmente, a resolução ou modificação do contrato por alteração das circunstâncias pode dar-se mesmo depois do cumprimento de uma ou de ambas as prestações contratuais"; e também admitem a aplicação, com reservas, do regime do artigo 437º do CC a contratos já executados, I. Galvão Telles[1036], Almeida Costa[1037] ou Menezes Cordeiro[1038].

À conclusão segundo a qual o caso julgado executado não pode ser modificado por alteração das circunstâncias não se opõe a constatação de que a lei confere, em certas hipóteses, um direito que, de alguma forma, anula os efeitos do caso julgado já cumprido, parecendo modificá-lo.

Assim, nas situações de denúncia, pelo senhorio, de contrato de arrendamento de duração indeterminada, estatuía o artigo 1103º, nº 2, do CC – num sistema em que a denúncia ainda era feita nos termos da lei de processo (nº 1 do mesmo artigo, antes de 2012) – que "[o] senhorio que haja invocado o fundamento referido na alínea *a)* do artigo 1101º [necessidade de habitação pelo próprio ou pelos seus descendentes em 1º grau] deve dar ao local a utilização invocada no prazo de seis meses e por um período mínimo de três anos", verificando-se, nos termos do nº 6 daquele artigo 1103º, que "[s]alvo caso de força maior, o não cumprimento do disposto no nº 2, bem como o não início da obra no prazo de seis meses [quando o fundamento da denúncia fosse a finalidade de demolição ou realização de obra de remodelação ou restauro profundos: cfr. o artigo 1101º, alínea *b)*, do CC], torna o senhorio responsável por todas as despesas e demais danos, patrimoniais e não patrimoniais, ocasionados ao arrendatário, não podendo o valor da indemnização

excepcionais, o problema deve regressar ao domínio do art. 437º para se corrigir o resultado estrito que o outro preceito provocaria"; Elsa Oliveira (*O risco...*, págs. 11-12), admitindo o funcionamento casuístico, em desfavor de disposições como a do artigo 796º do CC, de "válvulas de segurança" que concretizam o princípio da boa fé.

[1034] Assim, STJ, 23.10.1986: "A resolução ou alteração do contrato não pode verificar-se se o contrato, embora não sendo de execução imediata, já está cumprido". Identicamente, RL, 05.05.1994: "A alteração de contratos motivada pela alteração das circunstâncias tem como base a imprevisibilidade delas e o facto de os contratos ainda não estarem cumpridos".

[1035] Neste último sentido pronunciam-se A. Menezes Cordeiro (*Da alteração...*, pág. 70) e L. Menezes Leitão (*Direito das obrigações*, vol. II, pág. 130).

[1036] I. Galvão Telles, *Direito...*, pág. 371, nota 1 (mencionando, todavia, apenas a hipótese da modificação do contrato, e não a da sua resolução).

[1037] M. J. Almeida Costa, *Direito das obrigações*, págs. 310-311: "concebem-se situações excepcionais, em que, verificados os seus requisitos, se justifica a resolução ou revisão do contrato, após o cumprimento de uma ou até de ambas as prestações".

[1038] A. Menezes Cordeiro, *Da alteração...*, pág. 71.

ser inferior ao de dois anos de renda, *e confere ao arrendatário o direito à reocupação do locado*" (itálico acrescentado).

Este direito à reocupação do locado, embora parecesse servir de fundamento à modificação da sentença que, anteriormente, houvesse decretado o despejo e sido executada, não o era verdadeiramente: é que os efeitos do caso julgado haviam cessado com a desocupação do locado e o direito à reocupação justificava apenas a proposição de uma nova acção, não a reabertura do anterior processo[1039].

Consideraremos, portanto, de ora em diante apenas as sentenças não executadas.

A jurisprudência portuguesa não tem tratado directamente da questão de saber se o regime do artigo 619º, nº 2, do CPC é aplicável às sentenças (não executadas) de condenação em prestações vencidas e na restituição de coisas – as sentenças que, repetimos, agora nos ocuparão –, mas fornece algumas pistas de resolução do problema.

Assim, em Acórdão de 24 de Setembro de 1996, a Relação do Porto considerou, conforme se lê no sumário daquele aresto, que decretada a "denúncia do arrendamento, por decisão transitada em julgado, mas falecido o senhorio antes da execução do despejo, desaparece o direito assim reconhecido e renasce o anterior arrendamento, podendo o arrendatário manter-se no local arrendado", nos termos do (anterior) artigo 72º, nº 2, do Regime do Arrendamento Urbano (aprovado pelo Decreto-Lei nº 321-B/90, de 15 de Outubro), que previa o direito do arrendatário à reocupação do prédio; e, ainda segundo a Relação do Porto, "[n]ão se opõe a esta solução o referido caso julgado, por motivo de alteração das circunstâncias que determinaram a decisão". Ora, depreende-se deste acórdão que esta alteração das circunstâncias, repercutindo-se embora no caso julgado ainda não executado, não justifica a proposição de acção modificativa, porque assenta num novo direito do arrendatário, a fazer valer em nova acção (à semelhança do direito à reocupação do prédio); poderia, de qualquer modo, perguntar-se se, sendo a alteração das circunstâncias de natureza diversa, seria de ponderar a aplicação, ao caso, do regime do artigo 619º, nº 2, do CPC.

Num outro acórdão – o Acórdão do Tribunal da Relação do Porto de 17 de Fevereiro de 2000 – dá-se, mais claramente, a entender que o regime do (actual) artigo 619º, nº 2, do CPC não é aplicável às sentenças de condenação em prestações vencidas e na restituição de coisas (e até mesmo às sentenças de condenação numa prestação instantânea vincenda), porque aí se parece restringir a possibilidade de alteração (pelo menos, dos acordos homologados por sentença) aos casos de prestações de execução continuada. Com efeito, no acórdão considera-se que

[1039] Esta nova acção culminaria, também ela, em nova sentença susceptível de constituir caso julgado e título executivo: sobre uma hipótese deste teor, no direito italiano, F. Bucolo, "Variazioni...".

não é admissível a alteração da decisão sobre o destino da casa de morada da família, ao contrário do que sucede com a decisão sobre a prestação de alimentos ao cônjuge e sobre o exercício do poder paternal (hoje, responsabilidades parentais) em relação aos filhos menores, explicando-se a diferenciação de regimes "pelo facto de as prestações decorrentes dos alimentos aos cônjuges e da regulação do exercício do poder paternal serem de execução continuada e, portanto, poder a alteração das circunstâncias que justificaram a sua fixação influenciar a alteração da decisão que sobre elas incidiu. O mesmo não acontecendo em relação à prestação decorrente do acordo sobre o destino da casa de morada da família, que é instantânea, isto é, consuma-se imediatamente, embora os seus efeitos se possam protrair no tempo, como se passa no caso concreto em apreço, em que a entrega da casa ao apelado foi postergada para data posterior".

Também de um Acórdão do Supremo Tribunal de Justiça de 28 de Fevereiro de 1985 se depreende que o regime do (actual) artigo 619º, nº 2, do CPC não é aplicável às sentenças de que ora tratamos, porque, invocando-se aquele preceito legal, nele se diz que não é possível ampliar o pedido exequendo, pedindo juros vencidos e vincendos, após proferimento da sentença que procede à liquidação.

Face ao direito italiano, o problema da modificabilidade das sentenças (não executadas) que condenam na prestação de uma coisa ou de um facto não tem sido tratado enquanto tal, mas a jurisprudência relativa aos limites cronológicos do caso julgado das sentenças em matéria de cessação da locação fornece alguns elementos úteis para a sua resolução, na medida em que dela se infere que o meio processual próprio é a oposição à execução, e não a acção modificativa.

Na verdade, como informa MENCHINI[1040], embora aquela jurisprudência equipare as sentenças que têm como objecto relações duradouras (por exemplo, a locação) às sentenças determinativas – admitindo, por isso, e como já se disse[1041], que em caso de improcedência da acção destinada a fazer cessar a locação, o locador possa deduzir factos supervenientes que integram o estado de necessidade –, encontra-se algo dividida quanto à solução a dar ao problema da não verificação de certos factos que justificaram uma pronúncia de procedência dessa acção (concretamente, o de saber se o locatário pode opor-se à execução da sentença de despejo, alegando que, entretanto, o senhorio deixou de carecer do locado, por superveniente disponibilidade de outro imóvel): assim, enquanto uma orientação confere esta possibilidade ao locatário, outra orientação (aliás, dominante, e com a qual o referido Autor concorda) considera inadmissível a oposição à execução com esse fundamento, essencialmente porque a lei não contempla, entre as hipóteses de ressurgimento da relação de locação, a disponibilidade superveniente de outro imóvel pelo senhorio.

1040 S. Menchini, *Il giudicato*...págs. 215-217.
1041 *Supra*, § 3º, II, 2. *b)*.

Veremos de seguida, com mais pormenor, os argumentos favoráveis e desfavoráveis à aplicação do actual artigo 619º, nº 2, do CPC às sentenças (não executadas) de condenação em prestações vencidas e na restituição de coisas.

II. Aplicabilidade do artigo 619º, nº 2, do CPC

1. Lugares paralelos: a exclusão da resolução ou modificação do contrato no caso de mora (artigo 438º do CC) e a não aplicação retroactiva da lei penal mais favorável no caso de condenação em multa

Contra a admissibilidade da modificação de sentença que condene no pagamento de uma prestação vencida ou na restituição de coisa pode invocar-se o lugar paralelo do artigo 438º do CC.

Para Vaz Serra[1042], o fundamento da regra do artigo 438º do CC, que exclui o direito da parte lesada à resolução ou modificação do contrato, "se estava em mora no momento em que a alteração das circunstâncias se verificou", é o de que "[o] devedor em mora suporta o risco [cfr. o artigo 807º do CC], isto é, não se exonera pelo facto de a prestação se tornar impossível por facto a ele não imputável e, por conseguinte, não deve também poder pedir a resolução ou modificação do contrato alegando essa alteração das circunstâncias posterior à sua constituição em mora".

O artigo 438º do CC seria, assim, e como assinala Menezes Leitão[1043], "igualmente explicável pela subsidiariedade da alteração das circunstâncias relativamente às regras de distribuição do risco".

A *ratio* do artigo 438º do CC é ainda, para Oliveira Ascensão[1044], a seguinte: "se nenhuma anomalia teria surgido caso o contrato tivesse sido pontualmente cumprido, e só assim não aconteceu em consequência da mora de quem agora invoca a lesão, a transgressão praticada exclui que possa beneficiar do instituto". Deste modo, e nas palavras do Autor[1045], "a parte não pode invocar em seu benefício a alteração das circunstâncias se a sua mora foi causal para que aquela relação fosse atingida por essa alteração; quando portanto, se tivesse cumprido, a relação estaria já extinta. Pelo contrário, a parte pode prevalecer-se da alteração das circunstâncias que teria sobrevindo de qualquer modo e actuado sobre o contrato, houvesse ou não mora".

Daqui (e também dos exemplos que, logo a seguir, dá), extrai-se que, na perspectiva de Oliveira Ascensão, a alteração das circunstâncias verificada num momento em que o lesado está em mora só releva (isto é, só lhe atribui o direito de requerer a modificação ou a resolução do contrato), quando, depois desse momento, ainda deva ser cumprida alguma prestação pelo lesado.

1042 Vaz Serra, "Resolução...", pág. 330.

1043 L. Menezes Leitão, *Direito das obrigações*, vol. II, pág. 131, nota 263.

1044 J. de Oliveira Ascensão, "Onerosidade...", pág. 645.

1045 J. de Oliveira Ascensão, "Onerosidade...", pág. 646.

Importando este pensamento para o caso que nos interessa – e que é o das sentenças de condenação numa prestação vencida ou na restituição de coisa –, dir-se-ia que, quanto a estas, nunca relevaria, por definição, o instituto da alteração de circunstâncias, pois esta, a ocorrer, ocorre necessariamente num momento em que o devedor – na linguagem civilística – já está em mora: ele deve, na verdade, "cumprir" logo após o trânsito em julgado da sentença.

Ainda contra a admissibilidade da aplicação do disposto no artigo 619º, nº 2, do CPC às sentenças de condenação em prestações vencidas ou na restituição de coisas pode invocar-se a não aplicação retroactiva da lei penal mais favorável à pena de multa.

Segundo Taipa de Carvalho[1046], a aplicação retroactiva da lei penal mais favorável pressupõe o não cumprimento ou a não execução do aspecto ou consequência jurídica da responsabilidade penal determinada ou derivada da sentença penal: assim, por exemplo, "relativamente à multa determinada por sentença transitada em julgado, a lei nova mais favorável não produz efeitos, uma vez que não tem "campo de aplicação", por já dever ser considerada cumprida a pena de multa".

Ora, as sentenças que condenam numa prestação vencida ou na restituição de coisa também devem, deste ponto de vista, considerar-se cumpridas, uma vez que não projectam os seus efeitos para o futuro e não é concebível a afectação ou não afectação, por circunstâncias posteriores, da situação jurídica delas decorrente (essa situação, por natureza, está ou já devia estar extinta, não podendo o infractor, com o próprio não cumprimento, constituir uma situação duradoura).

Mas se os argumentos que se referiram funcionam, de algum modo, contra o devedor que pretenda modificar, ao abrigo do disposto no artigo 619º, nº 2, do CPC, a sentença que condene numa prestação vencida ou na restituição de coisa, já nos parece que não podem ser esgrimidos contra o credor que também o pretenda fazer (embora, neste caso, também se possa colocar o problema de a sentença modificanda não ser, diversamente do previsto naquele preceito, uma sentença condenatória, mas, antes, uma sentença absolutória): ao credor não pode, na verdade, imputar-se qualquer atraso na execução da sentença e, assim, a permanência de uma situação que já se devia ter extinto.

A razão da inaplicabilidade daquele preceito a estas sentenças tem, novamente, de procurar-se na ausência de um juízo de prognose.

[1046] Américo A. Taipa de Carvalho, *Sucessão...*, 2ª ed., págs. 159 e 247. Na 3ª ed. desta obra (cfr. págs. 143-144, 208 e 309-310), o Autor reitera que um dos pressupostos da aplicação da lei penal mais favorável é o de que "quando entra em vigor a lei penal nova, a *situação jurídico-penal*, criada na vigência da lei penal anterior pela infracção, *não se tenha esgotado plenamente*, isto é, que não se tenha extinguido toda a responsabilidade penal (pena principal, penas acessórias e efeitos penais da condenação)".

2. A ausência de um juízo de prognose

No caso das acções de restituição (*Herausgabeklagen*), afirma PETZOLDT[1047] que as correspondentes sentenças não encerram qualquer juízo de prognose sobre factos futuros, nomeadamente sobre factos dos quais decorreria a persistência da pretensão (sendo que, no caso das pretensões de restituição de base legal, o direito material impõe que os pressupostos de facto da pretensão estejam preenchidos sempre que se exija a restituição).

Temos, todavia, algumas dúvidas em aceitar que, sempre que o juiz condena numa prestação vencida ou na restituição de coisas, não lhe é exigido formular qualquer juízo de prognose.

Tomando como exemplo a sentença que, à luz do regime anterior a 2012, ainda previa uma denúncia "nos termos da lei de processo", tivesse decretado o despejo ao abrigo do disposto no artigo 1101º, alínea *a)*, do CC – preceito que determina que o senhorio pode denunciar o contrato de arrendamento de duração indeterminada no caso de "[n]ecessidade de habitação pelo próprio ou pelos seus descendentes em 1º grau" –, parece-nos que, não obstante essa necessidade devesse ser actual, para a sua ponderação relevavam factos futuros, que tinham de ser previstos pelo juiz. Ora, podendo o tribunal, ao decretar o despejo, ter previsto certos factos futuros, para o efeito de determinar a necessidade da habitação do senhorio ou dos seus descendentes, colocava-se o problema de saber se, não vindo tais factos a ocorrer (ou vindo a ocorrer factos que deviam ter sido previstos aquando daquele decretamento), se justificava o recurso à acção modificativa.

Julgamos, porém, que do nº 2 do artigo 1103º, do CC, em conjugação com o nº 6 do mesmo preceito (versões anteriores a 2012), decorria que o legislador não pretendera atribuir ao arrendatário um genérico direito de contradizer a necessidade de habitação do senhorio e, consequentemente, não pretendera facultar-lhe a via da acção modificativa em relação à sentença que decretasse o despejo.

Esta constatação, aliada à referência, no (actual) artigo 282º, nº 2, do CPC, às obrigações duradouras, bem como à menção, no (actual) artigo 619º, nº 2, do CPC, das sentenças de alimentos (que se reportam a obrigações duradouras), levam-nos a concluir que os juízos de prognose porventura formulados em sentenças de condenação em prestações vencidas e na restituição de coisas não são, em princípio, revisíveis através da acção modificativa (diversamente do que sucede, como vimos[1048], quanto aos actos administrativos de eficácia instantânea, porque a respectiva revogação apenas depende de não estarem ainda executados).

[1047] T. M. Petzoldt, *Die Rechtskraft*..., págs. 37-38.

[1048] *Supra*, § 8º, IV, 3.

§ 10º Sentenças condicionais, de condenação condicional, sujeitas a condição ou termo, e sujeitas à cláusula *rebus sic stantibus*

I. Sentenças condicionais

1. Definição e admissibilidade

Vejamos agora se as denominadas sentenças condicionais se encontram sujeitas ao regime do artigo 619º, nº 2, do CPC.

Um problema que, a este propósito, logo se levanta é o da definição dessa categoria de sentenças.

Remo Caponi[1049] define as sentenças condicionais como aquelas cuja eficácia depende da verificação de um evento futuro, integrando nessa categoria, quer as sentenças de condenação *in futurum* (cuja eficácia dependeria da verificação do *termo* indicado na sentença), quer as sentenças de *condenação sob reserva* (nas quais se acolhe a demanda, reservando-se a apreciação de uma excepção para um momento ulterior do processo).

Mas, se bem se reparar, na categoria das sentenças condicionais não é possível incluir as sentenças de condenação em prestações periódicas, pois estas produzem imediatamente efeitos jurídicos, ainda que caduquem em virtude de uma sentença posterior, proferida com base numa nova situação jurídica[1050/1051]; sob esse ponto de vista, as sentenças de condenação em prestações periódicas podem ser qualificadas como sentenças sujeitas à cláusula *rebus sic stantibus* – designação a que já nos referimos e que daqui a pouco trataremos com mais pormenor[1052] –, mas não como sentenças condicionais.

1049 Remo Caponi, *L'efficacia...*, pág. 102.

1050 Assim, S. Menchini, *Il giudicato...*, págs. 211-212; identicamente, F. Carnelutti ("La sentenza condizionale", págs. 309-310), assinalando que a verificação de um novo facto não é condição de cessação dos efeitos da sentença, sendo, antes, a nova sentença que faz cessar os efeitos da primeira; ainda no mesmo sentido, F. Vassalli, ("La sentenza condizionale", págs. 593-594), observando que a alteração das circunstâncias não faz cessar os efeitos da sentença, tornando apenas possível a substituição desta, pelo que não opera como uma condição. No sentido de que as sentenças de condenação em prestações periódicas vincendas são sentenças condicionais, veja-se, todavia, J. Kohler, "Ueber die Grundlagen...", pág. 10; esta construção seria rejeitada pela generalidade da doutrina alemã (cfr. E. R. von Maurnböck, *Die Abänderungsklage...*, pág. 19, E. Pliester, *Die Abänderungsklage...*, págs. 3-5, ou S. Kratz, *Die Abänderungs- und Nachtragsklage...*, págs. 11-12).

1051 Repare-se que afirmar que as sentenças de condenação em prestações periódicas caducam com uma sentença posterior não é contraditório com o que antes dissemos sobre a não abrangência, no artigo 619º, nº 2, do CPC, dos casos de caducidade da sentença: na verdade, a circunstância de este preceito pressupor uma sentença que não caducou não significa que, da sua aplicação, não possa resultar a caducidade dessa mesma sentença. Seja como for, parece-nos que o modo como a alteração do caso julgado anterior se revela, nas hipóteses em que esse caso julgado é alterado nos termos do artigo 619º, nº 2, do CPC, não é a caducidade: a semelhança que, aqui, se verifica com o recurso de revisão (*infra*, § 39º, IV) aconselha, antes, a apelar à figura da revogação.

1052 *Infra*, § 10º, IV.

Aliás, é muito duvidosa a qualificação, a que parece proceder REMO CAPONI, da generalidade das sentenças de condenação *in futurum* (consagradas, no caso do direito português, no artigo 557º do CPC) como sentenças condicionais, atendendo a que a condenação, em si, não se encontra subordinada a qualquer condição[1053]: seja como for, a elas já fizemos referência, pelo que, independentemente da qualificação que se lhes adeqúe, não as trataremos aqui.

As sentenças de condenação sob reserva – a segunda modalidade de sentenças condicionais, segundo REMO CAPONI, e que podem ser qualificadas como sentenças condicionais em sentido próprio[1054] – não se encontram expressamente consagradas no direito português, o que levanta o problema da respectiva admissibilidade[1055].

Trata-se, aliás, de problema antigo, porque já nas Ordenações Afonsinas (Livro III, Títulos LXVIIII e LXXXVI) se proibia ao juiz o proferimento de sentença condicional, proibição que se manteria nas Ordenações Manuelinas (Livro III, Títulos L e LXVIII) e Filipinas (Livro III, Título LXVI): só assim não seria "se logo se preencher a condição, como se o Juiz condemnar o Réo no que o Autor jurar que elle lhe deve, não excedendo o pedido"[1056].

Mais recentemente, em Acórdão de 22 de Janeiro de 2004, o Tribunal da Relação de Lisboa, colocado perante a questão de saber se "tendo sido realizada obra que alterou substancialmente a disposição interna das divisões do local arren-

[1053] Vários Autores discordam da qualificação das sentenças de condenação *in futurum* como sentenças condicionais: assim, F. Carnelutti ("La sentenza condizionale", págs. 315-317), sublinhando que o *accertamento* contido na sentença de condenação *in futurum* e a respectiva ordem de execução nada têm de condicional; C. Calvosa (*La sentenza condizionale*, págs. 89-92), sublinhando que, nas sentenças de condenação *in futurum* (que também designa como sentenças de condenação por pretensão condicionada), a condenação não é condicionada, mas antecipada; também C. Molina Portela (*Condena de futuro*, págs. 47-48), por entender que nem a perfeição da pretensão está condicionada ao aparecimento de certos elementos, nem o vencimento da prestação importa a verificação de uma condição, porque já era conhecido ao tempo da proposição da acção, nem, aliás, o juiz expressa na sentença que esta é proferida sob condição de que o devedor não cumpra: assim, "se o devedor condenado na sentença cumpre a prestação devida dentro do prazo fixado nessa sentença (que é o prazo estabelecido no contrato ou na lei), a sentença não deixa, por isso, de o ser, nem fica sujeita a condição" (tradução nossa); identicamente, ainda, F. López Simo / S. Cavanillas Múgica / F. Gascón Inchausti (*Las condenas de futuro*, págs. 53-56), essencialmente pelas razões apontadas por Calvosa; ainda se inscreve nesta orientação, a nosso ver, C. Viada López Puigcerver ("Embargos de futuro", pág. 75), ao sustentar que a expressão "condenação *in futurum*" é inapropriada, porque na correspondente acção obtém-se uma condenação actual que se executa no futuro, quando o prazo se vença ou a condição se preencha.

[1054] Assim, S. Menchini (*Il giudicato...*, pág. 211), sublinhando que, aqui, a condição opera sobre o *accertamento*, que é provisório.

[1055] No ordenamento espanhol, e como informam F. López Simo / S. Cavanillas Múgica / F. Gascón Inchausti (*Las condenas de futuro*, pág. 56), várias têm sido as sentenças proferidas pelos tribunais em que a eficácia da condenação se encontra subordinada a condição.

[1056] Pereira e Sousa, *Primeiras linhas...*, Tomo I, págs. 264-265.

dado, pode o Tribunal condicionar (condição resolutiva) a resolução do contrato e despejo à reposição do prédio arrendado no estado anterior no que respeita às obras que implicaram essa alteração substancial"[1057], considerou inadmissível tal sentença – que pareceu qualificar como uma condenação sob reserva –, por entender que o nosso direito não reconhece a possibilidade de fixação pelo julgador de uma condição resolutiva.

2. Sujeição à acção modificativa

Independentemente da resposta que se dê à questão da respectiva admissibilidade, não parece de aceitar a sujeição das sentenças condicionais em sentido próprio ao regime do artigo 619º, nº 2, do CPC.

É que tais sentenças não suscitam, como observa Remo Caponi[1058], o problema da eficácia do caso julgado no tempo, porque a excepção a apreciar posteriormente não constitui um facto superveniente: na verdade, aquelas sentenças são de formação progressiva e não esgotam todo o material de conhecimento, permitindo o proferimento de sentenças complementares na mesma instância[1059]. Nesta medida, a excepção a apreciar posteriormente não pode traduzir uma alteração das circunstâncias que determinaram a condenação.

Por outro lado, até ao momento da apreciação da referida excepção a sentença apresenta-se como provisória[1060], não colocando, assim, a alegação de qualquer

[1057] O teor da decisão então recorrida era, mais precisamente, o seguinte: "[...] declaro resolvido o contrato de arrendamento celebrado entre o falecido marido da autora e os réus e condeno-os a despejarem o arrendado no prazo de três meses a não ser que, neste período, reponham o imóvel no traçado anterior [...]".

[1058] Remo Caponi, *L'efficacia...*, págs. 102-103.

[1059] Assim, C. Molina Portela, *Condena de futuro*, págs. 47 e 71-72. Sobre a sentença de condenação sob reserva enquanto sentença que exclui certa excepção do efeito preclusivo, veja-se E. Heinitz, *I limiti...*, págs. 237-238. Sobre a justificação destas sentenças à luz do princípio da economia processual, L. P. Comoglio, *Il principio...*, tomo I, págs. 243-248. Sobre a possibilidade de proferimento de sentenças deste tipo em processo constitucional, M. Cappelletti, "Sentenze...", págs. 99-106. Refira-se ainda que a designação "sentença de condenação sob reserva" é, por F. López Simo / S. Cavanillas Múgica / F. Gascón Inchausti (*Las condenas de futuro*, págs. 50-53), aplicada a uma diferente realidade: à sentença de condenação genérica ou no que se liquide em execução de sentença. No sentido, porém, de que esta sentença não pode ser qualificada como sentença de condenação sob reserva, nem tão-pouco como sentença condicional – como sustentava F. Vassalli (cfr. "La sentenza condizionale", pág. 497-498) –, porque a liquidação não é condição da condenação, mas elemento constitutivo da condenação, isto é, a própria condenação (devendo, como tal, enquadrar-se a sentença de condenação genérica, se se tomar como verdadeira sentença de condenação e não de mera apreciação, na categoria das *sentenças incertas*), veja-se P. Calamandrei, "La condanna...", págs. 240-243.

[1060] Assim, F. Vassalli, "La sentenza condizionale", págs. 465-466, afirmando que a sentença de condenação sob reserva não pode adquirir força de caso julgado enquanto não for decidida, rejeitando-a, a excepção que ficou reservada. Para além de provisória, no apontado sentido, a sentença de condenação sob reserva (ou sentença condicional em sentido próprio) não se converte, sem mais, em título executivo

outro facto posterior à sentença o problema da modificação do respectivo caso julgado material.

II. Sentenças de condenação condicional e a termo incerto

1. Definição e admissibilidade

Diversa da sentença condicional é a denominada sentença de condenação condicional, em que, como explica ANTUNES VARELA[1061], condicionado é o direito reconhecido na sentença, não sendo incerto o sentido da própria decisão.

A sentença de condenação condicional parece ser admitida na jurisprudência portuguesa, a menos que a condição assente em factos insuficientemente densificados, que exijam ulterior verificação jurisdicional[1062].

Assim, num Acórdão do Tribunal da Relação do Porto de 18 de Janeiro de 2000 entendeu-se, conforme se lê no respectivo sumário, que "[t]ransitada em julgado a sentença que reconheça o fim do contrato de arrendamento, é o locatário obrigado a restituir o locado, podendo a sentença, se o autor houver pedido, condená-lo também, condicionalmente e "in futurum", a uma indemnização pela eventual mora, pelo período que decorrer desde a data do trânsito, em montante correspondente ao dobro das rendas".

Do mesmo modo, num Acórdão do Tribunal da Relação do Porto de 3 de Maio de 2001, considerou-se – apelando para o ensinamento de ANTUNES VARELA – que o disposto no artigo 662º, nº 1, do CPC de 1961, correspondente ao artigo 610º, nº 1, do CPC actual (nos termos do qual "[o] facto de não ser exigível, no momento em que a acção foi proposta, não impede que se conheça da existência da obrigação, desde que o réu a conteste, nem que este seja condenado a satisfazer a prestação no momento próprio") se aplica, ao menos por analogia, aos casos em que o juiz entenda que a obrigação do réu se encontra sujeita a determinada condição, ainda não verificada: com efeito, não obstante a parte final do preceito, ao aludir à satisfação no "momento próprio", excluir aparentemente as obrigações a termo incerto e as sujeitas a condição suspensiva, a verdade é que, estando a obrigação sujeita a condição, a correspondente sentença condenatória é certa e não condicional (esta, sim, vedada pela lei), e apenas é tratado em termos condicionais o seu conteúdo decisório. Por isso seria admissível, em acção

na data do vencimento, ao contrário do que sucede com a condenação *in futurum* (cfr. E. Gomez Orbaneja / V. Herce Quemada, *Derecho...*, pág. 295).

[1061] Antunes Varela, *Manual...*, pág. 683.

[1062] Na jurisprudência italiana, essa categoria foi também admitida num acórdão anotado por C. Mandrioli ("In tema..."), versando sobre uma hipótese em que o evento que materializava a condição consistia numa contraprestação; segundo Mandrioli (*idem*, pág. 814), porém, a condenação numa prestação condicionada é, em regra, inadmissível, porque o acesso à jurisdição depende de lesão (ainda que essa lesão seja pressuposta, como em certos casos de condenação *in futurum*).

intentada por empreiteiro e destinada a obter a condenação do dono da obra no pagamento do preço, condenar este no pagamento peticionado quando corrigidos tais defeitos.

Já numa mais recente decisão, o Acórdão do Supremo Tribunal de Justiça de 7 de Abril de 2011, entendeu-se inadmissível, à luz do princípio da efectividade da tutela dos direitos de personalidade, a "condenação na abstenção temporária e condicional da actividade empresarial que vinha sendo realizada no interior do estabelecimento, a qual apenas seria imposta e se manteria até que se realizassem obras que assegurassem isolamento acústico eficaz, de modo a evitar a lesão dos direitos de personalidade dos AA.", porquanto "não estando minimamente densificados e determinados [...] os procedimentos construtivos idóneos para eliminarem satisfatoriamente a verificada lesão do direito de personalidade dos AA., a decisão proferida acaba por não solucionar definitivamente o litígio que – subsistindo, na prática, quase integralmente entre as partes – acabaria por ter de ser resolvido através de uma nova acção, em que se controvertesse a viabilidade técnica e a idoneidade, suficiência e real eficácia das obras que, porventura, viessem a ser realizadas pela sociedade R.".

Finalmente, num Acórdão do Tribunal da Relação de Guimarães de 25 de Setembro de 2002 ponderou-se ainda uma figura afim da da sentença de condenação condicional: a sentença de condenação em que o direito reconhecido na sentença está sujeito, não a condição, mas a *termo incerto*. Mais precisamente, analisou-se uma sentença, já transitada, que homologara acordo estabelecendo que "a título de alimentos para as menores, o pai pagará a quantia mensal de 75 euros por cada uma, iniciando-se esse pagamento logo que seja libertado", e entendeu-se que a mesma só podia ser interpretada no sentido de que servia como título executivo contra o requerido a partir da data da sua libertação e não a partir da data da proposição da acção, como, nos termos do artigo 2006º do CC, devia (na perspectiva do Acórdão) ter ficado estabelecido nessa sentença.

2. Sujeição à acção modificativa

Sendo a condenação condicional, quer a verificação quer a não verificação da condição não significam qualquer alteração das circunstâncias que determinaram a condenação, porque ambas as ocorrências foram inicialmente previstas. Nesta medida, não faz sentido ponderar a aplicação do artigo 619º, nº 2, do CPC *por causa* da verificação ou da não verificação da condição. Por identidade de razões, este raciocínio vale para a condenação sujeita a termo incerto, que acabámos de tratar.

O que pode perguntar-se é se a sentença pode ser modificada, com fundamento em alteração das circunstâncias, até ao momento da verificação ou não verificação da condição (ou da verificação do termo incerto), atendendo a que, até esse momento, a situação jurídica reconhecida na sentença de algum modo "persiste no tempo".

Ao que nos parece, este problema aproxima-se muito de um outro que já tratámos: o de saber se o artigo 619º, nº 2, do CPC é aplicável às sentenças de condenação numa prestação instantânea vincenda. Portanto, para lá remetemos[1063].

III. Sentenças sujeitas a condição resolutiva ou termo final

1. Definição e admissibilidade

Diversas das sentenças condicionais em sentido próprio – que já tratámos e fizemos equivaler às condenações sob reserva – e das sentenças de condenação condicional e a termo incerto – que também analisámos e definimos como aquelas cujo conteúdo decisório está subordinado, respectivamente, a uma condição suspensiva e a um termo inicial incerto – são as sentenças sujeitas a condição resolutiva ou termo final.

Dir-se-ia que estas sentenças equivalem a condenações sob reserva (aliás, o exemplo de condenação sob reserva que já apontámos – o do Acórdão de 22 de Janeiro de 2004 do Tribunal da Relação de Lisboa – era aí qualificado como sendo também de condição resolutiva), mas julgamos que tal não sucede e que as duas figuras não são confundíveis, pois à condenação sob reserva anda, diversamente, aliada a ideia de provisoriedade da condenação e de apreciação incompleta[1064].

Mas será, de qualquer modo, admissível sujeitar a sentença a condição resolutiva[1065] ou termo final?

A propósito da fixação da indemnização sob forma de renda, considera Vaz Serra[1066] que "[q]uando não seja certa a duração da perda ou limitação da capacidade aquisitiva ou do aumento das necessidades, pode o tribunal fixar uma renda "enquanto a situação se mantiver", "até nova decisão", etc."

Parece que, nestes casos, a sentença caduca quando a situação se altera, por verificação da condição resolutiva.

Pode, porém, perguntar-se qual a diferença entre as situações em que o tribunal fixa uma renda "enquanto a situação se mantiver" ou "até nova decisão" e as situações em que, ao fixar a renda, o tribunal não apõe qualquer condição desse teor na sentença e a situação se altera.

[1063] *Supra*, § 8º.

[1064] É por não ser completo o *accertamento* em que se funda a sentença de condenação sob reserva – uma vez que o juiz não chega a conhecer da excepção reservada – que C. Calvosa (*La sentenza condizionale*, págs. 44-47) considera que tal sentença não é uma sentença de condenação, porque esta pressupõe um *accertamento* completo; daí que o julgamento da excepção também não constitua uma condição, mas um pressuposto da condenação.

[1065] A sentença condenatória sujeita a condição resolutiva é, ainda, a par da sentença de condenação sob reserva, englobada por S. Menchini (*Il giudicato...*, pág. 211) na categoria das sentenças condicionais.

[1066] Vaz Serra, "Obrigação de indemnização...", pág. 164.

Segundo cremos, não há qualquer diferença entre as duas situações, pois permitindo a lei a modificação da sentença com fundamento em alteração de circunstâncias, a aposição de uma condição do teor das que ficaram descritas é inútil, não interferindo no regime da eficácia da sentença no tempo. Por outras palavras: em ambos os casos, o regime a aplicar é ainda o do artigo 619º, nº 2, do CPC, pelo que, alterando-se a situação, o interessado pode propor acção modificativa.

Portanto, a sentença sujeita a condição resolutiva ou termo final só possui autonomia face à sentença expressamente prevista no artigo 619º, nº 2, do CPC se, na sentença, for aposto um termo final ou uma condição resolutiva diversa da que ficou descrita: isto é, se, na sentença, o juiz não se limitar a aludir à "manutenção da situação" ou à "nova decisão".

É só esta a sentença cuja admissibilidade e submissão à acção modificativa agora averiguaremos.

Cura Mariano[1067] – embora a propósito de uma providência cautelar, e não de uma sentença (concretamente, a reparação provisória do dano, prevista hoje nos artigos 388º e seguintes do CPC) –, refere duas hipóteses que nos parecem enquadrar-se na figura que agora nos interessa.

Assim, e em primeiro lugar, "[s]e o período durante o qual o lesado vai atravessar dificuldades económicas se encontrar temporalmente determinado, nada impede que o julgador fixe desde logo o número de meses durante o qual deverá ser paga a renda arbitrada. Deste modo se evitará o posterior incidente processual de cessação da prestação fixada". Nesta hipótese – que pode colocar-se, quer no procedimento cautelar a que o citado Autor se refere, quer na acção principal correspondente –, a decisão caduca, verificado o termo final nela previsto: e não só não há lugar, verificado esse termo, à cessação da prestação, como também não é possível alterá-la, com fundamento em circunstâncias supervenientes a esse termo; já a respectiva alteração com fundamento em circunstâncias anteriores ao termo final é admissível, nos termos gerais – porque até ao momento da verificação do termo a sentença é eficaz –, embora seja discutível se essa alteração pode justamente destinar-se a alterar o termo final ou a suprimi-lo (prolongando ou diminuindo a vida da sentença)[1068].

Em segundo lugar, "[t]endo em consideração um juízo de prognose sobre o montante global da indemnização que o requerente poderá obter na acção principal, nada parece impedir que, na decisão que arbitre as rendas provisórias, se fixe um capital máximo que essas rendas poderão somar, o qual ao ser atingido determinará a cessação da providência cautelar". Também nesta hipótese – possivelmente não transponível, reconhecemos, para a própria acção principal –

[1067] J. Cura Mariano, *A providência cautelar...*, págs. 97-98.

[1068] A letra do artigo 619º, nº 2, do CPC não o impede.

ocorre a caducidade da decisão, verificado o facto superveniente do atingir do capital máximo fixado, que funciona como condição resolutiva.

Pode, porém, perguntar-se se daqui se pode inferir a genérica admissibilidade da aposição, à sentença, de uma condição resolutiva ou termo final.

A este propósito, não deixa de ter interesse referir já ter sido avançada uma resposta afirmativa a esta questão, no âmbito das *sentenças determinativas*, e atendendo à respectiva natureza: assim, para CALVOSA[1069], "[a]s sentenças determinativas, tal como aquelas que são proferidas segundo a equidade, apresentam-se, logicamente, como as mais idóneas a tolerar a aposição de cláusulas condicionais", embora o Autor[1070] também admita a aposição de condições nas sentenças constitutivas discricionárias. E CALVOSA[1071] dá como exemplo de sentença determinativa à qual é aposta uma condição resolutiva a sentença que condena o réu a prestar alimentos de certo modo, estabelecendo que, se o credor adoecer, os alimentos passarão a ser prestados de um outro modo durante o período de doença (sentença que, na sua perspectiva, ofereceria ao credor a vantagem – relativamente à vulgar sentença de alimentos – de não ter de esperar pelo trânsito em julgado de uma posterior e eventual sentença modificativa para obter um outro modo de prestação dos alimentos).

Na impossibilidade e desnecessidade de, neste contexto, respondermos à questão de saber se a qualquer sentença pode ser aposta condição resolutiva ou termo final, diríamos que não deve arredar-se a possibilidade de tal suceder quanto a certas sentenças – nomeadamente quanto às sentenças de alimentos, expressamente previstas no artigo 619º, nº 2, do CPC, ou às decisões proferidas na jurisdição voluntária[1072] –, hipóteses em que se coloca o problema do regime da sua modificação.

2. Sujeição à acção modificativa

Nos casos acabados de referir, o facto superveniente em que se traduz a verificação da condição resolutiva ou do termo final não parece fundamentar a aplica-

1069 C. Calvosa, *La sentenza condizionale*, pág. 103.

1070 *Idem*, págs. 105-108.

1071 *Idem*, págs. 104-105.

1072 No campo da jurisdição voluntária, veja-se RC, 30.10.2007, proferido numa acção especial de entrega judicial de menor: neste acórdão manteve-se a decisão da 1ª instância de obrigar o pai a "permitir que a menor visite e seja visitada pelos avós maternos, nas ocasiões que forem acordadas entre estes e aquele, com uma periodicidade não inferior a uma vez por semana", mas sublinhou-se que "a existência desse convívio, formalizado nos termos em que o foi, está sob reserva de não perturbar a integração da menor B... no agregado familiar do pai, *sendo que cessará – deverá cessar – se, contrariamente ao desejado, constituir um elemento perturbador dessa integração*" (itálico acrescentado). Quanto às sentenças de alimentos, no sentido de que é inadmissível a fixação de um termo final para os alimentos, na medida em que a cessação da correspondente obrigação está dependente da alteração das circunstâncias que motivaram a fixação da pensão de alimentos, o que se verificará em data incerta, RP, 06.12.2004.

ção do artigo 619º, nº 2, do CPC à sentença duradoura, porque esta caduca com a verificação do facto nela previsto: dito de outro modo, a sentença não parece modificável (por alteração das circunstâncias), porque os seus efeitos se extinguem com a verificação do termo final ou da condição resolutiva aposta à própria sentença. É claro que nada impede que a sentença sujeita a condição resolutiva ou termo final seja modificável, nos termos gerais do artigo 619º, nº 2, do CPC, se se pretender alegar facto diverso daquele que integra a condição resolutiva ou o termo final e até à respectiva verificação.

Pode, porém, perguntar-se se esta conclusão se harmoniza com a possibilidade de a aposição de termo final se ter ficado a dever à realização de um juízo de prognose do juiz – imagine-se que o juiz fixa um certo prazo na sentença de alimentos, findo o qual a prestação não mais será devida, por entender que a necessidade do alimentando só até àquele momento se verificará –, hipótese em que parece fazer sentido o uso da acção modificativa, justamente para correcção desse juízo de prognose. Na doutrina alemã, Thalmann[1073] defende tal solução, quando, a propósito da modificabilidade das *sentenças absolutórias* – problema que adiante trataremos[1074] –, considera decisivo o aspecto da realização desse juízo, que, na situação descrita, teria ocorrido (além de ter também ocorrido a condenação a que literalmente se referia o § 323, 1, da ZPO, na anterior redacção); paralelamente, sustenta o Autor[1075] que a alteração das circunstâncias que justifica a acção modificativa pode ser, não apenas a alteração das circunstâncias fácticas, mas também a alteração do juízo de prognose, pelo que, se a pensão de alimentos tiver sido fixada só até certa data por a partir deste momento ser previsível a cessação da necessidade do credor em virtude de reintegração no mercado de trabalho, e o expectado não vier a ocorrer, pode ser prorrogada a pensão para além daquela data.

Temos dúvidas quanto a tal solução, pois o regime do artigo 619º, nº 2, do CPC não tem em vista fazer reviver uma sentença que já caducou; mas, por outro lado, também é verdade que, em se admitindo a modificação de uma sentença absolutória assente num juízo de prognose, não se alcança a razão substancial da diferenciação que se fez, pois a sentença que condena só até certo momento parece absolutória quanto ao tempo restante; além do mais, o artigo 619º, nº 2, do CPC, pressupõe literalmente uma condenação e, no caso em análise, houve uma condenação. Inclinamo-nos, de qualquer modo, para dar prevalência ao primeiro aspecto, desconsiderando o motivo da caducidade (que é a prognose):

1073 W. Thalmann (P. Wendl / S. Staudigl / W. Thalmann, *Das Unterhaltsrecht...*, pág. 973, e "Die Abänderungsklage...", pág. 624).

1074 *Infra*, § 13º.

1075 W. Thalmann (P. Wendl / S. Staudigl / W. Thalmann, *Das Unterhaltsrecht...*, pág. 985, e "Die Abänderungsklage...", pág. 630).

ou seja, a sentença não é modificável, porque caducou (embora a caducidade se tenha ficado a dever a uma prognose errada).

IV. Sentenças sujeitas à cláusula *rebus sic stantibus*

Não confundíveis com as sentenças condicionais, na modalidade da condenação sob reserva, com as sentenças de condenação condicional e com as sentenças sujeitas a condição resolutiva ou termo final – as quais, conforme se expôs, não são modificáveis nos termos do artigo 619º, nº 2, do CPC com fundamento na verificação da condição ou do termo –, são as usualmente designadas sentenças sujeitas à cláusula *rebus sic stantibus* ("enquanto as coisas assim se mantiverem")[1076], categoria a que já várias vezes fizemos referência e que a doutrina, não raro, invoca, ao determinar o campo de aplicação do artigo 619º, nº 2, do CPC.

Na doutrina e jurisprudência alemãs também é comum entender que as sentenças previstas no § 258 da ZPO se encontram sujeitas à condição, expressa ou tácita, segundo a qual a sua *adaptação* – e não propriamente a sua *eliminação* – é possível, assim que as circunstâncias se alterem (ou seja, sujeitas à cláusula *rebus sic stantibus*)[1077]; o mesmo se diga quanto à doutrina e jurisprudência italianas, no que diz respeito às sentenças de alimentos[1078] e às sentenças que julgam improcedente a acção de despejo[1079].

A categoria da sentença sujeita à cláusula *rebus sic stantibus* – bem como, aliás, a regulação da acção modificativa – resulta de uma transposição, para a área processual, da doutrina da cláusula *rebus sic stantibus*, desenvolvida para os contratos[1080]. A transposição dessa doutrina para a área processual não redundou, porém,

[1076] Assim, "a fixação dos alimentos, mesmo quando judicial, tem sempre implícita a cláusula *rebus sic stantibus*, ou seja, da permanência das condições objectivas e subjectiva que a determinaram" (STJ, 16.12.2004).

[1077] Assim, R. Hengstler, *Der Führergedanke...*, págs. 15-16, ou H.-U. Graba, *Die Abänderung...*, pág. 1. Distinguindo (o que pode ser relevante para a determinação dos poderes do juiz da acção modificativa) a adaptação da eliminação: H.-U. Graba, *Die Abänderung...*, pág. 25.

[1078] Assim: G. Provera, *Degli alimenti*, pág. 98; A. Attardi, *Diritto processuale...*, pág. 481 (sublinhando que, no caso das sentenças *rebus sic stantibus*, a sentença continua a surtir eficácia quando se verifique a alteração das circunstâncias, por isso sendo necessária a sua revogação ou modificação num posterior juízo).

[1079] Assim, P. C. Tacchi-Venturi, "I limiti...", págs. 1210-1211.

[1080] R. Hengstler, *Der Führergedanke...*, págs. 16-17. E, nomeadamente, de uma transposição para a área da justiça administrativa, tendo a doutrina e a jurisprudência alemãs aceitado a submissão das sentenças dos tribunais administrativos à cláusula *rebus sic stantibus*, primeiro com o sentido de que tais sentenças não impedem a proposição de nova acção pelo particular que sucumbiu na acção, se as circunstâncias se modificaram entretanto de um modo que lhe é favorável, e, depois, com o sentido de que também à Administração não é vedado praticar um acto administrativo de conteúdo idêntico ao anteriormente anulado, se posteriormente à anulação as circunstâncias se tiverem alterado (assim: Remo Caponi, *L'efficacia...*, págs. 103-105). Na Alemanha, e como refere P. Kurz (*Die Reformbedürftigkeit...*, págs. 1-2), a acção modificativa regulada no § 323 da ZPO (havendo, depois da reforma da ZPO de 2008/2009, de atentar igualmente nos §§ 323a e 323b) é também muitas vezes assinalada como um exemplo de utilização

apenas na consagração dessa categoria de sentenças, porque outras manifestações da cláusula podem também vislumbrar-se em institutos diferentes, como por exemplo a revisão ou a oposição à execução de sentenças[1081].

Vejamos, pois, de modo muito sintético, em que consiste esta doutrina[1082] e se ela se encontra consagrada na regulação portuguesa dos contratos, unicamente para o efeito de apurar o que pode significar hoje a categoria das sentenças sujeitas à cláusula *rebus sic stantibus*.

A doutrina da cláusula *rebus sic stantibus* expressava, no direito comum, a ideia de que a manutenção de um contrato de longa duração depende da não alteração das circunstâncias que foram decisivas para a sua conclusão de um modo tal que o seu escopo principal não possa mais ser atingido, devendo, portanto, considerar-se subentendida nesses contratos uma cláusula desse teor[1083]; ligava-se, assim, como observa Oliveira Ascensão[1084], a uma preocupação do Direito com a substância dos contratos e à consideração de que estes "valiam não só por terem sido consentidos, mas porque fundavam uma relação justa"; aliás, segundo este mesmo Autor[1085], o fundamento do instituto da modificação ou extinção do contrato por alteração das circunstâncias, tal como se encontra hoje desenhado nos artigos 437º e seguintes do CC, pode ainda ser procurado na fórmula *rebus*

da cláusula *rebus sic stantibus* na área do processo civil; à semelhança da cláusula vigente em matéria de contratos, tal preceito submeteria as sentenças sobre prestações periódicas vincendas à condição da invariabilidade das circunstâncias. Como tal a assinala, nomeadamente, R. Köbler, *Die "clausula rebus sic stantibus"...*, págs. 147-148. Sobre o entendimento, do *Bundesgerichtshof*, de que o preceituado no § 323 da ZPO traduziria a utilização da referida cláusula, no domínio processual: H.-U. Graba, *Die Abänderung...*, págs. 3 e 24-25; o Autor, porém, prefere entendê-lo como uma expressão do princípio da boa fé (*idem*, pág. 4).

1081 R. Hengstler, *Der Führergedanke...*, págs. 12-15, 27-28 e 48. Da genérica vigência da cláusula em processo civil retiraria o Autor a possibilidade de aplicação analógica de preceitos legais que nela assentam.

1082 Para maiores desenvolvimentos quanto às origens e à evolução da doutrina da cláusula, vejam-se as referências de K. Larenz (*Base del negocio...*, págs. 27-34), R. Köbler (*Die "clausula rebus sic stantibus"...*, esp. págs. 23-131) e G. Osti ("La così detta...", esp. págs. 6-46); entre nós, consulte-se, por exemplo, Antunes Varela (*Ineficácia...*, págs. 263-273), D. Paiva Brandão, "Considerações...", págs. 188-191, A. Rocha de Gouveia, *Da teoria...*, págs. 11-19, A. Menezes Cordeiro ("Da alteração...", págs. 12-25) e P. Pais de Vasconcelos (*Teoria geral...*, págs. 358-359 e 368).

1083 Assim, H.-U. Graba, *Die Abänderung...*, pág. 33; M. J. Almeida Costa, *Direito das obrigações...*, pág. 291. Assinalando que a noção de contrato de longa duração não foi suficientemente afinada pelos partidários da teoria da cláusula, veja-se – além de G. Osti ("La così detta..." e "Appunti..."), a que já fizemos referência (*supra*, § 6º, II, 2, *c*)) – Antunes Varela, *Ineficácia...*, pág. 265, nota 1; no mesmo sentido, A. Rocha de Gouveia, *Da teoria...*, págs. 13-15, afirmando não ser seguro que o direito comum aplicasse a cláusula a todos os contratos, ou apenas aos de trato sucessivo. Salientando a construção da cláusula como "estipulação implícita" e o progressivo incremento do cariz subjectivista e voluntarista da cláusula, P. Pais de Vasconcelos, *Teoria geral...*, págs. 358-359.

1084 J. de Oliveira Ascensão, *Direito civil...*, vol. III, pág. 188.

1085 J. de Oliveira Ascensão, *Direito civil...*, vol. III, págs. 210-212.

sic stantibus, pois tal como esta expressa as ideias de equilíbrio ou proporcionalidade e de justiça concreta da relação.

Mas, como também assinala Oliveira Ascensão[1086], a doutrina da cláusula *rebus sic stantibus*, que se desenvolveu na Idade Média, seria destronada, no século XIX, pelas teses voluntaristas, passando o contrato "a valer apenas com fundamento no consentimento das partes"[1087].

Nelas se inscreve a teoria da pressuposição de Windscheid[1088], assente no dogma da vontade. Na síntese de Mota Pinto[1089], "[a] noção de pressuposição [...] consiste na convicção, consciente ou subconsciente, da verificação no futuro de uma dada circunstância ou estado de coisas, convicção determinante da realização de um contrato, pois, de outro modo, não se teria celebrado o negócio ou só teria tido lugar a sua realização noutros termos". À teoria da pressuposição, na formulação de Windscheid, tem sido, todavia, contraposto, como observa Almeida Costa[1090], que a mesma admite "a impugnação do negócio desde que a pressuposição fosse conhecida ou mesmo só cognoscível do outro contraente"; ora "[p]ode a outra parte, embora conhecendo ou sendo-lhe cognoscível a pressuposição, não haver querido que a eficácia do negócio ficasse dependente da sua verificação, nem a boa fé a isso obrigá-la". Assinalam-se, igualmente, os riscos para a segurança do tráfico que decorrem de tal teoria, bem como as árduas indagações de carácter psicológico que a mesma envolve[1091].

1086 J. de Oliveira Ascensão, *Direito civil...*, vol. III, pág. 188.

1087 Reconduzindo mesmo o pensamento da cláusula *rebus sic stantibus* ao conceito fundamental do *consenso dos contraentes* da teoria romana, veja-se P. Cogliolo ("La così detta...", esp. págs. 420 e 424), porque entende que tal consenso desaparece, quando sobrevenha alteração das circunstâncias (aderindo a tal perspectiva, Barbosa de Magalhães, "A teoria...", pág. 129). Considerando que a cláusula, na sua elaboração secular, não é uma simples determinação da vontade que actua nos negócios jurídicos, mas sobretudo um limite à eficácia vinculativa da vontade, decorrente da essência dos próprios negócios, G. Osti, "Appunti...", pág. 666. O antagonismo que se pode descobrir entre a doutrina da cláusula e as teses voluntaristas não é, porém, total: como observa A. Pinto Monteiro ("Erro e teoria...", págs. 322-323), as exigências de justiça material a que o regime da alteração das circunstâncias em matéria contratual procura dar resposta não são alheias à autonomia dos sujeitos, porque ainda envolvem a tutela da autodeterminação das partes. É, de qualquer modo, claro que o princípio da autonomia da vontade não chega para fundamentar aquele regime (cfr. M. Carneiro da Frada, "Crise financeira...", págs. 678-679).

1088 Ver, em síntese, B. Windscheid, *Diritto delle Pandette*, vol. I, §§ 97-100. A referida teoria fora, porém, desenvolvida pelo Autor na obra *Die Lehre des römischen Rechts ...*, e em "Über den Begriff...".

1089 C. A. da Mota Pinto, *Teoria geral...*, pág. 605.

1090 M. J. Almeida Costa, *Direito das obrigações...*, pág. 293.

1091 Assim, por exemplo, M. Bessone, *Adempimento...*, pág. 62, e D. Paiva Brandão, "Considerações...", pág. 184.

Surge também a teoria da imprevisão, desenvolvida pela jurisprudência do Conselho de Estado francês[1092]. Como sintetiza MOTA PINTO[1093], assenta a mesma na "ideia de que os contratos feitos em dado ambiente económico e social podem ser resolvidos ou modificados, se se altera, de uma forma radical e imprevisível, esse ambiente", o que, na perspectiva do Autor, "modera [...] as consequências que adviriam da consagração da ideia de que os contratos – contrato sucessivo e dependência do futuro – levam subentendida a cláusula *rebus sic stantibus*. Dar relevo a qualquer alteração de circunstâncias, mesmo previsível e pouco acentuada, afectaria gravemente a estabilidade dos contratos, e é uma posição tão unilateral como a atitude oposta de afirmar, sem atenuação, mesmo excepcional, que *pacta sunt servanda*". No entanto, e como acentua ALMEIDA COSTA[1094], a teoria da imprevisão, ao exigir justamente que a alteração seja imprevisível[1095], pode "deixar sem amparo algumas hipóteses merecedoras de protecção, atendendo às regras da boa fé": assim, por exemplo, "se ocorre uma onerosidade da prestação, embora do máximo vulto, que podia razoavelmente prever-se".

OERTMANN[1096], por seu lado, desenvolveu a teoria da base do negócio. A sua versão desta teoria – que é a de que "a eficácia dos negócios está ligada à subsistência da sua base, entendendo-se por base negocial as representações de uma das partes sobre a existência de certas circunstâncias consideradas como basilares, desde que a outra parte as reconheça como importantes, sem as contradizer"[1097] – "reconduz-se, no fundo, à ideia de pressuposição, submetida a determinados requisitos de relevância que não ponham em perigo a segurança dos contratos"[1098]. Numa das formulações da teoria, LARENZ[1099] distinguiria entre a base do negócio objectiva e a subjectiva, a primeira referente ao complexo de circunstâncias exterior ao negócio, de sentido inteligível, e a segunda à representação mental existente aquando da conclusão do negócio (enquadrando-se no campo dos motivos e devendo ser tratada a propósito da teoria do erro sobre os motivos e dos vícios da vontade)[1100].

1092 Sobre esta teoria, K. Larenz, *Base del negocio...*, págs. 113-116, A. Menezes Cordeiro, "Da alteração...", págs. 14, nota 16, e 23, ou D. Paiva Brandão, "Considerações...", págs. 241-262.

1093 C. A. da Mota Pinto, *Teoria geral...*, pág. 606 e nota 821.

1094 M. J. Almeida Costa, *Direito das obrigações*, pág. 292.

1095 Sobre o sentido e alcance do requisito da imprevisibilidade, para a teoria da imprevisão, veja-se A. Rocha de Gouveia, *Da teoria...*, págs. 75-82.

1096 P. Oertmann, *Die Geschäftsgrundlage...*, esp. págs. 25-42 e 124-179.

1097 Assim a descreve C. A. da Mota Pinto, *Teoria geral...*, pág. 610.

1098 Neste sentido, M. J. Almeida Costa, *Direito das obrigações...*, pág. 294.

1099 K. Larenz, *Base del negocio...*, págs. 37-39, *Allgemeiner Teil...*, págs. 700-701, *Lehrbuch...*, págs. 322-324, e "Zum Wegfall...".

1100 Sobre a teoria da base do negócio, na formulação de Larenz, e sobre as suas críticas, veja-se A. Menezes Cordeiro, "Da alteração...", págs. 28-30.

O legislador português, ao regular no artigo 437º do CC o designado "error in futurum" ou a pressuposição, "partiu da teoria da base do negócio, que completou com um apelo aos princípios da boa fé"[1101].

Tendo presente a referida evolução da doutrina da cláusula *rebus sic stantibus*, dir-se-ia que a designação de uma sentença como sentença sujeita a tal cláusula apenas significa que a mesma apresenta uma semelhança relevante com os contratos relativamente aos quais aquela doutrina foi desenvolvida[1102] (o que também envolve a consideração de que nem todas as sentenças estarão sujeitas à cláusula *rebus sic stantibus*[1103]) e que é modificável por razões semelhantes às que justificam a modificação daqueles contratos. Mas a designação já não significa que todas as soluções daquela doutrina lhe sejam extensíveis nem, muito menos, que essa sentença se encontre sujeita a *condição*.

Nesta medida, parece-nos particularmente correcta a abordagem de Costa[1104], que transpõe a cláusula *rebus sic stantibus* do domínio contratual para o processual em atenção a dois elementos que a acompanham: a aplicação da cláusula a relações continuadas e a sua justificação por razões de equidade. Do primeiro elemento decorre que as sentenças a ela sujeitas são, por um lado, as sentenças que estabelecem obrigações duradouras e, por outro lado, as sentenças que criam um novo estado duradouro mas, por razões de interesse público (isto é, porque a perpetuação desse estado pode lesar o interessado), susceptível de ser eliminado por alteração das circunstâncias que justificaram a sua criação. Do segundo elemento decorre que, em princípio, apenas as sentenças determinativas (nas quais o juiz, no uso de poderes de equidade, determina o conteúdo ou um elemento de uma relação já definida entre as partes) estão sujeitas à cláusula *rebus sic stan-*

[1101] Assim, M. J. Almeida Costa, *Direito das obrigações...*, págs. 300-301. Sobre a utilidade da fórmula legal e da base negocial de Oertmann, A. Menezes Cordeiro, "A proposta...", págs. 289-290. Sobre a discussão, na doutrina portuguesa anterior ao Código Civil de 1966, em torno do problema da imprevisão, veja-se nomeadamente: Barbosa de Magalhães ("A teoria..."), admitindo a aplicação da teoria da imprevisão, não só aos contratos administrativos, mas também aos civis e comerciais, "quer considerando que em cada contrato se acha tácitamente inserta a cláusula *rebus sic stantibus*", "quer considerando que a inesperada transformação do meio-ambiente constitue um caso de fôrça maior", porque "não é equitativo responsabilisar as partes por aquilo que ninguem podia prevêr"; D. Paiva Brandão ("Considerações...", págs. 212-216), para quem o problema seria "redutível à ideia de lesão superveniente por virtude de uma alteração imprevisível das circunstâncias" (*idem*, págs. 220-225); A. Rocha de Gouveia (*Da teoria...*, esp. págs. 167-178), atribuindo alcance geral ao disposto no Código Civil quanto aos efeitos da alteração das circunstâncias na empreitada, do que resultaria a consagração do instituto da imprevisão no direito privado; Vaz Serra, "Manuel de Andrade...", págs. 29-36; A. Caiado, *Resolução...*, págs. 104-108.

[1102] Esses contratos não se situam necessariamente na área do direito civil: assim, sobre a permeabilidade da contratação pública ao regime da alteração das circunstâncias, A. Menezes Cordeiro, "A proposta...", esp. págs. 296-311.

[1103] Assim, K. Mayer, *Anspruch...*, pág. 134.

[1104] S. Costa, "La clausola...", págs. 88-89 e 95.

tibus; excepcionalmente, porém, também o estão certas sentenças não determinativas, concretamente, as que estabelecem uma servidão legal de passagem ou de aqueduto, as proferidas em matéria de acidentes de trabalho, as que decretam a interdição ou a inabilitação e as que declaram a ausência.

Da transposição, nestes termos, da cláusula *rebus sic stantibus* para o domínio processual não resulta, assim, que as pertinentes sentenças se encontrem sujeitas a condição ou que sejam menos vinculativas para as partes.

É por isso que nos merece alguma reserva o entendimento de REMO CAPONI[1105], de acordo com o qual a designação de sentença sujeita à cláusula *rebus sic stantibus* pode, à luz do direito italiano, ser adequadamente empregue para referir a sentença que contenha um acertamento condicionado à permanência, no futuro, da situação de facto presente ao tempo do processo e em que assentou a pronúncia (como sucede com a sentença de condenação *in futurum* que se reporte a uma situação duradoura ligada por um nexo permanente de condicionalidade ao respectivo facto constitutivo, também duradouro), embora tal designação não signifique que seja mais débil o caso julgado dessas sentenças, uma vez que, pelo contrário, esse caso julgado resiste à mera reprodução do facto constitutivo, dependendo a sua inoperância da alteração deste facto[1106].

Com efeito, não obstante concordemos com a asserção de que, em tal hipótese, não é mais débil o caso julgado, este entendimento parece também pressupor que a sentença sujeita à cláusula *rebus sic stantibus* equivale, de algum modo, à sentença sujeita a condição resolutiva, ocasionando a verificação da condição a cessação da eficácia do caso julgado: ora, como observa CALVOSA[1107], a modificação das condições de facto existentes ao tempo do proferimento da sentença apenas constitui fundamento para requerer uma nova determinação, não fazendo cessar a eficácia da sentença anterior; apenas uma nova sentença faz cessar tal eficácia, pelo que aquela modificação não constitui um evento futuro e incerto.

[1105] Remo Caponi, *L'efficacia...*, págs. 105-106.

[1106] A categoria das sentenças sujeitas à cláusula *rebus sic stantibus* não é, ainda no direito italiano, confundível com a das providências proferidas em processos de jurisdição voluntária: como, a este propósito, e, mais precisamente, a propósito das sentenças de interdição e inabilitação, sublinha L. Montesano ("Le prove...", pág. 202, nota 31, e "Sull'efficacia..., pág. 609), não se verifica aqui qualquer eliminação ou atenuação do caso julgado, porque estas sentenças apenas podem ser revogadas (ou melhor, pode ser revogado o estado jurídico de interdição ou de inabilitação) com fundamento em superveniente cessação ou modificação da enfermidade mental do interdito ou inabilitado, enquanto aquelas providências podem ser revogadas ou modificadas independentemente da verificação de circunstâncias supervenientes e sindicadas através de meios contenciosos. Sobre a natureza, contenciosa ou graciosa, do processo de interdição ou inabilitação, e concluindo não ser possível optar por uma ou outra, G. Ianniruberto, "Natura...", págs. 1023-1027.

[1107] C. Calvosa, *La sentenza condizionale*, pág. 104.

Não há, assim, que confundir a sentença sujeita à cláusula *rebus sic stantibus* com a sentença cuja eficácia ou conteúdo decisório depende de condição, muito embora também lhe possa ser aposta, nos termos que ficaram expostos, uma condição resolutiva.

§ 11º Sentenças de condenação (em alimentos ou indemnização) sob forma de capital (e não sob forma de renda)

I. Colocação do problema

O artigo 567º, nº 2, do CC não alude à possibilidade de modificação de uma sentença que condene numa indemnização sob forma de capital e não sob forma de renda; já os artigos 2012º e 2013º do CC não condicionam a alteração ou cessação da obrigação alimentar ao modo de fixação dos alimentos.

Assim sendo, pode perguntar-se se a lei veda a modificação, por alteração das circunstâncias, das sentenças que condenem em indemnização sob forma de capital, permitindo-a em relação às sentenças que condenem em alimentos sob forma de capital, ou se a solução deve ser a mesma para os dois casos.

Se se reparar, o problema não é causado pela redacção do artigo 619º, nº 2, do CPC, porque o preceito não refere a condenação em prestações periódicas vincendas como pressuposto da acção modificativa (ao contrário do que faz, por exemplo, o § 323, 1, da ZPO, que alude a esta modalidade de prestações): decorre, antes, do disposto no artigo 567º, nº 2, do CC.

Por outro lado, também não é pela sua finalidade que a indemnização ou os alimentos sob forma de capital justificam um regime diferenciado de alteração por modificação das circunstâncias: quer sob forma de capital, quer sob forma de renda, a indemnização ou os alimentos visam sempre reparar os danos ou satisfazer certas necessidades[1108].

Interessam-nos, de qualquer modo, apenas as sentenças que condenem em alimentos futuros ou numa indemnização por danos futuros, na medida em que, relativamente àquelas que condenem em prestações alimentícias já vencidas ou numa indemnização por danos actuais, o problema da revisibilidade da sentença que tenha condenado no pagamento de um capital aproxima-se de um outro que já foi tratado: o da sujeição, à acção modificativa, da sentença que condene numa prestação vencida[1109].

Em suma, a questão parece ser a seguinte: da circunstância de a prestação a pagar ser periódica depende a modificação da sentença correspondente?

Mas a este problema parece também já se ter aludido, quando se tratou da modificabilidade das sentenças de condenação numa prestação instantânea futura[1110], pelo que é, de algum modo, estranho retomá-lo agora.

[1108] J. R. Moritz, *Probleme...*, pág. 1.

[1109] *Supra*, § 9º.

[1110] *Supra*, § 8º.

Atendendo, todavia, à expressa previsão, na lei substantiva, e no caso da indemnização, apenas da modificabilidade da renda, bem como à discussão doutrinária que, na Alemanha, e a propósito da modificabilidade da indemnização sob forma de capital, tem surgido (mesmo quando o título modificando seja uma transacção judicial[1111]), justifica-se uma referência particular à questão que, mais propriamente, pode ser assim delimitada: *o modo de fixação da indemnização ou dos alimentos condiciona a respectiva revisibilidade?*

Vejamos, porém, antes do mais, se pode efectivamente variar, e de acordo com que critério, o modo de fixação dos alimentos e da indemnização.

II. Prestação dos alimentos como pensão ou em capital

Para o Autor do Anteprojecto do Código Civil, VAZ SERRA[1112], "[a] regra parece [...] dever ser que os alimentos são prestados sob a forma de prestações pecuniárias periódicas e que estas devem ser pagas adiantadamente (dado que o alimentando carece de receber os alimentos antecipadamente para as necessidades da sua vida). Quanto aos períodos, parece razoável que sejam de um mês, devendo, por conseguinte, os alimentos ser pagos antes do início de cada mês ou, quando muito, no primeiro dia de cada mês".

O Código viria a prever a fixação dos alimentos, em regra, em prestações pecuniárias mensais (cfr. o artigo 2005º).

No entanto, nada impede que os alimentos sejam fixados sob forma de capital, atento o teor do artigo 2005º, nº 1, parte final, do CC: de acordo com este preceito, os alimentos podem não ser fixados em prestações pecuniárias mensais, quando haja acordo ou disposição legal que o imponha, ou quando ocorram motivos que justifiquem medidas de excepção[1113].

A fixação dos alimentos sob forma de capital tem, assim, carácter excepcional (tal como tem carácter excepcional a fixação dos alimentos sob forma não pecuniária, por exemplo, em casa e companhia do obrigado: cfr. o artigo 2005º, nº 2, do CC[1114]).

O mesmo sucede no direito alemão: em caso de divórcio, e nos termos do § 1585, 2, do BGB, o titular do direito a alimentos só pode exigir um capital

[1111] Este concreto problema colocou-se logo aquando da introdução, no § 323 da ZPO, de um 4º parágrafo relativo à modificação de transcções judiciais (cfr. A. Rosenthal, in *JW*, 1922, págs. 1536-1537

[1112] Vaz Serra, "Obrigação de alimentos", págs. 147-148.

[1113] Aceitando a possibilidade de cumprimento da obrigação de alimentos por parte dos descendentes em relação aos ascendentes, "através do pagamento, *una tantum*, de um capital, de uma só vez", J. P. Remédio Marques, "Em torno...", pág. 197.

[1114] Sobre as circunstâncias que podem determinar a prestação com casa e companhia e as que a desaconselham, veja-se J. P. Remédio Marques, "Em torno...", pág. 199.

quando para tanto invoque um motivo importante e o devedor não fique onerado de modo injusto[1115].

III. Modo de fixação da indemnização, quando os danos tenham natureza continuada

A indemnização sob forma de capital, como decorre do artigo 567º, nº 1, do CC, *a contrario*, pode ser atribuída quer quando os danos tenham natureza continuada, quer quando não possuam tal natureza[1116].

Como assinala VAZ SERRA[1117], "o capital a atribuir não [pode] ser aquele que [dê] um rendimento igual aos proventos que o lesado auferiria do seu trabalho, pois, se assim fosse, o lesado além de receber esses rendimentos (que seriam a reparação do seu dano), ainda ficaria com o capital"[1118].

No cálculo do capital a atribuir, devem, segundo VAZ SERRA[1119], "ter-se em atenção as alterações previsíveis do poder de aquisição da moeda, sobretudo para evitar que o credor obtenha um poder de aquisição superior ao do tempo da liquidação (se a moeda se valorizar). Na hipótese de depreciação da moeda, já não há a mesma necessidade, porque o credor, recebendo o capital, pode porventura dar-lhe uma aplicação que o ponha ao abrigo da depreciação da moeda".

A indemnização sob forma de renda depende, diversamente da indemnização sob forma de capital, de uma certa natureza dos danos: só em se tratando de danos de *natureza continuada* aquela forma de indemnização é possível[1120].

A referência à natureza continuada dos danos, constante do artigo 567º, nº 1, do CC, parece significar, em primeiro lugar, que a indemnização sob a forma de renda não pressupõe que o dano seja permanente (isto é, que se prolongue por toda a vida do lesado), podendo também ter lugar quando o dano se prolonga apenas por certo período[1121]: aliás, o mesmo preceito prevê, a par da atribuição de renda vitalícia, a fixação de renda temporária.

Quais as vantagens e desvantagens da indemnização sob forma de capital e sob forma de renda?

[1115] J. R. Moritz, *Probleme...*, pág. 1. Sobre os antecedentes históricos do § 1585, 2, do BGB, veja-se também J. R. Moritz (*idem*, pág. 47).

[1116] No sentido da não obrigatoriedade de fixação da indemnização sob a forma de renda, quando os danos tenham natureza continuada, STJ, 10.02.1976.

[1117] Vaz Serra, "Obrigação de indemnização...", pág. 163.

[1118] No sentido de que a indemnização sob forma de capital não deve servir para um enriquecimento à custa alheia, RL, 04.02.2003.

[1119] Vaz Serra, "Obrigações pecuniárias", págs. 180-181.

[1120] Assim, STJ, 13.11.2003.

[1121] Neste sentido, Vaz Serra, "Obrigação de indemnização...", pág. 153.

Assinala VAZ SERRA[1122] que "[o] sistema da renda tem a vantagem de fazer com que a indemnização corresponda melhor à real duração do dano, a de evitar que o responsável tenha de pagar por uma só vez uma quantia acaso muito elevada e ainda a de impedir que o lesado dissipe ou empregue em maus negócios o capital. O sistema do capital tem a seu favor o não dar lugar ao risco, existente no sistema da renda, resultante da insolvência do devedor, o qual não é fácil conjurar com cautelas apropriadas, o obstar a que o lesado e o responsável se vejam forçados a contactos frequentes para o pagamento da renda e ainda o permitir que o lesado dê ao capital a aplicação que julgar mais razoável"[1123].

O sistema do capital apresenta ainda vantagens do ponto de vista das seguradoras, que, desse modo, evitam as despesas de administração inerentes ao processamento de pagamentos por períodos dilatados[1124].

No caso do dano futuro de natureza continuada, considera PEREIRA COELHO[1125] que "[...] não se vê como a obrigação de indemnizar, quando cumprida por uma só vez, possa adequar-se sem grave desvio à sua finalidade, que é a de colocar o lesado na situação em que se encontraria se o facto constitutivo de responsabilidade não tivesse sido praticado. O expediente técnico que imediatamente acode aqui é o de a obrigação de indemnizar assumir a forma de uma obrigação de execução continuada [...]".

Contrariamente ao que sucede em matéria de alimentos, a lei portuguesa não estabelece a preferência pelo pagamento da indemnização sob forma de renda, parecendo mesmo atribuir-lhe carácter excepcional, ao condicioná-la ao requerimento do lesado.

Diverso é, porém, o entendimento de VAZ SERRA[1126], para quem "[s]egundo a letra do artigo 567º, nº 1 [do CC], a atribuição de indemnização sob a forma de renda depende de "requerimento do lesado"; mas não parece que esta expressão deva ser interpretada textualmente, devendo o tribunal, em atenção às circunstâncias do caso concreto, decidir essa forma de atribuição quando ela se mostre mais conveniente para o lesado e seja de presumir que ele a preferiria". "Em princípio – sublinha o mesmo Autor[1127] –, o tribunal é que aprecia e decide qual é a melhor forma de reparar o dano do lesado, a não ser que este tenha inequivocamente manifestado a vontade de excluir a indemnização sob forma de

1122 Vaz Serra, "Obrigação de indemnização...", págs. 154-155.

1123 Identicamente, A. De Cupis, *Il danno...*, vol. II, págs. 283-284. Estas vantagens e desvantagens dos sistemas da renda e do capital verificam-se também quando se arbitre uma reparação provisória do dano (assim, J. Cura Mariano, *A providência cautelar...*, págs. 92-93).

1124 Assim, J. R. Moritz, *Probleme...*, pág. 10.

1125 F. Pereira Coelho, *O problema...*, págs. 182-183.

1126 Vaz Serra, "Anotação" (ao Acórdão do STJ de 22 de Maio de 1979), pág. 330.

1127 Vaz Serra, "Anotação" (ao Acórdão do STJ de 6 de Julho de 1971), pág. 155.

renda: o que o lesado pretende com a acção de indemnização é obter a reparação do seu dano, cabendo ao tribunal dar a esta a forma que julgue mais adequada".

VAZ SERRA[1128] interpreta, então, a expressão "a requerimento do lesado" constante do artigo 567º, nº 1, do CC do seguinte modo: "[...] o lesado não carece de requerer positivamente a atribuição da indemnização sob forma de renda, salvo em casos diferentes dos de perda ou diminuição da sua capacidade aquisitiva ou de aumento das suas necessidades, por lesão corporal ou da saúde, porque, nestes casos, a indemnização sob forma de renda corresponde à vontade normal do lesado, cujo interesse é por ela melhor satisfeito, podendo, por isso, presumir-se que ele, exigindo a indemnização, quer que ela lhe seja dada sob essa forma (o "requerimento" a que o art. 567º alude não tem de ser expresso, o que o artigo não exige), ao passo que, nos demais casos de danos continuados, o tribunal só poderia dar à indemnização a forma de renda quando nesse sentido se tenha manifestado positivamente a vontade do lesado, requerendo-a (assim, por ex., na hipótese de destruição ou danificação de uma fábrica, é muito possível que o lesado queira um capital, e não uma renda). Portanto, naqueles casos, a indemnização deve ser concedida sob a forma de renda, a não ser que o lesado fundadamente exija um capital, em vez dela, ou que o tribunal considere justificada uma indemnização sob forma de capital".

Esta solução – de algum modo correspondente à fórmula proposta por VAZ SERRA para o preceito do Código Civil relativo à indemnização sob forma de renda[1129] – não nos parece, porém, corresponder à solução da lei.

A regra, ao que julgamos, é a da indemnização sob forma de capital, só assim não sucedendo se for arbitrada uma reparação provisória do dano, nos termos do artigo 388º, nº 1, do CPC[1130].

Por outro lado, a lei parece efectivamente atribuir ao lesado, e apenas a este, o direito de optar pela indemnização sob a forma de renda[1131], ao contrário do

[1128] Vaz Serra, "Anotação" (ao Acórdão do STJ de 6 de Julho de 1971), pág. 156.

[1129] Vaz Serra, "Obrigação de indemnização...", pág. 154 [cfr. também o Artigo 9º, nº 5, págs. 290-291]: "Parece [...] preferível uma fórmula maleável a autorizar o juiz a liquidar o dano, quando isso seja razoável, atendendo à natureza do dano e às demais circunstâncias, mediante atribuição de uma renda. A fim de evitar que, por esta forma, o credor possa ser prejudicado, dada a insolvência futura do devedor, dispor-se-ia (como faz o cit. artº 2.057º do Código italiano) que o juiz determinará as cautelas convenientes".

[1130] Assim, J. Cura Mariano (*A providência cautelar...*, pág. 92): segundo o Autor, a opção legislativa pela forma de renda justifica-se, no caso da reparação provisória do dano, pela circunstância de, à semelhança da prestação de alimentos, esta visar "fazer face ao défice que se verifica entre as despesas e as receitas da vida corrente do lesado e sabendo-se que a economia dos particulares, em regra, é orçamentada em ciclos mensais".

[1131] Assim: STJ, 06.07.1971; Antunes Varela, *Das obrigações...*, pág. 941, nota 1. J. Ribeiro de Faria (*Direito das obrigações*, vol. I, pág. 516, nota 1) observa, a este respeito, que a posição segundo a qual é dispensável o requerimento do lesado no sentido do arbitramento de uma indemnização sob forma de renda suscita

que sucede no direito italiano, que, nos termos do artigo 2057 do c.c., "remeteu a escolha entre os dois modos de indemnização ao prudente arbítrio do juiz"[1132].

Diversa da portuguesa é ainda a solução do direito alemão, que consagra, para o modo de fixação da indemnização, um regime semelhante ao dos alimentos.

Com efeito, e nos termos do § 843, 1 e 3, do BGB, quando em virtude de uma lesão do corpo ou da saúde, a capacidade aquisitiva do lesado resulte suprimida ou diminuída, ou aumentem as suas necessidades, a regra é a da indemnização sob forma de renda pecuniária, pois só havendo um "motivo importante" pode ser fixada uma indemnização sob forma de capital (e sempre a pedido do lesado): não obstante, é maior a incidência prática desta última forma de fixação da indemnização em dinheiro[1133].

A indemnização sob forma de renda era também a regra na vigência da *Reichshaftpflichtgesetz*, nos termos do seu § 7, 1, dependendo a indemnização sob forma de capital de acordo das partes ou de decisão do juiz nesse sentido, alicerçada num especial motivo[1134].

No direito italiano, a regra para esse caso é, diferentemente, e como assinala Remo Caponi[1135], a da liquidação imediata de todo o dano, mesmo do dano futuro: e, segundo também salienta o mesmo Autor, a jurisprudência praticamente não tem aplicado a norma do artigo 2057 do c.c., que prevê a liquidação do dano permanente sob forma de renda vitalícia[1136].

A primazia dada à liquidação imediata explica-se, segundo Remo Caponi[1137], pela consideração da renda como um obstáculo às exigências próprias de uma economia dinâmica.

No direito espanhol, e como informam López Simo / Cavanillas Múgica / Gascón Inchausti[1138], a prática jurisprudencial é também no sentido de, mesmo em caso de danos continuados, capitalizar o dano numa indemnização única: se, ao longo do tempo, o dano se vier a revelar maior ou menor, tal é con-

a questão de averiguar "em que medida ao lesado era franqueada a porta para a recusa do arbitramento de uma renda".

1132 A. De Cupis, *Il danno...*, vol. II, pág. 282.

1133 Assim, K. Sakamoto, *Rechtskräftige...*, pág. 42.

1134 J. R. Moritz, *Probleme...*, págs. 32 e 38.

1135 Remo Caponi, *L'efficacia...*, págs. 21 e 132-133.

1136 Identicamente, A. De Cupis, *Il danno...*, vol. II, págs. 286. O artigo 2057 do c.c., sob a epígrafe "danni permanenti", dispõe o seguinte: "Quando il danno alle persone ha carattere permanente la liquidazione può essere fatta dal giudice, tenuto conto delle condizioni delle parti e della natura del danno, sotto forma di una rendita vitalizia. In tal caso il giudice dispone le opportune cautele.". A determinação do dano futuro é feita, no direito italiano, segundo um cálculo de probabilidade, impondo portanto uma valoração equitativa (cfr. C. M. Bianca, *Dell'inadempimento...*, págs. 397-399).

1137 Remo Caponi, *L'efficacia...*, pág. 22.

1138 F. López Simo / S. Cavanillas Múgica / F. Gascón Inchausti, *Las condenas de futuro*, págs. 117-118.

siderado parte integrante da álea subjacente a este modelo indemnizatório; e só nas hipóteses em que sobrevenham danos resultantes de lesões desconhecidas ao tempo da primeira demanda se permite a proposição de nova acção, destinada ao ressarcimento desses danos, que não se consideram atingidos pela excepção de caso julgado.

IV. Modificabilidade da indemnização ou dos alimentos sob forma de capital

1. Posição da doutrina e da jurisprudência portuguesas

a) Modificabilidade da indemnização sob forma de capital

A questão da modificabilidade da sentença que condena numa indemnização sob forma de capital não passou despercebida ao Autor do Anteprojecto do Código Civil actual, que a ela dedicou, aliás, ainda várias páginas do estudo que realizou acerca da obrigação de indemnização: para Vaz Serra[1139], porém, tal questão apenas parecia colocar-se quando a sentença não tivesse admitido a alteração da indemnização concedida (do que também se pode deduzir que, na sua perspectiva, ao juiz é permitido, quando condena num capital, apor na sentença uma condição desse teor) e, bem assim, quando o dano não se produza ou possa ser apreciado só depois da decisão, pois neste caso pode, nos termos gerais, pedir-se em nova acção a indemnização correspondente[1140].

Começa Vaz Serra[1141] por sublinhar, no referido estudo, que as variações de valor da moeda ou o aumento do custo de vida não devem influir na indemnização pela entrega de uma quantia certa, "pois o credor podia tê-la aplicado em valores estáveis" ou "ter-se precavido dando à indemnização uma aplicação estável"[1142].

Este argumento no sentido da imodificabilidade da indemnização sob forma de capital não se afigura, porém, procedente, pelo menos nos casos em que a variação do valor da moeda seja favorável ao credor: nestas hipóteses, na verdade, a negação, ao devedor, da via da acção modificativa, dificilmente se justificaria em função de um erro de investimento por si cometido.

É certo que, em estudo anterior, Vaz Serra[1143] salientara que, sendo o aumento do poder aquisitivo da moeda muito maior do que o previsto aquando da concessão do capital (e daí resultando a obtenção, pelo credor, de "um capital muito superior ao preciso para reparação do dano"), poderia, se o credor tivesse conservado o capital ou se o tivesse dissipado de má fé, "reconhecer-se ao devedor

[1139] Vaz Serra, "Obrigação de indemnização...", págs. 257 e 258.

[1140] Cfr. também o Art. 19º, nº s 1 e 5, proposto por Vaz Serra ("Obrigação de indemnização...", pág. 299).

[1141] Vaz Serra, "Obrigação de indemnização...", pág. 153, nota 304, e pág. 258.

[1142] Cfr. também o Artigo 19º, nº 2, proposto por Vaz Serra ("Obrigação de indemnização...", pág. 299): "O titular do direito a indemnização não pode exigir a elevação desta, baseando-se no aumento do custo da vida, se a indemnização foi concedida sob a forma de capital".

[1143] Vaz Serra, "Obrigações pecuniárias", pág. 181.

o direito de reclamar a restituição da parte excedente ao necessário para reparação do dano, aplicando-se as regras sobre o enriquecimento injustificado"[1144].

No entanto, mesmo que se considere que os efeitos da variação do valor da moeda não devem atingir de igual modo o devedor e o credor da indemnização sob forma de capital, não se alcança por que motivo a via facultada ao devedor deve ser a da acção de restituição com fundamento em enriquecimento sem causa – que seria então, ao que nos parece, e seguindo a terminologia de MENEZES LEITÃO, um "enriquecimento por prestação"[1145/1146], na modalidade de posterior desaparecimento da causa jurídica da prestação (e, dentro desta modalidade, na de posterior extinção do direito à prestação já recebida)[1147] – e não a da acção modificativa, quando aquele capital tenha sido fixado por sentença.

O motivo não pode residir, ao que cremos, no próprio caso julgado da sentença – uma explicação de algum modo sugerida por VAZ SERRA[1148] –, pois se é o caso julgado que se pretende proteger ao vedar-se a acção modificativa, não se

[1144] Veja-se também o Artº 22º, nº 16, § 2º, proposto por Vaz Serra ("Obrigações pecuniárias", pág. 322): "Se a indemnização de danos continuados for fixada sob a forma de capital, deve atender-se, nessa fixação, às alterações previsíveis do poder de aquisição da moeda, quando seja caso de evitar que o credor obtenha um poder de aquisição superior ou inferior ao que teria sem o facto que originou a responsabilidade. Se o aumento real do poder de aquisição da moeda for superior ao aumento previsto, conservando o credor o capital ou tendo-o dissipado de má fé, pode o devedor reclamar a restituição do excedente, de acordo com as regras do enriquecimento sem causa; uma vez reduzido o capital, não pode o credor exigir mais tarde o aumento dele, fundando-se numa depreciação ulterior da moeda, se podia tê-lo aplicado em valores estáveis. Se a moeda se depreciar em medida superior à prevista, pode o credor exigir o correspondente aumento do capital, se não pôde colocar este ao abrigo da depreciação da moeda".

[1145] L. Menezes Leitão (*O enriquecimento...*, págs. 457 e seguintes) distingue o enriquecimento por prestação (que abrangeria as três hipóteses típicas de enriquecimento previstas no artigo 473º, nº 2, do CC) do enriquecimento por intervenção, do enriquecimento resultante de despesas efectuadas por outrem, do enriquecimento por desconsideração do património do alienante em caso de transmissão de bens para terceiro e do enriquecimento resultante de fenómeno natural (este último não consagrado no ordenamento português).

[1146] Como também se refere em RC, 04.12.2007, "[n]o caso do chamado "enriquecimento por prestação" do empobrecido, a obrigação de restituir assenta na efectiva inexistência, não verificação ou posterior desaparecimento da "causa justificativa" que presidiu a essa prestação".

[1147] L. Menezes Leitão (*O enriquecimento...*, págs. 506-507) inclui na modalidade da posterior extinção do direito à prestação já recebida duas situações que nos parecem semelhantes à referida no texto: por um lado, a que se traduz em efectuar-se "em relações contratuais duradouras a antecipação de uma prestação, vindo as partes posteriormente a extinguir o contrato antes de se atingir o momento em que deveria ser recebida a prestação. É, por exemplo, a hipótese de adiantamento de rendas em relação ao prazo do arrendamento, ou o adiantamento da remuneração em relação ao trabalho prestado, vindo a cessar antecipadamente o contrato. Nesses casos, a existência do contrato atribuía causa jurídica à prestação, apesar de ela ser antecipadamente paga, pelo que a sua extinção determina a extinção dessa causa jurídica, abrindo assim a possibilidade de recurso à acção de enriquecimento"; a outra situação descrita pelo Autor que julgamos semelhante à mencionada no texto é a da "recuperação da coisa cujo desaparecimento implicou para o seu titular o recebimento de uma indemnização".

[1148] Vaz Serra, "Obrigações pecuniárias", pág. 182, nota 340-a.

compreenderia que tal protecção cessasse perante as regras gerais do enriquecimento sem causa: como sublinha LEITE DE CAMPOS[1149], "[a] função do caso julgado de tornar firmes os direitos, dando certeza às relações jurídicas, leva a que não se possa admitir a pretensão de enriquecimento sem causa contra o caso julgado, com o fim de eliminar os enriquecimentos considerados injustos sancionados por este".

Em suma, parece-nos que a possibilidade de o credor ter aplicado o capital em valores estáveis não pode ter como consequência a negação, ao devedor, da acção modificativa fundada no aumento do poder aquisitivo da moeda posterior à fixação da indemnização sob forma de capital; por outro lado, o caso julgado não justifica que a esse devedor se negue a acção modificativa e simultaneamente se lhe reconheça a acção de restituição do indevido.

A isto ainda acresce que, mesmo a negação da acção modificativa ao credor (naturalmente, quando a moeda se deprecie), com fundamento em ele ter podido aplicar o capital em valores estáveis, oferece muitas dúvidas. É que não parece que possa presumir-se a possibilidade de aplicação da indemnização sob forma de capital em valores estáveis: não só porque esse capital pode ser de montante tão reduzido que inviabilize a respectiva aplicação financeira, como também porque, no momento do recebimento do capital, pode não ser possível a sua aplicação em valores estáveis, que previnam a depreciação da moeda.

Assim sendo, parece-nos preferível – não obstante a dificuldade de prova a ele inerente – o entendimento seguido por VAZ SERRA[1150] antes do mencionado estudo sobre a obrigação de indemnização: o de que "[s]e a moeda se depreciar em medida superior à prevista, pode o credor exigir o correspondente aumento do capital, se não pôde colocar este ao abrigo da depreciação da moeda".

Ocorrendo alteração de circunstâncias de outro teor – isto é, *diversas da variação do valor da moeda* –, considera VAZ SERRA[1151] que "é mais difícil [do que quando a indemnização seja concedida sob forma de pensão ou renda] admitir a revisão. Parece que, com tal indemnização, se exclui qualquer alteração futura. Donde derivaria que, concedido ao lesado um capital como indemnização pela perda da sua capacidade aquisitiva, a indemnização não poderia ser modificada caso, por exemplo, o lesado recupere essa capacidade".

Não obstante a inadmissibilidade, em princípio, da revisão no caso de indemnização sob forma de capital, observa VAZ SERRA[1152] que "esta solução não é sempre razoável. Parece que o lesado deve, na medida do seu locupleta-

[1149] Diogo Leite de Campos, *A subsidiariedade...*, págs. 429-430.

[1150] Vaz Serra, "Obrigações pecuniárias", pág. 322 (cfr. o Artº 22º, nº 16, última parte, proposto pelo Autor).

[1151] Vaz Serra, "Obrigação de indemnização...", pág. 259.

[1152] Vaz Serra, "Obrigação de indemnização...", pág. 259.

mento, restituir ao responsável a parte da indemnização, que, dada a alteração das circunstâncias, foi paga a mais [se ainda a conservar ou tiver dissipado de má fé]"[1153].

A aplicação das regras do enriquecimento sem causa (constantes dos artigos 473º e seguintes do CC) às situações em que, posteriormente ao pagamento da indemnização sob forma de capital, ocorram factos que diminuam o montante do dano previsto – as únicas que, para efeitos de aplicação dessas regras, VAZ SERRA considera –, coloca, além do problema, a que já se aludiu, de saber se as regras do enriquecimento sem causa podem ser convocadas para destruir o caso julgado (particularmente se, em simultâneo, se nega à acção modificativa tal aptidão), dois outros: por um lado, o da determinação do regime aplicável às situações em que, também posteriormente a esse pagamento, ocorram factos que aumentem o montante do dano previsto (por exemplo, agrava-se a incapacidade do lesado); por outro lado, o do tratamento a dar às situações em que não sobrevém o dano previsto.

Este segundo problema parece-nos idêntico àquele que ficou aflorado: com efeito, não vemos por que motivo só nos casos de diminuição do montante do dano previsto e não também nos de não verificação do dano previsto se deveria facultar ao lesante a restituição do indevidamente pago. O mesmo é dizer que não é, para nós, claro por que motivo a solução de VAZ SERRA não se estende também a estas hipóteses: é que, por identidade de razões, não apenas nas situações de diminuição do montante do dano, mas também nas de não ocorrência do dano previsto, deveria o lesado ser obrigado a restituir segundo as regras do enriquecimento sem causa.

Quanto ao primeiro problema – o do regime aplicável aos casos em que aumenta o montante do dano previsto[1154] –, e em se entendendo que o lesado não pode exigir a indemnização correspondente ao agravamento do dano, parece injusto o tratamento dado pela lei ao lesado, comparativamente àquele que é dado ao lesante: na verdade, só ao lesante seria lícito exigir a reparação do erro de previsão do juiz, vedando-se ao lesado a reparação desse erro. Portanto, e a menos que se encontre algum fundamento para tal diferença de tratamento – e não o constitui a circunstância de o lesado ter podido empregar o capital em valores estáveis, já que ele não funda a sua pretensão no aumento do custo de vida –, tal solução não é aceitável.

Se, pelo contrário, se entender que o lesado pode exigir a indemnização correspondente ao aumento do dano, não se vê qual o meio processual de que dis-

[1153] Cfr. também o Art. 19º, nº 4, proposto por Vaz Serra ("Obrigação de indemnização...", pág. 299).

[1154] Sobrevindo novos danos, Vaz Serra não rejeita, como dissemos, a possibilidade de, mesmo no caso de condenação sob forma de capital, se propor nova acção, visando ressarci-los.

poria para o efeito. É que o reconhecimento da via da acção de restituição ao lesante – para a hipótese equivalente da diminuição do montante do dano ou da não ocorrência do dano previsto – pressupõe que a alteração do montante do dano não pode ser feita valer nem em acção modificativa nem em nova acção. Ora, se assim for, qual a via facultada ao lesado?

Já depois da aprovação do Código Civil actual[1155], VAZ SERRA continuaria a sustentar a inadmissibilidade da revisão da indemnização sob forma de capital, porque as referências à possibilidade de modificação da sentença, nos termos do artigo 567º, nº 2, do CC, surgem, nos seus estudos, apenas a propósito da fixação de indemnização sob a forma de renda[1156].

É de referir também a posição de JOÃO ÁLVARO DIAS[1157] que, no que diz respeito à indemnização em capital paga pelo devedor, considera que este não se encontra "legitimado a pedir a devolução total ou parcial da quantia paga. Tudo pela singela razão de que quem pagou a indemnização – especialmente se o fez por acordo – aceitou a álea do "negócio". Aceitou os ganhos [...] mas aceita também as hipotéticas perdas resultantes de ocorrência de eventos não previstos [...] que poderiam ter repercussões favoráveis na sua esfera jurídica"; e, no que concerne ao credor, sustenta que, não tendo a indemnização sido fixada por acordo, "a única forma de tornear o alcance e a força do caso julgado é considerar que o pedido de indemnização em consequência do agravamento constitui, jurídico-processualmente, um "novo pedido", um pedido jurídico diferente daquele que foi formulado e apreciado na decisão transitada". E não seriam, segundo o Autor[1158], casos de agravamento aqueles "em que a vítima, após a consolidação, se submete a uma intervenção cirúrgica com o objectivo de melhorar o seu estado de saúde que se mantinha estável desde a consolidação", bem como as "deteriorações devidas ao envelhecimento do lesado", as "situações de doença ou acidente intercorrente".

J. J. DE SOUSA DINIS[1159] rejeita também a possibilidade de rever a indemnização sob forma de capital, se bem que, em caso de agravamento do dano, admita a proposição de nova acção pelo lesado que ainda se encontre dentro do prazo ordinário de prescrição: parece, assim, distinguir o regime da modificação da indemnização sob forma de renda do regime da modificação da indemnização sob forma de capital apenas quanto à possibilidade (ou não) de reabertura do anterior processo, que seguiria, em caso afirmativo, o preceituado no (anterior

[1155] O Código Civil não viria a integrar, aliás, preceito correspondente ao do referido Art. 19º, proposto por Vaz Serra.

[1156] Assim, Vaz Serra, "Anotação" (ao Acórdão do STJ de 22 de Maio de 1979), pág. 330.

[1157] J. A. Dias, "Danos...", esp. págs. 30-31 e 37.

[1158] *Idem*, pág. 39.

[1159] J. J. de Sousa Dinis, "Avaliação...", págs. 18-22.

à revisão de 1995-1996) artigo 1478º do CPC de 1961[1160]. Consideramos, porém, que se a única distinção a registar fosse esta de carácter processual, o regime da modificação, em substância, não diferiria consoante o modo de fixação da indemnização: ora temos dúvidas de que tal corresponda ao sentido do artigo 567º, nº 2, do CC, que apenas permite a modificação da indemnização sob forma de renda.

Finalmente, num Acórdão de 6 de Julho de 1971, o Supremo Tribunal de Justiça deu também a entender que não é possível a modificação da decisão que fixa a indemnização numa prestação única, na medida em que afirma, a dado passo do aresto, o seguinte: "Estaria indicada uma indemnização em forma de renda vitalícia, até porque seria modificável, quando as circunstâncias se modificassem por modo sensível, tudo conforme o disposto no artigo 567º do Código Civil".

b) Modificabilidade dos alimentos sob forma de capital

Segundo Vaz Serra[1161], "[d]ecidido pelo juiz certo modo de prestação dos alimentos, nada obsta a que, se as circunstâncias se alterarem, ele determine outro".

No que diz respeito à questão da modificabilidade da sentença que condena em alimentos sob forma de capital, refere-se-lhe ainda Vaz Serra[1162] implicitamente, quando trata da relevância da depreciação da moeda nos acordos em que, "em vez da prestação periódica de alimentos, se cede um capital"[1163]: segundo o Autor, "[s]e o credor não podia renunciar aos alimentos, não o obriga a cessão na medida em que ela possa representar renúncia ao direito aos alimentos, que lhe competem. Se o credor podia renunciar aos alimentos, mesmo assim pode dizer-se que a cessão não implica renúncia aos alimentos, a que tem direito, significando apenas que o credor aceita receber por uma só vez os alimentos, que periòdicamente deviam ser-lhe prestados: do mesmo modo que as prestações periódicas estavam sujeitas a alteração, também o deve estar aquele capital. Salvo se da interpretação do acordo se concluir que o credor renunciou a qualquer direito que porventura pudesse vir a ter. [...] o acordo acerca do quantitativo dos

[1160] O artigo 1478º do CPC de 1961 estatuía, antes da revisão de 1995-1996, o seguinte: "1 – Não acordando as partes sobre os termos da modificação da sentença ou acordo a que se refere o nº 2 do artigo 567º do Código Civil, qualquer delas pode requerer essa modificação, observando-se o disposto no nº 3 do artigo 1121º [actual artigo 936º, nº 3], com as necessárias adaptações. 2 – Se a fixação da indemnização tiver sido feita em sentença, o pedido será deduzido por dependência do processo em que esta foi proferida".

[1161] Vaz Serra, "Obrigação de alimentos", pág. 150.

[1162] Vaz Serra, "Obrigações pecuniárias", pág. 154.

[1163] Sobre a variabilidade dos acordos, em geral, em matéria de alimentos, cfr. *RLJ*, Ano 69º, nº 2584, 1937, págs. 378-379, onde se lê nomeadamente o seguinte: "Havendo acôrdo, é de presumir que os contraentes tenham tido em atenção os rendimentos e a necessidade na época em que o acôrdo foi feito, e que, por isso, tenham querido realizar uma convenção tão variável como o seria uma sentença".

alimentos, análogo a uma sentença a respeito deles, pode ser alterado, se as circunstâncias de facto, em que se baseou, se modificaram"[1164].

Também Remédio Marques[1165] admite que, pago um determinado capital a título de alimentos, o credor necessitado requeira novamente alimentos "provando (uma nova) situação de necessidade, contanto que essa necessidade não seja devida a actos de delapidação desse capital imputáveis, pelo menos, a título de *negligência*, ao próprio credor", bem como que, por força da cláusula *rebus sic stantibus* e da regra do artigo 2012º do CC, a situação constituída após o pagamento possa ser revista, permitindo-se ao devedor peticionar ao credor a restituição de parte da quantia paga, a título de enriquecimento sem causa, quando o cedor aumente logo a sua fortuna, por motivo de casamento ou realização de negócio aleatório[1166].

c) Justificação da divergência de soluções

Parece-nos que, no direito português, a aceitação da possibilidade de modificação da sentença que condena em alimentos sob forma de capital e, diversamente, a não aceitação dessa possibilidade, quando se trate de sentença que condene numa indemnização sob forma de capital, se justificam naturalmente pelo elemento literal de interpretação da lei (no caso dos alimentos, o artigo 2012º do CC não condiciona a alteração a um determinado modo de fixação dos alimentos; já no caso da indemnização, a alteração apenas se encontra prevista – no artigo 567º, nº 2, do CC – quando haja sido fixada uma renda) e, bem assim, pela cir-

[1164] Cfr. também o Artº 22º, nº s 2 a 5, proposto por Vaz Serra ("Obrigações pecuniárias", págs. 318-319): "2. As prestações de alimentos, se as possibilidades do devedor o permitirem e a moeda se desvalorizar, podem ser actualizadas de modo a, mediante alteração do seu quantitativo, se dar ao credor um poder de aquisição, quanto possível, igual ao que a prestação alimentícia possuía. Dá-se isso, mesmo que o montante dos alimentos esteja fixado por acordo ou por transacção, na medida em que estes forem modificáveis. Podem também ser diminuídas as ditas prestações, se a moeda se valorizar, de maneira a chegar-se a um resultado idêntico. 3. Se, em vez da prestação periódica de alimentos, se cede um capital, pode exigir-se, do mesmo modo, o aumento ou a diminuição desse capital, conforme a moeda se depreciar ou se valorizar. 4. O credor pode pedir o aumento, de que nos §§ 2º e 3º se faz menção, ainda que pudesse renunciar ao seu crédito alimentício, salvo se, podendo renunciar, renunciou ao direito de exigir o dito aumento. 5. A doutrina dos §§ 2º a 4º é extensiva, na parte aplicável, às prestações alimentícias derivadas de facto ilícito, ou às fundadas em negócio jurídico, quando concordar com a finalidade deste, bem como a outras prestações resultantes de negócio jurídico, cuja finalidade exija a actualização, de que nela se trata".

[1165] J. P. Remédio Marques, "Em torno...", págs. 197-198.

[1166] Não resulta, quanto a nós, clara a razão pela qual o Autor não aplica o artigo 2012º do CC ao caso de surgimento de nova necessidade do credor e, bem assim, a razão da invocação das regras do enriquecimento sem causa, a par da regra do artigo 2012º do CC, a propósito do caso de melhoria das condições do credor. Ao que nos parece, é o artigo 2012º do CC o preceito invocável para ambos os casos.

cunstância de apenas em matéria de alimentos a lei aludir à irrenunciabilidade do direito (artigo 2008º, nº 1, parte final)[1167].

2. Posição da doutrina e da jurisprudência alemãs

a) O elemento literal do § 323, 1, da ZPO

A doutrina alemã tem discutido a questão de saber se a semelhança entre a sentença que condena numa indemnização ou em alimentos sob forma de capital e a sentença que condena numa renda – por um lado, porque aquele capital corresponde ao valor líquido da renda e, por outro, porque (pelo menos para alguns Autores) ambas as sentenças assentam num juízo de prognose quanto ao desenvolvimento futuro das condições económicas das partes[1168] – justifica a aplicação, a ambas, do disposto no § 323 da ZPO[1169]: concretamente, tem discutido se tendo sido atribuída uma indemnização em capital de certo montante, no pressuposto de que a incapacidade do lesado se manteria, poderá o lesante exigir mais tarde a respectiva redução, caso o lesado recupere a capacidade ou faleça pouco depois do trânsito em julgado da decisão[1170].

Ora, desde logo atendendo à alusão, no § 323, 1, da ZPO, a prestações periódicas vincendas, essa doutrina rejeita maioritariamente a aplicabilidade do regime da acção modificativa aos títulos relativos a prestações instantâneas, nomeadamente a alimentos sob forma de capital, admitindo, porém, a possibilidade de modificação de tais prestações através de acção suplementar, nos termos do § 258 da ZPO, ou de declaração da invalidade da transação judicial, nos termos do § 779 do BGB[1171].

b) A natureza transaccional da fixação dos alimentos sob forma de capital

Para além do referido elemento literal, milita ainda contra a inclusão no § 323 da ZPO da sentença de condenação em *alimentos* sob forma de capital a circunstância de essa forma de pagamento emergir normalmente de um acordo entre o credor e o devedor e, bem assim, a de o credor dos alimentos ter podido escolher entre a renda e o pagamento de um capital: ao optarem pelo capital, as partes

[1167] Assinala, a este propósito, I. Galvão Telles (*Direito...*, pág. 40), que "[n]o caso das obrigações *periódicas*, podem ter sortes diversas o vínculo global e os vínculos especiais respeitantes às várias prestações de per si. Por exemplo o direito a alimentos, no seu conjunto, não é alienável, mas já o é o direito a uma prestação vencida".

[1168] Assim, por exemplo, J. Soyka, *Die Abänderungsklage...*, 1ª ed., pág. 50.

[1169] Na vigência da *Reichshaftpflichtgesetz*, que previa, embora a título excepcional, a possibilidade de fixação de uma indemnização sob forma de capital (cfr. o seu § 7, I), não foi, todavia, discutida a questão da modificabilidade da correspondente sentença (assim, J. R. Moritz, *Probleme...*, pág. 36). F. Jaeger (*Die Umwandlungsklage...*, pág. 6) considera evidente essa imodificabilidade.

[1170] Os exemplos são de J. R. Moritz, *Probleme...*, pág. 105.

[1171] H.-U. Graba, *Die Abänderung...*, págs. 52-53.

ter-se-iam, de algum modo, conformado com a possibilidade de as circunstâncias evoluírem de modo diverso do previsto e pretendido eliminar as hipóteses de litígio, pelo que contrariaria a sua vontade admitir a possibilidade de proposição de acção modificativa[1172].

A tese dominante é, no entanto, criticada por GRABA[1173], sempre que o acordo relativo a alimentos sob forma de capital implique uma renúncia a alimentos: do seu ponto de vista, a acção prevista no § 258 da ZPO (que tenda a modificar a correspondente prestação) só é de propor quando o credor dos alimentos nunca tenha estado munido de um título com força executiva (ou quando essa exequibilidade tenha cessado, nomeadamente pela procedência de oposição à execução deduzida pelo devedor), uma vez que, tendo-o estado, a renúncia não se distinguirá, por exemplo, da falta de necessidade justificativa da cessação dos alimentos anteriormente fixados, hipótese que não exclui a posterior proposição de acção modificativa.

c) A natureza transaccional da fixação da indemnização em capital e a exigibilidade da pretensão

Especificamente em relação às *indemnizações sob forma de capital* previstas nos §§ 843 e 844 do BGB, assinala PETZOLDT[1174] que a jurisprudência e a doutrina alemãs pronunciam-se actualmente no sentido de lhes ser inaplicável, directamente ou por analogia, o regime constante do § 323 da ZPO: esse seria, segundo o Autor, o entendimento correcto, desde logo porque, não obstante a tais indemnizações subjazer um juízo de prognose sobre os factos, a sua *natureza transaccional* exclui a possibilidade de correcção deste juízo através da acção modificativa[1175]; por outro lado, porque diversamente da indemnização sob forma de renda, a correspondente pretensão é – em função da previsão de certos factos futuros (que não equivale a um juízo de prognose processual, mas material) – *já exigível*, procurando o autor obter uma decisão sobre a existência actual dessa pretensão.

De qualquer modo, PETZOLDT[1176] reconhece que esta solução redunda num tratamento desigual do credor e do devedor: aquele, no caso de absolvição do pedido por insuficiente previsão de danos, pode fazer valer de novo a sua pretensão, assim que os danos ocorram ou se torne certa a sua superveniência; já

1172 Assim, J. Soyka, *Die Abänderungsklage...*, 1ª ed., pág. 50.

1173 H.-U. Graba, *Die Abänderung...*, págs. 53-54.

1174 T. M. Petzoldt, *Die Rechtskraft...*, págs. 40-41.

1175 A natureza transaccional da fixação da indemnização sob forma de capital e a inaplicabilidade, a essa fixação, do regime do § 323 da ZPO, foi aceite pelo *Bundesgerichtshof*, em acórdão de 8 de Janeiro de 1981. Sobre a influência exercida por este acórdão na doutrina alemã posterior, veja-se J. R. Moritz (*Probleme...*, págs. 8-9).

1176 T. M. Petzoldt, *Die Rechtskraft...*, pág. 41.

o devedor, no caso de condenação no pedido, nada pode fazer, uma vez evidenciada a falsidade da previsão.

Também MORITZ[1177] assinala a aparente injustiça da não concessão de relevância aos factos posteriores, no caso de condenação sob forma de capital: assim, se o lesado falecer logo após o trânsito em julgado da decisão que fixa uma indemnização sob forma de capital e o pagamento da correspondente quantia, o lesante não pode exigir a devolução do capital, sendo que o lesante a quem tivesse sido determinada uma indemnização sob forma de renda poderia fazer valer imediatamente esse facto novo.

MORITZ[1178], contudo, questiona, desde logo, a *natureza transaccional* da fixação da indemnização sob forma de capital: não tanto em relação ao lesado, porque este, mesmo não se conformando previsivelmente com a não ressarcibilidade de certos agravamentos futuros do dano, sempre tem a opção sobre o modo de fixação da indemnização, mas, sobretudo, em relação ao lesante, pois lhe pode ter sido imposta, contra a sua vontade, o pagamento de uma indemnização sob forma de capital (imposição que nunca pode fazer-se ao lesado).

O mesmo Autor[1179] critica também o outro fundamento que, segundo PETZOLDT, justificaria a irrelevância dos factos posteriores, no caso da condenação em indemnização sob forma de capital (e também a condenação em alimentos sob forma de capital): a existência de um *juízo de prognose material, em que assentaria uma pretensão indemnizatória já exigível*. É que a tese de PETZOLDT, pressupondo que o direito material aceita que, no caso de condenação sob forma de capital, ao réu é vedado alegar que a evolução posterior das circunstâncias contraria o juízo de prognose realizado, coloca problemas de constitucionalidade: não só face ao princípio da igualdade, mas também face ao princípio da proporcionalidade, porque desse modo o direito material consagraria uma obrigação de indemnização independente dos danos efectivamente verificados[1180].

d) O caso julgado da indemnização sob forma de capital

Segundo MORITZ[1181], a origem histórica da indemnização ou dos alimentos sob forma de capital e a do regime do § 323 da ZPO evidenciam que a questão da modificabilidade, em virtude da consideração de desenvolvimentos factuais pos-

[1177] J. R. Moritz, *Probleme...*, pág. 10.

[1178] J. R. Moritz, *Probleme...*, págs. 7 e 11.

[1179] J. R. Moritz, *Probleme...*, págs. 12-14 e 18-19.

[1180] Admitindo a existência de um juízo de prognose também nas sentenças que condenam em capital, que, por esse motivo, poderiam, do seu ponto de vista, ser modificadas nos termos do § 323 da ZPO, veja-se W. Thalmann (P. Wendl / S. Staudigl / W. Thalmann, *Das Unterhaltsrecht...*, págs. 972-973, e "Die Abänderungsklage...", pág. 624).

[1181] J. R. Moritz, *Probleme...*, págs. 48-49.

teriores, da sentença de condenação sob forma de capital, não deve ser perspectivada à luz da proclamada natureza transaccional da fixação da prestação correspondente, mas à luz do caso julgado dessa sentença: dito de outro modo, a ser imodificável tal sentença por alteração das circunstâncias, tal imodificabilidade radicará, não na natureza da prestação em capital, mas no caso julgado da sentença que a fixa.

Ora, ainda de acordo com o mesmo Autor[1182], a entender-se que do caso julgado dessa sentença não resulta a preclusão de excepções verificadas ulteriormente, deve reconhecer-se, ao réu, a possibilidade de as alegar mais tarde, nomeadamente através da acção de enriquecimento sem causa, e, ao autor, a possibilidade de fazer valer pretensões ulteriores através de novas demandas; se, diversamente, se propugar uma genérica preclusão, deve facultar-se a quebra do caso julgado por razões de ordem constitucional (que visam, em suma, o asseguramento do direito ao contraditório em processo judicial, consagrado no § 103, 1, da GG[1183]), ou, se se preferir, a limitação do caso julgado através de condição aposta na própria sentença.

O entendimento de MORITZ[1184] a este respeito é o de que o caso julgado da sentença que decide sobre uma pretensão actual com base, não apenas em factos actuais, mas em factos futuros – como sucede com a sentença que condena em alimentos sob forma de capital –, projecta-se para o futuro, atendendo a que, nos termos gerais, os limites do caso julgado são definidos numa perspectiva objectiva e temporal através do objecto da sentença, não se justificando, desde logo por razões de segurança jurídica, admitir aqui um caso julgado diferente dos restantes; no entanto, o direito ao contraditório em processo judicial impõe também que às partes seja facultado expressarem-se sobre os factos posteriores que lhes sejam favoráveis e os direitos que lhes assistam.

Esta função é desempenhada pelo regime do § 323 da ZPO, pelo que se se negar a sua aplicabilidade às sentenças que condenam em alimentos ou numa indemnização sob forma de capital (ou seja, às sentenças que são análogas, sob o ponto de vista dos factos em que assentaram e da projecção do respectivo caso julgado, àquelas que o preceito expressamente prevê), há que encontrar, por razões de constitucionalidade, uma via alternativa de quebra ou de limitação subsequente do caso julgado que constituem[1185/1186].

[1182] J. R. Moritz, *Probleme...*, págs. 64-66.

[1183] Sobre os contornos deste direito, na *Grundgesetz*, G. Walter, "I diritti...", págs. 735-738.

[1184] J. R. Moritz, *Probleme...*, págs. 84-85 e 97.

[1185] J. R. Moritz, *Probleme...*, pág. 98.

[1186] R. Hengstler (*Der Führergedanke...*, pág. 37) aduz, simplesmente, razões de equidade a favor da quebra do caso julgado também nas hipóteses de condenação sob forma de capital.

Mas será que o regime do § 323 da ZPO é realmente inaplicável a estas sentenças? Para responder a esta concreta questão, começa MORITZ[1187] por salientar a fundamental semelhança entre a indemnização ou os alimentos sob forma de capital e a renda, pois todas estas figuras representam modos de satisfação de pretensões continuamente variáveis nos respectivos pressupostos (a estrutura material dessas pretensões é, assim, idêntica); por outro lado, adianta MORITZ[1188], o regime do § 323 da ZPO relaciona-se com o problema da condenação antes da actualização do direito, como o demonstra a sua aplicação, pela jurisprudência, a sentenças meramente declarativas de um dever de prestar.

Atendendo a que a extensão, para o futuro, do caso julgado das sentenças que condenam em alimentos ou numa indemnização sob forma de capital torna tendencialmente inaplicável, a essas sentenças, o regime do § 767 da ZPO, e, bem assim, a que o pedido de reembolso da quantia paga se encontra, em princípio, excluída pelo caso julgado, considera MORITZ[1189] que a acção modificativa se apresenta, para o devedor, como o único meio possível de quebra do caso julgado.

Para o credor – adianta MORITZ[1190] –, há a ponderar a utilização da via da acção suplementar (*Zusatzklage*): no entanto, a seguir-se a orientação do *Bundesgerichtshof*, expressa num Acórdão de 20 de Dezembro de 1960, a que adiante se fará referência mais pormenorizada[1191], deverá o credor seguir também a via da acção modificativa, caso tenha formulado, na primeira acção, um pedido parcial oculto.

Após ter concluído que o regime do § 323 da ZPO é aplicável às sentenças que condenam em alimentos ou numa indemnização sob forma de capital, trata MORITZ[1192] o problema de saber se a imposição de tal via restringe – atendendo à regra da proibição de modificação para o passado, constante do § 323, 3, da ZPO –, de forma constitucionalmente desconforme, os direitos das partes (acabando por considerar que essa modificação retroactiva é, em regra possível) e, bem assim, a questão da determinação da alteração relevante, nos termos do § 323, 1, da ZPO (optando, a final, por atribuir ao requisito da essencialidade da alteração um significado material, segundo o qual um desenvolvimento factual relevante segundo o direito material implica, em regra, uma modificação da pretensão, sendo essencial a alteração não tida em conta aquando da constituição

[1187] J. R. Moritz, *Probleme...*, pág. 101.

[1188] J. R. Moritz, *Probleme...*, págs. 102-103.

[1189] J. R. Moritz, *Probleme...*, págs. 122-123.

[1190] J. R. Moritz, *Probleme...*, págs. 124-126.

[1191] *Infra*, § 23, IV, 2.

[1192] J. R. Moritz, *Probleme...*, respectivamente págs. 127 e seguintes e págs. 153 e seguintes.

da pretensão[1193]); finalmente, analisa MORITZ[1194] as consequências da utilização da via da *Abänderungsklage*, pelo devedor ou pelo credor da indemnização ou dos alimentos sob forma de capital, uma vez verificada a alteração essencial das circunstâncias a que alude o § 323, 1, da ZPO.

E, no que a este último aspecto diz respeito, considera o Autor que , atendendo à finalidade do capital atribuído (a de minorar um dano e eliminar uma necessidade de forma rápida), não pode o *devedor* – a menos que a alteração das circunstâncias tenha determinado a supressão definitiva da pretensão do credor – exigir o reembolso da quantia paga a mais, antes de findo o período a que, na sentença modificanda, se atendeu para fixar esse capital: assim, se durante esse período o devedor propuser a acção modificativa e nela obtiver, não só a alteração do montante do capital em função das novas circunstâncias, mas também a condenação do credor na devolução da quantia paga a mais, poderá este, na execução que lhe venha a ser movida, sustentar que só findo tal período lhe é exigível a devolução[1195]; o *credor*, por seu lado, não pode, na acção modificativa que eventualmente proponha, exigir ao devedor uma quantia adicional, antes de decorrido o período a que se atendeu na sentença, sendo-lhe porém lícito, durante esse período, obter o respectivo encurtamento, bem como, findo o mesmo, optar (se a sua necessidade ou os pressupostos da obrigação de indemnização se mantiverem) por uma nova renda ou por um novo pagamento sob forma de capital (a fazer valer, de qualquer modo, através da via da acção modificativa).

3. Posição da doutrina e da jurisprudência em Itália e França

Assinala REMO CAPONI[1196] que a jurisprudência italiana tem aceitado que, no caso de liquidação imediata (e não sob forma de renda vitalícia) do dano permanente, é também possível a revisão da liquidação efectuada, com fundamento em agravamento sucessivo imprevisível ao tempo do julgamento[1197].

Idêntica parece ser a posição de VELLANI[1198], atendendo a que sustenta que podem ser modificadas judicialmente, mesmo depois de transitarem em julgado, as decisões que têm por objecto relações submetidas à cláusula *rebus sic stantibus*:

[1193] Assim, por exemplo, uma supressão temporária da necessidade do titular do direito a alimentos não implica uma alteração essencial, se tal já foi atendido aquando da fixação do montante dos alimentos, por isso representando a pensão atribuída a ponderação de um valor médio (cfr. J. R. Moritz, *Probleme...*, págs. 166-167).

[1194] J. R. Moritz, *Probleme...*, págs. 169-174.

[1195] O direito que assiste ao devedor não cessa pelo facto de o credor já ter gasto a quantia agora exigida: ao escolher o pagamento sob forma de capital, o credor assume, assim, o risco da sua devolução.

[1196] Remo Caponi, *L'efficacia...*, pág. 21.

[1197] O Autor (*ibidem*) discorda, porém, da atribuição de relevância à superveniência em função da imprevisibilidade do facto superveniente.

[1198] M. Vellani, *Naturaleza...*, pág. 95.

ora, uma decisão que condene numa prestação única ainda pode ter por objecto uma relação com aquela característica (como parece ser o caso da sentença que determina a liquidação imediata do dano permanente).

Face ao ordenamento francês, Planiol / Ripert / Esmein[1199] aceitam a possibilidade de revisão da indemnização atribuída, quer quando o juiz a tenha reservado expressamente na sentença, permitindo às partes requerê-la mais tarde, quer quando a indemnização revista a forma de renda; mas não já quando revista a forma de capital, pois este modo de indemnização assume carácter fixo e definitivo (posição que seria secundada pela jurisprudência).

4. Posição adoptada

a) A modificabilidade dos alimentos sob forma de capital

Como logo no início dissemos, no direito português a modificabilidade, por alteração das circunstâncias, dos alimentos sob forma de capital não se apresenta problemática, atendendo a que, em relação a eles, a lei não contém um preceito idêntico ao do artigo 567º, nº 2, do CC: serão, portanto, modificáveis nos termos gerais do artigo 619º, nº 2, do CPC.

Assim sendo, apenas centraremos a nossa análise na questão da modificabilidade da indemnização sob forma de capital.

De qualquer modo, a circunstância de a lei admitir a modificação da sentença que condene em alimentos sob forma de capital parece constituir argumento no sentido de que, *fundando-se a condenação em indemnização* (sob forma de capital) *na perda do direito a alimentos*, ao abrigo do disposto no artigo 495º, nº 3, do CC[1200], deve admitir-se a modificação nos mesmos termos.

Por outro lado, se a modificabilidade da sentença de alimentos sob forma de capital se justifica em atenção à irrenunciabilidade dos alimentos, parece dever permitir-se, por identidade de razões e nos mesmos termos, a modificação de outras sentenças que tenham apreciado direitos relativamente aos quais se con-

[1199] M. Planiol / G. Ripert / P. Esmein, *Traité...*, págs. 947-948.

[1200] Sobre a indemnização por perda do direito a alimentos, como se fixa e a que factores atende essa fixação, veja-se RP, 12.02.1992 (em cujo sumário se lê que na fixação do "quantum" desta indemnização "haverá que ter em conta que a indemnização deve representar um capital que se extinga no fim do período durante o qual aqueles [os que podiam exigir alimentos ao lesado e se encontrem numa situação de carência que os impossibilite da satisfação das necessidades essenciais da vida, de harmonia com a classe e a condição social a que pertencem] podiam exigir alimentos e seja susceptível de garantir durante esse lapso temporal as prestações periódicas que receberiam se não fosse a morte da vítima"), RP, 22.04.1992 (em idêntico sentido), RP, 25.10.1995 (no qual se lê que "[n]a fixação da indemnização devida por alimentos a filho menor da vítima, haverá que ter em conta não o tempo de vida útil normal que esta ainda poderia vir a ter se não fora o acidente, mas sim o período em que se manteria a obrigação de alimentos") e STJ, 07.06.2001 (no qual se afirma que a indemnização só é concedida quando se prove a previsibilidade da necessidade futura de alimentos).

clua que não houve renúncia, sendo certo que, em se tratando de um direito de indemnização, e como se assinala no Acórdão do Tribunal da Relação de Coimbra de 3 de Outubro de 2006, "[s]ó pode falar-se de renúncia abdicativa a um direito indemnizatório a partir do momento em que o direito a que se pretende renunciar se torna actual, de molde a poder concluir-se que foi fundamentada e com conhecimento de causa a posição do renunciante": assim, transpondo este raciocínio para a hipótese da fixação de indemnização sob forma de capital, pelo menos não pode aqui pressupor-se que o credor renunciou à indemnização relativa a danos imprevisíveis à data da sentença[1201].

b) A modificabilidade da indemnização sob forma de capital e de outras prestações de atribuição única, no caso dos acidentes de trabalho e doenças profissionais

Vejamos agora qual a solução da lei no campo dos acidentes de trabalho e doenças profissionais: se, aqui, for possível a modificação, por alteração das circunstâncias, da indemnização sob forma de capital, parece que tal constituirá argumento no sentido de, relativamente às indemnizações em geral, ser a mesma a solução.

O artigo 23º da Lei nº 98/2009, de 4 de Setembro (que regulamenta o regime de reparação de acidentes de trabalho e de doenças profissionais, incluindo a reabilitação e reintegração profissionais, nos termos do artigo 284º do Código do Trabalho, aprovado pela Lei nº 7/2009, de 12 de Fevereiro) integra prestações em espécie e em dinheiro no direito à reparação dos danos emergentes de acidentes de trabalho e doenças profissionais, sendo que as *prestações em dinheiro, no caso de incapacidade permanente*, podem revestir a forma de indemnização sob forma de capital ou de pensão (cfr. o artigo 47º, nº 1, alínea *c)*); a indemnização em capital constitui uma prestação de atribuição única e a pensão uma prestação de atribuição continuada ou periódica (cfr. o artigo 47º, nº 3)[1202].

Dos artigos 48º, nº 3, 115º e 116º da Lei nº 98/2009, de 4 de Setembro decorre ainda que, no caso de incapacidade permanente, a lei prefere o sistema da pensão.

O motivo para a adopção, pela generalidade das leis sobre acidentes de trabalho, do sistema da renda, radica, como refere VAZ SERRA[1203], na convicção de

[1201] Sobre a aplicação da regra do artigo 942º do CC (proibição da doação de bens futuros) às renúncias abdicativas, ver, ainda, F.M.B. Pereira Coelho, *A renúncia abdicativa...*, págs. 142-152.

[1202] O artigo 10º da anterior Lei nº 100/97, de 13 de Setembro (que aprovou o regime jurídico dos acidentes de trabalho e das doenças profissionais) integrava também prestações em espécie e em dinheiro no direito à reparação dos danos emergentes de acidentes de trabalho e doenças profissionais, sendo que as *prestações em dinheiro, no caso de incapacidade permanente*, podiam revestir a forma de indemnização sob forma de capital ou de pensão (cfr. a alínea *b)*); a indemnização em capital constituía uma prestação de atribuição única e a pensão uma prestação de atribuição continuada ou periódica (cfr. o artigo 7º, nº 2, do Decreto-Lei nº 248/99, de 2 de Julho, que regulamentava aquela Lei, relativamente a protecção da eventualidade de doenças profissionais).

[1203] Vaz Serra, "Obrigação de indemnização...", pág. 163.

que o sistema da renda "se conforma melhor com o fim social do seguro obrigatório contra acidentes no trabalho, visto que a renda garante ao lesado meios de ajuda para toda a sua vida, ainda que limitados"[1204]. No entanto, admitia o Autor[1205] que, em atenção à possibilidade de o lesado preferir a indemnização sob forma de capital e, bem assim, à de esta indemnização lhe permitir empreender pequenas iniciativas comerciais ou industriais, "[t]alvez fosse [...] conveniente que se autorizasse, também em matéria de acidentes no trabalho, a concessão da indemnização sob forma de capital".

Tanto a indemnização sob forma de capital como a indemnização sob forma de pensão podem ser modificadas por alteração das circunstâncias, conforme se depreende do artigo 70º da Lei nº 98/2009, de 4 de Setembro, que genericamente alude à revisão das *prestações* (cfr. o nº 1 desse preceito)[1206].

Não equivale à revisão da pensão a respectiva *remição*, regulada nos artigos 77º e seguintes da Lei nº 98/2009, de 4 de Setembro, e 148º e seguintes do CPT, uma vez que esta não se funda na alteração das circunstâncias[1207/1208].

1204 Apresenta especificidades, no tocante à indemnização a fixar, a cumulação de acidente de trabalho com acidente de viação. Sobre tais especificidades: STJ, 15.10.1968; RP, 22.04.1992; RP, 13.03.2001; Vaz Serra ("Obrigação de indemnização...", págs. 215-219), entendendo que não deve ser permitido acumular as duas indemnizações, de modo a obter duplicação de reparação do mesmo dano, salvo se uma das indemnizações não permitir reparar integralmente o dano, porque neste caso deve ser cumulada com a outra.

1205 Vaz Serra, "Obrigação de indemnização...", págs. 163-164.

1206 O mesmo se poderia dizer relativamente ao artigo 25º da (anterior) Lei nº 100/97, de 13 de Setembro – que genericamente aludia à revisão das *prestações* por acidente de trabalho (cfr. o nº 1 desse preceito), se bem que a revisão das prestações que revestissem a forma de *pensão* dispusesse de regime próprio (cfr. os nº s 2 e 3 do mesmo preceito) – e do artigo 63º do Decreto-Lei nº 248/99, de 2 de Julho, que, embora tendo como epígrafe "revisão das pensões", previa a revisão das *prestações* por doença profissional no seu nº 1, consagrando todavia um regime especial para a revisão das *pensões* por doença profissional (cfr. o nº 2 do mesmo artigo 63º). A modificabilidade tanto da pensão como da indemnização resultava igualmente do direito anterior a estes dois diplomas. Como se refere no Acórdão do Supremo Tribunal de Justiça de 16 de Outubro de 2002, a propósito do nº 1 da Base XXII da Lei nº 2127, de 3 de Agosto de 1965 (a Lei dos Acidentes de Trabalho anterior à aprovada pela Lei nº 100/97, de 13 de Setembro), "[...] podendo a prestação consistir em pensão ou indemnização, em qualquer destes casos é admissível pedir a revisão da incapacidade, alegada que seja modificação na capacidade de ganho. [...] A prestação devida pode assumir a natureza de pensão vitalícia ou de indemnização. Haverá lugar à primeira quando a lesão ou doença originar uma incapacidade permanente; quando determinar uma incapacidade temporária, haverá lugar à indemnização [...] Assim, se a lesão ou doença sofrida pelo trabalhador deu origem a uma indemnização e se alega que, em data posterior, o mesmo sofreu recidiva, haverá que indagar se efectivamente ocorreu uma recidiva e, no caso afirmativo, quais as suas consequências, adequando-se as prestações à modificação eventualmente verificada na capacidade de ganho do trabalhador [...]".

1207 A remição encontrava-se, no direito anterior, prevista no artigo 33º da Lei nº 100/97, de 13 de Setembro e 56º e seguintes do Decreto-Lei nº 143/99, de 30 de Abril (que regulamentava aquela Lei quanto à reparação dos danos emergentes dos acidentes de trabalho). E, antes destes dois diplomas, havia a considerar a Lei nº 2127, de 3 de Agosto de 1965, regulamentada pelo Decreto nº 360/71, de 21 de Agosto, face aos quais a remição da pensão constituía, segundo Carlos Alegre (*Acidentes...*, pág. 136),

Após a remição é ainda possível rever a pensão, embora tal faculdade pareça competir apenas ao lesado.

Tal resulta da alínea *b)* do artigo 77º da Lei nº 98/2009, de 4 de Setembro, que determina que "[a] remição não prejudica [o] direito de o sinistrado requerer a revisão da prestação"[1209].

No sentido de que a seguradora não pode requerer a revisão da incapacidade do sinistrado, após a remição obrigatória da pensão, vai, por exemplo, um Acórdão do Tribunal da Relação do Porto de 9 de Dezembro de 2008.

Com efeito, nele é expressado o entendimento segundo o qual a remição obrigatória prevista nos artigos 17º, nº 1, alínea *d)*, da (antecedente) Lei nº 100/97, de 13 de Setembro, e 56º, nº 1, alínea *b)*, do (antecedente) Decreto-Lei nº 143/99, de 30 de Abril, opera a extinção da obrigação correspondente, mas "não impede [...] a revisão da incapacidade, quando houver agravamento, recidiva ou agravamento das lesões, podendo o sinistrado requerê-la, mesmo tendo havido remição da pensão, como resulta da conjugação dos Artºs 25º, nº 1 da Lei nº 100/97, de 13 de Setembro e 58º, alínea *b)* do Decreto-Lei nº 143/99, de 30 de Abril. Tal resulta da circunstância de que o direito à pensão, na parte não remida, não se extinguiu e, mesmo relativamente à parte remida, a entrega do capital, apesar da extinção da obrigação correspondente, não deixa de poder produzir alguns efeitos, como no caso de actualização de pensão se, havendo uma revisão, por exemplo, se vierem a reunir os respectivos pressupostos. No entanto, *a contrario sensu* das disposições legais citadas, tendo sido remida a pensão e havendo

"uma das duas formas de cumprir o pagamento de pensões que se mencionam na alínea *b)* da Base IX – indemnização em capital. As pensões são, em princípio, vitalícias e pagas, anualmente, em duodécimos (artigo 57º, nº 1, do Decreto nº 360/71): todavia, o pagamento de certas pensões pode fazer-se de forma unitária, ou, se quisermos, convertendo a pensão em capital". Sobre a remição, veja-se ainda P. Morgado de Carvalho, "Um olhar...", pág. 89 e V. Ribeiro, *Acidentes de trabalho*, págs. 75-101, e, sobre a remição obrigatória, V. Melo, "Ainda um breve olhar...", concluindo que esta se justifica pela consideração de que "o capital correspondente à indemnização será mais favorável ao sinistrado ou beneficiário (sem curar sequer da indagação do destino que lhe venha a ser dado) do que a protelação no tempo do pagamento da pensão em duodécimos". Quanto à questão de saber quando deve considerar-se a pensão de reduzido montante, para efeitos de remição obrigatória, veja-se o Acórdão do STJ nº 4/2005, de 16 de Março.

1208 Relativamente ao próprio despacho que admite a remição da pensão e ordena o cálculo do capital da remição da pensão, tem a jurisprudência sustentado a sua modificabilidade, mas por não transitar em julgado: quanto a este ponto, veja-se STJ, 26.02.1992, STJ, 25.03.1992, STJ, 26.01.1994, e STJ, 25.09.2002.

1209 A alínea *b)* do artigo 58º do (anterior) Decreto-Lei nº 143/99, de 30 de Abril, consagrava regime idêntico, mas aludia à revisão da *pensão*. Refira-se, aliás, que já o artigo 67º, nº 1, do Decreto nº 360/71, de 21 de Agosto (que regulamentava a Lei nº 2127, de 3 de Agosto de 1965, no que respeitava à reparação dos acidentes de trabalho e doenças profissionais, e que foi posteriormente revogado pelo artigo 42º da Lei nº 100/97, de 13 de Setembro) estabelecia que "[a] remição não prejudica o direito do sinistrado às prestações em espécie, nem o direito a requerer a revisão da sua pensão". Sobre este preceito, veja-se Carlos Alegre, *Acidentes...*, pág. 224. Sobre a remição e posterior revisão da pensão, à luz do direito anterior, veja-se, ainda, RL, 18.03.1992.

melhoria das lesões, a entidade responsável pela reparação do acidente não pode pedir a revisão da incapacidade, para menos, por legalmente não previsto naquele Artº 58º, nomeadamente na referida alínea *b)*, do Decreto-Lei nº 143/99, de 30 de Abril, norma que foi antecedida pelo Artº 67º, nº 1 do Decreto nº 360/71, de 21 de Agosto. Nestas hipóteses, parece que a remição operou a novação objectiva da obrigação, atento o disposto no Artº 857º do Cód. Civil [...]. Nem se diga que o Artº 58º, alínea *b)* do Decreto-Lei nº 143/99, de 30 de Abril, assim interpretado e aplicado, é inconstitucional. Na verdade, o princípio da igualdade não tem aplicação na vertente hipótese, dada a diferente qualidade do requerente da revisão, pois enquanto o sinistrado, doente ou seu familiar, beneficiário legal, gozam do direito constitucional à justa reparação, atento o disposto no Artº 59º, nº 1, alínea *f)* da Constituição da República, já a entidade responsável pelo pagamento da pensão, seguradora ou entidade empregadora, sendo titulares embora de um interesse patrimonial legítimo, não goza daquela constitucional protecção [...]".

Em suma, no direito laboral permite-se a revisão da prestação atribuída a título de reparação, quer tenha sido fixada uma pensão, quer uma indemnização, quer uma reparação em dinheiro, quer em espécie; o modo de fixação da reparação (através de prestação de atribuição única ou através de prestação de atribuição continuada ou periódica, conforme se diz no artigo 47º, nº 3, da Lei nº 98/2009, de 4 de Setembro) apenas parece condicionar a revisão no caso de indemnização sob forma de capital consequente a remição de pensão, pois tal remição implica que só o lesado possa posteriomente requerer a revisão.

c) O artigo 282º, nº 2, do CPC

Do artigo 282º, nº 2, do CPC retira-se um argumento adverso à modificabilidade de sentença que condene em indemnização sob forma de capital. Com efeito, embora aí não se pressuponha uma sentença de trato sucessivo, bastando uma decisão proferida acerca de uma obrigação duradoura, a verdade é que aquela sentença, mesmo que diga respeito a danos continuados, não apreciou uma obrigação duradoura: a obrigação de indemnização, em si, não pode como tal ser qualificada, e foi essa a obrigação apreciada na sentença.

d) A inadmissibilidade da modificação, por alteração das circunstâncias, de sentenças já executadas

A inadmissibilidade da modificação, por alteração das circunstâncias, de sentenças que condenem numa indemnização ou em alimentos sob forma de capital (e não sob forma de renda ou pensão) pode ser sustentada com o argumento de que, em princípio, o problema dessa modificação só se coloca depois da execução dessas sentenças.

Ora, como já vimos[1210], é de excluir a possibilidade de modificação de sentenças já executadas.

Parece-nos, porém, que se em relação à generalidade das sentenças condenatórias é defensável tal exclusão, o mesmo não sucede (ou não sucede nos mesmos termos) em relação às sentenças que condenem sob forma de capital (e não sob forma de renda ou pensão).

Com efeito, neste último caso tanto a condenação como a execução são antecipadas, porque o dano (que foi previsto) e a necessidade e possibilidade de prestar os alimentos (que também foram previstos) ocorrerão num momento futuro: por isso, não merece idêntica protecção a segurança que, para as partes, advém da execução (ou seja, do ressarcimento e do pagamento, que já tiveram lugar).

e) Conclusão

Dependendo a atribuição de indemnização sob forma de renda de requerimento do lesado, nos termos do artigo 567º, nº 1, do CC, não se vê motivo de fundo para que o lesante não possa, nos termos gerais do artigo 619º, nº 2, do CPC, requerer a modificação da indemnização atribuída, seja ela sob forma de renda ou sob forma de capital, quando os danos previstos não venham a ocorrer. É certo que, em se admitindo a acção modificativa nestas hipóteses, a indemnização sob forma de capital parece perder a sua função de atribuir ao lesado uma soma de que este pode dispor imediatamente, como lhe aprouver[1211]: julgamos, porém, que, mesmo assim, tal função subsiste, apenas resultando mais clara a sua subalternização à função geral da indemnização de ressarcimento dos danos do lesado.

Aliás, se algum condicionamento deve existir nesse domínio, é justo que ele apenas afecte o lesado, já que só o lesado pode optar entre a indemnização sob forma de renda ou sob forma de capital; por outro lado, parece-nos que a via mais apropriada para o lesante fazer valer a alteração das circunstâncias (isto é, a não ocorrência dos danos previstas) é a da acção modificativa e não a da acção de restituição fundada em enriquecimento sem causa, pois é aquela, e não esta, a acção que a lei prevê para o efeito da modificação do caso julgado.

Estas considerações, porém, parece-nos que só valem numa perspectiva de direito a constituir.

Face ao direito vigente, não vemos, na verdade, como contornar a letra do artigo 567º, nº 2, do CC, que apenas prevê a modificação da indemnização sob forma de renda, sendo certo que a aplicação do regime do artigo 619º, nº 2, do CPC, embora não postule uma necessária previsão, na lei substantiva, da modi-

1210 *Supra*, § 9º, I.

1211 Neste sentido, *MünchKommBGB*/Habersack, § 843, 78.

ficabilidade da sentença que verse sobre certa matéria, não pode contrariar essa mesma lei substantiva. É sob este ponto de vista que nos parece especialmente acertada a observação de ALBERTO DOS REIS, a que fizemos referência logo no início da exposição[1212]: a de que o artigo 619º, nº 2, do CPC estaria "em perfeita conformidade" com os textos que contém normas (normas de lei substantiva) que autorizam a alteração da prestação, sendo que a admissibilidade da alteração haveria de ser determinada, em cada caso concreto, pela lei substancial.

Vejamos agora se esta conclusão é extensível à modificação que o lesado eventualmente pretenda.

Deve, a este propósito, começar-se por salientar que, mesmo em relação ao lesado, nem sempre é justo vedar-lhe a modificação da indemnização sob forma de capital, com o argumento de que teve a opção de requerer a fixação de uma renda. É que o artigo 567º, nº 1, do CC não impõe a fixação da indemnização sob forma de renda, podendo suceder que, não obstante o lesado a ter requerido, o tribunal não a tenha concedido: se assim for, parece que nada deve impedir a modificação, nos termos do artigo 619º, nº 2, do CPC, da sentença que indemnize sob forma de capital.

Se o lesado não tiver requerido a indemnização sob forma de renda, a inadmissibilidade da modificação da sentença parece que só pode fundar-se na concepção segundo a qual o recebimento de um capital equivale à renúncia à indemnização correspondente ao aumento do montante do dano ou a novos danos.

De qualquer modo, e como se assinalou[1213], a jurisprudência tem considerado que, em relação aos danos futuros imprevisíveis, a renúncia não seria válida.

E, não sendo válida essa renúncia, parece que ao lesado deve reconhecer-se a possibilidade de propor acção modificativa, quando, depois do proferimento da sentença que tenha condenado em indemnização sob forma de capital, sobrevenham novos danos: com efeito, se se considerar que a acção modificativa pode destinar-se a fazer valer danos futuros imprevisíveis – aspecto que adiante abordaremos[1214] –, não se vê por que motivo só no caso de indemnização sob forma de renda essa acção é admissível.

E a tal não obsta a letra do artigo 567º, nº 2, do CC, pois quanto aos danos futuros imprevisíveis não foi arbitrada uma indemnização, não se colocando, portanto (contrariamente ao que sucede quando seja o lesante a pretender a modificação), o problema de saber se o arbitramento de uma indemnização sob forma de capital exclui (em atenção ao modo de fixação da indemnização) a respectiva modificação, por alteração das circunstâncias.

1212 *Supra*, § 1º, III, 3.
1213 *Supra*, § 11º, IV, 4. *a)*.
1214 *Infra*, § 23º, III, 4.

Portanto, parece que só em relação a danos futuros previsíveis à data do encerramento da discussão na primeira acção e não considerados na correspondente sentença – por não terem sido alegados ou não ter sido formulado pedido genérico – se pode presumir, da circunstância de ter sido fixada uma indemnização sob forma de capital, a renúncia do lesado ao respectivo ressarcimento.

Mas, como veremos[1215], a função da acção modificativa também não é a de fazer valer danos futuros previsíveis à data do encerramento da discussão na primeira acção: portanto, igualmente por este motivo a atribuição de uma indemnização sob forma de capital inviabilizaria a aplicação do regime do artigo 619º, nº 2, do CPC (na hipótese de o lesado pretender, depois de lhe ter sido atribuída uma indemnização sob forma de capital, que essa indemnização passe a abranger os danos que já eram previsíveis).

§ 12º Sentenças de simples apreciação e constitutivas

I. Colocação do problema

Da letra do artigo 619º, nº 2, do CPC decorre que a acção modificativa só é admissível quando a sentença modificanda seja uma sentença condenatória, porque aí se alude às circunstâncias que determinaram a *condenação*. O artigo 936º do CPC parece igualmente estabelecer como condição necessária para a modificação a aptidão da sentença modificanda para a formação de título executivo, porque trata da acção modificativa em conexão com a acção executiva e com a acção condenatória.

No entanto, pode questionar-se se a modificação não será também possível em relação a sentenças de simples apreciação e constitutivas.

Uma sentença de simples apreciação que, não obstante a letra do artigo 619º, nº 2, do CPC, aqui parece dever naturalmente incluir-se é a sentença que, por julgar improcedente a acção modificativa, manteve a condenação anteriormente proferida[1216]: como adiante veremos[1217], é possível a "modificação da modificação anterior" e, naqueles casos em que a acção modificativa (anterior) foi julgada improcedente, a correspondente sentença deve ser qualificada como sentença de simples apreciação, sem que, por isso, deixe de constituir objecto idóneo de acção modificativa subsequente (como também veremos[1218], o objecto da acção modificativa subsequente deve ser, não apenas a primitiva sentença, mas também a sentença proferida na acção modificativa que foi julgada improcedente).

Mas, para além destes casos em que o objecto da acção modificativa é uma sentença de simples apreciação, cumpre determinar se, em geral, as sentenças

[1215] *Infra*, § 23º, III, 4 e § 23º, IV, 3.

[1216] Assim, H.-U. Graba, *Die Abänderung...*, pág. 101.

[1217] *Infra*, § 34º, III, e 39º, III.

[1218] *Infra*, § 34º, III.

de simples apreciação podem traduzir o objecto de tal acção. De entre estas, são configuráveis as seguintes: a sentença que se limite a apreciar uma prestação instantânea futura; a sentença de simples apreciação de prestações periódicas vencidas e vincendas; em geral, qualquer sentença de simples apreciação que não se limite a apreciar uma situação jurídica ou um direito actual, projectando antes a sua eficácia para o futuro, se se considerar que lhe subjaz um juízo de prognose quanto a factos e situações jurídicas futuras, cuja correcção pode ser necessária.

Prévio a este problema é, naturalmente, o da própria admissibilidade das acções de simples apreciação, positiva ou negativa, de prestações futuras, que sucintamente abordaremos.

De fora parecem-nos ficar as sentenças de simples apreciação que não se reportem a prestações futuras ou situações jurídicas futuras: o regime do artigo 619º, nº 2, do CPC não lhes deve ser aplicável, por razões idênticas às que explicam a não aplicação deste preceito às sentenças que condenam em prestações vencidas ou na restituição de coisas, e a que já fizemos referência[1219].

Também não nos interessa agora analisar as sentenças de simples apreciação que contenham condenações implícitas (nomeadamente em prestações vencidas e vincendas, de que é exemplo a sentença que declara a ilicitude do despedimento, pois esta constitui título executivo em relação aos salários vencidos desde a data do despedimento até à data do proferimento da sentença e aos que se forem vencendo após esse proferimento e até à reintegração efectiva do trabalhador[1220]), atendendo a que, quanto a essas sentenças, vale, nos termos gerais, o regime próprio das sentenças condenatórias.

Quanto às sentenças constitutivas, não trataremos daquelas que simultaneamente são condenatórias e, como tal, susceptíveis de constituírem título executivo – de que são exemplo as sentenças de alimentos (e admitindo, naturalmente, que estas não sejam apenas qualificáveis como condenatórias) –, nem das sentenças constitutivas que, acessoriamente, condenam o réu numa prestação, como é o caso da sentença que, substituindo a declaração negocial do faltoso numa acção de execução específica do contrato promessa (nos termos do artigo 830º do CC), também condena o promitente comprador no pagamento do preço ou o promitente vendedor na entrega da coisa[1221]: temos antes em vista as sentenças que se limitam, para usar a expressão do artigo 10º, nº 3, alínea *c)*, do CPC, a "autorizar uma mudança na ordem jurídica existente", ou seja, as que meramente constituem, modificam ou extinguem uma situação jurídica (assim, por exemplo, a

[1219] *Supra*, § 9º.

[1220] Assim, STJ, 03.05.2000 (Proc. 00S005).

[1221] Sobre a configuração desta sentença como título executivo, RP, 09.02.2006 (considerando que apenas a condenação na entrega da coisa deve entender-se como implícita na sentença, dada a transferência da propriedade).

sentença que decreta o divórcio ou a anulação de um contrato) e que, como tal, não são aptas a constituir título executivo (inaptidão que, numa certa perspectiva, ainda as dota de maior exequibilidade[1222]).

II. Admissibilidade da acção de simples apreciação de prestações futuras

As acções de simples apreciação de prestações futuras, instantâneas ou periódicas, são admissíveis em certos casos.

A este respeito, assinala VAZ SERRA[1223] que, "[q]uando a restrição da capacidade aquisitiva se referir apenas ao futuro, porque, por exemplo, o lesado é de pequena idade, pode intentar-se acção de simples apreciação, abstendo-se a sentença de fixar desde logo a renda e deixando isso para mais tarde, isto é, para a altura em que o lesado é de prever começaria a usar a sua capacidade aquisitiva (com o que haverá maiores garantias de fazer corresponder a renda às realidades do caso)".

E, em Acórdão de 9 de Setembro de 2009, o Tribunal da Relação de Lisboa considerou admissíveis as acções de simples apreciação positiva, desde que "exista um conflito entre as partes e que esse conflito seja actual, sério, sobre uma questão concreta e objectiva, da qual possa resultar um dano, de modo a que a acção se destine a pôr termo a esse conflito", o que não é o caso da acção em que se pretenda que "o tribunal declare que, em quaisquer futuras negociações de revisão do Acordo de Empresa [celebrado entre a ré e associações sindicais diversas do autor], que sejam levadas a cabo por quaisquer outras associações sindicais [diversas do autor], de que resultem actualizações salariais, quando o sindicato autor não adira aos acordos que venham a ser estabelecidos, tais actualizações salariais sejam aplicadas aos trabalhadores seus filiados".

Também DELIKOSTOPULOS[1224] e, mais recentemente, PETZOLDT[1225] referem que a doutrina e a jurisprudência alemãs têm considerado admissíveis as acções de simples apreciação de prestações futuras – por exemplo, apreciação do dever de pagamento de alimentos futuros ou do dever de indemnizar danos futuros –, desde que fundadas em relações jurídicas actuais e não futuras: acções que, por vezes, são qualificadas, por essa mesma doutrina e jurisprudência, como acções de simples apreciação de pretensões sujeitas a condição ou a termo.

Segundo DELIKOSTOPULOS[1226], é de admitir tais acções e, bem assim, as que se fundem em relações jurídicas futuras (isto é, relações jurídicas que ainda não

[1222] Como nota A. Proto Pisani ("L'effettività...", págs. 626 e 633-634 e "Appunti sulla tutela di condanna", págs. 1178-1179), a utilização da tutela constitutiva serve muitas vezes o propósito do legislador de superar o obstáculo decorrente da impossibilidade de execução coactiva de uma prestação de facto positivo.

[1223] Vaz Serra, "Obrigação de indemnização...", pág. 161.

[1224] S. Delikostopulos, *Die Klage...*, págs. 103-104 e 69-70.

[1225] T. M. Petzoldt, *Die Rechtskraft...*págs. 26-27.

[1226] S. Delikostopulos, *Die Klage...*, págs. 128-129 e 130-131.

estão constituídas) – neste caso, desde que já se verifique o fundamento do direito, dependendo a constituição deste apenas de um evento futuro –, pois em todas estas hipóteses é concebível um interesse jurídico no reconhecimento do direito futuro; para PETZOLDT[1227], porém, caso as pretensões futuras estejam sujeitas a condição ou a termo, os §§ 257 e 259 da ZPO facultam, para o seu exercício – e preenchidos certos requisitos –, a via da acção de condenação, pelo que, se for proposta acção de simples apreciação estando verificados tais requisitos, oferecerá muitas dúvidas a existência de interesse processual; não estando verificados tais requisitos, sempre caberia demonstrar que a proposição da acção de simples apreciação não tem como objectivo contornar as exigências estabelecidas nesses preceitos, sendo, como tal, inadmissível.

VAZ SERRA[1228] assinala igualmente que "se, embora futura, a renda pode ser desde já calculada com segurança, nada impede que o juiz a fixe imediatamente", invocando, para o efeito, o disposto no artigo 276º, 2, do CPC de 1939 (equivalente ao artigo 557º, nº 2, do CPC actual), porque "[a] falta de título executivo na data do vencimento pode causar grave prejuízo ao credor, obrigado a esperar pelo julgamento de uma acção que então intentasse, e, portanto, pode ele pedir a condenação na prestação futura".

Portanto, parece que, segundo VAZ SERRA, só se a renda não puder ser já calculada com segurança, a sentença a proferir será uma sentença de simples apreciação de prestação futura, cuja sede legal não é, porém, o (actual) artigo 557º, nº 2, do CPC, atendendo a que este preceito prevê a condenação na prestação futura; não tendo tal sentença explícita sede legal, poderá, relativamente a ela, e ao que supomos, aplicar-se por analogia a regra deste artigo 557º, nº 2, do CPC.

Quando a acção de simples apreciação tenha em vista a declaração, não da existência (como nos exemplos anteriores), mas da inexistência de um dever futuro de alimentos ou de indemnizar, ocorre igualmente, segundo PETZOLDT[1229], a falta de interesse processual, desde logo porque, para a absolvição do pedido, basta ao credor alegar a mera possibilidade de a pretensão actualmente inexistente surgir mais tarde ou de a medida da prestação do devedor variar.

Pode ainda conceber-se o proferimento de sentença de simples apreciação nos casos a que alude o *artigo 557º, nº 1, do CPC.*

Respeitando a acção de simples apreciação a pretensões relativas a prestações periódicas vincendas – e limitando-se, consequentemente, a sentença aí proferida a declarar a existência de uma obrigação periódica de pagamento de certa quantia pelo réu ao autor (e não, como na hipótese avançada por VAZ SERRA,

[1227] T. M. Petzoldt, *Die Rechtskraft...*, págs. 29-30.

[1228] Vaz Serra, "Obrigação de indemnização...", pág. 161 e nota 328.

[1229] T. M. Petzoldt, *Die Rechtskraft...*, págs. 31-32.

que logo no início referenciámos, a declarar a existência de uma obrigação de pagamento de uma indemnização por danos futuros ou de alimentos futuros) –, padeceria a mesma, de acordo com Petzoldt[1230], de falta de interesse processual, atendendo a que, através dela, não seria possível obter um título executivo e, desse modo, colmatar a necessidade subjacente à consagração do regime do § 258 da ZPO[1231/1232].

Mas já será admissível propor uma acção de simples apreciação negativa de prestações periódicas (vencidas e vincendas), se o réu propalar a existência de uma dívida dessa natureza.

III. Aplicabilidade do artigo 619º, nº 2, do CPC às sentenças de simples apreciação

Face à redacção do § 323, 1, da ZPO anterior à reforma de 2008/2009 – que aludia à condenação em prestações periódicas vincendas e não, como agora, ao reconhecimento de uma dívida relativa a prestações periódicas vincendas –, era discutida, como assinala Petzoldt[1233], a sua aplicabilidade às sentenças de simples apreciação (referindo-se o Autor, quanto a este ponto, à generalidade das sentenças de simples apreciação, e não especificamente àquelas que versem sobre prestações ou direitos futuros, que são, como dissemos, as únicas que nos interessam).

Como informa Petzoldt[1234], o *Reichsgericht* negou tal aplicabilidade, tendo em conta a letra daquele preceito e os limites temporais dessas sentenças; já o *Bundesgerichtshof*, não obstante não ser claro a esse respeito, parece admitir tal aplicabilidade às sentenças de simples apreciação negativa.

Petzold[1235], por sua vez, não obstante reconhecer que, aquando da introdução do regime do § 323 da ZPO, o legislador não atentou nas sentenças de simples apreciação, considerava inaplicável este preceito a tais sentenças, na medida em que o mesmo pressupõe que a sentença modificanda realize um juízo de prognose e o respectivo caso julgado se estenda para o futuro (isto é, para além do momento do encerramento da última discussão oral), não se verificando estes pressupostos quanto àquelas sentenças quando não versem sobre prestações futuras (e sendo certo também que, para o Autor, e como referimos há pouco,

1230 T. M. Petzoldt, *Die Rechtskraft*..., pág. 30.

1231 Sobre a necessidade justificativa do regime do § 258 da ZPO, *supra*, § 6º, II, 2. *d)*.

1232 Em Itália, a jurisprudência já considerou, todavia, admissíveis acções com uma finalidade semelhante (destinadas a dissipar a incerteza acerca da titularidade de um direito emergente de uma relação duradoura), precisamente com fundamento no carácter duradouro da relação (sobre o ponto, E. Fabiani, "Interesse...", pág. 558).

1233 T. M. Petzoldt, *Die Rechtskraft*..., pág. 144.

1234 T. M. Petzoldt, *Die Rechtskraft*..., pág. 145.

1235 T. M. Petzoldt, *Die Rechtskraft*..., pág. 146.

são inadmissíveis as sentenças de simples apreciação de prestações futuras, baseadas num juízo de prognose).

Aceitavam essa aplicabilidade, porém, vários Autores, fundamentalmente porque o § 323 da ZPO consagraria a ideia da modificabilidade de decisões assentes em juízo de prognose[1236].

Referência particular merece GRABA[1237], que aventava uma hipótese em que o objecto da acção modificativa é uma sentença de simples apreciação de prestações periódicas. Partindo do pressuposto de que é possível a proposição de acção de simples apreciação negativa destinada a obter a declaração de que, sobre o autor, não impende qualquer dever de pagar alimentos ao réu, ou a declaração de que esse dever não excede certo montante, e, bem assim, do pressuposto de que, sendo tal acção julgada improcedente, fica estabelecido o dever do autor de pagar alimentos ao réu[1238], considerava GRABA que a correspondente sentença, por ser uma sentença assente num juízo de prognose, pode ser alterada nos termos do § 323 da ZPO (embora, caso a alteração seja requerida pelo credor, não valha o disposto no § 323, 2 e 3, da ZPO, e ao credor assista o direito de, em alternativa, propor a acção regulada no § 258 da ZPO, pois não pode presumir-se que os alimentos reconhecidos na sentença abrangem a totalidade da pretensão).

Também SOYKA[1239] entendia que da acção de simples apreciação negativa dirigida contra uma medida provisória[1240] emerge, em caso de fracasso, uma sentença equiparável à sentença condenatória, porque a ela também subjaz um juízo de prognose: tal sentença seria, assim, modificável nos termos do § 323 da ZPO.

1236 Assim: H. Brox ("Abänderungsklage...", pág. 239), considerando, aliás, que o legislador pura e simplesmente se esqueceu da questão; W. Erting, *Probleme...*, pág. 56; *MünchKommZPO*/Gottwald, § 323, 14; H. Oetker ("Die materielle...", págs. 3-4), referindo-se a qualquer sentença de simples apreciação que não se limite a apreciar uma situação jurídica ou um direito actual, projectando antes a sua eficácia para o futuro, e subjazendo-lhe um juízo de prognose quanto a factos e situações jurídicas futuras, porque, na sua perspectiva (*idem*, págs. 10-22), nessa hipótese justifica-se a aplicação analógica do § 323 da ZPO – desde logo, porque não foi por vontade do legislador, mas por razões históricas, que apenas se regularam as decisões antecipadas respeitantes a prestações periódicas vincendas –, não devendo recorrer-se à teoria dos limites imanentes do caso julgado, que reconhece neste a aposição, em certas hipóteses, de uma condição resolutiva (sustentada, por exemplo, por W. Dütz, "Rechtskraftgrenzen...", págs. 353-354).

1237 H.-U. Graba, *Die Abänderung...*, págs. 101-102.

1238 Sobre o alcance do caso julgado da decisão que julga improcedente um pedido de simples apreciação negativa, veja-se nomeadamente W. J. Habscheid, "Die materielle...", págs. 2643-2644, e K. Tiedke, "Rechtskraftwirkungen...", concluindo que o reconhecimento da dívida só faz caso julgado quando a improcedência do pedido se ficou a dever precisamente a esse reconhecimento.

1239 J. Soyka, *Die Abänderungsklage...*, 1ª ed., pág. 33.

1240 O objecto da acção modificativa não pode ser uma medida provisória, podendo todavia a esta reagir-se, no caso de alteração das circunstâncias, mediante acção de simples apreciação negativa, não subordinada à regra do § 323, 3, da ZPO (J. Soyka, *Die Abänderungsklage...*, 1ª ed., págs. 47-48).

Quanto a nós, parece-nos que o problema da modificabilidade de uma sentença de simples apreciação pode colocar-se no caso a que se refere Vaz Serra – ou seja, no caso de, por não ser ainda possível estabelecer o montante da renda, o tribunal se ter limitado a declarar o dever de prestar do lesante – e, bem assim, no de ter sido julgada improcedente acção de simples apreciação negativa de dever de alimentos, tendo então ficado estabelecido esse dever: com efeito, nas hipóteses previstas no artigo 557º, nº s 1 e 2, do CPC (falta de cumprimento pelo réu de uma prestação periódica vencida e necessidade de título executivo na data do vencimento da prestação), a acção de simples apreciação positiva não se afigura o meio adequado para a obtenção do título executivo, nem revestiria utilidade (já que existe outro meio mais eficaz para a tutela do direito do credor: precisamente, a acção de condenação), pelo que não há a considerar a prolação de correspondente sentença de simples apreciação.

Ora, nos referidos dois casos em que parece possível o proferimento de sentenças de simples apreciação, não vemos motivo para não equiparar estas sentenças às sentenças condenatórias, nos termos e para os efeitos do artigo 619º, nº 2, do CPC, embora o juízo de prognose que careça de ser corrigido diga respeito às circunstâncias que fundam o dever de prestar e não à medida ou à duração das prestações (que não foram determinadas).

Problema que, então, eventualmente se colocará é o de saber se, na acção modificativa que venha a ser proposta pelo credor, pode também ser cumulado o pedido de condenação que não chegou a ser formulado na primitiva acção, se a modificação deve ser pedida na acção de condenação que se instaure ou se a modificação e a condenação devem ser requeridas em acções diferentes. Se bem que com dúvidas, inclinamo-nos para esta última solução, na medida em que, nos termos do artigo 936º, nº s 1 e 4, do CPC, a acção modificativa segue por apenso ou é dependência da acção principal (isto é, da primitiva acção de simples apreciação), o que exclui a segunda solução; por outro lado, não havendo previsão legal determinando que a acção de condenação é dependência da acção de simples apreciação que já foi julgada, não é aceitável a primeira solução.

IV. Aplicabilidade do artigo 619º, nº 2, do CPC às sentenças constitutivas

Como assinala Arens[1241], as sentenças constitutivas distinguem-se das de simples apreciação e condenatórias por determinarem a alteração de certa situação jurídica substantiva (a qual ocorrerá, em regra, com o respectivo trânsito em julgado[1242]), não se limitando a verificar certo efeito jurídico ocorrido fora do pro-

[1241] P. Arens, *Streitgegenstand...*, pág. 38.

[1242] Assim também, F. Nicklisch, *Die Bindung...*, págs. 57-58, e G. Lüke, "Die Bindungswirkung...", pág. 1046.

cesso (aspecto que – a menos que se perfilhe a teoria material do caso julgado – caracteriza o segundo grupo de sentenças): a verificação deste efeito é, portanto, apenas pressuposto daquela alteração.

Parte significativa da doutrina sustenta que o objecto do caso julgado material é, quanto às sentenças constitutivas, apenas o elemento declarativo dessas sentenças: mais precisamente, e também enquanto efeito da sentença, o caso julgado material teria como objecto o efeito declarativo da sentença, não abrangendo, por exemplo, o seu eventual efeito constitutivo, cuja imodificabilidade radicaria na natureza da própria constituição de certa situação jurídica ("por natureza", a constituição de certa situação jurídica vincularia a generalidade das pessoas, incluindo o juiz de um futuro processo)[1243/1244/1245].

Desta concepção pode decorrer a tese da não sujeição das sentenças constitutivas à acção modificativa, porque esta, destinando-se à quebra do caso julgado material, coerentemente não tenderia à destruição de um efeito por ele não abrangido: tese também extensível às sentenças determinativas – para quem as distinga das constitutivas –, pois também quanto a elas é possível sustentar que apenas a declaração incidente sobre o direito à alteração da ordem jurídica é susceptível de constituir caso julgado[1246].

Refira-se que a discussão acerca da abrangência do efeito constitutivo pelo caso julgado material não assume relevância apenas para o assinalado problema da aplicabilidade do artigo 619º, nº 2, do CPC: sempre que a decisão constitutiva, na perspectiva do tribunal que a deve tomar em consideração, se afigure inválida

1243 Neste sentido, E. Heinitz, *I limiti...*, págs. 24-25 e 103-107, ou S. Koussoulis, *Beiträge...*, págs. 17-18. Também Manuel de Andrade (*Noções...*, pág. 336) refere que "[a]o caso julgado (material) pode chamar-se efeito declarativo ou definitório (*Feststellungswirkung*).[...] Costuma dizer-se que o efeito constitutivo vale necessariamente *erga omnes*. E parece que assim valerá, de facto, tal como valeria com extensão idêntica – uma vez provado – um negócio jurídico tendente a produzir o mesmo efeito e que fosse idóneo para produzi-lo". Sobre os problemas de constitucionalidade (face ao direito ao contraditório) que este efeito *erga omnes* coloca, P. Schlosser, "Urteilswirkungen...".

1244 O efeito constitutivo é o efeito específico das sentenças constitutivas e consiste na alteração da situação jurídica, material ou processual, por si directa e expressamente efectuada: assim, são apenas sentenças constitutivas as que directamente se dirigem à criação, alteração, concretização ou supressão de um direito e que expressamente determinam a realização de tal alteração, ou seja, aquelas em que esta conformação é conteúdo da própria sentença (F. Nicklisch, *Die Bindung...*, págs. 40-41). Diverso do efeito constitutivo é o efeito modificativo da situação jurídica que a sentença possa ter, sem dele todavia se ocupar: nestes casos em que é a própria ordem jurídica a fazer decorrer determinados efeitos da existência da sentença, fala-se em efeitos acessórios (*Nebenwirkungen*) da sentença (*idem*, págs. 41-42; veja-se, ainda, H. Schack, "Drittwirkung...", págs. 868-869).

1245 Para quem, como E. Fazzalari ("Cosa giudicata...", págs. 1309-1319), considere que o caso julgado (seja qual for o tipo de decisão a que se reporte) não tem como objecto o acertamento, mas a volição do juiz, o problema que a seguir se coloca em relação às sentenças constitutivas perde a sua razão de ser.

1246 Neste sentido, E. Heinitz, *I limiti...*, pág. 107.

(embora eficaz), pode questionar-se a sua obrigatoriedade para este tribunal[1247] e, nesta hipótese, há que ponderar a eventual interferência do instituto do caso julgado material[1248]/[1249].

Embora o efeito constitutivo da sentença não se confunda com o caso julgado material[1250], existem razões que militam no sentido da não abrangência daquele por este: desde logo, a de que, traduzindo o caso julgado material, se referido ao efeito constitutivo, o efeito vinculativo da verificação da alteração da ordem jurídica (*die bindende Wirkung der Feststellung der Rechtsänderung*)[1251], sucederia, como assinala ARENS[1252], que o caso julgado nada acrescentaria quanto à estabilidade da sentença que não resultasse da sua caracterização como acto do

[1247] Salienta F. Nicklisch (*Die Bindung*..., pág. 29) que o problema da vinculação dos tribunais às sentenças constitutivas não se coloca nem quando estas não enfermam de vícios (porque, se assim for, esses tribunais pressuporão a situação jurídica resultante da alteração introduzida por estas sentenças), nem quando as sentenças constitutivas, além de viciadas, sejam ineficazes (já que, desse modo, nenhuma alteração da ordem jurídica terão produzido e esses tribunais pressuporão a situação jurídica inicial); por outro lado, esse problema de vinculação às sentenças constitutivas só se coloca nos casos de prejudicialidade, isto é, nos casos em que, num ulterior processo, representa questão prévia a de saber se a decisão constitutiva alterou ou não a situação jurídica (*idem*, pág. 37). Finalmente, refira-se que a "vinculação", neste contexto, significa a necessidade de, na decisão ulterior, tomar em consideração a alteração da situação jurídica, sem possibilidade de verificação da validade do acto constitutivo (*idem*, págs. 38-39).

[1248] Segundo F. Nicklisch (*Die Bindung*..., págs. 46 e seguintes e 61), da circunstância de a sentença constitutiva inválida ser, em regra, eficaz – o que se explica por razões de segurança e clareza jurídica e de protecção da confiança –, só podendo ser impugnada mediante recurso, não decorre que tal sentença seja obrigatória para os tribunais; *tal obrigatoriedade pode*, porém, *fundar-se no próprio efeito constitutivo* – ou porque o efeito constitutivo é absoluto, valendo *erga omnes* (trata-se da tese maioritária), ou porque os juízes devem, de acordo com a Constituição, obediência às normas do direito material, que estabelecem certa consequência para o acto constitutivo (tese que o Autor, de resto, propugna) – *ou, diversamente e por exemplo, no caso julgado material da sentença*, que a doutrina nem sempre tem concebido, aliás, como um efeito distinto do próprio efeito constitutivo (*idem*, págs. 69-82 e 149-158).

[1249] P. Arens (*Streitgegenstand*..., págs. 39-40) avança ainda uma outra situação em que releva a aferição do caso julgado da sentença constitutiva e em que, não obstante, esta não se afigura inválida para o tribunal que a deve tomar em consideração: a da anulação, por sentença transitada em julgado, de uma deliberação de uma assembleia geral, seguida do proferimento de uma deliberação do mesmo teor pela mesma assembleia geral (situação em que, apenas invocando o instituto do caso julgado material, a decisão do primeiro processo influiria na resolução da questão da invalidade da segunda deliberação).

[1250] Assim, P. Arens (*Streitgegenstand*..., pág. 40), por três motivos: *a)* enquanto o caso julgado material apenas é eficaz entre as partes, o efeito constitutivo vale a favor e contra qualquer pessoa; *b)* enquanto o caso julgado material tem eficácia declarativa e limitada ao campo do processo, o efeito constitutivo altera a ordem jurídica e opera no campo do direito substantivo; *c)* enquanto a referência temporal do caso julgado material é a data do encerramento da última discussão oral, a do efeito constitutivo é a do trânsito em julgado, data a partir da qual se produz tal efeito para o futuro. A tese dominante distingue também claramente entre o caso julgado material e o efeito constitutivo (cfr. G. Lüke, "Die Bindungswirkung...", pág. 1045).

[1251] A definição é de P. Arens, *Streitgegenstand*..., pág. 41.

[1252] P. Arens, *Streitgegenstand*..., págs. 41-42 (seguindo, quanto a este ponto, a orientação perfilhada por Horst Kuschmann em *Die materielle Rechtskraft der Gestaltungsurteile*, Diss. Frankfurt am Main, 1952).

Estado, bem como que o caso julgado nenhum significado teria para o asseguramento da alteração da ordem jurídica num processo ulterior (porque a vinculação das partes a essa alteração e nesse processo decorreria imediatamente do próprio efeito constitutivo). Portanto, para esta tese, nas sentenças constitutivas o caso julgado material apenas pode referir-se à declaração da existência do direito potestativo, não se estendendo, por ser desnecessário, à própria alteração levada a cabo pela sentença[1253].

Se se entender, porém, que o efeito constitutivo (bem como o declarativo e o executivo) da sentença também é abrangido pelo caso julgado – por se perfilhar, designadamente, a orientação de LIEBMAN[1254], segundo a qual o caso julgado não seria um efeito da sentença, mas uma consequência "neutra e incolor no seu conteúdo", que portanto bem se adaptaria, não apenas ao efeito declarativo, mas também aos outros efeitos da sentença: a exequibilidade e o efeito constitutivo[1255] –, a não inclusão das sentenças constitutivas na previsão do artigo 619º, nº 2, do CPC não pode fundar-se na impossibilidade de destruição daquele efeito constitutivo através deste mecanismo, mas em outra qualquer particularidade das sentenças constitutivas.

Assim, por exemplo, a razão para a não inclusão das sentenças constitutivas na previsão do artigo 619º, nº 2, do CPC pode procurar-se no *carácter imediato* da produção do efeito constitutivo e, consequentemente, na impossibilidade da modificação daquelas sentenças de acordo com as regras do instituto da alteração das circunstâncias: é que estas pressupõem, entre o mais, um certo distanciamento temporal entre o contrato ou a sentença e o seu cumprimento, e, como entre as sentenças constitutivas e o efeito constitutivo não se verifica tal distanciamento, não seriam tais regras, nesta situação, susceptíveis de aplicação analógica.

Esta explicação, porém, não convence totalmente, atendendo a que, embora o efeito constitutivo se produza, em regra, com o trânsito em julgado da sentença[1256], pode suceder que a "mudança na ordem jurídica existente", a que se refere o artigo 10º, nº 3, alínea *c)*, do CPC, só ocorra depois desse momento, caso em que se verificaria uma situação semelhante à do mencionado diferimento da

[1253] P. Arens, *Streitgegenstand...*, págs. 42-46.

[1254] E. T. Liebman, "Effetti della sentenza...", págs. 4-5.

[1255] Também M. Teixeira de Sousa (*O objecto da sentença...*, págs. 84-88) conclui que, na sentença constitutiva, o caso julgado engloba o próprio efeito constitutivo, na medida em que "o caso julgado da sentença constitutiva em que se exerce o direito potestativo se não pode reduzir ao caso julgado da sentença declarativa em que se reconhece o direito potestativo" e, bem assim, "a função processual delimita o âmbito do caso julgado".

[1256] É possível, porém, que a sentença constitutiva produza os efeitos que lhe são próprios antes do trânsito em julgado, o que releva, nomeadamente, para a imediata exequibilidade da decisão do juiz, no que se refere à condenação acessória que porventura essa sentença inclua: sobre este aspecto, F. Marelli, "L'esecutività...", especialmente págs. 1107 e seguintes.

prestação, justificativa da aplicação das regras próprias do instituto da alteração das circunstâncias.

A este propósito, refira-se, de qualquer modo, que, relativamente às sentenças constitutivas, a doutrina tem sublinhado a impossibilidade de, depois do respectivo caso julgado, surgirem novos factos que extingam o direito potestativo (uma vez que o mesmo se extinguiu com o respectivo exercício[1257]), podendo, todavia, interpor-se recurso de revisão dessa sentença, com fundamento em novos factos probatórios[1258]: assim sendo, a não operatividade do instituto da alteração das circunstâncias nas sentenças constitutivas pode justificar-se por esse motivo (que é talvez um motivo de improcedência da acção modificativa).

No entanto, é ainda possível que um facto extintivo do direito potestativo surja depois do encerramento da última discussão oral e antes do trânsito em julgado da sentença constitutiva – verificando-se aqui um problema particular das sentenças constitutivas, uma vez que o efeito constitutivo, produzindo-se embora só com o trânsito em julgado, não retroage àquela data, contrariamente às outras sentenças –, situação em que é defensável a sua alegabilidade em acção posterior, não obstante o caso julgado, uma vez que o facto não podia – objectivamente – ter sido antes alegado[1259]: mas essa acção não seria, de qualquer modo, uma acção modificativa, porque não há a considerar qualquer juízo de prognose incidente sobre o facto extintivo do direito, susceptível de ser corrigido através daquela acção.

O que até agora dissemos sobre as sentenças constitutivas pode resumir-se no seguinte: mesmo que se considere que o efeito constitutivo se encontra abrangido pelo caso julgado material, o objecto da acção modificativa não parece poder ser uma sentença constitutiva, ou porque o efeito constitutivo se produz instantâneamente (não havendo, como tal, aquele distanciamento temporal entre a sentença e a sua execução que é requisito da aplicação do regime do artigo 619º, nº 2, do CPC), ou porque, sendo esse efeito diferido, o facto superveniente sempre seria irrelevante ou constituiria fundamento de uma outra acção.

Mas esta conclusão só seria aceitável se o efeito constitutivo não pudesse ser, ele próprio, duradouro[1260], projectando a sentença constitutiva a sua eficácia

1257 Como ilustra H. E. Hörster ("Nótula...", pág. 350), "[o] exercício *eficaz* do direito potestativo consome o direito".

1258 Assim, B. Keitel, *Rechtskräftiges*..., págs. 83-84.

1259 Sobre esta questão, B. Keitel (*Rechtskräftiges*..., págs. 85-92), propugnando que o facto extintivo seja feito valer na oposição à execução (até ao trânsito em julgado), ou em acção de restituição por enriquecimento sem causa (depois do trânsito em julgado).

1260 Supomos que é ainda a esta realidade que se refere H. E. Hörster ("Nótula...", págs. 351), quando trata dos direitos potestativos que podem ser exercidos de uma maneira sucessiva, relativamente aos quais, "com a verificação repetida ou continuada dos respectivos pressupostos justificativos renascem, extintos os anteriores, *novos* direitos potestativos com base na *mesma* relação jurídica pré-existente e duradoura", para o futuro (em termos semelhantes aos que vimos caracterizarem as sentenças inibitórias[1261], e até de modo mais impressivo do que sucede nas sentenças de simples apreciação[1262]).

Aliás, face ao direito italiano, COSTA[1263] dá um exemplo de sentença determinativa – que bem pode ser qualificada como sentença constitutiva, já que, como vimos[1264], aquela qualificação não exclui o emprego da classificação contida no artigo 10º do CPC – susceptível de modificação por alteração das circunstâncias: trata-se da sentença que, ao abrigo do disposto no artigo 912º do c.c., dispõe sobre a utilização de águas particulares, afectando-as a certo proprietário, a qual pode ser modificada se houver alteração das circunstâncias de facto (nomeadamente quanto ao volume das águas ou ao tipo de agricultura exercida).

Entre nós, o exemplo poderia integrar-se na previsão do artigo 1399º do CC que, a propósito da divisão de águas comuns, estabelece que esta, "quando deva realizar-se, é feita, no silêncio do título, em proporção da superfície, necessidades e natureza da cultura dos terrenos a regar, podendo repartir-se o caudal ou o tempo da sua utilização, como mais convier ao seu bom aproveitamento": ora, não nos parece que, por ser constitutiva e não condenatória (e, portanto, por não se adequar totalmente ao que resulta do elemento literal do artigo 619º, nº 2, do CPC), a sentença que procede à divisão de águas comuns não possa sujeitar-se ao regime estabelecido neste preceito.

§13º Sentenças absolutórias

I. Colocação do problema

Interessa-nos agora averiguar se apenas às sentenças de condenação do réu no pedido de prestação de alimentos ou de "outras prestações dependentes de circunstâncias especiais quanto à sua medida ou à sua duração" é aplicável o disposto no artigo 619º, nº 2, do CPC, ou se não será possível estender o regime aqui contido às sentenças que absolvam o réu desse pedido.

Relativamente às sentenças absolutórias proferidas nas acções previstas no artigo 557º, nº s 1 e 2, do CPC (as acções mais directamente conexionadas com o regime do artigo 619º, nº 2, do CPC), pode colocar-se o problema da aplicabilidade do artigo 621º do CPC e, conexamente, o da eventual vinculação do

de que seriam exemplos o direito ao divórcio litigioso ou o direito à resolução do arrendamento, quando tenham por fundamento facto duradouro ou factos repetidos.

1261 *Supra*, § 7º, II.

1262 E. Bötticher ("Zur Lehre...", pág. 86) aflora esta diferenciação entre as sentenças constitutivas e as de simples apeciação, que se materializaria na circunstância de as primeiras operarem uma "ruptura entre o que foi e o que, no futuro, deve ser".

1263 S. Costa, *Manuale...*, págs. 43-44.

1264 *Supra*, § 6º, IV.

juiz da acção posterior ao anteriormente decidido: ora a aplicabilidade, a essas sentenças, do disposto no artigo 621º, justificaria, numa primeira análise, a inaplicabilidade do artigo 619º, nº 2, ou seja, que tais sentenças não pudessem ser modificadas nos termos deste preceito, pois a lei determinaria (justamente, no artigo 621º) a necessidade de proposição de acção autónoma, quando as circunstâncias se alterassem.

Já vimos, porém, que o artigo 621º do CPC não parece aplicável aos casos de absolvição do pedido de prestações vincendas formulado nos termos do artigo 557º, nº 1 ou 2 do CPC[1265], o que aparentemente aponta para a aplicabilidade, a esses casos, do regime do artigo 619º, nº 2.

Como já inserimos no âmbito de aplicação do artigo 619º, nº 2, do CPC certas sentenças de simples apreciação e constitutivas, julgamos que este problema é extensivo às sentenças (ou a certas sentenças) que, numa acção de simples apreciação, absolvem o réu do pedido e, bem assim, às que, numa acção constitutiva, não autorizam a pretendida mudança na ordem jurídica existente[1266]; mas já não é extensivo às sentenças que, de algum modo, sejam o reverso daquelas a que já vimos não ser aplicável o regime do artigo 619º, nº 2, do CPC (assim, por exemplo, não faz muito sentido questionar se este preceito abrange na sua previsão a sentença que absolva o réu do pedido de condenação no pagamento de prestações vencidas ou na restituição de coisas, porque conforme anteriormente concluímos, a sentença que o condenasse num pedido dessa natureza também não seria modificável por alteração das circunstâncias).

Restringiremos, de qualquer modo, a subsequente análise às hipóteses de absolvição num pedido de condenação numa prestação futura, formulado ao abrigo do nº 1 ou do nº 2 do artigo 557º do CPC ou da norma de direito substantivo que directamente o preveja (por exemplo, o artigo 567º, nº 1, do CC), pois são essas as hipóteses relativamente às quais se pode questionar com mais pertinência a aparente não aplicação do artigo 619º, nº 2, do CPC: perante a redacção deste preceito, na verdade, o que imediatamente ressalta é poder modificar-se, por alteração das circunstâncias, uma sentença de condenação em alimentos ou numa indemnização sob forma de renda, mas já não poder modificar-se a equivalente sentença absolutória (sendo que do artigo 282º, nº 1, do CPC também se extrai a necessidade de proferimento de uma sentença condenatória, para a instância poder ser subsequentemente renovada).

Duas podem ter sido as razões de tal absolvição do pedido de condenação numa prestação futura: inexistência das circunstâncias actuais que fundam o

1265 *Supra*, § 2º, I, 2. *a*).

1266 Sobre o problema de saber se, tendo a acção constitutiva sido julgada improcedente e surgindo mais tarde uma lei permitindo o exercício do direito potestativo em moldes mais amplos, é possível propor nova acção, veja-se W. J. Habscheid ("Urteilswirkungen und Gesetzesänderungen", págs. 403-404).

pedido do autor (por exemplo, inexistência da relação de filiação que funda o dever de alimentos ou do facto ilícito que funda o dever de indemnizar)[1267]; inexistência das circunstâncias futuras que fundam o pedido do autor e que devem ser prognosticadas pelo juiz para que este profira uma condenação no pedido (por exemplo, inexistência da necessidade futura de alimentos ou da possibilidade futura de prestá-los ou inexistência de danos futuros, por não ser possível prevê-los com suficiente segurança).

Interessam-nos também apenas as hipóteses de absolvição total do pedido formulado pelo autor, pois nos casos de absolvição parcial ainda terá havido a condenação a que literalmente se refere o artigo 619º, nº 2, do CPC. Dois exemplos dessa absolvição (e condenação) parcial são aqueles a que se reporta Graba[1268]: condenação em alimentos referida a certo período e absolvição do pedido referida ao período subsequente, por a necessidade do credor apenas se fazer sentir relativamente ao primeiro período ou, bem assim, por ainda não serem previsíveis com suficiente segurança as circunstâncias decisivas para o cálculo dos alimentos.

II. A discussão no direito alemão: distinção entre fundamentos de absolvição; inexistência de um juízo de prognose nas sentenças absolutórias; a sentença absolutória nos casos do § 258 da ZPO como uma sentença "de momento" absolutória

O problema que agora nos ocupa também se coloca no direito alemão, face à redacção do § 323 da ZPO. A aplicação do regime aqui contido parece pressupor, atendendo ao elemento literal do preceito, uma condenação em (ou um reconhecimento de) prestações periódicas vincendas, assim indiciando, não só a sua conjugação com o disposto no § 258 da ZPO, mas também a exclusão das sentenças absolutórias: aliás, como já referimos[1269], existe um grande consenso, na Alemanha, no sentido de tal exclusão.

1267 Se o autor tiver pedido a condenação em alimentos, vencidos e vincendos, e se demonstre que actualmente o réu está impossibilitado de os prestar, esta circunstância actual não funda o pedido (de prestação vincenda) do autor, pelo que não há lugar à absolvição do pedido por tal motivo. Já se se demonstrar que o réu nunca teve a possibilidade de prestar os alimentos – pelo que os mesmos nunca foram devidos e o réu nunca deixou de cumprir, na acepção do artigo 557º, nº 1, do CPC –, parece-nos que o tribunal deve absolver da instância quanto ao pedido de condenação nos alimentos futuros, o que significa que entendemos que circunstâncias *pretéritas* podem, ao invés, fundar a admissibilidade deste pedido: com efeito, e como já vimos (*supra*, § 6º, II, 2. *e)* e § 6º, III, 3), se bastasse alegar o não cumprimento pretérito pelo réu e não fosse necessário demonstrar que este efectivamente não cumpriu alguma das anteriores prestações periódicas, seria fácil contornar a exigência do não cumprimento pelo réu, constante do artigo 557º, nº 1, do CPC.

1268 H.-U. Graba, *Die Abänderung...*, págs. 38-39.

1269 *Supra*, § 3º, I, 1. *c)*.

Vejamos, então, se a discussão, na Alemanhã, a propósito da inclusão das sentenças absolutórias na previsão do § 323 da ZPO oferece algum argumento para o problema em análise. Começaremos pela orientação do *Reichsgericht*.

Como assinala PETZOLDT[1270], antes da entrada em vigor do § 323 da ZPO, o *Reichsgericht* vinha entendendo que, no caso de sentença absolutória proferida em acção relativa a prestações periódicas vincendas, não era possível a renovação do pedido, por a tal se opor o caso julgado, e considerando, correlativamente, que a possibilidade de quebra do caso julgado em benefício do credor (ou a modificação da decisão transitada) pressupunha, de acordo com o teor literal do § 7, 2, da *Reichshaftpflichtgesetz*, uma condenação inicial no pagamento de renda (do que também resultava que ao credor só era permitido pedir posteriormente o aumento da renda ou a concessão de nova pensão)[1271]; o *Reichsgericht* admitia, todavia, a proposição de acção modificativa ao abrigo do § 7, 2 da *Reichshaftpflichtgesetz*, quando a sentença anterior atribuíra uma indemnização por danos pretéritos, negando-a quanto a danos futuros por não terem os danos natureza continuada.

Mais tarde, e como observa o mesmo Autor[1272], o *Reichsgericht* mudaria a sua orientação e passaria a distinguir, para efeitos de admissibilidade da *Abänderungsklage* prevista no § 323 da ZPO, entre a absolvição inicial do pedido decorrente da sua falta de fundamento (caso em que não era possível a modificação da decisão) e a absolvição inicial do pedido decorrente da falta de necessidade do autor ou da inexistência de danos (caso em que essa modificação já era possível), pois este último caso seria substancialmente idêntico àquele em que ao autor é concedida uma renda insignificante.

Este entendimento – aceite, por exemplo, por BROX[1273] ou PLIESTER[1274] –, segundo o qual ao credor não está vedada a acção modificativa (alegando designadamente a superveniência do seu estado de necessidade, ou o aumento do montante dos danos sofridos) quando, não obstante a absolvição do pedido, se considera existente o fundamento da pretensão (*Anspruchsgrundes*) – nos exemplos dados, e respectivamente, a existência de uma relação de parentesco entre o autor e o réu, geradora de um dever de alimentos, ou a prática de um acto ilícito pelo réu, gerador de um dever de indemnizar –, assenta, segundo PETZOLDT[1275], no pressuposto de que os fundamentos da sentença são vinculativos no segundo processo: pressuposto que, segundo o Autor, é inaceitável, desde logo porque

1270 T. M. Petzoldt, *Die Rechtskraft...*, pág. 101.

1271 Contra esta orientação do *Reichsgericht*, S. Kratz, *Die Abänderungs- und Nachtragsklage...*, pág. 30.

1272 T. M. Petzoldt, *Die Rechtskraft...*, págs. 101-102.

1273 H. Brox, "Abänderungsklage...", págs. 239-240.

1274 E. Pliester, "Die Abänderungsklage...", págs. 29-31.

1275 T. M. Petzoldt, *Die Rechtskraft...*, pág. 102.

– fora dos casos de formulação de pedido de apreciação incidental – o juiz não declara a existência do fundamento da pretensão[1276].

Particularmente dúbio é, como observa PETZOLDT[1277], o entendimento de BROX[1278], dado que este Autor concorda com a orientação do *Reichsgericht* mas, simultaneamente, restringe o campo da acção modificativa à quebra do caso julgado, considerando não se justificar tal quebra quando a pretensão de alimentos se constitui após a última discussão oral (o que se verificaria, na sua perspectiva, quando o estado de necessidade do credor só surgisse após essa data): deste modo, acaba por negar à decisão absolutória a força de caso julgado necessária para o regime do § 323 da ZPO operar (operatividade que, antes, parecera reconhecer).

Assinala também PETZOLDT[1279] que o *Bundesgerichtshof* – diversamente do *Reichsgericht* – tem considerado que, nos casos de absolvição de pedido formulado ao abrigo do § 258 da ZPO, nunca é admissível a proposição subsequente de acção modificativa ao abrigo do § 323 (e ressalvadas as situações em que a cessação do direito decorre justamente de decisão proferida em acção modificativa[1280]), mas apenas de acção condenatória nos termos daquele mesmo § 258[1281].

A referida orientação do *Bundesgerichtshof* parte, como assinala PETZOLDT[1282], do pressuposto segundo o qual a decisão de absolvição do pedido não assenta num juízo de prognose, não se projectando, como tal, o respectivo caso julgado para o futuro.

Este pressuposto é aceite por vários Autores[1283], mas rejeitado por diversa doutrina e jurisprudência[1284].

A orientação do *Bundesgerichtshof* relaciona-se ainda, como assinalam PETZOLDT[1285] e MORITZ[1286], com uma determinada interpretação do § 258 da ZPO:

1276 Supomos que esta crítica também seria extensível, com adaptações, à orientação de K. Schellhammer (*Zivilprozess...*, pág. 107), para quem o motivo da não inclusão das sentenças absolutórias (de todas, ao que depreendemos) na previsão do § 323 da ZPO residiria na circunstância de estas se limitarem a reconhecer que ao autor não assiste qualquer pretensão, à data do encerramento da discussão.

1277 T. M. Petzoldt, *Die Rechtskraft...*, pág. 107.

1278 H. Brox, "Abänderungsklage...", págs. 239-240.

1279 T. M. Petzoldt, *Die Rechtskraft...*, pág. 103.

1280 Assim, BGH, 30.01.1985.

1281 Assim, BGH, 02.12.1981 (com anotação discordante de P. Wax, "Anmerkungen..."); BGH, 03.02.1982; BGH, 27.06.1984; BGH, 30.01.1985.

1282 T. M. Petzoldt, *Die Rechtskraft...*, pág. 103.

1283 Assim: W. Voigt, *Die Abänderungsklage...*, pág. 44; K. Johannsen / D. Henrich / G. Brudermüller, *Eherecht*, § 323 ZPO, 49 e 50; W. Thalmann (P. Wendl / S. Staudigl / W. Thalmann, *Das Unterhaltsrecht...*, pág. 973, e "Die Abänderungsklage...", pág. 624).

1284 Assim: P. Wax, "Anmerkungen...", págs. 347-348; D. Schwab / H.-U. Maurer, *Handbuch...*, págs. 407-408; S. Kratz, *Die Abänderungs- und Nachtragsklage...*, págs. 30-31; K.-A. Klauser, "Abänderung...", pág. 712; OLG Karlsruhe, 22.05.1980 e 21.10.1980.

1285 T. M. Petzoldt, *Die Rechtskraft...*, pág. 104.

1286 J. R. Moritz, *Probleme...*, pág. 96, nota 125.

a de que este preceito pressuporia uma pretensão já constituída. Ora, não se verificando o pressuposto deste preceito – porque a pretensão só se constitui (eventualmente) mais tarde –, nenhuma razão haveria para atribuir projecção para o futuro ao caso julgado da sentença proferida na correspondente acção[1287].

A tese do *Reichsgericht* tem, em geral, obtido maior adesão por parte da doutrina alemã do que a do *Bundesgerichtshof*[1288].

Mas, não obstante não aceitarem esta última tese, alguns Autores, como por exemplo NIKLAS[1289], têm propugnado, como observa PETZOLDT[1290], uma solução próxima nos seus resultados, ao admitirem – no caso de proposição de acção nos termos do § 258 da ZPO e não sendo possível prever, com suficiente segurança, um facto futuro constitutivo do direito do autor – a possibilidade de proferimento de uma sentença "de momento" absolutória (isto é, de uma sentença de absolvição no pedido, por actual improcedência da acção: *Klagabweisung als "zur Zeit unbegründet"*) e a correlativa possibilidade de posterior proposição de nova acção ao abrigo do § 258 da ZPO.

Mas o que significaria aqui exactamente o proferimento de uma sentença "de momento" absolutória? PETZOLDT[1291], partindo do pressuposto segundo o qual, no caso das decisões assentes em juízos de prognose, o objecto do processo se estende para o futuro, entende que uma sentença "de momento" absolutória que eventualmente fosse proferida numa acção proposta ao abrigo do § 258 da ZPO – *como decorrência da impossibilidade de formulação de um juízo de prognose suficientemente seguro sobre os factos que constituem o fundamento da pretensão*[1292] – só teria

1287 Parece-nos que também H.-U. Graba (*Die Abänderung...*, pág. 38) perfilha esta tese, pois afirma que a inexistência de uma pretensão actual, nomeadamente, no caso dos alimentos, por falta de necessidade do credor ou de possibilidades do devedor, determina a inexistência de condenação. Esta interpretação conduz, em última análise e segundo Petzoldt (*Die Rechtskraft...*, págs. 104 e 108), à consideração de que a absolvição total na acção a que alude o § 258 da ZPO tornaria esta acção inadmissível, por falta de preenchimento de um dos seus pressupostos processuais. É, porém, segundo este Autor (*idem*, págs. 109-111), de proceder à distinção entre os pressupostos de admissibilidade desta acção – relacionados com a ideia, presente no legislador, de que a necessidade de propor uma acção relativa a pretensões futuras só existe quando a prestação actual não foi cumprida – e os pressupostos de admissibilidade da condenação numa prestação futura, entre os quais não se integra a condenação no remanescente.

1288 Assim: D. Meenen, *Die Änderung...*, pág. 124; T. M. Petzoldt, *Die Rechtskraft...*, págs. 106-107.

1289 U. Niklas, "Klage...", pág. 134.

1290 T. M. Petzoldt, *Die Rechtskraft...*, pág. 107.

1291 T. M. Petzoldt, *Die Rechtskraft...*, pág. 99.

1292 Um exemplo de sentença "de momento" absolutória é a sentença de absolvição do pedido, por inexigibilidade da dívida (no caso do direito português, a prevista no artigo 621º do CPC), relativamente à qual existe a particularidade de o subsequente decurso do tempo, por si, representar um novo facto relevante: veja-se, a este propósito, B. Keitel, *Rechtskräftiges...*, pág. 96. E, segundo C. Kappel (*Die Klageabweisung...*, págs. 17-18), a origem histórica da figura da sentença "de momento" absolutória, que remonta ao direito justinianeu, pode encontrar-se precisamente na seguinte situação: o autor propõe uma

sentido se fosse entendida, não como uma confirmação da normal força obrigatória do caso julgado (permitindo às partes a dedução de factos posteriores ao encerramento da discussão oral), mas como um desvio a essa mesma força obrigatória: na verdade, se tal sentença efectivamente fosse "de momento" absolutória, tal significaria uma parcial omissão de pronúncia (porque o juiz não teria esgotado o objecto do processo, constituído, não apenas por factos presentes, mas também por factos futuros).

PETZOLDT[1293] rejeita, porém, a tese de NIKLAS, segundo a qual a sentença absolutória, no caso das acções previstas no § 258 da ZPO, pode não produzir caso julgado, em virtude de a mesma não ter qualquer base legal; rejeita igualmente a tese segundo a qual da possibilidade de proferimento de uma sentença "de momento" infundada decorreria a inaplicabilidade do disposto no § 323, 2 e 3, da ZPO[1294].

Segundo PETZOLDT[1295], também relativamente à sentença absolutória proferida numa acção proposta ao abrigo do § 258 da ZPO vale a regra segundo a qual o objecto do processo é definido pelo pedido respeitante a uma pretensão futura e, bem assim, pelos factos em que se funda tal pretensão (nos quais se contam factos futuros, surgidos depois do encerramento da última discussão oral), na medida em que tal objecto não pode – sob pena de não desempenhar a sua função nos casos de pendência simultânea de duas acções – variar consoante o resultado da acção: assim sendo, o alcance temporal do caso julgado daquela sentença será o mesmo do da sentença que condene no pedido.

Por outro lado, o entendimento (do *Bundesgerichtshof*) segundo o qual a sentença absolutória não assentaria num juízo de prognose – e, por isso, o respectivo

acção relativa a uma pretensão que apresenta como exigível e o réu, com sucesso, faz valer a respectiva inexigibilidade. O *Reichsgericht* usaria a designação já em 1903 (*idem*, pág. 19). Como se vê, a figura da sentença "de momento" absolutória, tal como historicamente surgiu, pouco tem a ver com a sentença "de momento" absolutória referida no texto, desde logo porque, no primeiro caso (o caso típico), e ao contrário do segundo, a sentença não é proferida na sequência de uma acção proposta ao abrigo dos §§ 257 e seguintes da ZPO, embora o § 259 da ZPO (relativo à acção por suspeita de incumprimento) possa, na medida em que exige um previsível dever futuro de prestar por parte do réu e certeza acerca da existência da pretensão, constituir critério aferidor da admissibilidade de proferimento de uma sentença "de momento" absolutória (cfr. C. Kappel, *Die Klageabweisung...*, págs. 67-70). A sentença "de momento" absolutória – na medida em que é consequência da improcedência de uma acção em que a pretensão foi apresentada pelo autor como exigível – não se confunde também, deste modo, com a sentença que deve ser proferida na sequência de acção relativa a dívida apresentada pelo autor como inexigível e que haja sido indevidamente proposta ao abrigo dos §§ 257 e seguintes da ZPO (por os respectivos pressupostos não estarem preenchidos), porque, nesta última situação, a sentença deve ser de rejeição da acção, por inadmissibilidade (cfr. H. Roth, "Die Klage...", págs. 287-288).

1293 T. M. Petzoldt, *Die Rechtskraft...*, pág. 100.

1294 Assim, OLG Düsseldorf, 03.02.1989.

1295 T. M. Petzoldt, *Die Rechtskraft...*, pág. 107.

caso julgado não se projectaria para o futuro – é, na perspectiva de PETZOLDT[1296], incorrecto, na medida em que parte do princípio de que o facto que fundou a absolvição é um facto actual: ora pode não ser assim, concretamente, pode suceder que ao autor sejam atribuídos alimentos ou uma indemnização para o período que vai até à discussão oral e os mesmos lhe sejam negados para o período subsequente, em virtude da iminência de desaparecimento da situação de necessidade ou da previsão de reaquisição da capacidade de ganho.

Quanto à questão de saber se o autor pode, através da utilização do mecanismo da *Abänderungsklage*, obter a quebra do caso julgado de uma sentença desse teor, a resposta é, para PETZOLDT[1297], afirmativa: por um lado, porque subsequentemente à sentença absolutória proferida na acção proposta nos termos do § 258 da ZPO, não é possível, por a tal se opor a excepção de caso julgado, propor nova acção nos mesmos termos, com respeito ao mesmo período; por outro lado, porque não obstante as sentenças absolutórias não estarem abrangidas na letra do § 323 da ZPO, o mecanismo contido neste preceito é o único que permite a quebra do caso julgado nessas situações; em terceiro lugar, porque tendo a acção modificativa os seus próprios pressupostos de admissibilidade, nada impede que, nessa sede, seja ponderada a particularidade da absolvição fundada na inexistência de um facto passado (hipótese em que não é necessária a correcção do juízo de prognose e em que, portanto, talvez não se justifique a proposição de tal acção); em quarto lugar, porque já o *Reichsgericht* – no que foi seguido pelo *Bundesgerichtshof*[1298] – admitia a proposição de acção modificativa subsequente a outra acção modificativa da qual resultara o cancelamento de uma pensão e destinada, como tal, à renovação dessa pensão, sendo que a esta situação também não subjaz a condenação numa prestação periódica vincenda a que o § 323, 1, da ZPO textualmente se refere[1299]; em quinto lugar, porque deve haver uma tendencial correspondência entre a admissibilidade da acção modificativa e a realização de

[1296] T. M. Petzoldt, *Die Rechtskraft...*, pág. 108.

[1297] T. M. Petzoldt, *Die Rechtskraft...*, págs. 108-114.

[1298] Nomeadamente, BGH, 30.01.1985, já citado, e, mais recentemente: BGH, 28.03.2007; BGH, 20.02.2008.

[1299] Por este motivo, aquela segunda acção modificativa é, para E. Vogel (*Die sogen. Abänderungsklage...*, págs. 18-19), inadmissível. Já segundo W. Diesel (*Beiträge...*, págs. 49-51), a sua inadmissibilidade decorreria do carácter não constitutivo da sentença modificanda. Admitindo, porém, a acção modificativa nestes casos, em atenção à necessidade de correcção do juízo de prognose da sentença anterior: H.-U. Graba, *Die Abänderung...*, pág. 39. Refira-se, contudo, que o *Bundesgerichtshof*, embora aceite a acção modificativa destinada a alterar uma sentença que tenha procedido à cessação de alimentos judicialmente fixados, não admite tal acção quando o título em causa seja uma transacção judicial da qual decorra que uma das partes não está obrigada a prestar alimentos: mais precisamente, se as partes convencionaram que, a partir de certa data, já não são devidos alimentos e, depois dessa data, se alteram as circunstâncias, não é possível propor acção modificativa, nos termos do (anterior à reforma da ZPO de 2008/2009) § 323, 4, da ZPO, destinada a modificar tal transação, porque nesta eventualidade não se coloca um problema de juízos de prognose sobre factos, nos processos relativos a prestações periódicas vincendas (não obstante aquela acção ser também admissível em certos casos[1300] em que o juiz erradamente não os realizou, em virtude da possibilidade de, também aqui, o caso julgado projectar-se para o futuro).

Por último, uma referência a MORITZ. MORITZ[1301] começa por observar que só um fundamento actual pode determinar a absolvição total numa acção proposta ao abrigo do § 258 da ZPO: ora, tendo o juiz considerado apenas, como fundamento da decisão, um facto actual, o caso julgado não se projecta para o futuro, só podendo propor-se depois uma acção nos termos do § 258 da ZPO (e não uma acção modificativa).

Quando, diversamente, o juiz conceda uma pensão apenas até certo momento futuro e absolva o réu do pedido relativamente às prestações subsequentes a esse momento, entende MORITZ[1302] que deve propor-se a acção modificativa caso se pretenda renovar a renda, porque a decisão do juiz assentou ainda num juízo de prognose, projectando-se o respectivo caso julgado para o futuro[1303].

Não é, porém, claro se, para o Autor, é de propor acção modificativa mesmo que a condenação diga apenas respeito a prestações vencidas: a rejeição, a que procede, da orientação do *Bundesgerichtshof*[1304] – segundo a qual, nos casos de absolvição de pedido formulado ao abrigo do § 258 da ZPO, nunca é admissível a proposição subsequente de acção modificativa ao abrigo do § 323, mas apenas de acção condenatória nos termos daquele mesmo § 258 –, inclina-nos para uma resposta afirmativa.

III. A não prescrição ao réu de um comportamento e a não projecção, para o futuro, do caso julgado da sentença absolutória

As sentenças absolutórias que declaram a inexistência da situação substantiva deduzida em juízo – bem como, aliás, as sentenças que condenam o réu no pedido, numa acção de simples apreciação negativa – não contêm, como sublinha REMO CAPONI[1305], qualquer prescrição concreta dirigida à conduta futura das partes, pelo que essa conduta continua a ser regulada pela norma abstracta.

As sentenças desse teor podem resultar da inexistência de um só facto constitutivo ou da existência de um só facto impeditivo, modificativo ou extintivo[1306].

quebra do caso julgado, sendo, como tal, impossível uma analogia com o regime da sentença absolutória, que, em certos casos, está também sujeita à acção modificativa (cfr. BGH, 28.03.2007).

1300 Concretamente, os casos em que foi anteriormente proposta outra acção modificativa.

1301 J. R. Moritz, *Probleme...*, pág. 96.

1302 *Ibidem.*

1303 Contra, BGH, 19.09.1967.

1304 J. R. Moritz, *Probleme...*, págs. 96-97.

1305 Remo Caponi, *L'efficacia...*, pág. 310.

1306 Remo Caponi, *L'efficacia...*, pág. 312.

No primeiro caso, o caso julgado não obsta, como observa o mesmo Autor[1307], a que, mais tarde, se faça valer a superveniência do facto constitutivo, quer este seja um facto instantâneo quer duradouro (podendo mesmo, nesta última eventualidade, alegar-se o estádio de desenvolvimento do facto que antecedeu a sentença); no segundo caso, pode suceder que a procedência da excepção inviabilize a invocação do mesmo direito em nova acção (assim, se o motivo da rejeição da demanda anterior foi, por exemplo, a nulidade ou a prescrição, pois não é configurável a superveniência de um facto coincidente com o motivo da rejeição).

Quanto à permeabilidade de tais sentenças a normas posteriores retroactivas, Remo Caponi[1308] distingue consoante tenha sido acertada (ou seja, definida) a inexistência de uma situação instantânea ou duradoura: no segundo caso, que é o que nos interessa, o caso julgado não obsta a que se proponha nova acção tendo por fim a apreciação da mesma situação, quando sobrevenha norma retroactiva abolindo a relevância impeditiva ou extintiva dos factos nos quais se funda a excepção acolhida, devendo, de todo o modo, o segundo acertamento estender-se temporalmente apenas a partir do momento a que se refere o caso julgado anterior (isto é, a partir do momento da publicação da correspondente sentença)[1309].

Do que antecede pode extrair-se, com relevância para o problema que nos ocupa, o seguinte: não versando embora directamente este problema, Remo Caponi fornece um argumento no sentido da impossibilidade de modificação, por alteração das circunstâncias, de uma sentença absolutória que declare a inexistência da relação jurídica entre as partes.

Esse argumento é o seguinte: não obstante a sentença absolutória ser permeável, nos termos gerais, à superveniência, essa sentença, na medida em que não fixa qualquer obrigação para o réu, não lhe prescreve também qualquer comportamento, pelo que – desde logo por esse motivo, e não por nessa sentença não ter sido realizado um juízo de prognose sobre factos futuros (que pode, aliás, ter ocorrido, se o motivo da absolvição residiu na inexistência das circunstâncias futuras que fundavam o pedido do autor) – lhe falta aquela projecção para o futuro que só as sentenças condenatórias parecem possuir. Ora, seria essa projecção para o futuro do caso julgado da sentença que justamente se pressupõe, quando se pondera a aplicação, a tal sentença, do regime da alteração das circunstâncias.

Dir-se-ia que, tal como o regime civilístico da alteração das circunstâncias só se aplica quando alguma obrigação exista e subsista, também o regime do artigo 619º, nº 2, do CPC pressupõe que algum comportamento tenha sido exigido ao réu, o que não se verifica quando a sentença tenha sido absolutória.

1307 Remo Caponi, *L'efficacia...*, págs. 313-317.

1308 Remo Caponi, *L'efficacia...*, págs. 321-347.

1309 Também nas hipóteses de acertamento de uma situação duradoura, se tiver sido verificada a inexistência do facto constitutivo, não releva a superveniência de norma retroactiva.

Parece-nos, porém, que a partir do momento em que se sustenta que certas sentenças de simples apreciação e constitutivas podem caber na previsão do artigo 619º, nº 2, do CPC torna-se difícil sustentar este argumento: a projecção do caso julgado para o futuro não depende de ter sido prescrito um determinado comportamento ao réu, pelo que não é por tal comportamento não ter sido prescrito que se há-de negar projecção.

IV. Os lugares paralelos da jurisdição voluntária, do processo laboral e dos procedimentos cautelares do contencioso administrativo

O artigo 988º, nº 1, do CPC não exige que o requerido haja sido deferido, para que a resolução da jurisdição voluntária seja modificável por alteração das circunstâncias.

Talvez por isso se encontre alguma jurisprudência que, no campo da jurisdição voluntária, parece acolher o entendimento segundo o qual são harmonizáveis as decisões de absolvição e o instituto da alteração das circunstâncias: e, consequentemente, possa ser invocada essa jurisprudência a favor da inclusão das sentenças absolutórias na previsão do artigo 619º, nº 2, do CPC.

Assim, num Acórdão do Tribunal da Relação do Porto de 7 de Junho de 1993 já se considerou que é modificável a *mútua renúncia da exigência de alimentos entre cônjuges no respectivo processo de divórcio*, em virtude de a mesma equivaler ao obrigatório acordo dos cônjuges e este ser modificável por alteração das circunstâncias[1310]; também num outro Acórdão da Relação do Porto, mas de 9 de Fevereiro de 1998, considerou-se, conforme se lê no sumário respectivo, que "[s]e é possível retirar o apoio judiciário após ter sido concedido por decisão transitada em julgado, também a questão pode ser reexaminada em caso de alteração posterior das circunstâncias em que foi proferida a decisão que o negou"; e num Acórdão do Tribunal da Relação de Lisboa de 9 de Maio de 1991 deu-se igualmente a entender que o instituto da alteração das circunstâncias pode funcionar nas situações em que o progenitor haja sido dispensado de prestar alimentos por não ter quaisquer rendimentos.

O regime da revisão da incapacidade em processo laboral corrobora a tese da possível abrangência, na previsão do artigo 619º, nº 2, do CPC, das sentenças absolutórias.

Com efeito, face ao disposto na Base XXII (Revisão das pensões) da Lei nº 2127, de 3 de Agosto de 1965, observava Carlos Alegre[1311] que um dos pressupostos da revisão da incapacidade "é de natureza processual: é necessário alegar-se agravamento, recidiva, recaída, melhoria da lesão ou da doença ou

[1310] Contra, RL, 17.11.2011, considerando que essa mútua renúncia só pode ter operado para o passado, pelo que nem é exigível alteração de circunstâncias para se propor nova acção.

[1311] Carlos Alegre, *Acidentes...*, pág. 105.

necessidade de aplicação de prótese ou ortopedia", dando conta, a propósito, da discussão jurisprudencial e doutrinária sobre a questão de saber "se a existência de uma pensão, por incapacidade permanente já fixada, constitui um terceiro pressuposto condicionante do requerimento da revisão".

Ora, quanto a esta questão, considerava o Autor[1312] que a revisão da incapacidade não pressupunha uma pensão fixada – desde logo porque a Base XXII se referia à revisão das prestações e não das pensões –, sendo apenas necessária a ocorrência de um acidente de trabalho, "como tal reconhecido (mesmo não judicialmente), que tenha dado origem a incapacidades, ainda que temporárias, e correspondentes indemnizações" (a denominada cura sem incapacidade)[1313]; do que também decorria que não era possível requerer a revisão da incapacidade quando, ocorrido o acidente, nem sequer tivesse havido participação ao tribunal, ou quando o acidente apenas tivesse sido reconhecido e indemnizado no âmbito dos serviços da seguradora.

Idêntico é, à luz da mesma legislação, o entendimento sufragado num Acórdão do Tribunal da Relação de Coimbra de 12 de Fevereiro de 2009, quanto à exigência, para a formulação de pedido de revisão, de anterior estabelecimento de incapacidade, ainda que temporária; já, porém, quanto à necessidade de o acidente de trabalho ter sido participado e ter havido processo, o acórdão diverge, porquanto considera que a revisão pode constituir, não mero incidente deste processo, mas processo autónomo, possibilidade hoje expressamente consagrada no artigo 145º, nº 8, do CPT.

Parece, portanto, que só se não tiver sido fixada qualquer prestação em benefício do sinistrado (quer uma indemnização, quer uma pensão), a revisão não é admissível: e, importando esta conclusão para o problema com que nos debatíamos – o de saber se o artigo 619º, nº 2, do CPC se aplica a sentenças absolutórias –, diríamos que a resposta deve ser afirmativa, podendo o preceito operar ainda que não tenha existido condenação nas prestações vincendas, por não terem ficado demonstrados os factos futuros que alicerçam a pretensão do autor.

O regime do contencioso administrativo relativo às providências cautelares indicia também que a alteração das circunstâncias deve poder repercutir-se tanto na decisão condenatória como na absolutória. Com efeito, o artigo 124º, nº 1, do CPTA permite que a *decisão tomada no sentido de adoptar ou recusar a adopção de providências cautelares* seja revogada ou alterada, com fundamento em alteração dos pressupostos de facto e de direito inicialmente existentes.

[1312] *Idem*, págs. 106-108.

[1313] No mesmo sentido: STJ, 13.07.1988, considerando que a revisão das prestações mencionadas na Base XXII, nº 1, "é admissível mesmo que o sinistrado tenha sido antes dado como curado sem qualquer desvalorização"; STJ, 08.02.1985 (Proc. 922), entendendo que há lugar a revisão da incapacidade "mesmo em situações de surgimento posterior de incapacidade"

V. Conclusão

Não vemos razão para que só às sentenças de condenação no pedido seja aplicável o disposto no artigo 619º, nº 2, do CPC.

Em primeiro lugar, porque este preceito é aplicável quando, subsequentemente a uma decisão condenatória, se tenha determinado judicialmente a cessação da prestação, à semelhança do que sucede na área dos procedimentos cautelares[1314]. No direito alemão, como vimos, a jurisprudência também aplica o § 323 da ZPO a estas situações: e a explicação que, para tanto, avança, é a de que aquela cessação da prestação assentou num juízo de prognose (por exemplo, o de que a necessidade do credor de alimentos não se verificaria no futuro), à semelhança, portanto, das decisões que aquele preceito expressamente prevê[1315].

Ora, se o artigo 619º, nº 2 é aplicável a estes casos de não condenação em alimentos ou em "outras prestações dependentes de circunstâncias especiais quanto à sua medida ou à sua duração", o motivo para a não previsão, no preceito, dos casos de não condenação em prestações dessa natureza só pode ser o de o legislador ter partido do princípio de que, nestas situações, não é sequer concebível a alteração das circunstâncias, porque o fundamento da absolvição não é, por natureza, alterável (recorde-se que o problema de que estamos a tratar também só se coloca quando a absolvição do pedido tenha sido total, porque se for parcial ainda há condenação a considerar).

Assim, por exemplo, a inexistência da relação de filiação (que determinou a absolvição do pedido de alimentos), ou a inexistência de facto ilícito praticado pelo réu (que determinou a não condenação na indemnização pelos danos futuros) não são susceptíveis de desenvolvimentos futuros, mantendo-se necessariamente, pelo que não é possível obter mais tarde a condenação com fundamento na alteração dessas circunstâncias: ora seriam fundamentos de absolvição desse teor que teriam sido pressupostos pelo legislador, aquando da introdução do regime hoje contido no artigo 619º, nº 2, do CPC.

Se, porém, se reconhecer que a absolvição não se funda forçosamente em circunstâncias por natureza inalteráveis, deve concluir-se que a ausência de referência às sentenças absolutórias no artigo 619º, nº 2, do CPC corresponde a uma lacuna, não espelhando qualquer propósito de subtrair a generalidade dessas

1314 Na área dos procedimentos cautelares, J. Cura Mariano (*A providência cautelar...*, pág. 119) sustenta que "[t]al como é possível proceder a uma actualização permanente do montante da renda fixada ou determinar a cessação da providência, perante a evolução da realidade que presidiu à imposição desta medida, também, após se ter determinado essa cessação, nova alteração da realidade, com o ressurgimento de uma situação de necessidade do lesado ou da capacidade económica do obrigado à reparação, permite a restauração da providência entretanto cessada. A tramitação do processo de ressurreição deve ser a mesma que se encontra prevista para a alteração ou cessação da providência".

1315 Assim, BGH, 28.03.2007.

sentenças a esse regime: é evidente que algumas lhe poderão estar subtraídas, nomeadamente por as circunstâncias que determinaram a absolvição não poderem sofrer alteração, mas não *por* serem sentenças absolutórias.

Em segundo lugar, o paralelo com a jurisdição voluntária e com o processo laboral também nos convence de que a modificação, por alteração das circunstâncias, de uma sentença que haja indeferido o requerido ou que não haja atribuído uma pensão não é um fenómeno estranho à nossa ordem jurídica, merecendo, no processo civil comum, um tratamento equivalente.

Em terceiro lugar, parece-nos que tanto quando a sentença haja condenado nas prestações referidas no artigo 619º, nº 2 como quando não haja condenado nessas prestações deve, por razões de igualdade das partes, conceder-se a possibilidade da respectiva revisão nos mesmos termos: ora, admitir-se a possibilidade de o autor, que não obteve procedência na acção de condenação em prestações futuras por, por exemplo, não ter ficado demonstrada a sua necessidade de alimentos no futuro, propor, sem os condicionalismos do artigo 619º, nº 2, acção idêntica quando essa necessidade surgisse, redundaria na atribuição, a essa parte, de um tratamento melhor do que o dispensado a um outro autor que pretendesse o aumento da prestação atribuída.

Em quarto lugar, não obstante ao tratamento da categoria das sentenças determinativas (que já vimos serem as sentenças que o artigo 619º, nº 2, do CPC particularmente tem em vista) subjazer a realidade da sentença de condenação no pedido – pois só esta, na verdade, realiza a função de integração da previsão normativa que o julgador é chamado a desempenhar –, a actividade desenvolvida pelo julgador para o desempenho de tal função é semelhante quando, em processo com objecto idêntico, venha a final a ser proferida uma sentença absolutória. Quer dizer: tanto no processo de que emergiu a sentença determinativa como no processo (com objecto idêntico) de que emergiu a sentença absolutória foi solicitado ao juiz o preenchimento de conceitos jurídicos indeterminados ou o exercício de um poder discricionário, pelo que tanto num caso como no outro foram efectuados juízos de prognose que pode ser necessário corrigir mais tarde. E essa correcção deve ser feita em termos semelhantes, isto é, através da mesma via processual.

Por outro lado, a circunstância de ao réu não ter sido prescrito qualquer comportamento não retira à sentença absolutória aquela projecção para o futuro que o artigo 619º, nº 2, do CPC tem em vista: é que, como vimos, podem estar sujeitas a este regime as sentenças de simples apreciação e as constitutivas, que também não prescrevem ao réu qualquer comportamento. A projecção para o futuro do caso julgado da sentença é dada, antes do mais, pelos juízos de prognose que nela se realizam, e estes também podem ser realizados quando essa sentença seja absolutória.

Do exposto resulta uma diferença entre o regime da modificação da sentença por alteração das circunstâncias e o da resolução ou modificação do contrato por alteração das circunstâncias, já que este último pressupõe a assunção de obrigações pela parte afectada por esta alteração (cfr. o artigo 437º, nº 1, do CC) e, sendo a sentença absolutória, nenhuma obrigação há a considerar. Mas também, bem vistas as coisas, mesmo que a sentença tivesse condenado no pedido se registaria tal diferença face ao regime substantivo: é que essa sentença poderia ser alterada, nos termos do artigo 619º, nº 2, do CPC, a requerimento da parte vencedora (isto é, da parte sobre a qual nenhuma obrigação recaiu) que porventura pretendesse um aumento da prestação. Assim sendo, dificilmente do regime do artigo 437º, nº 1, do CC se extrai qualquer argumento quanto às sentenças susceptíveis de modificação por alteração das circunstâncias.

14º Sentenças não transitadas em julgado

I. Colocação do problema

O artigo 619º, nº 2, do CPC, pela sua inserção sistemática, parece pressupor o trânsito em julgado da sentença modificanda e, consequentemente, a impossibilidade de, com fundamento em alteração das circunstâncias, modificar uma sentença ainda não transitada em julgado.

Também o artigo 282º, nº 2, do CPC, ao aludir à alteração da decisão "em função de circunstâncias supervenientes ao trânsito em julgado", é susceptível de ser interpretado no sentido de que a acção modificativa necessariamente pressupõe o trânsito em julgado da decisão modificanda, porque só pode fundar-se em "circunstâncias supervenientes ao trânsito em julgado", ou, eventualmente, no sentido de que *só a acção modificativa dependente da causa principal* (cfr. o nº 1 do preceito) pressupõe o trânsito em julgado da decisão modificanda, pois só ela tem de fundar-se em "circunstâncias supervenientes ao trânsito em julgado".

Qualquer destas possíveis interpretações dos artigos 619º, nº 2, e 282º, nº 2, do CPC parece-nos de rejeitar no ponto em que envolva a consideração de que não é possível modificar, por alteração das circunstâncias, uma decisão de entre as previstas nesses preceitos, com fundamento em circunstâncias ocorridas entre a data do encerramento da última discussão oral e o trânsito em julgado dessa decisão. Ou seja: mesmo que se entenda que a acção modificativa prevista no artigo 619º, nº 2, do CPC necessariamente pressupõe o trânsito em julgado da decisão modificanda e que a esta acção só podem subjazer fundamentos ocorridos depois do trânsito em julgado – porque os fundamentos ocorridos antes devem ser invocados através de outra via processual –, o que não é possível sustentar é que os fundamentos de modificação porventura ocorridos entre a data do encerramento da última discussão oral e o trânsito em julgado da decisão modificanda não possam ser alegados, por não haver qualquer via processual para o efeito (acção modificativa, recurso ordinário ou outra via).

Também o regime da execução e da oposição à execução dá a entender que a acção modificativa não se dirige necessariamente contra uma sentença transitada em julgado, uma vez que, no âmbito daquele regime – que pode ser aplicado mesmo que a execução se baseie em sentença não transitada –, a lei regula a modificação (cfr. o artigo 936º do CPC).

Verificamos, assim, que a questão que inicialmente deixámos colocada – a de saber se, apesar do elemento sistemático de interpretação, o regime do artigo 619º, nº 2, do CPC deve ser aplicado aos casos em que, antes do trânsito em julgado, sobrevém uma alteração das circunstâncias – envolve ainda outra que, em rigor, com ela se não confunde: a de apurar se o próprio juiz que proferiu a decisão ou o tribunal de recurso podem modificá-la com fundamento em alteração das circunstâncias ocorridas até ao trânsito em julgado[1316].

II. O problema no direito alemão

À luz do direito alemão, há quem considere, como por exemplo Schönke/Schröder/Niese[1317], que a acção modificativa pressupõe o trânsito em julgado da sentença modificanda, pois se assim não fosse, e segundo a jurisprudência, naquela acção seria oposta a excepção de litispendência[1318].

Na verdade, o *Bundesgerichtshof* – alicerçado na regra de preclusão constante do § 323, 2, da ZPO – tem entendido que, ocorrendo a alteração das circunstâncias após o proferimento da decisão e antes do fim do prazo para recorrer, tal alteração deve ser invocada no próprio recurso, bem como que, findo o prazo para recorrer, mas tendo a parte contrária interposto recurso, a alteração deve ser invocada através de recurso subordinado (*Anschlussberufung*)[1319]: assim sendo,

[1316] Uma questão semelhante a esta é a de saber se, tendo sido decretada ou recusada providência cautelar e pretendendo o interessado interpor recurso da correspondente decisão, deve a superveniente alteração das circunstâncias que também pretenda alegar (no caso dos alimentos provisórios, com fundamento no disposto no artigo 386º, nº 2, do CPC) ser feita valer perante o juiz que decretou ou recusou a providência (como prevê este preceito) ou, antes, perante o tribunal de recurso: sobre este problema, à luz do direito italiano, veja-se G. Arieta ("Reclamabilità...", págs. 2051-2053), sustentando que a alteração das circunstâncias ocorrida entre a data da decisão que decreta a providência e a data da interposição do recurso deve ser alegada no próprio recurso, já que este se destina ao proferimento de decisão que irá substituir a primeira e é, ela mesma, passível de modificação por alteração das circunstâncias; já em se tratando de decisão que recusa a providência, o interessado pode, segundo o Autor optar entre alegar a alteração das circunstâncias no recurso e – nos termos do artigo 669º-*septies* do c.p.c. – requerer nova providência com fundamento nessas novas circunstâncias.

[1317] Schönke/Schröder/Niese, *Zivilprozessrecht*, pág. 347.

[1318] Exigindo também o trânsito em julgado da sentença modificanda, à data da proposição da acção modificativa, E. R. von Maurnböck, *Die Abänderungsklage...*, págs. 24-26.

[1319] Desta jurisprudência dá conta P. Kurz, *Die Reformbedürftigkeit...*, pág. 42. Refere também K.-A. Klauser ("Abänderung...", pág. 712) que o recorrido pode, no apontado caso de alteração das circunstâncias após

e em ordem a evitar o proferimento de decisões contraditórias, nestes casos estaria vedada a via da acção modificativa[1320].

Já Graba[1321] não condiciona a admissibilidade da acção modificativa à quebra do caso julgado, por entender que apenas é decisiva a actual impossibilidade de, no processo anterior, e atendendo à fase em que se encontra, obter a modificação da sentença (nomeadamente, através de ampliação do âmbito do recurso ou interposição de recurso subordinado): a mera possibilidade futura de, nesse processo, fazer valer a alteração das circunstâncias não exclui a admissibilidade da acção modificativa, porque tal exclusão redundaria, dado o funcionamento da regra do § 323, 3, da ZPO, em prejuízo para o interessado.

Esta última tese, perfilhada também por outros Autores – por exemplo, por Soyka[1322], que sublinha que, se o recurso de revista (o qual, por nele não ser possível alegar factos novos, não obstaria à concomitante proposição de acção modificativa) influir no processo respeitante à modificação, pode considerar-se a possibilidade de suspensão deste, até à conclusão, com trânsito, da revista –, conclui, então, que a acção modificativa não pressuporia o trânsito em julgado da sentença modificanda, nomeadamente porque, podendo ser impossível, dado o actual estado do processo em que foi proferida a sentença modificanda, alegar aí a alteração das circunstâncias, ficaria a parte prejudicada, atendendo à regra da modificação apenas para o futuro (cfr. o § 323, 3, da ZPO), se tivesse de esperar pelo trânsito em julgado para fazer valer a modificação: deste modo, se a alteração das circunstâncias ocorrer depois do encerramento da discussão na segunda instância (*Berufungsinstanz*), como a parte não pode, no processo da revista (*Revisionsverfahren*), alegar alterações fácticas entretanto ocorridas, só lhe resta a via da acção modificativa.

Graba[1323] sustenta igualmente que, ocorrendo a alteração das circunstâncias depois do encerramento da última discussão oral mas antes do decurso do prazo para recorrer para a segunda instância, a parte pode *optar* entre interpor recurso (para a segunda instância) e nele fazer valer tal alteração ou propor acção modificativa; mas, se a parte contrária tiver interposto recurso, a parte *deve* fazer

o proferimento da decisão, interpor recurso subordinado, a fim de evitar o funcionamento da preclusão prevista no § 323, 2, da ZPO, porque, conforme a orientação do OLG Hamm (OLG Hamm, 09.02.1978; *contra*, OLG Oldenburg, 25.09.1979), também para o recorrido, no caso de posterior modificação, são decisivas as circunstâncias existentes à data da última discussão oral na instância do recurso.

1320 P. Kurz, *Die Reformbedürftigkeit...*, pág. 43. Entendendo que tal solução decorre ainda do regime do § 323, 2, da ZPO, B. Marl ("ZPO:...", pág. 335). Propugnando a possibilidade de concomitante proposição de acção modificativa e interposição de recurso subordinado, ver, porém, R. Hoppenz, "Zum Verhältnis...", pág. 228.

1321 H.-U. Graba, *Die Abänderung...*, págs. 91-92.

1322 J. Soyka, *Die Abänderungsklage...*, 1ª ed., págs. 54-55 e 98. Sustentando também que a acção modificativa não pressupõe o trânsito em julgado da decisão modificanda, veja-se Stein/Jonas/Leipold[22], § 323, 14 e 56.

1323 H.-U. Graba, *Die Abänderung...*, págs. 140-141; no mesmo sentido, BGH, 06.11.1985 (com anotação de R. Hoppenz, "Zum Verhältnis...", págs. 226 e segs.).

valer a alteração através de recurso subordinado e a parte contrária deve fazer valer, no recurso que tenha interposto, todos os fundamentos de modificação que ocorrerem até ao encerramento da discussão[1324].

Note-se que a possibilidade de, na segunda instância, fazer valer a modificação, está em consonância com a tendencial admissibilidade da alegação de factos novos nessa instância (cfr. o § 531 da ZPO).

A faculdade de *opção* entre a interposição de recurso (para a segunda instância) e a proposição de acção modificativa[1325] não é inconsequente para a parte. Como assinala SOYKA[1326], atendendo à vinculação, em futura acção modificativa, ao decidido quanto à matéria de facto e quanto ao direito aplicável no anterior processo, é mais vantajoso para a parte optar pela acção modificativa caso tais valorações lhe sejam favoráveis, porque caso interponha recurso pode o tribunal do recurso decidir diferentemente quanto à matéria de facto, ou adoptar diferente orientação jurídica; por outro lado, pode ser duvidosa a admissibilidade do próprio recurso ordinário, por falta de legitimidade para recorrer, caso a parte tenha obtido total vencimento de causa.

III. Alegação da alteração das circunstâncias perante o juiz que proferiu a decisão ou perante o tribunal de recurso

Como atrás dissemos, dos artigos 619º, nº 2, e 282º do CPC não pode resultar a impossibilidade de alegação da alteração de circunstâncias verificada entre a data a que a sentença atendeu e o respectivo trânsito em julgado.

Mas também do artigo 613º do CPC, que regula a extinção do poder jurisdicional do juiz quanto à matéria da causa, decorre que o juiz não pode modificar a sentença por si proferida com fundamento em circunstâncias ocorridas após o momento do encerramento da discussão (que foi o momento a que a sentença atendeu, nos termos do artigo 611º, nº 1, do CPC), pois tal alteração das circunstâncias não redunda em erro material[1327], nulidade[1328] ou lapso susceptível de

[1324] Ou seja, tendo o recurso (para a segunda instância) sido já interposto, é nele ou em recurso subordinado que se devem fazer valer os fundamentos de modificação: tal necessidade decorre da regra da preclusão, constante do § 323, 2, da ZPO, que vale igualmente para a instância de recurso (assim, J. Soyka, *Die Abänderungsklage*..., 1ª ed., págs. 56-57 e 97-98). Considerando que o recorrido pode optar, no caso de alterações ocorridas até ao encerramento da discussão em segunda instância, entre interpor recurso subordinado ou propor acção modificativa (isto é, que a mera possibilidade de interposição de recurso subordinado não exclui a acção modificativa, por inverificação dos requisitos do § 323, 2, da ZPO), J. Eckert, "Das Verhältnis...".

[1325] Sobre esta opção, veja-se ainda G. Diener, "Anmerkung", pág. 211.

[1326] J. Soyka, *Die Abänderungsklage*..., 1ª ed., págs. 55-56.

[1327] Sobre a modificabilidade da sentença, por erro material, STJ, 15.05.1987.

[1328] Sobre as nulidades e ambiguidades da sentença (face a um regime, que não é o do actual CPC – cfr. o art. 615º, nº 1, alínea *c)* – em que as duas figuras se autonomizavam e as ambiguidades seguiam um regime próprio de arguição), RL, 26.03.1992 (Proc. 26096).

reforma: e tal impossibilidade constitui decorrência do proferimento da sentença[1329], não dependendo do caso julgado formal da própria decisão[1330].

Portanto, a eventual alteração das circunstâncias ocorrida depois do encerramento da discussão oral em 1ª instância não só não pode ser alegada antes do proferimento da sentença perante o juiz que há-de proferir a decisão como também não pode ser alegada, depois desse proferimento, perante o mesmo juiz: a menos que, havendo execução, e sendo o tribunal onde correu a acção o competente para a execução (cfr. os artigos 85º, nº 2, do CPC, e 117º, nº 1, alínea *b)*, 129º e 130º, nº 2, alínea *c)*, todos da LOSJ), tenha aí sido deduzido pedido de alteração nos termos do artigo 936º, nº s 1 e 3, do CPC.

Seja como for, do artigo 613º do CPC já não decorre que, após o proferimento da sentença, esta não possa ser modificada, por alteração das circunstâncias, pelo tribunal de recurso.

As razões que apontam para essa impossibilidade são, antes, outras, e prendem-se com a orientação – acolhida pela jurisprudência e que se retira de alguns preceitos legais (nomeadamente dos artigos 627º, nº 1, e 635º, nº 2, do CPC, que configuram a decisão impugnada como o objecto do recurso) – segundo a qual a função dos recursos ordinários não é a de reapreciar a questão decidida pelo tribunal recorrido, nomeadamente considerando novos meios de ataque ou de defesa ou novos meios de prova, mas apenas a de apreciar a legalidade ou ilegalidade da decisão recorrida, o que se reflecte na circunstância de esses recursos terem como objecto a própria decisão recorrida e não o objecto do processo de que emergiu a decisão recorrida: por outras palavras, a possibilidade de o tribunal de recurso modificar a sentença recorrida, com fundamento em alteração das circunstâncias – possibilidade que, como vimos, é aceite no direito alemão, e também, segundo informa Provera[1331], no direito italiano –, enfrenta a dificuldade da qualificação dos recursos ordinários, não como recursos de *reexame*, mas como recursos de *revisão* ou *reponderação*[1332/1333].

[1329] Regime semelhante já se encontrava consagrado nas Ordenações Afonsinas (Livro III, Título LXVIIII), Manuelinas (Livro III, Título XXXXVIII) e Filipinas (Livro III, Título LXV).

[1330] Aparentemente contra, RP, 08.01.1991 (Proc. 9050369).

[1331] G. Provera, *Degli alimenti*, pág. 97.

[1332] Sobre esta orientação e sobre esta classificação dos recursos, veja-se nomeadamente: J. de Castro Mendes (*Direito processual...*, 3º vol., págs. 28-30); A. Ribeiro Mendes (*Recursos...*, págs. 138-140); M. Teixeira de Sousa (*Estudos...*, págs. 373-375 e 395-397); J. Lebre de Freitas / A. Ribeiro Mendes (*Código...*, vol. 3º, tomo I, pág. 98). Refira-se que, como afirma A. Ribeiro Mendes (*Recursos em processo civil (Reforma de 2007)*, pág. 51), a reforma do regime dos recursos de 2007 manteve, quanto à apelação e à revista, o modelo de recurso de reponderação.

[1333] À luz do direito italiano, T. A. Auletta ("Alimenti...", pág. 8) dá a entender que, até ao trânsito em julgado da decisão, não é possível a alteração da sentença com fundamento em modificação das circunstâncias, porque refere que tal alteração, no caso da sentença que fixa alimentos definitivos,

Com efeito, a possibilidade de consideração da alteração das circunstâncias pelo tribunal de recurso – que o tribunal recorrido, por não o ter podido fazer, não considerou –, significa necessariamente a possibilidade de aquele tribunal atender a elementos novos – que podem ser factos novos, novos meios de prova, novas leis ou quaisquer outras (novas) realidades subsumíveis ao conceito de "circunstância" ínsito no artigo 619º, nº 2, do CPC –, o que não parece coadunar-se com a fisionomia de um recurso de revisão ou reponderação: embora, deva reconhecer-se, a classificação que distingue entre recursos de reexame e recursos de revisão ou reponderação atenda sobretudo à susceptibilidade de, no recurso, serem alegados e conhecidos factos que poderiam e deveriam ter sido alegados até ao momento do encerramento da discussão em primeira instância, e não à susceptibilidade de, nesse recurso, serem alegados e conhecidos factos supervenientes a esse momento[1334].

Se a alteração das circunstâncias se traduzir numa alteração legislativa (e admitindo que a alteração legislativa pode consubstanciar uma alteração das circunstâncias subsumível na previsão do artigo 619º, nº 2, do CPC, aspecto que mais adiante veremos[1335]), nada parece obstar a que o tribunal de recurso a considere, atendendo a que este tribunal "deve julgar o recurso segundo a lei nova ou o sentido fixado pela lei interpretativa"[1336]: e esta conclusão aplica-se tanto ao recurso de apelação, interposto para a Relação, como ao recurso de revista, interposto para o Supremo Tribunal de Justiça.

Vejamos, todavia, se para além desta hipótese de alteração legislativa que importe alteração das circunstâncias, são configuráveis outras situações em que a Relação – não o Supremo, pois a sua competência apenas versa sobre a matéria de direito (cfr. os artigos 674º, 679º e 682º, nº s 1 e 2, do CPC)[1337] – pode conhe-

pressupõe a estabilização dos elementos que foram objecto do julgamento, sendo que os vícios do julgamento devem ser alegados através dos meios de impugnação ordinários. Esta orientação parece excluir tanto a alteração pelo próprio juiz que proferiu a sentença, antes do respectivo trânsito em julgado, como a alteração pelo tribunal de recurso, enquanto este esteja pendente.

[1334] M. Teixeira de Sousa (*Estudos...*, págs. 396-397) dá igualmente a entender que, relativamente à possibilidade de apreciação de factos supervenientes pelo tribunal de recurso, nada se pode retirar da qualificação do pertinente recurso como meio de impugnação de uma decisão e não como meio de julgamento de questões novas.

[1335] *Infra*, § 25º.

[1336] M. Teixeira de Sousa, *Estudos...*, pág. 459.

[1337] Sobre o recurso de revista como um recurso em matéria de direito, à luz do disposto no artigo 722º, nº 3, do CPC de 1961, A. Ribeiro Mendes, *Recursos em processo civil (Reforma de 2007)*, págs. 157-160. Nos casos em que a revista pode ter por objecto matéria de facto (e em que pode, consequentemente, ter interesse a junção de documento superveniente em recurso de revista: sobre o ponto, J. Espírito Santo, *O documento...*, págs. 54-55) não se englobam aqueles em que ocorre uma alteração das circunstâncias. Sobre a admissibilidade da junção de documentos supervenientes no recurso de revista, STJ, 30.10.2008.

cer da alteração das circunstâncias, por tal decorrer de poderes de *reexame* que a lei (excepcionalmente) lhe confere.

Os poderes de reexame da Relação são conferidos pelos seguintes preceitos legais:

a) Pelo artigo 264º do CPC, que prevê a possibilidade de alteração ou ampliação da causa de pedir na 2ª instância, havendo acordo das partes;
b) Pelo artigo 412º, nº s 1 e 2, do CPC, que determina não carecerem de alegação os factos notórios e os factos de conhecimento funcional do tribunal;
c) Pelo artigo 662º, nº 1, do CPC, que permite à Relação apreciar documento superveniente[1338];
d) Pelo artigo 662º, nº 2, alínea *a)* do CPC, que permite à Relação "ordenar a renovação da produção da prova quando houver dúvidas sérias sobre a credibilidade do depoente ou sobre o sentido do seu depoimento"[1339] e, consequentemente, investigar e considerar factos instrumentais, nos termos do artigo 5º, nº 2, alínea *a)*, do CPC[1340];
e) Pelo artigo 662º, nº 2, alínea *b)*, do CPC, que permite à Relação "ordenar, em caso de dúvida fundada sobre a prova realizada, a produção de novos meios de prova";
f) Pelos vários preceitos legais que permitem o conhecimento oficioso de certas questões[1341].

Destes preceitos legais pode retirar-se que, se o facto em que se funda a alteração das circunstâncias tiver sido deduzido, por acordo, na segunda instância ou consubstanciar um facto notório, de conhecimento funcional ou oficioso do tribunal (*supra*, alíneas *a)*, *b)* e *f)*), não parece haver obstáculo a que, com base nele, a Relação modifique o decidido na primeira instância.

[1338] Sobre este poder de reexame da Relação: M. Teixeira de Sousa, *Estudos*..., pág. 415. Sobre a cedência do princípio constante do artigo 663º do CPC de 1961 (correspondente ao artigo 611º do CPC actual) perante o disposto no artigo 706º, nº 2, do mesmo Código (que foi depois o artigo 693º-B, nº 2, e que, no CPC actual, corresponde ao artigo 651º), STJ, 25.05.1973. Considerando que os documentos a que se reportava o artigo 712º, nº 1, alínea *c)* do CPC de 1961 (correspondente ao art. 662º, nº 1, do CPC actual) são os documentos supervenientes referidos no anterior artigo 706º, nº 2, primeira parte, isto é, aqueles cuja apresentação foi impossível até à apresentação das alegações de recurso, veja-se J. Espírito Santo, *O documento*..., págs. 52-54. Sobre a aplicabilidade do regime do artigo 693º-B do CPC de 1961 (que fora o artigo 706º, nº 2, e que hoje corresponde ao artigo 651º) à jurisdição voluntária, STJ, 10.02.2005.

[1339] Sobre o poder de reexame conferido pelo correspondente, mas não coincidente, artigo 712º, nº 3, do CPC de 1961: J. Lebre de Freitas / A. Ribeiro Mendes, *Código*..., vol. 3º, tomo I, págs. 124-125; M. Teixeira de Sousa, *Estudos*..., págs. 397 e 415.

[1340] Assim, face ao correspondente artigo 712º, nº 3, do CPC de 1961, M. Teixeira de Sousa, *Estudos*..., pág. 417.

[1341] Assim: J. de Castro Mendes, *Direito processual*..., 3º vol., pág. 32; A. Ribeiro Mendes, *Recursos em processo civil (Reforma de 2007)*, pág. 81.

Fora destes casos, em que medida se retira, dos preceitos legais referenciados, a possibilidade de modificação, com fundamento em alteração das circunstâncias, do decidido na primeira instância?

A susceptibilidade de apreciação, pela Relação, e com fundamento no artigo 662º, nº 1, do CPC, de documento superveniente, parece ter em vista apenas os factos já apreciados pela 1ª instância, atendendo a que a lei relaciona essa apreciação com a destruição da prova em que a decisão assentou. Assim, por exemplo, segundo Pereira Coelho[1342], a causa virtual ou hipotética pode ser invocada perante a 2ª instância, "se a verificação hipotética do dano for posterior ao encerramento da discussão na 1ª instância: cfr. os artigos 550º e 706º do Cód. Proc. Civil [de 1939]".

De todo o modo, se se considerar que o facto apreciado pela 1ª instância pode ser um facto futuro e que o documento superveniente pode demonstrar que esse facto não veio a ocorrer, contrariamente à previsão do juiz, parece que a possibilidade de uso, no recurso, desse documento, também envolve a possibilidade de o tribunal de recurso atender à alteração das circunstâncias. Por outras palavras: se o facto que consubstancia a alteração das circunstâncias puder ser provado por documento superveniente, ainda resulta preenchida a previsão do artigo 662º, nº 1, do CPC – na medida em que este documento infirma o facto futuro que a 1ª instância teve em conta –, pelo que esse facto superveniente é também atendível pela Relação.

Por outro lado, da susceptibilidade de renovação da prova, nos termos do artigo 662º, nº 2, alínea *a)*, do CPC, pode-se extrair a permissão da consideração, pela Relação, de factos supervenientes dos quais decorra a existência de um facto que foi dado como não provado pela 1ª instância, ou a inexistência de um facto que aí foi dado como provado (em todos estes casos podendo, como se disse, estar em causa um facto futuro), sendo apenas necessário que esses factos supervenientes possam ser demonstrados pelos meios de prova produzidos em 1ª instância: dir-se-ia, então, que se a verificação da alteração das circunstâncias puder resultar da renovação, na 2ª instância, dos meios de prova já produzidos, nada obsta à sua alegação perante a Relação.

Finalmente, também da possibilidade de produção de novos meios de prova, nos termos do artigo 662º, nº 2, alínea *b)*, se deduz a atendibilidade da alteração das circunstâncias pela Relação, quando tal alteração decorra desses novos meios de prova.

Resta, porém, averiguar se o facto superveniente que consubstancia a alteração das circunstâncias pode ser alegado perante a Relação quando não preencha as condições acabadas de expor, nomeadamente quando não possa ser provado

[1342] F. Pereira Coelho, *O problema...*, pág. 220, nota 80.

por documento superveniente, pelos meios de prova produzidos em 1ª instância e que irão ser renovados, ou pelos novos meios de prova cuja produção se destine a sanar a dúvida fundada sobre a prova realizada: interessa-nos, em suma, saber se a alteração das circunstâncias pode, em geral, ser deduzida na 2ª instância.

Teixeira de Sousa[1343] fornece (face ao sistema anterior ao do actual Código, que nem admitia a possibilidade consagrada no artigo 662º, nº 2, alínea *b*)) um argumento no sentido da admissibilidade da alteração da sentença pelo tribunal de recurso com fundamento em modificação das circunstâncias. Na verdade, ao sustentar a "possibilidade de alegação [num recurso ordinário] de factos supervenientes que alteram uma decisão correcta em face dos elementos apurados até ao encerramento da discussão", afirma o seguinte: "Se assim não se entendesse – o que se poderia fundamentar na circunstância de os recursos não visarem alterar ou modificar decisões correctas –, haveria que admitir que, quanto às obrigações duradouras susceptíveis de ser alteradas em função de circunstâncias supervenientes, estaria imediatamente aberta a possibilidade de renovação da 1ª instância (cfr. artº 292º [actual artigo 282º]). Com a admissão da alegação desse facto superveniente, visa-se evitar a extinção de uma instância que poderia ser imediatamente reaberta com base nesse facto".

Mas a generalizada possibilidade de dedução da alteração das circunstâncias na 2ª instância, além de não encontrar suporte nos preceitos que deixámos referenciados, enfrenta ainda a dificuldade de uma jurisprudência pouco permeável à alegação da alteração das circunstâncias nas instâncias de recurso (e que parece rejeitar, aliás, essa possibilidade de alegação também nas hipóteses em que a admitimos).

Assim, num Acórdão de 23 de Novembro de 2006, o Tribunal da Relação do Porto considerou inadmissível a invocação da alteração das circunstâncias perante o tribunal de recurso, mesmo num processo de jurisdição voluntária, nos seguintes termos: "Um dos princípios característicos dos processos de jurisdição voluntária é o princípio do inquisitório: o tribunal pode investigar livremente os factos, coligir as provas, ordenar os inquéritos e recolher as informações convenientes (art. 1409º, nº 2, do CPC [actual artigo 986º, nº 2]). Com base nesse princípio, cremos que nada obsta a que seja atendido na decisão um facto ocorrido posteriormente ao encerramento da discussão e antes de ser proferida a decisão. Não se aplicam aqui os prazos rígidos dos arts. 506º e 507º do CPC [actuais artigos 588º e 589º, relativos aos articulados supervenientes]. Outro dos princípios que regem os processos de jurisdição voluntária é a possibilidade de as decisões serem alteradas pelo juiz que as proferiu [...]. No processo de regulação do exercício do poder paternal há que atender, no entanto, ao disposto no art. 182º,

[1343] M. Teixeira de Sousa, *Estudos...*, pág. 457.

nº 1, da OTM [hoje, veja-se o artigo 42º, nº 1, do RGPTC]: os factos supervenientes, ocorridos posteriormente à decisão, podem fundamentar a alteração desta, porém com recurso a uma nova regulação do poder paternal, que terá de ser tramitada de acordo com o disposto nos arts. 174º e seguintes da OTM (cfr. nº s 2, 3, 4 e 5 do citado art. 182º) [hoje, veja-se os artigos 35º e seguintes e o artigo 42º do RGPTC]. Os princípios orientadores dos processos de jurisdição voluntária não permitem, no entanto, que seja atendido na decisão um facto que apenas é trazido aos autos em sede de recurso. [...] os recursos são meios para obter o reexame de questões já submetidas à apreciação dos tribunais inferiores [...]. Por isso, não é permitida a invocação de factos novos pelas partes nos tribunais de recurso".

Também em acórdão de 21 de Outubro de 2008, o Tribunal da Relação do Porto – aludindo à orientação perfilhada no referido acórdão do mesmo Tribunal de 23 de Novembro de 2006 – entendeu que, no recurso da decisão que, em acção especial de regulação do exercício do poder paternal, fixara certa quantia a título de alimentos devidos ao menor, não pode atender-se à alteração dos rendimentos do recorrente, verificada em momento posterior ao da produção dos meios de prova. Para o que agora releva, por dois motivos: "por se tratar de factos novos e porque os recursos não visam a apreciação de situações novas, mas apenas a apreciação/reexame do que foi decidido ou podia ter sido decidido na decisão posta em crise – arts. 684º, nº s 2 e 3, e 684º-A do C. Proc. Civ. [hoje, veja-se os artigos 635º, nºs 2 e 3, e 636º"; "porque a ter-se verificado a alegada alteração de circunstâncias, isso será sim motivo de alteração do regime fixado na referida sentença, na parte referente à pensão de alimentos, nos termos previstos no art. 182º da OTM [artigo 42º do RGPTC], cuja iniciativa e impulso processual caberá ao aqui apelante e que deverá ter lugar na 1ª instância".

Especificamente quanto ao recurso perante o Supremo Tribunal de Justiça, este Tribunal também já afirmou que, numa acção de alteração de alimentos, não podem ser alegados factos novos[1344] ou que não pode ser formulado pedido de actualização da indemnização e alegada a alteração das circunstâncias[1345].

IV. Conclusão

A acção modificativa, tal como se encontra delineada nos artigos 282º e 619º, nº 2, do CPC – isto é, uma acção que importa a renovação da instância anterior –, pressupõe que a decisão modificanda transitou em julgado.

[1344] Assim, STJ, 06.11.1986.

[1345] Assim, STJ, 11.07.1985. Como se refere em STJ, 06.12.1990 (Proc. 79591), "[o] autor só pode pedir a actualização monetária o mais tardar no recurso para a Relação, havendo acordo das partes, ou na falta de acordo, até ao encerramento da discussão na 1ª instância (artigos 268º e 273º, nº 2, do Código de Processo Civil [actuais artigos 260º e 265º, nº 2])".

Mas, quando seja possível ao tribunal de recurso conhecer da alteração das circunstâncias e a parte que a pretenda fazer valer possa interpor esse recurso, nada impede que, no recurso, seja pedida a modificação, com fundamento em alteração das circunstâncias.

Esta permissão da modificação da sentença pelo tribunal de recurso, com fundamento em circunstâncias supervenientes, é, porém, em certos casos excluída pelo disposto no artigo 936º do CPC, nº s 1 e 3, CPC, que pressupõe a competência do tribunal perante o qual a execução se encontra pendente, caso o pedido de cessação ou de alteração da prestação alimentícia ocorra na pendência da execução.

Com efeito, sendo o tribunal competente para a modificação o da execução e podendo a execução iniciar-se na pendência de recurso (se este tiver efeito meramente devolutivo: cfr. o artigo 704º, nº 1, do CPC), parece que, pelo menos quando haja execução, o tribunal competente para a modificação nunca pode ser o do recurso.

Naqueles casos em que a parte possa alegar a alteração das circunstâncias perante o tribunal de recurso (e pressupondo portanto que o recurso foi interposto), parece também que não lhe é lícito formular o pedido como dependência da causa principal, uma vez que, como dissemos, dos artigos 282º e 619º, nº 2, do CPC decorre que tal só deve ocorrer quando a sentença modificanda já tenha transitado em julgado.

Por outro lado, para a parte que pode alegar a alteração das circunstâncias no recurso é vantajoso alegar aí essa alteração das circunstâncias, sem esperar pelo trânsito em julgado da decisão. Com efeito, embora os artigos 282º e 619º, nº 2, do CPC não determinem expressamente – contrariamente ao § 323, 2, da ZPO – que a acção modificativa só pode fundar-se em factos ocorridos após o encerramento da última discussão oral (que é, em caso de recurso para a 2ª instância, o fim do prazo para a apresentação de alegações), a verdade é que, havendo recurso e sendo confirmada a decisão da 1ª instância, a decisão que depois poderá ser objecto de modificação é a decisão do recurso – à semelhança do que sucede no recurso extraordinário de revisão, em que (mesmo) "[t]endo havido recurso da decisão de 1ª instância confirmada pelo tribunal de recurso, deve entender-se que a decisão revidenda é a última decisão confirmatória"[1346] –, pelo que será em relação à decisão do recurso que se irá depois aferir se se modificaram as "circunstâncias que determinaram a condenação", nos termos do artigo 619º, nº 2, do CPC.

Assim sendo, se a parte, podendo fazê-lo, não alegar no recurso a alteração das circunstâncias, ver-se-á impossibilitada de alegar essa concreta alteração das circunstâncias na acção modificativa que, mais tarde, venha a propor, uma

[1346] Assim, a propósito do disposto no artigo 772º, nº 1, do CPC de 1961 (actual artigo 697º, nº 1), A. Ribeiro Mendes, *Recursos em processo civil (Reforma de 2007)*, pág. 201.

vez que, sendo esta acção dirigida contra a decisão do recurso, só pode fundar-se em alteração das circunstâncias consideradas na própria decisão do recurso.

Naturalmente, diversas têm de ser as coisas quando a parte não possa alegar a alteração das circunstâncias no recurso (ou por o recurso não admitir, em qualquer caso, tal alegação, ou por já não ser o momento próprio para o fazer): se assim for, a única via que resta à parte é a da dedução do pedido de modificação como dependência da acção principal. Apesar de os artigos 282º e 619º, nº 2, do CPC não contemplarem esta hipótese – em que o objecto da acção modificativa é, afinal, uma decisão ainda não transitada em julgado –, parece-nos que não teria cabimento forçar a parte a aguardar pelo trânsito em julgado da decisão para fazer valer a alteração das circunstâncias (sobretudo se se considerar que a data da proposição da acção modificativa pode constituir a referência temporal dos efeitos da modificação[1347]).

§ 15º Sentenças proferidas em recurso

Uma questão que se pode colocar – e a que acabámos de fazer referência – é a de saber se, no caso de o processo anterior ter subido em recurso, a acção modificativa que eventualmente se lhe suceda deve dirigir-se contra a decisão da primeira instância ou contra a da Relação ou do Supremo Tribunal de Justiça.

Na Alemanha, considera-se que tal acção deve dirigir-se, em regra, contra a sentença da primeira instância; no entanto, deve dirigir-se contra as duas decisões, no caso de a decisão do recurso confirmar a decisão da primeira instância e ter versado sobre a pretensão de alimentos, atendendo à regra da preclusão constante do § 323, 2, da ZPO[1348].

Entre nós, o problema apresenta afinidade com um outro, que tem sido discutido, e que é o do tribunal ao qual deve ser dirigido o requerimento de interposição do recurso de revisão e que é o competente para este recurso (nos termos conjugados dos artigos 697º, nº 1, e 699º, nº 1, do CPC), quando no processo anterior a decisão que transitou em julgado é a de um tribunal superior.

Que a competência para o recurso de revisão não é sempre do tribunal de 1ª instância é algo que resulta do artigo 700º, nº 3, do CPC – que determina que "[q]uando o recurso tenha sido dirigido a algum tribunal superior, pode este requisitar ao tribunal de 1ª instância, de onde o processo subiu, as diligências que se mostrem necessárias e que naquele não possam ter lugar" –, uma vez que, como se refere num Acórdão do Supremo Tribunal de Justiça de 12 de Fevereiro de 2009, este preceito prevê "a apresentação do recurso em tribunal superior, sem que se determine a incompetência daquele tribunal ou a baixa do processo"; por

[1347] *Infra*, § 37º.

[1348] Assim, H.-U. Graba, *Die Abänderung...*, pág. 100.

outro lado, e como também aí se salienta, não se justifica que a competência seja sempre do tribunal de recurso, se este tribunal, nomeadamente por causa dos seus limites de conhecimento relativamente à matéria de facto, "nada decidiu a respeito da matéria sobre a qual incide a argumentação constante do pedido de revisão"[1349]. Daí que, no mesmo Acórdão, se propugne que "a competência para o processo de revisão cabe ao tribunal de mais elevada hierarquia que tenha conhecido da questão que directamente se pretende atingir. Não tendo tido, em qualquer dos tribunais, tal conhecimento, vale a regra do tribunal onde, em primeira linha, seria invocado o fundamento, se fosse caso de ter vindo ao processo em tramitação normal".

Parece-nos que esta doutrina é, em parte, transponível para a acção modificativa. Se o tribunal de recurso decidiu a respeito da matéria relativamente à qual a parte alega a alteração das circunstâncias, a acção modificativa dirigir-se-á contra a decisão proferida por esse tribunal; se o tribunal de recurso, por causa dos seus limites de conhecimento relativamente a essa matéria, dela não conheceu, a acção modificativa dirigir-se-á contra a última decisão que conheceu dessa matéria; se o tribunal de recurso podia ter decidido a respeito da matéria relativamente à qual a parte alega a alteração das circunstâncias, ou se só em parte conheceu dessa matéria, a acção modificativa deve dirigir-se contra a decisão do tribunal de recurso e contra a decisão anterior.

§ 16º Resoluções da jurisdição voluntária

Os artigos 619º, nº 2, e 988º, nº 1, do CPC são pouco esclarecedores quanto à questão de saber o que essencialmente distingue as decisões susceptíveis de modificação, por alteração das circunstâncias, das resoluções que também o sejam.

Uma primeira característica que as aproxima parece ser a sua eficácia não imediata: relativamente às decisões previstas no artigo 619º, nº 2, essa conclusão retira-se da referência, neste preceito, aos alimentos; em relação às resoluções, tal decorre da menção aos efeitos já produzidos pela resolução.

Vimos também[1350] que algumas das decisões enquadráveis no artigo 619º, nº 2, do CPC podem ter sido proferidas de acordo com critérios de conveniência ou oportunidade; também algumas resoluções o podem ter sido, como o atesta a previsão do artigo 988º, nº 2 (mesmo que em matérias relativamente às quais

[1349] É esta ainda a posição, ao que nos parece, de F. Amâncio Ferreira (*Manual...*, 9ª ed., pág. 346), quando afirma que "[p]rocedendo a uma interpretação sistemática do nº 1 do art. 772º [actual artigo 697º, nº 1], dir-se-á que o recurso deve ser dirigido ao tribunal onde foi cometida a anomalia ou aconteceu a omissão que suporta o fundamento da revisão. Assim, será sempre dirigido ao tribunal de 1ª instância, independentemente de a decisão por ele proferida ter subido aos tribunais superiores pela via de qualquer recurso ordinário, a revisão baseada nos motivos das alíneas *c)* e *e)* do art. 771º. [actual artigo 696º]".

[1350] *Supra*, § 6º, IV.

não seriam, na jurisdição contenciosa, utilizáveis, ou utilizáveis sempre, critérios de conveniência ou oportunidade[1351]).

Diríamos, então, que as resoluções da jurisdição voluntária não constituem propriamente um tipo de decisões a acrescer àquelas a que fizemos até agora referência enquanto objecto possível da acção modificativa, pois quanto às resoluções também é pertinente questionar que características devem possuir para que sejam modificáveis por alteração das circunstâncias (além de que também em relação a outros actos do juiz praticados na jurisdição voluntária, como por exemplo as providências, se coloque o problema de saber em que medida o regime do artigo 988º, nº 1, lhes é extensível).

Por outro lado, a possibilidade de a resolução ser modificada com fundamento em circunstâncias antigas – que parece ser o traço mais característico do regime da acção modificativa na jurisdição voluntária – não confere à resolução características específicas, distintas das das decisões a que alude o artigo 619º, nº 2, do CPC: apenas significa que o juízo de prognose em que a resolução assenta não é o único susceptível de ser corrigido.

Em suma: enquanto objecto de modificação, por alteração das circunstâncias, as resoluções da jurisdição voluntária possuem autonomia de regime, mas não apresentam traços particulares que as distingam das restantes (o que reforça o entendimento, que logo no início da exposição expressámos[1352], acerca da duvidosa utilidade da distinção entre a jurisdição contenciosa e a voluntária).

§ 17º Decisões sobre a relação processual

A inserção sistemática do artigo 619º, nº 2, do CPC dá a entender que o preceito se aplica apenas às decisões constitutivas de caso julgado material.

Mas também em relação às decisões constitutivas de caso julgado meramente formal – por exemplo (e abstraindo da circunstância de algumas delas já não estarem hoje previstas), o despacho de aperfeiçoamento[1353], a decisão sobre a matéria de facto[1354], a decisão que admite liminarmente articulado superveniente[1355], a decisão que determina um exame ou que não admite um documento[1356], a decisão que não admite uma testemunha[1357], a decisão que ordena a penhora[1358], a

[1351] Assim, em matéria de alimentos na jurisdição voluntária, o Supremo Tribunal de Justiça parece partir do princípio de que a decisão que fixa o respectivo quantitativo é proferida segundo critérios de conveniência ou oportunidade (cfr. STJ, 21.05.1998, e STJ, 25.01.2000).

[1352] *Supra*, § 1º, I, 3.

[1353] RL, 26.05.1983; RP, 22.10.1992.

[1354] RL, 13.02.1992.

[1355] RL, 26.03.1992 (Proc. 54172); STJ, 22.09.1992.

[1356] RL, 10.05.1994.

[1357] RL, 01.04.1998.

[1358] RL, 09.07.1998.

decisão sobre incompetência[1359], a decisão sobre legitimidade[1360], a decisão que extingue a instância por inutilidade superveniente[1361], a decisão da Relação que revoga o despacho saneador[1362], a decisão que nomeia os vogais do conselho de família[1363], a decisão que homologa a desistência da instância do arresto[1364], a decisão sobre o valor da causa[1365], a decisão sobre a remoção do cabeça-de-casal[1366], a decisão que admite uma testemunha e um depoimento de parte[1367], a decisão que suspende a instância[1368], a sentença que extingue a acção executiva[1369], ou a decisão que ordena a apreensão de veículo automóvel[1370] – se pode colocar o problema da sua modificabilidade por alteração das circunstâncias e, consequentemente, o da aplicação analógica do artigo 619º, nº 2, do CPC a esse caso julgado.

É, de resto, frequente a jurisprudência aplicar regras próprias do caso julgado material ao caso julgado formal, concluindo, por exemplo, que o artigo 621º do CPC se aplica tanto ao caso julgado material como ao formal[1371], que a autoridade de caso julgado formal não se estende aos fundamentos da decisão[1372], que a relação processual tem de ser a mesma para o caso julgado operar[1373], que prevalece a primeira decisão sobre a mesma questão processual[1374], ou que os princípios do caso julgado não impedem a prolação de decisões diferentes no mesmo processo, para acompanhar alterações fácticas[1375]; não obstante, o respectivo regime não seria confundível, como o atesta a particularidade de a excepção de caso julgado não poder basear-se no caso julgado formal[1376], ou a de o caso julgado formal não exigir as três identidades[1377].

1359 RL, 12.01.2000.

1360 RP, 03.04.1986; RP, 17.11.1994; RP, 20.09.2001.

1361 RP, 28.06.1993.

1362 RP, 09.11.1995.

1363 RP, 10.07.1997 (Proc. 9750079).

1364 RP, 04.05.2000.

1365 STJ, 13.02.1985. E, de acordo com o artigo 120º, nº 3, do CPT, "[e]m qualquer altura o juiz pode alterar o valor fixado em conformidade com os elementos que o processo fornecer".

1366 STJ, 25.05.1999.

1367 STJ, 06.07.2000.

1368 STJ, 15.10.1991; STJ, 02.12.1993.

1369 STJ, 31.05.2005. Sobre um caso diferente de extinção da instância, por constituir caso julgado material, STJ, 08.04.1997 (Proc. 96A883).

1370 STJ, 25.11.1998.

1371 STJ, 14.12.1988.

1372 STJ, 17.12.1992.

1373 STJ, 10.07.1997.

1374 RP, 08.05.2000 (Proc. 0050433); STJ, 09.02.1999; STJ, 24.06.1999.

1375 RL, 23.11.2011.

1376 RP, 20.09.2001.

1377 STJ, 25.05.1984.

Especificamente em relação à questão que ora nos ocupa, parece-nos já ter encontrado uma referência à possibilidade de modificação, por alteração das circunstâncias, do caso julgado formal, em termos semelhantes aos do caso julgado material.

Assim, num Acórdão do Tribunal da Relação de Lisboa de 6 de Novembro de 2008 (Proc. 7053/2008-2) lê-se que, nos processos de jurisdição voluntária, "a força do caso julgado formal (artº 672º do Código de Processo Civil [actual artigo 620º]) sofre algumas limitações, quando na presença de circunstâncias que se possam considerar supervenientes (artº 1411º do Código de Processo Civil [actual artigo 988º])". Desta referência resulta que, para a Relação de Lisboa, a norma dos processos de jurisdição voluntária respeitante à alteração de decisões com fundamento em circunstâncias supervenientes não é somente aplicável às decisões de mérito, antes se estendendo às decisões sobre a relação processual: ora, se assim é, não nos parece inverosímil que o mesmo Tribunal aceitasse idêntica extensão do artigo 619º, nº 2, do CPC às decisões de forma proferidas em processos de jurisdição contenciosa.

Supomos, porém, que não sendo embora de excluir a possibilidade de as decisões sobre a relação processual serem modificáveis por alteração das circunstâncias, dificilmente o regime do artigo 619º, nº 2, do CPC lhes seria aplicável analogicamente, pelo menos em bloco: por um lado, porque esse regime pressupõe a dedução de um pedido como dependência da causa principal e a renovação da primitiva instância, o que não teria cabimento nos casos em que a decisão modificanda versasse sobre a relação processual; por outro lado, porque esse regime toma como referência as sentenças determinativas e visa a correcção dos juízos de prognose delas constantes a propósito de certas "circunstâncias especiais", o que dificilmente sucederá quando a decisão incida sobre a relação processual.

§ 18º Providências cautelares

No direito alemão, tem-se entendido que o § 323 da ZPO não é aplicável às medidas provisórias (nomeadamente às previstas nos – anteriores à reforma da ZPO de 2008/2009 – §§ 620 e 644 da ZPO, que podiam, respectivamente, ter lugar em procedimentos respeitantes a matérias de Direito da família ou de alimentos)[1378].

Por um lado, porque o levantamento de providências cautelares em virtude de alteração de circunstâncias obedece, em geral, ao disposto nos §§ 927 e 936

[1378] Neste sentido: H. Flieger, "Das Verhältnis...", págs. 803-804; H.-U. Graba, *Die Abänderung...*, pág. 106; J. Soyka, *Die Abänderungsklage...*, 1ª ed., págs. 27, 47 e 187 e seguintes; Rosenberg/Schwab/Gottwald, *Zivilprozessrecht*, 15ª ed., § 158, II, 1, e 17ª ed., § 158, 8.

da ZPO[1379], o que exclui a aplicação do § 323 do mesmo Código[1380]; por outro lado, porque as medidas provisórias não são susceptíveis de constituir caso julgado material[1381]; em terceiro lugar, porque a acção modificativa dirigida contra a medida provisória permitiria obter uma declaração judicial com força de caso julgado material, sem as garantias do processo comum[1382]; finalmente, porque para certos procedimentos existem disposições específicas prevendo o levantamento ou a alteração de medidas provisórias neles decretadas (assim, o anterior § 620b da ZPO, sistematicamente inserido nas disposições gerais dos processos relativos a causas matrimoniais)[1383].

Em Itália, o referido problema não tem sido discutido: existem, todavia, preceitos no Código de Processo Civil italiano prevendo a possibilidade de modificação, com fundamento em alteração das circunstâncias, quer das decisões que indefiram pedidos de concessão de providência cautelar, quer das que os defiram (cfr., respectivamente, o artigo 669 *septies* e o artigo 669 *decies*, sistematicamente inseridos numa secção dedicada aos procedimentos cautelares em geral[1384]), o que sugere a existência de uma disciplina própria para a modificação, com este fundamento, das providências cautelares; o mesmo sucede, aliás, no ordenamento brasileiro[1385].

Entre nós, existe igualmente um regime específico de alteração das providências cautelares, mais propriamente dos alimentos provisórios e do arbitramento

[1379] O § 927 da ZPO regula o levantamento do arresto em virtude de alteração das circunstâncias (*Aufhebung wegen veränderter Umstände*). O § 936, por seu lado, manda aplicar o disposto naquele preceito à generalidade das medidas provisórias. Como, a propósito destes preceitos, assinala Rui Pinto (*A questão de mérito...*, págs. 247-249), na Alemanha pode haver revogação ou modificação da decisão de deferimento da providência cautelar "se ocorrerem *modificações de circunstâncias* (§§ 927 e 936 ZPO, este com os limites do § 938 ZPO) como sejam a *extinção do fundamento do perigo* ou a *extinção da pretensão material*, desde que sejam *factos subjectivamente supervenientes*, ou *factos já deduzidos* mas haja *novos elementos probatórios* ou/e *interpretações jurídicas* ou, em qualquer caso, que *a parte passiva não pode, sem culpa, invocar*".

[1380] Neste sentido, K.-A. Klauser, "Abänderung...", pág. 716.

[1381] Assim, J. Soyka, *Die Abänderungsklage...*, 1ª ed., pág. 187.

[1382] Assim, G. Hassold, "Die Abänderung...", pág. 1038.

[1383] Assim, J. Soyka, *Die Abänderungsklage...*, 1ª ed., págs. 187-188, e H. Giessler, "Anmerkung", assinalando que a modificação da medida provisória pode, tal como a modificação ao abrigo do § 323 da ZPO, ter como fundamento a alteração da lei. Actualmente, veja-se o § 54 da FamFG.

[1384] Sobre estes preceitos, veja-se Rui Pinto (*A questão de mérito...*, págs. 246-248), assinalando que a relevância, nos termos deste último preceito, dos factos subjectivamente supervenientes, significou uma novidade da reforma de 2005-2006, indo ao encontro de uma parte da doutrina. Veja-se igualmente F. Marelli, "La stabilità...", esp. págs. 789-791, sobre os motivos de revogação ou modificação.

[1385] Veja-se, a este respeito, o artigo 807 do CPC brasileiro de 1973 (nos termos do qual "[a]s medidas cautelares conservam a sua eficácia no prazo do artigo antecedente e na pendência do processo principal; mas podem, a qualquer tempo, ser revogadas ou modificadas"), bem como as referências de Rui Pinto (*A questão de mérito...*, págs. 247 e 250). Actualmente, consulte-se o artigo 296 do CPC brasileiro de 2015, sobre a revogação ou modificação da tutela provisória.

de reparação provisória (artigos 386º, nº 2, e 389º, nº 1, do CPC), conforme já foi referido[1386]; existem, a par desse regime, preceitos prevendo casos de caducidade das providências em geral (artigo 373º) e do arresto em particular (artigo 395º); também parece ser caso especial de caducidade o do artigo 401º, respeitante à autorização da continuação da obra, depois do respectivo embargo.

Mas, ao contrário do que sucede nos ordenamentos alemão e italiano e, bem assim, no próprio contencioso administrativo português, a generalidade das providências cautelares cíveis não parece sujeita a alteração em virtude de modificação das circunstâncias.

Com efeito, enquanto o artigo 124º do CPTA – que prevê, no nº 1, a alteração e revogação das providências com fundamento em alteração dos pressupostos de facto e de direito inicialmente existentes – está sistematicamente integrado nas disposições comuns dos processos cautelares, os preceitos que, no Código de Processo Civil, estabelecem idêntica possibilidade inserem-se nas disposições próprias de certos procedimentos cautelares especificados: assim sendo, tem, no direito português, particular acuidade o problema de saber se a norma geral do artigo 619º, nº 2, do CPC é aplicável às providências cautelares, na falta de norma que expressamente o preveja (ou se tal ausência significa que a providência em causa, embora permeável à superveniência[1387], não é pura e simplesmente modificável por alteração das circunstâncias).

Parece-nos que, admitindo o contencioso administrativo a alteração e revogação da generalidade das providências cautelares com fundamento na alteração das circunstâncias, não teria sentido sustentar que, no processo civil comum, só o seriam os alimentos provisórios e a reparação provisória. Mas também entendemos que, havendo uma regra especial prevendo e regulando a alteração ou cessação dos alimentos provisórios (a do artigo 386º, nº 2, do CPC), não se justificaria aplicar analogicamente, às restantes providências cautelares, o regime da acção modificativa comum (consagrado nos artigos 619º, nº 2, e 282º do CPC), em vez do regime do artigo 386º, nº 2, do CPC: portanto, só se este último contiver alguma lacuna susceptível de ser integrada através da aplicação analógica daquele primeiro regime, é que esta deverá ter lugar[1388].

[1386] *Supra*, § 1º, I, 5.

[1387] Reconhecendo, por exemplo, que a impossibilidade legal superveniente pode, em certos casos, determinar a extinção da instância que havia conduzido ao decretamento da restituição provisória da posse, RL, 05.05.1992. Quanto à possibilidade de substituição da providência decretada por caução, STJ, 18.05.1999 (Proc. 99B267).

[1388] Problema específico levanta o errado proferimento, num procedimento cautelar, de uma decisão definitiva (mas neste caso não se colocará verdadeiramente um problema de modificação de uma providência cautelar): sobre o ponto, STJ, 20.10.2011.

§ 19º Sentenças homologatórias

I. Aplicabilidade do artigo 619º, nº 2, do CPC ou dos artigos 437º e seguintes do CC às sentenças homologatórias de negócios processuais

Face ao direito alemão, e mesmo depois da introdução, em 1919, de uma regra respeitante à modificabilidade, por alteração das circunstâncias, das transações judiciais (a constante do § 323, 4, da ZPO, na redacção deste Código anterior à reforma de 2008/2009), alguma doutrina continuou a entender que a modificação dessas transacções não carece de nenhum meio processual específico, dado que as mesmas – e, bem assim, os documentos exequíveis – não constituem caso julgado: por isso, aquele preceito seria inútil[1389].

Entre nós, a questão não se põe nos mesmos termos, pois as transações judiciais, uma vez homologadas (homologação de que depende a respectiva eficácia[1390]), constituem caso julgado material e este caso julgado não merece menor protecção[1391] nem tem uma extensão diversa da do caso julgado material da generalidade das sentenças[1392].

Mas, embora as sentenças homologatórias de transacções e outros negócios processuais se enquadrem, aparentemente sem qualquer especificidade, na previsão do artigo 619º, nº 2, do CPC (mesmo as sentenças homologatórias de confissões do pedido ou de desistências do pedido, pois, como vimos, aquele preceito não exige que a sentença modificanda condene numa prestação ou condene no pedido[1393]), na medida em que constituem caso julgado material[1394], a verdade é que, subjacente à sentença, se encontra o negócio, cuja autonomia persiste mesmo depois do trânsito em julgado da sentença, como o comprova a possibilidade de o mesmo ser posteriormente declarado nulo ou anulado através de uma via diferente da do recurso de revisão da própria sentença homologatória (cfr. os artigos 291º, nº 2, 535º, nº 2, alínea *d)*, e 696º, alínea *d)*, do CPC)[1395], ainda que os

[1389] Assim, E. R. von Maurnböck (*Die Abänderungsklage...*, págs. 36-38), salientando (como já antes se assinalou: *supra*, § 3º, I, 1.a)) que, face ao direito austríaco, a transacção judicial traduz uma figura muito próxima da sentença.

[1390] Assim, L. Menezes Leitão, *Direito das obrigações*, vol. III, pág. 589.

[1391] A este respeito, observa F. P. Hill ("O jurisdicionado...", pág. 16) que "[q]uando o litígio chega a termo por solução consensual, avulta, ainda mais, a importância do princípio da coisa julgada. [...] a solução consensual ostenta elevado grau de legitimidade, eis que produzida pelas próprias partes que desencadearam inicialmente o processo e agora põem fim a seu curso".

[1392] Assim, STJ, 14.03.2002, entendendo, por exemplo, que se encontram excluídos da força de caso julgado material da transacção homologada (em acção fundada em acidente de viação em que se pedia indemnização por danos futuros) os danos supervenientes que, à data da transacção, não eram previsíveis.

[1393] Diferente é a questão de saber se a modificabilidade, por alteração das circunstâncias, de negócios processuais, se coloca apenas em relação à transacção, como entende P. Costa e Silva (*supra*, § 1º, III, 3.).

[1394] Sobre o caso julgado destas sentenças homologatórias, STJ, 14.07.2009, e RC, 15.06.2010.

[1395] Sobre esta alternativa que é conferida ao interessado, C. Lopes do Rego, *Comentários...*, vol. I, págs. 292-293. Se, "através de uma acção subsequente àquela em que se celebrou a transacção, se pretende

fundamentos dessa declaração de nulidade ou dessa anulação possam coincidir com os fundamentos que a lei estabelece para o recurso de revisão em geral[1396]; por outro lado, verifica-se uma dependência, a que já aludimos[1397], do caso julgado da sentença homologatória de conciliação, confissão do pedido ou transação da validade do negócio subjacente, como o atestam o regime da revisão e o da oposição à execução baseada em sentença homologatória de transacção ou confissão (cfr. os artigos 696º, alínea *d)*, e 729º, alínea *i)*, do CPC); finalmente, se a função do regime do artigo 619º, nº 2, do CPC é a de corrigir erros de prognose do juiz, tal função não parece poder ser preenchida quando a sentença seja homologatória, pois neste caso a prognose a ter em conta é a das partes e não a do juiz[1398].

Assim sendo, coloca-se o problema de saber se, à modificação dessas sentenças homologatórias – e porque o respectivo caso julgado assume uma "especial feição"[1399] –, é de aplicar, não o regime do artigo 619º, nº 2, do CPC, mas, antes, o dos artigos 437º e seguintes do CC.

Do regime dos artigos 437º e seguintes do CC não resulta, porém, qualquer indicação no sentido da sua aplicabilidade a sentenças (seja qual for o seu conteúdo ou natureza), pelo que não parece possível sustentar que o artigo 619º, nº 2, do CPC não se aplica às sentenças homologatórias, por lhes serem aplicáveis, ao invés, os artigos 437º e seguintes do CC. A isto acresce que excluir do âmbito do artigo 619º, nº 2, do CPC sentenças que homologam acordos ou transacções, por exemplo em matéria de alimentos ou de responsabilidade civil por danos futuros continuados, significaria reduzir drasticamente a sua utilidade.

atacar esta transacção com base em erro ou impossibilidade legal, ou na qual se pretende resolver o contrato de transacção que originou, na acção anterior, a sentença homologatória da transacção", não se verifica a excepção de caso julgado material (cfr. RC, 08.09.2009). Sobre o regime anterior a 2003, que impunha ao interessado que pretendesse interpor recurso de revisão de sentença homologatória de confissão, desistência ou transacção a prévia proposição de acção de declaração de nulidade ou de anulação desses negócios (e que, ao não admitir a impugnação do negócio em meio processual destinado à impugnação do caso julgado, ainda conferia mais autonomia ao negócio, face à própria sentença), STJ, 20.10.1983, e STJ, 04.11.1993. A transacção, em si, encontra-se ainda sujeita às vicissitudes gerais dos contratos, como por exemplo a extinção: assim, por exemplo: L. Menezes Leitão, *Direito das obrigações*, vol. III, pág. 590; RC, 08.09.2009.

1396 Assim, STJ, 20.10.1983, considerando que a apresentação do documento novo a que se refere o (actual) artigo 696º, alínea *c)*, do CPC pode basear a acção de revogação da transacção judicial realizada (embora não possa basear a revisão da própria sentença homologatória dessa transacção, uma vez que, para este efeito, só serve o fundamento do artigo 696º, alínea *d)*).

1397 *Supra*, § 1º, I, 2.

1398 Assim, STJ, 14.03.2002, entendendo que o caso julgado de sentença homologatória de transacção (efectuada numa acção em que se pedia indemnização por danos futuros) não abarca os danos futuros imprevisíveis *para as partes*, por não caberem na sua prognose.

1399 Assim, RC, 08.09.2009.

Problema diferente é, naturalmente, o de saber se os artigos 437º e seguintes do CC se aplicam ao próprio negócio de que a sentença depende e se tal se repercute, e de que modo, na sentença, questão que analisaremos no ponto seguinte[1400].

A sentença homologatória estará, pois, e em princípio, sujeita ao disposto no artigo 619º, nº 2, do CPC, podendo, ainda, discutir-se se, para o estar efectivamente, tem de constituir título executivo: no direito alemão, por exemplo, o § 323, 4, da ZPO (na redacção anterior à reforma de 2008/2009) formulava esta exigência em relação às transacções judiciais[1401], o que continua a suceder face ao novo § 323a da ZPO. Não nos parece, todavia, que, entre nós, tal deva necessariamente suceder, pois, como vimos, o regime do artigo 619º, nº 2, do CPC pode ser estendido a sentenças que não condenam numa prestação, sendo anómalo que só em relação às sentenças homologatórias se estabelecesse esse pressuposto.

O que até agora dissemos não vale, porém, para a confissão do pedido ou para a transacção que conste de documento que constitua título executivo diverso de sentença (o que é permitido pelo artigo 290º, nº 1, do CPC): quanto a esse título, a aplicabilidade dos artigos 437º e seguintes do CC decorre logo da aplicação destes preceitos a contratos e negócios unilaterais, colocando-se unicamente o problema da eventual harmonização com o disposto no artigo 619º, nº 2, do CPC (se se entender que este pode ser analogicamente aplicado aos títulos executivos diversos de sentenças). Diríamos, então, que se quanto às sentenças homologatórias o regime que surge como potencialmente aplicável é o do artigo 619º, nº 2, do CPC, aos títulos representativos de confissões, desistências ou transacções é o dos artigos 437º e seguintes do CC.

Este problema será, porém, tratado autonomamente[1402].

II. Aplicabilidade dos artigos 437º e seguintes do CC aos negócios processuais titulados pelas sentenças

Mesmo que se entenda que os artigos 437º e seguintes do CC não são aplicáveis às sentenças homologatórias, em si mesmas consideradas, pode admitir-se, como acabámos de sugerir, a sua aplicação aos negócios processuais titulados por essas sentenças. Tal resultaria da autonomia do negócio processual, relativamente ao qual é também possível questionar a sua alterabilidade, por modificação das circunstâncias[1403].

[1400] No direito alemão também se considera que a adaptação da sentença só é possível verificados os pressupostos do § 323 ou do § 767 da ZPO, sem prejuízo da sujeição da prestação estabelecida na sentença às regras relativas à alteração da base negocial (que podem facultar ao interessado a proposição de nova acção, assente em diverso objecto processual): sobre o ponto, H. Brox, "Rechtskraft...", esp. pág. 691.

[1401] Sobre este ponto: J. Soyka, *Die Abänderungsklage...*, 1ª ed., pág. 135.

[1402] *Infra*, § 20º, II.

[1403] A questão da alterabilidade do próprio acordo, em virtude de modificação das circunstâncias, é equacionada em RP, 07.06.1993, que conclui que a tal não obsta o caso julgado da sentença homologatória.

Aliás, também em relação a um negócio (de natureza meramente substantiva) apreciado numa sentença se levanta o problema da aplicabilidade dos artigos 437º e seguintes do CC. Exemplo desta situação é o da sentença que considera válido um contrato de fornecimento e condena o comprador a pagar as prestações pecuniárias convencionadas: neste caso, nenhum obstáculo parece haver a que o comprador possa mais tarde requerer a modificação ou resolução do contrato com fundamento em alteração das circunstâncias (por exemplo, desnecessidade das matérias-primas fornecidas, por encerramento da fábrica que as utilizaria), invocando, para o efeito, aquele regime substantivo.

Este último problema, porém, não nos interessa particularmente, porque nem é específico das sentenças homologatórias nem parece convocar a aplicação do artigo 619º, nº 2, do CPC à sentença que apreciou o negócio: na verdade, a condenação do comprador não assentou num juízo de prognose e as circunstâncias apreciadas pelo juiz não se alteraram (alteraram-se, sim, circunstâncias apreciadas pelas partes aquando da celebração do contrato). Como tal, resolvido ou modificado o contrato nos termos dos artigos 437º e seguintes do CC – mediante proposição de acção fundada precisamente nestes preceitos, ou extrajudicialmente, se se entender que aquele regime não impõe o recurso aos tribunais –, só se afigura possível fazer valer posteriormente a modificação ou a extinção da obrigação através da via da oposição à execução, caso o fornecedor pretenda executar a sentença; quanto ao caso julgado da sentença, a referida alteração das circunstâncias determina a respectiva caducidade, não a modificação nos termos do artigo 619º, nº 2, do CPC.

Retornando aos negócios processuais e ao problema do meio processual a utilizar quando se verifique a alteração das circunstâncias em que os mesmos assentaram, pergunta-se, então, se deverá, aos próprios negócios, aplicar-se o disposto nos artigos 437º e seguintes do CC e, à correspondente sentença, o disposto no artigo 619º, nº 2, do CPC.

A este propósito, refira-se que, como já atrás dissemos[1404], o § 323, 4, da ZPO mandava aplicar analogicamente as disposições próprias da acção modificativa à modificação de uma transacção judicial, o que vinha sendo entendido, na prática, como implicando o emprego de uma certa forma processual (precisamente, a da acção modificativa), sem prejuízo da modificação do negócio nos termos da lei substantiva, isto é, sem prejuízo de, na acção modificativa, a modificação ser decretada em obediência às regras (ou a certas regras) que regulam a modificação dos contratos e não às regras (ou a todas as regras) que regulam a modificação de sentenças e que se encontram naquele mesmo § 323 da ZPO. O actual § 323a da ZPO corrobora este entendimento.

[1404] *Supra*, § 3º, I, 1. *e)* 1.

Parece-nos que, não obstante o direito português não conter uma regra explícita neste domínio, não seria anómala a possibilidade de emprego dos dois seguintes meios processuais: um (que seria uma acção fundada nos artigos 437º e seguintes do CC), para obter a modificação da transacção judicial e, em geral, do negócio processual; outro (que seria a acção modificativa fundada no artigo 619º, nº 2, do CPC), para obter a modificação da sentença que o tivesse homologado.

Esta conclusão pode alicerçar-se num lugar paralelo, já atrás referenciado: previa o artigo 771º, alínea *d)*, do CPC de 1961 – na redacção que emergiu do Decreto-Lei nº 38/2003, de 8 de Março –, e continua a prever o artigo 696º, alínea *d)*, do actual CPC, a possibilidade de interposição de recurso de revisão fundado em "nulidade ou anulabilidade de confissão, desistência ou transacção em que a decisão se fundou", sem prévia proposição de acção destinada a verificar essa nulidade ou anulabilidade – ou seja, tendo lugar essa verificação no próprio recurso de revisão (cfr. o artigo 700, nº 2, do CPC) –, mas, como decorre dos artigos 291º, nº 2, e 535º, nº 2, alínea *d)*, do CPC, a verificação da nulidade ou da anulabilidade da confissão, desistência ou transacção também pode ter lugar em acção autónoma (se bem que pagando o autor as custas).

Portanto, seria harmónica com este regime do recurso extraordinário de revisão tanto a solução – a que já nos referimos – que admite a proposição de acção destinada a modificar ou resolver o negócio processual, seguida de acção modificativa dirigida contra a sentença homologatória, como a solução que admite a discussão, na própria acção modificativa (dirigida contra a sentença homologatória), acerca da modificabilidade ou resolubilidade do negócio processual, por alteração das circunstâncias.

Ambas as soluções, porém, enfrentam o problema de o artigo 619º, nº 2, do CPC não arvorar em fundamento da acção modificativa a própria alteração da base do negócio processual, mas apenas a alteração da base da sentença, diversamente do que sucede quanto ao recurso de revisão, cujo fundamento, como vimos, pode ser a nulidade ou anulabilidade do negócio processual (e, bem assim, do que sucede quanto à oposição à execução, já que, nos termos do artigo 729º, alínea *i)*, do CPC, quando esta se baseie em sentença homologatória de confissão ou de transacção, pode fundar-se em "qualquer causa de nulidade ou anulabilidade desses actos").

Assim sendo, a proposição de acção destinada a modificar ou resolver o negócio processual parece ser inútil, atendendo a que, não só através dessa acção não se atinge a sentença, como a procedência dessa acção nenhuma repercussão tem na acção modificativa, por não valer o caso julgado da eventual decisão de procedência aí proferida como autoridade de caso julgado na acção modificativa; por outro lado, a solução que admite a discussão, na própria acção modificativa (dirigida contra a sentença homologatória), acerca da modificabilidade ou resolubilidade do negócio processual, por alteração das circunstâncias, enfrenta a dificuldade de tal discussão versar, afinal, sobre um objecto diverso do do processo; finalmente, como a alteração do negócio processual por modificação das circunstâncias não constitui fundamento de revisão, também não poderia a acção dirigida contra o negócio revestir a utilidade decorrente de, com base na sentença nela proferida, ser mais tarde interposto recurso de revisão contra a sentença homologatória.

A nossa jurisprudência já se pronunciou sobre uma questão semelhante e inclinou-se, se bem a compreendemos, para considerar também que o negócio processual homologado por sentença transitada não é atacável autonomamente, a menos que alguma disposição legal expressamente o preveja. Assim, num Acórdão de 10 de Janeiro de 1958, o Supremo Tribunal de Justiça entendeu que uma partilha acordada entre dois cônjuges e homologada por sentença transitada em julgado "não pode agora ser livremente alterada, porque não constitui resolução susceptível de posterior apreciação, abrangida pela segunda parte do art. 1.451º do Código de Processo Civil; e, tendo tal partilha sido julgada, ou homologada, bem ou mal, por uma sentença transitada em julgado, o inventário não é meio processual próprio para declaração da sua nulidade".

Do exposto resulta que o negócio processual homologado por sentença não pode ser modificado, por alteração das circunstâncias, através de acção proposta para o efeito com fundamento nos artigos 437º e seguintes do CC.

Mas já não resulta que, na acção modificativa, dirigida contra a sentença homologatória e proposta ao abrigo do artigo 619º, nº 2, do CPC, não possa ser tida em conta a especificidade da sentença e não possam ser aplicadas algumas das regras dos artigos 437º e seguintes do CC. As "circunstâncias que determinaram a condenação", a que alude o artigo 619º, nº 2, do CPC, podem, no caso das sentenças homologatórias de negócios processuais, equivaler às "circunstâncias em que as partes fundaram a decisão de contratar", a que se refere o artigo 437º, nº 1, do CC, e ao juiz da acção modificativa pode ser lícito aplicar as regras do direito substantivo na aferição dos pressupostos da modificação da sentença e na determinação dos efeitos dessa modificação.

Assinale-se, por outro lado, que as partes podem ter excluído a modificação do acordo inicial, tê-la sujeitado a certos requisitos ou determinado o regime jurídico aplicável a uma futura fixação das prestações[1405], casos em que a vontade das partes se manifestará na acção modificativa (da sentença homologatória) que venha a ser instaurada.

[1405] Assim, H.-U. Graba, *Die Abänderung...*, págs. 30-31. Assinalando a "grande atipicidade dos efeitos da transacção, que ficam na disponibilidade das partes", L. Menezes Leitão, *Direito das obrigações*, vol. III, pág. 588.

Nas duas últimas hipóteses, é evidente que a acção modificativa não deixa de ser admissível, reflectindo-se a vontade das partes unicamente na respectiva procedência ou no conteúdo da sentença modificativa; mas, mesmo na primeira hipótese, não parece que a vontade das partes se traduza na inadmissibilidade da acção modificativa, apenas podendo o acordo conduzir à respectiva improcedência, por inexistir o direito a que a parte que propõe a acção modificativa se arroga.

A conclusão acerca da sujeição das sentenças homologatórias de negócios processuais (particularmente, de transacções judiciais) a certos aspectos do regime dos artigos 437º e seguintes do CC corresponde, de algum modo, à solução do direito alemão, vertida no antecedente § 323, 4, da ZPO e no actual § 323a da ZPO.

A este respeito, assinala GRABA[1406] que, no caso dos acordos e transacções em matéria de alimentos, e não tendo a respectiva modificação sido excluída pelas partes, deve partir-se do princípio da sua submissão à cláusula *rebus sic stantibus*, isto é, da sua modificabilidade nos termos das regras sobre a base do negócio constantes do § 242 do BGB[1407].

Esse tem sido também, como documenta o Autor[1408], o entendimento do *Bundesgerichtshof*, que tem fundado a modificabilidade nesses termos na vontade subjectiva dos contraentes (seria essa vontade que, por exemplo, permitiria identificar a ocorrência de uma perturbação da base do negócio).

Para GRABA[1409], porém, como a vontade das partes, nas transacções e acordos em matéria de alimentos, se dirige à concretização de uma pretensão directamente decorrente da lei, também uma modificação essencial dos pressupostos legais (objectivos) da pretensão pode constituir motivo subjectivo para a respectiva adaptação; aliás, quanto à sua finalidade e problemas que envolve, a modificação dessas transacções e acordos aproxima-se muito, segundo o Autor[1410], da modificação de sentenças (em ambos os casos se procurando a adaptação do título ao que, em cada momento, resulta do direito material; em ambos os casos se colocando o problema de saber se, após a fixação dos alimentos, é possível uma demanda suplementar sem que tenha ocorrido fundamento de modificação, ou o de saber se é possível a correcção posterior de erros originários)[1411].

[1406] H.-U. Graba, *Die Abänderung...*, pág. 32.

[1407] Actualmente há a considerar o disposto no § 313 do BGB.

[1408] H.-U. Graba, *Die Abänderung...*, págs. 34-35.

[1409] H.-U. Graba, *Die Abänderung...*, págs. 35-36.

[1410] H.-U. Graba, *Die Abänderung...*, págs. 36-37.

[1411] Sobre as semelhanças entre a modificação (da sentença) nos termos do § 323, 1, da ZPO, e a modificação (da transacção) nos termos do § 242 do BGB, veja-se ainda H.-U. Graba (*Die Abänderung...*, págs. 169-171, e "Die Abänderung von Unterhaltsvergleich...", págs. 2344-2348): assim, tanto a sentença como a transacção modificanda e, bem assim, a sentença que as modifique, têm a *mesma finalidade*, que é a concretização e titulação dos alimentos que decorrem da lei e são os adequados; tanto ao § 323 da ZPO como ao § 242 do BGB subjaz o *mesmo pensamento*, que é o da cláusula *rebus sic stantibus*; *a alteração*

III. O caso especial do acordo quanto ao destino da casa de morada da família

Não obstante a genérica submissão das sentenças homologatórias à acção modificativa, pode suceder que algumas delas não o estejam.

Assim, durante muito tempo a jurisprudência portuguesa encontrou-se dividida quanto à admissibilidade da modificação, com fundamento em alteração das circunstâncias, da sentença que homologasse o acordo quanto ao destino da casa de morada da família mencionado nos artigos 1105º, nº 1, e 1775º, nº 1, alínea *d)*, do CC, embora o problema tivesse sido sempre equacionado à luz do disposto no artigo 988º, nº 1, do CPC (por se tratar de matéria da jurisdição voluntária) e não do artigo 619º, nº 2, do mesmo Código[1412].

Os argumentos no sentido da inadmissibilidade de tal modificação encontram-se elencados num Acórdão do Tribunal da Relação de Coimbra de 13 de Março de 2007 e são os seguintes: embora a jurisdição voluntária não esteja sujeita a critérios de estrita legalidade, o divórcio por mútuo consentimento só pode ser decretado quando se verifiquem os requisitos estabelecidos na lei; a inalterabilidade das resoluções não é um princípio absoluto, porque, por exemplo, a sentença, na parte em que decretou o divórcio, não pode ser alterada ao abrigo do artigo 1411º do CPC; relativamente ao acordo quanto ao destino da casa de morada da família não existe qualquer preceito legal prevendo a respectiva alteração, diversamente do que sucede quanto ao acordo sobre a prestação de alimentos a favor do cônjuge que deles careça (cfr. os artigos 2012º do CC e 936º do CPC) e quanto ao acordo quanto à regulação do exercício do poder paternal [das responsabilidades parentais, na actual terminologia] (cfr. os artigos 1920º-A do CC e 182º, nº 1, da [antiga] OTM, correspondente ao artigo 42º, nº 1, do RGPTC); se o legislador pretendesse a alteração do acordo quanto ao destino da casa de morada da família, teria introduzido uma disposição semelhante à da parte final do nº 2 do artigo 1793º do CC, que prevê a possibilidade de fazer caducar o arrendamento quando circunstâncias supervenientes o justifiquem.

A favor da possibilidade de modificação sustentou-se, como se refere no mesmo Acórdão do Tribunal da Relação de Coimbra de 13 de Março de 2007, o seguinte: a impossibilidade de a sentença, na parte em que decretou o divórcio, não poder ser alterada, explica-se por se tratar de uma decisão sobre o estado das pessoas, por serem inconvenientes alterações avulsas nesse domínio e por não ser possível constituir ou reconstituir judicialmente o estado de casado, mas tais razões não se verificam quanto às restantes providências da jurisdição voluntária;

das circunstâncias que releva para a modificação da sentença é, em regra, a que também releva para a modificação da transacção, uma vez que esta também concretiza a pretensão de alimentos que da lei decorre; a transacção e a sentença em matéria de alimentos continuam a ter como *referência* a pretensão de alimentos decorrente da lei.

1412 Dando conta dessa divergência jurisprudencial, RP, 26.10.2006, RP, 23.04.2007, e RC,13.03.2007.

da existência de norma prevendo a alterabilidade dos acordos quanto aos alimentos e ao exercício do poder paternal [responsabilidades parentais, na actual terminologia] não pode inferir-se a inalterabilidade do acordo relativo à casa de morada da família, pois aquelas duas primeiras matérias são, por natureza, conjunturais e muito mutáveis, e foram objecto de uma regulamentação completa e sistematizada; para que as decisões sobre a casa de morada da família não fossem alteráveis seria necessária previsão expressa nesse sentido, porque se trata de matéria inserida na jurisdição voluntária e, portanto, sujeita ao disposto no (actual) artigo 988º, nº 1, do CPC; a existência de uma norma como a do nº 2 do artigo 1793º do CC (caducidade do arrendamento da casa de morada da família) justifica-se por estar em causa a cessação, por desnecessidade, de um regime de protecção à família, pelo que dela nada pode retirar-se quanto à alterabilidade do acordo quanto à casa de morada da família, que implica a alteração de uma decisão.

Supomos que esta divergência jurisprudencial foi resolvida a favor da segunda das mencionadas orientações, que também já vinha sendo seguida na doutrina[1413], uma vez que o artigo 1793º do CC, sob a epígrafe "Casa de morada da família", passou a determinar no seu nº 3 – introduzido pela Lei nº 61/2008, de 31 de Outubro – que "[o] regime fixado, quer por homologação do acordo dos cônjuges, quer por decisão do tribunal, pode ser alterado nos termos gerais da jurisdição voluntária". Daqui decorre que, pelo menos quando o acordo dos cônjuges estipule o *arrendamento*, a favor de um deles, da casa de morada da família (refira-se que os números anteriores do artigo 1793º do CC dizem respeito a tal arrendamento, que deve ser requerido através do processo previsto no artigo 1793º do CC e regulado no artigo 990º do CPC[1414]), é aplicável o disposto no artigo 988º, nº 1, do CPC e a decisão homologatória pode ser alterada; mas, como não faria sentido que, só quando se tivesse estipulado o arrendamento, a alteração da decisão fosse possível, consideramos que quando os cônjuges hajam estabelecido outro regime quanto à casa de morada da família[1415], vale também a regra do artigo 988º, nº 1, do CPC.

[1413] Propugnando a admissibilidade da modificação, por alteração substancial das circunstâncias, do acordo sobre o destino da casa de morada da família, N. de Salter Cid, "A alteração...", esp. págs. 298-300. Parecendo também favorável a essa solução, embora à luz da primitiva versão do artigo 1110º, nº 3, do CC, F.M. Pereira Coelho, "Anotação", pág. 15, nota 22.

[1414] Assim, e considerando que "o tribunal não pode, por exemplo, no processo de atribuição de casa de morada da família, impor à requerente a celebração de contratos de hospedagem em benefício do requerido em vez de constituir o arrendamento prescrito por Lei", RL, 13.01.2000.

[1415] Na hipótese tratada no acórdão citado no texto, a ambos os cônjuges tinha sido concedido o direito a habitar a casa de morada da família, pagando um deles certas despesas; e verificou-se posteriormente a "impossibilidade total de um relacionamento minimamente cordial" entre um dos cônjuges e a restante família. Também na situação apreciada num outro acórdão (RL, 22.02.1994) os cônjuges haviam acordado em continuar a residir na casa de morada da família e, mais tarde, um deles saiu de casa, casou novamente e passou a viver noutra casa, factos que motivaram o pedido de atribuição da casa de morada da família pelo cônjuge que nela permaneceu.

§ 20º Títulos executivos diversos de decisões judiciais

I. Colocação do problema

A modificação de títulos executivos diversos de sentenças judiciais – sobretudo quando digam respeito a prestações futuras, nomeadamente prestações periódicas (cfr., por exemplo, os artigos 707º e 715º do CPC)[1416] –, com fundamento em alteração de circunstâncias, pode, em abstracto, estar sujeita ao disposto nos artigos 437º e seguintes do CC, ao disposto no artigo 619º, nº 2, do CPC – colocando-se esta última hipótese porque certos desses títulos, nomeadamente a transacção, são semelhantes, em certos aspectos da sua regulação, às sentenças transitadas em julgado[1417], e porque é sustentável a existência de uma tutela constitucional dos acordos[1418] –, ou até mesmo a ambos os regimes.

Refira-se que, da inaplicabilidade dos artigos 437º e seguintes do CC à modificação, por alteração das circunstâncias, das próprias sentenças – conclusão a que, em linha de princípio, chegámos, e nos termos que expusemos –, não decorre idêntica solução, quer para os negócios processuais homologados por sentença – problema que também tratámos –, quer para os títulos executivos diversos das sentenças, que agora nos vão ocupar.

Assinale-se, ainda, que quanto à questão de saber se, aos títulos executivos diversos de sentenças, pode ser também aplicável o regime da acção modificativa, a lei alemã dá uma resposta afirmativa, no anterior § 323, 4 e 5, e no actual § 323a da ZPO. No entanto, nem todos os títulos executivos estão aí contemplados: como assinala GRABA[1419], não o estão, segundo uma opinião unânime, os títulos executivos referentes a acordos extrajudiciais.

1416 Como assinalava J. Alberto dos Reis (*Processo de execução*, vol. 2º, págs. 510-512), também os títulos extrajudiciais podem ser dotados de trato sucessivo, verificando-se que "se o título executivo é uma sentença, o credor só pode servir-se dela em execuções repetidas se foi emitida com trato sucessivo; se o título é uma escritura pública ou outro instrumento extrajudicial, o trato sucessivo não carece de ser expressamente estipulado, porque deriva da própria estrutura da obrigação contraída. Compreende-se a diferença. O trato sucessivo visa a dispensar o exercício da acção declarativa; não é necessário estipulá-lo expressamente nos títulos executivos negociais, pois que estes títulos suprem, por definição, a propositura de acção declarativa". Exemplos de títulos extrajudiciais de trato sucessivo seriam, para J. Lebre de Freitas / A. Ribeiro Mendes (*Código...*, vol. 3º, pág. 636), os casos "da escritura pública de abertura de crédito ou de fornecimento, em execução da qual sejam efectuadas várias prestações nos termos do art. 50 [actual artigo 707º], ou do documento particular do qual conste a obrigação de pagamento do juro ou do preço a prestações"; considerando que constitui título executivo de trato sucessivo, para a acção de pagamento de renda, o contrato de arrendamento quando acompanhado do comprovativo de comunicação ao arrendatário do montante em dívida, RP, 18.10.2011.

1417 Sobre a resistência da transacção à lei superveniente retroactiva, Remo Caponi (*L'efficacia...*, págs. 183-189), para quem essa resistência decorreria do próprio artigo 1965 do c.c. (que define a transacção). Entre nós, veja-se o artigo 13º, nº 1, do CC.

1418 Assim, RL, 05.05.1994.

1419 H.-U. Graba, *Die Abänderung...*, pág. 31.

Repare-se, de qualquer modo, que a doutrina alemã só questiona a aplicabilidade do regime da acção modificativa a títulos executivos: se a dívida não constar de documento a que a lei atribua força executiva, a respectiva modificação através da acção modificativa nunca é possível, pois o anterior § 323, 4, e o actual § 323a da ZPO claramente pressupõem a existência de um título executivo, restando, consequentemente, ao credor interessado a via da acção de condenação prevista no § 258 da ZPO[1420].

Por outro lado, se a dívida estiver parcialmente titulada por título extrajudicial e o credor pretender exigir judicialmente a parte restante, a acção a propor para este último efeito não é a acção modificativa, mas a vulgar acção de condenação[1421].

II. Títulos executivos de natureza negocial

1. Transacção ou acordo extrajudicial que constitua título executivo

A doutrina portuguesa já tem abordado a questão da modificabilidade, por alteração das circunstâncias, de títulos executivos de natureza negocial, nomeadamente transacções extrajudiciais[1422].

Segundo VAZ SERRA[1423], "[s]e a indemnização for objecto de *transacção*, não pode, em princípio, ser de novo discutida. Mas, dando-se um facto novo, a transacção não impede que por ele se exija indemnização, salvo se ela teve o intuito de regular definitivamente o problema da indemnização, de modo a abranger também os factos novos que pudessem surgir. Quando o crédito de indemnização não seja renunciável, a transacção não é válida, na medida em que importar essa renúncia".

Ainda para VAZ SERRA[1424], o *acordo em matéria de alimentos* "é alterável tal como o seria uma sentença acerca da importância dos alimentos", não valendo o acordo ou a transacção "na medida em que importarem renúncia a um crédito irrenunciável de alimentos"[1425].

No caso de *transacção em matéria de alimentos*, em que se atribua ao alimentando "uma quantia anual certa ou um capital em dinheiro ou outras coisas", considera VAZ SERRA[1426] que "[a] doutrina de que a transacção não pode ser revista, no caso

[1420] Assim: H.-U. Graba, *Die Abänderung...*, pág. 48; J. Soyka, *Die Abänderungsklage...*, 1ª ed., pág. 135.

[1421] Assim, face aos preceitos que, na lei alemã, regulam a acção modificativa e a acção de condenação em prestações periódicas vincendas, BGH, 02.12.2009.

[1422] Sobre a noção de transacção e a forma que reveste a transacção extrajudicial, veja-se, respectivamente, os artigos 1248º e 1250º do CC.

[1423] Vaz Serra, "Obrigação de indemnização...", págs. 283-284.

[1424] Vaz Serra, "Obrigações pecuniárias", pág. 154 e nota 286.

[1425] Sobre a proibição de, mediante transacção (no caso, homologada por sentença), renunciar ao direito a alimentos, STJ, 03.10.2006.

[1426] Vaz Serra, "Obrigações pecuniárias", págs. 154-157 e nota 292.

de depreciação, tratando-se de alimentos renunciáveis, supõe que a transacção não pode ser impugnada com o fundamento de alteração da situação de facto, que as partes tiveram presente ao fazê-la. Depende, por conseguinte, do regime geral que se adoptar, quanto a este ponto, em matéria de transacção. Se a transacção implicar renúncia a alimentos irrenunciáveis, parece dever considerar-se nula nessa parte"; de qualquer modo, "[n]a hipótese de transacção mediante atribuição de um capital, parece que, mesmo quando as regras da transacção consintam a impugnação desta por alteração da situação de facto que constituir a sua base, a revisão deveria ser, em princípio, inaceitável, pois o credor podia acaso ter dado a esse capital uma aplicação que obstasse à depreciação, além de que o devedor pode ter alienado bens com valor estável para conseguir o capital a entregar".

Ao acordo ou à transacção extrajudicial é, nos termos gerais, aplicável o regime dos artigos 437º e seguintes do CC, não se colocando, diversamente do que sucede em relação à transacção judicial, a questão da articulação com o regime do artigo 619º, nº 2, do CPC: a menos que se entenda que a acção modificativa prevista neste último preceito pode destinar-se à modificação de títulos executivos diversos da sentença.

Na Alemanha, por exemplo, esta possibilidade é negada em relação às transacções extrajudiciais[1427], excluindo mesmo GRABA[1428] – que, neste ponto, dissente da jurisprudência e doutrina maioritárias[1429] – a relevância da vontade das partes nesse domínio: assim, no caso de transacção extrajudicial respeitante a alimentos, entende o Autor que as partes não podem convencionar que a respectiva modificação se processe nos termos do § 323 da ZPO – sem prejuízo de poderem estabelecer que os pressupostos materiais de tal modificação são os deste preceito (que, assim, se converteria numa regra de direito material atinente à modificação) e não os próprios das regras sobre a alteração da base do negócio –, pois lhes está vedado alterar o sistema de acções da ZPO que, para esses casos, predispõe a acção de condenação consagrada no § 258 da ZPO.

O artigo 619º, nº 2, do CPC também não nos dá qualquer indício no sentido da equiparação dos acordos e transacções extrajudiciais às sentenças aí previstas, decorrendo da sua inserção sistemática (nas disposições sobre os efeitos da sentença) que a acção modificativa não é a via processual adequada para a modificação desses negócios: por outro lado, quando a lei pretende equiparar (ou equiparar para certos efeitos) a transacção extrajudicial à sentença fá-lo expressamente (por exemplo, para efeitos de instauração da acção executiva, nos termos do artigo 703º, nº 1, alínea *b)*, do CPC, ou para efeitos de aplicação no tempo da lei interpretativa, nos termos do artigo 13º, nº 1, do CC).

1427 Assim, nomeadamente, BGH, 27.10.1959.

1428 H-U. Graba, *Die Abänderung*..., págs. 31-32.

1429 Assim: *MünchKommZPO*/Gottwald, § 323, 13; H. Thomas / H. Putzo, *Zivilprozessordnung*, § 323, 16.

A esta conclusão não obsta, ao que cremos, o disposto no artigo 567º, nº 2, do CC, que, a propósito da indemnização em renda, parece permitir a modificação do acordo nos mesmos termos que a sentença: na verdade, este preceito não estabelece a via processual a seguir para o efeito, estabelecendo apenas os pressupostos substantivos da modificação.

2. Outros títulos executivos de natureza negocial

Não cabendo a transacção extrajudicial na previsão do artigo 619º, nº 2, do CPC, por igualdade ou maioria de razão também não estão aqui abrangidos outros títulos executivos de natureza negocial, como por exemplo os que titulem legado de alimentos ou pensão vitalícia (artigo 2073º do CC) ou legado de prestação periódica (artigo 2273º do CC)[1430].

III. Decisões do Ministério Público ou do conservador do registo civil proferidas ao abrigo do Decreto-Lei nº 272/2001, de 13 de Outubro

As decisões do Ministério Público ou do conservador do registo civil proferidas ao abrigo do Decreto-Lei nº 272/2001, de 13 de Outubro não parecem ser susceptíveis de modificação nos termos do artigo 619º, nº 2, do CPC, na medida em que não consubstanciam decisões judiciais.

No entanto, tal como o regime do processo de revisão de sentenças estrangeiras, que, pressupondo embora uma decisão judicial transitada em julgado, pode ser analogicamente aplicado a certas decisões administrativas que, em Portugal, seriam proferidas por tribunais[1431], cabe questionar se também o regime constante do artigo 619º, nº 2, do CPC pode ser estendido a decisões que, tradicionalmente, eram proferidas por tribunais, como é o caso das decisões do Ministério Público ou do conservador do registo civil a que nos referimos agora.

A resposta parecer-nos-ia dever ser afirmativa – até porque, nos termos do artigo 1776º, nº 3, do CC, "[a]s decisões proferidas pelo conservador do registo civil no divórcio por mútuo consentimento produzem os mesmos efeitos das sentenças judiciais sobre idêntica matéria" –, se o artigo 9º, nº 2, do Decreto-Lei nº

[1430] Como observa J. P. Remédio Marques (*Algumas notas...*, pág. 121, nota 166), o legado de prestação periódica distingue-se do legado de alimentos "na medida em que, naqueloutro, a sua fixação é logo efectuada pelo testador, independentemente da necessidade ou carência económica do legatário".

[1431] Neste sentido, L. de Lima Pinheiro ("Regime interno...", pág. 591): "Em princípio, só estão sujeitas a revisão as decisões proferidas por um órgão jurisdicional. Mas este regime de reconhecimento deve ser aplicado *analogicamente* às decisões de autoridades administrativas estrangeiras que, em Portugal, são da competência dos tribunais. Isto verifica-se geralmente naquelas actividades que os tribunais portugueses desenvolvem no quadro de processos de jurisdição voluntária". Assim, "[p]or exemplo, o disposto nos arts. 1094º e segs. CPC [actuais artigos 978º e seguintes] deve ser aplicado analogicamente aos actos praticados pelas autoridades administrativas dinamarquesas em matéria de obrigações de alimentos" (*idem*, pág. 592).

272/2001, de 13 de Outubro – sistematicamente inserido nas disposições relativas ao procedimento tendente à formação de acordo das partes (que se aplica, por exemplo, aos pedidos de alimentos a filhos maiores ou emancipados: cfr. o artigo 5º, nº 1, alínea *a*)) – não mandasse aplicar, a esse procedimento, o disposto no artigo 988º do CPC (e, portanto, o nº 1 deste preceito) ao processo judicial subsequente ao processo na conservatória (e que se traduz, no fundo, no mesmo processo, embora remetido pela conservatória ao tribunal judicial quando se verifique a situação descrita no artigo 8º daquele diploma), a que já aludimos[1432]: na verdade, sendo aplicável o disposto no artigo 988º do CPC ao processo judicial subsequente, não faria sentido aplicar o artigo 619º, nº 2, ao processo na conservatória, sendo, quando muito, de ponderar a aplicação também do artigo 988º a esse processo.

A alterabilidade das decisões do conservador do registo civil ou do Ministério Público nos termos do artigo 988º, nº 1, do CPC, não significa, porém, que todas essas decisões sejam alteráveis por modificação das circunstâncias[1433].

A aplicabilidade do artigo 988º do CPC às decisões da conservatória não é, note-se, excluída pela circunstância de a revisão do acordo obtido na conservatória dever ter lugar na própria conservatória (e não judicialmente) e mediante o procedimento descrito no artigo 7º do Decreto-Lei nº 272/2001, de 13 de Outubro – como, a este propósito, bem observa Remédio Marques[1434], deve entender-se que "[a] competência da Conservatória deve manter-se para o efeito de formar um novo acordo respeitante à *eventual pretensão de modificação de acordo celebrado nessa Conservatória*. E quem diz *formar um novo acordo* que actualize as possibilidades e as necessidades das partes, diz também pedir a *cessação de acordo previamente obtido na mesma Conservatória*"[1435] –, porque são realidades distintas, por um lado, os pressupostos da modificação, e, por outro, a competência e o procedimento da modificação, sendo que, quanto à primeira realidade, o Decreto-Lei nº 272/2001, de 13 de Outubro é totalmente omisso (justificando-se, portanto, nesse domínio, a aplicação do artigo 988º, nº 1, do CPC).

Quando, porém, a decisão da conservatória seja proferida no âmbito de *procedimento da competência exclusiva do conservador* (cfr. artigos 12º e seguintes do Decreto-Lei nº 272/2001, de 13 de Outubro), não há nenhum preceito prevendo

[1432] *Supra*, § 2º, II, 1. *a*).

[1433] Assim, quanto à decisão do conservador que homologue acordo relativo ao destino da casa de morada da família, RC, 29.01.2008. Entretanto, e como já vimos, foi introduzido um nº 3 no artigo 1793º do CC, do qual decorre que a decisão do conservador é alterável.

[1434] J. P. Remédio Marques, *Algumas notas...*, pág. 388.

[1435] Entendendo também que, nos termos dos artigos 8º, 9º e 10º, nº 1, do Decreto-Lei nº 272/2001, de 13 de Outubro [estes dois últimos entretanto alterados pelo artigo 2º do Decreto-Lei nº 122/2013, de 26 de Agosto], a competência para a alteração é da conservatória do registo civil, "só cabendo ao tribunal se não existir acordo e o requerido deduzir oposição ou em caso de recurso", RL, 15.03.2007 (Proc. 713/07-6).

expressamente a aplicação do artigo 988º, nº 1, do CPC: mas, a ser admissível a modificação, em virtude de circunstâncias supervenientes, de tal decisão (o que é duvidoso, atendendo ao seu conteúdo, descrito no artigo 12º, nº 1: reconciliação dos cônjuges separados, separação e divórcio por mútuo consentimento e declaração de dispensa de prazo internupcial), o respectivo regime deve ser o das decisões da jurisdição voluntária, porque não se justificaria que a decisão da conservatória se aproximasse mais, no que ao regime da respectiva modificação diz respeito, da decisão prevista no artigo 619º, nº 2, do CPC do que a decisão da jurisdição voluntária.

No que diz respeito às *decisões do Ministério Público*, parecem dever estar sujeitas a regime idêntico ao das decisões das conservatórias, no que se refere à respectiva modificação (isto é, ao regime do artigo 988º, nº 1, do CPC), pois nenhuma razão haveria para que, só elas, fossem equiparadas, para esse efeito, a decisões judiciais.

Há, no entanto, que atentar no disposto nos artigos 3º, nº 6, e 4º, nº 6, do Decreto-Lei nº 272/2001, de 13 de Outubro, que permitem a reapreciação, por um tribunal, da pretensão objecto da decisão do Ministério Público, verificadas certas condições: ora, nestes casos, tal reapreciação exclui mesmo a aplicação do artigo 988º, nº 1, do CPC, porque lhe subjaz a possibilidade da modificação do decidido em termos mais amplos do que os previstos neste preceito.

IV. Decisões do secretário judicial e do juiz proferidas ao abrigo do Decreto-Lei nº 269/98, de 1 de Setembro

O artigo 2º do regime anexo ao Decreto-Lei nº 269/98, de 1 de Setembro, sob a epígrafe "Falta de contestação", determina que "[s]e o réu, citado pessoalmente, não contestar, o juiz, com valor de decisão condenatória, limitar-se-á a conferir força executiva à petição, a não ser que ocorram, de forma evidente, excepções dilatórias ou que o pedido seja manifestamente improcedente".

O artigo 14º do mesmo regime, por seu lado, estabelece, a propósito da "Aposição da fórmula executória", que "[s]e, depois de notificado, o requerido não deduzir oposição, o secretário aporá no requerimento de injunção a seguinte fórmula: "Este documento tem força executiva."" (nº 1), só podendo ter lugar a recusa de aposição dessa fórmula "quando o pedido não se ajuste ao montante ou finalidade do procedimento" (nº 3).

Quanto à referida decisão do juiz, a razão para a sua não inclusão na previsão do artigo 619º, nº 2, do CPC não reside tanto na sua duvidosa natureza judicial, mas sobretudo na intervenção quase tabelar do juiz: contrariamente ao que sucede com as decisões previstas neste preceito, a decisão prevista no artigo 2º do regime anexo ao Decreto-Lei nº 269/98, de 1 de Setembro apenas pressupõe um controlo quanto à manifesta falta de preenchimento de pressupostos processuais e à manifesta improcedência do pedido, não se exigindo ao juiz qualquer tarefa de preenchimento de conceitos jurídicos indeterminados ou o exercício de qualquer poder discricionário. Daí que essa decisão também não careça de qualquer revisão subsequente, quando se modifiquem os pressupostos em que assentou.

Quanto à decisão do secretário judicial prevista no artigo 14º do regime anexo ao Decreto-Lei nº 269/98, de 1 de Setembro, só pode ser qualificada como título executivo diverso de sentença e a esses títulos, como vimos, não se aplica o artigo 619º, nº 2, do CPC; e mesmo que pudesse ser qualificada como sentença, valeriam, por maioria de razão, as considerações acabadas de tecer quanto à decisão do juiz prevista no artigo 2º do mesmo regime anexo.

V. Decisões arbitrais

As decisões arbitrais aproximam-se das decisões judiciais no ponto em que também podem constituir caso julgado material (cfr. o artigo 26º, nº 1, da LAV de 1986 e o artigo 42º, nº 7, da LAV), o que igualmente as diferencia dos restantes títulos executivos.

A aplicação às decisões arbitrais do disposto no artigo 619º, nº 2, do CPC decorre logo do próprio elemento literal do preceito (que genericamente se refere à alteração de sentenças e não apenas às que sejam proferidas pelos tribunais judiciais), embora se coloque o problema de saber *qual o tribunal competente para a respectiva modificação.*

Quanto a este problema, temos dúvidas sobre se a solução da LAV de 1986 coincide com a da actual LAV.

De acordo com o artigo 25º da LAV de 1986, "[o] poder jurisdicional dos árbitros finda com a notificação do depósito da decisão que pôs termo ao litígio ou, quando tal depósito seja dispensado, com a notificação da decisão às partes", o que parece significar que a modificação, por alteração das circunstâncias, da decisão arbitral, não pode ter lugar perante o tribunal arbitral, a menos que tal tenha sido acordado pelas partes, nos termos do artigo 1º, nº 3, da LAV de 1986 (e se se entender, o que é duvidoso, que este preceito abrange matéria adjectiva, nomeadamente a da competência e outros pressupostos de admissibilidade da modificação de uma decisão arbitral).

Não tendo havido acordo das partes desse teor, tudo apontava, face à LAV de 1986, que a modificação da decisão arbitral competisse ao tribunal judicial do lugar da arbitragem, à semelhança do que, nos termos dos artigos 29º, 1, 24º, 2, e 27º da mesma LAV e como observavam LEBRE DE FREITAS / RIBEIRO MENDES[1436], sucedia quanto ao recurso de revisão e à anulação da decisão arbitral.

Face à actual LAV, há a considerar que dos artigos 44º e 1º, nº 4 – correspondentes aos anteriores e acima referidos artigos 25º e 1º, nº 3, da LAV de 1986 – se

[1436] J. Lebre de Freitas / A. Ribeiro Mendes, *Código...*, vol. 3º, tomo I, págs. 222-223.

retira também que a modificação, por alteração das circunstâncias, da decisão arbitral, não pode ter lugar perante o tribunal arbitral, a menos que tal tenha sido acordado pelas partes. Mas, por outro lado, a actual LAV reconhece a possibilidade de modificação de providências cautelares e de ordens preliminares (cfr. o seu artigo 24º) e estabelece uma genérica insusceptibilidade de recurso para o tribunal estadual das decisões arbitrais (cfr. o seu artigo 39º, nº 4), o que nos faz inclinar para a solução segundo a qual a modificação deve ter lugar perante o tribunal arbitral, quer as partes tenham firmado acordo nesse sentido, quer a matéria não haja sido objecto de acordo das partes.

VI. Outros títulos executivos

O artigo 619º, nº 2, do CPC, por causa da sua inserção sistemática e como vimos a propósito dos títulos executivos de natureza negocial, parece ter apenas em vista sentenças, não abrangendo a generalidade dos títulos executivos.

VII. Dívida titulada por sentença e por outro título executivo

A doutrina alemã tem discutido o problema de saber se, estando parte da dívida de alimentos titulada por documento modificável nos termos do § 323, 4 ou 5, da ZPO (redacção anterior à reforma de 2008/2009) – correspondente ao actual § 323a –, e a outra parte titulada por sentença, e pretendendo o credor ou o devedor de alimentos, respectivamente, um aumento ou uma redução do respectivo montante, a acção modificativa deve dirigir-se contra a sentença ou, antes, contra o outro título: a este propósito, considera GRABA[1437] que ao credor está vedada a modificação da sentença, por esta pressupor a dedução, na acção anterior, da totalidade da pretensão, devendo então esse credor propor acção modificativa, fundada no § 242 do BGB, se o outro título for uma transacção, e podendo optar entre essa mesma acção modificativa e a acção nos termos do § 258 da ZPO, se o outro título disser respeito a uma dívida unilateralmente assumida pelo devedor; quanto ao devedor, deve propor primeiro acção modificativa dirigida contra o título diverso da sentença e, só na eventualidade de pretender pagar quantia inferior à fixada no título diverso da sentença, propor acção modificativa dirigida contra a sentença (só a esta sendo aplicável o disposto no § 323, 1 a 3, da ZPO).

Em suma: nestas hipóteses de cumulação de títulos, a acção modificativa deve ser preferencialmente dirigida contra o título diverso de sentença, uma vez que a acção modificativa dirigida contra a sentença pressupõe o esgotamento da pretensão na acção anterior.

Não vemos, porém, que entre nós esta solução tenha qualquer base legal. Diríamos que o interessado pode optar entre requerer a modificação da sentença, nos

1437 H.-U. Graba, *Die Abänderung...*, págs. 54-55.

termos do artigo 619º, nº 2, do CPC, ou requerer a modificação do outro título (mediante acção proposta nos termos dos artigos 437º e seguintes, se o título tiver natureza negocial), podendo mesmo propor as duas acções, se tal for necessário para obter o efeito que pretende (por exemplo, a cessação da prestação): mas, na acção proposta, o juiz deve acautelar a existência do outro título, nomeadamente não permitindo que o interessado obtenha um enriquecimento indevido. Este último, porém, é um problema que respeita, não à admissibilidade da acção modificativa, mas ao conteúdo da nova sentença.

Questão diversa, também colocada por GRABA[1438], é a que se refere à dívida titulada (na sua totalidade) por títulos executivos diversos: esta situação, quando resulte da procedência de acção condenatória, não obstante a prévia existência de título executivo, é resolvida, no direito alemão, atribuindo precedência ao título posterior e permitindo ao devedor opor-se à execução, na eventualidade de esta ser instaurada com base no título mais antigo.

Entre nós, se os títulos em causa forem sentenças, a solução não pode ser aceite: nos termos do artigo 625º do CPC, prevalece o caso julgado anterior, não se exceptuando desta regra o caso julgado que proceda a uma condenação *in futurum*.

§ 21º Partes de sentença

Segundo PETZOLDT[1439], é admissível a acção modificativa parcial, quando posteriormente à sentença modificanda tenha havido transmissão do crédito, passando, como tal, a existir dois ou mais credores parciais.

Nesta eventualidade, coloca-se a questão de saber se a acção modificativa tem como finalidade a modificação da sentença anterior, como um todo considerada, ou apenas a modificação de uma parte dessa sentença.

Parece-nos que o conceito de "parte de sentença" só opera nos casos em que a sentença apresente carácter divisível, isto é, contenha decisões autónomas[1440], o

[1438] H.-U. Graba, *Die Abänderung...*, pág. 56.

[1439] T. M. Petzoldt, *Die Rechtskraft...*, pág. 176.

[1440] O conceito de "parte de sentença" aparece aflorado, por exemplo, no artigo 635º, nº 2, do CPC, a propósito da delimitação objectiva do recurso. Sobre o tema, veja-se F. Carnelutti ("Capo di sentenza", esp. págs. 126-127, e "Dipendenza..."), fazendo coincidir *capo di sentenza* com "resolução de uma questão da lide". O conceito de "parte de sentença" não equivale ao de *sentença parcial* do direito alemão – figura prevista no § 301 da ZPO, nos termos do qual "[s]e de várias pretensões feitas valer numa acção, apenas uma delas, ou uma parte da pretensão, ou, em caso de reconvenção, apenas o pedido principal ou o pedido reconvencional for passível de decisão final, o tribunal profere esta por meio de sentença definitiva (sentença parcial)"–, já que a sentença parcial se caracteriza por não incidir sobre a totalidade da pretensão ou das pretensões deduzidas em juízo, e não pela sua inserção numa sentença com carácter divisível (divisível deve ser apenas o objecto do processo): assim, a sentença que, na sequência de desistência parcial do (único) pedido do autor, absolve parcialmente o réu, é uma sentença parcial, mas não é uma "parte de sentença". Sobre o conceito de sentença parcial e as suas modalidades, veja-se C. G. Freudenstein, *Die Rechtskraft...*, págs. 13-15; sobre a admissibilidade da sentença parcial no direito italiano, que, na

que não ocorre no caso assinalado: deste modo, a sentença modificanda é, nas referidas situações de transmissão do crédito, a sentença anterior na sua globalidade e não uma parte dessa sentença, não obstante poder não ser admissível, na acção modificativa, a sua modificação integral. Este último problema é já, porém, ou um problema respeitante ao conteúdo da sentença modificativa (assim, por exemplo, se o credor parcial não demonstrar o aumento da sua necessidade dos alimentos), ou a outros pressupostos da acção modificativa (assim, por exemplo, o credor parcial não pode alegar o aumento da necessidade dos alimentos do outro credor parcial), mas não um problema relacionado com o objecto da acção modificativa.

Um exemplo em que a sentença modificanda é, na verdade, apenas uma parte da sentença anterior, é aquele em que o autor da acção modificativa pretende a modificação da condenação em juros de mora (*Verzugszinsen*, previstos no § 286 do BGB) constante daquela sentença.

No direito alemão, esta possibilidade é admitida com base na consideração de que a acção prevista no § 258 da ZPO – com a qual a acção modificativa estreitamente se relaciona – serve para titular, não apenas obrigações principais (*Hauptforderungen*) futuras, mas também obrigações acessórias futuras, como será o caso da obrigação de juros futura (*künftige Zinsansprüche*)[1441].

§ 22º Conclusão quanto às decisões susceptíveis de modificação

O leque de decisões susceptíveis de modificação, por alteração das circunstâncias, é mais abrangente do que o que resulta do teor literal do artigo 619º, nº 2, do CPC, na medida em que existem decisões que não condenam numa prestação ou que não condenam no pedido e que, todavia, se encontram sujeitas àquele regime.

Tal regime pressupõe tipicamente a realização de um juízo de prognose em relação ao desenvolvimento futuro de uma situação, mas nem sempre a realização de um tal juízo justifica a posterior correcção da sentença – como sucede quando esta já tenha sido executada ou condene num capital –, o que significa que o objecto possível da modificação é determinado não apenas por razões de justiça mas também de segurança.

A aplicação do regime do artigo 619º, nº 2, do CPC impede a modificação, por alteração das circunstâncias, do negócio processual em que assentou a decisão modificanda e não se estende a títulos diversos de sentenças, como sejam transacções ou decisões de conservatórias.

O regime do artigo 619º, nº 2, do CPC pode, em certos casos, ser aplicado a decisões não transitadas em julgado.

sua perspectiva, consagra o princípio da única sentença de mérito, veja-se A. Cerino-Canova, "Sul contenuto...", págs. 264-276 e 407; ainda à luz do direito italiano, e versando um caso particular de sentença parcial, F. Danovi, "Separazione...", págs. 816-821.

[1441] Assim, T.M. Petzoldt, *Die Rechtskraft...*, págs. 177-178.

Capítulo III
Fundamentos da Modificação

§ 23º Circunstâncias supervenientes

I. Colocação do problema: alteração actual ou efectiva das circunstâncias; referência temporal da superveniência; referência material da superveniência; sequência

O artigo 619º, nº 2, do CPC, à semelhança do § 323 da ZPO (veja-se o primeiro parágrafo deste preceito, tanto antes como depois da reforma de 2008/2009), condiciona a alteração da sentença à modificação das circunstâncias que determinaram a condenação, o que subentende a superveniência enquanto fundamento genérico daquela alteração.

A aproximação ao conceito de superveniência implica, todavia, a colocação de certos pontos de referência, nos termos que a seguir se explicitam.

Em primeiro lugar, a modificação das circunstâncias a que alude o artigo 619º, nº 2, do CPC é – seja qual for o seu ponto de referência material ou temporal – uma *modificação actual*, no sentido de que não é meramente expectável: assim, por exemplo, para a admissibilidade da acção modificativa não basta a previsibilidade da inadequação ao desenvolvimento da realidade futura do juízo de prognose antecedentemente emitido, exigindo-se a ocorrência de circunstâncias que traduzam essa inadequação, isto é, a verificação de uma *efectiva* alteração de circunstâncias[1442].

Problema diverso é o de saber se, não obstante ser exigível, para a propositura da acção modificativa, a modificação actual das circunstâncias, é possível a consideração, nesta acção, da modificação que efectivamente só vem a ocorrer durante a pendência respectiva: trata-se, no fundo, da questão da sanabilidade

[1442] Identicamente, face ao direito alemão, BGH, 27.05.1981 (com anotação de K. Schreiber: "Anmerkung", in JR, 1982, págs. 107-108); H.-U. Graba, *Die Abänderung...*, pág. 109.

do vício que se traduz na proposição de acção modificativa sem que a alteração das circunstâncias tenha ainda ocorrido.

Dir-se-ia que, quer se qualifique este problema como um problema de sanabilidade da falta de um pressuposto processual, quer como um problema de procedência da acção modificativa – o que discutiremos mais adiante[1443] –, a superveniente alteração das circunstâncias deve ser considerada na acção pendente, quer por força do disposto nos artigos 6º, nº 2, e 278º, nº 3, 1ª parte, do CPC (que estabelecem o princípio do suprimento da falta de pressupostos processuais susceptível de sanação), quer por força do preceituado no artigo 611º do CPC (que regula a atendibilidade dos factos jurídicos supervenientes)[1444].

Um outro problema ainda é o de saber se, na acção modificativa proposta com fundamento numa alteração das circunstâncias actual, é possível a consideração de uma diversa alteração das circunstâncias entretanto ocorrida: este problema, porém, não nos parece ser típico da acção modificativa, suscitando apenas a aplicação do artigo 611º do CPC.

Para além de actual ou efectiva, a alteração das circunstâncias apta a fundar a acção modificativa carece de uma *referência temporal*, para poder ser como tal qualificada.

Quanto a este ponto, importa dizer que, embora (diversamente do equivalente preceito alemão) o artigo 619º, nº 2, do CPC não exija que o fundamento em que se baseia a alteração da sentença tenha ocorrido posteriormente a certo momento, a própria alusão que aí é feita à modificação das circunstâncias sugere, em si mesma considerada, a necessidade da superveniência objectiva para que a alteração da sentença seja admitida: seguro é, de qualquer modo, que o artigo 619º, nº 2 poucos ou nenhuns indícios fornece acerca do ponto de referência temporal da superveniência considerada relevante, o que é essencial para determinar a própria existência de superveniência.

Este mesmo preceito levanta certamente muitos outros problemas relacionados com a identificação das circunstâncias relevantes para efeitos da alteração da sentença, mas o problema imediato parece ser aquele a que sumariamente se aludiu e que é o de saber *em que momento deve ser produzido o facto que pode fundar a alteração da sentença e que traduz a modificação das circunstâncias em que esta assentou*.

A resposta a esta questão implica encontrar a regra e as suas eventuais excepções: e entre estas últimas poder-se-á incluir a da irrelevância, para efeitos da alteração da sentença, de factos produzidos no momento próprio (em virtude da sua anterior previsibilidade), bem como a da relevância, também para esses efei-

[1443] *Infra*, § 32º, II, 4.

[1444] J. Soyka (*Die Abänderungsklage...*, 1ª ed., pág. 72) considera, à luz do direito alemão, que ocorrendo a alteração das circunstâncias apenas na pendência da acção modificativa, fica sanado o vício determinativo da inadmissibilidade desta.

tos, de factos produzidos fora do momento próprio (em virtude do seu conhecimento posterior), que adiante debateremos[1445].

Parece-nos que, para a determinação do momento em que deve ser produzido o facto que pode fundar a alteração da sentença, é necessário começar por aferir o momento da produção dos factos tido em conta pela sentença modificanda – isto é, a referência temporal do caso julgado –, porque, pelo menos quando aquele momento seja posterior a este, parece de aceitar a existência de superveniência; por outro lado, não é de excluir que, da regulação legal do momento da produção dos factos tido em conta pela sentença, se retire alguma solução para o problema que nos ocupa.

Refira-se, por fim, e ainda quanto a este ponto, que a superveniência enquanto pressuposto da acção modificativa não significa a impossibilidade de alegação, na acção modificativa, de factos que não sejam supervenientes (essa impossibilidade podendo, todavia, resultar de uma eventual vinculação ao anteriormente decidido que permaneceu inalterado, a que adiante nos referiremos[1446]). Na verdade, do artigo 619º, nº 2, do CPC não se retira que ao réu seja vedado alegar factos antigos: como, a propósito do § 323, 2, da ZPO, se observa num Acórdão do *Bundesgerichtshof* de 28 de Fevereiro de 2007, a preclusão de certos fundamentos de modificação, que afecta o autor da acção modificativa, não vale identicamente para o réu, já que, para defesa da primitiva sentença, o réu pode alegar factos que, embora já então ocorridos, não foram alegados na anterior acção, não tendo, como tal, sido considerados na sentença modificanda[1447]. Aliás, do artigo 619º, nº 2, do CPC nem sequer se retira que ao próprio *autor* seja, na acção modificativa, proposta embora com fundamento em factos novos, vedado alegar factos antigos[1448].

Interessa também, na aferição da superveniência relevante para efeitos do disposto no artigo 619º, nº 2, do CPC, tratar de um problema que, na falta de melhor expressão, designamos como o da *referência material* da superveniência e que se relaciona com a determinação das circunstâncias relativamente às quais se deve ter registado alguma alteração.

A este propósito averiguaremos, por exemplo, se o ponto de referência dessa superveniência é dado pelas circunstâncias efectivamente existentes à data da sentença modificanda ou, antes, pelas circunstâncias consideradas nesta sentença, sendo certo que, se a resposta correcta for esta última (ou seja, se se vier a concluir que uma circunstância deve ser qualificada como superveniente quando o seja face às circunstâncias consideradas na sentença modificanda), cabe ainda

[1445] *Infra*, § 23º, III, 4 e 5 e § 23º, II, 5, respectivamente.

[1446] *Infra*, § 36º.

[1447] Este ponto será adiante retomado: *infra*, § 36º, II.

[1448] Aceitando esta possibilidade, quanto às circunstâncias não deduzidas na precedente acção, por ao tempo serem desconhecidas, G. Provera, *Degli alimenti*, págs. 100-101.

analisar, entre o mais, se a modificação que se exige se reporta às circunstâncias que, no momento do proferimento da sentença modificanda, foram consideradas como existentes ou não existentes a essa data, ou, diversamente, se se reporta às circunstâncias que, no momento da sentença modificanda, foram consideradas como previsíveis ou imprevisíveis (ou seja, se a superveniência que funda a acção modificativa o é em relação à realidade actual ou, antes, à realidade futura, ou a certa realidade futura, tomada em consideração pela sentença modificanda).

Portanto, e em síntese, neste parágrafo analisaremos a referência temporal do caso julgado e a da alteração das circunstâncias (admitindo que possam não coincidir) e as circunstâncias a que se deve reportar a modificação (das circunstâncias) exigida pelo artigo 619º, nº 2, do CPC, a fim de obtermos a noção de alteração de circunstâncias primariamente contida neste preceito.

Com tal indagação não ficará definido o conceito de alteração de circunstâncias, cuja concretização foi cometida, pela lei, ao intérprete: mas proceder-se-á a uma sua primeira delimitação positiva.

Só em parágrafos posteriores verificaremos se certas realidades (como por exemplo a alteração da lei) podem subsumir-se no conceito e, bem assim, se o conceito integra uma vertente qualitativa (nomeadamente se a alteração das circunstâncias tem de ser essencial).

II. Referência temporal da superveniência

1. A data a que a sentença modificanda atendeu

a) A regra do artigo 611º, nº 1, do CPC. Encerramento da discussão e fim do prazo para a produção de alegações

O artigo 611º, nº 1, do CPC estabelece a regra segundo a qual "deve a sentença tomar em consideração os factos constitutivos, modificativos ou extintivos do direito que se produzam posteriormente à proposição da acção, de modo que a decisão corresponda à situação existente no momento do encerramento da discussão", não equivalendo aquela referência aos factos constitutivos à referência à causa de pedir constante do artigo 581º do CPC[1449].

[1449] A noção de facto constitutivo ínsita no artigo 611º, nº 1, do CPC não coincide com a noção de facto constitutivo que, para a definição de causa de pedir, é utilizada no artigo 581º, nº 4, uma vez que, ali, o facto constitutivo é uma categoria factual abstracta e, aqui, o facto constitutivo é um facto concreto (cfr. A. Anselmo de Castro, *Direito...*, vol. I, págs. 209-210). Assim, no decurso de acção de divórcio ou separação fundada em adultério seria, nos termos do artigo 611º, nº 1, do CPC, lícito alegar novo adultério ocorrido ou conhecido (cfr. A. Anselmo de Castro, *Direito...*, vol. I, pág. 170). Sobre a inserção da referência aos factos modificativos no artigo 611º do CPC: *Projectos de revisão...*, vol. III, pág. 183. Sobre o âmbito do artigo 611º do CPC (artigo 663º do CPC de 1961) veja-se, ainda: STJ, 15.07.1985; STJ, 26.01.1994 (Proc. 003735); STJ, 30.04.1997; e, à luz do CPC de 1939, Silva e Sousa, "O *jus superveniens*".

Do artigo 611º, nº 1, do CPC decorre, por exemplo, que a alteração das circunstâncias deve ser considerada na pendência da acção de alimentos[1450] ou da acção de indemnização[1451].

O artigo 611º, nº 1, do CPC, ao pretender que "a decisão corresponda à situação existente no momento do encerramento da discussão", dá a entender que *só os factos produzidos até à data do encerramento da discussão* relevam para a determinação da matéria que deve ser tomada em consideração pela sentença e, como tal, para a definição do âmbito do caso julgado.

Desta dedução duas outras ilações podem ser tiradas: por um lado, *a de que a sentença não toma em consideração factos ainda não produzidos à data do encerramento da discussão*; por outro lado, a de que a situação existente no momento do encerramento da discussão que deve ser tomada em consideração pela sentença é a *situação correspondente aos factos efectivamente produzidos*, isto é, a situação objectiva, e não a situação conhecida ou de que é possível conhecer.

A primeira ilação prende-se com a questão da abrangência, no caso julgado, de *factos futuros*, e, como tal, com o núcleo da disputa a propósito da articulação entre a acção modificativa e as regras gerais do caso julgado (ou seja, da disputa entre a teoria da confirmação e a teoria da equidade).

Ora, o artigo 611º, nº 1, do CPC parece dar razão à teoria da confirmação, porque não permite ao juiz, ao menos expressamente, tomar em consideração factos ainda não produzidos à data do encerramento da discussão: a este propósito, tal preceito parece espelhar o entendimento de REMO CAPONI[1452], quando assinala que "o momento ao qual se refere a eficácia declarativa do caso julgado não pode, em regra, situar-se para além do tempo em que se conclui o processo".

Por outro lado, não devendo a sentença, nos termos deste preceito, tomar em consideração factos ainda não produzidos, não existe aparentemente qualquer restrição – assente, por exemplo, na previsibilidade do facto futuro à data do encerramento da discussão – quanto à alegação posterior de factos que, a esta data, eram meramente futuros, para efeitos de modificação do caso julgado: qualquer facto produzido posteriormente à data do encerramento da discussão poderá, em princípio, ser alegado em posterior acção.

A segunda ilação prende-se com a questão da repercussão da *superveniência subjectiva* no caso julgado.

[1450] Neste sentido: RL, 02.05.1991; RP, 07.03.2002 (salientando que, nos processos de jurisdição contenciosa, diversamente do que sucede quanto aos de jurisdição voluntária, a apreciação das "novas circunstâncias inerentes à factualidade envolvente" está condicionada pela iniciativa das partes); STJ, 06.10.1983; STJ, 16.12.2004.

[1451] Neste sentido, RL, 26.04.1994 (enquadrando na previsão do artigo 663º do CPC de 1961, correspondente ao artigo 611º do CPC actual, os factos notórios, como a inflação).

[1452] Remo Caponi, *L'efficacia...*, pág. 28.

E prende-se com esta questão porque a exigência formulada ao juiz no sentido da adequação da sua decisão aos factos produzidos até certo momento (o momento do encerramento da discussão) – independentemente do momento em que a respectiva alegação tenha ocorrido[1453] ou do momento em que o facto se tenha tornado conhecido – parece significar a assunção da realidade objectiva como o ponto de referência da superveniência relevante: esta postularia a produção posterior (ao encerramento da discussão) de um facto, porque a produção anterior mas só posteriormente conhecida mais não traduziria do que o incumprimento, pelo juiz, da exigência constante do artigo 611º, nº 1, do CPC, e, em suma, um erro da decisão.

À relevância atribuída pelo artigo 619º, nº 2, do CPC à superveniência subjectiva nos referiremos adiante[1454].

Agora, porém, interessa-nos testar a primeira asserção: a de que a sentença não pode ter em conta factos ainda não produzidos (isto é, *factos futuros*), porque só deve tomar em consideração os factos produzidos até à data do encerramento

[1453] O artigo 611º, nº 1, do CPC não trata directamente da questão de saber *em que momento devem ser alegados em juízo (sob pena de não serem considerados), ou podem ser aí alegados, os factos produzidos até ao encerramento da discussão*, nomeadamente os factos subjectivamente supervenientes a que alude o artigo 588º, nº 2, do CPC (embora, do correspondente preceito do CPC de 1939, J. Alberto dos Reis – cfr. *Código*..., vol. V, pág. 85 – extraísse a regra segundo a qual o facto superveniente devia ser alegado até ao encerramento da discussão na 1ª ou na 2ª instância, conforme os casos). A resposta a essa questão, para a 1ª instância, encontra-se nos preceitos relativos aos articulados, entre os quais se situa o referido artigo 588º: assim, por exemplo, STJ, 06.10.1983, STJ, 11.03.1999 (Proc. 99A027), STJ, 19.02.2004 (Proc. 03B4271). Já para a 2ª instância, e na falta de preceito expresso, a doutrina discute se os "factos supervenientes relativos à matéria apreciada na instância recorrida" (a expressão é de M. Teixeira de Sousa, *Estudos*..., pág. 455), que ocorram ou sejam conhecidos posteriormente ao encerramento da discussão na 1ª instância, podem ser alegados perante o tribunal de recurso. A este propósito – e parecendo, aliás, reportar-se a qualquer recurso ordinário, e não apenas à (antiga) apelação e ao (antigo) agravo em 1ª instância –, M. Teixeira de Sousa sustenta, em síntese, que "nos recursos ordinários, pode ser alegado um facto superveniente e apresentada a respectiva prova documental, tanto quando aquele facto e esta prova conduzam à confirmação da decisão impugnada, como quando impliquem a sua revogação" (cfr. *Estudos*..., pág. 457). Frise-se que, para M. Teixeira de Sousa (*Estudos*..., págs. 455-457), os factos supervenientes que podem ser alegados nos recursos ordinários são apenas aqueles que sejam susceptíveis de prova documental, porque só esta pode ser produzida no procedimento de recurso (o Autor reporta-se, todavia, nesta passagem, a um sistema que não continha as normas hoje constantes do artigo 662º, nº 2, alíneas *a)* e *b)* do CPC). Em sentido idêntico ao de M. Teixeira de Sousa, veja-se F. Amâncio Ferreira (*Manual*..., 6ª ed., pág. 152), para quem "nos tribunais de 2ª instância [podem] ser oferecidos documentos supervenientes (arts. 706º, nº 1, e 743º, nº 3 [actualmente revogados]), não só para a prova de factos alegados no tribunal de 1ª instância até ao encerramento da discussão (art. 663º, nº 1 [do CPC de 1961]), mas também para a prova dos factos novos ocorridos após esse encerramento e de que a Relação possa conhecer [...] (art. 713º, nº 2)". Contra: J. Lebre de Freitas / A. Ribeiro Mendes (*Código*..., vol. 3º, tomo I, págs. 98-99), porque "os recursos são meios processuais de impugnação de anteriores decisões judiciais e não ocasião para julgar questões novas" e, além disso, apenas é "admitida, em recurso, a apresentação de documentos para prova de factos ocorridos posteriormente ao encerramento da matéria de facto que sejam instrumentais".

[1454] *Infra*, § 23º, II, 5.

da discussão (como vimos, do artigo 611º, nº 1, do CPC decorre que a situação a que a sentença atende é a existente na data do encerramento da discussão e não a que provavelmente existirá numa data futura): para tanto, analisaremos o regime do *arbitramento de indemnização em dinheiro*, o dos *danos futuros previsíveis* e o das *situações duradoras*, pois nestes três casos a regra parece ser, antes, a da atendibilidade de factos ainda não produzidos à data do encerramento da discussão.

Mas qual é a data do encerramento da discussão?

Trata-se primariamente da data a que se refere o artigo 604º, nº 3, alínea *e)*, e 7 do CPC: em suma, a data em que findam as alegações orais sobre a matéria de facto e de direito que têm lugar na audiência final.

Mas, se o processo tiver subido em recurso para a Relação e nas alegações respectivas tiver sido alegado um facto superveniente – possibilidade que parece de aceitar[1455] –, a data do encerramento da discussão corresponderá ao fim do prazo para a apresentação das alegações a que aludem os artigos 637, nº 2, e 638º do CPC (que, actualmente, coincide com o prazo para interpor o próprio recurso, já que o requerimento de interposição deve conter as alegações), pois o artigo 611º, nº 1, por força do disposto no artigo 663º, nº 2, é também aplicável à 2ª instância[1456] e, nos recursos, a discussão do respectivo objecto faz-se por meio de alegações.

[1455] *Supra*, § 14º, III e nota no actual ponto.

[1456] Neste sentido, embora à luz do CPC de 1939, veja-se J. Alberto dos Reis (*Código*..., vol. V, pág. 85): "[...] por encerramento da discussão entende-se tanto o que se verifica na 1ª instância, como o que se verifica na 2ª. Suponhamos que o facto ocorre depois de encerrada a discussão na 1ª instância; já não pode ser atendido na sentença. Mas, se houver recurso, pode o facto ser alegado perante a Relação, contanto que o seja até ao encerramento da discussão neste tribunal. Se ocorrer ou for invocado depois de encerrada a discussão na 2ª instância, já não pode ser considerado, ainda que se interponha recurso para o Supremo, visto este tribunal não conhecer de matéria de facto". Também a Relação do Porto, por acórdão de 22 de Janeiro de 2002 (Proc. 1389/2001), entendeu ser possível tomar em consideração um facto constante de um documento junto pelos apelantes com as alegações de recurso (no caso, a declaração do estado de falência de uma sociedade), porque, embora o âmbito do recurso seja delimitado pelos termos da decisão recorrida (e aquele facto não pudesse ter sido considerado nesta decisão, por ter ocorrido em momento posterior à sua prolação), é de aplicar à 2ª instância o preceituado no (actual) artigo 611º, nº 1. No mesmo sentido, F. Amâncio Ferreira (*Manual*..., 6ª ed., pág. 151, e 9ª ed., pág. 156), para quem "o Tribunal da Relação (e não também o STJ, dado não conhecer de matéria de facto) [deve] levar em conta os factos constitutivos, modificativos ou extintivos do direito que ocorrerem até ao encerramento da discussão perante ele, desde que posteriores ao encerramento da discussão na 1ª instância (arts. 663º, nº 1, e 713º, nº 2 [do CPC de 1961])". Também Sousa Inês, em declaração de voto junta ao Acórdão de uniformização de jurisprudência nº 4/2002, de 9 de Maio, afirma que o artigo 663º, nº 1, do CPC de 1961 (correspondente ao artigo 611º do CPC actual) "é aplicável ao julgamento da relação, perante a qual se reabre, dentro de certos limites, a discussão da matéria de facto, por força do disposto no artigo 713º, nº 2, do Código de Processo Civil [actual artigo 663º, nº 2]". Contra a aplicação do artigo 663º, nº 1, do CPCde 1961 (actual artigo 611º, nº 1) à 2ª instância parecem manifestar-se J. Lebre de Freitas / A. Montalvão Machado / Rui Pinto (*Código*..., vol. 2º, pág. 689), porque sustentam que os factos que ocorram ou sejam conhecidos posteriormente ao encerramento da discussão na 1ª instância não podem ser alegados em recurso.

Ou seja: a referência temporal do caso julgado é, em regra, a data da conclusão das alegações orais, excepto se o processo tiver subido em recurso para a Relação e, nas alegações respectivas, tiver sido alegado um facto superveniente, porque neste caso essa data coincide com o fim do prazo para a apresentação das alegações.

Perguntar-se-á: e se a Relação não tiver conhecido do facto superveniente que, no recurso para a 2ª instância, tiver sido alegado? A referência temporal do caso julgado é a data do encerramento da discussão na 1ª instância ou na 2ª instância? Parece-nos que é a data do encerramento da discussão na 1ª instância.

Na verdade, uma das consequências da regra do artigo 611º, nº 1, do CPC (aplicável à 2ª instância nos termos expostos) e, em geral, da referência temporal do caso julgado, é a preclusão do deduzido e do deduzível até essa data.

Ora, a consideração da data do encerramento da discussão em 2ª instância como a referência temporal do caso julgado, também nas hipóteses em que a Relação não conheceu do facto superveniente, impediria a alegação posterior desse facto, nos termos gerais: impedimento que não se afigura razoável, já que a lei – e sem prejuízo do que dissemos quanto à vantagem que, para a parte, decorre da alegação da alteração das circunstâncias perante o tribunal de recurso[1457] – não faz impender sobre a parte o ónus de alegação, no recurso para a Relação, do facto superveniente ao encerramento da discussão na 1ª instância (tal ónus encontra-se apenas previsto para a superveniência na 1ª instância, atendendo a que o artigo 588º, nº 3, do CPC estabelece prazos para a respectiva alegação).

Como, a propósito dos factos que ocorreram ou se tornaram conhecidos depois do encerramento da discussão na 1ª instância, sublinha Teixeira de Sousa[1458], "a invocação do facto superveniente [em recurso ordinário] que determina a confirmação [ou a revogação] da decisão impugnada é uma faculdade da parte recorrida (ou seja, não corresponde a qualquer ónus), pelo que a não alegação desse facto não está sujeita a qualquer preclusão".

Ora, se a parte não deve sofrer qualquer desvantagem pela não alegação, perante a Relação, do facto superveniente, idêntica deve ser a solução quando a parte o alega mas a Relação dele não toma conhecimento.

b) *Arbitramento de indemnização em dinheiro*

Não obstante a generalidade da regra enunciada no artigo 611º, nº 1, do CPC, o Supremo Tribunal de Justiça parece já ter definido que nem sempre deve a sentença – ou o acórdão, se o processo tiver subido em recurso para a Relação – atender à situação existente no momento do encerramento da discussão: assim, quando tais decisões arbitrem uma indemnização em dinheiro.

[1457] *Supra*, § 14º, III.

[1458] M. Teixeira de Sousa, *Estudos...*, pág. 457.

A indemnização em dinheiro, nos termos do artigo 566º, nº 2, do CC, e "[s]em prejuízo do preceituado noutras disposições, [...] tem como medida a diferença entre a situação patrimonial do lesado, na data mais recente que puder ser atendida pelo tribunal, e a que teria nessa data se não existissem danos".

Como assinala Pereira Coelho[1459], "[c]ompreende-se que o momento do cálculo do dano a indemnizar seja retardado o mais possível, pois o dano a indemnizar (o dano como *diferença* no património do lesado) é uma entidade que continuamente varia ou pode variar a todo o momento". O crédito à indemnização, segundo este Autor[1460], "nasce no momento da verificação do dano real. Porém, não se trata aqui de um crédito pecuniário como outro qualquer. O lesado é, desde aquele momento, credor do dano a indemnizar – mas o "dano a indemnizar" é uma entidade que continuamente pode modificar-se, aumentar ou diminuir, até ao momento tido por decisivo para o seu cálculo [...]. À ideia de uma obrigação de indemnizar visando um fim de compensação ou de reparação do dano só pode corresponder a ideia de que o momento decisivo para o cálculo do dano é *o último momento possível* [...]"[1461].

Ora, a "data mais recente" a que alude o artigo 566º, nº 2, do CC é, conforme a orientação seguida pelo Supremo Tribunal de Justiça no Acórdão de uniformização de jurisprudência nº 4/2002, de 9 de Maio[1462], a *data da decisão actualizadora da indemnização em função da taxa da inflação*, sendo que "[a] actualização monetária da obrigação pode [...] não ocorrer apenas em 1ª instância, podendo ter lugar na Relação ou até, excepcionalmente, no Supremo Tribunal de Justiça".

Em suma: a decisão que arbitra uma indemnização em dinheiro parece dever atender, segundo este entendimento do Supremo, não aos factos produzidos até à data do encerramento da discussão (a que alude o artigo 611º, nº 1, do CPC), mas aos factos produzidos até à data da própria decisão, na medida em que, nesta, deve ser considerado o valor da moeda à data da própria decisão (que pode ser tanto a da 1ª instância como a da 2ª instância, como, até, a do Supremo)[1463].

1459 F. Pereira Coelho, *O problema...*, pág. 175.

1460 F. Pereira Coelho, *O problema...*, págs. 203-204.

1461 Trata-se de liquidar o dano passado como se fosse presente, na sugestiva expressão de F. Carnelutti ("Svalutazione...", pág. 173).

1462 Neste Acórdão adoptou-se a seguinte norma interpretativa: "Sempre que a indemnização pecuniária por facto ilícito ou pelo risco tiver sido objecto de cálculo actualizado, nos termos do nº 2 do artigo 566º do Código Civil, vence juros de mora, por efeito do disposto nos artigos 805º, nº 3 (interpretado restritivamente), e 806º, nº 1, também do Código Civil, a partir da decisão actualizadora, e não a partir da citação". Desta doutrina decorre nomeadamente que se nenhuma actualização foi efectuada na decisão, os juros de mora se contam a partir da citação.

1463 De idêntica orientação jurisprudencial, que remontaria a 1942, dá conta, à luz do direito francês, Y. Chartier, "La date...", pág. 26. A sua justificação imediata seria a inflação, mas a justificação última seria, segundo o Autor, a de repor a vítima na situação em que se encontraria se não tivesse sofrido o dano.

Não parece, porém, que com tal entendimento o Supremo tenha pretendido afastar, quanto ao arbitramento de indemnizações em dinheiro, a aplicação do disposto no artigo 611º, nº 1, do CPC.

Por um lado, porque no texto do citado acórdão se refere que a data da sentença em 1ª instância constitui "a mais recente que pode e deve ser tida em conta", "no que toca ao cálculo da *correcção monetária*".

Por outro lado, porque em declaração de voto ao mesmo Acórdão (acompanhada, aliás, por outros Conselheiros), Sousa Inês precisa que "[a] fixação da expressão monetária do desvalor a compensar com a atribuição da indemnização só tem a ver com a *data em que se encerra a discussão* (na 1ª ou na 2ª instância). É nessa data e em relação a ela que caberá avaliar qual a situação em que o lesado se encontra e aquela em que se encontraria se não fosse a lesão, achar a diferença e exprimir esta diferença em dinheiro, atendendo ao valor deste, ao seu poder aquisitivo à data da decisão, com recurso à equidade".

Desta declaração de voto decorre que, não obstante a "data mais recente que pode ser atendida pelo tribunal", a que se refere o artigo 566º, nº 2, do CC, ser ainda a data do encerramento da discussão – o que significa (até por imposição do princípio do contraditório) que o tribunal não pode atender à situação existente à data do proferimento da própria decisão para considerar, por exemplo, danos que tenham sobrevindo entre a data do encerramento da discussão e a data do proferimento da decisão –, tal não impede que, na decisão, se considere um facto posterior notório (cfr. o artigo 412º, nº 1, do CPC), concretamente, o valor da moeda à data da própria decisão (que pode ser diverso do do valor da moeda à data do encerramento da discussão)[1464].

Assim sendo, o artigo 566º, nº 2, do CC acrescenta o seguinte em relação ao artigo 611º, nº 1, do CPC, quando esteja em causa a liquidação judicial do dano[1465]: a indemnização atribuída, para além de ter como ponto de referência a data do encerramento da discussão, deve ser actualizada no momento do proferimento da sentença ou do acórdão[1466]. Como melhor se diz num Acórdão de 30 de Setem-

1464 A este propósito, RL, 05.11.1992, em cujo sumário se lê: "[...] II – Sendo a inflação um facto notório, não carece de alegação e prova. [...]". A este propósito, assinala Vaz Serra, "Obrigação de indemnização...", pág. 250, nota 520: "[...] tratando-se de circunstâncias geralmente conhecidas (*v. g.*, valor do dinheiro), deve o juiz atender à data da sentença [...]".

1465 No caso de liquidação extrajudicial do dano, e como observa F. Pereira Coelho (*O problema...*, pág. 204), o momento decisivo para o cálculo do dano é "o próprio momento em que a obrigação de indemnizar é satisfeita".

1466 Dando conta das várias teses respeitantes ao momento a que deve atender-se para o cálculo do dano a indemnizar e referindo que "[a] opinião dominante, na doutrina e na jurisprudência alemãs, é a de atender, para o cálculo do dano a indemnizar, ao momento da sentença", veja-se Vaz Serra, "Anotação" (ao Acórdão do STJ de 22 de Maio de 1979), págs. 327-328; do mesmo Autor, consulte-se também "Obrigação de indemnização...", págs. 244-245, nota 509, e "Obrigações pecuniárias", págs. 172-175; veja-se, ainda,

bro de 1997 (Proc. 97A507) do mesmo Supremo, "porque a indemnização em dinheiro tem como medida a diferença entre a situação patrimonial do lesado, na data mais recente que puder ser atendida pelo tribunal, ou seja, a situação existente no momento do encerramento da discussão na 1ª instância quando os danos estão avaliados, e a que teria nessa data se estes não existissem, a actualização, nos termos do nº 2 do artigo 566 do C.C., deve fazer-se no momento da prolação da sentença [...]. Contudo, se os Tribunais Superiores forem chamados a pronunciar-se sobre o problema da indemnização, quer na vertente do cálculo dela, quer na da aplicação do direito, e forem eles a fixá-la, de modo diverso do decidido no tribunal recorrido, deve considerar-se como a data mais recente a da publicação do respectivo Acórdão"[1467].

Este nos parece ser também o pressuposto subjacente à orientação que fez vencimento no citado Acórdão de uniformização de jurisprudência nº 4/2002, de 9 de Maio, e que foi, aliás, aceite em posteriores arestos do Supremo Tribunal de Justiça.

Assim, e sem quaisquer preocupações de exaustão, em Acórdão de 22 de Janeiro de 2004 – no qual, para além de se considerar que a indemnização deve ter como ponto de referência a data do encerramento da discussão, se salienta (quer em relação aos danos patrimoniais quer aos não patrimoniais) a inexistência de presunções de actualização no momento do proferimento da decisão[1468] –,

F. Pereira Coelho, *O problema...*, pág. 204, nota 53. A sentença em causa não é, porém, necessariamente a sentença proferida no processo declarativo: como, à luz do regime processual civil anterior ao Decreto-Lei nº 38/2003, de 8 de Março referia Vaz Serra (*idem*, pág. 329), "se o tribunal relegar para execução a liquidação, atender-se-á ao momento em que na execução se decidir, ou antes, ao último a que o tribunal puder atender"; face ao regime actual, há que ter em conta o disposto nos artigos 358º e segs. do CPC (e ainda no artigo 565º do Código Civil, que teve uma nova redacção em 2003), que permitem proceder à liquidação, ainda no âmbito do processo declarativo, mas através de incidente deduzido depois de proferida sentença de condenação genérica.

1467 Veja-se também, quanto a este ponto, RL, 26.04.1994, considerando que "[o] disposto no art. 566, nº 2, do CC é aplicável nos recursos de apelação, *ex vi* art. 713º, nº 2, citado Código [actual artigo 663º, nº 2, do CPC]. Assim, se na liquidação da indemnização normalmente se deve atender ao momento do encerramento da discussão em primeira instância, casos há em que o momento atendível para aquele efeito será o mais próximo possível do julgamento em segunda instância". Considerando que a expressão "decisão actualizadora" usada no citado Acórdão de uniformização de jurisprudência não é, em princípio, a decisão proferida em sede de recurso, na medida em que nos recursos não se proferem, em regra, decisões *ex novo*, RL, 20.05.2004.

1468 Lê-se, com efeito, no respectivo texto: "O artº 663º nº 1 do C.P.Civil [artigo 611º do CPC actual] consagra o princípio da actualidade na decisão do litígio, quando refere que a decisão deve corresponder à situação existente no momento do encerramento da discussão. Daqui deriva a obrigação de atender à depreciação da moeda. Em relação aos danos patrimoniais, é fácil de ver se o juiz deu cumprimento a este imperativo legal, uma vez que os valores apurados em sede de julgamento são aqueles que correspondem à data em que aqueles danos ocorreram, estando, por isso, em regra, desactualizados. Para que se possa dizer que foram objecto duma actualização, é necessário que esteja expressamente consignada na

em Acórdão de 26 de Fevereiro de 2004 (Proc. 04B410) – no qual se reafirmou a inexistência de tais presunções[1469] –, em Acórdãos de 26 de Fevereiro de 2004 (Proc. 04B294) e de 22 de Abril de 2004 –, nos quais se entendeu que o Acórdão uniformizador de jurisprudência nº 4/2002, de 9 de Maio, não estabeleceu presunções de não actualização da indemnização atribuída[1470] –, em Acórdão de 1 de Abril de 2004 – no qual se considerou que, para efeitos de aplicação da doutrina do citado Acórdão de uniformização de jurisprudência, é irrelevante a natureza ou a categoria dos danos[1471] –, em Acórdão de 13 de Janeiro de 2005 – no qual se clarificou que só há actualização indemnizatória quando tal decorra, expressa ou

sentença uma operação de correcção monetária. Já quanto aos danos não patrimoniais esta diferença entre a data dos danos e a data da decisão pode não ser tão nítida. Na verdade, fixado neste tipo de danos o respectivo valor segundo critérios mais fluidos – o sentido de equidade ou a jurisprudência –, será razoável e normal que o julgador ache, de imediato, um valor actual. Ou seja, não decidirá, quanto "valia a dor" na altura dos factos, fazendo uma posterior actualização, antes podendo – e devendo –, desde logo, dizer quanto entende ser o valor indemnizatório que, no momento da decisão, corresponde a tais danos. De qualquer modo, deverá sempre referir explicitamente que o valor encontrado é um valor actual. Se o não fizer, ter-se-á de entender que o valor que julgou ser de atribuir aos danos não patrimoniais é o do momento da sua ocorrência. Isto de acordo com o princípio de que o decidido deve ser integralmente fundamentado. Não existem [...] presunções de fundamentação". Também no sentido de que, não obstante a inaplicabilidade do artigo 566º, nº 2, do CC aos danos morais, deve a compensação destes ser actualizada, veja-se M. Amélia Condeço Ameixoeira ("O panorama...", pág. 68): "[...] é em termos de equidade que a compensação deve ser decretada no momento da prolação da sentença, atendendo-se aos elementos referidos no art. 496º, nº 3 [depois de 2010, artigo 496º, nº 4, do CC], entre os quais as flutuações do valor da moeda". Considerando que "[s]e, na sentença nada se disser sobre a actualização da quantia arbitrada a título de danos não patrimoniais, tem de se entender que essa quantia corresponde ao valor dos danos no momento da sua ocorrência ou, ao menos, até à reclamação judicial da indemnização respectiva", RE, 14.07.2004.

1469 No texto deste acórdão lê-se o seguinte: "Perante o [...] aludido critério legal de medida da indemnização em dinheiro concernente entre a situação real do património do lesado no momento do encerramento da discussão da matéria de facto e a sua situação hipotética naquele mesmo momento, importa concluir no sentido de que nesse cálculo não pode deixar de ser considerada a evolução depreciativa da moeda de referência entre o momento do dano e o do cálculo".

1470 Este entendimento (que, aliás, não nos parece harmonizar-se inteiramente com o dos arestos do mesmo Supremo acabados de referir) é o seguinte: "A referência [constante do Acórdão de uniformização de jurisprudência nº 4/2002, de 9 de Maio] a decisão actualizadora, em vez de sentença em 1ª instância, que é, em princípio, o momento processualmente mais compatível com "a data mais recente que puder ser atendida pelo tribunal" (a que se reporta o [...] nº 2, do artº 566º), teve como único propósito o de abarcar na previsão do acórdão aquelas hipóteses em que o tribunal de recurso aumenta a indemnização atribuída pelo tribunal recorrido, com base em valores actualizados. Não o de cometer ao juiz o encargo de declarar expressamente que os valores indemnizatórios que atribuiu foram actualizados, sob pena de, não o dizendo, haver de se considerar que o não foram".

1471 Lê-se no texto deste acórdão: "No caso vertente [...] nenhum acto-critério actualizador foi concretamente adoptado em função de uma hipotética diferença de valor entre a data da ocorrência do facto gerador do dano e a data do encerramento da discussão em 1ª instância. [...] nesta problemática da cumulação dos juros com a actualização operada por qualquer instância – tudo nos termos do citado AC UNIF nº 4/2002, e segundo os próprios termos deste aresto –, não há que distinguir entre danos não

implicitamente, do texto da decisão que atribui a indemnização[1472] –, em Acórdão de 3 de Fevereiro de 2005 (Proc. 04B4377) – no qual se parece exigir uma actualização expressa, para que os juros sejam contados a partir da decisão proferida em 1ª instância[1473] –, em Acórdão de 7 de Abril de 2005 (Proc. 05B516) – nos termos do qual só há decisão actualizadora quando esta, além de expressa, fizer apelo expresso aos "índices de inflação"[1474] –, e em Acórdão de 14 de Setembro de 2006 – no qual se procurou definir o conceito de "decisão actualizadora"[1475].

Refira-se, por último, que o que se afirmou a propósito do arbitramento de indemnização em dinheiro é extensível à fixação de alimentos, porque, como observa REMÉDIO MARQUES, também quanto à obrigação de alimentos importa, não só "encontrar em cada momento o valor actual – ou, pelo menos, assegurar que ele possa ser respeitado", mas também resolver o problema de saber a que momento se deve atender para fixar judicialmente o montante da prestação[1476]; é, igualmente, aplicável à fixação da pensão por acidente de trabalho, "por ser então que se determinam os elementos a ter em atenção para o seu cálculo e efectivo montante"[1477]; finalmente, vale também para as decisões arbitrais[1478].

patrimoniais e ainda entre as diversas categorias de danos indemnizáveis em dinheiro e susceptíveis, portanto, do cálculo actualizado constante do nº 2 do artº 566º".

1472 Como se lê no sumário deste acórdão: "Na interpretação do Acórdão Uniformizador de Jurisprudência nº 4/2002, de 9/5 tem vindo a ser entendido no Supremo que: – embora não seja exigível, para se concluir ter havido a actualização indemnizatória nos termos do artigo 566, nº 2 do Código Civil, que disso se faça expressa menção na decisão, deve, no entanto, transparecer do seu teor que a actualização teve lugar, designadamente com a referência aos respectivos critérios utilizados (taxa de inflação, correcção monetária, decurso do tempo desde a propositura da acção); – se a actualização não transparecer do teor da decisão, os juros moratórios deverão ser contabilizados desde a citação sem que se distinga, para tal efeito, entre danos não patrimoniais e as demais diversas categorias de danos indemnizáveis em dinheiro e susceptíveis, portanto, de cálculo actualizado nos termos do nº 2 do artigo 566º do CC".

1473 Neste acórdão – em que se diz que "para que os juros sejam contados a partir da decisão proferida em 1ª instância é necessário que esta expressamente tenha procedido a actualização nos termos do disposto no artigo 566º, nº 2 do Código Civil" – invoca-se, em abono da tese aí sustentada, o Acórdão de 13 de Janeiro de 2005 (que, como acabámos de ver, não exige actualização expressa).

1474 Diz-se o seguinte neste aresto: "No caso "sub judice", e tanto quanto decorre das decisões das instâncias, não se operou ("ex-professo") um cálculo actualizado ao abrigo do nº 2 do artigo 566º do C. Civil. Não se surpreende, com efeito, nessa decisão uma qualquer decisão actualizadora da indemnização, com apelo também expresso v.g. aos "índices de inflação" entretanto apurados no tempo transcorrido desde a propositura da acção".

1475 Nos termos deste acórdão, "[u]ma decisão actualizadora da indemnização, em rigor, pressupõe que sobre algo já quantificado incida algum elemento ou índice de actualização, situação que se não reconduz necessariamente ao cálculo da indemnização com base no princípio da diferença da esfera patrimonial a que se reporta o nº 2 do artigo 566º do Código Civil".

1476 J. P. Remédio Marques (*Algumas notas...*, pág. 102 e nota 138) adopta, a este propósito, a solução do Conselheiro Sousa Inês, a que já se fez referência.

1477 STJ, 06.05.1983.

1478 RP, 26.11.1996.

c) Danos futuros previsíveis. Lucros cessantes

A consideração dos danos futuros aquando da fixação da indemnização encontra-se regulada no artigo 564º, nº 2, do CC, nos termos do qual "[n]a fixação da indemnização pode o tribunal atender aos danos futuros, desde que sejam previsíveis; se não forem determináveis, a fixação da indemnização correspondente será remetida para decisão ulterior".

Como assinala VAZ SERRA[1479], referindo-se ao disposto no artigo 566º, nº 2, do CC, relativo à fixação da indemnização em dinheiro, "[o] tribunal não pode atender a um momento posterior ao da sentença, a não ser que o dano futuro seja previsível e possa já ser calculado no momento desta. Se não o puder ser então, pode o tribunal reservar o dano ulterior, e, de qualquer modo, pode o credor exigir nova indemnização quando o dano só depois da sentença se tiver verificado ou puder ser apreciado".

VAZ SERRA dá, portanto, a entender que, no caso dos danos futuros previsíveis, a referência temporal do caso julgado não é a data do encerramento da discussão ou mesmo a data da sentença; e também no atrás mencionado Acórdão de uniformização de jurisprudência nº 4/2002, de 9 de Maio, o Supremo reconheceu que o critério de cálculo da indemnização em dinheiro constante do artigo 566º, nº 2, do CC, para além de não ser aplicável à indemnização por danos não patrimoniais, ajusta-se mal à indemnização por danos futuros previsíveis a que alude o artigo 564º, nº 2, do CC, acima transcrito.

É claro que a previsibilidade do dano tem de ser medida num dado momento do processo[1480]. Assim, se na pendência da causa e antes do encerramento da discussão se verificar um facto do qual decorra a inexistência do dano futuro, deverá esse facto ser tomado em consideração, nos termos do artigo 611º, nº 1, do CPC[1481]. Só nesta perspectiva este preceito é aplicável aos danos futuros, porque

[1479] Vaz Serra, "Anotação" (ao Acórdão do STJ de 22 de Maio de 1979), págs. 328-329.

[1480] Assim, A. De Cupis, *Il danno*...vol. I, pág. 307: "Sia per giudicare del danno presente, che per giudicare del danno futuro, debbono, naturalmente, assumersi in considerazione tutti gli elementi di conoscenza esistenti al momento del giudizio".

[1481] Assim, STJ, 11.09.2008, considerando que, no cálculo do montante da indemnização por danos patrimoniais emergentes de uma incapacidade permanente para o trabalho, é de atender à morte da vítima, ocorrida no decurso da acção e antes do encerramento da discussão, por razões alheias ao acidente. Com efeito, e como se lê no texto do acórdão, devendo a indemnização por dano patrimonial futuro "corresponder àquilo que o lesado normalmente teria obtido se não fora o acto lesivo" e sendo os danos futuros decorrentes da incapacidade funcional do lesado "calculados com base numa previsibilidade, concretamente o que teria obtido ao longo da sua provável vida activa, a sua morte prematura, por circunstâncias estranhas ao acidente, modificou claramente o direito à indemnização. A partir dessa ocorrência jamais se pode ficcionar que o lesado iria viver determinado número de anos e que, durante eles, auferiria certos rendimentos. Tais danos futuros não podem ser quantificados com base na duração da sua provável vida activa, naquilo que poderia ter sido, mas que efectivamente não foi, mas apenas considerando a perda de ganho no período decorrido entre a data do acidente e o momento da sua morte".

não o é na interpretação segundo a qual danos subsequentes ao encerramento da discussão não podem ser considerados.

A fim de ressarcir o dano futuro previsível – de que é exemplo o dano consistente na perda ou diminuição da capacidade para o trabalho –, deve o tribunal atender também a outros factos futuros, nomeadamente o prazo de vida previsível e os rendimentos e encargos previsíveis durante esse período, assim obtendo "um capital que considere a produção de um rendimento durante todo o tempo de vida activa da vítima, adequado ao que auferiria se não fora a lesão correspondente ao grau de incapacidade e adequado a repor a perda sofrida"[1482].

Os factos futuros a que o tribunal deve atender são diversos de caso para caso, pelo que as regras técnicas ou fórmulas matemáticas de que eventualmente se socorra para fixar o montante da indemnização podem carecer, dada a sua rigidez e consequente falibilidade, de ajustamentos em função da factualidade concreta[1483].

Os danos futuros – tal como, aliás, os danos actuais – podem revestir a forma de lucros cessantes[1484]. Estes são indemnizáveis nos termos do artigo 564º, nº 1,

[1482] M. Amélia Condeço Ameixoeira, "O panorama...", págs. 70-71.

[1483] No que diz respeito ao ressarcimento da incapacidade permanente para o trabalho das vítimas de acidentes de viação, M. Amélia Condeço Ameixoeira ("O panorama...", págs. 70-73) dá conta de uma jurisprudência corrente que recorre a tabelas correspondentes a acidentes de trabalho e remição de pensões e de uma outra tendência jurisprudencial que fixa o montante indemnizatório apenas com base na equidade, nos termos do artigo 566º, nº 3, do CC; segundo a Autora, porém, nada impede que se usem tais tabelas a título auxiliar, dado o carácter particularmente aleatório do puro recurso à equidade. Também Jorge Arcanjo ("Notas...", pág. 57), a propósito da determinação do dano patrimonial futuro, entende que "[s]em embargo da utilização de critérios pautados por um maior grau de objectividade, a solução baseada na equidade reclama a ponderação dos factos concretos, sendo que o uso paralelo da aritmética apenas deve servir como elemento auxiliar da decisão"; de entre esses factos concretos a ponderar, salienta o Autor o período provável da vida activa, a esperança média de vida, a evolução profissional e os reflexos a nível remuneratório, a taxa de inflação e a taxa de rentabilidade do capital e a percentagem de IPP. Com interesse, veja-se ainda J. J. de Sousa Dinis ("Avaliação...", págs. 13-17), e STJ, 25.09.2008, neste último acórdão se referindo que, estando em causa um dano futuro, abrangendo um longo período de previsão, "[e]m sede jurisprudencial tem obtido consagração na prática quotidiana a utilização de fórmulas e tabelas financeiras de variada índole, na tentativa de se conseguir um critério mais ou menos uniforme, o que, como bem aponta a decisão deste Supremo Tribunal de 12 de Dezembro de 2003, se não coaduna com a própria realidade das coisas, avessa nesta matéria a operações matemáticas, pelo que há que valorizar essencialmente nesta matéria o critério da equidade. [...] Nesse quadro de cálculo sob juízos de equidade devem ponderar-se, entre outros, factores tais como a idade da vítima e as suas condições de saúde ao tempo de decesso, o tempo provável da sua vida activa, a natureza do trabalho que realizava, o salário auferido, deduzidos os impostos e as contribuições para a segurança social, o dispêndio relativo a necessidades próprias, a depreciação da moeda, a evolução dos salários, as taxas de juros do mercado financeiro, a perenidade ou transitoriedade de emprego, a progressão na carreira profissional, o desenvolvimento tecnológico e os índices de produtividade".

[1484] Sobre a distinção entre lucro cessante e dano futuro, STJ, 02.11.1995.

2ª parte, do CC e legalmente definidos como "os benefícios que o lesado deixou de obter em consequência da lesão"[1485].

Como assinala VAZ SERRA[1486], "[é] [...] razoável que se considere como cessante o lucro que, segundo o curso regular das coisas ou as circunstâncias especiais, podia ser esperado com probabilidade".

O lucro cessante, segundo o mesmo Autor[1487], "não é muitas vezes de fácil determinação, visto supor um cálculo hipotético acerca do estado em que o património do lesado se encontraria sem o facto danoso, pelo que não deve o tribunal ter em conta só os lucros que sem o facto danoso se teriam sem dúvida produzido (o que dificilmente poderia provar-se), devendo atender ao lucro que, segundo o curso regular das coisas ou as circunstâncias especiais, pudesse ser esperado com probabilidade (cfr. Cód. Alemão, § 252)".

Haverá, quanto aos lucros cessantes, uma referência temporal para o caso julgado diversa da que se extrai do artigo 611º, nº 1, do CPC?

Atendendo a que os lucros cessantes podem ser tanto danos actuais como futuros, o problema só se coloca com autonomia relativamente aos lucros cessantes que revistam a forma de danos actuais, uma vez que quando aos danos futuros já vimos que só com algumas cautelas o artigo 611º, nº 1, do CPC lhes é aplicável. E coloca-se esse problema porque a atendibilidade do lucro cessante pressupõe um cálculo de probabilidade que não parece harmonizar-se com a regra, aqui contida, de que a decisão deve corresponder à situação existente no momento do encerramento da discussão.

Parece-nos, porém, que essa harmonização ainda é possível se se entender que a "situação existente no momento do encerramento da discussão" pode ser ainda aquela que, com base num cálculo de probabilidade, se concluiu existir nesta data: assim, a situação constituída por lucros cessantes actuais.

d) Situações duradouras

Vejamos agora uma outra hipótese em que, diversamente do que parece decorrer da regra do artigo 611º, nº 1, do CPC, o tribunal atende a factos futuros: a hipótese das situações duradouras.

A este respeito, REMO CAPONI[1488] considera que, quando a sentença disciplina uma situação duradoura, tal disciplina é meramente parcial, porque se reporta apenas àqueles aspectos da situação que se desenvolveram até ao momento a que

[1485] F. Pereira Coelho (*O problema*..., págs. 81-82, nota 43) distingue o lucro cessante de acordo com um critério jurídico ou formal, ou seja, como um dano que se caracteriza pela circunstância de o lesado não ter um direito ao bem atingido, ou sobre o bem atingido, no momento do facto danoso.

[1486] Vaz Serra, "Anotação" (ao Acórdão do STJ de 22 de Maio de 1979), pág. 329.

[1487] Vaz Serra, "Anotação" (ao Acórdão do STJ de 5 de Julho de 1968), pág. 298.

[1488] Remo Caponi, *L'efficacia*..., pág. 52.

se refere o caso julgado: por isso mesmo, a lei que entre em vigor posteriormente a esse momento (retroactiva ou irretroactiva) só conflitua com o caso julgado quando ponha em causa os efeitos dessa situação produzidos até esse momento.

Também segundo Remo Caponi[1489], cumpre distinguir, no que diz respeito à incidência do acertamento judicial no desenvolvimento temporal da situação substantiva apreciada em juízo, entre o elemento do acertamento judicial que se concretiza na *declaração* da existência dessa situação e o elemento desse acertamento que se concretiza na *prescrição* da regra de conduta futura das partes: enquanto a declaração incide apenas, em regra, sobre os aspectos daquela situação pertencentes ao passado, não cobrindo, portanto, os factos futuros, a prescrição da regra de conduta futura, no caso das situações duradouras, pode incidir, conforme a escolha do legislador, também sobre a conduta que realiza os aspectos do interesse duradouro que se desenvolvem depois do caso julgado.

O legislador italiano, por exemplo, terá seguido este caminho: assim, no caso da condenação *in futurum* (cfr. artigos 657 e 664 do c.p.c., já mencionados[1490]), a regra de conduta não se destina a remover um ilícito verificado no passado, referindo-se, antes, a factos futuros[1491]; quanto à sentença inibitória, que também se reporta a obrigações duradouras, é ela própria que qualifica o comportamento futuro, prevenindo, para o futuro, a violação do direito[1492].

Especificidades apresentam, todavia, e ainda segundo Remo Caponi[1493], as sentenças de condenação *in futurum* em prestações continuadas ou periódicas, que se reportam a situações duradouras ligadas por um nexo de condicionalidade permanente a um facto constitutivo também duradouro (como é o caso da sentença de alimentos, pois as prestações alimentícias pressupõem a necessidade do credor, que se traduz num facto, também ele, duradouro e variável): nestas sentenças, não só a prescrição da regra de conduta como também a *declaração* da existência da situação substantiva – igualmente integrante do acertamento judicial – se refere a factos futuros, pois a elas subjaz um juízo de prognose ou uma previsão acerca do desenvolvimento futuro dos factos constitutivos dessa situação, estendendo-se, consequentemente, o limite temporal do respectivo caso julgado para o futuro.

A referência temporal do caso julgado destas sentenças não é, assim, um dado momento do primeiro processo ou um só momento até ao qual ficam precludidos todos os factos, pois o que é decisivo, para a determinação da preclusão de certo facto, é ter o facto sido ou não previsto pelo juiz[1494].

1489 Remo Caponi, *L'efficacia...*, págs. 76-83.
1490 *Supra*, § 3º, II, 1.
1491 Remo Caponi, *L'efficacia...*, págs. 83-85.
1492 Remo Caponi, *L'efficacia...*, págs. 85-88.
1493 Remo Caponi, *L'efficacia...*, págs. 89-90.
1494 Assim: W. Grunsky, "Veränderungen...", págs. 392-393; Remo Caponi, *L'efficacia...*, págs. 90-91.

A tese de REMO CAPONI, que parte da distinção entre a declaração da existência do direito e a prescrição da regra de conduta não nos parece de aceitar no ponto em que conduza a considerar que só e todas as sentenças relativas a prestações periódicas vincendas atendem a factos futuros: como vimos[1495], também a sentenças com outro conteúdo podem subjazer juízos de prognose e existem sentenças de condenação em prestações periódicas vincendas que os não realizam.

Essa mesma tese – segundo a qual também a declaração da existência da situação substantiva se pode referir a factos futuros – tem sido desde há longa data aceite na Alemanha, onde prepondera, a propósito da natureza (excepcional) do § 323 da ZPO, e como se verá[1496], a teoria da equidade: com efeito, é justamente porque se entende que, nas sentenças tidas em vista pelo § 323 da ZPO, são tomados em consideração factos futuros, que este preceito é concebido como contendo uma excepção ao princípio da intangibilidade do caso julgado.

e) Direito aplicável

A referência temporal do caso julgado é dada usualmente quanto a determinada situação de facto e perante hipóteses de superveniência de factos, não aludindo o artigo 611º, nº 1, do CPC, aliás, a qualquer correspondência que deva existir entre a decisão e o direito aplicável no momento do encerramento da discussão; no entanto, e como pode, nos termos que exporemos[1497], ponderar-se a propositura da acção modificativa contemplada no artigo 619º, nº 2, do CPC também com fundamento em alteração de lei ou de jurisprudência, importa considerar a referência temporal do caso julgado quanto a normas jurídicas e perante hipóteses de superveniência de lei ou de nova orientação jurisprudencial[1498].

Face ao direito italiano, REMO CAPONI[1499] entende que a referência temporal do caso julgado deve estabelecer-se de acordo com critério idêntico, quer se trate da situação de facto quer das normas jurídicas: assim, em relação a estas, a declaração judicial referir-se-ia ao *último momento no qual as normas jurídicas podem*

[1495] *Supra*, § 6º, IV, § 7º e § 8º.

[1496] *Infra*, § 38º, III.

[1497] *Infra*, § 25º e § 26º.

[1498] Reportamo-nos, na análise subsequente, apenas à referência temporal do caso julgado quanto ao direito substantivo aplicável, porque não se vê como pode uma alteração da lei processual consubstanciar uma alteração das circunstâncias nos termos do artigo 619º, nº 2, do CPC. De todo o modo, sobre o problema da aplicação, em processo, da lei processual nova (problema que releva para a eventual afirmação de uma referência temporal do caso julgado também quanto ao direito processual aplicável), veja-se E. Fazzalari, "Efficacia...". E, sobre a aplicação, em processo, do novo direito probatório material, veja-se J. P. Remédio Marques, "Investigação...", págs. 551 e seguintes, concluindo nomeadamente que essa aplicação às acções pendentes deve ser rejeitada quando viole a igualdade de armas ou o contraditório.

[1499] Remo Caponi, *L'efficacia...*, págs. 146-148.

ser aplicadas em juízo, sendo certo que as leis que entrem em vigor no decurso do processo podem ser nele também aplicadas, nos termos gerais[1500].

Por outro lado, sustenta o Autor[1501] que este princípio vale mesmo que o caso julgado incida sobre uma situação duradoura com facto constitutivo duradouro, porque o juiz (diversamente do que sucede em relação à situação factual futura) não realiza qualquer previsão sobre desenvolvimentos normativos futuros.

Idêntico é o entendimento de Habscheid, perante o direito alemão. Segundo o Autor[1502], o juiz nunca pode formular na sentença juízos de prognose sobre a estrutura futura da situação jurídica, devendo, antes, partir do princípio de que permanecerá inalterada a situação jurídica vigente no momento do proferimento da sentença: assim sendo, não se regista, quanto ao direito aplicável, nenhuma especialidade na referência temporal do caso julgado sobre pretensões futuras.

E qual é o último momento no qual as normas jurídicas podem ser aplicadas em juízo e que deve valer como a referência temporal do caso julgado quanto ao direito aplicável?

Reportando-se ainda ao direito italiano, e distinguindo entre as hipóteses de superveniência de lei retroactiva e de superveniência de lei irretroactiva, Remo Caponi[1503] observa o seguinte: *a)* não estando o juiz dependente de qualquer iniciativa das partes quanto ao direito aplicável, o último momento em que, no processo, a lei superveniente *retroactiva* pode ser aplicada é aquele que precede o depósito da sentença na secretaria e que concretiza a respectiva publicação (devendo, no caso de a entrada em vigor da lei ocorrer depois da última discussão, ser também salvaguardado o contraditório[1504]); *b)* se a lei superveniente *retroactiva* entrar em vigor durante o prazo para interpor recurso de apelação (*appello*) ou de revista (*cassazione*), ou na pendência deste recurso, pode ser feita valer, nos mesmos termos, até ao momento da publicação do respectivo acórdão, pelo que a parte interessada, no primeiro caso, deve interpor tal recurso, nele fazendo valer a lei superveniente retroactiva (sob pena de esta não poder mais tarde ser aplicada à situação deduzida em juízo em virtude, não dos limites temporais do caso julgado, mas do princípio segundo o qual o caso julgado resiste ao *ius superveniens* retroactivo); *c)* se a lei superveniente for *irretroactiva*

[1500] A. Attardi ("Le preclusioni...", pág. 393) menciona, a este propósito, o princípio da imediata aplicabilidade do *ius superveniens* no processo, incluindo nas fases da impugnação; se a nova disciplina der relevo a determinadas situações de facto não tomadas em consideração pela disciplina antiga, vigente ao tempo da proposição da acção, observa Attardi que se deve reconhecer às partes a liberdade para deduzirem novos factos e indicarem novos meios de prova.

[1501] Remo Caponi, *L'efficacia...*, pág. 148.

[1502] W. J. Habscheid, "Urteilswirkungen und Gesetzesänderungen", pág. 448.

[1503] Remo Caponi, *L'efficacia...*, págs. 149-160.

[1504] Sobre a necessidade de garantir o contraditório, nos casos de *ius superveniens* posterior à audiência de discussão, L. Florino, (anotação), pág. 1444.

(como sucede quando disciplina apenas os aspectos do interesse duradouro que subsistem depois da sua entrada em vigor) e entrar em vigor antes da publicação da sentença da primeira instância, o último momento em que, no processo, essa lei pode ser aplicada, é também o da publicação dessa sentença, pelo que, se a lei não for aplicada até este momento, já não o pode ser depois, mesmo aos aspectos do interesse duradouro que prossigam; *d)* se a lei superveniente for *irretroactiva* e entrar em vigor durante o prazo para recorrer, pode ser aplicada na instância de recurso, mas a circunstância de não ter sido feita valer em recurso não obsta a que discipline os aspectos da situação duradoura que prosseguem; *e)* finalmente, se a lei superveniente for *irretroactiva* e entrar em vigor depois do termo do processo, pode ser aplicada aos aspectos do interesse duradouro que prosseguem depois da sua entrada em vigor (ainda que requalifique um facto ocorrido anteriormente), prevalecendo, assim, a nova norma de conduta sobre a norma de conduta judicialmente estabelecida.

Portanto, e em síntese, a referência temporal do caso julgado quanto ao direito aplicável é, à luz do direito italiano e segundo Remo Caponi, o momento da publicação da sentença transitada em julgado ou o momento da publicação do acórdão transitado proferido no eventual recurso se, neste, se fez valer a lei nova[1505].

Repare-se que este momento não é o *momento della precisazione delle conclusioni*, a que já antes fizemos referência, e que é o referente temporal quanto aos factos[1506].

Face ao direito alemão, Habscheid[1507] observa que, diversamente dos novos factos, as leis novas podem ser feitas valer na revista – o que decorre do efeito devolutivo do correspondente recurso –[1508], pelo que é de estender temporalmente a força de caso julgado da sentença, no que diz respeito ao direito em que assentou, até à decisão da revista. Idêntico raciocínio deve ser feito quanto às leis novas que podem fundar a oposição à execução: a data do encerramento da última discussão oral, a que alude o § 767, 2, da ZPO, não servirá, nesta hipótese, de referência temporal para a novidade das alterações (apenas o servindo para as alterações de natureza fáctica)[1509].

À luz do direito português, convém distinguir o problema da determinação da lei aplicável no processo (no caso de sucessão de leis no tempo desde a verificação do facto até ao proferimento da decisão) do problema da referência temporal do caso julgado quanto à lei aplicável.

1505 Chegando a conclusão similar, F. P. Luiso, *Diritto...*, vol. II, pág. 434.

1506 *Supra*, § 3º, II, 1.

1507 W. J. Habscheid, "Urteilswirkungen und Gesetzesänderungen", págs. 404-405 e 448-449.

1508 Sobre a aplicabilidade da lei nova na revista, veja-se, ainda, P. Gilles, *Rechtsmittel...*, pág. 81, e W. Meiss, "Die Berücksichtigung...".

1509 B. Rimmelspacher, *Materiellrechtlicher...*, págs. 254-255.

O primeiro problema só lateralmente nos interessa e diz respeito à legalidade da decisão (isto é, à sua conformidade ao direito objectivo); o segundo prende-se com a invocabilidade de leis entradas em vigor antes ou depois de certo momento.

A propósito do primeiro problema (o da determinação da lei aplicável no processo), cumpre assinalar, por um lado, que do artigo 12º, nº 2, 2ª parte, do CC decorre a regra da "aplicação imediata da lei nova às situações jurídicas que se constituíram na vigência da lei antiga e que transitam para o domínio da lei nova", desde que o título não modele o conteúdo da situação jurídica, como sucede com "o direito dos familiares da vítima a uma pensão vitalícia, como reparação do acidente de trabalho"[1510]; se, porém, não for possível abstrair do facto constitutivo, como se verifica, por exemplo, com os efeitos da mora no cumprimento (em relação ao contrato), o conteúdo da situação jurídica continua a ser regulado pela lei antiga, nos termos do artigo 12º, nº 2, 1ª parte, do CC[1511].

Por outro lado, a lei nova reguladora de factos aplica-se a factos novos (artigo 12º, nº 1, 1ª parte, do CC), "pois é a lei vigente no momento da constituição da situação subjectiva que decide do valor do facto constitutivo e dos seus efeitos"[1512]; a lei nova pode também aplicar-se a factos passados ou aos seus efeitos quando expressamente lhe for conferida eficácia retroactiva (artigo 12º, nº 1, do CC).

A aplicação das regras gerais do artigo 12º do CC ou o problema da sucessão de normas materiais adquire em processo declarativo, como observa TEIXEIRA DE SOUSA[1513], "um carácter muito específico, resultante do diferimento temporal do recurso às vias processuais perante a eventualidade que o condiciona e da pendência da causa até ao trânsito em julgado da sentença que a decide", podendo portanto discutir-se "se a lei aplicável à decisão é a vigente no momento da realização do facto em apreciação, da propositura da acção, do encerramento da discussão ou da sentença do tribunal".

Segundo o Autor[1514], a regra deve ser, quanto às situações ainda não produzidas, a da aplicação à decisão da lei vigente no momento da verificação do facto, dada a natureza instrumental do processo declarativo: a esta regra introduz depois o Autor algumas especialidades e excepções, nomeadamente a de que se o recurso ao processo for indispensável para a produção da situação subjectiva, é aplicável a lei vigente no momento da propositura da acção[1515], e a de que aos efeitos da situação subjectiva duradoura que forem alterados na pendência da causa é apli-

[1510] M. Teixeira de Sousa, "Aplicação da lei...", pág. 8.
[1511] M. Teixeira de Sousa, "Aplicação da lei...", pág. 9.
[1512] M. Teixeira de Sousa, *Sobre a teoria...*, pág. 174.
[1513] M. Teixeira de Sousa, *Sobre a teoria...*, pág. 176.
[1514] M. Teixeira de Sousa, *Sobre a teoria...*, págs. 176-177.
[1515] M. Teixeira de Sousa, *Sobre a teoria...*, pág. 179.

cável a lei entretanto surgida[1516]. Em se tratando de situação já produzida (isto é, havendo caso julgado de anterior decisão, ou factos ou efeitos anteriores à vigência da lei nova), e como "não infringe o direito positivo a existência de uma lei de eficácia retroactiva que permite um diferente objecto para uma causa que não produziu qualquer situação por ter sido julgada improcedente ou que se refere a uma situação cuja produção não é necessariamente jurisdicional", coloca-se igualmente o problema da aplicação, em processo, da lei nova[1517].

No que diz respeito à questão da referência temporal do caso julgado quanto à lei aplicável e, portanto, à da invocabilidade, contra o caso julgado, de leis entradas em vigor antes ou depois de certo momento – a questão que agora particularmente nos interessa –, parece-nos que tal referência deve ser a data do encerramento da discussão no tribunal da 1ª instância ou no tribunal do último recurso (correspondendo tal data, nesta eventualidade, ao fim do prazo para a produção de alegações perante esse tribunal ou, se só posteriormente tiver entrado em vigor a lei aplicável ao fundo da causa, o fim do prazo que tiver sido concedido à parte para exercer o contraditório), uma vez que os poderes de cognição dos tribunais superiores não se encontram restringidos em matéria de direito.

E não havendo tal restrição, vale também a este propósito, com adaptações, o que atrás dissemos[1518] quanto à alegação da alteração das circunstâncias perante o tribunal de recurso: subindo o processo em recurso, a decisão que posteriormente poderá ser objecto de modificação é a decisão do recurso, pelo que a parte tem toda a vantagem em alegar, perante o tribunal superior, a alteração das circunstâncias que entretanto tenha surgido (porque esta alteração não consubstanciará uma alteração face à própria decisão do recurso). Assim, e por exemplo, se na pendência do recurso entrar em vigor uma lei que mande atender a certo facto na determinação do montante dos alimentos, terá o interessado toda a vantagem em invocá-la perante o tribunal do recurso (sem prejuízo de este tribunal dever aplicá-la oficiosamente), pois se essa lei não for aplicada na decisão do recurso, já não poderá mais tarde fundar uma acção modificativa (dirigida contra a decisão proferida pelo tribunal do recurso).

Finalmente, registe-se que a referência temporal do caso julgado quanto à lei aplicável não pode ser um momento futuro, uma vez que o tribunal não atende a leis futuras (diversamente do que sucede quanto a factos, uma vez que, como vimos, por vezes é necessário atender a factos futuros). Este aspecto talvez mereça ser relevado quando, mais tarde, discutirmos se a acção modificativa pode fundar-se em alteração de lei.

1516 M. Teixeira de Sousa, *Sobre a teoria...*, pág. 177.

1517 M. Teixeira de Sousa, *Sobre a teoria...*, págs. 180-183.

1518 *Supra*, § 14º, III e IV.

f) Conclusão

Vimos que a regra do artigo 611º, nº 1, do CPC não impede que a sentença atenda a factos ainda não produzidos à data do encerramento da discussão, porque tal sucede quando se arbitre indemnização em dinheiro, quanto ao facto notório da inflação, e, em geral, quando se arbitre indemnização, quanto aos danos futuros; também quando se aprecie situações duradouras relativamente às quais seja necessário emitir juízos de prognose, terá o tribunal de atender a factos futuros.

Significará, porém, tal atendibilidade de factos futuros uma diferente referência temporal para o caso julgado?

Supomos que a atendibilidade de factos futuros se articula mal com o disposto no artigo 611º, nº 1, do CPC, porque quando o tribunal os atende não está a tomar em consideração a "situação existente no momento do encerramento da discussão": está a tomar em consideração a situação existente no momento em que o facto provavelmente vai ocorrer e que só pode ser um momento futuro.

Este momento futuro varia consoante o facto a que se atenda, pelo que, em relação a ele, não seria possível estabelecer uma regra como a do artigo 611º, nº 1, do CPC, predispondo um momento certo.

Diríamos, portanto, que se o artigo 611º, nº 1, do CPC contém uma referência temporal para o caso julgado, essa referência temporal não vale (*não pode* valer) para todos os casos julgados: existem casos julgados cuja referência temporal é um momento futuro, que pode ser muito posterior ao do trânsito em julgado da decisão.

2. Referência temporal da superveniência e referência temporal do caso julgado

Se partirmos do princípio de que, na hipótese das sentenças de alimentos e das outras sentenças previstas no artigo 619º, nº 2, do CPC, a referência temporal do respectivo caso julgado é um momento posterior ao do encerramento da discussão e, bem assim, do princípio de que não faria sentido alterar a sentença para um período em que a mesma deixou de valer, concluímos que a referência temporal da alteração das circunstâncias a que aquele preceito alude não coincide com a referência temporal do caso julgado, porque tal alteração das circunstâncias há-de necessariamente ocorrer num momento anterior àquele a que o caso julgado se refere.

Mas esse momento anterior pode ser, por exemplo, um momento anterior ao do encerramento da discussão? Ou seja: assente que a alteração das circunstâncias a que o artigo 619º, nº 2, do CPC alude tem de ocorrer num momento anterior àquele a que se refere o caso julgado, pode daí extrair-se a conclusão de que nenhuma restrição existe quanto ao momento em que essa alteração pode ocorrer?

A resposta a esta questão parece retirar-se do próprio artigo 619º, nº 2, do CPC: a alteração das circunstâncias só o é quando se refira às circunstâncias que determinaram a decisão, o que significa que circunstâncias anteriores às que determinaram a decisão não podem fundar a acção modificativa. Ora, as circunstâncias que determinaram a decisão são também as que se verificam à data do encerramento da discussão, nos termos do artigo 611º, nº 1, do CPC, pelo que as ocorridas anteriormente a esta data não podem ser consideradas.

Este raciocínio, que conduz a entender que qualquer circunstância posterior ao encerramento da discussão e anterior à data a que se refere o caso julgado pode fundar a acção modificativa, não é, porém, correcto – ainda que correcta possa ser a conclusão –, uma vez que do artigo 619º, nº 2, do CPC também poderia retirar-se que uma circunstância anterior à data a que se refere o caso julgado não é apta a fundar a acção modificativa, por as circunstâncias que determinaram a decisão serem também circunstâncias futuras.

É necessário, portanto, encontrar um ponto de apoio diverso para sustentar a tese segundo a qual só circunstâncias posteriores à data do encerramento da discussão podem fundar a acção modificativa.

Esse ponto de apoio pode ser, por um lado, a regra da preclusão do deduzido e do deduzível na anterior acção e, por outro lado, a própria função da acção modificativa.

3. Preclusão do deduzido e do deduzível na anterior acção

Do caso julgado material retira-se usualmente a regra da preclusão do deduzido e do deduzível na anterior acção, pelo que pode entender-se que, para se chegar à conclusão de que a acção modificativa só pode fundar-se em factos ocorridos após o encerramento da discussão, nem é necessária uma regra como a do § 323, 2, da ZPO (que precisamente veda a proposição de acção modificativa com fundamento num facto ocorrido antes daquela data)[1519]: com efeito, do próprio artigo 619º, nº 1, do CPC decorreria a impossibilidade de as partes fundarem uma posterior acção modificativa em factos ocorridos antes do encerramento da discussão[1520].

A preclusão do deduzido e do deduzível não se reporta apenas a factos. Como assinala Remo Caponi[1521], a referência temporal do julgado tem como consequência fundamental, não só a perda da relevância jurídica dos factos relevantes ocorridos antes desse momento e não alegados e feitos valer, como também a impossibilidade de aplicação à situação invocada em juízo das leis entradas em vigor antes desse momento e não aplicadas na causa: assim, e como atrás

[1519] Sobre o § 323, 2 da ZPO, veja-se, por exemplo, BGH, 18.04.1984, E bgh, 27.01.2010.

[1520] A preclusão do deduzido e do deduzível já decorria da regulação da alegabilidade das excepções peremptórias contida nas Ordenações Afonsinas (Livro III, Título LV) e Filipinas (Livro III, Título L).

[1521] Remo Caponi, *L'efficacia...*, pág. 28.

dissemos[1522], uma lei retroactiva ou irretroactiva que entre em vigor antes da publicação da sentença, ou é aplicada ou, relativamente à situação deduzida em juízo, já não o pode ser depois.

Vejamos melhor, porém, qual o âmbito da regra da preclusão do deduzido e do deduzível.

Como observa Remo Caponi[1523] (que funda a referida regra na irrelevância da divergência entre a situação substantiva anterior e a situação acertada na sentença), a regra da preclusão do deduzido e do deduzível, quando referida a factos, significa que, embora a sentença deva valer-se apenas dos factos alegados pelas partes, os factos não alegados e integrantes da fatispécie – sejam eles constitutivos, modificativos, impeditivos ou extintivos – não podem, se ocorridos num momento anterior àquele a que se refere o caso julgado, ser feitos valer posteriormente.

Moritz[1524] condensa esta regra na seguinte: os factos objectivamente ocorridos ao tempo do primeiro processo e integrantes do seu objecto quedam excluídos, por força do caso julgado.

Embora esta exclusão seja frequentemente designada por preclusão do deduzido e do deduzível na anterior acção, a utilização do termo "preclusão", para quem encontre o seu fundamento no caso julgado material, propicia alguns equívocos.

Com efeito, o termo "preclusão" referia-se, no ensinamento de Chiovenda[1525], à perda ou extinção de um poder processual em virtude de uma de três causas: não exercício desse poder no prazo estabelecido pela lei; desenvolvimento de uma actividade incompatível com o exercício desse poder; exercício anterior desse mesmo poder.

Na medida em que a preclusão, na definição de Chiovenda, e de outras afins[1526], é um expediente de que o legislador se serve durante o processo, com

1522 *Supra*, § 23º, II, 1. *e*).

1523 Remo Caponi, *L'efficacia...*, págs. 67-68.

1524 J. R. Moritz, *Probleme...*, pág. 69.

1525 G. Chiovenda, "Cosa giudicata e competenza", pág. 414; "Cosa giudicata e preclusione", págs. 231-234; *Istituzioni...*, vol. II, págs. 478-480.

1526 Adoptando definição semelhante à de Chiovenda, veja-se, por exemplo, C. R. Dinamarco (*A instrumentalidade...*, págs. 108-109), considerando que a preclusão é a extinção de uma posição jurídica no processo e as suas causas são o tempo, a consumação e a incompatibilidade lógica. Segundo o ensinamento de von Bülow ("Civilprozessualische...", págs. 59-74), o termo preclusão (*Rechtsverwirkung*) tem um âmbito mais restrito do que o de Chiovenda, significando apenas a perda de certo direito no processo civil pelo não exercício de certa actividade em certo prazo (verificando-se, como observa A. Attardi, "Preclusione...", pág. 894, que o que caracteriza o fenómeno não é o efeito extintivo decorrente da inobservância de um prazo, mas o próprio direito subjectivo da parte que está em causa). Entre nós, veja-se STJ, 03.03.1998 (Proc. 084111), contrapondo os prazos de preclusão (de que seriam exemplo os prazos cujo decurso redunda em interrupção ou deserção da instância) aos prazos judiciais ou prazos para a prática de actos processuais, e aproximando a preclusão processual da caducidade de direitos civis.

o fim de assegurar um desenvolvimento célere do mesmo e de garantir a certeza das situações processuais, tendo natureza processual e efeitos que se esgotam no âmbito do próprio processo, e sendo, além do mais, uma figura distinta do caso julgado material[1527], a "preclusão do deduzido e do deduzível na anterior acção", quando o seu fundamento seja encontrado no caso julgado material, *não equivale a uma preclusão naquele sentido* (que, aliás, já era um sentido muito pouco preciso, atendendo a que, também no direito material, se verificam fenómenos substancialmente idênticos àqueles que se reconduziam ao instituto da preclusão, e sendo, como tal, aconselhável a autonomização de cada uma das figuras que Chiovenda integrava no fenómeno da preclusão[1528]): é que, sendo esse o seu fundamento, verificar-se-ia que a "preclusão do deduzido e do deduzível", para além de se encontrar associada à figura do caso julgado material, espelharia precisamente os efeitos de certo comportamento omissivo fora do processo, o que não se coadunaria com aquela definição de Chiovenda[1529].

Mas, mesmo que se encontre o seu fundamento no caso julgado material (o que é duvidoso, porque fenómeno semelhante ocorre no processo, antes da produção de caso julgado[1530]), é importante salientar – como salientam, por exemplo, Proto Pisani[1531] e Attardi[1532] – que a regra da preclusão do deduzido e do deduzível não restringe nem amplia os limites objectivos do caso julgado, concretamente, não estende o caso julgado material para além da declaração sobre a existência ou inexistência do direito que se fez valer: e isto porque a regra não pretende responder à questão de saber se o caso julgado cobre os juízos de facto ou de direito contidos na decisão nem implica a força obrigatória dos denominados juízos implícitos[1533], apenas contribuindo para fixar a indiscutibilidade da declaração sobre a existência ou inexistência do direito.

1527 Assim, A. Attardi, "Per una critica...", págs. 3-4, e P. D'Onofrio, "Legge...", pág. 234.

1528 Assim, A. Attardi, *idem*, págs. 5-12, e "La cosa giudicata", pág. 7. Sobre a definição de Chiovenda, criticando a sua amplitude, P. D'Onofrio, "Sul concetto...", págs. 427-428. Note-se que, para A. Attardi ("Preclusione...", págs. 896-897), sendo a noção de preclusão muito pouco consensual na doutrina, logo ao nível das hipóteses que a integram, a integração na figura da preclusão da "preclusão do deduzido e do deduzível" revela-se tarefa difícil e algo inglória, porque depende da definição que se acolha e contribui ainda mais para o esbatimento dos contornos do instituto.

1529 Considerando que, para definir o fenómeno do caso julgado, é "totalmente inadequada a ideia de preclusão elaborada pelos estudiosos do processo", sendo, antes, necessário apelar ao conceito de eficácia preclusiva e à sua utilização no direito processual, veja-se A. Falzea, *Ricerche*..., pág. 166.

1530 Assim, como observa G. Fabbrini ("Eccezione", pág. 5), os factos deduzíveis, mas não deduzidos, não podem ser considerados pelo juiz, sob pena de excesso de pronúncia: seria desta particularidade que decorreria, em última análise, a impossibilidade de consideração destes factos noutros processos, uma vez produzido o caso julgado, e não deste mesmo caso julgado.

1531 A. Proto Pisani, "Appunti sul giudicato...", págs. 390-391, e "Note...", pág. 447.

1532 A. Attardi, "In tema...", págs. 511-512, e *Diritto processuale*..., págs. 469-470.

1533 Assinalando que a *teoria do caso julgado implícito* pode ser entendida de dois modos (ou por referência ao caso julgado material, indicando, nessa hipótese, a preclusão das questões não deduzidas, mas que

A preclusão do deduzido e do deduzível na anterior acção constitui, por outro lado, e como observa MORITZ[1534], uma regra que nada tem a ver com os limites temporais do caso julgado, antes se prendendo com os seus limites objectivos[1535].

Com os limites temporais do caso julgado prendem-se, antes, continuando a seguir o mesmo Autor[1536], as questões de saber se podem ser considerados factos novos, ocorridos num momento posterior à data do encerramento da última discussão oral sobre a matéria de facto, quais os factos novos aptos a influir sobre o caso julgado e, bem assim, em que medida cede a barreira do caso julgado perante as alterações factuais verificadas.

Idêntica é, numa primeira aproximação, a orientação de ATTARDI[1537], porque menciona a figura dos limites temporais do caso julgado quando trata da alegabilidade, num novo processo, dos factos ocorridos *depois* do momento em que começam a operar as preclusões relativas à dedutibilidade, no processo anterior, de novas circunstâncias de facto; contudo, como o Autor[1538] seguidamente afirma

podiam ter sido deduzidas, no processo do qual emergiu a sentença definitiva, e reconduzindo-se, ao fim e ao cabo, à irrelevância do *iter* formativo da decisão; ou por referência ao caso julgado formal, indicando, nessa hipótese, que proferida e transitada em julgado uma decisão interlocutória sobre certa questão, não podem ser suscitadas em momento ulterior do processo as questões que sejam antecedente lógico daquela que constitui objecto da decisão), veja-se E. Allorio, *Critica*..., págs. 245-246. Também no sentido de que o denominado "caso julgado implícito" mais não significa do que a irretractabilidade interna do deduzido e do deduzível (havendo, de qualquer modo, a assinalar que precludem durante o processo várias questões não deduzidas, antes da preclusão derradeira e máxima em que se traduz o caso julgado), E. Fazzalari, "Il cammino...", pág. 597. Entendendo que caso julgado implícito só existe verdadeiramente nas situações em que, na motivação da sentença, se manifeste uma vontade de decisão, e não nas situações em que precludem, por força do caso julgado, questões não deduzidas pelas partes, veja-se F. Lancellotti, "Variazioni...", págs. 474-486. Entendendo também que o princípio do caso julgado implícito não se confunde com o princípio segundo o qual o caso julgado cobre o deduzido e o deduzível, C. Natoli, "Considerazioni...". Salientando o carácter extremamente equívoco da máxima segundo a qual o caso julgado também se forma sobre a parte da motivação que decide as questões que constituem o pressuposto lógico e necessário da pronúncia, veja-se A. Proto Pisani, "Osservazioni...", pág. 92. Na jurisprudência portuguesa (tal como, aliás, na italiana: cfr., além deste último Autor, G. A. Micheli, *Corso*..., pág. 295) encontram-se várias referências ao caso julgado implícito: assim, STJ, 13.02.1985 (parecendo conceber o caso julgado formal implícito como decorrente do silêncio das partes e do julgador); RP, 17.02.1993; RP, 12.01.1998 (reportando o caso julgado implícito às questões suscitadas e solucionadas na sentença, por imperativo legal e conexas com o direito a que se refere a pretensão do autor, a que alude o artigo 621º do CPC).

1534 J. R. Moritz, *Probleme*..., pág. 69.

1535 Também H. Brox ("Die objektiven...", págs. 122 e 127) trata da preclusão decorrente do caso julgado – que, do seu ponto de vista, abrange apenas o *deduzido* – a propósito, não do problema dos limites temporais do caso julgado (que se referiria aos factos que podem ser considerados na sentença e que coincidem com os ocorridos até ao encerramento da última discussão oral), mas do dos limites objectivos. Identicamente, na doutrina italiana, concebendo a referida preclusão como um princípio geral em matéria de limites objectivos do caso julgado, V. Cocchi, "Orientamenti...", pág. 3001.

1536 J. R. Moritz, *Probleme*..., págs. 68 e 70.

1537 A. Attardi, "In tema...", pág. 512.

1538 A. Attardi, "In tema...", pág. 517.

que o princípio segundo o qual o caso julgado cobre o deduzido e o deduzível "dá relevo apenas àquelas circunstâncias que incidem sobre a existência do direito objecto da declaração para o tempo sucessivo àquele em que o próprio direito foi reconhecido como existente", coloca a dúvida sobre se, do seu ponto de vista, o referido princípio não estará antes conexionado com os limites temporais do caso julgado. Também Arens / Lüke[1539], depois de relacionarem os limites temporais do caso julgado com o problema de saber em que medida podem ser alegados e considerados pelo juiz novos factos, acabam por, a propósito de tais limites, tratar da questão da eficácia preclusiva do caso julgado, que, do seu ponto de vista, não pode ser temporalmente ilimitada (devendo, antes, ser limitada pela data do encerramento da última discussão oral, a que alude o § 767, 2, da ZPO).

Quanto a nós, entendemos que a preclusão do deduzido e do deduzível na anterior acção não é decorrência dos limites temporais do caso julgado: com efeito, a figura pode ainda ser explicada através dos limites objectivos do caso julgado, porque se relaciona com a matéria que foi ou podia ter sido apreciada na anterior acção[1540], não sendo necessário apelar, a seu propósito, aos limites temporais do caso julgado, que, conforme também resulta da sua originária concepção[1541], dizem respeito ao momento até ao qual vale o caso julgado e aos factos futuros (não aos factos antigos) que podem ser alegados. E só em relação a esses factos futuros se coloca depois o problema, a que já nos referimos, de saber se os limites temporais do caso julgado possuem autonomia (nomeadamente face aos limites objectivos)[1542].

Para quem entenda que o caso julgado material não explica a proibição de discutir novamente o decidido, por referência aos factos que *podiam ter sido deduzidos* – neste sentido, por exemplo, Habscheid[1543/1544] e, entre nós, Teixeira de

1539 P. Arens / W. Lüke, *Zivilprozessrecht*..., págs. 348-349.

1540 Expressão desta ideia é o que se lê, por exemplo, num acórdão da Relação de Coimbra de 29 de Janeiro de 2002: "O caso julgado cobre o deduzido e o dedutível, referindo-se esta expressão aos factos que, integrados embora na causa de pedir invocada pelo autor, por qualquer razão não foram trazidos à colação no processo; não cobre, porém, a causa ou causas de pedir que o autor não indicou nem quis indicar".

1541 *Supra*, § 1º, II, 4.

1542 Que o problema dos limites temporais do caso julgado (nomeadamente o da sua autonomia face aos limites objectivos) se coloca apenas em relação a factos futuros (isto é, ocorridos posteriormente à data do encerramento da discussão), e não em relação a factos antigos (os factos abrangidos pela preclusão do deduzido e do deduzível), resulta, quanto a nós, de um acórdão do Tribunal da Relação de Lisboa de 15 de Novembro de 1990 (no qual se nega, aliás, tal autonomia), porque aqui se afirma o seguinte: "[...] II. O caso julgado cobre os factos deduzidos, ou não, até ao encerramento da discussão em primeira instância. III. Porém, ocorrendo posteriormente novos factos susceptíveis de alicerçar o direito do autor e por este alegados, há nova causa de pedir".

1543 W. J. Habscheid, "Die Präklusionswirkung...", págs. 171-173. Segundo o Autor, a preclusão do deduzido e do deduzível é o segundo efeito do caso julgado formal da sentença (a par do caso julgado material – que seria o primeiro efeito daquele caso julgado formal –, e de comum tendo com o caso julgado material a

Sousa (quanto aos factos que podiam ter sido alegados pelo réu)[1545] –, já pode, porém, tornar-se necessário recorrer ao conceito de preclusão, entendido, todavia, como podendo operar fora do processo (mas distintamente do caso julgado material)[1546].

Um conceito com esta amplitude é avançado nomeadamente por Teixeira de Sousa[1547], que depois de definir a preclusão adjectiva como "a exclusão da prática de um acto processual pelo termo temporal da oportunidade da sua realização", a distingue entre preclusão referente a actos de conteúdo processual e preclusão referente a actos de conteúdo fáctico: esta última, cujo fundamento seria o princípio da disponibilidade objectiva, caracterizar-se-ia por importar "a irrelevância do facto não alegado para o objecto da sentença" e por poder provir

prossecução da paz jurídica e a garantia da segurança jurídica) e o seu fundamento legal seria o disposto nos §§ 767, 2, e 580 da ZPO. Habscheid retomaria este pensamento na obra *Der Streitgegenstand...* (págs. 291-297), aqui criticando também a posição entretanto surgida de K. H. Schwab (e expressa em *Der Streitgegenstand...*, págs. 158-170), segundo a qual o caso julgado exclui qualquer alegação destinada a obter uma declaração divergente ou uma diversa valoração jurídica do estado de coisas do primeiro processo, ficando os elementos da sentença estabelecidos com carácter obrigatório e correspondendo ao efeito vinculante do caso julgado o seu efeito excludente. Sobre a tese de Habscheid (expressa também, por exemplo, em "Rechtskraft und Präklusion...", pág. 175) relativa à preclusão alheia ao caso julgado, veja-se W. Henckel, *Parteilehre...*, págs. 302-303 (partindo da concepção segundo a qual o objecto do processo não integra a situação de facto, mas apenas o direito material afirmado e, bem assim, assinalando que a ZPO de 1877 regulava os efeitos do caso julgado material em articulação com as disposições sobre a execução, o que constituiria argumento no sentido da inexistência de uma preclusão desse teor), O. Jauernig, *Verhandlungsmaxime...*, págs. 64-65, E. Bötticher, "Streitgegenstand...", pág. 412, K. Johannsen, "Die Rechtsprechung...", pág. 354, e G. De Stefano, "L'oggetto...", págs. 337-338.

1544 Sobre a pesquisa de um ponto de apoio legal, no direito alemão, para a regra segundo a qual se encontram excluídos todos os factos ocorridos até à última discussão oral, independentemente de as partes deles terem conhecimento ou terem podido alegá-los, veja-se B. Keitel, *Rechtskräftiges...*, págs. 19-24. Segundo o Autor, o § 580 da ZPO (preceito regulador do meio processual equivalente ao recurso de revisão português) não dá resposta à questão, porque a disposição que mais se aproxima do problema – a do § 580, 7 b – exclui apenas a admissibilidade de outros meios de prova, e não a alegabilidade de factos relevantes que não constituam meios de prova; quanto à regra do § 767, 2, da ZPO, respeita à actuação da preclusão na execução, mas não constitui fundamento para uma genérica preclusão; esta seria, antes, segundo o Autor, um efeito imediato do caso julgado material, não tendo expressa referência legal.

1545 M. Teixeira de Sousa, *Estudos...*, págs. 585-586. Para Teixeira de Sousa, a preclusão atinge o autor e o réu de modo diverso, na medida em que não impede o autor de alegar, em nova acção, factos que integrem uma nova causa de pedir para o mesmo pedido, mas já impede o réu de alegar, em nova acção, factos que integrem uma diversa excepção ao pedido do autor: esta diversidade decorre da circunstância de, em relação ao autor, não valer uma regra como a do artigo 573º, nº 1, do CPC, o que permite sustentar que a preclusão que o atinge "é definida exclusivamente pelo caso julgado", enquanto a preclusão que atinge o réu "é independente do caso julgado". Semelhante a este nos parece o entendimento expresso em acórdão da Relação do Porto de 2 de Abril de 1998, que, em relação ao réu, alude ao princípio da preclusão materializado na obrigação de deduzir toda a defesa (designadamente por excepção) na contestação, "conjugado com o princípio da preclusão da sentença e da extensão e da força do caso julgado".

1546 Sobre este ponto, veja-se A. Attardi, "Preclusione...", pág. 899.

1547 M. Teixeira de Sousa, *O objecto da sentença...*, págs. 40-41.

de normas de natureza substantiva ou adjectiva; e, provindo de normas de natureza adjectiva, a preclusão fáctica subdividir-se-ia em intraprocessual e extraprocessual, consoante o facto possa ou não possa ser alegado em acção posterior (além de não poder ser alegado na acção pendente). A preclusão do deduzido e do deduzível é, portanto, nesta terminologia, uma preclusão fáctica extraprocessual.

Segundo Teixeira de Sousa[1548], a preclusão fáctica extraprocessual impede o autor de alegar, num processo posterior, factos complementares da causa de pedir alegada no processo anterior e alegáveis até ao encerramento da discussão (ou equivalente) neste processo (trata-se da denominada preclusão fáctica extraprocessual complementar activa); impede, igualmente, o réu de alegar, num processo posterior, factos que "podia apresentar como meio de contestação do pedido formulado pelo autor" (trata-se da denominada preclusão fáctica extraprocessual complementar passiva, consagrada no artigo 573º do CPC)[1549].

De tudo o que antes dissemos extrai-se o seguinte: a regra do artigo 619º, nº 1, do CPC impede o autor e o réu da acção de que emergiu a sentença que constitui caso julgado de alegarem subsequentemente factos ocorridos antes da data a que se refere o caso julgado e que se integram no objecto daquela acção, pelo que dessa regra decorre tanto a impossibilidade de alegar factos ocorridos antes do encerramento da discussão, como factos ocorridos antes do momento futuro a que (também) se refere esse caso julgado; quanto ao réu dessa mesma acção, a regra do artigo 573º do CPC impedi-lo-ia ainda de alegar factos ocorridos até ao momento em que lhe era possível apresentar a sua defesa e que integrassem uma diversa excepção ao pedido do autor.

Sendo este o âmbito *normal* da preclusão do deduzido e deduzível – e parecendo, então, que nem factos ocorridos antes do encerramento da discussão nem factos posteriores podem fundar a acção modificativa, uma vez que a referência temporal do caso julgado da sentença a que alude o artigo 619º, nº 2, do CPC é também um momento futuro –, é necessário recorrer a um outro ponto de apoio para responder à pergunta inicialmente colocada e que é a de saber se a acção modificativa pode fundar-se em factos ocorridos antes do momento a que normalmente se refere o caso julgado, isto é, o momento do encerramento da discussão.

O único ponto seguro de resposta a esta questão é o de que os factos que podem fundar a acção modificativa devem necessariamente ocorrer antes do momento futuro a que o caso julgado da sentença modificanda também se refere, pois de contrário, e porque esse caso julgado já teria caducado, nunca seria possível propor a acção modificativa.

Já quanto aos factos ocorridos antes do encerramento da discussão, parece-nos que a acção modificativa não cumpriria a sua finalidade se pudesse neles

[1548] M. Teixeira de Sousa, *O objecto da sentença...*, págs. 44-45.
[1549] M. Teixeira de Sousa, *O objecto da sentença...* pág. 44.

assentar, porque sobre os mesmos não versou qualquer juízo de prognose que careça de ser corrigido. Ou seja: diríamos que, quanto aos factos ocorridos antes do encerramento da discussão, nenhuma necessidade há de excepcionar a regra da preclusão do deduzido e do deduzível, pelo que a sua alegação está excluída nos termos gerais.

Mas, como esta preclusão não impede o autor, nos moldes expostos, de alegar em nova acção novos factos essenciais, pode perguntar-se se ao autor é facultado, por esse motivo, propor acção modificativa alegando um facto antigo (por exemplo, um dano que, embora não alegado, já ocorrera à data da primeira acção, na qual se pediu o pagamento de uma indemnização sob forma de renda).

Dir-se-ia que, se é razoável que o facto precludido não possa fundar a acção modificativa, o inverso já não é verdadeiro: da inexistência de preclusão não pode, com efeito, inferir-se que todos os factos não precludidos podem ser feitos valer através de acção modificativa (poderão, eventualmente, ser feitos valer numa outra acção). Dito ainda de outro modo: do que tratamos agora é de saber qual é a superveniência considerada relevante para o efeito do artigo 619º, nº 2, do CPC, e não se, em certas situações, o preceito prescinde da própria superveniência como requisito da acção modificativa.

Para os factos favoráveis ao réu não atingidos pela regra da preclusão (quer se entenda que esta decorre do caso julgado ou é dele independente), vale idêntico raciocínio: da circunstância de o facto não estar precludido não se infere que possa constituir fundamento de acção modificativa (embora possa, por exemplo, constituir fundamento de oposição à execução).

Assim, quando se admita que, depois do caso julgado, o réu pode exercer o poder de modificação em que se traduz um direito potestativo, mesmo que este direito se funde num facto anterior[1550], tal não significa necessariamente que a acção modificativa seja a via adequada para tal exercício[1551].

[1550] Trata-se do problema da relevância do exercício posterior de direitos potestativos: assim, Remo Caponi, *L'efficacia...*, pág. 137. Sobre este problema, dir-se-á, em síntese, o seguinte. Se a primeira acção, destinada à anulação de um negócio jurídico, foi julgada improcedente, deve concluir-se, de acordo com Remo Caponi (*L'efficacia...*, págs. 138-139), no sentido da admissibilidade da proposição de nova acção com fundamento noutra causa de anulação (embora já existente à data da primeira acção), quando se considere que o objecto do processo e da decisão integra a concreta causa de anulação alegada: é esta a solução que, para o direito português, decorre do disposto no artigo 581º, nº 4, do CPC; já se, na primeira acção, o negócio jurídico foi julgado válido, não tendo sido deduzido, podendo sê-lo, um certo fundamento de anulação do negócio, valerá o princípio segundo o qual o caso julgado cobre o deduzido e o deduzível (*idem*, pág. 139), a menos que o poder de modificação se funde exclusivamente num acto de vontade do seu titular que não dependa da verificação de um facto, caso em que, para que o caso julgado ceda, basta o exercício posterior do direito potestativo (*idem*, págs. 139-143; submetendo o exercício posterior de direitos potestativos à regra geral de que o caso julgado cobre o deduzido e o deduzível, E. Heinitz, *I limiti...*, págs. 236-237). Diversa é a tese de A. Zeuner ("Beobachtungen...", pág. 361; *Die objektiven...*, págs. 102-107), para quem, constituindo princípio geral do processo civil o de que a sentença

4. A invocabilidade dos efeitos jurídicos produzidos por factos novos ou por leis novas; insuficiência da superveniência para fundar a acção modificativa; menor permeabilidade de certas sentenças à superveniência; os factos duradouros enquanto factos supervenientes

Vimos até agora que o artigo 619º, nº 2, do CPC se compatibiliza com a regra da preclusão do deduzido e do deduzível na anterior acção no ponto em que tam-

se refere à situação jurídica existente à data da última discussão oral – pelo que permanece intocada a possibilidade de alterações posteriores –, não encontra qualquer suporte legal a tese segundo a qual a nova situação jurídica é desconsiderada, em virtude de preclusão decorrente do caso julgado, quando resulte do exercício posterior de um direito potestativo já existente: a existência de limites temporais para o exercício de direitos potestativos decorre, quando muito, do direito material. Reconhece, porém, o Autor (*Die objektiven...*, págs. 102-103), que a doutrina e jurisprudência alemãs, a propósito do disposto no § 767, 2, da ZPO, têm em geral entendido que o devedor condenado a satisfazer certa prestação não pode fundar uma eventual oposição à execução no exercício posterior de um direito potestativo, quando este direito já existia ao tempo do encerramento da última discussão oral, podendo objectivamente ter sido exercido antes desta data. No sentido desta doutrina, M. Becker, "Gestaltungsrecht...", pág. 52, ou H.-J. Doderer, "Auswirkungen...", págs. 880-881; preconizando uma solução ainda mais restritiva, W. Ernst, "Gestaltungsrechte...". Dando conta de corrente jurisprudencial dominante, no sentido da inadmissibilidade – por não preenchimento da previsão do § 767 da ZPO – da oposição à execução fundada no exercício de direito potestativo que objectivamente podia ter sido exercido antes do encerramento da última discussão oral, veja-se BGH, 25.02.1985; neste acórdão, porém, considera-se que merece tratamento diferenciado o direito de opção, contratualmente consagrado, do arrendatário de prolongar o arrendamento para além do prazo estabelecido, fundando tal direito – uma vez que a declaração de opção tivera lugar após o encerramento da última discussão oral – a oposição à execução de uma sentença de condenação *in futurum* no despejo de um imóvel (proferida ao abrigo do § 257 da ZPO) que, no processo em análise, havia sido deduzida. Em anotação a este acórdão, P. Arens ("Anmerkung", pág. 752) manifesta a sua concordância com a decisão, mas não com os respectivos fundamentos: na sua perspectiva, é criticável a distinção entre direitos potestativos relativamente aos quais a livre escolha do momento do exercício é um efeito acessório e direitos potestativos relativamente aos quais a livre escolha do momento do exercício constitui finalidade principal do direito (como seria o caso do referido direito de opção), porque a finalidade principal do direito de opção é o prolongamento da relação contratual; por outro lado, a delimitação do caso julgado material em função da ponderação de interesses gera insegurança, sendo que tal delimitação deve ser clara e segura; por último, seria aconselhável rever a jurisprudência do BGH relativamente à possibilidade de invocação, na oposição à execução, de direitos potestativos de origem legal, porque tal jurisprudência conduz a uma considerável restrição desses direitos (sobretudo quando o seu titular só vem a ter conhecimento do direito depois do encerramento da última discussão oral). Entre nós, e especificamente quanto à questão de saber se a alínea *g)* do nº 1 do artigo 814º do CPC de 1961 (correspondente ao artigo 729º, alínea *g)* do CPC actual) consentia que, na oposição à execução, fosse feita valer excepção em sentido próprio que se baseasse em pressupostos já verificados à data do encerramento da discussão (e concluindo negativamente, atendendo ao disposto no artigo 929º, nº 3, do mesmo Código, correspondente ao artigo 860º, nº 3, do CPC actual), J. Lebre de Freitas, *A acção executiva...*, págs. 176-178.

[1551] Assim, A. Zeuner ("Beobachtungen...", págs. 360-361) considera que o exercício posterior de direitos potestativos não coloca apenas um problema de articulação com os limites temporais do caso julgado, mas também (e, aliás, imediatamente) de articulação com os pressupostos da oposição à execução de sentença (que não é necessariamente uma sentença transitada).

bém não permite a proposição da acção modificativa com fundamento em factos ocorridos antes do momento a que o caso julgado normalmente se refere (e que é o momento do encerramento da discussão).

Importa, porém, averiguar se daqui decorre que, em princípio, qualquer facto posterior a esta data pode fundar a acção modificativa.

A este propósito, e como assinala REMO CAPONI[1552], a referência temporal do julgado tem também como consequência – que é, de certo modo, o reverso da medalha da preclusão do deduzido e do deduzível – a possibilidade de invocação, numa sucessiva acção, dos efeitos jurídicos produzidos pelos factos e pelas leis que sobrevenham a esse momento: mas tal não significa que todos os efeitos supervenientes sejam relevantes; significa, apenas, que todos os efeitos jurídicos relevantes são necessariamente supervenientes.

A relevância dos efeitos supervenientes afere-se, segundo o Autor[1553], pela possibilidade de o efeito jurídico superveniente conduzir a uma decisão de conteúdo diverso sobre a situação deduzida na primeira acção. Essa decisão de conteúdo diverso pode decorrer, quer da relação de sucessão cronológica entre o efeito jurídico superveniente e o efeito jurídico declarado (como sucede quando ocorre um facto extintivo ou modificativo da situação acertada), quer da incompatibilidade entre aquele efeito e este (como sucede quando sobrevém uma norma retroactiva)[1554/1555].

No caso do acertamento de uma situação duradoura, há que distinguir, segundo REMO CAPONI[1556], consoante o respectivo facto constitutivo seja instantâneo ou exaurido até ao momento a que se refere o caso julgado ou seja um facto duradouro: no primeiro caso, a superveniência relevante traduz-se na verificação de um facto modificativo, impeditivo ou extintivo; no segundo caso, a superveniência relevante traduz-se, não só na verificação de um facto desta natureza, mas também na modificação ou na não ocorrência do facto constitutivo (atenta a extensão do caso julgado para o futuro).

À luz do direito alemão, salienta igualmente ZEUNER[1557] que, não obstante a existência de uma referência temporal do caso julgado (dada pelo encerramento da última discussão oral), tal não significa que qualquer facto ocorrido poste-

[1552] Remo Caponi, *L'efficacia...*, págs. 28-29 e 68-69.

[1553] Remo Caponi, *L'efficacia...*, pág. 31.

[1554] Remo Caponi, *L'efficacia...*, págs. 31-35.

[1555] Em se tratando de uma sentença absolutória, assinala S. Menchini (*Il giudicato...*, págs. 206-207) que, para superar o obstáculo do caso julgado, não basta a alegação de um facto novo e posterior, sendo necessário que este facto coincida com o motivo que justificou a declaração da inexistência do efeito jurídico (nesta linha também, veja-se o regime consagrado no artigo 621º do CPC).

[1556] Remo Caponi, *L'efficacia...*, págs. 129-133.

[1557] A. Zeuner, *Die objektiven...*, págs. 33-35. Distinguindo também entre a superveniência e a relevância do (novo) facto, veja-se, do mesmo Autor, "Wiederholung...", págs. 257-259. Em se tratando de uma

riormente a esse momento permita uma nova decisão divergente sobre o mérito: assim, por exemplo, se numa acção de condenação no pagamento de uma prestação, foi o réu absolvido do pedido em virtude da inexistência do crédito, não pode o autor propor de novo a acção alegando o tempo entretanto decorrido; já o pode, porém, fazer, se o fundamento da absolvição consistiu no não vencimento da dívida[1558]. Em suma, não permitem um novo julgamento de mérito os factos que, sob o ponto de vista da sentença transitada, não relevam para uma decisão, na medida em que não se subsumem numa norma jurídica que assuma importância para a decisão.

Por outro lado, e continuando a seguir Zeuner[1559], não pode também propor-se nova acção, mesmo com fundamento em novos factos, quando dela possa resultar uma decisão que contrarie a parte da decisão anteriormente transitada em julgado relativamente à qual nenhuns factos novos foram apresentados[1560].

Relativamente aos novos factos indiciários ou aos novos factos probatórios de factos precludidos ou apreciados, considera Keitel[1561] que a inadmissibilidade de uma nova acção que neles se funde resulta das regras relativas à *Restitutionsklage*, que só verificados certos requisitos permitem a quebra do caso julgado com base nesses factos.

De todo o exposto parece-nos resultar o seguinte: também em relação à acção modificativa, não deve partir-se do pressuposto de que pode ser seu fundamento qualquer facto ocorrido após o encerramento da discussão. Não só porque a superveniência nem sempre permite uma nova decisão sobre o mérito, como também porque essa decisão pode não dever ser proferida numa acção modificativa (mas em outra acção).

Idêntico deve ser o raciocínio relativamente à alteração da situação jurídica.

Com efeito, a referência temporal do caso julgado quanto ao direito aplicável nem sempre significa a possibilidade de aplicação, em acção posterior, de leis entradas em vigor após esse momento, porque uma lei retroactiva entrada

sentença absolutória proferida na sequência de "revelia" do autor, veja-se A. Zeuner, "Anmerkung", in *JZ*, 1962, págs. 497-498.

[1558] Aceitando também este pressuposto, veja-se, por exemplo, P. Arens, *Streitgegenstand*..., pág. 73, e B. Keitel, *Rechtskräftiges*..., pág. 4. W. Henckel (*Prozessrecht*..., pág. 170) só tendencialmente aceita tal pressuposto, na medida em que considera que podem fundar uma nova acção também os novos factos relacionados com um possível fundamento alternativo de condenação ou de absolvição. Sobre este ponto da tese de Zeuner, veja-se também a recensão de A. Bonsignori, "I limiti...", págs. 240-241.

[1559] A. Zeuner, *Die objektiven*... págs. 98-99.

[1560] Assim também: P. Arens ("Prozessrecht...", págs. 260-261); A. Attardi ("In tema...", pág. 507), dando como exemplo a improcedência da acção de reivindicação, por não ter ficado provada nem a propriedade do autor nem a posse do réu, seguida de nova acção de reivindicação fundada na ciurçunstância de, entretanto, o primitivo réu ter adquirido a posse da coisa.

[1561] B. Keitel, *Rechtskräftiges*..., págs. 65-71.

em vigor após esse momento pode enfrentar a resistência do caso julgado ao *ius superveniens* retroactivo[1562].

Por outro lado, a lei irretroactiva que entre em vigor depois desse momento pode, em princípio, ser aplicada, na medida em que não coloca um problema de afectação do caso julgado, mas de mera sucessão cronológica de regras de conduta: a sentença anterior, na verdade, não assentou num qualquer juízo de previsão sobre desenvolvimentos normativos futuros (este juízo pode, quando muito, incidir sobre factos)[1563]. No entanto, justamente por esta lei irretroactiva não afectar o caso julgado, pode entender-se que a mesma não é apta a constituir fundamento da acção modificativa, quando também se considere que esta visa precisamente a quebra do caso julgado.

Ao que ficou dito acerca da insusceptibilidade de qualquer superveniência fundar a acção modificativa acresce ainda o seguinte.

A atendibilidade, na sentença, de factos futuros, pode conduzir à sua menor permeabilidade à superveniência, tanto do ponto de vista quantitativo como qualitativo.

Assim, face ao direito italiano, Remo Caponi[1564] faz decorrer, do disposto no artigo 445 do c.c. – nos termos do qual os alimentos são devidos desde a proposição da acção –, a limitação da possibilidade de fazer valer a superveniência anterior à proposição da demanda judicial destinada a rever os alimentos fixados e, portanto, a menor permeabilidade da correspondente sentença à superveniência; por outro lado, o artigo 440 do c.c. – que determina que, se depois da fixação dos alimentos, se alterarem as condições económicas de quem os presta ou de quem os recebe, a autoridade judiciária providencia no sentido da sua cessação, redução ou aumento, consoante o caso – pode, segundo o Autor, ser interpretado no sentido de que nem todos os factos supervenientes são relevantes e, portanto, no de que a precedente pronúncia continua a qualificar, impedindo que sejam feitos valer em nova acção, os factos constitutivos da obrigação de alimentos que permaneçam inalterados.

A diferença entre a regulação do direito italiano e a do direito alemão, no que se refere à repercussão da superveniência na condenação *in futurum* em prestações alimentícias, radicaria, segundo Remo Caponi[1565], na exigência, neste último ordenamento, de que a alteração seja essencial; por outro lado, o direito

[1562] Sobre as hipóteses de conflito entre o caso julgado e a norma retroactiva, quando aquele haja declarado a existência da situação substantiva deduzida em juízo, Remo Caponi, *L'efficacia*..., págs. 273-305.

[1563] Assim, Remo Caponi, *L'efficacia*..., págs. 161-162, nota 32. Também W. J. Habscheid ("Urteilswirkungen und Gesetzesänderungen", pág. 449) sustenta que o caso julgado da sentença "prospectiva" não impede que se faça valer a nova situação jurídica.

[1564] Remo Caponi, *L'efficacia*..., págs. 96-98.

[1565] Remo Caponi, *L'efficacia*..., pág. 98.

italiano só disciplina expressamente a alteração da decisão que fixa os alimentos, não obstante as normas dos artigos 440 e 445 do c.c. poderem ser aplicadas analogicamente às decisões relativas a outras relações duradouras com facto constitutivo duradouro, atenta a sua natureza meramente especial face aos princípios relativos à autoridade do caso julgado e aos limites temporais do caso julgado[1566]. E tal natureza especial decorreria, segundo REMO CAPONI[1567], da circunstância de essas normas reafirmarem esses princípios (na verdade, apenas os factos supervenientes são susceptíveis de provocar a alteração da sentença), estendendo, porém, o caso julgado para o futuro, isto é, reforçando a autoridade do caso julgado (com efeito, a sentença anterior não pode ser modificada quanto aos aspectos da relação duradoura anteriores à proposição da acção modificativa e, bem assim, o facto constitutivo duradouro só pode ser novamente alegado em juízo, se sofrer alguma alteração), em atenção à particular estrutura temporal da obrigação legal de alimentos, que é uma obrigação assente num facto constitutivo duradouro, potenciadora, como tal, de uma multiplicação indesejável de processos[1568].

Estas considerações interessam para o direito português, na medida em que este também consagra a regra segundo a qual os alimentos são devidos desde a proposição da acção (cfr. o artigo 2006º, 1ª parte, do CC) e, bem assim, faz depender a modificação da sentença que estabeleceu a indemnização sob forma de renda de uma alteração sensível das circunstâncias (cfr. o artigo 567º, nº 2, do CC).

Assim sendo, parece que, se a regra do artigo 2006º, 1ª parte, do CC for de estender à acção modificativa, a superveniência relevante para esta acção também nunca pode ser aquela que, embora posterior ao momento normal a que se refere o caso julgado – isto é, posterior ao encerramento da discussão –, seja anterior à data da proposição da acção modificativa.

Por outro lado, se a regra do artigo 567º, nº 2, do CC não valer apenas para a modificação da indemnização sob forma de renda – ou se à acção modificativa, em geral, subjazer um pressuposto qualitativo da alteração das circunstâncias –, a superveniência relevante também não pode ser definida exclusivamente em função de uma característica temporal.

1566 Remo Caponi, *L'efficacia...*, págs. 99-100.

1567 Remo Caponi, *L'efficacia...*, pág. 100.

1568 Esta não tem sido, porém, a tese maioritária face ao direito italiano, porque a doutrina preponderantemente sustenta que o artigo 440 do c.c. confirma os princípios relativos ao limite temporal do caso julgado. Assim, e como já referimos (*supra*, § 2º, I, 6. *c*)): E. Betti, *Efficacia...*, págs. 184-192; E. T, Liebman, *Efficacia ed autorità...*, pág. 17; S. Menchini, *Il giudicato...*, págs. 212-213. Mais recentemente, no mesmo sentido, veja-se E. Fazzalari, *Istituzioni...*, pág. 464. Já E. Heinitz (*I limiti...*, págs. 247-254) propugna, como também dissemos no mesmo lugar, a tese da excepção às regras gerais do caso julgado.

Por último, vejamos se a superveniência relevante para a acção modificativa pode traduzir-se num facto duradouro[1569].

A este propósito, REMO CAPONI[1570] observa que, quando o facto superveniente é duradouro e a sua formação se inicia antes do momento a que se refere o caso julgado, a parte pode alegar os anteriores aspectos desse facto: assim, por exemplo, sendo a acção de divórcio, com fundamento em doença contagiosa incurável, julgada improcedente, pode o autor propor mais tarde nova acção, alegando não só a evolução da doença como também a situação de facto anterior ao momento a que se refere o caso julgado.

Se assim é nesta situação, pode perguntar-se se também ao credor dos alimentos é facultado requerer o aumento da correspondente pensão, alegando uma incapacidade iniciada já no momento da primeira acção, mas que não ficou provada ou que não foi tida em conta na determinação do montante dos alimentos.

É certo que o facto duradouro, mas já (parcialmente) ocorrido à data do encerramento da discussão, que a decisão modificanda (também) tomou em consideração, não constitui, em rigor, um facto superveniente, parecendo, portanto, que não pode mais tarde fundar a acção modificativa.

Julgamos, todavia, que se o credor dos alimentos, no exemplo dado, alegar uma alteração na referida incapacidade, ainda poderá preencher-se o conceito de alteração das circunstâncias contido na norma do artigo 619º, nº 2, do CPC: nem todos os aspectos do facto duradouro têm de ser supervenientes por referência à data considerada pelo caso julgado.

Refira-se, ainda, que quando a circunstância antiga duradoura não tenha sido considerada na acção anterior, por ter sido silenciada pela parte a quem era desfavorável, alguma doutrina alemã entende – como, aliás, já referimos[1571] – que o princípio da boa fé pode atenuar a regra da preclusão constante do § 323, 2, da ZPO: assim, se a acção modificativa for proposta com fundamento nessa circunstância, à parte contrária é vedado alegar que essa circunstância é antiga e que, portanto, nenhuma alteração de circunstâncias se regista, podendo, diversamente, comparar-se o elemento de que partiu a sentença com a circunstância real e concluir no sentido da alteração das circunstâncias[1572].

[1569] Questão semelhante pode colocar-se a propósito de qualquer outra acção que, com fundamento em facto já iniciado na pendência da antiga, seja proposta: sobre o ponto, veja-se, por exemplo, W. J. Habscheid, "Anmerkung", in *ZZP*, 81 (1968), págs. 481-482.

[1570] Remo Caponi, *L'efficacia...*, pág. 128 e nota 29.

[1571] *Supra*, § 3º, I, 1. *c*).

[1572] Assim, J. Soyka, *Die Abänderungsklage...*, 1ª ed., págs. 103-104.

5. Circunstâncias subjectivamente supervenientes

a) *Colocação do problema*

O artigo 619º, nº 2, do CPC coloca o problema de saber se os factos ocorridos até ao momento a que o caso julgado da sentença modificanda (também) se refere – isto é, o momento do encerramento da discussão, porque aquela sentença não atende apenas a factos futuros –, mas só posteriormente conhecidos pela parte, podem fundar a alteração da sentença aí prevista.

Idêntico problema se levanta a propósito dos fundamentos de oposição à execução baseada em sentença a que alude o artigo 729º, alínea *g)*, do CPC, porque este preceito qualifica como tal "[q]ualquer facto extintivo ou modificativo da obrigação, desde que seja posterior ao encerramento da discussão no processo de declaração [...]", sem esclarecer se esta superveniência é necessariamente objectiva ou pode ser também subjectiva.

E o problema parece-nos idêntico porque, ao menos numa primeira aproximação, não parece haver motivo para atribuir relevo à superveniência subjectiva na oposição à execução baseada em sentença – que pode ser uma sentença transitada em julgado – e não o atribuir na acção modificativa: qual a razão, na verdade, para que só a sentença, na sua exequibilidade, e não também a sentença, no caso julgado que constitui, possa ser atingida por facto subjectivamente superveniente? A solução, em princípio, deverá ser idêntica para ambos os casos, se a superveniência subjectiva relevar na oposição à execução.

Em outros ordenamentos, discute-se igualmente se a modificação do caso julgado pode ancorar-se em factos subjectivamente supervenientes.

Assim, à luz do direito italiano, REMO CAPONI[1573] sustenta a irrelevância – excepto para efeitos da *revocazione straordinaria* prevista no artigo 395 do c.p.c.[1574] – da superveniência subjectiva, frisando que "a relevância da superveniência depende exclusivamente de um elemento objectivo: a evolução do direito substantivo, o aparecimento de novos efeitos jurídicos".

Face ao direito alemão – concretamente, face ao disposto no § 767, 2, da ZPO, que regula a oposição à execução –, a doutrina pronuncia-se no sentido da irrelevância da superveniência subjectiva, sublinhando a necessidade de garantir o caso julgado[1575];

[1573] Remo Caponi, *L'efficacia...*, pág. 69.

[1574] O artigo 395 do c.p.c. prevê, mais precisamente, a *revocazione*, enquanto forma de impugnação de decisões judiciais, cujos fundamentos coincidem tendenciamente com os do recurso de revisão português: aquela *revocazione* é denominada *straordinaria* pela doutrina, quando versa sobre sentença transitada em julgado, o que é permitido nos termos do artigo 396 do c.p.c. (sobre a figura: E. Fazzalari, "Revocazione...", págs. 294-295; F. P. Luiso, *Diritto...*, vol. II, págs. 476-487; A. Cerino-Canova, *Studi...*, págs. 502-521; V. Tavormina, "Impugnazioni...", págs. 689-698; F. Carpi, "Le sentenze...", na perspectiva da inconstitucionalidade da inadmissibilidade da revisão da sentença de última instância).

[1575] Assim, H.-U. Graba, *Die Abänderung...*, pág. 59. Também P. Arens ("Anmerkung", pág. 752) salienta a inconveniência da consideração de momentos subjectivos na delimitação do caso julgado, uma vez que também relativamente à acção modificativa se observa que a exigência – constante do § 323, 2, da ZPO – de que a mesma se funde em factos posteriores ao encerramento da última discussão oral deve, a bem da protecção do caso julgado, ser tendencialmente interpretada no sentido de que não podem alegar-se circunstâncias subjectivamente supervenientes[1576]: mas, como já se disse[1577], se a circunstância for duradoura, admitem-se desvios a esta regra, ditados nomeadamente por razões de equidade.

Abstraindo agora dos casos em que a alteração das circunstâncias possa ser alegada em recurso ordinário e em que, portanto, o objecto da acção modificativa possa ser constituído por uma sentença não transitada em julgado – situações em que é possível a alegação de factos subjectivamente supervenientes em recurso ordinário, nos termos que já vimos[1578] –, vejamos se a superveniência subjectiva releva em outros meios processuais, pois a sua análise pode servir de lugar paralelo para a acção modificativa. Atentaremos na oposição à execução baseada em sentença e nos procedimentos cautelares.

b) *A relevância da superveniência subjectiva na oposição à execução*

Perante o regime das Ordenações filipinas, PEREIRA E SOUSA[1579] referia que os embargos do executado, quando fossem modificativos da sentença[1580], não podiam infringir o caso julgado, "excepto se os Embargos são fundados em factos novos acontecidos depois da Sentença, ou sendo anteriores a esta, o Executado os ignorava. Deve porém jurar nesse caso que lhe vierão de novo á noticia".

os respectivos limites devem ser objectivamente claros e seguros. Segundo B. Keitel (*Rechtskräftiges...*, pág. 29), seria maioritária a tese segundo a qual, por razões de certeza na delimitação da eficácia do caso julgado, se encontram precludidos os factos objectivamente já existentes, independentemente do seu conhecimento pelas partes; e essa é, na sua perspectiva (*idem*, págs. 31-32), a tese correcta, funcionando ainda a preclusão a favor da investigação da verdade no processo, porque incentiva a actividade probatória das partes. Também E. Heinitz (*I limiti...*, pág. 231 e nota 3) assinala que, no direito alemão, pode retirar-se do § 767, 2, da ZPO a conclusão de que a preclusão do deduzido e do deduzível prescinde do efectivo conhecimento, pelas partes ou seus representantes, dos factos que podiam ter sido alegados, tornando assim irrelevante a superveniência subjectiva; o direito italiano, porém, não conteria norma expressa a esse propósito. Contra a abrangência, pela preclusão, dos factos subjectivamente supervenientes, veja-se, nomeadamente: K. H. Schwab, *Der Streigegenstand...*, págs. 164-167; J. C. Schwartz, *Das Billigkeitsurtheil...*, págs. 53-56 (considerando que a regra devia ser alterada); H. Donau, "Zur Diskussion...", pág. 206.

1576 Assim, J. Soyka, *Die Abänderungsklage...*, 1ª ed., pág. 99.

1577 *Supra*, § 3º, I, 1. *c)* e ponto anterior.

1578 *Supra*, § 14º, III e IV.

1579 Pereira e Sousa, *Primeiras linhas...*, Tomo III, págs. 82-83.

1580 Os embargos do executado podiam ser embargos de nulidade, embargos modificativos da sentença, embargos que não respeitavam ao caso julgado, mas à sua execução e modo, e embargos de restituição (cfr. Pereira e Sousa, *Primeiras linhas*, Tomo III, págs. 81-85).

LEBRE DE FREITAS / MONTALVÃO MACHADO / RUI PINTO[1581] admitem expressamente a possibilidade de alegação de factos subjectivamente supervenientes na oposição à execução baseada em sentença: aliás, para os Autores, os factos que ocorram ou sejam conhecidos posteriormente ao momento do encerramento dos debates sobre a matéria de facto (hoje não autonomizados dos debates, ou das alegações, sobre a matéria de direito: cfr. o artigo 604º, nº 3, alínea *e)*, do CPC) "só podem, se forem modificativos ou extintivos (ou impeditivos, só supervenientemente conhecidos), ser feitos valer, como excepção, no processo executivo (art. 814-g) [correspondente ao artigo 729º, alínea *g)*, do CPC actual], estando designadamente vedada a sua invocação em recurso [...][1582], e, se forem constitutivos, fundar nova acção perante a qual não seja invocável a excepção do caso julgado [...]".

ALBERTO DOS REIS[1583], porém, manifestava entendimento diverso, ensinando o seguinte: "Suponhamos que o facto extintivo ou modificativo ocorreu antes do encerramento da discussão, mas o réu não teve conhecimento dele ou não dispôs do documento necessário para o provar. Poderá ser admitido a deduzir oposição à execução com base no facto? A resposta tem de ser negativa. O caminho a seguir é outro: a interposição do recurso de revisão com fundamento no nº 3 do artigo 771º [hoje, veja-se o artigo 696º, alínea *c)*, do CPC"[1584].

Se a execução se fundar em sentença transitada em julgado, parece-nos que a oposição à execução não poderá fundar-se em circunstância subjectivamente superveniente, porque nesta situação o meio processual indicado é o recurso de revisão, conforme decorre do disposto no artigo 696º, alínea *c)*, do CPC.

Este preceito, é certo, não se refere à superveniência subjectiva de factos, mas à superveniência (subjectiva ou objectiva) de certos meios de prova (documentos); e, aliás, nem sequer exige que o meio de prova seja superveniente, pois basta que a parte não tivesse podido fazer uso dele no processo anterior.

No entanto, a possibilidade de apresentação de documento superveniente nos termos do artigo 696º, alínea *c)*, do CPC envolve também a possibilidade de alegação de factos supervenientes, por exemplo subjectivamente supervenientes, caso em que tal superveniência será feita valer quando se faça valer o documento: precisamente, no recurso de revisão. Ponto é que esses factos supervenientes

[1581] J. Lebre de Freitas / A. Montalvão Machado / Rui Pinto, *Código...*, vol. 2º, pág. 689.

[1582] Os Autores referem, em abono da inadmissibilidade da invocação desses factos em recurso, o acórdão da Relação de Lisboa de 5 de Novembro de 1992, em cujo sumário se lê que "[o] limite estabelecido no artigo 663º, nº 1, do Código de Processo Civil [de 1961, correspondente ao actual artigo 611º, nº 1] reporta-se apenas à 1ª instância e não já aos tribunais de recurso".

[1583] J. Alberto dos Reis, *Processo de execução*, vol. 2º, pág. 29.

[1584] Concluindo identicamente, mas tratando apenas da hipótese de o executado não ter estado munido, na acção declarativa, do documento susceptível de provar o facto extintivo ou modificativo, J. M. G. Sampaio, *A acção...*, pág. 332.

sejam factos instrumentais, pois os factos essenciais hão-de ter sido alegados no processo em que foi proferida a decisão a rever (o artigo 696º, alínea *c)* destina-se, com efeito, a suprir uma dificuldade de prova de factos que já foram alegados).

Assim sendo, não se compreenderia que, nalguns casos, a superveniência subjectiva operasse através da via do recurso de revisão (quando se apresentasse documento) e, nos restantes casos, através da via da oposição à execução (quando se apresentasse outro meio de prova): mais, não se compreenderia que a superveniência subjectiva, quando reportada a factos essenciais, nunca justificasse o recurso de revisão – porque, como se disse, o documento a que se refere o artigo 696º, alínea *c)*, do CPC não se destina a provar factos essenciais antes não alegados – e já pudesse justificar a oposição à execução. Em todos estes casos haveria – conforme resulta do artigo 696º, alínea *c)*, do CPC – quebra do caso julgado, função que a oposição à execução não desempenha, pelo que lhe não poderia ser cometida pontualmente[1585].

Parece-nos, portanto, que tendo a sentença que se executa transitado em julgado, a superveniência subjectiva só opera nos termos do artigo 696º, alínea *c)*, do CPC: preceito a que, aliás, nos referiremos mais adiante, quando tratarmos da superveniência de meios de prova como fundamento da acção modificativa contemplada no artigo 619º, nº 2, do CPC[1586]. A menos que, nos termos do artigo 728º, nº 2, parte final, do CPC, a superveniência subjectiva se refira a um facto posterior ao encerramento da discussão (e, neste prisma, objectivamente superveniente)[1587].

Não se fundando a execução em sentença transitada em julgado, a possibilidade de invocar factos subjectivamente supervenientes ao encerramento da discussão não enfrenta a dificuldade do disposto no artigo 696º, alínea *c)*, do CPC, nem, em suma, a dificuldade do caso julgado, pelo que não vemos motivo para o seu afastamento.

c) A relevância da superveniência subjectiva na alteração das providências cautelares

Segundo Cura Mariano[1588], só a superveniência objectiva, e não também a subjectiva, pode fundar a alteração da providência cautelar de alimentos provi-

[1585] Segundo P. Gilles ("Vollstreckungsgegenklage...", pág. 90, nota 123), mesmo que inexistisse uma regra segundo a qual a oposição à execução só pode fundar-se em factos ocorridos depois do encerramento da discussão – que é, no direito alemão, a regra do § 767, 2, da ZPO –, a oposição à execução não podia implicar a quebra do caso julgado, na medida em que o seu objecto é diverso do da acção anterior. Parece-nos, todavia, que conclusão diversa se retira das regras do recurso de revisão, que configuram a atendibilidade de factos subjectivamente supervenientes como modo de quebra do caso julgado: ou seja, a oposição à execução que, nesses factos, se pudesse fundar preencheria, na prática, a função de quebra do caso julgado, ainda que não seja essa a função que legalmente lhe é cometida.

[1586] *Infra*, § 27º.

[1587] Sobre esta superveniência subjectiva: RC, 09.05.2000; RC, 08.07.2008; RL, 22.06.2006.

[1588] J. Cura Mariano, *A providência cautelar...*, págs. 113-114.

sórios ou de reparação provisória do dano prevista nos artigos 386º, nº 2, e 389º, nº 1, do CPC, pois "[d]iferente entendimento abalaria gravemente a certeza e a estabilidade das decisões judiciais, permitindo uma permanente e interminável renovação sobre o mérito do pleito"; o mesmo vale, para o Autor[1589], no que diz respeito à cessação da providência, "não sendo admissível o refazer de juízos decisórios com base em novos conhecimentos sobre factos ocorridos anteriormente ao decretamento da providência".

Opinião diversa tem ABRANTES GERALDES, para quem "não são apenas as circunstâncias de facto que relevam para efeitos de modificação da decisão [que atribui provisoriamente alimentos]. A alteração substancial da probabilidade de procedência da acção principal pode determinar o mesmo resultado"[1590]; idêntico é o regime da modificação da decisão que atribui uma reparação provisória do dano, pois, segundo o Autor, "não serão apenas as circunstâncias de ordem subjectiva, relacionadas com a situação de necessidade, que poderão determinar a modificação do conteúdo da decisão, relevando ainda, para efeito de extinção da medida, a redução acentuada da probabilidade de reconhecimento do direito cuja antecipação se logrou alcançar através da medida cautelar"[1591].

Parece-nos, porém, que este entendimento de ABRANTES GERALDES não significa a aceitação da genérica relevância da superveniência subjectiva em matéria de alteração das providências cautelares, porque se exige que a alteração seja determinada por um evento ocorrido na acção principal depois do decretamento da providência: em suma, ainda por um facto objectivamente superveniente (embora o ponto de referência da superveniência não sejam necessariamente os factos ocorridos até ao decretamento da providência e que a determinaram).

Por outro lado, do artigo 124º, nº 1, do CPTA também decorre que a superveniência subjectiva não é relevante para o efeito da alteração ou revogação da providência cautelar: é que aí se determina que esta alteração ou revogação tenha como fundamento a *alteração dos pressupostos de facto e de direito inicialmente existentes* – aí se incluindo, aliás, a hipótese, a que já se aludiu, da "improcedência da causa principal, decidida por sentença de que tenha sido interposto recurso com efeito suspensivo" (cfr. o nº 3 do mesmo preceito) –, o que parece pressupor a alteração objectiva da realidade em que se fundou a providência. Sendo este o regime no contencioso administrativo, não vemos por que motivo também não o deveria ser no processo civil comum.

[1589] J. Cura Mariano, *A providência cautelar...*, pág. 118.

[1590] A. S. Abrantes Geraldes, *Temas...*, IV vol., pág. 129.

[1591] *Idem*, págs. 167 e 169, nota 307.

d) Conclusão

O regime acabado de descrever da oposição à execução e dos procedimentos cautelares sugere que as circunstâncias subjectivamente supervenientes não podem fundar a acção modificativa, assim também confirmando o que, de algum modo, resulta da contraposição entre o artigo 619º, nº 2, e o artigo 988º, nº 1, ambos do CPC (já que este último preceito, ao contrário daquele, atribui expressamente relevância à superveniência subjectiva)[1592].

Tal não significa, porém, que um facto subjectivamente superveniente não possa fundar a acção modificativa, quando o autor, na primitiva acção, tenha apenas formulado parte do pedido, e a acção modificativa se destine a fazer valer a parte restante do pedido: nestas situações (e pressupondo, naturalmente, que a acção modificativa pode servir este propósito do autor, problema que só adiante discutiremos[1593]) – de que é exemplo aquela em que, já tendo obtido o ressarcimento de danos emergentes de acidente de viação, o autor vem ainda exigir o ressarcimento de outros danos já ocorridos ou já previsíveis à data da primeira acção mas nesta não alegados –, pode, na verdade, ser subjectivamente superveniente o facto que funda a segunda acção, mas também, por outro lado, não se regista uma alteração das circunstâncias, nem o conhecimento superveniente do facto parece influir na questão da admissibilidade da acção modificativa.

De qualquer modo, só quando analisarmos a questão de saber se um novo meio de prova pode constituir fundamento da acção modificativa[1594] poderemos afirmar, com alguma segurança, que a superveniência subjectiva não releva na acção modificativa. Com efeito, se é certo que não teria sentido admitir a relevância da superveniência subjectiva na oposição à execução e não a admitir na acção modificativa (pois se a atribuição de tal relevância representa uma quebra do caso julgado justifica-se que tal também ocorra no meio processual que precisamente se destina a essa quebra), já o contrário não é verdadeiro: pode bem suceder que a superveniência subjectiva não releve na oposição à execução (porque tal significaria uma quebra do caso julgado, inadmissível nesse meio processual) e já releve na acção modificativa (destinada, tal como o recurso de revisão, à quebra do caso julgado).

[1592] Também no sentido de que apenas a superveniência objectiva releva para o efeito da cessação dos alimentos, STJ, 28.10.1997, em cujo sumário se pode ler o seguinte: "[...] se o cônjuge marido se compromete, "definitivamente", a prestar alimentos ao outro cônjuge e tal é objecto de sentença transitada, não é factor de cessação da prestação alimentícia o subsequente decretamento de divórcio por via de adultério da alimentada com um cunhado, se não ocorreu depois daquele acordo e daquelas decisões".

[1593] *Infra*, § 23º, IV.

[1594] *Infra*, § 27º.

III. Referência material da superveniência

1. Circunstâncias consideradas na sentença modificanda *versus* circunstâncias efectivamente existentes

Depois de termos concluído que as circunstâncias que podem fundar a alteração da sentença são as ocorridas posteriormente ao momento (não futuro) a que o caso julgado dessa sentença (também) se refere e anteriormente àquele momento futuro, vejamos agora se essas circunstâncias devem obedecer a algum outro requisito geral de relevância.

Com efeito, o próprio artigo 619º, nº 2, do CPC dá a entender que não basta a superveniência para fundar a acção modificativa: é ainda necessário que ela represente uma alteração das circunstâncias. Desta exigência parece-nos resultar que a relevância da circunstância superveniente se afere no confronto com outras circunstâncias, ou seja, implica a identificação destas últimas. Sem a identificação das circunstâncias relativamente às quais deve registar-se alguma alteração, não é, na verdade, possível afirmar se houve ou não uma alteração das circunstâncias.

A este propósito, o artigo 619º, nº 2, do CPC dá-nos um primeiro indício. Este preceito exige, para efeitos de alteração da sentença, uma modificação das "circunstâncias que determinaram a condenação", o que parece significar que a modificação de circunstâncias não consideradas na sentença modificanda – e que, portanto, não determinaram a condenação – não constitui superveniência relevante.

Assim, por exemplo: se a sentença modificanda não atendeu aos rendimentos (ou a certos rendimentos) do credor de alimentos para fixar o montante destes, a modificação desses rendimentos (ou dos rendimentos não atendidos) não poderia fundar a alteração da sentença.

Vários são os motivos que podem explicar a não consideração de certa circunstância na sentença: o seu desconhecimento, por não ter sido alegada; o seu não conhecimento, em virtude de preclusão; a sua irrelevância no momento da prolação da sentença.

Em suma: a superveniência que pode fundar a alteração da sentença reporta-se apenas às circunstâncias que foram consideradas na sentença (por terem ficado provadas ou não provadas) ou pode reportar-se também a circunstâncias que não foram consideradas na sentença (por não terem sido sequer objecto de prova)?

Se a resposta correcta for a primeira, a consequência parece ser a seguinte: a acção modificativa destina-se, em princípio, apenas à correcção do que se considerou na sentença, reservando-se a apreciação daquilo que não se considerou na sentença para uma nova acção.

Esta nova acção nem sempre parece admissível. Assim, no exemplo dado dos alimentos, não se vê como pode a específica parcela dos rendimentos do credor que não foi considerada na sentença anterior determinar uma autónoma obrigação de alimentos, distinta daquela que foi apreciada e apta a ser feita valer em nova acção; mas já em se tratando de uma acção de indemnização é concebível que danos não considerados possam mais tarde ser feitos valer autonomamente.

Na Alemanha, e como assinala PETZOLDT[1595], a jurisprudência e a doutrina também discutem o problema de saber se o § 323, 1, da ZPO, ao exigir uma alteração (essencial) das circunstâncias que foram determinantes para a condenação[1596], tem em vista as *circunstâncias efectivamente existentes à data do encerramento da última discussão oral*, as circunstâncias existentes a esta data e estabelecidas na decisão ou as circunstâncias futuras estabelecidas na decisão e decisivas para a constituição ou não constituição da pretensão: ora, quanto à primeira hipótese, e segundo o Autor, impõe-se o seu afastamento enquanto fundamento da acção modificativa, atendendo a que a realidade efectivamente existente não é do conhecimento do juiz, sujeito que está às regras de prova e de distribuição do ónus da prova.

Assim, por exemplo, não pode constituir fundamento da acção modificativa a alteração de circunstâncias desconhecidas pelo juiz do primeiro processo, por não terem sido alegadas, ou a alteração de circunstâncias que este juiz não considerou, por as ter julgado irrelevantes[1597].

Esta posição não é, porém, unânime: assim, ARZT[1598] – citando uma decisão do *Reichsgericht* – considera que também as alterações das circunstâncias que quedaram desconhecidas para o tribunal, nomeadamente por não terem sido alegadas, podem constituir fundamento da acção modificativa.

Parece-nos que, face ao direito português, a acção modificativa não se funda na alteração da realidade efectivamente existente à data do encerramento da discussão no primeiro processo. A alteração da realidade pressuposta por tal acção há-de ser, antes, a realidade de que partiu a sentença modificanda (embora caiba depois averiguar se se trata da coeva ou da prognosticada): por um lado, porque de outro modo se inutilizaria a própria exigência da alteração "das circunstâncias que determinaram a condenação", a que alude o artigo 619º, nº 2, do CPC, atendendo ao amplo leque de circunstâncias que serviriam de referência; por outro lado, porque se uma disparidade com a realidade efectivamente existente à data da primeira decisão pudesse fundar a acção modificativa, esta permitiria controlar o próprio erro da decisão (e qualquer erro da decisão, o que, aliás, não parece harmonizável com o regime dos recursos extraordinários, que assenta em fundamentos taxativos de impugnação do caso julgado).

1595 T. M. Petzoldt, *Die Rechtskraft...*, págs. 190-191.

1596 Depois da reforma da ZPO de 2008/2009, foi alterada a redacção deste preceito, mas ainda é pertinente colocar o problema a que aludimos.

1597 Neste sentido, J. Soyka, *Die Abänderungsklage...*, 1ª ed., pág. 68.

1598 G. Arzt, "Zur Fehlerberichtigung...", pág. 397, nota 26.

O que se disse não significa evidentemente que a acção modificativa não possa fundar-se na alteração de um facto que foi dado como não provado na acção anterior: não encontramos, na verdade, justificação para que a alteração das circunstâncias dadas como não provadas não releve para efeitos da acção modificativa, porque, bem vistas as coisas, quer as provadas, quer as não provadas, determinaram a condenação a que se refere o artigo 619º, nº 2. Assim, se o juiz deu como não provados certos rendimentos do credor de alimentos, tal também influiu obviamente no montante dos alimentos que acabou por fixar, pelo que se mais tarde o credor passa a auferir tais rendimentos tal pode constituir fundamento de acção modificativa proposta pelo devedor.

Por outro lado, a atribuição de tal relevância a um facto anteriormente dado como não provado não envolve, em si mesma, um juízo sobre a correcção da anterior condenação que, por esse motivo, deva ser excluído.

Na verdade, a questão da admissibilidade da correcção da anterior condenação só se colocará se a circunstância anteriormente dada como não provada permanecer inalterada e o interessado pretenda alegá-la (assim, se a sentença anterior deu como não provada a existência de um bem no valor de 1000 do alimentando e, mais tarde, o devedor faça valer a existência desse bem, para obter a redução da pensão) ou se a alteração alegada o for apenas face à realidade anteriormente existente e não face à realidade considerada pela sentença (assim, se a sentença anterior entendeu que os rendimentos do credor eram de 1000, quando eram efectivamente de 500, e o devedor venha mais tarde alegar que os rendimentos do credor passaram a ser de 1000, pedindo a redução da pensão, em função do aumento efectivo dos rendimentos do credor). Quando, porém, o interessado se limite a alegar que certo facto dado como não provado veio entretanto a ocorrer, nenhuma censura aí se vislumbra ao decidido quanto à matéria de facto na anterior acção.

Parece-nos, portanto, que desde que a alteração que se alega o seja face ao texto da sentença anterior, nenhum problema de correcção indevida da sentença anterior se coloca, quer o facto que se alterou tenha sido dado como provado quer como não provado.

Em acórdão do Supremo Tribunal de Justiça de 13 de Janeiro de 1981 alude-se ainda à possibilidade de a alteração se reportar a circunstância "subentendida por se encontrar assumida" na sentença modificanda. No caso em análise, esta sentença atribuíra uma pensão de alimentos tendo apenas em conta as necessidades da credora quanto a sustento e vestuário, porque nem fora alegada a necessidade da habitação; mais tarde, pretendendo a credora o aumento da pensão por ter ficado desprovida de habitação própria, entendeu o Supremo que tal direito lhe assistia, por ocorrer "alteração da circunstância que, no tocante à habitação indispensável à vivência da recorrente, condicionou a fixação dos alimentos na sentença [modificanda]".

Ou seja: entendeu o Supremo que, embora não tivesse sido objecto de prova, a desnecessidade da habitação condicionara ainda o concreto montante dos alimentos, pelo que o surgimento posterior dessa necessidade devia relevar para o efeito do aumento do montante dos alimentos.

Ao que nos parece, o exemplo dado não traduz verdadeiramente uma modificação das circunstâncias que determinaram a decisão (pois a circunstância que se alterou não fora sequer objecto de prova) nem implica a modificação do anteriormente decidido quanto a alimentos, significando, antes, o surgimento de uma necessidade especial (*Sonderbedarf*, no direito alemão), cuja satisfação justifica ainda a utilização da via da acção modificativa, embora não eventualmente o preenchimento de todos os seus requisitos de admissibilidade (assim, por exemplo, se se entender que a acção modificativa pressupõe a essencialidade da alteração das circunstâncias, talvez este pressuposto não deva ser exigido quando se faça valer uma necessidade especial).

Tal como sucede em relação aos danos (imprevisíves à data da primeira acção) que, mais tarde, venham a ocorrer e o lesado pretenda fazer ressarcir – problema que, um pouco mais à frente, abordaremos[1599] –, também a referida necessidade posterior de habitação não justificaria, no rigor dos princípios, o emprego da forma prevista no artigo 619º, nº 2, do CPC, embora faça todo o sentido que, tendo já sido fixada uma pensão e destinando-se os alimentos a prover à necessidade, não só de sustento e vestuário, como também de habitação, não se imponha ao interessado a proposição de nova acção; por outro lado, a consideração, através de acção modificativa, dessa necessidade posterior de habitação não envolve qualquer correcção indevida da anterior sentença (porque nunca implica o reconhecimento de que a realidade de que partiu a sentença modificanda era diversa da realidade efectivamente existente).

Problema ainda diverso dos antecedentes é o de saber se, não obstante a admissibilidade da acção modificativa depender de uma alteração face à realidade considerada na sentença anterior e não face à realidade efectivamente existente, a nova sentença pode, de algum modo, ser aproveitada para corrigir erros da sentença anterior, decorrentes da sua não correspondência à realidade efectivamente existente.

Graba[1600], por exemplo, responde afirmativamente a esta questão, entendendo que, se bem que nos termos do § 323, 2, da ZPO a alteração da realidade efectivamente existente não torne admissível a acção modificativa (isto é, não constitua fundamento da acção modificativa), a alteração dessa realidade já se encontra contemplada pelo § 323, 1, justificando a modificação da sentença ante-

[1599] *Infra*, § 23º, III, 4.

[1600] H.-U. Graba, *Die Abänderung*..., págs. 107-108.

rior quando, verificada uma alteração da realidade considerada nesta sentença (isto é, uma alteração nos termos do § 323, 2, da ZPO), esteja aberta a via da acção modificativa; a esta posição aludiremos, contudo, quando tratarmos dos limites da modificação e, em especial, da possibilidade de correcção de erros da sentença modificanda[1601].

Um problema ainda diverso dos anteriores é o de saber se as circunstâncias antigas não consideradas na sentença anterior, não constituindo embora uma alteração de circunstâncias susceptível de fundar a acção modificativa (justamente porque não são circunstâncias supervenientes), podem, na medida em que a acção modificativa seja admitida por um outro fundamento, ser consideradas nesta acção.

A propósito deste problema considera SOYKA[1602] que, se a circunstância antiga não foi considerada por não ter sido alegada pelo autor, que todavia obteve total vencimento, ou por ter o tribunal entendido que os restantes factos eram suficientes para fundar a pretensão do autor, que também obteve total vencimento, o caso julgado não obsta a que essa circunstância venha agora a ser considerada na acção modificativa; já se a circunstância antiga não foi considerada por ter sido julgada irrelevante, a vinculação ao anteriormente decidido impede a sua consideração na acção modificativa. Nesta última situação, na verdade, é posto em causa o juízo constante da sentença modificanda face aos elementos à data disponíveis, o que a aproxima das hipóteses em que o autor da acção modificativa censura o decidido quanto à matéria de facto na anterior acção.

2. Circunstâncias prognosticadas *versus* circunstâncias actuais

Como já se disse no número anterior, a doutrina e a jurisprudência alemãs têm discutido o problema de saber se a alteração das circunstâncias exigida para a acção modificativa, reportando-se embora necessariamente à realidade considerada na sentença (e não, portanto, à realidade efectivamente existente a essa data), o deve ser perante a realidade *actual* ou perante a realidade *futura* (prognosticada) considerada na sentença.

A primeira é, como informa PETZOLDT[1603], a orientação do *Bundesgerichtshof* e da doutrina dominante.

No segundo sentido pronunciam-se KNECHT[1604], VOIGT[1605] ou PETZOLDT.

PETZOLDT[1606] considera que, se a alteração das circunstâncias se reportasse à realidade actual considerada na sentença, qualquer erro na decisão da maté-

[1601] *Infra*, § 36º, I e II.
[1602] J. Soyka, *Die Abänderungsklage...*, 1ª ed., págs. 101-103.
[1603] T. M. Petzoldt, *Die Rechtskraft...*, pág. 191.
[1604] H. Knecht, *Die Abänderungsklagen*, pág. 29.
[1605] W. Voigt, *Die Abänderungsklage...*, pág. 34.
[1606] T. M. Petzoldt, *Die Rechtskraft...*, págs. 191-198 (cfr. também págs. 209-211).

ria de facto poderia ser imediatamente corrigido através da via da acção modificativa, já que à parte interessada não seria difícil demonstrar que os factos se apresentam – como já, aliás, se apresentavam antes da discussão oral – de modo diverso do estabelecido pelo tribunal; por outro lado, tal tese, na sua perspectiva, desconhece a especificidade das decisões que assentam em juízos de prognose previstas no § 258 da ZPO – concretamente, a possibilidade de as circunstâncias futuras prognosticadas nestas decisões não serem o mero desenvolvimento da realidade actual –, do que resulta a possibilidade de a situação de facto não vir a divergir da realidade presente considerada pelo juiz, mas apenas da realidade que foi prognosticada pelo juiz (assim, se o juiz previu que, em certo momento, ocorreria uma promoção do obrigado a alimentos e, por isso, determinou uma pensão superior a partir desse momento, apenas se registará uma alteração face à realidade prognosticada e não face à realidade presente à data da sentença, se tal promoção não vier a ocorrer, justificando-se, todavia, a modificação da pensão estabelecida)[1607]; em terceiro lugar, a tese segundo a qual a alteração das circunstâncias relevante para a acção modificativa se reporta às circunstâncias prognosticadas na sentença modificanda harmoniza-se com o disposto no § 323, 2, da ZPO, que exige que os fundamentos nos quais se funda a alteração tenham surgido depois do encerramento da última discussão oral, não sendo a acção modificativa consequentemente admissível quando se alegue uma discrepância relativamente à realidade passada; em quarto lugar, razões históricas apontam para esta tese, pois já da jurisprudência do *Reichsgericht* decorria que as circunstâncias futuras eram determinantes para a decisão.

Não obstante a exigida alteração das circunstâncias se dever reportar às circunstâncias prognosticadas na sentença modificanda, assinala PETZOLDT[1608] que nem toda a divergência em relação a estas justifica a acção modificativa: pode suceder, na verdade, que as circunstâncias prognosticadas o tenham sido em virtude de uma falsa – porque decorrente da aplicação das regras de preclusão constantes do § 296 da ZPO[1609] – consideração da realidade actual (cuja manutenção se previu), caso em que, se ao interessado fosse permitido propor acção

[1607] Entendendo também que a alteração das circunstâncias a que alude o § 323, 1, da ZPO abrange as hipóteses em que a alteração prognosticada não se vem a verificar (mantendo-se, portanto, a realidade actual), G. Brudermüller, "Billigkeitskorrekturen...", págs. 47-48.

[1608] T. M. Petzoldt, *Die Rechtskraft...*, pág. 212.

[1609] O § 296 da ZPO regula a rejeição de meios de ataque e de defesa (por exemplo, alegações de factos e oferecimento de meios de prova) apresentados depois de decorrido o prazo estabelecido na lei para a sua apresentação ou posteriormente ao momento oportuno para o efeito. U. Kallweit (*Die Prozessförderungspflicht...*, págs. 24 e seguintes) configura a preclusão contida no preceito como uma sanção para um comportamento ilícito e culposo da parte, concretamente, para a violação culposa do dever de impulso processual que sobre si impende; numa primeira abordagem, a sanção traduz-se apenas na não consideração, no processo, do elemento tardiamente apresentado, mas, por força do caso julgado

modificativa com fundamento na não ocorrência das circunstâncias prognosticadas, facilmente se contornariam aquelas regras.

Por isto mesmo – e porque, nesta situação, não é a correcção do próprio juízo de prognose que pode estar em causa –, sustenta o Autor[1610] que a acção modificativa só é admissível quando, na dúvida, o interessado possa sustentar a existência de uma alteração perante as circunstâncias existentes à data do encerramento da discussão no primeiro processo.

Esta solução, porém, obriga a ponderar o motivo pelo qual determinada circunstância foi prognosticada, parecendo mesmo duvidar da existência de um juízo de prognose quando se prevê a manutenção da realidade actual. Ora, aquela ponderação, além de não encontrar assento legal, introduz um elemento de incerteza quanto aos fundamentos possíveis da acção modificativa que a torna desaconselhável; por outro lado, não existindo preceito legal que estabeleça qualquer presunção de manutenção da realidade actual, não vemos razão para não afirmar ainda a existência de um juízo de prognose do juiz na situação descrita. Daí que tal solução deva, ao que cremos, ser rejeitada.

Particular é ainda a hipótese de a sentença modificanda ter ficcionado determinados factos futuros: não lhe estará então propriamente subjacente um juízo de prognose quanto a esses factos, mas a aceitação quase acrítica da sua existência, em atenção a certo comportamento de uma das partes (assim, por exemplo, nos casos em que o devedor dos alimentos se haja propositadamente desempregado, pode ser-lhe reconhecida a possibilidade de prestar um montante de alimentos idêntico ao que vinha prestando). Em tal hipótese, a jurisprudência alemã tem considerado que a alteração das circunstâncias deve ainda aferir-se face a esses factos fictícios, mas ela só relevará se o devedor demonstrar que teria perdido o emprego por outro motivo (não lhe bastando demonstrar que o novo emprego que obteve lhe confere um rendimento inferior ao do anterior)[1611]. Entre nós, é duvidoso que, no campo da fixação dos alimentos, possam ser ficcionados factos futuros, em atenção ao comportamento do devedor (ou como sanção para esse comportamento), pelo que a questão perde algum interesse, quando se trate da modificação de decisão portuguesa que fixe uma pensão de alimentos: mas sendo essa decisão estrangeira, e considerando-se que à modificação é aplicável a lei portuguesa, já é ponderável a solução da jurisprudência alemã[1612].

material da decisão que subsequentemente venha a incidir sobre a pretensão, também não poderá esse elemento ser considerado num ulterior processo (*idem*, págs. 94-95).

[1610] T. M. Petzoldt, *Die Rechtskraft...*, págs. 212-213.

[1611] Assim, BGH, 20.02.2008. Sobre os pressupostos do reconhecimento de um rendimento fictício do devedor de alimentos, BGH, 03.12.2008.

[1612] Veja-se, a este propósito, STJ, 11.11.2008. Neste acórdão, proferido numa acção de revisão e confirmação de decisão suíça que fixara uma pensão de alimentos a menor com base no *rendimento*

Assente que a referência material da superveniência são as circunstâncias prognosticadas, vários são os exemplos que podem ser dados de desvio a essa realidade prognosticada.

Assim, pode suceder que, tendo sido fixada uma indemnização sob forma de renda, o dano previsto não venha a ocorrer: tal sucederá nomeadamente quando o lesado venha, no futuro, a padecer de danos relativamente aos quais não seja possível estabelecer o nexo causal com o facto que fundou a obrigação de indemnizar, porque a sua causa foi uma outra (por exemplo, um acidente), posterior a este facto[1613]. A interrupção do nexo causal pode, então, constituir circunstância atendível, para efeitos do disposto no artigo 619º, nº 2, do CPC.

Face ao direito italiano, Remo Caponi[1614] defende ainda a possibilidade de modificação da sentença, quer quando o juiz prevê um certo desenvolvimento dos factos constitutivos da obrigação de alimentos (por exemplo, um aumento da retribuição do obrigado) e o facto previsto não vem a ocorrer, quer quando o juiz prevê a manutenção, no futuro, das circunstâncias de facto presentes no momento do primeiro processo (por exemplo, a permanência da incapacidade para o trabalho do alimentando) e tais circunstâncias alteram-se; e, segundo o Autor, se no primeiro caso o facto previsto vier a ocorrer e no segundo caso as circunstâncias de facto se mantiverem, o credor não pode propor nova acção, com fundamento nestes factos, por falta de interesse em agir (diríamos nós, por inverificação do requisito da alteração das circunstâncias a que alude o artigo 619º, nº 2, do CPC).

3. Circunstâncias essenciais para a decisão

A exigência – constante do texto do artigo 619º, nº 2, do CPC – de que a alteração diga respeito às "circunstâncias que determinaram a condenação" parece ter em vista as circunstâncias que, na terminologia de GUASP[1615], revestem um carácter verdadeiramente essencial para o efeito do pronunciamento de uma decisão de mérito com um certo conteúdo, porque provocam de modo imediato a génese

hipotético do progenitor – porque o progenitor "teria abandonado o seu emprego na Suíça para se colocar numa situação de menor disponibilidade de rendimentos agora que reside em Portugal, o que permitiu que o julgador suíço fixasse os alimentos com base no *rendimento hipotético*, que poderia continuar a auferir se não se mudasse para Portugal sem motivo claramente justificado" –, dá-se a entender que, à luz da lei portuguesa, provavelmente não seria possível atender a tal rendimento hipotético para fixar a pensão, embora a consideração desse elemento pelo julgador suíço também não afrontasse nenhum princípio da ordem pública internacional do Estado português; e dá-se também a entender que o *rendimento real* do progenitor pode constituir facto justificativo da alteração do montante da pensão decretada.

1613 Nesta situação, e como observa F. Pereira Coelho (*O problema...*, págs. 181-185), o acidente não actua negativamente enquanto causa virtual, não constituindo, como tal, qualquer excepção ao princípio segundo o qual "a causa hipotética deixa sempre imperturbado o processo causal efectivo": o que sucede é que o facto inicial não é efectivamente causal para os danos de que o lesado vem, a final, a padecer.

1614 Remo Caponi, *L'efficacia...*, págs. 98-99.

1615 J. Guasp, "Los límites temporales...", págs. 456-457.

desse conteúdo: ou seja, os *fundamentos*, de facto e (em certos casos) de direito, da sentença de mérito, enquanto realidade distinta dos respectivos *argumentos*.

Nesta perspectiva, o artigo 619º, nº 2, do CPC não conferiria relevância à alteração que se reportasse a "factos que apenas influem na produção da sentença de um modo secundário ou acidental", a "factos que influem essencialmente na existência da sentença, mas não na sua integração por um ou outro conteúdo" e, bem assim, a factos que "não integram o fundo do litígio, mas a sua determinação puramente processual"[1616].

O artigo 437º, nº 1, do CC também exige, para efeitos de resolução ou modificação do contrato com fundamento em alteração das circunstâncias, que a alteração diga respeito a circunstâncias em que se alicerçou a decisão de contratar.

Tal requisito significa, como observa Almeida Costa[1617], que é necessário "que as circunstâncias determinantes para uma das partes se mostrem conhecidas ou cognoscíveis para a outra. E, ainda, que esta última, se lhe tivesse sido proposta a subordinação do negócio à verificação das circunstâncias pressupostas pelo lesado a aceitasse ou devesse aceitar, procedendo de boa fé".

4. Circunstâncias julgadas imprevisíveis; a alegabilidade posterior de danos julgados imprevisíveis, quando haja sido formulado pedido genérico ou proferida condenação genérica; a alegabilidade posterior de danos julgados imprevisiveis em nova acção ou em acção modificativa

Um motivo possível para certo facto ter sido dado como não provado numa acção é a sua imprevisibilidade: nesta eventualidade, coloca-se o problema de saber se a superveniência desse facto pode fundar uma posterior acção modificativa. Trata-se ainda de uma questão que se prende com a referência material da superveniência que justifica a acção modificativa, que temos vindo a analisar, pois envolve a identificação das circunstâncias relativamente às quais deve verificar-se uma alteração: o que se pergunta é, então, se a alteração pode registar-se em relação a um facto julgado imprevisível (e traduzir-se precisamente na ocorrência desse facto).

Um exemplo de circunstância que, se for imprevisível, não deve ser dada como provada, é o do *dano futuro* que, segundo a definição de Vaz Serra, é o "dano consistente na falta de aquisição futura de valores patrimoniais"[1618] (e que pode revestir quer a forma de dano emergente quer a de lucro cessante[1619]).

1616 *Ibidem*.

1617 M. J. Almeida Costa, *Direito das obrigações*, pág. 303.

1618 Vaz Serra, "Anotação" (ao Acórdão do STJ de 5 de Julho de 1968), pág. 297. Veja-se ainda STJ, 11.10.1994: "Por dano futuro deve entender-se aquele prejuízo que o sujeito do direito ofendido ainda não sofreu no momento temporal que é considerado. Nesse tempo já existe um ofendido, mas não existe um lesado".

1619 Vaz Serra, "Obrigação de indemnização...", pág. 12 e nota 12. Como se refere em Acórdão do Supremo Tribunal de Justiça de 24 de Fevereiro de 1999, "[à] data do cálculo da indemnização poderá estar-se não só

Na verdade, o artigo 564º, nº 2, 1ª parte, do CC determina que "[n]a fixação da indemnização pode o tribunal atender aos danos futuros, desde que sejam previsíveis [...]"[1620].

Como assinala Vaz Serra[1621], "[p]ara que o tribunal possa atender a danos futuros, é necessário que eles sejam previsíveis com segurança bastante, porque, se o não forem, não pode o tribunal condenar o responsável a indemnizar danos que não se sabe se virão a produzir-se; se não for seguro o dano futuro, a sua reparação só pode ser exigida quando ele surgir. A segurança do dano pode resultar de probabilidades"[1622]. Mas estas probabilidades, segundo o Autor[1623], "têm de ser tão fortes que possa considerar-se certo o dano".

O *dano futuro previsível* não é apenas o *dano futuro certo*, que, como se lê em Acórdão do Supremo Tribunal de Justiça de 11 de Outubro de 1994, "é aquele cuja produção se apresenta, no momento de acerca dele formar juízo, como infalível": com efeito, é também dano futuro previsível o *dano futuro eventual*, que, nas palavras do mesmo acórdão, "é aquele cuja produção se apresenta, no momento de acerca dele formar juízo, como meramente possível, incerto, hipotético".

Contudo, nem todo o dano futuro eventual deve ser considerado previsível, no sentido em que este conceito é utilizado no artigo 564º, nº 2, do CPC. Diz-se, a este propósito, ainda no referido Acórdão de 11 de Outubro de 1994: "Este carácter eventual pode conhecer vários graus, como se fossem diferentes tonalidades da mesma cor. Desde um grau de menor eventualidade, de menor incerteza, em que não se sabe se o dano se verificará imediatamente, mas se pode prognosticar que ele acontecerá num futuro mediato mais ou menos longínquo, até um grau em que nem sequer se pode prognosticar que o prejuízo venha a acontecer num futuro mediato, em que mais não há que um receio. Naquele grau de menor

perante danos presentes – emergentes e lucros cessantes – mas também perante danos futuros, que tanto podem representar-se por danos emergentes – por exemplo, lesões corporais a determinar, no futuro, despesas com tratamentos, intervenções cirúrgicas – e lucros cessantes – por exemplo, incapacidade permanente parcial para o trabalho".

1620 É muito vasta a jurisprudência portuguesa referente ao cálculo da indemnização no caso de danos futuros a que alude o artigo 564º, nº 2, do CC. A título exemplificativo: RC, 04.05.2004; RE, 14.07.2004; RG, 06.04.2005; RL, 15.11.1995; RL, 23.02.1999; RL, 04.02.2003; RL, 28.04.2009; STJ, 24.02.1988; STJ, 09.06.1992; STJ, 21.06.1994; STJ, 10.01.1995 (Proc. 086093); STJ, 12.01.1995; STJ, 02.03.1995; STJ, 17.10.1995; STJ, 08.04.1997 (Proc. 96A720); STJ, 07.10.1997 (Proc. 97A513); STJ, 24.02.1999; STJ, 11.05.1999; STJ, 18.05.1999 (Proc. 99B156); STJ, 19.10.1999; STJ, 28.10.1999; STJ, 27.06.2000; STJ, 01.03.2001 (Proc. 00A3851); STJ, 25.06.2002; STJ, 07.11.2002; STJ, 02.10.2003 (Proc. 03B1976); STJ, 27.01.2005; STJ, 05.05.2005; STJ, 22.06.2005.

1621 Vaz Serra, "Anotação" (ao Acórdão do STJ de 22 de Janeiro de 1980), pág. 326.

1622 No mesmo sentido, Vaz Serra, "Anotação" (ao Acórdão do STJ de 5 de Julho de 1968), pág. 297.

1623 Vaz Serra, "Anotação" (ao Acórdão do STJ de 5 de Julho de 1968), pág. 297.

incerteza, o dano futuro deve considerar-se como previsível e equiparado ao dano certo, sendo indemnizável"[1624].

Segundo VAZ SERRA[1625], "[a] certeza ou a segura previsibilidade do dano futuro pode derivar de ele ser o desenvolvimento seguro de um dano actual, mesmo que seja incerto o seu montante, como, por ex., no caso de dano resultante de lesões corporais a um trabalhador ou no de deterioração de um prédio com diminuição do seu rendimento".

Um exemplo de dano futuro certo que dá VAZ SERRA[1626] é, justamente, o dano decorrente da perda ou diminuição da capacidade de trabalho de que venha a padecer o lesado na sua capacidade de trabalho[1627].

Já será incerto ou imprevisível, segundo VAZ SERRA[1628], o dano – ressarcível nos termos gerais dos artigos 495º, nº 3, e 564º, nº 2, do CC – decorrente da perda do direito a alimentos que o lesado podia vir a ser obrigado a prestar, quando o tribunal não possa prever "se os descendentes ou os ascendentes do lesado imediato poderão vir a carecer dos alimentos"[1629].

[1624] Admitindo também a ressarcibilidade do dano futuro eventual caracterizado por um mínimo grau de incerteza: STJ, 24.02.1999; STJ, 10.05.2007, em cujo texto se lê que "[a] referência da lei à previsibilidade do dano implica que não são susceptíveis de indemnização os danos futuros imprevisíveis, ou seja, quando, face aos factos provados, não sejam razoavelmente prognosticáveis, aos quais são assimilados os eventuais com intenso grau de incerteza de verificação". Sobre a não ressarcibilidade antecipada do dano futuro eventual que "mais não seja que um receio", STJ, 23.04.2002.

[1625] Vaz Serra, "Anotação" (ao Acórdão do STJ de 5 de Novembro de 1974), pág. 314.

[1626] Vaz Serra, "Anotação" (ao Acórdão do STJ de 5 de Julho de 1968), pág. 298.

[1627] Também de acordo com Vaz Serra ("Obrigação de indemnização...", págs. 160-161), "[a] perda ou limitação da capacidade aquisitiva é, naturalmente, de apreciar em concreto, devendo, por isso, aquele, que não tem feito uso dessa capacidade, provar que no futuro a teria utilizado". Segundo a jurisprudência do Supremo Tribunal de Justiça (veja-se, a este propósito, STJ, 24.02.1999), quem pretenda ser indemnizado por um dano futuro de perda de rendimentos não tem de alegar tal dano nem reclamar o seu ressarcimento, bastando, para tal efeito, alegar e provar a existência de determinada incapacidade laboral; por outro lado, "[a]inda que a incapacidade parcial permanente para o trabalho se não traduza em imediata perda salarial efectiva, o dano patrimonial futuro subsiste em razão da perda da sua potencialidade de atingir o máximo de produtividade possível no máximo da sua capacidade de trabalho, traduzido numa deficiente ou imperfeita capacidade de utilização do corpo no desenvolvimento das actividades humanas em geral" (assim, STJ, 08.06.2006). No âmbito dos acidentes de trabalho, distinguindo entre o dano decorrente da redução na capacidade de trabalho e o dano decorrente da redução na capacidade de ganho (distinção a que aludia o artigo 6º, nº 1, da Lei nº 100/97, de 13 de Setembro, e alude o artigo 8º, nº 1, da Lei nº 98/2009, de 4 de Setembro), M. Adelaide Domingos, "A prova pericial...", págs. 275-276: "A redução na capacidade de trabalho reporta-se à necessidade de estabelecer uma incapacidade do sinistrado para o seu trabalho habitual (IPATH), enquanto a redução na capacidade de ganho se reporta à diminuição da capacidade geral ou de ganho do trabalhador (IPP)".

[1628] Vaz Serra, "Anotação" (ao Acórdão do STJ de 12 de Fevereiro de 1971), pág. 45.

[1629] No mesmo sentido, RC, 12.06.2001: "[...] II – Não pode ser atribuída a um casal indemnização a título de alimentos futuros que eventualmente lhes prestaria o filho cuja idade, habilitações ou situação laboral se ignora. [...]". Se, porém, a vítima prestava alimentos aos seus pais, no cumprimento de uma obrigação natural, já podem ser previsíveis os danos futuros a estes causados. Assim, RC, 13.06.2000,

A imprevisibilidade do dano não deve confundir-se com a respectiva indeterminabilidade, a que alude o artigo 564º, nº 2, 2ª parte, do CC, e que diz unicamente respeito ao montante do dano (previsível).

Como, a este propósito, também sublinha VAZ SERRA[1630], "[s]e o dano futuro, embora certo ou previsível com segurança ou probabilidade, não for determinável no seu montante, a fixação da sua indemnização deve ser remetida para decisão ulterior (art. 564º, nº 2, 2ª parte), como, por ex., para liquidação em execução de sentença"[1631].

À indeterminabilidade do dano (actual ou futuro previsível) referem-se igualmente os artigos 565º do CC (Indemnização provisória) – de acordo com o qual "[d]evendo a indemnização ser fixada em liquidação posterior, pode o tribunal

em cujo sumário se lê o seguinte: "I – Se a vítima vivia em plena comunhão com os seus pais, a quem entregava a totalidade do salário mensal que auferia da sua profissão, deve concluir-se que essa prestação se enquadrava no cumprimento de uma obrigação natural. II – Assim, pela morte da vítima, deve reconhecer-se aos seus pais o direito de indemnização por danos patrimoniais futuros, a título de perda de alimentos espontaneamente prestados correspondentes a 2/3 do salário que lhes era entregue. III – Tendo a vítima 23 anos, é legítimo concluir que a situação que na ocasião se verificava manter-se-ia, pelo menos, durante mais dois anos. IV – Por isso, mediante recurso às regras da equidade, que conjugue as circunstâncias conhecidas e as regras de experiência, é adequada a atribuição aos pais da vítima da indemnização de 1 500 000$00 a título de danos patrimoniais futuros".

1630 Vaz Serra, "Anotação" (ao Acórdão do STJ de 22 de Janeiro de 1980), págs. 326-327.

1631 No mesmo sentido, Vaz Serra, "Anotação" (ao Acórdão do STJ de 5 de Novembro de 1974), pág. 314: "Pode [...] o lesado exigir indemnização dos danos futuros, se eles forem já previsíveis; sendo previsíveis, mas não determináveis, a fixação da sua indemnização será remetida para decisão ulterior". Note-se, contudo, que em estudo anterior, Vaz Serra aplicava o artigo 564º, nº 2, 2ª parte, do CC aos casos em que o dano futuro não fosse certo (isto é, fosse imprevisível), considerando ainda que, para o dano indeterminável, regiam os artigos 661º, nº 2, do CPC de 1961 (actual artigo 609º, nº 2, do CPC) e 565º do CC: cfr. Vaz Serra, "Anotação" (ao Acórdão do STJ de 5 de Julho de 1968), pág. 298 e nota 2. De qualquer modo, esta última posição não pode significar que, relativamente ao dano futuro imprevisível, seja aplicável o artigo 564º, nº 2, 1ª parte, do CC, atendendo-se já ao dano. Sobre a remessa, para decisão ulterior, da fixação da indemnização por dano futuro: STJ, 07.10.1997 (Proc. 97A513), parecendo fazer equivaler a decisão ulterior a que alude o artigo 564º, nº 2, 2ª parte, do CC à liquidação em execução de sentença; STJ, 19.02.2004 (Proc. 04A097), aqui se entendendo que, aquando da liquidação ulterior – no caso, a partir da maioridade da lesada –, seria possível demonstrar que os danos, a existirem a essa data, eram outros e menores (ou seja, na perspectiva do acórdão, a decisão ulterior a que se refere o artigo 564º, nº 2, 2ª parte, do CC pode não ser uma decisão em acção futura, correspondendo, antes, à liquidação futura, no caso de danos futuros cuja indemnização ainda não se encontra fixada, estando, porém, definido o critério para a sua fixação); RP, 15.04.2004, admitindo relegar para liquidação posterior, não o montante dos danos, mas o momento a partir do qual a pensão é devida (e assim fazendo coincidir, como se salienta no respectivo voto de vencido, a decisão ulterior a que alude o artigo 564º, nº 2, 2ª parte, do CC, com a liquidação em execução de sentença prevista na redacção do artigo 661º, nº 2, do CPC de 1961 anterior a 2003, realidades que, na perspectiva do subscritor desse voto de vencido, se não confundiriam). Não obstante alguma indefinição, no nosso ordenamento, sobre o âmbito de aplicação do preceito que prevê a possibilidade de a fixação da indemnização ser remetida para decisão ulterior, parece-nos que a condenação genérica aí prevista não pode ser entendida, como o tem sido no direito italiano, como um "reconhecimento da mera potencialidade de produção de um dano pelo facto": sobre o problema, C. Cavallini, "L'oggetto...".

condenar desde logo o devedor no pagamento de uma indemnização, dentro do quantitativo que considere já provado"[1632] –, 566º, nº 3, do CC (Indemnização em dinheiro) – que estatui que "[s]e não puder ser averiguado o valor exacto dos danos, o tribunal julgará equitativamente dentro dos limites que tiver por provados"[1633] – e 609º, nº 2, do CPC (Limites da condenação) – nos termos do qual "[s]e não houver elementos para fixar o objecto ou a quantidade, o tribunal

[1632] Como assinala J. Cura Mariano (*A providência cautelar...*, pág. 90), a indemnização provisória prevista no artigo 565º do CC não se confunde com a indemnização (ou reparação) provisória de natureza cautelar prevista nos artigos 388º e seguintes do CPC (actual), porque aquele primeiro preceito "consagra uma simples medida antecipatória da decisão final, indiferente a qualquer situação de perigo, e que permite uma fixação parcial da indemnização em termos definitivos em momento anterior àquele em que será fixada a parte restante da indemnização".

[1633] Um dos casos em que é frequente a aplicação do artigo 566º, nº 3, do CC no cálculo do montante do dano futuro é o do lesado menor de idade, afectado na sua capacidade de ganho. Como, a este propósito, refere M. Amélia Condeço Ameixoeira ("O panorama...", pág. 75), nesta situação existe "maior dificuldade no cálculo da indemnização a arbitrar por danos futuros, já que o julgador não dispõe de elementos que lhe permitam saber qual o tipo de actividade que o menor irá exercer no futuro, e a remuneração correspondente, tornando ainda mais falíveis quaisquer cálculos matemáticos"; daí que os tribunais optem, umas vezes, por tomar como referência o salário mínimo nacional e, outras vezes, por recorrer à equidade. Não obstante o artigo 566º, nº 3, do CC regular a fixação do montante do dano – e, portanto, dizer respeito à indeterminabilidade do dano –, Vaz Serra ("Anotação" (ao Acórdão do STJ de 22 de Janeiro de 1980), pág. 328) aplica a norma respectiva à fixação do próprio dano, nos seguintes termos: "Se ao tribunal for impossível determinar com precisão se existe um dano (e não apenas o seu montante), parece de aplicar, por analogia ou mediante interpretação extensiva, a disposição do nº 3 do artigo 566º". No mesmo sentido, Vaz Serra, "Anotação" (ao Acórdão do STJ de 12 de Fevereiro de 1971), pág. 44, e "Anotação" (ao Acórdão do STJ de 4 de Junho de 1974), pág. 223. É duvidoso que à fixação do próprio dano se refira também Vaz Serra ("Anotação" (ao Acórdão do STJ de 5 de Julho de 1968), pág. 298, nota 2), quando afirma que "[se] as circunstâncias forem tais que a dificuldade de fixação da indemnização for de esperar que se verifique também de futuro, parece razoável que o tribunal a fixe logo de harmonia com os elementos já existentes e a probabilidade, com o que dispensam novas acções", porque a resposta afirmativa nos parece incompatível com a necessidade de o dano futuro ser certo, para poder ser ressarcido; de qualquer modo, num acórdão do Tribunal da Relação de Guimarães de 6 de Abril de 2005, já se considerou que, nos casos em que o dano futuro só seja imprevisível a partir de determinado momento (no texto do acórdão refere-se que é segura a existência de danos futuros, mas não é seguro que eles se prolonguem até ao fim da vida do lesado, e com a mesma intensidade), está aberta a via do artigo 566º, nº 3, do CC (julgamento segundo a equidade). Sobre o carácter excepcional da norma do artigo 566º, nº 3, do CC, veja-se Vaz Serra, nomeadamente na "Anotação" (ao Acórdão do STJ de 8 de Março de 1979), pág. 263: "Destinando-se a indemnização dos danos patrimoniais a reconstituir a situação patrimonial que o lesado teria se não fosse o facto danoso, o recurso às regras da equidade só é, em princípio, legítimo quando não for possível ao tribunal avaliar com precisão os danos causados ao lesado: só então, à falta de mais exactos elementos de avaliação, é admissível que o julgador se valha das regras de equidade, fixando uma indemnização equitativa". Sobre o ónus de alegação e de prova dos factos que permitem ao tribunal a formulação de um juízo de equidade, veja-se Vaz Serra, "Anotação" (ao Acórdão do STJ de 4 de Junho de 1974), pág. 224: "O lesado não está, em princípio, isento do ónus de alegar e provar os factos em que funda o seu direito de indemnização; mas não tem de indicar a importância exacta em que avalia os danos (Cód. Civil, art. 569º), bastando-lhe que alegue os factos em que funda o direito invocado e, se necessário, os prove, a não ser que a alegação ou a prova de que

condena no que vier a ser liquidado, sem prejuízo de condenação imediata na parte que já seja líquida".

Se o dano foi julgado imprevisível no momento da prolação da sentença (ou, mais correctamente, no momento do encerramento da discussão), parece que nada obstará à sua futura invocação, enquanto circunstância superveniente, quando ele vier a produzir-se: não teria, na verdade, sentido que a lei consagrasse a sua inatendibilidade na acção actual e simultaneamente numa acção futura, porque tal equivaleria ao seu não ressarcimento[1634]. Já mais duvidosa é a solução quando o dano futuro, embora alegado, não tenha sido apreciado por motivo diverso da sua imprevisibilidade[1635].

Vejamos, de qualquer modo, se obsta à invocação do dano futuro numa ulterior acção, o ter sido formulado pedido genérico ou ilíquido na primeira acção ou aí ter sido proferida sentença de condenação genérica; vejamos, ainda, se a via adequada para a alegação ulterior do dano julgado imprevisível é a nova acção ou a acção modificativa.

No que ao primeiro problema diz respeito, deve começar-se por observar que, ao formular um pedido genérico ou ilíquido[1636] com fundamento no disposto no

de certo facto resultou um dano e de determinado montante não possa ser feita com exactidão (o que ocorre muitas vezes), caso em que o tribunal decide equitativamente, nos termos do artigo 566º, nº 3".

1634 A doutrina e a jurisprudência alemãs sustentam igualmente que, se uma acção for julgada improcedente, porque os danos invocados foram considerados improváveis, é, ainda assim, possível propor futuramente nova acção, caso esses danos venham efectivamente a ocorrer (cfr. S. Würthwein, "Neue...", pág. 465, nota 90). Entre nós, merece, todavia, tratamento particular o caso dos danos futuros imprevisíveis ocasionados pela dissolução do casamento, face ao disposto no artigo 1792º, nº 2, do CC: com efeito, o preceito parece excluir a possibilidade de exigir o ressarcimento dos danos, fora da própria acção de divórcio (sobre o ponto, e sugerindo que "seja estabelecido um prazo razoável para o exercício do direito de indemnização, a contar da data do trânsito em julgado do divórcio", veja-se A. Cerdeira, "Reparação...", págs. 608-609).

1635 A. Attardi ("Frazionamento...") anota, a este propósito, um acórdão da *Corte di cassazione*, no qual se entendeu que, tendo sido julgada parcialmente improcedente uma demanda – concretamente, na parte relativa ao pedido de indemnização por danos futuros –, por se ter considerado que "ao autor não assistia um interesse em agir actual" (*l'attore sarebbe stato privo di un interesse attuale ad agire*), o caso julgado da correspondente sentença obstava a que, em nova acção, se formulasse pedido de indemnização pelos danos entretanto ocorridos (e coincidentes com os danos qualificados como futuros na anterior acção), apenas restando ao autor evitar esse caso julgado, através do recurso ordinário. Segundo Attardi, não é correcta a solução do acórdão, poque para determinar o alcance e os efeitos de uma decisão, o que importa é o conteúdo real (e não o conteúdo devido) dessa mesma decisão e, na situação em presença, o juiz da primeira acção havia procedido a um fraccionamento do pedido de indemnização (não se tendo limitado a omitir pronúncia quanto aos danos futuros): como tal, e independentemente da legalidade da decisão que procedera a tal fraccionamento, não havia caso julgado quanto aos danos não atendidos (diversamente do que sucederia se tivesse ocorrido uma mera omissão de pronúncia, porque, nesta eventualidade, "a sentença fixaria de modo indiscutível não só a existência do direito ao ressarcimento do dano, mas também a medida do próprio dano").

1636 Na definição de Manuel de Andrade (*Lições...*, pág. 390), é genérico "o pedido que é indeterminado no seu *quantum*, i. é, cujo objecto se indica globalmente e não com especificação das suas unidades constitutivas".

artigo 556º, nº 1, alínea *b)*, do CPC[1637] – ou seja, por não ser ainda possível determinar-se, de modo definitivo, as consequências do facto ilícito, ou por pretender usar da faculdade que lhe confere o artigo 569º do Código Civil –, o autor e lesado parece ter em vista a consideração de todos os danos decorrentes de um facto ilícito, não reservando a sua atendibilidade para uma acção posterior: e, desse modo, o autor e lesado parece aceitar apenas a possibilidade de modificação do que ficar decidido quanto aos danos dados como provados, rejeitando a eventualidade de nova decisão quanto a outros danos (nomeadamente, os danos dados como não provados).

Mas em que situações é permitido ao lesado formular um pedido genérico ou ilíquido ou obter uma sentença de condenação genérica? Vejamos o respectivo regime de modo sintético.

O artigo 569º, 1ª parte, do CC (para o qual remete o artigo 556º, nº 1, alínea *b)*, 1ª parte, do CPC), estabelece que "[q]uem exigir a indemnização não necessita de indicar a importância exacta em que avalia os danos". Esta regra justifica-se na medida em que, como observa VAZ SERRA[1638], o lesado pode ignorar essa importância exacta, "dependendo, como depende, de variadas circunstâncias. Bastará, pois, que exponha os factos precisos para a determinação judicial. Com fundamento neles, e valendo-se dos demais meios que a lei de processo lhe facultar, poderá o tribunal avaliar o dano e fixar a indemnização".

Por seu lado, a 2ª parte do artigo 569º do CC (para a qual remete o artigo 556º, nº 1, alínea *b)*, 2ª parte, do CPC) dispõe que o facto de o lesado ter pedido determinado quantitativo não "o impede, no decurso da acção, de reclamar quantia mais elevada, se o processo vier a revelar danos superiores aos que foram inicialmente previstos". Esta norma aplica-se ao caso de surgirem, no decurso da acção, danos não previstos aquando da petição[1639], mas também, segundo VAZ SERRA[1640], quando o processo revele que o montante dos danos é superior àquele que o autor indicou inicialmente: na verdade, "[d]esde que o autor não tem de indicar o *quantum* dos danos, por não poder determiná-lo com exactidão, é-lhe consentido, se o indicou, alterar essa indicação, exigindo quantitativo mais elevado, quando o processo revele danos superiores aos que ele autor indicou"[1641].

[1637] Na Alemanha, é comummente considerado admissível, como refere T. M. Petzoldt (*Die Rechtskraft...*, pág. 129), o pedido de quantia incerta (*unbezifferte Klage*), quando ao autor seja impossível ou inconveniente cifrar esse mesmo pedido.

[1638] Vaz Serra, "Obrigação de indemnização...", págs. 224-225.

[1639] Neste sentido, STJ, 06.07.1971.

[1640] Vaz Serra, "Anotação" (ao Acórdão do STJ de 6 de Julho de 1971), págs. 153-154.

[1641] Sobre esta questão, ver também Vaz Serra, "Anotação" (ao Acórdão do STJ de 4 de Junho de 1974), págs. 228-231. A alteração do quantitativo apenas não é possível, segundo o Autor (*idem*, pág. 233), quando a indicação do quantitativo "signifique inequivocamente a vontade de limitar a [...] pretensão ao quantitativo indicado".

E, ainda de acordo com VAZ SERRA[1642], o meio próprio para o autor reclamar, conforme previsto na 2ª parte do artigo 569º do CC, o suplemento indemnizatório fundado nos elementos revelados pelo processo, seria, em princípio, a ampliação do pedido, nos termos do artigo 265º, nº 2, do CPC (por ser a ampliação o desenvolvimento do pedido primitivo, que era um pedido ilíquido), e não o articulado superveniente a que alude o artigo 588º do CPC, porque aquele primeiro preceito não se aplica apenas aos casos em que o autor se enganou no cômputo dos danos ou àqueles em que, após a petição, surgiram outras consequências do acidente; no entanto, "parece dever autorizar-se o autor a reclamar quantia mais elevada, nos termos da 2ª regra do artigo 569º, mesmo para além do limite processual fixado nos artigos 273º, nº 2, e 506º, nº 1, do Código de Processo Civil [actuais artigos 265º, nº 2, e 588º, nº 1], pois, se não houvesse pedido quantitativo algum na petição [isto é, se se tivesse limitado a formular um pedido genérico], o tribunal teria de ter em conta todos os elementos reveladores de danos, e não seria razoável que a situação do autor fosse mais desfavorável só por ter pedido (provisoriamente) um quantitativo determinado"[1643].

Como refere o Autor[1644] que temos vindo a seguir, "[a]lém de ser admissível o pedido genérico em acções de indemnização, também o é a condenação ilíquida nessas acções: quer o autor tenha formulado um pedido genérico, ilíquido, de indemnização, quer haja feito um pedido líquido, concreto, de indemnização, o artigo 661º, nº 2, do Código de Processo Civil [de 1961, correspondente ao artigo 609º, nº 2, do actual CPC] obriga o tribunal a condenar no que se liquidar em execução de sentença, "se não houver elementos para fixar ... a quantidade""; e "a legitimidade da sentença de condenação ilíquida, além de resultar da regra geral do artigo 661º, nº 2, do Cód. Proc. Civil [actual artigo 609º, nº 2], deriva dos artigos 564º, nº 2 [...] e 565º [...] do Código Civil"[1645].

1642 Vaz Serra, "Anotação" (ao Acórdão do STJ de 4 de Junho de 1974), págs. 231-232.

1643 Veja-se, quanto a este ponto, RC, 27.11.2001: "I – Para efeitos de ampliação do pedido, na expressão "desenvolvimento" ou "consequência" do primitivo pedido do artº 273º nº 2 do C.P.C. [actual artigo 265º, nº 2] podem incluir-se aqueles casos em que, podendo não estar configurado um novo prejuízo, ocorre, todavia, uma circunstância superveniente ou a consolidação de um aspecto já focado nos danos alegados "ab initio", justificativos, uma e outro, da reavaliação operada. [...]". Veja-se, igualmente, STJ, 08.10.1992: "I – Face a uma maior percentagem de incapacidade parcial permanente para o trabalho achada posteriormente aos articulados, é lícito ao autor em acção cível emergente de acidente de viação ampliar o pedido na audiência de julgamento, não sendo caso de se usar articulado superveniente". E, ainda, RP, 30.11.2000, considerando que há lugar à ampliação do pedido quando, em acção de indemnização, se pediu quantia correspondente ao valor dos danos conhecidos no momento da proposição da acção e, mais tarde, mas antes de encerrada a discussão, se toma conhecimento de novos danos, pretendendo-se aumentar correspondentemente o montante da indemnização. Sobre a ampliação do pedido na liquidação em execução de sentença, STJ, 28.02.1985.

1644 Vaz Serra, "Anotação" (ao Acórdão do STJ de 4 de Junho de 1974), págs. 233-234.

1645 No sentido de que não é possível condenar em quantia ilíquida, quando o autor deduziu pedido certo e não provou o quantitativo certo: RL, 23.11.2000. Entendendo que o artigo 661º, nº 2, do CPC de 1961

Abstraindo desta referência, que agora não releva, à liquidação em execução de sentença (o artigo 661º, nº 2, do CPC de 1961, na sequência das alterações ao regime da liquidação introduzidas pelo Decreto-Lei nº 38/2003, de 8 de Março, passou a aludir apenas, na verdade, à condenação "no que vier a ser liquidado" – reproduzindo o artigo 609º, nº 2, do actual CPC tal referência –, uma vez que a liquidação ocorre, em regra, na fase declarativa do processo, determinando a renovação da instância extinta: veja-se, no Código em vigor, o artigo 358º, nº 2), retornemos ao primeiro problema acima colocado: o de saber se, quando formula um pedido ilíquido, o lesado está a excluir a possibilidade de proposição, no futuro, de acção relativa a danos imprevisíveis.

Ora, a resposta a esta questão deve ser negativa, porque, como observa Vaz Serra[1646], "se o lesado pedir indemnização dos seus danos, sem limitação aos danos presentes, ou de todos os seus danos, pode o tribunal atender também aos danos futuros, desde que sejam previsíveis [...]". Ou seja, o objecto da acção não compreende os danos imprevisíveis: nem estes integram a causa de pedir, nem o pedido de indemnização se lhes refere, pelo que o caso julgado não obsta a que sejam alegados e ressarcidos em acção posterior[1647].

Por outro lado, num Acórdão do Tribunal da Relação de Coimbra de 3 de Outubro de 2006 entendeu-se igualmente que, não obstante o autor ter subscrito uma declaração na qual se dava por indemnizado de todos os seus danos, presentes e futuros, a renúncia à indemnização pelos danos futuros "só vale em relação aos danos futuros emergentes de uma determinada base factual cujos contornos são os conhecidos pelo renunciante. Ou seja e concretamente, a renúncia do Autor só é operante quanto aos danos futuros previsíveis à data da situação clínica em que o Autor se encontrava quando aceitou a indemnização da Ré B... Mas este acordo não pode abranger, pela sua imprevisibilidade, danos novos cujo aparecimento nada faria supor. [...] Tocamos aqui o problema geral da *renúncia abdicativa* a direitos. Nesse aspecto tem-se entendido e bem que de renúncia apenas se poderá falar com propriedade a partir do momento em que o direito a que se pretende renunciar se torna actual, i.e. "quando atingir um grau sufi-

[actual artigo 609º, nº 2] não permite remeter a condenação para execução de sentença quando haja fracassado a prova na acção declarativa, porque, de outro modo, o preceito conflituaria com o disposto no artigo 672º do mesmo Código (actual artigo 620º), atendendo a que a decisão sobre a matéria de facto proferida na acção declarativa seria, na verdade, "contraditada por outra decisão proferida na acção executiva", consulte-se STJ, 17.01.1995; veja-se, ainda, M. Salvador, "Pedidos...", pág. 10, frisando que o referido artigo 661º, nº 2, não visa conceder uma segunda oportunidade para a produção de prova. Propugnando a condenação no que se liquidar em execução de sentença só quando não for possível o julgamento segundo a equidade, nos termos do artigo 566º, nº 3, do CC, STJ, 09.11.1999 e RP, 17.05.2004.

1646 Vaz Serra, "Anotação" (ao Acórdão do STJ de 5 de Novembro de 1974), pág. 315.

1647 À luz do direito alemão, é esta também a tese de O. Jauernig ("Teilurteil...", págs. 329-330).

ciente de apropriação privada" de molde a poder concluir-se que foi fundamentada a posição do renunciante [...]".

Assim sendo, não só os danos imprevisíveis não integram o objecto do processo, como em relação a eles, no caso de formulação de pedido genérico, não pode deduzir-se uma renúncia à indemnização: consequentemente, podem ser feitos valer em nova acção[1648].

Pode, todavia, discutir-se – e este é o segundo problema que deixámos enunciado e que particularmente nos interessa – se a superveniência de dano julgado imprevisível na primeira acção deve ser alegada em acção modificativa ou em nova acção.

A lei não dá qualquer indício no sentido de que o dano imprevisível deva ser feito valer em acção modificativa ou em nova e autónoma acção: e, mesmo que se entenda que o artigo 564º, nº 2, 2ª parte, do CC é aplicável, não apenas ao dano indeterminável, mas também ao dano futuro imprevisível, a verdade é que esse preceito se limita a mencionar uma "decisão ulterior", sem esclarecer se essa decisão deve ser proferida numa nova acção ou pode ser proferida nos termos do artigo 619º, nº 2, do CPC.

Dir-se-ia, numa primeira aproximação, que o artigo 619º, nº 2, do CPC apenas não tem em vista a apreciação dos danos futuros previsíveis à data da primeira acção, na medida em que o artigo 564º, nº 2, do CC estabelece o princípio segundo o qual tais danos devem ser apreciados nessa primeira acção: ora, seria anómalo que a lei estabelecesse este princípio e simultaneamente consagrasse um mecanismo que, na prática, lhe retiraria utilidade, porque permitiria a apreciação desses danos posteriormente e a qualquer momento.

Portanto, não parece ser a *indevida omissão de apreciação de certos danos* que o artigo 619º, nº 2, do CPC pretenderá fundamentalmente colmatar.

Por outro lado, pode sustentar-se que, uma vez que é função da acção modificativa a correcção da errada perspectivação da realidade futura e que essa errada perspectivação pode verificar-se tanto quando o juiz prevê danos que não vêm a ocorrer como quando não prevê danos que vêm a final a ocorrer (e quer esta falta de previsão diga respeito a danos imprevisíveis à data da primeira acção quer a

[1648] Veja-se, porém, STJ, 05.11.1974. Neste acórdão, o Supremo parece partir do princípio de que, tendo o autor requerido a liquidação em execução da sentença, mas sendo a condenação em quantia certa, não lhe é possível propor nova acção, alegando que, além dos danos então considerados, sofreu outros que só ulteriormente se verificaram, por a tal obstar o caso julgado: e, como o Supremo chega a tal conclusão sem discutir se os danos agora alegados eram previsíveis ou imprevisíveis à data da primeira acção, parece-nos que, na sua perspectiva, se encontra precludida, por força do caso julgado (e não por causa da formulação de pedido ilíquido), a alegação futura de todos estes danos. Já num acórdão de 14 de Março de 2002, o Supremo afirma explicitamente que se encontram excluídos da força de caso julgado material os danos supervientes que, à data da transacção homologada, não eram previsíveis, por não integrarem a causa de pedir da primitiva acção; identicamente, RL, 11.10.2001.

danos já então previsíveis mas não previstos, ou julgados imprevisíveis), existem fundadas razões para fazer valer, através da via da acção modificativa, danos julgados imprevisíveis à data da primeira acção.

Aliás, se se entendesse que a acção modificativa se destina, em princípio, apenas à correcção do que se previu na sentença, reservando-se a apreciação daquilo que não se previu na sentença para uma subsequente (e eventual) nova acção, verificar-se-ia que, pelo menos no campo da responsabilidade civil por danos futuros, tal tese conduziria a resultados insatisfatórios: é que, cobrindo a indemnização atribuída unicamente os danos julgados previsíveis, apenas o lesante poderia propor acção modificativa, pois só ele pode pretender, após a sentença, a correcção daquilo que se previu (o lesado, na verdade, como apenas pode pretender a correcção daquilo que não se previu – isto é, uma indemnização por danos anteriormente imprevisíveis ou uma indemnização por danos já anteriormente previsíveis, mas não alegados nem objecto de pedido genérico e, portanto, não previstos –, nunca poderia propor a acção modificativa).

Um outro argumento a favor da possibilidade de fazer valer danos futuros imprevisíveis através da acção modificativa reside na letra do próprio artigo 567º, nº 2, CC: este preceito parece abranger quer os casos em que não se verifiquem os danos futuros previstos na anterior sentença, quer os casos em que se verifiquem os danos julgados imprevisíveis, pois não distingue entre estes dois tipos de danos para o efeito da modificação da indemnização sob forma de renda (diríamos até que o artigo 567º, nº 2, do CC ficaria desprovido de conteúdo útil se não valesse para danos imprevisíveis, a hipótese mais frequente).

O mesmo se diga em relação aos preceitos que regulam a revisão de pensões por acidente de trabalho ou doenças profissionais (artigos 70º da Lei nº 98/2009, de 4 de Setembro, e 145º a 147º do CPT), que parecem abranger tanto os danos futuros previstos como os danos futuros imprevisíveis: com efeito, estas disposições não aludem sequer à eventualidade de proposição de nova e autónoma acção, uma vez fixada uma pensão, considerando apenas a hipótese de revisão desta, quando se trate de fazer valer novos danos; aliás, a revisão da pensão assentará normalmente na superveniência de danos imprevisíveis à data da primeira acção.

Concluímos, assim, que a superveniência de danos julgados imprevisíveis à data da fixação da indemnização pode fundar a acção modificativa: trata-se, aliás, de solução também sustentável a propósito da alteração do arbitramento de reparação provisória do dano, prevista no artigo 389º, nº 1, do CPC (por remissão para o artigo 386º, nº 2), já que a evolução dos danos sofridos pode influir no estado de necessidade do lesado[1649].

[1649] Assim, J. Cura Mariano, *A providência cautelar...*, pág. 114. O Autor parece também defender a alteração da providência cautelar com fundamento em desenvolvimentos posteriores do próprio *facto lesivo*, porque

Parece-nos também que o que dissemos acerca da alegabilidade, através de acção modificativa, de danos futuros julgados imprevisíveis na primeira acção, deve valer para qualquer circunstância então julgada imprevisível[1650]. Com efeito, não vemos motivo para que o regime difira consoante o juiz preveja certa circunstância e ela não venha a verificar-se ou não preveja certa circunstância e ela venha a verificar-se: se, no primeiro caso, é o erro do juiz (acerca da verificação da circunstância) que justifica a possibilidade de proposição de acção modificativa, também no segundo caso esse erro a deve justificar.

Esta conclusão, porém, tem uma consequência: se a acção modificativa pode servir para fazer valer danos julgados imprevisíveis e se estes não integram o objecto do processo anterior, tal significa também que a acção modificativa pode não envolver a quebra do caso julgado da anterior acção, que, no que diz respeito aos danos não previstos, não tem qualquer extensão para o futuro.

Será esta consequência admissível? Diríamos, numa primeira abordagem, que o problema está mal colocado, porque não deve pressupor-se que só é lícito propor acção modificativa quando se vise a quebra do caso julgado; cumpre analisar, antes do mais, se existe alguma razão para lhe conceder prioridade em detrimento da nova acção (e vimos que sim), e, só depois, colocar o problema da eventual quebra do caso julgado.

Devemos, no entanto, reconhecer que a jurisprudência não tem entendido que, em se tratando de fazer valer danos anteriormente julgados imprevisíveis, a via adequada é a da acção modificativa, porque tem apreciado essas hipóteses a propósito de novas acções propostas pelo lesado, nunca discutindo a respectiva admissibilidade[1651].

Reconhecemos, igualmente, que a superveniência de um dano imprevisível não considerado na sentença modificanda dificilmente encerra uma modificação das circunstâncias que determinaram a condenação, a que alude o artigo 619º, nº 2, do CPC, ou uma alteração das circunstâncias em que assentou o estabelecimento da renda ou o seu montante ou duração, referida no artigo 567º, nº 2, do CC, pois o que a ela subjaz são novos factos, que *acrescerão* aos já anteriormente fixados (embora, ao contrário do que sucede quando se pretende fazer valer um dano anteriormente já previsível e não considerado na sentença modificanda, por

afirma: "Já o facto lesivo só poderá registar desenvolvimentos posteriores, caso se verifiquem novas violações do mesmo direito, mais uma vez perpetradas pelo obrigado à reparação, agravadoras da situação de necessidade do lesado".

[1650] Em geral, as circunstâncias de ocorrência incerta não devem ser consideradas pelo juiz. Assim, RP, 26.02.1991 (Proc. 0310556), em cujo sumário se lê o seguinte: "Na fixação de alimentos devidos a menores filhos de casal separado de facto não há que ponderar situações hipotéticas de ocorrência incerta, designadamente a eventual perda da habitação onde residem com a mãe".

[1651] Assim, RL, 11.10.2001; STJ, 11.10.1994 (Proc. 084036); STJ, 14.03.2002.

não ter sido alegado nem ter sido objecto de pedido genérico – hipótese em que também é discutível a admissibilidade da acção modificativa[1652] –, ao exigir-se o ressarcimento de um dano imprevisível à data da primeira acção não se alega como fundamento da modificação uma circunstância que já podia ter sido alegada na primeira acção, sendo, portanto, evidente a existência de superveniência).

Salientamos, por último, que o emprego da acção modificativa não pode significar, para o interessado que a ela recorra, qualquer desvantagem por comparação com a proposição de nova acção, uma vez que as razões que justificam esse emprego fora do campo a que se destina prendem-se, sobretudo, com a simplificação processual. Assim, por exemplo, admitindo que a sentença modificanda só produz efeitos para o período posterior à dedução do pedido de modificação, não faria sentido estender tal consequência às hipóteses em que, através de acção modificativa, se faz valer um dano futuro imprevisível.

5. Circunstâncias previsíveis, mas julgadas imprevisíveis

Quando certa circunstância seja previsível já ao tempo da prolação da sentença e, porque o juiz a julgou imprevisível, não foi levada em conta, é possível sustentar que a sua ocorrência posterior constitui superveniência relevante para efeitos do artigo 619º, nº 2, do CPC, ou, diversamente, entender que a alegação da circunstância se encontra precludida, em virtude da sua anterior previsibilidade: e trata-se, ao que nos parece, de questão que ainda se prende com a referência material da superveniência, pois envolve apurar se, em relação a uma circunstância previsível, mas julgada imprevisível, pode ainda registar-se a superveniência relevante para o efeito daquele preceito, superveniência que se traduz precisamente na ocorrência dessa circunstância.

Este problema tem sido debatido, na Alemanha, quer a propósito do requisito da essencialidade da alteração, constante do § 323, 1, da ZPO, quer a propósito da exigência da ocorrência posterior (ao momento do encerramento da última discussão oral) da alteração das circunstâncias, contida no § 323, 2, da ZPO: referimo-nos, aliás, a tal problema quando, ao elencarmos os pressupostos da *Abänderungsklage*, assinalámos o pressuposto referente à alteração essencial das circunstâncias[1653].

Traduza ou não a ocorrência da circunstância previsível (mas julgada imprevisível) uma "modificação das circunstâncias que determinaram a condenação", nos termos e para os efeitos do artigo 619º, nº 2, o CPC, parece-nos, de qualquer modo, relativamente seguro que a previsibilidade da circunstância na acção anterior não constitui um problema de superveniência, isto é, não exclui a qualifica-

[1652] *Infra*, § 23º, IV.

[1653] *Supra*, § 3º, I, 1. *c*).

ção, como circunstância superveniente, dessa mesma circunstância. Na verdade, o instituto da superveniência, na lei processual civil portuguesa, aparece geralmente conexionado, ou com a superveniência objectiva, ou com o conhecimento posterior do facto pelas partes (e não sendo usual afirmar-se, quanto a esta última superveniência, que certo facto é superveniente *porque* só depois da sua ocorrência o juiz dele tomou conhecimento ou que certo facto é superveniente *porque* a sua ocorrência não fora prevista pelo juiz). Diríamos, portanto, que a verificação da circunstância previsível, mas julgada imprevisível na anterior acção, constitui, nos termos gerais, superveniência objectiva e não superveniência subjectiva (não colocando, por isso, sequer a questão de saber se esta superveniência subjectiva é ou não atendível). Face à lei alemã diríamos também, por idênticas razões, que o problema da relevância da ocorrência de circunstância previsível, mas julgada imprevisível, não deve ser colocado à luz do disposto no § 323, 2, da ZPO, pois a previsão deste preceito preenche-se naturalmente com tal ocorrência.

Vejamos, porém, se a relevância da verificação de circunstância previsível, mas julgada imprevisível, pode ser excluída por algum outro motivo.

Se se considerar que, por ser já previsível na anterior acção, a circunstância não pode fundar a acção modificativa, parece-nos que se estará simultaneamente a aceitar a possibilidade de controlo do próprio juízo efectuado pelo tribunal recorrido acerca da previsibilidade ou imprevisibilidade da circunstância: ou seja, a concluir que a circunstância nova não deve ser tomada em consideração *porque devia ter sido tomada em consideração na acção anterior*.

Este resultado é dificilmente compatível com a fisionomia da acção modificativa que transparece do artigo 619º, nº 2, do CPC. Com efeito, embora a acção modificativa sirva para corrigir erros de previsão do juiz que proferiu a sentença modificanda, ela não se destina a corrigir o próprio juízo acerca da previsibilidade ou imprevisibilidade da circunstância: a única função que a final desempenharia se, na fase de saneamento dessa acção, se pudesse aferir a correcção deste juízo.

Em suma: a exclusão da possibilidade de modificação da sentença por, à data do seu proferimento, já ser objectivamente previsível a alteração das circunstâncias, significa atribuir à acção modificativa a função de controlo da razoabilidade daquela sentença, porque lhe subjaz a consideração de que, face aos dados de que já então dispunha, devia o juiz ter proferido sentença de conteúdo diverso (embora depois, e algo contraditoriamente, não venha a aceitar-se a posterior modificação da sentença).

Por outro lado, e como observa Graba[1654], como não há um critério seguro que permita distinguir as circunstâncias previsíveis – que devem ser consideradas na sentença a que se refere o § 258 da ZPO (correspondente ao artigo 557º, nº 1,

[1654] H.-U. Graba, *Die Abänderung...*, pág. 133.

do CPC) – das circunstâncias que podem ficar reservadas para a acção modificativa, é preferível entender que a errada consideração de certa circunstância como imprevisível não impede que esta constitua fundamento da acção modificativa.

Dir-se-ia, pois, que a função de controlo da razoabilidade da sentença modificanda que seria cometida ao juiz da acção modificativa – caso as circunstâncias previsíveis mas julgadas imprevisíveis não pudessem fundar esta acção – conferiria também ao regime do artigo 619º, nº 2, do CPC um carácter dificilmente harmonizável com as exigências mínimas de segurança jurídica: desde logo, pela indefinição dos parâmetros que legitimam a afirmação segundo a qual a sentença devia ter sido outra; em segundo lugar, pela latitude dos poderes que seriam atribuídos ao juiz da acção modificativa.

Essa função de controlo tornaria, ainda, o regime da acção modificativa algo anómalo perante o da generalidade das acções: é que não se compreende, bem vistas as coisas, por que motivo a razoabilidade da sentença há-de poder ser questionada apenas quando o juiz deva prognosticar certa realidade e não também quando se deva limitar a considerar a realidade existente (a lei, com efeito, não contém qualquer mecanismo que permita um tal controlo da decisão do juiz, quando a matéria de facto seja constituída por factos pretéritos ou presentes, e não, como sucede no caso das decisões contempladas no artigo 619º, nº 2, do CPC, por factos futuros).

Finalmente, e como observa Soyka[1655], a própria exigência de que a circunstância que funda a acção modificativa já tenha ocorrido (não bastando, para a proposição da acção modificativa, uma *previsível* alteração das circunstâncias) constitui um argumento no sentido de a circunstância previsível não dever ser equiparada à circunstância antiga, não relevando, como tal, a previsibilidade ou imprevisibilidade da circunstância na acção anterior para efeitos de admissibilidade da acção modificativa: a circunstância deve, deste modo, ser qualificada como circunstância superveniente quando ocorreu depois do encerramento da última discussão oral, ainda que, já antes dessa data, fosse previsível.

De todo o exposto resulta, pois, que as circunstâncias previsíveis mas julgadas imprevisíveis pelo juiz da primitiva acção devem poder constituir fundamento da acção modificativa. Como sublinha Remo Caponi[1656], embora em relação ao requisito da essencialidade da alteração, consagrado no direito alemão para a *Abänderungsklage*, "pode não ser decisivo que a modificação seja imprevisível, decisivo é que não tenha sido concretamente prevista pelo juiz".

[1655] J. Soyka, *Die Abänderungsklage...*, 1ª ed., págs. 99-100.
[1656] Remo Caponi, *L'efficacia...*, pág. 94.

6. Referência material da superveniência, no caso de sentença proferida na sequência de revelia operante do réu ou de sentença homologatória de negócio processual

O artigo 619º, nº 2, do CPC, ao exigir a modificação das circunstâncias que determinaram a condenação para que a sentença possa ser alterada, parece pressupor a possibilidade de identificação dessas circunstâncias decisivas, o que levanta alguma dificuldade quando, na sequência de *revelia operante do réu*, se devam considerar confessados os factos articulados pelo autor (cfr. o artigo 567º, nº 1 do CPC) ou possa o juiz (como sucedia à luz do CPC de 1961: cfr. o seu artigo 784º) limitar-se a aderir aos fundamentos jurídicos alegados pelo autor na petição inicial. Nestes casos, quais foram, na verdade, os fundamentos da sentença, cuja modificação é exigida para que a sentença possa ser alterada?

A identificação das circunstâncias que determinaram a condenação é igualmente problemática quando a sentença condenatória haja sido proferida na sequência de *transacção ou de confissão do pedido* pelo réu (cfr. o artigo 290º, nº 3, do CPC); e, se se entender que a sentença modificanda pode ser uma sentença absolutória, pode também questionar-se se a alteração das circunstâncias que se exige no artigo 619º, nº 2, do CPC se refere às circunstâncias objectivas ou, antes, às circunstâncias fictícias (e, neste último caso, quais as circunstâncias fictícias a tomar como referência, se as alegadas pelo autor na petição inicial, se as alegadas pelo réu), no caso de sentença absolutória proferida na sequência de *desistência do pedido* por parte do autor (cfr., de novo, o artigo 290º, nº 3, do CPC).

Relativamente ao primeiro problema – o da identificação das circunstâncias relevantes, no caso de sentença proferida na sequência de revelia operante do réu –, e como assinala GRABA[1657], a doutrina e a jurisprudência alemãs têm discutido uma questão idêntica: a de saber se, no caso da sentença condenatória proferida na sequência da revelia do réu (*Versäumnisurteil gegen den Beklagten*), as circunstâncias determinantes a considerar, para efeitos de modificação da sentença, são as circunstâncias reais ou as circunstâncias supostas (alegadas pelo autor e tomadas como verdadeiras). Depois da determinação das circunstâncias decisivas ou relevantes haverá ainda, e nos termos gerais do § 323, 1, da ZPO, de resolver a questão da essencialidade da alteração[1658].

Contra a tese das circunstâncias supostas ou fictícias – sustentada, por exemplo, por GOTTWALD[1659] – objecta-se que ela permite a imediata proposição de acção modificativa, destinada a corrigir as falsas afirmações do autor da anterior acção (na verdade, torna-se imediatamente perceptível a disparidade entre

[1657] H.-U. Graba, *Die Abänderung...*, págs. 109-110.

[1658] Distinguindo as duas questões, H.-U. Maurer, "Versäumnisurteil...", respectivamente págs. 447-449 e 449.

[1659] *MünchKommZPO*/Gottwald, § 323, 77.

o considerado na sentença e a realidade subjacente)[1660]: argumento que, como assinala SOYKA[1661], não procede, atendendo à necessidade de a acção modificativa fundar-se em factos novos, na acepção do § 323, 2, da ZPO. Com efeito, quer se adopte a tese das circunstâncias supostas ou fictícias, quer a das circunstâncias reais, a regra da preclusão deverá funcionar, no caso da sentença condenatória proferida na sequência da revelia do réu, em termos idênticos aos das restantes sentenças: assim, a parte não poderá, em regra, fundar a acção modificativa em factos antigos[1662].

Contra a tese das circunstâncias reais – defendida nomeadamente por THOMAS / PUTZO[1663] e pelo *Bundesgerichtshof*[1664] – sustenta-se que ela obsta à proposição de acção modificativa pelo réu injustamente condenado (assim, o réu que, não obstante a sua real impossibilidade de prestar alimentos em virtude de desemprego, ficou obrigado a prestá-los, nunca mais poderia alegar essa impossibilidade, pois a realidade objectivamente não se alterou)[1665] e, bem assim, que da regra da preclusão constante do § 323, 2, da ZPO resulta que a realidade a considerar não é a realidade objectiva[1666].

À luz do direito português, parece-nos preferível não conceder às sentenças proferidas na sequência de revelia operante do réu um tratamento diferente do dispensado à generalidade das sentenças: também em relação a elas deve valer a regra segundo a qual o ponto de referência material da superveniência são as circunstâncias consideradas na sentença modificanda e não as circunstâncias efectivamente existentes a essa data, pois foram aquelas que determinaram a condenação.

Em relação ao segundo problema – o de saber a que circunstâncias se atende, no caso de condenação na sequência de transacção ou de confissão do pedido –, observa SOYKA[1667], à luz do regime alemão referente à *Anerkenntnisurteil* e constante do § 307 da ZPO (figura que, para o problema que agora nos interessa, de algum modo corresponde, no direito português, à sentença homologatória de confissão do pedido), que é duvidoso que essas circunstâncias devam ser as alegadas pelo autor e não as objectivamente existentes, desde logo porque a confissão do pedido não significa qualquer reconhecimento, pelo réu, dos factos alegados pelo autor (o réu pode, na verdade, ter confessado o pedido por ter entendido

[1660] Assinalando este argumento contra a tese das circunstâncias fictícias, veja-se também H.-U. Graba, *Die Abänderung*..., pág. 110.

[1661] J. Soyka, *Die Abänderungsklage*..., 1ª ed., pág. 69.

[1662] J. Soyka, *Die Abänderungsklage*..., 1ª ed., pág. 105.

[1663] H. Thomas / H. Putzo, *Zivilprozessordnung*, § 323, 26.

[1664] BGH, 12.05.2010.

[1665] Formulando esta crítica: H.-U. Graba (*Die Abänderung*..., pág. 110).

[1666] Assim, J. Soyka, *Die Abänderungsklage*..., 1ª ed., pág. 69.

[1667] J. Soyka, *Die Abänderungsklage*..., 1ª ed., págs. 70-71.

como verificadas outras circunstâncias, também favoráveis ao autor): daí que SOYKA propenda para considerar decisivas as circunstâncias objectivamente existentes no momento da sentença e para apenas considerar relevante, para efeitos da acção modificativa, as circunstâncias ocorridas após este momento[1668].

Em relação ao terceiro problema – o de saber a que circunstâncias se atende, no caso de absolvição na sequência de desistência do pedido (e admitindo, naturalmente, que uma sentença absolutória ainda se encontra abrangida pela previsão do artigo 619º, nº 2, do CPC) –, refira-se que, na Alemanha, alguma jurisprudência e doutrina têm entendido que, no caso da *Versäumnisurteil gegen den Kläger* prevista no § 330 da ZPO e no caso da *Verzichtsurteil* prevista nos §§ 306 e 313 b da ZPO, como o fundamento da absolvição consiste no comportamento processual do autor ou na prática de um acto processual pelo autor (e não na inexistência de um facto constitutivo), não é admissível uma nova acção fundada na ocorrência posterior do facto constitutivo[1669].

Entendemos, porém, que o problema da determinação da referência material da superveniência, no caso de sentença homologatória de transacção, confissão ou desistência do pedido, está contido no da omissão da sentença quanto às circunstâncias em que assentou a decisão, pelo que remetemos para o ponto seguinte.

A modificação das sentenças proferidas na sequência de revelia operante e, bem assim, as que homologuem transacção, confissão ou desistência do pedido, coloca ainda, a par do referido problema da identificação das circunstâncias relativamente às quais deve registar-se alguma alteração, um problema de referência temporal da superveniência, que, por comodidade de exposição, só agora referimos: com efeito, admitindo que a acção modificativa só é admissível quando se funde em circunstâncias supervenientes e que o ponto de referência da superveniência é, em regra, a data do encerramento da última discussão oral, coloca-se o problema de saber como aferir a superveniência quando, na acção anterior, não tenha ocorrido discussão oral.

[1668] No mesmo sentido, e no de que a procedência da acção modificativa depende da verificação de uma evolução divergente da situação objectiva existente à data da *Anerkenntnisurteil*, veja-se BGH, 04.07.2007. Diferentemente, H.-U. Graba, "Die Abänderung von Unterhaltstiteln...", pág. 8, porque atende às circunstâncias que, para o devedor dos alimentos, foram decisivas. Quanto ao funcionamento da regra da preclusão contida no § 323, 2, da ZPO, quando se esteja perante uma *Anerkenntnisurteil*: J. Soyka, *Die Abänderungsklage*..., 1ª ed., págs. 105-106.

[1669] Veja-se, a este respeito: B. Keitel, *Rechtskräftiges*..., págs. 110-115; P. Dietrich (*Rechtskraft*..., págs. 73-97), considerando que a nova acção é admissível se o autor alegar e provar a verificação do novo ou de todos os novos factos, consoante à data da sentença anterior não se verificasse um dos factos constitutivos do direito ou vários desses factos; B. Heiderhoff ("Der entschiedene...", págs. 194-200), concluindo que, salvo o caso particular da decisão absolutória proferida em recurso, a nova acção é inadmissível se apenas for fundada na ocorrência posterior do vencimento da dívida, porque a pretensão foi globalmente rejeitada.

Esta situação – a da inexistência de discussão oral – verifica-se, no que diz respeito à discussão sobre a matéria de facto, quando, havendo revelia operante, o processo seja apenas facultado aos advogados do autor e do réu para alegarem por escrito quanto à matéria de direito, e, no que diz respeito à discussão da matéria de facto e de direito, quando, havendo revelia operante, nem sequer se abra tal prazo para alegações, por não ter o réu constituído advogado (cfr. o artigo 567º, nº 2, do CPC).

No caso de transacção, confissão ou desistência do pedido pode igualmente não ter existido discussão oral, pois nada impede que estes actos tenham lugar antes desse momento processual.

Convém, de qualquer forma, precisar que o problema da determinação do ponto de referência da superveniência, no caso de inexistência de discussão oral, coloca-se tanto quanto à superveniência de factos como quanto à superveniência de lei ou de jurisprudência, uma vez que, não havendo recurso, a referência do caso julgado quanto ao direito aplicável é também a discussão oral[1670].

Não tendo havido discussão oral, parece-nos que, na hipótese de sentença proferida na sequência de revelia operante, o ponto de referência da superveniência terá de ser o último momento em que às partes foi possível alegar factos ou suscitar questões jurídicas (ou seja, o fim do prazo para contestar a que alude o artigo 567º, nº 1, do CPC).

Já nas hipóteses de transacção, confissão ou desistência do pedido, consideramos que, ainda que tenha existido discussão oral, não deve esta valer como ponto de referência da superveniência, uma vez que nenhum facto foi determinante para a condenação ou para a absolvição.

Trata-se, aliás, de problema que hoje também se coloca a propósito dos fundamentos de oposição à execução, quando a execução se funde em sentença homologatória de transacção ou de confissão do pedido, uma vez que o artigo 814º do CPC de 1961, na redacção emergente do Decreto-Lei nº 38/2003, de 8 de Março, e o artigo 729º, alínea *g)*, do CPC actual, ao tratarem dos fundamentos de oposição à execução baseada em *qualquer* sentença – diversamente do que antes sucedia, pois os fundamentos de oposição à execução baseada em sentença homologatória de confissão ou transacção apareciam regulados no preceito dedicado aos fundamentos de oposição à execução baseada em título diverso de sentença (cfr. o artigo 815º, nº 2, do CPC de 1961, antes daquele Decreto-Lei) –, dão a entender que a oposição à execução baseada em setença homologatória de confissão ou transacção pode fundar-se, não só numa causa de nulidade ou anulabilidade destes negócios processuais (cfr. o actual artigo 729º, alínea *i)*), mas também em "[q]ualquer facto extintivo ou modificativo da obrigação, desde que seja poste-

[1670] *Supra*, § 23º, II, 1. *e)*.

rior ao encerramento da discussão no processo de declaração [...]" (cfr. a alínea *g)* do mesmo artigo). Ora, esta exigência de que o facto seja posterior ao encerramento da discussão no processo de declaração não pode funcionar quando o título executivo seja uma sentença homologatória de confissão ou transação, tal como, conforme já sustentado por ALBERTO DOS REIS, não funciona quando a execução se funde em título negocial[1671].

7. Referência material da superveniência, no caso de omissão do título quanto às circunstâncias em que assentou a decisão

Como refere J. Espírito Santo (*O documento...*, pág. 72), o caso do documento novo representa mesmo o caso de mais flagrante impossibilidade de usá-lo no processo anterior.

Quando a sentença modificanda seja omissa quanto às circunstâncias em que assentou a decisão[1672], coloca-se, tal como nas hipóteses que acabámos de referir, o problema de saber quais as circunstâncias que determinaram a condenação, o que é naturalmente relevante para saber se alguma alteração das circunstâncias se verificou e se, por isso, se encontra preenchida a previsão do artigo 619º, nº 2, da CPC[1673].

Este problema tem sido discutido no direito alemão, embora aí a abordagem e as soluções sejam diversas, consoante se trate de modificação de transacção judicial ou documento exequível mencionado no (anterior à reforma de 2008/2009) § 323, 4, da ZPO (actualmente, no § 323a da ZPO), ou de sentença. Analisemos também os dois problemas autonomamente (sendo certo que não nos interessarão os títulos diversos de sentenças, uma vez que o artigo 619º, nº 2, do CPC não lhes é aplicável[1674]).

1671 J. Alberto dos Reis, *Processo de execução*, vol. 2º, pág. 42. Para Alberto dos Reis, aliás, à oposição à execução baseada em sentença homologatória de confissão ou transacção seria aplicável o regime da oposição à execução fundada em título diverso de sentença (*idem*, págs. 39-42). A solução da lei actual não é esta, como vimos, mas entendemos que, mesmo assim, tem cabimento o que dissemos sobre a inaplicabilidade, à oposição à execução baseada em sentença homologatória de confissão ou transacção, do disposto na alínea *g)* do artigo 729º do CPC, nos seus exactos termos.

1672 Pressupomos que a própria decisão seja identificável, o que não sucede quando a fundamentação da sentença contradiz a sua conclusão, ou quando a decisão está contida na parte da fundamentação da sentença: sobre estes problemas, W. Lindacher ("Divergenzen..."), sustentando que os fundamentos não servem apenas para interpretar uma conclusão ambígua, antes permitindo, nas hipóteses de conclusão clara, determinar o conteúdo da decisão que há-de constituir caso julgado (e preferindo, nessa tarefa, à conclusão).

1673 Problema semelhante pode colocar-se quanto à aplicabilidade das regras do recurso de revisão às decisões proferidas em processos nos quais não hajam sido carreados elementos de facto ou produzidas provas (sobre o problema, M. Vollkommer, "Neuere...", págs. 775-777).

1674 *Supra*, § 20º, VI.

No direito alemão, e como se viu[1675], a modificação das transacções judiciais e dos documentos exequíveis contemplados no (anterior) § 323, 4, da ZPO encontra-se sujeita às regras do desaparecimento e alteração da base do negócio, o que tem colocado o problema da identificação da base do negócio e da determinação da alteração das circunstâncias, quando o texto do título não contenha os fundamentos do cálculo da prestação nele fixada.

Neste caso, consideram alguns Autores, como adiante melhor veremos[1676], que, não sendo possível a averiguação da vontade das partes, a prestação de alimentos deve ser estabelecida de acordo com as regras legais, não havendo, consequentemente, vinculação na acção modificativa à vontade das partes inicialmente manifestada.

Soyka[1677], concordando embora que, havendo lugar à adaptação do título, impõe-se, de facto, recorrer às regras legais na determinação da prestação, pois à vontade das partes não pode, por natureza, atribuir-se primazia, entende que há que resolver primeiro, e em sentido afirmativo, a questão da qual depende a própria admissibilidade da adaptação do título: a de saber se as circunstâncias se alteraram. Ora, a este propósito, sustenta Soyka[1678] que cabe ao autor da acção modificativa alegar e provar as circunstâncias que as partes arvoraram em base do negócio e, bem assim, de que modo as circunstâncias evoluíram diversamente do previsto. Em suma, a liberdade na fixação da nova prestação não significa que, nos termos gerais, os pressupostos da acção modificativa não devam ser alegados e provados pelo autor.

Subjazendo ao título um negócio unilateral, tem-se colocado também, à doutrina alemã, o problema da determinação da base do negócio – que, em regra, não resulta do texto do título –, entendendo-se que é necessário provar, na acção modificativa – que deve também obedecer aos princípios do direito substantivo que regulam o desaparecimento e a alteração da base do negócio –, as circunstâncias que foram decisivas para o reconhecimento da dívida e, bem assim, o seu desenvolvimento inesperado[1679]; mas, se a acção for proposta pelo credor, como não lhe é possível saber quais as circunstâncias que foram decisivas para o reconhecimento da dívida pelo devedor, só lhe é exigível a prova de que a realidade existente à data da constituição do título executivo se desenvolveu de modo divergente[1680].

Entre nós, o problema foi levemente aflorado em Acórdão do Tribunal da Relação de Lisboa de 15 de Março de 2007 (Proc. 9669/06-2), no qual, para o efeito de

[1675] *Supra*, § 3º, I, 1, e. 1).

[1676] *Infra*, § 36º, II.

[1677] J. Soyka, *Die Abänderungsklage...*, 1ª ed., pág. 147.

[1678] J. Soyka, *Die Abänderungsklage...*, 1ª ed., págs. 147-148.

[1679] Assim, J. Soyka, *Die Abänderungsklage...*, 1ª ed., pág. 163.

[1680] Assim, J. Soyka, *Die Abänderungsklage...*, 1ª ed., págs. 165-166.

saber se se justificava a alteração de uma pensão de alimentos a menor, se entendeu o seguinte: "Há que pressupor que a pensão de alimentos a que se reportam os autos fora inicialmente fixada na correspondência com as necessidades da menor e com as possibilidades do requerente. Precisamente porque fixada por via do acordo dos progenitores não temos, para melhor elucidação, uma sentença onde conste o elenco dos factos dos quais se partiu para o valor então fixado".

Ou seja, neste acórdão parece entender-se que, em se tratando de sentença homologatória de transacção omissa quanto às circunstâncias determinantes para as partes, não é possível reconstituir as circunstâncias que determinaram a condenação. Significará isto, então, que nem é concebível a alteração dessa sentença, por modificação das circunstâncias, uma vez que não há qualquer ponto de referência desta modificação? Dito de outro modo, que apenas é possível ao juiz da segunda acção fixar uma *nova* pensão de alimentos, abstraindo do que foi decidido na acção anterior?

Esta solução, quanto a nós, significaria a livre modificabilidade da sentença homologatória de transacção: não sendo possível apurar as circunstâncias de que partiu a sentença modificanda, nenhum requisito se exigiria para a respectiva alteração. Tal sentença, afinal, não constituiria caso julgado, o que não é compatível com o disposto no artigo 619º do CPC.

Portanto, é necessário encontrar um qualquer ponto de referência material da superveniência, mesmo quando a sentença homologatória de negócio processual seja omissa. Esse ponto de referência pode ser a realidade efectivamente existente à data da realização do negócio ou, em alternativa, a realidade que, para as partes ou para o autor do negócio, foi decisiva. Inclinamo-nos para esta última solução, porque só ela permite conferir algum relevo à vontade das partes ou do autor do negócio e alguma fidelidade ao princípio de que partimos: o de que as circunstâncias que servem de referência material da superveniência são as consideradas na sentença e não as efectivamente existentes à data a que a sentença atendeu[1681]. Só na impossibilidade de reconstituição de tal vontade admitimos partir da realidade efectivamente existente à data da conclusão do negócio (ou da realidade objectivamente expectável a essa data, uma vez que as partes também atenderam a factos futuros), não propriamente por nos parecer que as partes ou o autor do negócio presumivelmente a tiveram em consideração, mas por ser necessário facultar ao interessado a alteração da sentença homologatória (o que não seria possível se não houvesse qualquer ponto de referência material da superveniência, desde logo por não ser viável a demonstração da verificação da alteração das circunstâncias).

[1681] *Supra*, § 23º, III, 1.

Do exposto também resulta a referência temporal da superveniência, nas hipóteses de sentenças homologatórias de negócios processuais. Esta deve ser sempre a data da realização do negócio (já vimos, no ponto anterior, que, de qualquer modo, essa referência nunca podia ser o encerramento da discussão oral) e, bem assim (porque essas sentenças também atenderam a factos futuros), a data da presumível ocorrência dos factos expectáveis àquela primeira data.

Analisemos, de seguida, a referência material da superveniência, quando o título modificando seja uma sentença (que se não limite a homologar negócio processual).

Num Acórdão do Supremo Tribunal de Justiça de 15 de Fevereiro de 2007, viu-se este Tribunal confrontado com o problema da determinação da alteração das circunstâncias, numa acção em que justamente se pedia o aumento, em virtude dessa alteração, de uma pensão de alimentos devida na sequência de divórcio, sendo desconhecido o circunstancialismo em que assentara a inicial fixação dessa pensão e, bem assim, qualquer "elemento de facto concreto específico revelador da sua alteração". Refira-se, a este propósito, que a hipótese com que se defrontou o Supremo não será rara, atendendo a que, conforme também se informa num acórdão da Relação de Coimbra de 28 de Abril de 2010, certa corrente jurisprudencial portuguesa sustenta que, não sendo possível apurar o rendimento do devedor de alimentos a menor, é ainda assim de fixar a pensão de alimentos (quer porque, desse modo, se viabiliza, em caso de incumprimento, a intervenção do Fundo de Grantia de Alimentos Devidos a Menores, quer porque, sendo verdadeira a incapacidade do devedor, sempre este poderá prová-la com facilidade)[1682].

O referido desconhecimento do circunstancialismo em que assentara a fixação incial da pensão, todavia, não inibiu o Supremo Tribunal de Justiça de concluir no sentido da verificação da alteração das circunstâncias. Partindo de dois dados conhecidos – por um lado, o facto de terem decorrido mais de vinte anos

1682 Neste acórdão (RC, 28.04.2010), segue-se, aliás, esta corrente jurisprudencial, que se considera mais pragmática, atendendo a que o devedor "muito frequentemente coloca sucessivos entraves ao apuramento das suas possibilidades financeiras, inclusive trabalhando em áreas onde se torna difícil apurar os respectivos rendimentos, não raro para evitar cumprir as suas obrigações para com os credores", mas entende-se também que "o Tribunal deverá procurar sempre colher outros elementos coadjuvantes em ordem a proferir uma decisão acertada; constitui (à partida) um desses elementos o conhecimento do montante de alimentos que o requerido noutras ocasiões aceitou como razoável para os filhos". Refira-se, de qualquer modo, que se nestes casos de impossibilidade de apuramento das possibilidades do devedor dos alimentos, se considerou provada essa possibilidade – ou por aplicação do disposto no artigo 342º, nº 2, do CC, porque se qualificou o facto em causa como impeditivo, ou por aplicação do disposto no artigo 344º, nº 3, do CC, porque a conduta culposa do devedor tornou a prova impossível ao onerado (sobre estas duas alternativas de solução, veja-se RG, 02.11.2010) –, já não se colocará, em posterior acção modificativa, o problema do desconhecimento do circunstancialismo em que assentou a fixação da pensão de alimentos, de que vimos tratando.

sobre a fixação inicial da pensão, no valor de 5.000$00; por outro, o de que, "nesse período de tempo, o valor da moeda, na sua relação com bens e serviços por ela susceptíveis de ser adquiridos, diminuiu consideravelmente" –, entendeu o Supremo que "tanto basta, em princípio, para que se deva considerar alterado o circunstancialismo em que assentou a fixação da aludida pensão".

Em suma, numa situação em que a sentença era omissa quanto às circunstâncias que determinaram a condenação, não prescindiu o Supremo Tribunal de Justiça do requisito da alteração das circunstâncias para a sua modificação. A alteração das circunstâncias ficou, é certo, demonstrada por via de presunções judiciais: mas tal não significou a sua prescindibilidade para efeitos de acção modificativa.

O referido acórdão do Supremo é importante, não apenas por ter expressamente exigido a alteração das circunstâncias, mesmo para efeitos de modificação das sentenças omissas quanto às circunstâncias em que assentaram, como também por – não obstante reconhecer não possuir competência funcional para sindicar a matéria de facto (assim, por exemplo, "a situação económica da recorrida" ou "o seu nível de necessidades") – ter admitido, quer a competência do próprio Supremo para sindicar a ocorrência de alteração das circunstâncias, quer a competência deste Tribunal para controlar as presunções judiciais utilizadas pelas instâncias.

No que se refere à aceitação da *competência do Supremo para sindicar a ocorrência de alteração das circunstâncias*, cumpre salientar que a mesma não se encontra fundamentada no acórdão: contudo, uma via possível de justificação dessa competência é a de ter o Supremo considerado que a alteração das circunstâncias constitui pressuposto processual da acção modificativa (como tal, de conhecimento oficioso). A indiciá-lo encontra-se o facto de o Supremo ter tratado tal questão antes da da necessidade da recorrida de uma prestação alimentar de montante superior ou da da possibilidade do recorrente para prestar os alimentos.

Uma outra via – mais plausível, dado que o Supremo qualificou a alteração das circunstâncias como um pressuposto legal da alteração da prestação alimentar, definido pelo direito substantivo (em concreto, pelo artigo 2012º do Código Civil) – é a de ter o Supremo simplesmente acolhido, a propósito da susceptibilidade de controlo da verificação da alteração das circunstâncias, a orientação segundo a qual o controlo da subsunção que a lei lhe atribui se estende à concretização dos conceitos indeterminados (como é, por exemplo, o caso da alteração anormal das circunstâncias prevista no artigo 437º, nº 1, do CC)[1683], sem tratar, no entanto, da questão de saber se a alteração das circunstâncias constitui pressuposto processual ou condição de procedência da acção modificativa.

[1683] Sustentando esta orientação, M. Teixeira de Sousa, *Estudos...*, pág. 433.

No citado Acórdão de 15 de Fevereiro de 2007 entendeu-se ainda, como se disse, que *o Supremo Tribunal de Justiça possui competência para controlar as presunções judiciais usadas pelas instâncias*. É o que nos parece resultar do raciocínio aí seguido para se concluir no sentido da alteração de circunstâncias: se, com base em certos factos conhecidos – o de a pensão de alimentos ter sido fixada há vinte anos e o de, entretanto, ter havido considerável depreciação do valor da moeda –, o Supremo entendeu que podia obter a demonstração de um facto desconhecido (o da existência de alteração das circunstâncias em que assentou a primitiva decisão), é porque esse mesmo Supremo também admitiu que podia controlar as presunções judiciais eventualmente utilizadas pelas instâncias[1684] (não seria, na verdade, razoável que o Supremo utilizasse presunções judiciais e não pudesse controlar as utilizadas pelas instâncias).

Do que dissemos não resulta, porém, claro um aspecto: qual foi, afinal, a referência material da superveniência, para o Supremo Tribunal de Justiça, no mencionado acórdão? Ao que supomos, foi a realidade efectivamente existente à data da decisão modificanda e, em concreto, o valor da moeda a essa data, porque o Supremo Tribunal de Justiça atendeu à objectiva alteração, no entretanto, do valor da moeda.

Esta solução parece-nos acertada, pois, como dissemos, se não for estabelecida qualquer referência material para a superveniência, a alternativa será entre a livre alteração do anteriormente decidido e a impossibilidade dessa alteração por modificação das circunstâncias: ora, sendo impossível reconstituir a realidade considerada pela sentença modificanda, só há que partir da realidade à data efectivamente existente (e da realidade à data objectivamente expectável, uma vez que a decisão modificanda realizou um juízo de prognose).

Há, no entanto, um ponto que convém elucidar, e que é o de saber se se justifica, tal como sucede quando a sentença homologue negócio processual, tentar averiguar primeiro qual a realidade considerada na sentença (ainda que não expressa no respectivo texto). Entendemos, porém, que as duas figuras devem ter um tratamento diferenciado, pois se em relação à sentença homologatória de negócio processual ainda tem cabimento reconstituir a vontade das partes ou do autor do negócio, a vontade do juiz não se encontra, enquanto tal, tutelada: de modo que, se a sentença (que não se limite a homologar negócio processual) for totalmente omissa a respeito das circunstâncias em que assentou, há que ponderar logo (e apenas) a realidade efectivamente existente à data do encerramento da discussão e a realidade objectivamente expectável a esta data.

[1684] Favorável a tal controlo, M. Teixeira de Sousa, *Estudos...*, págs. 442-444.

IV. A dispensa da superveniência na acção modificativa: o pedido parcial

1. Colocação do problema

Pode suceder que, na primeira acção que propõe, o autor formule apenas uma parte do pedido[1685], vindo posteriormente a formular a parte restante ou outra parte do pedido – hipótese em que, como observa BATSCH[1686], a pretensão processual é idêntica sob o ponto de vista qualitativo, como sucede quando, pedindo-se primeiro uma indemnização por certos danos causados na carroceria de um veículo na sequência de acidente de viação, se exija depois uma indemnização por danos causados no motor do mesmo veículo, em virtude do mesmo acidente[1687] –, o que coloca o problema de saber se esta segunda acção deve ser a acção modificativa prevista no artigo 619º, nº 2, do CPC ou, antes, uma nova acção de condenação (nomeadamente, a prevista no artigo 557º, nº 1, do CPC)[1688].

Este problema só assume pertinência quando se considere admissível a formulação de pedido parcial, o que não sucede, por exemplo, no direito norte-americano[1689], e, ao que nos parece, também no direito português, quanto às acções

[1685] Os motivos que podem ter levado o autor a formular um pedido parcial são muito variados: assim, por exemplo, a diminuição das custas do processo (cfr. K. Sakamoto, *Rechtskräftige...*, pág. 1).

[1686] K. Batsch, "Zur materiellen...", pág. 256.

[1687] Já não haverá esta identidade da pretensão processual quando, na primeira acção, se tiver pedido a condenação do réu no pagamento do capital e, na segunda, a sua condenação no pagamento dos juros: afirmando a existência, nesta eventualidade, de pedidos distintos, RL, 07.11.1991. Na Alemanha, e segundo informa H.-M. Pawlowski ("Die bestimmte Angabe...", pág. 308), não é clara a resposta à questão de saber quando é que na acção se fazem valer várias e autónomas pretensões, considerando o BGH que, em se tratando de pretensões indemnizatórias, é possível tratar autonomamente a pretensão respeitante a despesas de tratamento, a respeitante a proventos do trabalho não auferidos e a respeitante a danos provocados em coisas, constituindo também cada novo acto lesivo uma nova pretensão. Sobre este problema, veja-se, ainda, F. Lent ("Zur Lehre vom Streitgegenstand", pág. 351), a propósito da possibilidade de um *Lebensvorgang* (uma "ocorrência da vida") originar vários *Sachverhalte* (várias causas de pedir) e, consequentemente, objectos processuais distintos.

[1688] Parecendo entender que, no exemplo dado (pedido de indemnização por danos diversos), a via adequada é a da nova acção, STJ, 21.01.1992.

[1689] Referimo-nos à *Rule against Splitting a Cause of Action*, decorrência da *Rule* 54 *c)* das *Federal Rules of Civil Procedure*: sobre aquela *Rule*, cfr. K. Sakamoto, *Rechtskräftige...*, págs. 77-81, R. C. Casad / K. M. Clermont, *Res judicata*, págs. 61-62 e 102, e W. Freedman, *Res judicata...*, págs. 15-16; sobre a noção de "cause of action" – que não corresponde à de causa de pedir – e aquela *Rule*, A. Zeuner, "Rechtsvergleichende...", págs. 603-608 e 615; sobre a noção de "cause of action", R. C. Casad, "Il concetto...", págs. 1055-1057. Face ao direito japonês, não parece também admissível a formulação de pedido parcial em matéria de alimentos (e admissível, consequentemente, a acção acessória ou suplementar), atendendo a que o juiz pode conhecer para além do pedido (K. Sakamoto, *Rechtskräftige...*, págs. 37-38). No direito italiano, a questão é muito discutida na jurisprudência e na doutrina, pronunciando-se L. Montesano ("Limiti oggettivi...", pág. 30) no sentido de que constitui regra geral a não fraccionabilidade da acção destinada a obter uma quantia pecuniária devida por um crédito único ou o ressarcimento por danos causados por um só facto ilícito (orientação que, segundo informa, é também a da maioria da jurisprudência); sobre o problema, veja-se ainda C. Consolo, "Oggetto...", págs. 238-246.

em que vigora a possibilidade de condenação oficiosa em montante superior ou em objecto diverso do pedido[1690].

O problema também só assume pertinência quando se interpreta o pedido formulado na primeira acção como um pedido parcial – o que só pode suceder, não sendo esse pedido explícito, quando, nessa acção, *o autor obtém total ganho de causa* –, pois, de outro modo, estará excluída a possibilidade de propor uma segunda acção, modificativa ou outra, tendo em vista fazer valer a parte restante do pedido, por a tal se oporem as regras que estabelecem os pressupostos da acção modificativa e as regras gerais sobre o caso julgado[1691].

De qualquer maneira, quando se formula a outra parte do pedido, não se alega, em regra, qualquer modificação de circunstâncias, ou qualquer superveniência, pelo que o não preenchimento da previsão do artigo 619º, nº 2, do CPC parece óbvio e inútil a própria discussão em torno da questão que se deixou desenhada.

Veremos, no entanto, que existem motivos para submeter a segunda acção ao disposto no artigo 619º, nº 2, do CPC – mais precisamente, quando na primeira acção se tenha formulado um pedido parcial *oculto*[1692] –, pelo que a discussão não é descabida; por outro lado, se a acção modificativa estiver submetida a condições de admissibilidade (e/ou de procedência) mais restritivas do que as da vulgar acção de condenação ou se a eficácia da sentença modificativa for diversa da

[1690] Mais precisamente, a exclusão da admissibilidade de pedidos parciais retira-se da jurisprudência respeitante à possibilidade de condenação oficiosa, em algumas acções, em montante superior ou em objecto diverso do pedido. Assim, na acção laboral (até porque essa é a expressa solução da lei: cfr. o artigo 74º do CPT): RL, 31.05.1995. De igual modo, na acção de alimentos a menor e, em geral, nos processos de jurisdição voluntária: RP, 06.06.1991; RP, 23.11.1992; RP, 19.11.1996 (Proc. 9650470). No sentido, porém, da vigência do princípio do pedido nestes últimos processos: RP, 27.04.1992; RP, 08.06.1993; RP, 26.06.1997; STJ, 21.03.2000. Questão conexa com a da condenação oficiosa é a de saber se as regras sobre omissão de pronúncia são menos rigorosas nos processos de jurisdição voluntária: em sentido afirmativo, RP, 05.12.1996.

[1691] Sobre a questão, veja-se nomeadamente W. J. Habscheid, "Zur materiellen...", págs. 164-168. Existirá ainda obtenção total de ganho de causa pelo autor, para este efeito, quando a sentença haja omitido pronúncia quanto a uma parte da pretensão ou quanto a um dos pedidos. Neste sentido, STJ, 21.05.1996: "I – Se a sentença transitada em julgado não esgotou o "thema decidendum", a parte da pretensão ainda não apreciada pode, de novo, ser submetida à apreciação do tribunal. II – Não se tendo a sentença pronunciado sobre o pedido de restituição de quantias entregues, originado na nulidade do negócio jurídico, conhecendo apenas do pedido de indemnização fundado no incumprimento da promessa de cessão de exploração, formulado conjuntamente com aquele numa determinada acção, pode o autor, sem ofensa de caso julgado, intentar nova acção para apreciação do primeiro pedido". Distinguindo, todavia, entre o pedido parcial e a não adução de certas razões pelo autor: RL, 02.05.2000: "I – Se a sentença transitada em julgado não esgotou o "thema decidendum" (se uma parte de pretensão ficou em aberto), essa parte pode, de novo, ser submetida à consideração do tribunal. II – Mas uma coisa é não ter sido apreciada uma parte da pretensão deduzida em juízo, outra completamente diferente não terem sido apresentadas ou deduzidos alguns meios de defesa do réu, ou algumas das razões do autor".

[1692] O pedido parcial é oculto quando só depois do caso julgado se torna evidente que o autor tem direito a mais do que pediu (cfr. K. Sakamoto, *Rechtskräftige...*, pág.1).

da vulgar sentença condenatória (por exemplo, se a eficácia daquela sentença se reportar unicamente ao período posterior à proposição da acção modificativa), não é também inócuo impor ao interessado a via da acção modificativa em detrimento da nova acção de condenação.

Por último, registe-se que o problema que se deixou colocado é, de certo modo, o inverso de um outro, que adiante será analisado[1693] – o da demarcação entre a oposição à execução e a acção modificativa, quando seja o devedor o interessado na modificação da sentença –, porque se traduz na demarcação entre a acção modificativa e a nova acção de condenação, quando não se verifique superveniência, e esse outro problema envolve a destrinça de duas acções quando se verifique superveniência (porque também quando deduz oposição à execução só pode o devedor alegar factos supervenientes): de todo o modo, como a delimitação do campo de aplicação da acção modificativa face à oposição à execução não pressupõe saber se a superveniência, enquanto fundamento da acção modificativa, pode em certas situações ser dispensada, não lhe faremos referência neste contexto.

2. A discussão no direito alemão

Mesmo a doutrina alemã que aceita o pressuposto da teoria da equidade – que é, como adiante melhor se verá[1694], o de que o caso julgado das sentenças de condenação em prestações periódicas vincendas se estende para o futuro, destinando-se a acção modificativa prevista no § 323 da ZPO a quebrar esse caso julgado, por razões de equidade – discute o problema de saber se o campo de aplicação do § 323 da ZPO coincide exactamente com a necessidade da quebra desse caso julgado ou é mais vasto, abrangendo também as hipóteses (ou certas hipóteses) em que na primeira acção se formulou um pedido parcial e se pretende agora fazer valer a parte restante do pedido.

Na Alemanha, e como assinala PETZOLDT[1695], o pedido parcial tem sido, em geral, considerado admissível, enquanto decorrência do princípio dispositivo[1696],

[1693] *Infra*, § 31º.

[1694] *Infra*, § 38º, III.

[1695] T. M. Petzoldt, *Die Rechtskraft*..., págs. 124-125.

[1696] No sentido da admissibilidade do pedido parcial: R. Pohle "Erstreckung...", pág. 103; W. J. Habscheid, "Probleme...", págs. 353-354; W. F. Lindacher, "Individualisierte...", pág. 452; W. Zeiss, "Rechtskrafterstreckung...", pág. 1305; K. Batsch ("Zur materiellen...", págs. 260-281), assinalando que, na eventualidade de pedido parcial explícito julgado procedente, nem o caso julgado material, nem o efeito preclusivo incidente sobre os factos que fundam a pretensão processual anteriormente deduzida, nem qualquer interesse do réu digno de protecção obstam à admissibilidade da formulação posterior da parte restante do pedido, bem como que, na hipótese de pedido parcial oculto julgado procedente, o princípio dispositivo obsta ao alargamento do caso julgado material para além da pretensão processual determinada quantitativamente pelo autor na petição inicial, e o efeito preclusivo e os interesses do réu não excluem a admissibilidade da segunda acção (sendo, aliás, idêntica a solução na hipótese de

tanto em relação a prestações periódicas vincendas, como em relação a prestações vencidas. É claro que, como observa JAUERNIG[1697], o pedido parcial nunca é admissível se a pretensão processual não for divisível, como sucede com o pedido de entrega de coisa determinada.

No que diz especificamente respeito à formulação de pedido parcial oculto[1698], informa JAUERNIG[1699] que a sua admissibilidade tem sido discutida na Alemanha: para quem o não admita[1700], a alternativa é, na sua perspectiva, a formulação de pedido parcial explícito ou de pedido que abranja a totalidade, sendo que, se nenhuma reserva for feita pelo autor, se considerará ter sido formulado pedido abrangendo a totalidade; em matéria de alimentos, e como refere o mesmo Autor[1701], a jurisprudência constante do *Bundesgerichtshof*, ao *presumir* que o respectivo pedido abrange a totalidade, tem também tido como resultado prático a consideração da inadmissibilidade de pedido parcial oculto nessa matéria[1702].

improcedência do primeiro pedido: *idem*, págs. 283-287); H. Kuschmann, "Die materielle...", pág. 364. Na doutrina italiana, pronunciam-se no sentido da admissibilidade E. Allorio, "Giudicato...", cols. 400-404, e E. Heinitz, *I limiti*..., págs. 119-125; contra, S. Menchini, *I limiti*..., págs. 280-284, A. Cerino-Canova, "Unicità...", págs. 454-456 (especificamente em relação ao pedido de indemnização) e Remo Caponi (*L'efficacia*..., págs. 300-302), este último Autor argumentando que a admissibilidade do fraccionamento da demanda contrariaria a função do processo que se traduz na composição tendencialmente definitiva da lide. Dando conta da divisão da doutrina italiana sobre o tema, G. Verde, "Sulla "minima...".

1697 O. Jauernig, "Teilurteil...", págs. 327-328.

1698 Refira-se que, para K. Sakamoto (*Rechtskräftige*..., págs. 5-6), uma hipótese de pedido parcial oculto seria a do pedido de indemnização por certos danos seguido de outro pedido de indemnização por danos posteriormente ocorridos. Temos dúvidas em qualificar assim tal hipótese, quando os danos posteriores sejam imprevisíveis à data da primeira acção, porque o autor não podia pedir aí o seu ressarcimento.

1699 O. Jauernig, "Teilurteil...", págs. 328-329.

1700 Embora, como refere K. Batsch ("Zur materiellen...", págs. 264-265), a generalidade da doutrina alemã considere admissível a formulação de pedido parcial oculto, Autores há que o não admitem (entre eles, por exemplo: M. Pagenstecher, "L'efficacia...", págs. 644-645; Lent, "Erhöhung...", págs. 1866-1867; F. Grasmeher, "Die Lehre...", págs. 244-245; F. Grasmeher / W. J. Habscheid, "Anmerkungen", págs. 266-267; E. Bötticher, "Anmerkung", in *MDR*, 1962, pág. 725), basicamente por três motivos: *a)* a determinação da pretensão processual de modo quantitativo, e sem a reserva de exigências adicionais, encerra a afirmação de direito segundo a qual ao autor não assiste menos, mas também não mais do que o que pede, assim se fazendo valer a pretensão processual na sua totalidade; *b)* se se admitisse a demanda adicional, qualquer pedido determinado de forma quantitativa seria um pedido parcial e o caso julgado operaria apenas contra o réu, o que poria em crise o princípio da igualdade das partes; *c)* a demanda adicional lesa o princípio da economia processual.

1701 O. Jauernig, "Teilurteil...", pág. 330.

1702 H.-J. Musielak ("Rechtskraftprobleme...", págs. 298 e 308) assinala, por sua vez, que a doutrina maioritária retira da experiência da vida e do preceituado no § 323 da ZPO a ilação segundo a qual os alimentos normalmente são pedidos na sua totalidade, razão pela qual estaria excluída, nessa matéria, a acção suplementar. Como informa H.-U. Graba (*Die Abänderung*..., págs. 43-44), o *Bundesgerichtshof* tem presumido igualmente que o pedido abrange a totalidade quando o tribunal da primeira acção apura um montante de alimentos superior àquele que foi pedido, embora, em virtude do princípio dispositivo, apenas possa atribuir o montante pedido. Saliente-se, todavia, que as referidas presunções não valem

A tese segundo a qual o campo de aplicação do § 323 da ZPO coincide com a necessidade de quebra do caso julgado é, como observa Petzoldt[1703], a da designada teoria da acção acessória ou suplementar (*Lehre von der Zusatz- oder Nachtragsklage*), que considera aplicável o § 258 da ZPO – e, correspondentemente, inaplicáveis as restrições constantes do § 323, 2 e 3, da ZPO[1704] – às hipóteses em que se pretenda obter uma quantia adicional à atribuída na acção anterior e a tal se não oponha o caso julgado de uma decisão de absolvição do pedido que porventura tenha sido proferida nesta acção (significando esta ressalva que, se por exemplo o credor pediu 20 na anterior acção e só obteve 10, não pode, por a tal se opor o caso julgado – que determinou não assistir ao credor mais do que estes 10 –, pedir os restantes 10 em nova acção[1705]); opondo-se o caso julgado à demanda adicional, a via possível é, naturalmente, apenas a da acção modificativa (se os respectivos pressupostos estiverem preenchidos, nomeadamente o da alteração das circunstâncias), tal como, aliás, o é quando o caso julgado se oponha à redução ou cessação da prestação que o devedor pretenda, porque nesta eventualidade também não é admissível a oposição à execução[1706].

Dito de outro modo: segundo a teoria da acção acessória ou suplementar, quando não seja necessária a quebra do caso julgado – o que sucede, por exemplo, quando o credor obtém total ganho de causa, não tendo formulado pedido genérico –, *e porque o caso julgado não deve produzir efeitos contra o credor que obtém total vencimento* (*"die Rechtskraft nicht gegen den voll obsiegenden Gläubiger wirken soll"*), está aberta a via da nova acção nos termos do § 258 da ZPO, para o efeito de fazer valer a parte restante do pedido[1707/1708].

quando a quantia a título de alimentos posteriormente pedida vise satisfazer uma necessidade especial (*Sonderbedarf*): H.-U. Graba, *Die Abänderung...*, pág. 45. Veja-se também, a este propósito, H. Kuschmann ("Die materielle...", pág. 363), que, sintetizando a jurisprudência do *Bundesgerichtshof* quanto à extensão do caso julgado à parte restante da pretensão, na hipótese de formulação de pedido parcial oculto, afirma que da interpretação pode resultar que o autor quis fazer valer a totalidade da pretensão, não obstante ter formulado um pedido determinável em termos quantitativos (assim, por exemplo, se a decisão quanto ao montante da pretensão foi deixada ao critério do juiz).

1703 T. M. Petzoldt, *Die Rechtskraft...*, pág. 115.

1704 Depois da reforma da ZPO de 2008/2009, há ainda a considerar a regra do § 323, 4: a da adaptação da decisão, respeitando os seus critérios de julgamento.

1705 Do mesmo modo, se o devedor foi condenado a pagar juros, por danos resultantes de mora, a uma taxa inferior à pedida pelo credor, não pode este pedir, em nova acção, juros correspondentes a uma taxa mais alta (cfr. E. Becker-Eberhard, "Zur Möglichkeit...", pág. 183).

1706 Mesmo quem não perfilhe a teoria da acção acessória, reconhece que tanto a nova acção de condenação, como a oposição à execução não se destinam à quebra do caso julgado, pelo que o problema da opção entre qualquer um destes meios e a acção modificativa só se coloca quando a alteração que se pretende fazer valer não constitui desvio ao caso julgado anterior (assim, E. Becker-Eberhard, "Zur Möglichkeit...", pág. 186).

1707 Assim, J. R. Moritz, *Probleme...*, pág. 124. Em geral, sobre a não extensão do caso julgado à parte restante do pedido e sobre a constituição do objecto do processo apenas pela parte da pretensão que se

Assim, e sem prejuízo de essa nova acção poder ser julgada improcedente, com fundamento em renúncia tácita do credor ao montante não exigido na anterior acção (se tal significado for atribuído à conduta do credor)[1709] – o que nunca obstaria, de resto, à respectiva admissibilidade[1710] –, ao devedor apenas estará, então, facultado proteger-se através da dedução de reconvenção na anterior acção, concretamente nela pedindo que se declare que, para além do montante pedido, nada deve ao autor[1711].

fez valer, A. Bülow, "Rudolf Bruns...", pág. 382, e J. Schröder, "Rudolf Bruns...", pág. 350. Como também explica F. Grasmeher (*Abänderungsklage...*, pág. 16 e nota 9), para a teoria da *Zusatzklage*, a sentença anterior apenas declara autoritariamente que o autor tem direito a receber a quantia que lhe é atribuída, não declarando concomitantemente que ao autor está vedado fazer exigências para além desse montante; por outro lado, acrescenta o Autor, a teoria admite que, tendo sido formulado pedido genérico na acção anterior e deixado ao critério do juiz a fixação do montante da renda, qualquer exigência adicional que posteriormente venha a ser feita implica a quebra do caso julgado. K. Batsch ("Zur materiellen...", págs. 272-273) assinala igualmente que, deixando o autor ao critério do juiz a determinação do montante da pretensão, mediante formulação de pedido genérico, o caso julgado da decisão de procedência ou improcedência que venha a ser proferida obsta à admissibilidade de acção posterior, destinada a fazer valer parte da mesma pretensão. Sobre a admissibilidade, em geral, do pedido genérico no direito alemão, K. F. Röhl, "Der unbezifferte...".

1708 A autoria da tese segundo a qual o caso julgado produz efeitos mesmo contra o credor que obtém total vencimento é normalmente atribuída a M. Pagenstecher, "L'efficacia...". Segundo este Autor, havendo formulação de pedido parcial oculto, o caso julgado impede a formulação posterior da parte restante do pedido: "[...] é necessário [...] admitir que o caso julgado traduza um obstáculo ao autor do primeiro processo mesmo na hipótese em que este pretenda afirmar que o crédito que fez valer no primeiro processo é, na realidade, mais elevado [...]" (cfr. págs. 642-644); já se no primeiro processo o autor exigiu apenas uma parte do crédito identificado na petição, o caso julgado estende-se apenas a essa parte do crédito, não impedindo, pois, o autor de exigir posteriormente a parte restante (*idem*, págs. 644-645). A razão da extensão do caso julgado à parte restante do pedido, na primeira hipótese, é o reconhecimento, pela sentença, de que ao credor não assiste nem mais nem menos do que o montante pedido (*idem*, pág. 641). Criticando esta fundamentação, W. Zeiss, "Rechtskrafterstreckung...", págs. 1306-1307. Em geral, sobre o caso julgado nas situações de pedido parcial oculto, e concluindo que, havendo procedência total, aquele abrange apenas a parte da pretensão que se fez valer, O. Elzer, "Rechtskraft...".

1709 Como informa K. Batsch ("Zur materiellen...", págs. 265-266), alguma jurisprudência do *Reichsgericht* atendeu precisamente ao comportamento processual do autor na primeira acção, que aí dera a entender fazer valer a totalidade da pretensão, para o efeito de considerar inadmissível a formulação, em acção posterior, da restante parte do pedido.

1710 Neste sentido, H. Brox ("Abänderungsklage...", pág. 238), salientando que a atribuição, à formulação de pedido parcial, do significado de renúncia à parte restante do pedido constitui questão a resolver pelo direito material e que a conclusão no sentido da existência de renúncia apenas influi na procedência da nova acção. Assim também, D. Eckardt, "Die "Teilklage"...", págs. 632-633 (observando que, no caso dos alimentos, a inadmissibilidade da renúncia seria contornada, se obstáculos processuais fossem colocados à dedução da parte restante do pedido).

1711 Sobre estas consequências da teoria da *Zusatzklage*, veja-se F. Grasmeher, *Abänderungsklage...*, pág. 19. Assinalando igualmente que a aceitação do fraccionamento da demanda não deixa o réu desprotegido, na medida em que a este está acessível a via da reconvenção, na qual sempre poderá formular um pedido de simples apreciação negativa da parte restante do crédito, veja-se E. Allorio, "Giudicato su domanda...", págs. 403-404.

A teoria da *Zusatzklage*, como assinala Petzoldt[1712], remonta a Boeckmann[1713] e K. Mayer[1714/1715], mas só seria desenvolvida nos anos cinquenta por Pentz[1716], na sequência de uma série de decisões judiciais divergentes quanto à questão de saber se, tendo o filho nascido fora do casamento exigido um determinado montante a título de alimentos ao seu progenitor e tendo-lhe sido tal montante concedido, podia mais tarde pedir o correspondente aumento quando, à data do encerramento da discussão no primeiro processo, já se verificavam os pressupostos justificadores deste montante acrescido (não ocorrendo, assim, qualquer alteração de circunstâncias, ou, pelo menos, não ocorrendo a alteração essencial das circunstâncias a que se refere o § 323, 1, da ZPO[1717]): a este propósito, alguns tribunais consideravam inadmissível tanto a *Abänderungsklage* como a nova acção de condenação[1718], enquanto outros, partindo do pressuposto de que a tal não se opunha o caso julgado, admitiam a proposição da designada acção acessória ou suplementar (*Nachtrags- oder Zusatzklage*)[1719].

A teoria da acção acessória ou suplementar seria seguida por vários Autores[1720].

1712 T. M. Petzoldt, *Die Rechtskraft*..., pág. 116.

1713 Trata-se da obra (a que não tivemos acesso) "Aufwertung von wiederkehrenden Leistungen nach rechtskräftigem Urteil", in *LZ* (*Leipziger Zeitschrift für Deutsches Recht*), 1925, Sp. 517.

1714 K. Mayer, *Anspruch*..., pág. 133. Segundo este Autor, a pretensão que assenta no disposto no § 323 da ZPO visa a modificação da sentença, na medida em que importa a redução ou a cessação das prestações; já o pedido de aumento das prestações nenhuma modificação da sentença importa, porque envolve apenas a atribuição de uma quantia suplementar; finalmente, uma pretensão sobre a qual não tenha recaído uma decisão no primeiro processo não está sujeita aos pressupostos e às formalidades do § 323 da ZPO (é o que sucede quando se pretenda o prolongamento da pensão após os 70 anos de idade e, anteriormente, haja sido atribuída uma pensão só até aos 70 anos).

1715 F. Grasmeher (*Abänderungsklage*..., pág. 17, nota 11, e 25) assinala ainda, como precursora desta tese, a jurisprudência do *Reichsgericht* sobre revalorização (*Aufwertungsrechtsprechung*), de 1925; o Autor descreve ainda tal jurisprudência (*idem*, págs. 31-40). Sobre essa jurisprudência, da qual aliás discorda, M. Pagenstecher, "L'efficacia...", págs. 629-631.

1716 A. Pentz, "Wann liegt...?", págs. 1460-1461, "Abänderungsklage...", pág. 271, "Die rechtlichen...", págs. 353-355, e "Nochmals...", págs. 213-214 (assinalando as vantagens, não injustas, que para o credor advém da interpretação restritiva do § 323 da ZPO).

1717 Como também explica W. Bereiter-Hahn ("Abänderungsklage...", pág. 94), as referidas decisões judiciais divergentes enfrentavam, na verdade, o problema de saber se pensões de alimentos calculadas de acordo com regras rígidas e visivelmente desactualizadas logo após a respectiva concessão, podiam ser modificadas com fundamento numa alteração de circunstâncias, que, nos termos gerais, não justificaria tal modificação (por exemplo, alteração da prática jurisprudencial em certa circunscrição). Entendendo, todavia, que nestes casos o fundamento da modificação da sentença anterior não seria a alteração da jurisprudência, enquanto tal, constituindo esta alteração apenas o pretexto para o autor fazer valer a parte restante da pretensão, H.-J. Schmidt ("Ist eine...", pág. 188).

1718 Veja-se a jurisprudência citada em F. Grasmeher (*Abänderungsklage*..., pág. 20, nota 20).

1719 Assim, por exemplo, LG Koblenz, 13.07.1955 e LG Aachen, 22.11.1955; veja-se, ainda, a jurisprudência citada em F. Grasmeher (*Abänderungsklage*..., pág. 15, nota 7).

1720 Propugnando esta teoria, veja-se nomeadamente: H. Brox, "Abänderungsklage...", págs. 237-238, "Nochmals...", págs. 320 e seguintes, e "Erhöhung...", especialmente págs. 853-854 (aqui frisando que a

Contra a teoria da acção acessória ou suplementar – por entenderem que, no caso de procedência total e não tendo sido formulado pedido parcial explícito, o credor só pode pedir quantia adicional se estiverem reunidos os pressupostos da *Abänderungsklage* (não podendo portanto propor uma nova acção, nem, aliás, uma acção modificativa, se os pressupostos desta não estiverem preenchidos) – pronunciar-se-ia, porém, outra significativa parte da doutrina alemã, desde logo Pagenstecher[1721/1722].

O postulado segundo o qual, no caso de formulação de pedido parcial oculto, o caso julgado favorável impediria a posterior dedução em juízo da parte restante do pedido, seria, todavia, rejeitado pela maioria da doutrina alemã, por a extensão do caso julgado à parte da pretensão que não foi feita valer desconhecer a

teoria da acção acessória ou suplementar dispensa, não apenas a alteração essencial das circunstâncias a que se reporta o § 323, 1, da ZPO, mas a própria alteração das circunstâncias, para o efeito da dedução da parte restante do pedido); W. Erting, *Probleme...*, págs. 49-57; F. W. Bosch, "Anmerkung", in *FamRZ*, 1955, págs. 331-332, e "Anmerkung" in *FamRZ*, 1956, págs. 25-26; W. J. Habscheid, "Anmerkung", in *FamRZ*, 1955, pág. 255; L. Rosenberg, "Anmerkung", in *ZZP*, 68 (1955), pág. 312; H. Roth, "Richterliche...", págs. 1236-1238 e 1234, sustentando que o pedido parcial não explícito relativo a prestações periódicas vincendas deve ter o mesmo tratamento, no que diz respeito ao caso julgado, que o do pedido relativo a uma prestação única – pelo que, não estando a parte da pretensão não deduzida abarcada pelo caso julgado, deve a mesma ser feita valer nos termos do § 258 da ZPO –, mas, quando se faça valer a totalidade da pretensão de alimentos e esta seja reconhecida, posteriores pretensões parciais (*Mehrforderungen*), assentes em alterações posteriores das circunstâncias, já estão abrangidas pelo caso julgado da primeira decisão, devendo ser feitas valer através da acção modificativa (contra esta última tese, em virtude de, também no caso de realização de juízos de prognose, o juiz não poder exceder o pedido, T. M. Petzoldt, *Die Rechtskraft...*, pág. 117); T. M. Petzoldt, *Die Rechtskraft...*, págs. 135-137.

1721 A tese de M. Pagenstecher ("L'efficacia..."), já referida, é muito anterior ao desenvolvimento da teoria da acção acessória ou suplementar e não discute o campo de aplicação da acção modificativa: mas dela decorre que nunca é possível, no caso de pedido parcial oculto, propor a mencionada acção acessória ou suplementar.

1722 Também contra a teoria da acção acessória ou suplementar: F. Lent, "Erhöhung...", pág. 1865-1867 (em anotação a uma sentença do LG de Koblenz, de 13 de Julho de 1955), para quem, e em síntese, a teoria da acção acessória ou suplementar, além de desconsiderar o disposto no § 323 da ZPO sempre que se pretenda um aumento da prestação, não atende à afirmação de direito do autor, que, em matéria de alimentos e outras prestações periódicas, normalmente afirma que a quantia exigida é a adequada, não lhe sendo devido montante mais elevado (criticando, por sua vez, a tese de Lent, por esta não se harmonizar com o disposto no § 308 da ZPO, relativo à vinculação do juiz ao pedido, veja-se W. Zeiss, "Rechtskrafterstreckung...", pág. 1307); E. Bötticher, "Anmerkung", in *MDR*, 1962, págs. 724-725 (em anotação a um acórdão do BGH de 14 de Fevereiro de 1962); W. Bereiter-Hahn, "Abänderungsklage...", págs. 94-96 (criticamente em relação à argumentação de Bereiter-Hahn, veja-se H. Brox, "Nochmals...", págs. 320-321); H. Donau, "Erhöhung...", pág. 656, fundamentalmente concordando com Lent; Baumbach/Lauterbach/Albers/Hartmann, *Zivilprozessordnung*, § 258, 7, e § 322, 51-58; W. Zeiss, "Rechtskrafterstreckung...", págs. 1307-1309, considerando que, embora o caso julgado apenas se estenda à pretensão que se fez valer e ao montante concretamente pedido (mesmo que não haja sido formulado explicitamente um pedido parcial) e não seja possível extrair do próprio § 323 da ZPO um argumento no sentido da extensão do caso julgado à parte do pedido que o credor não reservou, o comportamento contraditório do credor pode justificar a preclusão desta parte do pedido.

ligação funcional entre o princípio do pedido (*Dispositionsmaxime*) e o alcance do caso julgado material[1723] e, além disso, por aquela situação ser muito diversa daquelas em que se justifica invocar, na segunda acção, um caso julgado contra o vencedor[1724].

Posição intermédia sustentaria WEBER[1725], na medida em que, nos casos em que o autor obtém total ganho de causa, considera que, havendo alteração de circunstâncias (ou melhor, assentando a exigência adicional numa alteração das circunstâncias), esse autor pode optar entre a acção modificativa e a acção suplementar nos termos do § 258 da ZPO, e, não havendo alteração de circunstâncias (ou seja, podendo a quantia adicional ter sido atribuída logo na primeira acção), ocorrem também os pressupostos da acção prevista no § 258 da ZPO, mas o princípio da boa fé conduz à extensão do alcance do caso julgado da acção anterior. Ora, como observa GRASMEHER[1726], é de incluir WEBER entre os partidários da teoria da acção acessória ou suplementar, no que se refere ao tratamento que dá à primeira das referidas hipóteses, pois admite a possibilidade de proposição de acção acessória sem obediência aos pressupostos do § 323 da ZPO; já quanto ao tratamento que reserva à segunda, é mais severo do que a doutrina (então dominante) que rejeita a teoria da acção acessória ou suplementar[1727].

O *Bundesgerichtshof* perfilharia durante algum tempo orientação diversa da teoria da acção acessória, pois embora reconhecesse ao regime do § 323 da ZPO a função de quebra do caso julgado por razões de equidade, não restringiria o seu campo de aplicação aos casos em que essa função é desempenhada[1728]. Assim, nas situações em que se pretendesse um aumento da pensão concedida (e, na situação em análise, a pensão havia sido concedida ao abrigo do § 843 do BGB, que regula a indemnização por cessação ou diminuição da capacidade de ganho ou aumento das necessidades do lesado) e em que, na acção antecedente, o pedido do autor tivesse sido totalmente deferido, entenderia o *Bundesgerichtshof*,

[1723] É do que dá conta H. Kuschmann, "Die materielle...", pág. 358; já se o caso julgado tiver sido total ou parcialmente desfavorável ao autor, e como também informa Kuschmann (*idem*, pág. 359) alguma doutrina propugna, no caso de formulação de pedido parcial oculto, a respectiva extensão à parte da pretensão que não se fez valer, por, nessa eventualidade, a pretensão ter sido negada quanto ao seu fundamento e não quanto ao seu montante. Seguidor desta tese é, por exemplo, H. Brox, "Erhöhung...", pág. 854.

[1724] Sobre as várias situações que justificam o caso julgado contra o vencedor (desde logo, aquela em que o vencedor repete a causa), A. Zeuner, "Anmerkung", in *MDR*, 1972, pág. 86.

[1725] R. Weber, "Der Umfang...", págs. 235-236.

[1726] F. Grasmeher, *Abänderungsklage...*, pág. 20, nota 20.

[1727] Criticamente em relação à tese de Weber, veja-se também H. Brox, "Nochmals...", págs. 321-324.

[1728] Já antes do *Bundesgerichtshof*, e como assinala T. M. Petzoldt (*Die Rechtskraft...*, pág. 148), o *Reichsgericht*, num aresto de 13 de Dezembro de 1900, avançara um outro argumento no sentido da tese que haveria de ser seguida por aquele tribunal: o da pretensão de indemnização unitária.

em Acórdão de 20 de Dezembro de 1960, que a acção a propor é a acção modificativa, não apenas quando o direito ao aumento se funda em factos ocorridos posteriormente ao encerramento da última discussão oral, mas também quando esse direito já existia nesta data e o autor não tenha reservado a possibilidade de, mais tarde, exigir o aumento correspondente (ou seja, nas hipóteses em que o autor tenha formulado um pedido parcial *oculto* ou não explícito); já, porém, se tiver sido formulado um pedido parcial explícito, a acção a propor é a prevista no § 258 da ZPO (salvo, naturalmente, se se pretender a quebra do caso julgado da decisão anterior, caso em que a acção a propor é a acção modificativa)[1729], o que tem como consequência, por exemplo, a possibilidade de exigir uma quantia adicional para o período anterior à proposição da acção (e mesmo anterior ao encerramento da última discussão oral na primeira acção). O *Bundesgerichtshof* tem ainda entendido que, nas situações de formulação explícita de pedido parcial pelo credor, o devedor deve seguir a via da *Abänderungsklage*, caso pretenda a redução da pensão[1730].

No mesmo sentido da orientação do *Bundesgerichtshof* seguida no citado Acórdão de 20 de Dezembro de 1960 pronuncia-se grande parte da doutrina alemã[1731].

[1729] No mesmo sentido, BGH, 18.04.1984.

[1730] BGH, 16.01.1985.

[1731] Nomeadamente: F. Baur ("Zivilprozessuale Fragen...", pág. 512), assinalando a maior praticabilidade da orientação do BGH, face à teoria da acção acessória; W. Zimmermann, *Zivilprozessordnung*..., págs. 615-616; K.-A. Klauser ("Abänderung...", págs. 713-714), equiparando, porém, a formulação explícita de pedido parcial ao caso em que, para o réu, é reconhecível que apenas um pedido parcial é formulado; S. Kratz, *Die Abänderungs- und Nachtragsklage*..., págs. 90-100; K. Batsch, "Zur materiellen...", págs. 290-292; H. Kuschmann ("Die materielle...", págs. 372-374), para quem a justificação para a aplicação do regime do § 323 da ZPO a todas as sentenças que condenem em prestações periódicas – mesmo àquelas que apenas tenham apreciado parte da pretensão e que portanto não requeiram a quebra do respectivo caso julgado – residiria na função desempenhada por aquele regime, equivalente à da cláusula *rebus sic stantibus* ou à do instituto da base do negócio no direito material; D. Meenen, *Die Änderung*..., págs. 127-136; R. Boetzkes, *Probleme*..., pág. 18, nota 38; H.-U. Graba, *Die Abänderung*..., págs. 41-43; E. Becker-Eberhard, "Zur Möglichkeit...", pág. 187.
Referência particular merece Grasmeher. A propósito da questão de saber qual a solução a dar às hipóteses em que o autor, aquando da formulação de pedido de quantia certa, não faz saber se o pedido é parcial ou total, considera F. Grasmeher (*Abänderungsklage*..., págs. 47-58) que não é possível partir, sem mais, do pressuposto de que o pedido é parcial (que é o pressuposto de que, na sua perspectiva, parte a teoria da acção acessória), sendo necessário uma manifestação do autor nesse sentido – até porque, sendo essa a regra, se deve presumir que o pedido abrange a totalidade –, bem como que a satisfação do interesse do réu no sentido do tratamento, num único processo, de toda a pretensão, sai dificultada com a generalizada aceitação de pedidos parciais: assim sendo, é de interpretar tal pedido como um pedido total e de reconhecer a existência de uma espécie de dever do autor de tornar pública a sua intenção, quando pretenda formular um pedido parcial (o que se coaduna com o dever de esclarecimento das partes em processo civil). Ainda segundo o Autor (*idem*, págs. 59-64), do § 322, 1 e 2, da ZPO – relativo ao caso julgado material e à limitação da sua incidência à pretensão feita valer em juízo – não decorre, ao contrário do que sustenta a teoria da acção acessória, qualquer argumento no sentido de que o caso julgado de

ROSENBERG/SCHWAB/GOTTWALD[1732] têm um entendimento só parcialmente coincidente: estes Autores particularizam o caso em que se pretende um aumento da pensão de alimentos anteriormente fixada (em que a via a seguir é a da acção modificativa, excepto se, na demanda anterior, se tiver expressamente feito valer apenas uma parte do direito a alimentos) face aos demais casos de exercício da parte restante da pretensão (em que a via a seguir é a da vulgar acção condenatória, quer tenha sido ou não expressamente formulado, na acção anterior, um pedido parcial).

Várias têm sido, todavia, as críticas à referida tese do *Bundesgerichtshof*. Assim, BROX[1733] e PETZOLDT[1734] assinalam que a mesma conduz à diferenciação entre as acções relativas a prestações periódicas vincendas previstas no § 258 da ZPO e as acções relativas a prestações únicas (*einmalige Leistungen*), no que diz respeito aos requisitos do pedido parcial, porque naquelas o autor deve reservar a possibilidade de, mais tarde, formular uma exigência adicional, sob pena de o pedido ser tratado como abrangendo a totalidade da pretensão material; POHLE[1735], por sua vez, comenta que, no mencionado Acórdão de 20 de Dezembro de 1960, o *Bundesgerichtshof* implicitamente admitiu que o § 323 da ZPO regula os limites objectivos do caso julgado de modo diverso do § 322 do mesmo Código, pois este preceito restringe o caso julgado à pretensão, em regra quantificada, que se fez valer.

De qualquer modo, a orientação do *Bundesgerichtshof*, que assenta na ideia segundo a qual a acção modificativa não se destinaria apenas à quebra do caso julgado, encontra apoio na letra do § 323, 1, da ZPO, na medida em que este pre-

uma sentença que julgue procedente um pedido de quantia certa não obsta a que posteriormente se exija o excedente, desde logo porque aqueles preceitos não tornam desnecessária a interpretação do pedido nem obstam a que este deva ser interpretado como um pedido total. A concepção processual, à data dominante, acerca do objecto do processo não serve também, na perspectiva de Grasmeher (*idem*..., págs. 65-71), para resolver o problema da existência ou inexistência de pedido parcial, porque este problema se coloca e deve ser resolvido independentemente da concepção que, sobre esse objecto, se perfilhe: trata-se, no fundo, de um puro problema de interpretação do pedido. Concretamente no caso de formulação de pedido de prestações periódicas vincendas, entende Grasmeher (*idem*, págs. 72-78) que a correspondente sentença se caracteriza pela consideração (também) de factos futuros e que é possível distinguir dois tipos de pedidos parciais (o de condenação numa parte da renda respeitante a todo o período em que assiste o direito ao autor e o de condenação na totalidade da renda respeitante a parte desse período, ou seja, neste último caso, de uma renda temporária): porém, seja qual for o tipo de pedido parcial em causa, é igualmente necessária, para que possa afirmar-se a existência de um verdadeiro pedido parcial, uma manifestação do autor nesse sentido, não obstando à exigência de interpretação do pedido as particularidades da respectiva sentença, nem sendo de afastar, em princípio, a aplicação do § 323 da ZPO.

1732 Rosenberg/Schwab/Gottwald, *Zivilprozessrecht*, 17ª ed., § 158, 14-15 e § 154, 14-15.

1733 H. Brox, "Erhöhung...", pág. 855.

1734 T. M. Petzoldt, *Die Rechtskraft*..., pág. 151.

1735 R. Pohle, "Anmerkung", pág. 548, e "Erstreckung...", págs. 107-108.

ceito permite a sua utilização, aparentemente sem restrições, sempre que se pretenda um aumento da renda atribuída: se bem que, como observa PETZOLDT[1736], o preceito não esclareça se esse aumento é um aumento da quantia pedida no primeiro processo ou um aumento da quantia aí pedida mas não concedida (sendo que só a primeira interpretação seria favorável à referida tese).

Em matéria de alimentos, e como também assinala PETZOLDT[1737], o *Bundesgerichtshof*[1738] fundamentaria ainda a sua tese no direito material: concretamente, na circunstância de, quanto às pretensões de alimentos, valer a presunção – a que já se fez referência – de que o autor exige a totalidade dos alimentos, quando nada declare em contrário. Esta presunção é, porém, criticada por PETZOLDT[1739], nomeadamente porque ela permite contornar a proibição de renúncia, para o futuro, de (certos) alimentos e, bem assim, porque não se alcança o motivo pelo qual só em matéria de alimentos, e não quanto às outras matérias potencialmente compreendidas nos §§ 258 e 323 da ZPO, vale a presunção.

Segundo PETZOLDT[1740], a doutrina e a jurisprudência alemãs têm, para além das que já ficaram referidas, apontado razões de natureza sistemática, teleológica e processual para a aplicabilidade do § 323 da ZPO, não apenas aos casos em que é necessária a quebra do caso julgado, mas também às situações em que, na acção anterior, se formulou pedido parcial, pretendendo-se subsequentemente fazer valer a parte restante do pedido.

Quanto à razão de ordem sistemática, considera PETZOLDT[1741] que a mesma importa uma conclusão diversa da desta teoria, na medida em que o § 323 da ZPO apresenta estreita ligação com o preceito regulador da extensão do caso julgado material (o § 322), sendo, por isso, de admitir que se destine apenas a quebrar o caso julgado; e a circunstância de a admissibilidade da *Abänderungsklage* não depender do caso julgado formal, pressupondo unicamente a vinculação decorrente do disposto no § 318 da ZPO, visa, na perspectiva do Autor, prevenir a demora no exercício da faculdade de modificação que o recurso implica, não constituindo, como tal, argumento a favor da tese do *Bundesgerichtshof*.

Quanto à razão de ordem teleológica, que se prende com a essencial semelhança das duas situações, sublinha PETZOLDT[1742] que, mesmo quando em ambos os casos se pretenda um aumento da pensão, é diversa a situação do autor que,

[1736] T. M. Petzoldt, *Die Rechtskraft*..., pág. 147.

[1737] T. M. Petzoldt, *Die Rechtskraft*..., pág. 151.

[1738] BGH, 11.01.1984, BGH, 18.04.1984 e BGH, 03.04.1985. A referida presunção continua a ser aceite na jurisprudência mais recente do BGH (cfr. BGH, 03.12.2008).

[1739] T. M. Petzoldt, *Die Rechtskraft*..., págs. 151-152.

[1740] T. M. Petzoldt, *Die Rechtskraft*..., págs. 152-163.

[1741] T. M. Petzoldt, *Die Rechtskraft*..., pág. 152.

[1742] T. M. Petzoldt, *Die Rechtskraft*..., págs. 153-154.

na primeira acção, obteve a total procedência do pedido, da daquele autor que, nessa acção, viu o seu pedido ser julgado parcialmente improcedente, pois àquela primeira situação – em virtude do disposto no § 308, 1, da ZPO – não subjaz qualquer decisão judicial quanto ao montante posteriormente solicitado; por outro lado, o autor pode, na primeira acção, formular um pedido de apreciação incidental do fundamento da sua pretensão, assim evitando novo litígio quanto a esse fundamento, o que de algum modo mitiga as desvantagens que, para si, decorram da proposição de nova acção ao abrigo do § 258 da ZPO; finalmente, o princípio da economia processual só sairia lesado com a imposição, ao autor, de proposição da acção prevista no § 258 da ZPO (e consequente proibição de utilização do mecanismo da acção modificativa), se o objecto da primeira acção fosse idêntico ao da segunda, o que não é o caso dos pedidos parciais subsequentes.

Em terceiro lugar, e quanto às razões de ordem processual, que basicamente atendem à desvantagem que, para o réu, representa a formulação de pedido parcial oculto – porque, desconhecendo a possibilidade de dedução posterior da parte restante do pedido, não lhe é possível propor acção de simples apreciação negativa quanto à parte restante[1743] –, refere PETZOLDT[1744], por um lado, a existência de mecanismos que tutelam a confiança do réu – tais como o princípio da proibição da chicana e do arbítrio, susceptível de conduzir à inadmissibilidade de uma acção (nomeadamente de uma acção em que se formule um pedido parcial)[1745], o instituto da *Verwirkung* (que se extrai do § 242 do BGB), susceptível de tornar inadmissível uma acção exercida muito tempo depois de o seu exercício ser possível, ou a renúncia, que pode conduzir à improcedência da nova acção – e, por outro lado, a duvidosa existência de interesse do réu, digno de protecção, na proposição de uma tal acção de simples apreciação negativa, porque, por essa via, obteria uma decisão de improcedência (atendendo a que ao autor assistia, de facto, o direito a exigir uma prestação de montante superior)[1746].

1743 Sobre esta desvantagem para o réu: K. Sakamoto, *Rechtskräftige...*, págs. 64-65. Também para M. Pagenstecher "L'efficacia...", pág. 645, nota 9, e E. Bötticher "Anmerkung", in *MDR*, 1962, pág. 725, em caso de formulação de pedido parcial oculto, o réu não teria tido a oportunidade e o interesse, na acção anterior, de formular tal demanda e proteger-se, dessa forma, de uma demanda adicional, motivo que também militaria no sentido da inadmissibilidade desta. Reconhecendo, porém, esse interesse do réu, H. J. Spiess, "Anmerkung".

1744 T. M. Petzoldt, *Die Rechtskraft...*, págs. 154-163.

1745 K. Batsch ("Zur materiellen...", pág. 281) refere, antes, a possibilidade de, na nova acção, o réu surpreendido com a imprevisível dedução da parte restante do pedido opor excepções de direito material, que conduziriam à respectiva improcedência.

1746 A menos que – como refere o Autor (cfr. T. M. Petzoldt, *Die Rechtskraft...*, págs. 160-162) – se entenda que o réu pretende uma decisão relativa a uma pretensão futura: mas, neste caso, a correspondente acção de simples apreciação negativa seria inadmissível, por falta de interesse processual.

Assinala ainda PETZOLDT[1747] que a tese do *Bundesgerichtshof* tem também sido sustentada pela consideração de que o § 323 da ZPO encerra uma regra especial quanto à extensão do caso julgado das sentenças previstas no § 258 da ZPO (pois esse caso julgado se estenderia para além do montante pedido)[1748], o que seria aceite por alguma doutrina[1749]: para o Autor[1750], porém, tal especialidade deve ser negada, porque do elemento histórico de interpretação resulta que, com aquela regra, o legislador pretendeu generalizar a possibilidade, constante do § 7, 2, da *Reichshaftpflichtgesetz*, de quebra do caso julgado por razões de equidade, sem todavia ter ponderado qual o tratamento a dar aos pedidos parciais. O caso julgado da decisão que, sobre o pedido parcial, venha a ser proferida, deve, pois, segundo PETZOLDT[1751], estar submetido às regras gerais, das quais resulta a sua limitação pelo pedido[1752/1753].

Como dão conta JAUERNIG[1754] e SAKAMOTO[1755], o *Bundesgerichtshof* não viria a manter a orientação que ficou descrita, passando antes a sustentar que, sendo julgado procedente um pedido parcial oculto, o caso julgado não obsta à formulação posterior da restante parte do pedido, não havendo, consequentemente, caso julgado contra o vencedor[1756].

1747 T. M. Petzoldt, *Die Rechtskraft...*, págs. 163-167.

1748 Assim, BGH, 10.07.1986.

1749 Assim, D. Meenen, *Die Änderung...*, págs. 127-134. Mais precisamente, a regra do § 323, 1, da ZPO preenche, para Meenen, uma dupla função: no caso de exigências adicionais, estende, a favor do autor, o caso julgado quanto aos fundamentos (o que significa um desvio aos princípios gerais, que, todavia, se justifica em atenção à necessidade de evitar decisões contraditórias), e estabelece, em desfavor do autor, um caso julgado quanto ao montante do pedido; por outro lado, essa regra possibilita a quebra, por razões de equidade, do caso julgado determinado por aquela via, de modo a considerar posteriores alterações. Embora propugnando a teoria da confirmação, também H. Gegenwart (*Das Verhältnis...*, págs. 68-69) e P. Gottwald (*MünchKommZPO*/Gottwald, § 323, 19) atribuem carácter especial ao § 323, porque as alterações ocorridas posteriormente ao encerramento da última discussão oral deveriam ser feitas valer, não através da acção acessória ou suplementar ou da oposição à execução, mas dentro dos limites dos parágrafos 1 e 3 do § 323 da ZPO.

1750 T. M. Petzoldt, *Die Rechtskraft...*, págs. 167-171.

1751 T. M. Petzoldt, *Die Rechtskraft...*, pág. 175.

1752 Concordando, no essencial, com a tese de Petzoldt, segundo a qual o § 323 da ZPO deve aplicar-se apenas quando esteja em causa a quebra do caso julgado, mas observando que dessa conclusão não decorre que o credor que obteve total vencimento e que pretenda um aumento da prestação nunca deve propor nova acção nos termos do § 323 da ZPO (dado o juízo de prognose normalmente subjacente a tal decisão), veja-se H. Roth, "Thomas Martin...", pág. 562.

1753 Sobre as razões possíveis (por exemplo, interesses dignos de protecção do réu) para a extensão do caso julgado para além do montante pedido (e concomitante exclusão da acção acessória ou suplementar): K. Sakamoto, *Rechtskräftige...*, págs. 71-73.

1754 O. Jauernig, "Teilurteil...", pág. 332.

1755 K. Sakamoto, *Rechtskräftige...*, págs. 75-76.

1756 Assim, BGH, 09.04.1997 e 15.07.1997.

Continua, porém, a não ser pacífica a questão da determinação da formulação, na primeira acção, de um pedido parcial: a este propósito, sublinha GOTTWALD[1757] que haverá um pedido parcial se um réu sensato (*verständiger Klagegegner*) puder compreender que o autor não fez valer a totalidade da pretensão; GRABA[1758], por seu lado, entende que este critério de distinção não é suficientemente claro, embora não avance um critério alternativo. Problema que também persiste na jurisprudência e doutrina alemãs é o da vinculação do juiz nessa acção suplementar ao decidido na acção sobre o pedido parcial: BROX[1759], por exemplo, propugna que a nova fixação seja livre; também o *Bundesgerichtshof*, no citado Acórdão de 20 de Dezembro de 1960 sustentou que uma das vantagens que, para o credor, resulta da necessidade de proposição de acção modificativa (em vez de nova acção), é não lhe ser exigida novamente a prova do fundamento da pretensão (apenas lhe incumbindo a prova do fundamento do pretendido aumento da pensão ou renda), o que significa que, para esse Tribunal, numa nova acção não haveria vinculação ao anteriormente decidido; já POHLE[1760], por exemplo, observa que as declarações do autor no primeiro processo podem valer como confissão extrajudicial de factos que lhe são desfavoráveis no segundo processo, ou, bem assim, a valoração da prova produzida no primeiro processo constituir indício da falsidade das afirmações do autor no segundo processo, assim determinando a improcedência desta segunda acção.

3. Conclusão

Existe uma vantagem de economia processual quando se envereda pela via da acção modificativa, tendo-se formulado na primeira acção pedido parcial e pretendendo-se depois fazer valer a outra parte do pedido: esta acção é dependência da anterior, pelo que se evitam todos os actos processuais impostos pelo início de uma instância nova.

No entanto, não pode admitir-se a extensão do regime do artigo 619º, nº 2, do CPC a situações aí não previstas unicamente por razões de economia processual, especialmente estando a acção modificativa sujeita a condições de admissibilidade ou de procedência mais restritivas do que as da nova acção: na verdade, impor ao autor a adopção de tal via significaria a sua penalização por ter optado pelo fraccionamento da demanda, e se pode ter alguma justificação uma penalização nesses casos, é todavia desproporcionado negar-lhe o direito de acção (resultado a que se chegaria se, constrangido a propor acção modificativa, os pressupostos

1757 P. Gottwald, "Probleme...", pág. 1377.

1758 H.-U. Graba, *Die Abänderung...*, pág. 41.

1759 H. Brox, "Welche Einwendungen...", pág. 66.

1760 R. Pohle, "Erstreckung...", pág. 110.

desta dificilmente pudessem estar, afinal, preenchidos, ou se o montante obtido fosse inferior ao obtido através de outra via processual).

Este último ponto já havíamos aflorado, aliás, quando debatemos a questão de saber se podem ser feitos valer, através de acção modificativa, danos julgados imprevisíveis à data da primeira acção, aí tendo concluído que o emprego da acção modificativa não podia implicar, para o autor, qualquer desvantagem[1761]: isto é, admitimos a utilização da via processual consagrada no artigo 619º, nº 2, do CPC nesses casos, não estendendo, todavia, as condições de admissibilidade e de procedência próprias da acção modificativa à acção modificativa que concretamente fosse instaurada.

De qualquer modo, a acção a que se refere o artigo 619º, nº 2, do CPC manifestamente não foi desenhada para abranger os casos em que, na primeira acção, o autor já podia ter formulado a parte restante do pedido: é o que resulta da própria exigência da alteração das circunstâncias, pois ao formular a parte restante do pedido o autor não alega, em regra, qualquer facto superveniente.

Quando, ao deduzir a parte restante do pedido, o autor não alegue qualquer facto superveniente, nunca é possível preencher a previsão do artigo 619º, nº 2, do CPC, pelo que sempre estaria excluído o emprego desta forma processual: nessas hipóteses, portanto, ou está aberta a via da nova acção (nos termos gerais, por a anterior sentença nada ter decidido quanto a essa parte do pedido e, portanto, quanto a essa parte não poder constituir caso julgado) ou não está aberta nenhuma via processual.

Assim sendo, o problema da utilização da acção modificativa para o efeito da formulação da parte restante do pedido só se coloca verdadeiramente quando o autor alega, como seu fundamento, um facto superveniente que, por ser previsível na anterior acção, já aí podia ter alegado como fundamento da parte do pedido que não chegou a formular: ora, nestas hipóteses – e à semelhança do que sucede quando, tendo sido atribuída indemnização sob forma de renda, o autor vem mais tarde fazer valer novos danos –, a formulação da parte restante do pedido que já seria possível formular na anterior acção ainda assenta numa alteração das circunstâncias, que, não afectando embora o decidido quanto à outra parte do pedido, pode ser entendida como causal em relação à alteração da sentença que se requer.

Será possível estender a estas hipóteses, por analogia, o regime do artigo 619º, nº 2, do CPC (admitindo embora – tal como vimos dever suceder nas situações em que, através de acção modificativa, o autor faz valer novos danos, imprevisíveis à data da primeira acção – que o uso desta via não implique, para o autor, qualquer desvantagem que para si não decorresse da proposição de uma nova acção de condenação)?

[1761] *Supra*, § 23º, III, 4.

Temos muitas dúvidas em responder afirmativamente, uma vez que, como dissemos[1762], o artigo 619º, nº 2, do CPC parece não ter em vista a apreciação dos danos futuros previsíveis à data da primeira acção: é que o artigo 564º, nº 2, do CC estabelece o princípio segundo o qual tais danos devem ser apreciados nessa primeira acção e seria anómalo que a lei estabelecesse este princípio e simultaneamente consagrasse um mecanismo (precisamente, o do artigo 619º, nº 2, do CPC) que, na prática, lhe retiraria utilidade, porque permitiria a apreciação desses danos posteriormente e a qualquer momento.

Diríamos, portanto, que mesmo que o artigo 564º, nº 2, do CC não exclua a possibilidade de dedução, em nova acção, de danos que já eram previsíveis à data da primeira acção mas que nela não foram considerados[1763], essa acção não deve ser a consagrada no artigo 619º, nº 2, do CPC, porque a única razão que justificaria o uso de tal via seria uma vantagem de economia processual e é a própria lei que rejeita a existência de uma tal vantagem, quando estabelece que os danos futuros previsíveis devem ser atendidos na primeira acção.

Assim, e em síntese, nos casos de formulação de pedido parcial oculto, a dedução da parte restante do pedido não deve ter lugar através da acção modificativa, ou porque nem sequer se verifica a superveniência que caracteriza esta acção (a lei, com efeito, *não dispensa a superveniência* como pressuposto da acção modificativa), ou porque tal solução se encontra implicitamente rejeitada pelo regime do

[1762] *Supra*, § 23º, III, 4.

[1763] Se tiver sido formulado pedido genérico, os danos que, à data do encerramento da discussão, eram previsíveis, mas que não foram considerados na sentença, não podem mais tarde ser alegados em nova acção, por a tal obstar o caso julgado (assim, O. Jauernig, "Teilurteil...", págs. 329-330), a menos que o juiz os tenha considerado imprevisíveis e, por esse motivo, os não tenha considerado (*supra*, § 23º, III, 5). Não tendo sido formulado pedido genérico nem tendo sido alegado um dano já ocorrido ou que seja previsível à data do encerramento da última discussão oral, tem a jurisprudência alemã entendido que é inadmissível propor uma nova acção destinada a fazer valer este dano, por o seu objecto ser idêntico ao da acção anterior (C. Kappel, *Die Klageabweisung...*, págs. 32-33 e jurisprudência citada nas notas 92 e 93). Entendemos, porém, que se o dano já previsível não foi alegado nem foi objecto de pedido genérico, não existe motivo aparente para tal dano ficar precludido, porque sendo, desde logo, diversa a causa de pedir da primeira acção face à da segunda (por ser diverso o concreto dano alegado), o caso julgado não pode operar. O que é, todavia, discutível é se esse concreto dano, que nos termos gerais poderia ser feito valer numa nova e autónoma acção – como sublinha E. Allorio ("Giudicato su domanda...", especialmente págs. 402 e 405-406), se ainda pode questionar-se a possibilidade de fraccionamento da mesma pretensão em vários processos e correlativa preclusão da parte restante, no caso de proposição de demanda parcial (possibilidade que, aliás, o Autor aceita, uma vez que não existe qualquer norma em contrário), não há qualquer razão para vedar a demanda parcial quando as pretensões sejam diversas, ainda que apresentem uma parcial identidade de causa de pedir: neste caso, poderá optar-se entre propor cumulativamente as demandas num mesmo processo e instaurar processos diversos para cada um dos objectos –, deve, em atenção à circunstância de a lei prever a acção modificativa para casos semelhantes e à de o lesado culposamente não ter alegado antes o dano, sê-lo, antes, na acção modificativa.

artigo 564º, nº 2, do CC (do qual decorre que a lei não reconhece, nestes casos, a vantagem de economia processual inerente ao uso da acção modificativa).

Por idênticos motivos, esta conclusão pode estender-se aos casos em que, na primeira acção, foi formulado pedido parcial explícito.

Como vimos, na doutrina alemã apenas se sustenta a possibilidade de utilização da *Abänderungsklage* havendo formulação prévia de pedido parcial oculto, o que se compreende, porque esta forma processual envolve, para o autor, desvantagens que não decorrem da proposição de uma nova acção, sendo injusto fazê-lo sofrer tais desvantagens quando, antes, explicitamente haja formulado pedido parcial[1764].

Mas, se se entender, como entendemos, que apenas nos casos em que se façam valer danos imprevisíveis à data da primeira acção é possível o uso da via processual estabelecida no artigo 619º, nº 2, do CPC (embora sem a concomitante extensão, à acção concretamente instaurada, das condições de admissibilidade e de procedência próprias da acção modificativa), quer haja formulação de pedido parcial oculto, quer haja formulação de pedido parcial explícito, está excluído o uso de tal via para formular a parte restante do pedido (mesmo que o autor alegue uma circunstância superveniente).

§ 24º Circunstâncias supervenientes, circunstâncias novas e circunstâncias anteriormente previsíveis

I. Colocação do problema

Interessa-nos agora averiguar se, para efeitos da acção modificativa prevista no artigo 619º, nº 2, do CPC, de algum modo releva a distinção entre *circunstâncias supervenientes* e *circunstâncias novas*: na verdade, aquele preceito, ao tomar como ponto de referência as circunstâncias que determinaram a condenação e ao atribuir à acção modificativa a finalidade de alteração de uma sentença, dá a entender que a novidade das circunstâncias que posteriormente sejam alegadas não pode ser total, isto é, que deve existir alguma relação entre as circunstâncias que fundaram a anterior decisão e as circunstâncias que fundam a acção modificativa.

No direito alemão, e a propósito da delimitação do campo de aplicação da *Abänderungsklage* face ao da *Zusatzklage* ou *Nachforderungsklage*, o problema que é tratado – e ao qual, aliás, acabámos de aludir[1765] – é diverso daquele que agora nos

[1764] Na Alemanha não se discute também a questão de saber se a acção modificativa pode ser utilizada, para formulação da parte restante do pedido, nos casos em que, na anterior acção, se formulou pedido parcial explícito e este foi julgado improcedente: tal prende-se provavelmente com a circunstância de a *Abänderungsklage* pressupor, nos termos literais do § 323 da ZPO, uma sentença condenatória, o que naquela eventualidade manifestamente não ocorre. De qualquer modo, a doutrina discute, desde há muito tempo, a extensão do caso julgado das decisões de improcedência proferidas sobre pedido parcial explícito (veja-se, a este propósito, F. Schollmeyer, "Kritische...").

[1765] *Supra*, § 23º, IV.

vai ocupar, porque a *Zusatzklage* ou *Nachforderungsklage* parece orientada para a formulação de pedido que já podia ter sido formulado no momento da proposição da primeira acção e não, como agora nos interessa, de pedido que não podia ser formulado no momento da primeira acção: portanto, aquele problema é de dispensa da superveniência e não de qualificação da superveniência como novidade.

Hitters[1766] alude à relevância da distinção entre alteração de circunstâncias e circunstâncias novas quando considera que a modificação do caso julgado pressupõe uma "impossibilidade de concorrência" entre o antigo e o novo estado de coisas, enfim, uma *alteração contraditória*: e vê aqui uma possibilidade de distinção entre os limites temporais do caso julgado e os limites do caso julgado decorrentes da causa de pedir, porque aqueles limites funcionariam nas hipóteses de alteração contraditória e estes nas hipóteses de alteração modificatória (em que não se afirmariam nem negariam os factos anteriores).

Por outro lado, interessa-nos também averiguar se as *circunstâncias já previsíveis na anterior acção* podem ainda ser qualificadas como circunstâncias supervenientes, nos termos e para os efeitos do artigo 619º, nº 2, do CPC.

Trata-se de problema relacionado com o anterior, na medida em que, tal como é aceitável sustentar que a novidade que funda a acção modificativa não pode ser total, também o é exigir que alguma novidade ocorra (e a circunstância que já era previsível à data da primeira acção nenhuma novidade parece transportar).

II. Circunstâncias novas

1. Novo dano e agravamento do dano

O primeiro problema que deixámos colocado relaciona-se, numa das suas perspectivas, com a eventual repercussão processual da distinção entre novo dano e agravamento do dano, podendo sustentar-se que, quando surja um novo dano, o meio processual adequado não é a acção modificativa, mas a acção autónoma: a acção modificativa ficaria, então, reservada para o agravamento do dano.

A distinção entre novo dano e agravamento do dano foi tratada pelo Supremo Tribunal de Justiça, num Acórdão de 3 de Dezembro de 1998 – embora a propósito da aplicação do prazo prescricional previsto no artigo 498º, nº 1, do CC –, aí se tendo entendido que o novo dano é aquele que não é previsível à data em que ocorreu o facto ilícito: do que se deduz que o agravamento do dano é o dano previsível à data desse facto.

Também num Acórdão do Tribunal da Relação de Coimbra de 3 de Outubro de 2006[1767] se considerou que – não obstante o autor ter alegado agravamento

[1766] J. C. Hitters, *Revisión...*, pág. 148, nota 494, e págs. 151-153.

[1767] A matéria de facto subjacente a este acórdão era essencialmente a seguinte: a vítima de um acidente de viação, depois de, em acordo celebrado com a companhia de seguros do lesante, se ter dado como ressarcida com o recebimento de certa quantia, vê os seus padecimentos agravados pelo decurso do tempo

de danos anteriores – "o que releva em termos de novidade dos danos é a circunstância de não ser previsível à data da primitiva indemnização, que se tornassem a verificar outras consequências filiadas no mesmo acidente, ainda que traduzindo-se em idênticos sofrimentos aos já antes verificados. [...] O que conta para imprimir carácter de novidade aos danos é também o facto de sem que seja possível imputar incúria ao autor, ter sido considerada encerrada a primeira fase do contencioso indemnizatório a qual com toda a verosimilhança ao tempo se apresentava como definitiva".

Uma vez acolhida esta definição, conclui-se que o novo dano relativamente ao qual se pode questionar a aplicabilidade da acção modificativa, nos termos expostos, é, assim, o dano futuro à data do encerramento da discussão na primeira acção e dado como não provado na correspondente sentença em virtude da sua imprevisibilidade: portanto, o problema da sua invocabilidade na acção modificativa é aquele que já tratámos, a saber, o da invocabilidade, nesta acção, dos danos futuros imprevisíveis[1768]/[1769].

E, tendo nós concluído em sentido afirmativo, podemos concluir identicamente que a acção modificativa pode fundar-se em circunstâncias supervenientes que são igualmente circunstâncias *novas* e que, portanto, não traduzem verdadeiramente uma alteração das circunstâncias antigas: se bem que, nestes casos, e como também salientámos, a acção modificativa concretamente instaurada não deva estar sujeita aos pressupostos próprios da acção modificativa.

Quanto ao agravamento do dano, se a sua definição coincide com a do dano futuro previsível à data do encerramento da discussão na primeira acção (embora o dano futuro previsível não consista necessariamente num agravamento do dano já existente), então devia ter sido tomado em consideração na primitiva sentença, pelo que, se o não foi, de duas uma: ou tal dano foi julgado imprevisível e como tal deve ser tratado (já vimos que não é por a circunstância ter sido erradamente julgada imprevisível que está excluída a sua alegabilidade posterior, como fundamento da acção modificativa[1770]); ou tal dano não foi alegado nem foi objecto

(nomeadamente "agravamento das dificuldades de movimentação do membro atingido, incapacidade de extensão adequada do braço e antebraço") e propõe acção declarativa contra aquela companhia de seguros, pedindo a sua condenação no pagamento de uma indemnização por esses danos.

[1768] *Supra*, § 23º, III, 4.

[1769] E se o agravamento do dano, embora previsto, se desenvolver de um modo imprevisível? Haverá neste caso uma terceira figura a considerar (o *agravamento imprevisível do dano*), de algum modo situada entre o novo dano e o agravamento do dano? Julgamos que tal figura ainda corresponde à definição de dano futuro imprevisível: este dano, ao que supomos, não tem de apresentar uma fisionomia diversa da do dano anterior (como sucede, por exemplo, com o dano resultante da privação dos alimentos que a vítima seria obrigada a prestar, relativamente ao dano materializado no desgosto com a morte do lesado directo), bastando que seja imprevisível.

[1770] *Supra*, § 23º, III, 5.

de pedido genérico, e o problema que se colocará é outra vez o da possibilidade de uso da acção modificativa, quando previamente haja sido formulado pedido parcial oculto[1771].

Portanto, tanto o regime do novo dano como o do agravamento do dano (entendidos, respectivamente, como o dano futuro imprevisível e o dano futuro previsível à data do encerramento da discussão na primeira acção) dão a entender que a lei não parece atribuir relevância à distinção entre circunstância (meramente) superveniente e circunstância nova, para o efeito da utilização da via consagrada no artigo 619º, nº 2, do CPC (embora, como dissemos, nem todos os aspectos deste regime sejam aplicáveis, quando a superveniência traduza novidade do dano).

2. Modificação do objecto do processo anterior

Vejamos agora se – fora dos casos de novos danos – a acção modificativa pode ter como fundamento circunstâncias supervenientes que não traduzam propriamente uma alteração das circunstâncias anteriormente consideradas e, nessa perspectiva, sejam circunstâncias novas.

A doutrina alemã tem considerado a hipótese de a alteração das circunstâncias conduzir à alteração do objecto do processo anterior, caso em que a acção a propor não é a acção modificativa, mas a *nova acção*: pressuposto processual da acção modificativa seria, assim, a identidade entre o objecto da acção anterior e o da acção modificativa, o que, quanto a nós, traduz alguma afinidade entre a acção modificativa e a acção que, depois da absolvição do pedido, o autor vem a repetir, por entretanto ter ocorrido o facto determinante da absolvição (acção que, no caso do direito português, se encontra prevista no artigo 621º do CPC, cujo regime bem pode ser igualmente entendido como *expressão da consagração, não dos limites objectivos, mas dos limites temporais do caso julgado*[1772]).

[1771] *Supra*, § 23º, IV.

[1772] Como observa K. Reischl (*Die objektiven...*, págs. 241-242), é muito discutida na doutrina alemã a questão de saber se, para além dos casos de situações novas, sob o ponto de vista qualitativo (por exemplo, a celebração de um outro contrato), também constituem um novo objecto processual as hipóteses em que a situação apreciada na sentença conhece um desenvolvimento temporal (como seriam, no direito português, as hipóteses contempladas no artigo 621º do CPC): em se entendendo que sim, isto é, que o objecto do processo tem uma componente temporal, a admissibilidade da nova acção fundada nos novos factos juridicamente relevantes radicará na existência de um novo objecto processual; em se entendendo que não, isto é, que o desenvolvimento temporal a que se fez referência não constitui um novo objecto processual, esse desenvolvimento só pode influir no plano do caso julgado, pelo que a admissibilidade da nova acção apenas decorrerá da consagração de uma excepção aos limites do caso julgado.
Na perspectiva de Reischl (*idem*, págs. 242-243), e considerando, mais uma vez, a hipótese da verificação posterior da exigibilidade da dívida, a opção pela primeira tese (que entende serem diversos os objectos processuais) significa a possibilidade de desencadeamento, na segunda acção, do efeito positivo do caso julgado anterior, mas não implica qualquer vinculação aos fundamentos da anterior decisão (assim,

o juiz pode, por exemplo, considerar inválido o contrato de que emergiu a dívida); já a opção pela segunda tese (que entende ser o mesmo o objecto processual, tratando a questão do desenvolvimento temporal da situação de facto como um problema de caso julgado) implica vinculação aos fundamentos da anterior decisão.

A favor da *tese da identidade do objecto*, que parece ser actualmente a dominante, tanto na doutrina como na jurisprudência alemãs (cfr. B. Heiderhoff, "Der entschiedene...", pág. 193, ou C. Kappel, *Die Klageabweisung...*, págs. 26-27), manifestam-se, por exemplo: P. Arens, "Prozessrecht...", pág. 260; W. Grunsky, *Grundlagen...*, págs. 524-525; K. H. Schwab, "Die Bedeutung...", pág. 334; A. Martin, *Die zeitlichen...*, págs. 5, 63-66 e 189-190, para quem o objecto do processo, em si, não contém qualquer limite temporal, do que decorre que o objecto da acção julgada improcedente por não ser exigível a pretensão é idêntico ao objecto da acção posterior, na qual se discute a mesma pretensão material, agora já exigível; B. Keitel (*Rechtskräftiges...*, págs. 60-65), que conclui no sentido de que é possível a identidade do objecto do processo, quando circunstâncias determinantes para a decisão surjam posteriormente e sejam feitas valer em nova acção, constituindo problema de *limites temporais do caso julgado* (e não de limites objectivos) saber se essas circunstâncias podem ser feitas valer; D. Leipold (*in* Stein/Jonas/Leipold[22], § 322, 232-236, e *in* "Zur zeitlichen...", págs. 279-280), para quem é irrelevante, para a aferição da admissibilidade da nova acção, a circunstância de a alteração factual determinar ou não o reconhecimento de um outro objecto processual, porque também pode fundar essa acção um facto que, se tivesse ocorrido anteriormente, integraria o objecto do processo anterior (com efeito, segundo o Autor, o § 767, 2 e 1, da ZPO dá a entender que os novos factos que legitimam a oposição à execução podem não significar um novo objecto processual); C. Kappel (*Die Kageabweisung...*, págs. 75 e 31), sustentando que, nos casos de absolvição por actual improcedência, a acção que posteriormente seja proposta com fundamento em alteração posterior do facto que fundou a absolvição tem o mesmo objecto da anterior, enquanto nos casos de absolvição definitiva esse objecto é diverso, verificando-se que os §§ 257 e seguintes da ZPO, relativos a prestações futuras, demonstram que, contrariamente ao que sustenta Gottwald, nem sempre o surgimento de factos novos determina a configuração de uma diversa pretensão processual, porque a sentença de condenação no pedido proferida ao abrigo daqueles preceitos necessariamente decide sobre a pretensão e, não obstante, considera uma posterior alteração factual, como, por exemplo, o vencimento ulterior da prestação.

Contra esta orientação, isto é, entendendo que, havendo uma sentença "de momento" absolutória e propondo o autor nova acção depois de a pretensão se tornar exigível e com fundamento nessa mesma exigibilidade, é *diverso o objecto processual*, manifestam-se nomeadamente: H.-J. Musielak ("Einige Gedanken...", págs. 440-442), considerando que a posição de Leipold conduz à admissibilidade da segunda acção sempre que se alegue qualquer novo facto e resolve a questão da relevância jurídica desse facto no plano na fundamentação da acção (ora, na perspectiva de Musielak, um desenvolvimento e modificação juridicamente relevantes das circunstâncias fácticas constitui um novo objecto processual, e, bem assim, a admissibilidade da segunda acção depende da alegação, pelo autor, de novos factos juridicamente relevantes, porque só nesta eventualidade se configurará um novo objecto processual); BAG, 01.02.1983; BGH, 19.09.1985; W. Henckel (*Prozessrecht...*, págs. 150-171), entendendo que a exigibilidade integra o objecto do processo – o que decorreria da circunstância de a acção dever ser julgada improcedente, caso a pretensão não seja exigível – e que a nova acção fundada na exigibilidade entretanto ocorrida traduz outro objecto processual, ou seja, outro direito material afirmado (não havendo, consequentemente, necessidade de aplicar os designados limites temporais do caso julgado); K. Reischl (*Die objektiven...*, págs. 243-258, e "Anmerkung", pág. 494), assinalando que só o reconhecimento de uma dimensão temporal do objecto do processo se harmoniza com a diferenciação entre a acção de condenação em prestação exigível e a acção de condenação em prestações periódicas vincendas, bem como com a regra segundo a qual o objecto do processo constitui o objecto da decisão (da qual deve decorrer a convergência entre os limites do objecto do processo e os limites do caso julgado);

A este propósito, observa Soyka[1773] que, se posteriormente ao divórcio, um dos cônjuges pretender reclamar alimentos do outro, não lhe é possível obter a

MünchKommZPO/Gottwald, § 322, 152, para quem qualquer facto novo modifica a pretensão, sendo desnecessário diferenciar os limites temporais do caso julgado e os limites do objecto do processo (segundo Gottwald, a ocorrência de um novo facto depois do momento da preclusão determina um novo objecto do processo, ainda que facto idêntico, se tivesse sido alegado na anterior acção, devesse ser integrado no respectivo objecto).

Por último, e assinalando a contradição que encerra a sustentação de que o objecto do processo não integra a causa de pedir e, simultaneamente, a consideração de que o caso julgado não obsta à proposição de nova acção, nas hipóteses de absolvição seguida de posterior vencimento da dívida, veja-se E. Schneider, "Streitgegenstandstheorien...", pág. 350.

Do nosso ponto de vista, ao regime do artigo 621º do CPC, não se encontra necessariamente subjacente uma alteração da causa de pedir – na medida em que o facto superveniente a que o preceito alude (por exemplo, o vencimento da dívida) não tem de consubstanciar um facto constitutivo do direito do autor –, pelo que a nova acção parece poder ser admissível apenas em virtude da interferência de limites do caso julgado distintos dos relativos às partes, ao pedido e à causa de pedir (que bem podem ser, então, limites temporais do caso julgado): identicamente, *Caso julgado*, págs. 41-42, considerando-se aqui que a hipótese do artigo 673º, 2ª parte, do CPC (de 1939, correspondente ao actual artigo 621º) traduz, tal como a do (actual) artigo 619º, nº 2, uma *renovação da causa* e não uma nova acção, pois pressupõe a ocorrência de novos factos, mantendo-se a causa de pedir (ambos os preceitos seriam, assim, expressão da dimensão temporal do caso julgado). No sentido de que a expressão "nos precisos limites e termos em que julga", constante do (actual) artigo 621º do CPC, "abrange todas as questões ou excepções suscitadas ou solucionadas em despacho ou sentença por imperativo legal e conexas com o direito a que se refere a pretensão do autor", RP, 02.04.1998; identicamente, STJ, 01.03.2001 (Proc. 00A4091), STJ, 27.01.2004 e, ao que nos parece, STJ, 12.07.2011 (porquanto afirma que "[a] expressão "limites e termos em que julga", constante do art. 673º do CPC [actual artigo 621º], significa que a extensão objectiva do caso julgado se afere face às regras substantivas relativas à natureza da situação que ele define, à luz dos factos jurídicos invocados pelas partes e do pedido ou pedidos formulados na acção". Relacionando, todavia, o regime do (actual) artigo 621º do CPC com a alteração da causa de pedir (numa situação em que o facto praticado depois da absolvição do pedido integrava, a par dos antes alegados, o direito do autor), veja-se STJ, 07.02.1991: aplicando aquele preceito, aqui se considera que a sentença que, numa acção destinada a obter a execução específica de um contrato-promessa, absolvera os réus por falta de interpelação destes para comparecer no Cartório Notarial em dia e hora determinados, não constituía caso julgado relativamente a uma nova acção em que se alegava, não só o incumprimento do contrato-promessa, mas também a notificação judicial dos réus para cumprirem este contrato-promessa, que entretanto ocorrera. Este aresto dá conta, ao que supomos, da previsão algo híbrida do artigo 621º do CPC (que, na feliz expressão de Cardona Ferreira, *Guia de recursos...*, pág. 70, "[é] um caso típico de literalidade de certo modo *enganadora*"): este preceito tanto parece aplicar-se a situações em que se verifica identidade da causa de pedir (será a hipótese do vencimento posterior da dívida), como a situações em que se verifica alteração da causa de pedir (será a hipótese descrita no aresto). Ora só quando se verifica identidade da causa de pedir tem interesse apelar às figuras dos limites temporais do caso julgado e da caducidade do caso julgado para justificar a admissibilidade da segunda acção; verificando-se alteração da causa de pedir, o artigo 621º do CPC continua ainda a exprimir os limites objectivos do caso julgado (só nesta perspectiva sendo, ao que nos parece, "o principal assento legal" da questão dos limites objectivos do caso julgado: cfr. M. Teixeira de Sousa, "Prejudicialidade...", págs. 309-313). Diversamente, na medida em que faz coicidir as figuras da caducidade do caso julgado e da alteração da causa de pedir, RP, 25.10.2011.

[1773] J. Soyka, *Die Abänderungsklage...*, 1ª ed., págs. 25-26 e 60-61.

modificação, nos termos do § 323 da ZPO, da sentença de condenação em alimentos que, durante o período da separação dos cônjuges, haja sido proferida, porque a pretensão de alimentos fundada na separação, a que se refere o § 1361 do BGB, configura um objecto processual diverso do da pretensão de alimentos fundada no divórcio, regulada nos §§ 1569 e seguintes do BGB; já, porém, constitui a mesma pretensão a pretensão de alimentos do menor de idade e a do maior (porque o dever de alimentos dos seus pais decorre do grau de parentesco que os une), pelo que a sentença de alimentos que, durante a menoridade, tenha sido proferida, só através da acção modificativa pode, após a maioridade, ser modificada[1774].

Parece-nos, porém, que no primeiro exemplo a razão da exclusão da acção modificativa radica logo, não na repercussão da alteração das circunstâncias no objecto do processo, mas na inexistência de alteração das circunstâncias em que se fundou a primitiva decisão: se os cônjuges se divorciam, a anterior sentença de alimentos caduca[1775], porque havia sido proferida no pressuposto (não na previsão) da separação de pessoas; não é, assim, sequer necessário verificar se o objecto do processo se alterou de tal modo que se justifica propor uma nova acção, pois a acção modificativa está por natureza excluída.

Com o segundo exemplo, parece-nos correspondentemente que não é demonstrada a teoria de que, não consubstanciando a alteração das circunstâncias uma alteração do objecto do processo, permanece intocada a possibilidade de proposição da acção modificativa: na verdade, a maioridade, em si, não constitui uma alteração das circunstâncias, justificativa da proposição da acção modificativa, pelo que se o título continua a valer – porque também não caducou com o atingir da maioridade[1776] –, a sua modificação posterior só se justificará em virtude da ocorrência de um outro facto.

[1774] Também no sentido de que, sobrevindo a maioridade do menor, como a pretensão do filho é a mesma antes e depois da maioridade, não se coloca um problema de objecto diferente, podendo, como tal, ser proposta acção modificativa, W. Zimmermann, *Zivilprozessordnung...*, pág. 616.

[1775] Esta caducidade é, aliás, reconhecida pelo Autor (J. Soyka, *Die Abänderungsklage...*, 1ª ed., pág. 26), quando afirma que "[...] der titulierte Trennungsunterhalt endet mit Rechtskraft der Scheidung".

[1776] Como também refere o Autor (cfr. J. Soyka, *Die Abänderungsklage...*, 1ª ed., pág. 26), "[...] die Titel, die ein minderjähriges Kind betreffen, auch nach Eintritt der Volljährigkeit fort gelten". À luz do direito português anterior à Lei nº 122/2015, de 1 de Setembro – que acrescentou um nº 2 ao artigo 1905º do CC, nos termos do qual "[p]ara efeitos do disposto no artigo 1880º [do CC], entende-se que se mantém para depois da maioridade, e até que o filho complete 25 anos de idade, a pensão fixada em seu benefício durante a menoridade, salvo se o respetivo processo de educação ou formação profissional estiver concluído antes daquela data, se tiver sido livremente interrompido ou ainda se, em qualquer caso, o obrigado à prestação de alimentos fizer prova da irrazoabilidade da sua exigência" –, J. P. Remédio Marques (*Algumas notas...*, pág. 370) sustentava tese idêntica: "o atingir da maioridade não determina a *cessação automática* do dever de alimentos decretados em data anterior". E adiantava: "embora os alimentos devidos a menores constituam uma específica obrigação alimentar, causas de cessação da obrigação

Entendemos, de qualquer modo, que quer o pedido que é feito valer na acção modificativa, quer os factos que a fundam, devem ter alguma *relação* com aqueles que constituíram o objecto do processo anterior, na medida em que, como se depreende do disposto no artigo 619º, nº 2, do CPC, a acção modificativa visa a alteração do já decidido e não propriamente obter uma primeira decisão sobre determinada matéria: ora, esta função não poderia ser preenchida se os factos alegados pelo autor da acção modificativa se integrassem numa situação da vida totalmente estranha àquela que os factos alegados pelo primitivo autor haviam integrado, ou se o efeito jurídico por si pretendido nenhuma conexão apresentasse com aquele que se pretendeu obter na acção anterior, porque, se assim fosse, não seriam, em abstracto, aptos a abalar o sentido da decisão modificanda.

Assim entendida a referida orientação da doutrina alemã (segundo a qual, como vimos, quando a alteração das circunstâncias conduza à alteração do objecto do processo anterior deve propor-se, não uma acção modificativa, mas uma nova acção), não vemos obstáculo à sua aceitação: quando o novo pedido ou os novos factos nenhuma relação apresentem com os anteriores, não tem cabimento a acção modificativa, sendo ainda relevante, portanto, a distinção que porventura se faça

de alimentos são as constantes do art. 2013º do CC, sendo que neste normativo não se prevê o fim da menoridade como causa de cessação da obrigação alimentar"; por outro lado, o próprio artigo 1412º, nº 2, do CPC [actual artigo 989º, nº 2] – ao determinar que, tendo havido decisão sobre alimentos a menores ou estando a correr o respectivo processo, a maioridade ou a emancipação não impedem que o processo de alimentos devidos a menores se conclua e, bem assim, que o incidente de cessação ou de alteração corram por apenso a esse processo – "inculca a ideia de que não ocorre [com a maioridade] uma cessação automática, *ipso iure*, do dever de alimentos". Na jurisprudência, diferente parecia ser, porém, o entendimento da Relação do Porto em acórdão de 10 de Novembro de 1992: neste, admitia-se que a maioridade constituísse causa de cessação da obrigação alimentar (embora se considerasse igualmente que não competia ao tribunal decidir oficiosamente se devia cessar tal obrigação, cabendo, antes, ao interessado na cessação promovê-la). Também o Supremo Tribunal de Justiça, em acórdão de 31 de Maio de 2007, entendeu que do nº 2 do artigo 1412º do CPC [actual nº 2 do artigo 989º] não resulta que enquanto os progenitores não requererem a cessação da obrigação alimentar fixada judicialmente aos filhos ela se mantém: o que resultava da lei (concretamente, dos artigos 1877º, 1878º, nº 1, e 1880º, todos do CC) era, antes, que a obrigação alimentar dos pais em relação aos filhos menores cessava quando eles atingissem a maioridade legal, salvo se eles requeressem a sua manutenção; deste modo, a sentença que condenasse o progenitor a prestar alimentos aos filhos enquanto menores era insusceptível de servir de título executivo para além da quantia exequenda devida até à maioridade deles, devendo a execução cessar no que concerne ao excedente. Seguindo idêntica doutrina: STJ, 22.04.2008; RE, 28.09.2006. Contra, RC, 16.01.2007 (em cujo sumário se lê que "[a] sentença que fixou os alimentos devidos a menores vale como título executivo após a sua maioridade, competindo ao obrigado promover a cessação da obrigação através do incidente previsto no art. 1412º, nº 2, do Código de Processo Civil [actual artigo 989º, nº 2]"). Actualmente há a considerar, na dilucidação, desta questão, o disposto no referido artigo 1905º, nº 2, do CC, do qual decorre, a nosso ver, que a maioridade não determina a cessação automática da obrigação de alimentos. Diferentes soluções encontram-se igualmente em outros ordenamentos: assim, no direito argentino, e como observa R. J. Dutto (*Juicio...*, pág. 194), a cessação dos alimentos opera *ipso iure* com o atingir da maioridade dos filhos menores, pelo que não é necessário deduzir o incidente respectivo.

entre circunstâncias supervenientes e circunstâncias novas (estas não traduzindo uma alteração das circunstâncias nos termos do artigo 619º, nº 2, do CPC).

Esta observação não é, porém, suficiente para concluir que o objecto da acção modificativa é idêntico ao da acção anterior (ou que só quando o objecto seja idêntico é possível propor acção modificativa), já que a *relação* entre factos ou entre pedidos que porventura se considere exigível para o efeito da proposição da acção modificativa (ou cuja inexistência se entenda poder fundar, quando muito, uma nova acção) não gera a sua identidade (parecendo mesmo, até, que a exclui): deste modo, e por exemplo, pode perfeitamente considerar-se que o facto constitutivo do direito exercido na acção modificativa não integrou o objecto da acção anterior – pelo singelo motivo de que, se o tivesse integrado, a decisão teria sido diversa e não careceria agora de alteração –, sem que daí resulte a inadmissibilidade da acção modificativa.

Em suma, diríamos que o artigo 619º, nº 2, do CPC não dá imediatamente resposta à questão de saber se é ou não diverso o objecto do processo que gerou a condenação e o da acção modificativa, mas apenas que essa diversidade não pode traduzir-se na insusceptibilidade de alteração da sentença anterior e, portanto, na ausência de qualquer relação com o objecto do processo anterior.

A questão de saber se o concreto facto superveniente que funda o direito exercido na acção modificativa, além de relacionado com aqueles que fundaram a decisão modificanda (e, por isso, necessariamente integraram o objecto do processo anterior), deve *também* ter integrado este objecto só pode, na verdade, ser solucionada aquando da análise de outras, não directamente enfrentadas pelo artigo 619º, nº 2, do CPC: a das sentenças tidas essencialmente em vista por este preceito, a da função de correcção de erros de prognose que pode ser atribuída à acção modificativa ou a da demarcação entre a acção modificativa e a oposição à execução, sendo que da análise das duas primeiras nos pareceu resultar que era o mesmo o objecto da acção anterior e o da acção modificativa.

III. Circunstâncias anteriormente previsíveis, mas não alegadas na anterior acção; a relevância da previsibilidade da alteração das circunstâncias no regime da modificação ou resolução dos contratos; o caso dos danos já previsíveis (remissão)

Não deixa de causar alguma perplexidade que se admita que, estando as partes oneradas com a alegação de certos factos (os factos essenciais, nos termos do artigo 5º, nº 1, do CPC, que são aqueles que constituem a causa de pedir e aqueles em que se baseiam as excepções), e podendo, não só alegá-los, mas também influir, nos termos do nº 2, alínea *b)* do mesmo artigo, na consideração pelo juiz de outros factos (os factos complementares ou concretizadores, que são aqueles que são essenciais à procedência das pretensões formuladas ou das excepções deduzidas, não integrando embora, ao contrário dos factos essenciais, "o núcleo essencial da situação jurídica alegada pela parte")[1777], o não cumprimento desse ónus ou o não exercício (ou deficiente exercício) dessa faculdade possam, de algum modo, ser torneados através do mecanismo da acção modificativa.

Assim, se o motivo pelo qual o juiz da primitiva acção não considerou certa realidade futura (que já então era previsível) foi a falta de alegação de certos factos pelo interessado na modificação, ou a não pronúncia do interessado sobre essa realidade, parece que a correspondente sentença não deve poder ser modificada com fundamento na posterior ocorrência desses factos, porque tal modificação não se coadunaria com a circunstância de a alegação de tais factos, ou a pronúncia sobre os mesmos, já se encontrar necessariamente precludida[1778].

Por outro lado, a não consideração, como fundamento da acção modificativa, de um facto que já era previsível ao tempo da primeira acção, mas que não foi alegado, devendo sê-lo, adequa-se melhor à função de correcção de erros de previsão do juiz que é atribuída à acção modificativa: é que, não tendo aquele facto sido alegado, não há propriamente erro de previsão a considerar, porque o juiz não chegou a realizar qualquer previsão.

Finalmente, se o entendimento exposto for aceite, é possível encontrar ainda um certo paralelismo entre o regime civil da resolução ou modificação do contrato por alteração das circunstâncias e o regime da acção modificativa: é que aquele, como se verá de seguida, atribui relevância – na medida em que, em regra, exclui a possibilidade de resolução ou modificação do contrato com esse fundamento – à previsibilidade da alteração das circunstâncias.

A este respeito, umas breves notas sobre o problema, que a doutrina civilista tem discutido, de saber se o artigo 437º do CC só é aplicável aos casos em que

[1777] Sobre a distinção entre factos essenciais e factos complementares ou concretizadores (ambos integrando a categoria dos factos principais, que podem ser definidos como os factos necessários à procedência da acção ou da excepção), veja-se M. Teixeira de Sousa, *Estudos...*, págs. 70-72. Na doutrina italiana, os factos principais, como realidade contraposta aos factos secundários, são designados como o "núcleo dos factos" (assim, C. Mandrioli, *Corso...*, pág. 105).

[1778] Face ao CPC de 1961, assinalava M. Teixeira de Sousa (*Estudos...*, págs. 77-79) que, sem prejuízo da preclusão decorrente da má fé processual, a omissão da alegação dos factos essenciais não podia ser sanada após o momento – a que se referia nomeadamente o artigo 508º, nº 1, alínea *b)*, e 3, do CPC daquele Código [correspondente ao artigo 590º, nº 2, alínea *b)*, e nº 4, do actual CPC] – do convite à parte para suprir as insuficiências na exposição da matéria de facto verificadas nos seus articulados, e a omissão da alegação dos factos complementares não podia ser sanada após o momento – a que se referia o artigo 264º, nº 3, do mesmo diploma [correspondente ao artigo 5º, nº 2, alínea *b)*, do actual CPC] – da instrução e discussão da causa. O actual artigo 5º, nº 2, alínea *b)* não alude a um ónus de alegação de factos complementares, mas a pronúncia das partes sobre tais factos deve ocorrer, ao que parece, até ao encerramento da discussão, atendendo ao disposto no artigo 611º, nº 1; de qualquer modo, e embora não seja clara a diferença entre a alegação e a pronúncia, não vigora um ónus de pronúncia cujo não cumprimento determine a não consideração do facto.

a alteração das circunstâncias seja imprevisível no momento em que se celebra o contrato.

Aquando da elaboração do Anteprojecto do Código Civil, VAZ SERRA[1779] sustentou que "[a] resolução do contrato só deve ter lugar quando a alteração das circunstâncias era *imprevisível*"; não obstante, observou que a boa fé podia, em certos casos, dispensar a imprevisibilidade do evento, justificando mesmo que não se dissesse na lei que a alteração das circunstâncias devia ser imprevisível, "pois, onde isso seja razoável, resulta da boa fé, indicada como fundamento da resolução ou modificação do contrato".

Mais tarde, VAZ SERRA[1780] precisaria o seu pensamento nos seguintes termos: "O artigo 437º, diferentemente do artigo 1467º do Código Civil italiano, não exige expressamente que a alteração das circunstâncias fosse imprevisível, exigindo, porém, que ela seja "anormal" [...]. Parece que o requisito da "imprevisibilidade" depende da extensão do risco assumido no contrato pela parte prejudicada pela alteração das circunstâncias: ao contratar, obrigando-se a uma prestação a fazer no futuro, tem ou deve ter a parte em conta a possibilidade de entretanto ocorrerem acontecimentos susceptíveis de influir no cumprimento da obrigação, não lhe sendo, portanto, lícito invocar os que, dada a sua probabilidade, tiverem ou deverem ter sido tomados por ela em consideração. Assim, a alteração de circunstâncias, que estiver compreendida nas flutuações normais do contrato ou abrangida pela finalidade deste, não legitima a aplicação do artigo 437º. [...] O artigo 437º não diz que a alteração das circunstâncias tenha de ser imprevisível; mas, quando isso for razoável, resulta da boa fé, que, segundo esse artigo, é o fundamento da resolução ou modificação do contrato".

No sentido de que a imprevisibilidade não se confunde com a anormalidade da alteração das circunstâncias, podendo dispensar-se aquela, para efeitos da aplicação do regime do artigo 437º do CC, veja-se, a título exemplificativo, PAIS DE VASCONCELOS[1781], ALMEIDA COSTA[1782], e, na jurisprudência, um Acórdão do Tribunal da Relação de Coimbra de 31 de Janeiro de 2006[1783] e dois outros do

[1779] Vaz Serra, "Resolução...", págs. 328-330 e nota 64-a.

[1780] Vaz Serra, "Anotação" (ao acórdão do STJ de 6 de Abril de 1978), pág. 355.

[1781] P. Pais de Vasconcelos, *Teoria geral...*, pág. 372.

[1782] M. J. de Almeida Costa, *Direito das Obrigações*, pág. 304: "O critério da anormalidade da alteração coincide nos resultados, via de regra, com o da imprevisibilidade. Porém, aquele afigura-se mais amplo do que este, permitindo, razoavelmente, conjugado com a boa fé, estender a resolução ou modificação a certas hipóteses em que alterações anormais das circunstâncias, posto que previsíveis, afectem o equilíbrio do contrato [...]. [...] dispensa-se a imprevisibilidade nos casos em que a boa fé obrigaria a outra parte a aceitar que o contrato ficasse dependente da manutenção da circunstância alterada".

[1783] RC, 31.01.2006: "A previsão de um acontecimento não lhe retira [...] o cariz de anormalidade [...], uma vez que as partes podem ter previsto a ocorrência da sua existência, mas não se conformarem com a concretização dessa possibilidade, acreditando que o mesmo não se verificará, tendo contratado nesse

Supremo Tribunal de Justiça[1784]; considerando, porém, que a imprevisibilidade é requisito de aplicação do regime do artigo 437º do CC, consultem-se RODRIGUES BASTOS[1785], MENEZES LEITÃO[1786], um Acórdão do Tribunal da Relação do Porto de 5 de Dezembro de 2003[1787] e outro, mais antigo, do Supremo Tribunal de Justiça[1788].

Em conclusão: o regime civil da modificação ou resolução dos contratos com fundamento em alteração das circunstâncias pressupõe, ao menos em regra, a imprevisibilidade da alteração das circunstâncias; o regime da acção modificativa deve assemelhar-se-lhe no ponto em que não constitui seu fundamento circunstância previsível e não alegada na anterior acção, podendo sê-lo.

E as circunstâncias previsíveis não consideradas na sentença modificanda por motivo diverso da falta de alegação pelo autor? Podem constituir fundamento de acção modificativa?

Esta hipótese só é possível se, como observa SOYKA[1789] – embora em relação a factos antigos desconsiderados na sentença anterior –, o juiz da acção anterior tiver desconsiderado o facto por ter entendido que os restantes eram suficientes para fundar a pretensão do autor; já se o facto previsível tiver sido julgado irrelevante, à sua consideração na acção modificativa pode obstar o princípio da vinculação ao anteriormente decidido. No primeiro caso propendemos, porém, para considerar que o facto já antes previsível pode constituir fundamento da

pressuposto. A anormalidade, apesar da previsão, ou previsibilidade, resultará do seu desalinhamento perturbador da ordem natural da vida que dá sentido à relação contratual estabelecida".

1784 STJ, 12.03.1981 ("[...] IV – Embora a imprevisibilidade da alteração de circunstâncias seja, em regra, indispensável, pode, em casos especiais, ser dispensada. [...]"), e STJ, 28.05.2009 (implicitamente, porque nele, citando-se P. Romano Martinez, se diz que a alteração anormal das circunstâncias corresponde a uma modificação da base negocial "pouco habitual", o que, na verdade, não equivale a imprevisível).

1785 J. Rodrigues Bastos, *Das obrigações...*, I, págs. 129-130 e nota 1: "é necessário que essa alteração seja *anormal*, o que quer dizer que se não configure como o previsível desenvolvimento de uma situação que se conheça à data em que o contrato foi celebrado", por isso sucedendo que, nos negócios com carácter especulativo, o direito de resolução deva ser reconhecido com menos frequência, atentas as alterações de circunstâncias (por exemplo, flutuação dos preços) com que as partes podem logo contar.

1786 L. Menezes Leitão, *Direito das obrigações*, vol. II, pág. 129: "[...] exige-se [...] que essa alteração tenha carácter anormal, ou seja, que fosse de todo imprevisível para as partes a sua verificação".

1787 Neste acórdão lê-se o seguinte: "Requisito elementar da aplicação do regime legal citado [o do artigo 437º do CC] é que, durante a execução do contrato, alterações anormais, imprevisíveis, das circunstâncias criem um desequilíbrio contratual, "gravemente" lesivo dos princípios da boa fé e que não esteja coberto pelos riscos próprios do contrato. A alteração para ser relevante não pode ser coeva da celebração do contrato nem previsível num quadro temporal próximo, segundo as regras da experiência. O exemplo de escola dos "coronation cases" é ilustrativo desta realidade. O art. 437º do Código Civil não prevê "remédio" para o "error in futurum", este cabe no âmbito de aplicação do art. 252º, nº 2, do Código Civil".

1788 STJ, 23.05.1985: "[...] II – Embora o não refira expressamente, a disposição do artigo 437º, nº 1, do Código Civil exige a imprevisibilidade da alteração das circunstâncias. [...]".

1789 J. Soyka, *Die Abänderungsklage...*, 1ª ed., págs. 101-103.

acção modificativa – porque não teria sentido penalizar as partes com a sua inalegabilidade posterior –, embora também se possa colocar o problema de saber se não deverá ser alegado, antes, através da via da oposição à execução (em virtude de, em relação a esse facto, não ter sido realizada qualquer prognose)[1790].

Quanto aos danos previsíveis à data da primeira acção, mas nela não alegados nem objecto de pedido genérico, a impossibilidade da sua dedução através da via da acção modificativa já foi por nós tratada, a propósito do pedido parcial[1791].

§ 25º A alteração da lei enquanto circunstância superveniente

I. Colocação do problema. O problema na oposição à execução. Noção de circunstância. A alteração de lei como modificação das circunstâncias. Sequência.

O artigo 619º, nº 2, do CPC, ao admitir a possibilidade de alteração da sentença "desde que se modifiquem as circunstâncias que determinaram a condenação", levanta o problema de saber o que deve entender-se por circunstância, problema cuja dilucidação é importante, nomeadamente para aferir se apenas as circunstâncias fácticas estão aí contempladas, ou se também os habitualmente designados "factos normativos" podem justificar tal alteração.

Um facto normativo que poderia justificar a alteração da sentença seria, por exemplo, o alargamento do período de vigência da obrigação de alimentos, prevista no artigo 1884º do CC, do pai não unido pelo matrimónio à mãe do filho: imagine-se que os alimentos à mãe, estabelecidos por sentença, passavam a ser devidos, não apenas até ao primeiro ano de vida do filho, mas até ao segundo, hipótese em que seria sustentável a alteração da sentença por forma a abranger o novo período relevante. Na Alemanha, aliás, a questão da integração das alterações legislativas na previsão do § 323 da ZPO foi muito discutida no início da década de 60, a propósito do alargamento do período de vigência da obrigação de alimentos: concretamente, da obrigação de alimentos do pai em relação ao filho nascido fora do matrimónio, que, através da nova redacção que a *Familienrechtsänderungsgesetz* de 11 de Agosto de 1961 deu ao § 1708 do BGB (preceito que, entretanto, já foi revogado), foi estendida dos 16 para os 18 anos do filho[1792].

Refira-se que, relativamente à oposição à execução, coloca-se problema idêntico ao que deixámos exposto: concretamente, poderá a alteração de lei (tal como,

[1790] Mas, como veremos, o critério de demarcação entre a acção modificativa e a oposição à execução não pode radicar na existência ou inexistência de prognose em relação a determinado facto (*infra*, § 31º, III).

[1791] *Supra*, § 23º, IV.

[1792] Sobre esta alteração legislativa e sobre o problema de saber se as sentenças que fixavam a obrigação de alimentos do pai até aos 16 anos do filho podiam ser alteradas, por via da acção modificativa regulada no § 323 da ZPO, de modo a que a obrigação fosse estendida até aos 18 anos, veja-se F. Baur ("Zivilprozessuale Fragen...", pág. 512), em sentido afirmativo.

aliás, a alteração de jurisprudência) traduzir um facto extintivo ou modificativo da obrigação, nos termos do artigo 729º, alínea *g)*, do CPC?

Na Alemanha, por exemplo, há quem sustente que a excepção (*Einwendung*) que pode fundar a oposição à execução, nos termos do § 767, 1, da ZPO, não pode consistir em realidades desse teor (a menos que se trate da alteração de jurisprudência prevista no (anterior) § 19 da AGBG e (actual) § 10 da UKlaG, ou da declaração de inconstitucionalidade mencionada no § 79, 2, 2 da BVerfGG[1793])[1794]. A jurisprudência e doutrina dominantes entendem, porém, que as circunstâncias que podem fundar a oposição à execução são de natureza muito variada, nelas cabendo tanto as alterações legislativas como as jurisprudenciais, ou mesmo decisões administrativas[1795]; e a alteração de lei, nos casos em que determine o desaparecimento do fundamento da pretensão de alimentos, é unanimemente considerada como fundamento de oposição à execução[1796]. Problemas especiais levanta a demarcação entre a oposição à execução e a acção modificativa, se se entender que qualquer destas vias pode ter por fundamento uma alteração legislativa[1797].

Face ao direito português, parece-nos que se a nova lei atribuir relevância a certo facto e este facto extinguir ou modificar a obrigação do réu, nenhum obstáculo há em considerar a alteração da lei fundamento de oposição à execução, porque está preenchida, ao menos literalmente, a previsão do artigo 729º, alínea *g)*, do CPC.

Contudo, se a lei nova não atribuir relevância a certo facto, mas pura e simplesmente deixar de atribuir relevância aos factos antigos que foram determinantes para a condenação, já não é aparentemente possível a via da oposição à execução: é que não há aqui qualquer facto superveniente modificativo ou extintivo a considerar, não se encontrando, como tal, preenchida a previsão do artigo 729º, alínea *g)*, do CPC (nem, manifestamente, a previsão de qualquer das outras alíneas deste preceito).

[1793] Ao § 19 da AGBG e ao § 10 da UKlaG já antes nos referimos (*supra*, § 7º, II, 2). Também de acordo com o § 79, 2, 2, da BVerfGG, o devedor pode lançar mão do disposto do § 767 da ZPO, sempre que a sentença assente em norma declarada inconstitucional pelo *Bundesverfassungsgericht*. Sobre o § 19 da AGBG e o § 79, 2, 2, da BVerfGG, veja-se H. F. Gaul, *Möglichkeiten...*, págs. 38-39, e Rosenberg/Gaul/Schilken, *Zwangsvollstreckungsrecht...*, págs. 648-649. Sobre a exequibilidade de sentenças civis fundadas em norma declarada inconstitucional, veja-se, em geral, A. P. Pohle, *Die Verfassungswidrigerklärung...*, págs. 171-172, e K. Zekorn, "Der Einfluss...", esp. págs. 419-425.

[1794] Assim: K. Schmidt, "Vollstreckungsgegenklage...", pág. 495.

[1795] Assim, BGH, 14.03.2008 e BGH, 02.07.2009 (aqui se acentuando, porém, que a generalidade das alterações de jurisprudência não é susceptível de constituir excepção no sentido do § 767, 1, da ZPO, pondo em causa, antes, a legalidade da própria decisão).

[1796] Assim, H.-U. Graba, *Die Abanderung...*, págs. 69-70.

[1797] Distinguindo o campo de aplicação destes dois meios processuais consoante a alteração da lei retire ou não definitivamente a exequibilidade ao título, J. Soyka, *Die Abänderungsklage...*, 1ª ed., págs. 79-80.

A esta última conclusão subjaz, porém, uma argumentação rebatível. É que ao deixar de atribuir relevância aos factos antigos que foram determinantes para a condenação, a lei nova ainda determina a extinção da obrigação, pelo que pode entender-se que se verificou, posteriormente ao encerramento da discussão, um novo facto, que é o da caducidade da obrigação (decorrente do desaparecimento dos seus pressupostos legais), assim se preenchendo a previsão do artigo 729º, alínea *g)*, do CPC.

O entendimento segundo o qual a alteração legislativa pode, em princípio, constituir fundamento de oposição à execução nos termos deste preceito (ainda que, na situação concreta, possa não constituir) parece-nos ser acolhido num acórdão do Tribunal da Relação do Porto de 9 de Novembro de 1999 (Proc. 9920912). Neste aresto afirma-se que, proferida sentença de condenação na cessação de certa actividade exercida em prédio em regime de propriedade horizontal (com o fundamento de que o título constitutivo dessa propriedade não o permitia), deve a mesma ser executada ainda que sobrevenha alvará de licença de utilização de estabelecimento do qual decorra tal permissão, uma vez que "[a] modificação que, por via legislativa, ocorra relativamente a uma situação jurídica abstracta não tem a virtualidade de provocar a extinção ou modificação de uma situação jurídica concreta, já apreciada e decidida por sentença judicial transitada em julgado". Ou seja: a alteração legislativa deve, em princípio, ser alegada através da oposição à execução ao abrigo do disposto no artigo 729º, alínea *g)*, do CPC, ainda que, na situação concreta, possa não traduzir fundamento procedente de oposição (por a alteração legislativa não se repercutir directamente na situação apreciada na sentença exequenda).

A noção de circunstância não se encontra definida na lei processual, mas não equivale àquela (ou àquelas) que interessa(m) ao Direito Penal, área da ciência jurídica onde o conceito tem sido mais estudado, porque, aqui, e como ensina Cavaleiro de Ferreira[1798], a circunstância – quer seja entendida enquanto modalidade possível de um elemento essencial da infracção, enquanto causa exterior do crime com relevância para a individualização da pena ou enquanto elemento acidental da infracção – reporta-se sempre à *acção humana*, situando-a na sua individualidade[1799].

Diversamente, o conceito de circunstância que subjaz ao artigo 619º, nº 2, do CPC aproxima-se do de *fundamento* da sentença – a que aludem, por exemplo, os artigos 607º, nº 3, e 615º, nº 1, alíneas *b)* e *c)*, do CPC, sendo que nestes preceitos

[1798] M. Cavaleiro de Ferreira, "Circunstâncias", págs. 559-560.

[1799] É este também, ao que nos parece, o sentido comum de "circunstância", a que aludem, por exemplo, L. J. Lazzaroni (*El conocimiento...*, pág. 158) e E. Ymaz (*La esencia...*, págs. 33-34), quando respectivamente afirmam que "[p]or circunstância sempre se entendeu aqueles fragmentos da realidade que rodeiam outro fragmento do mundo que por alguma razão se destacou. Uma pessoa pode ferir outra num contexto em que chovia e era de noite [...]" e que "a norma [...] não é uma circunstância que possa ser afirmada na realidade de uma existência de que carece, porque se situa fora do tempo" (trad. nossa).

se contemplam tanto os fundamentos de facto como os de direito –, porque se trata de uma realidade que *determinou a condenação*.

Aproximando-se o conceito de circunstância do conceito de fundamento da sentença, não vemos motivo para não integrar, no conceito de alteração das circunstâncias contido no artigo 619º, nº 2, do CPC, a alteração da lei: é, aliás, curioso notar que o Código de Processo Civil por diversas vezes alude a *factos*, sendo que no artigo 619º, nº 2, se reporta expressamente a *circunstâncias*.

É certo que ainda não podemos concluir que a alteração da lei justifica a modificação das sentenças a que alude este preceito, mas não nos parece que deva ser arredada essa possibilidade com base no entendimento segundo o qual uma alteração da lei não é apta a integrar o conceito de alteração das circunstâncias. A jurisprudência portuguesa, de resto, parece entender pacificamente que, ao abrigo do disposto no artigo 619º, nº 2, do CPC, podem ser modificadas sentenças que digam respeito a pensões cujo montante haja sido alterado por via legislativa, assim pressupondo que tal alteração legislativa consubstancia uma alteração das circunstâncias[1800].

Na Alemanha, e a propósito das circunstâncias justificativas da *Abänderungsklage*, a superveniência de factos e a superveniência de lei (ou de jurisprudência) não são normalmente objecto de um tratamento conjunto. Tal significa, nas palavras de PETZOLDT[1801], que o problema dos limites temporais do caso julgado tem sido encarado sob dois diferentes e autónomos prismas (sendo que o Autor só se propõe tratar do segundo): o da repercussão da posterior alteração da lei ou da jurisprudência no caso julgado e o da repercussão da posterior alteração da base factual no caso julgado.

De qualquer modo, e como assinala REMO CAPONI[1802], o problema dos limites temporais do caso julgado tem sido estudado, na Alemanha, sobretudo em conexão com a superveniência de factos[1803].

[1800] No sentido de que a alteração das circunstâncias a que se refere o artigo 619º, nº 2, do CPC pode ser uma alteração legislativa, STJ, 06.06.1980, em cujo sumário se lê o seguinte: "As pensões devidas a beneficiarios por acidentes de trabalho, sejam eles os próprios sinistrados ou, no caso de morte, as suas viúvas, filhos ou outras pessoas a quem a lei reconheça tal direito, sendo fixadas em atenção a circunstâncias especiais quanto à sua medida, cabem perfeitamente no nº 2 do artigo 671º do Código de Processo Civil [de 1961; actual artigo 619º, nº 2], subsidiariamente aplicável, e são, por isso, susceptíveis de, por via legislativa, sofrerem alteração no seu montante"); veja-se, em idêntico sentido, STJ, 08.04.1981, na medida em que aqui se considera que o caso julgado da sentença de alimentos pode ser afectado quando "a lei nova vem dispor sobre a forma de cumprir as prestações ou sobre o seu montante" e o correspondente problema é ponderado a propósito dos (actuais) artigos 619º, nº 2, e 936º, nº 1, do CPC; veja-se, ainda, RL, 29.03.1993 (em sentido idêntico ao do acórdão do STJ de 06.06.1980).

[1801] T. M. Petzoldt, *Die Rechtskraft*..., págs. 80-81.

[1802] Remo Caponi, *L'efficacia*..., pág. XII.

[1803] A relação entre o caso julgado e a alteração de lei é, porém, tratada por: W. J. Habscheid (nomeadamente em "Urteilswirkungen und Gesetzesänderungen"); BGH, 12.07.1990; H.-U. Graba, *Die Abänderung*..., págs. 112-113.

Julgamos, contudo, que a fusão das duas perspectivas, pelo menos à luz do direito português, apresenta várias vantagens.

Desde logo, a da possibilidade de determinação do campo de aplicação do artigo 619º, nº 2, do CPC.

A consideração da repercussão da alteração de lei no caso julgado permite também responder a uma questão que nos interessa: a de saber se o artigo 619º, nº 2, do CPC pressupõe uma alteração da causa de pedir. É que se se concluir que a alteração da sentença aí prevista pode fundar-se na mera alteração da lei, parece que a resposta deve ser negativa, pelo menos nos casos em que a alteração de lei se traduza na atribuição de diversa relevância ao facto de que procede a pretensão da primeira acção: nestes casos, o facto jurídico de que procede a pretensão da primeira acção e a da acção modificativa será o mesmo, não se verificando qualquer alteração da causa de pedir, porque não basta a alteração da respectiva qualificação jurídica para que o facto seja diverso (aliás, se bastasse a alteração da qualificação para a diversidade do facto, nunca podia sequer colocar-se o problema da afectação do caso julgado pela lei retroactiva aplicada em acção posterior, porque o caso julgado só opera quando seja idêntica a causa de pedir[1804]).

Por outro lado, nada exclui que a especificidade do caso julgado contemplado no artigo 619º, nº 2, do CPC justifique a mesma solução para a superveniência de factos e para a superveniência de lei, pelo que estas duas temáticas necessariamente têm um ponto comum de tratamento: precisamente, o da identificação de tal especificidade.

Em quarto lugar, a relevância da alteração da lei tem sido discutida, na doutrina civilista, a propósito do problema, de algum modo próximo daquele que nos ocupa, da resolução ou modificação dos contratos por alteração de circunstâncias, também nessa sede se questionando se certas alterações legislativas (por exemplo, as que consubstanciaram nacionalizações) podem fundar aquela resolução ou modificação (no pressuposto, que é também aquele de que partimos, de que uma alteração da lei pode, em princípio, integrar o conceito de alteração das circunstâncias[1805]).

[1804] Como salienta U. Kornblum ("Zum Verhältnis...", págs. 655-656), o problema da relação entre a alteração da lei e o caso julgado relaciona-se com o do objecto do processo, porque apenas constitui caso julgado a decisão sobre o objecto do processo: a mera alteração da situação jurídica não significa uma alteração da causa de pedir, pelo que a sua alegação numa acção posterior não torna inoperante o caso julgado.

[1805] Assim, por exemplo, Vaz Serra ("Anotação" (ao Acórdão do STJ de 6 de Abril de 1978), págs. 345 e seguintes), a propósito da entrada em vigor do Decreto-Lei nº 448/74, de 12 de Setembro – que impediu certo promitente comprador de demolir o prédio prometido comprar e fazer no local nova construção, conforme projectara aquando da celebração do contrato –, que implicitamente qualifica como uma alteração de circunstâncias, eventualmente relevante para o efeito da resolução do contrato-promessa

Por último, o tratamento conjunto da superveniência de lei e da superveniência de factos apresenta a vantagem da análise de um problema que é, na essência, comum a ambos os fenómenos, e ao qual alude REMO CAPONI[1806] (que, aliás, os trata também conjuntamente) – o da eficácia do caso julgado civil no desenvolvimento, ao longo do tempo, da situação substantiva que constituiu o objecto do processo –, decorrendo tal carácter comum da circunstância de o desenvolvimento temporal dessa situação substantiva poder ser condicionado tanto pela intervenção de um novo facto relevante como pela entrada em vigor de uma nova lei[1807].

A análise da alterabilidade da sentença em virtude da superveniência de lei, nos termos do artigo 619º, nº 2, do CPC, exige, em primeiro lugar, que se averigúe se esta superveniência pode consubstanciar uma modificação das circunstâncias, no sentido em que este conceito é aqui utilizado.

Ora, pelas razões que expusemos, não vemos motivo para rejeitar a possibilidade de uma alteração da lei consubstanciar uma alteração das circunstâncias e para qualificá-la como um potencial fundamento da modificação das sentenças prevista no artigo 619º, nº 2, do CPC.

Em caso afirmativo – como nos parece ser o caso –, tal análise coloca também a questão de saber se o princípio da irretroactividade extrema das leis, ou alguma outra norma ou princípio constitucional, obsta à repercussão da lei nova no correspondente caso julgado (e, consequentemente, à alteração da sentença nos termos do artigo 619º, nº 2, do CPC, por esse motivo).

Em terceiro lugar, admitindo a possibilidade de repercussão da lei nova no caso julgado, coloca-se o problema de saber se a lei nova deve ser feita valer pela parte interessada através da acção modificativa prevista neste artigo 619º, nº 2, ou através de outro meio processual.

Analisaremos separadamente estas duas últimas questões.

pretendida por aquele contraente. Na Alemanha, considerando que uma alteração legislativa pode integrar o conceito de alteração da base negocial, a que se refere o § 313 do BGB, veja-se BGH, 25.11.2009.

1806 Remo Caponi, *L'efficacia...*, IX-X.

1807 No que diz respeito à entrada em vigor de uma nova lei, observa Savigny (*System...*, VIII, págs. 1-8) que o estudo da sucessão das normas no tempo pode ser desenvolvido sob duas perspectivas: a da norma, procurando-se determinar o seu âmbito de eficácia e, a partir daí, as situações que lhe ficam submetidas; a da situação a disciplinar, procurando-se determinar depois a respectiva regulação jurídica. Esta última perspectiva tem, segundo Remo Caponi ("*Tempus...*", págs. 457-459), a vantagem de atender aos interesses protegidos pela norma anterior que são atingidos ou deixados intocados pela norma posterior: assim, no caso da alteração da lei na pendência do processo, a consideração, em primeiro lugar, do próprio processo e, concretamente, do interesse na economia de julgados, leva o Autor a sustentar que, caso essa lei seja substantiva, vale, quanto a ela, o mesmo que vale em relação aos factos supervenientes, isto é, a regra segundo a qual o material do *accertamento* deve ser o mais recente possível, pelo que a lei é aplicável aos processos em curso; já se essa lei for de natureza adjectiva, a sua aplicabilidade deve restringir-se aos processos futuros ou, pelo menos, aos futuros graus de jurisdição.

Antes, porém, um reparo: pelo menos para responder à segunda questão – a de saber *se o princípio da irretroactividade extrema das leis, ou alguma outra norma ou princípio constitucional, obsta à repercussão da lei nova no correspondente caso julgado, mesmo quando este seja um caso julgado de trato sucesivo,* como sucederá na maioria das hipóteses contempladas no artigo 619º, nº 2, do CPC –, importa considerar, no direito português, a eventual repercussão da superveniente declaração de inconstitucionalidade ou de ilegalidade com força obrigatória geral (regulada no artigo 282º da Constituição) no caso julgado de trato sucessivo, pelo que talvez se justificasse tratar previamente este último problema.

Mas, como o tema da afectação do caso julgado de trato sucessivo pela lei superveniente tem sido, até agora, objecto de maior (e autónoma) atenção pela doutrina do que o tema da afectação desse caso julgado pela superveniente declaração de inconstitucionalidade ou de ilegalidade com força obrigatória geral, fornecendo, de algum modo, o enquadramento geral de um problema que é, afinal, comum, justifica-se, ao que nos parece, que a ele nos devamos já referir.

II. O princípio da proibição da retroactividade extrema das leis e o disposto no artigo 282º, nº 3, 1ª parte, da Constituição como obstáculos à consideração da alteração da lei nos termos do artigo 619º, nº 2, do CPC

1. Introdução

Admitindo que nada obsta à consideração da alteração da lei como uma *modificação das circunstâncias,* no sentido em que esta expressão é usada no artigo 619º, nº 2, do CPC, cumpre apurar se à sua relevância, nos termos deste preceito, obstará o princípio da proibição da retroactividade extrema das leis, que exclui a retroactividade quando dela decorra a destruição do caso julgado.

Em caso afirmativo, constatar-se-ia que a superveniência de factos obedeceria a um regime diverso do da superveniência de leis, porque só no primeiro caso se abriria a via da acção modificativa prevista naquele preceito.

Para quem entenda que o artigo 619º, nº 2, do CPC se limita a confirmar as regras gerais relativas ao caso julgado (nomeadamente a de que este não opera quando seja diversa a causa de pedir), esta conclusão não parece poder significar uma diferente repercussão dos factos supervenientes e da lei superveniente no caso julgado, porque tal teoria nega precisamente que a alteração de factos prevista naquele preceito tenha como consequência a quebra do caso julgado; já para quem defenda a posição contrária (isto é, a de que o artigo 619º, nº 2, do CPC permite a quebra do caso julgado, porque é a mesma a causa de pedir da anterior acção), a exclusão da relevância da lei superveniente em homenagem ao princípio da irretroactividade extrema das leis significaria a aceitação da quebra do caso julgado nas hipóteses de superveniência de factos e a rejeição dessa quebra nas hipóteses de superveniência de lei.

Numa primeira análise, diríamos que, seguindo-se esta última teoria (vulgarmente designada, na Alemanha, e à luz do disposto no § 323 da ZPO, como teoria da equidade), é algo incompreensível a aceitação da quebra do caso julgado apenas na eventualidade de superveniência de factos: por que motivo, na verdade, há-de o caso julgado ser permeável a factos novos e não à lei nova?

Mas, mesmo que se perfilhe a primeira teoria (designada, na Alemanha, como teoria da confirmação) – e, portanto, se não coloque este problema da diversa possibilidade de repercussão dos factos supervenientes e da lei superveniente no caso julgado –, não deixa de causar alguma estranheza a aceitação da utilização da via processual prevista no artigo 619º, nº 2, do CPC apenas para os factos supervenientes ou, talvez melhor dizendo, a consideração de que a superveniência de lei, quando a mesma se repercuta nas situações duradouras a que alude este preceito, coloca sempre um problema de inadmissível afectação do caso julgado, excluindo-se, por este motivo, a possibilidade de a mesma ser feita valer nos termos deste preceito.

Vejamos, porém, se o princípio da irretroactividade extrema das leis obsta efectivamente à invocação da lei superveniente nos termos do artigo 619º, nº 2, do CPC.

Vejamos também, depois de tal análise, se a própria regra do artigo 282º, nº 3, 1ª parte, da Constituição (numa dimensão diferente, e mais abrangente, do que aquela que se pode traduzir na irretroactividade extrema das leis) pode servir de argumento no sentido da não consideração da alteração da lei como fundamento possível dessa modificação.

2. Noção de retroactividade. Fundamento do princípio da proibição da retroactividade extrema das leis

A retroactividade pode ser definida, segundo Remo Caponi[1808], como a eficácia da norma jurídica no período anterior à sua entrada em vigor, como a aplicação da lei antes da sua entrada em vigor, ou, enfim, como a valoração de factos verificados antes da entrada em vigor da lei: definições que, de acordo com o Autor, não servem, porque nenhum fenómeno pode ter a pretensão de actuar antes de existir, a lei só pode ser aplicada no tempo da sua vigência e, bem assim, o facto reapreciado pode não ter ocorrido no passado[1809].

[1808] Remo Caponi, *L'efficacia...*, págs. 35-38, e "La nozione...", págs. 1344-1347.

[1809] Assim, por exemplo – e quanto ao sentido de retroactividade referido em último lugar –, a lei é retroactiva quando introduz um efeito modificativo ou extintivo de uma situação instantânea já existente, independentemente de o facto a que atribui tal efeito ser anterior ou posterior à entrada em vigor da lei (cfr. Remo Caponi, *L'efficacia...*, pág. 47, e "La nozione...", pág. 1356). Quanto aos dois primeiros sentidos de retroactividade, veja-se também V. Frosini (*La struttura...*, págs. 107-108), salientando a característica do direito como "acção no tempo" (e não como mera realidade condicionada pelo tempo), de que decorreria

Importante – na medida em que salienta a necessidade de, na definição de retroactividade, se atender à diversa estrutura temporal das situações jurídicas sobre as quais intervém a lei nova – é, como assinala REMO CAPONI[1810], a distinção entre retroactividade e retrospectividade desenvolvida pelo Tribunal Constitucional Federal (*Bundesverfassungsgericht*) em Acórdão de 31 de Maio de 1960[1811], segundo a qual a retroactividade pressuporia a intervenção da lei sobre situações de facto já exauridas e pertencentes ao passado, havendo mera retrospectividade (ou retroactividade não autêntica) se a lei dispusesse para o futuro sobre fatispécies e relações jurídicas ainda não desenvolvidas: todavia, tal distinção não é ainda, para o Autor, suficientemente precisa, porque o *Bundesverfassungsgericht* não explica se, e em que medida, pode considerar-se exaurida uma situação jurídica intertemporal.

REMO CAPONI[1812] define, assim, a retroactividade como a valoração ou a reapreciação de um interesse instantâneo do passado ou daqueles aspectos do interesse duradouro que se situam no passado.

Outra definição de retroactividade, mais adequada à terminologia do direito português (cfr. os artigos 12º e 13º do CC), é a que atenta na referência da lei nova a certos factos ou efeitos jurídicos: assim, segundo TEIXEIRA DE SOUSA[1813], a lei nova seria retroactiva quando se aplicasse a factos já ocorridos ou a efeitos já produzidos; diferente da retroactividade é a retroconexão, que "decorre do preenchimento da previsão da lei nova com factos passados ou efeitos já produzidos"[1814], embora alguns limites à retroactividade da lei sejam extensíveis à retroconexão (por exemplo, segundo o Autor[1815], o princípio do respeito pelo caso julgado pela lei retroactiva, consagrado no artigo 282º, nº 3, da Constituição, "impede que uma lei nova o ignore para o futuro").

Não só a *retroactividade extrema*, que é aquela que destrói o caso julgado, como também a *retroactividade ordinária*, que ressalva os efeitos já produzidos pelos factos que a lei se destina a regular (e que, nos termos do artigo 12º, nº 1, do Código

que mesmo as normas retroactivas se destinam a estabelecer novos critérios para a acção, nomeadamente em sede judiciária; veja-se, igualmente, R. Tarchi, *Le leggi*..., págs. 79-116, sobre as noções de vigência, eficácia e aplicabilidade da lei.

1810 Remo Caponi, *L'efficacia*...págs. 38-39, e "La nozione...", págs. 1347-1351.

1811 BVerfG, 31.05.1960 (*Entscheidungen*..., págs. 145-146).

1812 Remo Caponi, *L'efficacia*..., pág. 41, e "La nozione...", pág. 1355.

1813 M. Teixeira de Sousa, "Aplicação da lei...", pág. 9.

1814 M. Teixeira de Sousa, "Aplicação da lei...", pág. 13. Também na definição de J. Baptista Machado (*Sobre a aplicação*..., pág. 49), a retroconexão traduz-se em "ligar a factos passados efeitos que estes eram insusceptíveis de produzir segundo a lei do tempo em que se verificaram, ou em recusar-lhes efeitos que eles então produziram, e isto, quer num caso quer no outro, por força duma valoração legal *ex novo* desses mesmos factos enquanto factos (positivamente) *constitutivos* dum efeito ou duma situação jurídica".

1815 M. Teixeira de Sousa, "Aplicação da lei...", págs. 13-14.

Civil, é a regra, quando a lei seja retroactiva)[1816], configuram hipóteses pouco comuns (na verdade, ao contrário da decisão judicial, a lei não é, em geral, retroactiva[1817]) e têm sido, além disso, alvo de críticas.

Como refere Oliveira Ascensão[1818], contra a retroactividade das leis têm sido, entre outros, aduzidos dois argumentos: o de que ela "aniquila uma das funções mais importantes da lei, que consiste em orientar a conduta dos sujeitos de direito", porque "excluindo a previsibilidade, impede que estes adeqúem à norma a sua conduta, reduzindo a actuação da lei à forçada produção da consequência normativa", e o de que ela "é um factor de profunda perturbação, pois cria a instabilidade nas relações sociais, não deixando a ninguém a segurança de que o que hoje é valorado de certa maneira não seja amanhã posto de novo em

[1816] Sobre estes dois graus de retroactividade: J. de Oliveira Ascensão ("A violação..., pág. 293). Assinale-se, todavia, que está longe de recolher unanimidade na doutrina a identificação dos vários graus de retroactividade. Assim, e por exemplo, A. Menezes Cordeiro ("Da aplicação...", págs. 24-25) menciona três graus de retroactividade: o terceiro grau de retroactividade ou grau máximo ou forte, que se verifica quando a lei pretende agir sobre o caso julgado; o segundo grau de retroactividade ou grau médio, que se verifica quando a lei actua "sobre factos inteiramente decorridos no passado, ainda que sem a cobertura do caso julgado" (assim, "quando uma lei que baixasse a taxa de juros determinasse a restituição de juros vencidos e pagos ao abrigo da lei velha"); finalmente, o primeiro grau de retroactividade ou grau fraco, que se verifica quando a lei actua "sobre situações jurídicas pré-existentes, mas que ainda não produziram todos os seus efeitos; a alteração vai centrar-se, então, sobre os efeitos ainda não verificados. Por exemplo, haveria retroactividade fraca no diploma que, ao alterar as taxas de juros, atingisse os contratos celebrados ao abrigo da taxa anterior, mas de modo a abranger apenas os juros ainda não vencidos". M. Teixeira de Sousa ("Aplicação da lei...", págs. 12-13), por seu lado, alude a quatro graus de retroactividade: a retroactividade extrema, que atinge o caso julgado (e é proibida); a retroactividade quase-extrema, "que só respeita o caso julgado obtido antes da vigência da lei nova"; a retroactividade agravada, "que respeita determinados efeitos produzidos antes da vigência da lei nova, mas que atinge outros efeitos igualmente já produzidos antes desse momento"; finalmente, a retroactividade ordinária, "que respeita todos os efeitos já produzidos antes da entrada em vigor da lei nova". J. Baptista Machado (*Sobre a aplicação...*, págs. 49-54) também acolhe uma classificação própria, já que distingue entre a retroactividade de grau máximo (que se verificaria quando a lei nova nem sequer respeita as causas decididas por sentença), a retroactividade normal (que se verificaria quando a lei nova se aplica a factos passados, respeitando, todavia, as decisões transitadas em julgado, as transacções não impugnáveis por erro de direito, as sentenças arbitrais cobertas pelo caso julgado e as causas em que o direito de acção se deva considerar prescrito) e a retroactividade de grau mínimo, referenciada no artigo 12º, nº 1, 2ª parte, do CC (que se verificaria quando a lei nova, dispondo sobre a validade de certos factos ou sobre os seus efeitos, se aplica a factos passados, mas com eficácia apenas a partir da sua entrada em vigor).

[1817] Assinalando esta contraposição, P. Bender, "Retroactivity...", pág. 1562. Configurando a não retroactividade da lei como a pedra angular do Direito transitório, que entende como a "inaplicabilidade, às situações, de leis que, com elas, não tenham tido qualquer contacto", e não como "salvaguarda cega, no futuro, de certos efeitos de Direito", A. Menezes Cordeiro, "Lei...", pág. 1063. Considerando, pelo contrário, que as leis dispõem tacitamente para o passado (não obstante a disposição do direito italiano, semelhante à do direito português, que determina que a lei apenas dispõe para o futuro) e que excepcional seria, não tanto a eficácia retroactiva, mas a proibição absoluta de leis dirigidas ao passado, L. Paladin, "Appunti...", págs. 947-948.

[1818] J. de Oliveira Ascensão, "A violação...", pág. 294.

causa"; TEIXEIRA DE SOUSA[1819], por seu lado, assinala que "[a] não retroactividade da lei nova constitui um reflexo do interesse na estabilidade e é também uma garantia do Estado de Direito"[1820/1821].

Não obstante esta orientação, e como também observa OLIVEIRA ASCENSÃO[1822], a generalidade dos ordenamentos não tem consagrado a irretroactividade das leis como princípio constitucional, fundamentalmente pelo "temor do caso excepcional e imprevisível, que não poderia ficar sujeito a uma revisão, normalmente solene, das regras constitucionais"[1823].

Concretamente em relação à retroactividade extrema, o fundamento da sua rejeição decorreria, ao que depreendemos do pensamento de OLIVEIRA ASCENSÃO[1824], da forma especialmente categórica através da qual, no caso julgado, a certeza do direito se manifesta[1825].

Para REMO CAPONI[1826], a justificação da prevalência do caso julgado face à lei retroactiva reside, antes, na circunstância de, depois do trânsito em julgado, a disciplina da situação deduzida em juízo passar a estar contida na sentença, e não na norma abstracta; e, face à lei retroactiva, opera a função negativa ou posi-

1819 M. Teixeira de Sousa, "Aplicação da lei...", pág. 4.

1820 Sobre os princípios constitucionais que podem militar a favor da irretroactividade das leis, por exemplo, o princípio do *due process*, G. Grottanelli de' Santi, *Profili*..., págs. 22-66). M. Fromont ("Le principe...", pág. 322) invoca, a este propósito, o princípio da confiança legítima.

1821 No direito norte-americano, também se coloca o problema da retroactividade ou não-retroactividade das decisões judiciais, face à regra do precedente, parecendo valer, em matéria não penal, o princípio da não-retroactividade, embora também seja excepcional a existência de decisões puramente prospectivas, isto é, que se impõem apenas para o futuro e nem sequer às partes em litígio (sobre a questão, M. Davis, "Le principe...", págs. 349-350 e 352-354).

1822 J. de Oliveira Ascensão, "A violação...", págs. 294-295.

1823 As regras constitucionais que consagram a irretroactividade limitam-se normalmente à matéria penal (veja-se, sobre a questão, G. Grottanelli de' Santi, *Profili*..., págs. 10-22, e F. Moderne, "Le principe...", págs. 439-441). Observa, a este propósito, Elena Libone ("Corte costituzionale...", págs. 4390-4394), que a Constituição italiana não consagra o princípio da irretroactividade da lei não penal, pelo que também não afirma explicitamente o princípio da intangibilidade do caso julgado; perante tal lacuna constitucional, e segundo a Autora, a doutrina divide-se entre aqueles que entendem que nada obsta à proclamação deste último princípio e aqueles que o configuram como pouco mais do que um preceito de política dirigido ao legislador, constituindo esta a orientação dominante. Ainda sobre a inexistência de um princípio geral de não retroactividade das leis não penais na Constituição italiana, G. Zagrebelsky / A. Pizzorusso / B. Caravita, "Le principe...", pág. 389, e A. Pizzorusso / P. Passaglia ("Constitution...", págs. 217-220). Sobre o princípio da não retroactividade das leis face à Constituição portuguesa, A. Ribeiro Mendes, "Le principe..." (salientando que o mesmo não se acha consagrado em matéria não penal, embora, segundo a jurisprudência constitucional, possa resultar de outros princípios constitucionais).

1824 J. de Oliveira Ascensão, "A violação...", pág. 297.

1825 Tal proibição teria ainda, para o Autor, um fundamento de ordem constitucional, decorrente do disposto no § único do artigo 123º da Constituição Política de 1933 (sobre este fundamento: *infra*, § 26º, II, 2. *a*)).

1826 Remo Caponi, *L'efficacia*..., págs. 254-262.

tiva do caso julgado, respectivamente quando o objecto da segunda acção seja idêntico ao da primeira ou seja um objecto dependente e a lei retroactiva requalifique a fatispécie constitutiva da relação prejudicial[1827]. Trata-se, porém, de tese só aceitável no quadro da teoria material do caso julgado[1828].

3. Consagração constitucional do princípio da proibição da retroactividade extrema das leis (remissão). O carácter não retroactivo da lei que afecta o caso julgado de trato sucessivo. O artigo 282º, nº 3, 1ª parte, da Constituição como fundamento da proibição de afectação do caso julgado de trato sucessivo pela lei superveniente

Como adiante explicaremos[1829], a consagração constitucional do princípio da proibição da retroactividade extrema das leis retira-se do disposto no artigo 282º, nº 3, 1ª parte, da Constituição quanto aos efeitos da declaração de inconstitucionalidade ou de ilegalidade com força obrigatória geral sobre os casos julgados.

Esta conclusão não significa, como também explicaremos, que todos os casos julgados estejam necessariamente abrangidos pela genérica ressalva dos casos julgados contida naquele preceito, nomeadamente os casos julgados de trato sucessivo.

Mas já significa, ao que supomos, uma tendencial equiparação entre o regime da superveniência de declaração de inconstitucionalidade ou de ilegalidade com força obrigatória geral e o da superveniência de lei, nomeadamente quanto ao âmbito de aplicação da ressalva dos casos julgados.

Assim, se se vier a concluir que os casos julgados de trato sucessivo não podem ser atingidos, para o futuro, pela superveniente declaração de inconstitucionalidade ou de ilegalidade com força obrigatória geral, idêntica conclusão deve retirar-se quando sobrevenha alteração de lei.

[1827] Remo Caponi, *L'efficacia...*, págs. 262-266.

[1828] Também V. Andrioli (*Appunti...*, págs. 227-228), propugnando a teoria material do caso julgado, explica a resistência do caso julgado material à lei superveniente retroactiva (e à declaração de inconstitucionalidade da lei, pela *Corte costituzionale*), não por razões políticas, mas em atenção à substituição da norma legal pela sentença na regulação da situação decidida – decorrente de os destinatários da sentença serem as próprias partes – e à circunstância de a lei nova visar a revogação da norma legal antiga. A. Attardi ("La cosa giudicata", especialmente págs. 10, 13-18 e 26-29), que considera que "o comando do juiz, seja declarativo ou constitutivo, é sempre inovador no mundo jurídico", que "a declaração judicial tem como conteúdo a reiteração para o caso concreto do abstracto comando legal e um efeito idêntico ao que resulta da própria lei", e, bem, assim, que a sentença, enquanto nova fonte reguladora da situação de facto, substitui-se à própria lei, extrai da teoria material do caso julgado a solução para o problema, de certo modo oposto, do carácter retroactivo da sentença: na sua óptica, é porque a decisão judicial repete, para o caso concreto, a abstracta vontade da lei, que o efeito declarativo nela contido opera para o futuro e não retroage.

[1829] *Infra*, § 26º, II, 2. *a*).

Esta conclusão é importante, na medida em que nem sempre a irrelevância da alteração de lei, para efeitos do disposto no artigo 619º, nº 2, do CPC, poderá fundar-se no princípio da proibição da retroactividade extrema da leis, em si mesmo considerado.

Por um lado, porque dada a referência temporal que, também quanto ao direito aplicável, se pode atribuir ao caso julgado – aspecto que já analisámos[1830] –, a lei retroactiva só pode conflituar com o caso julgado quando "modifica o tratamento jurídico da situação instantânea acertada ou dos aspectos da situação duradoura acertada que se desenvolvem até ao momento da publicação da sentença"[1831] (isto é, até ao momento que serve de referência temporal para o caso julgado).

Por outro lado, porque a lei retrospectiva, que é aquela que particularmente interessa na apreciação do regime consagrado no artigo 619º, nº 2, do CPC – assim, por exemplo, "a lei nova que suprime um caso de obrigação alimentar, ou cria um novo caso de obrigação alimentar", no contexto de uma situação jurídica resultante de casamento, parentesco ou afinidade, é uma lei que dispõe sobre os efeitos futuros desta relação[1832] –, não é retroactiva[1833]: assim sendo, não se coloca, quanto a essa lei, o problema da exclusão da sua relevância, à luz da proibição da retroactividade extrema das leis, só podendo essa relevância eventualmente ser excluída como decorrência (de outra dimensão) do disposto no artigo 282º, nº 3, 1ª parte, da Constituição[1834].

Explicando melhor: se, ao caso julgado de trato sucessivo, for de aplicar este preceito constitucional – por se entender que deve ficar ressalvado nas hipóteses de superveniente declaração de inconstitucionalidade ou de ilegalidade com força obrigatória geral –, por identidade de razão deve esse caso julgado prevalecer também face a posterior lei retrospectiva, não sendo, para o efeito, neces-

[1830] *Supra*, § 23º, II, 1. *e)*.

[1831] Remo Caponi, *L'efficacia...*, págs. 219-220.

[1832] Assim, J. Baptista Machado, *Sobre a aplicação...*, págs. 131-132 e 143. Deste modo, "pelo que toca, p.ex., aos alimentos devidos pelo tempo decorrido no domínio da lei antiga, no caso de a lei nova vir suprimir, em certa hipótese, o direito a alimentos, eles continuam a ser devidos depois da entrada em vigor desta última lei [...]. [...] se a lei nova vem conceder alimentos a uma pessoa que a eles não tinha direito segundo a lei antiga, o alimentante só é obrigado a prestá-los pelo tempo decorrido a partir da entrada em vigor da lei nova".

[1833] Trata-se, na verdade, de um caso de aplicação imediata da nova lei, nos termos do artigo 12º, nº 2, 2ª parte, do CC, e não de um caso de retroactividade desta (cfr. J. Baptista Machado, *Sobre a aplicação...*, págs. 52 e 143-144).

[1834] Se a lei retroactiva regular os aspectos da situação duradoura que se desenvolveram depois do momento da publicação da sentença transitada em julgado, valem as considerações tecidas a propósito da lei retrospectiva: prevalece a regulação da lei retroactiva, porque, depois da publicação da sentença, a eficácia preceptiva do acertamento opera apenas *rebus sic stantibus* (cfr. Remo Caponi, *L'efficacia...*, pág. 288).

sário (ou mesmo correcto, porque o problema da retroactividade nem sequer se coloca) invocar o princípio da proibição da retroactividade extrema das leis.

É claro que, quando se esteja perante uma lei retroactiva que regule os aspectos da situação duradoura que se desenvolveram no passado, já poderá colocar-se o problema da exclusão da sua relevância, para efeitos do disposto no artigo 619º, nº 2, do CPC, em homenagem ao princípio da proibição da retroactividade extrema das leis: mas, mais uma vez, a solução de tal problema decorrerá também do disposto no artigo 282º, nº 3, 1ª parte, da Constituição, não sendo necessário invocar autonomamente esse princípio.

4. A possibilidade de afectação do caso julgado de trato sucessivo pela lei superveniente (remissão)

A possibilidade de afectação do caso julgado de trato sucessivo pela lei superveniente funda-se na própria função do caso julgado, a ela não obstando, portanto, as razões justificativas da tutela constitucional do caso julgado, de que daremos conta quando analisarmos a repercussão da declaração de inconstitucionalidade ou de ilegalidade com força obrigatória geral no caso julgado de trato sucessivo[1835].

Vaz Serra[1836] avança ainda outra razão para tal afectação: "ao permitir a lei que a sentença compreenda prestações futuras, [fá-lo] no pressuposto de se manter o direito vigente na data da mesma sentença. Aquela permissão representa apenas uma facilidade concedida ao credor, assim dispensado de intentar várias acções (se se trata de prestações sucessivas) ou de as intentar no futuro, não resultando daí, consequentemente, que ele se subtraia, quanto às prestações futuras, à lei que vier a regulá-las. O legislador não quer, com tal autorização, demitir-se da faculdade de disciplinar como melhor o entender as prestações que, por dizerem respeito ao futuro, naturalmente cairiam sob a alçada da nova lei. Portanto, as sentenças sobre prestações futuras estariam dependentes da manutenção do direito, em cuja vigência são proferidas".

Na Alemanha, não obstante considerar-se consagrada a regra da não afectação do caso julgado pela lei superveniente (ou pela alteração jurisprudencial)[1837], propugna-se também uma solução diferenciada para as sentenças de eficácia duradoura, como sejam as de trato sucessivo ou as que condenam na omissão de uma conduta, cujo caso julgado poderia ser afectado para o futuro[1838], quer

1835 *Infra*, § 26º, II, 2. *a*).

1836 Vaz Serra, "Obrigações pecuniárias", pág. 128.

1837 Assim, por exemplo, Stein/Jonas/Leipold[22], § 322, 255-256; R. Stürner, "Rechtskraft...", pág. 919; S. Würthwein, "Neue...", pág. 466; BAG, 12.06.1990.

1838 Assim: F. Völp, "Änderung...", págs. 488-489 e 492-493; R. Stürner, "Rechtskraft...", pág. 919; G.-A. Ulrich, "Die Vollstreckungsabwehrklage...", pág. 428; W. Grunsky, "Zur zeitlichen...", págs. 328-330; H.

através da via da oposição à execução[1839], quer mediante a proposição de acção modificativa[1840]; e tal solução diferenciada é sustentada também para as sentenças administrativas[1841].

Igualmente em Itália, como assinala Menchini[1842], a doutrina e a jurisprudência têm considerado que as leis retroactivas e as decisões da *Corte Costituzionale* com eficácia retroactiva não podem afectar o caso julgado; quando, porém, este verse sobre uma relação duradoura, como por exemplo uma obrigação de alimentos, as novas leis (ainda que com eficácia *ex nunc*) e as decisões da *Corte Costituzionale* não obstam à proposição de nova acção destinada a uma nova apreciação da situação subjectiva para o período posterior ao caso julgado (à semelhança do que, no direito alemão, decorreria, para o Autor, do disposto no § 323 da ZPO) e, portanto, à correspondente modificação – embora apenas para o futuro – da anterior sentença. Nesta orientação se inscrevia já GABBA[1843], para quem a afectação do caso julgado em matéria de alimentos pela lei posterior que faça cessar a obrigação de alimentos se explicava pela diferenciação entre a *inviolabilidade do caso julgado* e a *intangibilidade do direito declarado na sentença*: a sentença, na medida em que declara apenas o direito das partes, mas não o atribui, não podia, segundo o Autor, conferir ao próprio direito, perante leis posteriores, maior segurança do que aquela que este possuía no momento da sua aquisição e antes do surgimento do litígio.

Em França, salienta-se igualmente que a decisão que julga improcedente a acção não impede o interessado de propor uma outra, se a lei nova lhe atribui um novo direito, e que o princípio da não afectação do caso julgado pela lei nova deve sofrer ajustamentos nas hipóteses de direitos que se renovam periodicamente[1844].

Rüssmann, "Die Bindungswirkung...", págs. 698-699; S. Würthwein, "Neue...", págs. 466-467; Stein/Jonas/Leipold[22], § 322, 257.

1839 Assim: F. Völp, "Änderung...", págs. 487-489; H. Rüssmann, "Die Bindungswirkungen...", págs. 698-699; Stein/Jonas/Leipold[22], § 323, 39 e 40 (assinalando algumas excepções à regra segundo a qual a via a seguir é a da oposição à execução); G.-A. Ulrich, "Die Vollstreckungsabwehrklage...", pág. 428.

1840 Assim: F. Völp, "Änderung...", págs. 488-489; Baumbach/Lauterbach/Albers/Hartmann, *Zivilprozessordnung*, § 323, 18 e 25; *MünchKommZPO*/Gottwald, § 323, 74.

1841 A possibilidade de afectação, pela lei superveniente, do caso julgado administrativo *rebus sic stantibus* ou com eficácia duradoura é tratada por U. Kornblum ("Zum Verhältnis...", págs. 656-657), que a admite (embora com reservas, já que o princípio geral a observar é, em seu entender, o de que o caso julgado material vale perante alteração subsequente da situação jurídica).

1842 S. Menchini, *Il giudicato...*, págs. 219-225.

1843 C.F. Gabba, *Teoria...*, vol. II, págs. 244-248, e vol. IV, págs. 537-539.

1844 P. Hébraud / P. Raynaud, "Jurisprudence...", in *RTDC*, 1953, págs. 371-372, e "Jurisprudence...", in *RTDC*, 1954, págs. 691-692.

III. A invocação da lei superveniente através de acção modificativa ou de outra via processual

1. Cessação definitiva da obrigação e caducidade do caso julgado

Admitindo que nem o princípio da proibição da retroactividade extrema das leis nem o disposto no artigo 282º, nº 3, 1ª parte, da Constituição obstam à repercussão da lei superveniente no caso julgado de trato sucessivo (quer porque essa repercussão não coloca um problema de retroactividade, quer porque aquele preceito constitucional não ressalva os casos julgados de trato sucessivo para o período posterior à publicação da declaração de inconstitucionalidade ou de ilegalidade com força obrigatória geral), relativamente às prestações vincendas à data da entrada em vigor desta lei, cumpre apurar se o mecanismo adequado para o efeito (isto é, para fazer operar tal repercussão) é o do artigo 619º, nº 2, do CPC.

Também a propósito da superveniente declaração de inconstitucionalidade ou de ilegalidade se coloca um problema semelhante: todavia, de contornos autónomos, desde logo porque não só tal declaração parece implicar a declaração do *desvalor* dos actos de aplicação da norma inconstitucional ou ilegal (entre eles se contando as sentenças), como também porque o vício de que pode padecer este acto é a *nulidade*.

Ora estas últimas particularidades não podem ser ponderadas em relação ao caso julgado afectado por lei superveniente: nem esta lei declara o desvalor desse caso julgado, nem este é nulo por ter aplicado a lei antiga. Assim sendo, quanto à lei superveniente, a inaplicabilidade do artigo 619º, nº 2, do CPC nunca poderia sustentar-se na consideração – a que adiante aludiremos[1845] – de que este preceito não tem em vista declarar a nulidade da sentença anterior.

Na medida em que a lei superveniente – analogamente ao que sucede, como veremos[1846], quando sobrevém declaração de inconstitucionalidade ou de ilegalidade com força obrigatória geral – não regula directa ou indirectamente os casos julgados, não parece que a sua consequência seja a revogação ou a caducidade deste (efeitos que inviabilizariam a aplicação do artigo 619º, nº 2, do CPC, já que este preceito, na medida em que contempla a alteração da sentença, pressupõe um caso julgado operante).

Gomes da Silva tem, porém, um entendimento diferente: segundo este Autor[1847], "é a própria natureza das coisas que impõe a conclusão de que as sentenças com trato sucessivo são proferidas no pressuposto de que a lei se mantém a mesma, e por isso devem caducar para o futuro, quando seja modificado o regime legal"[1848].

[1845] *Infra*, § 26º, II, 2. *d)* 2 e *d)* 4.

[1846] *Infra*, § 26º, II, 2. *d)* 2.

[1847] M. Gomes da Silva, "Sentenças...", pág. 387.

[1848] Manuel de Andrade (*Noções...*, págs. 325-326, nota 2) parece igualmente conceber a alteração da lei como causa de caducidade da sentença, porque se refere a tal alteração a propósito do princípio,

Parece-nos que a orientação de Gomes da Silva é de perfilhar, pelo menos nos casos em que a lei nova destrói o pressuposto fundamental em que assentou a sentença, fazendo cessar definitivamente a obrigação nela estabelecida e não tornando, sequer, possível configurar a alteração posterior desta obrigação: assim, se a lei nova extingue a obrigação de alimentos entre certos parentes, a sentença que porventura tenha fixado alimentos por causa desse vínculo caducará, não se justificando recorrer à acção modificativa a fim de obter a alteração da sentença anterior (e uma nova sentença, por sua vez susceptível de alteração).

Dir-se-á que, também em outros casos de cessação definitiva da prestação alimentícia – ou seja, nos casos em que essa cessação ocorre em virtude da alteração de factos, de que é exemplo a morte do obrigado ou do alimentado (artigo 2013º, nº 1, alínea *a)*, do CC) –, a anterior fixação judicial dessa prestação assentou em certo pressuposto fundamental que foi destruído e, nem por isso, está vedada a via da acção modificativa: dizendo de outro modo, não se alcança por que motivo só nos casos de alteração de lei é sustentável a caducidade (para o futuro) da sentença anterior, e não igualmente nos restantes casos de alteração das circunstâncias.

Mas esta objecção, a nosso ver, não colhe.

Por um lado, porque esses casos de cessação definitiva da obrigação (assim, o apontado exemplo de morte do obrigado ou do alimentado e, eventualmente, também o de violação grave dos deveres do credor para com o obrigado, previsto no artigo 2013º, nº 1, alínea *c)*, do CC) bem podem consubstanciar também casos de caducidade da sentença, não devendo consequentemente fundar uma acção modificativa, que ficaria reservada para os casos de alteração e de cessação (não definitiva) da prestação, como sucederá na hipótese contemplada no artigo 2013º, nº 1, alínea *b)*, do CC ("[q]uando aquele que os presta [os alimentos] não possa continuar a prestá-los ou aquele que os recebe deixe de precisar deles")[1849].

que decorreria do disposto no artigo 673º do CPC [de 1961; actual artigo 621º do CPC], segundo o qual a sentença só define a relação material controvertida tal como ela existia ao tempo do encerramento da discussão, não impedindo as vicissitudes ulteriores próprias da relação tal como foi definida e o proferimento de novas decisões nessa conformidade (nessas vicissitudes se incluindo "a eventual modificação do direito aplicável, quando deva valer para as próprias relações já definidas por sentença transitada"). Identicamente, F. A. Pires de Lima ("Algumas notas...", págs. 403-404), considerando que a caducidade do caso julgado com trato sucessivo também ocorre quando se trate de *lei interpretativa posterior*, nos seguintes termos: "[...] se o tribunal tiver atribuído à lei um conteúdo diferente, então há apenas que impor o caso julgado aos *factos passados*, e não aos futuros, porque a lei interpretativa, neste caso, afinal funciona como se fôsse, em relação ao caso julgado, uma lei innovadora"; a solução que entende manter inalterado o caso julgado para o futuro nas hipóteses de lei interpretativa (por se supor inalterado o sistema legislativo) redunda, segundo o Autor, numa homenagem ao erro do julgador. Sobre a consideração da lei interpretativa como *ius superveniens*, quando a mesma entre em vigor depois de definido o direito aplicável pelo tribunal superior, veja-se, em sentido negativo, D. Spiazzi, "Ancora...", pág. 336.

1849 No contrato de locação, por exemplo, a morte do locatário é causa de caducidade do contrato (artigo 1051º, nº 1, alínea *d)*, do CC): seria compreensível que a solução fosse a mesma para os alimentos. J. Castro

Por outro lado, porque diversamente do que sucede em relação às restantes circunstâncias que determinam a condenação na prestação alimentícia e cuja alteração pode implicar a respectiva cessação definitiva, o juiz não pode realizar qualquer previsão em relação ao desenvolvimento legislativo subsequente (e, por isso, *pressupõe* que a lei se mantém a mesma[1850]), porque tal previsão lhe está vedada, atendendo ao dever, que sobre si impende, de aplicar a lei, que é a lei actualmente existente. Assim sendo, a alteração subsequente da lei que faz cessar definitivamente a obrigação estabelecida na sentença aproxima-se muito mais das realidades objectivas descritas no artigo 621º do CPC (na medida em que elas envolvam a caducidade do caso julgado[1851]) do que da alteração das circunstâncias previstas pelo juiz aquando do proferimento da decisão.

Admitindo que a alteração de lei da qual decorra a cessação definitiva da obrigação configura um caso de caducidade da sentença e que não deve ser feita valer através de acção modificativa, coloca-se, então, o problema de saber qual deve ser a via processual a utilizar a fim de obter a declaração da cessação da prestação e a da caducidade da sentença.

Se essa alteração beneficiar o credor, parece-nos que este terá de propor uma nova acção (para obter a declaração da cessação da prestação, se para tanto demonstrar interesse, e não para obter a própria cessação, uma vez que esta não depende de decisão judicial), a menos que a lei preveja algum procedimento especial para o efeito.

Se, diferentemente, essa alteração beneficiar o devedor, é de ponderar a via da oposição à execução que haja sido instaurada com fundamento na sentença que caducou: como já vimos[1852], a alteração legislativa pode consubstanciar um facto extintivo da obrigação, nos termos do artigo 729º, alínea *g*), do CPC.

Mendes / M. Teixeira de Sousa (*Direito da família*, pág. 336) observam, a este propósito, o seguinte: "Excepto, naturalmente, no caso referido no art. 2013º, nº 1, al. *a*) [cessação da obrigação alimentar, em virtude da morte do obrigado ou alimentado], nas demais hipóteses a cessação opera judicialmente, observando-se o processo especial previsto no art. 1121º do CPC [de 1961; actual artigo 936º do CPC]". Parecem, portanto, conceber também aquela excepção como um caso de caducidade da sentença. C. F. Gabba (*Teoria*..., vol. II, pág. 246) equiparava igualmente o caso da lei posterior que abolisse a obrigação de alimentos ao caso contemplado no artigo 146 do Código Civil italiano então vigente, respeitante à morte do alimentante: em ambas as situações, *cessaria a eficácia da sentença* que houvesse condenado na prestação de alimentos.

1850 Também no sentido de que é este o pressuposto do juiz: H.-U. Graba, *Die Abänderung*..., pág. 112; J. Soyka, *Die Abänderungsklage*..., 1ª ed., pág. 79.

1851 Já vimos que a caducidade do caso julgado pressuposta no artigo 621º do CPC não terá lugar em todas as situações descritas no preceito: concretamente, não o terá nas situações em que se verifique, posteriormente à absolvição, alteração da causa de pedir, porque nestas hipóteses não é necessário apelar à figura dos limites temporais do caso julgado (*supra*, § 24º, II, 2, em nota).

1852 *Supra*, § 25º, I.

2. Situações diversas da cessação definitiva da obrigação

E quando a alteração da lei não faça cessar definitivamente a obrigação estabelecida na sentença? Haverá também, nestes casos, caducidade do caso julgado, ou poderá, diferentemente, a parte interessada propor acção modificativa, uma vez que tal caducidade não ocorreu?

Cremos que um dos argumentos a favor da não utilização, nos casos de alteração de lei a que agora nos referimos, da via da acção modificativa é o de que o mesmo evento (a alteração de lei) deve ter um tratamento processual idêntico, não variando o meio processual a empregar em função das características, de algum modo marginais, que esse evento possa, em cada momento, apresentar: dito de outro modo, não é facilmente explicável que, nos casos em que determine a cessação definitiva da obrigação estabelecida na sentença, a alteração de lei deva ser feita valer através da oposição à execução e, noutros casos, a alteração de lei deva ser feita valer através da acção modificativa.

Habscheid[1853], embora à luz do § 323 da ZPO, avança também um argumento forte (que, aliás, já aflorámos no ponto anterior) no sentido da inadmissibilidade da acção modificativa (sem prejuízo da acção de simples apreciação negativa, da oposição à execução ou da acção de repetição do indevido) fundada em alteração de lei – inadmissibilidade, aliás, sejam quais forem os reflexos que essa alteração de lei tenha no destino da obrigação anteriormente fixada (se a modificação, se a cessação desta obrigação) –, quando a sentença "prospectiva" modificanda seja de condenação ou de simples apreciação: o de que a função da acção modificativa é a de quebra do caso julgado por motivo de erro de previsão, sendo que, no caso de alteração de lei, nenhum erro de previsão haveria a corrigir.

Recorde-se que Habscheid (no que é seguido por Remo Caponi) sustenta que, quanto ao direito aplicável, os limites temporais do caso julgado nunca se estendem para o futuro, porque, diversamente do que pode suceder quanto ao desenvolvimento da realidade fáctica, o juiz não formula qualquer juízo de prognose quanto a desenvolvimentos legislativos[1854]; assim sendo, a nova lei, quando seja retrospectiva, nunca pode conflituar com o caso julgado de trato sucessivo, porque a referência temporal do caso julgado, quanto ao direito aplicável, é a data da publicação da sentença, mesmo quando esta seja "prospectiva" (*Vorwirkendes Urteil*)[1855].

[1853] W. J. Habscheid, "Urteilswirkungen und Gesetzesänderungen", pág. 450.

[1854] *Supra*, § 23º, II, 1. *e)*.

[1855] A expressão é de W. J. Habscheid ("Urteilswirkungen und Gesetzesänderungen", págs. 408, 411 e 442 e seguintes). Segundo o Autor, quando a sentença pré-aja (como sucede com a sentença de alimentos), assume contornos particulares o conflito que eventualmente surja entre o respectivo caso julgado e uma nova lei. A regra seria, de qualquer modo, a de que a nova lei constitui sempre um novo direito que não está compreendido no objecto da primeira acção, não vedando o caso julgado, consequentemente, a proposição

Dito de outro modo: nenhum problema de afectação do caso julgado se colocaria quando, depois do trânsito em julgado de sentença de trato sucessivo – como é, em regra, a sentença prevista no artigo 619º, nº 2, do CPC –, sobrevenha lei que regule os aspectos da situação duradoura acertada que se desenvolvem depois do momento a que o caso julgado se refere, pelo que a via adequada para fazer valer tal lei não é a da acção modificativa (porque esta se destina, justamente, a quebrar o caso julgado)[1856].

Já GRABA[1857], porém, entende que a acção modificativa é a via adequada para fazer valer a alteração da lei, porque esta alteração implica o desaparecimento do pressuposto em que assentou a sentença: só excepcionalmente a alteração de lei pode fundar a oposição à execução, a saber, quando determine a cessação definitiva da pretensão.

OETKER[1858], por seu lado, admitindo embora que o tribunal não pode especular a propósito da futura situação jurídica e, bem assim, que cumpre distinguir entre a alteração da lei aplicada, a alteração de outras leis sistematicamente relacionadas com a norma aplicada e a alteração da orientação jurisprudencial - sendo que esta última nunca poderia constituir fundamento da acção modificativa, atento o seu carácter não vinculativo para os outros tribunais e, consequentemente, a sua inaptidão para modificar a situação jurídica –, considera que as duas primeiras realidades se enquadram na previsão do § 323 da ZPO, podendo apenas discutir-se como deve entender-se o requisito da essencialidade da alteração, no caso da alteração da lei (uma vez que, nesta hipótese, podem ser invocadas exigências de justiça e de igualdade perante a lei e, consequentemente, sustentar-se que a alteração da lei releva numa maior medida).

A tese de HABSCHEID – que não sabemos seria mantida pelo Autor face à redacção do § 323, 1 e 4, da ZPO emergente da reforma de 2008/2009, porque estes preceitos atribuem agora relevância, para o efeito da proposição de acção modificativa, quer à alteração das circunstâncias de facto, quer à alteração das

de nova acção com base na lei nova (cfr. W. J. Habscheid, "Urteilswirkungen und Gesetzesänderungen", págs. 440-441).

1856 Num artigo anterior, Habscheid sustentara igualmente a inadmissibilidade da acção modificativa baseada em alteração de lei (sem prejuízo da aplicabilidade do regime da oposição à execução), mas com base no argumento segundo o qual esta alteração não se prendia com a causa de pedir da acção anterior (cfr. W. J. Habscheid, "Unterhaltsurteil...", págs. 36-37). Em artigo posterior (cfr. W. J. Habscheid, "Urteilswirkungen und Gesetzgeber", pág. 232), referiria o Autor que, quando pré-age, a sentença é proferida no pressuposto de que as circunstâncias (nas quais se inclui a lei com fundamento na qual a sentença foi proferida) se manterão, pelo que a sentença perde a sua exequibilidade nos termos do § 767 da ZPO, se o legislador modificar essa lei para o futuro (diversamente, a sentença que não pré-age está, em regra, imune a alterações legislativas, por imposição dos princípios do Estado de direito).

1857 H.-U. Graba, *Die Abänderung...*, págs. 112-113.

1858 H. Oetker, "Die materielle...", págs. 6-10 e 18-19.

circunstâncias de direito em que assentou a decisão – parece ter, no direito português, a seguinte consequência: a da inaplicabilidade do artigo 619º, nº 2, do CPC a quaisquer hipóteses de superveniência de lei, se se entender que a razão de ser deste preceito se prende, tal como o § 323 da ZPO, com a quebra do caso julgado por motivo de erro de previsão.

De qualquer modo, o argumento de HABSCHEID não vale, parece-nos, se o regime do artigo 619º, nº 2, do CPC for entendido como consagrando a teoria da confirmação (ou seja, se se considerar que este preceito se coaduna com as regras gerais relativas ao caso julgado e não opera qualquer quebra do caso julgado)[1859] ou se se considerar que, embora aquele preceito permita a quebra do caso julgado por motivo de erro de previsão, outra função lhe pode ser também reconhecida.

Ora já vimos que, no direito português, a acção modificativa pode ser proposta quando surjam danos imprevisíveis à data da primeira acção e nesta não considerados, hipótese em que, na verdade, a acção modificativa não se destina à quebra do caso julgado: se assim é, não é de excluir que também no caso de alteração da lei essa seja a via indicada.

Por outro lado, quando analisarmos os reflexos da superveniente declaração de inconstitucionalidade ou de ilegalidade com força obrigatória geral no caso julgado de trato sucessivo, veremos que o paralelismo com o processo penal aconselha a que a alteração de lei seja feita valer através de acção modificativa[1860].

Assim sendo, podemos avançar a seguinte conclusão (provisória, porque dependente da análise que fizermos no parágrafo subsequente): a alteração de lei deve, em princípio, ser feita valer através de uma via diversa da da acção modificativa (oposição à execução, quando essa alteração seja favorável ao devedor, ou outra via, quando não haja execução ou a alteração seja favorável ao credor), porque o desenvolvimento legislativo não é objecto de previsão do juiz e a acção modificativa destina-se a corrigir erros de previsão; todavia, quando a alteração de lei não importe a cessação definitiva da obrigação estabelecida na sentença – e, portanto, a caducidade da sentença, a que aludia GOMES DA SILVA –, não é de excluir que o mecanismo a utilizar seja o da acção modificativa, porque a alternativa seria a oposição à execução para o devedor e a acção autónoma para o credor, justificando-se, por razões de simplicidade – ou até mesmo de realização do direito material, se se atribuir à acção modificativa a natureza de regra

[1859] Face ao § 323 da ZPO, W. J. Habscheid ("Urteilswirkungen und Gesetzesänderungen", págs. 450-451) sustenta que mesmo os partidários da teoria da confirmação não podem pretender a aplicabilidade daquele regime aos casos de alteração de lei: é que a preclusão ínsita no § 323, 3 da ZPO só pode valer em relação a circunstâncias relativamente às quais o juiz tenha formulado ou devesse ter formulado, um juízo de prognose.

[1860] *Infra*, § 26º, II, 2. *d)* 3.

especial para a adaptação do título à alteração das circunstâncias[1861] – e de paralelismo com o que se verifica no processo penal, que o meio processual ao dispor de ambos seja o mesmo.

§ 26º A alteração da jurisprudência enquanto circunstância superveniente

I. Colocação do problema

O artigo 619º, nº 2, do CPC coloca o problema, a que já nos referimos[1862], de saber se as circunstâncias que podem justificar a alteração da sentença são necessariamente circunstâncias de natureza fáctica: ora, se a resposta for afirmativa, e não se integrando a jurisprudência nesta categoria, parece que a superveniência de declaração de inconstitucionalidade ou de ilegalidade com força obrigatória geral, prevista no artigo 282º da Constituição, ou a modificação da orientação jurisprudencial que determinou a decisão da acção anterior, a terem alguma repercussão sobre o caso julgado então produzido, devem ser feitas valer através de mecanismo diverso do contemplado naquele preceito.

Este problema é, porém, essencialmente idêntico ao da possibilidade de qualificação da alteração de lei como uma modificação das circunstâncias, que tratámos: e tendo nós concluído que a modificação das circunstâncias não consiste necessariamente numa modificação da realidade factual, nada obsta, em princípio, a que se considere também a alteração de jurisprudência integrada na previsão do artigo 619º, nº 2, do CPC[1863]. Idêntico problema se coloca, aliás, no domínio contratual, podendo aqui discutir-se se uma alteração imprevisível da jurisprudência – por exemplo, a superveniência de uma declaração de inconstitucionalidade ou de ilegalidade com força obrigatória geral – pode constituir uma alteração das circunstâncias nos termos do artigo 437º do CC[1864].

Importa, de qualquer modo, verificar se a alteração de jurisprudência pode repercutir-se nos casos julgados, porque o artigo 619º, nº 2, do CPC prevê a possibilidade da sua afectação (pela modificação das circunstâncias) e existe um preceito constitucional (o artigo 282º, nº 3, da Constituição) que estabelece o princípio da proibição da afectação dos casos julgados pela declaração de incons-

[1861] Assim, H.-U. Graba, *Die Abänderung*..., pág. 113.

[1862] *Supra*, § 25º, I.

[1863] Considerando também que os eventos supervenientes ao caso julgado e aptos a repercutirem-se neste tanto podem ser factos novos, como leis novas, como decisões judiciais, embora concluindo depois que, destas últimas, apenas certas decisões da *Corte costituzionale* relevam para o efeito, veja-se S. Menchini (*Il giudicato*..., pág. 204).

[1864] Sobre este problema, RL, 05.05.1994, considerando que a declaração de inconstitucionalidade não afecta os negócios jurídicos já consolidados e os efeitos já produzidos de um negócio jurídico, do que resulta que, quando essa afectação ocorra, há que ponderar o regime aplicável. Face ao § 313 do BGB, que consagra a modificabilidade dos contratos por alteração da base negocial, veja-se BGH, 25.11.2009, considerando que uma alteração da jurisprudência dos tribunais superiores pode configurar tal alteração.

titucionalidade com força obrigatória geral; só depois se verificará se essa possível repercussão confere à parte interessada o direito de propor a acção modificativa prevista naquele preceito.

Na medida em que a Constituição regula especialmente a declaração de inconstitucionalidade ou de ilegalidade com força obrigatória geral, trataremos primeiro da superveniência desta e, a seguir, dos restantes casos de alteração da jurisprudência.

II. Superveniência de declaração de inconstitucionalidade ou de ilegalidade com força obrigatória geral

1. Antes da produção de caso julgado

Problemas particulares quanto à sua relevância nos processos em curso e nos processos findos colocam, no direito português, as decisões de inconstitucionalidade ou de ilegalidade de uma norma com força obrigatória geral, cuja natureza jurisdicional justifica o seu tratamento neste contexto[1865].

Analisemos, antes do mais, a sua relevância nos processos em curso: mais precisamente, antes da produção de caso julgado.

Atendendo a que tais decisões do Tribunal Constitucional produzem efeitos, no caso de inconstitucionalidade originária, desde a entrada em vigor da

[1865] Como refere Jorge Miranda (*Manual*..., Tomo VI, pág. 74), "[e]m sistema de Tribunal Constitucional, a força obrigatória geral não colide com a natureza jurisdicional da decisão. É algo inerente à decisão, não algo que acresça, enxertado ou acessório". No sentido da natureza jurisdicional das decisões de inconstitucionalidade com força obrigatória geral, por surgirem no exercício da jurisdição (enquanto actividade de "dizer o direito" através de um órgão imparcial), por se traduzirem numa "declaração abstracta do Direito que *é*" e, finalmente, por não poderem ser revogadas pelo próprio Tribunal Constitucional, veja-se também J. de Oliveira Ascensão ("Os acórdãos...", especialmente págs. 257-260 e 262). C. Blanco de Morais (*Justiça*..., pág. 192) observa ainda que "a decisão típica de inconstitucionalidade com força obrigatória geral não assume em termos técnico-jurídicos carácter normativo, já que a função jurisdicional repressiva cometida ao Tribunal Constitucional pela Constituição (art. 221º, nº 1 do art. 223º e arts. 277º e segs.) não consiste em aprovar normas, mas sim em eliminar aquelas que contrariarem os parâmetros de constitucionalidade e legalidade". Sobre o problema em Itália, cfr. Guido Falzone ("Sull'obbligo...", págs. 426-432), concluindo igualmente no sentido da natureza jurisdicional das decisões da *Corte costituzionale*. No direito alemão, porém, a atribuição de natureza jurisdicional às decisões (ou melhor, a certas decisões) do Tribunal Constitucional apresenta a especial dificuldade decorrente de o texto constitucional lhes reconhecer força de lei (sobre a *Gesetzeskraft* dessas decisões: K. Vogel, "Rechtskraft...", págs 610-617; R. Bocanegra Sierra, *El valor*..., págs. 66-77; C. Blanco de Morais, *Justiça*..., pág. 190). Por último, refira-se que a atribuição, às decisões do Tribunal Constitucional, de natureza jurisdicional, não significa que as regras e princípios gerais do processo civil, respeitantes ao caso julgado, lhes sejam, sem mais, extensíveis (sobre este ponto, M. C. Blasco Soto, "Reflexiones", esp. págs. 36-40, considerando, por exemplo, que na jurisdição constitucional só opera plenamente o caso julgado formal, desde logo porque o caso julgado material poderia obstar à adequação da Constituição à realidade que se altera: a este aspecto já, aliás, aludimos, logo no início da exposição, quando referimos as decisões do Tribunal Constitucional: *supra*, § 1º, I, 3).

norma declarada inconstitucional ou ilegal, e, no caso de inconstitucionalidade superveniente, desde a entrada em vigor da norma constitucional ou legal posterior (cfr. artigo 282º, nº s 1 e 2, da Constituição), e que tais efeitos, se a norma respeitar a matéria civil, apenas não atingem os casos julgados (cfr. artigo 282º, nº 3, da Constituição) e, bem assim, as situações abrangidas pela restrição de efeitos determinada pelo Tribunal Constitucional por razões de segurança jurídica, equidade ou interesse público de excepcional relevo (cfr. artigo 282º, nº 4, da Constituição), parece que a regra, em matéria civil, será a da aplicação de tais decisões – no caso de inconstitucionalidade originária, também a da aplicação das normas revogadas pela norma declarada inconstitucional ou ilegal (cfr. artigo 282º, nº 1, da Constituição) – à generalidade das situações ainda não definidas por decisões transitadas em julgado e, por conseguinte, às situações que constituem objecto de um processo em curso[1866].

Porém, as situações que constituem objecto de um processo em curso podem já ter sido definidas por decisão judicial ou ainda não o ter sido.

No primeiro caso, do regime constitucional atrás referido decorre que a decisão judicial, quando for proferida, deverá aplicar a decisão de inconstitucionalidade ou de ilegalidade com força obrigatória geral, embora já não seja seguro que a publicação desta decisão seja requisito daquela aplicação: inclinamo-nos no sentido de que a aplicação pelo juiz do processo em curso só se torna obrigatória com a publicação, embora nada impeça que se tome em consideração a decisão de inconstitucionalidade ou de ilegalidade com força obrigatória geral – e, aliás, qualquer decisão de inconstitucionalidade ou de ilegalidade –, para efeitos de proferimento da decisão do próprio juiz, antes mesmo de ela ser publicada, se dela o juiz tiver tido, por outra via, conhecimento[1867/1868].

[1866] Trata-se, aliás, de regra consagrada em outras Constituições. Assim, face à Constituição italiana, que no seu artigo 136º estabelece que, quando a *Corte costituzionale* declara a inconstitucionalidade de certa norma, esta cessa a sua eficácia no dia posterior à publicação da decisão, observam V. Crisafulli / L. Paladin (*Commentario...*, pág. 798) que quedam firmes, não sendo de nenhum modo modificáveis ou revogáveis por força da decisão da *Corte*, as aplicações que da norma tenham sido feitas em casos anteriores já definitivamente julgados. Sobre os problemas colocados pelo artigo 136º da Constituição italiana, nomeadamente sobre a possibilidade de a *Corte costituzionale* restringir os efeitos retroactivos da decisão de acolhimento aí previstos, em homenagem a certos princípios e valores constitucionais, ou sobre a possibilidade de a perda de eficácia a que alude o preceito dizer respeito a factos ou relações jurídicas passadas, veja-se A. Segni, "Il processo civile...", págs. 35-41, S. Bartole, "L'efficacia temporale...", pág. 22, S. Fois, "Il problema...", pág. 35, G. Silvestri, "Effetti..." (salientando a indisponibilidade da *Corte costituzionale* em relação aos efeitos futuros da norma declarada inconstitucional) e A. Cataudella, "Prescrizione...", págs. 486-487. Sobre as relações exauridas, em geral, como limite à eficácia retroactiva da decisão de acolhimento, F. Saja, "L'efficacia...", págs. 7-8.

[1867] Os efeitos da decisão de inconstitucionalidade ou de ilegalidade com força obrigatória geral dependem, por razões de segurança jurídica, da respectiva publicação no *Diário da República* (cfr. artigo 119º, nº s 1, *g)*, e 2, da Constituição, e artigos 1º e 3º, nº 2, alínea *h)*, da Lei nº 74/98, de 11 de Novembro,

No segundo caso – ou seja, no caso de a decisão judicial já ter sido proferida (não tendo embora ainda transitado em julgado) –, verifica-se que, da regra da extinção do poder jurisdicional do juiz após o proferimento da decisão (cfr. artigo 613º, nº 1, do CPC), decorre a proibição de proferimento de nova decisão pelo mesmo juiz, mas já não a proibição de aplicação da decisão de inconstitucionalidade ou de ilegalidade em posterior recurso (pelo próprio tribunal de recurso). Esta última conclusão não implica, em princípio, uma (aliás, inadmissível) prevalência do regime processual civil perante o regime constitucional, atendendo a que este último não dispõe sobre a competência funcional para a aplicação da decisão de inconstitucionalidade ou de ilegalidade[1869].

No entanto, quando a decisão proferida pelo juiz do processo não admita recurso, pode questionar-se se o respeito integral pelo estatuído no artigo 282º, nº 3, da Constituição não exigirá a possibilidade de modificação desta decisão pelo próprio juiz que a proferiu de acordo com a decisão de inconstitucionalidade ou de ilegalidade com força obrigatória geral entretanto publicada: ora a nossa

sobre a publicação, a identificação e o formulário dos diplomas, na redacção da Lei nº 26/2006, de 30 de Junho, bem como o artigo 3º, nº 1, alínea *a)*, da Lei nº 28/82, de 15 de Novembro, relativa à organização, funcionamento e processo do Tribunal Constitucional).

[1868] Problema diverso é o da necessidade de o juiz ouvir as partes antes de aplicar a decisão de inconstitucionalidade ou de ilegalidade do Tribunal Constitucional, quer ela revista ou não força obrigatória geral: se as partes ainda não se tiverem pronunciado sobre a pertinente questão de constitucionalidade ou de legalidade, inclinamo-nos no sentido afirmativo, por aplicação do disposto no artigo 3º, nº 3, do CPC.

[1869] Em Itália, a propósito dos efeitos das sentenças de acolhimento (*sentenze di accoglimento*) da *Corte costituzionale*, também se discute o momento até ao qual tais sentenças são aplicáveis nos processos em curso, sendo que a Constituição italiana, no artigo 136º, parágrafo 1º, determina apenas que "[q]uando a *Corte* declara a ilegitimidade constitucional de uma norma de lei ou de acto com força de lei, a norma deixa de produzir efeitos desde o dia seguinte ao da publicação da decisão". Remo Caponi (*"Tempus..."*, págs. 459-460, e "Lo "ius superveniens" nel corso...", págs. 1083-1084) sustenta que, desde o dia seguinte ao da sua publicação no jornal oficial, tais sentenças de acolhimento são aplicáveis aos processos em curso, constituindo o último momento útil para essa aplicação o momento que precede o depósito da sentença na secretaria.

No direito português, parece também que o momento da extinção do poder jurisdicional do juiz é, no caso da *decisão singular*, mais propriamente do que o momento do proferimento da decisão, o momento do depósito dessa decisão na secretaria, porque, até este último momento, a decisão não é cognoscível, podendo consequentemente ser alterada pelo próprio juiz; de qualquer modo, uma vez depositada a sentença na secretaria, havendo divergência entre a data da assinatura da decisão e a desse depósito, deve considerar-se que a data do proferimento da decisão é a primeira. No caso da *decisão colegial*, parece também não haver obstáculo a que a decisão ainda não dada a conhecer seja alterada pelos próprios juízes (isto é, seja alterada até ao seu depósito na secretaria), valendo como o momento da extinção do poder jurisdicional, não o momento em que a decisão é, *de facto*, proferida pela primeira vez, mas o momento da assinatura da decisão depositada na secretaria. Estas considerações, porém, só valem quando a decisão judicial não seja proferida electronicamente, ao abrigo do estatuído no artigo 19º, nº 1, da Portaria nº 280/2013, de 26 de Agosto: neste caso, parece que o momento do proferimento da decisão será o da remessa electrónica do processo para a secretaria.

resposta é afirmativa, porque, não sendo tal modificação possível, dos efeitos da decisão de inconstitucionalidade ou de ilegalidade ficariam afinal ressalvados, não apenas os casos julgados, mas também decisões judiciais não transitadas em julgado.

Esta solução, por um lado, significa a preterição, no caso em apreço, da regra do artigo 613º, nº 1, do CPC (ou, talvez mais propriamente, a preterição de uma interpretação deste preceito que, a nosso ver, seria inconstitucional).

Mas não só: na medida em que a propugnada possibilidade de modificação, pelo juiz, da decisão por si proferida, sempre dependeria de prévia audição das partes e o cumprimento dessa exigência necessariamente inviabilizaria o proferimento da decisão modificativa dentro do prazo normal para o trânsito em julgado da (primitiva) decisão – que é de 10 dias (cfr. artigos 628º, 615º, 616º e 149º do CPC) –, cumpre concluir que também deve impedir o trânsito em julgado da primitiva decisão a dedução, dentro do assinalado prazo de 10 dias, de requerimento modificativo destinado, precisamente, a fazer valer a superveniente declaração de inconstitucionalidade ou de ilegalidade com força obrigatória geral. Isto é: também o artigo 628º do CPC, nos termos do qual a decisão considera-se transitada em julgado "logo que não seja susceptível de recurso ordinário ou de reclamaçãoº" deve ser interpretado à luz do disposto no artigo 282º, nº 3, da Constituição, dessa interpretação resultando que o trânsito em julgado também depende da insusceptibilidade (pelo decurso do prazo geral de 10 dias consagrado no artigo 149º do CPC) de dedução do assinalado requerimento modificativo[1870].

2. Depois da produção de caso julgado

a) Inclusão dos casos julgados de trato sucessivo na ressalva dos casos julgados contida no artigo 282º, nº 3, da Constituição

Já quanto às situações definidas por decisões transitadas em julgado – aquelas que particularmente nos interessam –, o regime constitucional que ficou exposto suscita o problema de saber se a ressalva dos casos julgados determinada pelo artigo 282º, nº 3, da Constituição significa que o artigo 619º, nº 2, do CPC não pode ser entendido como abrangendo os casos de superveniência de decisão de inconstitucionalidade ou de ilegalidade com força obrigatória geral: na verdade, não

[1870] Esta observação não significa que consideremos que a inconstitucionalidade da lei aplicada deve impedir que a respectiva sentença transite em julgado (sobre este ponto: Rui Medeiros, *A decisão de inconstitucionalidade...*, pág. 547), mas apenas que a inconstitucionalidade (ou ilegalidade) já verificada por decisão com força obrigatória geral deve (em harmonia, de resto, com o estabelecido no artigo 282º, nº s 1 e 3, da Constituição) poder ser considerada no processo sempre que não exista decisão transitada em julgado (o que, quando esta decisão seja irrecorrível, só é alcançável mediante a revisão, pelo juiz, da sua própria decisão, revisão essa que, desde logo por razões que se prendem com a salvaguarda do contraditório, nunca seria possível efectuar no apertado prazo de 10 dias pressuposto no artigo 628º do CPC).

parece ser possível a alteração de um caso julgado através de acção modificativa, quando é a própria Constituição a estabelecer a genérica inoperância da declaração de inconstitucionalidade ou de ilegalidade com força obrigatória geral face a decisões transitadas[1871], isto é, a impossibilidade de esta declaração, nos termos gerais do artigo 282º, nº s 1 e 2, da Constituição, produzir efeitos desde a entrada em vigor da norma declarada inconstitucional ou ilegal ou desde a entrada em vigor da norma constitucional ou legal posterior, sempre que a norma declarada inconstitucional ou ilegal haja sido aplicada em decisão transitada em julgado.

Este argumento pressupõe, porém, que a ressalva dos casos julgados imposta pelo artigo 282º, nº 3, da Constituição se estende de igual modo a todos os casos julgados, nomeadamente aos de trato sucessivo, que são aqueles a que mais directamente o artigo 619º, nº 2, do CPC se reporta.

Ora, a propósito desta concreta questão – mais precisamente, a propósito da questão de saber "se a primeira parte do nº 3 do artigo 282º da Constituição pretende afastar em absoluto a relevância do reconhecimento da inconstitucionalidade da lei aplicada pela decisão jurisdicional transitada em julgado", nomeadamente quando estão em causa situações de trato sucessivo –, conclui Rui Medeiros[1872] – pelas razões de que, aliás, já demos conta[1873] – que "desde que não haja uma violação autónoma do princípio da protecção da confiança, o caso julgado de trato sucessivo não impede *de per si* que se atribua relevância à superveniente declaração de inconstitucionalidade com força obrigatória geral".

Esta conclusão de Rui Medeiros não é, como também já dissemos no mesmo lugar, aceite – embora a ela se mostre sensível num plano *de lege ferenda* – por Vitalino Canas[1874], fundamentalmente por duas razões: por um lado, porque é difícil delimitar a própria categoria das situações duradouras, sendo que "[e]m rigor, o caso julgado tem sempre efeitos que persistem no futuro, ou se projectam para o futuro, na medida em que impede determinado sujeito de recolocar um problema em juízo", como sucede, por exemplo, com a declaração judicial

[1871] No direito espanhol, suscita igualmente problemas interpretativos o artigo 161, 1, *a)*, da Constituição espanhola, que, embora determinando a afectação da jurisprudência pela declaração de inconstitucionalidade com força de lei, estabelece que a sentença ou sentenças entretanto proferidas não perdem o valor de caso julgado: cfr. C. Vidales Rodríguez, *La eficacia...*, págs. 203-208. Sobre a ressalva dos casos julgados, entre muitos outros, RL, 30.04.1996, STJ, 11.12.2008 e STJ, 09.09.2010 (estes dois últimos versando sobre a interessante questão da afectação – pela declaração de inconstitucionalidade com força obrigatória geral da norma do nº 1 do artigo 1817º do CC, constante do Ac. nº 23/2006, de 10 de Janeiro – do caso julgado absolutório, por caducidade do direito de acção, proferido em acção de investigação de paternidade, e concluindo no sentido dessa não afectação, por força do disposto no artigo 282º, nº 3, da Constituição).

[1872] Rui Medeiros, *A decisão de inconstitucionalidade...*, págs. 560 e 562-568.

[1873] *Supra*, § 1º, III, 3.

[1874] Vitalino Canas, "Os efeitos...", pág. 231.

da propriedade de certo bem; por outro lado, porque "mesmo que se pretenda abranger [nas situações duradouras que não ficam protegidas pelo caso julgado, havendo decisão de provimento do Tribunal Constitucional] apenas os casos mais críticos de situações que se vão gerando *ex novo* pela passagem do tempo com fundamento num título jurídico consolidado por caso julgado, não se vê como seleccionar os casos "sim" e os casos "não" sem cair no casuísmo puro do intérprete/aplicador do Direito, a começar pelo próprio Tribunal Constitucional".

Estas dificuldades assinaladas por VITALINO CANAS não nos parecem, porém, suficientes para afastar a conclusão de RUI MEDEIROS. No caso da dificuldade – decorrente das consequências futuras que qualquer caso julgado tem – de delimitação da própria categoria das situações duradouras (diríamos talvez de outro modo: de identificação dos casos julgados que podem ser subsumidos na categoria dos casos julgados de trato sucessivo a que se refere RUI MEDEIROS), julgamos que a mesma se atenua consideravelmente quando se constata que a categoria das situações duradouras e a do caso julgado de trato sucessivo não são desconhecidas da lei processual, que as prevê nomeadamente nos já várias vezes referidos artigos 282º, 557º, nº 1, ou 619º, nº 2, do CPC.

É evidente que a densificação destas categorias, bem como a possibilidade de os assinalados preceitos serem analogicamente aplicados a outras categorias – por exemplo, a possibilidade (aparentemente *contra legem*) de as sentenças transitadas em julgado que declarem o direito de propriedade sobre certo bem (apontadas por VITALINO CANAS como exemplo de caso julgado com efeitos que persistem no futuro) integrarem ainda a categoria das sentenças prevista nos artigos 282º e 619º, nº 2, do CPC –, não são pacíficas, e constituem mesmo duas interrogações às quais a presente tese procura dar resposta: mas estes problemas de interpretação do direito ordinário estão sempre latentes, ao que supomos, quando se procede à interpretação de normas constitucionais que utilizam, directa ou indirectamente, conceitos provenientes de outras áreas do direito (pense-se, aliás, no próprio conceito de caso julgado, contido em toda a sua latitude na letra do artigo 282º, nº 3, da Constituição, e inevitavelmente gerador de problemas interpretativos; pense-se, também, nos conceitos de "matéria penal, disciplinar ou de ilícito de mera ordenação social", usados neste mesmo preceito).

Dito de outro modo: não nos parece, atendendo à sua consagração na lei processual civil, que a categoria das situações duradouras apresente uma dificuldade de delimitação de tal modo grave que torne aconselhável, por razões de certeza na aplicação do princípio da ressalva dos casos julgados consagrado no artigo 282º, nº 3, 1ª parte, da Constituição, a sua não autonomização face às restantes situações.

Quanto à segunda dificuldade assinalada por VITALINO CANAS, se bem a alcançamos, prende-se com a impossibilidade de transposição, para a categoria das situações duradouras, do regime contido na 2ª parte do artigo 282º, nº 3, da

Constituição (que refere: "[...] salvo decisão em contrário do Tribunal Constitucional quando a norma respeitar a matéria penal, disciplinar ou de ilícito de mera ordenação social e for de conteúdo menos favorável ao arguido"), porque este regime pressupõe uma selecção dos casos julgados que, excepcionalmente, irão ser afectados pela decisão de inconstitucionalidade ou de ilegalidade com força obrigatória geral, selecção essa que, quanto às situações duradouras, por falta de critério seguro, redundaria no casuísmo.

Esta segunda dificuldade também não nos parece configurar obstáculo à aceitação da tese de RUI MEDEIROS. Na verdade, ela só o configuraria se, para que os casos julgados de trato sucessivo de que vimos falando fossem ressalvados, o regime contido na 2ª parte do artigo 282º, nº 3, da Constituição lhes devesse ser aplicado (analogicamente, do que depreendemos da construção de VITALINO CANAS): aplicação que não seria, com efeito, possível, porque a razão que ditou tal regime – a do "tratamento legislativo temporalmente mais favorável", enquanto manifestação da "ideia de segurança (ou de segurança e justiça) e de salvaguarda dos direitos, liberdades e garantias individuais frente ao poder punitivo do Estado"[1875] – não é naturalmente transponível para a área do direito civil.

Supomos, porém, que da impossibilidade de aplicação a certos casos julgados – nomeadamente, aos de trato sucessivo – do regime da 2ª parte do artigo 282º, nº 3, da Constituição, no trecho em que prevê uma selecção dos casos julgados que excepcionalmente irão ser afectados, em atenção à ideia de "tratamento legislativo temporalmente mais favorável" (selecção que assenta num poder discricionário do Tribunal Constitucional[1876]), não decorre a necessária ressalva desses casos julgados pela declaração de inconstitucionalidade ou de ilegalidade com força obrigatória geral: e não decorre, desde logo, porque tal regime não tem em vista esclarecer o sentido da genérica ressalva dos casos julgados (constante da 1ª parte do artigo 282º, nº 3, da Constituição), mas, pura e simplesmente, estabelecer o critério segundo o qual, em matéria penal, disciplinar ou contra-ordenacional, os casos julgados serão ou não ressalvados.

A verdadeira dificuldade que enfrenta a tese de RUI MEDEIROS parece-nos ser, assim, a própria letra do artigo 282º, nº 3, da Constituição, que dá a entender que só em matéria penal, disciplinar ou contra-ordenacional pode haver (mediante a utilização do critério do "tratamento legislativo temporalmente mais favorável") afectação dos casos julgados: os casos julgados noutras matérias seriam alvo de uma ressalva genérica, que não conheceria excepções, em virtude da natureza excepcional da possibilidade de afectação dos casos julgados, decorrente de razões de certeza do direito.

1875 Jorge Miranda, *Manual...*, Tomo VI, pág. 280.

1876 Assim, L. Nunes de Almeida, *A justiça constitucional...*, pág. 40, e "Les effets...", pág. 394.

Portanto, e em suma: admitirá o artigo 282º, nº 3, 1ª parte, da Constituição, uma interpretação restritiva, da qual resulte que nem todos os casos julgados se encontram ressalvados, podendo alguns deles – por exemplo, os casos julgados de trato sucessivo, que são os que agora nos interessam – ser afectados mesmo na ausência de decisão do Tribunal Constitucional nesse sentido?

A favor dessa interpretação restritiva parece invocar RUI MEDEIROS[1877] – como resulta do que logo no início da exposição dissemos[1878] – o seguinte argumento: o de que os factos normativos supervenientes podem repercutir-se no caso julgado de trato sucessivo, sendo consequentemente contraditório que a superveniente declaração de inconstitucionalidade não pudesse ter tal repercussão.

Julgamos, todavia, que este argumento assenta num pressuposto que carece de demonstração, e que, como tal, o debilita.

Na verdade, face ao disposto no artigo 282º, nº 3, 1ª parte, da Constituição, não é possível pressupor que os factos normativos supervenientes se repercutem automaticamente no caso julgado de trato sucessivo, cumprindo, antes, apurar primeiro se a superveniente declaração de inconstitucionalidade pode ter essa repercussão, porque se não a puder ter, a mesma consequência deverá ser extraída para os factos normativos supervenientes: o que equivale a dizer que é da solução do problema da afectação do caso julgado de trato sucessivo pela superveniente declaração de inconstitucionalidade ou de ilegalidade com força obrigatória geral que se podem retirar indícios para a solução do problema da afectação desse caso julgado também pela lei superveniente, e não da solução deste para a daquele.

Este raciocínio – que, como se assinala no Acórdão nº 87, de 16 de Fevereiro de 1978, da Comissão Constitucional, vem da vigência da Constituição de 1933 (em particular, do § único do seu artigo 123º), sendo seguido por vários Autores[1879] – é, cumpre reconhecê-lo, também ele posto em causa pela Comissão Constitucional, neste mesmo acórdão.

Segundo a Comissão Constitucional, não seria possível retirar, da não afectação dos casos julgados pela superveniente declaração de inconstitucionalidade com força obrigatória geral, um argumento no sentido da sua não afectação também pela lei superveniente.

[1877] Rui Medeiros, *A decisão...*, pág. 567.

[1878] *Supra*, § 1º, III, 3.

[1879] Assim: J. Alberto dos Reis, *Código...*, vol. III, pág. 95; J. de Castro Mendes, *Manual...*, págs. 97-98 ("[...] se a anulação de um diploma inconstitucional pela Assembleia Nacional não pode ofender as situações criadas pelos casos julgados à luz do mesmo diploma, por maioria de razão o não pode a revogação normal de um diploma válido e constitucional por outro posterior"); Marcelo Caetano, *Manual...*, pág. 138, nota 1 (referindo, a propósito da retroactividade extrema, que "[a] Constituição, § único do artigo 123º, postula [...] o respeito do caso julgado como princípio geral de Direito nela consagrado [...]"); J. de Oliveira Ascensão ("A violação...", págs. 296-297); M. Gomes da Silva, "Sentenças...", pág. 386.

E este entendimento – que não recolheu unanimidade no Acórdão nº 87, de 16 de Fevereiro de 1978[1880] – assenta sobretudo no seguinte: "A declaração de inconstitucionalidade não é uma decisão legislativa, não manifesta uma vontade nova do legislador. Ora, o que pode pretender-se pode ser uma articulação entre a fiscalização de validade das leis pelos tribunais e a fiscalização a cargo do Conselho da Revolução, e a garantia do caso julgado pode tornar-se então a garantia do respeito pelas decisões dos tribunais, as quais não se removem, por eles terem considerado, em momento anterior, conforme com a Constituição, aquilo que agora o Conselho [da Revolução] declara inconstitucional. Ou seja: não se trata, ao contrário do que à primeira vista parece, de uma garantia do caso julgado enquanto tal, mas de uma garantia do poder dos tribunais de apreciação da constitucionalidade das normas jurídicas. Num sistema apenas jurisdicional, tal cominação não seria necessária [...]".

Julgamos, porém, contrariamente ao sustentado pela Comissão Constitucional no citado acórdão, que é efectivamente o caso julgado, e não as decisões dos tribunais, enquanto decisões de um órgão de natureza diferente daquele que emite a declaração de inconstitucionalidade com força obrigatória geral, que se encontra tutelado no (actual) artigo 282º, nº 3, 1ª parte, da Constituição. Por um lado, porque se este preceito pretendesse proteger as decisões dos tribunais, e não o caso julgado, deviam também ficar ressalvadas daquela declaração as decisões ainda não transitadas à data da respectiva publicação; por outro lado, porque (hoje) o órgão que emite a declaração de inconstitucionalidade com força obrigatória geral é um tribunal – o Tribunal Constitucional – e não um órgão político.

Assim sendo, parece-nos que a ressalva do caso julgado contida no artigo 282º, nº 3, 1ª parte, da Constituição pode (e deve) ser ponderada também na resolução do problema da permeabilidade do caso julgado à lei superveniente[1881].

[1880] Num dos votos de vencido deste acórdão lê-se o seguinte: "[...] o nº 2 do artigo 281º ao conferir ao Conselho da Revolução competência para declarar, com força obrigatória geral, a inconstitucionalidade de uma norma, ressalva os casos julgados, sem qualquer restrição; está aqui consagrado o respeito pelo caso julgado, princípio cuja aplicação pelos tribunais se impõe". E, em outro voto, afirma-se que "[...] se a eliminação do ordenamento jurídico de uma norma com fundamento no maior vício possível – a inconstitucionalidade – se efectuará com respeito pelos casos julgados, por maioria de razão tal respeito se imporá aquando da revogação de uma norma válida e constitucional, por sucessão no tempo de uma outra com ela incompatível".

[1881] Sustentando a inconstitucionalidade da retroactividade forte ou do terceiro grau, nomeadamente com base no argumento jurídico-positivo retirado do artigo 282º, nº 3, da Constituição, veja-se A. Menezes Cordeiro ("Da aplicação...", pág. 25); identicamente, sustentando que "[s]e nem a declaração de inconstitucionalidade ou de ilegalidade de uma norma pode afectar o caso julgado, há que concluir que o legislador não pode atribuir a uma lei nova uma retroactividade que atinja esse mesmo caso julgado", consulte-se M. Teixeira de Sousa ("Aplicação da lei...", pág. 12). Sendo inconstitucional a lei retroactiva que afecte o caso julgado, coloca-se ainda um outro problema, que não trataremos: o das consequências dessa inconstitucionalidade (sobre este problema veja-se, por exemplo, E. R. Rossi, *Cosa*

O que equivale a dizer que, não podendo o argumento da permeabilidade do caso julgado de trato sucessivo à lei superveniente ser utilizado para demonstrar a não abrangência, no artigo 282º, nº 3, 1ª parte, da Constituição, desse mesmo caso julgado de trato sucessivo, o único argumento de RUI MEDEIROS que merece ser ponderado a favor desta interpretação restritiva, e ao qual já aludimos[1882], é o seguinte: o de que a atribuição, nessas hipóteses, de relevância à posterior declaração de inconstitucionalidade ou ilegalidade com força obrigatória geral não afronta as exigências de certeza e de segurança jurídicas, nas quais assenta a própria ressalva dos casos julgados contida no artigo 282º, nº 3, 1ª parte, da Constituição[1883].

Este argumento assenta nas considerações tecidas por GOMES DA SILVA a propósito da possibilidade de repercussão da lei superveniente nos casos julgados de trato sucessivo, à luz do disposto no § único do artigo 123º da anterior Constituição. Mais precisamente, tal argumento assenta nas considerações tecidas por este Autor[1884] sobre a *função do caso julgado*, que seria a de garantir a certeza jurídica e a tutela das situações consumadas (e, por isso mesmo, tal argumento não equivale àquele a que anteriormente se fez referência, e que se traduz na mera aplicação, à declaração de inconstitucionalidade ou de ilegalidade com força obrigatória geral, do regime supostamente vigente nas relações entre a lei superveniente e o caso julgado de trato sucessivo).

Ora a *função do caso julgado*, para GOMES DA SILVA, não é inviabilizada quando a lei nova se repercute no caso julgado de trato sucessivo – ou melhor: quando a lei nova se repercute nos efeitos futuros da situação concreta apreciada pela sentença constitutiva de caso julgado de trato sucessivo –, porque "em tal hipótese a acção dele [do legislador] não consiste em rever o trabalho dos tribunais, em modificar situações já consumadas; pelo contrário, o legislador limita-se a dar regime *novo* a situações também *novas*, e por isso não prejudica a segurança e a estabilidade jurídicas, não ataca a certeza jurídica que é função do caso julgado garantir".

É curioso notar que, para GOMES DA SILVA, a *novidade* da situação regulada posteriormente pelo legislador não decorreria da circunstância de essa situação

juzgada..., págs. 98-100, para quem a existência de tal lei gera responsabilidade civil do Estado, desde a respectiva publicação).

1882 *Supra*, § 1º, III, 3.

1883 Como também afirmam Jorge Miranda / Rui Medeiros (*Constituição portuguesa*..., tomo III, pág. 833), "[o] respeito constitucional pelos casos julgados arranca essencialmente da verificação de que a certeza e a segurança do direito postulam, nos termos gerais, o respeito pelos direitos reconhecidos por decisão transitada em julgado". É certo que, como assinala G. Zagrebelsky ("Il controllo...", pág. 87), todas as sentenças de inconstitucionalidade prejudicam, em maior ou menor medida, a certeza e a estabilidade das relações jurídicas: situações há, todavia, em que esse prejuízo se torna particularmente grave, como sucederá quando exista caso julgado.

1884 M. Gomes da Silva, "Sentenças...", págs. 386-387.

não ter sido objecto da decisão judicial transitada em julgado – se assim fosse, aliás, nem se compreenderia a ponderação, pelo Autor, do princípio do respeito pelo caso julgado –, antes resultando da circunstância de as condições sociais e económicas terem dado nova configuração à situação apreciada pelo julgador, assim justificando a nova regulação.

E dizemos que é curiosa esta orientação de GOMES DA SILVA porque, como adiante veremos[1885], também a propósito da superveniência de outras realidades – por exemplo, de novos conhecimentos científicos – se pode colocar o problema da possibilidade de alteração do caso julgado: ora, se as mencionadas condições sociais e económicas podem, na medida em que dão nova configuração a situações já apreciadas, justificar uma nova regulação pelo legislador, por que motivo não poderão os novos conhecimentos científicos justificar a alteração do caso julgado, já que a estes também parece subjazer uma modificação das condições sociais e económicas?

Mas retornemos ao pensamento de GOMES DA SILVA, que, como vimos, permite sustentar a permeabilidade do caso julgado de trato sucessivo à lei superveniente em atenção à própria *função do caso julgado de garantia da certeza jurídica* (que, nessa eventualidade, não seria atingida, porque estaria em causa uma situação "nova").

Também a *função do caso julgado de tutela das situações consumadas* ditaria, na perspectiva de GOMES DA SILVA, tal conclusão: seria mesmo essa a "chave do problema" ou o "cerne da questão". Segundo este Autor[1886], "a razão de ser da intangibilidade constitucional do caso julgado cessa natural e necessariamente quanto às matérias que, pela sua própria configuração, respeitem directamente ao futuro, se desenvolvam no futuro em função de utilidades que só à medida que o tempo decorre vão sendo produzidas e fruídas. Quanto a cada nova prestação que se vença – isto é, que se torne *presente* – a razão de ser da intangibilidade do julgado volta a afirmar-se. Mas quanto às que ainda são vindouras, a lei nova tem de ser susceptível de regular novamente as suas condições, de harmonia com as circunstâncias que se verificarem".

Ou seja, não só a "novidade" dos efeitos futuros da situação apreciada na sentença de trato sucessivo, como também – e sobretudo – a "natural" subtracção desses efeitos, desde que ainda não produzidos, ao princípio da intangibilidade constitucional do caso julgado, justificariam, segundo GOMES DA SILVA, uma interpretação do § único do artigo 123º da Constituição de 1933 nos termos da qual nem sempre o caso julgado resistiria a leis posteriores[1887].

[1885] *Infra*, § 27º.

[1886] M. Gomes da Silva, "Sentenças...", pág. 386.

[1887] Complementarmente, M. Gomes da Silva ("Sentenças...", pág. 387) invoca os seguintes argumentos "de pura técnica jurídica": o de que "sobre a susceptibilidade de concretização das prestações futuras,

Assim, se a lei posterior afecta prestações cuja liquidação esteja coberta pelo caso julgado, e que estejam *vencidas* no momento da entrada em vigor dessa lei, tal lei, para Gomes da Silva[1888], ofende o princípio constitucional do respeito dos casos julgados, *ainda que a prestação não esteja paga* (o que parece significar que, na sua perspectiva – que, como veremos, é também a nossa –, a tutela constitucional do caso julgado não é excluída pela mera razão de este caso julgado não ter sido executado); já, porém, relativamente às prestações *vincendas* na data em que essa lei entrou em vigor, cuja liquidação esteja regulada por sentença transitada em julgado, tal princípio, de acordo com o Autor[1889], não obsta à aplicação da lei nova.

Do exposto resulta, pois, a necessidade de interpretar o disposto no artigo 282º, nº 3, 1ª parte da Constituição à luz da própria função do caso julgado: quer de garantia da certeza jurídica, quer de tutela das situações consumadas.

No que se refere aos casos julgados de trato sucessivo – e porque a sua afectação, para o futuro, pela declaração de inconstitucionalidade ou de ilegalidade com força obrigatória geral não afrontaria a função do caso julgado de tutela das situações consumadas (quanto à função de garantia da certeza jurídica, parece-nos que a mesma assume, neste contexto, um relevo menor, atendendo a que uma das características desse caso julgado é a sua permeabilidade à superveniência[1890]) –, tal necessidade redundaria, quanto a nós, na interpretação restritiva do artigo 282º, nº 3, 1ª parte, da Constituição, nos termos da qual a ressalva aí prevista operaria apenas para o passado ou, melhor dizendo, abrangeria apenas

virtualmente reguladas, ou não, por decisão transitada, paira irremediável incerteza jurídica, que o caso julgado não pode dissipar – nem quanto ao evento dos referidos factos [factos futuros constitutivos, modificativos ou extintivos], nem quanto a eventuais intervenções da lei; o de que o segundo trecho do artigo 671º do CPC [de 1939, correspondente ao artigo 619º, nº 2, do actual CPC] consagra idêntica doutrina; o de que "a expressão "*situações* criadas pelos caso julgados", que o § único do artigo 123º da Constituição emprega [...] inculca tratar-se de realidades concretamente existentes, e não de meros regimes abstractos para realidades a concretizar futuramente".

1888 M. Gomes da Silva, "Sentenças...", págs. 387-388.

1889 M. Gomes da Silva, "Sentenças...", págs. 388-389.

1890 Não nos parece possível sustentar que, tal como ocorre nas hipóteses de superveniência de lei, subjacente à declaração de inconstitucionalidade ou de ilegalidade com força obrigatória geral encontra-se uma situação nova, por as condições sociais e económicas lhe terem dado nova configuração: daí que reconheçamos que o argumento de Gomes da Silva, segundo o qual a repercussão da lei superveniente nos casos julgados de trato sucessivo não afronta a função do caso julgado de garantia da certeza jurídica, não é plenamente transponível para a resolução do problema, que agora analisamos, da repercussão daquela declaração de inconstitucionalidade ou de ilegalidade nesse caso julgado. De qualquer modo, caracterizando-se o caso julgado de trato sucessivo – ou, pelo menos, o caso julgado de trato sucessivo especialmente tido em conta pelo artigo 619º, nº 2, do CPC – pela sua alterabilidade, é ainda possível sustentar que a consideração de *mais um fundamento de alteração*, a par dos tradicionais, ou naturais, fundamentos de alteração, não afronta especialmente a função do caso julgado de garantia da certeza jurídica; por outro lado, e decisivamente, não se trata de um qualquer fundamento de alteração, mas de um fundamento dotado de especial vinculatividade.

as prestações já vencidas à data da publicação da declaração de inconstitucionalidade ou de ilegalidade com força obrigatória geral.

E tal interpretação restritiva ainda tem, ao que cremos, um mínimo de correspondência verbal na letra da lei, porque dela decorre que o caso julgado de trato sucessivo fica ressalvado para o passado (embora já não para o futuro).

É claro que em outras situações também duvidosas (por exemplo, casos julgados sobre questões de natureza processual ou casos julgados ainda não executados[1891]), também é possível sustentar que a afectação do caso julgado sempre teria um mínimo de correspondência verbal na letra da lei, para tanto bastando que se considerasse que o caso julgado, não obstante atingido nalguns dos seus efeitos pela declaração de inconstitucionalidade ou de ilegalidade, manteria incólumes os efeitos que eventualmente já tivesse produzido.

Esta orientação, porém, fragilizaria irremediavelmente a própria ressalva dos casos julgados contida no artigo 282º, nº 3, 1ª parte, da Constituição: é que, em última análise, todo e qualquer caso julgado poderia ser atingido, porque os efeitos de todo e qualquer caso julgado se protraem no tempo.

Entendemos, assim, que a assinalada interpretação restritiva deste preceito (que, como dissemos, ainda tem na letra da lei um mínimo de correspondência verbal) só é admissível quando a afectação do caso julgado se alicerce em princípios ou interesses diversos daqueles que justificam o caso julgado e que a eles se devam sobrepor – de que não constitui exemplo o próprio *interesse do respeito pela "legalidade" constitucional*, porque este interesse já foi ponderado (e preterido) pelo próprio legislador constitucional quando ressalvou genericamente o caso julgado no artigo 282º, nº 3, 1ª parte[1892] – ou quando tal afectação não contenda com os próprios princípios que justificam o caso julgado: o que, aliás, não nos parece suceder, como de seguida sinteticamente veremos, em relação aos casos julgados sobre questões de natureza processual e aos casos julgados ainda não executados[1893].

b) *Casos julgados processuais e casos julgados ainda não executados*

Quanto aos casos julgados sobre questões de natureza processual, não vemos quais os específicos interesses que poderiam justificar, contrariamente ao caso julgado material, a sua automática cedência face à declaração de inconstitucionalidade ou de ilegalidade com força obrigatória geral, sendo certo que, como já dissemos em outro lugar[1894], o caso julgado enquanto valor constitucional tem

[1891] A estas duas eventualidades se refere também Rui Medeiros (*A decisão...*, págs. 554-557 e 568-574).

[1892] A este interesse alude o Acórdão nº 232/2004, de 31 de Março, do Tribunal Constitucional.

[1893] Rui Medeiros (*ibidem*) propende igualmente para a ressalva do caso julgado sobre questões processuais e do caso julgado ainda não executado.

[1894] Isabel Alexandre, "O caso julgado...", pág. 61.

sido concebido, pela jurisprudência do Tribunal Constitucional, "como abrangendo não apenas a decisão definitiva de mérito, mas também a decisão definitiva sobre a relação processual"[1895].

Em relação aos casos julgados ainda não executados, não nos parece, diversamente do que sustenta VITALINO CANAS, que a sua afectação (pela declaração de inconstitucionalidade ou de ilegalidade com força obrigatória geral) constituísse uma violação menos intensa do princípio do respeito do caso julgado do que a afectação dos casos julgados de trato sucessivo. Sustenta o Autor[1896] que, nestas últimas situações, "o caso julgado já poderá ter começado a produzir os seus efeitos, constituindo, de algum modo, uma perturbação da certeza e segurança jurídica contestar a continuidade desses efeitos", enquanto nas primeiras, sendo o caso julgado paralisado, tal "não vai produzir qualquer mudança em relação ao materialmente existente, pelo que não há sensível perturbação da certeza e da segurança".

Entendemos, porém, que sendo as sentenças de trato sucessivo permeáveis à modificação das circunstâncias, prevendo expressamente a lei (aliás, de vários ordenamentos) a respectiva alteração após o trânsito em julgado com esse fundamento, a única incerteza que, para as partes, poderia constituir a alteração da sentença com fundamento em superveniente declaração de inconstitucionalidade ou de ilegalidade com força obrigatória geral seria, na verdade, a consideração desta superveniente declaração como uma modificação das circunstâncias relevante para efeitos da alteração da sentença.

Dito de outro modo: como as partes não podem ter qualquer expectativa legítima na não alteração, em virtude de modificação das circunstâncias, da sentença de trato sucessivo após o respectivo trânsito em julgado – porque uma das características do regime de tal sentença é precisamente essa –, não pode afirmar-se que constitui, em si, uma perturbação da certeza e da segurança jurídicas a contestação da continuidade dos efeitos do caso julgado; o que pode eventualmente constituir uma perturbação da certeza e da segurança jurídicas é a indefinição do conceito legal de "alteração de circunstâncias", mas tal perturbação ocorre sempre que a lei usa um conceito indeterminado, não sendo especificamente causada pela inclusão, aquando da aplicação da lei, de certa realidade nesse conceito (por exemplo, a inclusão da superveniente declaração de inconstitucionalidade ou de ilegalidade com força obrigatória geral no conceito de "alteração de circunstâncias" do artigo 619º, nº 2, do CPC).

[1895] Sobre a tutela constitucional do caso julgado formal, veja-se, mais recentemente, RC, 26.05.2009. Na doutrina, e sobre a tutela constitucional do caso julgado formal (incidente sobre questões de inconstitucionalidade), A. Rocha Marques, "O Tribunal Constitucional...", pág. 482.

[1896] Vitalino Canas, "Os efeitos...", págs. 231-232.

Já em relação a sentenças diversas das de trato sucessivo que ainda não tenham sido executadas não pode afirmar-se que as partes tenham qualquer expectativa de que as mesmas venham a ser alteradas ou que possam não ser executadas: na verdade, não existe qualquer preceito legal contemplando, ao menos explicitamente, tal possibilidade, sendo que a expectativa das partes é, por tal razão, exactamente a oposta.

Concretizando ainda mais: não é por a sentença ainda não ter sido executada que as partes vão criando qualquer expectativa legalmente fundada de que o possa não vir a ser, ou que possa vir a ser alterada – até porque o direito de acção seria ilusório se o direito à execução da sentença não fosse assegurado[1897] –, pelo que não é de aceitar a afirmação segundo a qual "[n]as situações em que não se iniciou ainda a execução ou não há uma lesão dos valores da certeza e da segurança ou é uma lesão ténue uma vez que o caso julgado não teve ainda qualquer tipo de impacto ao nível das relações jurídicas materiais"[1898/1899].

Refira-se, todavia, que a nossa jurisprudência constitucional não parece ter vindo a seguir este entendimento, que nos parece preferível.

Assim, a Comissão Constitucional, no já citado Acórdão nº 87, de 16 de Fevereiro de 1978, julgou não inconstitucionais certas normas – as normas dos artigos 2º, nº 3, e 4º do Decreto-Lei nº 188/76, de 12 de Março – que permitiam ao réu condenado à entrega de casa por sentença transitada em julgado provar por qualquer meio a existência de contrato de arrendamento, desde que a sentença não tivesse sido executada: isto é, admitiu a possibilidade de afectação, por lei superveniente, do caso julgado ainda não executado, verificados certos requisitos[1900].

1897 Neste sentido, o acórdão do Tribunal Europeu dos Direitos do Homem de 20 de Julho de 2000. Sobre a garantia da execução da decisão no direito processual europeu e no comunitário, S. Guinchard / M. Bandrac / X. Lagarde / M. Douchy, *Droit...*, págs. 576-582. G. Niklowitz (*Über die Grenzen...*, págs. 8-9) relaciona o direito à execução com a própria segurança jurídica, em que também assenta o caso julgado, porque o litígio só pode considerar-se praticamente findo com a execução da sentença. W. J. Habscheid ("Urteilswirkungen und Gesetzesänderungen", pág. 429) refere, a este propósito, que a eficácia executiva da sentença constitui um direito subjectivo público do vencedor perante o Estado, impondo a ideia de Estado de Direito que a tutela jurídica definitivamente concedida pelo Estado ao vencedor não lhe seja posteriormente retirada (do mesmo Autor, veja-se, mais recentemente, "Urteilswirkungen und Gesetzgeber", págs. 230-231). A exequibilidade seria mesmo, segundo K. A. Bettermann (*Vollstreckung...*, pág. 21), o mais importante efeito da sentença, do ponto de vista prático. De qualquer modo, e como sublinhava J. de Castro Mendes ("A causa de pedir...", esp. págs. 199-201), é ainda muito *declarativista* o nosso sistema processual.

1898 Vitalino Canas, "Os efeitos...", págs. 231-232.

1899 Refira-se que questão semelhante à tratada pode colocar-se quanto aos actos administrativos: a de saber se a permeabilidade de um acto exaurido a uma superveniente declaração de inconstitucionalidade é menor do que a de um acto não exaurido (sobre o ponto, A. Fedele, "Rapporti...").

1900 Não obstante não serem claros os termos em que o caso julgado anterior podia ser afectado – na verdade, o Decreto-Lei nº 188/76, de 12 de Março não previa expressamente a alteração da correspondente sentença –, certo era que, como aliás se afirma no mencionado Acórdão nº 87, de 16 de Fevereiro de 1978,

Ora, a seguir-se esta orientação, é, na verdade, difícil sustentar que o caso julgado ainda não executado nunca é atingido pela superveniente declaração de inconstitucionalidade ou de ilegalidade com força obrigatória geral de norma aplicada na correspondente sentença, porque de tal decorreria (contraditoriamente, como observa RUI MEDEIROS[1901]) que a tutela do caso julgado ainda não executado que aplicasse lei inconstitucional seria mais forte do que a tutela do caso julgado que aplicasse lei não inconstitucional (ou, pelo menos, não julgada inconstitucional)[1902].

Mas, como resulta do que dissemos, no ponto anterior, a propósito da relação entre o problema da repercussão da lei superveniente no caso julgado de trato sucessivo e o problema da repercussão da superveniente declaração de inconstitucionalidade ou de ilegalidade no caso julgado de trato sucessivo, é aquele primeiro problema que não pode ser resolvido sem a análise do segundo, pressupondo, como tal, também essa resolução, a consideração do estatuído no artigo 282º, nº 3, 1ª parte, da Constituição.

Nesta medida, entendemos que, no citado Acórdão nº 87, de 16 de Fevereiro de 1978, a solução alcançada pela Comissão Constitucional apresenta a fragilidade decorrente da não ponderação da eventual aplicabilidade, aos casos julgados ainda não executados (ou a certos casos julgados ainda não executados), da ressalva à data contida no artigo 281º, nº 2, da Constituição[1903] (e constante actualmente do artigo 282º, nº 3, 1ª parte)[1904]: se se tivesse concluído no sentido dessa aplicabilidade – e, portanto, no sentido da não afectação dos casos julgados ainda não executados pela declaração de inconstitucionalidade com força obri-

esse caso julgado era preterido, porque tal diploma "atribui ao réu o direito de promover a abertura de incidente por apenso para obter o efeito jurídico que antes não pôde obter na acção em que foi condenado; e [...], assim, coloca o mesmo tribunal, na mesma lide, entre as mesmas partes, na situação de se contradizer ou de se repetir".

1901 Rui Medeiros, *A decisão...*, pág. 567.

1902 Este argumento não implica, ao que cremos, a aceitação da natureza legislativa das decisões de inconstitucionalidade ou de ilegalidade com força obrigatória geral, nem a equiparação destas ao *ius superveniens* (sobre esta última tese: F. Politi, *Gli effetti...*, págs. 105-107).

1903 Este preceito determinava o seguinte: "O Conselho da Revolução poderá declarar, com força obrigatória geral, a inconstitucionalidade de uma norma se a Comissão Constitucional a tiver julgado inconstitucional em três casos concretos ou num só, se se tratar de inconstitucionalidade orgânica ou formal, sem ofensa dos casos julgados".

1904 A Comissão Constitucional, no referenciado acórdão, ponderou essencialmente – e à luz do preceito constitucional que estabelece a obrigatoriedade das decisões dos tribunais para todas as entidades públicas e privadas e a sua prevalência sobre as de quaisquer outras autoridades (então, o artigo 210º, nº 1; actualmente, o artigo 205º, nº 2) – a "distinção entre a garantia do caso julgado relativamente a decisões subsequentes, também concretas e individuais, de quaisquer órgãos, incluindo órgãos legislativos, e a garantia do caso julgado relativamente a leis gerais que, incidindo sobre as situações materiais do tipo das que tenham sido objecto de sentença, vão determinar a sua alterabilidade".

gatória geral –, talvez tivesse sido diversa a conclusão acerca da permeabilidade do caso julgado não executado à lei superveniente.

Também no Acórdão nº 232/2004, de 31 de Março, o Tribunal Constitucional, ao declarar a inconstitucionalidade, com força obrigatória geral, de certas normas[1905] que previam a pena acessória de expulsão de cidadãos estrangeiros que tivessem a seu cargo filhos menores de nacionalidade portuguesa residentes em território nacional, entendeu fixar os efeitos da inconstitucionalidade dessas normas "de modo que não fiquem ressalvados os casos julgados relativamente a penas acessórias de expulsão ainda não executadas aquando da publicação desta decisão".

Ou seja: o Tribunal Constitucional determinou a cessação dos efeitos de certos casos julgados, com a condição de os mesmos ainda não estarem executados.

E foram as seguintes as razões dessa cessação de efeitos condicional: "Entende o Tribunal que se justifica o uso do poder conferido na segunda parte deste nº 3 [do artigo 282º da Constituição]. É que, em boa verdade, existem razões de justiça, igualdade e equidade que militam no sentido de que os menores de nacionalidade portuguesa residentes em território nacional vivam num ambiente familiar consolidado pela presença dos progenitores ainda que estes sejam cidadãos estrangeiros. Tais razões justificam assim que a declaração de inconstitucionalidade não ressalve os casos julgados em que tenham sido aplicadas penas de expulsão ainda não executadas – desde que no momento da execução da pena acessória se mantenham as condições que determinaram o julgamento de inconstitucionalidade. Mas entende, também, o Tribunal que a possibilidade de "revisão" do caso julgado não pode ser concedida ilimitadamente, porquanto, uma vez consumada a expulsão, é o interesse público da certeza e da segurança jurídicas, justificativo da consagração do caso julgado, que se sobrepõe".

Esta decisão do Tribunal Constitucional – na medida em que a ela subjaz também a ideia de que o caso julgado ainda não executado pode mais facilmente ser atingido pela declaração de inconstitucionalidade com força obrigatória geral do que o caso julgado já executado – não se harmoniza, assim, com a conclusão a que havíamos chegado acerca da não menor protecção constitucional do caso julgado não executado.

De todo o modo, a admitir-se a hipótese de afectação, pela superveniente declaração de inconstitucionalidade ou de ilegalidade com força obrigatória geral, do caso julgado ainda não executado, *por ainda não ter sido executado* – e abstraindo agora da admissibilidade da selecção pelo Tribunal Constitucional de

[1905] Concretamente, às normas do artigo 101º, nº 1, alíneas *a)*, *b)* e *c)*, e nº 2, e do artigo 125º, nº 2, do Decreto-Lei nº 244/98, de 8 de Agosto, na sua versão originária, da norma do artigo 68º, nº 1, alíneas *a)*, *b)* e *c)*, do Decreto-Lei nº 59/93, de 3 de Março, e da norma do artigo 34º, nº 1, do Decreto-Lei nº 15/93, de 22 de Janeiro.

acordo com esse critério, a que se procedeu no citado Acórdão nº 232/2004, de 31 de Março[1906] –, o fundamento dessa afectação nunca poderia ser, pelo menos quando a decisão em causa seja de natureza cível e pelas razões que deixámos expostas, a menor lesão dos valores da certeza e da segurança jurídicas que tal afectação constituiria[1907].

c) Conclusão e razão de ordem

Concluindo-se, como se concluiu, que do artigo 282º, nº 3, da Constituição não resulta a ressalva, *para o futuro* – isto é, para as prestações vincendas à data da publicação da declaração de inconstitucionalidade ou de ilegalidade com força obrigatória geral –, dos casos julgados de trato sucessivo, restam unicamente por resolver duas questões, no que toca à articulação entre este preceito e o artigo 619º, nº 2, do CPC: em primeiro lugar, a de saber se a superveniente declaração de inconstitucionalidade ou de ilegalidade com força obrigatória geral pode constituir uma "modificação das circunstâncias que determinaram a condenação" e, como tal, preencher a previsão do artigo 619º, nº 2, do CPC; em segundo lugar, a de saber se, podendo este preceito abranger, não apenas as sentenças de trato sucessivo (ou melhor, algumas sentenças de trato sucessivo), mas também outras sentenças, pode a superveniente declaração de inconstitucionalidade ou

1906 O artigo 282º, nº 3, 2ª parte, da Constituição não parece autorizar o Tribunal Constitucional a condicionar a afectação dos casos julgados de acordo com o critério da execução ou da não execução da decisão transitada; por outro lado, o nº 4 do mesmo preceito, ao permitir a restrição dos efeitos da inconstitucionalidade, só se reporta aos nºs 1 e 2, não ao nº 3. Sobre o problema dos poderes do Tribunal Constitucional para determinar os efeitos das suas decisões, veja-se, face ao direito italiano, L. Daniele, "Costituzione...", págs. 1858-1860.

1907 E mesmo quando a decisão seja penal, parecem-nos inteiramente pertinentes as observações do Conselheiro Mário Torres, em voto de vencido ao mencionado Acórdão nº 232/2004, de 31 de Março: "[...] concordando com o uso, feito pelo Tribunal Constitucional, de não ressalvar, dos efeitos da inconstitucionalidade, os casos julgados, já dissenti da decisão de excluir dessa ressalva os casos em que a medida de expulsão já haja sido executada. Esta circunstância, puramente aleatória, dependente, muitas vezes, da maior ou menor celeridade dos serviços administrativos responsáveis pela execução da medida e da maior ou menor facilidade na obtenção dos meios para tal necessários, não parece que possa constituir critério relevante para determinar os cidadãos estrangeiros a quem se reconhece e aqueles a quem se nega (em termos frequentemente irreparáveis) o direito constitucional à não separação dos seus filhos menores de nacionalidade portuguesa, residentes em Portugal. *Nem se vislumbra a razão pela qual o interesse público da certeza e da segurança jurídicas, que está na base do instituto do caso julgado* – e que o Tribunal Constitucional entendeu dever sacrificar perante situações de reconhecida inconstitucionalidade em que, alternativamente, ou era violada a garantia constitucional de os menores de nacionalidade portuguesa não serem expulsos do território nacional ou era violado o direito de esses menores não serem separados dos seus pais –, *vê acrescida a sua relevância, pela mera circunstância de a expulsão já ter sido executada (sem, com isso, o interessado ter perdido o seu interesse em reingressar no território nacional, para acompanhar os seus filhos menores), em termos de passar a ser considerado prevalente relativamente aos valores constitucionais violados pelas normas sindicadas*" (itálico acrescentado).

de ilegalidade com força obrigatória geral, quando esteja em causa uma sentença deste teor, desencadear também a aplicação do artigo 619º, nº 2, do CPC.

d) Invocação da superveniente declaração de inconstitucionalidade ou de ilegalidade com força obrigatória geral nos termos do artigo 619º, nº 2, do CPC

d) 1. Colocação do problema (se a superveniente declaração de inconstitucionalidade ou de ilegalidade com força obrigatória geral pode preencher a previsão do artigo 619º, nº 2, do CPC)

Ao primeiro problema – o de saber se a superveniente declaração de inconstitucionalidade ou de ilegalidade com força obrigatória geral pode constituir uma "modificação das circunstâncias que determinaram a condenação" e, como tal, preencher a previsão do artigo 619º, nº 2, do CPC – alude Rui Medeiros[1908], quando observa que a atribuição de relevância, no caso das situações de trato sucessivo, à ulterior declaração de inconstitucionalidade, deixa muitas questões por resolver, entre elas a da "forma como podem ser invocadas as novas circunstâncias".

Perguntando de outro modo: será a acção modificativa prevista no artigo 619º, nº 2, do CPC o meio adequado para fazer valer a superveniente declaração de inconstitucionalidade ou de ilegalidade de norma aplicada em sentença de trato sucessivo? Na doutrina alemã, por exemplo, considera-se que a declaração de inconstitucionalidade mencionada no § 79, 2, 2 da BVerfGG afecta as relações duradouras, podendo fundar a adaptação de sentenças civis, nos termos do § 323 da ZPO[1909].

Existem dois aspectos a ponderar a este propósito que nos parecem seguros.

O primeiro é o de que tem de existir algum meio processual para fazer valer essa superveniente declaração de inconstitucionalidade ou de ilegalidade, porque ela não importa a cessação *ope legis* do efeito de caso julgado da sentença anterior.

A idêntica conclusão chegou, aliás, a Comissão Constitucional, embora a propósito da repercussão da lei superveniente no caso julgado: com efeito, no já várias vezes referido Acórdão nº 87, de 16 de Fevereiro de 1978, afirma-se que, na hipótese de afectação do caso julgado, "a projecção da lei sobre a situação da vida tem de se tornar efectiva através de nova decisão judicial".

O segundo é o de que o artigo 619º, nº 2, do CPC pressupõe um caso julgado que não caducou ou que, por algum motivo, continua a produzir os seus efeitos (porque, de contrário, a alteração da sentença aí prevista não se justificaria), pelo que se a superveniente declaração de inconstitucionalidade ou de ilegalidade com força obrigatória geral tiver essa consequência relativamente ao caso

[1908] Rui Medeiros, *A decisão de inconstitucionalidade...*, pág. 567.

[1909] Neste sentido, U. Steiner, "Wirkung...", págs. 652-653.

julgado de trato sucessivo, o meio adequado para a fazer valer não pode ser o do artigo 619º, nº 2.

d) 2. O modo de incidência da superveniente declaração de inconstitucionalidade ou de ilegalidade no caso julgado

Quanto ao primeiro aspecto, julgamos que, quando o caso julgado seja atingido pela superveniente declaração de inconstitucionalidade ou de ilegalidade – o que sucede, em relação ao futuro, quanto ao caso julgado de trato sucessivo (e salvaguardada a possibilidade de restrição de efeitos, nos termos do artigo 282º, nº 4, da Constituição) –, tal consequência não pode ser automática, porque, pelo menos quanto à aplicabilidade, à situação duradoura, da norma declarada inconstitucional ou ilegal (e, como tal, à aplicabilidade, ao caso julgado anterior, da declaração de inconstitucionalidade ou de ilegalidade), é necessária uma decisão, e essa decisão, pela sua natureza jurisdicional, deve provir de um juiz: assim sendo, ao interessado na aplicação da superveniente declaração de inconstitucionalidade ou de ilegalidade deve ser assegurado um meio de obter tal aplicação ao caso concreto[1910/1911].

O segundo aspecto – o da eventual caducidade ou cessação dos efeitos do caso julgado decorrente da declaração de inconstitucionalidade ou de ilegalidade com força obrigatória geral e consequente inaplicabilidade do artigo 619º, nº 2, do CPC (por este preceito pressupor um caso julgado operante[1912]) – não está necessariamente prejudicado por aquele a que se acabou de fazer referência,

[1910] Quando, nos termos do artigo 282º, nº 3, segunda parte, da Constituição, o caso julgado em matéria penal, disciplinar ou contra-ordenacional não fique ressalvado (isto é, seja atingido), o regime é diverso: a consequência da declaração de inconstitucionalidade ou de ilegalidade não só não é automática como também exige decisão expressa do Tribunal Constitucional. A este propósito, refere J. J. Gomes Canotilho (*Direito Constitucional...*, pág. 1016) que "[...] esta excepção ao princípio da intangibilidade do caso julgado não opera automaticamente como mero corolário lógico da declaração de inconstitucionalidade. A revisão de sentenças transitadas deve ser expressamente decidida pelo Tribunal em que se declare a inconstitucionalidade da norma". Também Jorge Miranda (*Manual...*, Tomo VI, pág. 283) salienta que a regra (da não ressalva do caso julgado) "não funciona automaticamente. Tem de haver uma revogação expressa dos casos julgados constante da declaração de inconstitucionalidade, à luz de um princípio de proporcionalidade. Se faltar a revogação, os tribunais criminais deverão reapreciar os casos julgados, suprindo assim a inconstitucionalidade por omissão resultante daquela decisão mas com possibilidade de recurso para o Tribunal Constitucional".

[1911] Ao afirmarmos que ao interessado deve ser assegurado esse meio, não estamos a negar a possibilidade de, sendo pedida a revisão do caso julgado por qualquer outro fundamento, o juiz considerar também oficiosamente a declaração de inconstitucionalidade ou de ilegalidade com força obrigatória geral: parece-nos, na verdade, que tal possibilidade decorre desta força obrigatória geral.

[1912] Refira-se que a doutrina alemã tem também sustentado – embora a propósito da modificação das resoluções da jurisdição voluntária, consagrada no § 18 da FGG (diploma este que, entretanto, e como já várias vezes dissemos, deixou de vigorar, constando agora o regime geral atinente à modificação das decisões da jurisdição voluntária no § 48 da FamFG) – que a modificação, em sentido técnico, não pode

e que é o da necessidade de uma decisão judicial que verifique a aplicabilidade daquela declaração ao caso concreto: na verdade, nada impede que a caducidade ou a invalidade determinante da cessação dos efeitos do caso julgado possa depender de declaração judicial para operar, ou que haja interesse na declaração da caducidade ou da invalidade[1913].

De qualquer modo, julgamos que, por via de regra, a declaração de inconstitucionalidade ou de ilegalidade com força obrigatória geral não tem como efeito a caducidade ou a invalidade determinante da cessação dos efeitos do caso julgado, nas situações em que este é atingido.

Em primeiro lugar, porque essa declaração é emitida na sequência de um processo cujo objecto é apenas a norma (ou a interpretação normativa) e não qualquer acto de aplicação dessa norma, sendo anómala a incidência da decisão sobre um objecto diverso do do processo[1914].

Por outro lado, porque a nulidade da lei inconstitucional não se estende necessariamente aos actos que a aplicam. Refere, a este propósito, Rui Medeiros[1915] que "[...] a nulidade da lei inconstitucional não envolve, necessariamente, a nulidade dos actos de aplicação da lei. [...] A *differentia specifica* entre norma e acto individual continua, ainda hoje, a atestar a não arbitrariedade das distinções existentes em matéria de consequências da inconstitucionalidade".

Ora, assim como o desvalor da lei inconstitucional não se comunica necessariamente aos actos de aplicação dessa lei – o que pode justificar a qualificação da invalidade daquela como uma nulidade *atípica*, na senda de Marcelo Rebelo de Sousa[1916] –, também a declaração daquele desvalor não deve equivaler à decla-

ter lugar quando é nula a decisão modificanda, pelo que a eliminação desta não obedece aos requisitos daquele preceito (assim, W. Rothe, *Möglichkeiten...*, pág. 20).

1913 Segundo Marcelo Rebelo de Sousa (*O valor...*, págs. 251-254), uma das características do regime jurídico da nulidade no Direito Constitucional português seria precisamente a necessidade de conhecimento e declaração jurisdicional da nulidade.

1914 Desde logo por esta razão, temos alguma dificuldade em subscrever a afirmação de Paulo Otero (*Ensaio...*, págs. 83-84), segundo a qual "se não existisse a 1ª parte do nº 3 [do artigo 282º da Constituição], o caso julgado seria sempre destruído com a declaração de inconstitucionalidade da respectiva norma, daí que a declaração do Tribunal Constitucional assuma um efeito constitutivo ao ressalvar os casos julgados fundados em norma ainda não declarada inconstitucional com força obrigatória geral, à data da respectiva decisão judicial", bem como a de que (*idem*, pág. 88) "a Constituição permite, através da sentença do Tribunal Constitucional, a ressalva dos casos julgados inconstitucionais": com efeito, julgamos que nem a ressalva nem a afectação do caso julgado resultam da decisão de inconstitucionalidade com força obrigatória geral, resultando, antes, ou da Constituição directamente, ou da decisão do Tribunal Constitucional prevista no artigo 282º, nº 3, 2ª parte, da Constituição.

1915 Rui Medeiros, *A decisão de inconstitucionalidade...*, pág. 873.

1916 Segundo Marcelo Rebelo de Sousa (*O valor...*, págs. 243-245 e 259-260), a imediatividade que caracterizaria a nulidade correspondente à invalidade do acto inconstitucional explica nomeadamente "a invalidação de outros actos jurídicos praticados ao abrigo do acto nulo (qualquer que seja a sua natureza)", constituindo, entre outras, limitação a essa característica (e, portanto, característica relevante

ração do desvalor destes actos de aplicação: o mesmo é dizer que a declaração de inconstitucionalidade ou de ilegalidade com força obrigatória geral, se significa a declaração da nulidade da lei (ou melhor, da norma) inconstitucional ou ilegal[1917], não implica a declaração da inconstitucionalidade ou da ilegalidade dos actos de aplicação da lei[1918], susceptível de determinar a cessação dos seus efeitos.

no distinto "plano da atipicidade da nulidade do acto inconstitucional"), o respeito do caso julgado: em síntese, "o respeito do caso julgado não constitui uma característica do regime jurídico da nulidade do acto inconstitucional, mas da sua atipicidade".

1917 Como refere Jorge Miranda (*Manual*..., Tomo VI, pág. 76), "[a] força obrigatória geral não se limita a tornar ineficaz um acto normativo inconstitucional: torna-o, pura e simplesmente, nulo, invalidando os seus efeitos". E, em relação à decisão de inconstitucionalidade ou ilegalidade em geral, afirma o mesmo Autor (*idem*, pág. 271) que a mesma é retroactiva, possuindo, portanto, carácter declarativo de nulidade da norma inconstitucional ou ilegal. No sentido de que a declaração de inconstitucionalidade ou de ilegalidade com força obrigatória geral implica a declaração de nulidade da norma julgada inconstitucional ou ilegal, veja-se também C. Blanco de Morais (*Justiça*..., págs. 193-202). Aceitando a legitimidade de transpor, para o domínio do Direito Constitucional, "ainda que porventura com adaptações, as categorias que foram elaboradas noutros ramos de Direito, *maxime* no Direito Privado e no Direito Administrativo, e designadamente as de *inexistência jurídica, nulidade, anulabilidade, ineficácia* e *irregularidade*", e concluindo no sentido de que "o acto normativo inconstitucional, fora das hipóteses específicas de inexistência jurídica e de mera irregularidade", é nulo e não simplesmente ineficaz, veja-se M. Galvão Teles, "Inconstitucionalidade pretérita", pág. 327 e 332-335 (e, ainda, *Direito Constitucional*..., págs. 101-105). Desenvolvidamente sobre o problema da invalidade do acto (inconstitucional) do poder político do Estado, enquanto figura distinta da da sua inexistência, e concluindo no sentido de que tal invalidade se traduz numa nulidade atípica, cfr. Marcelo Rebelo de Sousa (*O valor*..., págs. 185-271). Enquanto, entre nós, a doutrina propende quase unanimemente no sentido da nulidade, na doutrina italiana é, porém, muito debatida a questão de saber se a lei inconstitucional é nula ou anulável, o que se prende com a determinação da natureza da declaração de inconstitucionalidade (declarativa ou constitutiva): cfr. A. Martín de La Veja (*La sentencia*, págs. 333-334, nota 13); F. Politi, (*Gli effetti*..., págs. 91-109). Na generalidade dos ordenamentos, a doutrina propende, porém, para sustentar a nulidade (cfr. J. Concheiro del Rio, *La revisión*..., pág. 75). No sentido da nulidade, veja-se também, por exemplo, R. Bocanegra Sierra (*El valor*..., págs. 235-243).

1918 Registe-se, todavia, que a propósito do princípio da ressalva dos casos julgados, Rui Medeiros (*A decisão de inconstitucionalidade*..., pág. 547) afirma que esse princípio "significa que a declaração de inconstitucionalidade com força obrigatória geral não envolve de *per si* a nulidade das sentenças nela fundadas e não constitui fundamento *autónomo* da sua revisão", do que é também possível deduzir que, para o Autor, quando o caso julgado não fique ressalvado, essa declaração de inconstitucionalidade envolve a nulidade da correspondente sentença. No sentido de que o nº 3 do artigo 282º da Constituição não diz respeito às "consequências substantivas da inconstitucionalidade" e que "a restrição da salvaguarda dos casos julgados não implica qualquer operação sobre as consequências substantivas da inconstitucionalidade", veja-se, porém, mais claramente, M. Galvão Teles, "Inconstitucionalidade pretérita", pág. 329. Para Guido Falzone ("Sull'obbligo...", pág. 459), relativamente aos actos definidos por sentença transitada em julgado, a eficácia do caso julgado prevaleceria, em regra, sobre a eficácia da sentença de acolhimento da *Corte costituzionale* ou, melhor dizendo, aqueles actos permaneceriam regulados pela sua *lex specialis*, constituída pela norma individual da sentença transitada em julgado. Sustentando que a declaração de inconstitucionalidade pode arrastar a declaração de nulidade dos actos praticados à sombra da norma declarada inconstitucional, veja-se, no entanto, J. Concheiro del Rio (*La revisión*..., pág. 92), embora observando que a jurisprudência espanhola tem entendido que

Finalmente, porque essa parece ser a solução aceite pela doutrina e pela jurisprudência do Tribunal Constitucional em matéria de actos administrativos, ou pelo menos de certos actos administrativos mais comparáveis às sentenças transitadas em julgado. Como sublinha Rui Medeiros[1919], citando Guido Falzone[1920], "os efeitos *caducatori* da declaração de inconstitucionalidade, cujo objecto é a norma legal, não se estendem directa e automaticamente aos actos administrativos fundados na lei declarada inconstitucional". E quanto à jurisprudência do Tribunal Constitucional, observa Nunes de Almeida[1921] que "da análise dos acórdãos em que se pronunciou sobre os efeitos da declaração de inconstitucionalidade resulta que, muito embora propendendo claramente no sentido de a declaração de inconstitucionalidade afectar, em regra geral, a validade dos actos praticados ao abrigo da norma inconstitucional, o Tribunal não extrai tão facilmente igual conclusão no que se refere, por exemplo, aos actos administrativos constitutivos de direitos já insusceptíveis de impugnação contenciosa".

Só nos parece de ponderar a caducidade do caso julgado em virtude de superveniência de declaração de inconstitucionalidade ou de ilegalidade com força obrigatória geral nas situações, a que já aludimos[1922], em que a superveniência de lei também determinaria essa caducidade: por exemplo, quando aquela declaração tenha como efeito a extinção definitiva da obrigação de alimentos reconhecida na sentença que condena no seu pagamento (o que sucederá, por exemplo, se a norma repristinada nos termos do disposto no artigo 282º, nº 1, da Constituição não prever a obrigação de alimentos que se encontrava consagrada na norma declarada inconstitucional ou ilegal). Nessas situações em que é destruído o pressuposto fundamental em que assentou a sentença, não repugna, na verdade, aproximar a declaração de inconstitucionalidade ou de ilegalidade dos factos a que alude o artigo 621º do CPC, sob o ponto de vista do seu impacto no caso julgado.

Mas, fora destas situações, de que modo incidirá a superveniente declaração de inconstitucionalidade ou de ilegalidade no caso julgado? Não determinando essa declaração a caducidade deste, o que determinará?

essa consequência não é automática (*idem*, pág. 111). Sustentando que a aplicação, na sentença, de norma declarada inconstitucional conduz a uma restrição do caso julgado material dessa sentença (concretamente, à não obrigatoriedade do correspondente caso julgado em processos futuros dependentes do primeiro), tendo em vista evitar a perpetuação da inconstitucionalidade, veja-se G. Lüke, "Präjudizielle...".

[1919] Rui Medeiros, *A decisão de inconstitucionalidade...*, pág. 847.

[1920] Guido Falzone, *Sull'obbligo...*, pág. 462.

[1921] L. Nunes de Almeida, "O Tribunal Constitucional...", pág. 969.

[1922] *Supra*, § 25º, III, 1.

Jorge Miranda[1923], a propósito das situações, previstas no artigo 282º, nº 3, da Constituição, em que não opera a ressalva do caso julgado, afirma que a declaração de inconstitucionalidade ou de ilegalidade com força obrigatória geral opera a *revogação* dos correspondentes casos julgados, embora esta consequência dependa de decisão expressa do próprio Tribunal Constitucional.

Parece-nos, contudo, que pelo menos em relação aos casos julgados de trato sucessivo, a sua não ressalva da declaração de inconstitucionalidade ou de ilegalidade com força obrigatória geral da norma aplicada nas correspondentes sentenças, nos termos que já expusemos, não significa que tal declaração opere a respectiva revogação.

Na verdade, tal revogação só poderia ocorrer se tal declaração de inconstitucionalidade ou de ilegalidade tivesse como objecto os próprios casos julgados ou se um dos seus efeitos fosse justamente a cessação dos efeitos do caso julgado.

Nada disto sucede, porém. Por um lado, a declaração de inconstitucionalidade ou de ilegalidade com força obrigatória geral tem como objecto – já o dissemos, aliás – a norma e não os actos de aplicação dessa norma, pelo que não pode pretender a revogação destes; por outro lado, mesmo nas situações em que a Constituição prevê a cessação dos efeitos do caso julgado como consequência da declaração de inconstitucionalidade ou de ilegalidade com força obrigatória geral (que são as situações contempladas no seu artigo 282º, nº 3, 2ª parte)[1924], tal cessação de efeitos decorre, não da própria declaração – desta, para o que agora releva, só resulta o dever geral de desaplicação retroactiva da norma inconstitucional ou ilegal ou o dever geral de aplicação das normas revogadas pela norma inconstitucional ou ilegal[1925] –, mas da decisão autónoma do Tribunal Constitucional a que alude o artigo 282º, nº 3, 2ª parte, da Constituição (ou, na sua falta,

[1923] Jorge Miranda, *Manual...*, Tomo VI, pág. 283.

[1924] Como consequência da declaração e não como consequência da inconstitucionalidade em si: na verdade, os nº s 1, 2 e 3 do artigo 282º da Constituição não regulam os *efeitos da inconstitucionalidade*, mas os efeitos da respectiva declaração, contrariamente ao que se sugere no Acórdão do Tribunal Constitucional nº 232/2004, de 31 de Março, onde se lê o seguinte: "[...] deflui do nº 1 do artº 282º da CRP que a inconstitucionalidade produz efeitos desde a entrada em vigor da norma declarada inconstitucional, ou seja, *ex tunc*, e determina a repristinação das normas que ela, *eventualmente*, haja revogado. Este efeito da *inconstitucionalidade* não é, todavia, absoluto. Na verdade, a primeira parte do nº 3 do mesmo artigo excepciona desse efeito retroactivo os casos julgados".

[1925] Sobre este dever geral de desaplicação, enquanto efeito típico da decisão de provimento com força obrigatória geral, veja-se Vitalino Canas (*Introdução...*, págs. 132 a 168), bem como o Acórdão nº 107/85, de 2 de Julho, em cujo sumário se lê que "[a] declaração de inconstitucionalidade com força obrigatória geral produz efeitos retroactivos, *ex tunc*, e não apenas efeitos a contar da data da declaração, *ex nunc*, e tem como consequência a proibição da aplicação da norma declarada inconstitucional a situações ou relações desenvolvidas à sombra da sua eficácia e ainda pendentes".

de decisão autónoma de outros tribunais), decisão essa que só em matéria penal, disciplinar ou contra-ordenacional pode ser proferida[1926].

d) 3. A idoneidade do meio previsto no artigo 619º, nº 2, do CPC: ponderação da solução do direito processual penal

Atingida a conclusão de que, não ficando embora o caso julgado de trato sucessivo ressalvado pela superveniente declaração de inconstitucionalidade ou de ilegalidade com força obrigatória geral, esta declaração, em si mesma considerada, não tem como efeito a cessação dos efeitos desse caso julgado (ou, dito de outro modo, a sua caducidade, nulidade ou revogação) – a menos que essa declaração, importando a destruição do pressuposto fundamental em que assentou a sentença, determine a respectva caducidade –, resta verificar se o meio processual previsto no artigo 619º, nº 2, do CPC constitui o meio adequado para fazer valer tal declaração.

M. Galvão Teles[1927] (embora à luz do anterior § único do artigo 123º da Constituição de 1933) dá a entender que não, ao afirmar que a ressalva dos casos julgados significa essencialmente que "a declaração superveniente da inconstitucionalidade da lei aplicada não constitui fundamento de revisão da decisão jurisdicional": *a contrario*, pois, parece sustentar que, quando o caso julgado não é ressalvado, a via processual a seguir é a do *recurso extraordinário de revisão* (e não, por exemplo, a da acção autónoma ou a da acção modificativa).

Rui Medeiros, depois de, também pelo mesmo motivo, dar a entender que admite a revisão quando o caso julgado não seja ressalvado pela declaração de inconstitucionalidade ou de ilegalidade com força obrigatória geral[1928], esclarece

1926 Mesmo em matéria penal, disciplinar e contra-ordenacional, sublinha Vitalino Canas (*Introdução...*, pág. 144) que, se o Tribunal Constitucional "nada disser, os processos transitados em julgado não poderão ser reabertos". Rui Pereira ("A relevância...", pág. 72) entende, porém, que se o Tribunal Constitucional não proferir a decisão a que o artigo 282º, nº 3, 2ª parte, o obriga, "os tribunais criminais devem, *de moto próprio*, reapreciar os casos julgados, suprindo assim a inconstitucionalidade por omissão resultante daquela decisão": no mesmo sentido, e como já se viu neste ponto da exposição, Jorge Miranda, *Manual...*, Tomo VI, pág. 283. Crítico em relação à faculdade atribuída ao Tribunal Constitucional de não ressalvar os casos julgados, quando a norma respeitar a matéria penal e for de conteúdo menos favorável, porque, na sua perspectiva, os efeitos da declaração de inconstitucionalidade de normas penais devem ser *ope iuris*: Américo A. Taipa de Carvalho, *Sucessão...*, 2ª ed., págs. 356-358.

1927 M. Galvão Teles, *Direito Constitucional...*, pág. 90, em nota.

1928 Com efeito, o Autor (cfr. Rui Medeiros, *A decisão de inconstitucionalidade...*, pág. 547) sustenta, como vimos no ponto anterior, que o princípio da ressalva dos casos julgados "significa que a declaração de inconstitucionalidade com força obrigatória geral não envolve de *per si* a nulidade das sentenças nela fundadas e não constitui fundamento *autónomo* da sua revisão", do que é possível depreender que, quando o caso julgado não fique ressalvado, está aberta a via da revisão. O mesmo se pode afirmar relativamente a J. J. Gomes Canotilho (*Direito Constitucional...*, pág. 1014), quando observa que "[q]uando a Constituição (art. 282º/3) estabelece a ressalva dos casos julgados isso significa a *imperturbabilidade* das sentenças proferidas

depois que esse não é o meio adequado, porque "no plano legal, a alusão a documento contida na alínea *c)* do artigo 771º do Código de Processo Civil [de 1961, correspondente ao artigo 696º, alínea *c)*, do actual CPC] parece estar ligada à prova documental de factos, não estando pensada para textos com força normativa [...]. Daí que dificilmente se pudesse aceitar uma leitura da alínea *c)* do artigo 771º que conduzisse à admissibilidade da invocação da declaração de inconstitucionalidade com força obrigatória geral como novo documento suficiente para modificar a decisão em sentido mais favorável à parte vencida"[1929].

Parece-nos que a solução da questão que nos interessa – a de saber se a superveniente declaração de inconstitucionalidade ou de ilegalidade da norma aplicada em sentença de trato sucessivo pode (ou deve) ser feita valer através do mecanismo do artigo 619º, nº 2, do CPC (possibilidade que, na Alemanha, à luz do § 323 da ZPO, é aceite por alguma doutrina[1930]) ou, ao invés, através de recurso extraordinário de revisão ou de acção autónoma – passa necessariamente pela análise do que sucede em matéria penal, disciplinar ou contra-ordenacional, quando exista decisão do Tribunal Constitucional proferida ao abrigo do artigo 282º, nº 3, 2ª parte, da Constituição, determinativa da afectação dos casos julgados[1931], porque não é de excluir a hipótese de importação, para o processo civil, do correspondente regime.

Estamos, naturalmente, a referir-nos apenas ao *procedimento* aplicável à efectivação da afectação dos casos julgados decorrente da declaração de inconstitucionalidade ou ilegalidade com força obrigatória geral, porque, como já deixámos sublinhado, do disposto quanto aos casos julgados penais no artigo 282º, nº 3, 2ª parte, da Constituição nenhum argumento se pode retirar quanto ao problema da afectação dos casos julgados (cíveis) de trato sucessivo.

Até às alterações introduzidas pela Lei nº 48/2007, de 29 de Agosto –, o Código de Processo Penal era, a respeito desse procedimento, omisso.

O Código de Processo Penal, aliás, não só não regulava o procedimento a seguir nos casos de afectação dos casos julgados determinada nos termos do artigo 282º, nº 3, 2ª parte, da Constituição, como nem sequer regulava (pelo menos expressamente) o procedimento aplicável às situações, de algum modo análogas a essa, a que alude ainda hoje o artigo 2º, nº 2, do CP – ou seja, aquelas

com fundamento na lei inconstitucional. Deste modo, pode dizer-se que elas não são *nulas* nem *revisíveis* em consequência da declaração de inconstitucionalidade com força obrigatória geral". Jorge Miranda (*Manual...*, Tomo VI, pág. 276) observa, por seu lado, que a declaração de inconstitucionalidade com força obrigatória geral "não modifica, nem revoga a decisão de qualquer tribunal transitada em julgado que a tenha aplicado, nem constitui fundamento da sua nulidade ou de recurso extraordinário de revisão".

1929 Rui Medeiros, *A decisão de inconstitucionalidade...*, pág. 548, nota 69.

1930 Neste sentido, H.-U. Graba, *Die Abänderung...*, pág. 113.

1931 Essa afectação traduz-se, segundo Jorge Miranda, e como vimos no ponto anterior, na *revogação* desses casos julgados.

situações de eliminação do facto punível do número das infracções, relativamente às quais, "se tiver havido condenação, ainda que transitada em julgado, cessam a execução e os seus efeitos penais" –, limitando-se a determinar, no artigo 474º, que ao tribunal competente para a execução cabia decidir sobre a extinção da responsabilidade; identicamente, o mesmo Código não regulava o procedimento aplicável às situações (também de certa forma análogas à que vimos tratando) de superveniência de lei concretamente mais favorável ao agente já condenado por sentença transitada em julgado, porque o artigo 2º, nº 4, do CP não admitia, nesses casos de superveniência, a afectação do caso julgado.

Perante tal omissão legislativa, VITALINO CANAS[1932] referia que, nos casos em que a declaração de inconstitucionalidade ou de ilegalidade com força obrigatória geral atingisse os casos julgados, havia lugar à *reabertura* ou *revisão* dos processos, sugerindo, portanto, que o mecanismo adequado era o do recurso extraordinário de revisão; JORGE MIRANDA[1933], por seu lado, mencionava a existência de uma *reapreciação* dos casos julgados pelos tribunais criminais.

Os termos desta reabertura, revisão ou reapreciação não eram, porém, tratados pelos Autores.

Tudo indicava, porém, que – não sendo o Tribunal Constitucional certamente competente para definir tal tramitação, quando determinasse a afectação dos casos julgados nos termos do artigo 282º, nº 3, 2ª parte, da Constituição – o mecanismo havia de ser idêntico ao aplicável aos casos em que a lei penal posterior eliminasse o facto punível do número das infracções ou fosse concretamente mais favorável ao agente e este já tivesse sido condenado por sentença transitada em julgado, porque também nestes casos era preciso fazer valer a lei nova a despeito deste trânsito[1934].

A esse mecanismo – que, como dissemos, também não se encontrava expressamente previsto no Código de Processo Penal, antes da alteração da Lei nº 48/2007, de 29 de Agosto – aludia TAIPA DE CARVALHO. Este Autor[1935] sustentava que, quando a lei nova alterasse o tipo legal da lei antiga e tal alteração se traduzisse na descriminalização do facto já objecto de condenação transitada em julgado (cfr. artigo 2º, nº 2, do CP), reabria-se o processo, mas a questão-de-facto man-

1932 Vitalino Canas, *Introdução...*, págs. 144 e 148.

1933 Jorge Miranda, *Manual...*, Tomo VI, pág. 283.

1934 O artigo 2º, nº 4, parte final, do CP não previa, como se disse, a afectação do caso julgado no caso de superveniência de regime concretamente mais favorável ao agente, mas tal norma parecia-nos manifestamente inconstitucional face ao estatuído no artigo 29º, nº 4, da Constituição. Não obstante, o Tribunal Constitucional ainda não declarou a sua inconstitucionalidade com força obrigatória geral, apenas a tendo julgado inconstitucional, em certas interpretações, nos Acórdãos nº s 240/97, de 12 de Março, e 572/03, de 19 de Novembro.

1935 Américo A. Taipa de Carvalho, *Sucessão...*, 2ª ed., págs. 243-244.

tinha-se intocada, sendo que "o tribunal apenas [tinha] de reapreciar os factos e circunstâncias, já provados, *à luz da [lei nova]*., em ordem a *determinar quais os efeitos jurídico-penais resultantes da alteração do preceito incriminador* (tipo legal) *sobre a infracção* já objecto de condenação transitada em julgado e cuja responsabilidade penal (pena principal, penas acessórias ou efeitos penais da condenação) ainda se não [tivesse] extinguido". Se, todavia, a lei nova previsse circunstâncias que, diferentemente da lei antiga, excluíssem a punibilidade do facto, tais circunstâncias, "se já não [tivessem] sido objecto de decisão (como provadas ou como não provadas: matéria-de-facto)", tinham de ser objecto de discussão e prova, o mesmo sucedendo, aliás, se a lei nova previsse circunstâncias que, diferentemente da lei antiga, atenuassem modificativamente a responsabilidade penal do agente nos termos do (anterior) artigo 2º, nº 4, do CP[1936].

Ainda segundo TAIPA DE CARVALHO[1937], a reabertura do processo podia ser determinada, quer oficiosamente, quer mediante requerimento do Ministério Público ou do "condenado-arguido"; por outro lado, a sentença que viesse a ser proferida admitia recurso.

Em suma, o procedimento aplicável às situações em que, por força de lei superveniente, o caso julgado penal fosse afectado podia integrar um requerimento de revisão, um novo julgamento da matéria de facto só agora tida como relevante e uma fase de recursos, e integrava necessariamente uma nova decisão quanto ao aspecto jurídico da causa, isto é, uma nova sentença.

O procedimento descrito por TAIPA DE CARVALHO não era, porém, o proposto por MARQUES DA SILVA relativamente às consequências, nos processos em que houvesse sentença transitada em julgado, da descriminalização operada pelo Decreto-Lei nº 316/97, de 19 de Novembro que, entre o mais, excluiu da tutela penal os cheques pós-datados.

De acordo com este Autor[1938], "[s]e da sentença transitada em julgado constarem os factos conducentes a concluir estar-se perante a descriminalização, há que retirar as devidas consequências, fazendo cessar a execução e os efeitos penais (artº 474º do CPP)"; se, porém, "da sentença nada constar quanto ao elemento negativo do crime" (no caso, a pós-datação do cheque), "a solução do caso passa necessariamente pelo recurso de revisão", ao abrigo da alínea *d)* do nº 1 do artigo 449º do CPP, pois "[s]egundo o entendimento dominante da doutrina e da jurisprudência, os factos são novos, para o efeito de fundamentar o pedido de revisão, quando não foram apreciados no processo que conduziu à condenação, embora não fossem ignorados pelo arguido no momento em que o julgamento

[1936] Américo A. Taipa de Carvalho, *Sucessão...*, 2ª ed., pág. 245.

[1937] Américo A. Taipa de Carvalho, *Sucessão...*, 2ª ed., pág. 246.

[1938] G. Marques da Silva, *Regime...*, págs. 134-136.

teve lugar"[1939] e, "não sendo a pós-datação relevante no regime anterior à reforma, no que respeita à tipicidade, esse facto deve considerar-se um facto novo, pois não podia ter sido anteriormente considerado em razão da sua irrelevância face ao regime legal então vigente".

A aplicação do regime propugnado por MARQUES DA SILVA – que, como foi aceite pela jurisprudência[1940], vamos agora considerar – não parecia, porém, possível em todos os casos de superveniência de lei penal mais favorável.

Essa aplicação não era, em primeiro lugar, possível nos casos em que a lei nova fosse concretamente mais favorável ao agente, sem todavia atribuir relevância a um facto não apreciado no processo anterior: nestes casos, na verdade, não havia lugar, nem à cessação da execução e dos efeitos penais (pelo que não podia proferir-se despacho nos termos do artigo 474º do CPP), nem à interposição de recurso de revisão (porque este, quando interposto ao abrigo da alínea *d)* do nº 1 do artigo 449º do CPP – a única alínea que podia estar em causa –, exigia um facto novo[1941]).

Essa aplicação não parecia também possível quando a lei nova, postulando embora a apreciação de um facto novo, não operasse a descriminalização da conduta mas a mera atenuação da pena: nestes casos, a inadmissibilidade do recurso de revisão resultava do estatuído no artigo 449º, nº 3, do CPP, segundo o qual "[c]om fundamento na alínea *d)* do nº 1, não é admissível revisão com o único fim de corrigir a medida concreta da sanção aplicável".

Ora, a admitir-se, como admitíamos, a aplicação da lei penal nova mais favorável mesmo já tendo havido condenação por sentença transitada em julgado, e não podendo negar-se tal aplicação com o fundamento de que a lei processual penal não dispunha de qualquer mecanismo para o efeito, entendíamos que o

[1939] Também referindo ser este o entendimento do Supremo Tribunal de Justiça, cfr. M. Simas Santos e M. Leal-Henriques, *Código...*, II Vol., pág. 1046. Sobre o problema na doutrina e concluindo que "[a] revisão pode fundar-se em todos os meios de prova que não tenham sido apreciados no processo, ainda que tenham sido produzidos, com excepção do regime da prova testemunhal, que é incongruente com o sistema", veja-se Carlos M. O. Soares, *Revisão...*, esp. págs. 14-17 e 32. Já para P. Pinto de Albuquerque (*Comentário...*, págs. 1197-1198), só podem ser qualificados como novos os factos ou meios de prova que eram ignorados pelo recorrente ao tempo do julgamento e não puderam ser apresentados antes deste, não bastando que os factos sejam desconhecidos do tribunal.

[1940] Veja-se, a título exemplificativo, STJ, 29.03.2001.

[1941] Veja-se, a este propósito, STJ, 12.09.2007: "Invocar uma alteração do regime legal como "facto" novo constitui subverter completamente os pressupostos do recurso de revisão. Envolve, antes de mais, uma inaceitável *confusão* entre matéria de facto e matéria de direito, entre *facto* e *norma*. Uma coisa são os factos, os acontecimentos historicamente circunscritos, as situações concretas da vida; outra é o tratamento normativo que esses factos recebem do direito (e que pode sofrer modificação posterior à prática daqueles). Factos e normas são categorias distintas e inconfundíveis. Uma alteração do quadro normativo aplicado na condenação, ainda que a lei nova seja despenalizadora, não é, pois, relevante em termos de recurso de revisão".

procedimento a seguir, quando não pudesse fazer-se cessar a execução e os efeitos penais nos termos do artigo 474º do CPP nem interpor recurso de revisão ao abrigo da alínea *d)* do nº 1 do artigo 449º do CPP, devia ser o sugerido por Taipa de Carvalho.

Como dissemos, parecia-nos – antes da alteração introduzida pela Lei nº 48/2007, de 29 de Agosto – que as situações em que, por força de superveniente declaração de inconstitucionalidade ou de ilegalidade com força obrigatória geral, o caso julgado penal fosse atingido, deviam ser objecto de tratamento semelhante ao das situações de afectação do caso julgado em virtude de superveniência de lei penal mais favorável.

Assim, considerávamos que umas vezes o juiz limitar-se-ia a declarar extinta a responsabilidade penal nos termos do artigo 474º do CPP (quando esta fosse a consequência da declaração de inconstitucionalidade ou de ilegalidade e não fosse necessário ponderar factos não considerados na sentença); outras vezes haveria lugar a recurso de revisão (quando a declaração de inconstitucionalidade ou de ilegalidade pudesse importar a extinção da responsabilidade penal e fosse necessário ponderar factos não considerados na sentença); outras vezes, finalmente, seria necessário seguir o procedimento atípico descrito por Taipa de Carvalho (quando a declaração de inconstitucionalidade ou de ilegalidade não determinasse a extinção da responsabilidade penal mas unicamente a atenuação da pena aplicada ao agente).

Em 2007 o panorama tornou-se completamente diverso, porque *dos artigos 371º-A e 449º, nº 1, alínea f), do CPP* – na versão resultante da Lei nº 48/2007, de 29 de Agosto –, *e do artigo 2º, nºs 2 e 4, do CP* – este último número, na redacção emergente da Lei nº 59/2007, de 4 de Setembro, que passou a admitir a afectação do caso julgado pela lei penal posterior mais favorável, ainda que não descriminalizadora da conduta – *resultou que o procedimento aplicável às situações em que, por força de superveniente declaração de inconstitucionalidade ou de ilegalidade com força obrigatória geral, o caso julgado penal seja atingido, não é idêntico ao procedimento aplicável às situações de afectação do caso julgado em virtude de superveniência de lei penal mais favorável.*

Na verdade, o artigo 449º, nº 1, alínea *f)*, do CPP estabeleceu, de modo inequívoco, que a revisão de sentença transitada em julgado é admissível quando "[s]eja declarada, pelo Tribunal Constitucional, a inconstitucionalidade com força obrigatória geral de norma de conteúdo menos favorável ao arguido que tenha servido de fundamento à condenação".

Esta declaração de inconstitucionalidade deve, pois, ser feita valer exclusivamente através do recurso de *revisão* (mesmo que apenas se vise a atenuação da pena ou ainda que, no respectivo processo, não seja necessário ponderar factos não considerados na sentença a rever), que comporta uma decisão do Supremo

Tribunal de Justiça de autorização ou de negação da revisão, seguida, se essa decisão for de autorização, de um reeenvio do processo para novo julgamento[1942].

Já em se tratando de superveniência de lei penal mais favorável, o procedimento aplicável aparece descrito no artigo 371º-A do CPP nos seguintes termos: "Se, após o trânsito em julgado da condenação mas antes de ter cessado a execução da pena, entrar em vigor lei penal mais favorável, o condenado pode requerer a reabertura da audiência para que lhe seja aplicado o novo regime"[1943]. Ou seja, o procedimento nunca é o do recurso de revisão, mas um procedimento típico, que tem lugar na 1ª instância e que culmina com o proferimento de uma sentença (é, nomeadamente, o que se deduz da inserção sistemática do preceito transcrito, que figura antes daquele que regula a sentença).

Esta disparidade de regimes parece-nos assentar na consideração de que, no caso de superveniência de declaração de inconstitucionalidade com força obrigatória geral, a decisão revidenda padece de um vício (porque os juízes se encontram obrigados a não aplicar normas inconstitucionais), que não pode, diversamente, ser imputado à decisão que se tenha limitado a aplicar lei posteriormente modificada por outra mais favorável: com efeito, não vemos que outra razão possa subjazer-lhe, atendendo a que a actividade judicial que, na sequência daquela declaração, há-de ser desenvolvida é essencialmente a mesma que implica a aplicação da lei penal posterior mais favorável ao caso julgado por ela afectado.

d) 4. Conclusão: o regime do artigo 619º, nº 2, do CPC é o que mais se aproxima da solução do processo penal; a declaração de inconstitucionalidade ou de ilegalidade como circunstância superveniente que se repercute no caso julgado

Retornemos ao processo civil.

Como deixámos sugerido, a declaração de inconstitucionalidade ou de ilegalidade com força obrigatória geral deve, em princípio, ser feita valer no processo civil, quando resultem afectados os casos julgados – como sucede, em relação ao futuro, com os casos julgados de trato sucessivo –, em termos próximos dos do processo penal.

1942 Como salienta P. Pinto de Albuquerque (*Comentário...*, pág. 1202), "[a] Lei nº 48/2007, de 29.8, resolve o problema da inexistência de um meio de execução no processo penal das sentenças do TC que declarem, com força obrigatória geral, a inconstitucionalidade de norma de conteúdo menos favorável ao arguido que tenha constituído *ratio decidendi* da condenação, devendo, portanto, a declaração do TC ser posterior ao trânsito em julgado da decisão revidenda [...]".

1943 Sustentando que este preceito é inconstitucional, veja-se P. Pinto de Albuquerque (*Comentário...*, págs. 934-936), que conclui que "[...] a reabertura da audiência para o estrito fim da determinação de novas sanções, mesmo com base nos factos dados como provados na decisão anterior, não respeita o princípio do caso julgado, tal como ele está vertido no protocolo nº 7 da CEDH e no artigo 29º, nº 5, da CRP, sobretudo quando conjugado com o princípio da imediação, que decorre do artigo 2º da CRP e do artigo 6º, § 3, alª *d)*, da CEDH".

Vimos que, antes da alteração introduzida pela Lei nº 48/2007, de 29 de Agosto, o Código de Processo Penal previa a pura e simples extinção da execução e dos efeitos penais, a operar mediante despacho do juiz nos termos do seu artigo 474º.

Este mecanismo não era, de qualquer modo, exportável para o processo civil, atendendo a que a lei, aqui, não prevê a possibilidade de extinção dos efeitos da sentença através de mero despacho nem de proferimento de sentença julgando extinta a execução (cfr., quanto a esta última hipótese, o artigo 919º do CPC de 1961 e o artigo 849º do actual CPC); por outro lado, constituiria violação frontal do princípio dispositivo a prolação de decisão desse teor sem precedência de requerimento da parte interessada na alteração da sentença, e do princípio do contraditório a não audição da parte contrária.

Vimos também que, para outras situações – de relevância superveniente de factos não considerados na sentença transitada –, o Código de Processo Penal previa a interposição de recurso de revisão ao abrigo do artigo 449º, nº 1, alínea *d)*, do CPP: concretamente, previa-a quando "[s]e [descobrissem] novos factos ou meios de prova que, de per si ou combinados com os que foram apreciados no processo, [suscitassem] graves dúvidas sobre a justiça da condenação", atendendo a que nesses "novos factos" podiam caber também factos dantes não considerados.

Sucede, porém, que o recurso de revisão em processo civil não tem legalmente como fundamento "novos factos" – conceito que, no recurso de revisão em processo penal, parece abranger, não apenas factos anteriores à sentença condenatória e nela não considerados, como factos supervenientes a esta sentença[1944] –, pelo que não seria possível adoptar aqui uma interpretação semelhante àquela que vinha sendo adoptada em processo penal e considerar que, quando a lei nova (ou a posterior declaração de inconstitucionalidade ou de ilegalidade com força obrigatória geral) atribua relevância a factos anteriormente não considerados, está ainda aberta a via da revisão (que se fundaria, por isso, não na alteração legislativa, em si mesma considerada, mas nesses novos factos): na verdade, o artigo

[1944] Sobre a discussão em torno da questão de saber se a revisão de sentença penal condenatória pode fundar-se em factos supervenientes a esta sentença, e concluindo em sentido afirmativo, STJ, 21.01.2009: "Se os pressupostos fácticos da condenação na pena acessória de expulsão se modificaram de tal forma que, *ao tempo da sua execução*, já não subsistem, não podendo então os factos servir de fundamento à condenação nessa pena, parece inevitável aceitar que a sentença se tornou, devido à superveniência de certos factos, injusta, supervenientemente injusta. Em termos de poder ser submetida a revisão, com base na al. *d)* do nº 1 do art. 449º do CPP. Não é tolerável que se execute uma pena sobre a qual recaem graves suspeitas de ser injusta. Tendo o recurso de revisão como fundamento e teleologia precisamente a reparação de decisões injustas, ainda que o procedimento se encontre extinto ou a pena prescrita ou cumprida, como refere o nº 4 do art. 449º do CPP, por maioria de razão ele deve ser admitido a reparar decisões que ainda não se executaram, quando, portanto, é ainda possível evitar que se efective e execute uma decisão (presumivelmente) injusta, ainda que correcta ao tempo da sua prolação".

696º, alínea *c)*, do CPC (idêntico ao artigo 771º, alínea *c)*, do CPC de 1961)[1945] apenas admite a revisão quando "[s]e apresente documento de que a parte não tivesse conhecimento, ou de que não tivesse podido fazer uso, no processo em que foi proferida a decisão a rever e que, por si só, seja suficiente para modificar a decisão em sentido mais favorável à parte vencida".

Por outro lado, embora o Código de Processo Penal, na sua versão actual, contemple, como vimos, a declaração de "inconstitucionalidade com força obrigatória geral de norma de conteúdo menos favorável ao arguido que tenha servido de fundamento à condenação" como fundamento de revisão (cfr. o respectivo artigo 449º, nº 1, alínea *f)*), parece-nos difícil sustentar a aplicação analógica deste preceito ao processo civil, desde logo porque, praticamente no momento em que tal solução foi consagrada para o processo penal, foi alterada também – através do Decreto-Lei nº 303/2007, de 24 de Agosto –, a disposição do Código de Processo Civil de 1961 referente aos fundamentos do recurso extraordinário de revisão – sendo acrescentados outros e eliminado um deles –, sem que, todavia, se tivesse chegado a prever aí a mencionada declaração de inconstitucionalidade (situação que se manteria no actual CPC)[1946].

Não podendo a superveniente declaração de inconstitucionalidade ou de ilegalidade com força obrigatória geral ser feita valer, em processo civil, através da via da revisão – porque, por um lado, o artigo 696º, alínea *c)*, do CPC, não contempla, nem a superveniência normativa (como vimos ser realçado por Rui Medeiros[1947]), nem a descoberta de "novos factos" (no sentido amplo em que este conceito tem vindo a ser utilizado em processo penal), e, por outro lado, não parece possível a aplicação analógica do regime do processo penal –, não deixa de ser curioso verificar que o procedimento atípico descrito por Taipa de Carvalho e o procedimento actualmente previsto no artigo 371º-A do CPP para os casos de superveniência de lei penal mais favorável adequar-se-ia, de algum modo, ao processo civil, quando neste se pretendesse fazer valer aquela declaração de inconstitucionalidade ou de ilegalidade.

[1945] As outras alíneas do preceito parecem-nos manifestamente inaplicáveis, quando se pretenda fazer valer a superveniente declaração de inconstitucionalidade ou de ilegalidade com força obrigatória geral.

[1946] Sobre as dificuldades que, em geral, enfrenta a extensão analógica das regras que consagram fundamentos do recurso de revisão e sobre a admissibilidade dessa extensão apenas em relação ao § 580, 7 b, da ZPO (correspondente ao artigo 696º, alínea *c)*, do CPC), veja-se, face ao ordenamento alemão e em síntese, H. F. Gaul, *Die Grundlagen...*, págs. 216-218. Especificamente em relação à (im)possibilidade de aplicação analógica, ao processo civil, do § 79, 1, da BVerfGG, que prevê a declaração de inconstitucionalidade, realizada pelo *Bundesverfassungsgericht* como fundamento de revisão em processo penal, veja-se E. Bötticher, "Anmerkung", in *JZ*, 1953, pág. 660, e A. P. Pohle, *Die Verfassungswidrigerklärung...*, pág. 170.

[1947] *Supra*, § 26º, II, 2. *d)* 3.

Esses procedimentos, como vimos, podem integrar um requerimento de revisão, um novo julgamento da matéria de facto só agora tida como relevante e uma fase de recursos, e integram necessariamente uma nova decisão quanto ao aspecto jurídico da causa, isto é, uma nova sentença.

Assim sendo, esses procedimentos apresentam algumas afinidades com aquele que – como veremos[1948] – deve ser utilizado quando se pretenda obter a alteração da sentença nos termos do artigo 619º, nº 2, do CPC.

Se exceptuarmos o aspecto da não obrigatoriedade de requerimento de revisão para desencadear o procedimento – em processo civil, por força do princípio dispositivo, tal requerimento deve constituir, antes, condição necessária deste – e de asseguramento do contraditório – em processo civil há uma parte interessada na não alteração da sentença, cuja audição deve preceder o proferimento da nova sentença –, verificamos que também o artigo 619º, nº 2, do CPC postula um novo julgamento da matéria de facto só agora tida como relevante (e só dessa) – o que, no caso da declaração de inconstitucionalidade ou de ilegalidade com força obrigatória geral, pode decorrer da circunstância de tal declaração implicar a aplicação de outro regime jurídico que atribua relevância a factos diversos – e uma nova sentença – que aplique, por exemplo, as normas revogadas pela norma declarada inconstitucional ou ilegal (cfr. artigo 282º, nº 1, da Constituição) à situação de facto.

Do até agora exposto parece-nos resultar que, desde logo por *razões de coerência do sistema*, a superveniente declaração de inconstitucionalidade com força obrigatória geral deve ser feita valer, no processo civil, nos termos do artigo 619º, nº 2, do CPC: não se compreenderia, na verdade, que no processo penal tal declaração determinasse a reabertura do processo, e no processo civil tal declaração exigisse a proposição de nova acção (a interposição de recurso extraordinário de revisão, como vimos, nunca seria possível).

Por outro lado, parece-nos que a consideração do meio processual previsto no artigo 619º, nº 2, do CPC permite, de algum modo, responder a uma questão que ficou latente ao longo desta exposição: a de saber quais os efeitos da declaração de inconstitucionalidade ou de ilegalidade com força obrigatória geral sobre o caso julgado de trato sucessivo.

Vimos que, se é certo que essa declaração atinge este caso julgado para o futuro, também é certo que não determina a cessação dos seus efeitos (a menos que resulte destruído o pressuposto fundamental em que assentou a sentença).

A superação do carácter híbrido da repercussão da declaração de inconstitucionalidade ou de ilegalidade com força obrigatória geral sobre o caso julgado de trato sucessivo – resultante do seu difícil enquadramento nas categorias da

[1948] *Infra*, § 34º.

caducidade, invalidade determinante da cessação de efeitos ou revogação – pode ser tentada através do apelo à categoria da circunstância superveniente, a que o artigo 619º, nº 2, do CPC confere relevância face ao caso julgado.

Sob o ponto de vista da situação definida pelo caso julgado, aquela declaração pode, na verdade, representar um facto objectivamente superveniente, que nela se pode repercutir, mas não de modo automático.

É claro que a aplicabilidade do artigo 619º, nº 2, do CPC quando se pretenda fazer valer a superveniente declaração de inconstitucionalidade ou de ilegalidade com força obrigatória geral apresenta a dificuldade decorrente de a sentença a alterar, uma vez que aplicou norma inconstitucional ou ilegal, ser também ela inconstitucional[1949] ou ilegal e, portanto, nula (tal como a própria norma que aplicou)[1950]; ora o artigo 619º, nº 2, do CPC tem em vista a alteração de um caso julgado e não a aferição de um vício da sentença originária (a prossecução deste fim justificaria, quando muito, a interposição de recurso extraordinário de revisão), pelo que a utilização do correspondente mecanismo não parece adequada quando a sentença seja inconstitucional ou ilegal.

Supomos, todavia, que esta dificuldade pode ser contornada se se entender que a parte interessada, ao fazer valer a superveniente declaração de inconstitucionalidade ou de ilegalidade com força obrigatória geral nos termos do artigo 619º, nº 2, do CPC, não está necessariamente a fazer valer, em simultâneo, a própria inconstitucionalidade ou ilegalidade da sentença: em suma, a pôr em causa o acto de aplicação da norma declarada inconstitucional ou ilegal, *por ter aplicado esta norma*[1951].

[1949] Um dos exemplos de caso julgado inconstitucional é precisamente o da decisão judicial que aplica uma norma inconstitucional (cfr. Paulo Otero, *Ensaio...*, pág. 65 e págs. 69-72).

[1950] O vício de que padece o acto de aplicação de lei inconstitucional – por exemplo, o acto jurisdicional – é também a nulidade (cfr. Marcelo Rebelo de Sousa, *O valor...*, págs. 244 e 326). Entendendo igualmente que tal acto é nulo, embora salientando que a norma constitucional que ressalva o caso julgado procede "a uma sanação ou convalidação expressa dos efeitos do caso julgado ferido de inconstitucionalidade", veja-se Paulo Otero (*Ensaio...*, pág. 88). Quanto aos actos administrativos, assinala C. Blanco de Morais (*Justiça...*, pág. 206) que "a jurisprudência do Supremo Tribunal Administrativo [...] tem estimado como "nulos", com fundamento em usurpação de poder ou "ilegais", por carência de base legal, os actos administrativos de aplicação de normas declaradas inconstitucionais". Julgamos que também no caso de norma declarada *ilegal* com força obrigatória geral, o acto de aplicação será nulo, atendendo à tendencial equiparação entre inconstitucionalidade e ilegalidade, quer na Constituição (cfr. artigo 282º) quer na Lei nº 28/82, de 15 de Novembro, relativa à organização, funcionamento e processo do Tribunal Constitucional (cfr., por exemplo, o artigo 70º, nº 1). De qualquer modo, e como já dissemos (*supra*, § 26º, II, 2. *d)* 2), a doutrina salienta que a nulidade da lei inconstitucional não se comunica necessariamente aos actos que a aplicam, pelo que a nulidade destes actos não é uma consequência automática.

[1951] Problema diferente é o de saber *se a parte pode invocar autonomamente a inconstitucionalidade ou a ilegalidade da sentença*.
No caso das sentenças que possam ser alteradas nos termos do artigo 619º, nº 2, do CPC, não se alcança facilmente que interesse pode ter a parte nessa autónoma invocação. Eventualmente a parte pode, através dessa via, obter a pura e simples declaração da não produção de efeitos pela sentença, obrigando a parte

Uma outra dificuldade que pode surgir quando se sustenta a inclusão, na previsão do artigo 619º, nº 2, do CPC, da superveniente declaração de inconstitucionalidade ou de ilegalidade com força obrigatória geral, prende-se com a referência temporal do caso julgado quanto ao direito aplicável. Como já várias vezes se referiu, alguma doutrina sustenta que o juiz, quando profere a sentença, não realiza qualquer previsão quanto ao desenvolvimento legislativo subsequente e, por isso mesmo, a referência temporal do caso julgado quanto ao direito aplicável não pode ser um momento futuro: do que também decorre a impossibilidade de a lei superveniente conflituar com o caso julgado e a inadequação do mecanismo do artigo 619º, nº 2, do CPC quando se pretenda fazer valer a lei superveniente, por este se destinar precisamente a quebrar o caso julgado.

Este argumento – que já vimos[1952] ser contornável com a constatação de que a acção modificativa é ainda a acção adequada quando se façam valer danos imprevisíveis à data da primeira acção, hipótese em que não haverá quebra do caso

contrária a propor, caso nisso tenha também interesse, nova acção (assim, por exemplo, o devedor dos alimentos obteria a declaração da não produção de efeitos pela sentença, obrigando o credor a exigi-los em posterior acção): mas é muito duvidoso que aquele interesse seja tutelável. Por outro lado, não faria sentido que, através da autónoma invocação da inconstitucionalidade ou da ilegalidade, a parte pudesse obter algo que não obteria com a invocação da declaração dessa inconstitucionalidade ou ilegalidade com força obrigatória geral: a saber, a destruição dos efeitos produzidos pelo caso julgado de trato sucessivo até à publicação daquela declaração. Assim sendo, não parece de sustentar que aquela via está aberta com o argumento de que, através dela, a parte obtém algo que não obteria seguindo a via do artigo 619º, nº 2, do CPC.
Mas também no caso das sentenças que não podem ser alteradas nos termos do artigo 619º, nº 2, do CPC pode colocar-se, a par do problema do meio processual adequado a fazer valer a declaração de inconstitucionalidade ou de ilegalidade com força obrigatória geral que nelas eventualmente se repercuta, o da autónoma invocabilidade da inconstitucionalidade ou ilegalidade da sentença (por ter aplicado norma inconstitucional ou ilegal). Estes problemas – que só surgem quando se entenda que o caso julgado dessas sentenças não deve ficar ressalvado da declaração de inconstitucionalidade ou de ilegalidade de norma nelas aplicada – escapam, porém, do objecto da presente tese: apenas nos limitamos a dizer, como aliás já dissemos, que não é concebível a inexistência de meio processual destinado a fazer valer esta declaração ou a própria nulidade da sentença – quando seja a própria Constituição a determinar a afectação do acto inconstitucional pela declaração de inconstitucionalidade ou de ilegalidade –, pelo que, em última análise, estará aberta a via da nova acção.
Paulo Otero (*Ensaio...*, págs. 90 e segs.) trata ainda de um problema relativamente próximo daqueles que ficaram enunciados, que é o da determinação dos efeitos da "decisão judicial directa e imediatamente violadora da Constituição" e da decisão judicial "que aplica norma já declarada inconstitucional com força obrigatória geral à data da respectiva decisão judicial". Segundo o Autor (cfr. especialmente págs. 121-128), provindo a decisão judicial directa e imediatamente violadora da Constituição, não do Tribunal Constitucional, mas de um outro tribunal, estaria aberta a via do recurso extraordinário de revisão. Sobre o problema, no direito brasileiro, veja-se I. Dantas (*Constituição...*, pág. 217-245), sustentando que, frente a uma decisão inconstitucional, nem há que falar em relativização do respectivo caso julgado (por a decisão juridicamente não existir) e, bem assim, que a acção rescisória que contra a mesma seja proposta não esteja sujeita a um prazo.

[1952] *Supra*, § 25, III, 2.

julgado – não parece, de qualquer modo, relevar quando a circunstância superveniente seja, não uma lei superveniente, mas uma superveniente declaração de inconstitucionalidade ou de ilegalidade com força obrigatória geral. Com efeito, se na sentença o juiz aplicou a norma posteriormente declarada inconstitucional ou ilegal, fê-lo porque entendeu que a mesma não era inconstitucional ou ilegal (se o não entendesse não lhe era lícito aplicar a norma: cfr. o artigo 204º da Constituição), pelo que ainda é possível sustentar que o juiz não previu a ocorrência daquela declaração de inconstitucionalidade ou de ilegalidade e é, como tal, necessário corrigir esse erro de previsão. Dito de outro modo: diversamente do que sucede com a entrada em vigor de uma nova lei, a publicação de uma superveniente declaração de inconstitucionalidade ou de ilegalidade com força obrigatória geral ainda parece traduzir um *erro de previsão* do juiz que aplicou a norma declarada inconstitucional ou ilegal e, como tal, justificar o uso da acção prevista no artigo 619º, nº 2, do CPC.

E, mesmo que rigorosamente não seja possível configurar aqui um erro de previsão (mas, antes, um vício da decisão), a verdade é que aquela declaração de inconstitucionalidade ou de ilegalidade *conflitua com o caso julgado*, como o atesta o regime do processo penal (analisado no ponto anterior), que hoje a encara como fundamento do recurso de revisão, pelo que sempre se justificaria, para a fazer valer, o uso de um mecanismo destinado à quebra do caso julgado[1953].

e) Relevância, em geral, da superveniente declaração de inconstitucionalidade ou de ilegalidade com força obrigatória geral na acção modificativa

Quanto ao segundo problema que atrás colocámos[1954] – o de saber se, podendo o artigo 619º, nº 2, do CPC abranger, não apenas sentenças de trato sucessivo, mas

[1953] Dada a referência temporal do caso julgado quanto ao direito aplicável, seria, aliás, ainda de ponderar se, perante um caso julgado de trato sucessivo, a superveniência de declaração de inconstitucionalidade ou de ilegalidade com força obrigatória geral coloca verdadeiramente, à luz da Constituição, um problema de ressalva do caso julgado ou apenas de "relevância indirecta da inconstitucionalidade da lei aplicada pela decisão transitada em julgado" (como parece entender Rui Medeiros, *A decisão...*, págs. 546 e segs. e 559 e segs., porque analisa o caso julgado de trato sucessivo, não a propósito da ressalva dos casos julgados – aqui, por exemplo, aborda a temática das resoluções dos processos de jurisdição voluntária –, mas a propósito da relevância indirecta da inconstitucionalidade da lei aplicada pela decisão transitada em julgado). Consideramos que esse problema ainda se coloca, porque ao tempo da publicação da declaração de inconstitucionalidade ou de ilegalidade com força obrigatória geral tal caso julgado ainda não caducara e, em princípio, continuaria a produzir os seus efeitos, pelo que seria forçado atribuir àquele argumento jurídico um valor decisivo na interpretação do artigo 282º, nº 3, da Constituição. Ou seja: quando este preceito trata da afectação e da ressalva dos casos julgados, pressupõe um conceito de caso julgado equivalente ao de "decisão transitada em julgado", sem cuidar dos seus específicos limites decorrentes do direito ordinário, pelo que reconhece que em relação a qualquer caso julgado ainda operante pode colocar-se o problema da sua afectação ou ressalva.

[1954] *Supra*, § 26º, II, 2. *c*).

também outras sentenças, pode a superveniente declaração de inconstitucionalidade ou de ilegalidade com força obrigatória geral, nestas últimas hipóteses, fundar também a aplicação do artigo 619º, nº 2, do CPC –, parece-nos que não é este o contexto adequado para o tratar.

Na verdade, apenas nos interessava determinar se a superveniente declaração de inconstitucionalidade ou de ilegalidade com força obrigatória geral releva para efeitos do artigo 619º, nº 2, do CPC: e, se a realização desse propósito implicava verificar se aquela declaração se repercute nos casos julgados de trato sucessivo (aqueles a que este preceito mais explicitamente se refere), já não implica uma identificação mais alongada dos casos julgados que não ficam ressalvados por tal declaração.

Dito de outro modo: esta identificação constitui essencialmente um problema de interpretação do artigo 282º, nº 3, 1ª parte, da Constituição[1955] e não um problema de interpretação do artigo 619º, nº 2, do CPC, pelo que a ela não procederemos[1956].

III. Alteração da jurisprudência constitucional

Vejamos agora se a alteração da jurisprudência constitucional pode importar a modificação do caso julgado, nos termos do artigo 619º, nº 2, do CPC.

A este propósito, Rui Medeiros[1957] considera que "o facto de a afectação dos casos julgados de trato sucessivo pressupor, nos termos gerais, uma alteração normativa – aliado à circunstância de a jurisprudência em geral não ser fonte de direito e de a Constituição só atribuir força afim da de lei às decisões de inconstitucionalidade proferidas em sede de controlo abstracto sucessivo – aponta no sentido da inadmissibilidade da simples invocação de um entendimento inequívoco do Tribunal Constitucional no sentido da inconstitucionalidade da norma aplicada pela sentença firme para pôr em causa os casos julgados de trato sucessivo".

Na Alemanha, porém, há quem avente o carácter vinculativo de uma interpretação conforme à Constituição realizada pelo *Bundesverfassungsgericht*[1958], sus-

[1955] A par de muitos outros problemas que podem surgir, nomeadamente o de saber se existe um conceito constitucional de sentença, ou de caso julgado: quanto ao primeiro problema, à luz do direito italiano, A. Cerino-Canova, "La garanzia...", págs. 420-425, e "Per la chiarezza...", págs. 476-479.

[1956] Jorge Miranda / Rui Medeiros (*Constituição portuguesa*..., tomo III, pág. 833) parecem incluir apenas, nos casos julgados cíveis que não ficariam ressalvados pela declaração de inconstitucionalidade com força obrigatória geral, os casos julgados relativos a situações duradoras, porque afirmam: "[...] se é muito duvidoso, em face da legislação processual, que se possa admitir a oposição à execução de uma sentença transitada em julgado com fundamento na superveniência da declaração de inconstitucionalidade da norma aplicada pelo tribunal, ao invés, estanto em causa *situações duradouras*, a intangibilidade dos casos julgados não impede necessariamente que se atribua, sempre nos termos gerais, relevância (para o futuro) à declaração de inconstitucionalidade com força obrigatória geral".

[1957] Rui Medeiros, *A decisão de inconstitucionalidade*..., pág. 565, nota 157.

[1958] Assim, Stein/Jonas/Leipold[22], § 323, 39.

tentando a jurisprudência que, não só a alteração do quadro legal, mas também a realização de uma interpretação conforme à Constituição de uma norma pelo *Bundesverfassungsgericht* podem configurar uma alteração essencial das circunstâncias, nos termos e para os efeitos do § 323, 1, da ZPO, relevante a partir do momento da publicação do correspondente acórdão[1959].

Quanto a nós, entendemos que, se a função do caso julgado não obsta à possibilidade de repercussão da superveniente declaração de inconstitucionalidade ou de ilegalidade com força obrigatória geral nos efeitos futuros do caso julgado de trato sucessivo, essa função já deve obstar à possibilidade de repercussão, nesses efeitos, da alteração da jurisprudência constitucional. Na realidade, não constituindo a nova decisão do Tribunal Constitucional caso julgado fora do processo em que foi proferida (cfr. o artigo 80º da Lei do Tribunal Constitucional), nem lhe atribuindo qualquer preceito constitucional uma especial força obrigatória, a função do caso julgado de garantia da certeza jurídica, a que já aludimos[1960], ficaria comprometida se a mesma pudesse relevar nos mesmos termos que aquela declaração de inconstitucionalidade ou de ilegalidade.

É certo que o artigo 619º, nº 2, do CPC também não consagra fundamentos taxativos de alteração da sentença, do que parece decorrer a permeabilidade das sentenças aí previstas a qualquer facto superveniente e, nessa medida, também a qualquer posterior alteração da jurisprudência constitucional. Dito de outro modo, não é facilmente compreensível que, face à abertura daquele preceito, se questione sequer a relevância da posterior alteração da jurisprudência constitucional, já que a atribuição de tal relevância não parece afrontar as exigências de certeza do caso julgado em maior medida do que a atendibilidade de (quaisquer) posteriores circunstâncias de natureza fáctica.

Este raciocínio, porém, não nos parece de aceitar, na medida em que, como já assinalámos[1961], seguindo o entendimento de ALBERTO DOS REIS, o artigo 619º, nº 2, do CPC articula-se com os preceitos da lei substantiva que autorizam a alteração da prestação e a admissibilidade da alteração deve ser determinada, caso a caso, por esta lei: daí que a abertura do artigo 619º, nº 2, do CPC não vá ao ponto de permitir a alteração das sentenças aí previstas com fundamento em qualquer facto superveniente.

Ora, tal como o artigo 619º, nº 2, do CPC se articula com esses preceitos da lei substantiva, deve tal preceito articular-se com o disposto no artigo 282º da Constituição, do qual decorre uma particular vinculatividade da declaração de inconstitucionalidade ou de ilegalidade com força obrigatória geral, mas já não das restantes alterações de jurisprudência constitucional.

[1959] Assim, BGH, 28.02.2007.

[1960] *Supra*, § 26º, II, 2. *a)*.

[1961] *Supra*, § 1º, III, 3 e § 11º, IV, 4. *e)*.

IV. Outras alterações de jurisprudência

Sustentando-se que a alteração de jurisprudência constitucional (diversa da superveniência de declaração de inconstitucionalidade ou de ilegalidade com força obrigatória geral) não releva para efeitos do disposto no artigo 619º, nº 2, do CPC, parece que idêntica deve ser a solução para as restantes alterações de jurisprudência: não há, na verdade, qualquer preceito legal ou constitucional que lhe atribua especial vinculatividade, susceptível de determinar a alteração da prestação determinada na sentença transitada, ou da situação nela definida.

Também segundo Remo Caponi[1962], embora face ao direito italiano, a sentença transitada em julgado deve prevalecer sobre a alteração de jurisprudência, diversamente do que sucede com as leis retroactivas em sentido estrito, com as leis interpretativas e com as sentenças de acolhimento da *Corte costituzionale*, atendendo ao valor meramente persuasivo da jurisprudência.

A doutrina alemã tem adoptado, maioritariamente o mesmo entendimento[1963]: a alteração da jurisprudência não constitui fundamento de acção modificativa. No entanto, em matéria de cláusulas contratuais gerais, há a considerar o § 19 da (anterior) AGBG e o § 10 da UKlaG, já por nós referidos[1964], que concedem relevância a posterior decisão do *Bundesgerichtshof*, permissiva da utilização da cláusula, decisão essa que poderá ser invocada pelo utilizador (embora em sede de oposição à execução)[1965]; também em se tratando de transacção ou outro documento exequível (antes previstos no § 323, 4 e 5 da ZPO e actualmente no § 323a da ZPO) se tem sustentado a admissibilidade da sua modificação com fundamento em alteração da jurisprudência, porque certa orientação jurisprudencial pode integrar a base do negócio e é esta o ponto de referência da modificação[1966].

A mencionada orientação restritiva inscreve-se na mesma linha de raciocínio que a doutrina alemã vem seguindo para a *Restitutionsklage*: também a pro-

1962 Remo Caponi, *L'efficacia...*, págs. 46-47.

1963 Consulte-se, por exemplo: W. J. Habscheid ("Unterhaltsurteil...", pág. 38, e "Anmerkung", in *FamRZ*, 1954, pág. 56), considerando que a alteração da jurisprudência também não pode fundar a oposição à execução ou a nova acção; R. Weber, "Der Umfang...", pág. 233; H. Brox ("Nochmals...", pág. 322), observando que tal não constitui, de qualquer modo, obstáculo a que o demandado na acção modificativa informe o tribunal de uma alteração jurisprudencial entretanto ocorrida; M. Grosch, *Rechtswandel...*, págs. 337-339; H. Büttner / B. Niepmann, "Die Entwicklung...", págs. 2219 e 2229 (assinalando a relevância prática da questão, porque o BGH havia alterado a sua jurisprudência quanto ao método de cálculo de certas pensões de alimentos); Stein/ Jonas/Leipold[22], § 323, 38 e 42; F. Völp, "Änderung...", pág. 487; BGH, 23.11.1994.

1964 *Supra*, § 7º, II, 2 e § 25º, I.

1965 Parece, portanto, que a oposição à execução de sentença inibitória do uso de tais cláusulas não poderá fundar-se noutras alterações jurisprudenciais. Sustentando a irrelevância da generalidade das alterações jurisprudenciais, mas para o efeito da oposição à execução de sentenças inibitórias no domínio do direito da concorrência, G.-A. Ulrich, "Die Vollstreckungsabwehrklage...", págs. 428-429.

1966 Sobre o ponto, P. Finger, "Unterhaltsrecht...", pág. 137.

pósito deste meio processual não se configura como seu fundamento possível a alteração da jurisprudência ou do entendimento jurídico, porque ele se destina a corrigir os fundamentos de facto da sentença e não os respectivos fundamentos jurídicos, subjazendo ao seu regime a concepção segundo a qual o entendimento jurídico é, por natureza, mutável[1967].

Mas, como já sugerimos[1968], alguma doutrina e jurisprudência alemãs têm entendido que, por vezes, a alteração da jurisprudência deve relevar para o efeito da proposição de acção modificativa.

Graba[1969], por exemplo, considera que, não abarcando o conceito de "circunstância" contido no § 323 da ZPO apenas as circunstâncias de natureza fáctica – como o demonstra a abrangência, nesse conceito, também da alteração de lei e da declaração de inconstitucionalidade de uma norma pelo *Bundesverfassungsgericht* –, e constituindo a jurisprudência dos tribunais superiores uma das condições jurídicas básicas tidas em conta aquando da condenação em prestações periódicas vincendas – sobretudo na área do direito dos alimentos, cuja fonte é, em larga medida, jurisprudencial –, deve a alteração dessa jurisprudência constituir fundamento de modificação da sentença, à semelhança, aliás, do que sucede quanto à modificação das transacções; o caso julgado não justifica, do seu ponto de vista, a permanência, para o futuro, de decisões não conformes com o entendimento jurídico entretanto alterado, devendo ser dada preferência ao interesse na obtenção de uma decisão conforme com o direito material[1970].

Também Soyka[1971] confere à alteração da jurisprudência do *Bundesgerichtshof* relevância semelhante à da alteração de lei, concluindo que, assentando a sentença no pressuposto de que a jurisprudência constante desse tribunal permanecerá, tal alteração pode constituir uma alteração das circunstâncias nos termos do § 323, 1, da ZPO; diferente é, porém, a solução, quando o *Bundesgerichtshof*, pela primeira vez, emite pronúncia contrária àquela que vinha sendo emitida pelos tribunais inferiores, ou quando os tribunais inferiores adoptam solução contrária àquela que vinham adoptando, porque, nestes casos, não se defrauda propriamente a confiança depositada na permanência da jurisprudência.

[1967] Neste sentido, H. F. Gaul, *Möglichkeiten...*, págs. 37-38. Discordando desta justificação, P. Schlosser, "Das völkerrechtswidrige...", pág. 187, e R. Bruns, "Zum Problemkreis...", pág. 202.

[1968] *Supra*, § 25º, II, 4.

[1969] H.-U. Graba, *Die Abänderung...*, págs. 114-115.

[1970] Refira-se ainda que, para o Autor (cfr. H.-U Graba, *Die Abänderung...*, págs. 117-119), não constituindo embora a mera alteração de uma determinada orientação jurídica adoptada na sentença uma alteração das circunstâncias, uma vez que apenas traduz uma diferente valoração da realidade objectiva, que permaneceu imutável, o caso julgado não exclui incondicionalmente a possibilidade de consideração, na acção modificativa, de uma diferente orientação jurídica na valoração dessa realidade: assim, quando tal se destine a evitar a perpetuação de graves injustiças.

[1971] J. Soyka, *Die Abänderungsklage...*, 1ª ed., pág. 80.

Diferente é, também segundo SOYKA[1972], a mera alteração do entendimento quanto ao direito aplicável ao caso: não obstante poder discutir-se a vinculação, na acção modificativa, à solução jurídica anteriormente perfilhada, a alteração daquele entendimento não configura, em si, uma alteração das circunstâncias justificativa da proposição de acção modificativa.

O mesmo se poderia dizer, nesta perspectiva, relativamente à alteração dos juízos de valor políticos ou morais, que, se não gerarem uma alteração legislativa, nunca devem legitimar a modificação do caso julgado[1973].

O *Bundesgerichtshof* tem também considerado que a alteração, a que eventualmente proceda, da jurisprudência dos tribunais superiores, é susceptível, a partir do momento da publicação do correspondente acórdão, de configurar uma alteração essencial das circunstâncias, que o interessado na modificação da transação ou da sentença pode invocar[1974].

Embora assentando nos pressupostos da teoria da confirmação, porque qualifica a eficácia vinculativa das sentenças relativas a prestações periódicas vincendas como uma preclusão alheia ao caso julgado (do que decorreria a irrelevância, para efeitos da fundamentação apresentada na acção modificativa que viesse a ser proposta, da distinção entre factos e valorações), também GROSCH[1975] propugna a admissibilidade, para efeitos do § 323 da ZPO, da alegação da alteração subsequente da jurisprudência, ainda que tal alteração não diga respeito a anterior jurisprudência consolidada ou que a nova jurisprudência não provenha de tribunais superiores.

No âmbito do processo do trabalho defende igualmente alguma doutrina alemã a repercussão, nos casos julgados sobre relações jurídicas duradouras, da alteração da jurisprudência constante dos tribunais superiores[1976].

Actualmente, face à redacção do § 323 da ZPO emergente da reforma de 2008/2009 – que expressamente confere relevância à alteração das *circunstâncias de direito* em que assentou a decisão –, parecem dever ser reponderadas as considerações da doutrina e da jurisprudência alemãs a propósito do relevo das alterações da jurisprudência: inclinamo-nos a julgar que foi propósito do legislador alemão incluí-las nos fundamentos possíveis de modificação da sentença, embora subsista sempre a necessidade de aferir a *essencialidade* dessas alterações (pelo que não bastará qualquer alteração para a modificação ter lugar).

1972 J. Soyka, *Die Abänderungsklage...*, 1ª ed., pág. 81.

1973 Assim, J. C. Hitters, *Revisión...*, pág. 150.

1974 Assim: BGH, 05.09.2001; BGH, 05.02.2003; BGH, 28.02.2007; BGH, 02.07.2009; BGH, 27.01.2010; BGH, 20.10.2010.

1975 M. Grosch, *Rechtswandel...*, págs. 359-363 e 389-390.

1976 Assim, W. Dütz, "Rechtskraftgrenzen...", págs. 352-354.

De qualquer modo, a orientação permissiva da doutrina e da jurisprudência alemãs que parece ter agora ficado acolhida no § 323 da ZPO, se bem que espelhando a preocupação de adequação do caso julgado material ao direito material – ou, talvez melhor, de actualização desse caso julgado –, não nos parece pôr em causa, pelo menos face ao direito português, a conclusão a que havíamos chegado: aos fundamentos possíveis de alteração do caso julgado há-de a própria lei substantiva conferir alguma relevância, quando regula os termos da alteração da prestação ou da situação definida na sentença. Ora tal não sucede, no direito português, quanto à jurisprudência (porque apenas à declaração de inconstitucionalidade ou de ilegalidade com força obrigatória geral é conferida particular vinculatividade), afigurando-se-nos, aliás, problemático que se proceda a distinções, para o efeito de admitir ou não a proposição de acção modificativa, consoante a proveniência da decisão que representa uma alteração jurisprudencial.

Quanto a este último aspecto, diríamos, por um lado, que tais distinções implicam uma grande incerteza na determinação dos fundamentos possíveis da modificação: não propugnamos que estes sejam taxativos, mas julgamos que devem ser determináveis, o que não se verifica se a lei não apontar ao intérprete um qualquer critério de aferição das decisões judiciais supervenientes que devem relevar. Por outro lado, se a preocupação subjacente à abertura da acção modificativa às alterações jurisprudenciais é a de adequar o caso julgado ao direito material ou ao entendimento jurisprudencial agora dominante, as mencionadas distinções consoante a proveniência da nova decisão talvez devessem ser ponderadas apenas em sede de essencialidade da alteração (ou seja, não para o efeito de julgar o fundamento admissível ou não, mas para o efeito da procedência da acção modificativa).

§ 27º O novo meio de prova enquanto circunstância superveniente

I. Colocação do problema

O artigo 619º, nº 2, do CPC, ao exigir a modificação das circunstâncias que determinaram a condenação para que a sentença seja alterada, não esclarece se a prova superveniente de certo facto que tenha sido considerado na acção anterior, e nesta julgado não provado, ou a superveniente demonstração da inexistência de facto dado como provado, consubstancia ou não uma modificação das circunstâncias.

Vimos atrás[1977] que a modificação das circunstâncias tanto pode ter como referência factos provados como factos não provados na acção anterior, porque todos eles foram considerados na sentença: mas constituirá a prova de certo facto antes considerado (ou a prova do facto contrário), em si, uma circunstância que

[1977] *Supra*, § 23º, III, 1.

determinou a condenação, susceptível de ser tomada, ela própria, como referência para a alteração da sentença?

No direito alemão, esta pergunta é, em geral, objecto de uma resposta negativa, entendendo-se que, para o funcionamento da regra da preclusão constante do § 323, 2, da ZPO, releva apenas o momento da ocorrência do facto, abrangendo o caso julgado da sentença anterior também a indemonstrabilidade do facto antigo: assim, não pode constituir fundamento da acção modificativa o facto que não ficou provado na acção anterior e que se pretende demonstrar agora, por a tal se opor o caso julgado[1978].

Considerações particulares tem merecido, todavia, nesse ordenamento, o tema dos novos conhecimentos científicos, admitindo-se que estes possam relevar como fundamento de revisão ou de modificação da sentença, quer por aplicação directa ou analógica do preceito que permite esta revisão quando se apresente documento superveniente, quer por aplicação analógica do preceito que prevê a modificação da sentença por alteração das circunstâncias (o § 323 da ZPO).

À luz do direito português, a qualificação do surgimento de um meio de prova como alteração das circunstâncias, susceptível de fundar a acção modificativa prevista no artigo 619º, nº 2, do CPC, parece também contrariada pelo disposto no artigo 696º, alínea *c)*, do CPC, que regula tal eventualidade enquanto possível fundamento de recurso extraordinário de revisão: dir-se-ia, então, que o surgimento de um meio de prova justifica, quando muito, a revisão da sentença, mas não já a sua modificação por alteração das circunstâncias.

Todavia, não é de excluir a possibilidade de um campo de aplicação convergente do recurso de revisão e da modificação do caso julgado por alteração de circunstâncias, hipótese em que a mesma realidade seria susceptível de constituir fundamento de um e de outro meio processual, ou em que duas realidades semelhantes seguiriam regime distinto (uma, o recurso de revisão; a outra, a modificação).

Se este raciocínio não parece possível quanto à demarcação entre o recurso de revisão e a oposição à execução fundada em sentença – vimos atrás[1979] que, fundando-se a execução em sentença transitada em julgado, o artigo 796º, alínea *c)*, do CPC constitui argumento no sentido da inadmissibilidade, como fundamento da oposição, de circunstância subjectivamente superveniente –, porque, não se traduzindo a oposição à execução num meio de impugnação do caso julgado, não faria sentido que os seus fundamentos pudessem coincidir com os do recurso de revisão (orientado para esse fim), a verdade é que, entre o recurso de revisão e a modificação do caso julgado por alteração das circunstâncias parece

[1978] Neste sentido, J. Soyka, *Die Abänderungsklage...*, 1ª ed., pág. 104.
[1979] *Supra*, § 23º, II, 5. *b)*.

haver a afinidade de ambos os meios processuais se destinarem à quebra do caso julgado: por este motivo, é plausível entender que os fundamentos do recurso de revisão podem também constituir fundamentos de modificação nos termos do artigo 619º, nº 2, do CPC, ou que este preceito, ao prever a modificação do caso julgado por alteração das circunstâncias, não está propriamente a demarcar o instituto aqui contemplado do recurso extraordinário de revisão, mas a prever *mais alguns* fundamentos de impugnação do caso julgado para certo tipo de sentenças, sem grandes preocupações de delimitação dogmática face à revisão.

II. Qualificação do novo meio de prova como circunstância

Vejamos, antes do mais, se a impossibilidade de consideração de um novo meio de prova como fundamento da acção modificativa decorre logo da verificação de que tal realidade nunca pode constituir uma circunstância.

Parece-nos, porém, que a latitude do conceito – vimos que a circunstância superveniente a que o artigo 619º, nº 2, do CPC atribui relevância pode ser um facto, um preceito legal ou mesmo uma decisão judicial –, não indicia que o novo meio de prova não possa ser nele incluído.

Por outro lado, *o superveniente meio de prova* de um facto a que se atendeu na sentença modificanda *pode ser um facto instrumental*[1980] e, pelo menos neste caso, não há razão para duvidar da sua qualificação como circunstância.

Em terceiro lugar, as circunstâncias que determinaram a condenação, a que o artigo 619º, nº 2, do CPC se refere, podem ser factos instrumentais – por embora não coincidirem com os fundamentos da sentença, a que aludem os artigos 607º, nº 3, e 615º, nº 1, alíneas *b*), e *c*), do CPC, terem sido decisivos para a convicção do juiz (cfr. o artigo 607º, nº 4, 1ª parte, do CPC) – e, portanto, meios de prova, pelo que pode questionar-se se a sua alteração não relevará nos termos do preceito (ou seja, se a referência material da superveniência, de que já tratámos[1981], não poderá ser um meio de prova, traduzindo qualquer fenómeno que neste se repecuta uma alteração das *circunstâncias*).

[1980] Embora, naturalmente, o meio de prova não constitua sempre um facto instrumental. A este respeito, é interessante notar que a öZPO distingue, no § 530, 1 e 2 (sistematicamente integrado nas disposições relativas à *Nichtigkeits- und Wiederaufnahmsklage*: §§ 529 a 547), entre a descoberta de novos factos e de novos meios de prova, como fundamento da *Wiederaufnahmsklage*.
Também o CPP admite, como fundamento da revisão, a descoberta de novos factos ou de novos meios de prova (cfr. o artigo 449º, nº 1, alínea *d*)). Exemplo de descoberta de novo facto é o superveniente conhecimento da falsa identidade do arguido (assim, STJ, 16.05.1962). Sobre o requisito da novidade do facto ou do meio de prova, que significa a sua não apreciação no processo que conduziu à condenação, ainda que não fosse ignorado pelo agente no momento em que foi julgado e condenado, STJ, 03.02.2005 (Proc. 4309/04).

[1981] *Supra*, § 23º, III.

III. A relevância do novo meio de prova: o caso dos novos conhecimentos científicos

A impossibilidade de consideração de um novo meio de prova como fundamento da acção modificativa também não pode decorrer da sua inaptidão para demonstrar o erro em que assentou a decisão anterior: esta constatação é particularmente impressiva no caso de surgimento de novos conhecimentos científicos[1982].

Com efeito, o surgimento de novos conhecimentos científicos pode tornar nomeadamente duvidosa a *afirmação do nexo causal* entre certo facto e certo dano, ainda que, como PEREIRA COELHO, se reconheça que esse nexo causal não pode ser influenciado por circunstâncias futuras[1983]. Nessa medida, pode também questionar-se a afirmação do mesmo Autor[1984] de que "[...] não se compreende que o momento em que se julga sobre a relação de condicionalidade entre o facto e o dano *real* seja retardado para além do momento da verificação do dano, pois o dano real é uma entidade fixa e não se concebe como é que aquela relação de condicionalidade possa ser influenciada por factos posteriores": é que pode admitir-se um julgamento posterior sobre essa relação de condicionalidade, por só mais tarde, em virtude dos novos conhecimentos científicos, ser possível estabelecer ou afirmar o nexo causal.

Vejamos, então, se um julgamento posterior em virtude do surgimento de um meio de prova especialmente apto a demonstrar o erro da decisão é possível e, em particular (e em caso afirmativo), se tal julgamento deve ter lugar nos termos do artigo 619º, nº 2, do CPC (portanto, em sede de acção modificativa) ou através de outra via.

No direito alemão, como se disse, este tema tem sido objecto de tratamento autónomo, merecendo destaque um estudo de 1999, de WÜRTHWEIN.

Após acentuar o carácter decisivo que o estado dos conhecimentos científicos pode representar para o êxito da acção (assim, na dúvida sobre o carácter causal do comportamento do réu, por os conhecimentos científicos não permitirem estabelecê-lo com suficiente segurança, pode o nexo de causalidade ser dado como não provado e o réu absolvido do pedido) e, bem assim, a possibilidade de conhecimentos científicos posteriores tornarem evidente a falsidade de certas sentenças – como sucedeu, nos Anos 50 e 60, com os exames de sangue relativamente a certas sentenças relativas à filiação, que motivaram, aliás, o legis-

[1982] Sobre a relevância das perícias para a decisão judicial, H. Franzki, "Der Sachverständige...", esp. págs. 319-320 (sobre a difícil tarefa de controlo e valoração dos relatórios periciais, que o juiz enfrenta).

[1983] Afirma, a este propósito, F. Pereira Coelho (*O problema*..., pág. 175): "[...] o processo causal efectivo, como alguma coisa que aconteceu e atingiu, com a produção efectiva do efeito danoso, o seu *termo*, não pode, evidentemente, ser influenciado por circunstâncias futuras, quaisquer que sejam, hipotéticas ou mesmo reais".

[1984] *Idem*, págs. 175-176.

lador a introduzir, em 1969, o *§ 641i* na ZPO, assim consagrando um novo fundamento de revisão[1985] (preceito que foi entretanto revogado e substituído pelo § 185 da FamFG) –, propõe-se a Autora[1986] analisar duas questões: a de saber que significado têm os novos conhecimentos científicos relativamente a pretensões já constituídas (como sejam despesas já assumidas no passado, tendo em vista o estatuído na sentença); a de saber quais os efeitos dos novos conhecimentos científicos face a pretensões futuras, por exemplo, despesas futuras de tratamento e direitos a pensões.

A análise destas duas questões assenta em certos pressupostos.

Em primeiro lugar, o de que *o caso julgado material se opõe, em princípio, à consideração dos novos conhecimentos científicos*, porque eles se não traduzem em factos novos, mas em factos antigos, revelados embora a uma luz totalmente diferente[1987].

Em segundo lugar, o de que *a quebra do caso julgado é facultada pela própria lei em certos casos especialmente graves* (que constituem fundamento da *Nichtigkeitsklage* ou da *Restitutionsklage*, que, como já dissemos, são, no direito germânico, as figuras equivalentes do recurso de revisão português[1988]), visando, ela própria, o asse-

[1985] O § 641i da ZPO, sistematicamente inserido nas disposições dos processos (ou de certos processos) respeitantes a menores, tinha como epígrafe "Restitutionsklage" (que, como vimos, corresponde sensivelmente ao recurso de revisão português) e dispunha, para o que agora releva, o seguinte (cfr. os números 1 e 4): que o recurso de revisão de sentença transitada em julgado na qual se tenha decidido sobre a paternidade tem lugar, não só nos casos previstos no § 580 da ZPO, mas também no caso de a parte apresentar uma nova perícia sobre a paternidade, susceptível, por si ou em conjugação com as provas antes consideradas, de determinar uma nova decisão; que o § 586 da ZPO (preceito que estabelece certos prazos para propor a *Restitutionsklage*) não é, neste caso, aplicável. Sobre o § 641i da ZPO, veja-se J. Braun, "Aktuelle Fragen..." e *MünchKommZPO*/Braun, § 641i, bem como H. F. Gaul, "Zum Anwendungsbereich...", esp. págs. 253-267, sobre o conceito de "nova perícia sobre a paternidade". Antes da introdução do § 641i na ZPO, P. Arens ("Aktuelle prozessuale...") dava conta de uma corrente jurisprudencial que sustentava a inadmissibilidade do proferimento, nas acções de filiação e em hipóteses de *non liquet*, de uma decisão sustentada nas regras gerais de distribuição do ónus da prova, bem como de uma outra que considerava inconciliável com a finalidade das acções de filiação o proferimento de uma decisão com força de caso julgado sobre a existência ou inexistência da paternidade, sempre que a questão da paternidade não pudesse ficar esclarecida; concluía depois o Autor, considerando que, sempre que a existência ou inexistência da paternidade não ficasse provada, devia improceder – por não ser "de momento" decidida – a acção destinada a estabelecê-la, à semelhança do que sucede nas situações de inexigibilidade da prestação cujo cumprimento se requer (sem prejuízo de poder propor-se depois nova acção, quando novos métodos científicos pudessem ser feitos valer como meios de prova da questão da filiação); considerando também que os desenvolvimentos científicos justificavam a admissibilidade da reabertura do processo, nas hipóteses de *non liquet* em certas acções relativas ao estado das pessoas, D. Brüggemann, "Das "non liquet" zur Beiwohnungsfrage...", págs. 344-345.

[1986] S. Würthwein, "Neue...", págs. 447-450.

[1987] S. Würthwein, "Neue...", pág. 452.

[1988] A *Nichtigkeitsklage* (§ 579 da ZPO) assenta em vícios processuais graves, enquanto a *Restitutionsklage* (§ 580 da ZPO) assenta em deficiências graves dos fundamentos da sentença, que têm todavia natureza muito diversa (cfr. S. Würthwein, "Neue...", págs. 452-453).

guramento da paz e segurança jurídicas que também justificam o caso julgado material[1989].

Em terceiro lugar, o de que *o disposto no § 580, 7 b da ZPO* – preceito que admite a *Restitutionsklage* quando a parte descubra ou passe a poder utilizar um documento que lhe facultaria uma decisão mais favorável no processo anterior – *não é directamente aplicável à hipótese dos novos conhecimentos científicos*, não apenas porque os depoimentos testemunhais e relatórios periciais reduzidos a escrito não integram o conceito de documento ínsito no preceito (o legislador teria querido apenas abranger certos meios de prova dotados de especial clareza, força probatória e aptidão de demonstração da própria relevância para a revisão da sentença), como também porque o preceito exige que o meio de prova *exista* ao tempo do processo antecedente[1990/1991].

Em quarto lugar, o de que *a norma do § 580, 7 b da ZPO não é analogicamente aplicável à eventualidade dos novos conhecimentos científicos* – como o pode ser, por exemplo, aos documentos que, embora constituídos posteriormente ao primeiro processo, atestam factos indiciários de factos relevantes nesse primeiro processo (assim, uma certidão de nascimento pode constituir prova da data da concepção e, sendo esta relevante para o primeiro processo, servir como fundamento de revisão[1992]) –, porque as razões justificativas da solução legal (a menor necessidade de protecção da confiança depositada na sentença, atendendo a que, logo no momento em que é proferida, os conhecimentos existentes já permitem concluir que ela é injusta, e, sobretudo, o conhecimento pela parte vencedora, na generalidade dos casos, da injustiça da sentença) não são extensíveis a tal eventualidade: na verdade, até ao momento do surgimento desses novos conhecimentos científicos, nem as partes nem o tribunal dispõem de motivo para duvidar da exactidão da sentença, por isso significando a sua correcção retroactiva uma surpresa para as partes[1993].

Refira-se que este pressuposto – o da inaplicabilidade, por analogia, da norma do § 580, 7 b da ZPO ao surgimento de novos conhecimentos científicos – não é aceite, se bem que com fundamentação variável, por vários Autores[1994].

[1989] S. Würthwein, "Neue...", págs. 452-453. Como também salienta K. Johannsen ("Rechtfertigung...", pág. 85), a paz jurídica não equivale ao mero fim do litígio.

[1990] S. Würthwein, "Neue...", págs. 453-456.

[1991] Propugnando, diversamente, uma interpretação actualista do § 580, 7 b da ZPO, porque, na sua perspectiva, a segurança e a paz jurídicas oferecidas pelo caso julgado material não podem ser conseguidas à custa da justiça, veja-se H. Knau, *Die Erweiterung...*, esp. págs. 33-43.

[1992] Sobre este ponto, veja-se ainda H. F. Gaul, "Anmerkung", in *FamRZ*, 1961, págs. 174-176, e "Anmerkung", in *ZZP*, 81 (1968), págs. 281-283.

[1993] S. Würthwein, "Neue...", págs. 457-459.

[1994] Assim, H. F.Gaul ("Das künftige...", págs. 218-219, e *Die Grundlagen...*, págs. 163 e 168-169), exigindo, para este efeito, que a perícia em causa possua especial credibilidade e valor probatório, o que depende da

Autores há, porém, que aceitam esse pressuposto, como é o caso de JOHANNSEN, que merece uma referência particular. Este Autor, assentando em que a norma do § 580, 7 da ZPO possui carácter excepcional (porque, diversamente das restantes normas que contemplam fundamentos de revisão, confere relevância a circunstâncias, como sejam a descoberta ou disponibilidade de sentença anterior transitada em julgado ou de documento novo, que, uma vez conhecidas, não geram indignação do sentimento jurídico da comunidade contra a sentença)[1995] e, bem assim, em que a norma do § 580, 7 b não pode ser explicada por razões de equidade (porque apenas atribui relevância ao documento)[1996], devendo antes sê-lo pela especial força probatória do documento e pela especial autoridade de que goza uma sentença alicerçada em prova documental (ou, noutra perspectiva, pela particular fragilidade de que se reveste uma sentença que abertamente contraria um documento)[1997], considera justificado abranger na previsão deste último preceito apenas os documentos existentes à data da prolação da sentença (porque um documento produzido posteriormente não pode minar a autoridade da sentença)[1998] – ainda que ateste factos antes não alegados[1999] – e excluir dessa mesma previsão os documentos que unicamente servem como prova por apresentação de coisa móvel, os documentos que contêm declarações de pessoas que deviam ter sido ouvidas na qualidade de peritos ou de testemunhas, ou os relatórios periciais escritos[2000]; de qualquer modo, e na sequência da jurisprudência do *Reichsgericht* e do *Bundesgerichtshof*, o Autor admite a interpretação extensiva do § 580, 7 b da ZPO, por forma a abranger na respectiva previsão documentos posteriores à primeira sentença, referentes a factos também posteriores mas que indiciam factos antigos relevantes (será o caso, já referido, da certidão de nascimento que indirectamente atesta um adultério, facto relevante no primeiro

verificação de certos pressupostos (por exemplo, não pode tratar-se de perícia privada e deve estabecer a filiação ou a sua inexistência com um alto grau de verosimilhança). Refira-se que a introdução, em 1970, de um novo fundamento de revisão – o constante do actual § 671i da ZPO –, tornou desnecessária, para os casos previstos neste preceito, a aplicação analógica do disposto no § 580, 7 b da ZPO, que vinha sendo sustentada pelo Autor (sobre este ponto, H. F. Gaul, *Möglichkeiten*..., pág. 35). Também no sentido da possibilidade de aplicação analógica do § 580, 7 b da ZPO ao surgimento de novos conhecimentos científicos: W. Grunsky, *Grundlagen*..., pág. 506; U. Foerste, "Wiederaufnahme...", págs. 348-349 e 352; R. Bruns, "Zum Problemkreis...", pág. 204, e "Zur Systematik...", pág. 493; W. Lewald, "Anmerkung", pág. 936; A. Deisenhofer, "Restitutionsklage...", esp. págs. 35-36.

[1995] K. Johannsen, "Rechtfertigung...", pág. 90.

[1996] K. Johannsen, "Rechtfertigung...", págs. 97-99.

[1997] K. Johannsen, "Rechtfertigung...", págs. 99-100.

[1998] K. Johannsen, "Rechtfertigung...", pág. 100.

[1999] K. Johannsen, "Rechtgertigung...", pág. 104. Sobre a possibilidade de o documento "novo" dizer respeito a factos antes não alegados, veja-se, ainda, em sentido afirmativo, Uffhausen, "Zur Wiederaufnahme...", págs. 327-328.

[2000] K. Johannsen, "Rechtfertigung...", págs. 100-102.

processo)[2001]. Mas, especificamente no que diz respeito aos novos conhecimentos científicos, considera JOHANNSEN[2002] que não é possível estender-lhes a regra do § 580, 7 b da ZPO, porque as razões justificativas desta não lhes são aplicáveis: por um lado, porque dessa regra precisamente decorre que a sentença só pode assentar nos conhecimentos científicos disponíveis à data da sua prolação; por outro lado, porque a atendibilidade dos novos conhecimentos científicos geraria incerteza sobre a própria existência de fundamento de revisão (é que normalmente esses novos conhecimentos só se tornam consensuais depois de um longo período de tempo); finalmente, porque se fossem atendíveis os novos conhecimentos científicos, não se compreenderia a não consideração dos novos conhecimentos jurídicos também como fundamento de revisão.

Retornando ao pensamento de WÜRTHWEIN, parte a Autora, em quinto lugar, do pressuposto de que *a interpretação do § 580, 7 b da ZPO seguida por BRAUN*[2003] – a de que o preceito se restringiria às decisões assentes em juízos de prognose, não abarcando, porém, apenas os documentos (assim, por exemplo, a revisão de uma sentença de alimentos seria possível com fundamento em outro meio de prova e também destinar-se a corrigir qualquer incorrecção dessa decisão, não necessariamente atinente à matéria de facto) – *não pode ser aceite, por não ter qualquer assento na letra da lei*[2004].

Em sexto lugar, o de que *a aplicação analógica do referido § 641i da ZPO*[2005] – que, aliás, não exige que a nova perícia sobre a paternidade apresentada no recurso de revisão se funde em novos conhecimentos científicos, embora possa, naturalmente, neles assentar – *a decisões diversas das relativas à paternidade não é possível*, atendendo a que foi intenção do legislador regular especificamente estas decisões[2006].

Em sétimo lugar, o de que *o surgimento de novos conhecimentos científicos, podendo embora evidenciar a inexactidão da sentença, não gera necessariamente a sua utilização*

2001 K. Johannsen, "Rechtfertigung...", págs. 113-118. Sobre esta jurisprudência do *Reichsgericht*, R. Fürst, in *JW*, 1916, pág. 135.

2002 K. Johannsen, "Rechtfertigung...", págs. 121-122.

2003 A Autora refere-se a J. Braun, *Rechtskraft und Restitution*, 2º vol., págs. 241-288 e 332-339. Mais recentemente, Braun retomaria a tese em *Rechtskraft und Rechtskraftdurchbrechung*..., págs. 45-50, e em *MünchKommZPO*/Braun, § 580, 54-72.

2004 S. Würthwein, "Neue...", págs. 459-461. Contestando igualmente a tese de Braun, nomeadamente por esbater a fronteira entre a *Restitutionsklage* e a *Abänderungsklage*, H. F. Gaul, *Möglichkeiten*..., págs. 43-44; esta perspectiva já havia sido, aliás, sustentada em texto anterior (cfr. H. F. Gaul, "§ 826 BGB...", págs. 237-238).

2005 Recordamos que este preceito foi, entretanto, substituído pelo § 185 da FamFG.

2006 S. Würthwein, "Neue...", págs. 461-462. Recusando também a aplicação analógica do preceito, BGH, 07.05.1975, com nota crítica de J. Braun, "Anmerkung", in *NJW*, 1975, pág. 2197. Sobre o problema, veja-se ainda H. F. Gaul, "Zum Anwendungsbereich...", págs. 267-275, admitindo a aplicação analógica do preceito a sentenças que hajam decidido sobre questões decorrentes da paternidade (por exemplo, certas sentenças em matéria de alimentos).

contrária à boa fé – susceptível de desencadear a quebra do respectivo caso julgado nos termos do § 826 da ZPO –, porque a afirmação dessa utilização contrária à boa fé não pressupõe apenas aquela inexactidão, exigindo ainda a verificação de certas circunstâncias especiais[2007].

Assentando nos pressupostos descritos e, bem assim, na consideração de que *a especificidade da situação em que a sentença, em virtude de novos conhecimentos científicos, se vem a revelar inexacta, reside na circunstância de esses conhecimentos não poderem ter sido ponderados no processo anterior, porque, à data, não existiam*, aventa WÜRTHWEIN[2008] a hipótese de os limites temporais do caso julgado não dizerem unicamente respeito a factos (os factos ocorridos até ao momento da última discussão oral) – significando, portanto, a admissibilidade da nova acção, quando fundada em factos surgidos posteriormente, ainda que não constitutivos de um novo objecto processual[2009] –, mas também ao modo de valoração (ou ao modo como é possível a valoração) dos factos (anteriores àquele momento).

Esta hipótese sai reforçada, segundo a Autora[2010], quando se atenta nos lugares paralelos da alteração legislativa e da jurisprudencial, casos em que também se verifica uma diversa valoração dos factos em que assentou a sentença: nestas hipóteses, a regra é a da intocabilidade do correspondente caso julgado, podendo porém, no caso da alteração legislativa – e, excepcionalmente, no caso da alteração jurisprudencial –, afectar-se, para o futuro, certos casos julgados (os que possuem uma eficácia duradoura, como os incidentes sobre pretensões relativas a prestações continuadas ou a pretensões inibitórias).

Deste modo, conclui a Autora[2011] que os novos conhecimentos científicos, na medida em que, após o seu surgimento, abalam a confiança que havia sido depositada na sentença e tornam não justificadas as prestações futuras nela estabelecidas, devem poder afectar o respectivo caso julgado, mas apenas para o futuro[2012], sendo a hipótese equiparável a uma alteração essencial das circunstâncias, a que alude o § 323 da ZPO: por isso, é de admitir aqui a aplicação analógica deste preceito – ou, se a sentença anterior tiver sido absolutória, a proposição de nova acção, visando as prestações futuras –, assim se evitando o desvio às regras do recurso de revisão que a reabertura do processo anterior e a afectação de pretensões antigas, com fundamento em novos conhecimentos científicos, significaria.

2007 S. Würthwein, "Neue...", págs. 462-463. Sobre os pressupostos de aplicação do § 826 do BGB na desconsideração do caso julgado, veja-se o que dissemos *supra*, § 1º, II, 3.

2008 S. Würthwein, "Neue...", págs. 464-466.

2009 Sobre a possibilidade de os novos factos não constituírem um novo objecto processual, veja-se o que dissemos *supra*, § 24º, II, 2.

2010 S. Würthwein, "Neue...", págs. 466-468.

2011 S. Würthwein, "Neue...", págs. 468-470.

2012 A Autora subscreve, assim, a solução do OLG Hamm, 10.09.1997 (proferido, todavia, numa acção proposta nos termos do § 826 do BGB).

Que interesse têm todas estas considerações para o problema que deixámos acima colocado, e que é o de saber se, em atenção à sua aptidão para demonstrar o erro da decisão, deve o surgimento de um meio de prova ser qualificado como uma alteração das circunstâncias, nos termos do artigo 619º, nº 2, do CPC?

Parece-nos que, desde logo pela propugnada aplicação *analógica* do § 323 da ZPO às hipóteses de surgimento de novos conhecimentos cientìficos, mesmo o surgimento de um meio de prova particularmente impressivo não é qualificado, pela Autora que vimos seguindo, como uma alteração das circunstâncias no sentido daquele preceito.

Esta perspectiva afigura-se-nos correcta, também à luz do direito português: se é verdade que o surgimento de um meio de prova pode significar de forma particularmente conclusiva o erro de uma decisão (pelo que não teria sentido excluir a sua relevância em atenção ao seu carácter pouco conclusivo), é igualmente certo que esta característica não deve bastar para afirmar a existência de uma alteração das circunstâncias e permitir a modificação da sentença, nos termos do artigo 619º, nº 2, do CPC.

É que, como dissemos atrás[2013], não obstante o carácter não taxativo dos fundamentos de modificação da sentença, a que alude o artigo 619º, nº 2, do CPC, justifica-se, por razões de certeza jurídica, que a lei substantiva de algum modo se lhes refira, atribuindo-lhes relevância: ora tal não sucede em relação aos novos meios de prova, porque, diversamente do que sucede em relação à superveniência de factos, essa lei não parece contemplá-los. Assim, por exemplo, em relação aos alimentos, a lei substantiva estabelece que as circunstâncias que os determinam são os meios do obrigado, a necessidade do alimentando e a possibilidade de o alimentando prover à sua subsistência e, bem assim, que é a alteração dessas circunstâncias que releva, para o efeito da modificação da medida dos alimentos (cfr. os artigos 2004º e 2012º do CC): daqui deduz-se que é necessária uma alteração desses factos, não bastando uma alteração quanto à prova desses factos.

Também à alteração da lei e à superveniência de declaração de inconstitucionalidade ou de ilegalidade com força obrigatória geral o ordenamento reconhece um grau de vinculatividade que nos parece suficiente para integrar a previsão do artigo 619º, nº 2, do CPC (no que toca aos fundamentos possíveis de modificação), afectando o caso julgado nele contemplado: esse preceito não se referiria, assim, na nossa opinião, apenas à superveniência de factos, mas também – usando a expressão de Würthwein – à *diversa valoração dos factos em que assentou a decisão*.

Se estas considerações são correctas, parece-nos que o novo meio de prova só pode constituir fundamento de alteração da sentença, nos termos do artigo 619º, nº 2, do CPC, se o direito positivo oferecer algum ponto de apoio nesse sentido,

[2013] *Supra*, § 26º, IV.

não bastando a sua impressividade ou particular relevância na demonstração do erro que inquina a sentença.

Mas se tal conclusão também significa uma *abertura* da previsão do artigo 619º, nº 2, do CPC a outros preceitos do ordenamento, no que diz respeito aos fundamentos possíveis de modificação da sentença, ela já exclui, a nosso ver, a possibilidade, sustentada por WÜRTHWEIN, de aplicação analógica deste preceito a situações aí não contempladas: com efeito, entendemos que é, de algum modo, contraditório o pensamento da Autora, na medida em que exclui a possibilidade de aplicação analógica de um preceito que prevê um fundamento de revisão e, ao mesmo tempo, admite a possibilidade de aplicação analógica de um outro, relativo à modificação da sentença por alteração das circunstâncias, e também ele destinado à quebra do caso julgado.

Interessa, então, verificar se o direito positivo oferece algum ponto de apoio no sentido da possibilidade de consideração de novos meios de prova como fundamentos de modificação da sentença, nos termos do artigo 619º, nº 2, do CPC.

Ora parece-nos que o artigo 696º, alínea *c)*, do CPC pode oferecer esse ponto de apoio. Vejamos como.

IV. O lugar paralelo do documento novo no recurso de revisão

O artigo 696º, alínea *c)*, do CPC admite a interposição de recurso extraordinário de revisão "[q]uando se apresente documento de que a parte não tivesse conhecimento, ou de que não tivesse podido fazer uso, no processo em que foi proferida a decisão a rever e que, por si só, seja suficiente para modificar a decisão em sentido mais favorável à parte vencida".

Não se apresentando documento de que a parte não tivesse conhecimento, ou de que não tivesse podido fazer uso anteriormente[2014], o juiz indefere imediatamente o requerimento de interposição do recurso, nos termos do artigo 699º do CPC; a questão de saber se o documento, por si só, é suficiente para modificar a decisão em sentido mais favorável à parte vencida, como se refere à procedência do fundamento, é resolvida na fase rescindente do recurso, a que alude o artigo 700º[2015].

Se se reparar, o artigo 696º, alínea *c)*, do CPC não exige a apresentação de *documento novo*, isto é, a apresentação de documento cuja formação tenha ocor-

[2014] Sobre este requisito do documento, STJ, 13.05.1952. Como assinala Palma Carlos (*Direito processual civil – Dos recursos*, pág. 266), "[...] se o documento aparece antes do trânsito em julgado da decisão, deve ser invocado em recurso ordinário; pelo contrário, se só aparece depois do trânsito em julgado, então a única maneira de o invocar é como fundamento do recurso de revisão"; identicamente, do mesmo Autor, *Direito processual civil – Dos recursos* (Lições...)", pág. 283.

[2015] Assim, à luz do CPC de 1939, J. Alberto dos Reis, *Código*..., vol. VI, págs. 390-391.

rido em momento posterior ao trânsito em julgado da sentença a rever ou à data em que, no processo anterior, a parte pudesse utilizar o documento[2016/2017].

De qualquer modo, traduzindo também a apresentação de documento novo (a par da apresentação de documento anterior de que a parte não tivesse conhecimento, ou de que não tivesse podido fazer uso) um fundamento de revisão (porque, ao contrário do que sucede em outros ordenamentos, nomeadamente o alemão, já referido, nada na lei portuguesa inculca que o documento já devesse existir ao tempo do primeiro processo[2018]), quer ateste um facto anterior[2019], quer um facto posterior[2020], *parece que qualquer meio de prova diverso do documento – nomeadamente uma nova prova pericial ou uma nova sentença*[2021] *– cuja constituição se verifique*

[2016] Como salienta J. Alberto dos Reis (*Código...*, vol. VI, pág. 355), a figura do *documento novo* abrange tanto a hipótese em que a formação do documento é posterior ao termo do processo em que a parte decaiu, como a hipótese em que a formação do documento é posterior "à data em que ela podia, nesse processo, utilizar o documento".

[2017] A exigência de *documento novo*, embora literalmente constasse do nº 3º do artigo 771º do CPC de 1939, era por J. Alberto dos Reis (*Código...*, vol. VI, pág. 353, e "Recurso de revisão", pág. 300) já interpretada no seguinte sentido: "A novidade do documento há-de referir-se ao processo anterior; o documento é novo, no sentido de que não foi produzido no processo de que emanou a sentença cuja revisão se requer. Se o documento já foi aí apresentado, a revisão é inadmissível"; "[...] importa essencialmente que *não seja imputável* à parte vencida a não produção do documento no processo anterior". Identicamente, Paulo Cunha, *Simulação...*, págs. 312-313.

[2018] Não é, porém, generalizada a aceitação do documento novo como fundamento de revisão, em outros ordenamentos. Além do alemão, e como dá conta J. Alberto dos Reis (*Código...*, vol. VI, págs. 355-356), também em Itália se tem rejeitado, face aos respectivos textos legais, a possibilidade de o documento novo constituir fundamento de revisão, exigindo-se, antes, que o documento já existisse ao tempo do processo anterior. Neste sentido, veja-se ainda E. Fazzalari, ("Revocazione...", pág. 299), a propósito do motivo de *revocazione straordinaria* previsto no artigo 395, 3, do c.p.c.: "Documenti 'nuovi' non perché creati dopo la sentenza *de qua*, sibbene perché non esibiti nel precedente processo"; identicamente, A. Cerino-Canova (*Studi...*, pág. 506): "Il documento deve essere preformato alla pronuncia impugnata, come risulta dalla circostanza che la legge contempla da produzione impedita da forza maggiore o fatto dello avversario". Sobre os vários problemas em torno do artigo 395, 3, do c.p.c., V. Colesanti, "Sentenza...", págs. 1166-1167.

[2019] Assim, STJ, 22.05.1979, considerando admissível, como fundamento da revisão, documento emitido posteriormente à acção, embora atestando facto anterior.

[2020] O novo documento não pode, todavia, implicar nova causa de pedir (assim, STJ, 09.03.1973), nem referir-se a factos não alegados na anterior acção (assim: RP, 03.03.1972; STJ, 17.02.2000). No direito italiano entende-se igualmente que a *revocazione* fundada em novo documento só pode ter como objecto factos já alegados na anterior fase processual, justificando os factos supervenientes a reproposição da acção e não a *revocazione* (cfr. F. P. Luiso, *Diritto...*, vol. II, pág. 480).

[2021] Desde logo, a nova sentença não seria um meio de prova (assim: RP, 05.05.1992; RP, 11.01.2010). Identicamente, J. Lebre de Freitas / A. Ribeiro Mendes, *Código...*, vol. 3º, tomo I, pág. 226; Teresa Santos, *O recurso extraordinário...*, págs. 183-185. Refira-se, porém, que face ao artigo 148º, nº 3, do CPC de 1876, Paulo Cunha (*Simulação...*, págs. 297-329) sustentou que a certidão da decisão obtida na acção declarativa de simulação podia constituir documento novo para efeitos da anulação do caso julgado, basicamente porque o intuito da lei, ao exigir um documento, é "apenas fixar que o autor tem de fornecer logo no limiar da acção a prova cabal da razão que lhe assiste e que a ordem jurídica tutela" (págs. 322-

em momento posterior a esse trânsito em julgado ou à data a que se fez referência nunca é apto a destruir o caso julgado, através da via do recurso de revisão.

E nem se diga que o artigo 696º, alínea *c)*, do CPC pode ser analogicamente aplicado aos novos conhecimentos científicos em virtude de, à data da aprovação dos Códigos que o antecederam e que, neste particular (como em outros), foram adoptados em 2013, não ter sido possível prever a eventualidade de esses conhecimentos abalarem os fundamentos da sentença (tratar-se-ia, nesta linha de raciocínio, de uma omissão não querida pelo legislador de 1939 e de 1961, e, portanto, colmatável através da analogia): é que, como observa Marburger[2022], já no século XIX os avanços em certas áreas da Ciência e da Ténica mudaram as condições de vida em dimensão semelhante à que hoje se verifica em outras áreas, pelo que a respectiva repercussão não podia ser desconhecida pelo legislador de 1939 ou de 1961, e muito menos pelo de 2013 (que, mesmo assim, e por exemplo, escolheram consagrar o princípio da livre apreciação da prova, incluindo da pericial[2023]).

Também Guilherme de Oliveira[2024], reconhecendo que o documento especial em que afinal se traduziria o novo relatório pericial "não aceita bem o regime positivo típico sobre a força probatória – regime e força probatória que, no fundo, são a base que sustenta a faculdade de rever uma sentença transitada em julgado", e, bem assim, que "uma perícia hematológica de exclusão da paternidade feita num laboratório oficial, nas condições habituais, poderia bastar para "por si só (...) modificar a decisão em sentido mais favorável à parte vencida" (cfr. o art. 771º, al. *c)*, do C.P.C. [de 1961, actual artigo 696º, alínea *c)*]) e, deste modo, sustentar a revisão da sentença que declarara a paternidade do réu", acaba por concluir que o direito português não consagra uma disposição semelhante à do § 641i da ZPO (actual § 185 da FamFG), isto é, uma disposição que permita a interposição de recurso de revisão fundada em novo relatório pericial.

323). No direito alemão, quanto ao não enquadramento da sentença na previsão do § 580, 7, b da ZPO (documento para efeitos de revisão), veja-se H. F. Gaul ("Der Einfluss...", págs. 158-162), referindo ser esse já o entendimento do *Reichsgericht* e, bem assim, considerando que tal enquadramento não é possível, quando a sentença posterior não atesta factos que constituíram fundamento do primeiro processo; sobre o ponto, e especificamente sobre a possibilidade de consideração de uma sentença relativa à filiação como fundamento de revisão de sentença de alimentos, por aplicação analógica do § 580, 7 b da ZPO, veja-se ainda R. Bruns ("Abstammungsfeststellungsklage", págs. 126-128), e Finkler, "Unterhaltsurteil...". No direito italiano, quanto à qualificação de uma sentença como meio de prova, nomeadamente documental, veja-se L. Iafisco, "Ennesimo...", págs. 543-547.

2022 P. Marburger, *Wissenschaftlich-technischer...*, págs. 48-49.

2023 Existem, porém, constrangimentos de natureza prática à livre apreciação da prova pericial, que levam à aceitação, pelos juízes, da maior parte dos resultados das perícias: sobre o ponto, H. Sendler, "Richter...", págs. 2908-2910.

2024 Guilherme de Oliveira, "A lei e o laboratório", in *Temas...*, págs. 91-93.

A mesma dificuldade é assinalada por PEREIRA COELHO / GUILHERME DE OLIVEIRA[2025]: estes Autores reconhecem a vantagem, sob o ponto de vista da coincidência entre a verdade biológica e a verdade jurídica, em enquadrar o novo relatório pericial que "ostentasse uma conclusão determinante, inequívoca" na previsão do artigo 771º, alínea *c)*, do CPC (de 1961, actual artigo 696º, alínea *c)*, mas admitem ser "particularmente delicado o sacrifício da segurança que veio ditada por uma sentença judicial definitiva".

Orientação diversa foi, porém, perfilhada num acórdão do Tribunal da Relação do Porto de 31 de Outubro de 2006 (Proc. 0625465), proferido no âmbito de um recurso de revisão de uma sentença de reconhecimento de paternidade, porque aí se considerou que integrava a noção de documento relevante, para efeitos do artigo 771º, alínea *c)*, do CPC de 1961 (actual artigo 696º, alínea *c)*), um relatório de exame ao sangue efectuado no Instituto de Medicina Legal em momento muito posterior ao daquela sentença, no qual se concluíra que o requerente da revisão se encontrava excluído da paternidade que havia sido reconhecida.

O entendimento da Relação do Porto quanto à qualificação como documento do exame pericial em causa assentou, em síntese, no seguinte: "O documento a que se refere esta alínea *c)* tem [...] de corporizar uma declaração de verdade ou ciência, isto é, uma declaração testemunhal destinada a representar um estado de coisas, pelo que deve ser um documento em sentido restrito. Há-de ser ainda um documento decisivo, dotado, em si mesmo, de tal força que possa conduzir o juiz à presunção de que só através dele a causa poderá ter solução diversa daquela que teve [...].[...]. Não se discute a autoridade do Instituto de Medicina Legal para efectuar o exame em causa nem tão pouco a validade de tal exame, mormente quando se conclui pela exclusão da paternidade, como é o caso. O exame hematológico realizado é de carácter científico e de elevada certeza, como é unanimemente reconhecido. O documento apresentado como fundamento do pedido de revisão é, pois, um documento decisivo, susceptível, por si só, de modificar a sentença vertida na acção principal em sentido favorável ao requerente".

Por outro lado, a exigência (também consagrada no artigo 696º, alínea *c)*, do CPC) de que o documento em causa fosse desconhecido da parte, ou de utilização impossível pela parte, no processo em que foi proferida a decisão a rever, não significa – ainda seguindo o mencionado acórdão do Tribunal da Relação do Porto de 31 de Outubro de 2006 – que à parte não seja lícito apresentar o relatório pericial como fundamento da revisão quando, naquele processo, se haja recusado a realizar o exame de sangue (e, portanto – acrescentamos nós –, podia ter aí utilizado um exame pericial de conteúdo idêntico). Por três ordens de razões, ao que deduzimos: porque tal recusa de colaboração apenas tem como

2025 F. Pereira Coelho / Guilherme de Oliveira, *Curso...*, págs. 48-49.

consequência o efeito probatório previsto no artigo 417º, nº 2, do CPC; porque o exame em causa, sendo de formação posterior à sentença, não podia logicamente ser utilizado no processo anterior; porque a verdade biológica deve prevalecer sobre o respeito pelo caso julgado e sobre os interesses da menor e da sociedade em geral na atribuição da paternidade[2026].

Discordamos desta orientação, quer quanto à qualificação do relatório pericial como documento, para o efeito do artigo 696º, alínea *c)*, do CPC – pelas razões que deixámos apontadas, e sem prejuízo de, sob o ponto de vista do direito a constituir (que talvez também implicasse a alteração do artigo 3º, nº 1, do Código do Registo Civil, respeitante ao valor probatório do registo quanto aos factos a ele obrigatoriamente sujeitos e ao estado civil correspondente), ser de ponderar o alargamento da previsão deste preceito, o que, em relação a certas sentenças, se inscreveria, aliás, na recente tendência de valorização da verdade biológica[2027] –,

[2026] Lê-se, a este propósito, no acórdão: "É certo que, como emerge dos factos provados, o requerente não deu o seu assentimento ao exame hematológico requerido pelo Ministério Público, na acção de investigação de paternidade. Ficou, por isso, sujeito às penalidades previstas no artº 519º, nº 2, do C. de Proc. Civil [de 1961, correspondente ao artigo 417º, nº 2, do CPC actual], sendo a mais gravosa a faculdade que é conferida ao tribunal de apreciar livremente o valor da recusa para efeitos probatórios, o que sucedeu na acção principal [...]. [...] Mas aquela recusa do Réu em realizar o exame hematológico, que veio a realizar anos mais tarde, com o natural consentimento da mãe da menor, não é motivo bastante para não se aceitar o resultado do efectuado exame como fundamento do recurso de revisão. O certo é que o documento em causa é de data posterior à sentença revidenda, a qual tem a data de 10 de Junho de 1994, sendo certo que o relatório do exame em causa tem a data de 5 de Setembro de 2002. Como tal, o aqui requerente não podia fazer uso dele na acção de investigação de paternidade, uma vez que o mesmo foi produzido muito para além do termo daquela acção. O caso aqui configurado é daqueles que reclamam a quebra da rigidez do princípio do caso julgado. Na verdade, a sentença que reconheceu a menor C... como filha do requerente B..., quando este, de acordo com os resultados obtidos no exame hematológico posteriormente realizado, veio a ser excluído da paternidade da mesma menor, tem consequências de tal modo corrosivas que se impõe a revisão da mesma sentença, através do recurso extraordinário, para um mal que demanda consideração e remédio. Na verdade, se o requerente não pode ser o pai biológico da menor C..., como o realizado exame veio revelar, há que modificar a sentença revidenda, de molde a que a paternidade reconhecida por tal sentença desapareça do assento de nascimento da menor, a fim de permitir que ela própria ou quem a represente, enquanto for menor, ponha em marcha os mecanismos adequados para encontrar o seu verdadeiro pai biológico. Se é do interesse da menor e da sociedade em geral que ela tenha um nome inscrito no lugar destinado ao pai, no seu assento de nascimento, não é menos certo que tal nome deve corresponder ao do seu verdadeiro pai biológico. Outro nome que não esse falseia a realidade. [...]".

[2027] Referimo-nos, por exemplo, à doutrina e à jurisprudência respeitantes à inconstitucionalidade dos prazos estabelecidos nos artigos 1817º e 1873º do CC (na versão anterior à Lei nº 14/2009) para propor acção de investigação de maternidade ou de paternidade. Assim: Guilherme de Oliveira, "Caducidade...", págs. 9-11; F. Pereira Coelho / Guilherme de Oliveira, *Curso...*, págs. 247-254; acórdão do Tribunal Constitucional nº 486/2004, de 07.07. Assinale-se ainda que a verdade biológica justifica também a possibilidade de instaurar acção de investigação com fundamento nos factos que fundaram anterior acção oficiosa de paternidade: assim, RL, 15.02.1978. E fundamentou também a decisão de inconstitucionalidade do acórdão do Tribunal Constitucional nº 209/04, de 24.03, já referido, que

quer quanto à não atribuição, à recusa de colaboração da parte, de significado idêntico ao da possibilidade de uso, no processo anterior e por essa mesma parte, de documento apresentado como fundamento de revisão (por tal redundar num regime afinal mais permissivo para o relatório pericial, face ao do documento)[2028].

Do exposto parece-nos resultar o seguinte: o disposto no artigo 696º, alínea *c)*, do CPC pode servir como argumento no sentido da consideração, para o efeito do artigo 619º, nº 2, do CPC, de um *documento não apreciado na anterior acção* do qual resulte a inexistência de um facto dado como provado ou a existência de um facto dado como não provado nessa acção; mas esse preceito já não pode servir como argumento no sentido da consideração de qualquer outro meio de prova, nomeadamente um novo relatório pericial, para esse efeito, uma vez que esse meio de prova não se encontra previsto, directamente ou por analogia, no preceito que regula os fundamentos do recurso de revisão; ora, devendo o fundamento de modificação da sentença ter, de algum modo, assento legal, há que concluir no sentido de que esta modificação, quando se funde em novo meio de prova, só é possível se este meio de prova for um documento.

Repare-se que a razão da exclusão de meios de prova diversos do documento da previsão do artigo 619º, nº 2, do CPC não reside no entendimento segundo o qual a consideração desses outros meios de prova, nos termos deste preceito, permitiria contornar a regra do artigo 696º, alínea *c)*, da qual decorre que nem todos os meios de prova supervenientes podem fundar o recurso de revisão, apenas servindo tal fim o documento: com efeito, nada exclui a possibilidade de a acção modificativa e o recurso de revisão terem campos de aplicação distintos, obedecendo a finalidades diversas, e aquele entendimento rejeita, sem demonstração, tal possibilidade.

A razão é, de facto, outra, prendendo-se com a necessidade de a quebra do caso julgado prevista no artigo 619º, nº 2, do CPC ter algum assento legal e esse assento legal poder ser um preceito que justamente prevê um fundamento de quebra do caso julgado.

Aqui chegados, impõe-se, porém, a seguinte questão: a possibilidade de a acção modificativa ter como fundamento um documento com as características do documento previsto no artigo 696º, alínea *c)*, do CPC significa que o campo

versou sobre o prazo para instaurar o recurso de revisão de sentença relativa à filiação. Nesta linha de raciocínio, seria ainda de ponderar a conformidade constitucional do artigo 696º do CPC, na parte em que este exclui o relatório pericial como fundamento do recurso extraordinário de revisão de sentenças relativas à filiação (recorde-se que, até ao momento, este Tribunal apenas apreciou a questão de saber se o preceito é inconstitucional, na parte em que exclui o depoimento testemunhal como fundamento de revisão: e concluiu negativamente, no acórdão nº 408/2010, de 09.11).

[2028] Equacionando também a possibilidade de um novo exame hematológico constituir fundamento de revisão de sentença de reconhecimento de paternidade, RP, 18.12.1991.

de aplicação do recurso extraordinário de revisão pode ser o mesmo do da acção modificativa?

Aparentemente, o campo de aplicação de ambos os meios processuais pode ser coincidente quando o documento seja favorável à parte vencida na anterior acção: assim, se o réu condenado no pagamento de alimentos pretender demonstrar, através de documento só depois conhecido ou só depois susceptível de ser utilizado, que afinal o credor não necessitava ou não necessita dos alimentos, é-lhe possível propor, tanto o recurso extraordinário de revisão como a acção modificativa; do mesmo modo, o autor que obteve uma decisão de improcedência pode usar ambos os meios processuais, se o documento atestar a necessidade desses alimentos. Enfim, só se a parte vencedora na anterior acção pretender um aumento dos alimentos, com fundamento no documento, não estará concomitantemente aberta a via do recurso de revisão: mas, neste caso, a razão da exclusão desta via não se prenderá com o campo de aplicação deste meio processual, sob o ponto de vista do respectivo fundamento, mas com uma certa qualidade do sujeito que usa o meio processual (a qualidade de parte vencedora na anterior acção).

O campo de aplicação de ambos os meios processuais só não será coincidente se se entender que os factos sobre os quais pode versar o documento previsto no artigo 696º, alínea *c)*, do CPC são diversos dos factos sobre os quais pode versar o documento usado ao abrigo do artigo 619º, nº 2, do CPC: dito de outro modo, se se entender que aqueles só podem ser factos coevos da sentença e estes só podem ser factos prognosticados. A adopção deste entendimento significaria, por exemplo, que pretendendo a parte demonstrar que, ao tempo da prolação da sentença, não se verificava a necessidade de alimentos, deveria propor recurso de revisão; já se pretendesse demonstrar que a necessidade futura dos alimentos não devia ter sido dada como verificada, deveria propor acção modificativa.

Qual das duas soluções é preferível?

A primeira solução redunda numa duplicação de meios processuais: consoante aquele que, em concreto, lhe fosse mais favorável, a parte optaria por um ou por outro. Tal não nos parece dever ser excluído de antemão: assim, por exemplo, se já tivesse decorrido o prazo para interpor recurso de revisão, não seria injusto facultar ainda à parte a opção pela acção modificativa, atendendo à eficácia duradoura da sentença. O que também significa que a existência de um campo de aplicação coincidente da acção modificativa e do recurso de revisão *não torna inútil* a acção modificativa (argumento que, em última análise, podia ser usado contra a qualificação do documento como fundamento da acção modificativa).

A segunda solução tem, por outro lado, a desvantagem de o regime do artigo 696º, alínea *c)*, do CPC apenas exigir, em relação aos factos a que o documento se reporta, que os mesmos tenham sido alegados na anterior acção: ora os factos prognosticados também foram alegados, pelo que não se alcança completamente a razão de ser da inaplicabilidade daquele preceito quando o documento verse sobre factos prognosticados. Além de que, quanto às sentenças previstas no artigo 619º, nº 2, do CPC, essa solução obriga a propor duas acções, quando o documento que se pretende utilizar diga respeito tanto a factos pretéritos como a factos futuros prognosticados e a parte pretenda pronunciar-se sobre esses dois grupos de factos.

Inclinamo-nos, assim, para a primeira solução (que aceita a possibilidade de a parte usar indiferenciadamente o mecanismo da modificação ou o da revisão, quando se trate da modificação de sentença prevista no artigo 619º, nº 2, do CPC e se pretenda invocar documento novo para esse efeito), o que significa que, do nosso ponto de vista, é difícil, se não mesmo impossível, distinguir a acção modificativa do recurso de revisão com base na figura da alteração das circunstâncias, porque um dos fundamentos do recurso de revisão (o previsto no artigo 696º, alínea *c)*, do CPC) pode constituir uma alteração das circunstâncias nos termos do artigo 619º, nº 2, do CPC.

Mas, se assim é, surge imediatamente a seguinte dúvida: e os outros fundamentos de revisão contemplados nas outras alíneas do artigo 696º do CPC constituirão igualmente uma alteração das circunstâncias para o efeito do artigo 619º, nº 2, do CPC?

Quanto a este ponto, a nossa resposta é negativa: a referência material da alteração das circunstâncias pressuposta no artigo 619º, nº 2, do CPC é necessariamente uma "circunstância que determinou a condenação" (ou melhor, a decisão), conceito que nos parece aproximar-se do de fundamento, de facto ou de direito, da decisão. Ora, como não cremos que o conceito de "circunstância que determinou a condenação" possa abranger as realidades descritas nessas outras alíneas do artigo 696º – por exemplo, a prática de crime pelo juiz (alínea *a)*) ou a falsidade de documento ou acto processual (alínea *b)*) –, porque essas realidades são extrínsecas à própria sentença, não é possível sustentar que a sua superveniente demonstração possa constituir uma alteração das circunstâncias relevante para o efeito do artigo 619º, nº 2, do CPC. Diríamos, pois, que o problema da consideração dos fundamentos de revisão previstos nas alíneas *a)*, *b)*, *d)*, *e)*, *f)* e *g)* do artigo 696º do CPC também como fundamentos de modificação da sentença nos termos do artigo 619º, nº 2, do CPC reside na referência material da superveniência pressuposta neste preceito: ao contrário do fundamento previsto na alínea *c)*, que ainda diz respeito a uma "circunstância que determinou a condenação", aqueles fundamentos dizem respeito a circunstâncias diversas, pelo que a sua superveniente demonstração não traduz uma alteração das circunstâncias para o efeito do artigo 619º, nº 2, do CPC.

De modo que também concluímos que, quanto às sentenças previstas no artigo 619º, nº 2, do CPC, não pode afirmar-se que todos os fundamentos da sua revisão constituam igualmente fundamentos da sua modificação, o que permitiria, por exemplo, propor acção modificativa por um qualquer dos fundamentos mencionados no artigo 696º do CPC uma vez decorrido o prazo para interpor recurso de revisão.

§ 28º A circunstância não relacionada com a medida ou com a duração da prestação enquanto circunstância superveniente

I. Colocação do problema

O artigo 619º, nº 2, do CPC, ao mandar atender, para o efeito da alteração da sentença, às circunstâncias relativas à *medida* ou à *duração* da prestação, coloca o problema de saber se não relevarão, para o mesmo efeito, as circunstâncias não relacionadas com a medida ou com a duração da prestação.

Contrariamente ao artigo 619º, nº 2, do CPC, os artigos 988º, nº 1 e 989º do CPC não aludem às circunstâncias relativas à medida ou à duração da prestação que hajam sido ponderadas aquando do proferimento da sentença e, como tal, não parecem estabelecer limites quanto às circunstâncias atendíveis para o efeito da sua alteração: significará esta divergência que o artigo 619º, nº 2, do CPC é mais limitativo quanto às circunstâncias que considera relevantes?

No direito alemão, antes da redacção do § 323, 1, da ZPO emergente da reforma de 2008/2009, também se levantava um problema semelhante ao que o artigo 619º, nº 2, do CPC suscita com a limitadora referência às circunstâncias relativas à medida ou à duração da prestação: na verdade, aquele preceito apenas mencionava, como fundamento de alteração da sentença, a modificação das circunstâncias determinantes para a condenação na satisfação das prestações, para a fixação do montante das prestações ou para a fixação da duração do seu pagamento.

Certo é apenas que, como a lei portuguesa não distingue, as circunstâncias relativas à medida ou à duração da prestação tanto podem traduzir-se em circunstâncias *gerais*, isto é, que não atingem especificamente aquela prestação (por exemplo, o custo de vida), como em circunstâncias *particulares*, atinentes à prestação em concreto (por exemplo, os rendimentos do credor de alimentos), relevando, portanto, tanto a alteração das circunstâncias gerais como a das particulares, para o efeito da acção prevista no artigo 619º, nº 2, do CPC[2029].

Diversa da questão que ficou enunciada é a de saber se, na acção modificativa, o demandado pode opor qualquer excepção, mesmo que não relacionada com a medida ou com a duração da prestação. Esta última questão, porém, não nos ocupará agora: cumpre apenas referir, neste contexto, que se alguma limitação existe quanto aos meios de defesa que o demandado pode apresentar, ela não decorre

[2029] Neste sentido, face ao direito alemão: H.-U. Graba, *Die Abänderung...*, pág. 112.

do elemento literal do artigo 619º, nº 2, do CPC (embora possa, porventura, decorrer da regra da vinculação ao anteriormente decidido e não alterado)[2030].

II. Circunstâncias relativas à medida ou à duração da prestação

1. Inflação

Algumas circunstâncias parecem enquadrar-se naturalmente na categoria das "circunstâncias relativas à medida ou à duração da prestação" a que alude o artigo 619º, nº 2, do CPC, porque a elas – enquanto circunstâncias que permitem a alteração do anteriormente estabelecido quanto a certa obrigação – se refere expressamente a lei: reportamo-nos, por exemplo, às flutuações do valor da moeda, previstas no artigo 551º do CC, relativo à actualização das obrigações pecuniárias.

Como assinala Vaz Serra[2031], a actualização das obrigações pecuniárias justifica-se em relação às denominadas *dívidas de valor*, de que são precisamente exemplos a *obrigação de indemnização* e a *obrigação de alimentos*: é que, "como se pretende fundamentalmente que o credor obtenha os bens reais, para satisfação de determinados objectivos, a conversão em dinheiro deve fazer-se segundo o valor de tais bens no momento da conversão".

A este propósito, observam ainda Pires de Lima / Antunes Varela[2032] que "[a] determinação do coeficiente de valorização, na falta de critérios especiais, deverá fazer-se atendendo aos índices dos preços. Se a prestação era de 100, deve pagar-se, não 100, mas o necessário para adquirir a quantidade de mercadorias que no momento da constituição da obrigação se adquiria por 100. Os números-índices das trocas são publicados periodicamente pelo Instituto Nacional de Estatística, mas isso não significa que estes índices sejam aqueles que o julgador tenha obrigatoriamente de aceitar. Com a actualização prescrita, pretende a lei manter o valor aquisitivo da prestação em relação à generalidade das mercadorias, ou, mais rigorosamente, em relação ao conjunto de mercadorias que são tomadas em conta na determinação ponderada dos índices dos preços".

2030 H. Brox ("Welche Einwendungen...", págs. 66-68) considera que – a menos que, na anterior acção, tenha ficado decidido, com força de caso julgado, que o obrigado a alimentos o era na qualidade de progenitor –, o demandado na acção modificativa pode opor factos que revelem a inexistência da relação de filiação e que não estão, desse modo, relacionados com a alteração das circunstâncias alegada pelo demandante; e, para essa conclusão, parte do pressuposto de que o caso julgado não abrange os fundamentos da sentença anterior e, bem assim, do de que, sendo a acção modificativa admissível, a quebra do caso julgado daí decorrente autoriza a dedução dos meios de defesa comuns a qualquer acção (mesmo que esses meios de defesa não pudessem fundar uma acção modificativa proposta pelo próprio demandado, designadamente por não serem supervenientes: sobre este ponto, cfr. ainda H. Brox, "Nochmals...", pág. 322).

2031 Vaz Serra, "Obrigações pecuniárias", pág. 152.

2032 Pires de Lima / Antunes Varela, *Código...*, vol. I, pág. 560.

Assim, no caso dos alimentos devidos a menores, a actualização anual do montante da prestação "é feita de acordo com o índice de preços no consumidor, com exclusão da habitação, publicados pelo Instituto Nacional de Estatística"[2033].

Se a actualização se justifica no momento da fixação das prestações pecuniárias alimentícias e da indemnização sob a forma de renda em dinheiro – embora, como se deduza de um Acórdão do Tribunal da Relação do Porto de 26 de Junho de 1997, essa actualização não seja oficiosa[2034] –, pode também justificar-se num momento posterior, porque também posteriormente àquele momento pode ocorrer alteração do poder de compra do dinheiro e, nessa medida, defraudar-se a expectativa do credor na obtenção de certos bens reais[2035].

Como se salienta num Acórdão do Supremo Tribunal de Justiça de 15 de Fevereiro de 2007, a inflação pode representar uma alteração das circunstâncias que afecta negativamente tanto o autor como o réu da acção modificativa, devendo nesses casos conduzir, não tanto a um aumento, mas a uma mera *actualização* da prestação inicialmente fixada, sob o ponto de vista de ambas as partes[2036].

Este aresto situa-se na linha de orientação de um Acórdão do mesmo Supremo de 19 de Junho de 1951, porque neste se entendeu que o aumento do custo de vida não constitui fundamento de alteração da pensão de alimentos, dada a sua repercussão tanto nas necessidades do credor como nas possibilidades do devedor.

No direito italiano, aliás, também se sustenta que a inflação não se encontra prevista no artigo 440º do c.c. – que regula a alteração dos alimentos quando se tenha modificado a situação do devedor ou do credor –, porque a pensão de alimentos, pela sua própria função, não se encontra sujeita ao princípio nominalista e, como tal, a respectiva alteração por força da inflação fundar-se-ia nessa mesma não sujeição, e não na alteração da situação do devedor[2037].

2033 Assim, RP, 08.05.2000 (Proc. 0050335); no mesmo sentido, RP, 28.11.2000.

2034 Lê-se no sumário deste acórdão: "Nos processos de jurisdição voluntária de fixação de prestação alimentar devida a menores, não é lícito proceder à actualização futura da prestação, se tal não foi pedido na petição inicial". Por maioria de razão, nos restantes processos tal actualização também não deve ser oficiosa.

2035 Assim, por exemplo, Vaz Serra, "Obrigação de indemnização...", pág. 153, nota 304: "Quando o juiz fixa uma renda em dinheiro, atende naturalmente ao poder de compra do dinheiro na data da sentença. Esse poder pode, contudo, alterar-se e a renda fixada não proporcionar já ao credor o poder de compra que se tinha em vista. O credor, se tivesse continuado a poder trabalhar como antes, ganharia agora mais ou muito mais (valor nominal) que na data da sentença".

2036 A este propósito, veja-se ainda, RP, 28.11.2000, distinguindo entre a actualização da prestação, destinada a repor o poder de compra do montante que o obrigado vinha prestando, e a alteração da prestação, destinada a fazer face às "alterações significativas no condicionalismo tido em conta ao fixar-se a prestação alimentícia". Veja-se, ainda, RL, 19.09.2007, acórdão no qual se dá a entender que a inflação, geradora da degradação do valor da pensão de alimentos que fora fixada, não consubstancia sequer qualquer alteração das circunstâncias em que se fundou a fixação dessa pensão.

2037 Assim, T. A. Auletta, "Alimenti...", pág. 8.

Ainda que seja correcta esta distinção entre o aumento verdadeiro e próprio da pensão de alimentos e a sua actualização, julgamos que ambas as realidades pode abarcar o artigo 619º, nº 2, do CPC, quando, no momento da fixação da prestação, se haja determinado a actualização da prestação de acordo com uma certa previsão da inflação e depois se venha a verificar que a inflação é diversa da prevista: é que a inflação constitui uma circunstância susceptível de influir no valor da prestação e que influiu no montante apurado, devendo consequentemente atender-se à alteração entretanto ocorrida, por força do estatuído no artigo 619º, nº 2, do CPC, ainda que tal não venha a significar um aumento do valor real da prestação[2038].

É claro que a possibilidade desta actualização posterior da prestação fixada na sentença, fundada na inflação (ou melhor, numa inflação diversa da prevista), não deve excluir, nos termos gerais, a possibilidade de propor acção modificativa nos termos do artigo 619º, nº 2, do CPC, fundada noutras circunstâncias, quando se haja previsto uma certa inflação.

Dito de outro modo: a inserção, na sentença, de uma cláusula de actualização automática do montante da prestação – realidade semelhante à da estipulação, nos contratos, de cláusulas de salvaguarda, estabilizadoras ou de garantia monetária, conforme permitido pela parte final do artigo 550º do CC[2039] –, embora tenda a evitar a posterior proposição de acção modificativa[2040], não exclui a possibilidade de proposição de acção modificativa tendente à alteração do montante resultante da aplicação de tal cláusula.

Como, a este propósito, salienta Remédio Marques[2041], a consignação, na sentença que fixa os alimentos, de "*cláusulas de actualização automática*, em função de certos *índices de desvalorização* da moeda ou com base noutros critérios – *v.g.*, o aumento líquido anual dos *rendimentos fixos* do devedor", não significa que a obrigação de alimentos "deixa de estar condicionada pelos pressupostos que presi-

2038 Sobre a possibilidade de propor acção modificativa apenas para se obter a actualização da prestação em função da inflação, RP, 09.04.1991, e RP, 27.04.1992.

2039 Sobre estas cláusulas, J. Ribeiro de Faria, *Direito das obrigações*, vol. II, pág. 222, nota 1, e M. J. Almeida Costa, *Direito das obrigações*, pág. 689.

2040 Assim, J. de Castro Mendes / M. Teixeira de Sousa, *Direito da família*..., pág. 438. O mesmo sucede quanto à providência cautelar que arbitra a reparação provisória do dano, nos termos dos artigos 388º e seguintes do CPC: como assinala J. Cura Mariano (*A providência cautelar*..., págs. 97-98), "para evitar o recurso posterior ao incidente processual de alteração da prestação fixada, poderá o julgador desde logo determinar a actualização automática posterior do montante da renda (aumentando-o ou diminuindo-o), de acordo com a dimensão das necessidades futuras do lesado já determinadas. A mera actualização anual do montante da renda para fazer face à depreciação do valor da moeda, provocada pelo fenómeno inflaccionário, deve desde logo constar da decisão inicial de arbitramento da renda mensal, com referência ao índice anual de inflação verificado nos preços ao consumidor, de acordo com as estatísticas oficiais".

2041 J. P. Remédio Marques, *Algumas notas*..., pág. 105 e nota 141.

dem à sua *fixação, redução* ou *aumento (actualização)*. Ou seja: tanto o credor como o devedor de alimentos podem, a todo o momento, recorrer a tribunal pedindo a *redução* ou o *aumento* do montante dos alimentos fixados com cláusulas daquele jaez, se e quando as regras da *proporcionalidade*, da *adequação* e da *necessidade*, constantes do art. 2004º do CC forem desvirtuadas".

Na verdade, e como também refere o mesmo Autor[2042], as cláusulas de actualização automática podem apenas ter em vista "*manter constante* o valor por que se traduz o colocar à disposição do credor dos meios apropriados à efectiva satisfação das suas necessidades", sendo que "o carácter essencialmente *variável* da pensão de alimentos não se funda, tão-só, nas alterações do poder aquisitivo da moeda, mas ao invés, no *aumento ou na diminuição dos recursos económicos do devedor e do credor*"[2043].

Se, porém, aquando da fixação da pensão de alimentos, não tiver sido logo determinada a respectiva actualização em função da inflação, é duvidoso que possa usar-se o mecanismo previsto naquele preceito (ou um procedimento especial com funções idênticas) para o efeito de proceder à actualização da prestação, em função da taxa de inflação: possibilidade que já foi, aliás, sustentada (e reconhecemos que bem, apesar de ser diversa a nossa opinião) num acórdão do Tribunal da Relação de Lisboa de 19 de Setembro de 2007[2044], parecendo ainda corresponder à opinião de Pires de Lima / Antunes Varela[2045] ou de Mário de Brito[2046].

2042 J. P. Remédio Marques, *Algumas notas*..., pág. 108.

2043 Sobre as desvantagens da actualização automática dos alimentos, RP, 19.03.1992. Sobre a actualização anual automática dos alimentos, RP, 17.06.1993, RP, 04.01.1994 e RP, 08.05.2000 (Proc. 0050335). Sobre a possibilidade de acção modificativa, quando na sentença se determinou a actualização automática dos alimentos, RP, 28.10.1993, RP, 20.06.1994 e RP, 19.11.1996.

2044 Neste acórdão sustentou-se que a pretensão de actualização de uma pensão de alimentos em função da taxa de inflação anual se integra no âmbito do pedido de alteração da pensão de alimentos que a credora deduzira contra o devedor, seu ex-marido, uma vez que "quem pretende uma alteração da pensão visando o seu aumento, pretende, no mínimo, que o valor da pensão se não reduza ainda mais em virtude da perda de valor do dinheiro ditada pela inflação"; assim sendo, improcedendo este pedido de alteração da pensão em virtude de nenhuma modificação das circunstâncias ter ocorrido, pode o tribunal (no caso, o tribunal de recurso, uma vez que a 1ª instância se limitara a julgar a acção improcedente, por inverificação da alteração das circunstâncias) decidir "no sentido de evitar uma degradação do valor fixado causada pela inflação" – ou seja, "obstar à redução da pensão" – e, consequentemente, determinar a alteração da pensão de alimentos a partir da data da formulação do pedido de alteração e para futuro, na mesma percentagem da taxa de inflação anual.

2045 Pires de Lima / Antunes Varela, *Código*..., vol. I, págs. 558-561. Com efeito, estes Autores relacionam o disposto no artigo 551º do CC com os preceitos legais que prevêem a modificação de decisões judiciais em virtude de alteração de circunstâncias, como é o caso dos artigos 567º, nº 2 e 2012º do mesmo Código: deduz-se, portanto, que entendem ser possível propor acção modificativa tendo em vista obter a actualização das prestações pecuniárias a que se refere aquele primeiro preceito.

2046 Mário de Brito (*Código*..., pág. 321) considera que uma das circunstâncias a que alude o artigo 567º, nº 2, do CC é a alteração do valor da moeda.

Com efeito, neste caso não há qualquer desvio em relação à inflação prevista (porque pura e simplesmente a inflação futura não foi tida em conta no momento do proferimento da sentença), pelo que nenhum erro de previsão há a corrigir. Nesta perspectiva diríamos que tem razão SOYKA[2047], quando assinala que a inflação só constitui circunstância relevante para efeitos de modificação da sentença, quando a ela se deva atender para o cálculo do montante da prestação.

Também na área laboral se distingue entre a actualização da pensão e a revisão da pensão, respectivamente reguladas nos artigos 6º do Decreto-Lei nº 142/99, de 30 de Abril e 124º da Lei nº 98/2009, de 4 de Setembro, e 70º, da Lei nº 98/2009, de 4 de Setembro), consoante o seu fundamento: a actualização funda-se (embora não exclusivamente) na inflação; a revisão, na modificação da capacidade de trabalho ou de ganho do sinistrado (sendo que esta resulta de "agravamento, recidiva, recaída ou melhoria da lesão ou doença que deu origem à reparação, ou de intervenção clínica ou aplicação de ajudas técnicas e outros dispositivos técnicos de compensação das limitações funcionais ou ainda de reabilitação e reintegração profissional e readaptação ao trabalho")[2048].

Se concluirmos – como nos parece ser de concluir – que o artigo 619º, nº 2, do CPC não se destina à mera actualização da prestação, quando nenhuma actualização tenha sido determinada no momento da fixação da prestação, constatamos também que a alteração das circunstâncias a que se refere o artigo 619º, nº 2, do CPC se aproxima da alteração das circunstâncias pressuposta pelo artigo 437º, nº 1, do CC no ponto em que não abrange, em regra, a inflação determinativa de mera correcção monetária.

É que a modificação ou resolução do contrato prevista neste último preceito, como assinala OLIVEIRA ASCENSÃO[2049], "vai além da correcção monetária. Centra-se nos negócios em que há uma prestação contraposta à prestação pecuniária e pergunta-se se o equilíbrio previsto entre as prestações foi vencido pela inflação. Se a resposta for afirmativa, intervém a resolução ou alteração do contrato, e não a correcção monetária"[2050].

[2047] J. Soyka, *Die Abänderungsklage...*, 1ª ed., págs. 78-79.

[2048] Assim, embora face à Base XXII da Lei nº 2127, de 3 de Agosto de 1965 e ao Decreto-Lei nº 668/75, de 24 de Novembro, veja-se Carlos Alegre (*Acidentes...*, págs. 102-104), assinalando que "[o]utras circunstâncias, distintas do estado de saúde do sinistrado, poderiam contribuir para a revisão das pensões, uma vez que estamos no domínio da reposição da capacidade de trabalho ou de ganho: referimo-nos, por exemplo, à formação ou à reconversão profissionais, quando susceptíveis de atingir aquele desiderato. A verdade, porém, é que ainda não é assim ao nível do direito constituído, esperando que o venha a ser *de jure constituendo*, por razões de justiça equitativa". A Lei dos Acidentes de Trabalho aprovada pela Lei nº 100/97, de 13 de Setembro, já conferia, porém, relevância a estas circunstâncias.

[2049] J. de Oliveira Ascensão, *Direito civil...*, III, pág. 209.

[2050] Semelhante parece-nos ser, quanto a este ponto, a opinião de M. J. Almeida Costa (*Direito das obrigações*, pág. 688), que observa que "[p]ara além das excepções expressas da lei, deve reconhecer-se

Veremos, de seguida, se, para além da inflação, quando tenha sido atendida na sentença (e nos termos expostos), outras circunstâncias são aptas a determinar a modificação da sentença, nos termos do artigo 619º, nº 2, do CPC, por incidirem no montante ou na duração da prestação. E começaremos pela causa virtual.

2. Causa virtual

PEREIRA COELHO – embora não admita a relevância negativa da causa virtual ou hipotética em sede de causalidade entre o facto e o dano[2051]/[2052] –, pondera a sua relevância a propósito da avaliação ou do cálculo da indemnização do dano, chegando a uma conclusão afirmativa, assente na ideia de que a extensão do dano a indemnizar é a que resulta da diferença entre a situação real e a situação hipotética actual do património do lesado e na de que a causa virtual deve ser atendida na concepção da situação hipotética[2053].

Todavia, da relevância que atribuiu à causa virtual para efeitos de cálculo da indemnização do dano, não parece extrair PEREIRA COELHO a consequência de que a indemnização judicialmente atribuída – ainda que sob forma de renda – possa ser modificada em virtude da causa hipotética.

Na verdade, observa o Autor[2054] – sem distinguir entre a indemnização sob forma de capital e a indemnização sob forma de renda – que "[a] relevância da causa virtual [...] sofre [...] limites de ordem *temporal*, que lhe são postos por ponderosas razões de certeza jurídica. Assim, no caso de liquidação judicial do dano, resulta dos princípios gerais do processo que a causa hipotética já não releva quando a verificação hipotética do dano for posterior *ao momento do encerramento da discussão*, pois a sentença (Cód. Proc. Civ. [de 1961], art. 663º) deve corresponder ao estado de coisas existente neste momento. Do mesmo modo a causa hipotética já não relevará, se o dano é liquidado extrajudicialmente, quando a verifi-

que as prestações pecuniárias podem ser actualizadas de acordo com o preceituado sobre a resolução ou modificação dos contratos por alteração das circunstâncias". Assim, no plano do direito substantivo, o instituto da modificação ou resolução do contrato por alteração das circunstâncias teria também como função a actualização de prestações pecuniárias, embora esta actualização não se confundisse com a prevista no artigo 551º do CC. Sobre a relevância da variação do valor da moeda, no contexto da teoria da imprevisão, A. Rocha de Gouveia, *Da teoria...*, págs. 59-68, concluindo que o princípio nominalista não exclui, em regra, as prestações pecuniárias do âmbito do instituto da superveniência.

2051 F. Pereira Coelho, *O problema...*, págs. 185-186.

2052 No âmbito dos acidentes de trabalho, há a considerar ainda o regime especial de nexo causal dantes contido no artigo 287º do Código do Trabalho de 2003 e agora no artigo 11º da Lei nº 98/2009, de 4 de Setembro (cuja epígrafe era e é "Predisposição patológica e incapacidade"), materializado na regra de que "[a] responsabilidade civil não é excluída (ainda que possa ser reduzida) apesar de a relação causal entre o facto e o dano poder estar inquinada por uma situação anterior ao acidente" (cfr. P. Romano Martinez, *Código do Trabalho...*, pág. 500).

2053 F. Pereira Coelho, *O problema...*, págs. 186-207.

2054 F. Pereira Coelho, *O problema...*, págs. 220-221.

cação hipotética do dano for posterior *ao cumprimento da obrigação de indemnizar.* Também aqui, seria intolerável que o lesado, já tendo recebido a indemnização que lhe era *devida,* fosse depois obrigado a restituí-la ao lesante, no todo ou em parte, em consequência da ulterior verificação hipotética do dano".

Também VAZ SERRA[2055] se confrontou com o problema da relevância da causa virtual quando haja sido atribuída indemnização sob forma de renda (e, portanto, possa ter sido proferida sentença subsumível na previsão do artigo 619º, nº 2, do CPC), referindo o seguinte a este propósito: "[...] é razoável que a indemnização sob a forma de renda (sujeita [...] a revisão, quando se produzirem acontecimentos susceptíveis de influir nela) esteja dependente da causa hipotética, no sentido de que esta, excluída a causalidade do primeiro facto para o futuro, afasta a responsabilidade pelo dano futuro. Mas não deveria ser aqui aplicável o critério geral proposto para resolução do problema da relevância da causa hipotética [trata-se do critério segundo o qual "a causa hipotética exclui a responsabilidade do autor da causa real, salvo se, atendendo ao grau de culpabilidade (porventura, só ao dolo ou à culpa grave) dele, à sua situação económica e à do lesado e às demais circunstâncias, for de admitir essa responsabilidade e na medida em que o for[2056]] por não haver motivo para não ser assim? Se, por exemplo, *A* causa ferimentos a *B*, a indemnização é prestada sob a forma de renda e depois *B* é vítima de um acidente que igualmente o impossibilita para o trabalho, *A* poderia ser obrigado a manter a indemnização, depois do acidente, nos termos desse critério".

Quanto a nós, a atendibilidade da causa hipotética ocorrida depois do encerramento da discussão, para o efeito da alteração da sentença a que alude o artigo 619º, nº 2, do CPC, não enfrenta a dificuldade decorrente da referência, neste preceito, às circunstâncias relativas à medida ou à duração da prestação, se se admitir, como admite PEREIRA COELHO, que a causa virtual pode relevar no cálculo da indemnização do dano.

A dificuldade é de outra ordem, prendendo-se, antes, com a não realização, aquando do proferimento da sentença, de um verdadeiro juízo de prognose a propósito da causa do dano. Na verdade, a propósito da causa do dano o juiz pode enveredar por um raciocínio hipotético (tentando apurar se outro facto, diverso do alegado, podia ter provocado o mesmo dano), mas este raciocínio parte de dados actuais e não de dados futuros: isto é, nenhum facto futuro é tido em conta enquanto possível causa do dano (e para o efeito do cálculo da indemnização do dano), mas apenas factos actuais, aptos a provocar o mesmo dano.

Ora, se se entender que a acção modificativa regulada no artigo 619º, nº 2, do CPC se destina a corrigir erros de previsão, conclui-se que esta acção não é a

2055 Vaz Serra, "Obrigação de indemnização...", págs. 91-92.

2056 Vaz Serra, "Obrigação de indemnização...", pág. 90.

indicada para fazer valer a causa virtual ocorrida depois do encerramento da discussão, porque esta causa não foi apreciada pelo julgador (não tendo, portanto, a sua verificação ou não verificação, sido objecto de qualquer pronúncia)[2057].

3. Outras circunstâncias a ponderar na fixação da pensão. A medida dos alimentos

Na fixação da *pensão por acidente de trabalho* atende-se ao coeficiente de incapacidade ou à morte e ao montante do salário auferido na data do acidente, conforme já resultava do disposto nos artigos 17º e 20º da Lei dos Acidentes de Trabalho[2058] e actualmente resulta, por exemplo, dos artigos 48º e 59º da Lei nº 98/2009, de 4 de Setembro.

Estas circunstâncias incidem no montante ou na duração da prestação, pelo que a sua alteração pode originar a revisão da pensão. Circunstâncias idênticas podem ser ponderadas na fixação das prestações prevista no artigo 619º, nº 2, do CPC, e, como tal, a respectiva alteração implicar a aplicação deste preceito.

A propósito do modo de calcular os alimentos, ou da *medida dos alimentos* – quando a obrigação alimentar seja imposta por lei no âmbito de relações familiares (cfr. o artigo 2014º do CC)[2059] –, determina o artigo 2004º do CC que se atenda aos meios do obrigado, à necessidade do alimentando e, bem assim, à possibilidade de este prover à sua subsistência.

Estes factos podem ser qualificados como factos constitutivos do direito a alimentos, embora seja duvidosa a autonomia recíproca dos dois últimos: assim, por exemplo, no direito italiano sustenta-se que a impossibilidade de desenvol-

[2057] Para o efeito da determinação da causalidade da conduta em relação ao dano verificado, realiza o juiz um juízo de prognose, se bem que póstuma (porque realizado depois do facto lesivo), que "permite excluir os efeitos que, embora se tenham dado *porque ocorreu certo facto*, não eram consequências normais dele e se devem, por isso, considerar resultado de uma *evolução extraordinária, imprevisível* e, portanto, *improvável* do referido facto" (cfr. F. Pessoa Jorge, *Ensaio...*, pág. 394). A infirmação de um tal juízo de prognose através da via da acção modificativa enfrenta, porém, também dificuldades quando esse juízo apenas diga respeito a danos actuais, porque, então, não se vê como possa ocorrer um facto superveniente que nele se repercuta (parece que só um novo meio de prova pode nele repercutir-se).

[2058] Assim, Carlos Alegre, *Acidentes...*, pág. 102. O dano que se pretende reparar é, como assinala L. Menezes Leitão (*Acidentes...*, pág. 821), "um dano muito específico", materializado na frustração das utilidades económicas derivadas da colocação da força de trabalho no mercado; e, segundo este Autor (*idem*, pág. 828), não repara integralmente este dano um sistema que determine a medida da indemnização "com base numa tabela precisa, calculada em função da retribuição-base, da gravidade e da duração da incapacidade para o trabalho". Sobre o conceito de retribuição, para o efeito do cálculo das pensões por incapacidade permanente parcial, RC, 10.09.2009. Sobre o problema de saber se o regime dos acidentes de trabalho ainda se insere na responsabilidade civil, atendendo nomeadamente à circunstância de não reparar certos danos, Júlio Gomes, "Breves reflexões...", págs. 206-210.

[2059] Segundo o artigo 2014º do CC, sendo outra a fonte da obrigação alimentar, podem também, verificados certos requisitos, aplicar-se as regras gerais em matéria de alimentos, que, como se infere do artigo 2009º do CC, foram sobretudo pensadas para as relações familiares.

ver actividade laboral é (a par da falta ou insuficiência de património e de rendimento) um dos momentos em que se analisa o estado de necessidade[2060].

Refira-se que, nos termos do artigo 14º do Protocolo sobre a Lei Aplicável às Obrigações Alimentares, concluído na Haia, em 23 de Novembro de 2007 – e para o qual remete o Regulamento (CE) nº 4/2009 do Conselho, de 18 de Dezembro de 2008 (cfr. o seu artigo 15º) –, os meios do obrigado a alimentos, bem como a necessidade do alimentando, são factos a que se deve necessariamente atender na fixação do montante dos alimentos, ainda que a lei aplicável à obrigação de alimentos disponha de modo diverso.

Já não constitui, porém, facto constitutivo do direito a alimentos o vínculo familiar que justifica a atribuição de tal direito pela lei (por exemplo, o casamento ou a filiação, nos termos do artigo 2009º, nº 1, alíneas *a)* e *c)*, do CC)[2061]: assim, se o filho propõe acção de alimentos contra os progenitores, alegando precisamente a filiação, a questão da subsistência da qualidade de filho traduz mera questão prejudicial, relativamente à qual a sentença de condenação em alimentos não fará caso julgado, nos termos do artigo 91º, nº 2, do CPC[2062]. É por esse motivo que o artigo 22º do Regulamento (CE) nº 4/2009 do Conselho, de 18 de Dezembro de 2008, determina que "[o] reconhecimento e a execução de uma decisão em matéria de obrigações alimentares nos termos do presente regulamento não implicam de modo algum o reconhecimento das relações de família, de parentesco, de casamento ou de afinidade subjacentes à obrigação de alimentos que deu lugar à decisão".

Quanto à apreciação dos meios do obrigado (como dissemos, um dos factos constitutivos do direito a alimentos), observa VAZ SERRA[2063] que "devem ter-se em conta os bens do obrigado e o seu trabalho, não apenas os rendimentos dos bens, mas também o próprio capital (que o obrigado deve sacrificar, na medida do razoável, se for necessário), e não apenas os produtos do trabalho actual, mas também o que possa ganhar, assim como a possibilidade de obter dinheiro a crédito, caso possa pagá-lo num período razoável"[2064]; devem, ainda, "ter-se em

2060 Assim, T. A. Auletta, "Alimenti...", pág. 2.

2061 No sentido, porém, de que a filiação não justifica o direito a alimentos do progenitor em relação ao filho, quando existe um total afastamento entre ambos há cerca de 50 anos (quer por, nestes casos, se poder entender que o vínculo familiar se extinguiu – à semelhança do que se verifica quando ocorre adopção plena do filho –, quer por tal exigência poder configurar abuso de direito por parte do progenitor), RC, 01.04.2009.

2062 O exemplo é de A. Attardi, "In tema...", págs. 482-484. Parecendo, contudo, conceber a relação entre dois sujeitos como elemento integrante do facto constitutivo (complexo) da obrigação de alimentos, veja-se J. de Castro Mendes, "L'obligation...", pág. 58.

2063 Vaz Serra, "Obrigação de alimentos", págs. 122-123.

2064 Sustentando que, na aferição das possibilidades do obrigado, deve atender-se ao especial dever do progenitor de sustentar o filho e de obter os meios indispensáveis para esse fim, J. de Castro Mendes ("L'obligation...", pág. 61).

atenção as obrigações que ele tenha para com outras pessoas, mas não as receitas esporádicas, temporárias, não renováveis e descontínuas". Este último ponto de vista, porém, não parece consensual, havendo quem sustente que devem ser considerados os rendimentos do obrigado de carácter eventual, como gratificações ou emolumentos[2065]. O montante das despesas suportadas pelo devedor deve também ser tido em conta, para o efeito da aferição da sua capacidade económica[2066].

No que diz respeito às necessidades do alimentando, afirma MOITINHO DE ALMEIDA[2067] nomeadamente que "[a] noção desta condição é relativa porque, para a determinação do quantitativo necessário para alimentos não há que atender somente ao custo médio normal e geral da subsistência, mas tem que se levar em conta também as circunstâncias especiais das pessoas a alimentar, como a idade, o sexo, o estado de saúde, a situação social, etc., etc., que podem influir nas necessidades de alimentação e elevar, portanto, o seu quantitativo", bem como que "[a]s necessidades do alimentando, a considerar para o efeito da fixação da prestação alimentícia, são as *actuais*, nada importando, para o caso, circunstâncias como, por exemplo, a dissipação anterior de bens de fortuna". Se, porém, o estado de necessidade for abusivo, "isto é, causado deliberadamente para o efeito da atribuição de um direito a alimentos", já é mais duvidoso que possa fundar este mesmo direito[2068].

A possibilidade de o alimentando prover à sua subsistência, como elemento a ponderar para o efeito da determinação das necessidades do alimentando, significa também que é irrelevante, para a fixação dos alimentos, a circunstância de este não se servir das possibilidades que tenha de angariar, por si próprio, meios de subsistência, por não estar disposto a isso, bem como que é de atender ao crédito que, ao alimentando, possa ser facultado para os seus alimentos[2069].

A fixação da medida dos alimentos exige a ponderação dos vários elementos a que se fez referência, não havendo, como se observa em acórdão do Tribunal da Relação de Coimbra de 28 de Abril de 2010, um modelo ou uma fórmula fixa para o cálculo da pensão, como sucede nos Estados Unidos em matéria de alimentos a menores: não obstante, e segundo o mesmo aresto, as fórmulas podem "ser utilizadas para garantir a uniformidade de critérios e apenas como princípio de orientação", não dispensando, em qualquer caso, "um momento de equidade".

Em caso de divórcio (ou de separação judicial de pessoas e bens), o montante dos alimentos ao ex-cônjuge é regido pelo artigo 2016º-A do CC. Este preceito

[2065] Assim, L. P. Moitinho de Almeida, *Os alimentos...*, pág. 17.

[2066] E, como o montante de todas essas despesas não resulta da declaração de IRS, a mera junção desta não prova a capacidade económica do devedor de alimentos (cfr. RL, 15.09.2009).

[2067] L. P. Moitinho de Almeida, *Os alimentos...*, págs. 13-16.

[2068] J. de Castro Mendes ("L'obligation...", pág. 60) rejeita esta possibilidade.

[2069] Assim, L. P. Moitinho de Almeida, *Os alimentos...*, págs. 18-19.

elenca, no nº 1, várias circunstâncias atendíveis, como sejam "a duração do casamento, a colaboração prestada à economia do casal, a idade e estado de saúde dos cônjuges, as suas qualificações profissionais e possibilidades de emprego, o tempo que terão de dedicar, eventualmente, à criação de filhos comuns, os seus rendimentos e proventos, um novo casamento ou união de factos": mas, como na parte final do mesmo número se determina que o tribunal deve também tomar em conta "de um modo geral, todas as circunstâncias que influam sobre as necessidades do cônjuge que recebe os alimentos e as possibilidades do que os presta", parece que aquelas circunstâncias concretamente elencadas não possuem autonomia face aos factos a que se refere o artigo 2004º do CC (necessidade do alimentando e possibilidades do obrigado[2070]).

Esta conclusão não é, porém, inteiramente correcta, porque a duração do casamento ou a colaboração prestada à economia do casal dificilmente relevam para o efeito da aferição da necessidade do alimentando ou das possibilidades do obrigado[2071]: essas circunstâncias devem, assim, ser qualificadas como factos constitutivos do direito a alimentos (a par da necessidade do alimentando e das possibilidades do obrigado).

No que se refere à alteração dos alimentos, observa Moitinho de Almeida[2072] que "[p]ara a diminuição dos alimentos, basta que o obrigado piore de circunstâncias, ou que melhorem as do alimentando; para o aumento, é necessário que se verifiquem, *cumulativamente*, as seguintes circunstâncias: melhoria da situação do obrigado e agravamento das condições do alimentando"[2073].

Quanto à cessação dos alimentos, e seguindo o mesmo Autor[2074], são várias as causas que a determinam, encontrando-se as causas gerais elencadas no artigo 2013º, nº 1, do CC[2075]; não seriam, todavia, aplicáveis à obrigação *legal* de alimen-

[2070] Sobre a possibilidade de prestar os alimentos, em caso de separação de facto, STJ, 20.01.1987.

[2071] Parece que são apenas razões de equidade que ditam a atendibilidade de tais circunstâncias: sobre o ponto, C. Matias, "Anotação", págs. 259-260.

[2072] L. P. Moitinho de Almeida, *Os alimentos*..., pág. 37.

[2073] Sobre a alteração dos alimentos, veja-se, por exemplo: RE, 08.03.2007, considerando que "[t]endo a pensão alimentar sido fixada quando o beneficiário não auferia qualquer tipo de rendimento, se este depois, por morte dos pais, passou a receber uma renda mensal proveniente dum contrato de arrendamento e percebeu várias quantias relacionadas com a venda de imóveis, alteraram-se as circunstâncias que existiam quando a pensão foi atribuída" (sumário); RP, 13.11.2007, entendendo que "[a]s estadias do filho menor na residência do progenitor sem a guarda, por períodos de tempo superiores aos previamente fixados, não devem ser consideradas como causa de redução da obrigação de alimentos"; RL, 28.04.2011, sustentando que a diminuição de despesas com a escolaridade de um dos filhos menores, a par da diminuição dos rendimentos do progenitor, são circunstâncias susceptíveis de fundamentar a redução da pensão alimentar a cargo deste progenitor.

[2074] L. P. Moitinho de Almeida, *Os alimentos*..., págs. 38-41.

[2075] Veja-se, a propósito da cessação dos alimentos, STJ, 07.07.1999 (entendendo não constituir causa de cessação da obrigação alimentícia o desemprego do devedor, se do recebimento, por este, de uma

tos as causas gerais de extinção das obrigações (o cumprimento e a consignação em depósito, "porque o pagamento de pensões vencidas não implica o pagamento das vincendas e porque o pagamento antecipado dos alimentos não é admissível, atenta a característica de actualidade daqueles"; a dação em cumprimento, "porque o alimentando não pode receber coisa diversa das prestações pecuniárias mensais referidas no artigo 2005º-1, que se destinam a ser por ele consumidas na satisfação das suas necessidades vitais"; a compensação, "por a isso se opor expressamente o artigo 2008º-2"; a remissão, "por se tratar de direito indisponível, conforme resulta do artigo 2008º"; a novação, "porque esta pressupõe um contrato, não sendo por isso aplicável a obrigações legais"; a confusão, "porque, dada a medida dos alimentos referida no artigo 2004º-1, impossível se torna que, na mesma pessoa, se reunam as qualidades de credor e devedor da prestação alimentícia"); já em se tratando de obrigação de alimentos emergente de *contrato*, "e tendo em atenção o disposto no artigo 2014º-1 do C.C., podem os mesmos cessar por *remissão* (porque a indisponibilidade referida no artigo 2008º só respeita aos alimentos *legais*) e por *novação* (por se tratar de domínio de plena disponibilidade das partes)".

Nem todas as causas de cessação dos alimentos determinam, porém, a respectiva cessação nos termos do artigo 619º, nº 2, do CPC, como adiante se verá a propósito da demarcação da oposição à execução face à acção modificativa[2076].

III. Circunstâncias diversas das relativas à medida ou à duração da prestação. Superveniente descoberta da inexistência da relação de filiação

Uma circunstância que não se prende directamente com a medida ou com a duração da prestação é, por exemplo, a *filiação*, no que diz respeito à prestação de alimentos: como vimos atrás[2077], o vínculo familiar que justifica a obrigação de alimentos não integra sequer os factos constitutivos desta obrigação. Significará

indemnização decorre que tem meios para continuar a prestar os alimentos). Com interesse, veja-se ainda STJ, 06.07.2005, considerando que, pedida pelo pai, em apenso à regulação do exercício do poder paternal, a cessação dos alimentos em virtude da maioridade do filho, pode o tribunal, nos termos do artigo 1412º, nº 2, do CPC [de 1961, correspondente ao artigo 989º, nº 2, do actual CPC], e verificada oficiosamente a situação a que alude o artigo 1880º do CC (a de que o filho frequenta com aproveitamento um curso superior), indeferir o pedido, decidindo, sem excesso de pronúncia (concretamente, sem violação do disposto no artigo 615º, nº 1, alínea *d)*, do CPC), no sentido da manutenção da prestação alimentar, que, no caso, não havia sido pedida; o fundamento para a inexistência de tal excesso de pronúncia é o de que, ao fazê-lo, o tribunal não atribui ao filho uma pensão alimentar *ex novo*, na qualidade de maior, limitando-se a negar provimento à pretensão do requerente. Deste aresto resulta que o Supremo admite, portanto, a possibilidade de conhecimento oficioso de uma causa extintiva (ou impeditiva) do direito à cessação da pensão (o que redunda numa solução algo próxima da da fixação oficiosa de alimentos a maior).

[2076] *Infra*, § 31º.

[2077] *Supra*, § 28º, II, 3.

ou implicará tal característica, em si mesma considerada, que a superveniente descoberta da inexistência da relação de filiação não justifica que, nos termos do artigo 619º, nº 2, do CPC, se possa alterar a sentença que condenou o pretenso progenitor na prestação de alimentos?

A questão – dir-se-á – não tem muito interesse, atendendo a que, no exemplo dado, não ocorre um facto objectivamente superveniente, o que desde logo exclui a aplicação do disposto no artigo 619º, nº 2, do CPC. Pode, porém, suceder que o vínculo familiar cesse depois de fixados os alimentos – imagine-se, por exemplo, que a figura da adopção restrita ainda se encontrava consagrada no nosso ordenamento, e que tal adopção era revogada, nos termos do anterior artigo 2002º-B, do CC –, hipótese em que importa discutir se essa cessação determina a cessação dos alimentos nos termos do artigo 619º, nº 2, do CPC ou em termos diversos.

Parece-nos que, nesta eventualidade, nunca seria caso de aplicação do artigo 619º, nº 2, do CPC, não propriamente por a circunstância alterada não dizer respeito à medida ou à duração da prestação, mas por em relação a tal circunstância (a filiação) não ter sido realizado qualquer juízo de prognose para o efeito da fixação dos alimentos, que, como tal, fosse necessário corrigir: o mecanismo adequado seria antes o da revisão da sentença de alimentos, se porventura estivessem reunidos os respectivos pressupostos (a nova certidão do registo civil sobre a filiação podia integrar o conceito de documento novo para o efeito do artigo 696º, alínea *c)*, do CPC[2078]) –, podendo ainda discutir-se se não ocorrerá a caducidade da sentença de alimentos, por desaparecimento dos seus legais pressu-

[2078] A. Attardi ("In tema...", págs. 497-498) observa que, se a inexistência da relação de filiação for declarada por sentença transitada em julgado, haverá contradição prática entre esta decisão e a anterior, relativa aos alimentos, não podendo o direito a alimentos ser questionado depois daquela declaração (a menos que cesse o estado de necessidade do alimentando). Sobre a inexistência de contradição de julgados, num caso em que, posteriormente à sentença de alimentos, é impugnado o estado de filho nascido na constância do matrimónio, H. F. Gaul ("Der Einfluss...", págs. 153-154). Referindo também que o objecto das duas acções é diverso, embora muitas acções de impugnação da filiação visem precisamente afastar uma anterior condenação em alimentos, G. Boehmer, "Abstammungsklage...", pág. 576. Admitindo a possibilidade de aplicação do regime do § 826 do BGB, quando se verifique contradição entre a sentença de alimentos e o decidido quanto à relação de filiação, F. Böhm, "Nochmals:...". Considerando que, se a sentença relativa à filiação for anulada, nos termos do (anterior) § 641i da ZPO – que contemplava uma "revisão especial" –, ou se a paternidade for impugnada, falece um dos pressupostos da pretensão de alimentos, podendo o pai aparente socorrer-se, contra a sentença de alimentos, das vias dos §§ 767 da ZPO, 580, 6, da ZPO ou 641i da ZPO (sendo esta última, na sua opinião, a via preferível), veja-se J. Braun, "Aktuelle Fragen...", págs. 1133-1134. Assinalando que as vias dos §§ 767 e 323 da ZPO só são utilizáveis contra uma sentença condenatória de alimentos e propugnando, *de lege ferenda*, a consagração, como fundamento de revisão da sentença de alimentos, da obtenção de novo meio de prova quanto à filiação, veja-se R. Bruns, "Abstammungsfeststellungsklage", págs. 124-131. Enumerando as vantagens da consagração, por via legislativa, de uma acção de estado preliminar da acção de alimentos, Kiessner, "Statusklage...", págs. 330-332.

postos (e não propriamente alteração das circunstâncias em que se fundou), à semelhança do que sucede nas situações de lei posterior que elimina a obrigação de alimentos, que já analisámos[2079].

Outras circunstâncias há, não relacionadas com a medida ou com a duração da prestação, que também não parecem justificar a acção modificativa. É o caso, quando se pretenda a alteração de pensão alimentar judicialmente fixada, das circunstâncias relativas à culpa e à condição sócio-económica das partes, porque, como se refere num Acórdão do Supremo Tribunal de Justiça de 6 de Novembro de 1986, apenas releva, para esse efeito, "a eventual alteração de circunstâncias relacionada com as necessidades de quem recebe os alimentos e as possibilidades económicas de quem está obrigado a prestá-los".

Mais uma vez nos parece, porém, que a razão justificativa da inaplicabilidade do artigo 619º, nº 2, do CPC a esta hipótese está na não realização de qualquer juízo de prognose em relação às circunstâncias relativas à culpa ou à condição sócio-económica das partes, pelo que a alteração destas circunstâncias, se a houver, não pode implicar a correcção de tal juízo; se não a houver, a inaplicabilidade do artigo 619º, nº 2, do CPC decorre, desde logo, da inexistência de superveniência.

Na verdade, circunstâncias há, embora não relativas à medida ou à duração da prestação, cuja alteração pode fundar a acção modificativa prevista no artigo 619º, n,º 2, do CPC, contrariamente ao que a letra deste preceito sugere.

Assim, por exemplo, não são circunstâncias relativas à medida ou à duração da prestação aquelas em que assentou o estabelecimento da renda, sendo que o artigo 567º, nº 2, do CC permite a modificação da sentença que tenha condenado numa indemnização sob forma de renda, quando sofram alteração sensível aquelas circunstâncias.

Haverá uma alteração desse teor, segundo Vaz Serra[2080], quando sobrevenham "os motivos importantes que, se existissem na data da sentença, teriam levado o tribunal a optar pela indemnização sob forma de capital (o lesado, a quem foi concedida indemnização sob forma de renda, deseja, por exemplo, estabelecer-se agora; o devedor, que não prestou caução, corre o risco de se tornar insolvente e julga-se preferível que pague um capital a que preste caução; o devedor, que não prestou caução, vai para o estrangeiro, colocando em perigo a satisfação da renda; etc)"[2081].

2079 *Supra*, § 25º, III, I.

2080 Vaz Serra, "Obrigação de indemnização...", pág. 166.

2081 Observa L. P. Moitinho de Almeida (*Os alimentos...*, pág. 38) que "[h]á ainda uma forma de prestação de alimentos que corresponderá à alteração da prestação alimentícia, no caso de esta ter sido diferentemente decretada: é o caso do art. 2005º do C.C. (alimentos prestados não como pensão, mas na casa e companhia do obrigado)".

A relevância da alteração das circunstâncias em que assentou o estabelecimento da indemnização sob forma de renda para o efeito da modificação da correspondente sentença nos termos do artigo 619º, nº 2, do CPC demonstra, aliás, quanto a nós, não apenas que a acção modificativa pode fundar-se em alteração de circunstâncias que não se prendem com a medida ou com a duração da prestação, mas também que a acção modificativa não pressupõe uma causa de pedir diversa da da anterior acção.

Quanto a este último ponto, diríamos apenas que a alteração das circunstâncias em que assentou o estabelecimento da renda não consubstancia uma alteração da causa de pedir da primitiva acção, já que esta apenas integra os factos que constituem os pressupostos da responsabilidade civil do réu e não também os factos em que assenta o estabelecimento da renda; com efeito, a causa de pedir, nos termos do artigo 581º, nº 4, do CPC, é o facto concreto do qual deriva o efeito jurídico que o autor pretende obter (ou o pedido), sendo que o estabelecimento da renda não traduz o efeito jurídico que se pretende obter – que é o de reparação do dano, nos termos do artigo 566º, nº 1, do CC –, mas apenas o objecto material ou o bem a que esse efeito jurídico, por sua vez, se dirige[2082].

O mesmo se diga em relação à alteração das circunstâncias em que assentou a dispensa ou imposição de garantias: com efeito, o artigo 567º, nº 2, do CC per-

[2082] Assim, M. Teixeira de Sousa (*As partes...*, pág. 121; *O concurso de títulos...*, pág. 185), relativamente à identidade entre o pedido (ou a pretensão) de reconstituição natural e o pedido (ou a pretensão) de indemnização, por em ambos os casos ser o mesmo o efeito jurídico pretendido, que é o de reparação do dano. Parece-nos – até por maioria de razão – que essa identidade também se verifica entre o pedido de indemnização sob forma de capital e o pedido de indemnização sob forma de renda (o que releva nomeadamente para efeitos de litispendência e caso julgado). A. Nikisch (*Der Streitgegenstand...*, págs. 118-120), que se refere à eventualidade da formulação destes dois pedidos, assinala que o juiz é, através deles, solicitado a proferir decisão com força de caso julgado sobre afirmações de direito diversas: embora, atendendo a que reconhece a sua proveniência do mesmo facto – circunstância que, na sua óptica, torna idênticas as pretensões (*idem*, pág. 135; considerando, porém, que "é totalmente arbitrária a escolha da diferenciação nos fundamentos como critério definidor da diversidade entre as pretensões, dado que os sujeitos ou a prestação também podem estabelecer uma mesma relação de diversidade", veja-se M. Teixeira de Sousa, *O concurso de títulos...*, pág. 186) –, deva entender-se que, também para o Autor, consubstanciam pretensões idênticas. Reconhecemos, no entanto, que o artigo 265º, nº 5, do CPC – ao determinar, a propósito da alteração do pedido e da causa de pedir na falta de acordo, que "[n]as acções de indemnização fundadas em responsabilidade civil, pode o autor requerer, até ao encerramento da audiência final em 1ª instância, a condenação do réu nos termos previstos no artigo 567º do Código Civil, mesmo que inicialmente tenha pedido a condenação daquele em quantia certa" – dá a entender que são diversos os pedidos de condenação em indemnização sob forma de capital e sob forma de renda. Parece-nos, todavia, que tal preceito apenas visa regular a necessidade de a condenação sob forma de renda ser requerida pelo lesado, nos termos do artigo 567º, nº 1, do CC, sem que dele possa extrair-se um argumento no sentido de que, na situação que prevê, se regista uma verdadeira alteração do pedido: com efeito, se estivesse em causa uma verdadeira alteração do pedido, não se compreenderia a não sujeição, ao mesmo regime, da situação inversa (a de ter sido inicialmente pedida a condenação em indemnização sob forma de renda e posteriormente pretender-se uma indemnização sob forma de capital).

mite a modificação da sentença que tenha condenado numa indemnização sob forma de renda, quando sofram alteração sensível as circunstâncias em que assentou a dispensa ou imposição de garantias, mas estas circunstâncias não dizem respeito à medida ou à duração da prestação, mas à própria garantia, que pode ser, por exemplo, uma caução ou uma hipoteca judicial (artigos 623º e seguintes e 710º e seguinte do CC)[2083].

Regra semelhante à do artigo 567º, nº 2, do CC consta do § 324 da ZPO, que prevê, todavia, não uma acção modificativa, mas uma acção acessória ou suplementar (*Nachforderungsklage*)[2084].

§ 29º Essencialidade da alteração das circunstâncias

I. Colocação do problema. Essencialidade da alteração das circunstâncias e alteração das circunstâncias que determinaram a condenação; essencialidade da alteração das circunstâncias e total alteração das circunstâncias

Um dos problemas que o artigo 619º, nº 2, do CPC coloca é o de saber se a modificação das circunstâncias que determinaram a condenação, a que se alude no preceito, obedece a algum requisito de natureza qualitativa, nomeadamente se essa modificação tem de ser significativa ou se basta uma pequena alteração.

O problema coloca-se quando se confronta o referido preceito – *que não consagra expressamente tal requisito de natureza qualitativa* – com o artigo 437º, nº 1, do CC, que exige uma alteração *anormal e grave* das circunstâncias, com o artigo 988º, nº 1, do CPC, que apenas atribui relevância às circunstâncias que *justifiquem* a alteração, ou com o artigo 567º, nº 2, do CC, que toma como padrão a alteração *sensível* das circunstâncias.

O (eventual) requisito da essencialidade da alteração das circunstâncias não se confunde com a exigência de que a alteração respeite a circunstâncias essenciais para a decisão, aspecto que foi tratado a propósito da referência material da superveniência[2085].

Com efeito, pode a alteração não ser, em si, essencial e, ainda assim, referir-se às circunstâncias que foram essenciais para a decisão modificanda.

Também parece concebível uma alteração essencial que se refira a circunstâncias não essenciais para a decisão modificanda (isto é, aos argumentos da decisão, e não aos seus fundamentos, na já atrás mencionada terminologia de GUASP[2086]):

[2083] A necessidade de prestação de garantias por parte do lesante, no caso de fixação de indemnização sob forma de renda, foi inspirada no artigo 43, 2 do Código Civil suíço e no artigo 2057 do c.c. (cfr. J. Ribeiro de Faria, *Direito das obrigações*, vol. I, pág. 516).

[2084] Tal como o § 323 da ZPO, o § 324 do mesmo Código teve a sua origem no disposto na *Reichshaftpflichtgesetz* (mais precisamente, no § 7, 3, desta Lei).

[2085] *Supra*, § 23º, III, 3. Veja-se, ainda, o § 27º, II.

[2086] *Supra*, § 23º, III, 3.

mas este aspecto não carece de tratamento específico, pois o artigo 619º, nº 2, do CPC, ao exigir que a alteração se reporte às circunstâncias essenciais, exclui desde logo a relevância da alteração (essencial ou não) das circunstâncias que como tal não possam ser qualificadas.

O (eventual) requisito da essencialidade da alteração das circunstâncias também não se confunde com a alteração total das circunstâncias (a alteração *total* ou *substitutiva* a que se refere GUASP[2087]), entendida como o desaparecimento integral das circunstâncias anteriores e sua substituição por outras circunstâncias: o artigo 619º, nº 2, do CPC não exige, na verdade, um desaparecimento integral daquelas circunstâncias, bem podendo a referência à respectiva modificação englobar a denominada alteração *parcial* ou *transformativa* que, também usando a definição de GUASP[2088], significa a manutenção das circunstâncias anteriores, embora com diferente estrutura ou função; ponto é que a alteração, total ou parcial, seja contraditória, isto é, que o facto novo seja "incompatível na sua eficácia com a subsistência do antigo, quer porque o primeiro se refere a uma situação de inexistência e o segundo provoca a existência da situação, quer por razões inversas"[2089].

II. A exigência, no direito alemão, da essencialidade da alteração: natureza material ou processual do requisito

No direito alemão, e nos termos do § 323, 1, da ZPO, a admissibilidade da *Abänderungsklage* depende – mesmo quando esteja em causa a modificação de transacção judicial[2090], embora as partes da transacção possam, a esse respeito, acordar diferentemente[2091] – da essencialidade da alteração de circunstâncias[2092], requisito cujo preenchimento envolve, para REMO CAPONI[2093], alguma discricionariedade do juiz; GRABA[2094], diversamente, rejeita a existência de poder discricionário a

[2087] J. Guasp, "Los límites temporales...", pág. 454.

[2088] J. Guasp, "Los límites temporales...", pág. 454.

[2089] J. Guasp, "Los límites temporales...", pág. 455.

[2090] Assim, H.U.-Graba, *Die Abänderung...*, pág. 129. Este ponto é duvidoso, face ao novo § 323a da ZPO, que, a propósito da modificação da transacção, não faz qualquer referência à essencialidade da alteração das circunstâncias (referência que ainda se podia considerar subentendida na anterior redacção do § 323 da ZPO, que, quanto à alteração da transacção, mandava aplicar o regime da alteração da sentença), limitando-se a remeter para a lei substantiva.

[2091] Assim, H.U.-Graba, *Die Abänderung...*, págs. 129-130.

[2092] O § 323, 1, da ZPO encerra, segundo J. Braun ("Die "Änderung" der für ...", pág. 1149), uma contradição, porque uma alteração das circunstâncias significa normalmente algo de diverso de uma alteração das circunstâncias que foram decisivas para a condenação: com efeito, o que se altera não terá sido em regra decisivo, e o que foi decisivo em regra não se altera.

[2093] Remo Caponi, *L'efficacia...*, pág. 94.

[2094] H.-U. Graba, *Die Abänderung...*, pág. 127.

esse propósito, porque reconduz o requisito à categoria dos conceitos indeterminados.

A exigência de que a alteração das circunstâncias seja essencial é encarada, nesse ordenamento, como uma marca distintiva da acção modificativa relativamente à oposição à execução[2095].

A determinação da essencialidade da alteração das circunstâncias pressupõe, em primeiro lugar, a aferição da existência de uma alteração das circunstâncias e, em segundo lugar, a verificação da essencialidade dessa alteração.

No que ao primeiro aspecto diz respeito, cumpre salientar que a essencialidade da alteração, enquanto qualidade desta, é normalmente referida, como assinala Graba[2096], à generalidade das circunstâncias que constituíram o fundamento da sentença modificanda, e não a uma circunstância em particular: dito de outro modo, a admissibilidade da acção modificativa depende de uma alteração que afecte, de modo essencial, a existência, o montante ou a duração da pretensão reconhecida na sentença[2097], após uma valoração global de todas as circunstâncias decisivas.

E, atendendo a que o § 323, 1, da ZPO se refere a uma alteração das circunstâncias em que assentou a decisão, pode concluir-se que a relevância e a dimensão da alteração, como acentua Moritz[2098] (embora à luz da versão anterior à reforma de 2008/2009, que aludia a uma alteração das circunstâncias que foram decisivas para a condenação), só podem ser determinadas por referência aos elementos de cálculo da quantia estabelecida na sentença anterior.

No que ao segundo aspecto – o da essencialidade, propriamente dita, da alteração – concerne, tem o mesmo sido entendido, como já dissemos[2099], de uma forma rígida, tanto pela jurisprudência como pela doutrina: enquanto exigência de uma variação de pelo menos 10% no montante da pensão estabelecida.

Para Graba[2100], o requisito da essencialidade, de natureza substantiva e não processual – isto é, referido à eficácia ou à influência da alteração das circunstâncias na pretensão e não às limitações processuais à modificação da pretensão por alteração das circunstâncias –, na sequência do propugnado por Niklas[2101],

[2095] P. Kurz, *Die Reformbedürftigkeit...*, pág. 50.

[2096] H.-U. Graba, *Die Abänderung...*, pág. 126.

[2097] A actual redacção do § 323 da ZPO, emergente da reforma de 2008/2009, limita-se a aludir a uma alteração essencial das circunstâncias de facto ou de direito em que assentou a decisão.

[2098] J. R. Moritz, *Probleme...*, pág. 154.

[2099] *Supra*, § 3º, I, 1. *c)*.

[2100] H.-U. Graba, *Die Abänderung...*, págs. 125 e 126-127.

[2101] U. Niklas, *Das Erfordernis...*, págs. 4-5, 87-112 e 167-172. Para Niklas, o requisito da essencialidade da alteração das circunstâncias pode ser entendido, ou como uma especial barreira processual ao exercício da pretensão material (a par dos outros requisitos contemplados no § 323, 1 e 2, da ZPO) – do que decorreria que a alteração só é essencial quando o resultado da valoração jurídica das circunstâncias deva

GOTTWALD[2102] e BRAUN[2103] – explica-se pelas razões de equidade que justificam a acção modificativa e que excluem a admissibilidade da modificação da sentença quando a alteração das circunstâncias se repercuta de modo insignificante na pretensão nela reconhecida: tal como sucede, aliás, em relação aos contratos, cuja modificação só é possível quando as circunstâncias se alterem de tal modo que deixe de ser razoável a respectiva manutenção sem alterações.

E quando é que a alteração das circunstâncias é essencial no sentido apontado, isto é, quando é que se reflecte na pretensão de um modo tal que justifica a modificação da sentença?

Trata-se de uma questão que, como observa NIKLAS[2104], é tratada pelo direito material: assim, no caso da pretensão de alimentos, e partindo do princípio de que a necessidade do alimentando continuamente varia, impondo-se, como tal, a fixação de um quantitativo que corresponda a um cálculo da necessidade média, está bem de ver que não é qualquer divergência, num determinado mês, entre a necessidade do alimentando e a pensão disponível que se deve reflectir na pretensão, uma vez que a oscilação da necessidade já foi tida em conta aquando da fixação do quantitativo; só será essencial a alteração da necessidade do alimentando que não possa ser abrangida pelo cálculo da necessidade média a que se fez referência (porque nesta eventualidade foi atingida a pretensão global), justificando que se proceda a outro cálculo da quantia de que o alimentando, em média, carece[2105/2106]. É essencial, em regra, e por exemplo, a alteração que se traduz num desemprego ou num novo emprego, mas não a que respeita a uma des-

ser substancialmente diversa da anterior –, ou como uma especial qualidade da alteração sob o ponto de vista da sua incidência na pretensão material, neste último sentido apontando a história do preceito.

2102 P. Gottwald, "Abänderungsklage...", pág. 160.

2103 J. Braun, *Grundfragen...*, págs. 246-274, e "Zinstitel...", págs. 328-332. Para Braun, o requisito da essencialidade tem sido entendido de um modo que conflitua com a letra da lei e que dificulta a realização do direito material entretanto alterado, porque vem sendo referido, não às circunstâncias que se alteraram, mas à pretensão que se alterou; na sua perspectiva, o requisito está preenchido quando as circunstâncias se alteram de forma a atingir a pretensão, permitindo outra avaliação da pretensão. Concordando também com Braun, B. G. Beinert, *Der Umfang...*, págs. 134-135.

2104 U. Niklas, *Das Erfordernis...*, págs. 87-90 e 115-119.

2105 A necessidade de proceder a um cálculo da necessidade média do alimentando demonstra – tal como o regime do § 258 da ZPO –, segundo P. Wax ("Zur Dogmatik...", pág. 23), que a obrigação de alimentos constitui uma pretensão material unitária relativa a prestações periódicas e não (como sustentaria a tese dominante) várias pretensões materiais, que continuamente surgem e cessam em períodos de um mês. Sobre o problema de saber se à reiteração, no tempo, de prestações isoladas (que caracteriza as prestações periódicas) corresponde uma *obrigação unitária* ou, antes, uma *pluralidade de obrigações* – e, bem assim, corresponde um contrato unitário ou, antes, uma pluralidade de fontes das várias obrigações –, veja-se, à luz do direito italiano, A. De Martini ("Obbligazione...", pág. 657), concluindo no sentido de que cada período de prestação isolado, e cada prestação periódica isolada, constituem objecto de distintas obrigações, embora seja única a respectiva fonte (porque o contrato é um só): dessa conclusão decorreriam depois diversas consequências práticas, entre as quais a existência de distintos termos

pesa para enfrentar uma pequena doença ou para gozar um período de férias, porque esta despesa já foi ponderada aquando do cálculo da necessidade média do alimentando[2107].

Correspondendo, de qualquer modo, a um conceito indeterminado, o requisito da essencialidade não seria, segundo Graba[2108], susceptível de densificação mediante fórmulas, nomeadamente a referente à exigência de uma variação de pelo menos 10% no montante da pensão[2109] ou à exigência do carácter duradouro da nova circunstância (por exemplo, de um desemprego prolongado do devedor de alimentos)[2110]. Estas exigências, aliás, só são compreensíveis quando

iniciais e prazos prescricionais para cada obrigação, e a necessidade de adequar a disciplina contratual à situação económica que se vai alterando durante o desenvolvimento do contrato.

2106 J. Braun (*Grundfragen*..., pág. 267) observa, a propósito do requisito da essencialidade da alteração no caso das sentenças de alimentos, que o mesmo tem uma vertente processual, no ponto em que só são essenciais aquelas alterações no âmbito dos pressupostos dos alimentos que não foram tomadas em consideração aquando do cálculo da quantia de que, em média, o alimentando necessita, e cuja consideração conduzirá agora a um novo cálculo: assim, ao juiz da acção modificativa é solicitada uma verificação das oscilações que se encontram abrangidas pelo cálculo originário da quantia média correspondente a alimentos.

2107 Neste sentido, J. Braun, *Grundfragen*..., págs. 269-270 (formulando algumas reservas à tese de Braun, veja-se, porém, E. Becker-Eberhard, "Johann Braun:...", págs. 406-407).

2108 H.-U. Graba, *Die Abänderung*..., págs. 127-128.

2109 Contra este critério também se insurgem: U. Niklas, *Das Erfordernis*..., págs. 31-32 e 34-40; J. Soyka, *Die Abänderungsklage*..., 1ª ed., págs. 75-76; J. R. Moritz (*Probleme*..., págs. 158-159). O critério foi, todavia, aceite pelo BGH – mas apenas no que diz respeito à modificação de sentenças, não de transacções (cfr. BGH, 23.04.1986 e 29.01.1992) –, bem como pelo legislador alemão, concretamente na *Gesetz zur Regelung von Härten im Versorgunsgsausgleich* (VAHRG) de 21 de Dezembro de 1983, entretanto revogada, cujo § 10a ("Abänderung rechtskräftiger Entscheidungen über den Versorgungsausgleich") dispunha o seguinte: "[...] (2) Die Abänderung findet nur statt, wenn 1. sie zur Übertragung oder Begründung von Anrechten führt, deren Wert insgesamt vom Wert der durch die abzuändernde Entscheidung insgesamt übertragenen oder begründeten Anrechte wesentlich abweicht, oder [...] und [...]. Eine Abweichung ist wesentlich, wenn sie 10 vom Hundert des Wertes der durch die abzuändernde Entscheidung insgesamt übertragenen oder begründeten Anrechte, mindestens jedoch 0,5 vom Hundert des auf einen Monat entfallenden Teils der am Ende der Ehezeit maßgebenden Bezugsgröße übersteigt. [...]". Sobre esta regra: M.-M. Hahne, "Die Abänderung rechtskräftiger...", pág. 228, e "Die Abänderung von Altfällen...", págs. 430-431; M. A. Bieder, "Zur Bedeutung...", págs. 652-654; C. Dörr, "Zur Abänderung...", pág. 101; F. Ruland, "Das Gesetz...", págs. 349-350; T. Wagenitz, "Abschied...", pág. 5.

2110 Neste último caso, o que efectivamente cumpre apurar, segundo Graba (*Die Abänderung*..., págs. 127-128), é se as circunstâncias decisivas para a condenação se alteraram, o que não sucede quando o devedor pode, por via da indemnização paga pela antiga entidade patronal, assegurar a prestação até à obtenção de novo emprego. Também J. Soyka (*Die Abänderungsklage*..., 1ª ed., págs. 72-73) alerta para a necessidade de ponderação do caso concreto, a fim de determinar se uma quebra de rendimentos de curta duração constitui fundamento de modificação. J. R. Moritz (*Probleme*..., pág. 158) alerta, por seu lado, para a dificuldade de determinação do carácter duradouro da alteração e, bem assim, para o perigo que corre o autor da acção modificativa com tal exigência: o de ver a acção julgada improcedente, por prematura, e o de perder certos direitos – atendendo à proibição de modificação para o passado constante do § 323, 3, da ZPO –, caso, pelo contrário, espere que a alteração seja suficientemente duradoura para propor a acção.

se atribui ao requisito da essencialidade natureza processual, porque nesta eventualidade pressupõe-se que qualquer alteração de circunstâncias se reflecte na pretensão, sendo depois necessário dotar o requisito de algum conteúdo útil (quantitativo, temporal, ou outro)[2111]. Deste modo, deve entender-se que é possível propor acção modificativa ainda que esteja em causa uma pequena quantia para além ou para aquém do quantitativo inicialmente fixado, tal como sucede em relação a qualquer acção, execução ou oposição à execução, que podem ser instauradas para fazer valer uma pequena quantia[2112]; entendimento que, aliás, apresenta a vantagem de não colocar os problemas de inconstitucionalidade que a orientação oposta vem suscitando à doutrina alemã[2113] (embora, como também observa BIEDER[2114], não forneça um critério rigoroso de aferição da gravidade da alteração das circunstâncias).

O requisito da essencialidade da alteração das circunstâncias apela, de acordo com OETKER[2115], a uma ponderação de interesses, pelo que, no caso da modificação de sentença inibitória fundada em alteração favorável ao réu, pode justificar-se uma maior exigência no preenchimento do requisito (ou seja, um maior recuo do interesse do réu face ao interesse do autor), atendendo a que não está em causa um dever de facto positivo; já diversa poderá ser, porém, a valoração, se o comportamento vedado ao réu se encontrar constitucionalmente tutelado; pode, também, justificar-se a preponderância do interesse na segurança jurídica, quando se vise a modificação de sentença de simples apreciação de direitos absolutos ou do estado das pessoas, na medida em que o aí decidido se repercute em múltiplas relações jurídicas; finalmente, o requisito da essencialidade da altera-

2111 Assim, U. Niklas, *Das Erfordernis...*, pág. 85.

2112 Assim, J. Braun, *Grundfragen...*, pág. 269.

2113 A este propósito, considera J. Braun ("§ 323 I und III...", págs. 1595-1597, "Die Abänderungsklage auf dem Prüfstand...", pág. 937, *Grundfragen...*, págs. 246-247, e "Zinstitel...", págs. 229-330) que é inconstitucional, por violação do disposto no artigo 103º, I, da GG – que consagra o direito ao contraditório em processo judicial (*Anspruch auf rechtliches Gehör*) – a interpretação da norma do § 323, 1, da ZPO segundo a qual o requisito da essencialidade da alteração das circunstâncias só está preenchido quando a alteração redunde num aumento ou numa redução significativa da renda que foi fixada (interpretação que assenta no pressuposto de que a essencialidade da alteração não se refere às circunstâncias, em si mesmas, mas ao resultado que se atingirá com a adaptação da sentença). T. M. Petzoldt (*Die Rechtskraft...*, pág. 203) entende igualmente que é inconstitucional a orientação, que vem sendo perfilhada pelos tribunais alemães, segundo a qual, nos casos de formulação de pedido parcial oculto, é necessária a verificação de um aumento de 10% do respectivo montante, para que possa ser exigida a restante parte do pedido. U. Graba (*Die Abänderung...*, pág. 129), porém, contesta esta censura de inconstitucionalidade, sustentando que é do interesse público que os tribunais não sejam chamados a emitir pronúncia sobre questões insignificantes e que, além disso, não é razoável sujeitar a parte contrária, por causa delas, a um novo processo.

2114 M. A. Bieder, "Zur Bedeutung...", págs. 650-651.

2115 H. Oetker, "Die materielle...", págs. 22-23.

ção pode ter contornos diversos em outras áreas do direito, nomeadamente no direito administrativo, justificando-se, por exemplo, que a modificação do acto administrativo conheça restrições quando seja desfavorável ao particular e possa ter lugar, sem quaisquer restrições, quando beneficie este.

III. A alteração anormal e grave exigida pelo artigo 437º, nº 1, do CC. Eventual contradição entre esta exigência e a protecção especial que o caso julgado deve ter. Conclusão: a alteração das circunstâncias relevante para a modificação da sentença é definida pelo direito material

O artigo 619º, nº 2, do CPC não alude, como dissemos, à essencialidade da alteração das circunstâncias, exigindo apenas a "modificação das circunstâncias que determinaram a condenação".

No entanto, pode tal exigência resultar das normas de direito material, quer daquelas que directamente regulam as prestações de alimentos e as restantes prestações subsumíveis na previsão daquele preceito, quer de lugares paralelos de regulação, como o artigo 437º, nº 1, do CC, eventualmente aplicáveis por analogia.

É o que vamos ver, começando por esta última disposição, que, recorde-se, determina que "[s]e as circunstâncias em que as partes fundaram a decisão de contratar tiverem sofrido uma alteração anormal, tem a parte lesada direito à resolução do contrato, ou à modificação dele segundo juízos de equidade, desde que a exigência das obrigações por ela assumidas afecte gravemente os princípios da boa fé e não esteja coberta pelos riscos próprios do contrato".

A propósito do regime consagrado no artigo 437º do CC, considera Oliveira Ascensão[2116] que a alteração é anormal quando seja *extraordinária* (isto é, quando não esteja coberta pelos riscos próprios do contrato, que são os riscos que foram assumidos pelas partes) *e objectivamente imprevisível*[2117].

Não é porém claro se, para o Autor, ao carácter extraordinário da alteração deve acrescer – como qualidade distinta – o seu carácter objectivamente impre-

[2116] J. de Oliveira Ascensão, "Onerosidade...", págs. 634-635.

[2117] Embora no contexto da teoria da imprevisão, também se refere num Acórdão do Supremo Tribunal de Justiça de 30 de Julho de 1926 que "[s]e as obrigações derivadas dos contratos que houvessem de produzir efeitos futuros dependessem da inalterabilidade das circunstâncias em que os contratos fôssem feitos, da permanência, por exemplo, dos preços das coisas visadas nos contratos, bem instáveis seriam êstes e de todo o ponto incertos os seus efeitos. Pode até afirmar-se que semelhante cláusula poderia dar sempre lugar à inexecução ou alteração dos contratos de efeitos futuros, porque as circunstâncias em que se celebraram hão-de ir contìnuamente variando". Deste modo, e como, em anotação a este acórdão, assinala Vaz Serra ("Caso fortuito...", pág. 208), "[...] ao réu na acção em que foi proferido o acórdão [...] não poderia aproveitar a teoria da imprevisão, ainda que admitida; pois não houve alteração *radical* no ambiente objectivo do contrato, nem se trata duma mudança imprevisível para um contraente normal, sendo certo que alterações, como a invocada pelo réu, se teem dado freqüentemente durante a guerra e depois dela".

visível: diríamos que não, porque, a propósito do facto objectivamente imprevisível, OLIVEIRA ASCENSÃO[2118] afirma que é aquele cujo "carácter extraordinário impediu que tivesse sido tomado em conta"[2119].

A referência autónoma que o Autor faz ao carácter objectivamente imprevisível da alteração parece ter assim, como única utilidade, a de reiterar a irrelevância da previsibilidade ou imprevisibilidade subjectiva[2120] e, concomitantemente, a não aceitação da formulação tradicional da *teoria da imprevisão*.

Há quem sustente, porém, que a alteração das circunstâncias não tem de ser necessariamente imprevisível para o efeito da aplicação do regime do artigo 437º do CC. Deste ponto já tratámos, pelo que a ele não nos referiremos[2121].

Para além de extraordinária (e objectivamente imprevisível), a alteração das circunstâncias deve ainda, segundo OLIVEIRA ASCENSÃO[2122], ser *grave* – isto é, "afecta[r] gravemente, manifestamente, a equação negocialmente estabelecida –, para poder ser qualificada como anormal[2123].

A essa gravidade da alteração, enquanto requisito de que depende a sua qualificação como anormal, também se refere um Acórdão do Supremo Tribunal de Justiça de 28 de Maio de 2009, que a define como uma alteração "significativa", que assume "apreciável vulto ou proporções extraordinárias"; num outro acórdão, mais antigo, o Supremo parece excluir a gravidade da alteração quando esta nada altera a posição da parte[2124].

O requisito da *gravidade* – que outros Autores e alguma jurisprudência autonomizam do da anormalidade da alteração das circunstâncias[2125], o que bem

[2118] J. de Oliveira Ascensão, "Onerosidade...", pág. 631.

[2119] A jurisprudência portuguesa também tem concebido a *alteração anormal* das circunstâncias a que se refere o artigo 437º, nº 1, do CC como uma alteração objectivamente imprevisível (neste sentido, RL, 21.04.1986, RL, 28.05.1987, RP, 17.07.1984).

[2120] Também em *Direito civil*..., III, pág. 200, J. de Oliveira Ascensão coloca a questão de saber "se a evolução deve ser considerada objectivamente anormal, ou a anormalidade deve ser medida pelo ponto de vista das partes". E conclui que "[n]ão se vê na lei abertura para um entendimento subjectivo. Fala-se simplesmente na evolução anormal, e a anormalidade da evolução é uma dimensão objectiva".

[2121] *Supra*, § 24º, III.

[2122] J. de Oliveira Ascensão, "Onerosidade...", pág. 637.

[2123] Em *Direito civil*..., III, pág. 211, J. de Oliveira Ascensão entende também que o requisito da *anormalidade* contém uma referência implícita à gravidade da alteração: "[n]ão basta qualquer desvio, é mesmo necessário que se crie um desequilíbrio *manifesto* na relação".

[2124] Assim, STJ, 13.02.1992, considerando que, se ao celebrar o contrato-promessa, o promitente vendedor recebeu logo a totalidade do preço, não pode depois requerer a resolução desse contrato ao abrigo do artigo 437º do CC, alegando inflação monetária e fiscal, porque "a celebração do contrato definitivo em nada alterava a sua posição nesse domínio".

[2125] Assim, por exemplo, M. J. de Almeida Costa (*Direito das obrigações*, pág. 305): na sua perspectiva, a alteração das circunstâncias é anormal quando seja excepcional; para além disso, a alteração das circunstâncias deve envolver lesão para uma das partes (excessiva onerosidade económica da presta-

demonstra a dificuldade de densificação deste conceito[2126] – justifica-se, para Oliveira Ascensão[2127], por razões de certeza ou segurança jurídica: na verdade, "[t]ornar-se-ia impossível a vida jurídica se todos os negócios pudessem ser revistos, ao sabor das alterações da realidade subjacente, que incessantemente evolui. Mesmo que essas alterações sejam alterações extraordinárias. A vida jurídica exige estabilidade"[2128].

Como sublinha Pais de Vasconcelos[2129], "[p]ara a determinação do critério de importância e gravidade da perturbação da justiça contratual, a lei recorreu ao princípio da boa fé", sendo "necessário que a alteração das circunstâncias tenha provocado uma perturbação da justiça contratual, uma injustiça, tão grave que nenhuma pessoa de bem, de boa fé, persistiria na exigência do cumprimento, de um modo rígido e sem consideração da injustiça envolvida"[2130].

O carácter *extraordinário* e *grave* da alteração diferencia, na perspectiva de Oliveira Ascensão[2131], a alteração de circunstâncias relevante para o efeito do artigo 437º do CC da alteração de circunstâncias relevante para o efeito do artigo 567º do mesmo Código – relativo à modificação da sentença ou do acordo que tenha estabelecido uma indemnização sob forma de renda –, porque esta alteração, diversamente daquela, deve apenas ser *sensível*.

ção, grandes riscos pessoais ou excessivos sacrifícios de natureza não patrimonial), caso o contrato se mantenha incólume. Assim também, RL, 14.12.2004. L. Menezes Leitão (*Direito das obrigações*, vol. II, págs. 129-130) sublinha ainda que o regime da alteração das circunstâncias consagrado no artigo 437º do CC pressupõe que essa alteração provoque uma lesão para uma das partes, isto é, danos significativos para uma delas, reveladores de uma modificação no equilíbrio contratual estabelecido pelas partes; e essa lesão deve, além disso, ser "de tal ordem que se apresente como contrária à boa fé a exigência do cumprimento das obrigações assumidas", requisito do qual o Autor retira que o regime do artigo 437º do CC não pode ser aplicado "a contratos já executados, uma vez que após a troca das prestações, já passa a ser um risco do receptor da prestação as alterações de valor que ela venha a sofrer".

2126 Assinalando esta dificuldade, por ser muito milimétrica a gradação entre o normal e o anormal, A. Almeida Santos, *A teoria*..., pág. 74.

2127 J. de Oliveira Ascensão, "Onerosidade...", pág. 639.

2128 A este propósito, observa também Vaz Serra ("Resolução...", pág. 341): "Para pequenas diferenças, seria demasiado que se autorizasse a resolução do contrato, pois a manutenção das convenções é de interesse geral e só deve afastar-se quando motivos graves o imponham".

2129 P. Pais de Vasconcelos, *Teoria geral*..., págs. 373-374.

2130 Sobre o sentido do apelo, no artigo 437º do CC, aos princípios da boa fé, A. Ferrer Correia / V. G. Lobo Xavier, "Contrato...", págs. 119-123, e (negando sentido à fórmula) Maria Miguel Pereira, *A boa fé*..., págs. 23-38. Também é o princípio da boa-fé que, no entender de F. Pessoa Jorge (*Ensaio*..., págs. 387-388), justifica a exigência de um *mínimo de gravidade* do prejuízo, para a reparabilidade do mesmo. A. Menezes Cordeiro ("A proposta...", págs. 291-292) confere, por seu lado, relevo à boa fé, não só na concretização da anormalidade da alteração e do prejuízo verificado, mas também para outros efeitos (por exemplo, "na determinação das circunstâncias que, a serem afectadas, desencadeiam todo o processo").

2131 J. de Oliveira Ascensão, "Onerosidade...", págs. 637-638.

O carácter *sensível* da alteração prevista no artigo 567º do CC é, por seu lado, definido negativamente por Oliveira Ascensão[2132]: "[n]ão basta toda e qualquer alteração, mas também não tem de representar a alteração anormal que desencadeia a aplicação do art. 437º".

Antunes Varela[2133], mais precisamente, concebe a alteração sensível das circunstâncias a que se refere o artigo 567º, nº 2, do CC, como uma *alteração apreciável* das circunstâncias que interessam, ou ao objecto da obrigação periódica em que se traduz a obrigação de indemnização (ou seja, à própria prestação periódica), ou à garantia dessa mesma obrigação.

A conclusão a que chega Oliveira Ascensão – a de que o artigo 437º do CC é mais exigente do que o artigo 567º do mesmo Código, quanto à alteração de circunstâncias a que atribui relevância – suscita-nos logo a seguinte interrogação (que é também, de algum modo, uma perplexidade): *como se explica que o grau de exigência para a modificação de uma sentença* (prevista, a par da modificação do acordo, no artigo 567º do CC), *com fundamento em alteração de circunstâncias, possa ser menor do que aquele que é estabelecido para o contrato* (figura que subjaz ao artigo 437º do CC)*?* Isto é, por que motivo o artigo 567º, nº 2 do CC entende ser suficiente uma alteração sensível das circunstâncias e o artigo 437º, nº 1, do CC exige, não só que essa alteração das circunstâncias seja anormal, como também que seja grave, isto é, lesiva para uma das partes (quanto a este último aspecto fazendo lembrar, aliás, a tese da natureza processual do requisito da essencialidade da alteração – propugnada por alguma doutrina e jurisprudência alemãs a que já fizemos menção –, que redunda na exigência de um certo alcance da alteração da pretensão e, como tal, na exigência de uma variação de pelo menos 10% no montante da pensão)?

Esta interrogação e esta perplexidade prendem-se com a (quase) intangibilidade que a ordem jurídica atribui ao caso julgado e já não ao contrato: basta, por exemplo, atentar nos efeitos da declaração de inconstitucionalidade ou de ilegalidade de norma, com força obrigatória geral, para concluir que é especialmente forte a protecção constitucional do caso julgado (cfr. o artigo 282º da Constituição, em especial o seu nº 3, que já longamente considerámos).

Atendendo a esta especial protecção do caso julgado, quando comparada com aquela que é dispensada ao contrato, não parece muito convincente a explicação dada por Oliveira Ascensão[2134] para a (na perspectiva do Autor) maior exigência do artigo 437º do CC, relativamente ao artigo 567º do mesmo Código, quanto à alteração de circunstâncias que releva: a de que, no caso deste último

[2132] J. de Oliveira Ascensão, "Onerosidade...", pág. 638.

[2133] Antunes Varela, *Das obrigações...*, págs. 941-942.

[2134] J. de Oliveira Ascensão, "Onerosidade...", pág. 638.

preceito, estaria em causa um contexto específico, "que é relativo à fixação da indemnização a cargo do responsável".

Com efeito, se a área da responsabilidade civil pode, ao menos teoricamente, ser mais permeável à alteração de circunstâncias que a área contratual (é este o resultado que inferimos da construção do Autor que vimos seguindo), também é verdade que tal característica, em si mesma considerada, não serve para fundar qualquer desvio face ao princípio do (maior) respeito pelo caso julgado.

Em suma: a verificar-se qualquer dissemelhança entre os artigos 437º e 567º do CC, no que à alteração de circunstâncias relevante diz respeito, ela deve poder ser explicada, sob pena de contradição sistémica (se não mesmo de inconstitucionalidade), de um modo que não conflitue com a especial protecção do caso julgado, que se retira do artigo 282º da Constituição[2135].

O mesmo se diga, aliás, a propósito do artigo 619º, nº 2, do CPC – que também se refere à sentença –, se porventura concluirmos que os requisitos da modificação aqui contemplados são menos exigentes do que os consagrados no artigo 437º do CC.

E, na verdade, há indícios que apontam no sentido dessa menor exigência.

Desde logo, o elemento literal: contrariamente ao § 323, 1, da ZPO, o artigo 619º, nº 2, do CPC não alude a qualquer qualidade que a alteração das circunstâncias deva possuir, pelo que o preceito nem sequer suscita a discussão em torno da questão de saber se basta uma alteração das circunstâncias relevante sob o ponto de vista do direito material ou se é ainda necessário que essa alteração se traduza numa alteração da pretensão com certo alcance.

O artigo 619º, nº 2, do CPC parece, com efeito, ocupar-se apenas da questão da admissibilidade da acção modificativa – quanto a este ponto devendo ser interpretado no sentido de que *qualquer alteração* (desde que referida às circunstâncias essenciais para a decisão) torna admissível tal acção –, remetendo a resolução da questão da procedência da acção modificativa para o direito material.

[2135] No plano do direito administrativo, alguns autores, como é o caso de Pedro Gonçalves ("Revogação...", pág. 316), J. Robin de Andrade ("Revogação administrativa...", pág. 40) e F. Urbano Calvão ("Revogação dos actos...", pág. 33), assinalam uma contradição semelhante no interior do sistema criado pelo (antigo) Código do Procedimento Administrativo de 1991: a que se traduz na maior facilidade de revogação para o futuro (ou abrogação) do contrato administrativo face ao acto administrativo, sendo que, como observa J. Robin de Andrade, "por todas as razões, os contratos, sujeitos ao princípio do cumprimento pontual, e baseados num acordo de vontades que deve ser respeitado, deveriam ser mais estáveis do que os meros actos unilaterais". Segundo este Autor (*idem*, pág. 41), tal contradição deve ser resolvida, no plano do direito a constituir, transpondo para o regime dos actos administrativos o "princípio de que mesmo os actos constitutivos de direitos e de interesses legalmente protegidos podem ser modificados ou revogados para o futuro, por razões de interesse público, sempre que a relação jurídica que deles decorra pudesse ter sido criada por contrato administrativo, e desde que, obviamente, sejam indemnizados os particulares cujos interesses tenham sido lesados de modo anormal ou especialmente oneroso pelo acto revogatório".

E, ao remeter para o direito material, o preceito parece considerar suficiente, tanto a mera alteração das circunstâncias (por exemplo no caso dos alimentos, uma vez que o artigo 2012º do CC não formula qualquer exigência qualitativa a esse propósito), como a alteração sensível das circunstâncias (no caso da fixação da indemnização sob forma de renda, por força do estatuído no artigo 562º, nº 2, do CC), como ainda qualquer outro nível de alteração a que outros preceitos da lei substantiva confiram relevância.

É claro que, no caso dos alimentos, e não obstante o artigo 2012º do CC não formular, para o efeito da alteração dos alimentos fixados, nenhuma especial exigência quanto à essencialidade da modificação das circunstâncias, constata-se que, já aquando da realização dos trabalhos preparatórios do Código, Vaz Serra[2136] defendia que "[o] que é preciso é que, quer se trate de sentença, quer de acordo, a mudança dos recursos do devedor não seja momentânea, devendo ter uma certa estabilidade".

Esta observação de Vaz Serra não significava, ao que cremos, a rejeição da possibilidade de proposição de acção modificativa sempre que se estivesse perante um aumento das necessidades do devedor ditado por um evento tendencialmente irrepetível: é que, como sublinha Remédio Marques[2137], a propósito dos alimentos devidos ao menor, as necessidades do menor podem aumentar em virtude da desvalorização da moeda ou do "aumento das necessidades da criança aliado ao seu crescimento", mas também podem resultar de um evento de natureza extraordinária (como por exemplo uma doença grave de cura dispendiosa), não se compreendendo que, só nesta última eventualidade, o aumento do montante dos alimentos estivesse vedado[2138].

Para Remédio Marques[2139], do artigo 2012º do CC decorre que "nem sequer é preciso que essa alteração ou modificação [das circunstâncias] seja *grave* ou *substancial* (*v.g.*, cuja génese reside numa variação extraordinária, insólita ou inesperada), bastando que as circunstâncias que determinaram a sua fixação [dos alimentos ao menor] se modifiquem, em termos de alterarem o equilíbrio inicialmente estabelecido entre as necessidades do menor e as possibilidades do(s) obrigado(s)".

A esta exigência, formulada pelo Autor, de alteração do equilíbrio inicialmente estabelecido parece subjazer o entendimento de que – embora não seja preciso uma alteração grave – também não basta uma alteração insignificante das circunstâncias para obter a modificação da sentença de alimentos.

2136 Vaz Serra, "Obrigação de alimentos", pág. 138.

2137 J. P. Remédio Marques, *Algumas notas...*, pág. 111.

2138 Identicamente, face ao direito italiano, T. A. Auletta ("Alimenti...", pág. 8), para quem a modificação da situação do devedor ou do credor dos alimentos deve apresentar relativa estabilidade, excepto se se verificar uma necessidade excepcional.

2139 J. P. Remédio Marques, *Algumas notas...*, pág. 109, nota 147.

A insuficiência da alteração insignificante das circunstâncias é, mais claramente, sustentada por Abrantes Geraldes[2140], quando afirma que "de acordo com o art. 2012º do CC, não é qualquer modificação da matéria de facto oportunamente considerada que deverá servir de pretexto para a apresentação de um pedido de alteração. Apenas a modificação das "*circunstâncias determinantes*" para a fixação e quantificação da prestação. Esta exigência assume-se como um travão a pretensões injustificadas, assentes em motivos irrisórios, por forma a dissuadir qualquer dos interessados de perturbar, sem motivo sério, a estabilidade da decisão e a actividade judicial".

Embora admitamos que esta conclusão possa ser a correcta, não entendemos, contudo, que da referência legal às "circunstâncias determinantes" se possa retirar qualquer argumento no sentido de que a alteração das circunstâncias não pode ser uma pequena alteração, ou uma alteração insignificante: se se reparar, trata-se de expressão usada igualmente no artigo 619º, nº 2, do CPC e que visa apenas, como anteriormente dissemos[2141], delimitar o leque de circunstâncias relativamente às quais deve registar-se a alteração: ora, não é por só relevar a alteração verificada quanto a certas circunstâncias que tal alteração deve revestir um certo grau ou uma certa qualidade.

Em outros ordenamentos também não basta uma qualquer alteração das circunstâncias para alterar o montante dos alimentos fixados: assim, no direito argentino[2142], ou no alemão, que tratámos no ponto anterior.

Mas, mesmo não bastando, no direito português, uma qualquer alteração das circunstâncias para modificar a sentença de alimentos, a verdade é que, para este efeito, a lei também não chega ao ponto de exigir a alteração anormal e grave a que alude o artigo 437º, nº 1, do CC.

A perplexidade que nos pode suscitar a menor exigência do artigo 567º, nº 2, do CC ou do artigo 619º, nº 2, do CPC face ao artigo 437º, nº 1, do CC – no que se refere à *qualificação* ou à expressividade da alteração das circunstâncias que se requer – é susceptível, todavia, de ser resolvida do seguinte modo: quando a lei exige, para a modificação do caso julgado, uma certa qualificação da alteração das circunstâncias, tal não se prende com o propósito de salvaguarda ou de conservação do caso julgado e, por isso, a lei não incorre em qualquer contradição sistémica ou em qualquer inconstitucionalidade quando simultaneamente estabelece um padrão maior de exigência para a modificação dos contratos.

2140 A. S. Abrantes Geraldes, *Temas...*, IV vol., pág. 128.

2141 *Supra*, § 23º, III, 3, e § 29º, I.

2142 Veja-se, a este propósito, R. J. Dutto (*Juicio...*, págs. 179 e 231), observando que, quando referida a uma diminuição das possibilidades do credor ou das necessidades do devedor, a alteração das circunstâncias só justifica a redução da pensão quando seja de intensidade tal que modifique substancialmente a situação de facto a que se atendeu no momento da fixação dos alimentos (seja por sentença, seja por acordo).

Que não é esse o propósito da exigência legal de uma certa qualificação da alteração das circunstâncias, para o efeito da modificação da sentença, é algo que resulta da comparação com a regulação do recurso extraordinário de revisão: na verdade, para o efeito da revisão, a lei não estabelece qualquer requisito qualitativo, nomeadamente não impõe que a revisão fundada no artigo 696º, alínea *c)*, do CPC venha a redundar numa decisão substancialmente mais favorável para o requerente da revisão; ora, se aquela exigência visasse a conservação ou a salvaguarda do caso julgado, não se compreenderia que só para o efeito da respectiva modificação nos termos do artigo 619º, nº 2, do CPC a lei a formulasse. Isto mesmo observa NIKLAS, embora à luz do direito alemão, quando analisa o requisito da essencialidade da alteração das circunstâncias (consagrado no § 323, 1, da ZPO), na perspectiva da função, que normalmente lhe é atribuída, de conservação do caso julgado[2143]: segundo o Autor[2144], o regime da *Restitutionsklage* justamente demonstraria que não é essa a função do requisito, porque este regime, conforme resulta do disposto no § 580, 7 b da ZPO, não contém qualquer barreira processual desse tipo ao exercício da pretensão material.

Do que acabou de ser exposto resulta o seguinte: não é contraditória com a especial protecção do caso julgado a exigência, para a modificação ou resolução do contrato por alteração das circunstâncias, do carácter anormal dessa alteração, e, para a modificação da sentença, do carácter apenas sensível ou apreciável dessa alteração (quando se trate de sentença que condene numa indemnização sob forma de renda, nos termos do artigo 567º do CC) ou de uma alteração não insignificante que se reflicta na pretensão (quando se trate de sentença de alimentos), porque a exigência de uma certa qualificação da alteração das circunstâncias não é instituída para proteger o caso julgado (isto é, as razões de certeza jurídica – que também, importa reconhecê-lo, desaconselhariam a possibilidade de alteração da sentença com fundamento em qualquer modificação de circunstâncias, por mais insignificante que fosse, sob pena de poder ser contínua aquela alteração e permanente a inexecução da sentença – não são as que verdadeiramente justificam esta última exigência), nem seria possível fundamentar legalmente uma preclusão da pequena alteração das circunstâncias em virtude do caso julgado.

Afastado o problema da eventual contradição com a especial protecção do caso julgado, permanece, mesmo assim, a questão de saber por que motivo a lei permite que a modificação, por alteração das circunstâncias, se encontre mais facilitada quando se trate de sentença do que quando se trate de contrato.

Tal questão, porém, e se bem se reparar, não está bem colocada, porque assenta em pressupostos que não correspondem inteiramente à realidade. É que essa

2143 Essa função é nomeadamente referida por K. Schellhammer, *Zivilprozess...*, pág. 108.
2144 U. Niklas, *Das Erfordernis...*, págs. 8-10.

maior facilidade não existe, por exemplo, no domínio da responsabilidade civil, pois o artigo 567º, nº 2, do CC impõe o mesmo grau de relevância da alteração das circunstâncias tanto para a alteração da sentença como para a alteração do acordo que fixe a indemnização sob forma de renda (em ambos os casos exigindo a verificação de uma alteração *sensível* das circunstâncias).

Por outro lado, em se tratando de alimentos, parece que quer estes hajam sido fixados por acordo, quer hajam sido fixados por sentença, o padrão de referência da relevância da alteração das circunstâncias é o mesmo (o artigo 2012º, na verdade, não distingue entre o grau de alteração das circunstâncias necessário para modificar a sentença e o necessário para modificar o acordo).

Deste modo, o que se verifica é apenas a existência de uma regra geral, no domínio contratual, consagrando um certo padrão de relevância da alteração das circunstâncias (que tem de ser anormal e grave) – e essa regra encontra-se no artigo 437º, nº 1, do CC –, e a inexistência de uma regra geral, no domínio das sentenças, quanto ao grau de relevância que a alteração das circunstâncias deve possuir, porque este aspecto é casuisticamente tratado pelo direito substantivo.

Diríamos, assim, que para o efeito da alteração da sentença prevista no artigo 619º, nº 2, do CPC vale a regra, consagrada no artigo 988º, nº 1, do CPC, segundo a qual a circunstância superveniente há-de *justificar a alteração* (sob o ponto de vista do direito substantivo)[2145].

Ora, sob o ponto de vista do direito substantivo, é natural que o grau de relevância da alteração das circunstâncias varie consoante a variabilidade das circunstâncias em que assenta a pretensão: é natural que, no caso dos alimentos, não baste, para modificar a pensão, qualquer alteração quanto à necessidade do devedor, uma vez que a constante oscilação desta já foi tida em conta aquando da fixação do quantitativo mensal da pensão; é também natural que, no caso da indemnização sob forma de renda, uma pequena alteração no rendimento do lesado justifique a modificação da renda, porque a dependência da pretensão material de uma multiplicidade de elementos variáveis não é tão evidente como no caso dos alimentos[2146]. Daí que não nos pareça que o artigo 567º, nº 2, do CC possa ser interpretado – como, numa primeira aproximação, poderia ser – no sentido de que a modificação da indemnização sob forma de renda se encontra mais dificultada do que a modificação dos alimentos que hajam sido fixados, porque aí se exige uma alteração *sensível* das circunstâncias (e o artigo 2012º do CC parece contentar-se com uma mera alteração das circunstâncias). Essa exigência de uma alteração sensível não representa, na verdade, um maior grau de exigência quanto à relevância da alteração das circunstâncias.

2145 Sobre a justificação da alteração, na jurisdição voluntária, RP, 08.11.1993.

2146 Assim, J. Braun, *Grundfragen...*, págs. 268 e 271.

Mas a variabilidade das circunstâncias em que assenta a pretensão talvez já não explique a exigência de uma alteração anormal e grave para o efeito da modificação dos contratos em geral, nos termos do artigo 437º, nº 1, do CC: estão aqui em causa pretensões dependentes de circunstâncias não tão variáveis como aquelas em que assentam as pretensões de alimentos, pelo que, em teoria, para a modificação do contrato devia bastar uma alteração não prevista pelas partes. A diferente solução do artigo 437º, nº 1, do CC face à do artigo 2012º do CC parece, então, assentar na primazia conferida à certeza ou segurança jurídica e não, como sucede no âmbito deste último preceito, à equidade: o que se explica pela diversa importância dos interesses em causa, maior no caso dos alimentos.

§ 30º A alteração de circunstâncias pressuposta pelo artigo 619º, nº 2, do CPC e a pressuposta pelo artigo 437º, nº 1, do CC

Um dos problemas que a acção modificativa coloca é o de saber se a alteração das circunstâncias a que se refere o artigo 619º, nº 2, do CPC coincide com aquela que o artigo 437º, nº 1, do CC, ao regular a resolução ou modificação do contrato por alteração das circunstâncias, pressupõe[2147]: se a previsão do artigo 619º, nº 2, do CPC coincidir, na sua essência, com a do artigo 437º, nº 1, do CC, tal significará que, no direito português, a doutrina da alteração de circunstâncias teve consagração legal no campo da sentença antes de a ter no campo dos contratos[2148] – percurso que, aliás, se aproximaria do do ordenamento alemão –, não deixando de causar alguma estranheza que, aquando da introdução deste último preceito, não se tenha atentado no disposto na lei processual (na altura, no CPC de 1961) para a acção modificativa.

Julgamos que, na dilucidação desta questão, importa distinguir a hipótese da modificação da sentença das hipóteses de modificação de sentenças homologatórias de transacções judiciais e de outros títulos executivos diversos de sentenças.

Quando se trate de modificação de sentença homologatória de transacção, a questão perde algum sentido, se se admitir que – sem prejuízo do que anteriormente dissemos[2149] a propósito de o negócio processual homologado por sentença não poder ser modificado, por alteração das circunstâncias, através de acção proposta para o efeito com fundamento nos artigos 437º e seguintes

[2147] Problema diverso daquele que deixámos enunciado é um outro, que já tratámos (*supra*, § 19º, I e II): o da aplicabilidade do regime dos artigos 437º e seguintes do CC a decisões judiciais, bem como a negócios titulados por decisões judiciais ou por documentos que constituam títulos executivos.

[2148] No campo dos contratos – e como assinala J. Rodrigues Bastos, *Das obrigações...*, I, pág. 129 –, o preceito do artigo 437º do CC regulou pela primeira vez com generalidade a respectiva resolução ou modificação por alteração das circunstâncias, porque, até à sua introdução no ordenamento, o legislador regulara situações idênticas "mediante providências legislativas especiais, ditadas para cada emergência, sem formular a esse respeito um preceito genérico".

[2149] *Supra*, § 19º, II.

do CC – a existência de uma regulação processual (precisamente, a do artigo 619º, nº 2, do CPC) não exclui a aplicabilidade dos artigos 437º e seguintes do CC.

Assim, a determinação da existência de uma alteração de circunstâncias relevante implicará, nos termos gerais, a averiguação, através da interpretação do contrato, das circunstâncias que, para as partes, constituíram a base do negócio, bem como o modo como as partes valoraram essas circunstâncias[2150], obedecendo a modificação às regras da base do negócio, a menos que as partes tenham acordado em sentido diverso[2151]. Ou, seguindo a orientação do Tribunal da Relação de Lisboa, expressa num Acórdão de 15 de Março de 2007 (Proc. 9669/06-2), a menos que se entenda que, mesmo para as hipóteses de acordo, a lei já contém uma regulação específica de tal modo exaustiva que se torna desnecessário o recurso à regulação geral do artigo 437º do CC.

Na verdade, lê-se o seguinte no referido acórdão, proferido num processo que, nos termos do artigo 182º da antiga OTM (actual artigo 42º do RGPTC), se destinava a obter nova regulação do poder paternal (quer na vertente da alteração do valor da prestação de alimentos, quer na da alteração do regime de visitas): "A apelante aproxima o disposto no nº 1 do art. 182º da OTM do constante dos arts. 437º do CC [...]. Sem necessidade, uma vez que os preceitos do CC referentes aos efeitos da filiação e a alimentos, conjugados com as regras extraídas da OTM – com recurso, igualmente, às constantes do CPC, respeitantes aos processos de jurisdição voluntária – são bastantes para a resolução de situações como aquelas a que se reportam os autos. Sublinhe-se, aliás, que a alteração da regulação do poder paternal terá lugar tanto nos casos – como o dos autos – em que os progenitores acordaram para o efeito, como naqueles em que nenhum acordo sucedeu e foi o juiz que fixou o regime respectivo".

Abstraindo agora desta última referência – porque nos parece que, da circunstância de também a sentença poder ser alterada, não pode inferir-se que o acordo o não possa ser ao abrigo de um regime que é próprio dos contratos –, julgamos que tem cabimento a conclusão do acórdão de que a ponderação da

[2150] Neste sentido, para a modificação de uma transacção judicial, face ao direito alemão: H.-U. Graba, *Die Abänderung...*, pág. 122. Segundo o mesmo Autor, as partes podem acordar expressa ou tacitamente no sentido de que certas circunstâncias não afectam a pretensão, pelo que a não consideração, pelas partes, de certa circunstância, aquando da celebração do contrato, não justificará sempre a respectiva modificação, caso essa circunstância se altere (*idem*, págs. 122-123); por outro lado, como muitas vezes as partes se limitam a concretizar uma pretensão já decorrente da lei, é de presumir que a modificação do contrato seja por elas querida, sempre que as circunstâncias se desenvolvam de um modo tal que o acordo já não corresponda à pretensão que da lei decorre (*idem*, pág. 123); finalmente, quando não seja possível apurar a vontade das partes, vale a regulação legal, no apuramento da relevância da alteração das circunstâncias (*idem*, pág. 124).

[2151] H.-U. Graba, *Die Abänderung...*, pág. 124.

aplicação do artigo 437º do CC à alteração do acordo só se justifica se não houver um regime especial.

Quando se trate de modificação de sentença, em geral, tem a doutrina alemã também entendido que a formulação contida no § 323 da ZPO corresponderia essencialmente à formulação da teoria da base do negócio, vigente para os contratos[2152], bem como que a noção de circunstâncias contida naquele preceito (*Verhältnisse*) – termo que, talvez mais propriamente traduzido, equivale a "condições" – corresponde à noção de circunstâncias operante para a aplicação das regras relativas à base do negócio (*Umstände*)[2153].

De algumas semelhanças entre o regime do artigo 619º, nº 2, do CPC e o do artigo 437º do CC já fomos dando conta ao longo do texto: assim, se o artigo 619º, nº 2, do CPC só considera relevante a alteração das circunstâncias quando esta se reporte às circunstâncias que determinaram a condenação, o artigo 437º do CC também restringe a relevância da alteração àquela que incida sobre as circunstâncias em que se fundou a decisão de contratar, ou seja, sobre as circunstâncias que se apresentem como causais em relação à celebração do contrato[2154] (não a estendendo, por exemplo, àquela que incida sobre as circunstâncias de outro negócio[2155]).

Por outro lado, do mesmo modo que, para efeitos do disposto no artigo 619º, nº 2, do CPC, só importa considerar a alteração que se refira a circunstâncias essenciais para a decisão, a aplicação do artigo 437º do CC depende da verificação de uma alteração da base do negócio, perspectivada como integrando os elementos que são essenciais ao sentido e ao resultado do contrato celebrado pelas partes[2156].

Em terceiro lugar, tal como o regime do artigo 437º do CC não se destina a declarar a nulidade do negócio nem a alteração das circunstâncias conduz a

2152 Neste sentido, H.-U. Graba, *Die Abänderung...*, págs. 106-107.

2153 Neste sentido, H.-U. Graba, *Die Abänderung...*, pág. 124.

2154 Assim, L. Menezes Leitão, *Direito das obrigações*, vol. II, pág. 129.

2155 Assim, STJ, 20.04.1982: "Não é, pois, aplicável nos autos o artigo 437º, nº 1, do Código Civil, porque os réus invocam alteração das circunstâncias em negócios alheios ao celebrado com o autor, que apenas abrangia a abertura de crédito e não a aquisição de títulos".

2156 Assim, RC, 31.01.2006: "O primeiro requisito da aplicação da medida excepcional prevista no art. 437º, nº 1, do CC é a de que a circunstância em que se produziu uma alteração se inclua na chamada "base do negócio". Neste caso provou-se que Autora e Ré, em 8-7-1999, celebraram um contrato de cessão de exploração de estabelecimento comercial de restauração sito numa área de serviço e posto de combustível existente no I.P.2, com termo em 31 de Maio de 2004, e a circunstância cuja alteração anormal aqui se invoca é a do volume de tráfego da estrada onde se situava esse estabelecimento (diminuição desse volume em resultado da construção duma auto-estrada). Apesar de não se ter provado que o volume de tráfego do I.P.2 determinou a vontade de contratar dos outorgantes, designadamente da Ré, é indiscutível que situando-se o estabelecimento de restauração locado numa área de serviço e posto de combustível duma estrada principal, tal elemento é essencial ao sentido e ao resultado do contrato (base objectiva)".

essa nulidade, também o do artigo 619º, nº 2, do CPC pressupõe um caso julgado operante[2157].

Em quarto lugar, parecem existir algumas afinidades entre a modificação da sentença e a modificação do contrato, com fundamento em alteração das circunstâncias, no que se refere à necessidade de ambas dependerem de requerimento do interessado (não podendo ser decretadas oficiosamente) e, bem assim, à impossibilidade de terem lugar extrajudicialmente: a estes aspectos, porém, nos referiremos mais adiante[2158], quando tratarmos dos aspectos processuais da acção modificativa.

Tanto o artigo 437º do CC como o artigo 619º, nº 2, do CC colocam igualmente a questão de saber se a alteração das circunstâncias relevante para a modificação do contrato ou da sentença, respectivamente, deve referir-se às circunstâncias actuais ou, antes, às circunstâncias futuras. Mas, como a resposta a essa questão não tem sido pacífica, tanto no caso do contrato como no caso da sentença, é difícil afirmar aqui uma identidade de regimes. Se se entender – como entendemos – que o artigo 619º, nº 2, do CC confere relevância à alteração das circunstâncias que se apresentavam como futuras à data da decisão modificanda (ou à data que esta tomou em consideração) – por isso sendo sua função a correcção de erros de previsão do juiz –, parece haver, quanto a este ponto, uma dissemelhança face ao regime da modificação do contrato se, seguindo Menezes Leitão[2159], concomitantemente se considerar que o artigo 437º do CC apenas confere relevância à alteração das "circunstâncias efectivamente existentes à data da celebração do contrato [...]. Não relevam assim, para efeitos desta norma, os casos de falsa representação das partes quanto às circunstâncias presentes ou futuras, que apenas colocam um problema de erro [...]"[2160]; no entanto, tal já não ocorrerá se se acolher a concepção de acordo com a qual o erro quanto às circunstâncias futuras se encontra abrangido na previsão do artigo 437º, nº 1, do CC[2161].

2157 *Supra*, § 1º, II, 4, e § 26º, II, 2. *d)* 2.

2158 *Infra*, § 34º, I, 1.

2159 L. Menezes Leitão, *Direito das obrigações*, vol. II, pág. 129.

2160 Também em Acórdão do Supremo Tribunal de Justiça de 16 de Novembro de 2004 se sustenta, citando Antunes Varela, que o artigo 437º do CC não é aplicável aos casos em que a situação pressuposta não evoluiu da forma que se pressupôs que evoluísse, porque estas hipóteses configuram erro sobre a base do negócio, nos termos do artigo 252º, nº 2, do CC.

2161 Como sustentam, por exemplo, A. Pinto Monteiro (*Erro e vinculação...*, págs. 17-22, e "Erro e teoria...", págs. 335-336) – para quem "[u]ma deficiente previsão do evoluir das circunstâncias – um "error in futurum" – releva se e na medida em que se verifiquem os requisitos do art. 437º; não é um caso de erro nem tem autonomia em face desta norma" –, P. Pais de Vasconcelos (*Teoria geral...*, pág. 673) – que considera que "[o] erro de prognose não corresponde a uma falsa percepção da realidade e não constitui sequer um erro. É apenas uma prognose falhada. [...] Mas a falha de prognose só se torna real quando acontece o imprevisto. Ora, tal só vem a ocorrer depois da celebração do contrato, já em sua vida, e por isso corresponde a uma alteração superveniente das circunstâncias a que deve ser aplicado o regime do

Um outro requisito de aplicação do artigo 437º do CC é o de que a alteração não esteja coberta pelos riscos próprios do contrato, requisito esse que expressa o carácter subsidiário do instituto[2162]. O artigo 619º, nº 2, do CPC não formula um requisito de teor semelhante, nem pode interpretar-se no sentido de que só é aplicável quando à futura alteração das circunstâncias não tenha sido conferida outra consequência aquando do proferimento da sentença: como vimos[2163], por exemplo, a propósito da actualização, em função da inflação, da prestação determinada na sentença, não deve entender-se que o artigo 619º, nº 2 do CPC só é aplicável quando não haja sido também determinada essa actualização (porque o preceito justamente se destina a corrigir erros de previsão). A subsidiariedade do regime consagrado neste preceito é-o eventualmente apenas face a outros regimes que contemplam acções modificativas especiais[2164], só nesta perspectiva se podendo afirmar que, tal como o do artigo 437º do CC, esse regime tem carácter subsidiário.

Ao contrário do artigo 437º do CC, o artigo 619º, nº 2, do CPC não exige expressamente uma alteração anormal das circunstâncias, que, como vimos, tem sido concebida pela doutrina e jurisprudência portuguesas como uma alteração que é, em regra, objectivamente imprevisível, embora esta imprevisibili-

artigo 437º" –, ou P. Costa e Silva (*supra*, § 1º, III, 3). Contra, Durval Ferreira, *Erro negocial...*, esp. págs. 48-60, 76-80 e 99-102.

2162 Ao conceito de "riscos próprios do contrato" já aludimos anteriormente, a propósito da articulação entre os artigos 796º e 437º do CC (*supra*, § 9º, I). Acrescente-se apenas, neste contexto, que no já mencionado Acórdão do Tribunal da Relação de Coimbra de 31 de Janeiro de 2006 assinala-se que este requisito deve ser entendido "como significando que só deve recorrer-se à intervenção excepcional prevista no artigo 437º do CC quando não existam cláusulas contratuais ou normas legais que prevejam as consequências da ocorrência duma alteração da base negocial daquele tipo, como sucede com os preceitos que procedem a cominações expressas de risco ou que se reportam à impossibilidade de cumprimento total ou parcial das obrigações. O art. 437º do CC tem, pois, natureza subsidiária perante o funcionamento de tais normas, só podendo ser utilizado quando estas não tenham aplicação, ou quando, apesar da sua aplicação, os princípios da boa fé continuem a revelar-se gravemente afectados". Também A. Pinto Monteiro ("A "hardship clause"...", pág. 39) entende que "o artigo 437º do Código Civil não parece constituir norma absolutamente imperativa, podendo ser, designadamente, *afastado* pela vontade das partes, tanto mais que não se aplica a contratos aleatórios", se, no contrato, tiver sido inserida uma cláusula de *hardship*, geradora de um dever das partes de renegociar o contrato. Sobre a cláusula de *hardship*, P. Tartaglia, *L'adeguamento...*, págs. 77-87. Sobre a posição da doutrina portuguesa quanto à possibilidade de "alterar os limites do risco ou o plano de distribuição do risco", veja-se Elsa Oliveira, *O risco...*, págs. 30-31, considerando que "terá de se fazer uma interpretação muito delicada de um contrato em que as partes tenham clausulado que assumem todos os riscos do contrato". Supomos que ainda é reflexo do carácter subsidiário – mas não propriamente excepcional – do instituto regulado no artigo 437º do CC a primazia que, em relação a ele, possui a designada interpretação supletiva do contrato (sobre o ponto, H.-B. Schäfer, *Manual...*, págs. 289-290).

2163 *Supra*, § 28º, II, 1.

2164 *Infra*, § 34º, II, 1.

dade possa ser dispensada, em homenagem ao princípio da boa fé[2165]; nem exige aquele primeiro preceito que a alteração das circunstâncias seja grave no sentido acolhido no artigo 437º do CC, porque basta a alteração que, sob o ponto de vista do direito substantivo, se reflicta na pretensão (não sendo, como tal, necessária a verificação de uma alteração que coloque manifestamente em causa a justiça da condenação, por ser iníquo continuar a exigir ou a facultar à parte atingida as prestações estabelecidas na sentença). No entanto, embora o artigo 619º, nº 2, do CPC não exija a gravidade da alteração das circunstâncias, esse preceito não é aplicável às sentenças já executadas, sendo curioso assinalar que, do requisito da gravidade da alteração, tem a doutrina feito decorrer a inaplicabilidade do artigo 437º do CC aos contratos já executados[2166].

Os princípios que subjazem ao regime do artigo 437º do CC também não são os mesmos que presidem ao do artigo 619º, nº 2, do CPC.

O primeiro regime, como assinala MENEZES LEITÃO[2167], espelha a contradição entre dois princípios jurídicos: "o princípio da autonomia privada, que exige o pontual cumprimento dos contratos livremente celebrados, e o princípio da boa fé, nos termos do qual não será lícito a uma das partes exigir da outra o cumprimento das suas obrigações sempre que uma alteração do estado de coisas posterior à celebração do contrato tenha levado a um desequilíbrio das prestações gravemente lesivo para essa parte"[2168].

No caso do regime do artigo 619º, nº 2, do CPC, todavia, não se justifica invocar o princípio da autonomia privada, mas o da segurança jurídica, que legitima o caso julgado. E mesmo este princípio é duvidoso que possa ser invocado como obstáculo à modificação da sentença por alteração das circunstâncias: como atrás vimos, o requisito qualitativo que a lei consagra a propósito da alteração das circunstâncias (por exemplo, o dever esta alteração ser *sensível* ou *justificar a modificação*) não tem em vista a conservação ou salvaguarda do caso julgado (como, quanto ao requisito da essencialidade da alteração das circunstâncias, tem sido sustentado no direito alemão).

Por outro lado, a invocação do próprio princípio da boa fé a propósito do regime do artigo 437º do CC é feita em moldes diversos daqueles em que o pode ser a propósito do do artigo 619º, nº 2, do CC.

Com efeito, o regime do artigo 437º do CC pressupõe, como se frisa num Acórdão do Tribunal da Relação de Coimbra de 31 de Janeiro de 2006, que a manutenção do contrato, ou dos seus termos, afecte gravemente o princípio da

2165 *Supra*, § 24º, III e § 29º, III..

2166 Assim, L. Menezes Leitão (*supra*, § 29º, III, em nota).

2167 L. Menezes Leitão, *Direito das obrigações*, vol. II, pág. 123.

2168 Sobre o princípio da boa fé como fundamento do instituto da resolução ou modificação do contrato por alteração das circunstâncias, veja-se, ainda, A. Caiado, *Resolução...*, págs. 126-137.

boa fé, enquanto princípio protector da igualdade das partes no campo contratual (igualdade que se traduz, por exemplo, num certo equilíbrio na execução do contrato, de modo a poder afirmar-se que cada prestação continua a representar o contra-valor da outra). Ora, mesmo que se aceite que o princípio da boa fé norteia, não apenas o disposto no artigo 437º do CC, mas também o preceituado no artigo 619º, nº 2, do CPC – desde logo porque o princípio da boa fé não é desconhecido no domínio do processo civil (como, aliás, já vimos[2169]) –, o certo é que a vertente em que o princípio da boa fé, neste caso, pode intervir, não seria a do asseguramento da igualdade das partes, porque a sentença que se visa modificar não é um produto da autonomia privada.

§ 31º A alteração de circunstâncias pressuposta pelo artigo 619º, nº 2, do CPC e o facto extintivo ou modificativo da obrigação como fundamento da oposição à execução

I. Colocação do problema

A acção modificativa consagrada no artigo 619º, nº 2, do CPC apresenta afinidades evidentes com a oposição à execução regulada nos artigos 728º e seguintes do mesmo Código.

Por um lado, o artigo 729º, alínea *g)*, do CPC determina que é fundamento da oposição à execução baseada em sentença "[q]ualquer facto extintivo ou modificativo da obrigação, desde que seja posterior ao encerramento da discussão no processo de declaração e se prove por documento", podendo, todavia, a prescrição do direito ou da obrigação ser provada por qualquer meio: aquele preceito, ao aludir a factos extintivos ou modificativos da obrigação, e ao exigir que estes sejam posteriores a certo momento[2170], parece, portanto, elevar a fundamento de oposição à execução baseada em sentença a modificação das circunstâncias pressuposta no artigo 619º, nº 2, do CPC.

Por outro lado, ao circunscrever os fundamentos da oposição à execução a factos novos, posteriores ao encerramento da discussão, o artigo 729º, alínea *g)*, do CPC parece atribuir à oposição à execução uma função diversa da dos restantes meios de impugnação da decisão – que seria, não a de verificar a legalidade da decisão ao tempo do seu proferimento, mas a de verificar essa *legalidade no tempo actual* (e, por arrastamento, a subsistência do direito de execução)[2171] –, e, correlativamente, atribuir-lhe uma função semelhante à função de adaptação do título às novas circunstâncias, típica da acção modificativa.

[2169] *Supra*, § 1º, II, 3.

[2170] Sobre estas exigências: RP, 13.01.1992 (Proc. 9130412); RP, 26.01.1993; RP, 06.05.1993; RP, 09.11.1999 (Proc. 9920912); RP, 14.05.2002 (no âmbito da execução por alimentos devidos a menor); STJ, 03.05.2000; STJ, 11.10.2005.

[2171] Assim, P. Gilles, "Vollstreckungsgegenklage...", pág. 88.

A isto acresce que, no caso das condenações *in futurum*, e como salientam López Simo / Cavanillas Múgica / Gascón Inchausti[2172], o risco de superveniência de circunstâncias que podem ter repercussão sobre a execução é maior do que nas hipóteses de condenação simples, porque são mais numerosos os factos que podem não ter ficado cobertos pelo caso julgado ou pela preclusão (assim, por exemplo, a excepção de não cumprimento do contrato, atendendo a que, ao tempo da acção declarativa, não era ainda exigível a prestação do demandante): daí que não é por estarem sujeitas à acção modificativa que as correspondentes sentenças parecem furtar-se à oposição à execução.

Finalmente, a acção prevista no artigo 619º, nº 2, do CPC pode destinar-se, não apenas à modificação em benefício do credor da obrigação judicialmente fixada, mas também à respectiva modificação em benefício do devedor ou mesmo à cessação da obrigação (como o demonstra o disposto no artigo 282º, nº 1, do CPC), pelo que, também a acção modificativa, parece poder fundar-se no "facto extintivo ou modificativo da obrigação" a que alude o artigo 729º, alínea *g*).

Estas quatro constatações justificam que se coloque o problema de saber se o artigo 729º, alínea *g*) e o artigo 619º, nº 2, do CPC têm campos de aplicação distintos ou, pelo contrário, concorrentes (ou parcialmente concorrentes).

E, a admitir-se que seja concorrente a sua aplicação, suscita-se igualmente a questão da possibilidade de o executado optar, verificada a modificação das circunstâncias, por qualquer um dos mecanismos aí consagrados, conforme aquele que, em concreto, lhe seja mais favorável.

O problema da demarcação entre a acção modificativa e a oposição à execução tem sido muito discutido à luz do direito alemão[2173], pelo que por aí começaremos.

II. O problema no direito alemão

1. A dificuldade de demarcação do campo de aplicação da acção modificativa e da oposição à execução e a não concorrência dos dois meios processuais

No direito alemão, e como se sabe, a acção modificativa e a oposição à execução encontram-se respectivamente previstas nos §§ 323, 323a e 323b, e no § 767 da ZPO.

A *dificuldade de demarcação das duas figuras* não decorre apenas da circunstância de a finalidade de ambos os meios processuais parecer ser, pelo menos em termos práticos, coincidente[2174], ainda que apresentem características distintas[2175]:

[2172] F. López Simo / S. Cavanillas Múgica / F. Gascón Inchausti, *Las condenas de futuro*, págs. 223-224.

[2173] Desde a introdução do § 323 na ZPO, ou seja, desde 1898, segundo R. Hoppenz, "Zum Vorrang...", pág. 1099); já de acordo com W. Grunsky ("Markus Jakoby...", pág. 352), tal discussão seria mais antiga do que a própria ZPO, sem que, até agora, se tivesse reunido consenso a propósito.

[2174] Assim, J. R. Moritz, *Probleme...*, pág. 105.

[2175] Nomeadamente, e como assinala P. Kurz (*Die Reformbedürftigkeit...*, págs. 47-48), estes dois meios processuais distinguir-se-iam pela sua *inserção sistemática* (a acção modificativa aparece regulada a

resulta, também, da verificação de que o § 767 da ZPO não distingue, pelo menos de acordo com o seu elemento literal, entre a condenação numa prestação instantânea e a condenação em prestações periódicas vincendas, sendo como tal difícil sustentar a sua inaplicabilidade às sentenças condenatórias previstas no § 258 da ZPO[2176] ou às pretensões que continuamente se constituem, como, ao menos de princípio, defendia LENT[2177]; e agrava-se, quando se constata que tanto a acção modificativa como a oposição à execução têm como fundamento factos ocorridos posteriormente ao encerramento da última discussão oral (pelo que não é também possível distingui-las de acordo com um critério que atenda ao momento da verificação do fundamento da acção)[2178], bem como que a alteração das circunstâncias a que alude o § 323 pode integrar o conceito de excepção (*Einwendung*) ínsito no § 767[2179].

No entanto, apresenta manifesto interesse a demarcação, à luz do direito alemão, do campo de aplicação da acção modificativa face ao da oposição à execução, atendendo às vantagens que, para o devedor, apresenta a segunda em relação à primeira.

Por um lado, porque a oposição à execução, não estando subordinada a regra idêntica à do § 323, 3, da ZPO – segundo a qual a modificação não pode operar para o período anterior à dedução do correspondente pedido –, permite ao autor (concretamente, ao devedor dos alimentos) fazer operar a destruição ou a modificação da pretensão de direito material a partir do momento em que a excepção

propósito do processo de declaração; a oposição à execução a propósito do processo de execução), *pelo seu conteúdo regulador* (a primeira representa a necessária correcção de uma condenação em prestações periódicas vincendas, assente num juízo de prognose que se veio a revelar errado; a segunda, uma acção dirigida contra a exequibilidade do título) e pelos seus *efeitos* (a primeira elimina o caso julgado da sentença anterior; a segunda deixa-o intocado, eliminando apenas a exequibilidade), sem prejuízo, porém, de ambos os meios processuais terem como finalidade fazer valer, no processo, modificações substantivas posteriores, por a ambos subjazer o entendimento segundo o qual a sentença primitiva, em virtude da alteração de circunstâncias, já não corresponde à situação jurídica substantiva. De qualquer modo, destas características distintas nada é possível retirar quanto à demarcação dos dois meios processuais (assim, K. Johannsen / D. Henrich / G. Brudermüller, *Eherecht*, § 323 ZPO, 5).

2176 Assim: J. Braun, *Grundfragen...*, pág. 25; H.-U. Graba, *Die Abänderung...*, pág. 63.

2177 Para F. Lent ("Anmerkung", in *NJW*, 1958, pág. 1541), o critério de distinção entre a oposição à execução e a acção modificativa reside no tipo de pretensão reconhecido na sentença, porque só em relação às pretensões que continuamente se constituem é possível conceber a sua modificação ao longo do tempo e é, além do mais, difícil proferir uma decisão definitiva; todavia, Lent admitia que, excepcionalmente, estas pretensões fossem afectadas por factos que as extinguissem para sempre, como sucederia na situação de fixação de indemnização sob forma de capital. Sobre tais pretensões, veja-se, ainda, do mesmo Autor, *Zivilprozessrecht*, págs. 96 e 183-184.

2178 Assim: R. Bruns / E. Peters, *Zwangsvollstreckungsrecht*, pág. 97; J. Soyka, *Die Abänderungsklage...*, 1ª ed., pág. 37.

2179 Assim, J. Braun, *Grundfragen...*, pág. 27.

de direito material produz efeitos[2180], momento esse que pode coincidir, por exemplo, com o do encerramento da última discussão oral[2181].

Por outro lado, e como vimos[2182], na oposição à execução pode estar em causa uma quantia de valor insignificante, porque, em relação a esse meio processual, a lei não formula a exigência da essencialidade da alteração.

É claro que o carácter vantajoso, para o devedor, da oposição à execução em relação à acção modificativa revela-se sobretudo quando o título exequendo ou modificando seja uma sentença, porque, no caso da modificação de título diverso de sentença, o § 323a da ZPO (§ 323, 4 e 5, na versão anterior à reforma de 2008/2009) não prevê a modificação apenas para o período subsequente à dedução do pedido nem exige a essencialidade da alteração; por isso, nesta eventualidade não se torna também tão imperiosa a necessidade de demarcação dos dois meios processuais[2183].

Como informa KLAUSER[2184], o *modo de delimitação* dos dois meios processuais, a *possibilidade de opção* por qualquer um deles – rejeitada, por exemplo, por KÖHLER[2185] e KURZ[2186], com base no argumento de que ao direito processual é estranha a ideia da disponibilidade de várias formas processuais para o mesmo objecto, por PETZOLDT[2187], nomeadamente porque a oposição à execução apenas pode ser deduzida pelo devedor, que seria, se tal opção existisse, tratado de modo mais favorável, e por VON MAURNBÖCK[2188], por entender que a possibilidade de opção só é concebível por quem atribui aos dois meios processuais a mesma essência (ou seja, por quem os entende como expressão das regras gerais respeitantes ao caso julgado)[2189] –, bem como a admissibilidade da sua *cumulação*

2180 Assim, J. Soyka, *Die Abänderungsklage...*, 1ª ed., pág. 38.

2181 Neste sentido, E. Becker-Eberhard, "Zur Möglichkeit...", pág. 185.

2182 *Supra*, § 29º, II.

2183 Assim, H.-U. Graba, *Die Abänderung...*, pág. 82.

2184 K.-A. Klauser, "Abänderung...", pág. 713.

2185 W. Köhler, "Das Verhältnis...", pág. 1088.

2186 P. Kurz, *Die Reformbedürftigkeit...*, págs. 47-49 e 51.

2187 T. M. Petzoldt, *Die Rechtskraft...*, pág. 221.

2188 E. R. von Maurnböck, *Die Abänderungsklage...*, pág. 45.

2189 Críticos em relação à tese da opção manifestam-se também, por exemplo, H.-U. Graba (*Die Abänderung...*, págs. 64-65), J. R. Moritz (*Probleme...*, pág. 107) e os Autores citados em P Kurz (*Die Reformbedürftigkeit...*pág. 51). Na jurisprudência, a possibilidade de opção é rejeitada, por exemplo, em BGH, 08.06.2005. Esta possibilidade é, porém, sustentada por: Baumbach/Lauterbach/Albers/Hartmann, *Zivilprozessordnung*, § 323, 4; H. Meister, "Zum Verhältnis...", págs. 866-869 (partindo o Autor do entendimento segundo o qual a acção modificativa e a oposição à execução essencialmente coincidem nos seus pressupostos e efeitos). Sobre os significados que pode assumir a disponibilização de vários meios processuais e sustentando que, em princípio, tal atribui ao autor o direito de optar por qualquer deles, veja-se R. Pohle ("Zur Lehre...", págs. 221-224), que conclui igualmente no sentido de que, quando essa escolha não seja facultada, a opção pelo meio errado não gera falta de interesse processual, mas a inadmissibilidade do meio processual.

(*Verbindung*) – se, por exemplo, o devedor pretender a modificação da sentença quanto às prestações vincendas e, simultaneamente, opor-se à execução dessa sentença quanto às prestações vencidas –, constituem, na jurisprudência alemã, questões ainda em aberto, sendo certo que o *Bundesgerichtshof* tem recentemente rejeitado a mencionada opção[2190] e que, quanto ao aspecto da cumulação, podem obstar as regras legais de competência[2191] (com efeito, para a acção modificativa é competente o tribunal do domicílio do réu[2192]; já para a oposição à execução, é competente o tribunal da acção[2193])[2194].

De qualquer modo, e como sublinham KAINZ[2195] e PETZOLDT[2196], a generalidade da doutrina alemã pronuncia-se no sentido de que *os dois meios processuais se excluem mutuamente*[2197], subsistindo embora alguma ambiguidade sobre se têm campos de aplicação diferenciados – conclusão que decorreria, por exemplo, da diferenciação do campo de aplicação da acção modificativa face ao da oposição à execução em função da qualificação legal das excepções em excepções que impedem a constituição da pretensão, que extinguem a pretensão ou que tornam a pretensão judicialmente inexigível (*anspruchshindernde, anspruchsvernichtenden oder anspruchshemmende Einwendungen*), as primeiras justificando a acção modificativa e as restantes a oposição à execução[2198] – ou se a sua relação é, antes, de especialidade (da acção modificativa em relação à oposição à execução).

2190 Assim, BGH, 14.03.2008.

2191 Parece estar em causa, no pensamento de Klauser, que vimos seguindo, o disposto no § 260 da ZPO que, a propósito da cumulação de pretensões, determina que "[p]odem unir-se numa acção várias pretensões do autor contra o mesmo réu, ainda que se baseiem em distintos fundamentos, desde que o tribunal seja competente para todas as pretensões e seja a mesma a forma de processo".

2192 P. Kurz (*Die Reformbedürftigkeit...*, pág. 49) refere que a acção modificativa pressupõe a abertura de um novo processo, devendo, como tal, ser proposta no tribunal competente segundo as regras gerais.

2193 Sobre a competência para a oposição à execução e sobre a sua indisponibilidade pelas partes: H.-U. Graba, *Die Abänderung...*, págs. 61-62. Sobre a competência para a oposição à execução, na eventualidade de o título ser uma transacção judicial: H.-U. Graba, *Die Abänderung...*, págs. 82-83.

2194 Admitindo a cumulação subsidiária da oposição à execução com o pedido de modificação, embora frisando a necessidade de observância do disposto no § 263 da ZPO, relativo à modificação da acção (*Klageänderung*), quando o pedido (subsidiário) de modificação seja deduzido na pendência do processo: BGH, 14.03.1979. Desta orientação decorre, como observam G. Baumgärtel ("Anmerkung", in *FamRZ*, 1979, págs. 791-792), H.U. Graba ("Die Vollstreckungsgegenklage...", pág. 486) e Rosenberg/Gaul/Schilken (*Zwangsvollstreckungsrecht...*, pág. 652), que, na prática, apenas é admissível a cumulação subsidiária inicial. A este propósito, observa ainda P. Kurz (*Die Reformbedürftigkeit...*, pág. 60), que o pedido subsidiário tanto pode ser o deduzido na acção modificativa como o deduzido na oposição à execução.

2195 M. Kainz, *Funktion...*, pág. 166.

2196 T. M. Petzoldt, *Die Rechtskraft...*, págs. 221-222.

2197 E essa exclusão não depende da circunstância de a decisão modificanda/exequenda constituir ou não caso julgado (assim, J. R. Moritz, *Probleme...*, pág. 108).

2198 Nesta linha de orientação, e como observa H. Gegenwart (*Das Verhältnis...*, pág. 16), também tem lugar a acção modificativa quando se alegue o desaparecimento do facto que funda a pretensão.

Assim, para GEGENWART[2199] – que nega a projecção, para o futuro, do caso julgado das acções previstas no § 258 da ZPO –, o § 323 da ZPO constituiria uma *regra especial* em relação ao § 767, não sendo possível fazer valer, através da oposição à execução, factos que consubstanciam uma alteração das circunstâncias no sentido do § 323 e que se caracterizam pela sua natureza variável e, como tal, pela sua sujeição a posteriores alterações[2200]: a concepção do § 323 da ZPO como regra especial – que já foi perfilhada pelo *Bundesgerichtshof*[2201] – é, aliás, segundo PETZOLDT[2202], a necessária via de fundamentação, sem contradição com as regras gerais sobre a extensão e os limites temporais do caso julgado, da aplicabilidade do § 323 da ZPO a casos em que não se pretenda a quebra do caso julgado[2203].

A aceitação da exclusão mútua da oposição à execução e da acção modificativa não tem, porém, impedido a doutrina e a jurisprudência alemãs de reconhecer, para além da possibilidade da respectiva cumulação (como já se referiu), a faculdade de o devedor – atenta a dificuldade de demarcação dos campos de aplicação respectivos – formular os respectivos pedidos *subsidiariamente*[2204]; GRABA[2205], por seu lado, salienta que o erro na escolha de um desses meios processuais em detrimento do outro não deve prejudicar o autor da acção, pelo que, nesse caso, é analogicamente aplicável a regra da conversão de negócios nulos, constante do § 140 do BGB[2206].

Vejamos, então, de que modo a doutrina e a jurisprudência alemãs têm tentado delimitar os dois meios processuais (quer essa delimitação configure um diferenciado campo de aplicação destes, quer uma relação de especialidade entre ambos).

2. Os vários critérios de distinção entre a acção modificativa e a oposição à execução

A distinção entre a oposição à execução e a acção modificativa tem sido tentada, na Alemanha, em atenção aos fundamentos que a cada uma das figuras subjaz:

2199 H. Gegenwart, *Das Verhältnis...*, págs. 68-73.

2200 Propugnando também a relação de especialidade entre as duas regras: *MünchKommZPO*/Gottwald, § 323, 37-39; P. Schlosser, "Unterhaltsansprüche...", págs. 426-427; M. Jakoby, *Das Verhältnis...*, págs. 240-244 e 254-255; H.-U. Graba, *Die Abänderung...*, págs. 68-69 (afirmando que, se dada circunstância permitir a modificação nos termos do § 323 da ZPO, por tal corresponder à finalidade deste preceito, tal circunstância nunca constitui fundamento de oposição, nos termos do § 767; e, se não estiver excluída a possibilidade de o título ser de novo utilizado no futuro, é de aplicar o regime do § 323).

2201 BGH, 10.07.1986.

2202 T. M. Petzoldt, *Die Rechtskraft...*, pág. 163.

2203 Veja-se, a este propósito, o que se disse acerca da discussão, no direito alemão, sobre a formulação da restante parte do pedido através de acção modificativa (*supra*, § 23º, IV, 2.).

2204 Sobre este aspecto: J. Braun, *Grundfragen...*, pág. 32; J. R. Moritz, *Probleme...*, págs. 119-120.

2205 H.-U. Graba, *Die Abänderung...*, pág. 79.

2206 No mesmo sentido, J. Soyka, *Die Abänderungsklage...*, 1ª ed., pág. 47.

no entanto, o *critério da diversidade de fundamentos* não tem conhecido sempre a mesma formulação nem tem conduzido aos mesmos resultados; várias têm sido também as críticas a cada um dos vários sub-critérios, como a seguir se descreve.

Assim, segundo um entendimento (ou um sub-critério do critério da diversidade de fundamentos) – que é nomeadamente o de KRATZ e de HAASE[2207] –, *a acção modificativa destinar-se-ia a fazer valer a supressão do facto que funda a pretensão ou o desenvolvimento desse facto de forma diversa da prevista e a oposição à execução a ocorrência de um facto extintivo dessa mesma pretensão.*

A propósito deste entendimento, observa GRABA[2208] o seguinte: ele não conduz, quando se esteja perante uma condenação nos termos do § 258 da ZPO, a uma delimitação clara dos dois meios processuais, porque, no caso da pretensão futura, a supressão do facto que a funda e a ocorrência de um facto que a extingue corresponde ao mesmo fenómeno, visto de ângulos diferentes.

Não muito diversa da referida orientação é a de ROSENBERG/SCHWAB/GOTTWALD[2209] ou SCHILKEN[2210], de acordo com a qual *as excepções impeditivas e extintivas devem ser feitas valer através da oposição à execução, enquanto os desenvolvimentos, de forma diversa da prevista na decisão, do facto que funda a pretensão, devem ser deduzidos mediante acção modificativa.*

Esta orientação é criticada por HOPPENZ[2211]: na sua opinião, da circunstância de o § 767 da ZPO aludir a excepções impeditivas e extintivas não resulta que o preceito seja, nesses termos, aplicável às prestações periódicas vincendas, e que os factos que fundam a pretensão fiquem reservados para a acção modificativa; esta diferenciação entre factos não atende à função do § 323, pelo que não assenta numa base sólida[2212].

2207 S. Kratz, *Die Abänderungs- und Nachtragsklage...*, págs. 22-26; R. Haase, "Besondere...", pág. 458.

2208 H.-U. Graba, *Die Abänderung...*, pág. 65.

2209 Rosenberg/Schwab/Gottwald, *Zivilprozessrecht*, 17ª ed., § 158, 16.

2210 E. Schilken, *Zivilprozessrecht*, pág. 549.

2211 R. Hoppenz, "Zum Vorrang...", pág. 1098.

2212 Também H.-U. Graba (*Die Abänderung...*, pág. 65) observa que "[d]ecisiva para a delimitação entre o § 323 e o § 767 não é a distinção entre pretensão e excepção, mas entre as várias modalidades de excepções". M.-M. Hahne ("Probleme...", pag. 1191), por seu lado, observa, a propósito do entendimento descrito, que a superveniente supressão do facto que funda a pretensão (e que, no caso dos alimentos, pode ser tanto o casamento ou o parentesco, como o facto do qual decorre a necessidade do credor ou as possibilidades do devedor) configura uma circunstância extintiva da pretensão, para o futuro. H. Gegenwart (*Das Verhältnis...*, págs. 23-33) observa, por sua vez, que nada autoriza a entender que o § 767 da ZPO não abranja também, no conceito de excepção que utiliza, factos que impedem a constituição da pretensão (recorde-se que este preceito literalmente determina que "[a]s excepções que afectem a própria pretensão reconhecida pela sentença devem ser feitas valer pelo devedor, por via de acção [...]"), o que é, aliás, aceite pela doutrina dominante, quando esteja em causa uma prestação única; apenas da referência, constante do § 767, 2, da ZPO, a factos surgidos após o encerramento da discussão, se pode retirar um argumento no sentido de que os factos que impedem a constituição da pretensão não

Parece inscrever-se ainda nesta orientação Klauser[2213], para quem constituem fundamento da oposição à execução circunstâncias que não relevam para a fixação do montante ou da duração da pensão de alimentos – como sejam o pagamento, a compensação, a renúncia, a prescrição (*Verjährung*) e a cessação do direito por não exercício prolongado, nos termos do § 242 do BGB (*Verwirkung*) – e, ainda, certas ocorrências, a que aludia Baumgärtel[2214] – como o casamento do credor de alimentos e a imposição do dever de alimentos ao respectivo cônjuge –, que extinguem definitivamente, para o futuro, a primitiva pretensão de alimentos; perante uma alteração das circunstâncias económicas, a via a seguir é, diversamente, a da acção modificativa, até porque tal constitui imposição do princípio da igualdade das partes (com efeito, pretendendo o credor de alimentos o aumento da pensão, apenas lhe é facultada essa acção).

Segundo Hoppenz[2215], esta tese é mera reformulação daquela, a que já se fez menção, segundo a qual as excepções impeditivas e extintivas devem ser feitas valer através da oposição à execução e as alterações do facto que funda a pretensão através da acção modificativa.

Uma outra tese é aquela que *concebe o § 767 da ZPO como abrangendo apenas alterações das circunstâncias das quais resulta a extinção definitiva da pretensão, mesmo para o futuro*. Seguem-na, por exemplo, Hahne[2216], Göppinger/Wax/Vogel[2217] e alguma jurisprudência[2218].

Também o *Bundesgerichtshof*[2219] e certa doutrina que o seguiu – e que, segundo Petzoldt[2220], seria a doutrina dominante[2221] – tentaram, nas palavras deste Autor, um critério de distinção dos dois meios processuais que assenta numa qualificação das circunstâncias que é, em parte, normativa e, em parte, temporal: assim, *a acção modificativa seria a via exclusiva para fazer valer uma excepção (*Einwendung*) relacionada com a influência das circunstâncias económicas, sempre variáveis, no dever de alimentos (assim, a necessidade do credor e as possibilidades do devedor), enquanto a oposição à execução seria a via exclusiva para fazer valer qualquer ocorrência pontual que extinga definitivamente a pretensão.*

constituem fundamento de oposição à execução; de qualquer modo, a lei civil contempla casos dos quais decorre que factos deste tipo legitimam este meio processual.

2213 K.-A. Klauser, "Abänderung...", pág. 713.

2214 G. Baumgärtel, "Anmerkung", in *FamRZ*, 1979, págs. 791-792.

2215 R. Hoppenz, "Zum Vorrang...", pág. 1098.

2216 M.-M. Hahne, "Probleme...", págs. 1191-1192.

2217 Göppinger/Wax/Vogel, *Unterhaltsrecht*, 2465-2471.

2218 Nomeadamente, OLG Düsseldorf, 12.05.1981.

2219 BGH, 21.12.1977, 17.02.1982 e 19.10.1988.

2220 T. M. Petzoldt, *Die Rechtskraft...*, pág. 223.

2221 Assim, por exemplo, Stein/Jonas/Leipold[22], § 323, 77-78; H. Thomas / H. Putzo, *Zivilprozessordnung*, § 323, 2; K. Johannsen / D. Henrich / G. Brudermüller, *Eherecht*, § 323 ZPO, 6.

Exemplos de circunstâncias que, segundo a doutrina dominante, justificam a oposição à execução de sentença de alimentos e, portanto, a aplicabilidade do § 767 da ZPO, são, como refere GRABA[2222], as seguintes: a cessação da pretensão de alimentos através de alteração da lei, impugnação de paternidade julgada procedente e transitada em julgado, reconhecimento de paternidade ou adopção por terceiro; no caso dos alimentos ao ex-cônjuge, cessação da correspondente pretensão através da celebração de novo casamento; a *Verwirkung* (cessação do direito pelo seu não exercício prolongado)[2223]; os fundamentos de exclusão do dever de alimentos constantes dos §§ 1579 e 1611 do BGB[2224]; o cumprimento da prestação (*Erfüllung/Tilgung*)[2225]; a prescrição (*Verjährung*)[2226]; a renúncia à pretensão a alimentos[2227]. SOYKA[2228] aponta ainda a moratória.

KURZ, não obstante parecer avançar um critério que assenta no sentido e na finalidade de ambos os meios processuais, acaba, a final, por atender também à diversa natureza das circunstâncias que podem constituir fundamento da oposição à execução ou da acção modificativa. Com efeito, o Autor[2229] começa por fazer notar que, sob o ponto de vista da letra da lei, a evolução, de forma diversa da prevista, das circunstâncias que constituíram a base da decisão – como sejam o casamento, o parentesco, a necessidade dos alimentos ou a possibilidade de os prestar – pode servir de fundamento – quando se pretenda a redução ou a cessação da pensão de alimentos – tanto à oposição à execução como à acção modificativa: assim sendo, a demarcação entre estes dois meios processuais deve preferencialmente, do seu ponto de vista, partir da análise do sentido e da finalidade do § 323 da ZPO, que – como tem em vista circunstâncias que, de antemão, se apresentam como variáveis e que variam essencialmente pelo decurso do tempo – claramente exclui do campo de aplicação da acção modificativa circunstâncias relativamente às quais não existe, em regra, qualquer incerteza acerca da sua influência na pretensão e acerca do momento da sua verificação[2230]. Conclui,

2222 H.-U. Graba, *Die Abänderung...*, págs. 69-75.

2223 Segundo Graba (*idem*, pág. 70), porém, a *Verwirkung* deve ser feita valer através da acção modificativa.

2224 Estes fundamentos justificam, segundo Graba (*idem*, págs. 70-71), a acção modificativa, se a pretensão puder reviver. No mesmo sentido, J. Soyka, *Die Abänderungsklage...*, 1ª ed., págs. 41-42.

2225 Segundo Graba (*idem*, pág. 71), se o cumprimento disser respeito a uma prestação futura de alimentos, deve ser feito valer através de acção modificativa.

2226 A prescrição justifica, para Graba (*idem*, pág. 72), a acção modificativa, porque não exclui, para sempre, a prossecução da pretensão.

2227 Trata-se, segundo Graba (*idem*, pág. 73), de fundamento de acção modificativa, e não de oposição à execução, porque não exclui a possibilidade de, mais tarde, os alimentos virem a ser de novo exigidos.

2228 J. Soyka, *Die Abänderungsklage...*, 1ª ed., págs. 42-43.

2229 P. Kurz, *Die Reformbedürftigkeit...*, págs. 53-55.

2230 A afirmação segundo a qual a oposição à execução se fundaria em factos cuja relevância e momento de ocorrência não suscitam dúvidas é criticada por R. Hoppenz "Zum Vorrang...", pág. 1098): na sua perspectiva, para o devedor de alimentos, não suscita qualquer dúvida a relevância e o momento da

porém, KURZ[2231], considerando que *o § 323 da ZPO incluiria no seu campo de aplicação sobretudo as alterações das circunstâncias de natureza fáctica; já o § 767 abrangeria sobretudo as alterações das circunstâncias de natureza jurídica*. Parece-nos, todavia, que esta formulação enfrenta hoje a dificuldade decorrente da redacção do § 323 da ZPO emergente da reforma de 2008/2009, que alude à alteração das circunstâncias jurídicas como fundamento da acção modificativa.

Uma outra tese é a de KAINZ: para este Autor[2232], que parte da consideração de que a acção modificativa e a oposição à execução assentam em objectos processuais distintos e que apenas a primeira se encontra à disposição de qualquer das partes, *se a* Einwendung *só puder, em abstracto, ser feita valer pelo devedor (isto é, se só um facto alegado pelo devedor puder influir na pretensão titulada), o meio a utilizar é o do § 767; se puder, em abstracto, ser feita valer tanto pelo devedor como pelo credor, a via é a do § 323*.

A esta tese opõe GRABA[2233] o seguinte: a lei prevê fundamentos de modificação que são específicos do devedor ou do credor (respectivamente, os previstos no § 1579 do BGB e o subsequente encargo com alimentos, decorrente de novo casamento) e que devem ser feitos valer através da acção modificativa[2234].

A perspectiva de HOPPENZ[2235] também merece ser realçada: *o § 323 da ZPO abrangeria todas as ocorrências que influem na pretensão relativa a prestações periódicas, exceptuando as que implicam a respectiva satisfação, porque só estas resistem à prognose do juiz* (a acção de condenação, na verdade, não podia ter sido julgada improcedente em virtude de o devedor ir cumprir pontualmente); conteria assim o § 323, no que se refere a esta pretensão, uma regra especial em relação à do § 767 da ZPO, justificada quer pela preocupação de tratamento igual do credor e do devedor, quer pela necessidade de correcção do juízo de prognose em que assentou a decisão modificanda. Repare-se que, segundo HOPPENZ[2236], da função de correcção de erros de prognose da acção modificativa não pode extrair-se o próprio critério de demarcação das circunstâncias que se encontram abrangidas pelo § 323 ou pelo § 767 da ZPO, porque não é viável determinar, em relação a cada tipo de circunstância – e exceptuada a hipótese do cumprimento –, se ela podia ou não ter sido considerada pelo juiz da primeira acção, e, como tal, concebê-la como

ocorrência do seu desemprego, pelo que, a seguir-se tal raciocínio, tal ocorrência pontual (o desemprego) deve ser feito valer na oposição à execução.

2231 P. Kurz, *Die Reformbedürftigkeit...*, pág. 60.

2232 M. Kainz, *Funktion...*, págs. 165-174.

2233 H.-U. Graba, *Die Abänderung...*, págs. 65-66.

2234 Subscrevendo a crítica de Graba, veja-se J. R. Moritz, *Probleme...*, pág. 114. Sobre a aplicação da acção modificativa ao caso do § 1579 do BGB, W. Jaeger, "Die Übergangsregelung...", págs. 741-742 e 745-747.

2235 R. Hoppenz, "Zum Vorrang...", págs. 1100-1101.

2236 R. Hoppenz, "Zum Vorrang...", págs. 1098-1099.

fundamento de modificação se podia ter sido considerada e como fundamento de oposição à execução se não podia ter sido considerada[2237].

Uma construção original é ainda a de JAKOBY[2238] que, partindo da distinção entre a relação duradoura e cada uma das pretensões que dela emergem, distingue igualmente entre as *circunstâncias que afectam a relação duradoura, enquanto tal, e as que afectam apenas a pretensão isolada*: as primeiras fundariam a oposição à execução; as segundas, a acção modificativa.

Esta tese, todavia, e como sublinha GRABA[2239], conduz essencialmente ao mesmo resultado que o da doutrina dominante: dela, na verdade, decorre que, em princípio, todas as circunstâncias que afectem os alimentos titulados devem ser feitas valer através da acção modificativa, ficando as circunstâncias que impliquem a cessação total e definitiva do direito a alimentos reservadas para a oposição à execução. Ou, como observa GRUNSKY[2240], dessa tese resulta que a alterabilidade de títulos relativos a prestações periódicas vincendas é definitivamente regulada pelo § 323 da ZPO, não lhe sendo aplicável o § 767 da ZPO. Mas tais observações não nos parecem ser verdadeiramente críticas: se, para a alteração de títulos desse teor, não existisse um meio processual potencialmente aplicável, mas vários, seria ainda mais difícil a determinação do meio a empregar. De modo que nos parece razoável admitir que, em se tratando de sentença relativa a prestações periódicas vincendas, a via normal a seguir, quando se pretendam alegar factos supervenientes, é a da acção modificativa, ficando a oposição à execução reservada para casos pontuais[2241].

2237 J. Braun (*Grunfragen...*, págs. 37-38) também assinala que não é possível demarcar o campo de aplicação da acção modificativa em relação ao da oposição à execução com base no critério segundo o qual aquela primeira acção só pode fundar-se em circunstâncias que, se tivessem sido previstas, teriam justificado outra decisão, e, esta segunda acção, em circunstâncias que o juiz da anterior acção não podia ter considerado, ainda que as tivesse previsto: na verdade, segundo Braun, não é possível identificar as circunstâncias que se encontram submetidas à prognose do juiz. Parece-nos que o critério criticado por estes Autores é ainda o seguido por A. Blomeyer (*Zivilprozessrecht...*, pág. 465) – que distingue o campo de aplicação da acção modificativa e o da oposição à execução consoante se pretenda ou não fazer valer uma circunstância da qual resulte a inexactidão da previsão do juiz, sucedendo que, na oposição à execução, a circunstância não tinha de ter sido prevista – e por W. Erting ("Abänderungsklage...", págs. 67-68), que, aquando da análise do meio adequado para, posteriormente a uma sentença de alimentos, o devedor fazer valer um direito potestativo, conclui que esse meio é o da oposição à execução, por o caso julgado da sentença não ser afectado pela exigência do devedor.

2238 M. Jakoby, *Das Verhältnis...*, págs. 240-244 e 254-255.

2239 H.-U. Graba, *Die Abänderung...*, pág. 68.

2240 W. Grunsky, "Markus Jakoby...", pág. 352.

2241 Problema diferente é o de saber se a tese de Jakoby possibilita uma distinção suficientemente segura do campo de aplicação dos dois meios processuais: J. Braun ("Markus Jakoby...", pág. 524) critica o reconhecimento que o próprio Autor faz de tal impossibilidade.

O critério adoptado por GRABA[2242] *distingue as excepções* (Einwendungen) *em excepções qualitativas – que são as que, de modo definitivo, extinguem ou modificam o direito, obstando a que o título seja reutilizado no futuro, ainda que com outro conteúdo – e quantitativas – que são as que, de modo transitório, extinguem ou modificam o direito* –, concluindo que as primeiras devem ser feitas valer através da oposição à execução e, as segundas, através da acção modificativa: esse critério vale, segundo o Autor[2243], mesmo que o título exequendo ou modificando seja, por exemplo, uma transacção judicial.

Parece-nos, porém, que a posição de GRABA não é totalmente clara, porque, ao distinguir o âmbito de aplicação da acção modificativa e o da oposição à execução, frisa o aspecto de as excepções a que alude o § 767 da ZPO não estarem abrangidas pela projecção futura do caso julgado, parecendo, portanto, secundarizar o critério do carácter transitório ou definitivo da excepção, a que se aludiu[2244].

Descritos alguns dos sub-critérios de distinção entre a acção modificativa e a oposição à execução em função da natureza dos fundamentos em que cada uma delas se pode alicerçar, cumpre apenas, neste contexto, assinalar que, mesmo para a doutrina que os adopta, subsiste o problema de saber qual o meio processual a seguir quando, a par de excepções de direito material, ocorrem fundamentos de modificação[2245].

Segundo KLAUSER[2246], instaurada uma acção modificativa, podem nela, por razões de economia processual, ser considerados meios de defesa que, nos termos gerais, constituiriam fundamentos de oposição à execução; BAUMGÄRTEL[2247] sustenta que a hipótese alternativa é também admissível: assim, deduzida oposição à execução, poderiam nela ser considerados fundamentos de modificação, devendo, todavia, respeitar-se a proibição de retroactividade constante do § 323, 3, da ZPO; SOYKA[2248], por seu lado, considera preferível a utilização da via da acção modificativa para a concomitante dedução de excepções e de fundamentos de modificação, atendendo a que através da oposição à execução não é possível atingir o caso julgado do título.

PETZOLDT, contrariamente a todas as orientações a que já aludimos, adopta um critério que *prescinde* da referência aos fundamentos possíveis da oposição à execução e da acção modificativa. Começando por salientar que tais meios pro-

[2242] H.-U. Graba, *Die Abänderung...*, págs. 66-67 e 68-69; veja-se, ainda, do mesmo Autor, "Die Vollstreckungsgegenklage...", pág. 485.

[2243] H.-U. Graba, *Die Abänderung...*, pág. 84.

[2244] H.-U. Graba, *Die Abänderung...*, pág. 63.

[2245] Alertando para este problema, J. Soyka, *Die Abänderungsklage...*, 1ª ed., pág. 46.

[2246] K.-A. Klauser, "Abänderung...", pág. 713.

[2247] G. Baumgärtel, "Anmerkung", pág. 791.

[2248] J. Soyka, *Die Abänderungsklage...*, 1ª ed., pág. 46.

cessuais têm, como é geralmente sustentado, finalidades distintas – porque este último visa a quebra do caso julgado (conforme propugnado pela teoria da equidade), enquanto o primeiro o deixa intocado[2249] –, considera Petzoldt[2250] que o seu campo de aplicação só pode ser claramente demarcado depois de aferida a extensão do caso julgado da sentença que condena em prestações periódicas vincendas (*Rentenurteil*): ora, esse caso julgado não abrange apenas os factos constitutivos da prestação futura, porque também quanto aos factos que impedem a constituição de cada uma dessas prestações o tribunal realiza um juízo de prognose; não serve, por outro lado, o critério de distinção do *Bunsdesgerichtshof* (acima mencionado), até porque a circunstância pontual definitivamente extintiva da pretensão pode ter sido prevista na sentença, sob forma de condição resolutiva, sendo então duvidosa a admissibilidade da oposição à execução, com fundamento na sua verificação.

No caso da sentença que condena em prestações periódicas vincendas, assinala o mesmo Autor[2251] que os limites temporais do respectivo caso julgado – *que são unicamente determinados pelo objecto do processo* – estendem-se até ao momento em que se vence cada uma das prestações, reportando-se aos factos que ocorram ou sejam prognosticados até este momento: assim sendo, os factos posteriores a este momento (por exemplo, o pagamento, depois de a prestação se vencer), bem como os factos anteriores (por exemplo, o pagamento, antes do vencimento) que não afectam a constituição do crédito e, como tal, a correcção da sentença, só podem ser feitos valer através da oposição à execução (porque não integram o objecto do processo anterior); os factos que afectem a *constituição* da pretensão (que se distingue da respectiva *existência*) e, como tal, a correcção da sentença, só podem ser feitos valer através da acção modificativa.

Moritz[2252] critica este entendimento de Petzoldt, na medida em que, na sua perspectiva, implica a consideração de que a decisão sobre o objecto do processo apenas parcialmente constitui caso julgado (porque certas excepções não ficam, por ele, cobertas); além disso, é estranho que a projecção do caso jul-

[2249] Neste sentido também, por exemplo: E. Becker-Eberhard ("Zur Möglichkeit...", pág. 184), assinalando que a oposição à execução é uma acção constitutiva processual, exclusivamente destinada a afectar a exequibilidade da sentença; J. Soyka (*Die Abänderungsklage...*, 1ª ed., págs. 37-38). Não obstante a oposição à execução deixar intocado o caso julgado, observa este último Autor (*idem*, págs. 38-39) que, sendo esta acção julgada procedente, a inexequibilidade do título fica definitivamente estabelecida, não sendo possível ao credor propor mais tarde, se as circunstâncias se alterarem de modo a si favorável, acção modificativa: a acção adequada é, antes, a acção de condenação, nos termos do § 258 da ZPO. Esta observação leva-nos a duvidar da afirmação de que a oposição à execução não tem, efectivamente, repercussão no caso julgado da acção anterior, determinando a sua caducidade.

[2250] T. M. Petzoldt, *Die Rechtskraft...*, págs. 224-226.

[2251] T. M. Petzoldt, *Die Rechtskraft...*, págs. 226-228.

[2252] J. R. Moritz, *Probleme...*, págs. 94 e 121-122.

gado para o futuro sofra, digamos assim, hiatos temporais, porque cessa com o vencimento da primeira prestação (não cobrindo, como se disse, factos posteriores), mas, relativamente à prestação subsequente, já retoma a sua eficácia (e assim sucessivamente).

De qualquer modo, e como salienta MORITZ[2253], os seguidores da teoria da equidade têm vindo a sustentar que a acção modificativa e a oposição à execução se distinguem essencialmente por a primeira, ao contrário da segunda, permitir ao devedor demonstrar que os factos ocorreram de modo diverso do prognosticado e, assim, a inexactidão da sentença; da projecção do caso julgado para o futuro não se retiraria a inaplicabilidade do regime do § 767 da ZPO, mas apenas que certas excepções quedariam subtraídas a esse caso julgado, tudo se resumindo portando a averiguar quais seriam essas excepções, por forma a possibilitar a sua invocação nos termos do § 767. Ora, as excepções que contrariam a apreciação realizada na sentença, por constituírem um ataque à sua exactidão e ao respectivo caso julgado, só podem, como tal, ser feitas valer através da acção modificativa; as excepções que não se relacionam com o dever de prestar apreciado na sentença, mas apenas com a sua redução ou supressão através de circunstâncias ocorridas posteriormente ao momento futuro da realização da prestação, devem ser feitas valer através da oposição à execução.

MORITZ[2254] também discorda desta orientação, atendendo à regra geral de que o caso julgado importa a preclusão de todas as excepções objectivamente existentes ao tempo do primeiro processo, sendo consequentemente contraditório admitir a aplicabilidade do § 767 da ZPO sempre que concomitantemente se reconheça a projecção do caso julgado para o futuro.

O *Bundesgerichtshof*, numa orientação recente[2255], e depois de atribuir à acção modificativa e à oposição à execução um diverso objectivo – que, quanto à primeira, seria a adaptação do título mediante a quebra do respectivo caso julgado e, relativamente à segunda, a eliminação da exequibilidade do título –, afirma que "o devedor condenado nos termos do § 258 da ZPO deve fazer valer, mediante a oposição à execução, as excepções não abrangidas pelo juízo de prognose", do que seria possível concluir que, tal como PETZOLDT, adopta um critério de diferenciação dos dois meios processuais que prescinde da referência aos seus possíveis fundamentos; no entanto, tal assim não sucede, porque este Tribunal, quando procede à diferenciação dos dois meios processuais, alude às circunstâncias económicas sempre variáveis *versus* excepções de direito material, pelo que tendemos a qualificar como misto o critério que adopta. O mesmo se pode

[2253] J. R. Moritz, *Probleme...*, págs. 109-110.
[2254] J. R. Moritz, *Probleme...*, págs. 111 e 121.
[2255] Assim, BGH, 14.03.2008.

dizer quanto à tese de Oppermann[2256], que, começando por sugerir que o critério distintivo entre a oposição à execução e a acção modificativa assentaria na circunstância de aquela não visar a quebra do caso julgado, acaba por considerar também que os fundamentos de uma e da outra são de tipo diverso, do que decorreria um campo de aplicação distinto dos dois meios processuais.

III. Conclusão

O artigo 729º, alínea *g)*, do CPC não se refere, diversamente do artigo 619º, nº 2, do mesmo Código, à modificação das circunstâncias que determinaram a condenação, mas a factos extintivos e modificativos da obrigação, pelo que pode tentar-se a delimitação dos dois meios processuais entendendo – tal como a doutrina alemã, atrás referenciada, que assenta na distinção entre a supressão do facto constitutivo da pretensão e a ocorrência de factos extintivos ou modificativos da pretensão – que a modificação das circunstâncias a que alude este último preceito coincide com a não verificação dos factos (ou de algum dos factos) constitutivos da obrigação.

Assim, e por exemplo, no caso da sentença de alimentos, justificariam a oposição à execução o pagamento, total ou parcial, e a acção modificativa o não surgimento da situação de necessidade do credor ou das possibilidades do devedor.

Esta conclusão teria, à luz do direito português, um apoio literal maior do que a correspondente tese no direito alemão, porque o § 767 da ZPO alude genericamente a excepções, enquanto o artigo 729º, alínea *g)*, do CPC expressamente referencia os factos modificativos e extintivos da obrigação (indiciando, portanto, que os factos que como tal não possam ser considerados devem ser alegados através da acção modificativa).

No entanto, o artigo 729º, alínea *g)*, ao aludir à superveniência de um facto extintivo ou modificativo da obrigação, ainda é susceptível de abranger – tal como, a este propósito, também se observa na doutrina alemã – a não verificação dos factos constitutivos da obrigação (que haviam sido previstos na sentença), no ponto em que, também nesta hipótese, a obrigação periódica se extingue para o futuro. Ou seja, nada impede que a não verificação dos factos constitutivos da obrigação periódica possa também ser qualificada como um facto extintivo do direito unitário do credor, integrando, não apenas a previsão do artigo 619º, nº 2, do CPC, mas também a daquele preceito.

Aliás, se a sentença exequenda não puder ser objecto de modificação, nos termos do artigo 619º, nº 2, do CPC – designadamente por não assentar numa prognose (pense-se, por exemplo, numa sentença que condene nas prestações emergentes de contrato de fornecimento) –, parece (como já anteriormente

[2256] W. Oppermann, "Zur Lehre...", págs. 448-450 e 454-458.

dissemos[2257]) que a alteração das circunstâncias em que assentou a celebração do contrato nela reconhecido, prevista nos artigos 437º e seguintes do CC, pode, em abstracto, incluir-se na previsão do artigo 729º, alínea *g)*, do CPC, quer quando o executado alega que o contrato já se encontra resolvido ou modificado por declaração que fez à outra parte, quer quando o executado pretende obter a resolução ou a modificação do contrato (fazendo, portanto, essa declaração no próprio requerimento de oposição): o que significa que a figura da alteração das circunstâncias bem pode integrar-se no conceito de facto modificativo ou extintivo da obrigação a que alude esta última disposição.

Por outro lado, a inclusão da alteração das circunstâncias na referência aos factos extintivos e modificativos da obrigação constante do artigo 729º, alínea *g)*, do CPC também resulta da possibilidade de alegar, na contestação, a alteração das circunstâncias a que se refere o artigo 437º do CC[2258].

Ao que foi dito acresce que existem certas circunstâncias aptas a fundar, tanto a oposição à execução, como a acção modificativa, que dificilmente se sujeitam à classificação dos factos em factos dos quais decorre a não constituição da obrigação e factos extintivos ou modificativos da obrigação: referimo-nos, por exemplo, à alteração da lei. A nova lei tanto pode atribuir relevância a um novo facto para o efeito da modificação ou extinção de obrigação anteriormente reconhecida por sentença, como conferir diversa relevância ao facto que fundara tal obrigação, sendo que, em ambas as hipóteses, e como já vimos[2259], parece preenchida a previsão do artigo 729º, alínea *g)*, do CPC (ou porque o novo facto ao qual é atribuída relevância pode ser perspectivado como um facto modificativo ou extintivo, ou porque a diversa relevância atribuída ao facto que fundara a obrigação pode consubstanciar a caducidade desta e, portanto, um seu facto extintivo).

Ainda atendendo ao teor literal do artigo 729º, alínea *g)*, do CPC, também não parece sustentável distinguir o campo de aplicação deste preceito do do artigo 619º, nº 2, do CPC em função das exigências de prova contidas naquela disposição e já não nesta, de modo a concluir que só constituiriam fundamento de oposição à execução factos susceptíveis de prova documental, devendo os restantes factos ser alegados em acção modificativa: na verdade, nada exclui que a modificação das circunstâncias que determinaram a condenação se integre nos factos que se exceptuam da exigência, contida no artigo 729º, alínea *g)*, de prova por documento, caso em que essa modificação das circunstâncias seria susceptível de fundar tanto a acção modificativa como a oposição à execução. Como, a este

[2257] *Supra*, § 19º, II.

[2258] Assim, RC, 31.01.2006, acórdão no qual, remetendo-se para outra jurisprudência, se lê o seguinte: "A alteração do contrato, nos termos do art. 437º do CC, pode ser deduzida através de defesa por excepção, na contestação à acção em que se reclame o cumprimento do contrato".

[2259] *Supra*, § 25, I.

propósito, sublinham LEBRE DE FREITAS / RIBEIRO MENDES[2260], "[p]ela sua natureza, exceptuam-se da exigência da prova por documento os factos relativos à prescrição e, por igual razão, os relativos à usucapião, à verificação de condição resolutiva e outros semelhantes em que não é normal ou possível a prova documental [...]. Não é, por outro lado, prejudicada a possibilidade da prova por confissão do exequente, tido em conta o art. 346-2 CC: pode, portanto, a oposição ser deduzida, contando o executado nela obter a confissão do exequente".

Na medida em que a oposição à execução é um meio processual ao dispor do executado e a acção modificativa um meio processual ao dispor de qualquer das partes da primitiva acção, um outro possível critério de demarcação das duas figuras residiria em considerar que o artigo 729º, alínea *g)* contempla circunstâncias susceptíveis de favorecer apenas o réu da primitiva acção e o artigo 619º, nº 2 circunstâncias susceptíveis de favorecer qualquer das partes da primitiva acção e circunstâncias susceptíveis de favorecer apenas o autor da primitiva acção.

São exemplos de circunstâncias que apenas podem favorecer o réu *algumas daquelas* a que se referem LEBRE DE FREITAS / RIBEIRO MENDES: segundo estes Autores[2261], a alínea *g)* do artigo 729º do CPC "[a]brange as várias causas de extinção das obrigações, designadamente o pagamento, a dação em cumprimento, a consignação em depósito, a compensação, a novação, a remissão e a confusão (arts. 837 CC e ss.), bem como aquelas que as modificam (designadamente por substituição do seu objecto, extinção parcial, alteração de garantias ou modificação do esquema do cumprimento), a prescrição e, no que respeita às pretensões reais, as causas de extinção e de modificação do direito em que se baseiam (incluindo aquelas de que decorre a transmissão do direito real), bem como a usucapião".

E dissemos *algumas daquelas*, porque nos parece que as circunstâncias em que se pode fundar a alteração de garantias ou a modificação do esquema do cumprimento podem, em abstracto, ser favoráveis tanto ao réu como ao autor da primitiva acção. Ora, se assim é, tais circunstâncias – a seguir-se o critério de distinção entre a acção modificativa e a oposição à execução que avançámos – devem ser alegadas, não em sede de oposição à execução, mas em sede de acção modificativa: esta conclusão tem, aliás, a seu favor a constatação de que o artigo 567º, nº 2, do CC prevê a modificação da sentença – e não a oposição à execução – quando sofram alteração sensível as circunstâncias em que assentou a dispensa ou imposição de garantias.

Será, porém, de seguir o critério que sugerimos (e que assenta na ideia de que o artigo 729º, alínea *g)* contempla as circunstâncias que, em abstracto, só podem favorecer o réu, restando para o artigo 619º, nº 2, as demais circunstâncias)?

2260 J. Lebre de Freitas / A. Ribeiro Mendes, *Código...*, vol. 3º, pág. 316.

2261 J. Lebre de Freitas / A. Ribeiro Mendes, *Código...*, vol. 3º, pág. 316.

Temos muitas dúvidas quanto a uma resposta afirmativa. Na verdade, a adopção do referido critério pode ter como consequência inviabilizar a oposição à execução em casos em que, ao réu, também não é possível propor acção modificativa, porque a sentença a executar não cabe na previsão do artigo 619º, nº 2, do CPC, não podendo constituir objecto da modificação aqui contemplada. E pode ter essa consequência porque, a partir do momento em que se delimita o campo de aplicação do artigo 729º, alínea *g)* de modo a excluir da sua previsão tudo o que é susceptível de beneficiar qualquer das partes (é o caso, por exemplo, das circunstâncias em que se pode fundar a alteração das garantias ou a modificação do esquema do cumprimento, porque essas circunstâncias podem, em abstracto, funcionar tanto a favor do autor como a favor do réu), tal critério deve valer seja qual for a sentença a executar, isto é, mesmo quando, em atenção à sentença a executar, não seja necessário delimitar o campo de aplicação do artigo 729º, alínea *g)*, face ao artigo 619º, nº 2, porque essa sentença, em atenção à sua natureza, nunca seria susceptível de modificação por alteração das circunstâncias, nos termos deste último preceito.

O que nos parece, em suma, é que não subjaz ao artigo 729º, alínea *g)*, quando alude a "[q]ualquer facto extintivo ou modificativo da obrigação, desde que seja posterior ao encerramento da discussão no processo de declaração", qualquer preocupação de demarcação face ao artigo 619º, nº 2, em atenção à qualificação jurídica dos factos que podem fundar cada um dos meios processuais. Como, a este propósito, assinalava Alberto dos Reis[2262], o fundamento contido naquele primeiro preceito é um "fundamento de carácter genérico", sendo que as preocupações que nortearam o legislador ao consagrá-lo foram a de "evitar [...] que o processo executivo sirva para destruir o caso julgado, para invalidar o benefício que a sentença atribuiu ao exequente" e, bem assim, a de fazer corresponder a situação jurídica apreciada e declarada pela sentença "à realidade jurídica no momento em que se promove a acção executiva".

E não subjazendo ao artigo 729º, alínea *g)* qualquer preocupação de demarcação face ao artigo 619º, nº 2, em atenção à qualificação jurídica dos factos, há que concluir que não é por uma circunstância poder, em abstracto, fundar uma acção modificativa proposta pelo autor da primeira acção que tal circunstância não constitui fundamento de oposição à execução: assim, não é por a variação dos próprios rendimentos poder fundar uma acção modificativa do credor de alimentos que a variação dos próprios rendimentos do devedor de alimentos não constitui fundamento de oposição à execução por parte deste devedor.

É ainda concebível a delimitação do campo de aplicação destes dois preceitos do seguinte modo (que prescinde da referência à qualificação jurídica dos factos

[2262] J. Alberto dos Reis, *Processo de execução*, vol. 2º, págs. 28-29.

que podem fundá-los): os factos em que se alicerça a acção modificativa não são posteriores ao encerramento da discussão no processo de declaração, no sentido em que esta expressão é utilizada no artigo 729º, alínea *g)*, na medida em que foram objecto dessa mesma discussão (se bem que enquanto factos futuros); já os factos em que se alicerça a oposição à execução são efectivamente posteriores ao encerramento da discussão no processo de declaração, porque nela não foram considerados.

A demarcação entre a oposição à execução e a acção modificativa não se faria, assim, em atenção à qualificação jurídica das circunstâncias, mas em atenção à sua inclusão ou não no objecto do processo anterior (ou, talvez melhor, no objecto da anterior sentença).

Este critério, porém, não nos parece viável, porque obrigaria a verificar, relativamente a cada fundamento de modificação ou de oposição à execução, se sobre ele recaiu ou não uma decisão na anterior acção, o que tornaria extremamente morosa a determinação da admissibilidade da segunda acção. Por outro lado, pode suceder que a decisão anterior seja omissa quanto aos factos em que assentou[2263] ou que não tenha ponderado certos factos futuros que hajam sido alegados e que devia ter ponderado, caso em que o critério não funcionaria ou, a funcionar, determinaria sempre (e, afinal, em virtude de circunstâncias fortuitas) a utilização da oposição à execução.

A delimitação da acção modificativa face à oposição à execução, no que aos respectivos fundamentos se refere, não pode portanto assentar exclusivamente na diversa projecção dos dois meios processuais no caso julgado: dito de outro modo, não é possível entender que a primeira, porque visa a quebra do caso julgado, só pode ter como fundamentos factos que integraram o objecto da sentença anterior, e a segunda, porque não visa a quebra do caso julgado, só pode ter como fundamentos factos que não integraram esse objecto.

Essa delimitação deve antes assentar no seguinte. Relativamente às sentenças que podem ser objecto de modificação nos termos do artigo 619º, nº 2, do CPC, o surgimento de um facto posterior convoca imediatamente a aplicação deste regime e não o regime da oposição à respectiva execução – porque nelas foi formulado um juízo acerca da evolução futura da situação jurídica que reconheceram e é esse juízo que, com o surgimento de um tal facto, é confrontado ou perturbado –, só sendo de aplicar o regime da oposição à execução se não se justificar a adaptação do título ao facto entretanto surgido: e não se justifica tal adaptação do título quer quando o facto posterior tenha provocado a cessação definitiva da situação duradoura nele reconhecida quer quando tal facto não atinja os efeitos futuros dessa situação duradoura (mas apenas os seus efeitos passados).

[2263] *Supra*, § 23º, III, 6 e 7.

A oposição à execução, nesta perspectiva, pode ainda servir para a correcção de erros de prognose, embora não seja essa a sua função: dir-se-ia que pode assumir tal função quando a outra função da acção modificativa – a de adaptação do título à nova realidade – não pode ser desempenhada, quer por não ser possível utilizar novamente o mesmo título, quer por este poder ser novamente utilizado nos mesmos termos. Assim sendo, relativamente às sentenças susceptíveis de modificação nos termos do artigo 619º, nº 2, do CPC, a oposição à execução constitui um regime de aplicação subsidiária, que só opera quando aquela modificação não revista utilidade, por não possibilitar a adaptação do título[2264].

Deste modo, e por exemplo quanto aos alimentos, a adopção do critério proposto leva a considerar que as causas da sua cessação previstas no artigo 2013º, nº 1, alíneas *a)* e *c)*, do CC – respectivamente, morte do obrigado ou alimentado e violação grave, pelo credor, dos seus deveres para com o obrigado – devem ser alegadas na oposição à execução[2265]; já as causas da sua cessação previstas no artigo 2013º, nº 1, alínea *b)*, do CC – impossibilidade daquele que presta os alimentos de continuar a prestá-los e desnecessidade deles, por parte daquele que os recebe – devem ser alegadas na acção modificativa, por ser concebível o ressurgimento da obrigação por cessação daquela impossibilidade ou desnecessidade. Quanto às causas de extinção ou modificação das obrigações em geral – nomeadamente o pagamento ou a concessão de uma moratória –, haverá que distinguir consoante elas afectem ou não afectem o direito unitário do credor: sendo afectado o direito unitário do credor, a via a seguir é a da acção modificativa, a menos que já não seja possível a utilização futura do título; não sendo afectado o direito unitário do credor, a via a seguir só pode ser a da oposição à execução (assim, o pagamento de uma prestação de alimentos vencidos deve ser alegado na oposição à execução).

[2264] A utilidade a que nos referimos é, assim, uma utilidade objectiva e não subjectiva, como aquela a que parece aludir Thalmann (cfr. P. Wendl / S. Staudigl / W. Thalmann, *Das Unterhaltsrecht*..., pág. 977), quando afirma que o campo de aplicação da acção modificativa e o da oposição à execução só podem ser demarcados em função de um critério que atenda ao propósito normal do autor, sendo que, em regra, a acção modificativa representa o meio processual mais vantajoso para o devedor de alimentos (daí ser este, em regra, o meio processual a empregar).

[2265] No sentido de que, face à actual redacção do artigo 2013º, nº 1, alínea *c)*, do CC, da condenação penal do credor de alimentos (no enquadramento do artigo 2166º, nº 1, alínea *a)*, do mesmo Código) não decorre necessariamente a cessação da prestação alimentar, bem como no de que, na hipótese de uma não condenação, não decorre necessariamente a impossibilidade legal dessa cessação, veja-se RE, 22.03.2007.

Capítulo IV
Condições da Modificação

§ 32º Pressupostos processuais da modificação

I. Pressupostos processuais gerais

Do disposto no artigo 282º do CPC decorre que a acção modificativa prevista no artigo 619º, nº 2, do CPC não dá origem a um novo processo – ao contrário do que sucede na Alemanha[2266] –, o que também parece significar que, sendo tal acção proposta, não é necessário aferir a verificação dos pressupostos processuais gerais, porque tal aferição já foi realizada na acção anterior[2267].

Mas a inexistência de um novo processo já não significa, a nosso ver, que, na falta de disposição especial, à acção modificativa prevista no artigo 619º, nº 2, do CPC não sejam aplicáveis as disposições gerais respeitantes aos pressupostos processuais constantes dos artigos 11º e seguintes do CPC – entre essas disposições se contando as respeitantes à personalidade judiciária, à capacidade judiciária e ao patrocínio judiciário[2268] –, na perspectiva segundo a qual, se algum facto superveniente se repercutir num destes pressupostos, ele deve ser atendido na instância renovada.

Por outro lado, o entendimento segundo o qual a acção modificativa não gera um novo processo não pode fazer esquecer a submissão da acção modificativa a certos pressupostos legalmente previstos, alguns dos quais devem ser qualificados como pressupostos processuais.

[2266] Assim, H.-U. Graba (*Die Abänderung...*, pág. 91), sublinhando que a *Abänderungsklage* prevista no § 323 da ZPO não prossegue o primeiro processo, originando um novo processo.

[2267] Graba (*ibidem*), por exemplo, retira da circunstância de a acção modificativa abrir um novo processo a consequência da necessidade de aferição, nessa acção, da generalidade dos pressupostos processuais.

[2268] Não vemos razão para que, quanto a estes pressupostos processuais, a acção modificativa deva constituir qualquer desvio.

Interessando-nos apenas identificar o regime próprio da acção modificativa, dispensamo-nos de tratar, nesta sede, dos pressupostos processuais gerais (também operantes na acção modificativa), passando, de imediato, aos especiais, ou seja, àqueles que são privativos desta acção[2269].

II. Pressupostos processuais especiais

1. Competência para a acção modificativa

a) Em geral

O tribunal ao qual é dirigido o pedido de modificação tem de ser competente para a respectiva apreciação: neste sentido, pode dizer-se que a competência, enquanto pressuposto processual, não apresenta especialidades na acção modificativa, reiterando esta a natureza da competência como pressuposto processual geral.

No entanto, a circunstância de a acção modificativa se destinar à alteração de uma sentença e de esta sentença poder ser estrangeira constitui um elemento de extraneidade não referido nos artigos 62º e 63º do CPC, levantando, como tal, o problema da aplicabilidade destes preceitos (ou de outros que genericamente regulem a competência internacional dos tribunais portugueses) à acção modificativa.

Por outro lado, a determinação do tribunal (português) concretamente competente para a acção modificativa parece não obedecer às regras dos artigos 64º e seguintes do CPC, porque o artigo 282º, nº 1 manda deduzir o respectivo pedido como dependência da causa principal.

Vejamos, então, se é correcto identificar a "competência internacional para a acção modificativa" e a "competência interna para a acção modificativa" enquanto pressupostos processuais especiais.

b) Competência internacional

b) 1. Colocação do problema

Procuraremos responder agora à questão de saber quando são internacionalmente competentes os tribunais portugueses para a acção modificativa.

Tal questão coloca-se quando esteja em causa a modificação de uma decisão estrangeira ou outro título estrangeiro[2270], porque neste caso existe um necessário elemento de conexão com uma ordem jurídica estrangeira.

Refira-se, de qualquer modo, que a competência internacional para a modificação não significa a admissibilidade da modificação de um título estrangeiro,

[2269] Sobre a distinção entre pressupostos processuais gerais (enquanto pressupostos exigidos pela generalidade dos processos) e especiais (enquanto pressupostos exigidos por alguns processos ou institutos processuais), veja-se M. Teixeira de Sousa (*Introdução...*, pág. 82). Sobre a teoria dos pressupostos processuais, veja-se, ainda com interesse, a síntese de H. Berg, "Zulässigkeitsvoraussetzungen...".

[2270] Identicamente, face ao direito alemão, H.-U. Graba, *Die Abänderung...*, pág. 185.

porque, para esta ser aceite, outros requisitos têm de estar preenchidos, além do da competência internacional[2271]. Veremos no ponto seguinte quais.

Pode, porém, perguntar-se se apenas quando esteja em causa a modificação de um título estrangeiro cumpre aferir a competência internacional dos tribunais portugueses para a acção modificativa, ou se também cumpre aferi-la quando, não obstante a produção do título modificando em Portugal, surge posteriormente um elemento de extraneidade.

Diríamos que interessa aferir a competência internacional dos tribunais portugueses para a acção modificativa mesmo quando, já antes da produção (em Portugal) do título modificando, o objecto do litígio apresente um elemento de conexão com uma ordem jurídica estrangeira[2272]: se, porém, a questão não for resolvida por tratado, convenção, regulamento europeu – assim, por exemplo, pelo artigo 8º do Regulamento (CE) nº 4/2009 do Conselho, de 18 de Dezembro de 2008[2273], ou pelos artigos 1º e 13º da Convenção Relativa à Competência das Autoridades e à Lei Aplicável em Matéria de Protecção de Menores, concluída na Haia em 5 de Outubro de 1961[2274] – ou lei especial, e algum tribunal português resultar logo competente por força do estatuído no artigo 282º, nº 1, do CPC, não se justifica aplicar as regras gerais sobre competência internacional dos tribunais portugueses constantes do artigo 62º do CPC, porque aquele artigo 282º, nº 1, do CPC a atribui automaticamente aos tribunais portugueses[2275].

Problemas particulares, que apenas nos interessa agora aflorar, pode, porém, colocar a aferição da competência internacional dos tribunais portugueses para

[2271] Deduz-se ser esta também a opinião de P. Kurz, *Die Reformbedürftigkeit...*, págs. 146-147.

[2272] Face ao direito alemão, também H.-U. Graba (*Die Abänderung...*, pág. 186) identifica o problema da competência internacional dos tribunais alemães para a modificação de títulos alemães.

[2273] Este Regulamento, relativo à competência, à lei aplicável, ao reconhecimento e à execução das decisões e à cooperação em matéria de obrigações alimentares, consagra no artigo 8º, a propósito das "Limitações dos processos", a regra segundo a qual "[q]uando uma decisão tiver sido proferida num Estado-Membro ou num Estado parte contratante na Convenção da Haia de 2007 onde o credor tem a sua residência habitual, o devedor não pode propor uma acção para alterar ou obter uma nova decisão em qualquer outro Estado-Membro enquanto o credor continuar a ter a sua residência habitual no Estado onde foi proferida a decisão" (nº 1), estabelecendo também excepções a esta regra (cfr. o nº 2 do mesmo artigo). O artigo 8º do Regulamento (CE) nº 4/2009 do Conselho, de 18 de Dezembro de 2008, regula, assim, e com prevalência em relação ao artigo 282º, nº 1, do CPC, a competência internacional dos tribunais portugueses para a alteração de decisões em matéria de obrigações alimentares proferidas por tribunais portugueses (mais precisamente, atribui-lhes, em regra, essa competência exclusiva, enquanto o credor continuar a ter a sua residência habitual em Portugal).

[2274] Já referida: *supra*, § 5º. Sobre a aplicabilidade desta Convenção na determinação da competência internacional dos tribunais portugueses para a apreciação de uma acção de alteração da regulação do exercício das responsabilidades parentais, RC, 10.11.2009.

[2275] Nesta perspectiva, o artigo 282º, nº 1, do CPC pode ser qualificado como norma de competência internacional. Ao § 323 da ZPO é, porém, recusada tal qualificação (supomos que para qualquer efeito): assim, K. Siehr, "Ausländische...", pág. 933.

certas acções modificativas especiais. Referimo-nos, por exemplo, à alteração da regulação do exercício das responsabilidades parentais, dantes prevista no artigo 182º da OTM e hoje no artigo 42º do RGPTC, porque estes diplomas contém regras próprias de competência territorial e internacional, além de não conterem uma regra idêntica à do artigo 282º do CPC.

Assim, num Acórdão do Tribunal da Relação de Coimbra de 27 de Maio de 2008, emergente de uma acção na qual se pedia a alteração da regulação do exercício do poder paternal de duas menores e que apresentava vários elementos de extraneidade (a sentença modificanda havia sido proferida por um tribunal português; a requerente, o requerido e as menores tinham nacionalidade portuguesa; o requerido residia, à data do requerimento de alteração, em Portugal; a requerente e as menores residiam, também a essa data, em Inglaterra), a circunstância de a anterior regulação do poder paternal ter sido efectuada por um tribunal português não foi considerada decisiva para a aceitação da competência internacional dos tribunais portugueses.

Entendeu-se, antes, que, constituindo tal acção modificativa, de acordo com o disposto no artigo 182º da OTM (actual artigo 42º do RGPTC), "uma acção autónoma em relação à acção onde anteriormente essa regulação foi estabelecida, não se pode considerar como fixada para ela a competência territorial definida na anterior acção", pelo que a competência territorial para tal acção é definida, em princípio, pelo artigo 155º, nº 5, da OTM (actual artigo 9º, nºs 7 e 8 do RGPTC) – que, a propósito da competência territorial para os processos tutelares cíveis, dispõe que "[s]e, no momento da instauração do processo, o menor não residir no País, é competente o tribunal da residência do requerente ou do requerido; quando também estes residirem no estrangeiro e o tribunal português for internacionalmente competente, pertence ao tribunal de Lisboa conhecer da causa" –, e a competência internacional, nos termos gerais, pelo artigo 65º do CPC (de 1961, correspondente ao artigo 62º do CPC actual). Ora, como na situação dos autos o requerido residia em Portugal, a competência internacional dos tribunais portugueses decorria, também em princípio, do artigo 65º, nº 1, alíneas *a)* e *b)*, do CPC de 1961[2276] (actualmente, veja-se o artigo 62º, alínea *a)*, do CPC): e só não era efectivamente de afirmar esta competência, porque o Regulamento (CE) nº 2201/2003 do Conselho, de 27 de Novembro de 2003 (que prevalece sobre o regime interno), nos seus artigos 8º, nº 1, 9º, nº 1, e 10º, "estabelece como competentes os tribunais do Estado-Membro da residência habitual da criança para tomarem decisões em matéria de responsabilidade parental"[2277].

[2276] Refira-se que a alínea *a)* do nº 1 do artigo 65º do CPC de 1961 – que atribuía aos tribunais portugueses competência, quando o réu se encontrasse domiciliado em Portugal –, foi, entretanto, revogada pela Lei nº 52/2008, de 28 de Agosto.

[2277] Sobre a competência para a acção de alteração da regulação das responsabilidades parentais, à luz deste Regulamento, veja-se, ainda, RL, 22.09.2011.

b) 2. Modificabilidade de títulos estrangeiros. Reconhecimento do título e competência internacional

Em rigor, e como, aliás, já deixámos sugerido, a modificabilidade de títulos estrangeiros não levanta apenas um problema de competência internacional dos tribunais portugueses, porque, além deste, outros requisitos devem estar preenchidos, para que ela seja possível. Tratá-la-emos, porém, à falta de melhor, neste contexto.

Que requisitos são esses?

Face ao direito alemão, assinala KURZ[2278] existir unanimidade quanto à admissibilidade da modificação de um título estrangeiro relativo a alimentos pelos tribunais alemães, desde que estejam preenchidos os três seguintes requisitos: *a)* competência internacional dos tribunais alemães para tal modificação[2279]; *b)* reconhecimento de tal título na Alemanha[2280]; *c)* permissão da modificação pelo

[2278] P. Kurz, *Die Reformbedürftigkeit...*, págs. 146-148.

[2279] Para a aferição de tal competência internacional, concretamente no que se refere aos títulos estrangeiros de alimentos, P. Kurz (*Die Reformbedürftigkeit...*, pág. 147) aplica o disposto nos artigos 2º e 5º, nº 2, da Convenção Relativa à Competência Judiciária e à Execução de Decisões em Matéria Civil e Comercial, assinada em Bruxelas em 27 de Setembro de 1968 (vulgarmente designada por "Convenção de Bruxelas"); atendendo a que esta Convenção foi entretanto substituída pelo Regulamento (CE) nº 44/2001 do Conselho, de 22 de Dezembro de 2000 (excepto quanto à Dinamarca, conforme o disposto no artigo 1º, nº 3, do mesmo Regulamento), e, depois, pelo Regulamento (CE) nº 4/2009 do Conselho, de 18 de Dezembro de 2008, as normas agora aplicáveis seriam, seguindo o raciocínio do mencionado Autor, as dos artigos 3º e seguintes deste último Regulamento. Aos casos em que não seja aplicável a Convenção de Bruxelas (ou o Regulamento (CE) nº 4/2009), aplica P. Kurz (*ibidem*), na aferição da competência internacional dos tribunais alemães, os §§ 13, 23, 23a, e 35a da ZPO (que contêm, respectivamente, e em síntese: a regra da competência do tribunal correspondente ao foro geral do réu, o qual é determinado pelo seu domicílio; a regra da proposição da acção relativa a pretensão patrimonial no tribunal do lugar do património ou do objecto da acção, caso o réu não tenha domicílio no país; a regra da proposição da acção de alimentos no tribunal correspondente ao foro geral do autor, caso o réu não tenha foro no país; a regra da proposição da acção no tribunal correspondente ao foro do pai ou da mãe, caso o filho exija alimentos a ambos). No mesmo sentido do de Kurz: H.-U. Graba (*Die Abänderung...*, págs. 185-186), salientando que a acção só reveste interesse, se se puder contar com o reconhecimento da sentença pelo Estado do devedor de alimentos; J. Soyka, *Die Abänderungsklage...*, 1ª ed., pág. 198. Refira-se, todavia, que os citados §§ 23a e 35a foram revogados aquando da reforma da ZPO de 2008/2009. Sobre a competência internacional em matéria de obrigações de alimentos e sobre a noção de obrigações de alimentos à luz da Convenção de Bruxelas, veja-se F. A. Ferreira Pinto, *Do conflito de leis...*, págs. 64-73.

[2280] Regulam tal reconhecimento, à luz do direito alemão, e segundo o Autor, a Convenção Relativa ao Reconhecimento e Execução das Decisões em Matéria de Obrigações Alimentares para com os Menores, concluída na Haia em 15 de Abril de 1958, a Convenção Sobre o Reconhecimento e Execução das Decisões Relativas às Obrigações Alimentares, concluída na Haia, em 2 de Outubro de 1973, a Convenção de Bruxelas [actualmente, haverá também a contar com a Convenção da Haia de 23 de Novembro de 2007 sobre a Cobrança Internacional de Alimentos em Benefício dos Filhos e de outros Membros da Família, bem como com o Regulamento (CE) nº 4/2009 do Conselho, de 18 de Dezembro de 2008], os acordos bilaterais sobre reconhecimento e execução e, subsidiariamente, o § 328 da ZPO (relativo ao reconhecimento de sentenças estrangeiras e recentemente alterado, aliás, aquando da reforma da ZPO de 2008/2009). Segundo H.-U. Graba (*Die Abänderung...*, pág. 187), o reconhecimento pode

direito do Estado do qual a sentença provém. Este último requisito não é, porém, actualmente merecedor de unanimidade, havendo mesmo quem o rejeite[2281].

Face ao direito português, parece-nos que o princípio da admissibilidade da modificação de títulos estrangeiros resulta, ao menos implicitamente, de instrumentos internacionais e regulamentos europeus vigentes na ordem interna, como sejam a Convenção sobre o Reconhecimento e Execução de Decisões Relativas às Obrigações Alimentares, celebrada na Haia, em 2 de Outubro de 1973[2282] – porque no seu artigo 2º se determina a aplicabilidade da Convenção "[...] às decisões ou transacções que modifiquem decisão ou transacção anterior, mesmo que esta provenha de um Estado não contratante" –, a Convenção de Cooperação Judiciária Relativa à Protecção de Menores entre o Governo da República Portuguesa e o Governo da República Francesa[2283] – que, no artigo 20º (Alteração do exercício do poder paternal), e verificadas certas condições, permite ao juiz do Estado para cujo território o menor foi ilicitamente afastado ou em que se encontra retido "estatuir sobre o exercício do poder paternal decorrido o prazo de 1 ano sobre o afastamento ou a não entrega do menor, desde que se prove que este está integrado no seu novo meio" –, ou o Regulamento (CE) nº 4/2009 do Conselho, de 18 de Dezembro de 2008, que, excepto quando o credor dos alimentos continue a ter a sua residência habitual no Estado onde foi proferida a decisão, não estabelece restrições à modificação daquela decisão por um tribunal estrangeiro (cfr. o

ser incidental, na própria acção modificativa (em sentido convergente: P. Baumann, "Leistungs- und Abänderungsklage...", pág. 30; J. Soyka, *Die Abänderungsklage...*, 1ª ed., pág. 198).

[2281] Quanto a este requisito, salienta P. Kurz (*Die Reformbedürftigkeit...*, pág. 148) a sua pouca relevância prática, atendendo a que a generalidade dos países europeus admitem tal modificação. No mesmo sentido: P. Baumann, "Leistungs- und Abänderungsklage...", págs. 30-31; H.-U. Graba, *Die Abänderung...*, pág. 187; J. Soyka (*Die Abänderungsklage...*, 1ª ed., pág. 198), questionando, todavia, a própria existência do requisito, que tem sido aceite por razões de respeito pela soberania dos outros Estados. D. Henrich ("Die Abänderungsklage...", págs. 140-141) observa, a este propósito, que só faz sentido exigir que o direito do Estado do qual a sentença provém permita a sua modificação, quando se encare o reconhecimento da sentença como uma recepção, não da própria sentença, mas dos seus efeitos: só nesta hipótese, na verdade, a questão da modificabilidade da sentença traduz uma questão dos efeitos do caso julgado, sendo evidente que a sentença estrangeira não deve surtir, a nível interno, maior eficácia do que aquela que lhe atribui o direito do Estado no qual foi proferida. Sobre a exclusão da modificação de decisão estrangeira, enquanto acto soberano do Estado, veja-se P. Schlosser, "Zur Abänderung...", págs. 120-121. Rejeitando claramente o mencionado requisito (ou seja, considerando que, para a possibilidade de modificação, não é necessário que o direito do Estado do qual provém a sentença confira relevância à alteração das circunstâncias), Stein/Jonas/Leipold[22], § 323, 27.

[2282] Aprovada pelo Decreto nº 338/75, de 2 de Julho. Sobre esta Convenção da Haia de 1973, veja-se F. A Ferreira Pinto, *Do conflito de leis...*, págs. 58-62. Esta Convenção foi parcialmente substituída pela Convenção da Haia de 23 de Novembro de 2007 sobre a Cobrança Internacional de Alimentos em Benefício dos Filhos e de outros Membros da Família (cfr. o seu artigo 48º).

[2283] Assinada em 20 de Julho de 1983 e aprovada pela Resolução da Assembleia da República nº 1/84, de 3 de Fevereiro. Sobre esta Convenção, veja-se J. P. Remédio Marques, "Aspectos...", págs. 699-702.

artigo 8º, já mencionado); mais duvidoso é, porém, se o direito português exige, para a modificação de uma sentença estrangeira por um tribunal português, a permissão dessa modificação pelo direito do Estado do qual a sentença provém, parecendo-nos não vigorar qualquer regra que o imponha[2284].

Quanto ao *reconhecimento do título*, enquanto requisito de que depende a admissibilidade da modificação de títulos estrangeiros (por exemplo, sentenças estrangeiras que fixem alimentos, ou até mesmo sentenças que modifiquem sentenças anteriores em matéria de alimentos[2285]), parece-nos que ele se encontra consagrado no artigo 978º, nº 1 do CPC – que condiciona a eficácia das decisões estrangeiras sobre direitos privados à respectiva revisão e confirmação –, porque, como observa Lima Pinheiro[2286], "[a] letra do nº 1 do art. 1094º [artigo 978º, nº 1, do actual CPC] parece subordinar à revisão e confirmação todos os modos de relevância das sentenças estrangeiras, ressalvados os tratados e leis especiais"[2287]. Dito de outro modo: dependendo a eficácia do título do respectivo reconhecimento e pressupondo a modificação do título que este seja eficaz, é forçoso concluir que os tribunais portugueses não podem modificar títulos estrangeiros que não tenham sido objecto de reconhecimento.

Por outro lado, o próprio reconhecimento do efeito de caso julgado depende de revisão e confirmação[2288], pelo que, dirigindo-se a modificação prevista no

[2284] Reconhecendo o mencionado princípio da admissibilidade da modificação de títulos estrangeiros, veja-se também F. A. Ferreira Pinto (*Do conflito de leis...*, pág. 262, nota 548); L. de Lima Pinheiro ("Regime interno...", pág. 591, nota 113), se bem que reportando-se às decisões da jurisdição voluntária, considera, por seu lado, que "deve entender-se que as decisões reconhecidas que sejam modificáveis segundo o Direito do Estado de origem também podem ser modificadas por uma decisão do Estado de reconhecimento quando os seus tribunais forem internacionalmente competentes para o efeito". Mas para além do problema da modificabilidade da sentença estrangeira face ao direito do Estado do qual provém a sentença, há ainda o problema da sua modificabilidade face ao direito aplicável ao fundo da causa: em Espanha, e segundo observa I. Heredia Cervantes ("Competencia...", págs. 186-187), é unânime o entendimento na doutrina segundo o qual, "não apenas a possibilidade de modificar a sentença, mas também as condições de que depende a possibilidade de tal modificação e, inclusivamente, o fundo da causa (ou seja, a natureza e o alcance da modificação), são regidos pelo ordenamento material que regulou a decisão que se pretende modificar".

[2285] Esta última hipótese é considerada em parecer do Conselho Consultivo da PGR, de 11.07.1974.

[2286] L. de Lima Pinheiro, "Regime interno...", pág. 581.

[2287] A redacção do artigo 1094, nº 1, do CPC de 1961 emergente do Decreto-Lei nº 38/2003, de 8 de Março ressalvava, não os tratados e leis especiais, mas os "tratados, convenções, regulamentos comunitários e leis especiais". O artigo 978º, nº 1, do actual CPC ressalva os tratados, convenções, regulamentos da União Europeia e leis especiais.

[2288] Assim, L. de Lima Pinheiro, "Regime interno...", pág. 582, e "Reconhecimento autónomo...", pág. 218. Problemas particulares levanta o reconhecimento de decisão estrangeira constitutiva: sobre estes problemas, veja-se L. de Lima Pinheiro ("A triangularidade...", págs. 341-349), que salienta a existência de "um nexo entre o reconhecimento do efeito de caso julgado e o reconhecimento do efeito constitutivo, que justifica o não reconhecimento do efeito do caso julgado quando a decisão não for eficaz (nem potencialmente eficaz) na ordem jurídica competente".

artigo 619º, nº 2, do CPC à modificação do caso julgado (pelo menos, pela inserção sistemática do preceito), justifica-se o reconhecimento prévio de tal efeito.

No direito europeu, o reconhecimento do título é primacialmente regido, em matéria civil e comercial, pelas normas dos artigos 36º e seguintes do Regulamento (UE) nº 1215/2012 do Parlamento Europeu e do Conselho, de 12 de Dezembro de 2012, as quais dispensam o recurso a qualquer processo para o reconhecimento, num Estado-Membro, de decisão proferida noutro Estado-Membro (artigo 36º, nº 1)[2289].

Mas muitos outros regulamentos europeus versam sobre o reconhecimento; assim, e por exemplo, o reconhecimento de decisões em matéria de obrigações alimentares decorrentes das relações de família, de parentesco, de casamento ou de afinidade é regido pelo Regulamento (CE) nº 4/2009 do Conselho, de 18 de Dezembro de 2008 (cfr. considerando 44 e artigos 1º, nº 1, 16º e seguintes, e 68º, nº 1, deste Regulamento). Como o Regulamento (CE) nº 4/2009 "não prejudica a aplicação das convenções e acordos bilaterais ou multilaterais de que um ou mais Estados-Membros sejam parte na data de aprovação do presente regulamento e que digam respeito a matérias regidas pelo presente regulamento [...]" (cfr. o artigo 69º, nº 1, do Regulamento), embora prevaleça sobre eles, nos termos do artigo 69º, nº 2, do mesmo Regulamento, há ainda a referir as já mencionadas Convenção sobre o Reconhecimento e Execução das Decisões relativas às Obrigações Alimentares, concluída na Haia, em 2 de Outubro de 1973, e Convenção Relativa ao Reconhecimento e Execução das Decisões em Matéria de Obrigações Alimentares para com os Menores, concluída na Haia em 15 de Abril de 1958[2290], ambas parcialmente substituídas pela Convenção da Haia de 23 de Novembro de 2007 sobre a Cobrança Internacional de Alimentos em Benefício dos Filhos e de outros Membros da Família (cfr. o seu artigo 48º): em certos casos em que potencialmente é aplicável aquele Regulamento pode, assim, ser a final aplicada uma destas Convenções, no que ao reconhecimento da decisão estrangeira diz respeito[2291].

Quando a decisão estrangeira haja sido certificada como Título Executivo Europeu, ao abrigo dos artigos 5º e seguintes do Regulamento (CE) nº 805/2004 do Parlamento Europeu e do Conselho, de 21 de Abril de 2004, que criou o título executivo europeu para créditos não contestados, será essa decisão "reconhecida

[2289] Sobre o reconhecimento e execução de decisões estrangeiras, à luz do anterior Regulamento (CE) nº 44/2001, RC, 20.01.2009.

[2290] Aprovada pelo Decreto-Lei nº 246/71, de 3 de Junho. Sobre esta Convenção da Haia de 1958, veja-se F. A. Ferreira Pinto, *Do conflito de leis...*, págs. 45-51.

[2291] Refira-se que também o Regulamento (UE) nº 1215/2012 "não prejudica as convenções em que os Estados-Membros são partes e que, em matérias especiais, regulem a competência judiciária, o reconhecimento ou a execução de decisões" (cfr. o seu artigo 71º, nº 1).

e executada nos outros Estados-Membros sem necessidade de declaração da executoriedade ou contestação do seu reconhecimento" (artigo 5º)[2292].

Em matéria matrimonial e de responsabilidade parental, há ainda a considerar um regulamento europeu que contém normas sobre o reconhecimento e execução de decisões: o Regulamento (CE) nº 2201/2003 do Conselho, de 27 de Novembro de 2003. De acordo com o nº 1 do artigo 21º deste Regulamento, a regra, quanto ao reconhecimento, é a de que "[a]s decisões proferidas num Estado-Membro são reconhecidas nos outros Estados-Membros, sem quaisquer formalidades"[2293]; o Regulamento, porém, não se aplica aos alimentos, nos termos do seu artigo 1º, nº 3, alínea *e)*, nem ao reconhecimento e execução, num Estado-Membro, de decisões proferidas pelos tribunais dos outros Estados-Membros em matéria de alimentos, conforme decorre dos seus artigos 21º, nº 1, e 28º, nº 1[2294].

No plano dos acordos bilaterais é também vasto o leque das disposições relativas ao reconhecimento de decisões estrangeiras. Assim, o Acordo de Cooperação Jurídica entre a República Portuguesa e a República da Guiné-Bissau[2295] contém normas gerais sobre a eficácia das decisões proferidas pelos tribunais dos Estados Contratantes no território do outro (cfr. artigos 13º e 14º) e especiais, em matéria de alimentos (artigos 15º e seguintes). Do mesmo modo, o Acordo entre o Governo da República Portuguesa e o Governo dos Estados Unidos da América sobre Cobrança de Alimentos, já mencionado[2296], contém normas sobre reconhecimento e execução de decisões em matéria de alimentos (cfr. o artigo 7º).

Na falta de regulamento europeu, tratado, convenção ou lei especial, ao reconhecimento da decisão estrangeira é aplicável o disposto nos artigos 978º e

[2292] O Regulamento (CE) nº 805/2004 não regula, no que ao reconhecimento de decisões diz respeito, a articulação entre o próprio Regulamento e outras convenções celebradas pelos Estados-Membros entre si ou com terceiros países (nomeadamente as mencionadas Convenções da Haia relativas ao reconhecimento de decisões em matéria de alimentos), provavelmente porque a decisão apta a constituir Título Executivo Europeu não pode dizer respeito a um crédito de alimentos (cfr. o artigo 6º, nº 1, alínea *d)*, do Regulamento). De qualquer modo, e algo contraditoriamente, o artigo 68º, nº 2, do Regulamento (CE) nº 4/2009 do Conselho, de 18 de Dezembro de 2008, determina que "[o] presente regulamento substitui, em matéria de obrigações alimentares, o Regulamento (CE) nº 805/2004, excepto no que se refere aos títulos executivos europeus relativos a obrigações alimentares emitidos num Estado-Membro não vinculado pelo Protocolo da Haia de 2007".

[2293] Sobre o artigo 21º do Regulamento (CE) nº 2201/2003, veja-se L. de Lima Pinheiro, "O reconhecimento...", in *Estudos...*, pág. 76, e RP, 09.02.2009.

[2294] Sobre o Regulamento (CE) nº 2201/2003, nomeadamente quanto ao seu âmbito material e espacial de aplicação, veja-se L. de Lima Pinheiro, "O reconhecimento...", in *Estudos...*, págs. 67-94, e (em obra ainda não publicada, mas disponibilizada à autora) J. de Castro Mendes / M. Teixeira de Sousa, *Manual de processo civil*, III. Tribunal e Competência, § 15º.

[2295] Concluído em 5 de Julho de 1988 e aprovado pela Resolução da Assembleia da República nº 11/89, de 19 de Maio. Sobre este Acordo, veja-se F. A. Ferreira Pinto, *Do conflito de leis...*, págs. 84-85.

[2296] *Supra*, § 5º.

seguintes do CPC, relativo ao processo de revisão de sentenças estrangeiras: *uma revisão incidental, isto é, que tenha lugar num outro processo, não parece possível, quando se pretenda a modificação* (diversamente do que, a propósito, tem sido sustentado na Alemanha[2297]).

Uma hipótese deste teor foi, aliás, apreciada num Acórdão do Supremo Tribunal de Justiça de 11 de Novembro de 2008, no qual se considerou que, para o reconhecimento de uma sentença suíça que procedera à regulação do poder paternal de menor e, simultaneamente, dispusera sobre a respectiva guarda, regime de visitas do progenitor e pensão de alimentos, o processo adequado era a acção de revisão e confirmação de sentença estrangeira regulada no Código de Processo Civil, sem prejuízo de, *posteriormente*, o requerido requerer a alteração da pensão decretada pelo tribunal suíço, com fundamento em incapacidade económica (e não obstando a alegada incapacidade, em si mesma, à concessão da revisão, em atenção aos superiores interesses do menor).

Por outro lado, *também não parece possível uma revisão tácita*, isto é, uma revisão que decorra da revisão de outra sentença ou parte de sentença: como se pode ler no sumário de um Acórdão do Tribunal da Relação do Porto de 8 de Outubro de 1991, "[u]ma sentença proferida por Tribunal estrangeiro que decretou o divórcio entre dois cidadãos portugueses e regulou o exercício do póder paternal relativamente a filhos menores daqueles, fixando determinada pensão alimentar a cargo do pai, não pode considerar-se revista e confirmada também na parte respeitante a alimentos, se o acórdão da Relação apenas se pronunciou no que respeita ao divórcio, silenciando tudo o mais naquele decidido".

Não tendo, como observa Ferreira Pinto[2298], a decisão sido "previamente reconhecida e declarada executória no Estado em que a revisão [ou seja, a modificação] é pedida", "o mais que se pode fazer é propor uma nova acção nesse Estado". E, propondo-se acção modificativa sem que previamente se haja reconhecido a sentença que dela é objecto, deve aquela acção ser julgada inadmissível, por falta de objecto[2299].

Quando o título estrangeiro não seja uma decisão (de um tribunal estadual, arbitral ou até mesmo de uma autoridade administrativa), não se coloca o problema do respectivo reconhecimento, enquanto condição de admissibilidade da respectiva modificação pelos tribunais portugueses: no entanto, tal título há-de constituir título executivo à luz do direito português, nomeadamente por estar certificado como Título Executivo Europeu, nos termos dos artigos 24º e seguin-

[2297] Assim: H.-U. Graba, *Die Abänderung...*, pág. 187; BGH, 01.06.1983 (com anotação de U. Spellenberg, "Abänderung...").

[2298] F. A. Ferreira Pinto, *Do conflito de leis...*, pág. 262 e nota 549.

[2299] Assim, face ao direito alemão, H. Schack, *Internationales...*, § 21, 1007.

tes do Regulamento (CE) nº 805/2004, ou por lhe ser aplicável o disposto nos artigos 58º e seguintes do Regulamento (UE) nº 1215/2012[2300].

Quanto à *competência internacional*, o outro requisito de que depende a admissibilidade da modificação de títulos estrangeiros pelos tribunais portugueses, há que atentar sobretudo, em matéria civil e comercial, no disposto nos artigos 4º e 7º do Regulamento (UE) nº 1215/2012, que conferem ao autor da acção o direito de escolher entre os tribunais do Estado-Membro em que o réu esteja domiciliado (cfr. artigo 4º) e os tribunais que, consoante a fonte ou a natureza da obrigação, são os competentes (cfr. artigo 7º).

Em se tratando de obrigação alimentar, há que ter especialmente em conta os artigos 3º e seguintes do Regulamento (CE) nº 4/2009 do Conselho, de 18 de Dezembro de 2008, dos quais decorre que, em regra, a acção tanto pode ser proposta no tribunal do local em que o requerido tenha a sua residência habitual (artigo 3º, alínea *a)*), como no tribunal do local em que o credor tem a sua residência habitual (artigo 3º, alínea *b)*), como (verificadas certas condições) no tribunal que, de acordo com a lei do foro, tem competência para apreciar uma acção relativa ao estado das pessoas (artigo 3º, alínea *c)*), como (verificadas certas condições) no tribunal que, de acordo com a lei do foro, tem competência para apreciar uma acção relativa à responsabilidade parental (artigo 3º, alínea *d)*)[2301]; quando, todavia, "uma decisão tiver sido proferida num Estado-Membro ou num Estado parte contratante na Convenção da Haia de 2007 onde o credor tem a sua residência habitual, o devedor não pode propor uma acção para alterar ou obter uma nova decisão em qualquer outro Estado-Membro enquanto o credor continuar a ter a sua residência habitual no Estado onde foi proferida a decisão" (cfr. o artigo 8º, nº 1, do Regulamento (CE) nº 4/2009, já várias vezes referido), impedimento este que cessa quando se verifique alguma das situações contempladas no nº 2 do artigo 8º do mesmo Regulamento.

De qualquer modo, nos termos do seu artigo 71º, nº 1, o Regulamento (UE) nº 2015/2012 "não prejudica as convenções em que os Estados-Membros são partes e que, em matérias especiais, regulem a competência judiciária, o reconhe-

[2300] Sobre a executoriedade de títulos estrangeiros, mas ainda à luz dos artigos 50º e 51º da Convenção de Bruxelas, que consagrava regime diverso, H.-U. Graba, *Die Abänderung...*, pág. 193.

[2301] A propósito do artigo 5º, nº 2, do Regulamento (CE) nº 44/2001, que, antes do Regulamento (CE) nº 4/2009, dispunha sobre a competência em matéria de obrigação alimentar, assinalava J. P. Remédio Marques (*Algumas notas...*, pág. 54) que esse preceito fazia "coincidir, no espaço da União Europeia e dos países que constituem a EFTA, o tribunal competente e o direito aplicável em matéria de obrigações alimentares, nas eventualidades em que as normas de conflitos da *lex fori* atribuem competência à lei do país da residência habitual do credor de alimentos – como, de resto, ocorre no quadro da *Convenção de Haia sobre a Lei Aplicável em Matéria de Prestação de Alimentos a Menores*, de 1956, e a *Convenção de Haia sobre a Lei Aplicável às Obrigações Alimentares*, de 1973" (do mesmo Autor, e sobre o mencionado artigo 5º, nº 2, veja-se, ainda, "Aspectos...", págs. 649 e seguintes).

cimento ou a execução de decisões" (de modo semelhante dispondo, aliás, o já citado artigo 69º, nº 1, do Regulamento (CE) nº 4/2009): estará nessa situação, por exemplo, a Convenção de Cooperação Judiciária Relativa à Protecção de Menores entre o Governo da República Portuguesa e o Governo da República Francesa, já referida, que estabelece que os "tribunais do Estado da residência habitual do menor são competentes para conhecer das questões cíveis em que esteja em causa a protecção da pessoa ou dos bens do menor" (cfr. o artigo 7º, nº 1, da Convenção)[2302].

Na falta de tratado, convenção, regulamento europeu ou lei especial, é aplicável à determinação da competência internacional dos tribunais portugueses para a acção modificativa o disposto nos artigos 62º e 63º do CPC[2303].

Problemas particulares levanta a *modificabilidade de resoluções estrangeiras de jurisdição voluntária*.

A este propósito, De Miguel Asensio[2304], face ao direito espanhol, interroga-se sobre se uma resolução estrangeira de jurisdição voluntária, na medida em que tenha sido reconhecida em Espanha, pode ser modificada pelos tribunais espanhóis, já que certas convenções admitem essa possibilidade. Segundo o Autor[2305], condição indispensável para que tal suceda é que os tribunais espanhóis possuam competência internacional para apreciar a matéria sobre a qual versa a resolução que se pretende modificar; por outro lado, o reconhecimento, em si, não influi no carácter modificável da resolução, nem na possibilidade de reconhecer a ulterior resolução modificatória[2306]. Trata-se, porém, de questões que aqui não desenvolveremos.

c) *Competência interna*

Vejamos agora de que modo se determina o tribunal competente para a acção modificativa, pressupondo que os tribunais portugueses, no seu conjunto, possuem competência internacional para essa acção.

O artigo 282º, nº 1, do CPC determina a dedução do pedido modificativo como dependência da causa principal: assim – e como se deixou sugerido –, parece que a lei dispensa, na aferição do tribunal concretamente competente para a apreciação da acção modificativa, a utilização dos critérios constantes dos artigos 64º

2302 Esta Convenção contém ainda normas de competência em matéria de alteração do exercício do poder paternal e direito de visita (cfr. artigos 20º e 21º).

2303 Sobre os problemas de constitucionalidade (nomeadamente, face ao direito à tutela judicial efectiva) suscitados pela falta de competência internacional para a modificação de sentenças estrangeiras, veja-se, à luz do direito espanhol, I. Heredia Cervantes, "Competencia...".

2304 P. A. de Miguel Asensio, *Eficacia*..., págs. 260-261.

2305 P. A. de Miguel Asensio, *Eficacia*..., pág. 262.

2306 P. A. de Miguel Asensio, *Eficacia*..., págs. 152-153.

e seguintes do CPC, porque prevê, de antemão, a competência do tribunal que apreciou a causa principal[2307].

Sendo, todavia, estrangeira a sentença a modificar, já a ponderação daquelas regras volta a justificar-se, atendendo a que o artigo 282º, nº 1 não pode ter o sentido de estabelecer a competência de um tribunal estrangeiro (que seria, então, o tribunal estrangeiro que julgou a acção na qual foi proferida a sentença). Dito de outro modo: o tribunal português concretamente competente para a modificação de sentença estrangeira deve ser aferido à luz do disposto nos artigos 64º e seguintes do CPC.

Por outro lado, quando a sentença modificanda provenha de um tribunal superior, a aplicação do artigo 282º, nº 1 não pode ter como consequência a atribuição, a uma Relação ou ao Supremo Tribunal de Justiça, de competência para a acção modificativa: a derrogação da regra segundo a qual os tribunais superiores só são competentes para o conhecimento de recursos (contida nos artigos 68º e 69º do CPC) parece-nos dever constar de lei que expressamente lhes atribua competência para conhecer (em primeira instância) de certa causa – o que, aliás, resulta também do disposto nos artigos 68º, nº 1, parte final, e 69º, nº 1, parte final, do CPC –, sendo que do artigo 282º, nº 1 não decorre tal atribuição expressa. Deste modo, o tribunal concretamente competente para a modificação de decisão de tribunal superior deve ser também aferido nos termos dos artigos 64º e seguintes.

Esta conclusão parece-nos, aliás, corroborada pelo disposto no artigo 86º do CPC, que, quanto à execução de sentença proferida por tribunais superiores, estabelece a regra segundo a qual "[s]e a ação tiver sido proposta na Relação ou no Supremo, é competente para a execução o tribunal do domicílio do executado", baixando então o traslado ou o processo declarativo ao tribunal competente para a execução.

Mas, mesmo quando a sentença modificanda não seja estrangeira nem provenha de um tribunal superior, é necessário – pelo menos, em certas situações – determinar se o tribunal junto do qual a acção modificativa é instaurada é competente *em razão da matéria*, porque pode não funcionar a regra do artigo 282º do CPC.

Na verdade, atendendo a que, com a entrada em vigor do Decreto-Lei nº 272/2001, de 13 de Outubro, certas matérias passaram a dever ser resolvidas, não pelos tribunais judiciais, mas pelas conservatórias do registo civil ou pelo Ministério Público – podendo consequentemente entender-se que a estas entidades ficou também atribuída a competência para a modificação de decisões sobre essas

[2307] É diversa a solução da lei alemã, que prevê a aplicação das regras gerais na determinação da competência em razão do território e da matéria (cfr. H.-U. Graba, *Die Abänderung*..., págs. 93-94).

matérias –, não é descabido considerar que uma decisão que, num processo instaurado antes da entrada em vigor do citado diploma, haja sido proferida por um tribunal judicial e verse sobre alguma dessas matérias, só possa ser modificada por uma conservatória do registo civil ou pelo Ministério Público: desse modo, sendo a modificação de tal decisão requerida num tribunal judicial, tal tribunal será incompetente em razão da matéria[2308].

Assinale-se, todavia, que esta solução é de constitucionalidade duvidosa, porque, em se entendendo que a modificação por alteração de circunstâncias de uma decisão judicial transitada em julgado importa a quebra do respectivo caso julgado, estar-se-á provavelmente a admitir a não prevalência dessa decisão sobre a decisão da conservatória, contrariamente ao que dispõe o artigo 205º, nº 2, da Constituição.

Por último, refira-se que, se bem que o artigo 282º do CPC desempenhe, nos termos expostos, a função de determinação do tribunal internamente competente para a acção modificativa, esse preceito cede perante *regras especiais* com a mesma função, como seja, quando se pretenda a modificação de sentença de alimentos e esteja pendente execução dessa mesma sentença, o artigo 936º, nº 1, do mesmo Código.

Com efeito, o artigo 936º, nº 1, estabelece que "[h]avendo execução, o pedido de cessação ou de alteração da prestação alimentícia deve ser deduzido por apenso àquele processo", o que significa que, havendo execução, o tribunal internamente competente para a acção modificativa é o da execução[2309].

Também o artigo 42º do RGPTC contém regras especiais sobre competência em razão do território para a acção modificativa, aplicáveis nos processos de

[2308] A este problema alude J. P. Remédio Marques (*Algumas notas...*, págs. 390-392), concluindo que "[s]endo certo que o nº 2 do art. 5º do citado decreto-lei subtrai [...] à competência das Conservatórias um acervo de *pretensões alimentares cumuladas com outras pretensões, dependentes* de outras pretensões em apreciação em *acções pendentes* – [...] –, há, de facto, pelo menos, um caso em que é controverso atribuir essa competência, em primeira linha, às Conservatórias e não aos *tribunais judiciais*, qual seja: o pedido de alteração ou de cessação de alimentos a filhos maiores ou emancipados quando a *constituição* dessa obrigação *não* tenha sido efectuada ao derredor ou como *incidente de acção de regulação do exercício do poder paternal* ou *não dependa* ou não constitua incidente de qualquer outra acção [...]". Sobre o problema, veja-se ainda RP, 05.05.2011 (considerando que a alteração de alimentos, nos termos do artigo 1412, nº 2, do CPC de 1961, correspondente ao actual artigo 989º, nº 2), deve correr por apenso à anterior acção, e não na conservatória, apesar do que sugere o artigo 5º do DL nº 272/2001).

[2309] Assim, versando especificamente a competência, em razão do território, para a acção modificativa, STJ, 26.09.1995, em cujo sumário se pode ler o seguinte: "Estando a correr no 1º Juízo do Tribunal de Família de Lisboa, ao abrigo do disposto no artigo 1118º e seguintes do Código de Processo Civil [de 1961, hoje artigos 933º e seguintes], um processo de execução especial de alimentos contra o pai do menor, com fundamento no incumprimento da obrigação de prestação de alimentos, aquele tribunal é competente, nos termos do nº 1 do artigo 1121º do citado Código [actual artigo 986º, nº 1], para conhecer do pedido de alteração da prestação alimentícia, ainda que a residência da requerente seja em outra comarca".

regulação do exercício das responsabilidades parentais e resolução de questões conexas: nos termos do seu nº 1, "[q]uando o acordo ou a decisão final não sejam cumpridos por ambos os pais, ou por terceira pessoa a quem a criança haja sido confiada, ou quando circunstâncias supervenientes tornem necessário alterar o que estiver estabelecido, qualquer um daqueles ou o Ministério Público podem requerer ao tribunal, que no momento for territorialmente competente, nova regulação do exercício das responsabilidades parentais"; e, segundo dispõe o nº 2, alínea *b)*, "[s]e o regime tiver sido fixado pelo tribunal, o requerimento é autuado por apenso ao processo onde se realizou o acordo ou foi proferida decisão final, para o que será requisitado ao respetivo tribunal, se, segundo as regras da competência, for outro o tribunal competente para conhecer da nova ação".

2. Legitimidade para a acção modificativa

a) Colocação do problema

Interessar-nos-á agora averiguar se a legitimidade para a acção modificativa obedece a alguma regra especial, nomeadamente a de que só são partes legítimas nessa acção as partes da anterior acção, ou se nela pode intervir, como parte principal, um terceiro relativamente à anterior acção.

Antes, porém, convém referir como se determina a legitimidade no caso das acções de alimentos ao filho ou à criança; a generalidade das acções susceptíveis de gerar uma sentença enquadrável na previsão do artigo 619º, nº 2, do CPC não colocará, em princípio, nenhum específico problema de determinação da legitimidade.

b) Legitimidade para as acções de fixação de alimentos ao filho ou à criança

Para as acções de fixação de alimentos ao filho nos termos do artigo 1905º do CC – que prevê nomeadamente a fixação de alimentos ao filho nos casos de divórcio, separação judicial de pessoas e bens, declaração de nulidade ou anulação do casamento, hipótese depois tratada nos artigos 174º e seguintes da (antiga) OTM e actualmente nos artigos 34º e seguintes do RGPTC, relativos à regulação do exercício das responsabilidades parentais e resolução de questões conexas –, considera Remédio Marques[2310] (seguindo, neste ponto, a definição e a tipologia adoptada por Teixeira de Sousa[2311] a propósito da legitimidade indirecta ou substituição processual) que *o progenitor que tenha a guarda do menor* [hoje, legalmente designado como *criança*] *age em substituição processual* – e não em representação do menor, porque a parte é o progenitor e não o menor – *parcial* – "porque é também contitular do objecto do processo, visto que é ele que irá

[2310] J. P. Remédio Marques, *Algumas notas...*, pág. 334 e notas 442, 443 e 444.

[2311] M. Teixeira de Sousa, *As partes...*, págs. 51-54.

aplicar os [...] montantes no custeamento das despesas de sustento, manutenção, assistência, educação e segurança do menor, para além de ser o titular único (ou contitular) do poder paternal [hoje, responsabilidades parentais]" – *e representativa* – na medida em que "age na defesa, ainda que não exclusiva, do interesse do menor" – *do menor*; só nas situações previstas no artigo 186º da OTM (actualmente, artigo 45º do RGPTC) – inserido numa secção dedicada aos alimentos devidos a menores (actualmente, crianças) – *o progenitor agiria em representação do menor*, suprindo a incapacidade judiciária deste[2312]; de qualquer modo, *atingindo o filho a maioridade, passa este a ser a parte legítima da acção prevista no artigo 1412º do CPC* (de 1961, correspondente ao artigo 989º do CPC actual, e ambos regulando os alimentos a filhos maiores ou emancipados)[2313], a menos que, no momento em que o filho atinge a maioridade, esteja pendente acção de alimentos, porque neste caso continua a ser parte legítima para esta acção o progenitor que a tenha proposto em substituição processual do menor[2314] e, para a execução da sentença dela emergente, este mesmo progenitor[2315].

A legitimidade do filho maior para a acção prevista no artigo 989º do CPC não exclui hoje, por força da alteração deste preceito operada pela Lei nº 122/2015, de 1 de Setembro, a legitimidade do progenitor que assume a título principal o encargo de pagar as despesas dos filhos maiores que não podem sustentar-se a si mesmos: é o que parece resultar do nº 3 daquele preceito.

2312 J. P. Remédio Marques, *Algumas notas...*, pág. 334, nota 442. Neste sentido também, RP, 24.03.1992. Confuso, porém, quanto a este ponto, RP, 07.03.2002, em cujo texto se lê que o artigo 186º, nº 1, da OTM, "[c]om esta diversificada atribuição da legitimidade activa para requerer alimentos em representação do menor", visa "garantir o suprimento da sua incapacidade judiciária, em correspondência com os artigos 9º e 10º do C.P. Civil e 123º e 124º do C. Civil".

2313 J. P. Remédio Marques, *Algumas notas...*, págs. 334-335 e 338. No mesmo sentido, RP, 06.06.2002, e RC, 24.05.2006.

2314 Se o menor figurar na acção como autor (e o progenitor como seu representante), veja-se RP, 01.10.1991: "[...] III- Na acção de alimentos a menor, representado pela mãe, a maioridade dele, atingida na pendência da causa, não afecta o problema da legitimidade porque o autor, então, tem direito a obter decisão concedendo-lhe alimentos pelo tempo decorrido entre a propositura da acção e a maioridade". Identicamente, RP, 10.11.1992. O atingir da maioridade na pendência da causa de alimentos a menor também não gera a inutilidade superveniente da lide: assim, RP, 04.02.1992, em cujo sumário se lê que "[o] facto de o menor em relação a quem foi peticionada a alteração dos respectivos alimentos ter atingido a maioridade no decurso da acção não implica a inutilidade superveniente da lide já que importa decidir a questão com referência ao período de tempo compreendido entre a proposição da acção e a data em que foi atingida aquela maioridade"; identicamente, RP, 12.02.2001.

2315 Assim, RP, 23.05.2002 (Sumário): "Condenado um dos pais, em acção de regulação do poder paternal, a pagar pensão de alimentos a favor de filho menor, este, depois de atingir a maioridade, não tem legitimidade para, em execução, exigir o pagamento das pensões em dívida, que deveriam ter sido entregues ao outro progenitor". Sobre a legitimidade na execução por alimentos devidos a filho menor, veja-se ainda RP, 15.10.2002.

Quando, nos termos no artigo 186º da (antiga) OTM e do artigo 45º do RGPTC, os alimentos ao menor sejam exigidos aos pais, a acção deve ser proposta contra ambos, sob pena de ilegitimidade por preterição de litisconsórcio necessário[2316].

c) Identidade entre as partes da primeira acção e as da acção modificativa

No direito alemão, a doutrina sustenta que as partes da acção modificativa devem ser aquelas a que a primeira decisão diz respeito ou que são atingidas pelo caso julgado dessa decisão[2317].

Entre nós, refira-se um acórdão do Tribunal da Relação do Porto de 28 de Outubro de 1999, no qual se dá a entender que, nas acções de alimentos, as regras de aferição da legitimidade são as mesmas, quer se requeira, pela primeira vez, os alimentos, quer se requeira a sua alteração, porque no respectivo sumário se afirma que "[p]roposta pelo pai contra a mãe acção para alteração de alimentos a filho menor de ambos, e proposta também pelo pai acção de extinção da pensão, autuada esta por apenso à primeira, a mãe é parte legítima nesta, pois tem interesse em contradizer". Idêntica é a orientação de um outro acórdão do mesmo Tribunal de 27 de Fevereiro de 2003, em cujo sumário se lê que "[t]endo-se a agravante (mãe) apresentado em nome próprio, a legitimidade para a acção de alteração dos alimentos devidos à filha (também filha do recorrido) radica na própria agravante, embora com a acção instaurada se pretendesse ser aumentada a pensão a que o agravado (pai) estava obrigado a pagar à mãe (agravante)".

Porém, num acórdão do Supremo Tribunal de Justiça de 20 de Outubro de 1988, a necessidade, sob pena de ilegitimidade, de identidade entre as partes da primeira acção e as da acção modificativa, é mais claramente enunciada, porque aí se diz que "[c]arece de legitimidade a mulher que, desacompanhada dos filhos, vem pedir a alteração da prestação alimentícia fixada em favor dela e dos filhos". Relevante é ainda, nesta linha de orientação, um acórdão do Supremo Tribunal de Justiça de 4 de Julho de 1995 (Proc. 081043) – que fixou assento segundo o qual, "sob pena de ilegitimidade, por se tratar de litisconsórcio necessário, deve ser proposta também contra o progenitor que tenha a seu cargo a guarda do menor, a acção intentada pelo Ministério Público [ao abrigo do artigo 182º da antiga OTM, correspondente ao artigo 42º do RGPTC] para nova regulação do poder paternal para alteração da pensão de alimentos devida ao menor pelo outro progenitor" –, no qual se afirma, em abono de tal tese, que "[c]omo a regulação do poder paternal foi decidida, tendo ambos os pais na acção como partes, é lógico que qualquer alteração só poderá ser tomada com os dois presentes como partes na nova acção".

2316 Assim, RP, 21.05.1992.

2317 Assim, H.-U. Graba, *Die Abänderung*..., pág. 96.

A favor da tese da identidade entre as partes da acção modificativa e as da acção principal encontra-se ainda o regime da revisão das pensões emergentes de acidente de trabalho ou doença profissional, constante dos artigos 70º, nº 2, e 62º da Lei nº 98/2009, de 4 de Setembro. A revisão da incapacidade pode ser requerida, no caso de diminuição ou desaparecimento da incapacidade, pela entidade responsável pela pensão e, no caso do seu agravamento, pelas vítimas directas dos acidentes de trabalho; em se tratando de pensão por morte, os respectivos beneficiários podem requerer a revisão da incapacidade sempre que doença física ou mental afecte a sua própria capacidade[2318].

A legitimidade para a acção modificativa aferir-se-á, então, segundo as regras gerais, ou obedece à regra segundo a qual são partes legítimas para esta acção as partes da acção da qual emergiu a sentença modificanda?

Na medida em que o artigo 989º, nº 2, do CPC determina que, "[t]endo havido decisão sobre alimentos a menores [...], a maioridade ou a emancipação não impedem [...] que os incidentes de alteração ou de cessação dos alimentos corram por apenso", e sendo também certo, como vimos, que, atingida a maioridade, parte legítima para as acções de fixação de alimentos pode ser, além do progenitor com a guarda do filho, também o próprio filho, parece de concluir que, nos casos de alteração ou cessação dos alimentos, as partes da acção modificativa podem ser diversas das partes da primitiva acção: ou seja, o progenitor que haja proposto a acção em substituição processual do menor, podendo embora, nessa qualidade, conduzir até ao fim (mesmo atingida a maioridade) a acção de fixação dos alimentos, pode não ser o sujeito que formula o pedido de alteração depois da maioridade, uma vez que para este efeito também é parte legítima o filho[2319].

No entanto, como na primitiva acção se verificou um fenómeno de substituição processual, que tem como efeito típico "a extensão à parte substituída do caso julgado formado na acção em que intervém o substituto processual"[2320], vigora

[2318] Assim, face ao regime anterior, Carlos Alegre, *Acidentes*..., págs. 108-109. Refira-se que, segundo M. B. Fialho ("Processo...", pág. 92), "[o] reconhecimento das melhoras pode, todavia, também ser do interesse do beneficiário da pensão, visto poder facilitar a remição. Não é, pois, de afastar, in limine, a possibilidade de o mesmo ter legitimidade no caso em apreço".

[2319] J. P. Remédio Marques (*Algumas notas*..., págs. 338-342) já considerava, face ao direito anterior a 2015, que nos casos em que se pretendesse, já depois da maioridade do filho, a alteração de alimentos fixados anteriormente, e "vivendo o filho maior com um dos progenitores [...], conquanto de *iure condendo* e no limite, cumpriria consagrar uma situação de legitimidade processual concorrente, salvo se aquele decidisse gerir pessoalmente as quantias proporcionalmente devidas pelo progenitor não convivente".

[2320] M. Teixeira de Sousa, *As partes*..., págs. 54-55. É, aliás, com fundamento nessa substituição processual que J. P. Remédio Marques (*Algumas notas*..., págs. 344-347) reconhece, ao filho que entretanto atingiu a maioridade, legitimidade para a execução da sentença que, ainda durante a sua menoridade, e numa acção que correu entre os seus progenitores, condenou um deles a prestar-lhe alimentos. Sobre o problema geral da consideração do substituído como parte e da extensão do caso julgado ao substituído, veja-se L. Sinaniotis, "Prozessstandschaft...".

ainda, nessas hipóteses, a regra segundo a qual as partes da acção modificativa são necessariamente os sujeitos em relação aos quais o caso julgado da primitiva acção produziu os seus efeitos.

Esta regra – que é a que, mais exactamente, nos parece reger a aferição da legitimidade para a acção modificativa, isto é, a de que *são partes legítimas na acção modificativa os sujeitos atingidos pelo caso julgado da anterior acção* – não coincide totalmente com a que vigora para o recurso extraordinário de revisão.

Este só pode ser interposto por quem, sendo parte principal na causa, tenha ficado vencido (artigo 631º, nº 1, do CPC) – aspecto que salienta a fisionomia da revisão como recurso e não como novo processo[2321] –, excepto se o seu fundamento for o da alínea *g)* do artigo 696º, caso em que "pode ser interposto por qualquer terceiro que tenha sido prejudicado com a sentença, considerando-se como terceiro o incapaz que interveio no processo como parte, mas por intermédio de representante legal" (artigo 631º, nº 3, do CPC): ora, em se tratando de acção modificativa, parece-nos que não só por vezes a legitimidade pertencerá à parte substituída na anterior acção e não ao substituto (como sucede no exemplo dado, relativo ao progenitor e ao filho), como também, tendo havido sucessão no crédito reconhecido na anterior acção, a legitimidade pertencerá ao sucessor e não ao antecessor, isto é, àquele que só é parte na primeira acção sob o ponto de vista da sua qualidade jurídica (porque é este o sujeito afectado pela alteração das circunstâncias). Dito de outro modo: a parte legítima para a acção modificativa nem sempre é o sujeito que foi parte na primeira acção, embora o seja, tendencialmente.

Assim – e constituindo um outro exemplo de legitimidade para a acção modificativa que obedecerá à mencionada regra –, no caso de transmissão do crédito, a legitimidade para a acção modificativa é do cessionário, a menos que a transmissão tenha sido parcial, hipótese em que será tanto do cedente como do cessionário: nesta última situação, poderão coexistir, como salienta PETZOLDT[2322], várias acções modificativas, verificando-se, em virtude da autonomia recíproca destas, a possibilidade de divergência das correspondentes decisões.

Pode, porém, perguntar-se se o artigo 2012º, parte final, do CC – ao estabelecer, a propósito da alteração dos alimentos fixados, que, na sequência da alteração das circunstâncias que foram determinantes para a sua fixação, *outra pessoa*

2321 No direito alemão, o regime da legitimidade para intentar a *Nichtigkeitsklage* ou a *Restitutionsklage* tem também servido como argumento no sentido de que esta acção não configura um novo e autónomo processo, apresentando íntima ligação com o processo antecedente e parecenças com os recursos: sobre o ponto, G. Schiedermair ("Zum Verhältnis...", esp. págs. 335, 342-347 e 355-356), concluindo que, no caso de sucessão, são, em regra, partes legítimas para o *Wiederaufnahmeverfahren* as partes do processo anterior, isto é, os antecessores e não os sucessores, o que se harmonizaria com o entendimento segundo o qual um processo ainda pode considerar-se pendente enquanto a respectiva revisão seja possível.

2322 T. M. Petzoldt, *Die Rechtskraft...*, pág. 176.

pode ser obrigada a prestar os alimentos – permite que, além das partes da anterior acção (ou das partes atingidas pelo caso julgado da correspondente sentença), outras pessoas possam ainda intervir na acção modificativa, nomeadamente para o efeito de lhes ser exigida a nova prestação. Por outras palavras, consagrará o artigo 2012º, parte final, do CC uma regra especial de legitimidade, constituindo ou permitindo um desvio à regra de que é parte legítima para a acção modificativa o sujeito atingido pelo caso julgado da acção anterior?

Antes de responder a esta questão, convém identificar as situações que se encontram abrangidas neste preceito: ao que supomos, o artigo 2012º, parte final, do CC articula-se com o artigo 2009º do mesmo Código (que estabelece uma ordem de pessoas obrigadas a alimentos), mas já é duvidoso que contemple, por exemplo, a obrigação do Fundo de Garantia dos Alimentos Devidos a Menores.

O Fundo de Garantia dos Alimentos Devidos a Menores foi constituído pelo artigo 6º da Lei nº 75/98, de 19 de Novembro – posteriormente regulamentada pelo Decreto-Lei nº 164/99, de 13 de Maio – e destina-se a assegurar o pagamento das prestações fixadas nos termos daquela Lei. Tais prestações são devidas pelo Estado, verificados certos pressupostos (cfr. o artigo 1º da mesma Lei).

O momento a partir do qual a prestação é devida pelo Fundo tem suscitado divisão na jurisprudência, parecendo mais curial entender que esse momento é o da data da formulação do pedido contra o Estado, por aplicação analógica do artigo 2006º do CC[2323]. Não foi este, porém, o entendimento perfilhado no Acórdão de uniformização de jurisprudência nº 12/2009, de 7 de Julho, do Supremo Tribunal de Justiça, no qual se considerou que a obrigação do Fundo "só nasce com a decisão que julgue o incidente de incumprimento do devedor originário e a respectiva exigibilidade só ocorre no mês seguinte ao da notificação da decisão do tribunal, não abrangendo quaisquer prestações anteriores": entendimento, aliás, não julgado inconstitucional pelo Acórdão nº 400/2011, de 22 de Setembro, do Tribunal Constitucional.

[2323] Sobre as três teses que, a propósito, podem encontrar-se na jurisprudência, e tomando posição no sentido expresso no texto, RP, 03.11.2008. Contra, STJ, 10.07.2008 – entendendo, aliás na sequência de anterior jurisprudência do mesmo Supremo, não ser aplicável o disposto no artigo 2006º do CC à obrigação do Fundo de Garantia de Alimentos Devidos a Menores: é que "[i]nexistindo, anteriormente à decisão do requerimento do incidente de incumprimento do devedor originário, qualquer obrigação do Fundo pela satisfação da prestação alimentar, não tem este que assegurar o pagamento das prestações vencidas e não pagas antes desse momento, pelas quais é exclusivamente responsável o devedor que a tal estava obrigado. Por outro lado, a obrigação do Fundo é uma obrigação criada *ex novo* pela decisão que a determina e, por isso, só nasce nesse momento, com pressupostos legais próprios, podendo ter um conteúdo diferente da obrigação de alimentos do originário devedor" – e STJ, 30.09.2008, salientando que o artigo 2006º do CC não é analogicamente aplicável à obrigação do Fundo, porque esta só nasce com o julgamento do incidente de incumprimento e só é exigível no mês seguinte à notificação da decisão judicial ao Instituto de Gestão Financeira da Segurança Social. Com interesse, no sentido da primeira orientação, RC, 12.04.2005.

Na medida em que a obrigação do Estado (a satisfazer pelo Fundo de Garantia dos Alimentos Devidos a Menores) decorre da mera situação de incumprimento do devedor de alimentos e não da impossibilidade deste continuar a prestá-los – é o que resulta do disposto no referido artigo 1º da Lei nº 75/98, de 19 de Novembro e, ainda, do artigo 4º, nº 1, da mesma Lei, que prevê o dever de comunicação, ao tribunal ou à entidade responsável pelo pagamento das prestações, da *cessação ou qualquer alteração da situação de incumprimento* –, quer o motivo desse incumprimento seja ou não a impossibilidade de prestar os alimentos[2324], e, além disso, a constituição da obrigação do Estado não determina a extinção da obrigação de alimentos[2325], não parece de conceber a condenação do Estado no pagamento das

[2324] Como dá conta J. P. Remédio Marques (*Algumas notas...*, pág. 236 e nota 320), a jurisprudência portuguesa tem admitido a fixação da obrigação a cargo do Fundo de Garantia dos Alimentos Devidos a Menores nos casos em que, previamente, não foi fixada e quantificada a obrigação de alimentos, por impossibilidade de prestá-los, ou em que esses alimentos foram fixados (apenas para possibilitar o desencadeamento do mecanismo do Fundo), desconhecendo-se se o obrigado possuía rendimentos. A este propósito, veja-se também RC, 02.12.2003, estendendo a obrigação do Fundo aos casos em que a pensão atribuída ao menor não assegura, dado o seu montante diminuto (em virtude da impossibilidade de o pai pagar um montante mais elevado), a satisfação das condições básicas de subsistência desse menor. Seja ou não este entendimento compatível com o disposto no artigo 1º da Lei nº 75/98, de 19 de Novembro – que apenas permite, recorde-se, a constituição da obrigação a cargo do Fundo nas situações de *incumprimento*, o que pressupõe a fixação prévia de uma prestação e de uma prestação legalmente admissível –, a verdade é que esta Lei também não é clara quanto à relevância que a impossibilidade do devedor de prestar os alimentos tem na alteração ou cessação dessa mesma obrigação a cargo do Fundo. Com efeito, o artigo 3º, nº 4, da Lei nº 75/98, de 19 de Novembro, determina que "[o] montante fixado pelo tribunal perdura [...] até que cesse a obrigação a que o devedor está obrigado": ora, como nos termos do artigo 2013º, nº 1, alínea *b)*, do CC, a obrigação de prestar alimentos cessa "[q]uando aquele que os presta não possa continuar a prestá-los", parece que a obrigação a cargo do Fundo de Garantia dos Alimentos Devidos a Menores cessa quando se verifique a impossibilidade de cumprimento da prestação pelo devedor dos alimentos. Mas, como não teria cabimento que a obrigação do Fundo não cessasse quando o devedor, podendo cumprir, não cumprisse, e cessasse quando esse incomprimento tivesse um motivo legítimo, parece-nos que o artigo 3º, nº 4, da Lei nº 75/98, de 19 de Novembro deve ser interpretado no sentido de que a obrigação do Fundo só cessa com a morte do alimentado ou com a desnecessidade dos alimentos pelo alimentado, isto é, nas situações previstas no artigo 2013º, nº 1, alínea *a)*, parte final, e alínea *b)*, parte final, do CC); já nas situações a que alude o artigo 2013º, nº 1, alínea *a)*, primeira parte, e alínea *b)*, primeira parte, do CC – ou seja, nas hipóteses de morte do obrigado e de impossibilidade superveniente do devedor –, julgamos, em articulação com o que preceitua o artigo 2013º, nº 2, do CC, que não cessa a obrigação do Fundo, a menos que seja possível exigir os alimentos de outra pessoa; quanto à causa de cessação dos alimentos prevista no artigo 2013º, nº 1, alínea *c)*, do CC – violação grave, pelo credor, dos seus deveres para com o obrigado –, julgamos que dificilmente operará como causa de cessação da obrigação a cargo do Fundo, tratando-se, como se tratará na maior parte das vezes (veja-se, depois da alteração de 2017, o artigo 1º, nº 2 da Lei nº 75/98, de 19 de Novembro), de uma relação entre um menor e o Estado.

[2325] A obrigação de alimentos mantém-se, ainda que o devedor proceda ao reembolso, ao Fundo, das importâncias pagas (cfr. o artigo 7º do Decreto-Lei nº 164/99, de 13 de Maio). Considerando que o Ministério Público tem interesse em agir ao demandar os avós do menor para pagar alimentos, não obstante o menor já estar a recebê-los por parte do Fundo, RC, 04.10.2005.

prestações previstas nessa Lei como uma condenação enquadrável na parte final do artigo 2012º do CC: aliás, a própria Lei nº 75/98, de 19 de Novembro nunca se refere a prestações de alimentos pelo Estado mas apenas a "prestações", assim dando a entender que a obrigação do Estado, a satisfazer pelo Fundo, não é sequer uma obrigação de alimentos[2326].

Dito de outro modo, não parece que a condenação do Estado se funde na alteração das circunstâncias que foram determinantes para a condenação do devedor de alimentos, o que significa que o mecanismo de garantia dos alimentos devidos a menores (que, nos seus aspectos processuais, se encontra regulado no artigo 3º da Lei nº 75/98, de 19 de Novembro[2327]) constitui um mecanismo de natureza diversa do contemplado no artigo 619º, nº 2, do CPC.

Isto não significa, naturalmente, que as prestações que o Estado, através do Fundo de Garantia dos Alimentos Devidos a Menores, deva pagar, não sejam, elas próprias, susceptíveis de modificação em função da alteração das circunstâncias que foram determinantes para a sua fixação: a atestá-lo encontram-se os artigos 3º, nº s 4 e 6, e 4º da Lei nº 75/98, de 19 de Novembro, que permitem a cessação ou alteração de tais prestações (cfr., ainda, o artigo 9º do Decreto-Lei nº 164/99, de 13 de Maio), contemplando, aliás, uma causa de cessação não extensível à obrigação de alimentos: a não renovação anual da prova de que se mantêm os pressupostos subjacentes à atribuição da prestação[2328]/[2329].

[2326] Também segundo J. P. Remédio Marques (*Algumas notas...*, pág. 243), a obrigação do Fundo é uma obrigação nova relativamente à obrigação familiar de alimentos e funda-se na solidariedade estadual. No mesmo sentido, RP, 03.11.2008: "a obrigação assistencial do FGADM é uma obrigação dependente e subsidiária da obrigação do obrigado à prestação de alimentos, sem excluir a mesma, tem pressupostos próprios, legalmente definidos, carecidos de verificação e declaração e goza de uma garantia específica. Estas características evidenciam que se trata de uma prestação de natureza e conteúdo diferente daquela que onera os progenitores obrigados a alimentos. Trata-se, consequentemente, de uma obrigação *ex novo*". Do carácter novo da obrigação do Fundo decorre, por exemplo, a não responsabilização deste pelas prestações de alimentos já vencidas e não pagas pelo devedor: RC, 28.09.2004. Considerando, porém, que da autonomia da obrigação do Fundo em relação à obrigação do devedor de alimentos não decorre tal consequência, podendo a prestação a suportar pelo Fundo abranger as vencidas e não pagas, vejam-se os votos de vencido lavrados em RG, 01.06.2005. Algo semelhante à obrigação a cargo do Fundo de Garantia dos Alimentos Devidos a Menores é a obrigação do Fundo de Acidentes de Trabalho. Sobre a responsabilização do Fundo de Acidentes de Trabalho, à luz do Decreto-Lei nº 142/99, de 30 de Abril, na redacção do Decreto-Lei nº 185/2007, de 10 de Maio (depois desta alteração, haveria outra em 2016), RE, 04.11.2008.

[2327] Sobre os aspectos procedimentais e de competência relacionados com a intervenção do Fundo, RL, 28.04.2005 e RG, 30.10.2002, considerando que o procedimento para exigir os alimentos ao Fundo é incidente de natureza declarativa, que corre no processo onde a obrigação de alimentos foi constituída.

[2328] A renovação anual desta prova deve ser feita perante o tribunal, nos autos de incumprimento, e não perante o Fundo de Garantia dos Alimentos Devidos a Menores: RC, 08.03.2005.

[2329] Sobre a questão de saber se a obrigação do Estado para com o menor cessa também com o atingir da maioridade, veja-se J. P. Remédio Marques, *Algumas notas...*, págs. 249-251. Esta questão encontra-se, todavia, hoje resolvida no artigo 1º, nº 2, da Lei nº 75/98, de 19 de Novembro.

Retornando à questão acima colocada, que é a de saber se o artigo 2012º, parte final, do CC (a articular, como vimos, com o artigo 2009º do mesmo Código) traduz um desvio à regra da identidade entre as partes da primeira acção e as da acção modificativa, a nossa resposta é negativa, porque não é através da via da acção modificativa que os alimentos poderão ser exigidos a um terceiro: com efeito, a acção modificativa não se destina à fixação de uma nova prestação e tal é o que necessariamente sucede quando a prestação passa a ser exigida a um terceiro.

Eventualmente poderia admitir-se que, na acção modificativa, fosse também formulado o pedido de condenação na nova prestação (assim, por exemplo, o originário devedor dos alimentos movia acção modificativa contra o credor, destinada a fazer cessar a prestação, e este, na própria acção modificativa, deduzia o referido pedido contra o terceiro): mas nem estariam reunidos os requisitos da coligação nem os da pluralidade subjectiva subsidiária (cfr. os artigos 36º, 37º e 39º do CPC), pelo que tal pedido seria inadmissível[2330].

E poderá a acção modificativa destinar-se a atribuir os alimentos à parte vencida na acção anterior, isto é, à parte que, nos termos da anterior sentença, havia sido condenada a prestá-los à parte contrária?

Nesta hipótese, as partes da acção modificativa seriam as mesmas da anterior acção, mas mais uma vez nos parece que o pedido modificativo (formulado pela parte vencida na anterior acção) seria inadmissível, por não se destinar propriamente a alterar a sentença, mas a fixar uma nova prestação. O pressuposto processual em falta, de qualquer modo, prende-se com o objecto da modificação e não com a legitimidade das partes.

d) *Afectação de ambas as partes pela alteração de circunstâncias*

Salienta Oliveira Ascensão[2331] que a alteração das circunstâncias a que se reporta o artigo 437º do CC, embora necessariamente atinja uma das partes, pode atingir ambas, sucedendo neste último caso que qualquer delas "tem em abstracto legitimidade para requerer a resolução ou modificação do contrato".

Idêntico problema se coloca a propósito do regime estabelecido no artigo 619º, nº 2, do CPC: concretamente, o de saber se a acção aí prevista pode ser proposta

[2330] A propósito da legitimidade passiva para o procedimento cautelar de alimentos provisórios, considera, porém, A. S. Abrantes Geraldes (*Temas*..., IV vol., pág. 121) que, "[q]uando for conjecturável que algum dos demandados possa ser dispensado do cumprimento da prestação alimentícia, atento o escalonamento previsto no art. 2009º do CC, pode ter interesse o uso da figura da pluralidade subjectiva subsidiária prevista no artigo 31º-B do CPC [de 1961, correspondente ao artigo 39º do CPC actual], o que permitirá conferir mais eficácia ao procedimento e evitar situações de improcedência da pretensão e o consequente arrastamento ou multiplicação de procedimentos".

[2331] J. de Oliveira Ascensão, "Onerosidade...", págs. 639-640.

por ambas as partes da primitiva acção e de que modo se articula a acção proposta por uma delas com a proposta pela contraparte.

Que ambas as partes podem propor tal acção não oferece dúvidas, porque violaria o princípio da igualdade admitir que só uma delas pudesse fazer valer a alteração das circunstâncias e obter a correcção da anterior decisão; mais duvidoso é se o devem fazer através da formulação de pedido reconvencional na acção entretanto proposta pela parte contrária ou se podem, apesar de uma acção modificativa já estar pendente, formular um autónomo (embora correndo como dependência da causa principal) pedido modificativo.

Como já se referiu[2332], a doutrina alemã tem entendido que, proposta acção modificativa, se a parte contrária dispuser também de algum fundamento de modificação, é naquela acção que deve deduzi-lo e não em acção posterior, atendendo à regra da preclusão constante do § 323, 2, da ZPO: dito de outro modo, a parte contrária encontra-se onerada com a formulação de pedido modificativo reconvencional, sob pena de não poder mais tarde alegar o facto que o alicerça, à semelhança do que sucede quando, sendo interposto recurso para a segunda instância, o recorrido pretenda a modificação da sentença da primeira instância (já que é no recurso subordinado que lhe cabe fazer valer a sua pretensão, sob pena de preclusão do facto entretanto surgido)[2333].

Na acção de que resultou um acórdão do Supremo Tribunal de Justiça de 15 de Fevereiro de 2007, cujo pedido era o de aumento de pensão de alimentos que havia sido fixada, admitiu-se reconvenção, destinada a obter a cessação dessa pensão: é o que resulta da leitura do relatório desse acórdão.

Também num Acórdão de 5 de Fevereiro de 2007 (Proc. 0656592) do Tribunal da Relação do Porto se admitiu a formulação de reconvenção na acção modificativa. Mais precisamente, numa acção que seguia o processo especial previsto no artigo 1121º do CPC (de 1961, correspondente ao artigo 936º do CPC actual) e se destinava à cessação dos alimentos, com fundamento em desemprego e dificuldades económicas do obrigado, a Relação do Porto admitiu a formulação, pelo requerido, de pedido de aumento dos alimentos, por entender que estava preenchida a previsão do artigo 274º, nº 2, alínea *a)*, 1ª parte, do CPC (de 1961, correspondente ao artigo 266º, nº 2, alínea *a)* do CPC vigente): emergir o pedido do réu do facto jurídico que serve de fundamento à acção). E isto porque "[p]edindo o requerente que cesse a sua obrigação de prestação de alimentos por impossibilidade económica de a prestar, e pedindo o alimentando o aumento da prestação de alimentos, por agravamento da sua necessidade e possibilidade do

2332 *Supra*, § 3º, I, 1. *c)*.

2333 Assim, J. Soyka, *Die Abänderungsklage...*, 1ª ed., págs. 98-99 e 106-109. Identicamente, H.-U. Graba (*Die Abänderung...*, pág. 95), sustentando que, "contra uma acção modificativa, pode e deve ser deduzida reconvenção modificativa, por forma a evitar a preclusão a que alude o § 323, 2, da ZPO".

requerente, a obrigação de alimentos constitui causa do pedido do requerente (ainda que configurada como um facto negativo, dada a alegada impossibilidade de os prestar) e, simultaneamente, constitui causa do pedido do requerido (aqui configurada como facto constitutivo face à invocada possibilidade de os prestar). No caso, a obrigação de alimentos integra parte da causa de pedir do requerente e parte da causa de pedir do requerido"; por outro lado, considerou a Relação do Porto que, na hipótese dos autos, se verificava a compatibilidade processual do pedido do réu com o pedido do autor, exigida pelo nº 3 do artigo 274º do CPC (de 1961, correspondente ao artigo 266º, nº 3, do CPC de 1913), porque "o processo para a cessação da prestação de alimentos surge como processo especial previsto no artigo 1121º do CPC [de 1961, e actual artigo 936º], mas que se converte em processo comum [...] por força da dedução da contestação, nos termos definidos no nº 3 do mesmo preceito".

Parece-nos de perfilhar a doutrina deste Acórdão de 5 de Fevereiro de 2007, no que se refere ao preenchimento do requisito de admissibilidade da reconvenção mencionado no artigo 266º, nº 2, alínea *a)*, 1ª parte, do CPC, embora a respectiva fundamentação nos mereça alguns reparos: mais precisamente, consideramos que, não integrando a obrigação de alimentos, ela própria, a causa de pedir da acção ou da reconvenção, a reconvenção será, antes, admissível se o facto ou os factos dos quais decorre a alegada possibilidade de prestar os alimentos equivalerem àquele ou àqueles dos quais decorre a impossibilidade alegada pelo autor. E, no caso dos autos, ocorria tal identidade, já que o desemprego e as dificuldades económicas alegadas pelo requerente da cessação haviam sido impugnados pelo requerente do aumento dos alimentos.

Já quanto ao preenchimento do requisito a que alude o artigo 266º, nº 3, do CPC, julgamos que a Relação do Porto partiu do pressuposto de que o processo especial previsto no (hoje) artigo 936º do CPC não é aplicável ao pedido de aumento do montante dos alimentos, mas apenas ao pedido destinado à sua cessação ou redução; por isso, a compatibilidade processual entre o pedido (de aumento) do reconvinte (que seguiria a forma comum) e o pedido (de cessação) do autor da causa principal (que seguiria a forma especial) apenas poderia fundar-se na circunstância de este último seguir, a partir de certo momento, os termos do processo comum. Todavia, se se entender que o processo especial consagrado no artigo 936º do CPC também é aplicável ao pedido de aumento do montante dos alimentos (como, aliás, a letra do preceito indicia), nada obsta a que se afirme a compatibilidade processual com fundamento em identidade de formas de processo especial.

3. Susceptibilidade de modificação, por alteração das circunstâncias, da sentença modificanda

Caso se pretenda modificar uma decisão insusceptível de modificação por alteração das circunstâncias – por exemplo, uma sentença de condenação numa prestação vencida e, em geral, qualquer sentença que não possa constituir objecto de modificação nos termos do artigo 619º, nº 2, do CPC –, coloca-se o problema de saber se o juiz deve absolver o réu (da acção modificativa) da instância ou do pedido.

Parece-nos que a solução correcta é a primeira, isto é, que a susceptibilidade de modificação da decisão modificanda configura uma condição de admissibilidade da acção modificativa, isto é, um pressuposto processual relativo ao objecto da modificação e não uma condição da respectiva procedência (tal como, como veremos, a alegação da alteração das circunstâncias constitui uma condição de admissibilidade dessa acção).

De acordo com as regras gerais, o ónus da prova da verificação desse pressuposto competiria ao autor[2334], isto é, ao requerente da modificação. No entanto, por a susceptibilidade de modificação, por alteração das circunstâncias, da sentença modificanda envolver apenas questões de direito, parece-nos que o problema do ónus da prova da verificação do pressuposto nem sequer se coloca.

4. A alteração das circunstâncias como pressuposto processual ou como condição de procedência da acção modificativa. Distribuição do ónus da prova

A qualificação da alteração das circunstâncias como pressuposto processual relativo aos fundamentos da modificação ou como condição de procedência da acção modificativa[2335] exige que se distingam duas realidades: a alegação dessa alteração das circunstâncias, por um lado, e a verificação de tal alteração, por outro.

À luz do direito alemão, vários Autores qualificam como condição de procedência da acção modificativa *a existência de uma alteração essencial das circunstâncias*, constituindo a correspondente *alegação* um pressuposto processual dessa acção[2336];

[2334] Sobre o ónus da prova da verificação dos pressupostos processuais, M. Teixeira de Sousa (*Introdução...*, págs. 85-86 e 82), entendendo que cabe ao autor o ónus da prova do preenchimento dos pressupostos processuais positivos – que são aqueles que se referem às condições que têm de estar verificadas para que o tribunal profira uma decisão de mérito – e ao réu o ónus da prova do preenchimento dos pressupostos processuais negativos (que são a litispendência e o caso julgado).

[2335] Não iremos tratar aqui da questão de saber se a admissibilidade e a fundamentação da acção são, enquanto condições de que depende a procedência da acção, diferenciáveis: sobre o ponto, B. Rimmelspacher (*Zur Prüfung...*, págs. 101-145) e a correspondente recensão de H. Fenn ("Bruno Rimmelspacher..."), bem como W. Grunsky, "Prozess- und Sachurteil".

[2336] Assim, H.-U. Graba (*Die Abänderung...*, págs. 111 e 126), que, depois de salientar que a consequência da não alegação, pelo autor da acção modificativa, da alteração das circunstâncias ou da essencialidade da alteração das circunstâncias que foram decisivas para a condenação é a *inadmissibilidade*

idêntica é a orientação do *Bundesgerichtshof*[2337], que, quando se trate de alteração de circunstâncias jurídicas, cuidadosamente distingue entre a alteração da situação jurídica (a valorar oficiosamente pelo tribunal) e a alteração legislativa subsequente ao encerramento da discussão oral no anterior processo (a alegar pelo autor da acção modificativa)[2338].

Versando embora o caso particular dos novos conhecimentos científicos – que, como vimos[2339], considera poderem constituir alteração das circunstâncias, nos termos e para os efeitos do § 323 da ZPO – sustenta WÜRTHWEIN[2340] que, sendo esse o fundamento da acção modificativa, deve o autor alegar, não só que os conhecimentos em que assentou a sentença modificanda correspondiam, na altura, ao estado da Ciência, sendo agora duvidosos, como também que esses conhecimentos foram decisivos para o proferimento dessa sentença, que hoje teria necessariamente outro teor; mas, enquanto na falta de demonstração da novidade dos conhecimentos científicos deve a acção ser julgada inadmissível por ofensa do caso julgado, o não reconhecimento generalizado desses novos conhecimentos científicos determina a improcedência da acção.

Já para PETZOLDT[2341], a existência de alteração essencial das circunstâncias condiciona a admissibilidade da acção modificativa (isto é, não sendo demonstrada a alteração essencial das circunstâncias que foram prognosticadas, a acção modificativa não deverá ser julgada improcedente, mas rejeitada, por inadmissível); paralelamente, o Autor qualifica a exigência de ocorrência posterior do fundamento da acção modificativa, contida no § 323, 2, da ZPO, como pressuposto processual desta acção.

Refira-se que o problema de saber se a verificação da alteração das circunstâncias constitui condição de admissibilidade ou de procedência da acção modificativa – relativamente ao qual, como vimos, não existe consenso na doutrina alemã – é, de certo modo, o afloramento do problema mais geral da qualificação da *existência* do facto superveniente como condição de admissibilidade ou de procedência da nova acção que, com base nele, se venha a propor: a este problema alude, por exemplo, KEITEL[2342], quando refere que, integrando embora a apre-

daquela acção, considera que, não ficando tal alteração, ou tal essencialidade, demonstrada, improcede a acção modificativa. No mesmo sentido veja-se ainda, por exemplo, Zimmermann (*Zivilprozessordnung*..., pág. 614), Rosenberg/Schwab/Gottwald (*Zivilprozessrecht*, 17ª ed., § 158, 22), U. Niklas (*Das Erfordernis*..., pág. 1, nota 1), J. Soyka (*Die Abänderungsklage*..., 1ª ed., pág. 58) ou D. Schwab / H.-U. Maurer (*Handbuch*..., pág. 401).

2337 Assim, BGH, 04.07.2007.

2338 Assim, BGH, 29.09.2010.

2339 *Supra*, § 27º, III.

2340 S. Würthwein, "Neue...", págs. 470-471.

2341 T. M. Petzoldt, *Die Rechtskraft*..., págs. 209-211 e 219.

2342 B. Keitel, *Rechtskräftiges*..., págs. 117-118.

ciação da idoneidade do facto superveniente para fundar uma nova acção uma questão de admissibilidade (assim, por exemplo, se o autor alega um facto que se encontra precludido ou um novo facto probatório de um facto que se encontra precludido, a nova acção é inadmissível, por ofensa do caso julgado), a questão da prova da existência da circunstância que, em abstracto, é idónea a gerar uma decisão divergente da anterior traduz, antes, uma questão de procedência.

Face ao direito português, a alegação da alteração das circunstâncias parece condicionar a admissibilidade da acção modificativa, porque, nos termos gerais, a acção que se repete é inadmissível, em virtude da procedência da excepção dilatória de caso julgado (artigos 577º, alínea *i)*, e 581º do CPC)[2343].

Mas também quando a circunstância que se alegue não fique provada – daí decorrendo a *não verificação da alteração das circunstâncias* –, não é descabido considerar que a decisão do juiz não deve ser de mérito, mas de forma (isto é, que essa decisão deve ser no sentido da absolvição da instância modificativa), porque a causa objectivamente repetiu-se, daí decorrendo a violação do caso julgado, cuja quebra não era possível, por não estarem preenchidas as condições de que o artigo 619º, nº 2, do CPC faz depender tal quebra. Por outro lado, tanto a alegação da alteração das circunstâncias como a própria existência da alteração das circunstâncias encontram-se previstas no artigo 619º, nº 2, do CPC, e as figuras da admissibilidade e da procedência distinguem-se, entre o mais, em atenção ao seu enquadramento, ou no direito processual, ou no direito material[2344].

Este entendimento parece, porém, ter a estranha consequência de não ser viável obter, na acção modificativa, uma decisão de improcedência, mas apenas uma decisão de forma ou de procedência: contrariamente ao que sucederia na generalidade das acções, na acção modificativa o requerido nunca poderia ser absolvido do pedido.

A jurisprudência portuguesa, aliás, já deu a entender que a falta de prova da alteração das circunstâncias na acção modificativa conduz ao proferimento de uma decisão de mérito: assim, tendo o devedor pedido a redução da pensão de alimentos, por alegada falta de meios, e provado que tem alguns – isto é, não

[2343] A este propósito, veja-se RP, 27.05.1991, e RP, 28.10.1993, dando a entender que constitui problema de violação de caso julgado a falta de alegação, na acção modificativa, de circunstância superveniente: no sumário do primeiro acórdão, lê-se que o pedido de diminuição da prestação alimentícia "deve ser rejeitado liminarmente se se evidenciar que se traduz em mera reacção inconformada com a fixação anterior decidida definitivamente"; no do segundo, que "[p]edindo-se a alteração da pensão de alimentos não apenas porque o decurso do tempo a desactualizou mas também porque as necessidades concretas do menor aumentaram com o seu crescimento, não se verifica a excepção de caso julgado consequente de decisão anterior transitada em julgado que fixou tal pensão com a previsão da sua actualização anual segundo taxa de inflação".

[2344] Assim, J. Blomeyer, "Die Unterscheidung...", pág. 22.

tendo ficado provada a alegada falta de meios –, a decisão a proferir seria a de manutenção do montante anteriormente fixado[2345].

Julgamos que, quer *quando não se alegue a alteração das circunstâncias* em que assentou a sentença modificanda – mais precisamente, quando não se alegue um facto superveniente diverso daqueles que foram considerados nessa sentença, do qual se possa depreender que as circunstâncias se alteraram[2346] –, quer *quando não se alegue uma circunstância superveniente atendível* – e é atendível a circunstância que pode constituir fundamento de modificação da sentença (o que não sucede, por exemplo, e como vimos[2347], com a alteração da jurisprudência em geral, ou com a superveniência de um meio de prova em geral) –, a consequência deve ser a mesma, por as duas hipóteses equivalerem substancialmente, e essa consequência deve ser a absolvição do réu (o requerido da acção modificativa) da instância; mas já *se o facto superveniente e atendível que se alega não ficar demonstrado*, ou *se a alteração das circunstâncias alegada for julgada não essencial* (isto é, se, sob o ponto de vista do direito substantivo, não afectar a pretensão), a decisão a proferir deverá ser de improcedência.

É o que, quanto a nós, também resulta do regime do recurso extraordinário de revisão, que apenas nas situações de inexistência evidente de motivo para a revisão prevê o indeferimento do requerimento de revisão e a não admissão do recurso (artigo 699º, nº s 1 e 2, do CPC), aludindo às diligências de prova a propósito do julgamento da revisão (artigo 700º) e deste modo significando que a realização dessas diligências tem em vista o proferimento de uma decisão de procedência ou de improcedência.

Vejamos, agora, como se distribui o ónus da prova das referidas condições de admissibilidade e de procedência da acção modificativa.

Nos termos gerais, o ónus da prova da alegação da alteração das circunstâncias e da atendibilidade do facto alegado (isto é, da sua aptidão para constituir fundamento de modificação da sentença) recairia sobre o autor da acção modificativa, uma vez que a alegação dessa superveniência e essa atendibilidade constituem pressupostos processuais desta acção[2348].

2345 RP, 08.06.1995.

2346 Veja-se, a este propósito, RP, 22.01.2002 (Proc. 0121751), aludindo a um ónus, que recairia sobre o requerente da alteração, de "alegar os factos concretos que demonstrem a alteração das circunstâncias que possam relevar para fixação de nova prestação alimentar, tanto no sentido do seu aumento, da sua diminuição ou até da sua extinção"; identicamente, STJ, 13.01.1989.

2347 *Supra*, § 26º, III e IV e § 27.

2348 Sobre o ónus da prova dos pressupostos processuais (ou dos pressupostos, de natureza processual, de proferimento da sentença), veja-se B. Rimmelspacher (*Zur Prüfung...*, págs. 174-185), considerando que, mesmo em relação ao caso julgado – o pressuposto que, no contexto que nos interessa, podia interferir –, existem razões para o seu cometimento ao autor da acção.

Contudo, se não faz sentido a referência a um ónus da prova da alegação da alteração das circunstâncias (porque não se vê como pode sequer surgir a dúvida acerca da existência de tal alegação pelo autor da acção modificativa), também não parece ter cabimento um ónus da prova da atendibilidade da circunstância, materializado, por exemplo, no encargo do autor da acção modificativa de demonstrar que certa alteração da lei ou certa superveniente declaração de inconstitucionalidade com força obrigatória geral, por si alegada, pode consubstanciar uma alteração das circunstâncias que determinaram a anterior condenação, nos termos e para os efeitos do artigo 619º, nº 2, do CPC: seria, na verdade, problemático aceitar, neste contexto, a intervenção do referido ónus da prova, porque a atendibilidade da circunstância consubstancia mera questão de direito, insusceptível, como tal, de constituir objecto de prova.

Já quanto ao ónus da prova da verificação da circunstância alegada, constata-se que, apesar de a lei não o regular especificamente, a doutrina e a jurisprudência portuguesas têm pressentido o problema e avançado com soluções.

Assim, face ao processo destinado à redução, aumento ou cessação dos alimentos fixados na sequência de divórcio, previsto nos artigos 31º, § 2º, e 32º, § único da Lei nº 3, de 3 de Novembro de 1910, entendia DIAS DA SILVA[2349] que o ónus da prova dos factos em que se fundava a alteração das circunstâncias (por exemplo, no caso do pedido de aumento dos alimentos, o aumento das necessidades do credor) incumbia ao autor e, bem assim, que este não ficava dispensado dessa prova em faltando a impugnação do pedido (que era feita por embargos), na medida em que, como explicava, "[...] o § 2º do art. 31º não contem qualquer indicação donde possa deprehender-se que estas acções teem caracter comminatorio; e não é razoavel que, na falta de embargos, o auctor fique dispensado de produzir a prova das suas allegações, uma vez que se tracta de alterar ou extinguir uma situação fixada por uma sentença"; havendo embargos, ao réu incumbia demonstrar a veracidade das afirmações feitas nos embargos.

Também ABRANTES GERALDES[2350], se bem que a propósito do ónus da prova dos factos supervenientes na revisão da providência cautelar e do incidente de oposição previsto no artigo 388º, nº s 1, alínea *b)*, e 2, do CPC (de 1961, correspondente ao artigo 372º, nº 1, alínea *b)*, e 3, do CPC actual), sustenta que "[t] endo em conta o modo como se encontra desenhado o mecanismo da oposição, é sobre o requerido que recai o ónus da prova dos factos que possam levar ao afastamento da providência ou à sua redução. Mais concretamente, tendo em consideração a sua matriz objectiva, sem embargo do poder de investigação do tribunal em relação aos factos impeditivos, modificativos ou extintivos

2349 M. Dias da Silva, *Processos civis*..., págs. 292-293.

2350 A. S. Abrantes Geraldes, *Temas*..., III vol., pág. 286.

que tenham sido alegados pelo requerido, será este a sofrer as consequências da falta de prova, o que se reflectirá na manutenção da providência oportunamente decretada"[2351].

A jurisprudência portuguesa, por sua vez, tem entendido que, numa acção modificativa destinada ao aumento dos alimentos fixados, ao requerente (portanto, ao credor) cabe a prova da melhoria da situação do obrigado e do agravamento das condições do alimentado[2352]; visando essa acção a cessação dos alimentos, ao requerente (portanto, ao devedor) compete o ónus da prova dos factos que indiciem a sua incapacidade para prestar os alimentos fixados, porque estes são factos constitutivos do seu direito de não prestar alimentos ou factos extintivos do direito do credor de alimentos[2353]; visando essa acção a cessação ou a redução dos alimentos fixados, recai também sobre o requerente (devedor), de acordo com o disposto no artigo 342º, nº 1, do CC, o ónus da prova da desnecessidade dos alimentos fixados[2354]; genericamente, também se tem afirmado que incumbe ao autor na acção de alteração da pensão alimentícia a prova da modificação das circunstâncias determinantes da fixação dos alimentos[2355].

Deste modo, *a doutrina e a jurisprudência não parecem distribuir o ónus da prova na acção modificativa segundo o mesmo critério que, para a sua distribuição, vigora na acção em que, pela primeira vez, são fixados os alimentos.*

Nesta, segundo VAZ SERRA[2356], é ao autor que deve caber a prova do seu estado de necessidade e ao réu a prova de que não pode prestar os alimentos: quanto a este último aspecto, afirma o Autor que "é melhor considerar a impossibilidade de prestação dos alimentos como um facto impeditivo do direito do autor, porque não pode razoàvelmente obrigar-se este a provar a possibilidade de prestação dos alimentos pelo réu, visto poder ser-lhe isso impossível ou muito difícil. A impossibilidade de prestação dos alimentos seria, pois, havida como uma objecção, que, como tal, pode ser deduzida pelo réu contra a pretensão do

2351 Em sentido idêntico, quanto ao ónus da prova dos factos que fundamentam a alteração ou revogação da providência cautelar nos termos do artigo 124º do CPTA, veja-se M. Aroso de Almeida / C. A. F. Cadilha (*Comentário...*, pág. 734), sustentando que "[a] exemplo do que, em processo civil, parece dever valer no âmbito do incidente de oposição que se encontra previsto na alínea *b)* do nº 1 e no nº 2 do artigo 388º do CPC [de 1961, correspondentes à alínea *b)* do nº 1 e ao nº 3 do artigo 372º do CPC actual], é de entender que recai sobre o interessado na revogação, alteração ou modificação o ónus da prova dos factos supervenientes que justificam a revisão da decisão tomada, no sentido em que é sobre ele que recairão as consequências da falta de prova desses factos, sem prejuízo do poder de investigação do tribunal em relação aos factos por ele alegados".

2352 STJ, 08.01.1987.

2353 RP, 18.12.1995.

2354 STJ, 18.11.2004; RC, 13.04.1999 (Proc. 46/99).

2355 STJ, 13.01.1989.

2356 Vaz Serra, "Obrigação de alimentos", págs. 121-122.

autor, e pode ser oficiosamente apreciada pelo tribunal, se constarem do processo os factos em que se funda".

E, na jurisprudência, já se tem sustentado, de modo não uniforme, que, na acção de fixação de alimentos, compete: *ao autor*, demonstrar a necessidade dos alimentos e a possibilidade do réu de prestá-los, porque os factos que indiciam tal necessidade e possibilidade são factos constitutivos do seu direito[2357]; *ao réu*, demonstrar a sua falta de possibilidades, quando a oponha ao autor[2358]; *ao réu*, demonstrar a inexistência de mais rendimentos ou mais avultados no seu património, a existência de maiores despesas a seu cargo, e a existência de outros rendimentos do autor (para além daqueles que este declarou), porque todos estes factos são impeditivos ou modificativos do direito do credor de alimentos[2359]; *ao réu*, demonstrar a impossibilidade ou dificuldade em prestar os alimentos[2360]. Mais recentemente, considerou-se que "[s]obre o progenitor requerido não recai o ónus da prova – e ademais estando ausente em parte incerta – de não ter meios que lhe permitam suportar o pagamento de pensão de alimentos"[2361].

No direito alemão, e como observa PETZOLDT[2362], é discutida a questão da distribuição do ónus da prova na acção modificativa, havendo quem sustente que a condenação nos termos do § 258 da ZPO opera uma inversão do ónus da prova e quem propugne a observância, naquela acção, das regras do primeiro processo; o *Bundesgerichtshof* e a doutrina dominante perfilham, em todo o caso, a orientação segundo a qual o ónus da prova da alteração essencial das circunstâncias (qualificada como condição de procedência) impende sobre o autor da acção modificativa[2363].

Para PETZOLDT[2364], o ónus da prova (tal como, aliás, o ónus da alegação da alteração essencial das circunstâncias – por si e pela generalidade da doutrina qualificado, como se viu, como condição de admissibilidade da acção modificativa) da alteração essencial das circunstâncias impende, nos termos gerais, sobre o autor desta acção; estabelecida, através daquela prova, a admissibilidade desta

2357 STJ, 04.12.1997; STJ, 09.06.2005.

2358 STJ, 09.06.2005.

2359 STJ, 04.12.1997.

2360 RP, 05.06.2000.

2361 RL, 05.05.2011.

2362 T. M. Petzoldt, *Die Rechtskraft...*, pág. 217.

2363 Assim: BGH, 31.01.1990; G. Arzt ("Zur Fehlerberichtigung...", pág. 397); Stein/Jonas/Leipold[22], § 323, 58 e 128; K.-A. Klauser, "Beweislast...", pág. 535; H.-U. Graba, *Die Abänderung...*, págs. 111 e 126; J. Soyka (*Die Abänderungsklage...*, 1ª ed., pág. 76), explicitando que ao autor cabe demonstrar, não apenas que a situação de facto relevante, isoladamente considerada, se alterou, mas também o seu efeito no montante da pretensão.

2364 T. M. Petzoldt, *Die Rechtskraft...*, pág. 219.

acção[2365], valem, na apreciação do mérito da causa, as regras de distribuição do ónus da prova aplicáveis à acção proposta nos termos do § 258 da ZPO[2366].

Especificamente em relação à modificação de transacções judiciais e outros títulos exequíveis previstos no § 323, 4, da ZPO (na versão anterior à reforma de 2008/2009: actualmente, no § 323a da ZPO), cuja modificação obedece às regras do desaparecimento e alteração da base do negócio, sustenta SOYKA[2367] que é a quem pretende tal modificação que cabe fazer a prova do facto em que ela se funda.

Em Itália, considera-se também que "incumbe naturalmente a quem invoca a modificação de uma precedente determinação, o ónus de provar a alteração da situação de facto considerada para o efeito da própria determinação"[2368].

Em suma: parece-nos que, tanto no ordenamento português como no alemão e no italiano, a doutrina e a jurisprudência têm reconhecido especificidades na distribuição do ónus da prova na acção modificativa, porque têm concebido os factos em que se traduz a alteração das circunstâncias como factos constitutivos do direito do requerente (que seria, então, o direito ao aumento, à redução ou à cessação da prestação, conforme os casos).

Deste modo, ao requerente da modificação incumbiria provar os factos em que se traduz a alteração das circunstâncias, ainda que, na anterior acção, sobre si não impendesse o ónus da prova em relação a factos da mesma natureza: assim, por exemplo, embora o réu da acção de alimentos não se encontrasse onerado com a prova da desnecessidade destes pelo autor (como vimos, é sobre o autor da acção de alimentos que recai o ónus da prova da necessidade destes), procedendo esta acção e pretendendo mais tarde esse réu a cessação dos alimentos, já lhe competiria fazer a prova da desnecessidade destes pelo credor. Para o requerido da modificação ficaria, então, nesta linha de raciocínio, reservado o ónus da prova dos factos impeditivos, modificativos ou extintivos do direito do requerente (isto é, do direito ao aumento, à redução ou à cessação da prestação): assim, requerendo o devedor dos alimentos a sua cessação, em virtude do aumento do salário do credor (do que decorreria a desnecessidade dos alimentos), competiria a este credor alegar, na acção modificativa, que as suas despesas entretanto também aumentaram.

2365 Como acima se referiu, para Petzoldt a *existência* de alteração essencial constitui condição de admissibilidade da acção modificativa.

2366 Assim, como exemplifica H.-U. Graba (*Die Abänderung...*, pág. 111), se o credor dos alimentos e autor da acção modificativa alega e prova que o devedor obteve de novo um emprego, incumbe ao devedor alegar e provar as despesas profissionais que diminuem a sua capacidade de pagar os alimentos (identicamente, K.-A. Klauser, "Beweislast...", págs. 535-536).

2367 J. Soyka, *Die Abänderungsklage...*, 1ª ed., págs. 156-157.

2368 G. Provera, *Degli alimenti*, págs. 100-101 e nota 18.

Este específico modo de distribuição do ónus da prova na acção modificativa parece prender-se com o específico pedido que é formulado nesta acção: o de alteração de uma sentença. Este pedido não foi formulado na acção anterior, pelo que os factos que o sustentam só relevaram, na acção anterior, e enquanto factos futuros, para a apreciação de um outro pedido (por exemplo, o pedido de fixação dos alimentos): daí que sobre o requerente da modificação possa recair um ónus da prova mais pesado (porque abrangendo uma maior quantidade de factos) do que aquele que sobre si recaiu na acção anterior.

III. Disponibilidade das partes sobre os pressupostos processuais da modificação

Cabe agora analisar a questão de saber se as partes podem excluir a proposição da acção modificativa nos casos em que, nos termos do artigo 619º, nº 2, do CPC, tal acção seria admissível, ou, bem assim, condicioná-la a pressupostos diversos daqueles que a lei estabelece.

Não nos interessará, todavia, o problema da disponibilidade das partes sobre os pressupostos da acção modificativa que devam ser qualificados como *pressupostos processuais gerais*: relativamente a estes, o tratamento daquela acção, que é o que temos em vista, não convoca quaisquer especialidades, pelo que não se justifica que os tenhamos em conta.

Assinala GRABA[2369] que, como as partes não podem afastar a aplicação das regras sobre o caso julgado, que é um instituto do Direito público, também não lhes é, em princípio, permitido acordar na substituição, por outros, dos pressupostos legais da modificação de sentenças, constantes do § 323 da ZPO.

Este entendimento do Autor refere-se, ao que cremos, à generalidade dos pressupostos, ou condições, da acção modificativa, e não apenas àqueles que devam ser qualificados como pressupostos processuais.

Não obstante sustentar a indisponibilidade das partes sobre os pressupostos legais da acção modificativa, considera GRABA[2370] que não lhes é vedado excluir temporariamente o recurso a tal via processual e, bem assim, estabelecer pressupostos adicionais para essa acção; identicamente, podem as partes estabelecer que a modificação de títulos executivos diversos de sentenças obedece ao regime da modificação de sentenças, que é mais severo do que o daquela[2371].

SOYKA[2372], a este propósito, considera que, sendo o título modificando uma transacção judicial ou um documento exequível previsto no § 323, 4, da ZPO

[2369] H.-U. Graba, *Die Abänderung...*, págs. 46-47.

[2370] H.-U. Graba, *Die Abänderung...*, pág. 47.

[2371] H.-U. Graba, *Die Abänderung...*, págs. 51-52. No mesmo sentido, J. Soyka (*Die Abänderungsklage...*, 1ª ed., págs. 21 e 136-137), entendendo mesmo que as partes podem acordar na exclusão da modificação de transacções judiciais ou de documentos exequíveis.

[2372] J. Soyka, *Die Abänderungsklage...*, 1ª ed., pág. 150.

(correspondente, na versão da ZPO emergente da reforma de 2008/2009, ao § 323a), podem ter as partes acordado sobre o requisito da essencialidade da alteração – estabelecendo, por exemplo, que só a partir de uma alteração de 10% é possível a modificação do título –, caso em que a acção modificativa só é admissível se esse aspecto do acordo tiver sido respeitado.

À luz do direito português, Remédio Marques[2373] parece sustentar a disponibilidade das partes sobre os pressupostos da acção modificativa quando estejam em causa obrigações alimentares que tenham por fonte um negócio jurídico e que, como tal, sendo essa a vontade das partes, não estão sujeitas ao princípio da irrenunciabilidade das prestações vincendas (cfr. os artigos 2014º, nº 1, e 2008º, nº 1, do CC) e, bem assim, quando se trate de obrigações alimentares de fonte legal, se tal não importar renúncia a essas prestações.

Com efeito, sustenta o Autor que se "resulta do *negócio jurídico* que as partes ou o disponente (se for um negócio jurídico unilateral) pretendem inviabilizar a actualização futura do montante dos alimentos, não obstante a insubsistência superveniente do credor, está ele inibido de peticionar o aumento das prestações"; e, em relação às obrigações alimentares previstas nos artigos 2003º e seguintes do CC, considera Remédio Marques que o credor e o devedor podem acordar o regime de actualização da obrigação, "se e na medida em que esse acordo – revestindo a forma de um *contrato* – não implique a perda de quantias que no futuro se hão-de vencer".

De qualquer modo, diverso do problema da disponibilidade das partes sobre os pressupostos processuais da acção modificativa é o do *poder das partes de conformação dos efeitos legais da procedência de tal acção* (e é a este problema que, ao que cremos, Remédio Marques se refere): supondo, por exemplo, que à semelhança do direito alemão, também no direito português a modificação da decisão opera apenas para o futuro – e que esta exigência não constitui um pressuposto processual, mas um mero efeito da modificação –, será lícito às partes acordar que a modificação pode operar igualmente para o passado, deduzindo, neste caso, o interessado a correspondente pretensão (nomeadamente, de restituição de quantias já pagas a título de alimentos ou de pagamento de quantias adicionais, a título de alimentos pretéritos)? A esta questão só nos referiremos mais adiante, quando tratarmos dos efeitos da sentença modificativa[2374].

Retornando ao problema da possibilidade de as partes excluírem a proposição da acção modificativa e de condicioná-la a diferentes pressupostos de admissibilidade, julgamos que o mesmo se assemelha, na medida em que está em causa um meio processual destinado à quebra do caso julgado, ao da possibi-

[2373] J. P. Remédio Marques, *Algumas notas...*, págs. 116-117, nota 163.

[2374] *Infra*, § 37º, IV, 5.

lidade de renúncia ao recurso de revisão e de disposição sobre os fundamentos da revisão.

Ora a possibilidade de renúncia ao recurso de revisão é de excluir, não obstante o artigo 632º do CPC parecer permitir a renúncia a qualquer recurso. Por um lado, porque atentos os fundamentos daquele recurso extraordinário, essa renúncia nunca seria, em princípio, esclarecida, porque, no momento da renúncia, não pode a parte conceber que a sentença possa vir a estar ou esteja afectada por tais vícios; por outro lado, porque mesmo que a parte possa conceber a existência de tais vícios, eles são de tal modo graves que sempre seria recomendável não comprometer a parte com a decisão de não recorrer que, num momento inicial, pudesse tomar[2375].

Também sobre os fundamentos da revisão a parte não tem poder de disposição, como decorre, quer do carácter taxativo do artigo 696º do CPC, quer da proibição de renúncia ao recurso de revisão: assim, a parte não pode interpor recurso de revisão com um fundamento diverso dos legalmente previstos, nem pode renunciar à interposição do recurso de revisão com certo fundamento.

Idênticas nos parecem dever ser as soluções na acção modificativa: nem esta acção pode, por acordo ou acto unilateral das partes, ser excluída, nem as partes podem acordar na sua proposição em condições diversas das legalmente previstas, ou renunciar a essa proposição em certos termos.

Esta solução também significa que não pode ser estabelecido um total paralelismo entre a acção modificativa e o regime civil da modificação de contratos por alteração de circunstâncias, no que diz respeito à sua natureza subsidiária face a outros institutos (aspecto que já atrás referimos[2376]).

§ 33º Condições de procedência da modificação

I. Verificação da alteração das circunstâncias

A procedência da acção modificativa depende da verificação do facto superveniente alegado pelo requerente, mas é ainda necessário que esse facto traduza uma alteração das circunstâncias, isto é, que afecte a pretensão reconhecida na anterior acção: nessa medida, o ónus da prova do facto constitutivo do direito invocado na acção modificativa, a que já aludimos, não versa unicamente a ocorrência do facto superveniente, porque abrange também os factos dos quais se deduza a relevância desse facto. Por exemplo, não bastará àquele que requer a cessação dos alimentos alegar e provar o aumento do salário do credor, competindo-lhe

[2375] No sentido de que as partes não podem renunciar aos recursos extraordinários, quer porque estes, "justamente porque o são, não podem fazer objecto de uma antecipação das partes", quer porque "o interesse na revisão é em larga medida interesse público", J. de Castro Mendes, *Direito processual...*, 3º vol., págs. 56-57.

[2376] *Supra*, § 30º.

ainda demonstrar que esse aumento, não só não foi previsto na anterior acção (se o tivesse sido, nem sequer se trataria de facto superveniente), como também interfere no cálculo médio da necessidade do alimentando, a que aí se procedeu.

Para além da verificação da alteração das circunstâncias, a procedência da acção modificativa parece depender, nos termos gerais, da não verificação dos factos impeditivos, modificativos e extintivos do direito do requerente. Assim, no exemplo dado, se o credor (o requerido da acção modificativa) demonstrar que, embora o seu salário tenha aumentado, também aumentaram as suas despesas, o juiz não irá modificar a anterior sentença, mantendo, pelo contrário, a anterior prestação de alimentos: isto é, o anteriormente decidido manter-se-á, apesar de assentar num novo circunstancialismo, porque a alternativa seria revogar a sentença e obrigar o credor a propor nova acção para obter idêntica prestação de alimentos.

O exemplo que demos – de manutenção da prestação apesar da alteração das circunstâncias – permite sustentar, conforme já dissemos[2377], que a acção modificativa não se destina apenas a quebrar o caso julgado, mas também a actualizar a sentença anterior, adaptando-a à prestação que, em cada momento, for devida (se se tratar de uma sentença de condenação numa prestação).

II. O prazo para propor a acção modificativa

1. Colocação do problema

O artigo 619º, nº 2, do CPC não prevê um prazo para a proposição da acção modificativa aí prevista.

Quando, porém, nos termos da lei substantiva, o direito que se fez valer na primeira acção deva ser exercido num certo prazo sob pena de extinção, ou se extinga verificado certo facto, pode colocar-se o problema de saber se cessa o poder de modificação da sentença aí proferida uma vez decorrido esse prazo ou verificado o facto.

Por outro lado, pode a própria lei, em algum preceito especial, estabelecer um prazo para propor certa acção modificativa.

Em todos estes casos, estará a acção modificativa sujeita a um prazo de caducidade? E esse prazo consubstanciará um pressuposto processual dessa acção ou, antes, uma condição da sua procedência? E poderá o prazo que a lei estabeleça para a proposição de certa acção modificativa ser estendido à generalidade das acções modificativas, em termos de se poder afirmar que estas não podem, contrariamente ao que o artigo 619º, nº 2, do CPC indicia, ser propostas a todo o tempo?

Parece-nos que, para a dilucidação da questão de saber se a acção modificativa está sujeita a um prazo, importa começar por averiguar o regime do direito

[2377] *Supra*, § 1º, III, 6.

substantivo referente ao prazo de prescrição do direito de indemnização por danos futuros e, bem assim, do direito ao pagamento de prestações periódicas, porque a acção modificativa frequentemente se destinará a fazer valer um novo dano ou a alterar uma pensão de alimentos; justifica-se, igualmente, uma referência ao prazo de prescrição dos direitos reconhecidos por sentença ou outro título executivo; por último, cumpre analisar certos regimes especiais de modificação de decisões que podem servir como lugares paralelos (por exemplo, o regime de revisão de decisões que fixem pensões por acidente de trabalho ou doença profissional).

2. Prazo de prescrição do direito de indemnização por danos futuros e do direito ao pagamento de prestações periódicas

a) Danos futuros

O artigo 567º do CC – relativo à indemnização em renda –, ao permitir, no seu nº 2, a modificação da sentença ou do acordo em virtude de alteração das circunstâncias, não estabelece qualquer prazo para essa modificação, parecendo admiti-la, portanto, a qualquer altura.

À possibilidade de, através da acção modificativa prevista no artigo 619º, nº 2, do CC, fazer valer, a todo o tempo, qualquer dano futuro imprevisível à data do encerramento da discussão na primeira acção e, por isso mesmo, não atendido na sentença correspondente[2378], ou mesmo um dano já previsível àquela data, quando se considere que a acção modificativa pode destinar-se à respectiva reparação[2379], parece, porém, obstar a regra do artigo 498º, nº 1, do CC, segundo a qual "[o] direito de indemnização prescreve no prazo de três anos, a contar da data em que o lesado teve conhecimento do direito que lhe compete, embora com desconhecimento da pessoa do responsável e da extensão integral dos danos, sem prejuízo da prescrição ordinária se tiver decorrido o respectivo prazo a contar do facto danoso".

Na verdade, se o lesado deve exercer o seu direito de indemnização dentro destes prazos – ressalvadas as hipóteses de suspensão ou interrupção da prescrição, respectivamente previstas nos artigos 318º e seguintes e 323º e seguintes do CC[2380] –, parece natural que não possa, através da via da acção modificativa, obter o ressarcimento de um prejuízo ocorrido, por exemplo, mais de vinte anos depois do facto danoso, ou de que tenha tido conhecimento já há mais de três anos.

[2378] Sobre a possibilidade de fazer valer este dano através da acção modificativa, *supra*, § 23º, III, 4.

[2379] Excluímos esta possibilidade: *supra*, § 23º, IV, 3.

[2380] No sentido de que "a suspensão e a interrupção da prescrição da pretensão de reparação natural de um dano valem também para a pretensão cujo objecto é a indemnização pecuniária do mesmo dano" e, bem assim, que a suspensão e a interrupção da prescrição da pretensão de indemnização pecuniária valem igualmente para a pretensão de indemnização em renda, veja-se M. Teixeira de Sousa, *O concurso de títulos...*, pág. 256 e nota 14.

Vejamos, porém, e antes do mais, qual o sentido do artigo 498º, nº 1, do CC, quando aplicado a danos futuros.

Como assinala Vaz Serra[2381], referindo-se ao dano (previsto nos artigos 495º, nº 3, e 564º, nº 2, do CC) decorrente da privação de alimentos que, no futuro, podiam vir a ser exigidos ao lesado, "aquele que em qualquer momento vier a carecer dos alimentos que o lesado imediato lhe deveria se fosse vivo só nesse momento tem conhecimento do direito que lhe compete (isto é, do direito de indemnização por privação dos alimentos) e é a partir de tal momento que corre o prazo da prescrição de três anos"[2382].

Já quanto à limitação temporal decorrente da prescrição ordinária – que, nos termos do artigo 309º do CC, é de vinte anos –, coloca-se o problema de saber se este prazo deve ser contado desde o momento da verificação do evento danoso ou desde o momento da produção do dano.

A este propósito, considera Vaz Serra[2383] que o prazo deve ser contado desde o *momento da produção do dano*, porque "se o dano só se produzir depois de o facto ser praticado, não pode dizer-se que tal facto seja um facto "danoso" [nos termos do artigo 498º, nº 1, do CC], só se tornando tal quando efectivamente o dano se produza"[2384] (além de que a diminuição dos riscos da prova testemunhal não seria muito sensível, se se fizesse correr a prescrição ordinária da data do facto ilícito[2385]): assim, por exemplo, "no caso dos alimentos [a que se refere o artigo 495º, nº 3, do CC], se o alimentando só vier a carecer deles mais de vinte anos após o facto determinante da morte do lesado imediato, nem por isso teria prescrito o seu crédito de indemnização contra o lesante, visto que a prescrição ordinária apenas começaria a correr na data em que, por o alimentando carecer dos alimentos e não poder efectivar o seu direito a eles contra o lesado imediato, se produz o seu dano e o facto, por isso, se torna danoso". Não é, porém, pacífica

[2381] Vaz Serra, "Anotação" (ao Acórdão do STJ de 12 de Fevereiro de 1971), págs. 45-46.

[2382] Segundo Vaz Serra ("Prescrição...", pág. 39), a prescrição de curto prazo justifica-se pelo seguinte: "Desde que o lesado tem conhecimento do dano e da pessoa do responsável, deve exercer o seu direito dentro de curto prazo, pois, tendo então os elementos de que carece para o exercer, se evita, assim, uma discussão a longa distância". A lei actual não exige, porém, o conhecimento da pessoa do responsável para que a prescrição de curto prazo comece a correr.

[2383] Vaz Serra, "Anotação" (ao Acórdão do STJ de 12 de Fevereiro de 1971), págs. 46-47.

[2384] No mesmo sentido, Vaz Serra ("Anotação" (ao Acórdão do STJ de 9 de Junho de 1961, pág. 64): "[...] tendo a acção de indemnização de fundar-se também no dano produzido, parece que, enquanto ele se não produz, o prazo [de prescrição] não corre". Cfr. também Vaz Serra ("Prescrição...", págs. 41-42 e notas 33-34), acrescentando o seguinte: "[s]e o dano se vai produzindo durante certo período e só no fim deste pode ser calculado [caso dos danos causados por coelhos em colheitas], a prescrição começaria a correr nesta data; se o dano só se verifica depois do facto ilícito [caso da construção feita negligentemente e que só tempo depois lesa uma pessoa], a prescrição começaria a correr na data em que ele se produz".

[2385] Vaz Serra, "Prescrição...", pág. 42.

a opinião segundo a qual a prescrição ordinária se conta desde o momento da produção do dano[2386].

As considerações a que se acabou de fazer referência, quando aplicadas ao novo dano – isto é, ao dano futuro imprevisível à data do encerramento da discussão na acção em que, pela primeira vez, se apreciou a obrigação de indemnização – significam o seguinte: relativamente ao novo dano, o prazo de prescrição é de três anos a partir do respectivo conhecimento, sem prejuízo do prazo de vinte anos após a ocorrência do dano (e sem prejuízo também, relativamente ao prazo de prescrição mais curto, da eventual interferência da regra do artigo 311º, nº 1, do CC, se na acção a que aqui se faz referência se tiver pedido o reconhecimento do direito a ser indemnizado em consequência de certo facto ilícito)[2387/2388].

Este novo dano, repete-se, pode ser tanto um dano independente do primeiro, como um dano dependente, desde que imprevisível.

No entanto, se depois da data do encerramento da discussão na primeira acção, ocorrer um dano já previsível a essa data (mas não considerado nessa acção), aplicar-se-á algum prazo ou alguns prazos de prescrição? E, sendo a resposta afirmativa, a contagem desses prazos deve fazer-se também a partir do conhecimento e da produção do dano previsível ou, diversamente, deve fazer-se a partir do conhecimento e da produção do dano inicial?

Quanto à primeira questão, parece-nos fazer todo o sentido a existência de prazos de prescrição: se o dano, embora previsível, não foi tido em conta na sentença, tal deveu-se à sua não alegação, à inexistência de pedido genérico – caso em que não seria justo liberar o lesado dos prazos normais de prescrição –, ou à sua consideração como dano imprevisível – caso em que deve seguir o regime deste dano, que também, como vimos, contempla prazos de prescrição.

[2386] No sentido de que a prescrição ordinária se conta desde a verificação do facto danoso, STJ, 03.12.1998.

[2387] Aceitando esta interpretação das regras de contagem do prazo prescricional estabelecidas no artigo 498º, nº 1, do CC, veja-se STJ, 16.06.2009, aqui se afirmando, relativamente à interferência da regra do artigo 311º, nº 1, do CC no prazo curto de prescrição: "Caso, porém, o lesado tenha apenas pedido o reconhecimento do seu direito a ser indemnizado e, por via disso, tenha obtido esse mesmo reconhecimento, nada impede que concretize os danos dentro do prazo ordinário de vinte anos, tal como está estatuído no artigo 311º, nº 1, do Código Civil".

[2388] Em se entendendo que a prescrição ordinária corre desde a prática do *facto* danoso, há que entender também – como se frisa no Acórdão do Tribunal Constitucional nº 161/2009, de 25 de Março – que tal "não significa [...] que basta o decurso do prazo de vinte anos a partir da data do facto para precludir a possibilidade de reclamar indemnização por "danos novos", mesmo que conhecidos há menos de três anos. O que significa é que, mesmo relativamente a danos só conhecidos há menos de três anos, não é admissível a formulação de pedido indemnizatório se o direito de indemnização, globalmente considerado, já tiver prescrito pelo decurso do prazo de vinte anos *sem ter sido exercitado*. Mas se o lesado exerceu tempestivamente o seu direito à indemnização e tem, por exemplo, recebido regularmente as correspondentes prestações, ele pode reclamar a reparação dos "danos novos", desde que a reclame no prazo de três anos desde o seu conhecimento, independentemente do número de anos decorridos desde a data do facto danoso".

Em relação à segunda questão, julgamos que devem ser aplicadas ao dano futuro previsível regras diversas das que vimos serem aplicáveis ao novo dano.

Vaz Serra[2389] tem o mesmo entendimento, na medida em que sustenta, por um lado, que se o lesado puder calcular, com razoáveis probabilidades, o dano total (isto é, a extensão integral do dano), de modo a que o tribunal possa fixar uma indemnização que abranja o dano futuro, "a prescrição começaria a correr, mesmo que o dano se não tivesse ainda consumado por completo" e, por outro, que se a extensão integral do dano não pode ser calculada, "a prescrição só começaria a correr, relativamente a este novo dano, na data em que dele tem o prejudicado conhecimento".

Portanto, o prazo de prescrição começa a correr a partir do momento em que o dano se torna previsível, o que significa que o dano futuro previsível à data do encerramento da discussão é um dano relativamente ao qual o prazo de prescrição já começou a correr: assim, se esse dano não for considerado na sentença por não ter sido alegado nem ter sido formulado pedido genérico, muito provavelmente não será possível fazê-lo valer mais tarde, por estar prescrito o correspondente direito de indemnização; já, porém, se esse dano tiver sido julgado imprevisível e, por isso, não tiver sido considerado, o seu regime prescricional será o do dano imprevisível, porque não faria sentido que o seu conhecimento pelo lesado só relevasse para efeitos de prescrição e não para efeitos de concessão imediata da respectiva indemnização.

Em que medida relevam, na acção modificativa tendente a fazer valer danos imprevisíveis à data do encerramento da discussão na primeira acção, os prazos de prescrição a que se fez referência?

A acção modificativa que se destine a fazer valer tais danos futuros deve conformar-se com estes prazos de prescrição, sob pena, não de inadmissibilidade, mas de improcedência: com efeito, a prescrição é uma causa de extinção da obrigação[2390] ou, noutra perspectiva, de paralisação do direito do credor[2391], pelo que sendo alegada e provada pelo requerido da acção modificativa determinará a manutenção da prestação anteriormente decretada[2392].

O artigo 307º do CC estabelece ainda que "[t]ratando-se de renda perpépua ou vitalícia ou de outras prestações periódicas análogas, a prescrição do direito unitário do credor corre desde a exigibilidade da primeira prestação que não for paga".

[2389] Vaz Serra, "Prescrição...", págs. 43-44.

[2390] L. de Menezes Leitão, *Direito das Obrigações*, vol. II, pág. 116.

[2391] A. Menezes Cordeiro, *Tratado...*, vol. I, tomo IV, pág. 172.

[2392] Como, à luz do direito alemão, salienta W. Weimar ("Verjährung...", pág. 221), a prescrição influi na pretensão material que se faz valer na *Abänderungsklage*, mas não na via processual, em si mesma considerada.

Este preceito, na medida em que é aplicável à indemnização sob forma de renda, nomeadamente à judicialmente decretada, coloca também o problema da sua compatibilização com o regime da acção modificativa.

Com efeito, parece que, prescrevendo a indemnização sob forma de renda no prazo de 20 anos (cfr. o artigo 309º do CC) a contar da exigibilidade da primeira prestação que não for paga, não é possível propor acção modificativa passado aquele prazo, porque nada haverá a modificar (a menos que, depois de decorrido esse prazo, ainda sejam devidas prestações periódicas, por terem sido aprazadas em mais de 20 anos relativamente à primeira que não se cumpriu[2393]: prestações periódicas relativamente às quais, aliás, funciona a prescrição de 5 anos, por força do disposto nos artigos 310º, alínea *g)*, e 311º, nº 2, do CC).

É claro que o prazo de prescrição consagrado no artigo 307º do CC não obsta ao exercício de um direito de indemnização não estabelecido na sentença (com fundamento, por exemplo, num dano futuro imprevisível), porque do preceito resulta apenas que, deixando de ser paga a primeira das prestações da renda, começa a correr o prazo de prescrição das restantes prestações vincendas que hajam sido fxadas na sentença: no entanto, tal direito deverá ser exercido em nova acção, e não nos termos do artigo 619º, nº 2, do CPC, uma vez decorrido o assinalado prazo de 20 anos, porque tendo prescrito o direito unitário do credor, nenhuma sentença haverá a modificar.

Por fim, refira-se que o que até agora dissemos sobre a necessidade de a acção modificativa conformar-se com os prazos de prescrição, sob pena de improcedência, não interfere com o que atrás referimos[2394] quanto à invocabilidade da prescrição na oposição à execução e não na acção modificativa: com efeito, embora a prescrição deva ser invocada pelo devedor através da via da oposição à execução (e não através da via da acção modificativa), quando o credor promova a execução de obrigação prescrita, tal não obsta a que, quando o credor pretenda a modifi-

[2393] Face ao direito espanhol, que no artigo 1969º do c.c., em conjugação com o artigo 1966º, estabelece o prazo geral de 5 anos para a proposição de acções (contado desde o momento em que estas possam exercer-se), consideram F. López Simo / S. Cavanillas Múgica / F. Gascón Inchausti (*Las condenas de futuro*, págs. 119-120) que prescreve no prazo de 5 anos, no caso de não cumprimento de uma prestação periódica, a acção de condenação *in futurum* nas prestações vincendas; a acção destinada a exigir, "no presente", o cumprimento de cada uma das prestações não inicia, antes do seu vencimento, a contagem do prazo de prescrição respectivo (porque não teria sentido entender que a prestação periódica aprazada em mais de 5 anos relativamente à primeira que não se cumpriu estaria prescrita antes do seu vencimento e incumprimento). Por outro lado, e ainda à luz do direito espanhol, entende-se que as prestações que tenham sido objecto de uma sentença de condenação *in futurum* não iniciam o respectivo prazo de prescrição antes do vencimento do respectivo prazo (cfr. F. López Simo / S. Cavanillas Múgica / F. Gascón Inchausti, *Las condenas de futuro*, pág. 120). À luz do direito português, deve ter-se em conta o disposto no artigo 306º, nº 1, 1ª parte, que consagra o critério da exigibilidade da obrigação no cômputo do prazo prescricional (cfr. A. F. Morais Antunes, *Prescrição...*, pág. 63).

[2394] *Supra*, § 31º.

cação de um direito prescrito o devedor alegue a prescrição, a título de excepção, nesta acção modificativa.

b) Diminuição do dano

E quando, através de acção modificativa, se pretenda fazer valer a diminuição do dano ou, talvez mais exactamente, a não verificação de danos que haviam sido previstos e, como tal, influído no montante da renda fixada? Estará esta acção condicionada pelo prazo de prescrição do enriquecimento sem causa?

Este prazo encontra-se consagrado no artigo 482º do CC, que dispõe que "[o] direito à restituição por enriquecimento prescreve no prazo de três anos, a contar da data em que o credor teve conhecimento do direito que lhe compete e da pessoa do responsável, sem prejuízo da prescrição ordinária se tiver decorrido o respectivo prazo a contar do enriquecimento". E à sua justificação aludia VAZ SERRA[2395] nos seguintes termos: "parece que igualmente [ao crédito de indemnização por facto ilícito] deverá estabelecer-se uma prescrição de curto prazo para o crédito de restituição no caso de enriquecimento sem causa: não só a situação do devedor não merece maior protecção na hipótese de responsabilidade civil, como a determinação das circunstâncias de facto pode, na de enriquecimento sem causa, ser do mesmo modo difícil quando feita muito tempo depois".

Segundo VAZ SERRA[2396], o lesado tem o "o direito de exigir o obtido, à sua custa, pelo acto ilícito, embora se não verifiquem, em rigor, os requisitos do direito de restituição emergente de enriquecimento sem causa, pois não se afigura aceitável que o devedor de indemnização por acto ilícito não tenha a obrigação de restituir o que ilicitamente obteve. Só a extensão da restituição a fazer se determinaria pelos princípios do enriquecimento sem causa".

Quando, porém, seja o próprio lesante a fazer valer a diminuição do dano, não nos parece que esse lesante esteja a exercer o direito de exigir o obtido, à sua custa, pelo acto ilícito, ou que possa aqui configurar-se um direito à restituição por enriquecimento – na medida em que a renda foi fixada por sentença, havendo, como tal, uma causa legítima de enriquecimento –, mas, por outro lado, reconhecemos que, atribuindo a lei (quer o artigo 567º, nº 2, do CC, quer o artigo 619º, nº 2, do CPC) um tal direito ao lesante no pressuposto de que a sentença se veio a revelar injusta, faria sentido a existência de um prazo para fazer valer a diminuição do dano idêntico ao que o artigo 482º do CC prevê para o direito à restituição por enriquecimento sem causa. Temos, porém, muitas dúvidas sobre a admissibilidade da aplicação analógica do prazo de prescrição do enriquecimento sem causa, pelo que tendemos a aplicar, ao caso analisado, a prescrição ordinária de vinte anos (artigo 309º do CC).

[2395] Vaz Serra, "Prescrição...", pág. 50.
[2396] Vaz Serra, "Prescrição...", pág. 52.

c) Alimentos e outras prestações periódicas

Perante o direito português, e no que diz respeito ao prazo de prescrição de prestações periódicas, há que ter em conta o disposto no artigo 306º do CC ("Início do curso da prescrição"), que estabelece a regra de que o prazo de prescrição começa a contar-se a partir da exigibilidade da obrigação[2397] e, bem assim, nos artigos 307º ("Prestações periódicas"), 309º ("Prazo ordinário"), 310º ("Prescrição de cinco anos") e 311º ("Direitos reconhecidos em sentença ou título executivo"), todos do CC.

O artigo 307º do CC, respeitante à prescrição do direito unitário do credor, aplica-se à indemnização sob forma de renda (como dissemos), bem como ao legado de prestações periódicas, mas não já ao direito legal de alimentos, atendendo à respectiva indisponibilidade e consequente imprescritibilidade (cfr. os artigos 2008º e 298º, nº 1, do CC)[2398].

O artigo 310º do CC – nos termos do qual "[p]rescrevem no prazo de cinco anos: *a)* As anuidades de rendas perpétuas ou vitalícias; *b)* As rendas e alugueres devidos pelo locatário, ainda que pagos por uma só vez; *c)* Os foros; *d)* Os juros convencionais ou legais, ainda que ilíquidos, e os dividendos das sociedades; *e)* As quotas de amortização do capital pagáveis com os juros; *f)* As pensões alimentícias vencidas; *g)* Quaisquer outras prestações periodicamente renováveis"[2399] –, em conformidade com aquela regra de imprescritibilidade, também não alude às prestações alimentícias vincendas; e, recaindo sobre as prestações alimentícias vincendas decisão judicial, também não se aplica o artigo 311º, nº 2, do CC (que estabelece que quando "a sentença ou outro título se referir a prestações ainda não devidas, a prescrição continua a ser, em relação a elas, a de curto prazo").

Portanto, e em síntese, tendo a acção modificativa como objecto uma sentença de alimentos, não há a considerar regras sobre prescrição de prestações de alimentos vincendas que possam influir na respectiva procedência.

No caso das regras sobre prescrição das prestações de alimentos vencidas, a sua irrelevância no âmbito da acção modificativa decorre de outro motivo, que adiante trataremos[2400]: a decisão modificativa só produz efeitos para o período posterior

[2397] Assim, quanto à prescrição de curto prazo, STJ, 08.04.2008.

[2398] Sobre este ponto, A. F. Morais Antunes, *Prescrição...*, pág. 70. Sobre a imprescritibilidade do direito aos alimentos futuros, J. C. de Oliveira e Cruz, *Dos alimentos...*, pág. 39.

[2399] Sobre o fundamento desta prescrição de curto prazo, que "reside na ideia de evitar a ruína do devedor pela acumulação das pensões, rendas, alugueres, juros ou outras prestações periódicas", veja-se A. F. Morais Antunes, *Prescrição...*, pág. 79. C. A. Mota Pinto ("Anotação", pág. 371) salienta, antes, um outro elemento: a não exigência do pagamento de prestações periodicamente renováveis "durante cinco anos, ou mesmo durante um ano, *revela uma inércia negligente*, que faz presumir a renúncia ou desencadeia uma especial falta de merecimento de tutela jurídica do credor".

[2400] *Infra*, § 37º.

à dedução do respectivo pedido, não atingindo, como tal, as dívidas vencidas, pelo que a eventual prescrição destas não influirá no conteúdo daquela decisão.

Tendo a acção modificativa como objecto sentença de condenação em prestações periódicas diversa da sentença de alimentos, há a considerar fundamentalmente o disposto no artigo 307º do CC, porque dele resulta a improcedência, com fundamento em prescrição, da acção modificativa proposta depois de decorridos 20 anos a contar da exigibilidade da primeira prestação que não for paga (a menos que – como a propósito da indemnização sob forma de renda dissemos – alguma prestação deva ser cumprida mesmo depois desse prazo, caso em que, em relação a ela, ainda é de considerar a acção modificativa)[2401].

3. Lugares paralelos

Vejamos agora se, não obstante a não consagração, no artigo 619º, nº 2, do CPC, de um prazo para propor a acção modificativa aí prevista, poderá usar-se algum lugar paralelo de regulação para afirmar a existência de um tal prazo.

a) A (anterior) Lei dos Acidentes de Trabalho e das Doenças Profissionais (Lei nº 100/97, de 13 de Setembro) e a actual Lei nº 98/2009, de 4 de Setembro

O artigo 25º da (anterior) Lei nº 100/97, de 13 de Setembro – revogada pelo artigo 186º, alínea *a)*, da Lei nº 98/2009, de 4 de Setembro – estabelecia o seguinte, a propósito dos prazos para requerer a revisão das prestações por acidente de trabalho ou doença profissional:

> "Artigo 25º
> Revisão das prestações
>
> [...]
>
> 2 – A revisão só poderá ser requerida dentro dos 10 anos posteriores à data da fixação da pensão, uma vez em cada semestre, nos dois primeiros anos, e uma vez por ano, nos anos imediatos.
>
> 3 – Nos casos de doenças profissionais de carácter evolutivo não é aplicável o disposto no número anterior, podendo requerer-se a revisão em qualquer tempo; mas, nos dois primeiros anos, só poderá ser requerida uma vez no fim de cada ano".

[2401] Diversa da hipótese (que analisámos) de improcedência da acção modificativa, por prescrição do direito unitário do credor apreciado na primeira acção, é a hipótese de improcedência da acção destinada a receber a diferença entre o montante da pensão paga e o montante superior que, por força de um dever de revisão da pensão, deveria ter sido entregue, com fundamento em *prescrição daquele dever de revisão*: a este dever de revisão não se aplica o prazo de prescrição a que alude o artigo 307º do CC (este prazo aplicar-se-á, antes, à prescrição da própria pensão, que pode ser, por exemplo, uma pensão de reforma), nem o previsto no artigo 310º, alíneas *f)* e *g)*, do mesmo Código (este prazo só se aplicaria à prescrição do resultado líquido da actualização), mas o prazo ordinário referido no artigo 309º (sobre esta hipótese, veja-se C. A. Mota Pinto, "Anotação", pág. 344).

Assim, embora a Lei nº 100/97, de 13 de Setembro consagrasse um prazo máximo de 10 anos após a fixação da pensão devida por acidente de trabalho para requerer a respectiva revisão (cfr. o artigo 25º, nº 2, dessa Lei), no caso das doenças profissionais de carácter evolutivo apenas estabelecia prazos para requerer as primeiras revisões (cfr. o nº 3 do mesmo artigo e também o artigo 63º, nº 2, do Decreto-Lei nº 248/99, de 2 de Julho, que regulamentava a Lei nº 100/97, de 13 de Setembro, relativamente à protecção da eventualidade de doenças profissionais, e que foi também revogado pela Lei nº 98/2009, de 4 de Setembro, nos termos do seu artigo 186º, alínea *c*)).

Estes prazos para requerer a revisão das prestações pareciam dever ser qualificados como prazos de caducidade, atento o disposto no artigo 298º, nº 2, do CC; de qualquer modo, a caducidade do direito de requerer a revisão não se confundia, nem com a caducidade do direito de acção respeitante à própria prestação[2402], nem com a prescrição da prestação estabelecida judicialmente ou pelo Centro Nacional de Protecção contra os Riscos Profissionais (a estas duas figuras se referindo o artigo 32º da Lei nº 100/97, de 13 de Setembro); mais duvidoso é se os prazos para requerer a revisão das prestações a que aludia o artigo 25º da Lei nº 100/97, de 13 de Setembro afastavam o prazo de prescrição constante do artigo 498º, nº 1, do CC.

Já a Base XXII, nº s 2 e 3, da anterior Lei nº 2127, de 3 de Agosto de 1965 previa idênticos prazos para requerer a revisão das prestações[2403], os quais têm sido

[2402] Distinguindo também entre a caducidade do direito de acção (que pressupõe que as prestações devidas ainda não estejam reconhecidas nem fixadas) e a caducidade do direito de promover a actualização de pensões (que pressupõe que a pensão já se encontre fixada, havendo apenas que actualizar a sua base de cálculo), RL, 29.03.1993. Considerando que, no caso da propositura da acção, o prazo deve ser de caducidade e não de prescrição, não sendo aplicável o artigo 498º, nº 3, do CC, porque "nos processos de acidente de trabalho, a instância não se inicia com a propositura de uma acção, mas antes com uma participação ao Ministério Público, e que esta é obrigatória para determinadas pessoas ou entidades, sempre que do evento resultar uma incapacidade ou a morte [...]", veja-se P. Morgado de Carvalho, "Os acidentes...", págs. 431-432.

[2403] Sobre esses prazos, veja-se Carlos Alegre (*Acidentes...*, págs. 104-105), entendendo, quanto às pensões por acidente de trabalho, que "seria de todo justo e vantajoso que, em futura alteração da lei, se eliminasse qualquer prazo limite para a possibilidade de revisão". A data da fixação da pensão, a que a lei aludia e alude, é, para o Autor (*idem*, pág. 104), a data da alta definitiva ou cura clínica. A jurisprudência tem também discutido se a contagem do prazo da revisão da pensão por acidente de trabalho, previsto na Base XXII, nº 2, da Lei nº 2127, de 3 de Agosto de 1965, se faz desde a data da fixação inicial da pensão ou desde a data da última fixação da pensão: no primeiro sentido, RL, 20.11.2002, RP, 11.07.1993. A data da fixação inicial da pensão é a data do trânsito em julgado da respectiva decisão judicial: assim, embora face ao correspondente preceito da Lei nº 100/97, de 13 de Setembro, RP, 10.05.2004. Em geral, sobre a determinação daquela data, V. Ribeiro, *Acidentes de trabalho (Reflexões...)*, págs. 257 e seguintes. O pressuposto temporal de que dependia a revisão da prestação parecia ser configurado, na jurisprudência, ora como condição de procedência ora como condição de admissibilidade da acção de revisão: no primeiro sentido, STJ, 16.10.2002; no segundo, STJ, 24.11.2004.

apreciados, sob o ponto de vista da sua conformidade com o direito do trabalhador (vítima de acidente de trabalho ou de doença profissional) à justa reparação e com o princípio da igualdade, em vários acórdãos do Tribunal Constitucional[2404].

Com efeito, o Tribunal Constitucional, no *Acórdão nº 147/2006*, de 22 de Fevereiro, decidiu julgar "inconstitucional, por violação do direito do trabalhador à justa reparação, consagrado no artigo 59º, nº 1, alínea *f)*, da Constituição, a norma do nº 2 da Base XXII da Lei nº 2127, de 3 de Agosto de 1965, interpretada no sentido de consagrar um prazo absolutamente preclusivo de 10 anos, contados a partir da data da fixação inicial da pensão, para a revisão da pensão devida ao sinistrado por acidente de trabalho, com fundamento em agravamento superveniente das lesões sofridas, nos casos em que desde a fixação inicial da pensão e o termo desse prazo de 10 anos tenham ocorrido actualizações da pensão, por se ter dado como provado o agravamento das lesões sofridas pelo sinistrado". Idêntico juízo de inconstitucionalidade seria formulado no *Acórdão nº 59/2007*, de 30 de Janeiro, embora tendo em vista os casos em que desde a fixação inicial da pensão e o termo desse prazo de 10 anos tenha ocorrido *alguma actualização* da pensão, por se ter dado como provado o agravamento das lesões sofridas pelo sinistrado; e, no *Acórdão nº 161/2009*, de 25 de Março, o Tribunal Constitucional julgou também inconstitucional a consagração de um tal prazo, "nos casos em que, tendo sido, ao abrigo da Base IX da [Lei nº 2127, de 3 de Agosto de 1965], judicialmente determinada à entidade responsável a prestação de uma intervenção cirúrgica para além daquele prazo, o sinistrado invoque agravamento da situação clínica derivado dessa intervenção". Mais recentemente, no *Acórdão nº 280/2011*, de 7 de Junho, julgou-se inconstitucional, por violação do artigo 13º da Constituição, a interpretação normativa apreciada no assinalado Acórdão nº 147/2006.

A norma do nº 2 da Base XXII da Lei nº 2127 foi, porém, julgada *não inconstitucional* pelo Tribunal Constitucional em três outras interpretações: *a)* na interpretação segundo a qual o lesado não pode requerer a revisão da pensão, uma vez decorridos dez anos sobre a data da fixação da pensão, quando não tenha formulado qualquer pedido de revisão de pensão dentro desse prazo de dez anos (cfr. *Acórdão nº 155/2003*, de 19 de Março); *b)* na interpretação segundo a qual o pedido, formulado pela entidade responsável pelo seu pagamento, de revisão de pensão atribuída a familiar de vítima mortal de acidente de trabalho, para cuja alimentação este contribuía regularmente e que se encontrava afectado de doença mental que o incapacitava sensivelmente para o trabalho, só pode ser formulado nos dez anos posteriores à data da fixação da pensão (cfr. *Acórdão nº 490/2008*,

[2404] A Base XXXVIII da Lei nº 2127, de 3 de Agosto de 1965 continha igualmente normas sobre caducidade do direito de acção respeitante às prestações fixadas naquela lei, bem como sobre prescrição das prestações estabelecidas por decisão judicial, instituição de previdência ou acordo das partes (sobre essas normas, veja-se Carlos Alegre, *Acidentes...*, págs. 131 e seguintes).

de 7 de Outubro); *c)* na interpretação segundo a qual o lesado não pode requerer a revisão da pensão, uma vez decorridos dez anos sobre a data da fixação da pensão, quando tenha formulado um pedido de revisão de pensão dentro desse prazo de dez anos e o mesmo tenha sido indeferido por ausência do respectivo pressuposto legal (cfr. *Acórdão nº 612/2008*, de 10 de Dezembro).

Os juízos de inconstitucionalidade e de não inconstitucionalidade constantes dos mencionados acórdãos parecem assentar, respectivamente, e como se refere no Acórdão nº 161/2009, de 25 de Março, na presunção de não estabilização da situação de incapacidade resultante do acidente de trabalho e na presunção de estabilização dessa situação.

Na sequência da referida jurisprudência constitucional, alguma jurisprudência ordinária tem também ponderado a não aplicação, por inconstitucionalidade, da norma que previa um prazo para propor a acção de revisão de pensão emergente de acidente de trabalho[2405]/[2406].

A Lei nº 98/2009, de 4 de Setembro veio a consagrar um regime completamente diferente das anteriores, no que diz respeito aos prazos para requerer a revisão das prestações por acidente de trabalho (e também por doença profissional, por força do estatuído no artigo 1º, nº 2, daquela Lei). Na verdade, não se prevê hoje um prazo preclusivo de 10 anos para requerer a revisão de prestação por acidente de trabalho, limitando-se o artigo 70º da Lei nº 98/2009, de 4 de Setembro a estabelecer o seguinte a propósito do processo da revisão:

> "Artigo 70º
>
> Revisão
>
> [...]
>
> 2 – A revisão pode ser efectuada a requerimento do sinistrado ou do responsável pelo pagamento.
>
> 3 – A revisão pode ser requerida uma vez em cada ano civil".

Deste modo, nem hoje pode sustentar-se a inconstitucionalidade do regime laboral referente aos prazos para requerer a revisão das prestações por acidente de trabalho com base no argumento segundo o qual idênticos prazos não estão contemplados no regime civil (designadamente no artigo 567º, nº 2, do CC), nem pode fundar-se a existência de um prazo para propor a acção modificativa prevista no artigo 619º, nº 2, do CPC no disposto para a revisão de pensões laborais.

2405 Analisando a questão, veja-se, por exemplo, RL, 24.05.2006 e RL, 08.11.2006.

2406 Sobre o problema conexo da constitucionalidade da diferenciação de regimes de actualização da pensão, consoante ela emerja de acidente profissional ou de doença profissional, RP, 03.03.2004 (Proc. 398/04), concluindo que "o carácter público da atribuição das pensões derivadas de doenças profissionais, cotejado com o carácter privatístico das pensões por acidentes de trabalho, constitui causa de uma distinção de regime (no tocante à sua actualização) que é materialmente fundada e não arbitrária".

b) O direito administrativo

No plano do direito administrativo e à luz do CPA de 1991, também se colocava o problema de saber se a Administração podia revogar abrogatoriamente o acto a todo o tempo, nomeadamente atendendo à circunstância de o artigo 140º desse Código não estabelecer, para o efeito, qualquer limite temporal, contrariamente ao que determinava a propósito da revogação anulatória (cfr. o seu artigo 141º).

A resposta era, numa primeira abordagem, afirmativa, porque, como observava F. Urbano Calvão[2407], "[a] faculdade de revogar abrogatoriamente a todo o tempo explica-se pelo seu próprio fundamento: porque se trata de uma relação jurídica duradoura, a alteração do interesse público ou dos motivos que estiveram na base da emissão do acto (causadora da inadequação superveniente dos efeitos jurídicos do acto ao interesse público), qualquer que seja o momento em que se verifique, deve poder motivar a revogação". De qualquer modo, a Autora[2408] admitia, por razões de segurança, a possibilidade de consagração de um prazo para o exercício da revogação, contado a partir do "momento em que a Administração concluiu existir fundamento para a revogação".

Referindo-se especificamente à *revisão do acto administrativo*[2409] – que define como o "instituto que visa a modificação ou extinção de um acto administrativo por força da alteração dos pressupostos de facto ou da valoração técnica que sobre eles incidiu, ou dos pressupostos de direito, em momento cronológica e juridicamente posterior ao da sua notificação ao destinatário" –, sustenta C. Amado Gomes[2410] que, "*independentemente do tipo de vício* que a alteração superveniente venha a provocar no acto, a Administração deverá poder ser solicitada a todo o tempo no sentido da sua revisão", propugnando, porém, e por razões de segurança jurídica, a consagração de um limite temporal para o exercício da competência de revisão pela Administração (que seria de um ano a contar da data em que a Administração tomou conhecimento formal do facto superveniente).

O CPA de 2015, no artigo 167º, nº 4, consagra prazos para a revogação (que agora não se encontra prevista para os actos anuláveis: cfr. os artigos 163º, nº 4, e 165º), mas apenas quando se trate de acto constitutivo de direitos e quando a revogação se funde em "superveniência de conhecimentos técnicos e científicos ou em alteração objetiva das circunstâncias de facto, em face das quais, num ou noutro caso, não poderiam ter sido praticados" (cfr. o artigo 167º, nº 2, alínea *c)*): neste caso, a revogação "deve ser proferida no prazo de um ano, a contar

2407 F. Urbano Calvão, "Revogação dos actos...", pág. 42.

2408 F. Urbano Calvão, "Revogação dos actos...", págs. 42-43.

2409 A esta figura – sensivelmente correspondente à da revogação fundada em invalidade superveniente do acto –, e ao seu tratamento pela Autora, já fizemos, aliás, referência: *supra*, § 1º, I, 3.

2410 C. Amado Gomes, "Mudam-se os tempos...", págs. 255-256 e 260-262, e "Da aceitação...", págs. 1069-1071.

da data do conhecimento da superveniência ou da alteração das circunstâncias, podendo esse prazo ser prorrogado, por mais dois anos, por razões fundamentadas". À alteração dos actos administrativos aplica-se subsidiariamente o regime da revogação (artigo 173º, nº 1, do CPA de 2015)

4. Conclusão

Não considerando agora aquelas hipóteses (a que já aludimos) em que, por prescrição do direito que se exerce, a acção modificativa deve ser julgada improcedente, dir-se-ia que a existência de um prazo para propor a acção modificativa se pode justificar pela utilidade que esta acção deve ter para o autor.

A este propósito, é interessante notar que, na doutrina italiana, se tem sustentado que a revogação (ou modificação) dos decretos emitidos nos *procedimenti in camera di consiglio* é admitida sempre que ainda seja possível paralisar, no todo ou em parte, os efeitos do decreto já emitido (assim, por exemplo, se este autorizou certo negócio jurídico, a revogação ou modificação é admitida até à conclusão e perfeição do negócio autorizado)[2411]; identicamente, é concebível que a acção modificativa não possa ser proposta se os efeitos da decisão modificanda não puderem ser paralisados.

Não nos parece, porém, que este problema se relacione com o prazo para propor a acção modificativa; relaciona-se, antes, com o próprio objecto desta acção, que não pode ser uma sentença cujos efeitos já se encontram extintos. O problema, por outras palavras, parece-nos assemelhar-se ao da possibilidade de modificação, após a verificação do termo ou da condição, de sentença sujeita a condição resolutiva ou termo final[2412], ou ao da possibilidade de modificação do caso julgado já executado[2413].

Fora destes casos em que – ou por prescrição do direito que se exerce, ou por extinção dos efeitos da sentença que se pretende modificar – está naturalmente sujeita a um prazo a modificação, por alteração das circunstâncias, do caso julgado, não parece que a lei consagre qualquer prazo para propor tal acção[2414], que seria de qualificar como um prazo de caducidade[2415]. Existe, é certo, o lugar paralelo do direito administrativo que aponta para um tal prazo de caducidade, mas o do regime laboral vai no sentido contrário e é mais impressivo.

[2411] Neste sentido, G. Arieta, "Giurisdizione...", pág. 1064.

[2412] *Supra*, § 10º, III.

[2413] *Supra*, § 9º, I.

[2414] J. Lebre de Freitas (*A acção executiva...*, pág. 398) assinala igualmente que não existe prazo para propor a acção prevista no artigo 1121º do CPC de 1961 (actual artigo 936º).

[2415] A regra é a de que o prazo para a propositura de acções é um prazo de caducidade (cfr. Barbosa de Magalhães, *Prazos...*, págs. 37-38).

Assim sendo, apenas se pode questionar se a boa fé não imporá ao requerente o respeito por um prazo razoável para exercer o seu direito de modificação, após o conhecimento da alteração das circunstâncias, sob pena de quebra da confiança que a parte contrária depositou no não exercício desse direito: mas o ponto é duvidoso, porque, em se aceitando que a modificação só opera para o futuro, tal confiança parece também resultar protegida por esta via. Seja como for, a intervenção, neste domínio, do dever de actuar de boa fé, influiria no conteúdo da decisão de mérito da acção e não na admissibilidade desta.

§ 34º Processo da modificação

I. A instância modificativa

1. Necessidade de pedido

Já atrás fizemos referência à essencial perenidade do caso julgado e à circunstância de essa sua natureza não ser afectada pela possibilidade de o caso julgado deixar de valer quando a realidade que lhe subjaz se altere[2416].

Interessa-nos agora analisar a perenidade na perspectiva específica de a decisão anterior, mesmo na hipótese de alteração das circunstâncias, poder valer indefinidamente, se a respectiva modificação não for promovida.

A este propósito, assinala HITTERS[2417] que se infere facilmente do carácter definitivo que tem a *res judicata* que esta nunca fenece em virtude de um acontecimento espontâneo, sendo necessário que um sujeito provoque a sua extinção, impugnando-a através de um procedimento próprio. Diríamos, antes, que é o carácter definitivo do caso julgado que se infere da existência de regimes legais (por exemplo, o relativo ao recurso extraordinário de revisão) que estabelecem a necessidade dessa provocação e que de tal inferência pode depois, por sua vez, inferir-se que certas realidades só escassamente reguladas – como seja a da modificação das circunstâncias que determinaram a decisão – não actuam automaticamente sobre o caso julgado, originando a respectiva alteração de modo imediato.

A provocação ou promoção da modificação do caso julgado destinada a actuar os respectivos limites temporais pode, em teoria, e como sublinha GUASP[2418], dever-se à iniciativa espontânea de um órgão jurisdicional (diverso ou não daquele que proferiu a decisão), que periodicamente examinaria a existência e a relevância das alterações temporais ocorridas desde o momento do proferimento da sentença: mas tal sistema, além de impraticável, contrariaria a função do próprio órgão jurisdicional.

[2416] *Supra*, § 1º, II, 4.

[2417] J. C. Hitters, *Revisión...*, pág. 146.

[2418] J. Guasp, "Los límites temporales...", págs. 461-462.

Assim sendo, seria, na perspectiva do Autor[2419], preferível um sistema assente na necessidade de pedido do interessado (que, naqueles ordenamentos em que a lei não consagre um mecanismo especificamente destinado a deduzi-lo, poderia, em abstracto, ser formulado num recurso ordinário ou extraordinário, numa acção de impugnação autónoma ou numa acção vulgar, na qual se abra um novo litígio sobre o fundo e se ataque a sentença anterior de modo indirecto, sendo esta última, em seu entender, a melhor alternativa).

Entre nós, reiteradamente tem a jurisprudência afirmado que a força do caso julgado se mantém, apesar da alteração das circunstâncias, se nenhum pedido no sentido da sua modificação for formulado[2420], que o tribunal não pode oficiosamente decidir no sentido da alteração ou cessação da prestação fixada[2421] – embora, em se tratando de processo de jurisdição voluntária ou processo laboral, já não nos pareça consensual esta orientação[2422/2423] –, ou que a sentença que fixou

[2419] J. Guasp, "Los límites temporales...", págs. 462-465.

[2420] Assim, RL, 12.11.91, e RP, 26.01.1978.

[2421] Assim, RP, 10.11.1992. Identicamente, quanto ao carácter não oficioso da actualização da indemnização, STJ, 06.12.1990.

[2422] No sentido de que, nos processos de jurisdição voluntária, vale o princípio, estabelecido no artigo 664º do CPC de 1961 (correspondente, mas não equivalente, ao artigo 5º do actual CPC), de que o juiz só pode servir-se dos factos articulados pelas partes (do que se deduz que, nesses processos, vale também o princípio do pedido), RL, 21.11.2000. Veja-se, porém, RC, 16.04.2002, acórdão no qual se entendeu que, no caso de incumprimento, por um dos progenitores, do acordado ou decidido quanto à situação do menor, e tendo o outro progenitor requerido, nos termos do artigo 181º, nº 1, da OTM (hoje, artigo 41º, nº 1, do RGPTC), as diligências necessárias para o cumprimento coercivo e a condenação do remisso em multa e indemnização, pode o juiz, "ao ser-lhe dado conhecimento, pelo requerente, do incumprimento da requerida do que tinha sido acordado quanto à guarda do menor, alterar *ex officio* a regulação do poder paternal, face ao disposto nos arts. 1410º e 1411º do CPC [de 1961, correspondentes aos artigos 987º e 988º do actual CPC], aplicáveis *ex vi* do art. 150º da OTM [correspondente ao artigo 12º do RGPTC]". No campo do processo laboral, refira-se que o Decreto-Lei nº 248/99, de 2 de Julho, que regulamentava a Lei nº 100/97, de 13 de Setembro, "relativamente à protecção da eventualidade de doenças profissionais" (cfr. artigo 1º), previa, no artigo 63º, nº 2, que "[a]s pensões podem ser revistas oficiosamente ou a requerimento do beneficiário [...]". O regime emergente da Lei nº 98/2009, de 4 de Setembro é menos explícito quanto à possibilidade de revisão oficiosa da prestação por doença profissional: por um lado, o artigo 70º dessa Lei (aplicável às doenças profissionais por força do artigo 1º, nº 2) exclui aparentemente tal possibilidade, uma vez que estatui, no nº 2, que a revisão da prestação "pode ser efectuada a requerimento do sinistrado ou do responsável pelo pagamento"; por outro lado, o artigo 138º, nº 2, determina que a "graduação da incapacidade permanente pode ser revista pelo serviço com competências na área da protecção contra os riscos profissionais, oficiosamente ou a requerimento do beneficiário". Inclinamo-nos a considerar que, tendo este serviço competência para oficiosamente rever a incapacidade, também poderá ser oficiosa a revisão da própria prestação.

[2423] No campo dos procedimentos cautelares (onde, aliás, não intervém a figura do caso julgado material), observa J. Cura Mariano (*A providência cautelar...*, pág. 114), relativamente ao arbitramento de reparação provisória, que "[a] iniciativa da alteração cabe à parte interessada na mesma, não podendo ser efectuada oficiosamente". Já no contencioso administrativo o regime é diverso, atendendo a que o artigo 124º, nº 1, do CPTA determina que "[a] decisão de adotar ou recusar a adoção de providências cautelares,

os alimentos continua a servir de título executivo, enquanto não for requerida a extinção da obrigação[2424].

Naqueles casos, porém, em que a obrigação se extinga, por força da lei, em certa data – como, para certa orientação, sucederia em relação à obrigação de alimentos dos pais em relação ao filho ou do Fundo de Garantia dos Alimentos Devidos a Menores em relação ao menor, verificada a maioridade deste –, já se tem entendido que a sentença deixa de valer como título executivo após essa data[2425]; identicamente, quando a obrigação se extinga, por acordo das partes, em certa data[2426]. Mas, mesmo que a obrigação se extinga em certa data – verificando-se então a caducidade do caso julgado e não já a sua modificação, ou possibilidade de modificação, por alteração das circunstâncias –, por vezes é necessário que essa extinção seja judicialmente declarada a requerimento do interessado (embora, nestas hipóteses, a declaração produza efeitos à data da verificação do termo resolutivo e não à data da entrada em juízo do requerimento)[2427].

A necessidade de pedido para o efeito da modificação da sentença por alteração das circunstâncias encontra-se em sintonia com o regime do artigo 437º do CC, porque a modificação ou resolução do contrato, por alteração das circunstâncias, também dependem de requerimento do interessado (que, sendo réu, deve formular o pedido por via de reconvenção e não por via de excepção[2428]).

Como decorrência do princípio dispositivo e, ainda, da possibilidade de o devedor já ter pago parte da exigência adicional que o credor queira fazer valer,

desde que transitada em julgado, pode ser revogada ou alterada, *oficiosamente ou mediante requerimento*, com fundamento em alteração dos pressupostos de facto e de direito inicialmente existentes" (itálico acrescentado).

2424 Assim, RP, 21.02.2002, e RP, 16.12.2003.

2425 Assim, STJ, 23.01.2003, e RP, 26.11.2001. Entendendo, porém, que o Fundo não pode discricionariamente deixar de prestar os alimentos, devendo, antes, solicitar judicialmente a alteração da decisão, RP, 21.01.2002. Actualmente, após a Lei nº 24/2017, de 24 de Maio, há a considerar a nova redacção do artigo 1º, nº 2, da Lei nº 75/98, de 19 de Novembro, que passou a determinar que "[o] pagamento das prestações a que o Estado se encontra obrigado, nos termos da presente lei, cessa no dia em que o menor atinja a idade de 18 anos, exceto nos casos e nas circunstâncias previstas no nº 2 do artigo 1905º do Código Civil".

2426 Sobre esta possibilidade de acordo, RP, 11.11.2002.

2427 Assim, RP, 24.10.2005, referindo-se à sentença que fixa uma pensão temporária a filhos de vítimas mortais de acidentes de trabalho, porque é necessário obter declaração judicial para extinguir o direito, nos termos do 152º, nº 1, do CPT. Já a remição obrigatória, em certa data, de pensões por acidente de trabalho, não só não carece de ser requerida, como também não justifica sequer a declaração da obrigação de remição: o tribunal apenas manda proceder ao cálculo do capital a remir, quando se aperceba desta obrigação (assim, RP, 25.10.2004).

2428 Assim, STJ, 11.03.1999 (Rev. 158/99), especificamente em relação à modificação prevista no artigo 437º, nº 2, do CC. Face ao direito anterior ao Código Civil de 1966, A. Rocha de Gouveia (*Da teoria*..., pág. 195) considerava igualmente "preferível configurar o oferecimento de revisão como uma forma de reconvenção, em que o pedido do réu emerge do facto jurídico que serve de fundamento à acção [...]".

assinala PETZOLDT[2429] a admissibilidade da formulação, na acção modificativa, de pedido parcial[2430].

A impossibilidade, em regra, de a modificação do caso julgado por alteração das circunstâncias ser oficiosamente decretada não significa obviamente que essa modificação possa operar extrajudicialmente: logo na parte introdutória do texto[2431], avançámos algumas razões no sentido de que a modificação do caso julgado apenas tenha lugar por via de acção judicial.

No campo dos contratos, aliás, também se discute se a modificação ou resolução, em virtude de alteração das circunstâncias, tem de ser requerida em juízo, mas a solução é aqui mais duvidosa.

Sustentam a necessidade da via judicial para obter qualquer desses efeitos, por exemplo, ROCHA DE GOUVEIA[2432] (à luz do regime anterior ao Código Civil de 1966), ALMEIDA COSTA[2433], quer com base no elemento literal do artigo 437º, nº 2, do CC ("requerida a resolução"), quer pela "vantagem de clarificar a situação" e pela "natureza alternativa da providência", e MÁRIO DE BRITO[2434] (embora considere, de *iure condendo*, preferível a solução oposta – que é a da resolução regulada nos artigos 432º e seguintes do CC –, conforme havia sido preconizado por VAZ SERRA, por poder suceder que a parte contrária "se não oponha ao pedido, não havendo, por isso, necessidade de recorrer sempre a juízo").

Contra, pronunciara-se VAZ SERRA[2435] aquando dos trabalhos preparatórios do Código Civil e mesmo face à versão final deste, nomeadamente face ao disposto no artigo 436º do CC. Também MENEZES LEITÃO[2436] entende que, quer a resolução, quer a modificação, *podem* ser acertadas judicialmente, "só havendo necessidade de recurso a juízo em caso de ocorrência de algum litígio nesta matéria": em primeiro lugar, porque a imposição da via judicial é desconforme com o sistema português de resolução do contrato, consagrado no artigo 436º do CC, para o qual o artigo 439º do CC remete; em segundo lugar, porque "[o] uso da expressão "requerida a resolução" é explicável pelo facto de a parte não poder decretar imediatamente a resolução, sem averiguar primeiro se a outra parte não lhe impõe antes a modificação do contrato, segundo juízos de equidade".

2429 T. M. Petzoldt, *Die Rechtskraft...*, pág. 177.
2430 No mesmo sentido também, K.-A. Klauser, "Abänderung...", pág. 712.
2431 *Supra*, § 1º, I, 6.
2432 A. Rocha de Gouveia, *Da teoria...*, págs. 179-183.
2433 M. J. Almeida Costa, *Direito das obrigações*, pág. 313, nota 2.
2434 Mário de Brito, *Código...*, pág. 79, nota 159.
2435 Vaz Serra, "Resolução...", págs. 368-370 e 381-382, e "Anotação" (ao Acórdão do STJ de 6 de Abril de 1978), págs. 348-349.
2436 L. Menezes Leitão, *Direito das obrigações...*, vol. II, págs. 132-133.

Na jurisprudência, refira-se um acórdão do Supremo Tribunal de Justiça de 10 de Dezembro de 1996, sustentando que a resolução prevista no artigo 437º do CC não pode efectuar-se extrajudicialmente.

2. A renovação da instância extinta

O artigo 282º do CPC determina a renovação da instância no caso de dedução de pedido de modificação da sentença, por alteração das circunstâncias.

A renovação da instância distingue-se da modificação da instância, designadamente em consequência da alteração da causa de pedir, uma vez que pressupõe a prévia extinção da instância[2437]; mas a possibilidade de a instância, em atenção ao seu objecto, poder ser renovada, não significa que o processo deva considerar-se pendente[2438].

A designação "renovação da instância" surge, no Código de Processo Civil, nos artigos 261º (Modificação subjectiva pela intervenção de novas partes), 282º (Renovação da instância extinta), 358º (Ónus de liquidação) e 998º (Renovação da instância), todos com correspondência no CPC de 1961.

Entendendo-se, porém, que a renovação da instância pressupõe a respectiva extinção, deve concluir-se que não há verdadeira renovação da instância no caso previsto no artigo 998º do CPC[2439].

A possibilidade de renovação da instância finda assume carácter excepcional, ou seja, só tem lugar quando a lei expressamente a preveja[2440].

A expressão "renovação da instância" consubstancia terminologia legal relativamente recente, porque, na redacção originária do CPC de 1961, apenas o artigo

[2437] Assim, STJ, 29.02.1996, considerando que a renovação da instância significa o recomeço do processo e pressupõe a anterior cessação da relação processual por força de decisão transitada em julgado que pôs termo à causa, nos termos do artigo 287º, alínea *a)*, do CPC (de 1961, correspondente ao artigo 277º, alínea *a)* do actual CPC).

[2438] Assim STJ, 27.03.2001, considerando, conforme se lê no respectivo sumário, que "[p]ara efeitos do nº 1 do artigo 68º do [hoje já não vigente] Regulamento da Lei de Organização e Funcionamento dos Tribunais Judiciais, aprovado pelo DL 186-A/99, de 31 de Maio, não deverão considerar-se permanentemente pendentes os processos tutelares findos, sempre que sejam, de futuro, requeridos "alteração" ou "incidentes" conexos". Mas veja-se também RL, 06.05.1977, acórdão no qual se afirma que "enquanto os "menores" forem "menores", o processo de regulação não pode, rigorosamente, considerar-se "findo", estando sempre sujeito a eventuais processamentos de "alteração do regime" nos termos do art. 96º da [hoje revogada] OTM".

[2439] Assim, STJ, 29.02.1996, considerando que, na sequência da conversão de uma acção de divórcio litigioso numa acção de divórcio por mútuo consentimento, a instância se mantém, e não cessa, por via de uma alteração da causa de pedir.

[2440] Neste sentido, ao que nos parece, STJ, 17.06.2004, porque no respectivo texto se lê o seguinte: "Há, obviamente, casos em que a lei admite a renovação de instância extinta. Mas tais casos restringem-se a obrigações duradouras que se renovam periodicamente e que legitimam, por isso, que a renovação da instância acompanhe a periodicidade da obrigação substantiva (art. 292 [do CPC de 1961, correspondente ao artigo 282º])".

269º aludia à "renovação da instância", e a designação não aparecia no Código de 1939[2441/2442]; a propósito da execução, porém, tanto o CPC de 1961, já na sua versão originária, como o Código de 1939 contemplavam a figura da "renovação da execução extinta" (cfr. o artigo 920º do CPC de 1961 e do CPC de 1939).

Embora a figura da renovação da instância não constasse, sob essa designação (e exceptuada a área da acção executiva), do Código de Processo Civil de 1939, a verdade é que figura semelhante já se encontrava prevista no preceito relativo à absolvição da instância – o artigo 294º –, equivalente ao artigo 289º do CPC de 1961 e ao artigo 279º do Código actual: aí se estabelecia, na 2ª parte, que, no caso de absolvição da instância, "[o]s efeitos civis derivados da proposição da primeira causa e da citação do réu manter-se-ão, quando seja possível, se a nova acção for intentada ou o réu for citado para ela dentro de trinta dias, a contar do trânsito em julgado da sentença de absolvição da instância"[2443]. Mas, como se salienta em Acórdão do Supremo Tribunal de Justiça de 15 de Janeiro de 2004, a circunstância de a lei determinar o aproveitamento de certos efeitos jurídicos derivados da proposição da primeira acção apenas confirma que a primeira acção não se renova, não podendo o autor, consequentemente, apresentar nova petição inicial no mesmo processo.

Da análise dos vários preceitos que, no Código actual, prevêem a renovação da instância retira-se que esta pressupõe, além da *extinção da instância*[2444], a que

[2441] Não assim, naturalmente, a palavra "instância", que aí designava, como observa Manuel Rodrigues ("Observações e propostas de alterações ao projecto do Código de Processo Civil – Da instância...", pág. 234), "a relação processual, no seu conjunto", sendo a preferível para designar tal realidade, "embora outras palavras pudessem empregar-se também, como a *demanda*, a *lide*, a *causa*, a *questão* e o *processo*. Efectivamente a palavra *demanda* é empregada muitas vezes para designar apenas a posição do autor, a palavra *lide*, *litígio* ou *questão*, a divergência em si; a palavra *processo* é muito compreensiva e por isso sem expressão. A palavra *instância*, já usada nas Ordenações, III, t. 27, significa tradicionalmente o espaço de tempo dentro do qual se trata e determina a causa (Pereira e Sousa, Primeiras Linhas, § 103º), ou antes os actos que durante aquele espaço se praticam e é êste o sentido que se lhe dá geralmente". De qualquer modo, o CPC de 1939 não continha uma definição de "instância" e o termo era susceptível de múltiplos sigificados (cfr. Barbosa de Magalhães, *Estudos...*, págs. 238-242).

[2442] No âmbito do Código de Processo de Trabalho de 1969, a renovação da instância encontrava-se prevista no artigo 141º (cfr. STJ, 10.12.1981, considerando, conforme o respectivo sumário, que "[r]enovando-se a instância, nos termos do disposto no artigo 141º do Código de Processo do Trabalho, as decisões já transitadas têm força de caso julgado que terá de ser respeitado relativamente ao novo pedido, sem prejuízo da atendibilidade de circunstâncias posteriormente ocorridas").

[2443] A propósito da regra contida no correspondente preceito do *Projecto* apresentado por J. Alberto dos Reis, entendia Manuel Rodrigues ("Observações e propostas de alterações ao projecto do Código de Processo Civil – Da instância...", pág. 245) que se tratava da "generalização do art. 553º do Código Civil que pode justificar-se com a razão de que não se deve sacrificar um interêsse a um vício de forma", sublinhando, todavia, a necessidade de o autor e o réu serem partes legítimas para que os efeitos civis da instância se mantivessem. Sobre o artigo 294º do CPC de 1939, veja-se J. Alberto dos Reis, *Comentário...*, vol. 3º, págs. 419-428.

[2444] No campo da acção executiva, e como, embora à luz do CPC de 1939, observava J. Alberto dos Reis (*Processo de execução*, vol. 2º, pág. 512), o artigo 920º (correspondente ao artigo 850º do Código actual)

já nos referimos, que a extinção da instância, por sua vez, tenha operado em virtude do proferimento de *decisão entretanto transitada em julgado*: esta última particularidade só não se verificará quando se esteja perante a renovação da execução extinta, porque, após a entrada em vigor do Decreto-Lei nº 38/2003, de 8 de Março, deixou de estar prevista, no CPC de 1961 – solução que o Código actual manteve –, a sentença que julga extinta a execução (cfr. o artigo 919º do CPC de 1961 e o artigo 849º do Código actual)[2445], ou perante a renovação da instância para efeitos de liquidação, uma vez que parece bastar o *proferimento* de sentença de condenação genérica (cfr. o artigo 358º, nº 2, do CPC)[2446].

Esta conclusão parece também querer significar que a modificação da sentença por alteração das circunstâncias, na medida em que anda associada à figura da renovação da instância, só tem lugar quando a sentença anterior, determinativa da extinção da instância, transitou em julgado.

Mas já vimos[2447] que existem suficientes razões para estender tal possibilidade aos casos em que a sentença modificanda ainda não transitou em julgado: ora, assim sendo, nessas hipóteses a modificação não originará uma verdadeira renovação da instância.

A figura da renovação da instância extinta não tem interesse meramente teórico: na verdade, verificando-se a renovação da instância, em vez da proposição de nova acção, parece que, à semelhança do que dispõe o artigo 697º, nº 6, do CPC para o recurso extraordinário de revisão – ou seja, que "[a]s decisões proferidas no processo de revisão admitem os recursos ordinários a que estariam originariamente sujeitas no decurso da acção em que foi proferida a sentença a rever"[2448] –, as decisões que vierem a ser proferidas na acção modificativa admi-

veio esclarecer a dúvida sobre a questão de saber se se podia julgar extinta uma execução fundada em sentença com trato sucessivo: a resposta é agora inequivocamente afirmativa.

2445 Face ao regime anterior a 2003, discutia-se se a sentença que julgava extinta a execução nos termos do artigo 919º do CPC de 1961 constituía caso julgado material (nomeadamente para o efeito da discussão da existência do pagamento invocado na sentença): em sentido negativo, RL, 19.03.2009, e J. Lebre de Freitas, "Acção executiva...", págs. 242-248. Face à redacção do CPC de 1961 posterior a 2003, que deixou de mencionar a existência de sentença, veja-se Carlos M. O. Soares, "O caso julgado...", págs. 251-252. Sobre o problema afim de saber se a extinção da execução produz uma preclusão *pro iudicato* (fenómeno semelhante ao caso julgado), veja-se, à luz do direito italiano e em sentido negativo, E. Garbagnati, "Preclusione...", págs. 302-308.

2446 J. Lebre de Freitas (*A acção executiva...*, pág. 85) afirma, porém, que a instância se renova, para o efeito da liquidação, "quando o pedido de liquidação tenha lugar depois do trânsito em julgado da sentença (art. 378-2 [do CPC de 1961, correspondente ao artigo 358º, nº 2, do Código actual])".

2447 *Supra*, § 14º.

2448 Esta foi, aliás, a solução defendida pela *Revista dos Tribunais* (ano 65º, págs. 82-83) face ao CPC de 1939 – que nada dispunha sobre os recursos ordinários a interpor no recurso extraordinário de revisão –, porque, como aí se sustentava, este não constituía acção nova, implicando, antes, a renovação da instância extinta. Veja-se, a este propósito, a explicação que, para o correspondente nº 4 do artigo 772º do CPC de

tem os mesmos recursos ordinários que admitiriam as decisões proferidas na instância extinta[2449].

Assim, deve atender-se, para determinar a admissibilidade de um recurso ordinário que pretenda interpor-se na acção modificativa, não ao valor do pedido modificativo, em si mesmo considerado, e ao valor actual das alçadas, mas ao valor da acção inicialmente instaurada e às alçadas que vigoravam quando esta acção foi proposta (ainda que as alçadas se tenham elevado na pendência da acção inicial[2450]), sem prejuízo, como também se julga, da aplicação, na acção modificativa, das novas regras sobre recursos, se em concreto forem mais favoráveis para o recorrente[2451].

O que acabou de dizer-se significa também que, em atenção ao fenómeno de renovação da instância extinta que, na acção modificativa, se verifica, *o valor desta acção não é calculado, nem nos termos do artigo 298º, nº 3, do CPC* (que estabelece que "[n]as acções de alimentos definitivos e nas de contribuição para despesas domésticas o valor é o quíntuplo da anuidade correspondente ao pedido")[2452], *nem nos termos do artigo 300º* (que, importando solução que remonta ao Decreto--Lei nº 34/2008, de 26 de Fevereiro, determina que o cálculo do valor da acção opera de modo distinto, consoante se esteja perante prestações *vincendas ou, antes, periódicas* – segundo o nº 1 do artigo 300º, "[s]e na ação se pedirem, nos termos do artigo 557º, prestações vencidas e prestações vincendas, toma-se em consideração o valor de umas e outras"; já segundo o nº 2, "[n]os processos cuja decisão envolva uma prestação periódica, salvo nas ações de alimentos ou contribuição para despesas domésticas, tem-se em consideração o valor das prestações relativas a um ano multiplicado por 20 ou pelo número de anos que a decisão abranger, se for inferior; caso seja impossível determinar o número de anos, o valor é

1961, dá J. de Castro Mendes (*Direito processual*..., 3º vol., pág. 263): a de que "[o] juízo rescisório é uma renovação da instância já extinta".

2449 Parecendo equiparar as decisões modificativas às decisões originárias, para efeitos de admissibilidade de recurso ordinário, STJ, 18.10.1994, em cujo sumário se lê que "[...] das decisões que, definitiva ou provisoriamente, se pronunciem sobre a aplicação, alteração ou cessação de medidas tutelares, cabe recurso a interpor para a Relação [...]".

2450 Sobre o princípio segundo o qual "a lei nova sobre a admissibilidade dos recursos ordinários não é aplicável às acções pendentes quando ela exclui um recurso admissível na vigência da lei antiga", por a solução oposta frustrar expectativas legítimas das partes, veja-se M. Teixeira de Sousa, *Estudos*..., págs. 387-388.

2451 Como também salienta M. Teixeira de Sousa (*idem*, pág. 388), "se o recurso não era admissível segundo a lei antiga e é-o agora segundo a lei nova, esta lei é de aplicação imediata aos processos pendentes, porque não devem merecer tutela as expectativas da parte vencedora relativas à inadmissibilidade desse recurso fundadas na lei antiga". Ora, se este raciocínio vale para o período que vai desde o início até à extinção da instância, por maioria de razão há-de valer para o período subsequente ao ressurgimento ou renovação da instância (e que corresponde, precisamente, à pendência da acção modificativa).

2452 Sobre a razão da inaplicabilidade, à determinação do valor da acção de alimentos, da regra que actualmente figura no artigo 300º do CPC, E. Lopes-Cardoso, *Manual*..., págs. 48-49.

o da alçada da Relação e mais €0,01" –, assim dando estranhamente a entender que as prestações vincendas não podem ser periódicas), *nem (se o título modificando for de natureza negocial) nos termos do artigo 301º, nº 1, do CPC* (que determina que "[q]uando a ação tiver por objecto a apreciação da existência, validade, cumprimento, modificação ou resolução de um ato jurídico, atende-se ao valor do ato determinado pelo preço ou estipulado pelas partes"), *nem, finalmente, nos termos dos artigos 306º, 308º ou 309º do mesmo Código*[2453]*: o valor da acção modificativa é, antes, o valor da acção principal.*

A renovação da instância extinta significa ainda que a nova acção não tem de ser distribuída, porque corre no mesmo processo da acção extinta, não dando origem a um novo processo[2454]; e, não dando origem a um novo processo, têm força de caso julgado formal na acção modificativa as decisões transitadas em julgado na instância extinta[2455].

Nos termos do artigo 698º, nº 1, do CPC, o recurso de revisão corre por apenso ao processo do qual emergiu a sentença revidenda: o mesmo sucede quanto ao processo modificativo, porque, nos termos do artigo 282º, nº 1, o respectivo pedido é deduzido como dependência da causa principal.

3. Vicissitudes e extinção da instância modificativa

A instância renovada em virtude da dedução de pedido modificativo está sujeita às gerais vicissitudes da instância, nomeadamente à suspensão, bem como a modificações subjectivas ou objectivas (entre estas se contando, por exemplo, a reconvenção[2456]); extingue-se ainda nos termos gerais do artigo 277º do CPC[2457].

2453 Quando o pedido modificativo tenha como objecto uma sentença que haja fixado uma indemnização por facto ilícito e possa ser qualificado como um pedido genérico (ao abrigo do disposto no artigo 556º, nº 1, alínea *b)*, do CPC), pode aventar-se a aplicação dos artigos 306º, 308º e 309º do CPC ao cálculo do valor da causa.

2454 Assim, quanto à renovação da execução extinta, J. Alberto dos Reis, *Processo de execução...*, vol. 2º, pág. 513. Considerando, porém, conforme se lê no respectivo sumário, que "[o] pedido de alteração dos alimentos devidos a menores, anteriormente fixado por sentença, abre novo processo, previsto nos artigos 186º e seguintes da [entretanto revogada] OTM, que dá origem ao processado e às diligências aí previstas, cuja omissão determina, só por si, a nulidade de todo o processo", RP, 11.04.1991. Considerando também que à alteração de alimentos anteriormente fixados corresponde uma "forma de acção", cujo emprego indevido (no caso, para requerer o pagamento de importâncias de abono de família recebidas pelo devedor de alimentos) gera o indeferimento liminar da petição, RP, 27.03.1995. Diríamos, antes, que a renovação da instância dá lugar a um novo procedimento, não a um novo processo.

2455 Sobre esta consequência da renovação da instância para efectivação dos direitos dos herdeiros ou beneficiários, no caso de morte de sinistrado ou doente profissional com pensão já fixada judicialmente, RL, 09.02.1981.

2456 *Supra*, § 32º, II, 2. *d)*.

2457 Sobre a extinção da instância, em virtude de falecimento do autor, por o direito por este invocado ser pessoal e intransmissível (o que sucederá, por exemplo, no caso dos alimentos) e, consequentemente, ser impossível ou inútil a continuação da lide, RE, 29.03.1979. Entendendo, todavia, que tendo a autora

II. Procedimento

1. Procedimentos típicos

Nomeadamente no campo da jurisdição voluntária, a lei contempla vários procedimentos tendentes a modificar uma decisão, por alteração das circunstâncias.

Assim, o artigo 905º do CPC prevê o levantamento da interdição ou inabilitação, a processar por apenso ao processo em que foi decretada[2458]; o artigo 1948º do CC prevê a remoção de tutor, a processar como incidente do processo de interdição[2459]; o artigo 989º, nº 2, do CPC prevê a alteração ou cessação de alimentos devidos a menor, quando este atinja a maioridade, a processar por apenso, nomeadamente à acção de regulação do exercício das responsabilidades parentais[2460]; os artigos 42º e 45º da do RGPTC prevêem procedimentos destinados à alteração de alimentos devidos a crianças[2461].

A propósito destes dois últimos procedimentos – tal como se encontravam regulados nos correspondentes artigos 182º e 186º da OTM –, refira-se que Remédio Marques[2462] considerava duvidosa "a possibilidade de, sendo o *menor* o credor dos alimentos, os *cônjuges* (separados de facto ou separados de pessoas e bens), *ex-cônjuges* [...] ou os *ex-companheiros*, que sejam os seus progenitores, poderem *modificar*, *suspender* ou fazer *cessar* a obrigação de alimentos fora do incidente de *incumprimento* (art. 181º da OTM [correspondente ao artigo 41º do RGPTC], da acção tutelar cível tendente a *alterar* o regime já fixado (art. 182º, *idem* [correspon-

falecido no decurso da acção de alimentos, os autos devem prosseguir para o conhecimento do pedido de alimentos vencidos até ao falecimento daquela – devendo ocorrer, não a extinção da instância por inutilidade superveniente da lide, mas apenas uma modificação subjectiva da instância nos termos do artigo 262º, alínea *a)*, do CPC (habilitação) –, porque "[s]endo os alimentos devidos desde a propositura da acção, e no pressuposto do seu reconhecimento por decisão judicial, tais alimentos constituem um crédito da alimentanda que, por direito próprio, integrará o seu património", RL, 19.11.2009.

2458 Sobre este procedimento, RL, 07.11.2006, e STJ, 04.07.1995 (Proc. 086653).

2459 Sobre este procedimento, veja-se também RL, 07.11.2006.

2460 Sobre este procedimento, RP, 16.12.2003, RP, 26.01.2004 (recusando que o processo contemplado no artigo 1412º, nº 2, do CPC de 1961 – actual artigo 989º, nº 2, do CPC – corra por apenso), e STJ, 06.07.2005. A possibilidade de o processo do artigo 989º, nº 2, do CPC correr por apenso à acção de regulação do exercício das responsabilidades parentais justifica-se em atenção à idêntica possibilidade de o direito a alimentos ter sido concretizado nesta acção: na verdade, como salienta M. Leal-Henriques (*Organização...*, pág. 64), o direito a alimentos do menor pode ser exercido tanto através de acção autónoma, pelo mecanismo dos artigos 186º e seguintes da OTM (correspondentes aos artigos 45º e seguintes do RGPTC), como em outra acção, por exemplo em acção de regulação do exercício das responsabilidades parentais.

2461 Sobre o procedimento do artigo 182º da OTM (correspondente ao artigo 42º do RGPTC), RP, 04.02.1992. No sentido da possibilidade de opção entre o processo previsto nos artigos 186º e seguintes da OTM (correspondentes aos artigos 45º e seguintes do RGPTC, relativos aos alimentos devidos a criança) e o processo previsto no artigo 182º do mesmo diploma (correspondente ao artigo 42º do RGPTC, relativo à alteração da regulação do exercício das responsabilidades parentais), quando se pretenda a cessação da obrigação alimentar ao abrigo do disposto no artigo 2013º, nº 1, alínea *b)*, do CC, RL, 10.12.1998.

2462 J. P. Remédio Marques, *Algumas notas...*, pág. 110.

dente ao artigo 42º do RGPTC]) ou – inexistindo desacordo quanto ao exercício do poder paternal – da acção tutelar cível de alimentos consignada no art. 186º e segs. da mesma OTM [artigos 45º e seguintes do RGPTC]", concluindo que "a alteração ou cessação da obrigação, atenta a *indisponibilidade* dos direitos em causa, só parece poder verificar-se mediante intervenção posterior do tribunal". E, como também observava o mesmo Autor[2463], enquanto no *processo executivo especial* por alimentos previsto nos artigos 933º e seguintes do (actual) CPC pode ser, nos termos do artigo 936º, nº s 1 e 2, do mesmo Código, enxertado o pedido de cessação ou alteração de alimentos, "no quadro da *medida executiva especialíssima* plasmada no art. 189º da OTM [correspondente ao artigo 48º do RGPTC] não há lugar ao enxerto de acção declarativa destinada à *cessação* ou à *alteração dos alimentos*: esta cessação ou alteração deve ser promovida na acção autónoma de alimentos ou na acção de regulação do exercício do poder paternal, de estabelecimento da paternidade, de divórcio, etc., de que tal pedido seja dependente"[2464].

O procedimento, também típico, previsto no artigo 936º do CPC e referente à cessação ou alteração dos alimentos, só se aplica a título subsidiário, isto é, quando não haja outro procedimento destinado ao mesmo fim (assim, os previstos nos artigos 42º e 45º do RGPTC)[2465] e pode seguir, nos casos regulados no nº 3, a forma do processo comum declarativo[2466].

[2463] J. P. Remédio Marques, *Algumas notas...*, pág. 433.

[2464] J. P. Remédio Marques (*Algumas notas...*, págs. 427-432) qualifica o mecanismo dos descontos das quantias em dívida em certas prestações a que o obrigado a alimentos tenha direito, previsto no artigo 189º da OTM [correspondente ao artigo 48º do RGPTC], como um processo executivo especialíssimo (porque se traduz na reparação ou reintegração efectiva do crédito alimentar violado, exercendo o credor de alimentos, "em nome próprio, um direito do devedor de alimentos perante terceiros"), independente de prévio desencadeamento do incidente de incumprimento regulado no artigo 181º do mesmo diploma (do mesmo Autor, veja-se, ainda, sobre o artigo 189º da OTM, "Aspectos...", págs. 617-623). Sobre o incidente de incumprimento de prestação alimentícia e seu processamento, RL, 07.12.1994, e RP, 20.12.1990 (no sentido de que este incidente não é meio idóneo para a alteração da prestação de alimentos anteriormente fixados). A Relação de Lisboa (RL, 22.03.2007) também já analisou a questão de saber se, estando pendente a acção de alteração da regulação do exercício do poder paternal prevista no artigo 182º da OTM [artigo 42º do RGPTC], o requerido que pretenda suscitar o incidente de incumprimento regulado no artigo 181º da OTM [artigo 41º do RGPTC] deve fazê-lo junto do tribunal que estabeleceu o regime que se pretende alterar ou, antes, junto do tribunal onde corre a acção de alteração e que, nos termos do nº 2 do artigo 182º da OTM, havia requisitado o processo anterior; e concluiu no segundo sentido, por entender que "a partir do momento em que foi iniciada uma instância de alteração de uma regulação do poder paternal, é junto do respectivo processo que devem ser suscitadas todas as questões que contendam com esse regime de exercício do poder paternal, designadamente com o incidente de incumprimento, sendo o tribunal da alteração o competente para delas conhecer".

[2465] Neste sentido, RP, 07.10.1996, em cujo sumário se lê que "[h]avendo processo próprio para a alteração de alimentos devidos a menores, [...] o artigo 1121º do Código de Processo Civil [hoje, artigo 936º] não se aplica".

[2466] Sobre esta tramitação, STJ, 13.01.1989.

Havendo execução especial por alimentos, o procedimento previsto no artigo 936º do CPC segue como apenso à execução, nos termos do nº 1[2467] – do que se deduz que não é no próprio requerimento executivo que o pedido deve ser formulado, quando o direito de modificação assista ao credor[2468], nem na petição da oposição à execução, quando o direito de modificação seja do devedor[2469] –, e não tem efeito suspensivo da execução[2470]; segue ainda como apenso à execução em

[2467] STJ, 18.11.2004. Refira-se que a execução de alimentos devidos a menores (ou crianças) segue o processo do artigo 48º do RGPTC ou o dos artigos 933º e seguintes do CPC (assim, face à antiga OTM e ao CPC de 1961, RG, 30.10.2002).

[2468] Paralelamente, não se pode exigir, no requerimento executivo, a obrigação ao Fundo de Garantia dos Alimentos Devidos a Menores: RG, 30.10.2002.

[2469] Não obstante ser diverso, como já vimos, o campo de aplicação da oposição à execução e o da acção modificativa, pode suceder que ao executado assista também o direito de requerer a modificação da sentença exequenda. Mas como poderá o executado requerer a modificação? Deverá requerê-la na oposição à execução, se simultaneamente houver fundamento próprio para esta oposição? Deverá requerê-la na oposição à execução, mesmo que não haja fundamento próprio para esta oposição? Deverá requerê-la nos termos do procedimento de modificação, haja ou não haja fundamento próprio para a oposição à execução? O artigo 936º, nº 1, do CPC dá a entender que o pedido de cessação ou alteração da prestação alimentícia não deve ser deduzido na oposição à execução, mas sempre em procedimento próprio. Quando se trate do processo de cobrança coerciva de alimentos hoje previsto nos artigos 41º e 48º do RGPTC, nem sequer se coloca o problema da possibilidade de dedução do pedido de modificação dos alimentos na oposição à execução, uma vez que esta não se encontra prevista nesse processo (assim, RL, 10.12.1998).

[2470] Neste sentido, J. Lebre de Freitas (*A acção executiva*..., pág. 398). Sendo certo que a proposição da acção modificativa pelo devedor, na falta de qualquer preceito legal a prevê-lo, não impede o credor de instaurar o processo de execução (assim também, face ao direito alemão, H.-U. Graba, *Die Abänderung*..., pág. 194), coloca-se necessariamente o problema de saber se o devedor pode suspender a execução do título. Ora, se a acção modificativa proposta pelo devedor não puder suspender a execução (como parece que não pode, no direito português), julgamos que só através do instituto do enriquecimento sem causa, e na procedência da acção modificativa, é possível obter a restituição do indevidamente pago na execução, sendo certo que ao devedor que propõe a acção modificativa não assiste a protecção que o artigo 702º do CPC dispensa ao devedor que interpõe o recurso de revisão (segundo este preceito, "[s]e estiver pendente ou for promovida a execução da sentença, não pode o exequente ou qualquer credor ser pago em dinheiro ou em quaisquer bens sem prestar caução"). À luz do direito alemão, admitindo a aplicabilidade do disposto no § 812, I, 1, do BGB (que regula o dever de restituição em virtude de enriquecimento sem causa) a estes casos, veja-se H.-U. Graba, *Die Abänderung*..., pág. 194; de qualquer modo, atendendo ao estatuído no § 323, 3, da ZPO, o devedor nunca pode obter a restituição do indevidamente pago, à luz das regras do enriquecimento sem causa, até ao momento a que se refere aquele preceito (assim, J. Soyka, *Die Abänderungsklage*..., 1ª ed., pág. 48). Ainda face ao direito alemão, mas antes da reforma da ZPO de 2008/2009, sustentavam K.-A. Klauser ("Abänderung...", pág. 714), P. Kurz (*Die Reformbedürftigkeit*..., pág. 51), e H.-U. Graba, (*Die Abänderung*..., págs. 194-195) – no que parecia, aliás, ser uma orientação generalizada –, que, tendo o devedor de alimentos proposto acção modificativa dependente, podia aplicar-se analogicamente o § 769 da ZPO e, a seu pedido, ser conferido carácter provisório à execução da sentença modificanda (quanto à questão de saber se a essa execução provisória era aplicável o disposto no § 708 da ZPO, respeitante às execuções provisórias que prescindem de garantia, veja-se K. Scheffler, "Vorläufige..."). Este entendimento – que só parecia fazer sentido quanto à execução de prestações vincendas, não quanto às vencidas, porque a modificação da decisão só produz

certos casos em que *tenha havido execução*[2471]; não havendo execução, segue por dependência da acção condenatória (nº 4, adiante analisado).

O Código de Processo do Trabalho, nos artigos 145º e seguintes, prevê igualmente um procedimento típico, destinado à revisão da incapacidade ou da pensão[2472].

No campo dos *procedimentos cautelares*, a lei processual civil prevê igualmente procedimentos *especiais* destinados à modificação das providências que tenham sido decretadas.

Assim, *e não havendo execução da decisão que decretou a providência*, o pedido de alteração da renda que tenha sido arbitrada a título de reparação provisória do dano, ou de alteração do montante dos alimentos provisórios, "deve ser deduzido no próprio processo cautelar, observando-se novamente os mesmos trâmites deste processo, previstos no artº 400º, do C.P.C. [de 1961, correspondente ao artigo 385º do actual CPC] (artº 401º, nº 2 [do CPC de 1961, correspondente ao artigo 386º, nº 2 do actual CPC], aplicável por remissão do artº 404º, nº 1, do C.P.C. [de 1961, correspondente ao artigo 389º, nº 1, do actual CPC])"[2473] e ocorrendo a renovação da instância cautelar extinta, nos termos do artigo 282º, nº 1, do CPC[2474].

Havendo execução da decisão que decretou a providência, "o pedido de alteração do montante da renda [indemnizatória] deve ser deduzido por apenso à execução, mas observando-se também os mesmos trâmites do processo previsto para a providência cautelar, constantes do artº 400º, do C.P.C. [de 1961, correspondente ao artigo 385º do actual CPC] (artº 1121º, nº 1 e 2 [hoje, artigo 936º, nºs 1 e 2], aplicável por remissão do artº 404º, nº 2, do C.P.C. [hoje, artigo 389º, nº 2]"[2475]); já quanto ao pedido de alteração da prestação alimentícia provisória, rege directamente o artigo 936º, nº 1, que manda deduzir o pedido por apenso

efeitos a partir da dedução do pedido modificativo – foi acolhido naquela reforma (cfr. o actual § 769, 4, da ZPO). No caso de a acção modificativa ser proposta pelo credor de alimentos, a doutrina alemã também tem sustentado que deve ser-lhe reconhecida tutela jurídica provisória e, como tal, o direito a obter a modificação (provisória) da sentença transitada em julgado para o período compreendido entre a dedução do pedido modificativo e a extinção, com trânsito, da instância modificativa (assim, K.-A. Klauser, *ibidem*).

2471 Se se tratar de alteração de prestação alimentícia fixada em sentença estrangeira já executada e executada em Portugal, é defensável que a alteração seja deduzida no processo executivo (assim, veja-se o já referido parecer do Conselho Consultivo da PGR, de 11.07.1974).

2472 Face ao anterior Código de Processo de Trabalho, que tratava de idêntico procedimento nos artigos 147º a 150º, veja-se Carlos Alegre (*Acidentes...*, pág. 108), referindo que o processamento do incidente de revisão tinha umas vezes lugar no processo principal ("sempre que a fixação da incapacidade ali tenha decorrido igualmente") e, outras vezes, no apenso para fixação da incapacidade ("sempre que ele tenha tido lugar"). Sobre o processo para a revisão da incapacidade e sua aplicação aos casos de agravamento resultante de tratamento, STJ, 24.11.2004.

2473 J. Cura Mariano, *A providência cautelar...*, pág. 114. Face

2474 Assim. A. S. Abrantes Geraldes, *Temas...*, IV vol., pág. 130.

2475 J. Cura Mariano, *A providência cautelar...*, pág. 115.

ao processo de execução, mandando depois o nº 2 do mesmo preceito observar termos iguais aos dos artigos 384º e seguintes (ou seja, o próprio procedimento previsto para o decretamento da providência cautelar). Enfim, havendo execução, o procedimento para a alteração da providência de reparação provisória do dano é idêntico ao aplicável à alteração de alimentos provisórios, não obstante a pouca clareza da regulação legal.

Já a lei do contencioso administrativo prevê um procedimento *comum* destinado à revogação ou alteração da decisão que tenha decretado a providência cautelar ou recusado a sua adopção: trata-se, nos termos do artigo 124º, nº 2, do CPTA – que remete para o preceituado nos nº s 3 a 5 do artigo anterior –, de um procedimento simples, que assegura todavia o contraditório, e no qual "as diligências probatórias a realizar (correspondendo a uma nova fase de produção da prova) são aquelas que se mostrem justificadas em vista ao apuramento dos factos supervenientes que tenham sido alegados (quando estes se tornem relevantes para o objectivo da alteração, revogação ou substituição da medida cautelar) e que poderão ser requeridas pelas partes ou oficiosamente determinadas pelo juiz"[2476].

2. O processo a que alude o artigo 936º, nº 4, do CPC. Compatibilização deste preceito com o artigo 282º do CPC

O artigo 936º, nº 4, do CPC manda, *quando não haja execução* – ou seja, como explica Remédio Marques[2477], "se os alimentos estiverem a ser voluntariamente cumpridos, mas houver necessidade de decretar a sua cessação [ou alteração]" –, *ou em certos casos em que não tenha havido execução*[2478], deduzir o pedido de cessação ou alteração dos alimentos definitivos judicialmente fixados por dependência da acção condenatória e, bem assim, aplicar o disposto no anterior nº 3, que, em síntese, prevê a convocação para uma conferência e, na falta de acordo, o seguimento dos termos do processo comum declarativo.

Como observa Anselmo de Castro[2479], "[n]o Código de 1939 não estava prevista a hipótese do processo de alteração, quando não tivesse havido execução, mas apenas acção declarativa. Esse processo de alteração está agora previsto no nº 4 do artigo 1121º [do CPC de 1961, actual artigo 936º, nº 4], que teve como fonte o § 2º do artigo 31º do Decreto de 3 de Novembro de 1910"[2480].

[2476] M. Aroso de Almeida / C. A. F. Cadilha, *Comentário*..., pág. 735 (face à redacção do artigo 124º, nº 2 do CPTA anterior a 2015, que ainda previa a substituição da providência).

[2477] J. P. Remédio Marques, *Algumas notas*..., pág. 371.

[2478] Veja-se o que dissemos no ponto anterior acerca da possibilidade de o pedido de alteração da prestação alimentícia ser deduzido por apenso à execução, no caso de se tratar de sentença estrangeira que haja sido executada em Portugal.

[2479] A. Anselmo de Castro, *Lições*..., pág. 543.

[2480] Sobre este preceito, veja-se *supra*, § 2º, I, 6. *b)* 4, e § 32º, II, 4.

Numa primeira leitura que não considere a existência do artigo 282º, nº 1, o processo do artigo 936º, nº 4, do CPC (e não, por exemplo, o regime dos incidentes da instância, previsto nos artigos 292º e seguintes) parece dever ser aplicado, não só nas hipóteses de cessação ou alteração dos alimentos, mas também naquelas em que, não havendo execução, se pretenda a modificação, por alteração das circunstâncias, de decisão diversa daquela que fixe alimentos.

Não é esta, todavia, a solução que decorre do artigo 282º, nº 1, do CPC, que manda seguir, no caso de modificação da sentença de alimentos em virtude de alteração das circunstâncias, os termos da causa principal: aliás, há que seguir tais termos quer quando se pretenda a cessação ou alteração dos alimentos, quer quando se pretenda a cessação ou alteração, em função de circunstâncias supervenientes, de outra obrigação duradoura, porque, por força do disposto no nº 2 do mesmo preceito, o regime é o mesmo para ambos os casos.

A contradição existente entre os artigos 936º, nº 4, e 282º, nº 1, do CPC – um mandando aplicar, na falta de acordo, os termos do processo declarativo; o outro mandando aplicar os termos da causa principal, que podem ter sido os de um processo especial – gera perplexidade quando se constata que, aquando da introdução do regime hoje constante do artigo 282º, nº 1 – isto é, aquando da reforma de 1995/1996 do CPC de 1961 –, todos os números do (actual) artigo 936º foram alterados, *excepto o nº 4*: a manutenção da redacção deste preceito terá, assim, querido significar a primazia do regime aqui contido face ao regime constante do artigo 282º, nº 1?

Julgamos que a resposta terá de ser negativa: se o artigo 282º, nº 1, do CPC pretendesse salvaguardar o regime procedimental constante do artigo 936º, nº 4, estaria a reconhecer a inutilidade do regime procedimental por si próprio instituído, que a nenhumas situações a final se aplicaria.

Portanto, aparentemente o artigo 936º, nº 4 não tem campo de aplicação possível, regendo unicamente o artigo 282º, nº 1 os aspectos procedimentais da modificação da sentença de alimentos em virtude de alteração das circunstâncias, não havendo execução[2481].

Esta conclusão sai reforçada quando se constata que o procedimento para a alteração de providência cautelar segue, como se disse no ponto anterior, os ter-

2481 Também no sentido de que, não havendo execução e pretendendo-se fazer cessar os alimentos, é de aplicar o disposto no artigo 282º, nº 1, do CPC, seguindo-se portanto, com as adaptações necessárias, os termos da acção de condenação onde foram decretados, veja-se J. P. Remédio Marques, *Algumas notas...*, pág. 371. Assim, acrescenta o Autor (*ibidem*, nota 502), "se os alimentos foram judicialmente decretados no quadro de uma *acção de regulação do exercício do poder paternal*, o incidente de cessação processa-se de acordo com o trâmite previsto no art. 175º e segs. da [revogada e substituída pelo RGPTC] OTM; se tiverem sido fixados no âmbito de uma *acção de alimentos devidos a menores*, o incidente de cessação processa-se de acordo com a tramitação prevista no art. 186º e segs., da referida *Organização* [hoje, veja-se os arts. 45º e seguintes do RGPTC]".

mos do procedimento para o decretamento da própria providência, e não qualquer outro especificamente previsto na lei para esse fim.

Porém, sendo o procedimento aplicável o previsto no artigo 282º, nº 1, do CPC, surge um problema, quando a decisão modificanda seja estrangeira e não haja sido executada em Portugal[2482]: nestes casos, na verdade, como "seguir os termos da causa principal"? É esta, como se vê, a vantagem da manutenção do regime do artigo 936º, nº 4: nenhuma lacuna surge (como surgiria se apenas existisse o artigo 282º, nº 1), porque o procedimento se encontra logo definido.

Em suma, *entendemos que o artigo 936º, nº 4 se encontra em vigor apenas para as hipóteses de modificação de decisões relativamente às quais não seja possível a respectiva modificação seguindo os termos da causa principal*, como sucede com as decisões estrangeiras que não hajam sido executadas em Portugal; em se entendendo, todavia, que o artigo 936º, nº 4, não encontra campo de aplicação, tendo sido consumido pelo artigo 282º, nº 1, a solução será admitir que o artigo 936º, nº 3 é analogicamente aplicável às referidas hipóteses[2483].

3. A acção modificativa enquanto meio processual exclusivo para obter a modificação da sentença

a) A modificação através de acção autónoma

A consagração, na lei, da acção modificativa (ou a sua expressa previsão, no artigo 619º, nº 2, do CPC), bem como a existência de vários procedimentos destinados a obter a modificação de sentenças, com fundamento em alteração das circunstâncias, coloca o problema de saber se o autor, preenchidos os pressupostos do artigo 619º, nº 2, do CPC, pode optar por propor uma acção autónoma com idêntica finalidade (isto é, a *modificação de uma sentença com fundamento em alteração das circunstâncias*) ou deve necessariamente seguir a via da acção modificativa.

O problema da possibilidade de proposição de acção autónoma com fundamento em alteração de circunstâncias coloca-se também – embora não nos mesmos moldes – naqueles ordenamentos em que se não prevê a acção modi-

[2482] Se a decisão estrangeira tiver sido executada em Portugal, já dissemos que a sua alteração corre por apenso ao processo de execução, nos termos do artigo 936º, nº s 1 e 3 do CPC, não se colocando a questão da aplicabilidade do nº 4 deste artigo (e do artigo 282º).

[2483] Diverso do nosso é o entendimento de J. Lebre de Freitas / J. Redinha / Rui Pinto (*Código...*, vol. 1º, pág. 565), para quem a aparente contradição entre o (actual) artigo 282º, nº 1, e o (actual) artigo 936º, nº 4, "parece dever resolver-se pela prevalência, a partir da contestação, da forma prescrita pelo [artigo 282º, nº 1], antes dela se observando a tramitação especificamente estabelecida no art. [936-3]: a remissão do art. [936-4] deve ser entendida, restritivamente, como reportada apenas a essa tramitação especial, excluindo assim o disposto sobre a fase (comum) posterior; a forma mais simples justifica-se quando há execução pendente, mas não tanto quando, não havendo, é de presumir que os alimentos fixados estejam a ser voluntariamente satisfeitos".

ficativa. A este propósito, é significativo o panorama descrito por Hitters[2484] quanto à acção de revisão em matéria laboral no direito argentino: não obstante a lei não prever a revisão da sentença no caso de agravamento do dano causado por acidente de trabalho, a jurisprudência tem aceitado, nesta eventualidade, a existência de uma pretensão autónoma, fundada em diversa causa de pedir, e consequentemente admitido a proposição de uma nova acção destinada àquela revisão, já que o caso julgado não opera[2485].

No caso do ordenamento português, como a expressa previsão da acção modificativa dispensa que se ficcione a existência de diversa causa de pedir para o efeito de obter a revisão do caso julgado através de acção autónoma, o que importa é, antes do mais, apurar se a opção pela acção autónoma pode resultar excluída em virtude da identidade da causa de pedir ou de algum aspecto do regime legal da acção modificativa.

Uma questão semelhante à que nos interessa, na medida em que se prende com o carácter excludente (de outros meios processuais) da acção regulada no artigo 619º, nº 2, do CPC – embora com ela não confundível, atendendo a que lhe não subjaz a determinação do meio processual a empregar, quando a finalidade do autor seja a modificação de uma sentença –, é a de saber se, alicerçando-se a sentença modificanda num negócio susceptível de modificação nos termos dos artigos 437º e seguintes do CC, pode o interessado propor acção autónoma, fundada justamente nestes preceitos legais e destinada a obter a *modificação desse negócio*: a essa questão, porém, já aludimos[2486].

Também se não confunde com a nossa actual questão uma outra, a que igualmente já aludimos[2487], que é a de saber se a própria sentença, ou o negócio processual em que se fundou, pode ser modificada nos termos dos artigos 437º e seguintes do CC, porque agora apenas nos preocupa a obrigatoriedade do emprego de certa forma de processo, ou o uso de certo procedimento, e não propriamente os pressupostos da modificação ou o regime aplicável à decisão da modificação.

Na medida em que o artigo 619º, nº 2, do CPC não consagra um processo especial, no sentido em que este conceito é utilizado no artigo 546º, excludente da aplicação de processo comum, parece aberta a via da acção sob a forma comum[2488].

2484 J. C. Hitters, *Revisión...*, págs. 207-213.

2485 O mesmo Autor, aliás, também sustenta a possibilidade de, no silêncio da lei (nomeadamente quanto à admissibilidade de recurso de revisão), ser proposta acção autónoma destinada a rever o caso julgado com fundamento em certos vícios (*idem*, págs. 277-279 e 381-392); identicamente, A. Valcarce, "Revisión...", págs. 364-366.

2486 *Supra*, § 19º, II.

2487 *Supra*, § 19º, I e II.

2488 Admitindo esta possibilidade, embora assinalando que o pedido de substituição "tem sido feito por requerimento a enxertar no processo em que se formou o caso julgado a substituir", J. M. M. Varela, *Limites...*, págs. 55-56.

Mas esta conclusão parece-nos liminarmente afastada pelo disposto no artigo 282º do CPC, que prevê como obrigatória a dependência da causa principal, assim impossibilitando a acção autónoma.

Por outro lado, a inserção sistemática do artigo 619º, nº 2 sugere uma aproximação ao regime do recurso de revisão: ora, tal como nas hipóteses contempladas no artigo 696º do CPC a única via de quebra do caso julgado é esse meio processual, também nas hipóteses em que é possível a modificação, por alteração das circunstâncias, de uma sentença deve ser seguido o procedimento especificamente previsto para o efeito.

Pode agora perguntar-se o que sucede se, sendo a via indicada a da acção modificativa, a parte propõe uma nova acção e esta termina com um julgamento de mérito. Uma situação desta natureza foi apreciada por sentença do *Landgericht* de Essen, de 12 de Maio de 1955, aí se tendo concluído que, tendo o credor de alimentos proposto nova acção destinada ao pagamento de uma pensão de alimentos de montante superior àquele em que o devedor havia sido condenado na primeira acção, e tendo o devedor sido absolvido do pedido na segunda acção, é inadmissível a execução da primeira sentença, no que diz respeito ao período posterior à dedução do segundo pedido, e o devedor pode deduzir oposição a essa execução nos termos do § 767, 2, da ZPO. Considerou o *Landgericht*, para chegar a tal conclusão, que ambas as sentenças se referiam à mesma pretensão e que a segunda destituíra a segunda da sua força executiva; já para ROSENBERG[2489] seriam diversas as pretensões feitas valer e nenhum motivo havia para retirar à primeira sentença a sua força executiva, pelo que era admissível a respectiva execução para o período posterior à dedução do segundo pedido.

Tendemos a considerar que, na hipótese descrita – autonomizável daquelas em que se regista a inicial dedução de pedido parcial, seguida da formulação da parte restante do pedido, porque a acção indicada era, na verdade, a acção modificativa e não a nova acção (em virtude da alteração das circunstâncias entretanto ocorrida) –, a pretensão sobre a qual decidem ambas as sentenças é a mesma (porque apenas varia sob o ponto de vista quantitativo), pelo que, na segunda acção, seria invocável a excepção de caso julgado: não o tendo sido, parece ser de aplicar o disposto no artigo 625º, nº 1, do CPC, que determina o cumprimento da sentença que transitou em julgado em primeiro lugar, do que decorre poder continuar a ser dada à execução a primeira sentença.

b) A modificação na acção de revisão de sentenças estrangeiras

Já vimos atrás[2490] que é admissível a modificação, por alteração das circunstâncias, de sentenças estrangeiras, competindo agora apenas verificar se tal pode

[2489] L. Rosenberg, "Anmerkung", in *ZZP*, 68 (1955), pág. 312.

[2490] *Supra*, § 32º, II, 1. *b)* 2.

ocorrer no próprio processo de revisão dessas sentenças previsto nos artigos 978º e seguintes do CPC (quando a este seja necessário recorrer para que a decisão tenha eficácia em Portugal).

É de salientar, a este propósito, que a recusa da revisão, embora não possa fundar-se na atendibilidade, pela sentença revidenda, da alteração de circunstâncias[2491], pode fundar-se precisamente na alteração das circunstâncias.

Com efeito, na Convenção Europeia sobre o Reconhecimento e a Execução das Decisões Relativas à Guarda de Menores e sobre o Restabelecimento da Guarda de Menores[2492] estabelece-se, no artigo 10º, nº 1, alínea *b)*, que o reconhecimento e a execução poderão ser recusados "[s]e se constatar que, em face da alteração das circunstâncias, incluindo o decurso do tempo, mas excluindo a mera mudança de residência do menor na sequência de uma deslocação ilícita, os efeitos da decisão inicial já não são manifestamente conformes com o interesse do menor"[2493]. Semelhante é o regime da Convenção entre a República Portuguesa e o Grão-Ducado do Luxemburgo relativa ao Auxílio Judiciário em Matéria de Direito de Guarda e de Direito de Visita[2494], que, no artigo 17º, prevê a recusa de reconhecimento e execução de decisões "se se constatar que, em face da alteração de circunstâncias, incluindo o decurso do tempo, mas excluindo a mera mudança de residência do menor na sequência de uma deslocação, o menor se integrou no seu novo ambiente".

Por outro lado, a confirmação da decisão estrangeira pressupõe, ao menos em certos casos, o conhecimento, pelo tribunal da revisão, dos factos nos quais aquela decisão assentou[2495], pelo que o processo de revisão não se afigura inadequado para obter a respectiva modificação, verificada a alteração desses factos.

No entanto, à modificação da decisão na própria acção de revisão de sentença estrangeira obstam as regras de competência – porque para o pedido de modi-

[2491] Porque essa atendibilidade não implicou necessariamente ofensa ao caso julgado: cfr. RL, 23.11.2011.

[2492] Assinada no Luxemburgo em 20 de Maio de 1980 e aprovada para ratificação pelo Decreto nº 136/82, de 21 de Dezembro.

[2493] Segundo P. A. de Miguel Asencio (*Eficacia...*, pág. 236), a jurisprudência dos diversos Estados relativa à aplicação desta disposição reflecte uma utilização moderada e racional da ampla margem de apreciação atribuída ao aplicador do direito.

[2494] Assinada em Lisboa em 12 de Junho de 1992 e aprovada, para ratificação, pela Resolução da Assembleia da República nº 6/94, de 5 de Fevereiro.

[2495] Assim, STJ, 15.04.1986, em cujo sumário se pode ler o seguinte: "[...] II – Não mencionando a sentença revidenda os factos com base nos quais se decreta o divórcio, com isso, ficou desde logo prejudicada a possibilidade de a decisão ser confirmada em Portugal. III – Na hipótese prevista na alínea *g)* do artigo 1096º do Código de Processo Civil [de 1961, antes da revisão de 1995-1996, e com alguma correspondência com o artigo 983º, nº 2, do actual CPC], o tribunal de revisão carece de saber exactamente que factos se provaram, para os submeter ao tratamento jurídico adequado em ordem a apurar se a sentença estrangeira ofende ou não as disposições do direito privado português".

ficação é competente o tribunal de 1ª instância[2496] e para o pedido de revisão o Tribunal da Relação (cfr. o artigo 979º do CPC)[2497] – e, bem assim, a diversidade das formas de processo, tornando estes obstáculos inadmissível a cumulação de pedidos (cfr. o artigo 37º do CPC, *ex vi* do artigo 555º). Aliás, no Acórdão do Supremo Tribunal de Justiça de 11 de Novembro de 2008, atrás citado[2498], não se analisando embora a questão, deu-se a entender que a modificação da decisão revidenda, com fundamento em alteração das circunstâncias, deve ter lugar em acção posterior (à revisão).

c) A modificação através de procedimento cautelar

No direito alemão, sustenta-se que o meio processual previsto no § 323 da ZPO é o único admissível para modificar sentenças com fundamento em alteração das circunstâncias, sendo, por exemplo, vedada tal modificação através de medida provisória adoptada antes da proposição da acção modificativa (embora possa, na pendência da acção modificativa, alterar-se provisoriamente a sentença)[2499].

Entre nós, dir-se-ia, numa primeira leitura da lei, que um procedimento cautelar é um meio processual impróprio para obter a alteração (ainda que provisória) de uma sentença, não apenas por o artigo 619º do CPC prever meios processuais distintos para a alteração de sentenças transitadas em julgado (que são o recurso de revisão e a acção modificativa), como também porque os procedimentos cautelares têm em vista a obtenção de uma providência que evite uma lesão grave e dificilmente reparável de um direito (cfr. o artigo 362º, nº 1, do CPC) e uma sentença (ou a continuação da produção dos seus efeitos) não pode consubstanciar uma tal lesão.

No entanto, vedar a possibilidade de modificar provisoriamente uma sentença, através de providência cautelar – que, por exemplo, concedesse um aumento da prestação de alimentos anteriormente fixada, a vigorar até à decisão da acção modificativa –, significaria indiferença pelo efeito útil desta acção, o que nos parece contrário à regra do artigo 2º, nº 2, parte final, do CPC. Se a lei permite a modificação da sentença por alteração das circunstâncias, deve também permitir que essa modificação tenha utilidade para o interessado, o que pode exigir a superação da demora processual através da antecipação da tutela mediante providência cautelar que provisoriamente modifique a sentença[2500].

[2496] Como já vimos: *supra*, § 32º, II, 1. *c)*.

[2497] Tal como as regras de competência obstam, por exemplo, e nos termos do artigo 37º, nº 1, do CPC, à cumulação do pedido de revisão e confirmação de sentença estrangeira que tenha decretado a adopção com o pedido de mudança de nome na sequência da adopção, porque a competência para a apreciação do primeiro é dos tribunais da Relação e, para o segundo, dos tribunais de 1ª instância (cfr. RC, 18.11.2008).

[2498] *Supra*, § 32º, II, 1. *b)* 2.

[2499] Assim, K.-A. Klauser, "Abänderung...", pág. 714.

[2500] A providência em causa teria uma função simultaneamente antecipatória e cautelar (sobre a possibilidade de cumulação e de não cumulação destas funções numa providência, veja-se C. Mandrioli,

Diríamos, portanto, que é, em princípio, possível a modificação provisória da sentença, por alteração das circunstâncias.

Mas temos, de qualquer modo, relutância em aceitar que esta modificação provisória possa ter lugar antes de proposta a acção modificativa ou fora desta acção (o que também afasta a possibilidade de, nessa modificação provisória, ocorrer o fenómeno da inversão do contencioso a que alude o artigo 369º do CPC). Com efeito, só a proposição da acção modificativa determina, nos termos do artigo 282º do CPC, a renovação da instância extinta e o procedimento cautelar, não podendo ser instaurado como incidente de uma instância extinta (cfr. o artigo 364º, nº s 1 a 3, do CPC), carece daquele impulso processual para poder ser processado, também por apenso, à causa principal.

III. Modificação da modificação anterior

À susceptibilidade de modificação da modificação anterior já se foram fazendo algumas referências.

Na Alemanha, tal hipótese é pacificamente aceite e, face ao artigo 619º, nº 2, do CPC (e, em geral, aos preceitos da lei portuguesa que prevêem a modificação de decisões ou negócios jurídicos com fundamento em alteração das circunstâncias), nenhuma razão há para restringir a acção modificativa à primeira modificação pretendida e, portanto, para excluir a possibilidade de a sentença modificativa modificar a modificação anterior[2501].

No entanto, a modificação da modificação coloca alguns problemas particulares.

Um deles é o de saber se a exigência de alteração das circunstâncias se reporta à primeira acção ou à segunda acção (isto é, à acção modificativa anterior).

Se, na acção modificativa anterior, não tiver ocorrido pronúncia sobre o mérito, parece que a exigência de alteração das circunstâncias se reporta à primeira acção[2502]: mas, nesta eventualidade, nem sequer se configura uma verdadeira modificação da modificação.

Se, na acção modificativa anterior, tiver ocorrido pronúncia sobre o mérito, a exigência de alteração das circunstâncias para a proposição de acção modificativa posterior aparentemente não pode tomar como referência as circunstâncias tidas em conta na primeira acção, sob pena de inutilização da acção modificativa anterior; mas, por outro lado, esta segunda acção pode não ter tido como funda-

"Per una nozione...", esp. págs. 555 e 580-581).

[2501] A decisão anterior não pode, todavia, consistir na decisão da oposição à execução que eventualmente tenha sido instaurada: na verdade, não interferindo essa decisão no caso julgado da decisão exequenda, a decisão da oposição à execução não pode, ela própria, constituir objecto da acção modificativa, justificando antes, se for uma decisão de procedência, a proposição de subsequente acção de condenação "vulgar" (assim, H.-U. Graba, *Die Abänderung*..., pág. 104).

[2502] Neste sentido, H.-U. Graba, *Die Abänderung*..., pág. 101.

mento (e normalmente não o terá tido) a alteração de *todas* as circunstâncias em que se fundou a primeira acção.

Cremos, pois, que, nesta hipótese (de pronúncia sobre o mérito na acção modificativa anterior), a alteração de circunstâncias exigida pela segunda acção modificativa se pode reportar às circunstâncias em que se fundou a primeira acção, desde que se trate de circunstâncias cuja alteração não constituiu fundamento da primeira acção modificativa; e pode, naturalmente, tomar como referência as circunstâncias que, por constituírem o fundamento da acção modificativa anterior, foram tidas em conta na correspondente decisão.

Problema que ainda se pode levantar é o referente à determinação da decisão modificanda, no caso de modificação da modificação anterior.

Se a acção modificativa anterior tiver sido julgada procedente, não parece oferecer dúvidas que o título a alterar é aquele que desta acção emergiu; se foi julgada improcedente, afigura-se que este título de algum modo reitera o primeiro, pelo que a segunda acção modificativa deve dirigir-se contra os dois títulos[2503].

Um terceiro problema é também o de saber se a alteração *essencial* das circunstâncias – que alguns ordenamentos porventura exijam, ou para a admissibilidade, ou para a procedência da acção modificativa – deve ser aferida face à primeira decisão ou à segunda, no caso de esta última ter sido de improcedência da acção modificativa, por inverificação do requisito da essencialidade: assim, exigindo a lei, por exemplo, uma variação de 10% no montante da pensão, e tendo a primeira acção modificativa sido rejeitada por apenas ocorrer uma variação de 9%, pode perguntar-se se já poderá fundar a segunda acção modificativa uma variação inferior a 10% por referência à segunda decisão (mas superir a 10% por referência à primeira)[2504].

Um outro problema que, à luz do direito alemão, coloca GRABA[2505], é o de saber qual o regime aplicável à modificação da modificação anterior quando o título emergente da anterior acção modificativa seja diverso do título originariamente existente [não sendo diversos os títulos, sustenta-se que se aplicará, no caso de sucessão de transacções judiciais, o disposto no § 323a da ZPO, sendo decisiva a vontade das partes que ficou expressa no último acordo[2506]]: concretamente, se a anterior acção modificativa findou com sentença homologatória de transacção, mas a sentença que então se visava alterar era uma vulgar sentença condenatória, deverá a nova acção modificativa seguir o regime próprio da modificação das sentenças homologatórias de transacção ou, antes, o das vulgares sentenças condenatórias?

2503 Neste sentido, H.-U. Graba, *Die Abänderung...*, pág. 101.

2504 Em sentido afirmativo, F. Hummel, "Hintereinander...", págs. 125-126.

2505 H.-U. Graba, *Die Abänderung...*, pág. 55.

2506 Assim, reportando-se ainda à versão do § 323 da ZPO anterior à reforma de 2008/2009, J. Soyka, *Die Abänderungsklage...*, 1ª ed., pág. 138.

Como é evidente, esta questão só é pertinente quando esses dois regimes divirjam (como sucede na Alemanha, atendendo a que, aqui, a modificação da transacção judicial – e de certos documentos, também dotados de exequibilidade – obedece, não ao disposto no § 323 da ZPO, mas ao preceituado no § 323a da ZPO, em articulação com o § 242 do BGB; entre nós, veja-se o que dissemos sobre as especificidades da modificação, por alteração das circunstâncias, das sentenças homologatórias de negócios processuais[2507]).

A propósito da assinalada questão, considera Graba[2508] que tudo depende da forma como se interprete a transacção: assim, pode esta ser entendida no sentido de que subsiste inalterada a sentença modificanda, pelo que uma posterior alteração desta deve obedecer ao regime do § 323, 1 a 3, da ZPO[2509]; a transacção pode, ainda, estabelecer pressupostos adicionais para a alteração da sentença (assim, por exemplo, determinar que esta só é possível quando estejam verificados, não só os requisitos constantes do § 323, 1 a 3, da ZPO, mas também os do § 242 do BGB); finalmente, pode a transacção servir, no futuro, como título executivo substitutivo da sentença anterior, caso em que a modificação posterior se regerá pelos princípios próprios da base do negócio[2510].

Em se tratando, porém, de transacção judicial seguida de sentença modificativa, várias hipóteses podem surgir. Seguindo ainda o mesmo Autor[2511], se a dívida estiver titulada por título diverso de sentença e, na sequência de acção modificativa fundada no § 242 do BGB, tiver cessado a prestação, é possível a modificação da sentença entretanto obtida, embora nos termos do § 323 da ZPO, se posteriormente se preencherem os pressupostos do dever de alimentos. Se a prestação não tiver cessado, na modificação posterior deve, segundo Graba[2512], atender-se à vontade primitiva das partes, em conjugação com a sentença; Soyka[2513], todavia, entende que na modificação posterior vale o disposto no § 323, 1 a 3, da ZPO[2514], atendendo a que o objecto dessa modificação é agora uma sentença[2515]. Esta última é também a orientação do *Bundesgerichtshof*, fundamentalmente porque, na hipótese em análise, se torna necessária a quebra do caso julgado[2516].

2507 *Supra*, § 19º, I e II.

2508 H.-U. Graba, *Die Abänderung...*, pág. 55.

2509 O Autor refere-se à versão do § 323 anterior à reforma de 2008/2009: actualmente, há também a considerar o 4º parágrafo do preceito.

2510 Em sentido idêntico, J. Soyka, *Die Abänderungsklage...*, 1ª ed., págs. 138-139.

2511 H.-U. Graba, *Die Abänderung...*, pág. 83.

2512 Assim, H.-U. Graba, *Die Abänderung...*, pág. 168.

2513 J. Soyka, *Die Abänderungsklage...*, 1ª ed., pág. 137.

2514 Depois da reforma da ZPO de 2008/2009, há ainda a considerar o 4º parágrafo do § 323.

2515 Para o caso particular da modificação subsequente à rejeição de acção modificativa que tivera como objecto uma transacção judicial, veja-se J. Soyka, *Die Abänderungsklage...*, 1ª ed., pág. 139.

2516 Assim, BGH, 28.02.2007.

Capítulo V
Decisão da Modificação

§ 35º Conteúdo da decisão

Embora o artigo 282º do CPC afirme que a dedução de pedido modificativo opera a renovação da instância extinta, tal não significa que, quando os pressupostos processuais da modificação não estejam preeenchidos (por exemplo, quando o tribunal seja incompetente ou a sentença modificanda, em atenção à sua natureza, não possa ser modificada por alteração das circunstâncias), ocorra essa renovação e – precisamente por ocorrer a renovação da instância extinta – não possa ser proferida, na acção modificativa, uma decisão de absolvição da própria instância modificativa (ou uma decisão com conteúdo equivalente, nomeadamente de indeferimento do pedido ou de não admissão da modificação).

Com efeito, à semelhança do que sucede com o recurso de revisão – que comporta a renovação da instância extinta apenas na fase rescisória[2517] –, parece-nos que a renovação da instância a que se refere o artigo 282º do CPC só tem verdadeiramente lugar quando o pedido modificativo não haja sido indeferido, por estarem verificados os pressupostos de que depende o seu conhecimento.

Para além de uma decisão de absolvição da instância modificativa – que terá lugar quando não estejam preenchidos os pressupostos processuais da acção modificativa e que não impede, nos termos gerais, a proposição de nova acção modificativa com o mesmo objecto (cfr. o artigo 279º, nº 1, do CPC) –, a acção modificativa pode findar com uma decisão de absolvição ou de condenação no pedido – que impedirão, nos termos gerais, a proposição de nova acção modificativa com o mesmo objecto, isto é, fundada na mesma alteração das circunstâncias que antes se alegara[2518] –, decisões de mérito estas que, dada a natureza da acção

[2517] *Supra*, § 1º, II, 1.

[2518] No direito alemão, K. Johannsen / D. Henrich / G. Brudermüller (*Eherecht*, § 323 ZPO, 40) sustentam que se a decisão absolutória apenas negar o direito de alteração, sem decidir sobre o dever de prestar,

modificativa (simultaneamente de quebra do caso julgado e de actualização da sentença anterior), não possuem o mesmo conteúdo que as decisões de absolvição ou de condenação no pedido proferidas na generalidade das acções. Assim, uma decisão de condenação no pedido proferida na acção modificativa pode significar a cessação da prestação (se esta acção tiver sido proposta pelo devedor e este tenha obtido vencimento) e uma decisão de absolvição do pedido proferida na acção modificativa pode implicar a manutenção da prestação (se esta acção tiver sido proposta pelo credor, tendo em vista obter o aumento da prestação, e esse credor não tenha obtido vencimento).

Por outro lado, nas hipóteses de condenação no pedido, a alteração da sentença a que se refere o artigo 619º, nº 2, do CPC não se traduz necessariamente na alteração do *montante* da prestação que haja sido fixada, podendo, por exemplo, redundar na alteração do modo de cálculo da prestação ou da modalidade de execução da prestação.

Assim, no caso de essa prestação ser alimentícia, a acção modificativa não se dirige sempre a obter a redução, aumento ou cessação dos alimentos, a que aliás também se referem os artigos 2012º e 2013º do CC: o tribunal pode decretar, não só a modificação das quantias arbitradas, como também a alteração da cláusula de indexação que porventura tenha sido estabelecida[2519]; e pode igualmente modificar o próprio modo de execução da prestação dos alimentos, determinando, por exemplo, a substituição da pensão de alimentos pela prestação dos alimentos em casa e companhia do obrigado[2520]. Já não nos parece, todavia, que a acção modificativa possa dirigir-se a obter a alteração da data da produção de efeitos da sentença anterior[2521], desde logo porque, nesta hipótese, não se vê como poderia ser alegada uma alteração das circunstâncias.

pode ser proposta nova acção modificativa, se estiverem reunidos os pressupostos do § 323 da ZPO e não ocorrer a mera repetição do anterior pedido de modificação. Parece-nos, porém, que não há que distinguir, para o efeito da determinação da admissibilidade da nova acção modificativa, consoante a anterior acção modificativa tenha sido julgada improcedente por não verificação de alteração das circunstâncias, ou por verificação de excepção peremptória: em ambos os casos a nova acção modificativa não poderá fundar-se no facto que foi alegado como fundamento da anterior acção modificativa, por aplicação, na relação entre as duas acções modificativas, do disposto no artigo 581º do CPC.

[2519] Assim, J. P. Remédio Marques, *Algumas notas...*, pág. 109. As cláusulas de indexação, como refere o mesmo Autor (*idem*, pág. 111), elevam "percentualmente o montante da prestação em função da verificação (no futuro) de certos eventos [...]". Segundo T. A. Auletta ("Alimenti...", pág. 8), o juiz, podendo embora estabelecer cláusulas de indexação ao valor da moeda, não deve, porém, fazê-lo quando o devedor não está em condições de subtrair à desvalorização os próprios rendimentos. Já atrás referimos estas cláusulas (*supra*, § 28º, II, 1).

[2520] Neste sentido, T. A. Auletta, "Alimenti...", pág. 8.

[2521] A possibilidade de alteração dos efeitos da sentença anterior ocorre, por exemplo, quanto à sentença que decreta o divórcio. Assim, RP, 17.01.1989, em cujo sumário se lê que "[p]ode ser feito mesmo depois do trânsito em julgado da sentença o pedido de retroacção dos efeitos do divórcio à data em que cessou a coabitação entre os cônjuges".

Este amplo conteúdo da decisão modificativa encontra-se, aliás, em sintonia com o regime substantivo da modificação ou resolução dos contratos por alteração de circunstâncias. A este propósito, assinala VAZ SERRA[2522] que "[u]ma das modificações que poderão fazer-se será suspender o cumprimento da obrigação. O tribunal pode verificar que as causas, que tornam excessivamente onerosa a prestação, têm carácter transitório e, então, poderá prorrogar o prazo para o cumprimento se, vistas as circunstâncias, tal for equitativo".

Mas poderá o juiz, na acção modificativa, condenar em objecto diverso ou além do pedido? Para responder a esta questão – e não atendendo aos específicos problemas que porventura se coloquem no campo da jurisdição voluntária –, importa novamente considerar alguns aspectos do regime substantivo da modificação ou resolução dos contratos por alteração das circunstâncias.

O artigo 437º, nº 2, do CC determina que "[r]equerida a resolução, a parte contrária pode opor-se ao pedido, declarando aceitar a modificação do contrato nos termos do número anterior [ou seja, a modificação do contrato segundo juízos de equidade]".

A propósito deste preceito, observa OLIVEIRA ASCENSÃO[2523] que, tal como requerida a resolução é possível (à parte contrária) pedir a modificação, também requerida a modificação deve ser possível (à parte contrária) pedir a resolução, porque "[n]ão pode ser imposto a ninguém um contrato alterado, quando esteja substancialmente fora daquilo que aceitou"; por outro lado, e ainda segundo o mesmo Autor[2524], "[o] juiz não pode impor uma solução, porque é matéria que cabe na disponibilidade das partes", com esta afirmação querendo significar, ao que nos parece, que o juiz só pode decretar a resolução se esta tiver sido requerida por alguma das partes, o mesmo sucedendo quanto à modificação; não obstante, "[a] modificação, na falta de acordo das partes, deverá ser determinada pelo juiz"[2525], afirmação que interpretamos no sentido de que, tendo alguma das partes requerido a modificação, mas não estando as partes de acordo quanto aos exactos termos em que esta se deve traduzir, cabe ao juiz fixá-los (embora o Autor[2526] ressalve a hipótese da modificação qualitativa de uma cláusula, que não poderia, na sua perspectiva, ser imposta pelo juiz, atenta a autonomia privada).

MENEZES LEITÃO[2527] perfilha um entendimento diverso, no que se refere à possibilidade de, pedida a modificação do contrato, a parte contrária optar pela resolução: tal solução é, segundo explica, "dificilmente compatível, quer com a

[2522] Vaz Serra, "Resolução...", pág. 352.

[2523] J. de Oliveira Ascensão, "Onerosidade...", págs. 640-641, e *Direito civil...*, III, págs. 203-204.

[2524] J. de Oliveira Ascensão, *Direito civil...*, pág. 203.

[2525] J. de Oliveira Ascensão, "Onerosidade...", pág. 643.

[2526] J. de Oliveira Ascensão, "Onerosidade...", pág. 644.

[2527] L. Menezes Leitão, *Direito das obrigações*, vol. II, pág. 132, nota 265.

opção que é dada à parte lesada entre as duas alternativas, quer com a manifesta preferência legal pela solução da modificação".

Serão estas observações transponíveis para a modificação de sentenças?

Na modificação de sentenças, diversamente do que sucede quanto à modificação de contratos, não parece fazer sentido afirmar que se uma das partes pede a resolução, a outra pode oferecer a modificação: a menos que tais figuras equivalham, respectivamente, ao pedido de cessação da prestação anteriormente decretada e ao pedido de redução do seu montante[2528]; por outro lado, se uma das partes pedir a modificação (leia-se: o aumento ou a redução do montante da prestação anteriormente decretada), não se vê como pode a parte contrária requerer, como decorrência desse pedido, a cessação da prestação[2529].

Também o entendimento de Oliveira Ascensão de que o juiz, em matéria de modificação ou resolução por alteração das circunstâncias, não poderia impor uma solução, por tal constituir matéria da disponibilidade das partes, só com algumas adaptações pode ser sustentado na acção modificativa: na verdade, se a resolução a que alude o artigo 437º, nº 2, do CC equivaler à cessação da prestação, nada obsta a que, requerida esta nos termos do artigo 619º, nº 2, do CPC, o juiz se limite a decretar a redução do montante inicialmente fixado (ou seja, a modificação a que se refere o artigo 437º, nº 2, do CC), mesmo que a parte contrária não tenha proposto essa mesma redução, porque o princípio dispositivo não se opõe à condenação em montante inferior ao do pedido (cfr. o artigo 609º, nº 1, do CPC) e, logo, ao decretamento da redução quando se tenha pedido a cessação; já se tiver sido pedido o aumento ou a redução não pode, por força do princípio dispositivo, determinar-se a cessação da prestação[2530].

Finalmente, a afirmação de que a modificação, na falta de acordo das partes, deverá ser determinada pelo juiz, só com alguns ajustamentos pode aceitar-se na acção modificativa: se a modificação requerida pelo autor se traduzir num

[2528] Por exemplo, o devedor de alimentos pede a cessação da prestação alimentícia fixada na anterior sentença, pedindo o credor a sua mera redução, por entender que, apesar de o devedor ter agora menos possibilidades, ainda pode continuar a pagá-la; se, pedindo o devedor a cessação, o credor dos alimentos pretender o respectivo aumento, esta pretensão não pode considerar-se decorrente ou motivada pelo pedido do autor, nos termos subentendidos pelo artigo 437º, nº 2, do CC, pelo que o paralelismo com a figura aqui contida deixa mesmo de funcionar.

[2529] Se o credor dos alimentos pede, na acção modificativa, o respectivo aumento, o devedor não pode alegar que tal aumento é de tal forma insuportável para si que a consequência deve ser a cessação (o direito à cessação não decorre, nesta situação, do exercício do direito ao aumento pelo credor, mas de um outro facto, que pode até ser o facto do qual decorre o direito do credor: por exemplo, o aumento do custo de vida, que teria onerado também o devedor); já se é o devedor a propor a acção modificativa, pedindo a redução da prestação, não tem cabimento colocar a hipótese de o credor requerer a cessação da prestação.

[2530] Identicamente, já à luz do § 7, 2, da *Reichshaftpflichtgesetz* de 1871 (que permitia a cessação ou redução da renda atribuída por sentença), F. Jaeger, *Die Umwandlungsklage...*, pág. 20.

determinado quantitativo e a parte contrária dele dissentir, pode o juiz, como aliás já dissemos, fixar um quantitativo diverso – desde que tal não traduza uma condenação em montante superior ao pedido –, mas já não pode, na falta de previsão legal expressa, decretar uma modificação qualitativa[2531] (por exemplo, decretar a prestação dos alimentos em casa e companhia do obrigado, tendo este pedido a redução do quantitativo dos alimentos anteriormente fixado: cfr. o artigo 2005º, nº 2, do CC); se a modificação requerida pelo autor for qualitativa (o autor requer, por exemplo, a cessação da dispensa ou imposição de garantias a que alude o artigo 567º, nº 2, do CC[2532], ou a prestação, como pensão, dos alimentos que haviam sido decretados como devendo ser-lhe prestados num lar de terceira idade) não pode o juiz decretar uma modificação quantitativa (por exemplo, alterando o valor da renda) ou qualitativamente diversa da requerida (por exemplo, decretar a prestação de alimentos em casa e companhia do réu obrigado aos alimentos).

Estes dois últimos aspectos manifestam também limites – que diríamos naturais – à liberdade de reapreciação dos factos fixados na anterior acção e de correcção dos erros em que porventura tenha incorrido a sentença modificanda: mesmo que se sustente a existência de tal liberdade, o seu exercício nunca poderia conduzir à condenação, pelo juiz da acção modificativa, em quantidade superior ou em objecto diverso do pedido.

§ 36º Limites da modificação

I. Colocação do problema

O artigo 619º, nº 2, do CPC é omisso quanto à questão de saber se, podendo a sentença ser alterada nos termos desse preceito, continua a impor-se a decisão anteriormente proferida quanto à matéria de facto inalterada – sendo certo que, em se tratando de obrigação de prestações periódicas, é natural que os respectivos factos constitutivos e impeditivos sejam comuns[2533] – e, bem assim, se os critérios de julgamento da nova acção devem ser idênticos aos da acção anterior.

[2531] Os termos "modificação quantitativa" e "modificação qualitativa" são usados por J. de Oliveira Ascensão ("Onerosidade...", págs. 643-644), a propósito da redução do preço, limitação das quantidades a prestar ou supressão de cláusulas, por um lado, e mudança do teor de cláusulas do contrato, por outro.

[2532] O artigo 567º, nº 2, do CC parece permitir que, através de acção modificativa, se requeira a cessação da imposição de garantias, mas, curiosamente, a doutrina civilista discute se o fiador pode invocar a alteração das circunstâncias para o efeito de tornar ineficaz a fiança prestada, tendendo no sentido dessa impossibilidade, como decorrência do fim de garantia da fiança: sobre o ponto, M. Januário C. Gomes, *Assunção...*, págs. 811-823, que, aliás, conclui no sentido da aplicação (que deve ser "muito prudente") do mecanismo geral do artigo 437º do CC à fiança, nomeadamente por não ser "aceitável que o fim de garantia imponha ao fiador um grau de risco gravemente atentatório do princípio da boa fé".

[2533] A este propósito, salientam F. López Simo / S. Cavanillas Múgica / F. Gascón Inchausti (*Las condenas de futuro*, pág. 102) que uma das razões que torna especialmente aceitável a condenação *in futurum* no caso

O mesmo sucedia, aliás, no direito alemão, antes da reforma da ZPO de 2008/2009, já que o § 323 da ZPO se limitava a estabelecer como pressuposto da *Abänderungsklage* a alteração essencial das circunstâncias, sem esclarecer como devia adaptar-se a sentença em função dessa alteração: a indefinição legal quanto a este último ponto vinha, assim, levando a doutrina e a jurisprudência a discutir a medida da vinculação à sentença modificanda, na acção modificativa; de qualquer modo, nem sempre claramente distinguindo o problema da *preclusão* de factos antigos não atempadamente alegados do problema da *vinculação* ao anteriormente decidido, e sendo certo que o primeiro se prende com o preenchimento da previsão legal e o segundo com o efeito jurídico contemplado no § 323 da ZPO[2534].

Actualmente, o § 323, 4, da ZPO esclarece que a modificação da sentença, decorrente da alteração das circunstâncias em que assentou, consiste em adaptar (*anpassen*) essa sentença, salvaguardando os respectivos fundamentos (*unter Wahrung ihrer Grundlagen*[2535]).

Esta redacção não nos parece, todavia, resolver todos os problemas respeitantes aos limites da modificação: é que, se por um lado, é agora claro que o juiz da acção modificativa se encontra vinculado a dar como assentes os factos que permaneceram inalterados e que o juiz da primeira acção reconheceu e considerou relevantes – era neste sentido, aliás, que a doutrina e a jurisprudência alemãs

das prestações periódicas prende-se com a conexão causal e objectiva entre estas, que gera identidade de muitos dos respectivos factos constitutivos e impeditivos (por exemplo, identidade do contrato de que emergem ou do vício desse contrato que as afecta): na verdade, havendo tal conexão, é possível fixar grande parte do material fáctico na primeira sentença. Refira-se ainda que, para os Autores (*idem*, pág. 179), se o demandado vencido na primeira acção de condenação *in futurum* pretender, mais tarde, alegar a alteração das circunstâncias, poderá fazê-lo, atendendo aos limites temporais do caso julgado: todavia, a primeira sentença terá uma eficácia positiva ou vinculante, impedindo-o de, na segunda acção, esgrimir argumentos precludidos no primeiro processo ou discutir novamente as questões já resolvidas.

2534 Alertando para a necessidade de diferenciar estes dois aspectos, J. Soyka, *Die Abänderungsklage...*, 1ª ed., págs. 110-111. A este respeito, cumpre mencionar G. Arzt ("Zur Fehlerberichtigung...", págs. 395-396), para quem o disposto no § 323, 2, da ZPO – que restringe a possibilidade de consideração das alterações àquelas que ocorreram depois do encerramento da última discussão oral no processo anterior – funciona precisamente como argumento no sentido de que as alterações anteriores (que não foram alegadas ou que não foram tidas em conta pelo tribunal) não podem, juntamente com as posteriores, ser ponderadas aquando da adaptação da sentença.

2535 A expressão alemã "unter Wahrung ihrer Grundlagen" podia também ser traduzida por "salvaguardando os seus princípios" ou "salvaguardando os seus critérios de julgamento", mas a tradução que apontámos parece-nos mais correcta, porque, no direito português, a expressão "princípios da decisão" parece significar os princípios jurídicos em que assentou a decisão (e o § 323, 4, da ZPO não alude necessariamente a princípios jurídicos) e a expressão "critérios de julgamento" é demasiado abrangente (pode significar, na verdade, a vinculação, na segunda acção, a directrizes relativas a alimentos, tabelas ou métodos de cálculo utilizados na anterior decisão, sendo que a doutrina alemã, antes da nova redacção do § 323, 4, da ZPO, vinha sustentando que estes meios de avaliação não eram de utilização obrigatória na segunda acção: assim, Stein/Jonas/Leipold[22], § 323,124).

que, à luz da antecedente redacção do § 323 da ZPO, sustentavam o princípio da vinculação, vinham propugnando a "salvaguarda dos fundamentos da decisão modificanda"[2536] –, já é, por outro lado, duvidoso que um facto alegado mas que não constituiu fundamento da anterior acção não possa ser alegado na acção modificativa – proibição que a doutrina e a jurisprudência, em regra, defendiam, a menos que tal conduzisse a grave injustiça[2537] –, ou que nesta segunda acção devam ser respeitadas quotas estabelecidas a favor do credor ou métodos de cálculo anteriormente utilizados – respondendo essa doutrina e jurisprudência afirmativamente no primeiro caso e negativamente no segundo[2538].

Segundo ROSENBERG/SCHWAB/GOTTWALD[2539], a nova redacção do § 323, 4, da ZPO significa a vinculatividade do reconhecimento judicial não afectado pelas alterações, a proibição da designada *Annex-Korrektur* ou *Annexkorrektur* (a que no ponto seguinte se fará referência), e, bem assim, a vinculatividade das afirmações do autor que sustentaram uma *Versäumnisurteil*. Excepcionalmente, é, porém, possível: em caso de dedução de pedido parcial oculto, fazer valer posteriormente a totalidade da pretensão; ao requerido da acção modificativa, fazer valer circunstâncias que permaneceram inalteradas, embora não tenham sido alegadas na primeira acção nem tenham sido objecto da correspondente decisão; ao juiz da acção modificativa, julgar livremente, caso os fundamentos da primeira acção não sejam identificáveis ou a persistência na não consideração de uma circunstância conduza a resultados intoleráveis; julgar livremente, caso a anterior sentença seja absolutória.

Diga-se, aliás, que também a propósito do problema geral da medida da vinculação ao anteriormente decidido, quando, com fundamento em factos supervenientes, seja proposta nova acção, a lei – tanto a portuguesa como a alemã – não é clara: assim, por exemplo, proposta nova acção com fundamento no ulterior vencimento da dívida, conforme permite o artigo 621º do CPC, é discutível se, na nova acção, o juiz pode decidir livremente sobre a existência da dívida[2540].

[2536] Assim, Stein/Jonas/Leipold[22], § 323, 121.

[2537] *Ibidem*.

[2538] *Idem*, § 323, 123-124.

[2539] Rosenberg/Scwab/Gottwald, *Zivilprozessrecht*, 17ª ed., § 158, 42 e 44-45.

[2540] Propugnando a não vinculação, A. Anselmo de Castro (*supra*, § 1º, III, 3). Em sentido contrário, ao que nos parece, M. Teixeira de Sousa ("Prejudicialidade...", págs. 312-313), porquanto conclui, quanto à questão de saber se "o art. 673º [do CPC de 1961, correspondente ao artigo 621º do actual Código] pode ficar pela concessão dos efeitos do caso julgado apenas à parte decisória da sentença", que "já estará dentro dos limites objectivos do caso julgado uma decisão sobre a validade de um contrato fonte de uma obrigação judicialmente exigida".
A doutrina alemã também tem discutido a questão de saber se, tendo uma acção relativa a uma prestação vencida sido julgada improcedente por, a final, se ter concluído no sentido da inexigibilidade da pretensão material, o respectivo caso julgado implica alguma vinculação do juiz do segundo processo ao decidido

na acção anterior quanto à existência da pretensão. E, a este propósito, a doutrina alemã, como assinala C. Kappel (*Die Klageabweisung*..., págs. 21-26), não é unânime acerca da eficácia do caso julgado das sentenças "de momento" absolutórias – ou, talvez melhor dizendo, das sentenças que rejeitam a demanda por a julgarem, ao tempo, infundadas – que assentam na *inexigibilidade* da pretensão do autor (figura a que já fizemos referência *supra*, § 13º, II). *No sentido da não vinculação*: J. Blomeyer, "Rechtskraft...", pág. 593; W. J. Habscheid (*Der Streigegestand*..., págs. 293-296), que distingue – quanto ao regime da vinculação ao anteriormente decidido que permaneceu inalterado – entre a sentença condenatória e a absolutória, porque, na sua opinião, alegando o réu, na nova acção proposta pelo autor, a invalidade do contrato, esta alegação não se dirige contra a decisão proferida sobre a afirmação de direito do autor (já que tal decisão pura e simplesmente não foi proferida), concluindo que, no caso de sentença absolutória, não haveria tal vinculação; B. Keitel (*Rechtskräftiges*..., págs. 119-138), observando, em síntese, que do § 322 da ZPO e das regras sobre recursos (que não permitem ao réu impugnar a decisão, mesmo que o fundamento nesta acolhido não seja o fundamento por si sustentado) decorre que, no caso da sentença de condenação, o juiz da segunda acção só pode apreciar se a pretensão se extinguiu em virtude dos novos factos e está obrigado a reconhecer que a pretensão existia à data da última discussão oral do processo antecedente, e que, no caso da sentença absolutória, o juiz da segunda acção, uma vez demonstrada a essencial aptidão do novo facto para justificar uma decisão divergente da primeira e, bem assim, a existência desse facto, não está vinculado ao anteriormente decidido. B. Keitel (*Rechtskräftiges*..., pág. 19) refere, todavia, que a tese dominante na Alemanha é no sentido da *vinculação ao anteriormente decidido que permaneceu inalterado*, tanto na eventualidade de sentença condenatória como absolutória. Inscreve-se na orientação dominante a que Keitel faz referência, por exemplo: W. Grunsky (*Grundlagen*..., pág. 529, e "Rechtskraft...", pág. 170), invocando a igualdade de armas para justificar a vinculação aos fundamentos da decisão, no caso de absolvição do pedido (concretamente, sustenta o Autor que o credor cujo crédito, embora não vencido, houvesse sido reconhecido, seria tratado de modo desigual se, na segunda acção em que viesse a exigir o pagamento da dívida entretanto vencida, esse crédito pudesse ser questionado); Stein/Jonas/Leipold[22], § 322, 245-250; A. Walchshöfer, "Die Abweisung...", págs. 532-534; C. Kappel (*Die Klageabweisung*..., págs. 50-59), para quem, contrariamente ao que sucede nas hipóteses de absolvição definitiva – em que, proposta nova acção com fundamento em novos factos, o decidido na acção anterior não é vinculativo na segunda acção, excepto quando ocorra relação de prejudicialidade –, o decidido nas sentenças "de momento" absolutórias vincula na segunda acção, quanto aos factos que se mantiverem inalterados (ou seja, só pode discutir-se de novo o facto novo), sendo, aliás, também apenas possível alegar, na segunda acção, factos ocorridos após o encerramento da última discussão oral no primeiro processo, por força da preclusão emergente do caso julgado (em suma, tanto nas hipóteses de absolvição definitiva como nos casos de absolvição "actual", o caso julgado não impede a proposição de nova acção com fundamento em facto novo – por, respectivamente, funcionarem os seus limites *objectivos* e os seus limites *temporais* –, mas não é a mesma a medida da vinculação, na segunda acção, do decidido na anterior). Certa doutrina (A. Blomeyer, "Zum Urteilsgegenstand...", págs. 80-82; H. Brox, "Die Beschwer...", pág. 389 e nota 41; P. Dietrich, "Zur materiellen...", págs. 210-212, e *Rechtskraft*..., pág. ; T. M. Petzoldt, *Die Rechtskraft*..., pág. 97; H. Baumann, "Gedanken...", págs. 343-345; *MünchKommZPO*/Gottwald, § 322, 156; K. H. Schwab, "Die Bedeutung...", págs. 334-335; A. Zeuner, *Die objektiven*..., págs. 36-37), por sua vez, restringe a vinculação unicamente ao fundamento que determinou a absolvição do pedido (que pode ser, por exemplo, uma moratória acordada entre as partes, cuja existência não pode ser novamente discutida; já a existência do próprio contrato – imagine-se um empréstimo – a que foi aposta a referida moratória poderia, ao invés, ser novamente discutida), posição para a qual se inclina também a jurisprudência. Concretamente em relação a A. Zeuner, o Autor (*Die objektiven*..., págs. 36-38) observa que, no caso de sentença absolutória, a rejeição da tese de Savigny (segundo a qual o caso julgado incidiria também sobre os fundamentos da decisão) pelo legislador, no § 322 da ZPO, não implica a rejeição da vinculação ao anteriormente decidido que permaneceu inalterado, quando as duas acções tenham o mesmo objecto (como sucede

Aparentemente, o problema que se deixou enunciado – e que se traduz, na síntese de Klauser[2541], na *subsistência ou insubsistência dos fundamentos da avaliação constante do título primitivo*, dele constituindo ilustração, também dada pelo Autor, a de na decisão modificanda certa fonte de rendimento erradamente não ter sido imputada no rendimento global do devedor dos alimentos e pretender-se tal imputação na decisão modificativa – não pode ser resolvido antes de uma tomada de posição sobre um outro: o de saber se a acção modificativa representa uma quebra do caso julgado (teoria da equidade) ou, antes, uma sua confirmação, por assentar em diversa causa de pedir (teoria da confirmação).

Na verdade, se se concluir no primeiro sentido (no da teoria da equidade), tudo indica que a acção modificativa tenha como fim apenas a apreciação do que é novo e deixe intocado o anteriormente decidido que não conheceu alteração; se, diversamente, se concluir no segundo sentido (no da teoria da confirmação), parecem funcionar as regras gerais atinentes ao caso julgado, nomeadamente a regra, extraível do artigo 91º, nº 2, do CPC, de acordo com a qual sobre os factos instrumentais e sobre a interpretação ou aplicação de textos legais não se forma caso julgado[2542] (sendo, consequentemente, livre o juiz da acção modificativa para reapreciar matéria de facto antiga e adoptar novos critérios de julgamento).

Aliás, muitos Autores invocam precisamente a concepção, por si sustentada, acerca da eficácia da decisão modificativa, como fundamento da solução que propugnam para a questão da medida da vinculação do juiz na acção modificativa: encontram-se nesta situação Rosenberg/ Schwab/ Gottwald[2543], para quem a vinculação (ainda que não total, pois a jurisprudência e a doutrina que a aceitam se têm encarregado de lhe introduzir excepções) do juiz da acção modificativa ao anteriormente decidido só é compreensível quando se propugne a já várias vezes mencionada *teoria da equidade* (que precisamente defende a extensão,

quando posteriormente se alega o vencimento da dívida); de qualquer modo, a possibilidade de (na eventualidade de o réu ter sido absolvido por não ter decorrido certo prazo), propor-se nova acção uma vez decorrido tal prazo, confirmaria, segundo o Autor (*idem*, págs. 33-34) o entendimento geral de que o alcance do caso julgado de uma decisão absolutória varia consoante o fundamento em que essa decisão assenta (assim, radicando a absolvição na circunstância de o direito que se pretendera fazer valer não ter surgido, ter-se extinguido ou prescrito, seria já maior esse alcance).

Refira-se, por último, que as divergências na doutrina alemã acerca da eficácia do caso julgado das sentenças "de momento" absolutórias (comparativamente à do caso julgado das sentenças que julgam a acção definitivamente improcedente) relacionam-se com a também diferente perspectiva do objecto do processo que, quanto à primeira e à segunda acção, se acolha, sendo que, genericamente, a doutrina alemã tem entendido que, havendo uma sentença "de momento" absolutória e propondo o autor nova acção depois de a pretensão se tornar exigível e com fundamento nessa mesma exigibilidade, é idêntico o objecto da anterior e da nova acção (sobre o ponto, *supra*, § 24º, II, 2, em nota).

2541 K.-A. Klauser, "Abänderung...", pág. 711.

2542 Assim, Manuel de Andrade, *Noções...*, págs. 328 e 335.

2543 Rosenberg/Schwab/Gottwald, *Zivilprozessrecht*, 15ª ed., § 158, VI, 2.

para o futuro, do efeito de caso julgado), pelo que, não se perfilhando tal teoria (como, de resto, não perfilham), nenhuma vinculação haverá[2544]; e ARZT[2545], que segue a teoria da equidade, faz decorrer de tal teoria a inadmissibilidade, de princípio, da correcção de erros da primitiva sentença através da *Abänderungsklage*.

A consagração, na actual redacção do § 323, 4, da ZPO, do princípio da vinculatividade do anteriormente decidido significaria mesmo, segundo ROSENBERG/SCHWAB/GOTTWALD[2546], a opção do legislador pela teoria da equidade.

Supomos, porém, que a resposta à questão da medida da vinculação, na acção modificativa, ao decidido na primitiva acção, é independente da orientação que se acolha quanto à eficácia (de quebra do caso julgado ou não) da decisão modificativa.

Por um lado, porque da constatação de que a acção modificativa visa a quebra do caso julgado não pode depreender-se a vinculação àquilo que, na acção anterior, não ficou, nos termos gerais, coberto pelo caso julgado (como sejam os factos instrumentais e a interpretação ou aplicação de textos legais).

Por outro lado, porque da constatação de que a acção modificativa não visa a quebra do caso julgado não pode depreender-se o funcionamento, na acção modificativa, *de todas* as regras gerais atinentes ao caso julgado (nomeadamente a de que este não cobre os fundamentos da decisão).

Finalmente, porque, na doutrina alemã, e como observa GRABA[2547], a tese da vinculação não tem sido apenas sustentada com o argumento de que, permitindo excepcionalmente o § 323 da ZPO a quebra do caso julgado por razões de equidade, a correcção de erros evitáveis excederia tal função. Duas outras razões têm, na verdade, justificado a tese dominante, segundo a qual só os erros de prognose seriam, em função da alteração das circunstâncias, corrigíveis através da acção modificativa: uma, a de que, para a correcção dos restantes erros do juiz, existem outros remédios processuais[2548]; outra, a de que, no momento em que é proferida,

2544 Refira-se, a este propósito, que Rosenberg sustentara a teoria da equidade e, simultaneamente, aceitara a possibilidade de rejeição da acção modificativa (destinada ao aumento do montante de alimentos) se o requerido demonstrasse a inexistência da relação de filiação (ou, em geral, deduzisse excepções contra o fundamento da pretensão): ora, segundo W. J. Habscheid ("Prof. Dr. Leo Rosenberg...", pág. 60), esta solução não se compaginaria com a aceitação da teoria da equidade, antes decorrendo do acolhimento da teoria da confirmação. Assinale-se, ainda, que P. Gottwald (cfr. *MünchKommZPO*/Gottwald, § 323, 100-101) sustenta também que a nova fixação deve ser livre, com base no fundamento (decorrente da teoria da confirmação, por si seguida) segundo o qual o caso julgado não opera para lá do momento, a que se refere o § 767, 2, da ZPO, do encerramento da última discussão oral, constituindo os factos posteriormente surgidos um novo objecto processual.

2545 G. Arzt, "Zur Fehlerberichtigung...", pág. 396.

2546 Rosenberg/Schwab/Gottwald, *Zivilprozessrecht*, 17ª ed., § 158, 45 e 4.

2547 H.-U. Graba, *Die Abänderung*..., págs. 25-26.

2548 A doutrina dominante extrairia mesmo, da regulação do recurso de revisão, a conclusão de que, nos restantes casos, se exclui a correcção da sentença (cfr. H.-U. Graba, *Die Abänderung*..., pág. 120).

a sentença não evidencia quaisquer erros, não necessitando consequentemente, e ressalvada a adaptação à alteração das circunstâncias, de ser melhorada[2549].

Assim sendo, trataremos do problema da eficácia da decisão modificativa – ou seja, da questão de saber se esta decisão opera ou não a quebra do caso julgado – depois do dos limites da modificação, como aliás nos parece mais lógico, porque este último ainda se prende, de certo modo, com o do próprio conteúdo da decisão modificativa, que acabámos de tratar.

Analisaremos de seguida o direito alemão, onde o problema tem sido mais discutido[2550].

II. O significado da vinculação ao anteriormente decidido, no direito alemão

Face ao direito alemão anterior à reforma da ZPO de 2008/2009, e como assinala PETZOLDT[2551], a doutrina maioritária pronunciava-se no sentido de que o § 323, 1, da ZPO, ao permitir uma "correspondente alteração da sentença", bem como ao exigir uma "alteração das circunstâncias que foram determinantes", referia-se à sentença modificanda e não à realidade a ela efectivamente subjacente, pelo que essa doutrina propugnava a vinculação do juiz da nova acção à errada fixação dos factos que porventura tivesse sido realizada, bem como à interpretação normativa que tivesse sido perfilhada nessa sentença.

Os Autores que defendiam o princípio da vinculação empregavam, todavia, formulações muito divergentes para a sua concretização: a tal ponto que não nos parece que a afirmada vinculação possuísse um significado unívoco.

De entre essas formulações, mencione-se, por exemplo, a de BOETZKES[2552], para quem o juiz da acção modificativa se encontra vinculado quanto às circunstâncias que permaneceram inalteradas e às qualificações jurídicas da decisão anterior, o que permite afirmar um caso julgado relativo dos fundamentos da decisão anterior e, bem assim, a possibilidade da sua quebra apenas quanto às circunstâncias que sofreram alteração.

[2549] No entanto, e de acordo com H.-U. Graba (*Die Abänderung...*, pág. 26), a primeira razão só parcialmente se verifica; a segunda, mais não traduz do que uma imagem ideal, não correspondente à realidade nem à tarefa que actualmente se reconhece ao juiz.

[2550] No direito italiano também não é ignorado o problema de saber se o juiz, ao modificar uma sentença de alimentos em função da alteração das circunstâncias, se encontra vinculado à observância de algum critério pré-estabelecido: vejam-se, a este propósito, as referências de G. Provera (*Degli alimenti...*, págs. 99-100, nota 15), que conclui em sentido negativo (assim, por exemplo, em caso de depreciação da moeda, não poderia o juiz limitar-se a um cálculo aritmético do coeficiente de desvalorização); já A. Attardi (*Diritto processuale...*, pág. 478) considera que "no novo juízo deverá valorar-se apenas se ainda subsistem os pressupostos da existência da obrigação alimentar e se se modificaram os elementos relevantes para a determinação da medida e do modo de administração dos alimentos".

[2551] T. M. Petzoldt, *Die Rechtskraft...*, pág. 180.

[2552] R. Boetzkes, *Probleme...*, págs. 35-36.

ARZT[2553], por seu turno, fundamentalmente considerava incompatível com o instituto do caso julgado que, na acção modificativa, se possa fixar, à semelhança de uma primeira acção, o novo montante da prestação, bem como que integra a essência daquele instituto o risco de erros da decisão: por isso, o caso julgado impõe que se trate como justa a primitiva sentença. No entanto, como a correcção de erros da primitiva sentença constitui, por vezes, uma necessidade prática incontornável (é o que sucede quando é impossível adoptar o método de cálculo utilizado na primeira acção, por ele não ser claro, ou quando é incompreensível o peso que, no montante global da prestação fixada nessa acção, assumiu certo factor) e, bem assim, como o caso julgado da sentença modificanda abrange apenas o resultado extraível dos fundamentos de facto (sendo escassos os fundamentos com significado para tal resultado) – nunca abrangendo, por exemplo, considerações sobre a interpretação da lei, a influência atribuída a certo aspecto da matéria de facto apreciada no resultado da sentença, ou a relevância ou irrelevância de certo facto –, entendia ARZT[2554] que, na realidade, é grande a liberdade do juiz da acção modificativa; a vinculação ao anteriormente decidido não significava, de qualquer modo, na sua perspectiva, que o juiz da acção modificativa deva valorar as novas circunstâncias tal como o juiz da primitiva acção as valoraria.

De assinalar também a posição de KÜNKEL[2555], que observava que o regime do § 323 da ZPO não serve apenas a realização do direito material, mas também a realização da paz e segurança jurídicas, tecendo as seguintes considerações sobre o modo de fixação da nova prestação: *a)* se o rendimento total do devedor não foi determinante para a fixação do montante inicial da prestação, não pode o credor exigir um aumento da prestação proporcional ao aumento do rendimento total do devedor (ficcionando, por exemplo, que essa prestação deve manter-se no montante de 1/5 desse rendimento total), porque as circunstâncias que, na primeira sentença, não foram consideradas determinantes, não podem ser valoradas como determinantes na acção modificativa; *b)* a manutenção da "proporção" (*Quotelung*) constante da primeira sentença só é de aceitar quando o rendimento total do devedor foi determinante para a fixação do montante da prestação ou quando esse montante não depende da possibilidade de prestar do devedor e foi exigida a totalidade da prestação; *c)* mesmo quando se atendeu, na primeira sentença, ao rendimento total do devedor, não é de seguir a proporção inicial (segundo a qual, e por exemplo, os alimentos representavam 2/5 desse rendimento) quando esse rendimento não foi a única circunstância ponderada para fixar o montante da prestação e não se visou estabelecer que os alimentos representariam

2553 G. Arzt, "Zur Fehlerberichtigung...", págs. 395-396.

2554 *Idem*, págs. 396-397.

2555 J. Künkel, "Zur Frage...", págs. 245-246.

sempre 2/5 do rendimento total. Concluía depois o Autor no sentido da vinculação à decisão modificanda quando as circunstâncias em que esta assentou foram determinantes para o reconhecimento do fundamento e medida da pretensão e essas circunstâncias se alteraram de modo essencial, permanecendo, contudo, determinantes para a nova decisão; neste caso, o juiz encontra-se vinculado, quanto às circunstâncias que permaneceram inalteradas, ao anterior critério de avaliação.

GRABA, por seu lado, seguia uma orientação que só muito tenuamente se inscrevia ainda na tese da vinculação – porque sustentava a possibilidade de uma correcção complementar da sentença modificanda (*Annexkorrektur*)[2556] –, e que nos parece merecer referência mais pormenorizada.

O Autor[2557] começava por considerar que os erros da sentença diversos dos erros de prognose não devem perpetuar-se, podendo aproveitar-se a oportunidade da modificação da sentença nos termos e pelos fundamentos do § 323 da ZPO para a respectiva correcção para o futuro, respeitados certos limites, porque tal corresponde, desde logo, à própria função daquele preceito, que é a de actualização da sentença modificanda (recorde-se que, para GRABA, a quebra do caso julgado permitida pelo § 323 da ZPO não é um fim em si mesma, tendo em vista, em última análise, a actualização da sentença e a realização do direito material); além disso, tal correcção justifica-se particularmente quando se considera que esses erros originários são mais gravosos, pela sua duração, sempre que o caso julgado se projecta para o futuro[2558]; finalmente, os princípios que regem o desaparecimento ou a modificação da base do negócio, constantes do § 242 do BGB, se bem que visando a mera adaptação do negócio, permitem também a correcção de certos erros verificados aquando da respectiva conclusão. Em suma: seria a própria função da acção modificativa a legitimar a *correcção de erros diversos de erros de prognose* sempre que, não sendo feita tal correcção, não seja possível obter uma decisão justa, perpetuando-se, antes, a decisão grosseiramente injusta[2559].

2556 A teoria é assim designada por G. Brudermüller ("Billigkeitskorrekturen...", págs. 50-51 e 61), que só numa perspectiva *de iure condendo*, e para prevenção de graves e específicas injustiças, a sustenta.
2557 H.-U. Graba, *Die Abänderung...*, págs. 26-28.
2558 Em matéria de alimentos, essa gravidade resultaria, não só da duração do erro, mas da repercussão que este tem na vida das partes, nomeadamente do devedor, que não teve, ao contrário do devedor de uma indemnização nos termos do § 844, 2, do BGB [versão anterior a 2017], a possibilidade de transferir o encargo para uma seguradora (cfr. H.-U. Graba, *Die Abänderung...*, pág. 28). A probabilidade da existência do erro (e consequente prejuízo para as partes), nas acções a que se refere o § 258 da ZPO, acentuar-se-ia pela circunstância de os meios de prova ao dispor das partes serem necessariamente menos do que nas acções em que a pretensão é actual (cfr. H.-U. Graba, *Die Abänderung...*, pág. 120).
2559 Concretizando, H.-U. Graba (*Die Abänderung...*, págs. 121-122) considera possível corrigir um erro originário (por exemplo, na determinação da causa da necessidade dos alimentos do credor), quando a explicação científica de certo fenómeno se tenha generalizadamente alterado ou quando a sentença

No caso da modificação de transacções, os erros originários eram, para Graba[2560], corrigíveis nos mesmos termos: não obstante as regras relativas à base do negócio exigirem uma alteração das circunstâncias posterior à conclusão do contrato, para que a respectiva modificação seja possível, sucede que a vontade das partes não constitui obstáculo à actualização dos alimentos e à correcção de erros originários, uma vez aberta a via da acção modificativa.

Não só a correcção dos erros diversos dos erros de prognose seria possível na acção modificativa, como também, para Graba[2561], *podem ser atendidos*, nesta acção – mais uma vez, desde que estejam preenchidos os seus pressupostos, nomeadamente o previsto no § 323, 2, da ZPO –, *factos ocorridos até à data a que alude este preceito* (que é, em regra, a data do encerramento da última discussão oral) *e não considerados na sentença anterior* (no caso da modificação de transacção, a atendibilidade de factos antigos não poderia contrariar a vontade das partes[2562]), independentemente da parte a quem esses factos sejam favoráveis[2563]: esta solução tem sido, aliás, e como descreve o Autor[2564], por vezes acolhida pela jurispru-

apresente fundamento manifestamente desconforme com a realidade. O Autor (cfr. H.-U. Graba, *Die Abänderung*..., págs. 155-165) dá também vários exemplos de erros corrigíveis, de entre os quais destacamos o do erro motivado por dolosa ocultação, pelo credor de alimentos, de circunstância prevista no § 1579 do BGB e determinativa da redução da prestação, ocorrida antes do encerramento da discussão na primeira acção: este erro seria corrigível, podendo o autor da acção modificativa alegar aquela circunstância antiga, caso a ocultação dolosa se perpetue e produza efeitos após aquele momento; destacamos, ainda, o erro resultante da desconsideração, na anterior acção de alimentos e não obstante a respectiva alegação, da circunstância de, sobre o obrigado, impender outro dever de alimentos, em virtude de novo casamento e de filho entretanto nascido: este erro seria igualmente corrigível, porque a perpetuação do anteriormente decidido quanto aos alimentos redundaria em injustiça extrema.

2560 H.-U. Graba, *Die Abänderung*..., págs. 168-169.

2561 H.-U. Graba, *Die Abänderung*..., págs. 133-134.

2562 H.-U. Graba, *Die Abänderung*..., págs. 167-168.

2563 O BGH, porém, já entendeu, num acórdão de 15 de Outubro de 1986, que, na acção modificativa, é possível considerar factos antigos, mas apenas quando eles sejam favoráveis ao réu desta acção, porque só na hipótese de eles serem favoráveis ao autor se contrariaria o caso julgado; no sentido de que o § 323, 2, da ZPO apenas vale para o autor, uma vez que a defesa do réu não pode atingir o caso julgado da sentença de condenação em prestações periódicas, K, Schellhammer, *Zivilprozess*..., pág. 109; no sentido de que a preclusão a que se refere o § 323, 2, da ZPO não atinge o réu da acção modificativa, veja-se ainda J. Soyka (*Die Abänderungsklage*..., 1ª ed., págs. 109-110 e 121-122), que faz, todavia, notar que da possibilidade de consideração de factos antigos favoráveis ao réu não decorre – sob pena de integral revisão da sentença – a admissibilidade da correcção dos erros da sentença anterior que porventura beneficiasse esse mesmo réu (*idem*, págs. 121-123). Em anotação àquele acórdão, U. Niklas ("Nachschieben...", págs. 872-873) critica tal solução, por a considerar desconforme com o princípio da igualdade das partes. H. Roth ("Richterliche...", pág. 1239) e P. Gottwald ("Probleme...", pág. 1379) criticam-na igualmente, por entenderem que o réu não pode, por força do disposto no § 322 da ZPO, deduzir excepções antigas. H.-U. Graba (*Die Abänderung*..., pág. 134) adianta, contra a tese do BGH, que, ao permitir-se, ao autor, a alegação de factos antigos, não se está a ofender qualquer interesse digno de protecção do réu, porque a este não é garantida a não alteração da sentença, mas apenas (em regra) a sua não alteração para o passado, nos termos do § 323, 3, da ZPO.

2564 H.-U. Graba, *Die Abänderung*..., págs. 134-136).

dência; mas, na sua perspectiva[2565], não é necessário, para justificar tal solução numa hipótese concreta, invocar a prevalência do princípio da boa fé face ao caso julgado, porque este não constitui, quando se trate de sentença de condenação em alimentos, critério aferidor ou limite, mas apenas um elemento (se bem que importante) a ponderar na dilucidação da questão de saber se a respectiva modificação é razoável para a parte contrária (à semelhança, aliás, do que se verifica em matéria de modificação de contratos). E os factos antigos que, na opinião de GRABA[2566], podem ser considerados na acção modificativa são tanto os factos relacionados com o fundamento da pretensão como os relacionados com o seu montante.

Não obstante considerar que, na acção modificativa, é possível a correcção de erros diversos dos erros de prognose e, bem assim, nela atender-se factos antigos, nos termos descritos, discordava GRABA[2567] da tese segundo a qual essa acção se destinaria a obter uma regulação totalmente nova e livre sobre a pretensão: não só por razões de economia processual, mas também porque não existiria fundamento suficiente para exigir às partes começar de novo a respectiva disputa, nem tal, aliás, ocorreria aquando da modificação de uma transacção, onde valeriam as regras do § 242 do BGB[2568].

O que o § 323, 1, da ZPO previa, na perspectiva de GRABA[2569], seria, antes, uma "correspondente alteração" da sentença, ou seja, uma *adaptação* da primeira sentença e não a respectiva *eliminação*, o que também corresponde ao pensamento da cláusula *rebus sic stantibus*, subjacente ao preceito: esta adaptação significa, segundo o Autor[2570], a *tendencial vinculatividade* da primeira sentença, quer no que se refere aos fundamentos de facto nela estabelecidos – o que só aparentemente contradiz o princípio segundo o qual os fundamentos da decisão não constituem caso julgado[2571] –, quer quanto à valoração que, desses fundamentos

[2565] H.-U. Graba, *Die Abänderung...*, págs. 136-139.

[2566] H.-U. Graba, *Die Abänderung...*, págs. 139-140.

[2567] H.-U. Graba, *Die Abänderung...*, págs. 145-146.

[2568] No caso da modificação da transacção, considera o Autor (cfr. H.-U. Graba, *Die Abänderung...*, págs. 165-167) que há que atender à vontade das partes, a menos que as circunstâncias se hajam alterado tanto que não seja possível reconstituí-la, devendo, neste caso, fixar-se os alimentos como se fora a primeira vez e de acordo com as disposições da lei.

[2569] H.-U. Graba, *Die Abänderung...*, págs. 146-147.

[2570] H.-U. Graba, *Die Abänderung...*, págs. 150-154.

[2571] Não haveria, segundo Graba, contradição de tal princípio, por duas razões: por um lado, porque como A. Zeuner (*Die objektiven...*, pág. 41) demonstrou, os fundamentos influem no alcance do caso julgado da decisão, pelo que se forem mais tarde postos em causa, é a própria decisão transitada que é atingida; por outro lado, porque como W. Grunsky ("Rechtskraft...", pág. 175) salientou, o sentido da limitação do caso julgado à decisão, a que se refere o § 322 da ZPO, é o de evitar que ele seja obrigatório quanto a outras pretensões – obrigatoriedade com a qual as partes não têm de contar –, sendo que, no caso em análise, se trata da mesma pretensão.

de facto, foi feita, no confronto com a pretensão, quer, ainda, aos fundamentos jurídicos; significa também que o juiz da acção modificativa deve proferir a decisão que o juiz que proferiu a decisão modificanda provavelmente proferiria, caso tivesse conhecimento das circunstâncias alteradas e da previsão do seu desenvolvimento futuro[2572].

A possibilidade de correcção de erros da sentença modificanda, tal como sustentada por Graba, era criticada por Soyka[2573], para quem a função da acção modificativa se limitaria à adaptação da sentença em função da alteração das circunstâncias, implicando apenas a correcção de erros de prognose. Soyka[2574], com efeito, considerava vinculantes, na acção modificativa: o decidido quanto à matéria de facto que permaneceu inalterada; a valoração jurídica, ainda que errada, que dessa matéria de facto foi feita (por exemplo, se o alimentando, em virtude de doença, se encontra parcialmente incapacitado para o trabalho), a menos que a alteração das circunstâncias influa nessa valoração; o decidido quanto à lei aplicável, a menos que a alteração das circunstâncias imponha uma solução divergente. Mas já não vinculariam, segundo o Autor[2575], e por exemplo, os métodos de cálculo que, na decisão anterior, foram usados como meio auxiliar para fixar os alimentos devidos. E, no caso da modificação de *acordos* (transacções judiciais e documentos exequíveis contemplados no § 323, 4, da ZPO, na versão anterior à reforma de 2008/2009, e actualmente previstos no § 323a), deviam acautelar-se as circunstâncias que permaneceram inalteradas e, bem assim, as valorações jurídicas acolhidas, assim se concedendo primazia à vontade das partes[2576].

A determinação da medida da vinculação ao anteriormente decidido, para quem a aceite – e, como acabámos de ver, são muitas e divergentes as formulações da tese da vinculação na doutrina alemã[2577] –, pressupõe um especial cuidado na *interpretação* dos fundamentos da sentença modificanda, de modo a, por exemplo, identificar as circunstâncias em que assentou o cálculo dos alimentos, o modo como foram valoradas essas circunstâncias, sob o ponto de vista do direito a alimentos e, bem assim, o peso que lhes foi atribuído na ponderação do montante dos alimentos; mas, não sendo possível, mesmo depois do recurso à

[2572] H.-U. Graba, *Die Abänderung*..., págs. 154-155.

[2573] J. Soyka, *Die Abänderungsklage*..., 1ª ed., pág. 114.

[2574] J. Soyka, *Die Abänderungsklage*..., 1ª ed. págs. 112-116.

[2575] *Idem*, págs. 116-119.

[2576] *Idem*, págs. 153-155.

[2577] Refira-se, ainda, a título exemplificativo, de entre os Autores que defendiam o princípio da vinculação, à luz da redacção do § 323 da ZPO anterior à reforma de 2008/2009: M.-M. Hahne ("Probleme...", pág. 1193, e "Die Abänderung rechtskräftiger...", pág. 220), propugnando que as alterações essenciais e as circunstâncias que permaneceram inalteradas sejam valoradas, no seu conjunto, tal como aquando do primitivo requerimento de atribuição da pensão; W. Grunsky ("Rechtskraft...", págs. 179-181); F. Lent, "Anmerkung", in *NJW*, 1959, págs. 392-393; Stein/Jonas/Leipold[22], § 323, 120-127.

produção de prova, extrair da sentença modificanda os respectivos fundamentos, parece necessário sustentar que o juiz é livre na decisão da acção modificativa[2578], idênticas considerações podendo ser tecidas a propósito da modificação de transacções judiciais e documentos exequíveis previstos no anterior § 323, 4, da ZPO (correspondente ao actual § 323a da ZPO)[2579].

De qualquer modo, nem toda a doutrina alemã propugnava, à luz da versão do § 323 da ZPO anterior à reforma de 2008/2009, o princípio da vinculação ao anteriormente decidido: havia quem sustentasse que o § 323, 1, ao permitir uma "correspondente alteração da sentença", se referia aos fundamentos existentes à data do processo modificativo, assim concedendo liberdade na nova fixação do direito e dos factos[2580].

A concretização dessa liberdade conhecia, porém, igualmente flutuações.

Por exemplo, segundo BROX[2581], esta liberdade significaria que, numa acção destinada ao aumento dos alimentos inicialmente fixados, o demandado pode nomeadamente opor a inexistência da relação de filiação (que havia sido reconhecida na anterior acção) e o juiz também pode, com esse fundamento, julgar improcedente a acção modificativa; mas dela já não decorreria que, opondo o demandado a sua impossibilidade de prestar, possa estabelecer-se que nunca mais deva prestar alimentos. E isto porque o caso julgado da decisão anterior é quebrado apenas na medida em que esta decisão negara ao autor o montante adicional que agora vem reclamar (por outras palavras, tendo ao autor sido atribuído 35 e vindo ele agora pedir mais 5, apenas pode agora discutir-se – sem vinculação aos fundamentos da decisão anterior – se lhe assiste ou não estes 5, e não se lhe assiste ou não os 35).

Já para PETZOLDT[2582], na ausência de um princípio segundo o qual os preceitos excepcionais não comportam aplicação analógica e devem ser interpretados

[2578] Assim, J. Soyka, *Die Abänderungsklage...*, 1ª ed., pág. 112. Admitindo a liberdade do juiz quanto aos critérios de fixação do montante da prestação, quando eles não resultem claros do texto da decisão modificanda, mas salientando que tal não significa a possibilidade de modificação quando, comparando as circunstâncias actuais com as circunstâncias existentes à data daquela decisão, se verifique que nenhuma alteração ocorreu, veja-se também K.-A. Klauser, "Abänderung...", pág. 711. Considerando igualmente que, se não resultar da decisão modificanda qual foi a base de cálculo do montante dos alimentos, é admissível a livre fixação desse montante na decisão modificativa, KG, 13.02.1979.

[2579] Não sendo possível apurar quais as circunstâncias que, para as partes, foram decisivas para a fixação da prestação, ou alterando-se as circunstâncias de tal modo que a vontade das partes não possa ser prosseguida, deve fixar-se a prestação atendendo às circunstâncias actuais e de acordo com as regras do direito material (cfr. J. Soyka, *Die Abänderungsklage...*, 1ª ed., págs. 155-156).

[2580] Assim: H. Maier, "Die "entsprechende" Abänderung...", págs. 127-128; R. Haase, "Zu § 323...", pág. 640, e "Besondere...", pág. 459; Hardeland, "Zur Auslegung...", págs. 735-737; H. Brox, "Welche Einwendungen...", pág. 67; T.M. Petzoldt, *Die Rechtskraft...*, págs. 186 e seguintes.

[2581] H. Brox, "Nochmals...", pág. 323.

[2582] T. M. Petzoldt, *Die Rechtskraft...*, págs. 186 e 190.

restritivamente, não convence a explicação segundo a qual a vinculação ao anteriormente decidido seria exigida pela natureza excepcional do regime do § 323 da ZPO (que excepcionalmente permitiria a quebra do caso julgado): a resposta à questão de saber qual a medida da vinculação do juiz da acção modificativa ao anteriormente decidido pressupõe, antes, a identificação da razão justificativa da quebra do caso julgado decorrente daquela acção, tudo indicando que a vinculação só deverá operar se e quando não se manifestar a necessidade de correcção das sentenças assentes em juízos de prognose.

Depois de salientar que, quando a sentença verse sobre uma situação exaurida, a correcção do aí erradamente estabelecido quanto à matéria de facto só pode ter lugar nos apertados limites dos §§ 580 e seguintes da ZPO e que o regime há-de ser necessariamente diferente quando essa sentença assente num juízo de prognose sobre o desenvolvimento da realidade fáctica, sem que, todavia, a injustiça desta sentença ou a sua eficácia duradoura possam constituir, em si, motivos para a quebra do caso julgado respectivo[2583], observava PETZOLD[2584] que a principal diferença entre a verificação, em juízo, de factos passados e futuros reside na circunstância de, em relação aos segundos, apenas a prova pericial se encontrar potencialmente disponível: ora, são estas limitações processuais próprias das decisões assentes em juízos de prognose que justificariam a sua correcção posterior, porque, aquando da formulação do juízo *ex-post*, é já possível a utilização da generalidade dos meios de prova[2585].

Sendo a finalidade da acção modificativa, segundo PETZOLDT[2586], a de compensar a insegurança do julgamento, assente num juízo de prognose, dos fundamentos da pretensão, seria, na sua opinião, de afastar a vinculação, na acção modificativa, ao anteriormente decidido, relativamente aos factos que foram prognosticados (o que significa, atenta a finalidade da acção modificativa, uma *tendencial não vinculação nesta acção*); quanto ao decidido quanto aos factos passados invariáveis (por exemplo, o fundamento da pretensão, na acção de indemnização, ou a relação de parentesco, na acção de alimentos), é de aceitar a vinculação na acção posterior, se bem que tal consubstancie um problema de admissibilidade da acção modificativa (na verdade, esta não pode fundar-se na alegação de que tais factos não se verificaram, exigindo, pelo contrário, e nos termos do § 323, 2, da ZPO, a alegação da ocorrência posterior de outros factos)[2587].

2583 J. Braun (*Rechtskraft und Restitution*, 2º vol., págs. 266-267) considera, diversamente, como já referimos, que a correcção se explica em atenção à eficácia duradoura da sentença.

2584 T. M. Petzoldt, *Die Rechtskraft...*, págs. 186-189.

2585 Considerando forçada esta aproximação entre a prova de factos passados e futuros a que procede Petzoldt, J. Braun, "Thomas Martin...".

2586 T. M. Petzoldt, *Die Rechtskraft...*, págs. 198-200 e 209.

2587 Esta vinculação é, aliás, sobretudo relevante quando se pretenda a redução da prestação estabelecida (com efeito, o devedor não pode sustentar o seu pedido, alegando que os factos passados estabelecidos

O *Bundesgerichtshof* não tem seguido um entendimento constante quanto ao problema da vinculação, na acção modificativa, ao anteriormente decidido. Assim, no já mencionado[2588] Acórdão de 20 de Dezembro de 1960, referiu que uma das vantagens da *Abänderungsklage* para o credor que exige quantia adicional reside em não lhe ser exigida a prova do fundamento da pretensão, para tal invocando que, para efeitos do § 323 da ZPO, também os elementos da sentença proferida no processo anterior constituem caso julgado[2589]; depois, chegou a admitir a possibilidade de a nova fixação dos factos ser livre[2590] (na linha, aliás, da jurisprudência então maioritária[2591]); seguidamente, rejeitou tal possibilidade[2592], considerando que o respeito pelo caso julgado não se compadece com o entendimento segundo o qual a acção modificativa serve para corrigir erros evitáveis da primeira sentença e propugnando, designadamente, a vinculação às circunstâncias de facto que ficaram estabelecidas e que foram significativas para o cálculo dos alimentos, bem como ao entendimento jurídico adoptado pelo juiz da primeira acção.

Esta última orientação do *Bundesgerichtshof* vinha, segundo PETZOLDT[2593], causando algum mal-estar, porque nomeadamente nos casos em que o devedor ou o credor não revelam uma parte dos seus rendimentos, o erro pode perpetuar-se indefinidamente; daí que esse mesmo Tribunal tenha procurado corrigir a sua posição, admitindo a formulação, na acção modificativa, de demanda adicional

não se verificaram); já quando o credor pretenda o aumento da prestação, o decidido quanto aos factos na sentença anterior que julgou parcialmente improcedente esse pedido de aumento não o desonera da prova de todos os fundamentos da pretensão, porque nenhum destes ficou estabelecido na sentença modificanda, não havendo, como tal, qualquer vinculação a considerar.

2588 *Supra*, § 23º, IV, 2.

2589 Criticamente em relação a este argumento constante do referido acórdão do BGH, por, na sua perspectiva, não ter qualquer suporte na letra e na história dos §§ 322 e 323 da ZPO, veja-se H. Brox ("Erhöhung...", pág. 855).

2590 BGH, 19.09.1967.

2591 Em artigo publicado em 1966, G. Arzt ("Zu Fehlerberichtigung...", pág. 395) assinalava que, nas acções modificativas (que sobretudo consistiam em acções destinadas a rever pensões de alimentos de filhos nascidos fora do casamento), a jurisprudência tendia a estabelecer o montante da pensão como se a acção em causa fosse uma primeira acção – para tal invocando razões de equidade e de aceitação social da própria decisão modificanda –, sendo cada vez mais raros os tribunais que se atribuíam poderes apenas para a "correspondente" alteração da primitiva sentença a que aludia o § 323, 1, da ZPO (consulte-se, a propósito, a jurisprudência citada no referido artigo, nomeadamente LG Oldenburg, 29.01.1958, e LG Köln, 22.01.1958; nos anos 70, a liberdade na nova fixação da prestação, e a aceitação de que esta se funde na situação de facto e na concepção jurídica vigente à data da sentença modificativa, continuaria a ser sustentada na jurisprudência, nomeadamente em OLG Hamburg, 27.04.1978, e em OLG Frankfurt, 06.03.1978); a doutrina à data maioritária era, porém, já então favorável à vinculação ao anteriormente decidido, nomeadamente aos erros entretanto cobertos pelo caso julgado.

2592 BGH, 16.05.1979, 08.12.1982 e 11.01.1984.

2593 T. M. Petzoldt, *Die Rechtskraft...*, pág. 182.

que já anteriormente o podia ter sido, desde que uma alteração de circunstâncias abra a via da acção modificativa[2594].

De qualquer modo, o *Bundesgerichtshof*, como assinala PETZOLDT[2595], tem entendido que, na acção modificativa, o juiz não se encontra adstrito a quotas estabelecidas ou a tabelas utilizadas[2596], bem como aos fundamentos da pretensão verificados no primeiro processo (por exemplo, aos estabelecidos no § 1570 do BGB)[2597], cessando igualmente a vinculação quando a sentença anterior não seja clara quanto aos elementos que foram ponderados[2598], a vinculação impeça a fixação de uma pensão de alimentos equitativa ou se verifique um aumento desmedido da verba antes não considerada[2599], ou, ainda, quando se registe uma alteração da jurisprudência do *Bundesverfassungsgericht* quanto a certa norma (caso em que é o entendimento jurídico adoptado na primeira acção que deixa de ser vinculativo)[2600].

A razão justificativa da genérica vinculação ao anteriormente decidido é, na orientação do *Bundesgerichtshof*[2601], também a de que o § 323 da ZPO permite excepcionalmente a quebra do caso julgado por razões de equidade, sendo que a correcção de erros evitáveis excederia tal função.

A actual redacção do § 323, 4, da ZPO consagra, em nossa opinião, o princípio da vinculação ao anteriormente decidido, na medida em que o legislador teve a preocupação de impor o respeito pelos fundamentos da decisão modificanda. Mas como esse princípio vinha sendo concretizado de modo muito divergente na doutrina e na jurisprudência, não sabemos quais as exactas consequências dessa consagração: diremos apenas que nos parece incompatível com a vinculação a possibilidade de correcção, na acção modificativa, de erros diversos dos erros de prognose, mas já não a consideração de factos antigos que não hajam sido alegados, desde que tal consideração não redunde naquela correcção proibida; por outro lado, julgamos também incompatível com a vinculação uma diversa valoração jurídica das circunstâncias antigas (o que, aliás, já era sustentado, antes da recente alteração da lei processual alemã, pela doutrina maioritária[2602]), a

2594 T. M. Petzoldt, *Die Rechtskraft...*, págs. 183-184; BGH, 03.04.1985.

2595 T. M. Petzoldt, *Die Rechtskraft...*, págs. 184-185.

2596 BGH, 11.01.1984.

2597 BGH, 31.01.1990.

2598 BGH, 19.12.1984.

2599 BGH, 08.12.1982.

2600 Como salienta J. Soyka (*Die Abänderungsklage...*, 1ª ed., pág. 121), se o Tribunal Constitucional declara inconstitucional uma norma que fora aplicada, ou se procede a uma interpretação constitucionalmente conforme dessa norma, tal circunstância configura não só uma alteração das circunstâncias, como também implica a cessação da vinculatividade da solução jurídica acolhida na primeira decisão.

2601 BGH, 16.05.1979.

2602 Como informa Thalmann (P. Wendl / S. Staudigl / W. Thalmann, *Das Unterhaltsrecht...*, pág. 988, e "Die Abänderungsklage...", pág. 634).

correcção de erros jurídicos da primeira sentença (admitida, por exemplo, por THALMANN[2603]), ou a aplicação, ao caso, de uma lei diferente, a menos que tenha ocorrido alteração da lei (e ainda que esta alteração da lei não traduza a própria alteração das circunstâncias que justificou a acção modificativa).

III. Proposta de solução

Há um lugar paralelo que importa considerar na dilucidação, à luz do direito português, do problema dos limites da modificação da sentença por alteração das circunstâncias.

No âmbito do recurso extraordinário de revisão, verifica-se que, sendo o respectivo fundamento o da alínea *c)* do artigo 696º do CPC, a fase rescindente se destina a averiguar se o documento apresentado pela parte é suficiente, por si só, para modificar a decisão em sentido mais favorável à parte vencida, caso em que esta decisão é revogada (cfr. artigos 700º e 701º, corpo)[2604], e "a fase rescisória terá alcance mínimo. Trata-se, essencialmente, de substituir por outra a sentença revogada; a instrução compreenderá ùnicamente as diligências absolutamente indispensáveis; a discussão consistirá em alegações escritas [...]"[2605] (cfr. artigo 701º, nº 1, alínea *b)*, do CPC).

Deste lugar paralelo parece-nos resultar que na acção modificativa não pode ter lugar a correcção de erros na decisão da matéria de facto que sejam diversos dos erros de prognose. Mesmo que a correcção destes erros de prognose não seja o fim último da acção modificativa e esse fim último coincida, antes, com a adaptação da sentença à nova realidade – tal como sucede aquando da modificação dos contratos em virtude da alteração das circunstâncias[2606] –, a verdade é que *o modo normal de esta adaptação operar é através da via da correcção de erros de prognose*, só assim se compreendendo a própria exigência de superveniência. Este entendimento parece-nos ser aceite num Acórdão do Supemo Tribunal de Justiça de 6 de Novembro de 1986, já anteriormente citado, no qual se refere que, sendo pedida a alteração de pensão alimentar judicialmente fixada, o pedido "só pode ser decidido de harmonia com a eventual alteração de circunstâncias relacionada com as necessidades de quem recebe os alimentos e as possibilidades económicas de quem está obrigado a prestá-los", pelo que "o tribunal não tem de voltar a

[2603] W. Thalmann (P. Wendl / S. Staudigl / W. Thalmann, *Das Unterhaltsrecht...*, págs. 985 e 989, e "Die Abänderungsklage...", pág. 634).

[2604] Assim, à luz do CPC de 1939, J. Alberto dos Reis (*Código...*, vol. VI, págs. 397-398).

[2605] J. Alberto dos Reis, *Código...*, vol. VI, pág. 406.

[2606] Como observa P. Pais de Vasconcelos (*Teoria geral...*, pág. 376), "[a] modificação do contrato segundo a equidade é sobretudo a actualização e a adaptação do contrato perante a evolução das circunstâncias". R. Köbler (*Die "clausula rebus sic stantibus"...*, págs. 251-254) refere, a este propósito, uma "pretensão de adaptação", que seria o efeito jurídico mais importante da cláusula, no domínio contratual.

ocupar-se das questões das culpas e da condição sócio-económica das partes, mas tão somente com aquelas circunstâncias": ou seja, a matéria a decidir na acção modificativa é apenas aquela que se prende com a alegada alteração das circunstâncias, não podendo, por isso, apreciar-se outra matéria de facto, eventualmente corrigindo erros que, no seu julgamento, tenham sido cometidos. Mais recentemente – em concreto, num Acórdão de 11 de Setembro de 2012 –, o Supremo Tribunal de Justiça, invocando embora o argumento da ofensa do caso julgado e reportando-se a uma acção de alteração de alimentos instaurada na sequência de uma outra julgada improcedente, reiteraria a orientação segundo a qual na acção modificativa não devem ser considerados os factos que já tinham sido tomados em consideração nessa anterior acção: como se lê no respectivo sumário, "devem apenas ser considerados os factos ou circunstâncias supervenientes a essa acção havidos como modificativos das circunstâncias que determinaram a condenação em alimentos".

O mesmo se diga relativamente aos erros de direito. Do referido lugar paralelo do recurso de revisão e, bem assim, da orientação seguida no campo da revisão de pensões por acidente de trabalho resulta que a respectiva correcção não é possível. A este propósito, refira-se, por exemplo, um Acórdão do Tribunal da Relação do Porto de 27 de Outubro de 1997, em cujo sumário se lê que "[f]ixado o montante da pensão anual e vitalícia a um sinistrado, decisão que transitou, não pode o juiz, com o fundamento de que no cálculo se tomou em conta um salário mínimo nacional que não estava em vigor, alterá-la para mais, pois não se trata de erro material mas sim de julgamento"[2607].

No que se refere à possibilidade de adopção, na acção modificativa, de novos critérios de julgamento, importa observar que, na área dos acidentes de trabalho e doenças profissionais, a doutrina e a jurisprudência portuguesas têm também constantemente observado que a revisão das correspondentes pensões não se destina à fixação de novas pensões, mas à modificação das anteriormente fixadas[2608].

2607 Identicamente, M. B. Fialho ("Processo...", pág. 96): "[...] o incidente de revisão não pode servir de instrumento para corrigir eventuais erros de julgamento aquando da fixação inicial da incapacidade".

2608 Neste sentido, a título exemplificativo: RC, 05.07.1988; RC, 09.03.2004; RC, 15.04.2004; RE, 25.05.2004; RL, 18.03.1992; RP, 19.11.1992; RP, 08.06.1998 (frisando que, como o incidente de revisão de pensão não gera uma nova pensão, devem nele ser levados em conta os pressupostos que existiam à data do início da pensão); RP, 07.03.2005; RP, 26.06.2008 (citando jurisprudência anterior, considera que o incidente de revisão de incapacidade não gera uma nova pensão, mas uma alteração do montante da pensão já fixada, pelo que "no cálculo de uma pensão consequente de alteração de incapacidade deve usar-se a mesma fórmula que se usou para o cálculo da pensão inicial"); RP, 26.10.2009 (considerando que a revisão da incapacidade subsequente à remição da pensão não gera uma nova pensão, pelo que, para o efeito da determinação da obrigatoriedade da remição da pensão resultante do agravamento, "haverá que atender ao montante global da pensão e não já, apenas, ao resultado da diferença entre este montante e o da pensão inicial que já havia sido objecto de remição"); STJ, 25.03.1983; STJ, 17.06.1983 (Proc. 466)

Este aspecto, segundo CARLOS ALEGRE[2609], "detém uma grande importância prática, uma vez que o momento da fixação da pensão é elemento fundamental para a aplicação de certas normas".

Temos, porém, dúvidas em considerar que, quanto ao direito a aplicar aos factos em que se funda a acção modificativa, o juiz se encontre vinculado ao direito aplicado na anterior acção (como hoje parece suceder no ordenamento alemão): essa vinculação, no caso de ter sobrevindo alteração legislativa, parece-nos incompatível com a possibilidade de a acção modificativa ter como fundamento a alteração da lei, e, mesmo não tendo sobrevindo alteração legislativa, não decorreria do regime da revisão nem da adstrição, do juiz da acção modificativa, ao conhecimento dos factos supervenientes em que esta se funda. Assim, embora o juiz da acção modificativa não possa corrigir erros de direito cometidos na acção anterior, nada o obriga, ao que cremos, a aplicar a lei anteriormente aplicada aos factos de que lhe cumpre conhecer, quer tenha ou não sobrevindo alteração legislativa.

A vinculação, na acção modificativa, ao anteriormente decidido que permaneceu inalterado – nos termos expostos, que excluem a vinculação ao direito a aplicar – não significa a extensão da autoridade da sentença anterior aos fundamentos da decisão, que é, aliás, muito contestada[2610]. Na verdade, sustentar tal

(assinalando que nova pensão só com nova doença; STJ, 17.06.1983 (Proc. 525); STJ, 01.07.1983; STJ, 06.01.1984; STJ, 27.07.1984; STJ, 08.02.1985 (Proc. 000951); STJ, 22.02.1985; STJ, 16.10.2002.

2609 Carlos Alegre, *Acidentes...*, pág. 101.

2610 A tese da extensão do caso julgado aos fundamentos da sentença foi, na Alemanha, sustentada por Savigny (*System...*, VI, págs. 350-370, 443, 451 e 452), sendo actualmente predominante o entendimento de que é o juízo subsuntivo, no seu todo, que constitui o objecto do caso julgado, e não cada um dos seus elementos (a este propósito, veja-se W. J. Habscheid, "Die Rechtsnatur...", págs. 174-175, U. Foerste, "Zur Rechtskraft...", págs. 167-168, e H. F. Gaul, "Die Entwicklung...", págs. 471-482). Numa perspectiva de direito comparado, veja-se, sobre esta questão, U. Ritter, "Die Bestimmung...".

Como assinala A. Zeuner (*Die objektiven...*, págs. 5-7), com a referência ao caso julgado dos fundamentos da sentença tem a doutrina alemã designado o caso julgado da matéria fixada pelo tribunal com base na qual este obteve a resposta ao pedido do autor (ou seja, o caso julgado incidente sobre os fundamentos lógicos da decisão), sendo que do § 322 da ZPO decorreria que o alcance objectivo do caso julgado se encontra estreitamente ligado ao alcance da pretensão processual, constitutiva do objecto do processo, bem como que os efeitos do caso julgado material não excedem a extensão deste objecto: o caso julgado material não abrangeria, assim, nos termos daquela disposição, os fundamentos da decisão, já que estes não constituem um autónomo objecto processual. No entanto, observa o mesmo Autor (A. Zeuner, *Die objektiven...*, págs. 39-40) que o alcance do caso julgado pode depender de circunstâncias que não integram o objecto do processo, como é o caso dos fundamentos jurídicos da decisão: e esta afirmação não contrariaria a anterior, porque, ainda de acordo com o disposto no § 322 da ZPO, o objecto do caso julgado não é a pretensão, mas a decisão sobre a pretensão, que não se limita a responder "sim" ou "não" à questão colocada pelo objecto do processo, dando-lhe, antes, uma resposta qualificada. Em síntese, segundo A. Zeuner (*Die objektiven...*, pág. 41), os fundamentos (nomeadamente, os fundamentos jurídicos) influem no alcance da decisão sobre o efeito jurídico que se faz valer e que é constitutiva de caso julgado, não podendo ser questionados num ulterior processo se e na medida em que o conteúdo daquela decisão

extensão só teria sentido se se entendesse que o artigo 619º, nº 2, do CPC, por pressupor uma alteração da causa de pedir, constitui um novo objecto proces-

seja atingido; o objecto do processo não é o único elemento que determina o alcance do caso julgado (tal como – poderia ainda acrescentar-se – os limites objectivos do caso julgado não são necessariamente definidos pelo objecto do processo: sobre o ponto, A. Georgiades, *Die Anspruch...*, págs. 252-257).
De salientar, contra a extensão do caso julgado aos fundamentos jurídicos, a tese de Nikisch: segundo A. Nikisch (*Der Streitgegenstand...*, págs. 40-55 e 148-153), a sentença constitutiva de caso julgado estabelece apenas a existência ou inexistência da pretensão processual – que pode ser definida como a afirmação de direito relativamente à qual o autor requer uma decisão com força de caso julgado – e não a da pretensão material, porque o autor não requereu a apreciação desta, *apenas aquela constituindo o objecto do processo* [refira-se que a autonomização da pretensão processual face à pretensão material a que alude o § 194 do BGB deve-se a B. Windscheid, *Die actio...*, esp. págs. 1-8; sobre a generalizada aceitação da autonomização da pretensão processual face à material e coincidência daquela com o objecto do processo, veja-se L. Rosenberg, "Zur Lehre...", págs. 258-259; crítico em relação à tese de Nikisch, segundo a qual o objecto do processo seria constituído, não pelo pedido, mas pela afirmação de direito, bem como à de que a situação de facto teria apenas como função a individualização daquela afirmação, sem todavia constituir elemento do objecto do processo, veja-se P. Arens, *Streitgegenstand...*, págs. 19-21]: deste modo, o caso julgado não abrange a qualificação jurídica da pretensão, ou seja, a afirmação de que certo efeito jurídico resulta de determinada norma (assim, pedida ao tribunal a restituição de certa coisa com fundamento em certa situação de facto, é irrelevante, para efeitos de caso julgado, que o tribunal julgue a acção procedente por entender verificada a propriedade ou, diversamente, a posse). Por outras palavras, como o caso julgado incide sobre a afirmação de que o réu deve restituir aquela coisa, por aquele fundamento, esse mesmo caso julgado obsta a que, sob um diverso enquadramento jurídico, seja feita valer em nova acção a mesma afirmação sustentada pelo mesmo fundamento.
A jurisprudência e a doutrina dominantes na Alemanha veiculam, como assinalam A. Zeuner (*Die objektiven...*, pág. 32) e Egbert Peters ("Zur Rechtskraftlehre...", pág. 234), a orientação segundo a qual também o enquadramento jurídico do efeito jurídico estabelecido pelo tribunal constituiria caso julgado, mesmo partindo de uma pura concepção processual sobre o objecto do processo (assim, por exemplo, W. J. Habscheid, *Der Streitgegenstand...*, pág. 123, P. Arens, *Streitgegenstand...*, págs. 25-26). Diferentemente de Zeuner, porém, F. Lent ("Albrecht Zeuner...", pág. 318) não considera que esta orientação, que ambos acolhem, signifique qualquer extensão do caso julgado aos fundamentos da decisão, porque a qualificação jurídica prende-se com o conteúdo da decisão sobre o objecto e não com a fundamentação.
Entre nós, a jurisprudência tem manifestado alguma flutuação quanto à extensão do caso julgado aos fundamentos da decisão. A título exemplificativo, veja-se: STJ, 21.07.1972, considerando que "[a]s decisões constituem caso julgado nos precisos termos e limites em que julgam e essa figura apenas se forma sobre a decisão e não sobre os fundamentos"; STJ, 20.06.1978, referindo que "[t]odas as questões e excepções suscitadas e solucionadas na sentença, por imperativo legal e conexas com o direito a que se refere a pretensão do autor, estão compreendidas na expressão "precisos limites e termos em que se julga" do artigo 673º do Codigo de Processo Civil [de 1961, correspondente ao actual artigo 621º], ao definir o alcance do caso julgado material, pelo que também constituem este"; STJ, 12.05.1993, invocando o disposto no artigo 673º do CPC [de 1961: hoje, artigo 621º] em abono da tese segundo a qual "[a] eficácia do caso julgado somente abrange as questões preliminares que forem antecedente lógico indispensável à emissão da parte dispositiva do julgado"; STJ, 26.05.1993, em cujo sumário se lê que "[a] força do caso julgado não se estende aos fundamentos da sentença que, no corpo desta, se situam entre o relatório e a decisão final"; STJ, 23.09.1998, entendendo que "[a] força e autoridade de caso julgado material da sentença concentra-se na respectiva decisão, não sendo de excluir o recurso à parte motivatória para alcançar e fixar o verdadeiro conteúdo da mesma decisão"; STJ, 20.01.1999, sustentando que "[s]e é certo

sual, porque só nesta hipótese se coloca o problema da função positiva do caso julgado[2611], a propósito do qual se tem também questionado a abrangência, pela autoridade da sentença, dos respectivos fundamentos; ora, tendo nós invocado o regime do recurso extraordinário para resolver a questão da vinculação, já demos a entender que é o mesmo esse objecto.

Mas mesmo que se entenda que a extensão da autoridade da sentença anterior aos fundamentos da decisão ainda tem cabimento nas situações em que é o mesmo o objecto da primeira e o da segunda acção, ou que é diverso o objecto da acção modificativa e da acção anterior (pelo que não procederia então a objecção a que fizemos referência), a verdade é que a mencionada vinculação parece significar, antes, que o poder jurisdicional do juiz da acção modificativa se encontra confinado à matéria relativa à alteração das circunstâncias, como consequência da função dessa acção: ou seja, não se trata propriamente de fazer operar o caso

que o caso julgado apenas se forma sobre a decisão e não sobre os fundamentos, torna-se muitas vezes necessário avaliar os fundamentos para dimensionar a decisão"; STJ, 18.02.1999, declarando que "[o] caso julgado material só se forma sobre o pedido e não sobre toda a causa de pedir – a sua força cobre apenas a resposta dada à pretensão do autor e não ao raciocínio lógico que a sentença percorreu para chegar a essa resposta", embora, em voto de vencido, aí se assinale que a doutrina e a jurisprudência maioritárias propenderiam "a um certo regresso a Savigny"; RL, 17.11.1983, entendendo que "[e]m novo processo contra as mesmas partes, mas em que é diferente o pedido ou a causa de pedir, não pode invocar-se a matéria de facto dada como provada em processo anterior"; RP, 28.01.1982, considerando que "[a] eficácia do caso julgado, limitada, em princípio, à simples conclusão ou dispositivo da sentença, deve tornar-se extensiva à decisão das questões preliminares, que forem antecedente lógico indispensável à emissão da parte dispositiva do julgado", bem como que "[o]s fundamentos ou motivos da sentença devem, no entanto, ser tidos em conta, sempre que tal se mostre necessário para interpretar e determinar o verdadeiro sentido da decisão e o seu exacto conteúdo"; RP, 21.12.1992 (Proc. 9120261), sustentando que "[o] caso julgado abrange tão só o "objecto da causa", ou seja, envolve os seus fundamentos mas enquanto em relação útil com a pretensão do autor, não isoladamente considerados"; RP, 01.06.1993, considerando que "[n]a sua actual redacção, o artigo 96º, nº 2, do Código de Processo Civil [de 1961, correspondente ao actual artigo 91º, nº 2] consagrou a doutrina do Professor Manuel de Andrade da extensão do caso julgado às questões prejudiciais cuja decisão seja o precedente lógico, necessário, suficiente e condição única da acção"; RP, 09.11.1995, entendendo que "[o] caso julgado cobre apenas a decisão e não os seus fundamentos, mas a motivação da decisão deve ser considerada quando se torne necessário reconstituir e fixar o seu conteúdo"; RP, 02.05.1996, afirmando que "[o] caso julgado cobre apenas a decisão e não também os seus fundamentos. Todavia, a sua autoridade estende-se à decisão de questões preliminares que foram antecedente lógico necessário de emissão da parte dispositiva daquela. Mas não abrange nunca a matéria de facto dada como provada, a menos que esta constitua antecedente lógico da decisão".

[2611] Assim, STJ, 19.02.1998, que, adoptando a definição de autoridade do caso julgado de Teixeira de Sousa, sustenta que "[o] caso julgado da decisão anterior releva como autoridade de caso julgado material no processo posterior quando o objecto processual anterior (pedido e causa de pedir) é condição para a apreciação do objecto processual posterior" (cfr. sumário). Em sentido idêntico, STJ, 23.09.1998. Na doutrina alemã, veja-se a observação de Reischl, a que, embora a propósito das hipóteses de verificação posterior da exigibilidade da dívida, atrás se aludiu (*supra*, § 24º, II, 2): a de que não pode falar-se em efeito positivo do caso julgado quando se sustenta que, nessas hipóteses, o objecto processual é idêntico, porque sendo tal objecto idêntico simplesmente funcionaria a vinculação aos fundamentos da anterior decisão.

julgado da acção anterior na acção modificativa, porque tal só poderia ocorrer se a matéria de que cumpre apreciar na acção modificativa se não restringisse à matéria da alteração das circunstâncias, sendo, como tal, de apreciar tal matéria (ainda que, nesta apreciação, se impusesse o anteriormente decidido). Nesta perspectiva, a vinculação de que vimos tratando significa, mais propriamente, *falta de jurisdição*.

§ 37º Referência temporal dos efeitos da modificação

I. Colocação do problema

O artigo 619º, nº 2, do CPC não esclarece – contrariamente, por exemplo, ao § 323, 3, da ZPO – qual o momento a que se refere a produção de efeitos pela sentença modificativa: se o da proposição ou da notificação da correspondente demanda; se o momento da verificação da alteração das circunstâncias; se o do proferimento ou do trânsito em julgado dessa sentença.

Admitindo que os efeitos da sentença modificativa possam reportar-se a um momento anterior ao do respectivo trânsito em julgado, mas nunca anterior ao da dedução do pedido modificativo, cabe perguntar ainda, por um lado, se podem ser atingidos todos os efeitos produzidos pela antecedente sentença (isto é, pela sentença modificanda) até ao momento desse trânsito em julgado, e, por outro lado, se o pedido de modificação "para o passado" (ou seja, para o período anterior à dedução do pedido modificativo) é inadmissível, por a modificação "para o futuro" configurar pressuposto processual da acção modificativa, ou deve, antes, ser considerado improcedente.

II. Lugares paralelos de regulação

Quanto à questão de saber qual o momento a que se refere a produção de efeitos pela sentença modificativa, importa começar por considerar o lugar paralelo de análise que é dado pelo regime da *revisão de pensões por acidentes de trabalho*.

Assim, num Acórdão de 12 de Dezembro de 2005, o Tribunal da Relação do Porto baseou-se no disposto no artigo 267º, nº 1, do CPC de 1961 (artigo 259º do Código actual) para concluir que "o deferimento do pedido de revisão [da incapacidade resultante de acidente de trabalho] deve produzir efeitos a partir da data da entrada em juízo do respectivo requerimento, já que o exame médico de revisão é apenas um elemento de prova, uma mera peritagem, de livre apreciação pelo juiz, exame esse que apenas avalia a situação clínica do sinistrado em dado momento processual, mais ou menos dilatado no tempo, não lhe determinando qualquer direito". Concluiu igualmente que a actualização da pensão revista devia reportar à data da entrada em vigor do novo regime de actualização de pensões e não à data do requerimento da revisão da incapacidade – sendo que, no caso, aquela era uma data anterior a esta –, embora a pensão revista e actualizada devesse ser paga a partir deste último momento: e isto porque, "se a pensão revista deve ser calculada do mesmo modo que o foi a pensão inicial, então, a sua actualização deve ser feita como se a nova pensão estivesse a ser fixada desde o seu início ou desde a data em que preencha os respectivos requisitos legais, não obstante essa nova pensão só ser devida desde a data da sua alteração, sob pena de o montante da pensão revista ser inferior ao valor da pensão anterior actualizada".

A aceitação da regra segundo a qual a pensão revista é devida desde o pedido de revisão parece-nos constituir jurisprudência constante[2612], embora num recente acórdão do Tribunal da Relação de Lisboa se configure uma excepção a essa regra ou, talvez melhor, se admita a possibilidade de a sentença reportar a sua eficácia a um momento anterior[2613].

O disposto no *artigo 2006º do CC* pode também ser invocado a favor da tese segundo a qual a modificação da sentença, por alteração das circunstâncias (particularmente quando essa sentença se refira a alimentos), só produz efeitos a partir da data da dedução do pedido de modificação.

Segundo o artigo 2006º do CC – que trata do tempo do cumprimento da obrigação de alimentos e não da respectiva exigibilidade, já que esta surge com a constituição da obrigação, isto é, com a verificação do estado de necessidade de quem houver de receber os alimentos e da possibilidade de quem houver de prestá-los[2614] –, "[o]s alimentos são devidos desde a proposição da acção ou, estando já fixados pelo tribunal ou por acordo, desde o momento em que o devedor se constituiu em mora, sem prejuízo do disposto no artigo 2273º [Legado de prestação periódica]"[2615].

Sendo os alimentos devidos desde a proposição da acção, nos termos do artigo 2006º do CC, tal significa que "são devidos desde o mês, inclusive, em que a acção foi proposta"[2616] e não somente a partir do mês seguinte ao da proposição da acção.

A regra consagrada na primeira parte deste artigo – que se aplica mesmo que tenham sido anteriormente fixados alimentos provisórios[2617] – explica-se pela cir-

[2612] Assim, M. B. Fialho, "Processo...", pág. 94.

[2613] Assim, RL, 16.07.2009, em cujo sumário se lê que "[r]equerido exame de revisão, se os peritos que integram a junta médica não atribuem uma incapacidade relativamente a uma data anterior à do exame, apenas estabelecendo o novo grau de IPP a partir da data do exame, a alteração do grau de incapacidade e, consequentemente, da pensão deve ser reportada à data do requerimento de revisão".

[2614] Assim, J. Rodrigues Bastos, *Notas ao Código Civil*, VII, pág. 219.

[2615] A segunda parte do artigo 2006º do CC pretende abranger as hipóteses em que a prestação alimentícia foi fixada à margem da acção de prestação de alimentos, ou seja, as "situações em que o responsável pela prestação alimentícia não é qualquer dos obrigados naturais [...], mas um terceiro, por força da prática de um acto ilícito de que algum daqueles tenha sido vítima (ex. agressão corporal ou acidente de viação)" (cfr. RC, 25.03.2010).

[2616] Assim, RP, 23.01.1990.

[2617] Assim, RL, 09.03.2004, referindo que "[n]uma acção de regulação do exercício do poder paternal, se tiverem sido fixados alimentos provisórios, quer por acordo dos pais, quer por decisão do tribunal, e na

cunstância de o direito a alimentos ser um direito actual[2618] e, bem assim, pela pressuposição de que o obrigado a alimentos, uma vez demandado, pode e deve voluntariamente reconhecer a obrigação e cumpri-la, por isso sendo "razoável e justo fazer retroagir a fixação da prestação alimentar ao momento da instauração da acção"[2619]; a referência ao legado de prestação periódica prende-se com a previsão, no artigo 2273º do CC, do legado de alimentos, que é devido desde a morte do testador e exigível a partir do início de cada período.

A jurisprudência portuguesa tem invocado o disposto no artigo 2006º do CC para o efeito, tanto da referência temporal da *actualização* da pensão de alimentos em função da taxa de inflação[2620], como da da modificação desta pensão por alteração das circunstâncias[2621].

Para os alimentos provisórios, vale a regra do artigo 386º, nº 1, do CPC, segundo a qual "[o]s alimentos são devidos a partir do 1º dia do mês subsequente à data da dedução do respetivo pedido".

Segundo CURA MARIANO[2622], esta regra, não obstante não estar literalmente abrangida pela remissão constante do artigo 389º, nº 1, do CPC – que apenas alude ao processamento da providência –, é também aplicável, por identidade de razões, ao arbitramento de reparação provisória do dano: na verdade, "[a]pesar da situação de necessidade poder iniciar-se em data anterior, a data em que a sua existência irá ser verificada é a da propositura do procedimento cautelar, sendo também essa a data em que o requerente solicita auxílio urgente, pelo que se justifica que a renda mensal arbitrada pelo tribunal deva já incidir sobre a situação de neces-

sentença final forem atribuídos alimentos definitivos em quantia superior, estes serão também devidos desde a data da propositura da acção, sendo então deduzida a quantia já paga a título de alimentos provisórios",

[2618] Assim, L. P. Moitinho de Almeida, *Os alimentos*..., págs. 20-21.

[2619] Neste sentido, STJ, 10.07.2008.

[2620] Assim, RL, 19.09.2007. Esta actualização a que se procedeu no acórdão teve lugar, como vimos (*supra*, § 28º, II, 1), na sequência da improcedência do pedido de aumento dessa mesma pensão.

[2621] Assim: RL, 17.06.2004 (em cujo texto se lê que "[a] 1ª parte do art. 2006º CC não distingue entre a acção que fixa inicialmente os alimentos e a que os altera, estando aqui em causa apenas as alterações, pelo que não há a considerar os alimentos fixados pelo tribunal ou por acordo antes do pedido de alterações, nem há fundamento para aplicar este segundo segmento do art. 2006º CC ao pedido de alterações"); RP, 11.12.1980; RP, 06.12.2004 (em cujo texto se lê que "[...] se tem entendido que no caso de alteração da prestação alimentícia a nova prestação que vier a ser fixada é devida desde a entrada em juízo do pedido de alteração e não desde o trânsito em julgado da decisão que altera os alimentos"; RC, 25.03.2010 (referindo que "a 1ª parte do art. 2006º não distingue entre a acção que fixa inicialmente os alimentos e a que os altera, nem há razão para destrinça quanto a tal âmbito porque a razão de ser da opção legislativa é-lhes comum. Também com o pedido de alteração "soou a campainha de alarme" para o demandado poder e dever, desde a data da sua apresentação, voluntariamente reconhecer a obrigação e cumpri-la [...]". Esta linha jurisprudencial era já referenciada, aliás, por J. de Castro Mendes / M. Teixeira de Sousa (*Direito da família*, pág. 439), que com ela concordavam.

[2622] J. Cura Mariano, *A providência cautelar*..., págs. 98-99.

sidade vivida no mês seguinte ao da propositura da acção". E, de acordo com o mesmo Autor[2623], a regra do artigo 386º, nº 1, do CPC aplica-se ainda quando se altere a providência cautelar decretada: assim, no caso do arbitramento de reparação provisória do dano, "[o] novo montante da renda, resultante da alteração operada pela nova decisão, deve considerar-se em vigor a partir do primeiro dia do mês subsequente àquele em que foi deduzido o pedido de alteração [...]".

Pode portanto o *artigo 386º, nº 1, do CPC* servir também de lugar paralelo de regulação, no que diz respeito à questão da referência temporal dos efeitos da sentença modificativa proferida nos termos do artigo 619º, nº 2, do mesmo Código: aquele preceito aponta no sentido de que estes efeitos se produzem a partir da data da dedução do pedido de alteração da sentença.

Já o *artigo 2007º, nº 2, do CC*, ao determinar que "[n]ão há lugar, em caso algum, à restituição dos alimentos provisórios recebidos", pode ser invocado a favor da tese segundo a qual a decisão modificativa (pelo menos, a decisão modificativa que proceda à cessação ou à redução dos alimentos) nunca produz efeitos retroactivos, operando antes, em regra, somente a partir do respectivo trânsito em julgado.

Coloca-se, todavia, a este propósito, o problema de saber se idêntica regra vigora para os alimentos definitivos, a ponto de se entender consagrado no nosso ordenamento o princípio "alimentos não se restituem", explicável em atenção à circunstância de os alimentos se destinarem a ser consumidos por aquele que deles carece[2624]. A tal problema dá Moitinho de Almeida[2625] resposta afirmativa, fundamentalmente por nem o princípio do enriquecimento sem causa nem o princípio da restituição do indevido (na sua óptica, autonomizável daquele) serem, ao caso, aplicáveis, quer por terem natureza subsidiária (ao contrário do princípio "alimentos não se restituem"), quer por o primeiro princípio pressupor um enriquecimento actual e, na hipótese da pensão alimentícia, o credor não ter enriquecido (na verdade, o credor já gastou os montantes recebidos); mas a Relação de Lisboa, num acórdão de 17 de Junho de 2004, já considerou que o disposto no artigo 2007º, nº 2, do CC só se aplica aos alimentos provisórios, pelo que, a

[2623] J. Cura mariano, *A providência cautelar...*, pág. 115.

[2624] Sobre este problema e esta justificação do princípio, veja-se L. P. Moitinho de Almeida, *Os alimentos...*, págs. 21-22. Face a certa jurisprudência italiana, que sustenta a não restituição dos alimentos provisórios, quando na acção principal se tenha fixado um montante de alimentos inferior (ou se tenha mesmo negado os alimentos), entende T. A. Auletta ("Alimenti...", pág. 8) que o princípio segundo o qual os efeitos da sentença retroagem ao momento da proposição da acção é incompatível com tal solução; por outro lado, o Autor critica tal jurisprudência por, na hipótese oposta (a da fixação, na acção principal, de montante superior), fazer impender sobre o devedor dos alimentos o dever de integrar, desde aquela data, a pensão que pagou.

[2625] L. P. Moitinho de Almeida, *Os alimentos...*, págs. 22-25.

seguir-se esta tese, este preceito não pode ser usado como argumento contra a retroactividade da decisão modificativa.

O regime substantivo da *resolução ou modificação dos contratos por alteração das circunstâncias* dá, por seu lado, a entender que a modificação da sentença por alteração das circunstâncias deve operar a partir de um momento anterior ao do trânsito em julgado da decisão modificativa, se bem que esse regime não seja muito esclarecedor quanto a esse preciso momento e, bem assim, quanto à possibilidade de certos efeitos que se produzam depois deste momento ficarem, ainda assim, ressalvados[2626].

Na verdade, o artigo 439º do CC estabelece que, resolvido o contrato (por alteração das circunstâncias), são aplicáveis à resolução as disposições da subsecção anterior (dedicada, justamente, à resolução do contrato), entre as quais se conta o artigo 434º do CC, que determina, no nº 1, que "[a] resolução tem efeito retroactivo, salvo se a retroactividade contrariar a vontade das partes ou a finalidade da resolução" e, no nº 2, que "[n]os contratos de execução continuada ou periódica, a resolução não abrange as prestações já efectuadas, excepto se entre estas e a causa da resolução existir um vínculo que legitime a resolução de todas elas". O artigo 435º do CC, por seu lado, consagra a regra de que a resolução não afecta os direitos adquiridos por terceiro.

Da remissão do artigo 439º do CC para a subsecção anterior parece, portanto, decorrer que a resolução do contrato por alteração das circunstâncias é retroactiva (artigo 434º, nº 1).

Oliveira Ascensão[2627] rejeita, porém, a hipótese de a resolução – e, bem assim, a modificação – retroagirem, quer à data da verificação da alteração das circunstâncias, quer à data da celebração do contrato: no primeiro caso, porque "[é] imputável ao lesado que o passado fique eventualmente por reparar, uma vez que poderia ter pedido a resolução ou a modificação antes e não o fez"; no segundo caso, "porque por definição a alteração das circunstâncias é superveniente". Assim sendo, *a resolução ou a modificação operam, do seu ponto de vista, apenas a partir da data da proposição da correspondente acção.*

Mas, se a resolução ou modificação do contrato por alteração das circunstâncias operam a partir da data da proposição da correspondente acção – tendo, portanto, a retroactividade aqui um sentido específico, diverso do da retroacti-

[2626] A indefinição do regime substantivo é realçada por A. Menezes Cordeiro (*Da alteração...*págs. 78-80), ao referir que na modificação é sempre determinante a vontade das partes, e por L. Menezes Leitão (*Direito das obrigações*, vol. II, pág. 133), ao observar que os efeitos da alteração das circunstâncias, quando se opte pela modificação [em vez da resolução], são mais complexos, "devendo procurar-se uma reposição do equilíbrio contratual, tomando em atenção qual a vontade das partes no contrato e qual a eficácia concreta que a alteração teve na esfera da parte lesada".

[2627] J. de Oliveira Ascensão, "Onerosidade...", págs. 641-642, e *Direito civil...*, pág. 205.

vidade que anda associada à resolução do contrato fundada na lei ou em convenção (artigo 432º, nº 1, do CC)[2628] –, qual o interesse da remissão (do artigo 439º do CC) para a disposição que prevê a não afectação das prestações já efectuadas, quando se trate de contrato de execução continuada ou periódica (isto é, para o artigo 434º, nº 2, do CC)[2629]? Aparentemente, esta remissão não tem interesse, porque se encontra abrangida pela remissão para o artigo 434º, nº 1, do CC.

Face à redacção do artigo 434º do CC e à remissão do artigo 439º do CC aparentemente para todos os aspectos regulados naquele primeiro preceito (e, em geral, para o regime da resolução), dir-se-ia o seguinte: a resolução do contrato por alteração das circunstâncias retroage, em regra, à data da proposição da acção (artigo 434º, nº 1, adaptado), mas se se tratar de contrato de execução continuada ou periódica e forem realizadas algumas prestações após aquele momento (ou seja, depois da proposição da acção), devem essas prestações ficar ressalvadas. Do mesmo modo, não são afectados os direitos adquiridos por terceiro após a proposição da acção, nos termos do já mencionado artigo 435º do CC.

Em suma, diríamos que o regime substantivo da resolução dos contratos, caso sirva de lugar paralelo para a acção modificativa, não exclui a possibilidade de a decisão modificativa, operando embora em regra a partir do momento da dedução do pedido de alteração da sentença, operar, em certos casos, apenas a partir de um momento posterior a este, quando se justifique a manutenção de certos efeitos produzidos após aquele momento.

Relativamente ainda a esta questão de saber se, operando a sentença modificativa para um momento anterior ao do trânsito em julgado respectivo – embora, em princípio, e como dissemos, posterior ao da dedução do pedido modificativo –, tal significa que nunca podem ser ressalvados efeitos produzidos pela decisão modificanda até ao momento do trânsito em julgado da decisão modificativa, cumpre atentar também no disposto no *artigo 988º, nº 1, do CPC*, que precisa-

2628 A. Menezes Cordeiro (*Da alteração...*, pág. 78) parece mesmo excluir a hipótese de modificação retroactiva, uma vez que afirma que a modificação deve, em princípio, operar quando a resolução seja impossível, dada a eficácia retroactiva desta.

2629 A propósito dos efeitos da resolução do contrato por alteração das circunstâncias quanto às prestações já efectuadas em contratos diversos dos de cumprimento continuado ou periódico, sustentava Vaz Serra ("Resolução...", págs. 371-372), aquando da realização do Anteprojecto do Código Civil, que, no caso de resolução do contrato por alteração de circunstâncias, as prestações já efectuadas deviam, em princípio, ser restituídas dentro dos limites do enriquecimento sem causa; se, porém, o contrato fosse de cumprimento continuado ou periódico, a regra já seria a de que os efeitos da resolução não abrangiam essas prestações. Já quanto às prestações ainda não efectuadas, pronunciava-se Vaz Serra ("Resolução...", págs. 373-374) no sentido de que o devedor continua "obrigado pelas prestações que deixou de fazer depois da data em que, segundo a boa fé, devia ter declarado à outra parte que pretendia valer-se do direito de resolução ou modificação do contrato", mesmo que o contrato em causa não fosse de cumprimento continuado ou periódico.

mente manda ressalvar os efeitos produzidos pela decisão anterior e que pode servir como argumento no sentido da possibilidade de ressalva de efeitos produzidos até ao trânsito em julgado.

Há, ainda, que considerar o regime do *recurso extraordinário de revisão*. Na verdade, a propósito da questão de saber qual o valor do juízo rescindente, particularmente se tal julgamento pode prejudicar os direitos entretanto adquiridos por terceiros de boa fé sobre a *res litigiosa*, sustentava ALBERTO DOS REIS[2630], aderindo à doutrina de CHIOVENDA[2631], que esses terceiros não podiam ser prejudicados, pelo menos nos casos dos nº s 2º e 3º do artigo 771º do CPC de 1939 – correspondentes às alíneas *b)* e *c)* do artigo 696º do Código actual –, pois "seria grave que eles pudessem ser despojados de direitos que adquiriram fundando-se num acto de autoridade do Estado"; só assim não sucederia, conforme o ensino de MANUEL DE ANDRADE, quanto a certas vendas feitas no processo de execução da sentença recorrida: aquelas que, por força da alínea *a)* do artigo 909º do CPC de 1939[2632], ficavam sem efeito se o comprador tivesse sido avisado da pendência do recurso de revisão nos termos dos artigos 887º, § único, e 890º, § 2º, do CPC de 1939[2633].

Um outro lugar paralelo é dado pelo regime da *revogação do acto* adminstrativo. Na área do direito administrativo, na verdade, também se colocava, no período de vigência do CPA de 1991, o problema de saber quais seriam os efeitos da revogação (propriamente dita) do acto administrativo e, bem assim, os da revogação anulatória e da revogação com fundamento em invalidade superveniente do acto[2634]. Relativamente às duas primeiras figuras, afirmava VIEIRA DE ANDRADE[2635] que "[o]s efeitos de uma revogação são, em princípio, *efeitos para o futuro* ("ex nunc"), embora possam em certos casos ser retrotraídos a um momento anterior, enquanto os efeitos naturais da revogação anulatória se produzem "ex tunc", reportando-se ao momento da prática do acto anulado (ou ao da existência do vício)". A eficácia *ex nunc* da revogação propriamente dita explica-se, como observava PEDRO

2630 J. Alberto dos Reis, *Código...*, vol. VI, págs. 403-406.

2631 G. Chiovenda, *Istituzioni...*, vol. II, pág. 571.

2632 Face ao Código actual, há a considerar o artigo 839º (Casos em que a venda fica sem efeito), que no seu nº 1, alínea *a)*, prevê a hipótese de anulação ou revogação da sentença que se executou.

2633 Actualmente, haverá a considerar os seguintes preceitos: o artigo 817º do CPC, relativo à publicidade da venda mediante propostas em carta fechada, que no seu nº 4 consigna que "[s]e a sentença que se executa estiver pendente de recurso ou estiver pendente oposição à execução ou à penhora, faz-se menção do facto no edital e no anúncio"; o artigo 833º do CPC, respeitante à realização da venda por negociação particular, cujo nº 5 estabelece que "[e]stando pendente recurso da sentença que se executa ou oposição do executado à execução ou à penhora, faz-se disso menção no ato de venda".

2634 Esta última figura não se encontrava prevista no Código do Procedimento Administrativo de 1991 (cfr. os artigos 141º, 140º, nº 1, e 145º, nº 1, deste Código).

2635 J. C. Vieira de Andrade, "Revogação...", pág. 55.

Gonçalves[2636], "[p]elo facto de a autoridade revogante querer responder à exigência da sua concepção actual sobre o que é mais conveniente para o interesse público", pretendendo, "em primeira linha, introduzir alterações numa situação jurídica enquanto esteja a ser regulada por um acto que, do ponto de vista da sua conveniência, se "desactualizou"". Quanto à revogação (ou modificação) com fundamento em invalidade superveniente do acto – a realidade que, por apresentar maior semelhança com a da modificação do caso julgado material por alteração das circunstâncias, mais nos interessa –, salientava F. Urbano Calvão[2637], ainda à luz do CPA de 1991, a necessidade de distinguir entre a "alteração do quadro normativo aplicável" e a "alteração da situação de facto que serviu para preencher pressupostos de validade do acto", nos seguintes termos: "A invalidade superveniente pode resultar da alteração do quadro normativo aplicável, caso em que deparamos com um problema de aplicação de lei no tempo: em princípio, decorrendo da lei nova que esta se aplica aos efeitos ou relações jurídicas constituídas ao abrigo de lei anterior, e que ainda se mantenham, e não se compadecendo ela com tais efeitos, caducarão estes (a não ser que a sua modificação se tenha por suficiente). Quando a invalidade superveniente decorrer da alteração da situação de facto que serviu para preencher pressupostos de validade do acto, é óbvio que os efeitos produzidos até ao momento em que se verifica a invalidade não podem ser afectados [...]".

Portanto, a servir o descrito regime da revogação (ou modificação) do acto administrativo com fundamento em invalidade superveniente do acto como lugar paralelo de análise do problema que nos ocupa, dir-se-ia que a modificação, por alteração das circunstâncias, da sentença nunca há-de operar para um período anterior a esta alteração.

O actual CPA, de 2015, trata da figura correspondente (mas não equivalente, já que claramente distingue entre a revogação e a anulação) à da revogação ou modificação do acto administrativo com fundamento em invalidade superveniente nos artigos 167º, nºs 2, alínea *c)*, 4, 5 e 6 e 173º, nº 1, mas não contém regra expressa quanto aos efeitos desse acto revogatório ou modificativo: parece assim aplicável a regra geral segundo a qual a revogação apenas produz efeitos para o futuro (artigo 171º, nº 1), o que também significa que, a servir este regime como lugar paralelo de análise, a modificação da sentença por alteração das circunstâncias não opera para um período anterior a esta alteração.

Finalmente, aquando da *revogação de certas sentenças*, a lei manda ressalvar certos dos seus efeitos: assim, a propósito da sentença que revoga a declaração de insolvência (artigo 43º do CIRE)[2638].

[2636] P. Gonçalves, "Revogação...", pág. 322.

[2637] F. Urbano Calvão, "Revogação dos actos...", pág. 39.

[2638] À luz do direito italiano, veja-se V. Andrioli, "Limiti...", pág. 68: "[...] la revoca del fallimento, come l' accoglimento dell' opposizione di merito, opera retroattivamente, ma rispetta i diritti dei terzi".

De todo o exposto parece-nos resultar que o regime de modificação de sentenças por alteração de circunstâncias mais coerente com estes lugares paralelos de regulação seria um regime que, embora fazendo operar a modificação para o período posterior à data da formulação do pedido modificativo, protegesse direitos de terceiros de boa fé adquiridos depois deste momento (os direitos adquiridos anteriormente estariam, por natureza, ressalvados, uma vez que a modificação nunca poderia operar para o período antecedente àquele pedido).

A jurisprudência portuguesa tem também aceitado, ao que nos parece, o *princípio segundo o qual a modificação da sentença, por alteração das circunstâncias, apenas opera a partir da data da dedução do pedido modificativo*[2639]: o que distinguiria, aliás, a figura da modificação do caso julgado face à da caducidade do caso julgado (uma vez que, quanto a esta última, a regra parece ser a de que a declaração opera relativamente a uma data anterior à da entrada do requerimento respectivo, que é a data da verificação do facto que determinou a caducidade do direito[2640]) e, bem assim, a figura da modificação do caso julgado por alteração das circunstâncias face à da impugnação do caso julgado através de recurso de revisão (atendendo a que, nesta última hipótese, sendo anulada a sentença transitada, os efeitos de tal anulação retroagem à data do seu proferimento[2641], sem prejuízo do asseguramento dos direitos de terceiros a que já nos referimos).

Idêntica parece ser, quanto à vigência do referido princípio, a posição de Remédio Marques[2642], pois observa que "ocorrendo o incidente de *alteração de alimentos* já fixados – atenta a alteração das circunstâncias [...] –, não ficam prejudicadas "as actualizações *não recuperadas* e que fossem *exigíveis à data* da dedução do incidente".

III. A natureza constitutiva da sentença modificativa

Na ausência de uma regra respeitante à referência temporal dos efeitos da modificação, por alteração de circunstâncias, da generalidade das sentenças – como sucede no ordenamento italiano ou no português –, pode tentar-se encontrar a resposta para tal questão atendendo à natureza constitutiva da sentença modificativa (aspecto que mais adiante desenvolveremos[2643]), da qual decorreriam certas particularidades quanto aos efeitos por esta produzidos.

[2639] Assim, os seguintes acórdãos (alguns já citados neste ponto): RL, 17.06.2004; RP, 11.12.1980; RP, 23.01.1990; RP, 19.03.1992; RP, 02.06.1998; RP, 24.01.2002; RP, 06.12.2004.

[2640] Assim, quanto à caducidade da pensão por acidente de trabalho, decorrente da maioridade atingida pelo seu beneficiário (que operaria como termo resolutivo do direito à pensão), RP, 24.10.2005.

[2641] O. Jauernig (*Das fehlerhafte...*, pág. 133) sustenta, a este propósito, que a sentença anulada é, em substância, inexistente.

[2642] J. P. Remédio Marques, *Algumas notas...*, pág. 107, nota 141.

[2643] *Infra*, § 39º, II.

No direito italiano discute-se, quer a questão geral de saber se as sentenças têm efeitos retroactivos, quer a questão particular dos efeitos retroactivos de certo tipo de sentenças, como as constitutivas; não é, porém, tratado com tanto desenvolvimento como no direito alemão o problema da eventual eficácia retroactiva das sentenças modificativas (por exemplo, daquelas que alterem alimentos já fixados). No direito português são ainda menos discutidos estes problemas.

A propósito da primeira questão (geral), sublinha CORRADO FERRI[2644] que a tese da eficácia retroactiva da sentença pode ser sustentada em dois diversos princípios: o princípio da retroactividade própria da eficácia ou natureza declarativa do caso julgado (que conduz a reportar os efeitos da sentença ao momento da realização da previsão substantiva objecto do acertamento e a considerar que o efeito de acertamento da sentença é sempre retroactivo[2645]) e o princípio da *perpetuatio jurisdictionis*, segundo o qual a duração do processo não deve redundar numa desvantagem para a parte que tem razão (que leva a antecipar certos efeitos da sentença ao momento da proposição da acção).

Para o Autor[2646], porém, a retroactividade não é regra, nem para a generalidade das sentenças nem para certo tipo de sentenças: na verdade, "na disciplina do processo ordinário de declaração, não se encontra qualquer referência a efeitos da sentença que operem retroactivamente no campo substantivo" e as normas do Código de Processo Civil "não enunciam um princípio geral de antecipação dos efeitos da sentença de simples apreciação a um momento anterior ao do seu trânsito em julgado, nem estabelecem uma regra contrária para as sentenças constitutivas", pelo que a recondução do efeito substantivo, objecto da pronúncia, a um momento anterior ao trânsito em julgado da sentença só pode decorrer de alguma norma de direito substantivo. Por outro lado, "a exigência de evitar que a duração do processo prejudique a parte vencedora – admitindo-se que a mesma se encontra consagrada no direito italiano – pode ser cumprida independentemente do recurso à retroactividade dos efeitos da sentença ao momento da proposição da acção"[2647].

Relativamente à segunda questão acima identificada – a dos efeitos retroactivos de certo tipo de sentenças –, assinala CRISTOFOLINI[2648] que, quanto às sentenças constitutivas ou dispositivas, alguma doutrina (como, por exemplo,

[2644] C. Ferri, *Profili...*, págs. 171-172.

[2645] É esta, por exemplo, a tese de F. Carnelutti (*Lezioni...*, pág. 438); trata-se também, segundo C. Ferri (*Profili...*, pág. 172, nota 30), do ponto de vista tradicional da doutrina francesa e de língua espanhola. Segundo S. Satta ("Premesse...", pág. 350), porém, todas as sentenças retroagem, ou melhor, "agem desde o momento em que se verificou a previsão legal".

[2646] C. Ferri, *Profili...*, págs. 187-191.

[2647] C. Ferri, *Profili...*, pág. 207.

[2648] G. Cristofolini, "Efficacia della sentenza...", págs. 317-318.

Chiovenda[2649] e Kisch[2650]) tem aceite o princípio da sua eficácia *ex nunc* (a partir do momento da pronúncia ou do trânsito em julgado), enquanto outra (como é o caso de Carnelutti) lhes tem considerado aplicável o princípio da eficácia retroactiva da sentença ao momento da demanda[2651]; refira-se, todavia, que Chiovenda também admite a produção de efeitos *ex tunc* pelas sentenças constitutivas e determinativas[2652].

O *princípio da retroactividade dos efeitos da sentença ao momento da demanda judicial* derrogaria, na perspectiva de Cristofolini[2653], a normal irretroactividade das sentenças constitutivas e dispositivas: a este princípio introduziria, porém, o princípio da eficácia do *ius superveniens* a excepção decorrente do acolhimento da pretensão com fundamento num facto constitutivo posterior ao início da acção. Segundo Cristofolini, haveria, porém, que distinguir quatro situações: *a)* aquelas em que a sentença elimina ou modifica um acto anteriormente existente, retroagindo ao momento do próprio acto (de que constitui exemplo a anulação de negócios jurídicos com fundamento em vício da vontade)[2654]; *b)* aquelas em que a sentença retroage ao momento da demanda judicial ou, sendo a demanda infundada no momento da sua proposição mas julgada procedente por aplicação do princípio do *ius superveniens*, ao momento da verificação do facto posterior constitutivo[2655]; *c)* aquelas em que o efeito jurídico apenas ocorre com a pronúncia ou com o trânsito em julgado, como sucede com a interdição ou com o divórcio, e com as sentenças dispositivas (por exemplo, as sentenças dispositivas proferidas nos termos dos artigos 544º e 578º do c.c. [de 1865])[2656]; *d)* finalmente, aquelas em que o efeito jurídico nasce posteriormente à sentença[2657].

Para Cristofolini[2658], enquanto a primeira e a última das situações descritas se explicam pela especial configuração da relação jurídica a que se refere a pronúncia e sobre a qual esta incide, a segunda e a terceira colocam o problema

[2649] G. Chiovenda, *Principii*..., págs. 185-188, e *Istituzioni*..., vol. I, págs. 182-184.

[2650] W. Kisch, *Beiträge*..., pág. 77.

[2651] F. Carnelutti (*Lezioni*..., vol. IV, págs. 441-443) sustenta a existência de uma regra geral, própria das sentenças constitutivas e que se retiraria de vários preceitos legais, nos termos da qual estas sentenças produziriam efeitos a partir do momento da proposição da acção.

[2652] G. Chiovenda, *Principii*..., págs. 186 e 195, e *Istituzioni*..., vol. I, págs. 185 e 190. Para Chiovenda, aliás, da máxima "per citationem perpetuatur iurisdictio" extrair-se-iam várias regras que tutelam o interesse do litigante que tem razão, tendo em vista nomeadamente evitar que a duração do processo prejudique o autor que tem razão: nelas se incluiria a regra segundo a qual o caso julgado retroage ao momento da proposição da acção (cfr. G. Chiovenda, "Sulla "perpetuatio..."", págs. 273-277).

[2653] G. Cristofolini, "Efficacia della sentenza ...", pág. 315.

[2654] G. Cristofolini, "Efficacia della sentenza...", págs. 318-320.

[2655] G. Cristofolini, "Efficacia della sentenza...", pág. 320 e nota 3.

[2656] G. Cristofolini, "Efficacia della sentenza...", págs. 320-321.

[2657] G. Cristofolini, "Efficacia della sentenza...", pág. 321.

[2658] G. Cristofolini, "Efficacia della sentenza...", págs. 321-322.

de saber qual delas espelha a regra geral, no silêncio da lei: regra geral essa que, para o Autor, não é possível identificar[2659].

Já para CORRADO FERRI[2660], "apenas se pode afirmar que a recondução dos efeitos constitutivos a um momento anterior ao da proposição da acção deve resultar expressamente da lei. Na falta de norma expressa, e quando não seja possível recorrer à analogia, o momento em que operam os efeitos da sentença [constitutiva] é o da formação do caso julgado".

Entre nós, ANSELMO DE CASTRO[2661] observa que a sentença constitutiva normalmente "apenas produz efeitos "ex nunc" e a partir da sentença", podendo, porém, os respectivos efeitos remontar, "quer ao pedido, quer mesmo à data da constituição da relação jurídica".

CASTRO MENDES / TEIXEIRA DE SOUSA[2662], por seu lado, salientam que "[o]s efeitos das acções constitutivas podem produzir-se *ex tunc* retroactivamente (como acontece, por exemplo, na acção de declaração de nulidade ou de anulação de um acto jurídico: cfr. art. 289º, nº 1) ou apenas *ex nunc* (como sucede, por exemplo, na acção de divórcio ou de separação de pessoas e bens: cfr. arts. 1788º e 1789º CC)". Refira-se que estes dois últimos preceitos consagram a regra geral segundo a qual os efeitos da sentença produzem-se a partir do seu trânsito em julgado, podendo, em certos casos, retroagir à data da proposição da acção ou até a uma data anterior a esta.

Quanto ao problema da eventual eficácia retroactiva das sentenças modificativas, não tem, como já dissemos, sido muito discutido à luz da natureza dessas sentenças.

Concretamente em relação às sentenças de alimentos – a que parece atribuir natureza constitutiva[2663] –, considera CRISTOFOLINI[2664] que as respectivas sentenças modificativas produzem efeitos *ex nunc*, parecendo esta posição significar que o momento de referência da modificação é o da sentença (modificativa). Mas já PROVERA[2665] considera que da natureza determinativa constitutiva das sen-

[2659] Refira-se ainda que, no que diz respeito às sentenças de condenação, G. Cristofolini ("Efficacia della sentenza...", págs. 322-323) sustenta que, quanto à declaração nelas contida (por exemplo, da existência da obrigação e da sua violação), é aplicável a regra da eficácia retroactiva própria das sentenças de simples apreciação, valendo, em relação à sanção que impõem, o que ficou dito para as sentenças constitutivas e dispositivas; de qualquer modo, enquanto preparação da execução, a condenação não possui eficácia retroactiva, porque naturalmente só pode actuar depois da pronúncia.

[2660] C. Ferri, *Profili...*, pág. 196, e "Costitutiva...", pág. 6.

[2661] A. Anselmo de Castro, *Direito...*, vol. I, pág. 111.

[2662] J. de Castro Mendes / M. Teixeira de Sousa, *Manual de processo civil*, I. Teoria geral, § 7º, II, 2.4. *b)* (obra ainda não publicada, mas facultada à autora).

[2663] G. Cristofolini, "Efficacia della sentenza...", pág. 316, nota 1.

[2664] G. Cristofolini, "Efficacia della sentenza ...", pág. 323.

[2665] G. Provera, *Degli alimenti...*, págs. 99-100 e notas 16 e 17.

tenças modificativas em matéria de alimentos (as sentenças que, pela primeira vez, fixam os alimentos seriam, diversamente, na sua perspectiva, determinativas de condenação) retira-se que os seus efeitos retroagem ao momento da citação ou da constituição em mora.

E, face ao direito argentino, entende DUTTO[2666] que a regra dos efeitos *ex nunc* da sentença de cessação de alimentos encontra o seu fundamento no carácter constitutivo desta sentença; a solução contrária, segundo o Autor, significaria exigir ao alimentado a devolução das quantias recebidas desde a proposição da acção ou desde a sua notificação, o que não se compatibilizaria com a natureza da prestação, que se destina a ser consumida, uma vez que é estabelecida para satisfazer as necessidades do beneficiário.

De todo o exposto resulta que da natureza constitutiva da sentença modificativa dificilmente se extrai um argumento decisivo quanto à referência temporal da respectiva produção de efeitos: muito dubitativamente, dir-se-ia que dessa natureza resulta que a sentença produzirá, em princípio, efeitos apenas a partir do respectivo trânsito em julgado.

IV. Conclusão

1. A modificação opera, em regra, para o período posterior à proposição da acção modificativa

A modificação da sentença, para operar, exige o trânsito em julgado da sentença modificativa, nos termos gerais[2667]: mas, operando, a partir de que momento opera?

Parece-nos seguro que este momento não deve ser o do trânsito em julgado da própria sentença modificativa, já que tal conduziria a atribuir ao requerido da acção modificativa um poder desmesurado na fixação desse momento. A este propósito, refira-se que o *Reichsgericht*[2668] já assinalara que a modificação não pode produzir efeitos desde o caso julgado da sentença modificativa, porque não se sabe qual vai ser a duração do processo, que pode ser maior em virtude da actuação da parte que não está interessada na modificação; daí que esse Tribunal propugnasse a extensão do caso julgado da sentença anterior até ao momento da dedução do pedido modificativo.

[2666] R. J. Dutto, *Juicio...*, pág. 279.

[2667] Também a caducidade da providência cautelar só opera com o trânsito em julgado da decisão de improcedência proferida na acção principal, não bastando o proferimento dessa decisão (cfr. o artigo 373º, nº 1, alínea *c)*, do CPC). Crítico em relação à aplicabilidade da solução legal às providências antecipatórias, como seja o arbitramento de reparação provisória, por a decisão de improcedência, em si, "pôr em causa o juízo de aparência sobre a existência do direito acautelado": J. Cura Mariano, *A providência cautelar...*, pág. 116.

[2668] Jurisprudência citada em P. Kurz, *Die Reformbedürftigkeit...*, pág. 24.

Deste modo, a natureza constitutiva da sentença modificativa não impõe que os seus efeitos se produzam a partir do trânsito em julgado desta sentença (como, do que vimos no ponto anterior, poderia resultar).

Os lugares paralelos de regulação que antes referimos apontam, diversamente, no sentido de a modificação produzir efeitos a partir da data da dedução do pedido modificativo.

Mas esta regra, se pode encontrar várias justificações, também acarreta algumas graves desvantagens para o autor da acção modificativa.

Aliás, quando fizemos referência, no parágrafo dedicado ao direito alemão[2669], à regra constante do § 323, 3, da ZPO, segundo a qual *a sentença só pode ser alterada para o período subsequente à dedução do pedido* – que é, no direito alemão, *a data da notificação do requerimento respectivo*[2670], embora a jurisprudência já tenha admitido que a data da formulação do pedido de apoio judiciário pode ser a data relevante para efeitos do § 323, 3, ZPO, quando seja possível deduzir das circunstâncias que o rodearam que o autor pretendia também propor acção modificativa[2671] –, dissemos que a mesma tem sido alvo de críticas.

Vejamos, então, alguns aspectos desse debate no ordenamento alemão, relevante na medida em que existe regra semelhante no direito português. Cumpre, todavia, ter presente que, no direito português, a data da dedução do pedido modificativo – que constitui a referência temporal dos efeitos da modificação – é, diversamente do que sucede no direito alemão, a data a que se reporta o artigo 259º, nº 1, do CPC (ou seja, a data do recebimento na secretaria da petição inicial ou a data que resulte do disposto no artigo 144º do mesmo Código: por exemplo, a data da expedição do acto), pelo que nem sempre as justificações encontradas no direito alemão para a regra do § 323, 3, da ZPO e as críticas a esta dirigidas terão, entre nós, aplicação.

2. Justificações da regra do § 323, 3, da ZPO e críticas à regra

Logo aquando da introdução da regra do § 323, 3, da ZPO no ordenamento alemão, Stein[2672] fez notar que a pretensa dificuldade de prova que lhe subjaz – concretamente, a *dificuldade na demonstração do momento em que ocorreu a alteração*

2669 *Supra*, § 3º, I, 1. *d)*.

2670 Como vimos no local mencionado, a referência que, no § 323, 3, da ZPO, é feita à dedução do pedido, deve ser entendida como respeitando à notificação do requerimento que o contém (*Klagezustellung*).

2671 Assim, OLG Köln, 22.08.1980. K.-A. Klauser ("Abänderung...", pág. 712) observa, porém, que a posição maioritária da jurisprudência é no sentido de que a decisão modificativa apenas produz efeitos para o período posterior à proposição da própria acção modificativa. Sobre esta questão, veja-se ainda H.-U. Maurer, "Abänderung...", P. Kurz (*Die Reformbedürftigkeit...*, págs. 32-39), H.-U. Graba (*Die Abänderung...*, págs. 172-173), e J. R. Moritz (*Probleme...*, pág. 131).

2672 F. Stein, "Zu dem Gesetzentwurf...", pág. 225.

de circunstâncias decisiva para a modificação da sentença[2673] – não pode justificar a obstrução do exercício do direito (de modificação) a que tal regime conduz[2674].

Também Kurz[2675] se insurge contra a primazia atribuída às razões de conveniência que, assentes na verificação dessa dificuldade de prova, ditaram a regra do § 323, 3, da ZPO: não só pelo motivo apontado por Stein, como ainda porque a determinação do momento da verificação da alteração de circunstâncias não apresenta, em princípio, tal dificuldade[2676].

Moritz[2677] coloca, todavia, a hipótese de uma interpretação do § 323, 3, da ZPO que atenda ao elemento teleológico e da qual decorra que a proibição de modificação para o passado só funciona quando tal modificação coloque problemas de prova: assim, quando a alteração das circunstâncias não ocorra num momento definido (é o caso da recuperação da capacidade para o trabalho do lesado, da alteração da necessidade do credor dos alimentos ou da alteração da possibilidade do devedor para os prestar), ou quando o facto novo só assuma relevância – isto é, só constitua uma alteração das circunstâncias – em conjugação com outros factos, é, na sua perspectiva, compreensível, por razões de política legislativa, que a modificação da decisão não produza efeitos desde a verificação da alteração das circunstâncias. Considera, assim, o Autor ainda possível justificar a regra do § 323, 3, da ZPO por razões de conveniência: o problema da regra residiria então, e como adiante se referirá, apenas na restrição do direito ao contraditório em processo judicial que a mesma comporta, quando se propugne a sua aplicação também aos casos em que a alteração das circunstâncias ocorre num momento definido e, bem assim, aos casos em que a alteração das circunstâncias que à parte aproveita se verifica na esfera da parte contrária.

Uma outra justificação – além da da dificuldade de prova – que a doutrina alemã tem encontrado para a não produção de efeitos retroactivos pela sentença modificativa prende-se, como assinala Kurz[2678], com o *caso julgado da anterior sentença*: até à pendência da acção modificativa, esse caso julgado deve permanecer intocado. E seria justamente por a proibição de modificação retroactiva decorrer do caso julgado da decisão que a sua inaplicabilidade só poderia ser ponderada

2673 T. M. Petzoldt (*Die Rechtskraft...*, pág. 204) refere também que o legislador alemão optou por não conferir relevância ao momento da verificação da alteração das circunstâncias, por razões relacionadas com a dificuldade de prova desse momento, atestadas na Exposição de Motivos do primeiro projecto do BGB, na parte referente ao § 724, 6 (cfr. *Motive...*, vol. II, pág. 790); no mesmo sentido, H.-U. Graba, *Die Abänderung...*, pág. 173.

2674 Crítico também pelo mesmo motivo, J. C. Schwartz, *Das Billigkeitsurtheil...*, págs. 91-92.

2675 P. Kurz, *Die Reformbedürftigkeit...*, págs. 137-139.

2676 Identicamente, P. Gottwald, “Anmerkung”, pág. 112.

2677 J. R. Moritz, *Probleme...*, págs. 149-151.

2678 P. Kurz, *Die Reformbedürftigkeit...*, págs. 139-140.

em relação a títulos insusceptíveis de produção de caso julgado (por exemplo, transacções, a cujo regime já várias vezes nos referimos ao longo da exposição)[2679].

No entanto, e como observa ainda KURZ, se é certo que – adoptando a perspectiva da *teoria da equidade* – o juízo de prognose sobre o desenvolvimento futuro das circunstâncias é abrangido, tal como a fixação dos factos passados, pelo caso julgado, e, bem assim, que esse caso julgado se opõe à modificação da sentença, não é menos verdade que ao sistema alemão não é estranha, nem a existência de acções constitutivas que têm em vista a mudança, para o passado, da ordem jurídica, nem a impugnação do caso julgado nos termos dos §§ 578 e seguintes da ZPO, através da qual se permite a total (e não meramente parcial, como sucede com a acção modificativa) destruição dos efeitos da anterior sentença: o que significa, portanto, que o respeito pelo caso julgado da anterior sentença não é apto a explicar a limitação temporal consagrada no § 323, 3, da ZPO[2680].

Uma terceira justificação para a regra segundo a qual a sentença modificativa deve produzir efeitos a partir do momento da dedução do pedido é avançada por SCHWARTZ[2681]: ela residiria no princípio segundo o qual *às partes caberia zelar pelos seus próprios interesses*, incumbindo-lhes consequentemente propor a acção modificativa o mais depressa possível. Trata-se, de algum modo, de uma justificação semelhante à que, como vimos, OLIVEIRA ASCENSÃO dá para a retroacção, à data da dedução do pedido, dos efeitos da decisão que resolve o contrato por alteração das circunstâncias, e que traduz uma visão liberal do processo e da autonomia privada.

Essa justificação, de qualquer modo, parece assentar no pressuposto de que a parte *pode* propor imediatamente a acção modificativa, assim que se verifique a alteração das circunstâncias, o que nem sempre sucede, nomeadamente por desconhecimento não culposo dessa alteração[2682].

A regra do § 323, 3, da ZPO tem finalmente sido justificada, como refere KURZ[2683], mediante a invocação do *princípio da protecção da confiança*[2684]: este sairia lesado, caso ao credor e ao devedor fosse imposta, sem qualquer aviso prévio,

[2679] R. v. Hornhardt, "Versorgungsausgleich...", pág. 659.

[2680] Também no sentido de que a índole do caso julgado não impõe que a modificação se verifique apenas para o período subsequente à dedução do pedido: D. Schwab / H.-U. Maurer, *Handbuch...*, pág. 431; J. Soyka, *Die Abänderungsklage...*, 1ª ed., pág. 124; J. R. Moritz, *Probleme...*, págs. 139-140.

[2681] J. C. Schwartz, *Das Billigkeitsurtheil...*, págs. 84-101.

[2682] Analisando casos em que não é possível a imediata proposição da acção modificativa, K. Ahlers, "Nochmals:...", págs. 186-187; entendendo que esses casos justificariam uma intervenção do legislador no sentido de alterar a regra do § 323, 3, da ZPO, veja-se Bull, "Nochmals:...", pág. 188.

[2683] P. Kurz, *Die Reformbedürftigkeit...*, págs. 140-141.

[2684] Também no sentido de que seria este o fundamento da regra, veja-se, nomeadamente: BGH, 20.01.1982; BGH, 13.07.1983; M. Jakoby, *Das Verhältnis...*, pág. 245. A invocação do princípio da confiança como razão justificativa da imodificabilidade da decisão para o passado tem, como assinala J. R. Moritz

a modificação da sentença para um momento anterior ao da dedução do pedido; só com a dedução do pedido fica a parte contrária, na verdade, alertada sobre a possibilidade de uma modificação, para o futuro, do título, e sobre a consequente necessidade de a ter em conta.

No entanto, e como também assinala o mesmo Autor[2685], os interesses do titular do direito à modificação não merecem menor protecção do que os da parte contrária, sendo particularmente elucidativos, a esse respeito, os casos em que o devedor ou o credor dos alimentos silenciam a melhoria dos seus rendimentos ou da sua situação financeira, a qual pode determinar, respectivamente, o aumento ou a diminuição da prestação; nestas eventualidades, não convence o argumento segundo o qual a parte contrária não podia contar com a modificação antes da dedução do correspondente pedido, colocando-se, diversamente, o problema de saber se esta parte deve ser responsabilizada pelo não cumprimento de deveres de informação[2686].

Nos restantes casos, e seguindo ainda KURZ[2687], o direito material assegura suficientemente os interesses legítimos das partes: assim, se o devedor deduzir o pedido de modificação, por ter piorado a sua condição económica, o credor pode defender-se mediante a invocação do disposto no § 818, 3 do BGB (preceito que, sistematicamente inserido nas regras relativas ao enriquecimento sem causa, determina que a obrigação de restituir, em espécie ou pelo valor correspondente, cessa com o desaparecimento do enriquecimento[2688]); na situação inversa – isto é, de dedução do pedido de modificação por parte do credor –, o devedor encontra-se protegido pelo regime do § 1613 do BGB, de acordo com o qual os alimentos pretéritos só podem ser exigidos pelo credor a partir do momento da mora do devedor ou da litispendência (cfr. o respectivo parágrafo 1º, 1ª parte)[2689].

(*Probleme...*, págs. 141-142 e 144), raízes antigas, surgindo já numa decisão do *Reichsoberhandelsgericht* (ROHG) de 12 de Novembro de 1878.

2685 P. Kurz, *Die Reformbedürftigkeit...*, págs. 141-142.

2686 Sobre estes deveres, no campo dos alimentos, H. Brüne ("Informationspflichten...", págs. 657-658), concluindo que o dever de informação só se verifica relativamente a alterações que, nos termos do § 323 da ZPO, podem conduzir à modificação da sentença de alimentos. Entendendo, diversamente, que os deveres de informação que emergem dos §§ 1580 e 1605 do BGB (e que foram introduzidos neste Código em 1977) são mais amplos, e que a respectiva medida não corresponde à alteração essencial das circunstâncias a que aludem os §§ 323, 1, da ZPO e 242 do BGB, R. Hoppenz, "Die Unterhaltsrechtliche...", págs. 337-339. Este Autor salienta ainda que o reconhecimento de um dever de indemnização por violação de um dever de informação estabelecido naqueles preceitos não pressupõe a modificação do título de alimentos nem afasta o regime do § 323, 3, da ZPO (*idem*, págs. 341-342).

2687 P. Kurz, *Die Reformbedürftigkeit...*, pág. 142.

2688 Trata-se da denominada *excepção de desaparecimento do enriquecimento*: assim, e como observa J. R. Moritz (*Probleme...*, págs. 145-146), se o credor tiver utilizado o montante prestado, não está obrigado a restituí-lo (havendo, contudo, a considerar múltiplos desvios a esta regra).

2689 Sobre outras soluções de direito material de protecção (da confiança) do credor face a pedidos de reembolso e do devedor face a exigências adicionais, veja-se J. R. Moritz (*Probleme...*, págs. 147-148).

Não impondo o princípio da protecção da confiança – que se funda na confiança das partes na continuidade da situação definida no título executivo – a solução consagrada no § 323, 3, da ZPO, nem havendo motivo para distinguir, no que aos efeitos da modificação diz respeito, consoante o modo como o título foi produzido (nomeadamente, por transacção judicial)[2690], conclui KURZ[2691] que nenhuma razão convincente justifica a admissibilidade da modificação da sentença apenas para o futuro, propugnando a abolição do correspondente preceito e a sua substituição por outro que, a essa modificação, mande aplicar as regras do direito material. Essas regras do direito material são as já assinaladas: a do § 1613 do BGB, no caso do pedido de aumento da pensão de alimentos – porque, não obstante a correspondente pretensão surgir no momento da verificação da alteração de circunstâncias, ao devedor não é exigível o conhecimento da extensão e do momento da alteração antes da interpelação ou da litispendência, devendo, como tal, a modificação da sentença produzir efeitos, para sua protecção, apenas a partir de um destes momentos[2692] – e a do § 818, 3, do BGB, no caso do pedido de redução da pensão de alimentos – de cuja aplicação resulta que a modificação da sentença produz efeitos a partir do momento da verificação da alteração das circunstâncias, protegendo-se, através desta regra, o credor que recebeu mais do que lhe era devido.

A necessidade de abolição da norma do § 323, 3, da ZPO justifica-se particularmente, segundo KURZ[2693], quando se constata que, para além de não lhe subjazer qualquer fundamento convincente, o mesmo não tem conduzido a bons resultados.

Por um lado – e como já atrás se assinalou –, a regra do § 323, 3, da ZPO pode conduzir a resultados injustos, quando a parte não toma conhecimento do aumento dos rendimentos da parte contrária – circunstância que lhe é favorável – e, como tal, não propõe imediatamente a acção modificativa, destinada a obter o correspondente aumento da renda; também nos casos em que a necessidade do credor diminui ou pura e simplesmente deixa de existir e este continua a receber a pensão do devedor, que desconhece a circunstância que permitiria diminuir ou fazer cessar a pensão, a situação jurídica substantiva não encontra suficiente resposta na lei processual, porque, para o período que antecede a

2690 Como vimos (*supra*, § 3º, I, 1. *e)* 1), a jurisprudência alemã tem considerado que o § 323, 3, da ZPO não se aplica às transacções judiciais.

2691 P. Kurz, *Die Reformbedürftigkeit...*, págs. 143 e 179. Contrário também à invocação do princípio da confiança como fundamento da regra do § 323, 3, da ZPO, designadamente por não ter sido, até agora, esclarecido em que consiste exactamente a confiança digna de protecção que legitima tal proibição de modificação para o passado, e por o princípio da protecção da confiança poder articular-se também com outros princípios, devendo, por vezes, ceder: J. R. Moritz, *Probleme...*, págs. 144-145.

2692 P. Kurz, *Die Reformbedürftigkeit...*, págs. 173-174.

2693 P. Kurz, *Die Reformbedürftigkeit...*, pág. 171.

notificação da acção modificativa, a alteração daquela situação não é tomada em consideração[2694].

Como, a este propósito, expressivamente refere KURZ[2695], a regra do § 323, 3, da ZPO exige à parte a quem a alteração das circunstâncias aproveita que disponha de uma espécie de conhecimento por antecipação: na verdade, só dispondo essa parte de um tal conhecimento lhe é possível propor a acção a tempo de essa proposição coincidir com a verificação da alteração das circunstâncias, de modo a que a nova sentença produza efeitos a partir deste momento.

Por outro lado, a regra do § 323, 3, da ZPO redunda no estímulo à ocultação, à parte contrária, do aumento dos próprios rendimentos, para desse modo se obter um resultado favorável a final; com o que não só se premeia tal comportamento ilegal, como também se incentiva um clima de mútua suspeita e se deteriora, ainda mais, a situação familiar[2696].

Para além dos assinalados, a regra do § 323, 3, da ZPO tem ainda conduzido a um resultado indesejável, sob o ponto de vista do objectivo do descongestionamento dos tribunais: na verdade, como no caso de frustração de uma eventual tentativa de acordo extra-judicial, o titular do direito à modificação não obterá a produção de efeitos retroactivos pela sentença (mas apenas a produção de efeitos a partir do momento da dedução do pedido em juízo), a sua atitude natural será, uma vez verificada a alteração das circunstâncias, não a de procurar obter um acordo extra-judicial, mas a de propor imediatamente a acção judicial[2697].

Aos argumentos atrás referidos contra a vigência da regra do § 323, 3, da ZPO, tem a doutrina alemã juntado ainda outros, de ordem constitucional.

Assim, por exemplo, considera PETZOLDT[2698] que a norma do § 323, 3, da ZPO suscita dúvidas quanto à sua conformidade com o *princípio da igualdade*, porque trata de modo desigual o credor que nunca propôs qualquer acção e o credor que já a propôs, porque aquele, ao contrário deste, pode ver reconhecida a totalidade do seu direito.

MEISTER[2699], por sua vez, considera-a ofensiva do *princípio da igualdade e da garantia da via judicial* (respectivamente, artigos 3º e 19º, 4, da GG); BRAUN[2700] e MORITZ[2701], finalmente, sustentam que a mesma viola o disposto no artigo 103º, 1, da GG (*direito ao contraditório em processo judicial*).

2694 P. Kurz, *Die Reformbedürftigkeit...*, págs. 47 e 61.
2695 P. Kurz, *Die Reformbedürftigkeit...*, pág. 171.
2696 Assim, P. Kurz, *Die Reformbedürftigkeit...*, pág. 175.
2697 Assim, P. Kurz, *Die Reformbedürftigkeit...*, pág. 175.
2698 T. M. Petzoldt, *Die Rechtskraft...*, pág. 203.
2699 H. Meister, "Zum Verhältnis...", pág. 869.
2700 J. Braun, "§ 323 I und III...", págs. 1593-1594, "Die Abänderungsklage...", págs. 936-937, "Das Rückwirkungsverbot...", págs. 357-358, e *Grundfragen...*, págs. 18-19.
2701 J. R. Moritz, *Probleme...*, págs. 151-152.

MORITZ, em concreto, observa que a aplicação da regra do § 323, 3, da ZPO aos casos em que a alteração das circunstâncias ocorre num momento definido – vimos atrás que, para o Autor, é sustentável a sua aplicação nas situações em que essa alteração se verifica de forma paulatina – é especialmente atentatória do direito ao contraditório quando se atenda à perspectiva do devedor: condenado na acção principal e impossibilitado de, nesta, fazer valer excepções futuras (porque os correspondentes factos ainda não ocorreram), continua impedido de as fazer valer plenamente (apesar de tais factos já terem ocorrido) no momento da actualização da pretensão.

Mas também sempre que a alteração das circunstâncias se verifique na esfera da parte contrária da acção modificativa e o autor dela não tenha conhecimento, considera MORITZ que a regra do § 323, 3, da ZPO não deve ser aplicada, porque, se assim não fosse, o autor da acção modificativa estaria definitivamente impedido de fazer valer a correspondente excepção, o que novamente contrariaria o direito ao contraditório.

Ora – continua MORITZ –, este resultado não pode ser aceite: a limitação do direito ao contraditório em processo judicial só é legítima quando se assegura às partes a possibilidade de fazer valer as alterações das circunstâncias no momento da actualização da pretensão, o que não sucede com a regra do § 323, 3, da ZPO.

Estes argumentos de ordem constitucional não têm sido, por sua vez, imunes a críticas.

WALDNER[2702], por exemplo, centrando-se na alegada violação do direito ao contraditório, considera que o devedor não está impedido de, na acção principal, deduzir quaisquer excepções (mesmo relativas a factos futuros), pelo que o regime do § 258 da ZPO não constitui, em si, qualquer lesão para o devedor; a lesão do devedor resulta apenas da circunstância de lhe caber propor a acção modificativa na eventualidade de verificação de excepções posteriores – não competindo portanto ao credor propor uma acção referente a cada prestação –, mas tal reflecte o problema geral da função atribuída à parte e não um problema específico da acção modificativa (assim, por exemplo, é ao executado que compete fazer valer as excepções na oposição à execução, e não ao exequente que compete obter a declaração da exequibilidade do título), não redundando na violação do princípio do contraditório a imposição do uso de uma específica forma processual. Aliás, mesmo que a lei excluísse a acção modificativa em relação às sentenças de condenação em prestações periódicas, tal não significaria, na perspectiva do Autor[2703], qualquer violação do direito ao contraditório, mas, antes, do direito ao acesso aos tribunais.

2702 W. Waldner, "Kein Verstoss...", pág. 2085.

2703 *Idem*, págs. 2085-2086.

A tese da inconstitucionalidade da regra do § 323, 3, da ZPO é também criticada por GRABA[2704] – que invoca os princípios da segurança jurídica e da confiança e sustenta que cabe à jurisprudência, mediante a aceitação de excepções, mitigar as eventuais consequências funestas que da regra geral pontualmente decorram, mediante a sua redução teleológica – e por SOYKA[2705], que destaca a necessidade de proteger a confiança depositada na permanência do título, a qual afastaria as dúvidas de natureza constitucional que o preceito suscita.

De qualquer modo, conscientes dos resultados injustos a que tem conduzido a regra do § 323, 3, da ZPO, a doutrina e a jurisprudência alemãs têm procurado encontrar, no sistema, outros meios processuais através dos quais a pretensão fundada em alteração de circunstâncias possa ser feita valer.

Assim, no caso de a alteração de circunstâncias beneficiar o devedor, BLOMEYER[2706] sugere a utilização do meio processual previsto no § 767 da ZPO – isto é, a oposição à execução –, porque este preceito não prevê restrição temporal idêntica à do § 323, 3, da ZPO. Mas esta alternativa pressupõe a possibilidade de opção por um dos dois meios processuais – a acção modificativa e a oposição à execução –, que já vimos não ser possível no direito alemão[2707], impossibilidade que o próprio Autor admite: daí que, a menos que se verifique um fundamento específico de oposição à execução – como sucederá, por exemplo, se não obstante a existência de um acordo extrajudicial no sentido da redução dos alimentos, o credor vier executar a totalidade da dívida titulada por sentença[2708] –, não poderá o devedor lançar mão da oposição à execução, a fim de obter a modificação do título para o passado (ou um resultado equivalente).

A doutrina e a jurisprudência alemãs têm ainda procurado minimizar a injustiça a que pode conduzir a aplicação da regra do § 323, 3, da ZPO através do recurso ao regime do § 826 do BGB, que, diversamente do previsto no § 767 da ZPO, tanto pode servir o devedor como o credor. A este propósito, são significativos dois casos decididos pelo *Bundesgerichtshof*: um, relativo a uma situação de impossibilidade material de proposição de acção modificativa; outro, respeitante a uma situação de violação de deveres de informação e esclarecimento pelo réu da acção modificativa.

2704 H.-U. Graba, *Die Abänderung*..., págs. 174-176 e 177-181.

2705 J. Soyka, *Die Abänderungsklage*..., 1ª ed., pág. 124.

2706 A. Blomeyer, *Zivilprozessrecht*..., pág. 465.

2707 *Supra*, § 31º, II, 1.

2708 J. Soyka (*Die Abänderungsklage*..., 1ª ed., págs. 131-132) entende que, neste caso, ou se está perante um perdão parcial de dívida, ou perante uma nova regulação dos alimentos: os pressupostos da oposição à execução estarão, então, preenchidos, ou por se verificar facto definitivamente extintivo (de parte) da obrigação, ou por a execução configurar exercício inadmissível de uma posição jurídica.

No primeiro, decidido por acórdão de 13 de Julho de 1983[2709], sucedia que o devedor dos alimentos, em virtude da sua prisão, durante um ano, na antiga Alemanha Oriental, não estivera, nesse período, em condições de prestá-los (porque não podia auferir rendimentos) nem de propor a correspondente acção modificativa; não obstante, o Estado – que, entretanto, pagara tais alimentos ao credor – veio, exercendo o seu direito de regresso, mover-lhe execução de sentença. Ora a este caso aplicou o *Bundesgerichtshof* o disposto no § 826 do BGB, do que resultou a desconsideração da sentença, podendo ler-se na fundamentação do respectivo acórdão, entre o mais, que o regime do § 323, 3, da ZPO não é expressão de um princípio segundo o qual a modificação da sentença, para um momento anterior ao contemplado nesse preceito, contrariaria a essência do caso julgado, antes se justificando por razões de conveniência, relacionadas com a dificuldade que suscitaria a determinação do momento em que ocorreu a alteração das circunstâncias decisivas[2710].

No segundo caso apreciado pelo *Bundesgerichtshof*[2711], a credora dos alimentos, não obstante ter passado a exercer uma actividade remunerada, não informou disso o devedor (o marido, de quem estava separada), continuando a receber e a gastar a correspondente pensão; mais tarde, e após ter de tal facto obtido conhe-

[2709] BGH, 13.07.1983.

[2710] A fundamentação deste acórdão mereceu, todavia, várias críticas à doutrina. Assim, J. Braun ("Anmerkung", in *ZZP*, 97 (1984), págs. 344-347), para quem o princípio da igualdade das partes não se compagina com a impossibilidade de – para satisfação de um interesse da parte contrária e numa hipótese em que o autor *não podia* propor a acção modificativa – o autor obter, em definitivo, a modificação retroactiva da sentença, e, bem assim, o problema da quebra do caso julgado constitui um específico problema processual, a resolver à luz da ZPO. Segundo Braun, a via que devia ter sido seguida no apontado caso era a da reposição no estado anterior (*Wiedereinsetzung in der vorigen Stand*), prevista no § 233 da ZPO [este preceito foi alterado com a reforma da ZPO de 2008/2009, mas tais alterações são irrelevantes para este efeito], porque o § 323, 3, da ZPO, não estabelecendo embora um prazo peremptório, regula uma acção que, para o passado, está sujeita a um prazo e este é equiparável a um prazo peremptório para efeitos de aplicação das regras da *Wiedereinsetzung*. Para P. Kurz, (*Die Reformbedürftigkeit...*, págs. 63-64), diversamente, a referida equiparação não é possível – estando, como tal, vedada a via da *Wiedereinsetzung* –, porque o § 323, 3, da ZPO, não consagrando qualquer prazo para a proposição da acção modificativa, proíbe apenas a produção de efeitos retroactivos, não o exercício da totalidade da pretensão (crítico também em relação à viabilidade da via da *Wiedereinsetzung*, H.-U. Graba, *Die Abänderung...*, págs. 176-177). Formulando diversas objecções à tese do BGH, veja-se, ainda, K. Schreiber ("Anmerkung..."), salientando nomeadamente que no caso tratado nem seria possível rever a sentença anterior, se já tivesse decorrido o prazo para a revisão, além de que o BGH não discutira a aplicabilidade das regras da oposição à execução. J. R. Moritz (*Probleme...*, págs. 132-133), por seu lado, assinala diversas virtualidades à orientação do *Bundesgerichtshof*: em primeiro lugar, a de esclarecer que a aplicação da regra do § 323, 3, da ZPO coloca um problema de ordem geral (não sendo, consequentemente, pontual a situação analisada no referido aresto); em segundo lugar, a de afirmar que o caso julgado não impõe a consagração de tal regra, antes indicando a via da modificação *ex tunc*; finalmente, a de sugerir que, não estando presentes as razões justificativas da regra, não se justifica igualmente a sua aplicação.

[2711] BGH, 19.02.1986.

cimento, o devedor veio, com fundamento no disposto no § 826 do BGB – dado que o limite temporal consagrado no § 323, 3, da ZPO lhe não facultava a via da acção modificativa –, exigir a devolução da quantia que pagara e que respeitava ao período subsequente ao início da actividade da credora. O *Bundesgerichtshof* deu razão ao autor: embora a utilização de uma sentença reconhecidamente falsa nem sempre justificasse a aplicação do § 826 do BGB, tal justificação existia nos casos, como o apontado, em que o silêncio da credora era notoriamente desleal, permitindo que o seu comportamento fosse qualificado como atentatório dos bons costumes[2712].

Uma outra via de superação do disposto no § 323, 3, da ZPO que não passa pela pura e simples abolição do preceito – propugnada, como vimos, por Kurz – consiste na sua redução teleológica. Nesta linha, entende JAKOBY[2713] que, nos casos de violação, mesmo pelo credor, de deveres de informação, pode ponderar-se a antecipação do limite temporal previsto no § 323, 3, da ZPO: se, mesmo para um leigo, o conhecimento de certos fundamentos de modificação abalar indiscutivelmente a confiança na permanência do título, é possível a modificação deste para o período subsequente à data em que, em função desse conhecimento, a acção modificativa pudesse ter sido proposta[2714].

Por último – e ainda quanto à possível justificação da regra consagrada no § 323, 3, da ZPO, mas agora numa determinada interpretação –, assinale-se que, como informa Kurz[2715], no caso das prestações de alimentos (que são, por imposição legal, pagas mensal e antecipadamente), tal regra tem sido aplicada pela jurisprudência no sentido de que *a modificação não produz efeitos no mês em que se formula o respectivo pedido, mas apenas a partir do mês subsequente*: ora este modo de aplicação da regra prender-se-ia com a circunstância de – conforme sustentado por alguma jurisprudência e doutrina[2716] –, no caso do pedido de redução da pensão de alimentos, o credor ter confiado em que a totalidade da quantia se encon-

2712 J. R. Moritz (*Probleme...*, pág. 135) salienta ainda que, no mencionado caso, o devedor não tivera qualquer possibilidade de se certificar da permanência do condicionalismo inicial e o credor propositadamente mantivera o devedor na ignorância.

2713 M. Jakoby, *Das Verhältnis...*, págs. 245-253.

2714 Tendencialmente favorável a esta solução, e assinalando que o dever de prestar informações não solicitadas só sob condições especiais vigora, veja-se J. Soyka, *Die Abänderungsklage...*, 1ª ed., págs. 132-134; concordando, também, com o essencial da tese, W. Grunsky, "Markus Jakoby...", págs. 353-354, e W. Hau, "Anmerkung", págs. 116-118. Assinalando que o *Bundesgerichtshof* restringe a aplicação da regra do § 323, 3, da ZPO também em benefício do credor, veja-se J. R. Moritz (*Probleme...*, pág. 135), citando BGH, 25.11.1987. Relacionando o disposto no § 323, 3, da ZPO com a regra do § 1613 do BGB e admitindo, consequentemente, a redução teleológica de ambos os preceitos nos casos de violação de deveres de informação, A. Tintelnot ("Unterhaltsausgleich...", págs. 245-246).

2715 P. Kurz, *Die Reformbedürftigkeit...*, págs. 28-31.

2716 Assim: LG Berlin, 15.12.1969; OLG Stuttgart, 26.04.1979; Stein/Jonas/Leipold[22], § 323, 69; Baumbach/Lauterbach/Albers/Hartmann, *Zivilprozessordnung*, § 323, 58.

traria à sua disposição para o resto do mês, e, no caso do pedido de aumento, a acção modificativa não afectar as prestações já vencidas.

Mas, sendo esta a justificação da mencionada interpretação, a consequência deveria ser, em última análise e segundo KURZ[2717], a eficácia da modificação apenas a partir da efectiva notificação do réu; de qualquer modo, segundo o Autor[2718], a modificação deve ser eficaz no próprio mês em que é pedida – a isso não se opondo, aliás, a letra da lei –, porque o credor dos alimentos receberia uma vantagem injustificada caso pudesse reter a totalidade da quantia primitivamente fixada, tendo sido entretanto requerida a sua diminuição.

Crítico em relação à citada orientação da jurisprudência e da doutrina é também SEITTER[2719], para quem, decorrendo a antecipação do pagamento da prestação de alimentos da função alimentícia da própria prestação, a não atribuição de eficácia à modificação no mês da dedução do correspondente pedido (ou, dito de outro modo, a não afectação da prestação vencida nesse mês) contrariaria tal função; se, porém, estiver em causa uma quantia pouco significativa, o requerimento da modificação deve ser interpretado, na sua perspectiva, no sentido de que apenas se pretende a modificação das prestações periódicas vincendas[2720].

Uma orientação que confere à modificação uma eficácia ainda mais ampla do que a conferida por KURZ é a de KLAUSER[2721], para quem tal modificação valeria *desde o princípio do mês* a que respeitasse a notificação da acção[2722].

3. A tutela da confiança do requerido da acção modificativa. A tutela de terceiros

A escolha, como momento relevante para o início da produção de efeitos pela sentença modificativa, da data da proposição da acção modificativa (e, por maioria de razão, de qualquer data posterior àquela) e a correlativa impossibilidade de modificação de uma sentença para o passado enfrentam várias dificuldades (nomeadamente de ordem constitucional), de que demos conta quando referimos as críticas que têm sido avançadas à regra do § 323, 3, da ZPO.

Quanto a nós, entendemos que, embora a proibição da retroactividade dos efeitos da decisão modificativa a um momento anterior ao da proposição da acção

2717 P. Kurz, *Die Reformbedürftigkeit...*, pág. 29.

2718 *Idem*, págs. 30-31.

2719 O. Seitter, "Die Wirkung...".

2720 Esta construção é, por sua vez, rejeitada por P. Kurz (*Die Reformbedürftigkeit...*, pág. 30), atendendo a que não seria possível afirmar que a vontade da parte é a de fazer valer a sua pretensão apenas a partir do momento da dedução do pedido de modificação: essa vontade reportar-se-ia, diversamente, ao momento da verificação da alteração das circunstâncias.

2721 K.-A. Klauser, "Abänderung...", pág. 712.

2722 P. Kurz (*Die Reformbedürftigkeit...*, pág. 31), contudo, rejeita tal posição, bem como o *Bundesgerichtshof* (BGH, 15.11.1989).

modificativa possa assentar na necessidade de tutela da confiança do requerido desta acção – que será a justificação mais plausível da regra, embora, bem vistas as coisas, a eficácia dessa tutela exigisse, antes, a escolha do momento da *notificação do requerido* como momento relevante –, também a retroactividade dos efeitos dessa decisão pode ser imposta em atenção à necessidade de tutela da confiança na não execução da sentença anterior que o requerido da acção modificativa gerou no autor desta acção.

O que acabámos de dizer não significa que o pensamento da protecção da confiança não possa responder à questão de saber se a decisão modificativa a que alude o artigo 619º, nº 2, do CPC deve ou não produzir efeitos retroactivos[2723]. Muito pelo contrário: é porque a este preceito está essencialmente subjacente a necessidade de tutela da confiança do réu na permanência do título (o que, aliás, também sucede em relação a títulos que não são sentenças: com efeito, quanto aos actos administrativos, a doutrina também sustenta que a protecção da confiança pode constituir limite à sua revisibilidade[2724]), que a proibição da retroactividade deve ceder naqueles casos em que essa tutela não se justifique. É o que sucede na hipótese em que o próprio réu da acção modificativa, com a sua conduta, inviabilizou a proposição dessa acção num momento anterior ou de algum modo sugestionou o autor nesse sentido.

Diríamos, pois, que a proibição da retroactividade a um momento anterior ao da proposição da acção modificativa só valerá se e na medida em que a tutela da confiança do réu da acção modificativa se justifique. Mas caberá sempre ao autor desta acção demonstrar que essa proibição não se justifica: a regra é, na verdade, a de que os efeitos da modificação retroagem à data da proposição da acção, devendo eventuais excepções a esta regra ser justificadas pela parte interessada, que é o autor.

Não podendo a decisão modificativa, em regra, produzir efeitos reportados a um momento anterior ao da proposição da acção modificativa, porque só com a proposição desta acção o requerido deixou de poder confiar na manutenção do título, não deverá essa decisão afectar também direitos adquiridos por tercei-

2723 Tal afastamento, nesta sede, do pensamento da protecção da confiança, pareceria subscrever, de algum modo, a conclusão de M. Carneiro da Frada (*Teoria da confiança...*, págs. 670 e 671, nota 731; veja-se, ainda "Crise financeira...", págs. 679-680) – produzida embora a propósito da possibilidade de recondução da resolução ou modificação do contrato à teoria da confiança – relativamente ao papel "relativamente exíguo" da responsabilidade pela confiança em sede de alteração de circunstâncias: exiguidade essa que assentaria na constatação de que "[...] a responsabilidade pela confiança depende elementarmente da possibilidade de imputar a outrem a criação de um *Tatbestand* de confiança e a sua defraudação", enquanto o instituto da alteração das circunstâncias "arranca de simples ponderações de risco tendencialmente objectivadas".

2724 Sobre esta questão, em especial quanto aos actos administrativos de efeito prolongado, J. García Luengo, *El principio...*, págs. 290-301.

ros, porque estes não tiveram conhecimento da proposição da acção. Supomos que funcionará aqui um argumento de identidade ou por maioria de razão: não seria, na verdade, compreensível a existência de uma regra visando proteger o requerido da acção modificativa (e por isso reportando os efeitos da modificação a uma data em que essa protecção deixa de fazer sentido) e a ausência de uma regra que protegesse terceiros que hajam confiado na manutenção do título. Sob este ponto de vista, julgamos que se justifica a extensão, à acção modificativa prevista no artigo 619º, nº 2, do CPC, da regra do artigo 988º, nº 1 (na medida em que manda ressalvar efeitos produzidos pela decisão modificanda até ao trânsito em julgado da decisão modificativa) e, bem assim, da regra do artigo 435º do CC, que, em caso de resolução do contrato, determina que não fiquem prejudicados direitos adquiridos por terceiro.

4. Casos em que a modificação opera a partir da decisão modificativa

Há certos casos em que, por natureza, os efeitos da decisão modificativa não podem produzir-se antes do seu proferimento: por exemplo, a decisão da jurisdição voluntária que determina a entrega de menor só pode obrigar o requerido a essa entrega para o período subsequente ao proferimento da decisão ou ao trânsito em julgado desta. Estes casos são regidos ainda, ao que supomos, pelo disposto no artigo 988º, nº 1, do CPC, na parte em que manda ressalvar os efeitos já produzidos pela decisão anterior, valendo tal regra na acção modificativa prevista no artigo 619º, nº 2, do CPC, quando, nesta acção, não seja materialmente possível fazer retroagir os efeitos da decisão modificativa à data da proposição da acção.

5. Disponibilidade das partes sobre a referência temporal dos efeitos da modificação

Não é de excluir, em certos casos, a disponibilidade das partes sobre o momento a partir do qual a modificação produz efeitos.

Assim, sendo o título modificando uma transacção judicial, a doutrina alemã tem sustentado que as partes podem, na própria transacção, acordar sobre o momento a partir do qual a modificação produz efeitos[2725].

Recorde-se, de qualquer modo, que à modificação da transacção judicial não é aplicável o disposto no § 323, 3, da ZPO (que consagra a regra da modificação apenas para o período subsequente à dedução do pedido respectivo): a modificação de transacções judiciais e de (certos) documentos exequíveis encontra-se

[2725] Assim, J. Soyka, *Die Abänderungsklage...*, 1ª ed., pág. 160; K.-A. Klauser ("Abänderung...", pág. 715), referindo que, caso a própria transacção não disponha diversamente, a modificação produz efeitos a partir do momento em que uma das partes exigiu expressamente à outra um aumento ou uma redução dos alimentos.

prevista, no direito alemão, no § 323a da ZPO (§ 323, 4, antes da reforma de 2008/2009), preceito que não contém regra idêntica àquela[2726].

Porém, quando se trate de modificação de sentença, podem as partes dispor acerca do momento a partir do qual tal modificação produz efeitos?

A esta questão GRABA[2727] responde, e com razão, negativamente, com o argumento de que a modificação deve ser feita valer nos termos do § 323 da ZPO, atendendo à natureza especial desta disposição, sendo que a solução contrária não se coadunaria com a proibição de modificação retroactiva, constante deste preceito.

6. A modificação para o futuro como pressuposto processual da acção modificativa?

Requerendo o autor da acção modificativa a modificação da sentença para o período anterior à proposição da acção, deve o juiz absolver o réu da instância ou do pedido?

Quanto a este último problema, refira-se que na Alemanha, face ao artigo § 323, 3, da ZPO, sustenta-se que a acção modificativa é inadmissível, como tal devendo ser rejeitada, caso se refira a um período de tempo não compreendido naquele preceito[2728]: a regra geral constante do § 323, 3, da ZPO arvora-se, assim, em pressuposto processual da *Abänderungsklage*; e sustenta-se igualmente que as partes não têm disponibilidade sobre tal pressuposto[2729].

Parece-nos que a solução da absolvição da instância é a preferível, porque o pedido de modificação para o passado (isto é, para o período anterior à proposição da acção) articula-se mal com a função da acção modificativa de adaptação do título; mas se a parte requerer a modificação também para o período subsequente à proposição da acção, deve o juiz absolver da instância apenas quanto a essa parte do pedido e conhecer da parte restante.

2726 Perante o anterior § 323, 4, da ZPO, e atendendo a que tal disposição não era clara quanto ao momento a partir do qual a modificação produzia efeitos e, bem assim, a que a jurisprudência dos tribunais superiores vinha seguindo a orientação segundo a qual o disposto no § 323, 3, da ZPO não seria aplicável a esses títulos, sugeria P. Kurz (*Die Reformbedürftigkeit*..., págs. 177 e 179) a respectiva clarificação no seguinte sentido: o de que a modificação devia operar de acordo com as regras do direito material, isto é, de acordo com os princípios relativos à alteração e ao desaparecimento da base do negócio que se extraem do § 242 do BGB, do que resultaria a produção de efeitos, pelo novo título, desde o momento da verificação do desaparecimento da base do negócio e não apenas para o futuro (propugnando idêntica solução: H.-U. Graba, *Die Abänderung*..., pág. 183). Admitia-se que as partes pudessem, de qualquer modo, limitar, através de acordo, a possibilidade de modificação para o passado (neste sentido, H.-U. Graba, *Die Abänderung*..., pág. 183).

2727 H.-U. Graba, *Die Abänderung*..., págs. 47-48.

2728 Assim: K. Schellhammer, *Zivilprozess*..., pág. 110; H.-U. Graba, *Die Abänderung*..., pág. 177; J. Soyka, *Die Abänderungsklage*..., 1ª ed., pág. 124; BGH, 26.01.1983.

2729 Assim, J. Soyka, *Die Abänderungsklage*..., 1ª ed., pág. 128.

§ 38º Eficácia da sentença modificativa: a modificação do caso julgado material

I. Colocação do problema

Trataremos agora da questão de saber se o proferimento de sentença modificativa, nos termos do artigo 619º, nº 2, do CPC, importa a modificação do caso julgado material, sendo certo que, ao longo da exposição, já demos a entender que a resposta deve ser afirmativa: e, se viermos a concluir que o pedido ou a causa de pedir da acção modificativa são diversos dos da acção anterior, tal questão deve ser respondida negativamente, porque o caso julgado material, desde logo, não opera; paralelamente, será confirmado o nosso entendimento inicial, se tal identidade ocorrer.

Cumpre, porém, recordar que se afirmou anteriormente[2730] que a causa de pedir relevante para a excepção de caso julgado – isto é, para o efeito do disposto no artigo 581º, nº 4, do CPC – deve ser definida só depois da análise do regime do artigo 619º, nº 2, do CPC. Assim sendo, não parece fazer sequer sentido colocar a questão do carácter excepcional do regime da acção modificativa – isto é, o problema de saber se esse regime constitui uma confirmação ou um desvio às regras gerais do caso julgado –, porque à colocação de tal questão subjaz um conceito de causa de pedir que é o que justamente interessa apurar (diversamente, faria sentido colocar tal questão em relação aos recursos extraordinários, uma vez que as regras que regulam estes recursos não parecem contribuir para a definição do conceito de causa de pedir).

Mas, bem vistas as coisas, não colhe esta objecção. É que, nos termos do artigo 581º, nº 4, do CPC, a causa de pedir é sempre um facto (ainda que a definição desse facto possa ser procurada de acordo com múltiplos critérios[2731]). Ora, conferindo o artigo 619º, nº 2, do CPC relevância à alteração da lei e a certas alterações de jurisprudência, nos termos que atrás expusemos[2732], logo por este motivo se pode colocar o problema do seu carácter excepcional em relação às regras gerais do caso julgado, porque, sendo o mesmo o facto em que se alicerçam as duas acções (a acção de que emergiu a sentença modificanda e a acção modificativa), não pode sustentar-se a existência de um novo objecto processual, como, aliás, tem observado alguma doutrina alemã[2733]: dito de outro modo, a questão a que se aludiu, a não fazer sentido, só não o fará em relação a alterações de factos.

[2730] *Supra*, § 1º, III, 3.

[2731] Como acentua G. Lüke ("Zum Streitgegenstand...", pág. 204), resolvido o problema de saber se a causa de pedir integra ou não o objecto do processo (ao qual o Autor dá resposta afirmativa), é ainda necessário definir a causa de pedir (que, para o Autor, seria uma determinada ocorrência da vida).

[2732] *Supra*, § 25º e § 26º, II.

[2733] Assim, H. Oetker ("Die materielle...", págs. 4-5), assinalando que, nas decisões relativas a pretensões futuras às quais subjaz um juízo de prognose, os problemas relacionados com a alteração da situação jurídica não podem ser resolvidos mediante recurso ao conceito de objecto do processo, porque este é

Parece-nos, contudo, que mesmo em relação a factos, faz sentido – à luz do que dissemos a propósito da necessária precedência da análise do regime do artigo 619º, nº 2, do CPC face ao disposto no artigo 581º, nº 4 – colocar a questão do carácter excepcional do regime da acção modificativa.

Com efeito, o artigo 619º, nº 2, do CPC pode constituir um desvio às regras gerais do caso julgado no ponto em que pode não ser suficiente, para o efeito da alteração da sentença, a mera diversidade de factos: nesta medida, e embora contribuindo para a definição do conceito de causa de pedir constante do artigo 581º, nº 4, do CPC (determinando, por exemplo, que a causa de pedir pode ser um facto ainda não ocorrido), o artigo 619º, nº 2, afirmaria depois que a diversidade da causa de pedir não seria sempre suficiente para modificar a sentença anterior.

Por outro lado, o artigo 619º, nº 2 pode contribuir para a definição do conceito de causa de pedir a que alude o artigo 581º, nº 4, do CPC – determinando, por exemplo, que na causa de pedir podem integrar-se factos futuros – e, mesmo assim, constituir um desvio às regras gerais do caso julgado na perspectiva em que admita que a causa de pedir por si definida (e pelo artigo 581º, nº 4) pode ser idêntica e, ainda assim, ser possível uma nova acção. Dito de outro modo: o regime do artigo 619º, nº 2, do CPC constituiria um desvio, não propriamente ao disposto no artigo 581º, nº 4, mas ao que, quanto aos limites objectivos do caso julgado decorrentes da causa de pedir, resulta dos dois preceitos.

A jurisprudência portuguesa tem-se confrontado frequentemente com o problema de saber se, para o efeito da verificação da excepção de litispendência ou de caso julgado, se regista identidade entre a causa de pedir da primeira e da segunda acção[2734], mas são poucos os acórdãos versando essa questão na perspectiva da caracterização da acção modificativa.

constituído pela pretensão processual e pelos factos alegados, não fundando, como tal, aquela alteração um novo objecto.

[2734] A jurisprudência portuguesa tem sobretudo analisado o problema no âmbito da acção de despejo. E tem, por exemplo, considerado que existe alteração da causa de pedir (ou nova causa de pedir) quando: existe alteração posterior da relação substancial, materializada na prática posterior, pelo autor, de certo facto, nos termos do artigo 673º do CPC (STJ, 07.02.1991); existe alteração numa situação fáctica alegada em anterior acção (RL, 08.03.1990); ocorrem posteriormente novos factos susceptíveis de alicerçar o direito do autor e por este alegados (RL, 15.11.1990); na primeira acção (de denúncia do arrendamento para habitação do senhorio) o requisito da necessidade do prédio se fundamentou na doença da autora e na segunda na doença do autor (RL, 26.02.1991); existe um elemento temporal diferente, porque, na primeira acção, a violação do contrato pelos réus se teria verificado anteriormente a certa data, e, na segunda acção, depois dessa mesma data (RL, 19.03.1991); "na nova acção, para demonstrar a insuficiência da casa que habitam, se alega a existência de um agregado familiar em número superior ao invocado na primeira acção e a impossibilidade de a autora continuar a exercer a actividade de porteira no local onde habita, facto este não alegado anteriormente" (RL, 07.05.1991); uma acção de despejo por falta de residência permanente respeita ao período que vai de 1974 a 30/03/89 e a outra ao período que vai de 20/10/89 a 19/04/90 (RL, 04.02.1992); na primeira acção de denúncia do arrendamento para habitação

De alguns acórdãos, porém, pode retirar-se o entendimento de que à acção modificativa subjaz uma alteração da causa de pedir, quer porque aí se reconhece que existe uma alteração da causa de pedir quando, na primeira acção, se alega uma situação futura e, na segunda, uma situação actual[2735] (hipótese que, de algum modo, se assemelha à prevista no artigo 619º, nº 2, do CPC), quer porque aí se discute a admissibilidade da acção modificativa à luz do regime da excepção de caso julgado, admitindo-se aquela quando esta excepção não procede[2736].

Afigura-se-nos, de qualquer modo, irrelevante enquanto argumento no sentido de que a acção modificativa não pressupõe uma alteração da causa de pedir a constatação de que o artigo 619º, nº 2, do CPC se refere literalmente à alteração das circunstâncias e não à alteração da causa de pedir: como, por vezes, a juris-

do senhorio se alegou uma doença diferente da alegada na segunda acção (RL, 24.09.1992); "a segunda acção tem por fundamento um facto jurídico da mesma natureza que o da primeira, mas ocorrido posteriormente à sentença que julgou esta" (RL, 30.11.1993); os factos cronologicamente distanciados originam uma nova apreciação, sem que daí resulte contradição do julgado (RL, 11.10.1994); a falta de residência permanente alegada na primeira e na segunda acção corresponde a períodos diferentes, porque a causa de pedir é o facto concreto que fundamenta o pedido (RL, 29.02.1996); na segunda acção é alegado um dano verificado depois da primeira, o qual era então imprevisível (RL, 11.10.2001); na primeira acção (de despejo destinada a denunciar o arrendamento por necessidade da casa para habitação) foi omitida a alegação de que essa carência se verificava há mais de um ano e na segunda acção é alegado o elemento temporal dessa carência (RP, 18.02.1982); "na nova acção [tenham] sido alegados novos factos, como causa de pedir, que foram acrescentados aos factos da causa de pedir da primeira acção" (RP, 14.10.1993). E já não ocorreria alteração da causa de pedir nomeadamente quando: "numa acção de despejo, a pretensão do autor se fundou na falta de pagamento das rendas desde finais de 1983 até Fevereiro de 1990, com a actualização de 17%, e numa acção posterior se baseia na mesma falta de pagamento, mas sem a referida actualização, pois a simples alteração do ponto de vista jurídico não implica alteração da causa de pedir" (STJ, 17.02.1994); sendo a causa de pedir constituída por vários factos concretos a fundamentarem o pedido, coincidem todos esses factos em ambas as acções (STJ, 28.06.1994); o autor, em nova acção e através da narração de factos instrumentais não alegados na primeira acção, pede novamente o despejo dos réus, com os mesmos fundamentos jurídicos (RL, 19.10.1995); "em ambas as acções, a causa de pedir se consubstancia no facto de a ré usar o prédio arrendado para exposição e venda de mobiliário de cozinha quando o mesmo se destinava à venda e reparação de aparelhos eléctricos, não colhendo a argumentação de que os móveis não são os mesmos que no arrendado se encontravam no tempo da primeira acção e de que as sucessivas vendas e exposições constituem novas e sucessivas violações contratuais" (RP, 23.02.1993).

2735 Assim, STJ, 15.11.1989, em cujo sumário se lê o seguinte: "[...] II – Vindo provado que [...] em ambas as acções o autor invoca a necessidade da casa para nela residir mas que na anterior acção a causa de pedir consistia na invocação produzida pelo autor de que estava em vias de ser reformado pelo que teria de sair da casa que habitava, enquanto na presente acção veio invocar que já estava reformado e que o seu vínculo laboral com o dono da casa que vinha habitando terminara, não se verifica o requisito da identidade da causa de pedir por serem diferentes as situações: na primeira invocava uma situação futura e conjectural ao passo que na segunda invoca uma situação actual".

2736 Assim, RP, 28.10.1993, cujo sumário já foi anteriormente citado.

prudência portuguesa tem afirmado, há alteração da causa de pedir quando as circunstâncias se alteram[2737], pelo que as duas realidades bem podem coincidir.

Também não nos parece que a tese da identidade da causa de pedir da acção modificativa e da anterior acção (e do consequente desvio às regras do caso julgado) possa ser sustentada com o argumento de que basta, para o efeito do artigo 619º, nº 2, do CPC, uma alteração dos factos complementares ou concretizadores para haver modificação (o que, entendendo-se a causa de pedir como facto essencial, implicaria, nestas hipóteses, a identidade do facto essencial e, logo, da causa de pedir): como já vimos[2738], o artigo 619º, nº 2, do CPC pressupõe uma alteração das circunstâncias essenciais para a decisão, o que parece excluir a possibilidade de relevância de factos posteriores que não afectem a causa de pedir da acção anterior.

Tendo em vista resolver a questão de saber se a sentença modificativa opera ou não a modificação do caso julgado material, trataremos, antes do mais, da eventual não produção de caso julgado material pela sentença modificanda, bem como das respostas que, na Alemanha, lhe têm sido dadas (através das designadas teoria da equidade e teoria da confirmação).

Depois de resolvida a referida questão – ou, talvez melhor, em articulação com ela –, verificaremos se a acção modificativa reflecte a figura dos limites temporais do caso julgado.

II. A tese da não produção de caso julgado material pela decisão anterior

Para quem sustente que o objecto da acção modificativa é uma sentença que não constitui caso julgado, ou que constitui caso julgado meramente formal, não parece sequer pertinente o problema de saber se esta acção representa uma confirmação ou um desvio às regras gerais do caso julgado: pura e simplesmente o problema não se põe, dado que não há caso julgado material a considerar.

A tese segundo a qual as sentenças em matéria de alimentos – que são o objecto *natural* da acção modificativa – não constituem caso julgado tem, no direito brasileiro, um ponto de apoio firme: é que o artigo 15º da Lei nº 5.478/68, de 25 de Julho, determina precisamente que "[a] decisão judicial sobre alimentos

[2737] Assim: RC, 30.03.2004 (considerando que a causa de pedir de uma acção de alteração de regulação do poder paternal é complexa e integra, entre outros factos, a alteração das circunstâncias depois da homologação do acordo); RP, 24.09.1996 (entendendo que, decretada a denúncia do arrendamento por decisão transitada em julgado e falecido o senhorio antes da execução do despejo, o caso julgado não se opõe ao renascimento do anterior arrendamento, "por motivo de alteração das circunstâncias que determinaram a decisão"). No âmbito do processo penal, RL, 26.06.1996 (entendendo que não há caso julgado, nas hipóteses de continuação criminosa, quando é diverso o quadro de circunstâncias que determinou a prática dos novos factos e aquele que provocou os já julgados).

[2738] *Supra*, § 23º, III, 3.

não transita em julgado e pode a qualquer tempo ser revista em face da modificação da situação financeira dos interessados".

Mas tal preceito tem sido igualmente contestado pela doutrina brasileira, nomeadamente por a sentença de alimentos não poder ser modificada se as circunstâncias entretanto não se alterarem e por, modificada a sentença de alimentos, subsistir o reconhecimento de que ao alimentando, na acção anterior, assistia o direito à pensão[2739/2740].

E, na verdade, a circunstância de a lei qualificar certa sentença como inapta à produção de caso julgado não pode ser considerada decisiva. Como, a este propósito, observa GUASP[2741], por vezes o ordenamento, perante certo tipo de sentenças, declara a inexistência de caso julgado, desse modo pretendendo obter a respectiva limitação temporal: o que, não obstante encerre uma errada concepção acerca da repercussão da alteração das circunstâncias no caso julgado (na medida em que confunde o limite temporal com a inexistência de caso julgado), apresenta, pelo menos, a vantagem de oferecer ao intérprete a possibilidade de

2739 Assim, Araken de Assis (*Breve contribuição...*, nº 4), que conclui que "[d]e nenhuma particularidade especial se reveste a sentença alimentária quanto à coisa julgada". Também A. Furtado Fabrício (*A coisa julgada...*, nº 6) considera que, apesar do estatuído no artigo 15º da Lei de Alimentos, a sentença de alimentos faz caso julgado, apenas se pretendendo, nesse preceito, assegurar a possibilidade de revisão do conteúdo da sentença. Identicamente, G. Amaro de Souza (*Coisa julgada...*), para quem nas acções de revisão de alimentos "não se pode falar em quebra ou ausência de coisa julgada, pois, o que se julga é a situação nova e não se volta a julgar a situação passada". Particular parece ser a orientação de M. Berenice Dias (*Princípio da proporcionalidade...*), porque parece admitir a existência de caso julgado das sentenças de alimentos e, simultaneamente, a possibilidade da sua quebra, em homenagem ao princípio da proporcionalidade, nos seguintes termos: "A revisão dos alimentos é possível sempre que houver afronta ao princípio da proporcionalidade, quer porque houve alteração nas condições de qualquer das partes, quer porque este princípio foi desatendido por ocasião da fixação dos alimentos. [...] Sobre a imutabilidade da coisa julgada, pairam princípios outros que justificam a perene possibilidade de os alimentos serem revisados. Ainda que haja coisa julgada em sede de alimentos, prevalece a necessidade de impor o atendimento a diretrizes mais relevantes".

2740 O referido preceito da lei brasileira corresponde a uma linha jurisprudencial antiga: criticamente em relação a essa jurisprudência, Pontes de Miranda (*Tratado das ações*, pág. 311), por entender que a susceptibilidade de modificação da sentença não se confunde com a ausência de eficácia de coisa julgada. À luz do direito brasileiro anterior, entendia Pontes de Miranda (*Tratado das ações*, págs. 311-318), mais precisamente, que a acção de modificação – que qualifica como acção mandamental ("contra a interpretação ou versão da eficácia da sentença, tal como os embargos de terceiro e os do executado") – "de modo nenhum impugna a sentença, que foi a prestação jurisdicional quando o autor exerceu a sua pretensão à sentença ou à execução. Nada tem com a ação rescisória, nem com o recurso de embargos infringentes do julgado"; face ao art. 289, II, do CPC brasileiro de 1939, J. C. de Oliveira e Cruz (*Dos alimentos...*, págs. 242-257 e 289-295), reconhecia, porém, às sentenças de alimentos apenas o valor de coisa julgada formal, na medida em que já não podiam ser objecto de recurso algum, mas, não obstante, não encerravam definitivamente toda a possibilidade de debate posterior (o que seria característica do caso julgado material).

2741 J. Guasp, "Los límites temporales...", págs. 470-471.

aplicar na prática, em certas situações, a doutrina dos limites temporais do caso julgado.

Entre nós, a exigência de alteração das circunstâncias para a proposição de acção modificativa, nos termos do artigo 619º, nº 2, do CPC, impede logo a adopção da tese segundo a qual a sentença modificanda não constituiria caso julgado, porque aquela exigência não se compreenderia se a decisão não fosse vinculativa: objecção que já HEINITZ[2742] fizera a idêntica orientação na doutrina italiana, por, na sua perspectiva, as sentenças determinativas também constituírem obstáculo a que se renovasse a lide, sem qualquer limitação, devendo-lhes ser reconhecida, pelo menos, uma estabilidade provisória[2743]; objecção que pode, igualmente, fazer-se à tese da não produção de caso julgado pelas decisões da jurisdição voluntária, e que já mencionámos[2744]. Por outro lado, a sentença de alimentos encontra-se, nos termos gerais, sujeita à regra do artigo 628º do CPC (que contém a noção de trânsito em julgado) – porque não se traduz num despacho de mero expediente nem num despacho proferido no uso legal de um poder discricionário (cfr. o artigo 630º, nº 1, do CPC) –, requisito de que depende a sua aptidão para a produção de caso julgado[2745]. Finalmente, incidindo a sentença de alimentos (e, em geral, qualquer sentença abrangida na previsão do artigo 619º, nº 2, do CPC) sobre o mérito da causa, ela pode produzir caso julgado material, nos termos gerais do artigo 619º, nº 1, do CPC.

No entanto, encontram-se algumas referências, tanto na doutrina como na jurisprudência portuguesas, à não produção de caso julgado pelas sentenças de alimentos[2746], ao caso julgado provisório por elas produzido[2747], ou à sua

[2742] E. Heinitz, *I limiti...*, pág. 247.

[2743] Em sentido diverso, na medida em que sustenta que a exigência, para a alteração da decisão, da alteração dos pressupostos de facto em que a mesma assentou, é compatível com a inexistência de trânsito em julgado da decisão, RP, 05.04.2001, em cujo sumário se lê: "No processo de falência, decisões há que não transitam em julgado, podendo ser alteradas a todo o tempo, desde que os pressupostos de facto que lhes serviram de base se alterem também".

[2744] Sobre este ponto, *supra*, § 2º, II, 9. *e)* 1.

[2745] Sobre a relação entre trânsito em julgado e caso julgado, M. Teixeira de Sousa, *Estudos...*, pág. 567. O trânsito em julgado, por outro lado, também não é incompatível com a alterabilidade da decisão: assim, STJ, 09.02.1994, em cujo sumário se lê que "[r]esulta da norma do nº 1 da Base XXII da Lei 2127 que as decisões que fixem pensões por incapacidade permanente não são inalteráveis, ainda que hajam transitado em julgado".

[2746] Assim, M.A.S. Lobão, Segundas linhas..., Parte I, pág. 703, nota 574 (considerando que as sentenças de alimentos não formavam caso julgado, tal como, aliás, as que decretavam a separação entre cônjuges); STJ, 03.03.1998 (Proc. 97B258) (sustentando que a fixação provisória ou definitiva de alimentos não faz caso julgado, nem formal nem material); STJ, 12.11.1991 (dando a entender que as decisões previstas no artigo 619º, nº 2, do CPC – entre as quais se incluiria a relativa ao apoio judiciário –, não fazem caso julgado).

[2747] Assim, RP, 27.04.1992.

instabilidade[2748], idênticas referências se podendo encontrar na doutrina estrangeira[2749]; mas também já se afirmou que a sentença de alimentos é estável[2750].

III. Teoria da confirmação e teoria da equidade. Teorias alternativas

O problema da identidade entre o objecto do primeiro processo e o do processo tendente à modificação tem sido primacialmente tratado na Alemanha, não em articulação com a temática, por nós já aflorada[2751], do pedido parcial – que, aliás, assume grande relevância prática –, mas com a das *excepções às regras do caso julgado*: se bem que, como observa PETZOLDT[2752], caso se configure o regime do § 323 da ZPO como consagrando um desvio a essas regras para as hipóteses de condenação em prestações periódicas vincendas – na sequência do propugnado pela teoria da equidade –, se coloque subsequentemente o problema de saber se essa é a única função do regime ou se, diversamente, o correspondente preceito pode também aplicar-se (como tem entendido o *Reichsgericht* e o *Bundesgerichtshof*) aos casos (ou a certos casos) em que, na primeira acção, se formulou um pedido parcial (e em que, portanto, é distinto o objecto do primeiro e do segundo processo).

Concretamente em relação à temática das excepções às regras do caso julgado, discute-se na Alemanha se, em atenção ao seu objecto, a acção modificativa representa uma quebra do caso julgado anterior ou, antes, uma sua confirmação: e, a este propósito, digladiam-se a *teoria da equidade* e a *teoria da confirmação*, já por nós várias vezes referenciadas.

Esta disputa entre a teoria da equidade e a da confirmação reporta-se apenas ao *caso julgado material*, embora, no que se refere ao caso julgado formal, também seja discutível se a *Abänderungsklage* o atinge (à semelhança da *Wiederaufnahme des Verfahrens*)[2753]: o que se trata, então, é de saber se a função da *Abänderungsklage*, além da eventual eliminação do caso julgado formal que comporte, se resume

[2748] Assim, STJ, 20.12.1989.

[2749] Assim, à luz do direito italiano, E. Fazzalari, "Cosa giudicata...", pág. 1307, nota 11, para quem o caso julgado não cobre todas as sentenças de mérito, nomeadamente as sentenças determinativas que impõem comportamentos que se desenvolvem e perduram no tempo («*rebus sic stantibus*»). Identicamente, R. J. Dutto (*Juicio*..., pág. 280), face ao direito argentino e em matéria de alimentos, aludindo, porém, à inalterabilidade da sentença enquanto se mantiverem os pressupostos de facto que determinaram o montante da prestação. Contra, porém, face a este último ordenamento, E. I. Quevedo Mendoza (*Cosa juzgada*..., págs. 84-85), observando que, em matéria de alimentos, o que se verifica não é uma menor estabilidade da sentença, mas um direito subjectivo que se sucede no tempo e está, por isso, sujeito a várias vicissitudes que determinam a sua modificação ou extinção, estas requerendo, por sua vez, a actuação de uma nova vontade da lei.

[2750] Assim, STJ, 03.02.1976.

[2751] *Supra*, § 23º, IV.

[2752] T. M. Petzoldt, *Die Rechtskraft*..., págs. 3 e 115.

[2753] Quanto a este ponto, e no sentido de que tanto a *Abänderungsklage* como a *Wiederaufnahme des Verfahrens* atingem o caso julgado formal, veja-se E. T. Liebman, "Effetti della sentenza...", págs. 3-4;

à eliminação deste caso julgado formal (conclusão a que – embora face à acção modificativa do direito português – chegou CASTRO MENDES[2754]).

Segundo PETZOLDT[2755], tanto a teoria da equidade como a teoria da confirmação referem os limites temporais do caso julgado à data do encerramento da última discussão oral: ora, atendendo a que a ZPO não regula, de modo explícito e geral, a influência de factos supervenientes na sentença (ou os limites temporais do caso julgado), tal posição significa uma *generalização da regra contida no § 767, 2, da ZPO*, preceito que dispõe especificamente sobre os fundamentos da oposição à execução, estabelecendo que estes devem necessariamente ter surgido após o encerramento da última discussão oral na qual as excepções, de acordo com as regras do Código, podiam ter sido deduzidas[2756].

E, segundo o mesmo Autor[2757], ao referirem os limites temporais do caso julgado à data do encerramento da última discussão oral, ambas as teorias procedem a uma *indiferenciação entre as sentenças baseadas em situações de facto já concluídas e as sentenças assentes em juízos de prognose*: na verdade, os limites temporais do caso julgado de qualquer dessas sentenças seriam definidos por aquele momento[2758].

Não obstante este fundo comum, são diversas as soluções propostas pela teoria da equidade e pela da confirmação, pelo que importa analisá-las separadamente, sempre também na perspectiva da sua eventual adequação ao direito português.

A teoria da equidade (*Billigkeitskeitstheorie*) – que corresponde à tese dominante (e é seguida pelo *Bundesgerichtshof*[2759]), tendo-o sido também ao tempo da introdução, pela Novela de 1898, do § 323 na ZPO[2760] – pressupõe, como referem

contra, uma vez que entende que apenas a segunda figura o atinge, veja-se W.-D. Walker, "Beseitigung...", págs. 369-370, já por nós citado (*supra*, § 1º, II, 1).

2754 *Supra*, § 1º, III, 3.

2755 T. M. Petzoldt, *Die Rechtskraft...*, págs. 64-66.

2756 Remo Caponi (*L'efficacia...*, pág. 116) sublinha que a consideração de que o caso julgado tem como referência temporal a data do encerramento da última discussão oral só pode resultar da interpretação extensiva do § 767, 2, da ZPO, porque este preceito não pressupõe uma sentença transitada em julgado e, além disso, não regula a superveniência de factos constitutivos. De qualquer modo, é pacífica, na doutrina alemã, a consideração de que o § 767, 2, da ZPO estabelece os limites temporais do caso julgado: assim, A. Zeuner ("Beobachtungen...", págs. 360-361); B. Rimmelspacher, *Materiellrechtlicher...*, págs. 245-246.

2757 T. M. Petzoldt, *Die Rechtskraft...*, pág. 66.

2758 Assinalando também esta convergência das duas teorias, J. R. Moritz, *Probleme...*, pág. 90.

2759 Assim, entre numerosos outros, BGH, 31.01.1990.

2760 Assim: Remo Caponi, *L'efficacia...*, págs. 93-94; P. Kurz, *Die Reformbedürftigkeit...*, págs. 18-19; T. M. Petzoldt, *Die Rechtskraft...*, págs. 2 e 75; W.-D. Walker, "Beseitigung...", pág. 370. Refira-se que, já quando o legislador alemão ponderara a inclusão do regime da *Abänderungsklage* nos §§ 724, 6 e 1493 do BGB, ou seja, aquando da feitura do correspondente primeiro projecto, aquela acção foi concebida como representando uma quebra do caso julgado por razões de equidade (cfr. *Motive...*, vol. II, págs. 784-791, esp. pág. 789); T.M. Petzoldt, *Die Rechtskraft...*, págs. 75-76 e pág. 168). O *Reichsgericht* seguiu também esta orientação (cfr. E. R. von Maurnböck, *Die Abänderungsklage...*, pág. 17). A teoria da equidade foi

ROSENBERG / SCHWAB / GOTTWALD[2761], que, na eventualidade de condenação em prestações vincendas, o caso julgado da sentença abrange também a prognose do juiz sobre o desenvolvimento futuro da situação de facto[2762] e, como tal, quando se pretenda fazer valer (precisamente, através da acção modificativa) a divergência entre o efectivo desenvolvimento da situação de facto e o desenvolvimento dessa mesma situação previsto pelo tribunal, é a justeza da decisão anterior que se atinge, não se alegando qualquer nova situação de facto; *o objecto da acção modificativa seria o mesmo do da acção anterior*, representando a acção modificativa uma quebra do caso julgado da sentença proferida nessa acção, por razões de justiça e de equidade. Por este motivo, a acção modificativa aproximar-se-ia do recurso de revisão[2763].

Se bem se reparar, a teoria da equidade, embora faça incidir o caso julgado sobre uma realidade futura, não rejeita, como anteriormente dissemos, a regra da referência temporal do caso julgado à data do encerramento da última discussão oral: como acentua PETZOLDT[2764], o que sucede é que, sob o ponto de vista dessa teoria, a realidade factual abrangida pelo caso julgado não é (apenas) a realidade existente naquela data, mas a realidade (também a realidade futura, estabelecida mediante o juízo de prognose) em que o tribunal teve de basear a sua conclusão subsuntiva (*Subsumtionsschluss*) e que constituiu, aliás, o objecto da discussão oral.

A mencionada abrangência da realidade futura pelo caso julgado explica-se, como também observa PETZOLDT[2765], pela própria função do caso julgado: consistindo tal função em impedir agressões à exactidão da conclusão subsuntiva, e assentando esta, na eventualidade da decisão baseada num juízo de prognose, também nos factos futuros estabelecidos por este juízo, a função do caso julgado só estará, perante uma decisão desse teor, cumprida, se o caso julgado

desenvolvida sobretudo por Oppermann (cfr. E. Pliester, *Die Abänderungsklage...* págs. 11-16, e H. Knecht, *Die Abänderungsklagen*, pág. 17).

2761 Rosenberg/Schwab/Gottwald, *Zivilprozessrecht*, 17ª ed., § 158, 3.

2762 O desenvolvimento futuro da situação de facto refere-se, como assinala P. Kurz (*Die Reformbedürftigkeit...*, pág. 1), quer ao desenvolvimento da situação particular, quer ao desenvolvimento da situação económica geral; tal desenvolvimento futuro seria, em si, um facto, traduzindo-se o juízo de prognose correspondente num julgamento da matéria de facto semelhante a qualquer outro e integrando, por isso, a fundamentação da sentença (*idem*, pág. 21). No caso de uma sentença de condenação em alimentos, por exemplo, o juiz prognosticaria que o estado de necessidade do devedor se manteria depois do encerramento da última discussão oral e, bem assim, as possibilidades do credor (cfr. E. Becker-Eberhard, "Zur Möglichkeit...", pág. 188); a abrangência do juízo de prognose pelo caso julgado explicar-se-ia por, nas acções a que se refere o § 258 da ZPO, ser unitária a pretensão processual sobre a qual o juiz decide para o futuro (*ibidem*).

2763 Assim, J. Braun, *Grundfragen...*, pág. 11; J. R. Moritz, *Probleme...*, pág. 93.

2764 T. M. Petzoldt, *Die Rechtskraft...*, págs. 70-71.

2765 T. M. Petzoldt, *Die Rechtskraft...*, págs. 70-71.

abranger tais factos futuros. Como, a este propósito, assinala ainda Oetker[2766], se os factos futuros, no caso de decisões assentes em juízos de prognose, não integrassem o objecto do processo, nenhuma vantagem adviria para o autor do proferimento de tais decisões.

A teoria da equidade, ao reconhecer natureza exclusivamente processual ao preceituado no § 323 da ZPO, seria também aquela que, segundo alguns dos seus propugnadores[2767], melhor se harmonizaria com a teoria processual do caso julgado[2768], porque não só a modificação teria como objecto a sentença, enquanto acto processual, e não a pretensão de direito material, como também porque, havendo uma alteração das circunstâncias, não poderia esta, em si mesma considerada, valer contra o estatuído na sentença, devendo as partes, antes, seguir a via da acção modificativa.

Um outro argumento usado pela teoria da equidade para sustentar o desvio que, na sua perspectiva, a acção modificativa representa às regras do caso julgado, é o de que a respectiva regulação se encontra logo depois da regulação do caso julgado, que consta do § 322 da ZPO[2769]. Contudo, e como assinala Petzoldt[2770], desta circunstância também pode retirar-se a ilação contrária: a de que a acção modificativa confirmaria essa regulação geral para o caso das acções contempladas no § 258 da ZPO. A localização sistemática do § 323 da ZPO não parece, assim, especialmente esclarecedora.

Para Remo Caponi[2771], a teoria da equidade encontra a demonstração da sua tese na exigência da *essencialidade da alteração das circunstâncias*, constante do próprio § 323, 1, da ZPO[2772]: com efeito, de tal exigência deduz-se que o caso julgado da sentença aí prevista é menos permeável à superveniência, isto é, que "o acertamento contido nessa sentença retira relevância jurídica a todos os factos supervenientes que não traduzam uma modificação essencial das circunstâncias com base nas quais foi emitida a primeira pronúncia".

2766 H. Oetker, "Die materielle...", págs. 4-5.

2767 Assim, H.-U. Graba, *Die Abänderung...*, pág. 23, e J. Soyka, *Die Abänderungsklage...*, 1ª ed., pág. 25.

2768 De outras manifestações da relevância prática da querela entre a teoria processual e a teoria material do caso julgado já fomos dando conta ao longo do texto (em geral, sobre essa relevância, nomeadamente para a determinação dos limites objectivos e subjectivos do caso julgado: E. Heinitz, *I limiti...*, págs. 61 e seguintes; H.-J. Sauer, *Die Reihenfolge...*, págs. 41-45; J. Blomeyer, "Zum Sreit...", págs. 407-409; S. Koussoulis, *Beiträge...*, págs. 69 e seguintes; *Caso julgado*, págs. 13-14). É, por isso, duvidoso que essa querela se situe principalmente no domínio da Filosofia do Direito, como sustenta A. Blomeyer, "Rechtskrafterstreckung...", pág. 3.

2769 Assim, por exemplo, J. Soyka (*Die Abänderungsklage...*, 1ª ed., pág. 25), observando que, se a acção modificativa não se destinasse a quebrar o caso julgado, a inserção sistemática do § 323 da ZPO devia ser outra: no conjunto em que se encontra o § 767, que regula a oposição à execução.

2770 T. M. Petzoldt, *Die Rechtskraft...*, pág. 71.

2771 Remo Caponi, *L'efficacia...*, págs. 95-96.

2772 E, depois da reforma da ZPO de 2008/2009, também do 4º parágrafo do § 323.

Este argumento, naturalmente, a valer – e já vimos[2773] que, no direito português, a exigência de uma certa qualificação da alteração das circunstâncias não se destina a proteger o caso julgado –, só vale nos ordenamentos que exijam a essencialidade da alteração das circunstâncias; por outro lado, ele suscita a questão de saber se, não formulando um certo ordenamento uma exigência desse teor, pode daí retirar-se que a acção modificativa *não visa* a quebra do caso julgado. Assim, por exemplo, o artigo 619º, nº 2, do CPC não consagra, ao menos explicitamente, o requisito da essencialidade da alteração: poderá daí retirar-se que o caso julgado que pressupõe não se estende para o futuro? A nosso ver, não pode, porque mesmo uma superveniente pequena alteração das circunstâncias pode contrariar a prognose realizada na sentença e, conferindo-se relevância a essa pequena alteração, colocar-se o problema da quebra do caso julgado. Ou seja: a atribuição de relevância jurídica a um facto superveniente que apenas traduza uma modificação não essencial das circunstâncias nada permite inferir quanto à extensão do caso julgado da sentença, mas apenas quanto à maior permissividade na quebra desse caso julgado.

Embora a teoria da equidade aceite a referência temporal do caso julgado à data do encerramento da última discussão oral, a verdade é que, como salienta PETZOLDT[2774], é difícil a sua compatibilização com a letra do § 767, 2, da ZPO: e isto porque este preceito atribui relevância (para efeitos da oposição à execução) aos factos ocorridos depois daquela data e os factos futuros em que assenta o juízo de prognose não ocorreram efectivamente antes daquela data, na medida em que, nessa altura, eram meramente expectáveis. Assim sendo, melhor seria, segundo o Autor[2775], que a teoria da equidade admitisse que, do § 767, 2, da ZPO, não é possível extrair uma regra geral – isto é, válida mesmo para as decisões que assentam em juízos de prognose – no domínio dos limites temporais do caso julgado.

Idêntica crítica ao pensamento da teoria da equidade se pode fazer – e talvez ainda com mais propriedade – à luz do direito português. Na verdade, o artigo 611º, nº 1, do CPC (sistematicamente inserido nas disposições respeitantes ao processo de declaração e não, como o § 767, 2, da ZPO, nas disposições gerais relativas à execução) consagra a regra da atendibilidade, na sentença, dos factos *produzidos* até ao momento do encerramento da discussão, pelo que torna difícil sustentar a extensão do caso julgado dessa sentença à realidade futura. Já vimos, porém, a adaptação que o preceito deve sofrer quanto a certas sentenças[2776].

2773 *Supra*, § 29º, III.

2774 T. M. Petzoldt, *Die Rechtskraft...*, pág. 71.

2775 T. M. Petzoldt, *Die Rechtskraft...*, pág. 71.

2776 *Supra*, § 23º, II, 1. *a)* a *f)*.

Duas outras críticas que podem fazer-se à teoria da equidade são aquelas a que alude Moritz[2777]: por um lado, a de que a acção modificativa não tem como única finalidade a adaptação do título primitivo (o que estaria subentendido na teoria da equidade), destinando-se também à constituição de um título para o futuro; por outro lado, a de que a teoria da equidade, a ser coerente, devia negar a possibilidade de os factos posteriores favoráveis ao réu serem por este alegados nos termos do § 767 da ZPO, já que este preceito não visa a quebra do caso julgado. Concordamos com estas críticas, como, aliás, já demos a entender quando assinalámos as dificuldades na demarcação entre a acção modificativa e a oposição à execução fundada em facto extintivo ou modificativo da obrigação[2778]: mas tal não implica a opção pela teoria da confirmação nem infirma a constatação de que é função da acção modificativa a adaptação do título (diversamente do que sucede com a oposição à execução, que só acidentalmente pode desempenhá-la).

Vejamos agora os contornos da teoria da confirmação.

A teoria da confirmação (*Bestätigungstheorie*) – assim designada desde Knecht[2779] – parte, como observam Rosenberg / Schwab/ Gottwald[2780] (que, aliás, a propugnam) de um pressuposto diverso do da teoria da equidade: o de que o caso julgado da sentença anterior (referido, como vimos ser sublinhado por Petzoldt, à data do encerramento da última discussão oral) não abrange a prognose do juiz sobre o desenvolvimento futuro da situação de facto[2781], assim subjazendo também à acção modificativa uma nova situação de facto; o objecto da acção modificativa seria diverso do da acção anterior, coadunando-se aquela acção com os limites gerais do caso julgado[2782].

Dito de outro modo, e como Petzoldt[2783] sinteticamente observa, a teoria da confirmação pressupõe que o caso julgado da sentença anterior abrange unicamente os factos realmente existentes à data do encerramento da discussão, pelo que, assentando a acção modificativa num desenvolvimento factual poste-

[2777] J. R. Moritz, *Probleme...*, pág. 93.

[2778] *Supra*, § 31º, III.

[2779] H. Knecht, *Die Abänderungsklagen*, pág. 23 e nota 28.

[2780] Rosenberg/Schwab/Gottwald, *Zivilprozessrecht*, 17ª ed., § 158, 4.

[2781] T. M. Petzoldt (*Die Rechtskraft...*, pág. 2) assinala, porém, uma contradição no pensamento de Gottwald: este Autor, no seu comentário ao § 322 da ZPO (actualmente, veja-se *MünchKommZPO/* Gottwald, § 322, 141), sustentaria que, nas sentenças relativas a alimentos e inibitórias, o caso julgado atinge o futuro, como decorrência do juízo de prognose.

[2782] É esta também, segundo P. Kurz (*Die Reformbedürftigkeit...*, págs. 157-158), a perspectiva da jurisprudência e da doutrina austríacas acerca do correspondente direito, que, como já vimos (*supra*, § 3º, VI, 1), não conhece regra semelhante à do § 323 da ZPO: mesmo no caso de condenação em prestações periódicas vincendas, abre-se a via para uma nova acção e para uma nova sentença, quando a situação de facto se altere posteriormente ao encerramento da última discussão oral, atendendo a que esta alteração não se encontra abrangida pelo caso julgado da sentença anterior.

[2783] T. M. Petzoldt, *Die Rechtskraft...*, pág. 67.

rior naturalmente não coberto pelo caso julgado, ela não importa qualquer desvio às correspondentes regras.

A finalidade do § 323 da ZPO, para os partidários da teoria da confirmação, só pode, assim, consistir em estabelecer o regime processual da modificação ou os limites positivos da correspondente pretensão (por exemplo, o limite temporal a que alude o terceiro parágrafo daquele preceito – nos termos do qual a modificação só opera para o período posterior à dedução do pedido –, do qual decorreria o reforço da eficácia do caso julgado ou, noutra perspectiva, uma preclusão alheia ao caso julgado)[2784]; paralelamente, a finalidade do § 258 da ZPO seria, não a de estender o caso julgado para o futuro, mas a de permitir a obtenção de um título dotado de exequibilidade (ainda que temporária)[2785].

Têm sido vários os argumentos avançados pela teoria da confirmação.

Desde logo, um argumento que se diria literal: o de que dos §§ 767, 2, e 323, 2, da ZPO decorre que o caso julgado de uma decisão se refere sempre às circunstâncias existentes à data do encerramento da última discussão oral[2786]. Porém, se do § 767, 2 já decorre tal regra, também se pode questionar o interesse da regra do § 323, 2, da ZPO (que determina só poder a acção modificativa fundar-se em factos ocorridos depois do encerramento da última discussão oral), que então se limitaria a repeti-la; além de que, como o § 323, 2 da ZPO não exclui (ao menos expressamente) a possibilidade de o requerido da acção modificativa alegar factos anteriores a esta data, é duvidoso que dele possa retirar-se qualquer regra relativa à abrangência do caso julgado da decisão modificanda. Face ao direito português, já vimos que, não obstante o teor literal do artigo 611º do CPC, a correspondente regra não deve valer para todas as sentenças[2787].

Em segundo lugar, um argumento de direito comparado: na generalidade dos ordenamentos, a modificação de sentenças de alimentos é regulada pelo direito material, não interferindo os correspondentes preceitos no regime geral do caso julgado, que continua a valer, mesmo quanto às sentenças de condenação em

[2784] P. Kurz, *Die Reformbedürftigkeit...*, págs. 16-18; T. M. Petzoldt, *Die Rechtskraft...*, págs. 2 e 67. Assinale-se, a este propósito, a semelhança entre esta orientação e aquela que, quanto ao artigo 619º, nº 2, do CPC, sustenta J. de Castro Mendes (*supra*, § 1º, III, 3), para quem a utilidade deste preceito é apenas a de permitir uma nova sentença sem um novo processo (em suma, uma utilidade meramente procedimental). Quanto à tese do reforço da eficácia do caso julgado, perfilha-a J. C. Schwartz, *Das Billigkeitsurtheil...*, pág. 88; já a tese da preclusão estranha ao caso julgado é seguida em *MünchKommZPO*/Gottwald, § 323, 9 e 104, e por H. Otto, *Die Präklusion...*, págs. 119 e 124.

[2785] Salientando esta finalidade do § 258 da ZPO, para os partidários da teoria da confirmação: H.-U. Graba, *Die Abänderung...*, pág. 22. Note-se que P. Gottwald, partidário da teoria da confirmação, entende que a decisão de procedência da acção modificativa extingue a exequibilidade do antecedente título a partir do momento definido no § 323, 3, da ZPO (cfr. "Abänderungsklage...", pág. 164).

[2786] Este argumento é referenciado, por exemplo, por H.-U. Graba, *Die Abänderung...*, pág. 20.

[2787] *Supra*, § 23º, II, 1. *a)* a *f)*.

prestações periódicas vincendas, nos mesmos termos[2788]. Face ao direito alemão, porém, entende GRABA[2789] que este argumento não se adequa, nem à regulação, para o futuro, subjacente ao § 258 da ZPO, nem à inserção sistemática do § 323 da ZPO (na lei processual). O mesmo se diria quanto ao direito português.

Em terceiro lugar, um argumento que se prende com a natureza da pretensão a que se refere o § 258 da ZPO. Para SCHWARTZ[2790], por exemplo, a pretensão relativa à renda renova-se continuamente, implicando a sucessão de diversas pretensões no tempo: seria, assim, sempre possível uma nova decisão com fundamento na circunstância alterada. Este argumento, porém, não convence PETZOLDT[2791], atendendo a que, na sua perspectiva, confunde a pretensão relevante para o processo (a pretensão afirmada, a que alude o § 322, 1, da ZPO), com a pretensão material: ora, discutindo-se no processo uma (afirmada) pretensão futura, alicerçada em certos factos futuros, esta pretensão tem o mesmo conteúdo daquela que, mais tarde, venha a ser afirmada com base naqueles factos futuros entretanto ocorridos[2792].

Uma quarta razão para o acolhimento da teoria da confirmação é referida por OERTMANN[2793], que justifica a não extensão do caso julgado à prognose do juiz sobre o desenvolvimento futuro da situação de facto com a impossibilidade lógica de uma declaração categórica sobre a realidade futura (a declaração que é própria das sentenças de simples apreciação só pode, segundo o Autor, incidir sobre o passado); também para FASCHING[2794], aquela não extensão radicaria na circunstância de a realidade dos factos só poder ser estabelecida para o passado; BRAUN[2795] avança também, embora em termos dubitativos, tal argumento. Parece-nos, porém, que este argumento não atende a que, quando se sustenta a extensão do caso julgado à prognose do juiz ou a extensão do caso julgado para o futuro, não se está propriamente a entender que esse caso julgado incide sobre os fundamentos da decisão, que seriam então factos futuros: o que se pretende apenas significar é que o caso julgado próprio das sentenças assentes em juizos de prognose tem como objecto (nos termos gerais) uma decisão que assentou em certos fundamentos futuros, versando a declaração respectiva apenas a exis-

2788 Apontando este argumento: H.-U. Graba, *Die Abänderung...*, pág. 22.

2789 H.-U. Graba, *Die Abänderung...*, págs. 22-23.

2790 J. C. Schwartz, *Das Billigkeitsurtheil...*, págs. 41 e 69-75.

2791 T. M. Petzoldt, *Die Rechtskraft...*, pág. 68.

2792 Identicamente, J. R. Moritz, *Probleme...*, págs. 91-92.

2793 P.Oertmann, "Zur Lehre...", pág. 287.

2794 H. W. Fasching, *Lehrbuch...*, págs. 774-775.

2795 J. Braun ("Rechtskraft und Rechtskraftbeschränkung...", págs. 369-370) observa, na verdade, que não se vê como justificar a vinculação das partes para o futuro, não podendo este ser antecipadamente conhecido.

tência do direito (também num momento futuro)[2796] e não os factos (presentes e futuros) alegados pelas partes. Nesta medida, a "extensão do caso julgado para o futuro" não implicaria qualquer declaração sobre a realidade futura (que é geralmente repudiada na doutrina[2797]), servindo os factos futuros apenas como fundamento da correspondente declaração.

Um quinto argumento é avançado nomeadamente por GOTTWALD[2798] e OTTO[2799]: para estes Autores, a acção modificativa não implica a quebra do caso julgado (ou a ideia de quebra do caso julgado adequa-se mal ao regime da acção modificativa), atendendo a que o § 323, 2, da ZPO – tal como, por exemplo, o § 318 da ZPO – não exige a formação de caso julgado formal (e, portanto, material) pela sentença modificanda. Para PETZOLDT[2800], porém, esta opção do legislador deveu-se a razões pragmáticas, pelo que dela não pode extrair-se um fundamento sério para a teoria da confirmação. Parece-nos também que, face ao direito português, idêntica crítica procederia: mesmo que consideremos que o regime do artigo 619º, nº 2, do CPC pode aplicar-se à modificação de certas sentenças não transitadas em julgado ou que estas são susceptíveis de modificação com fundamento em alteração das circunstâncias[2801], daí não decorre que, quando aplicado à situação-regra (isto é, à modificação de sentenças transitadas em julgado), esse regime não implique a modificação do caso julgado material.

GEGENWART[2802], por seu lado, atribui à teoria da confirmação um fundamento de natureza garantística: segundo o Autor, o alargamento dos limites temporais do caso julgado só seria aceitável se as garantias de obtenção da verdade próprias do processo civil – por exemplo, o dever de veracidade das partes e o dever de esclarecimento do juiz (respectivamente consagrados no § 138 e no § 139 da ZPO)[2803], ou a possibilidade de prova testemunhal, por depoimento de parte, por documento ou por apresentação de coisas – fossem salvaguardadas e, desse modo, preservada a própria essência do caso julgado; ora, como no caso das decisões que assentam num juízo de prognose essa salvaguarda não é possível (já que o conceito de verdadeiro ou falso não opera quanto ao futuro e não é possível a utilização dos mencionados meios de prova em relação a factos

[2796] A possibilidade de o acto jurisdicional constatar uma violação da regra passada, presente ou futura era já sustentada por R. Guillien (*L'acte...*, págs. 81-84), se bem que a última não fosse admitida pelo direito francês.

[2797] Dando conta dessa orientação, também na doutrina italiana, C. M. Cea, "Diniego...", págs. 874-875.

[2798] *MünchKommZPO*/Gottwald, § 323, 9.

[2799] H. Otto, *Die Präklusion...*, págs. 120-121.

[2800] T. M. Petzoldt, *Die Rechtskraft...*, pág. 68.

[2801] Sobre este ponto, veja-se o que concluímos *supra*, § 14º, IV.

[2802] H. Gegenwart, *Das Verhältnis...*, págs- 36-38.

[2803] Sobre estes deveres, veja-se W. Bernhardt, "Die Aufklärung...", págs. 24-42.

futuros), quanto a essas decisões deve valer a regra geral da relevância do encerramento da última discussão oral.

Não obstante o seu carácter apelativo, são muitas as críticas que podem fazer-se à tese de GEGENWART. PETZOLDT[2804] formula as seguintes: *a)* da inadmissibilidade do alargamento dos limites temporais do caso julgado não se retira que lhes deva servir sempre de referência a data do encerramento da última discussão oral; *b)* a circunstância de – no caso das decisões que assentam num juízo de prognose – as mencionadas garantias do processo civil não serem salvaguardadas com o alargamento dos limites temporais do caso julgado pode, ela própria e diversamente, servir de argumento a favor da utilização da acção modificativa como um mecanismo compensatório das deficiências dessas decisões; *c)* idêntica compensação pode ocorrer, caso se admita uma nova e livre avaliação no âmbito do processo tendente à modificação; *d)* a tese em causa radica, em última análise, na consideração de que só são admissíveis as acções relativas a prestações vencidas, o que contraria a explícita permissão contida no § 258 da ZPO; *e)* existem outras decisões que, nos termos do direito material, assentam em factos futuros, pelo que também quanto a elas, seguindo a tese de GEGENWART, não deveria reconhecer-se a eficácia de caso julgado; *f)* a acção prevista no § 258 da ZPO nenhuma utilidade teria para o autor, sob o ponto de vista da possibilidade da execução aparelhada *(vorübergehenden Vollstreckungsmöglichkeit)* da sentença daí resultante, se os limites temporais do correspondente caso julgado fossem definidos pela data do encerramento da última discussão oral, atendendo a que sempre poderiam ser invocados, na oposição à execução, factos que já haviam constituído objecto do primeiro processo e que contrariariam a base do juízo subsuntivo aí realizado; *g)* a oposição à execução de uma sentença que procedesse, nos termos dos §§ 843 e 844 do BGB, a uma condenação sob forma de capital e não sob forma de renda, poderia fundar-se, por exemplo, na inesperada melhoria da capacidade de ganho do exequente, possibilidade que os próprios defensores da teoria da confirmação repudiam[2805].

MORITZ[2806] avança ainda outro argumento contra a tese de GEGENWART: o de que é duvidoso relacionar a existência do caso julgado com o asseguramento de certas garantias, porque não só as regras do recurso de revisão demonstram que a quebra do caso julgado obedece – mesmo quando se invoca um vício processual grave – a um certo procedimento, como também porque é difícil precisar as hipóteses de vícios processuais graves justificativas da não intervenção do caso julgado.

[2804] T.M. Petzoldt, *Die Rechtskraft...*, págs. 69-70.

[2805] Veja-se *MünchKommZPO*/Gottwald, § 323, 16.

[2806] J. R. Moritz, *Probleme...*, pág. 92.

Para além das enunciadas teorias da equidade e da confirmação – que também se têm confrontado em Itália, embora com um desenvolvimento muito menor e diversa formulação[2807] –, surgiram, na Alemanha, alguns entendimentos acerca do regime do § 323 da ZPO que não se lhes subsumem completamente. São, de certo modo, *teorias alternativas* àquelas.

Assim, por exemplo, e como já demos conta[2808], alguns Autores sustentam que a acção modificativa representa, não uma quebra do caso julgado, mas uma quebra da regra segundo a qual o juiz se encontra vinculado às suas próprias decisões, constante do § 318 da ZPO; mas tal tese seria, na perspectiva de GRABA[2809], forçada, não só porque o objecto da acção modificativa é constituído, em regra, por uma decisão transitada em julgado, como também porque o sentido do disposto no § 318 da ZPO é o de estabelecer uma imposição no processo em que a decisão é proferida e não num outro processo, ainda que dependente[2810].

Também GRABA[2811] perfilha uma teoria de certo modo alternativa à da confirmação e à da equidade: a *teoria da actualização*, já por nós aflorada, de acordo com a qual a acção modificativa teria como finalidade última – conseguida *através* da quebra do caso julgado – a actualização da sentença e a realização do direito material.

Uma teoria alternativa à da equidade e à da confirmação é ainda a proposta por GRÜNSKY[2812], que, começando embora por salientar que a discussão entre os partidários da teoria da equidade e a da confirmação se apresenta, à luz do direito alemão, ociosa, na medida em que não são visíveis os resultados práticos da adopção de uma ou de outra[2813], distingue, dentro das hipóteses em que o juiz previu e considerou na sentença o facto novo, quatro situações.

[2807] Em Itália, e conforme já se referiu (*supra*, § 2º, I, 6. *c)*) também se tem discutido, a propósito da categoria das sentenças determinativas, se a possibilidade de serem modificadas representa uma derrogação aos princípios gerais do caso julgado ou, antes, uma mera adaptação destes princípios à natureza particular das situações duradouras sobre que versam aquelas sentenças: no primeiro sentido, pronuncia-se E. Heinitz; no segundo, além dos Autores referidos no local assinalado, pronunciou-se, mais recentemente, S. Menchini (*Il giudicato...*, págs. 212-213). Para este Autor, tal conclusão decorreria de três razões: a de que apenas alterações das condições de facto posteriores à primeira sentença permitem o reexame da questão decidida; a de que a regulação da primeira sentença permanece, a menos que seja emitida nova pronúncia; a de que a segunda decisão não incide sobre as prestações reconhecidas e devidas por força da primeira decisão. A jurisprudência italiana tem também acolhido, segundo S. Menchini (*idem*, págs. 213-214), esta orientação.

[2808] *Supra*, § 2º, I, 1.

[2809] H.-U. Graba, *Die Abänderung...*, pág. 21.

[2810] Sobre o sentido do § 318 da ZPO (que consagra a *Innenbindung*), B. Werner, *Rechtskraft...*, págs. 19-21, 31-34 e 52-54.

[2811] H.-U. Graba, *Die Abänderung...*, págs. 24-30.

[2812] W. Grunsky, "Veränderungen...", págs. 382, nota 11, 382-384 e 390-391.

[2813] Concorda com este entendimento J. Braun, *Grundfragen...*, pág. 11. Já T. M. Petzoldt (*Die Rechtskraft...*, págs. 3 e 73) observa, a este propósito, que tal discussão tem grande utilidade nos sistemas, como o austríaco, que não possuem uma regra como a do § 323 da ZPO, que este preceito só pode ser explicado

A primeira é aquela em que o juiz assenta a sua conclusão subsuntiva em certos factos futuros cuja ocorrência prevê e o juízo de prognose é mais tarde confirmado, eventualidade em que nenhuma necessidade há de corrigir a decisão, o que, aliás, contrariaria o caso julgado; a segunda é aquela em que o juiz prevê que não ocorrerá certo facto e este, na verdade, não vem a ocorrer, situação que deve ter o mesmo tratamento da situação anterior[2814]; a terceira situação é aquela em que o juiz prevê que certo facto não ocorrerá e o facto vem a ocorrer, situação em que o caso julgado se encontra sujeito a um limite temporal, embora o juiz da segunda acção esteja vinculado aos pressupostos de facto da pretensão que permaneceram inalterados; a quarta situação é aquela em que o juiz prevê uma determinada alteração da situação de facto e ela não vem a ocorrer, valendo aqui a solução dada à situação anterior.

Mas também a concepção de Grunsky é criticada por Petzoldt[2815], pelos seguintes motivos: *a)* não esclarece os casos em que é necessário efectuar um juízo de prognose, nem diferencia entre os requisitos de direito substantivo e os de direito adjectivo desse juízo; *b)* não esclarece igualmente se a alteração que se exige se refere aos factos fixados, em certo momento, pelo juiz, ou aos factos realmente existentes nesse momento; *c)* a possibilidade de o juiz da primeira acção não fixar os factos quando exista incerteza acerca do seu desenvolvimento futuro (justificada por a correspondente sentença nunca poder ser definitiva) é insustentável, na medida em que tal recusa de decisão não se encontra prevista na ZPO; *d)* o entendimento em causa acaba por redundar na aceitação da teoria da confirmação, sendo a acção modificativa concebida como uma decorrência das regras gerais respeitantes ao caso julgado.

IV. Conclusão. Limites temporais do caso julgado

Diversamente do que sucede no direito alemão, em que a inserção sistemática do § 323 da ZPO logo após a disposição referente ao caso julgado material tanto pode

de um modo conforme e não contraditório com a teoria geral do direito processual se estiver previamente esclarecida a questão dos limites temporais do caso julgado e, bem assim, que a opção pela teoria da equidade ou da confirmação influi na repartição do ónus de alegação e de prova na segunda acção. Quanto a este último ponto, observa Petzoldt que da teoria da confirmação resulta que, na acção modificativa, sobre o vencedor da primeira acção recai o ónus de alegação e de prova da subsistência do facto (base da primeira sentença) que lhe é (e foi) favorável, enquanto da teoria da equidade decorre que, nessa acção, apenas a parte a quem a alteração aproveita se encontra onerada com a alegação e prova da respectiva ocorrência. A solução do direito português respeitante à distribuição do ónus da prova aproxima-se da que resulta da teoria da equidade, conforme já vimos (*supra*, § 32º, II, 4).

2814 Similar ao tratamento das duas referidas situações deve ser ainda o da hipótese em que o juiz considera o facto juridicamente irrelevante e, por isso, rejeita a realização de um juízo de prognose (cfr. W. Grunsky, "Veränderungen...", pág. 388).

2815 T. M. Petzoldt, *Die Rechtskraft...*, págs. 72-73.

ser entendida no sentido de que o preceito confirma aquela disposição como no sentido de que a contraria, parece-nos que a previsão da acção modificativa no artigo 619º, nº 2, do CPC, a seguir a um preceito que contempla o caso julgado e a possibilidade da sua quebra (através do recurso de revisão), sugere que tal acção tem também como finalidade essa quebra, quando estejam em causa certas sentenças[2816]. A alternativa, usando ainda o elemento sistemático de interpretação, seria, na verdade, considerar que estas sentenças não produzem sequer caso julgado material (ou seja, considerar que o artigo 619º, nº 2, do CPC pretende introduzir uma excepção à regra de que, após o trânsito em julgado, qualquer decisão sobre a relação material controvertida produz caso julgado material), o que não é aceitável, porque, como um pouco atrás se disse, as mesmas só podem ser modificadas quando se alterem as circunstâncias em que assentaram.

O elemento histórico de interpretação esclarece também que o artigo 619º, nº 2, do CPC teve em vista certa categoria de sentenças, assentes em juízos de prognose e com eficácia prolongada no tempo, relativamente às quais não é possível, porém, concluir que o legislador tenha pretendido assinalar especificidades ao nível do respectivo caso julgado (nem, de resto, teria cabimento ou seria vinculativa para o intérprete qualquer opção legislativa neste domínio).

Seja como for, parece-nos difícil sustentar que, nos processos de que emergem as sentenças referidas no artigo 619º, nº 2, do CPC, o correspondente objecto é constituído apenas pelos factos ocorridos até à data do encerramento da discussão, porque tal redundaria, afinal, na ausência de quaquer especificidade desses processos e suas sentenças. E nem se diga que a especificidade consistiria na possibilidade de reabertura desses processos – trata-se da tese de Castro Mendes, já muito referida –, porque, bem vistas as coisas, essa reabertura não é regulada pelo artigo 619º, nº 2, mas pelos artigos 282º e 936º do CPC.

Também diferentemente, pois, do que ocorre quanto ao § 323 da ZPO, que mantém utilidade ainda que se opte pela teoria da confirmação, uma vez que regula vários aspectos procedimentais da acção modificativa e os efeitos da sentença modificativa, o artigo 619º, nº 2, do CPC só ganha algum sentido quando se concebe como idêntico o objecto da anterior e da posterior acção aí referenciadas.

Diríamos, assim, que entre nós também merece precedência a teoria da equidade, por ser a que melhor traduz as particularidades do objecto da modificação (isto é, das sentenças susceptíveis de modificação por alteração das circunstâncias).

Ao longo da exposição também fomos dando conta de algumas hipóteses de que resulta clara a função do artigo 619º, nº 2, do CPC de correcção de erros de previsão em que essas sentenças tenham incorrido e a quebra do respectivo caso

[2816] No sentido de que o nº 2 do artigo 671º do CPC de 1961 (artigo 619º, nº 2, do actual Código) consagraria uma excepção em relação ao disposto no nº 1 do mesmo preceito, STJ, 08.04.1981.

julgado. Assim, se o dano previsto não vem a ocorrer e se pretenda, nos termos daquele preceito e do artigo 567º, nº 2, do CC, a modificação da indemnização sob forma de renda que tenha sido estabelecida, ressalta essa função de correcção; a possibilidade de a acção modificativa ter como fundamento a superveniente declaração de inconstitucionalidade com força obrigatória geral também milita a favor da teoria da equidade, porque nestas situações a atendibilidade de tal fundamento importa a quebra do caso julgado, como se deduz do preceituado no artigo 282º, nº 3, da Constituição[2817].

Parece-nos ainda que o regime do artigo 610º, nº 2, do CPC, por nós aflorado[2818], ao permitir que, numa acção de condenação ordinária, se profira uma condenação *in futurum* – possibilidade que, ao abrigo do disposto no § 264 da ZPO, tem sido também sustentada pela doutrina alemã, concebendo-a esta como uma redução do pedido (*Antragsbeschränkung*)[2819] –, funciona a favor, não só da tese segundo a qual são idênticas as causas de pedir da acção de condenação ordinária e da acção de condenação *in futurum*[2820], como também, por semelhantes razões, a favor da teoria que sustenta a identidade entre as causas de pedir da acção de condenação em prestações futuras e da correspondente acção modificativa: com efeito, se se entende que o objecto do processo não varia pela mera

[2817] Sobre este ponto, *supra*, 26º, II, 2. *d)* 4. Diversamente se passam as coisas quando a acção modificativa se funda em alteração de lei: atendendo aos limites temporais do caso julgado quanto ao direito aplicável, não pode ver-se na possibilidade de a acção modificativa ter como fundamento a alteração da lei (*supra*, § 25º, III, 2) um argumento a favor da teoria da equidade.

[2818] *Supra*, § 2º, I, 2. *a)* e § 6º, II, 2. *e)*.

[2819] *MünchKommZPO*/ E. Becker-Eberhard, § 257, 12.

[2820] Vimos que é esta a tese de Rui Pinto (*supra*, § 1º, III, 3). No direito espanhol, este problema foi também tratado por F. López Simo / S. Cavanillas Múgica / F. Gascón Inchausti (*Las condenas de futuro*, pág. 129), que todavia sustentam que a causa de pedir da acção de condenação ordinária é integrada pelos factos dos quais decorre o dever ou a obrigação de efectuar a prestação, incluindo aqueles dos quais resulta o carácter imediato desse dever ou obrigação, isto é, o vencimento da prestação; já a causa de pedir da acção de condenação *in futurum* seria constituída pelos factos dos quais decorre o dever ou a obrigação de efectuar a prestação, quando chegue o momento do respectivo vencimento, e, ainda, pelos factos reveladores do interesse especial do autor em obter a condenação antecipada do réu. Portanto, para esses Autores (F. López Simo / S. Cavanillas Múgica / F. Gascón Inchausti, *Las condenas de futuro*, págs. 129-130), são diversas as causas de pedir de ambas as acções, porque, embora comungando dos factos dos quais decorre a existência da relação obrigacional e o correspondente direito à prestação, não partilhariam o mesmo substracto fáctico no que diz respeito aos factos dos quais se deduz a existência do interesse em agir (no caso da acção de condenação ordinária, haveria a considerar os factos dos quais decorre o vencimento da prestação e o incumprimento da obrigação; no caso da acção de condenação *in futurum*, os factos que tornam verosímil ou provável o incumprimento no momento do vencimento). Registe-se, de qualquer modo, que F. López Simo / S. Cavanillas Múgica / F. Gascón Inchausti (*Las condenas de futuro*, págs. 150-151) consideram, à luz do respectivo ordenamento, que o tribunal não pode condenar *in futurum* se se propôs uma acção de condenação ordinária (e vice-versa), possibilidade que o direito português prevê. Entendendo também que é diversa a causa de pedir da acção de condenação ordinária e da acção de condenação *in futurum*, V. Rognoni, *La condanna in futuro*, págs. 197-199.

circunstância de a tutela ser antecipada (por isso sendo possível uma decisão de condenação no pedido, ao abrigo do disposto no artigo 610º, nº 2, do CPC, sem que previamente tenha ocorrido qualquer alteração da causa de pedir), também se deve entender (como, aliás, já se sugeriu[2821]) que esse objecto não varia quando a tutela é deferida no momento próprio.

A favor da teoria da equidade joga também um argumento extraível do carácter excepcional da regra contida no artigo 437º do CC face ao princípio da força vinculatória do contrato consagrado no artigo 406º do mesmo Código[2822]: ora tal como aquela regra, a do artigo 619º, nº 2, do CPC consubstanciaria uma excepção ao princípio da estabilidade do caso julgado.

É certo que, contra a ideia de que a acção modificativa se destina a corrigir erros de previsão também pode observar-se que o regime da resolução ou modificação do contrato em virtude da alteração das circunstâncias não exige a imprevisibilidade ou a não previsão desta alteração, mas apenas, como vimos, a sua anormalidade[2823]: mas esse é um traço frequente ou a regra do instituto (além de que a acção modificativa, por vezes, também prescinde do erro de previsão[2824], sem que de tal decorra, ao que nos parece, a sua descaracterização).

Concebendo-se a acção modificativa como um meio processual destinado, tal como o recurso de revisão, à quebra do caso julgado, um problema, todavia, se coloca, e que é o seguinte: se não existisse o artigo 619º, nº 2, do CPC, daí decorreria a impossibilidade de modificação da sentença com fundamento em alteração das circunstâncias, atendendo a que a quebra do caso julgado deve estar expressamente consagrada na lei?

Parece-nos que, mesmo na ausência de uma disposição como a do artigo 619º, nº 2, do CPC, tal modificação seria possível, porque a lei substantiva o permite. O que sucederia é que, para a pretendida quebra do caso julgado, não haveria um meio processual específico: essa quebra implicaria necessariamente a proposição de nova acção, atendendo a que o meio natural de quebra do caso julgado (o recurso extraordinário de revisão) também não seria aplicável.

Do que dissemos resulta também que não pode funcionar como argumento no sentido de que o regime do artigo 619º, nº 2, do CPC não visa a quebra do caso julgado (ou seja, como argumento a favor da teoria da confirmação) a constatação

2821 *Supra*, § 1º, III, 3 (na parte em que se refere a tese de Rui Pinto).

2822 Sobre o carácter excepcional da regra do artigo 437º do CC face ao referido princípio, veja-se J. Rodrigues Bastos, *Das obrigações...*, I, pág. 127. Com a referência ao carácter excepcional da regra não queremos naturalmente significar que ela não seja afloramento de outros princípios centrais do ordenamento, nomeadamente o da boa fé.

2823 *Supra*, § 24º, III.

2824 Veja-se o que dissemos acerca da alegabilidade, na acção modificativa, de danos antes imprevisíveis (*supra*, § 23º, III, 4) e da alteração da lei (*supra*, § 25º, III, 2).

de que, nos ordenamentos em que não existe disposição processual idêntica, é, ainda assim, possível alterar certas sentenças com fundamento em modificação das circunstâncias (do que se deduziria que esta alteração é, no fundo, um afloramento da regra geral segundo a qual uma nova causa de pedir permite sempre uma nova acção, nada tendo que ver com os mecanismos processuais orientados para a quebra do caso julgado): com efeito, nada impede que, para a quebra do caso julgado, o legislador não determine um meio processual específico, pelo que da inexistência de tal meio processual específico não decorre que essa quebra não tem lugar.

Vejamos agora se o acolhimento da tese segundo a qual o regime do artigo 619º, nº 2, do CPC importa a quebra do caso julgado significa que o caso julgado se encontra sujeito a *limites temporais*, ou seja, sujeito a limites diversos dos relativos às partes, ao pedido e à causa de pedir.

Os limites temporais do caso julgado, como várias vezes dissemos, ou deixámos subentendido[2825], prendem-se com a possibilidade de consideração de factos ocorridos em momento posterior à data do encerramento da última discussão oral que, no processo de que emergiu esse mesmo caso julgado, teve lugar sobre a matéria de facto (ou com a possibilidade de consideração de alterações legislativas ou jurisprudenciais entretanto sobrevindas: em se entendendo que a acção prevista no artigo 619º, nº 2, do CPC pode fundar-se também nestas realidades, os limites temporais do caso julgado podem, na verdade, ter em vista tanto factos como normas[2826]).

Acessoriamente, a figura dos limites temporais do caso julgado tem também servido para designar a possibilidade de consideração de factos ocorridos até à data do encerramento da última discussão oral (nomeadamente de factos ocorridos até ao momento da proposição da acção), sendo, a esse propósito, tratada a questão de saber se as sentenças possuem efeitos retroactivos ou a do *alcance do caso julgado para o passado*, a que já aludimos[2827], mas que não nos interessa desenvolver[2828].

Os limites temporais do caso julgado, na síntese de SCHELLHAMMER[2829], assinalariam então o momento temporal para o qual vale a fixação judicial obri-

2825 Sobre os limites temporais do caso julgado veja-se sobretudo o que dissemos *supra*, § 1º, II, 4, § 23º, II, 3 e § 24º, II, 2.

2826 Assim, por exemplo, F. López Simo / S. Cavanillas Múgica / F. Gascón Inchausti (*Las condenas de futuro*, pág. 181) referem-se à possibilidade de os limites temporais do caso julgado operarem numa hipótese de alteração legislativa.

2827 *Supra*, § 37º, III.

2828 Sobre esse sentido acessório da figura dos limites temporais do caso julgado e sobre a assinalada questão, veja-se, no direito alemão, S. Hackspiel, "Die Wirkung...", referenciando que o BGH tem feito retroagir a eficácia vinculativa da sentença até ao momento da proposição da acção e criticando tal orientação, porque, na sua perspectiva, a extensão do caso julgado para o passado deve ter como medida a permanência da situação da vida objecto do julgamento, nos seus traços decisivos.

2829 K. Schellhammer, *Zivilprozess*..., págs. 424-425.

gatória de certo efeito jurídico, enquanto os objectivos assinalam o efeito jurídico abrangido por essa fixação e os subjectivos as pessoas em relação às quais vale essa fixação.

Nesta ordem de ideias, enquanto a possibilidade de instaurar uma nova acção em virtude da ocorrência de um facto superveniente constituiria um típico problema de limites temporais do caso julgado, a vinculatividade dos fundamentos da sentença em acção posterior constituiria um típico problema de limites objectivos do caso julgado, não confundível com o primeiro[2830].

Para alguns Autores, os limites temporais do caso julgado reconduzem-se aos limites objectivos do caso julgado, não possuindo, consequentemente, autonomia; mencionámos esta orientação quando, logo no início da exposição, analisámos a interpretação do artigo 619º, nº 2, do CPC perfilhada por Castro Mendes[2831]. Na mesma linha, mas face ao direito espanhol, I. Tapia Fernández[2832] observa que, sendo os factos ocorridos em momento posterior ao da produção do caso julgado naturalmente diversos daqueles em que este assentou, não é o decurso do tempo que retira eficácia ao caso julgado nem este conhece, nesta perspectiva, limites temporais; importará, antes, determinar o parâmetro que permite concluir se se submete a juízo uma circunstância diversa da antes apreciada (questão que se reconduz à dos limites objectivos e à da preclusão do deduzido e do dedutível, nada tendo, portanto, a ver com a dos limites temporais do caso julgado) e, bem assim, determinar a partir de que momento histórico se pode considerar que circunstâncias distintas são posteriores às apreciadas e novas em relação a elas ou, noutra perspectiva, o "*momento definitivo em que eficazmente podem introduzir-se novas alegações num processo*" (que corresponde precisamente ao *limite temporal do caso julgado*, a que se refere o artigo 222, 2, 2ª parte da LEC), sendo que também esta questão se reconduz à dos limites objectivos do caso julgado, por diversidade da causa de pedir.

Diversa desta orientação é aquela que ainda reconhece utilidade à figura dos limites temporais do caso julgado, distinguindo-a dos limites objectivos. Assim, na doutrina italiana, e se bem que não os designe como tais, Andrioli[2833] autonomiza os limites temporais do caso julgado face aos limites objectivos, porque considera insuficiente, para afirmar um conflito entre a nova acção e o caso julgado material, a circunstância de entre a sentença e a nova acção se verificar identidade de elementos subjectivos ou objectivos, sendo ainda necessário que os factos constitutivos, impeditivos ou extintivos da demanda, sobre a qual o juiz decide, sejam anteriores ao momento até ao qual podiam legalmente ser subme-

2830 Assim, G. Niklowitz, *Über die Grenzen...*, pág. 6.

2831 *Supra*, § 1º, III, 3.

2832 I. Tapia Fernández, *El objeto del processo...*, págs. 81 e 197-207.

2833 V. Andrioli, *Appunti...*, pág. 229.

tidos ao conhecimento do juiz; também ATTARDI[2834], não obstante reconhecer a respectiva conexão, distingue os dois tipos de limites, caracterizando os temporais por se referirem à duração no tempo do caso julgado, concretamente, ao "relevo que tem sobre a indiscutibilidade da declaração judicial relativa a uma posição jurídica a modificação da situação de facto ou de direito posterior à pronúncia".

Parece-nos que a primeira das duas orientações referidas merece acolhimento no ponto em que salienta que a figura dos limites temporais do caso julgado só adquire sentido quando não se reconduza a uma alteração da causa de pedir nem pretenda significar a mera referência temporal do caso julgado, em regra dada pela data do encerramento da última discussão oral (porque, nestas hipóteses, se confundiria com a figura dos limites objectivos do caso julgado).

Dito de outro modo: os limites temporais do caso julgado não podem apenas expressar a ideia – seja ou não de ordem puramente lógica[2835] – segundo a qual o caso julgado não opera quando se proponha uma nova acção que tenha como fundamento um facto ocorrido após o encerramento da última discussão oral no processo anterior, porque a possibilidade de consideração do facto posterior também pode decorrer da interferência dos limites objectivos do caso julgado[2836/2837].

[2834] A. Attardi, "In tema...", pág. 477.

[2835] O limite temporal é, para P.A. Fernandez Sanchez ("L'autorité...", pág. 64), apenas um limite de ordem lógica (se as circunstâncias em que assentou a decisão desaparecem, é lógica a cessação dos efeitos do caso julgado).

[2836] Também T. M. Petzoldt (*Die Rechtskraft...*, pág. 81) salienta que de duas formas essenciais tem sido o problema dos limites temporais do caso julgado dogmaticamente enquadrado: em conexão com o objecto do processo ou como um fenómeno independente. Quando a questão do alcance do caso julgado possa ser resolvida através do recurso ao conceito de objecto do processo – que consiste, na definição da doutrina actualmente dominante, num certo pedido fundado em certos factos –, não há qualquer motivo, na perspectiva de T. M. Petzoldt (*idem*, págs. 82-84), para recorrer também ao conceito de limites temporais do caso julgado, relativamente aos quais a ZPO, aliás, não contém qualquer regra geral. Procurando dar resposta à questão de saber se o objecto da acção modificativa é (ao menos parcialmente) idêntico ao da acção anterior, observa T.M. Petzoldt (*idem*, págs. 84-88), que, em regra, os factos futuros não integram o objecto do processo, uma vez que não impedem a consequência jurídica pretendida pelo autor, ou seja, a declaração da existência da pretensão à data da última discussão oral: assim, no caso das acções relativas a pretensões exigíveis, os limites temporais do caso julgado coincidem, na sua perspectiva, com os limites resultantes do objecto do processo, não obstante poder afirmar-se que os factos surgidos depois da discussão oral, mas inseridos ainda na mesma situação da vida, integrariam o objecto do processo se tivessem surgido anteriormente. Já no caso das pretensões futuras a que alude o § 258 da ZPO – e continuando a seguir o mesmo Autor (*idem*, pág. 94) –, como a decisão sobre a subsistência ou não da pretensão após a discussão oral implica um juízo de prognose sobre certos factos futuros, o objecto do processo é também integrado por estes factos, reportando-se a eficácia preclusiva do caso julgado à generalidade dos factos surgidos após o encerramento da última discussão oral, na medida em que se integrem na situação da vida na qual se funda a pretensão.

[2837] Na medida em que se relacionam com os factos ocorridos depois do encerramento da última discussão oral, os limites temporais do caso julgado não podem também, a nosso ver, ser autonomizados dos limites

Assim sendo, quando GEGENWART[2838] distingue, à luz do direito alemão, a questão dos limites objectivos do caso julgado, que se prenderia com o objecto e extensão do caso julgado – a propósito da qual se discute, à luz do disposto no § 322, 1, da ZPO, se apenas a pretensão, ou também a causa de pedir, integram esse objecto –, da questão dos limites temporais da extensão objectiva do caso julgado, que se prenderia com a relação do caso julgado com factos novos, ocorridos depois do encerramento da última discussão oral (sendo que só a questão dos limites temporais da extensão objectiva do caso julgado seria tratada quando, na doutrina alemã, se defrontam as denominadas teorias da equidade e da confirmação), e afirma depois que esta última questão, que a lei não regula expressamente, *é respondida unanimemente pela doutrina através da referência temporal do caso julgado à data do encerramento da última discussão oral*, ilustra claramente, a nosso ver, o carácter ambíguo e algo inútil que tem sido dado, na doutrina alemã, à figura dos limites temporais do caso julgado, que, resumida àquela referência temporal, bem pode corresponder à figura dos limites objectivos[2839].

E também o carácter um pouco contraditório da figura: como o mesmo Autor, no mesmo passo, salienta, a mencionada distinção entre os limites objectivos e os limites temporais do caso julgado não tem impedido a doutrina alemã maioritária de entender (assim contrariando o referido princípio do caso julgado) que, quanto às sentenças de condenação em prestações periódicas vincendas, pode afectar o respectivo caso julgado a dedução de factos posteriores ao momento do encerramento da discussão. Ou seja: não deixa de causar alguma perplexidade sustentar a existência de limites temporais do caso julgado e, simultaneamente, a possibilidade de *quebra* deste caso julgado quando, na segunda acção, se alegam factos posteriores à data do encerramento da discussão (conforme ensinamento

objectivos em atenção à circunstância de darem "enquadramento à preclusão das questões de direito e de certos factos suscitáveis, mas não suscitados até ao encerramento da discussão", como parece sustentar J. M. M. Varela, *Limites...*, págs. 32-33.

2838 H. Gegenwart, *Das Verhältnis...*, págs. 33-34.

2839 Assim, por exemplo, P. Schlosser (*Zivilprozessrecht I*, págs. 203-204) trata, a propósito dos limites temporais do caso julgado, a hipótese em que se julga improcedente uma acção destinada a declarar o direito de propriedade sobre uma coisa e, posteriormente, se propõe uma acção com o mesmo pedido, mas fundada no facto de, entretanto, o autor ter adquirido a coisa ao réu. E. Schilken (*Zivilprozessrecht*, págs. 536-537), a propósito desses limites, trata também de hipótese semelhante (bem como das hipóteses de dedução de oposição à execução fundada em facto superveniente, de proposição de acção modificativa, e de proposição de nova acção na sequência de acção julgada "de momento" inadmissível ou infundada): a consideração de todas estas hipóteses aquando da análise dos limites temporais do caso julgado constitui, de resto, postura generalizada na doutrina alemã, que os define em função do objecto do processo (veja-se, a este respeito, B. Heiderhoff, "Der entschiedene...", pág. 190). Entre nós, fazendo coincidir os limites temporais do caso julgado com a referência temporal do caso julgado, porque trata daqueles a propósito do artigo 663º do CPC de 1961 (artigo 611º do CPC actual), veja-se Teresa Santos, *O recurso extraordinário...*, págs. 44-57.

da teoria da equidade), porque se aqueles limites operam nesta hipótese, então também nenhuma quebra do caso julgado se regista.

De modo que a figura dos limites temporais do caso julgado só ganha utilidade quando não designa a mera alteração da causa de pedir e, além disso, não parece poder ser utilizada para descrever as situações em que se verifica quebra do caso julgado, como já de seguida veremos.

Seja como for, a primeira das orientações que mencionámos a propósito da (im)possibilidade de autonomização dos limites temporais face aos limites objectivos – que é a de CASTRO MENDES ou de I. TAPIA FERNÁNDEZ – já não merece acolhimento quando pressupõe que, ocorrendo um facto em momento posterior ao da produção do caso julgado, esse facto é necessariamente diverso do facto em que o caso julgado assentou: como vimos, a existência ou inexistência do facto pode ter sido prognosticada na acção anterior e, nesta eventualidade, a ocorrência posterior do facto não significa que este facto seja diverso daquele em que o caso julgado assentou.

Assim sendo, relativamente à figura dos limites temporais do caso julgado, o que deve perguntar-se é não tanto se é possível repetir-se uma causa sendo os mesmos os sujeitos, o pedido e a causa de pedir (porque esta possibilidade decorre, a nosso ver, do disposto no artigo 619º, nº 2, do CPC), mas se esta possibilidade de repetição é explicada, com suficiente precisão, através do apelo a um limite do caso julgado diferente dos limites gerais e que a estes acresceria.

Perguntando de outro modo: admitindo que o regime do artigo 619º, nº 2, do CPC *não se explica através da figura dos limites objectivos do caso julgado* (porque permite a repetição de uma causa verificando-se as três identidades), *explicar-se-á esse regime através da figura dos limites temporais do caso julgado?*

Parece-nos que a figura dos limites temporais do caso julgado adequá-se àquelas situações em que o caso julgado deixa de operar por motivo de caducidade – que são ainda, a nosso ver, casos em que a passagem do tempo, em si mesma, determina a cessação da vigência do caso julgado, na expressão de NIEVA FENOLL (que, todavia, reserva tal expressão para outros fenómenos)[2840] –, embora, como salienta MARTIN[2841], tal também não signifique que os limites temporais se encontrem no mesmo plano dos limites subjectivos e objectivos do caso julgado, porque não basta a alegação de factos novos para que a anterior decisão

[2840] J. Nieva Fenoll, *La cosa juzgada...*, pág. 246. Veja-se, quanto a esses outros fenómenos por si descritos, *supra*, § 1º, II, 4 (em nota). De vários casos de caducidade do caso julgado fomos dando conta ao longo do texto, nomeadamente o da alteração da lei que faz cessar definitivamente a obrigação de alimentos entre certos parentes que fundou a sentença de alimentos. Consubstanciaria ainda uma hipótese de caducidade de caso julgado a alteração da ordem pública que o fundou, se se admitir que a mesma pode nele repercutir-se (sobre esta questão, A. C. Jemolo, "Cosa giudicata...").

[2841] A. Martin, *Die zeitlichen...*, pág. 189.

deixe de ser vinculativa, sendo, desde logo, necessário atender à decisão anterior para resolver a questão da relevância jurídica dos factos novos.

Mas a figura dos limites temporais do caso julgado já não explica suficientemente o modo como a superveniência se repercute no caso julgado nos termos do artigo 619º, nº 2, do CPC. É que, como se disse, é um pouco contraditório afirmar a existência de limites temporais do caso julgado – que, como os restantes limites, provocam a inoperância do caso julgado – e, ao mesmo tempo, entender que, quando esses limites actuam, se verifica a quebra do caso julgado.

Apelando, mais uma vez, ao exemplo do recurso extraordinário de revisão: quando a lei permite que a parte interponha este recurso preenchidos certos requisitos, não está propriamente a conceber estes requisitos como limites ao caso julgado, mas a admitir que, não obstante a plena operância do caso julgado (ou seja, não obstante o não funcionamento dos limites gerais do caso julgado), este pode ser destruído preenchidos esses requisitos.

O mesmo sucede, quanto a nós, em relação à acção modificativa: a possibilidade de quebra do caso julgado que esta acção implica não decorre da subordinação desse caso julgado a um limite temporal – nos termos do qual esse caso julgado só operaria se não se verificasse uma alteração das circunstâncias em que assentou –, mas de uma *restrição* a esse caso julgado[2842]. E não se trata sim-

[2842] Mesmo que se considere, conforme propugnado por Petzoldt, que o caso julgado da sentença susceptível de modificação por alteração das circunstâncias se encontra ainda sujeito a um limite temporal, se bem que um *limite temporal diverso* daquele que é atribuído à generalidade dos casos julgados, porque se reporta a um momento futuro (no mesmo sentido, veja-se também O. Jauernig, *Zivilprozessrecht*, pág. 207), a possibilidade de propor acção modificativa não se explicaria em função da actuação de um limite temporal do caso julgado: a actuação de um limite temporal do caso julgado, numa hipótese em que a referência temporal do caso julgado seja um momento futuro, pressuporia a proposição de uma acção fundada num facto ocorrido depois desse momento futuro de referência e que todavia tivesse integrado o objecto da acção anterior; sucede, porém, que a acção modificativa não se funda num facto ocorrido depois desse momento futuro, mas num facto ocorrido depois do encerramento da discussão, como já se afirmou (*supra*, § 23º, II, 2, 3 e 4). Refira-se, a este propósito, que T. M. Petzoldt (*Die Rechtskraft...*, págs. 74 e 81) considera necessário enquadrar o problema da acção modificativa no problema dos limites temporais do caso julgado, relacionando-se este com a identificação das repercussões que, na consequência jurídica determinada pela sentença, pode ter a alteração da base factual posterior ao caso julgado (dito de outro modo, com a determinação da possibilidade de tal alteração justificar uma nova decisão). Ora, também a decisão sobre certa consequência jurídica futura tem, para T. M. Petzoldt (*idem*, pág. 95), limites temporais, embora diversos dos da decisão sobre uma prestação vencida: aquela decisão possui limites temporais, porque não determina simplesmente a subsistência da pretensão no futuro, mas a sua constituição no momento (futuro) da exigibilidade, do que também decorre que só os factos que são necessários à constituição da pretensão ou impeditivos dessa constituição integram a situação da vida que funda a acção; esses limites temporais são, porém, diversos dos limites gerais, na medida em que *o ponto de referência não é o momento do encerramento da última discussão oral, mas o momento da exigibilidade (que é também o momento da constituição da pretensão)*. Esta concepção de Petzoldt sobre os limites temporais do caso julgado das sentenças prospectivas já foi, aliás, por nós aflorada, a outro propósito (*supra*, § 31º, II, 2).

plesmente de considerar que a expressão "limite temporal" é inadequada para descrever o regime do artigo 619º, nº 2, do CPC, por não ser o tempo, em si, a repercutir-se no caso julgado, mas, antes, a alteração das circunstâncias: na verdade, não se verifica aqui qualquer limite do caso julgado, temporal ou outro, pelo que a questão terminológica perde interesse. Ou, dito ainda de outro modo: a configuração (ou compreensão) do regime da acção modificativa pressupõe uma referência temporal do caso julgado – para o efeito da determinação da superveniência relevante –, mas não a existência de um específico limite do caso julgado[2843].

O que dissemos não significa que não deva reconhecer-se utilidade à figura dos limites temporais do caso julgado.

Perante o ordenamento espanhol, LÓPEZ SIMO / CAVANILLAS MÚGICA / GASCÓN INCHAUSTI[2844] consideram que os limites objectivos do caso julgado se distinguem dos limites temporais por a primeira realidade referir-se à *diversidade de acções* (assim, funcionariam os limites objectivos do caso julgado se, tendo o réu sido absolvido do pedido numa acção de condenação ordinária, por ter sido julgada procedente uma moratória, o autor viesse mais tarde, mas antes de expirada a moratória, a propor uma acção de condenação *in futurum*: já vimos que, para estes Autores, estas acções têm causas de pedir e pedidos diversos[2845]) e, a segunda, à *alteração das circunstâncias* (assim, funcionariam os limites temporais do caso julgado se, nessa hipótese de improcedência, o autor propusesse nova acção de condenação ordinária, uma vez expirada a moratória).

Abstraindo do primeiro exemplo, em que nos parece que – pelo menos face ao direito português – seria idêntico o objecto das duas acções, não podendo, como tal o autor propor a segunda (aliás, o artigo 621º do CPC apenas permite propor a segunda acção *quando o prazo se preencha*, o que, no exemplo dado, não teria ocorrido), já o segundo exemplo pode bem ilustrar a figura dos limites temporais do caso julgado (enquanto realidade diversa da dos limites objectivos), porquanto assenta no desaparecimento do pressuposto em que assentou a primeira acção,

2843 Parece-nos, assim, correcta a abordagem de H. O. De Boor (*Rechtsstreit...*, págs. 152-155), que, a propósito do caso julgado, distingue entre os limites objectivos, os limites subjectivos e o *Zeitmoment* (não os limites temporais), referindo este último quando trata da acção modificativa; correcta igualmente, embora não coincidente com a anterior, a abordagem de W. Zeiss / K. Schreiber (*Zivilprozessrecht*, págs. 225 e 226 e seguintes), que trata das sentenças "de momento" absolutórias a propósito dos limites temporais do caso julgado e da acção modificativa a propósito da quebra do caso julgado. Também A. De La Oliva Santos (*Sobre la cosa...* págs. 81-86), recusando embora utilidade à figura dos limites temporais do caso julgado quando descreve o fenómeno da repercussão da alteração das circunstâncias no caso julgado (por os mesmos se poderem reconduzir aos limites objectivos e por não ser antecipadamente determinável a duração do caso julgado), reconhece interesse em proceder a uma "fixação do momento a partir do qual os elementos [novos] são relevantes para a comparação entre as *res in iudicio deductae*".

2844 F. López Simo / S. Cavanillas Múgica / F. Gascón Inchausti, *Las condenas de futuro*, pág. 142, nota 35.

2845 Veja-se a nota supra, neste ponto.

sendo, todavia, os mesmos os sujeitos e o objecto[2846]. Por outro lado, como neste exemplo não se coloca o problema da correcção de um juízo de prognose, não pode, na segunda acção proposta, descobrir-se a função de quebra do caso julgado que anda associada à acção modificativa e que é incompatível com a concepção de que esta acção envolveria a actuação dos limites temporais do caso julgado.

Por último, um aspecto que deixámos, de algum modo, em aberto, sempre que tratámos da função de quebra do caso julgado da acção modificativa, e que é o seguinte: a discussão em torno da questão da identidade ou diversidade entre o objecto da acção modificativa e o da anterior acção tem especialmente analisado a identidade ou diversidade das respectivas causas de pedir, mas também é legítimo perguntar se os respectivos pedidos variam. Variarão esses pedidos, assim impedindo que, por esse motivo (e não por motivo de diversidade da causa de pedir), se negue à acção modificativa a função de quebra do caso julgado?

KURZ[2847], por exemplo, refere que o pedido da acção modificativa é o de modificação da sentença anterior (também por isso se distinguindo esta acção, aliás, da oposição à execução, porque nesta se pediria a declaração da inadmissibilidade da execução da sentença), verificando-se que o artigo 619º, nº 2, do CPC também alude, mais do que à condenação, na nova sentença, em alimentos ou outras prestações periódicas, à alteração da sentença anterior.

Mas, se bem se vir, daqui dificilmente se pode extrair um argumento no sentido de que é diverso o pedido da acção modificativa e o da anterior acção: ao propor a acção modificativa, a parte não se limita a requerer a modificação da decisão anterior, em termos semelhantes aos da parte que, por exemplo, requer a reforma de autos (cfr. os artigos 959º e seguintes), hipótese em que, desde logo por esse motivo, seria diverso o pedido da acção anterior e o da acção modificativa. O mesmo se pode dizer quanto ao pedido de revisão de uma sentença: da circunstância de, na anterior acção, não ter sido (obviamente) formulado qualquer pedido de revisão, não se retira que este recurso extraordinário não afecta o caso julgado da sentença aí proferida.

O já citado artigo 610º, nº 2, do CPC pode também ser invocado, não só a favor da tese segundo a qual é a mesma a causa de pedir da acção modificativa e

2846 Ainda face ao direito espanhol, M. Ortells Ramos (*Derecho...*, págs. 572-573) dá também como exemplo dos limites temporais do caso julgado, que autonomiza em relação aos objectivos, a figura da oposição à execução de sentença transitada em julgado fundada no facto posterior do pagamento da quantia em dívida. Como já referimos (*supra*, § 24º, II, 2, em nota), parece-nos que, pelo menos em alguns dos casos englobados na previsão do artigo 621º do CPC, não se verifica alteração do objecto processual, pelo que tem interesse o apelo à figura dos limites temporais do caso julgado para justificar a admissibilidade da nova acção.

2847 P. Kurz, *Die Reformbedürftigkeit...*, pág. 50.

da anterior acção, mas também (pelas razões já expostas) da tese segundo a qual seria o mesmo o respectivo pedido[2848].

O que sucede, na acção modificativa, é que além do pedido de modificação, a parte reproduz o pedido formulado na anterior acção (eventualmente com diferenças meramente quantitativas, o que não afecta a respectiva identidade), nos termos que melhor exporemos quando analisarmos a natureza da sentença modificativa, no parágrafo seguinte.

§ 39º Natureza da decisão

I. Colocação do problema

Veremos agora se à decisão da acção modificativa – e excluindo as hipóteses em que essa decisão é meramente formal, por inverificação dos pressupostos processuais desta acção[2849] – deve reconhecer-se natureza condenatória, constitutiva ou de simples apreciação.

Na jurisprudência portuguesa encontrámos uma referência a um problema semelhante: o da natureza de decisão judicial que declara a caducidade do caso julgado. Trata-se de um Acórdão da Relação do Porto de 24 de Outubro de 2005, no qual se entendeu que, *sob pena de violação do caso julgado anterior*, esta decisão possui obrigatoriamente natureza declarativa: mais precisamente, considerou-se que, se a uma decisão que declara a extinção do direito a uma pensão por acidente de trabalho, por verificação do termo resolutivo estabelecido na lei – o atingir da maioridade pelo beneficiário –, fosse atribuída natureza constitutiva de direitos, daí decorreria a violação da decisão anterior transitada, porque esta reconhecera esse direito apenas até à verificação desse termo.

No direito administrativo, a doutrina tem também tratado de um problema que apresenta alguma semelhança com o da natureza da decisão judicial que declara a caducidade do caso julgado (e, nessa medida, semelhante com o da natureza da sentença modificativa): o da natureza declarativa ou constitutiva da declaração de caducidade constante de um acto administrativo (sendo que tal caducidade pode afectar realidades do direito administrativo diversas do acto administrativo, como é o caso do contrato administrativo[2850]). A este propósito,

[2848] Porém, segundo F. López Simo / S. Cavanillas Múgica / F. Gascón Inchausti (*Las condenas de futuro*, págs. 130-131), é diverso o pedido da acção de condenação ordinária e da acção de condenação *in futurum*, porque embora seja a mesma a prestação cuja satisfação se requer (atendendo a que é o mesmo o bem sobre o qual recai), é diverso o momento temporal de eficácia da condenação (eficácia imediata, num caso, e eficácia diferida, no outro caso): ora, não é exactamente o mesmo pedir a condenação do devedor a satisfazer imediatamente a prestação e a satisfazê-la dentro de um certo lapso de tempo.

[2849] Sobre a possibilidade de um tal conteúdo da decisão da acção modificativa, *supra*, § 35º.

[2850] Parece-nos que é com esta amplitude que M. Fernanda Maçãs trata o problema ("A caducidade...", págs. 167 e seguintes).

afirma FERNANDA MAÇÃS[2851] que "[a] declaração de caducidade tem natureza declarativa se a causa constitui um facto em si mesmo extintivo e de comprovação objectiva. Neste caso, a pronúncia administrativa não tem conteúdo próprio e não introduz qualquer alteração na realidade existente. A alteração da ordem jurídica dá-se por força da verificação do facto gerador de caducidade, limitando-se a Administração a reconhecer a alteração operada e tem efeitos *ex tunc*. [...] A declaração tem efeitos constitutivos se as causas de caducidade necessitam de ser comprovadas ou qualificadas juridicamente para averiguar se correspondem ou não ao estabelecido na lei, no contrato ou no acto. [...] Neste caso de caducidade, além de ter de ser declarada, a pronúncia da Administração não se limita a dar relevância jurídica a um facto extintivo, antes produz, ela própria, efeitos jurídicos, e a caducidade só opera a partir do momento em que é declarada (*ex nunc*)".

A decisão da acção modificativa possui contornos completamente diferentes dos das referidas decisões, na medida em que esta acção tem como função a quebra do caso julgado: aparentemente, pois, a seguir-se a mencionada orientação da Relação do Porto, tal decisão possui natureza constitutiva e não apenas de simples apreciação. No entanto, a resolução do problema pressupõe que analisemos separadamente a decisão de procedência e a decisão de improcedência.

II. Natureza constitutiva e condenatória ou de simples apreciação da decisão de procedência

Num estudo que realizou sobre o regime da modificação judicial nos vários países da (então) Comunidade Económica Europeia, assinalava SCHLOSSER[2852] o carácter constitutivo que, nos correspondentes sistemas, assumia a generalidade das acções de alimentos e de modificação do anteriormente estabelecido, nesse domínio, por sentença ou contrato: por isso mesmo, a respectiva regulação encontrava-se, não no direito processual, mas no direito substantivo, como seria o caso do direito italiano (cfr. o artigo 438º do c. c.) e do direito francês (cfr. os artigos 208º, 209º e 301º do *Code Civil*).

Não é, porém, neste sentido – ou seja, no sentido da constituição de direitos – que nos interessa especialmente saber se a decisão de procedência proferida na acção modificativa possui natureza constitutiva[2853]. O problema coloca-se

[2851] *Idem*, págs. 167-169.

[2852] P. Schlosser, "Unterhaltsansprüche...", págs. 427-428.

[2853] Supomos que é ainda neste sentido que P. Oertmann ("Zur Lehre...", págs. 318-320) sustenta o carácter constitutivo da sentença modificativa. Refira-se que, para o Autor (*idem*, págs. 290-305), também a sentença prevista no § 258 da ZPO possui, nalguns casos, natureza constitutiva, porque o montante da pensão é primariamente determinado pela sentença e não pelo direito material: deste modo, a sentença prevista no § 258 da ZPO aproximar-se-ia da sentença determinativa, categoria, que, como já dissemos (*supra*, § 2º, I, 6. *c)* e § 6º, IV), foi autonomizada e desenvolvida por Kisch e integrada, por alguma doutrina posterior, no leque das sentenças constitutivas. Para T. M. Petzoldt (*Die Rechtskraft*..., págs. 54-58), porém,

sobretudo quanto à função de alteração de uma sentença anterior que é desempenhada pela acção modificativa e, quanto a este aspecto, a previsão da acção modificativa na lei civil ou na lei processual é relativamente indiferente para a afirmação do seu carácter constitutivo.

Assim, na Alemanha, e mesmo entre partidários da teoria da confirmação, sustenta-se que a acção modificativa é uma acção constitutiva processual (*prozessuale Gestaltungsklage*), atendendo a que uma decisão de procedência que, nesta acção, seja proferida comporta a alteração do título ainda existente sobre a obrigação futura de prestar e a eliminação da respectiva exequibilidade[2854].

A natureza constitutiva da *Abänderungsklage* resultaria ainda da circunstância de, face ao antecedente § 7, 2, da *Reichshaftpflichtgesetz*, a jurisprudência sustentar a natureza constitutiva da sentença modificativa aí prevista[2855], bem como de motivos diversos deste de carácter histórico, como por exemplo a sua função de quebra do caso julgado[2856].

Para além da natureza constitutiva da sentença modificativa – decorrente da alteração da sentença anterior que comporta –, a doutrina alemã tem, por vezes, admitido que essa natureza não esgota a natureza de tal sentença. Esta conclusão relaciona-se com a própria fisionomia da *Abänderungsklage*, que visa, na sua primeira fase, a quebra do caso julgado da sentença antecedente e, na sua segunda fase – que só terá lugar na eventualidade de estarem preeenchidos os pressupostos processuais da acção e que, por vezes, não pode ser praticamente autonomizada da primeira fase –, uma nova fixação da pensão[2857].

há que distinguir claramente a acção prevista no § 258 da ZPO da regulada no § 323 do mesmo Código, pois se esta última inequivocamente possui elementos característicos da acção constitutiva (na verdade, a acção modificativa visa – embora tal finalidade possa não ser exclusiva – a modificação da sentença inicialmente proferida), a acção regulada no § 258 da ZPO pode destinar-se a fazer valer, não apenas o direito a alimentos, mas qualquer prestação periódica, nomeadamente de carácter indemnizatório, não lhe devendo ser reconhecida natureza constitutiva, mas meramente de condenação; criticando igualmente a tese de Oertmann, no ponto em que sustenta a natureza constitutiva de certas sentenças indemnizatórias (e daí fazendo decorrer a inaplicabilidade, a essas sentenças, do regime do § 323 da ZPO), veja-se E. Pliester, *Die Abänderungsklage*..., págs. 19-24, e S. Kratz, *Die Abänderungs- und Nachtragsklage*..., págs. 12-14.

2854 Neste sentido, Rosenberg/Schwab/Gottwald, *Zivilprozessrecht*, 17ª ed., § 158, 2.

2855 T. M. Petzoldt, *Die Rechtskraft*..., pág. 54.

2856 Sustentam a natureza constitutiva processual da sentença modificativa, nomeadamente (porque se trata de opinião maioritária): F. Nicklisch (*Die Bindung* ..., pág. 40, nota 8), para quem a sentença modificativa prevista no § 323 da ZPO (bem como, aliás, as previstas nos §§ 767 e 771 do mesmo Código, que respectivamente regulam a oposição à execução e a oposição mediante embargos de terceiro) demonstra que as sentenças constitutivas não são apenas aquelas que introduzem uma alteração da situação jurídica material, porque podem dirigir-se à alteração da situação jurídica processual, deixando intocada a situação jurídica material; M. Kainz, *Funktion*..., págs. 100-102; H.-U. Graba, *Die Abänderung*..., pág. 100; J. Soyka, *Die Abänderungsklage*..., 1ª ed., pág. 23.

2857 Assim, K. E. Meyer, "Der Zeitpunkt...", pág. 67.

Assim, não obstante reconhecer natureza constitutiva à acção modificativa, GRABA[2858] atribui-lhe também natureza condenatória ou de simples apreciação, consoante dela deva emergir uma condenação na prestação, adaptada em função da alteração das circunstâncias, ou uma mera declaração de que nada há a prestar[2859]. Com efeito, se a acção tiver sido proposta pelo credor que pretende um aumento da prestação e este obtiver ganho de causa, parece que a sentença modificativa é constitutiva (porque dela decorre a alteração da sentença anterior) e de condenação (porque dela decorre a condenação do devedor no pagamento do novo montante) – e ainda constitutiva, no sentido de constitutiva de direitos, como ocorrerá se, por exemplo, essa sentença condenar em alimentos (e em se admitindo que as sentenças de alimentos possuem sempre uma vertente constitutiva) –; já se a acção tiver sido proposta pelo devedor e julgada procedente, a sentença modificativa será constitutiva (por alterar a sentença anterior) e de simples apreciação negativa.

Face ao direito português, parece-nos que a natureza constitutiva da acção modificativa e da decisão que a julgue procedente resulta do objecto dessa acção e decisão, que coincide, nos termos do artigo 619º, nº 2, do CPC, com a alteração da decisão anterior[2860]: mais propriamente, essa alteração traduz o pedido da acção modificativa, representando a decisão anterior o objecto mediato da acção modificativa e da correspondente decisão.

CASTRO MENDES / TEIXEIRA DE SOUSA[2861] sustentam também a natureza constitutiva da acção prevista no artigo 619º, nº 2, do CPC, por a mesma, não se baseando embora num direito potestativo, ter em vista a modificação de certos efeitos jurídicos.

A circunstância de o pedido da acção modificativa ser o de alteração da decisão anterior e a de, na acção anterior, tal pedido não ter sido (normalmente) formulado, não significa que, por esse motivo, não haja coincidência entre os pedidos das duas acções.

[2858] H.-U. Graba, *Die Abänderung...*, pág. 100.

[2859] No mesmo sentido de Graba, veja-se Thalmann (P. Wendl / S. Staudigl / W. Thalmann, *Das Unterhaltsrecht...*, pág. 971, e "Die Abänderungsklage...", pág. 622). J. Soyka (*Die Abänderungsklage...*, 1ª ed., pág. 23), por sua vez, alia apenas, à natureza constitutiva, a natureza condenatória da acção modificativa, decorrente de, através dela, se obter uma nova fixação dos alimentos; identicamente, P. Arens / W. Lüke, *Zivilprozessrecht...*, pág. 351, ou K. Johannsen / D. Henrich / G. Brudermüller, *Eherecht...*, § 323 ZPO, 3 e 40. K. Schellhammer (*Zivilprozess...*, pág. 104), por seu lado, assinala que a acção do credor, pretendendo um aumento da renda, é simultaneamente de condenação e constitutiva processual; a do devedor, meramente constitutiva processual.

[2860] Também segundo H.-U. Graba (*Die Abänderung...*, pág. 99), o que se discute na acção modificativa (e constitui o seu objecto) é saber se o pedido de modificação procede, isto é, se é possível alterar a sentença anterior ou a transacção sobre os alimentos, com fundamento em alteração essencial das circunstâncias.

[2861] J. de Castro Mendes / M. Teixeira de Sousa, *Manual de processo civil*, I. Teoria geral, § 7º, II, 2.4. *a)* (obra ainda não publicada, mas a que se teve acesso).

Na verdade, o objecto da acção modificativa não se esgota na alteração da decisão anterior.

Se o autor da primeira acção vem, por exemplo, pedir agora um aumento do montante de alimentos anteriormente fixado, é ainda a condenação do réu no pagamento dos alimentos que esse mesmo autor pede, pedido este que, por divergir apenas sob o ponto de vista quantitativo do pedido da primeira acção, deste não se diferencia[2862].

Por outro lado, se o réu vem agora pedir uma cessação ou redução dos alimentos anteriormente fixados, o pedido que o tribunal apreciará é ainda aquele que se formulou na primeira acção, porque não obsta à identidade de pedidos a circunstância de, numa acção, se pedir a condenação nesse pedido e, noutra, a absolvição desse pedido, nem, como se disse, o aspecto quantitativo caracteriza o pedido.

Em suma: a acção modificativa apresenta uma natureza dupla, que é simultaneamente constitutiva (por nela ser formulado o pedido de alteração da sentença anterior) e condenatória ou de simples apreciação negativa (por nela ser formulado o mesmo pedido que foi formulado na acção anterior, ou seja, um pedido de condenação numa prestação ou um pedido de declaração da inexistência do correspondente direito).

Do mesmo modo, a decisão que julgue procedente a acção modificativa apresenta uma vertente constitutiva, que se traduz na alteração da decisão anterior, e uma vertente condenatória (que se traduz, por exemplo, na faculdade de executar a decisão modificativa: assim, a faculdade de executar a sentença que altera os alimentos anteriormente fixados) ou de mera declaração da inexistência do direito à prestação.

III. Natureza de simples apreciação da decisão de improcedência

Já a decisão que julgue improcedente a acção modificativa possui a natureza de decisão de simples apreciação, porque, ao proferi-la, limita-se o tribunal a declarar que a pretensão subsiste nos moldes em que foi titulada[2863].

IV. Delimitação dogmática face ao recurso extraordinário de revisão

Também a propósito do recurso extraordinário de revisão, regulado nos artigos 696º e seguintes do CPC, é pertinente discutir a questão da sua natureza constitutiva e, bem assim, a de saber se o respectivo objecto coincide com o da acção anterior: e, para quem lhe reconheça tal natureza (nomeadamente atendendo à

[2862] Se, porém, a pretensão formulada não for idêntica à da acção anterior, a acção a propor não é, segundo H.-U. Graba (*Die Abänderung*..., pág. 99), a acção modificativa, mas a vulgar acção condenatória, nos termos do § 258 da ZPO.

[2863] Assim, H.-U. Graba, *Die Abänderung*..., pág. 101.

circunstância de, nesse recurso, ser formulado um pedido de *anulação* do caso julgado)[2864] e considere que existe coincidência desses objectos[2865] (porque, por exemplo – e abstraindo do caso correspondente à antiga oposição de terceiro, previsto no artigo 696º, alínea *g)*, do CPC –, na fase rescisória da revisão se aproveita sempre a petição inicial da anterior acção: cfr. o artigo 701º, nº 1, alíneas *a)*, *b)* e *c)*, do CPC), torna-se particularmente difícil distinguir a revisão da acção modificativa.

Por outro lado, o recurso extraordinário de revisão e a acção modificativa aproximam-se no ponto em que, em qualquer um dos meios processuais, a quebra do caso julgado não é um fim em si mesmo, antes se destina a reapreciar o objecto da primeira acção[2866] à luz de dados novos, assim se actualizando o aí decidido.

A acção modificativa e a revisão apresentam ainda em comum a característica de a reapreciação do objecto da primeira acção que nelas tem lugar se justificar por razões de justiça, acautelando todavia a segurança jurídica[2867].

Tendemos a considerar que tanto a acção modificativa como a revisão são meios de impugnação do caso julgado – não sendo de estranhar que, à seme-

[2864] Atribuindo natureza constitutiva processual – e eficácia retroactiva – à sentença que procede à anulação do caso julgado, bem como à *Wiederaufnahmeklage* ("acção de revisão"), veja-se, por exemplo, P. Gilles, "Zur Systematik des Wiederaufnahmeverfahrens (*Iudicium rescindens*)", pág. 467, e *Rechtsmittel...*, págs. 107-109 e 115-117. M. Pagenstecher (*Zur Lehre...*, pág. 378), assentando no postulado da teoria material do caso julgado, encontra semelhança entre os efeitos da revogação da sentença que tem lugar no *Wiederaufnahmeverfahren* e os efeitos da anulação dos contratos determinativos (*Feststellungsverträge*), uma vez que ambas eliminam, de modo retroactivo, uma antecedente alteração da relação jurídica substantiva.

[2865] A coincidência de objectos parece existir, pelo menos, quando considerada a fase rescisória do recurso de revisão. No direito alemão, são correntes, quer a tese segundo a qual o *Wiederaufnahmeverfahren* apresenta dois objectos (o do juízo rescindente, consistente na anulação da anterior sentença, e o do juízo rescisório, consistente no objecto da primeira acção), quer a tese de acordo com a qual esse objecto é só um e corresponde ao objecto da primeira acção, não integrando, portanto, o próprio efeito constitutivo: sobre estas teses, em síntese, e optando pela última, O. P. Behre, *Der Streitgegenstand...*, págs. 11-15 e 117. Sobre a coincidência entre o objecto da primeira acção e o do *Wiederaufnahmeverfahren*, veja-se, ainda, P. Gilles, "Zur Systematik des Wiederaufnahmeverfahrens (Iudicium rescissorium)", pág. 407, e *Rechtsmittel...*, págs. 110-115, considerando, ao contrário de Behre, que o pedido de anulação tem de integrar necessariamente o objecto do *Wiederaufnahmeverfahren* e entendendo que apenas é pertinente discutir se é esse o seu único objecto: para este efeito, o Autor distingue entre o objecto da "acção de revisão" (*Wiederaufnahmeklage*) e o objecto do "processo de revisão como um todo" (*wiederaufgenommenen Verfahren* ou *Wiederaufnahmeverfahren "als Ganzes"*), do que resultaria que a "acção de revisão" propriamente dita tem apenas como objecto a anulação de certa decisão judicial (assim, por exemplo, a proposição dessa acção não determina a litispendência do objecto da anterior acção) e o "processo de revisão como um todo" tem, a par deste objecto, um outro que é coincidente com o objecto da primeira acção.

[2866] Segundo P. Gilles (*idem*, pág. 468), a anulação, no *Wiederaufnahmeverfahren*, estabelece a ligação entre o juízo rescindente e o juízo rescisório, bem como a ligação entre o juízo rescisório e o anterior litígio.

[2867] Como, a este propósito, sublinha M. Cedeño Hernán (*La tutela...*, pág. 140), se a revisão apenas se justificasse por razões de justiça, não teria sentido a consagração de fundamentos taxativos de revisão. Supomos que, quanto à acção modificativa, também é possível depreender, dos pressupostos de que depende, preocupações de segurança.

lhança do que sucede ou pode suceder no campo do direito substantivo, também no campo do direito processual se consagrem institutos com finalidade equivalente[2868] –, distinguindo-se todavia quanto ao objecto e quanto aos fundamentos do pedido de alteração da sentença anterior, na medida em que só certas sentenças e só certos fundamentos justificam a acção modificativa e só certos fundamentos justificam a revisão.

Dito de outro modo: a acção modificativa e a revisão têm de comum o ser nelas formulado um pedido de alteração de uma sentença transitada em julgado – nessa medida constituindo *novas acções* (o que, quanto à fase rescindente da revisão, tem sido também sustentado na doutrina) –, embora na acção modificativa apenas possa ser formulado um pedido de alteração de certas sentenças (que são o objecto mediato dessa acção) e por certos fundamentos (todos subsumíveis na categoria da alteração das circunstâncias) e, na revisão, possa ser formulado um pedido de alteração de qualquer sentença e por certos (outros) fundamentos (quanto a este ponto distinguindo-se também a acção modificativa e a revisão dos recursos ordinários, que podem, em regra, assentar em qualquer fundamento[2869]); têm também de comum (mais uma vez, exceptuando o caso da antiga oposição de terceiro, o que, a nosso ver, demonstra a inconveniência da sua actual integração no regime da revisão) o ser nelas formulado o mesmo pedido da acção anterior e pela mesma causa de pedir, o que significa que a acção modificativa e a revisão representam uma *renovação da instância* na respectiva fase rescisória, não se distinguindo, a não ser procedimentalmente, nesta fase.

Supomos que, também em relação à acção modificativa, seja adequado conceber a existência de uma fase rescindente e de uma fase rescisória, aquela anterior e esta subsequente à verificação do preenchimento dos respectivos pressupostos processuais. A estas fases rescindente e rescisória da *Abänderungsklage* já aludia, aliás, ROSENBERG, em 1927[2870], afirmando a semelhança entre aquele meio processual e a *Wiederaufahme des Verfahrens*: segundo o Autor, ambos se destinariam,

[2868] A este propósito, refere M. P. Sánchez González (*Alteraciones...*, pág. 10) – de algum modo lembrando a proximidade que, no campo processual, se pode estabelecer entre a revisão e a acção modificativa – que "[...] rescisão por lesão [figura existente no direito espanhol até à data da entrada em vigor do Código Civil, em 1889, e que constituía um meio de correcção do desequilíbrio das prestações das partes contratantes] e cláusula *rebus sic stantibus* são, tecnicamente, figuras distintas, na medida em que a primeira atende à eventual desproporção entre as prestações das partes no momento inicial da perfeição do contrato e a segunda à desproporção surgida entre esse momento inicial da perfeição e o momento posterior da consumação. Apesar destas diferenças, ambas as figuras prosseguem a mesma finalidade: o restabelecimento da economia interna do contrato" [tradução nossa].

[2869] Distinguindo os recursos extraordinários dos ordinários pelo pressuposto do trânsito em julgado, pela taxatividade dos fundamentos e, bem assim, pela irrelevância dos valores materiais, Cardona Ferreira, *Guia de recursos...*, pág. 69.

[2870] L. Rosenberg, *Lehrbuch...*, 1ª ed., págs. 481-482.

na fase rescindente, a obter a alteração de uma sentença transitada em julgado e, na fase rescisória, a obter uma nova decisão do litígio (por isso apresentando um objecto idêntico ao da primeira acção). No entanto, da circunstância de, na acção modificativa, se pretender uma nova decisão do litígio já não nos parece que decorra uma distribuição do ónus da prova semelhante à da primeira acção, como sustentava ROSENBERG: tal distribuição, conforme vimos[2871], não é semelhante, e explica-se por, na acção modificativa, o pedido de alteração da sentença reflectir-se nessa distribuição. Mas este aspecto, a nosso ver, também não empresta especialidade à acção modificativa face ao recurso de revisão, no que se refere à respectiva fase rescisória, antes decorre dos particulares fundamentos da acção modificativa.

2871 *Supra*, § 32º, II, 4.

TESES

§ 40º Descrição das teses da investigação

São as seguintes as principais conclusões extraídas da investigação realizada:

— A modificação do caso julgado material civil por alteração das circunstâncias, prevista no artigo 619º, nº 2, do CPC (abreviadamente, modificação), representa um instituto afim do do recurso extraordinário de revisão e do da caducidade do caso julgado.

— A modificação apresenta algumas semelhanças com a oposição à execução e com a modificação ou resolução do contrato por alteração das circunstâncias.

— Não se constatou diferença de natureza entre a modificação a que alude o artigo 619º, nº 2, do CPC e aquela de que, em sede de jurisdição voluntária, trata o artigo 988º, nº 1, do CPC.

— De comum com a revisão (na sua configuração clássica, que não abrange o fundamento previsto na actual alínea *g)* do artigo 696º, correspondente à antiga oposição de terceiro), a modificação apresenta a particularidade de importar a impugnação do caso julgado delimitado no artigo 581º, nº 1, do CPC, porque assenta na causa de pedir da acção anterior e pressupõe a formulação do mesmo pedido, sob o ponto de vista qualitativo.

— A conclusão anterior leva também a rejeitar a tese que, por considerar que ao artigo 619º, nº 2, do CPC se encontra subjacente uma alteração da causa de pedir, nega autonomia aos limites temporais do caso julgado face aos limites objectivos do caso julgado.

— A conclusão de que a modificação assenta na causa de pedir da acção anterior decorre da constatação de que pode ser seu fundamento a alteração da lei ou a superveniente declaração de inconstitucionalidade com força obrigatória geral (que não constituem, pelo menos sempre, uma nova causa de pedir) e, bem assim, da de que as sentenças que integram o seu objecto são, em regra, as sentenças determinativas, caracterizadas pela realização de um juízo de prognose (necessariamente respeitante a factos futuros e, portanto, aos factos em que se funda a acção modificativa).

— De comum com a revisão, e ainda porque, tal como esta, implica a impugnação do caso julgado, a modificação apresenta também a particularidade de os respectivos fundamentos serem típicos, na perspectiva de terem necessariamente algum assento legal, ainda que não expresso (é assim que não podem constituir fundamento de modificação a alteração da jurisprudência - fora da mencionada situação da superveniente declaração de inconstitucionalidade - ou os novos conhecimentos científicos).

— Significando, como a revisão, a impugnação do caso julgado, a modificação enquadra-se, como a revisão, na definição legal de recurso (que é a de modo de impugnação de decisões judiciais), embora a quebra do caso julgado que ambas implicam importe também a respectiva qualificação como acções constitutivas processuais.

— Na sua fase rescisória, a modificação, tal como a revisão (na mencionada configuração clássica), comporta a renovação da instância extinta, mas a especial função de adaptação do título, que é o seu fim último, pressupõe a vinculação ao anteriormente decidido que permaneceu inalterado (que não é, contudo, um efeito do caso julgado anterior, antes supondo restrição da jurisdição).

— A acção modificativa prevista no artigo 619º, nº 2, do CPC serve, por vezes, unicamente a função de adaptação do título, não importando a quebra do respectivo caso julgado por motivo de erro de previsão, como sucede nas hipóteses de alegação de danos supervenientes anteriormente julgados imprevisíveis ou de alteração legislativa superveniente que não implique a cessação definitiva da obrigação.

— Diversamente da caducidade do caso julgado, a modificação do caso julgado por alteração das circunstâncias não exprime os limites temporais do caso julgado, porque lhe subjaz o erro de previsão e não o desaparecimento dos pressupostos em que assentou a decisão.

— Tal como a caducidade do caso julgado, a modificação do caso julgado por alteração das circunstâncias não assenta numa alteração da causa de pedir e, bem assim, determina a cessação dos efeitos do caso julgado anterior.

— Os factos modificativos ou extintivos da obrigação que podem fundar a oposição à execução devem, caso o título se enquadre na previsão do artigo 619º, nº 2, do CPC, ser alegados no procedimento a que alude este último preceito e não na oposição à execução, a menos que não se justifique a adaptação do título ao facto superveniente; esta conclusão confere à oposição à execução uma função acessória de quebra do caso julgado e demonstra a função principal da acção modificativa, que é a de adaptação do título.

— O regime processual da modificação do caso julgado por alteração das circunstâncias e o regime civil da modificação ou resolução do contrato por alteração das circunstâncias colocam questões semelhantes e justificam soluções semelhantes; são, no entanto, diversos os respectivos princípios orientadores.

BIBLIOGRAFIA

Actas da commissão revisora do projecto do Código do Processo Civil (1ª revisão), coligidas e anotadas por Ernesto Campos Andrada Jºr e Paulo Cancella d'Abreu, Tipografia Universal, Lisboa, 1917.

Actas da comissão revisora do projecto do Código de Processo Civil (Acta nº 1 in *ROA*, ano 3º, nº s 3 e 4, 1943, págs. 64-66; Acta nº 23 in *ROA*, ano 7º, nº s 1 e 2, 1947, págs. 277-285; Acta nº 32 in *ROA*, ano 9º, nº s 3 e 4, 1949, págs. 308-323; Acta nº 44 in *ROA*, ano 13º, nº s 1 e 2, 1953, págs. 311-326).

AHLERS, Kurt, "Nochmals: Rückwirkung der Änderungsklage (§ 323 III, IV ZPO)?", in *FamRZ*, 1962, págs. 186-187.

ALBUQUERQUE, Maria Teresa Leão Melo, *A alteração das circunstâncias na jurisprudência – algumas reflexões sobre este instituto*, Lisboa (Faculdade de Direito de Lisboa), 1998.

ALBUQUERQUE, Paulo Pinto de, *Comentário do Código de Processo Penal*, 2ª ed., Lisboa, Universidade Católica Editora, 2008.

ALBUQUERQUE, Pedro de, *Responsabilidade processual por litigância de má fé, abuso de direito e responsabilidade civil em virtude de actos praticados no processo (A responsabilidade por pedido infundado de declaração da situação de insolvência ou indevida apresentação por parte do devedor)*, Coimbra, Almedina, 2006.

ALEGRE, Carlos,

— *Acidentes de trabalho* (Notas e comentários à Lei nº 2127), Coimbra, Almedina, 1995.

— *Regime jurídico dos acidentes de trabalho e das doenças profissionais*, reimpr., Coimbra, Almedina, 2001.

ALEXANDRE, Isabel,

— "Princípios gerais do processo do trabalho", in *Estudos do Instituto de Direito do Trabalho*, Coimbra, Almedina, 2002, págs. 389-442.

— "O caso julgado na jurisprudência constitucional portuguesa", in *Estudos em homenagem ao Conselheiro José Manuel Cardoso da Costa*, Coimbra, Coimbra Editora, 2003, págs. 11-77.

— "A execução laboral à luz da reforma da acção executiva", in *RMP*, nº 100, 2004, págs. 71-102.

ALLORIO, Enrico,

— "Natura della cosa giudicata", in *RDPC*, 1935, págs. 215-252.

— "Critica della teoria del giudicato implicito", in *RDPC*, 1938, págs. 245-256.

— "Rechtsschutzbedürfnis?", in *ZZP*, 67 (1954), págs. 321-343.

— "L' ordinamento giuridico nel prisma dell' accertamento giudiziale", in *L' ordinamento giuridico nel prisma dell' accertamento giudiziale e altri studi* (Problemi di diritto, vol. I), Milano, Giuffrè, 1957, págs. 3-138.

— "Saggio polemico sulla "giurisdizione" volontaria", in *Sulla dottrina della giurisdizione e del giudicato e altri studi* (Problemi di diritto, vol. II), Milano, Giuffrè, 1957, págs. 3-56.

— "Nuove riflessioni critiche in tema di giurisdizione e giudicato", in *Sulla dottrina della giurisdizione e del giudicato e altri studi* (Problemi di diritto, vol. II), Milano, Giuffrè, 1957, págs. 57-154.

— "Giudicato su domanda parziale", in *Giur. it.*, 1958, I, págs. 399-410.

— "A proposito di disapplicazione di provvedimenti di "giurisdizione" volontaria", in *Giur. it.*, 1958, I, 1, págs. 1343-1348.

ALMAGRO NOSETE, José, *Derecho procesal*, tomo I (2 vols.), Madrid, Trivium, 1995 e 1996.

ALMEIDA, Carlos Ferreira de, "Recusa de cumprimento declarada antes do vencimento (Estudo de Direito Comparado e de Direito Civil português)", in *Estudos em memória do Professor Doutor João de Castro Mendes*, Lisboa, Lex, s.d., págs. 289-317.

ALMEIDA, José Ferreira de, *O problema do processo sem lide no direito processual civil português*, sep. da RFDUL, vol. XV, Lisboa, 1963.

ALMEIDA, Luís Nunes de,

— *A justiça constitucional no quadro das funções do Estado vista à luz das espécies, conteúdo e efeitos das decisões sobre a constitucionalidade das normas jurídicas* (Relatório português à VII Conferência dos Tribunais Constitucionais Europeus, realizada em Lisboa, de 27 a 30 de Abril de 1987), sep. da *RMP*, nº 32, Lisboa, 1987.

— "O Tribunal Constitucional e o conteúdo, a vinculatividade e os efeitos das suas decisões", in *Portugal – O sistema político e constitucional 1974-1987*, Instituto de Ciências Sociais da Universidade de Lisboa, s.d.

— "Les effets des arrêts du Tribunal Constitutionnel", in *La justice constitutionnelle au Portugal*, Paris, Economica, 1989, págs. 381-403.

— "Constitution et sécurité juridique (Portugal)", in *Annuaire International de Justice Constitutionnelle*, XV, 1999 (ed. 2000), págs. 249-259.

ALMEIDA, L. P. Moitinho de, *Os alimentos no Código Civil de 1966* (Comunicação ao Instituto da Conferência de Lisboa da Ordem dos Advogados, na sessão de 14-12-1967), sep. da *ROA*, Lisboa, 1971.

ALMEIDA, Mário Aroso de,

— *Sobre a autoridade do caso julgado das sentenças de anulação de actos administrativos*, Coimbra, Almedina, 1994.

— *Anulação de actos administrativos e relações jurídicas emergentes*, Coimbra, Almedina, 2002.

— / CADILHA, Carlos Alberto Fernandes, *Comentário ao Código de Processo nos Tribunais Administrativos*, 2ª ed., Coimbra, Almedina, 2007.

ALVAREZ GONZÁLEZ, Santiago, "Alimentos entre cónyuges o la crisis de la autonomía de la deuda alimenticia en derecho internacional privado", in *BFDUC*, vol. LXXI, 1995, págs. 165-186.

ÁLVAREZ SÁNCHEZ DE MOVELLÁN, Pedro, *La prueba en apelación en la Ley 1/2000 de Enjuiciamiento Civil*, Madrid, Colex, 2001.

ALVIM, Arruda, "O antigo recurso extraordinário e o recurso especial (na Constituição Federal de 1988", in *RFDUL*, vol. XXXII, 1991, págs. 107-128

AMEIXOEIRA, M. Amélia Condeço, "O panorama nacional no âmbito da avaliação e reparação do dano corporal em vítimas de acidentes de viação (A perspectiva do magistrado)", in *Revista Portuguesa do Dano Corporal*, 1999, págs. 67-80.

ANDRADE, José Carlos Vieira de,

— "Revogação do acto administrativo", in *Direito e Justiça*, vol. VI, 1992, págs. 53-63.

— "A "revisão" dos actos administrativos no direito português", in *Legislação – Cadernos de Ciência de Legislação*, nº s 9/10, 1994, págs. 185-202.

— *A Justiça Administrativa (Lições)*, 10ª ed., Coimbra, Almedina, 2009.

ANDRADE, José Robin de, "Revogação administrativa e a revisão do Código do Procedimento Administrativo", in *CJA* (III Seminário de Justiça Administrativa), nº 28, 2001, págs. 37-49.

ANDRADE, Manuel A. D. de,

— *Lições de processo civil* (coligidas por T. Moreno, Sousa Sêco e P. Augusto Junqueiro, com a colaboração de A. M. Pessoa Vaz), Coimbra, Casa do Castelo – Editora, 1945.

— *Teoria geral das obrigações* (com a colaboração de Rui de Alarcão), 3ª ed., Coimbra, Almedina, 1966.

— *Teoria geral da relação jurídica*, vol. II, 4ª reimpressão, Coimbra, Almedina, 1974.

— *Noções elementares de processo civil* (com a colaboração do Prof. Antunes Varela; nova edição revista e actualizada pelo Dr. Herculano Esteves), Coimbra Editora, Coimbra, 1979.

ANDRIOLI, Virgilio,

— "Limiti di retroattività della sentenza di revoca del fallimento", in *RDPC*, 1935, págs. 54-73.

— "Il principio di diritto enunciato dalla Corte di cassazione", in *RDP*, 1952, págs. 279-288.

— *Appunti di diritto processuale civile (Processi di cognizione e di esecuzione forzata)*, Napoli, Jovene, 1964.

— "Ne bis in idem", in *Nss. DI*, XI, reimpr., Torino, 1980, págs. 185-187.

ANTUNES, Ana Filipa Morais, *Prescrição e caducidade: anotação aos artigos 296º a 333º do Código Civil ("O tempo e a sua repercussão nas relações jurídicas")*, Coimbra, Coimbra Editora, 2008.

ARAGONESES ALONSO, Pedro, "Acción de condena para el futuro", in *Revista de Derecho Procesal*, 1950, I, págs. 110-117.

ARCANJO, Jorge, "Notas sobre a responsabilidade civil e acidentes de viação", in *Revista do CEJ*, 2º semestre 2005 (nº 3), págs. 35-72.

ARENS, Peter,

— *Streitgegenstand und Rechtskraft im aktienrechtlichen Anfechtungsverfahren*, Bielefeld, Deutscher Heimat-Verlag, 1960.

— "Aktuelle prozessuale Probleme der Abstammungsklage", in *FamRZ*, 1968, págs. 183-187.

— "Prozessrecht und materielles Recht", in *AcP*, 173 (1973), págs. 250-271.

— "Anmerkung", in *JZ*, 1985, págs. 751-753.

-/ LÜKE, Wolfgang, *Zivilprozessrecht (Erkenntnisverfahren / Zwangsvollstreckung)*, 9ª ed., München, C. H. Beck, 2006.

ARIETA, Giovanni,

— "Reclamabilità del provvedimento di rigetto e struttura del reclamo cautelare", in *Giur. Cost.*, 1994, págs. 2041-2060

— "Giurisdizione camerale e sindacato contenzioso", in *RDP*, 1995, págs.1039-1088.

ARZT, Gunther, "Zur Fehlerberichtigung bei Abänderungsklagen nach § 323 ZPO", in *FamRZ*, 1966, págs. 395-397.

ASCENSÃO, José de Oliveira,

— "A violação da garantia constitucional da propriedade por disposição retroactiva", in *Rev. Trib.*, ano 91º, 1973, págs. 291-304, 339-353 e 387-398.

— "Os acórdãos com força obrigatória geral do Tribunal Constitucional como fontes do direito", in *Nos dez anos da Constituição*

(org. Jorge Miranda), Imprensa Nacional – Casa da Moeda, 1987, págs. 249-263.
— "A reserva constitucional da jurisdição" (Parecer), in *O Direito*, ano 123º, II-III, 1991, págs. 465-485.
— "Acção de reivindicação", in *ROA*, ano 57, 1997, págs. 511-545.
— *Direito Civil / Teoria Geral*, vol. III (Relações e Situações Jurídicas), Coimbra, Coimbra Editora, 2002.
— "Onerosidade excessiva por "alteração das circunstâncias"", in *ROA*, ano 65, 2005, págs. 625-648.
ASSIS, Araken de, *Breve contribuição ao estudo da coisa julgada nas ações de alimentos*, in http://www.abdpc.org.br
ATTARDI, Aldo
— "Per una critica del concetto di preclusione", in *Jus*, 1959, págs. 1-17.
— "La cosa giudicata", in *Jus*, 1961, págs. 1-48 e 184-224.
— "In tema di questioni pregiudiziali e giudicato", in *Studi in memoria di Enrico Guicciardi*, Padova, Cedam, 1975, págs. 185-212.
— "Il giudicato e un recente progetto di riforma", in *RDC*, 1979, I, págs. 257-308.
— "Preclusione (principio di)", in *Enc. Dir.*, vol. XXXIV, 1985, págs. 893-911.
— "Frazionamento della domanda di danni e estensione del giudicato", in *Giur. it.*, 1987, I, 1, págs. 537-541.
— "In tema di limiti oggettivi della cosa giudicata", in *RTDPC*, 1990, págs. 475-539.
— "Le preclusioni nel giudizio di primo grado", in *Foro it.*, 1990, V, págs. 385-394.
— *Diritto Processuale Civile*, vol. I, 2ª ed., Padova, Cedam, 1997.
AULETTA, Tommaso Amedeo, "Alimenti (dir. civ.)", in *Enciclopedia giuridica*, vol. I, Roma, Instituto della Enciclopedia Italiana Fondata da Giovanni Treccani, 1988.
AYALA, Bernardo Diniz de, *O (défice de) controlo judicial da margem de livre decisão administrativa (Considerações sobre a reserva de administração, as componentes, os limites e os vícios típicos da margem de livre decisão administrativa)*, Lisboa, Lex, 1995.
BAPTISTA, Francisco de Paula, *Compendio de theoria e pratica do processo civil comparado com o commercial e de hermeneutica juridica para uso das Faculdades de Direito do Brasil*, 7ª ed., Lisboa, Livraria Classica Editora, 1910.
BARIONI, Rodrigo, "Efectivação da sentença mandamental", in http://www1.jus.com.br/doutrina/imprimir.asp?id=5732
BARTOLE, Sergio,
— "L'efficacia temporale delle sentenze ed il bilanciamento dei valori costituzionali", in *Quad. Cost.*, 1989, págs. 17-26.
— "Elaborazioni dottrinali e interventi normativi per delimitare l' efficacia temporale delle sentenze di accoglimento della Corte Costituzionale", in *Effetti temporali delle sentenze della Corte Costituzionale anche con riferimento alle esperienze straniere* (Atti del seminario di studi tenuto al Palazzo della Consulta il 23 e 24 Novembre 1988), Milano, Giuffrè, 1989, págs. 117-133.
BASTOS, Jacinto Fernandes Rodrigues,
— *Das obrigações em geral* (Segundo o Código Civil de 1966), I (Arts. 397º a 472º), 1971.
— *Notas ao Código de Processo Civil*, I, 3ª ed., Lisboa, s.ed., 1999.
— *Notas ao Código Civil*, Volume VII (Arts. 1796º a 2334º), Lisboa, s.ed., 2002.
BATSCH, Karlludwig, "Zur materiellen Rechtskraft bei "Teilklagen" und zur Repräsentationswirkung des Klageantrags", in *ZZP*, 86 (1973), págs. 254-292.
BATSCHARI, Alexander / DURST, Matthias, "Wirkung des Synallagmas auf die materielle Rechtskraft?", in *NJW*, 1995, págs. 1650-1653.

BAUER, Günter, "Gilt die Bestimmung des § 323 Absatz 3 ZPO auch für Prozessvergleiche?", in *JR*, 1965, págs. 255-257.

BAUMANN, Horst, "Gedanken zur Subsidiarität der Amtshaftung", in *AcP*, 169 (1969), págs. 317-351.

BAUMANN, Peter, "Leistungs— und Abänderungsklage bei früherem Auslandsurteil", in *IPRax*, 1990, págs. 28-32.

BAUMBACH, Adolf / LAUTERBACH, Wolfgang / ALBERS, Jan / HARTMANN, Peter, *Zivilprozessordnung*, 67ª ed., München, C.H. Beck, 2009.

BAUMGÄRTEL, Gottfried,

— "Heinz Knecht: Die Abänderungsklagen..., Aarau... 1954", in *AcP*, 155 (1956), págs. 81-84.

— / SCHERF, Dieter, "Ist die Rechtsprechung zur Durchbrechung der Rechtskraft nach § 826 BGB weiterhin vertretbar?", in *JZ*, 1970, págs. 316-318.

— "Zur Lehre vom Streitgegenstand", in *JuS*, 1974, págs. 69-75.

— "Anmerkung", in *FamRZ*, 1979, págs. 791-792.

BAUR, Fritz,

— *Freiwillige Gerichtsbarkeit*, vol. I (Allgemeines Verfahrensrecht), Tübingen, J.C.B. Mohr, 1955.

— "Zivilprozessuale Fragen zum Gleichberechtigungs-und zum Familienrechtsänderungsgesetz 1961", in *FamRZ*, 1962, págs. 508-514.

— "Anmerkung", in *JZ*, 1966, págs. 71-72.

— "Zu der Terminologie und einigen Sachproblemen der "vorbeugenden Unterlassungsklage"", in *JZ*, 1966, págs. 381-383.

— "Die Wirksamkeit der Massnahmen der freiwilligen Gerichtsbarkeit (nach deutschem Recht)", in *Atti del 3º congresso internazionale di diritto processuale civile* (Venezia 12-15 Aprile 1962), Milano, Giuffrè, 1969, págs. 292-305.

— "Vereinbarungen der Parteien über präjudizielle Rechtsverhältnisse im Zivilprozess", in *Festschrift für Eduard Bötticher*, Berlin, Duncker & Humblot, 1969, págs. 1-11.

BECKER, Michael, "Gestaltungsrecht und Gestaltungsgrund", in *AcP*, 188 (1988), págs. 24-68.

BECKER-EBERHARD, Ekkehard,

— "Zur Möglichkeit der Anpassung rechtskräftig titulierter Verzugsschadenszinsen aus § 286 Abs. 1 BGB an ein verändertes Zinsniveau", in *DZWir*, 1993, págs. 183-191.

— "Johann Braun: Grundfragen der Abänderungsklage", in *ZZP*, 108 (1995), págs. 399-407.

BEHR, Heinz, "Nochmals: Rückwirkung der Änderungsklage (§ 323 III, IV ZPO)?", in *FamRZ*, 1962, págs. 187-188.

BEHRE, Otto Peter, *Der Streitgegenstand des Wiederaufnahmeverfahrens*, Berlin, Duncker & Humblot, 1968.

BEINERT, Bernhard Georg, *Der Umfang der Rechtskraft bei Teilklagen*, Hamburg, Dr. Kovac, 1999.

BENDA, E. / WEBER, A., "Der Einfluss der Verfassung im Prozessrecht", in *ZZP*, 96 (1983), págs. 285-306.

BENDER, Paul, "Retroactivity of judicial decisions", *Encyclopedia of the American Constitution*, New York – London, MacMillan, 1986, págs. 1562-1564.

BEREITER-HAHN, Werner, "Abänderungsklage (§ 323 ZPO) oder Klage auf zusätzliche wiederkehrende Leistungen (§ 258 ZPO)?", in *FamRZ*, 1955, págs. 94-96.

BERG, Hans, "Zulässigkeitsvoraussetzungen im Zivilprozess", in *JuS*, 1969, págs. 123-129.

BERGEL, Jean-Louis, "Les dernières évolutions en matière de juridiction gracieuse", in *Effektiver Rechtsschutz und verfassungsmässige Ordnung* (Die Diskussionsberichte zum VII. Internationalen Kongress für Prozessrecht, Würzburg 1983), herausg. von Walther J. Habscheid, Bielefeld, Gieseking, 1985, págs. 115-129.

BERNHARDT, Wolfgang,

-"Die Aufklärung des Sachverhalts im Zivilprozess", in *Beiträge zum Zivilprozessrecht. Festgabe zum siebzigsten Geburtstag von Leo Rosenberg*, München – Berlin, C.H. Beck, 1949, págs. 9-50.

— "Auswirkungen von Treu und Glauben im Prozess und in der Zwangsvollstreckung", in *ZZP*, 66 (1953), págs. 77-100.

— *Das Zivilprozessrecht*, 3ª ed., Berlin, Walter de Gruyter & Co., 1968.

BESSONE, Mario, *Adempimento e rischio contrattuale*, Milano, Giuffrè, 1975.

BETTERMANN, Karl August, *Die Vollstreckung des Zivilurteils in den Grenzen seiner Rechtskraft*, Hamburg, Rechts— und Staatswissenschaftlicher Verlag, 1948.

BETTI, Emilio

— *Efficacia delle sentenze determinative in tema di legati d' alimenti (Contributo alla dottrina dei limiti oggettivi della cosa giudicata)*, Camerino, Premiata Tipografia Tonnarelli, 1921.

— "Cosa giudicata e ragione fatta valere in giudizio", in *Riv. dir. comm.*, 1929, I, págs. 544-561.

— *Diritto processuale civile italiano*, 2ª ed., Roma, Foro Italiano, 1936.

— "Regiudicata. Diritto romano", in *NssDI*, vol. XV, reimpr., 1980, págs. 216-218.

BIANCA, C. Massimo, "Dell'inadempimento delle obbligazioni", 2ª ed., in *Commentario del codice civile* (a cura di Antonio Scialoja e Giuseppe Branca), Libro Quarto – Delle Obbligazioni, Bologna-Roma, Nicola Zanichelli Editore – Soc. Ed. Del Foro Italiano, 1979.

BIEDER, Marcus A., "Zur Bedeutung des Merkmals der "wesentlichen Änderung der Verhältnisse" nach § 323 I ZPO für die Anpassung familienrechtlicher Urteile", in *FamRZ*, 2000, págs. 649-654.

BINDER, Julius, *Prozess und Recht (Ein Beitrag zur Lehre vom Rechtsschutzanspruch)*, Aalen, Scientia, 1969 (Leipzig, 1927).

BLASCO SOTO, Mª del Carmen, "Reflexiones en torno a la fuerza de cosa juzgada en la sentencia dictada en cuestion de inconstitucionalidad", in *Revista Española de Derecho Constitucional*, 14 (1994), págs. 35-62.

BLÉRY, Corinne, *L'efficacité substantielle des jugements civils*, Paris, L.G.D.J., 2000.

BLOMEYER, Arwed,

— "Zum Urteilsgegenstand im Leistungsprozess", in *Festschrift für Friedrich Lent zum 75. Geburtstag*, München-Berlin, C.H. Beck, 1957, pág. 43-88.

— "Rechtskrafterstreckung infolge zivilrechtlicher Abhängigkeit", in *ZZP*, 75 (1962), págs. 1-27.

— *Zivilprozessrecht (Erkenntnisverfahren)*, 2ª ed., Berlin, Dunckler & Humblot, 1985.

BLOMEYER, Jürgen,

— "Die Unterscheidung von Zulässigkeit und Begründetheit bei der Klage und beim Antrag auf Anordnung eines Arrestes oder einer einstweiligen Verfügung", in *ZZP*, 81 (1968), págs. 20-45.

— "Zum Streit über Natur und Wirkungsweise der materiellen Rechtskraft (Insbesondere zu seiner praktischen Bedeutung", in *JR*, 1968, págs. 407-411.

— "Rechtskraft und Rechtsmittel bei Klagabweisung", in *NJW*, 1969, págs. 587-593.

BOCANEGRA SIERRA, Raul, *El valor de las sentencias del Tribunal Constitucional*, Madrid, Instituto de Estúdios de Administración Local, 1982.

BOEHMER, G., "Abstammungsklage und Unterhaltsurteil", in *NJW*, 1955, págs. 575-578.

BOETZKES, Randolf, *Probleme der Abänderungsklage (bei rechtskräftigen, nicht rechtskräftigen und nicht rechtskraftfähigen abzuändernden Titeln)* (Inaugural-Dissertation), Marburg, 1986.

BÖHM, Friedrich, "Nochmals: Unterhaltsurteil, Statusklage und § 826 BGB", in *NJW*, 1957, págs. 1390-1391.

BÖHM, Peter,

— *Unterlassungsanspruch und Unterlassungsklage (Zur konkreten Einheit von materiellem Anspruch und prozessualer Rechtsschutzform)*, Wien, Wirtschaftsverlag Dr. Anton Orac, 1979.

— "Die Ausrichtung des Streitgegenstandes am Rechtsschutzziel", in *Festschrift für Winfried Kralik zum 65. Geburtstag*, Wien, Manz, 1986, págs. 83-123.

BONACCORSO, Liborio Ciffo, "Diritti potestativi e sentenza costitutiva", in *Giur. it.*, 1959, IV, págs. 129-139.

BONICIO, Marcelo José Magalhães, *Considerações sobre a tutela inibitória*, in http://www.pge.sp.gov.br/centrodeestudos/revistaspge/revista53/consideracoes.htm

BONSIGNORI, Angelo, "I limiti oggettivi della cosa giudicata in un recente libro tedesco", in *RTDPC*, 1961, págs. 236-248.

BONVIE, Horst, *Änderung von Entscheidungen der freiwilligen Gerichtsbarkeit* (Abhilfe, Aufsicht und Prognose), Berlin, Duncker & Humblot, 1982.

BOSCH, Friedrich Wilhelm,

-"Anmerkung", in *FamRZ*, 1955, págs. 331-332.

— "Anmerkung" in *FamRZ*, 1956, págs. 25-26.

— "Amerkung", in *FamRZ*, 1963, págs. 138-139.

BÖTTICHER, Eduard,

— *Kritische Beiträge zur Lehre von der materiellen Rechtskraft im Zivilprozess*, Berlin, Otto Liebmann, 1930.

— "Zur Lehre vom Streitgegenstand im Eheprozess", in *Beiträge zum Zivilprozesrecht. Festgabe zum siebzigsten Geburtstag von Leo Rosenberg*, München – Berlin, C.H. Beck, 1949.

— "Anmerkung", in *JZ*, 1953, págs. 559-660.

— "Abänderbarkeit und Rechtskraft im Funktionsbereich der Freiwilligen Gerichtsbarkeit", in *JZ*, 1956, págs. 582-588.

— "Streitgegenstand und Rechtskraft unter besonderer Berücksichtigung der Wiederholung der Ehescheidungsklage", in *FamRZ*, 1957, págs. 409-414.

— "Die Bindung der Gerichte an Entscheidungen anderer Gerichte", in *Hundert Jahre deutsches Rechtsleben (Festschrift zum hundertjährigen Bestehen des deutschen Juristentages 1860-1960)*, I, Karlsruhe, C.F. Müller, 1960, págs. 511-544.

— "Anmerkung", in *MDR*, 1962, págs. 724-725.

BOWER, George Spencer, *The doctrine of res judicata*, 3ª ed., London, Butterworths, 1996.

BRANDÃO, António José, *Caso julgado e preclusão*, in *O Direito*, ano 69º, nº 10, 1937, págs. 290-302, e ano 70º, nº 4, 1938, págs. 98-110.

BRANDÃO, Diogo de Paiva, "Considerações sôbre o problema da imprevisão", in Supl. ao vol. XVII do *BFDUC*, 1944, págs. 173-262.

BRAUN, Johann,

— "Anmerkung", in *NJW*, 1975, págs. 2196-2197.

— "Der Anspruch auf Rückforderung einer im Vorprozess übersehenen Zahlung", in *NJW*, 1979, págs. 2380-2382.

— *Rechtskraft und Restitution*, 2 vols., Berlin, Duncker & Humblot, 1979-1985.

— "Rechtskraft und Rechtskraftdurchbrechung", in *NJW*, 1982, págs. 148-150.

— "Anmerkung", in *ZZP*, 97 (1984), págs. 340-347.

— *Rechtskraft und Rechtskraftdurchbrechung von Titeln über sittenwidrige Ratenkreditverträge*, Köln – Berlin – Bonn – München, Heymann, 1986.
— "Rechtskraft und Rechtskraftbeschränkung im Zivilprozess", in *JuS*, 1986, pág. 364-371.
— "Aktuelle Fragen der Restitutionsklage gemäss § 641 I ZPO", in *FamRZ*, 1989, págs. 1129-1137.
— "Die materielle Rechtskraft des Vollstreckungsbescheids – Ein juristisches Lehrstück", in *JuS*, 1992, págs. 177-186.
— "§ 323 I und III ZPO verstösst gegen das Recht auf Gehör", in *NJW*, 1992, págs. 1593-1597.
— "*Markus Jakoby*, Das Verhältnis der Abänderungsklage gemäss § 323 ZPO zur Vollstreckungsgegenklage gemäss § 767 ZPO", in *ZZP*, 105 (1992), págs. 520-525.
— "Das Rückwirkungsverbot des § 323 III ZPO – ein Verstoss gegen grundlegende Prinzipien unseres Rechts", in *JuS*, 1993, págs. 353-360.
— *Grundfragen der Abänderungsklage*, Tübingen, J.C.B. Mohr, 1994.
— "Thomas Martin Petzoldt, Die Rechtskraft der Rentenurteile des § 258 ZPO und ihre Abänderung nach § 323 ZPO", in *FamRZ*, 1994, pág. 141.
— "Die "Änderung" der für die Verurteilung massgeblichen Verhältnisse (Überlegungen zur Interpretation von § 323 I ZPO)", in *FamRZ*, 1994, págs. 1145-1152.
— "Die Abänderungsklage auf dem Prüfstand der Kritik", in *NJW*, 1995, págs. 936-937.
— "Zinstitel und Abänderungsklage", in *ZZP*, 1995, págs. 319-341.
— "Marcus Grosch: Rechtswandel und Rechtskraft bei Unterlassungsurteilen", in *ZZP*, 117 (2004), págs. 381-387.
BREGA FILHO, Vladimir, *A relativização da coisa julgada nas ações de investigação de paternidade*, in http://www1.jus.com.br/doutrina/texto.asp?id=2185
BRITO, José Inácio Clímaco de Sousa e, "Identidade e variação do objecto em processo declarativo", in *BMJ*, nº 148, 1965, págs. 5-37.
BRITO, Mário de, *Código Civil anotado*, Volume II, s.l., s. ed., 1972.
BROGGINI, Gerardo, "Dauer und Wandel im Recht", in *Coniectanea* (Studi di diritto romano), Milano, Giuffrè, 1966, págs. 21-53.
BROX, Hans,
— "Abänderungsklage (§ 323 ZPO) oder Klage auf zusätzliche wiederkehrende Leistungen (§ 258 ZPO)?", in *FamRZ*, 1954, págs. 237-240.
— "Welche Einwendungen kann der Beklagte im Abänderungsrechtsstreit gemäss § 323 ZPO geltend machen?", in *FamRZ*, 1955, págs. 66-68.
— "Nochmals: Probleme der Abänderungsklage (§ 323 ZPO) und der "Unterhalts-Zusatzklage" (§ 258 ZPO)", in *FamRZ*, 1955, págs. 320-324.
— "Erhöhung wiederkehrender Leistungen durch Abänderungs-oder Zusatzklage", in *NJW*, 1961, págs. 853-856.
— "Die objektiven Grenzen der materiellen Rechtskraft im Zivilprozess", in *JuS*, 1962, págs. 121-128.
— "Rechtskraft und Geshäftsgrundlage", in *NJW*, 1963, págs. 689-736.
— "Die Beschwer als Rechtsmittelvoraussetzung", in *ZZP*, 1968, págs. 379-412.
BRUDERMÜLLER, Gerd,
— "Zur Abänderbarkeit von DDR-Unterhaltstiteln", in *FamRZ*, 1995, págs. 915-917.
— "Billigkeitskorrekturen bei der Abänderungsklage (§ 323 ZPO) in Unterhaltssachen", in *Festschrift für Walter Rolland zum 70. Geburtstag*, Köln, Bundesanzeigen Ver-Ges., 1999, págs. 45-65.

BRÜGGEMANN, Dieter, "Das "non liquet" zur Beiwohnungsfrage im Statusprozess", in *FamRZ*, 1964, págs. 337-345.

BRÜNE, Herbert, "Informationspflichten im Unterhaltsrecht", in *FamRZ*, 1983, págs. 657-658.

BRUNS, Rudolf,

— "Abstammungsfeststellungsklage", in *ZZP*, 64 (1950-51), págs. 108-131.

— "Zum Problemkreis des Wiederaufnahmerechts (Zugleich eine Besprechung von Hans Friedhelm Gaul, Die Grundlagen des Wiederaufnahmerechts und die Ausdehnung der Wiederaufnahmegründe)", in *FamRZ*, 1957, págs. 201-206.

— "Zur Systematik der gesetzlichen Beweisarten im Zivilprozess", in *JZ*, 1957, págs. 489-494.

— *Zivilprozessrecht*, 2ª ed., München, Franz Vahlen, 1979.

— / PETERS, Egbert, *Zwangsvollstreckungsrecht*, 3ª ed., München, Franz Vahlen, 1987.

BUCOLO, Francesco, "Variazioni sulla cosa giudicata in materia locatizia", in *Giur. it.*, 1970, I, 2, págs. 141-144.

BULL, H. J.,

-"Rückwirkung der Änderungsklage (ZPO § 323 Abs. III und IV)?", in *FamRZ*, 1961, págs. 518-519.

— "Nochmals: Rückwirkung der Abänderungsklage (§ 323 III, IV ZPO)?", in *FamRZ*, 1962, pág. 188.

BÜLOW, A., "Rudolf Bruns: Zivilprozessrecht, eine systematische Darstellung", in *AcP*, 169 (1969), págs. 376-383.

BÜLOW, Oskar, *Gesetz und Richteramt*, Aalen, Scientia, 1972 (Leipzig, 1885).

BÜLOW, von, "Civilprozessualische Fiktionen und Wahrheiten", in *AcP*, 62 (1879), págs. 1-96.

BUNGE, Jürgen, *Zivilprozess und Zwangsvollstreckung in England und Schottland (Eine Gesamtdarstellung mit internationalem Zivilprozessrecht, einem Glossar und einer Bibliographie)*, 2ª ed., Berlin, Duncker & Humblot, 2005.

BUSNELLI, Francesco Donato,

— "Considerazioni sul significato e sulla natura della cosa giudicata", in *RTDPC*, 1961, págs.1317-1350.

— "La cosa giudicata nelle obbligazioni solidali", in *RTDPC*, 1974, págs. 393-440.

BÜTTNER, Helmut,

-"Änderungen im Familienverfahrensrecht durch das Kindschaftsrechtsreformgesetz", in *FamRZ*, 1998, págs. 585-594.

-/ NIEPMANN, Birgit, "Die Entwicklung des Unterhaltsrechts seit Mitte 2000", in *NJW*, 2001, págs. 2215-2229.

CADILHA, Carlos Alberto Fernandes, *Dicionário de contencioso administrativo*, Coimbra, Almedina, 2006.

CAETANO, Marcelo, *Manual de Direito Administrativo*, tomo I, 10ª ed., Lisboa, Coimbra Editora, 1973.

CAIADO, Alexandra, *Resolução ou modificação do contrato por alteração das circunstâncias (Introdução a uma perspectiva jurídica global)*, Lisboa (Faculdade de Direito de Lisboa), 1998.

CALAMANDREI, Piero

— "Limiti fra giurisdizione e amministrazione nella sentenza civile" (1917) in *Opere giuridiche* (a cura di Mauro Cappelletti), vol. I, Napoli, Morano,1965, págs. 65-93.

— "Il significato costituzionale delle giurisdizioni di equità" (1921), in *Opere giuridiche* (a cura di Mauro Cappelletti), vol. III, Napoli, Morano, 1968, págs. 3-51.

— "Linee fondamentali del processo civile inquisitorio" (1927), in *Opere giuridiche* (a cura di Mauro Cappelletti), vol. I, Napoli, Morano,1965, págs. 145-176.

— "Il concetto di "lite" nel pensiero di Francesco Carnelutti", in *RDPC*, 1928, págs. 3-22.

— "Appunti sulla "reformatio in peius"", in *RDPC*, 1929, págs. 297-307.
— "Appunti sulla sentenza come fatto giuridico", in *Studi sul processo civile*, vol. III, Padova, Cedam, 1934, págs 131-140.
— "La condanna", in *Studi sul processo civile*, vol. III, Padova, Cedam, 1934, págs. 179-192.
— "La condanna "generica" ai danni", in *Studi sul processo civile*, vol. III, Padova, Cedam, 1934, págs 221-252.
— "Il processo inquisitorio nel nuovo codice civile", in *Giur. it.*, 1939, IV, págs. 237-246.
— *Opere giuridiche* (a cura di Mauro Cappelletti), vol. IV (Istituzioni di diritto processuale civile), Napoli, Morano Editore, 1970.
CALEJO, José, "Jurisdição voluntária", in *Scientia Iuridica*, tomo II, nº 6, 1952, págs. 184-187.
CALVÃO, Filipa Urbano,
— *Os actos precários e os actos provisórios no Direito Administrativo (Sua natureza e admissibilidade. As garantias do particular)*, Porto, Universidade Católica Portuguesa, 1998.
— "Revogação dos actos administrativos no contexto da reforma do Código do Procedimento Administrativo", in *CJA* (VII Seminário de Justiça Administrativa), nº 54, 2005, págs. 33-43.
CALVOSA, Carlo, *La sentenza condizionale*, Roma, "Scientia Italica", s/ data (1948?).
CAMPOS, Diogo José Paredes Leite de, *A subsidiariedade da obrigação de restituir o enriquecimento*, Coimbra, Almedina, 1974.
CANAS, Vitalino,
— *Introdução às decisões de provimento do Tribunal Constitucional (Os seus efeitos em particular)*, Lisboa, Cognitio, 1984.
— "Os efeitos das decisões do Tribunal Constitucional: a garantia da segurança jurídica, da equidade e do interesse público", in *Revista Brasileira de Direito Constitucional*, N. 2, 2003, págs. 225-239.
CANOTILHO, José Joaquim Gomes, *Direito Constitucional*, 7ª ed., Coimbra, Almedina, 2003.
CANTAFIO, Adolf, "Procedimento ex art. 274 C.C. e dovuto processo sui diritti, in *RDP*, 1999, pág. 830.
CAPELO, Maria José, "A reforma processual e as acções de filiação", in *Comemorações dos 35 anos do Código Civil e dos 25 anos da Reforma de 1977*, vol. I (Direito da Família e das Sucessões), Coimbra, Coimbra Editora, 2004, págs. 743-761.
CAPONI, Remo,
— "La nozione di retroattività della legge", in *Giur. Cost.*, 1990, págs. 1332-1368.
— *L'efficacia del giudicato civile nel tempo*, Milano, Giuffrè, 1991.
— "Lo "ius superveniens" nel corso del processo civile si deve applicare immediatamente anche se interviene tra la deliberazione e la pubblicazione della sentenza", in *Foro it.*, 1998, I, págs. 1078-1086.
— "*Tempus regit processum* (Un appunto sull'efficacia delle norme processuali nel tempo)", in *RDP*, 2006, págs. 449-462.
CAPPELLETTI, Mauro,
— "Pronunce di rigetto nel processo costituzionale delle libertà e cosa giudicata", in *RDP*, 1956, I, págs. 135-166.
— "Sentenze condizionali della Corte costituzionale (A proposito della interpretazione delle leggi nel processo costituzionale)", in *RDP*, 1957, págs. 88-109.
— *El valor de las sentencias y de las normas extranjeras en el proceso civil* (trad. de Santiago Sentis Melendo), Buenos Aires, Ediciones Juridicas Europa-America, 1968.
CARDOSO, Eurico Lopes, *Manual dos incidentes da instância em processo civil*, 2ª ed., Coimbra, Almedina, 1965.

Carlos, Adelino da Palma,
— *Código de Processo Civil anotado*, vol. 1º, Lisboa, Edição da "Procural", 1942.
— *Direito processual civil*, tomo II, Lisboa, Associação Académica da Faculdade de Direito, 1962.
— *Direito processual civil – Dos recursos*, Lisboa, Associação Académica da Faculdade de Direito, 1968.
— *Direito processual civil – Dos recursos* (Lições proferidas ao 5º Ano Jurídico de 1970/1971), AAFDL, 1970.

Carmona, Mafalda, *O acto administrativo com efeito conformador de relações jurídicas entre particulares*, Dissertação de mestrado em Ciências Jurídico-Políticas, Faculdade de Direito de Lisboa, 2002.

Carnelutti, Francesco
— "La sentenza condizionale", in *Studi di diritto processuale*, I, Padova, Cedam, 1925, págs. 293-321.
— *Lezioni di diritto processuale civile*, vol. IV, Parte III, Padova, "La Litotipo", 1926.
— "Funzione del processo del lavoro", in *RDPC*, 1930, I, págs. 109-142.
— "Dipendenza tra capi diversi della sentenza cassata", in *RDPC*, 1933, págs. 257-260.
— "Capo di sentenza", in *RDPC*, 1933, págs. 117-131.
— "Efficacia, autorità e immutabilità della sentenza", in *RDPC*, 1935, págs. 205-214.
— *Sistema di diritto processuale civile*, I (Funzione e composizione del processo), Padova, Cedam, 1936.
— "Bilancio di una polemica", in *RDPC*, 1937, págs. 78-82.
— "Svalutazione monetaria e processo", in *RDP*, 1947, II, págs. 170-173.
— "Vizio di incompetenza nel provvedimento di giurisdizione volontaria", in *RDP*, 1954, I, págs. 216-219.
— "Sul concetto di inammissibilità", in *RDP*, 1957, págs. 640-647.
— "Revoca del decreto pronunciato dal giudice di appello in tema di giurisdizione volontaria", in *RDP*, 1959, págs. 315-317.
— "Disapplicazione di provvedimento di giurisdizione volontaria?", in *RDP*, 1959, págs. 622-625.

Carpi, Federico,
— "L'attribuzione di efficacia nello Stato ai provvedimenti stranieri di giurisdizione volontaria", in *RTDPC*, 1964, págs. 449-463.
— "Doveri coniugali patrimoniali e strumenti processuali nel nuovo diritto di famiglia", in *RTDPC*, 1978, págs. 207-240.
— "Le sentenze della Corte di cassazione e la cosa giudicata", in *RTDPC*, 1987, págs. 20-33.

Carratta, Antonio, "I procedimenti cameral-sommari in recenti sentenze della Corte costituzionale", in *RTDPC*, 1992, págs. 1049-1085.

Carreras Llansana, Jorge, "Eficacia de las resoluciones de jurisdiccion voluntaria", in *Atti del 3º congresso internazionale di diritto processuale civile* (Venezia 12-15 Aprile 1962), Milano, Giuffrè, 1969, págs. 264-291.

Carvalho, Américo A. Taipa de
— *Sucessão de leis penais*, 2ª ed., Coimbra, Coimbra Editora, 1997;
— *Sucessão de leis penais*, 3ª ed., Coimbra, Coimbra Editora, 2008.

Carvalho, Paulo Morgado de,
— "Um olhar sobre o actual regime jurídico dos acidentes de trabalho e das doenças profissionais: Benefícios e Desvantagens", in *Questões Laborais*, ano X, nº 21, 2003, págs. 74-98.
— "Os acidentes de trabalho e as doenças profissionais no Código do Trabalho", in *A reforma do Código do Trabalho*, Coimbra, Coimbra Editora, 2004, págs. 413-435.

CASAD, Robert C.,
— "Il concetto di "*jurisdiction*" in materia civile alla fine del ventesimo secolo "*forum conveniens*" e "*forum non conveniens*", in *RDP*, 1999, págs. 1050-1068.
— / CLERMONT, Kevin M., *Res judicata (A handbook on its theory, doctrine, and practice)*, Durham, Carolina Academic Press, 2001.
Caso julgado, Coimbra, Livraria Almedina, 1956.
CASTRO, Artur Anselmo de,
— *Lições de direito processual civil – Processo executivo*, Coimbra, Almedina,1965.
— *Direito processual civil declaratório*, 3 vols., Coimbra, Almedina, 1981-1982.
CASTRO, Francisco Augusto das Neves e, *Manual do processo civil ordinário em primeira instância*, 2ª ed., Coimbra, Imprensa Académica, 1901.
CATAUDELLA, Antonino, "Prescrizione, decadenza e "situazioni esaurite"", in *Scritti dedicati ad Alessandro Raselli*, I, Milano, Giuffrè, 1971, págs. 479-496.
CAVALLINI, Cesare, "L'oggetto della sentenza di condanna generica", in *RDP*, 2002, págs. 523-550.
CAVANILLAS MÚGICA, Santiago / TAPIA FERNÁNDEZ, Isabel, *La concurrencia de responsabilidad contractual y extracontractual (Tratamiento sustantivo y procesal)*, Madrid, Editorial Centro de Estudios Ramón Areces, S.A.,1992.
CEA, Costanzo M., "Diniego di rinnovo della locazione e limiti oggettivi del giudicato", in *RDP*, 1989, págs. 866-893.
CEDEÑO HERNÁN, Marina, *La tutela de los terceros frente al fraude procesal*, Granada, Comares, 1997.
CERDEIRA, Ângela, "Reparação dos danos não patrimoniais causados pelo divórcio", in *Comemorações dos 35 anos do Código Civil e dos 25 anos da Reforma de 1977*, vol. I (Direito da Família e das Sucessões), Coimbra, Coimbra Editora, 2004, págs. 605-611.
CERINO-CANOVA, Augusto,
— "Passaggio in giudicato della sentenza amministrativa e giudizio di adeguamento", in *Giur. it.*, 1970, IV, págs. 88-114.
— "Sul contenuto delle sentenze non definitive di merito", in *RDP*, 1971, págs. 249-276 e 396-434.
— "La garanzia costituzionale del giudicato civile (Meditazioni sull'art. 111, comma 2)", in *RDC*, 1977, I, págs. 395-439.
— "Unicità del diritto e del processo di risarcimento", in *Riv. it. dir. lav.*, 1986, II, págs. 445-459.
— "Per la chiarezza delle idee in tema di procedimento camerale e di giurisdizione volontaria", in *RDC*, 1987, I, págs. 431-485.
— "Revocazione" (1990), in *Studi di diritto processuale civile* (a cura della Rivista di Diritto Civile), Padova, Cedam, 1992, págs. 502-521.
CHAMORRO BERNAL, Francisco, *La tutela judicial efectiva (Derechos y garantías procesales derivados del artículo 24.1 de la Constitución)*, Barcelona, Bosch, 1994.
CHARTIER, Yves, "La date de l'évaluation du préjudice", in *Responsabilité civile et assurances*, Mai 1998, págs. 24-27.
CHIOVENDA, Giuseppe,
— "Identificazione delle azioni. Sulla regola "ne eat iudex ultra petita partium"" (1903), in *Saggi di diritto processuale civile (1894-1937)*, vol. I, Milano, Giuffrè, 1993, págs. 157-177.
— "Cosa giudicata e competenza" (1905), in *Saggi di diritto processuale civile (1894-1937)*, vol. II, Milano, Giuffrè, 1993, págs. 411-423.
— "Sulla cosa giudicata" (1907), in *Saggi di diritto processuale civile (1894-1937)*, vol. II, Milano, Giuffrè, 1993, págs. 399-409.
— "Del sistema negli studi del processo civile" (1908), in *Saggi di diritto processu-*

ale civile (1894-1937), vol. I, Milano, Giuffrè, 1993, págs. 227-238.

— "Sulla natura contenziosa e sui conseguenti effetti dei provvedimenti emessi dal Tribunale in base all'articolo 153 del Codice di Commercio" (1909), in *Saggi di diritto processuale civile (1894-1937)*, vol. I, Milano, Giuffrè, 1993, págs. 311-318.

— *Principii di diritto processuale civile*, 3ª ed., Napoli, Jovene, 1913.

— "Sulla "perpetuatio iurisdictionis"" (1923), in *Saggi di diritto processuale civile (1894-1937)*, vol. I, Milano, Giuffrè, págs. 271-310.

— "Cosa giudicata e preclusione" (1933), in *Saggi di diritto processuale civile (1894-1937)*, vol. III, Milano, Giuffrè, 1993, págs. 231-283.

— *Istituzione di diritto processuale civile*, vols. I e II, Napoli, Jovene, 1933.

CHIZZINI, Augusto, "La revoca dei provvedimenti di volontaria giurisdizione", in *RDC*, 1993, I, págs. 85-110.

CID, Nuno de Salter, "A alteração do acordo sobre o destino da casa de morada da família", in *Comemorações dos 35 anos do Código Civil e dos 25 anos da Reforma de 1977*, vol. I (Direito da Família e das Sucessões), Coimbra, Coimbra Editora, 2004, págs. 275-318.

CIPRIANI, Franco, "Il controllo giudiziario degli atti societari", in *RDP*, 1995, págs. 69-100.

COCCHI, Vanna, "Orientamenti giurisprudenziali in tema di limiti oggettivi del giudicato e di impugnative negoziali", in *Foro it.*, 1984, I, págs. 2997-3003.

COELHO, Francisco Manuel de Brito Pereira, *A renúncia abdicativa no direito civil (Algumas notas tendentes à definição do seu regime)*, Coimbra, Coimbra Editora, 1995.

COELHO, Francisco Manuel Pereira,

— *O problema da causa virtual na responsabilidade civil*, reimpr., Coimbra, Almedina, 1998.

— "Anotação", in *RLJ*, 118º ano, nº 3740, 1985-1986, págs. 334-335, e 119º ano, nº 3742, 1986-1987, págs. 8-16.

— / OLIVEIRA, Guilherme, *Curso de Direito da Família*, vol. II (Direito da Filiação), tomo I (Estabelecimento da Filiação. Adopção), Coimbra, Coimbra Editora, 2006.

COELHO, Trindade, *Incidentes em processo civil*, Paris-Lisboa, Aillaud, 1903.

COGLIOLO, Pietro, *Scritti varii di diritto privatto*, vol. I, Torino, Unione Tipografico-Editrice Torinese, 1917.

COLESANTI, Vittorio,

— "Variazioni sul tema dell'efficacia dei provvedimenti in camera di consiglio", in *RDP*, 1963, págs. 121-133.

— "Sentenza civile (Revocazione della)", in *NssDI*, vol. XVI, 1969, págs. 1161-.

COMOGLIO, Luigi Paolo,

— *Il principio di economia processuale*, tomos I e II, Padova, Cedam, 1980.

— "Difesa e contraddittorio nei procedimenti in camera di consiglio", *RDP*, 1997, págs. 719-766.

— "Istanze istruttorie e poteri del giudice *ex* art. 184 C.P.C.", *RDP*, 1999, págs. 989-1012.

Comunicação da Comissão relativa ao princípio da precaução, de 2.2.2000, in http://europa.eu.int/eur-lex/pt/com/cnc/2000/com2000_0001pt01.pdf

CONCHEIRO DEL RÍO, Jaime, *La revisión de los actos nulos por inconstitucionalidad de las leyes*, Madrid, Dijusa, 2002.

CONDESSO, Fernando dos Reis, *Direito do Ambiente*, Coimbra, Almedina, 2001.

CONSOLO, Claudio, "Oggetto del giudicato e principio dispositivo", in *RTDPC*, 1991, págs. 215-290.

CORDEIRO, António Menezes,

— "Alimentos", in *Pólis – Enciclopédia Verbo da Sociedade e do Estado*, 1º volume, Lisboa, Verbo, 1983, págs 263-267.

— *Da boa fé no direito civil*, 2 vols., Coimbra, Almedina, 1984.
— "Lei (aplicação temporal da)", in *Pólis – Enciclopédia Verbo da Sociedade e do Estado*, 3º vol., Lisboa, Verbo, 1985, págs 1062-1065.
— *Da alteração das circunstâncias (A concretização do artigo 437º do Código Civil, à luz da jurisprudência posterior a 1974)*, Separata dos Estudos em Memória do Prof. Doutor Paulo Cunha, Lisboa, A.A.F.D.L., 1987.
— "Da aplicação da lei no tempo e das disposições transitórias", in *Legislação*, nº 7, 1993, págs. 7 – 29.
— *Direito das obrigações*, vols. 1º e 2º, reimpressão, Lisboa, Associação Académica da Faculdade de Direito de Lisboa, 1994.
— "Da adaptação às circunstâncias das prestações complementares da segurança social", in *Jornadas de homenagem ao Professor Doutor Cavaleiro de Ferreira*, sep. da *RFDUL*, Lisboa, 1995, págs. 305-321.
— *Convenções colectivas de trabalho e alterações de circunstâncias*, Lisboa, Lex, 1995.
— "A boa fé nos finais do Século XX", in *ROA*, ano 56, 1996, págs. 887-912.
— *Tratado de direito civil português*, I (Parte Geral), tomo I, Coimbra, Almedina, 1999.
— "A modernização do Direito das Obrigações (II – O Direito da perturbação das prestações)", in *ROA*, ano 62, 2002, págs. 319-345).
— "Da caducidade no Direito português", in *O Direito*, ano 136º, 2004, págs. 819-841.
— "Do abuso do direito: estado das questões e perspectivas", in *ROA*, ano 65, 2005, págs. 327-385.
— *Litigância de má fé, abuso do direito de acção e culpa* in agendo, Coimbra, Almedina, 2006.
— *Tratado de direito civil português*, I (Parte Geral), tomo IV, Coimbra, Almedina, 2007.
— "A proposta na contratação pública e a alteração das circunstâncias", in *O Direito*, ano 142º, 2010, págs. 275-315.
CORNU, Gérard / FOYER, Jean, *Procédure civile*, 3ª ed., Paris, Puf, 1996.
CORREIA, A. Ferrer, e XAVIER, V. G. Lobo, "Contrato de empreitada e cláusula de revisão: interpretação e erro: alteração das circunstâncias e aplicação do art. 437º do Código Civil", in *RDE*, ano IV, 1978, págs 83-128.
CORREIA, Eduardo Henriques da Silva, *Caso julgado e poderes de cognição do juiz (A teoria do concurso em Direito Criminal)*, Coimbra, Livraria Atlântida, 1948.
CORREIA, José Manuel Sérvulo,
— *Legalidade e autonomia contratual nos contratos administrativos*, Coimbra, Almedina, 1987.
— *Direito do contencioso administrativo*, I, Lisboa, Lex, 2005.
— "Conceitos jurídicos indeterminados e âmbito do controlo jurisdicional" (anotação ao Acórdão do Supremo Tribunal Administrativo (1ª Secção) de 17.1.2007, P. 1068/06), in *CJA*, nº 70, 2008, págs. 32-57.
CORTÉS DOMÍNGUEZ, Valentín / GIMENO SENDRA, Vicente / MORENO CATENA, Víctor, *Derecho procesal civil. Parte general*, 4ª ed., Madrid, Colex, 2001.
COSTA, Américo de Campos, *Notas à Organização Tutelar de Menores*, Coimbra, Atlântida Editora, S.A.R.L., 1967.
COSTA, Joaquim Pedro Formigal Cardoso da, *O princípio da reserva do juiz face à Administração Pública na jurisprudência constitucional portuguesa*, Faculdade de Direito de Coimbra, 1994.
COSTA, Mário Júlio de Almeida, *Direito das obrigações*, 9ª ed., Coimbra, Almedina, 2005.
COSTA, Sergio,
— "Le sentenze civili con la clausola "rebus sic stantibus"", in *Studi senesi*, vol. XLIV, 1930, págs. 167-202 e 277-334.

— "La clausola "rebus sic stantibus" e i decreti di volontaria giurisdizione", in *RDPC*, 1931, págs. 87-99.

— *Manuale di diritto processuale civile*, 3ª ed., Torino, Unione Tipografico-Editrice Torinese, 1966.

Costantino, G., (anotação à sentença da Corte di Cassazione de 5 de Agosto de 1977), in *Foro it.*, 1979, I, págs. 486-488.

Couchez, Gérard, *Procédure civile*, 12ª ed., Paris, Armand Colin, 2002.

Coutinho, Luís Pedro Pereira, "Notas sobre a alteração de licença urbanística", in *Revista de Direito do Ambiente e Ordenamento do Território*, nº s 14/15, págs. 9-31.

Crisafulli, Vezio / Paladin, Lívio, *Commentario breve alla Costituzione*, Padova, Cedam, 1990.

Cristofolini, Giovanni

— "Efficacia dei provvedimenti di giurisdizione volontaria emessi dal giudice incompetente", in *Studi di diritto processuale in onore di Giuseppe Chiovenda nel venticinquesimo anno del suo insegnamento*, Padova, Cedam, 1927, págs. 377-424.

— "Efficacia della sentenza nel tempo", in *RDPC*, 1935, págs. 293-324.

Croze, Hervé / Morel, Christian / Fradin, Olivier, *Procédure civile (Manuel pédagogique et pratique)*, 3ª ed., Paris, Litec, 2005.

Cruz, João Claudino de Oliveira e, *Dos alimentos no direito de família (Legislação, doutrina, jurisprudência, processo)*, Rio de Janeiro, Revista Forense, 1956.

Cunha, Paulo,

— *Simulação processual e anulação do caso julgado*, Lisboa, 1935.

— "Defeitos da sentença e seus remédios", in *O Direito*, ano 73º, nº 4, 1941, págs. 98-111.

— *Processo comum de declaração* (Apontamentos de Artur Costa e Jaime de Lemos), tomos I e II, 2ª ed., Braga, 1944.

Daniele, Luigi, "Costituzione italiana ed efficacia nel tempo delle sentenze della Corte di giustizia comunitaria", in *Foro it.*, 1990, I, págs. 1855-1860.

Danovi, Filippo,

— "Principio della domanda e ultrapetizione nei giudizi di separazione", in *RDP*, 1998, págs. 729-760.

— "Separazione e addebito tra inscindibilità e autonomia", in *RDP*, 1999, págs. 796-829.

Dantas, Ivo, *Constituição & Processo*, vol. I (Introdução ao Direito Processual Constitucional), Curitiba, Juruá Editora, 2003.

Davis, Michael, "Le principe de non--rétroactivité des lois (États-Unis)", in *Annuaire International de Justice Constitutionnelle*, VI, 1990, págs. 349-355.

De Béchillon, Denys, "Sur l'identification de la chose jugée dans la jurisprudence du Conseil d'État", in *Revue du droit public (et de la science politique en France et à l'étranger)*, Novembre--Décembre 1994, págs. 1793-1824.

De Boor, Hans Otto, *Rechtsstreit (Einschliesslich Zwangsvollstreckung. Ein Grundriss)*, Berlin, Junker und Dünnhaupt, 1940.

De Cupis, Adriano, *Il danno (Teoria generale della responsabilità civile)*, 2 vols., 3ª ed., Milano, Giuffrè, 1979.

Deisenhofer, August, "Restitutionsklage bei Zwiespalt von Unterhaltsurteil und Abstammungsfeststellung", in *FamRZ*, 1955, págs. 33-38.

Deisenhofer, Ulrich / Göhlich, Herbert, "Rückwirkende Abänderung gerichtlicher Unterhaltsvergleiche", in *FamRZ*, 1984, págs. 229-230.

De la Oliva Santos, Andrés, *Sobre la cosa juzgada (civil, contencioso-administrativa y penal, con examen de la jurisprudencia del Tribunal Constitucional)*, Madrid, Centro de Estudios Ramón Areces, 1991.

DELIKOSTOPULOS, Stefan, *Die Klage auf Feststellung vergangener und zukünftiger Rechtsverhältnisse,* Diss. München, 1959.

DE MARINI, Carlo Maria, "Considerazioni sulla natura della giurisdizione volontaria", in *RDP,* 1954, págs. 255-300.

DE MARTINI, Angelo, "Obbligazione di durata", in *NssDI,* vol. XI, 1976, págs. 655-659.

DE MIGUEL ASENSIO, Pedro A., *Eficacia de las resoluciones extranjeras de jurisdicción voluntaria,* Madrid, Eurolex, 1997.

DENTI, Vittorio,

— "Note sui provvedimenti non impugnabili nel processo civile", in *RDP,* 1954, I, págs. 10-36.

— "I giudicati sulla fattispecie", in *RTDPC,* 1957, págs. 1326-1350.

— "La giurisdizione volontaria rivisitata", in *RTDPC,* 1987, págs. 325-339.

— "I procedimenti camerali come giudizi sommari di cognizione: problemi di costituzionalità ed effettività della tutela", in *RTDPC,* 1990, págs. 1097-1110.

DE STEFANO, Giuseppe,

— "L' oggetto del processo in un libro recente di Walther J. Habscheid", in *RTDPC,* 1957, págs. 327-338.

— "Per una teoria dell'oggetto del processo", in *Scritti giuridici in memoria di Piero Calamandrei,* vol. III, Padova, Cedam, págs. 225-244.

DE VEGA Y RUIZ, José Augusto, "Embargo preventivo por deudas no vencidas y subsiguiente petición de condena de futuro", in *Revista de Derecho Judicial,* 1962, págs. 171-184.

DIAS, Cristina M. Araújo, "Das compensações pelo pagamento de dívidas do casal (o caso especial da sua actualização)", in *Comemorações dos 35 anos do Código Civil e dos 25 anos da Reforma de 1977,* vol. I (Direito da Família e das Sucessões), Coimbra, Coimbra Editora, 2004, págs. 319-339.

DIAS, João Álvaro, "Danos corporais: agravamento e caso julgado", in *Revista Portuguesa de Dano Corporal,* 1996, págs. 25-45.

DIAS, Maria Berenice, *Princípio da proporcionalidade para além da coisa julgada,* in http://jus2.uol.com.br/doutrina/texto.asp?id=9194

DI BLASI, Ferdinando Umberto,

— "Incertezze in tema di giurisdizione volontaria", in *Giur. it,* 1952, I, 2, págs. 827-831.

— "Giurisdizione Volontaria", in *NssDI,* vol. VII, 1961, págs. 1094-1101.

DIEDERICHSEN, Uwe, "Änderungen des Verfahrensrechts nach dem Unterhaltsrechtsänderungsgesetz", in *NJW,* 1986, págs. 1462-1472.

DIENER, Gerhard, "Anmerkung", in *FamRZ,* 1991, págs. 211-212.

DIESEL, Wolfgang, *Beiträge zur Abänderungsklage des § 323 ZPO,* Diss. Göttingen, 1929.

DIETRICH, Peter,

— *Rechtskraft und neue Tatsachen insbesondere beim Versäumnisurteil gegen den Kläger,* Diss. Freiburg im Breisgau, 1969.

— "Zur materiellen Rechtskraft eines klagabweisenden Urteils", in *ZZP,* 83 (1970), págs. 201-214.

DINAMARCO, Cândido Rangel, *A instrumentalidade do processo,* 13ª ed., São Paulo, Malheiros Editores, 2008.

DINIS, Joaquim José de Sousa, "Avaliação e reparação do dano corporal em situações de agravamento", in *Revista Portuguesa do Dano Corporal,* 1996, págs. 9-24.

DODERER, Hans-Joachim, "Auswirkungen materieller Rechtskraft auf Einwendungen und Einreden", in *NJW,* 1991, págs. 878-881.

DÖLLE, Hans, "Über einige Kernprobleme des internationalen Rechts der freiwilligen Gerichtsbarkeit", in *RabelsZ*, 1962, págs. 201-244.

Domingos, Maria Adelaide, "A prova pericial no âmbito dos acidentes de trabalho", in *Revista do CEJ*, 2º semestre 2005 (nº 3), págs. 269-289.

Donau, Helmut,
— "Erhöhung von Unterhaltsrenten und Feststellungswiderklage", in *MDR*, 1956, págs. 655-656.
— "Zur Diskussion über den Streitgegenstand im Zivilprozess", in *JR*, 1960, págs. 204-208.

D'onofrio, Paolo,
— "Sul concetto di "preclusione"", in *Studi di diritto processuale in onore di Giuseppe Chiovenda nel venticinquesimo anno del suo insegnamento*, Padova, Cedam, 1927, págs. 425-437.
— "Legge interpretativa e preclusione", in *RDPC*, 1933, págs. 233-239.
— "Camera di consiglio (Diritto processuale civile)", in *NssDI*, vol. II, 1958, págs. 771-775.

Dorndorf, Eberhard, *Rechtsbeständigkeit von Entscheidungen und Wiederaufnahme des Verfahrens in der Freiwilligen Gerichtsbarkeit*, Bielefeld, Gieseking, 1969.

Dörr, Claus, "Zur Abänderung von Versorgungsausgleichentscheidungen nach § 10a VAhrG", in *NJW*, 1988, págs. 97-104.

Dourado, Ana Paula, *O princípio da legalidade fiscal (Tipicidade, conceitos jurídicos indeterminados e margem de livre apreciação)*, Coimbra, Almedina, 2007.

Drago, Pietro, "Ancora in materia di volontaria giurisdizione e di tutela dei diritti acquistati dai terzi", in *Giur. it.*, 1952, I, 1, págs. 813-818.

Dutto, Ricardo J., *Juicio por incumplimiento alimentario y sus incidentes*, Buenos Aires, Editorial Juris, 2003.

Dütz, Wilhelm, "Rechtskraftgrenzen im arbeitsgerichtlichen Beschlussverfahren", in *Arbeitsrecht in der Bewährung (Festschrift für Karl Kehrmann zum 65. Geburtstag)*, Köln, Bund-Verlag, 1997, págs. 349-356.

Eckert, Jörn, "Das Verhältnis zwischen Abänderungsklage und unselbständiger Anschlussberufung im Erstprozess", in *MDR*, 1986, págs. 542-544.

Eckardt, Diederich, "Die "Teilklage" - Nachforderungsmöglichkeit und Rechtskraftbindung bei Klagen auf einmalige und wiederkehrende Leistungen", in *Jura*, 1996, págs. 624-633.

Elzer, Oliver, "Rechtskraft von Teilklagen - BGH, NJW 1997, 1990; 3019", in *JuS*, 2001, págs. 224-228.

Endemann, Wilhelm, *Der deutsche Civilprozess*, vol. 2, Berlin, Weidmannsche Buchhandlung, 1879.

Engisch, Karl, *Introdução ao pensamento jurídico*, (trad. de J. Baptista Machado da 8ª ed. do original alemão), 6ª ed., Lisboa, Fundação Calouste Gulbenkian, 1988.

Entwurf eines bürgerlichen Gesetzbuches für das Deutsche Reich, Amtliche Ausgabe, Berlin-Leipzig, I. Guttentag, 1888.

Ernst, Wolfgang, "Gestaltungsrechte im Vollstreckungsverfahren", in *NJW*, 1986, págs. 401-405.

Erting, Wilhelm,
— *Probleme der Abänderungsklage (§ 323 ZPO)*, Diss. Bonn, 1965.
— "Abänderungsklage (§ 323 ZPO) oder Vollstreckungsgegenklage (§ 767 ZPO) zur Geltendmachung eigener Einkünfte des Kindes durch den ausserehelichen Vater gemäss § 1708 I S. 3 BGB?", in *FamRZ*, 1965, págs. 67-69.

Esteves, Maria da Assunção, "Direitos dos consumidores (Providências cautelares da administração; função administrativa ou função jurisdicional?)", in *CJ/STJ*, ano VIII, tomo III – 2000, págs. 5-15.

FABBRINI, Giovanni, "Eccezione", in *Enciclopedia giuridica*, vol. XII, Roma, Istituto della Enciclopedia Italiana Fondata da Giovanni Treccani, 1989.

FABIANI, Ernesto, "Interesse ad agire, mero accertamento e limiti oggettivi del giudicato", in *RDP*, 1998, págs. 545-577.

FABRÍCIO, Adroaldo Furtado, *A coisa julgada nas ações de alimentos*, in http://www.abdpc.org.br

FAIREN GUILLEN, Victor, "Sobre el paso de la Jurisdicción Voluntaria a la Contenciosa (El artículo 1817 de la Ley de Enjuiciamiento Civil y la problemática actual)", in *ADC*, 1991, tomo XLIV, fasciculo III, págs. 941-959.

FALZEA, Angelo,

— "Accertamento", in *Enc. Dir.*, vol. I, 1958, págs. 205-219.

— *Ricerche di teoria generale del diritto e di dogmatica giuridica*, Milano, Giuffrè, 1999.

FALZONE, Guido, "Sull'obbligo dell'autorità amministrativa di conformarsi alle sentenze di accoglimento della Corte costituzionale", in *Rivista trimestrale di diritto pubblico*, 1969, págs. 425-498.

FARIA, Jorge Leite Areias Ribeiro de, *Direito das obrigações*, vols. I e II, Coimbra, Almedina, 1990.

FASCHING, Hans W., *Lehrbuch des österreischischen Zivilprozessrechts (Lehr— u n d Handbuch für Studium und Praxis)*, 2ª ed., Wien, Manz, 1990.

FAZZALARI, Elio,

— "Cosa giudicata e convalida di sfratto", in *RTDPC*, 1956, págs. 1304-1330.

— "Giurisdizione volontaria (diritto processuale civile)", in *Enc. Dir.*, vol. XIX, 1970, pág. 330.

— "Il cammino della sentenza e della "cosa giudicata"", in *RDP*, 1988, págs. 589-597.

— "Procedimento camerale e tutela dei diritti", in *RDP*, 1988, págs. 909-920.

— "Revocazione (diritto processuale civile)", in *Enc. Dir.*, vol. XL, 1989, págs. 293-301.

— "Sentenza civile", in *Enc. Dir.*, vol. XLI, 1989, págs. 1245-1272.

— "Efficacia della legge processuale nel tempo", in *RTDPC*, 1989, págs. 889-897.

— *Istituzioni di diritto processuale*, 8ª ed., Padova, Cedam, 1996.

FEDELE, Andrea, "Rapporti pendenti e rapporti esauriti nell'applicazione retroattiva dell' imposta sugli incrementi di valore delle aree fabbricabili", in *Giur. ital.*, 1967, I, 2, págs. 587-598.

FENN, Herbert, "Bruno Rimmelspacher: Zur Prüfung von Amts wegen im Zivilprozess", in *AcP*, 167 (1967), págs. 461-468.

FERNANDES, Luís A. Carvalho, *A teoria da imprevisão no direito civil português*, reimpr. com nota de actualização, Lisboa, Quid Juris, 2001.

FERNANDES, Marcela de Jesus Boldori, *A autoridade da coisa julgada nas ações de investigação de paternidade*, in http://www1.jus.com.br/doutrina/texto.asp?id=4061

FERNÁNDEZ ROZAS, Jose Carlos / SÁNCHEZ LORENZO, Sixto, *Curso de Derecho Internacional Privado*, 3ª ed., Madrid, Civitas, 1996.

FERNANDEZ SANCHEZ, Pablo Antonio, "L'autorité de la chose jugée dans les arrêts de la Cour Européenne des Droits de l'Homme", in *Congresso internazionale straordinario di diritto processuale in occasione del nono centenario dell'Università di Bologna (La tutela giurisdizionale dei diritti dell'uomo a livello nazionale ed internazionale*, Bologna, 22-24 settembre 1988), II, 1988, págs. 57-70.

FERREIRA, Durval, *Erro negocial (Objecto, motivos, base negocial e alteração das circunstâncias)*, Coimbra, Almedina, 1995.

FERREIRA, Fernando Amâncio,

— *Manual dos recursos em processo civil*, 6ª ed., Almedina, Coimbra, 2005.

— *Manual dos recursos em processo civil*, 9ª ed., Almedina, Coimbra, 2009.

FERREIRA, José Dias,

— *Codigo de Processo Civil annotado*, 3 vols., Lisboa, Typographia Lisbonense, 1887-1890.

— *Novissima Reforma Judiciaria annotada*, Coimbra, Imprensa da Universidade, 1892.

FERREIRA, J. O. Cardona, *Guia de recursos em processo civil*, 4ª ed., Coimbra, Coimbra Editora, 2007.

FERREIRA, Manuel Cavaleiro de, "Circunstâncias", in *Enciclopédia luso-brasileira de cultura*, 5º vol., Lisboa, Editorial Verbo.

FERRI, Corrado,

— "Sentenze a contenuto processuale e cosa giudicata", in *RDP*, 1966, págs. 419-441.

— *Profili dell'accertamento costitutivo*, Padova, Cedam, 1970.

— "Costitutiva (azione)", in *Enciclopedia giuridica*, vol. X, Roma, Instituto della Enciclopedia Italiana Fondata da Giovanni Treccani, 1988.

FIALHO, Manuela Bento, "Processo de acidentes de trabalho – Os incidentes - Ideias para debate", in *Prontuário de Direito do Trabalho*, nº 69, Setembro – Dezembro de 2004, págs. 79-104.

FINGER, Peter,

— "Vollstreckbare Urkunden und Abänderungsklage nach § 323 ZPO", in *MDR*, 1971, págs. 350-355.

— "Unterhaltsrecht – Abänderungsklage bei veränderter höchstrichterlicher Rechtsprechung?", in *MDR*, 2002, págs. 135-138.

FINKLER, "Unterhaltsurteil und Statusklage", in *NJW*, 1956, págs. 1665-1666.

FINOCCHIARO, Alfio, "Giudicato negativo sulla dichiarazione giudiziale di paternità e pretesa ammissibilità della stessa domanda a seguito della riforma del diritto di famiglia", in *Giust. civ.*, 1979, I, págs. 1984-1987.

FLIEGER, Hans, "Das Verhältnis des § 620 b ZPO zu den §§ 323, 767 ZPO", in *MDR*, 1980, págs. 803-805.

FLORINO, L., (anotação), in *Foro it.*, 1978, I, págs. 1444-1445.

FOERSTE, Ulrich,

— "Zur Rechtskraft in Ausgleichszusammenhängen", in *ZZP*, 1995, págs. 167-191.

— "Wiederaufnahme des Zivilprozesses bei naturwissenschaftlichem Erkenntnisfortschritt", in *NJW*, 1996, págs. 345-352.

FOIS, Sergio, "Il problema degli effetti temporali alla luce delle fonti sul processo costituzionale", in *Quad. Cost.*, 1989, págs. 27-35.

FONSECA, Tiago Soares da, "Da tutela civil dos direitos de personalidade (Um olhar sobre a jurisprudência)", in *ROA*, ano 66, 2006, págs. 231-293.

FÖRSTER, "Ist seit dem Inkrafttreten der Civilprozessordnung die Klage auf Erfüllung vor Eintritt der Fälligkeit des Anspruchs unbedingt zulässig?", in *ZZP*, 1885, págs. 128-152.

FRADA, Manuel António de Castro Portugal Carneiro da,

— *Teoria da confiança e responsabilidade civil*, Coimbra, Almedina, 2004.

— "Crise financeira mundial e alteração das circunstâncias: contratos de depósito vs. contratos de gestão de carteiras", in *ROA*, ano 69, 2009, págs. 633-695.

FRANCHI, Giuseppe,

— "Sull' impugnabilità dei provvedimenti di volontaria giurisdizione", in *RTDPC*, 1952, págs. 795-812.

— "Sulla revoca dei provvedimenti di giurisdizione volontaria e sull'opponibilità dei motivi di revoca al terzo acquirente", in *RDC*, 1960, II, págs. 204-229.

FRANZKI, Harald, "Der Sachverständige – Diener oder Herr des Richters?", in DriZ, 1991, págs. 314-320.

FREEDMAN, Warren, *Res judicata and collateral estoppel: tools for plaintiffs and defendants*, New York – Westport, Connecticut – London, Quorum Books, 1988.

FREITAS, José Lebre de,

— *Comissões de avaliação – questões prévias de natureza litigiosa* (Parecer), in *CJ*, ano XV, tomo II – 1990, págs. 36-44.

— "Acção executiva e caso julgado", in *ROA*, ano 53, 1993, págs. 225-250.

— "Repetição de providência e caso julgado em caso de desistência do pedido de providência cautelar", in *ROA*, ano 57, tomo I, 1997, págs. 461-483.

— "Concentração da defesa e constituição de caso julgado em embargos de executado", in *Estudos em homenagem a Cunha Rodrigues*, vol. II, Coimbra, Coimbra Editora, 2001, págs. 173-191.

— / MENDES, Armindo Ribeiro, *Código de Processo Civil (Anotado)*, vol. 3º, Coimbra, Coimbra Editora, 2003.

— / MACHADO, A. Montalvão / PINTO, Rui, *Código de Processo Civil (Anotado)*, vol. 2º, 2ª ed., Coimbra, Coimbra Editora, 2008.

— / REDINHA, João / PINTO, Rui, *Código de Processo Civil anotado*, vol. 1º, 2ª ed., Coimbra, Coimbra Editora, 2008.

— / MENDES, Armindo Ribeiro, *Código de Processo Civil anotado*, vol. 3º, tomo I, 2ª ed., Coimbra, Coimbra Editora, 2008.

— *A acção executiva (Depois da reforma da reforma)*, 5ª ed., Coimbra, Coimbra Editora, 2009.

— "Recurso de revisão da decisão dos árbitros em processo de expropriação. Falsidade da declaração de peritos ou de acto judicial. Documento novo (Anotação ao Ac. do STJ de 11.10.07), in *Themis*, 2009, págs. 345-366.

— *Introdução ao processo civil (Conceito e princípios gerais)*, 2ª ed., reimpr., Coimbra, Coimbra Editora, 2009.

— "Recurso extraordinário: recurso ou acção?", in *As recentes reformas na acção executiva e nos recursos (1º Curso Pós-Graduado em Direito Processual Civil)*, Coimbra, Wolters Kluwer/Coimbra Editora, 2010, págs. 19-25.

FREUDENSTEIN, Carl Gustav, *Die Rechtskraft nach der Reichscivilprozessordnung und ihre Wirkungen auf die subjectiven Rechte*, 2ª ed., Hannover, Helwing,1884 (reimpr. 1970).

FRIGNANI, Aldo,

— "Inibitoria (azione)", in *Enc. Dir.*, vol. XXI, 1971, págs. 559-581.

— "Azione in cessazione", in *NssDI*, Appendice (A-COD), 1980, págs. 639-674.

FROMONT, Michel, "Le principe de non rétroactivité des lois (Allemagne)", in *Annuaire International de Justice Constitutionnelle*, VI, 1990, págs. 321-325.

FROSINI, Vittorio,

— *La struttura del diritto*, 2ª ed., Milano, Giuffrè, 1968.

— "Situazione giuridica", in *NssDI*, vol. XVII, 1976, págs. 468-471.

FRÜHAUF, Armin, "Zinsprognose und zivilrichterliche Verantwortung", in *NJW*, 1999, págs. 1217-1223.

FÜRST, R., in *JW*, 1916, pág. 135.

FURTADO, Jorge Henrique da Cruz Pinto, *Manual do arrendamento urbano*, 3ª ed., Coimbra, Almedina, 2001.

FURTNER, Georg, *Das Urteil im Zivilprozess*, 3ª ed., München, C.H. Beck, 1974.

GABBA, C. F., *Teoria della retroattività delle leggi*, vols. II e IV, 3ª ed., Torino, Unione Tipografico-Editrice, 1897-1898.

GÄBELEIN, Wolfgang, "Zur Abänderbarkeit von Entstcheidungen", in *JZ*, 1955, págs. 260-263.

GABIUS, Rolf, "Rückwirkende Abänderbarkeit im Unterhaltsrecht", in *NJW*, 1976, págs. 313-317.

GAEDEKE, "Ist Abänderungsklage bei Unterhaltsurteilen und -vergleichen geschiedener Ehegatten mit Rücksicht auf § 66 des Ehegesetzes zulässig?", in *JW*, 1939, págs. 531-532.

GALANTE, Vincenzo, *Diritto processuale civile (Parte generale)*, 2ª ed., Napoli, Lorenzo Alvano, 1909.

GARBAGNATI, Edoardo, "Preclusione "pro iudicato" e titolo ingiuntivo", in *RDP*, 1949, págs. 302-317.

GARCÍA LUENGO, Javier, *El principio de proteccion de la confianza en el derecho administrativo*, 1ª ed., Madrid, Civitas, 2002.

GAUL, Hans Friedhelm,

— *Die Grundlagen des Wiederaufnahmerechts und die Ausdehnung der Wiederaufnahmegründe (Zugleich ein Beitrag zum Problem der Analogie beim enumerativen Ausnahmerechtssatz)*, Bielefeld, Gieseking, 1956.

— "§ 826 BGB und die Rechtskraft des Scheidungsurteils und Schuldausspruchs", in *FamRZ*, 1957, págs. 237-241.

— "Anmerkung", in *FamRZ*, 1961, págs. 174-176.

— "Materielle Rechtskraft, Vollstreckungsabwehr und zivilrechtliche Ausgleichsansprüche", in *JuS*, 1962, págs. 1-12.

— "Anmerkung", in *FamRZ*, 1963, págs. 179-180.

— "Das künftige Verfahren zur Feststellung der unehelichen Vaterschaft und seine Wiederaufnahme (mit Bemerkungen zu materiellrechtlichen Vorfragen und zum geltenden Verfahrensrecht, insbesondere zu § 644 ZPO n. F.)", in *FamRZ*, 1963, págs. 208-221.

— "Anmerkung", in *JZ*, 1964, págs. 515-518.

— "Zur Frage nach dem Zweck des Zivilprozesses", in *AcP*, 168 (1968), págs. 27-62.

— "Anmerkung", in *ZZP*, 81 (1968), págs. 281-286.

— "Zum Anwendungsbereich des § 641 i ZPO", in *Festschrift für Friedrich Wilhelm Bosch zum 65. Geburtstag*, Bielefeld, Gieseking, 1976, págs. 241-275.

— "Die Entwicklung der Rechtskraftlehre seit Savigny und der heutige Stand", in *Festschrift für Werner Flume zum 70. Geburtstag*, vol. I, Köln, Otto Schmidt, 1978, págs. 443-525.

— "Die Erstreckung und Durchbrechung der Urteilswirkungen nach §§ 19, 21 AGBG", in *Festschrift für Günther Beitzke zum 70. Geburtstag am 26. April 1979*, Berlin – New York, Walter de Gruyter, 1979, págs. 997-1050.

— *Möglichkeiten und Grenzen der Rechtskraftdurchbrechung – unter Berücksichtigung neuerer Tendenzen im deutschen Zivilprozessrecht –*, Athen-Kamotini, Ant. N. Sakkoulas, 1986.

— "Der Einfluss rückwirkender Gestaltungsurteile auf vorausgegangene Leistungsurteile", in *Festschrift für Hideo Nakamura zum 70. Geburtstag am 2 März 1996*, Tokyo, Seibundo, 1996, págs. 137-168.

GEGENWART, Helmut, *Das Verhältnis der Abänderungsklage zur Vollstreckungsgegenklage* (Inauguraldissertation), Frankfurt, 1962.

GEISSLER, Markus, "Die Rechtskraft des Vollstreckungsbescheides auf dem Prüfstand des sittenwidrigen Ratenkreditgeschäfts", in *NJW*, 1987, págs. 166-172.

GEORGIADES, Apostolos, *Die Anspruchskonkurrenz im Zivilrecht und Zivilprozessrecht*, München, C.H. Beck, 1968.

GERALDES, António Santos Abrantes,

— "Exequibilidade da sentença condenatória quanto aos juros de mora", in *CJ/STJ*, ano IX, tomo I, 2001, págs. 55-62.

— *Temas da reforma do processo civil*, III vol. (5. Procedimento cautelar comum) e IV vol. (6. Procedimentos cautelares especificados), 3ª ed., Coimbra, Almedina, 2004 e 2006.

GHIRGA, Maria Francesca, "Sulla proponibilità dell' *actio nullitatis* contro il provvedimento camerale", in *RDP*, 1988, págs. 1160-1174.

GIERKE, Otto von, "Dauernde Schuldverhältnisse", in *JhJ*, 28 (1914), págs. 355-411.

GIESSLER, H., "Anmerkung", in *FamRZ*, 1987, pág. 1276.

GILLES, Peter,

— "Zur Systematik des Wiederaufnahmeverfahrens (Iudicium rescindens)", in *ZZP*, 78 (1965), págs. 466-490.

— "Zur Systematik des Wiederaufnahmeverfahrens (Iudicium rescissorium)", in *ZZP*, (1967), págs. 391-421.

— "Vollstreckungsgegenklage, sog. vollstreckbarer Anspruch und Einwendungen gegen die Zwangsvollstreckung im Zwielicht prozessualer und zivilistischer Prozessbetrachtung", in *ZZP*, 83 (1970), págs. 61-114..

— *Rechtsmittel im Zivilprozess (Berufung, Revision und Beschwerde im Vergleich mit der Wiederaufnahme des Verfahrens, dem Einspruch und der Wiedereinsetzung in der vorigen Stand)*, Frankfurt am Main, Athenäum, 1972.

GIULIANO, Mario, "Sulla revocabilità ex art. 742 cod. proc. civ. del provvedimento che attribuisce efficacia in Italia ad un atto di giudice straniero in materia di adozione", in *Rivista di diritto internazionale privato e processuale*, 1966, págs. 481-491.

GOLDSCHMIDT, James,

— *Der Prozess als Rechtslage (Eine Kritik des prozessualen Denkens)*, Aalen, Scientia, 1962 (Berlin, 1925).

— *Derecho procesal civil* (trad. da 2ª ed. alemã por Leonardo Prieto Castro), Barcelona-Madrid-Buenos Aires-Rio de Janeiro, Labor, 1936.

— / GOLDSCHMIDT, Roberto, *Derecho justicial material* (trad. de Catalina Grossmann), Buenos Aires, Ediciones Juridicas Europa-America, 1959.

GOMES, Carla Amado,

— *Textos dispersos de Direito do Ambiente*, Lisboa, Associação Académica da Faculdade de Direito de Lisboa, 2005.

— "Mudam-se os tempos, mudam-se os actos administrativos (Contributo para a construção de um regime de modificação do acto administrativo por alteração superveniente dos pressupostos)", in *Estudos em homenagem ao Professor Doutor Marcello Caetano no centenário do seu nascimento*, vol. I, Faculdade de Direito da Universidade de Lisboa, Lisboa, Coimbra Editora, 2006, págs. 237-266.

— *Risco e modificação do acto autorizativo concretizador de deveres de protecção do ambiente*, Coimbra, Coimbra Editora, 2007.

— "Da aceitação de um regime de modificação do acto administrativo por alteração superveniente dos pressupostos, e do controlo jurisdicional desta competência: pistas de reflexão", in *ROA*, 2007, págs. 1041-1089.

GOMES, Júlio, "Breves reflexões sobre a noção de acidente de trabalho no novo (mas não muito) regime dos acidentes de trabalho", in *I Congresso Nacional de Direito dos Seguros*, Coimbra, Almedina, 2000, págs. 205-218.

GOMES, Manuel Januário da Costa, *Assunção fidejussória de dívida (Sobre o sentido e o âmbito da vinculação como fiador)*, Coimbra, Almedina, 2000.

GOMEZ ORBANEJA, Emilio / HERCE QUEMADA, Vicente, *Derecho procesal civil*, I, 6ª ed., Madrid, Artes Gráficas, 1969.

GONÇALVES, Pedro, "Revogação (de actos administrativos)", in *Dicionário Jurídico da*

Administração Pública, VII, Lisboa, 1996, págs. 303-325.

Gonzalez Garcia, Jesús María, *La proliferación de procesos civiles*, Madrid, McGraw-Hill, 1996.

González Pérez, Jesús, *El derecho a la tutela jurisdiccional*, 3ª ed., Madrid, Civitas, 2001.

González Poveda, Bienvenido, *La jurisdicción voluntaria (Doctrina y formularios)*, 3ª ed., Pamplona, Aranzadi, 1997.

Göppinger / Wax, *Unterhaltsrecht*, 9ª ed., Bielefeld, Gieseking, 2008.

Gottwald, Peter,

— "Anmerkung", in *JR*, 1989, págs. 112-114

— "Abänderungsklage, Unterhaltsanspruch und materielle Rechtskraft", in *Festschrift für Karl Heinz Schwab zum 70. Geburtstag*, München, C. H. Beck, 1990, págs. 151-164.

— "Probleme der Abänderungsklage in Unterhaltssachen", in *FamRZ*, 1992, págs. 1374-1381.

Gouveia, Alfredo José Rodrigues Rocha de, *Da teoria da imprevisão nos contratos civis*, supl. da *RFDUL*, Lisboa, 1958.

Gouveia, Mariana França, *A causa de pedir na acção declarativa*, Coimbra, Almedina, 2004.

Graba, Hans-Ulrich,

— "Die Abänderung von Unterhaltsvergleich und Unterhaltsurteil", in *NJW*, 1988, págs. 2343-2350.

— "Die Vollstreckungsgegenklage bei Unterhaltsvergleich und Unterhaltsurteil", in *NJW*, 1989, págs. 481-487.

– "Zur Abänderung eines DDR-Urteils über Geschiedenenunterhalt", in *DtZ*, 1993, págs. 39-41.

— *Die Abänderung von Unterhaltstiteln*, 2ª ed., München, C.H. Beck, 2000.

— "Die Abänderung von Unterhaltstiteln bei fingierten Verhältnissen", in *FamRZ*, 2002, págs. 6-12.

Graes, Isabel Maria dos Santos, *O recurso de revisão no ordenamento jurídico português*, Lisboa (Faculdade de Direito de Lisboa), 1996.

Grasmeher, Friedrich,

— *Abänderungsklage oder Zusatzklage auf Erhöhung einer im Vorprozess gemäss Klageantrag zugesprochenen Rente?* (Inaugural – Dissertation), Frankfurt am Main, 1959.

— "Die Lehre von der "Zusatzklage" und § 323 ZPO", in *FamRZ*, 1961, págs. 241-245.

— / Habscheid, W. J., "Anmerkungen", in *FamRZ*, 1961, págs. 266-268.

Grosch, Marcus, *Rechtswandel und Rechtskraft bei Unterlassungsurteilen (Zugleich ein Beitrag zum Verhältnis von Zeit und Recht sowie eine Kritik der Dogmatik vom materiellen Unterlassungsanspruch)*, C. F. Müller, Heidelberg, 2002.

Grottanelli de' Santi, Giovanni, *Profili costituzionali della irretroattività delle leggi*, Milano, Giuffrè, 1970.

Groussot, Xavier / Minssen, Timo, "Res judicata in the Court of Justice case-law: balancing legal certainty with legality?", in *European Constitutional Law Review*, vol. 3, 2007, págs. 385-417.

Grün, Beate, "Notwendigkeit und Zulässigkeit der Rechtskraftbeschränkung beim Vollstreckungsbescheid (Ein Beitrag anlässlich der sittenwidrigen Ratenkredite)", in *NJW*, 1991, págs. 2860-2864.

Grunsky, Wolfgang,

— "Rechtskraft von Entscheidungsgründen und Beschwer", in *ZZP*, 76 (1963), págs. 165-183.

— "Anmerkung", in *ZZP*, 77 (1964), págs. 316-317.

— "Prozess und Sachurteil", in *ZZP*, 80 (1967), págs. 55-78.

— "Proto-Pisani, Andrea, Opposizioni di terzo ordinaria" (Buchbesprechung), in *ZZP*, 82 (1969), págs. 329-331.

— "Veränderung des Sachverhalts nach Verurteilung zu künftig fällig werdenden Leistungen", in *Gedächtnisschrift für Emmanuel Michelakis*, Athen, 1973, págs. 377-394.
— *Grundlagen des Verfahrensrechts*, 2ª ed., Bielefeld, Gieseking, 1974.
— "Zur zeitlichen Wirkung eines Urteils auf Unterlassung der Verwendung bestimmter Klauseln in allgemeinen Geschäftsbedingungen", in *Gesetzgebungstheorie, Juristische Logik, Zivil— u n d Prozessrecht / Gedächtnisschrift für Jürgen Rödig*, Berlin – Heidelberg – New York, Springer, 1978, págs. 325-333.
— "Anmerkung", in *ZZP*, 96 (1983), págs. 260-266.
— "Markus Jakoby: *Das Verhältnis der Abänderungsklage gemäss § 323 ZPO zur Vollstreckungsgegenklage gemäss § 767 ZPO*", in *AcP*, 192 (1992), págs. 352-354.
GUASP, Jaime,
— "Los límites temporales de la cosa juzgada", in *ADC*, 1948, tomo I, fasciculo II, págs. 435-472.
— *La pretensión procesal*, 1ª ed., Madrid, Civitas, 1981.
— / ARAGONESES, Pedro, *Derecho procesal civil*, 7ª ed., tomo I, Madrid, Civitas, 2005.
GUICHARD, Raúl, *Da relevância jurídica do conhecimento no direito civil*, Universidade Católica Portuguesa – Editora, Porto, 1996
GUILLIEN, Raymond,
— *L'acte jurisdictionnel et l'autorité de la chose jugée*, Bordeaux, Imprimerie de l'Université, 1931.
— "Retours sur quelques sujets d'acte juridictionnel et de chose jugée", in *Mélanges dédiés à Jean Vincent*, Paris, Dalloz, 1981, págs. 117-136.
GUINCHARD, Serge,
— / BANDRAC, Monique / LAGARDE, Xavier / DOUCHY, Mélina, *Droit processuel (Droit commun du procès)*, 1ª ed., Paris, Dalloz, 2001.
— / FERRAND, Frédérique, *Procédure civile (Droit interne et droit communautaire)*, 28ª ed., Paris, Dalloz, 2006.
GULDENER, Max, *Schweizerisches Zivilprozessrecht*, 3ª ed., Zürich, Schulthess Polygraphischer, 1979.
GUSMÃO, Manoel Aureliano de, *Coisa julgada no cível, no crime e no direito internacional*, 2ª ed., São Paulo, Saraiva, 1922.
HAASE, Richard,
— "Zu § 323 I ZPO", in *JZ*, 1966, págs. 638-640.
— "Besondere Klagearten im Zivilprozess (Die Abänderungsklage)", in *JuS*, 1967, págs. 457-460.
— "Die Anwendung des § 323 Abs. 3 ZPO auf gerichtliche Vergleiche", in *NJW*, 1967, págs. 1741-1742.
HABSCHEID, Walther J.,
— "Die Präklusionswirkung des rechtskräftigen Urteils", in *AcP*, 1952-1953, págs. 169-182.
— "Unterhaltsurteil, Änderung der Gesetzgebung und Wandel der Rechtsprechung", in *FamRZ*, 1954, págs. 34-38.
— "Anmerkung", in *FamRZ*, 1954, págs. 55-56.
— "Anmerkung", in *FamRZ*, 1954, págs. 254-255.
— *Der Streitgegenstand im Zivilprozess und im Streitverfahren der freiwilligen Gerichtsbarkeit*, Bielefeld, Deutscher Heimat, 1956.
— "Dr. Heinz Knecht: Die Abänderungsklagen", in *FamRZ*, 1957, pág. 15.
— "Prof. Dr. Leo Rosenberg, Lehrbuch des Deutschen Zivilprozessrechts", in *FamRZ*, 1957, págs. 59-61.
— "Die Rechtsnatur der Erledigung der Hauptsache (Ein Beitrag zur Lehre vom Streitgegenstand)", in *Festschrift für Friedrich Lent zum 75. Geburtstag*, München – Berlin, C. H. Beck, 1957, págs. 153-177.

— "Zur materiellen Rechtskraft des Urteils gegen den siegreichen Kläger im internationalen Prozessrecht", in *ZZP*, 75 (1962), págs. 164-172.

— "Probleme der Teilklage. Rechtsnatur und Zulässigkeit – Umfang der Rechtskraft", in *FamRZ*, 1962, págs. 352-355.

— "Stein-Jonas, Kommentar zur Zivilprozessordnung", in *FamRZ*, 1964, pág. 479.

— "Rechtskraft und Präklusion im Eheauflösungsverfahren", in *FamRZ*, 1964, pág. 174-184.

— "Urteilswirkungen und Gesetzesänderungen", in *ZZP*, 78 (1965), págs. 401-461.

— "Anmerkung", in *ZZP*, 81 (1968), págs. 479-482.

— "Bestimmen Verhandlungs— und Untersuchungsmaxime den Streitgegenstand? (Eine Auseinandersetzung mit Othmar Jauernigs Schrift "Verhandlungsmaxime, Inquisitionsmaxime und Streitgegenstand")", in *FamRZ*, 1971, págs. 297-299.

— *Droit judiciaire privé suisse*, Genève, Librairie de l'Université, 1975.

— *L'oggetto del processo nel diritto processuale civile tedesco*, in *RDP*, 1980, págs. 454-464.

— "Die materielle Rechtskraft des die negative Feststellungsklage aus Beweislastgründen abweisenden Urteils", in *NJW*, 1988, págs. 2641-2644.

— "Problemi attuali della volontaria giurisdizione nella Repubblica federale tedesca", in *RTDPC*, 1990, págs. 231-236.

— "Die neuere Entwicklung der Lehre vom Streitgegenstand im Zivilprozess", in *Festschrift für Karl Heinz Schwab zum 70. Geburtstag*, München, C. H. Beck, 1990, págs. 181-195.

— "Urteilswirkungen und Gesetzgeber", in *Verfahrensrecht am Ausgang des 20. Jahrhunderts (Festschrift für Gerhard Lüke zum 70. Geburtstag)*, München, C. H. Beck, 1997, págs. 225-236.

Hackspiel, Sabine, "Die Wirkung der Rechtskraft in die Vergangenheit", in *NJW*, 1986, págs. 1148-1150.

Hahne, Meo-Micaela,

— "Probleme der Abänderungsklage in Unterhaltssachen nach der Rechtsprechung des BGH", in *FamRZ*, 1983, págs. 1189-1039.

— "Die Abänderung rechtskräftiger Versorgungsausgleichsentscheidungen gemäss § 10 a Vahrg n. F.", in *FamRZ*, 1987, págs. 217-231.

— "Die Abänderung von Altfällen (– Zu den Übergangsvorschriften des Art. 4 §§ 1 und 2 des Gesetzes über weitere Massnahmen auf dem Gebiet des Versorgungsausgleichs -)", in *FamRZ*, 1987, págs. 429-434.

Hardeland, "Zur Auslegung des § 323 ZPO", in *JW*, 1925, págs. 735-737.

Hassold, Gerhard, "Die Abänderung einstweiliger Anordnungen in Ehesachen", in *FamRZ*, 1981, págs. 1036-1039.

Hau, Wolfgang, "Anmerkung", in *ZZP*, 119 (2006), págs. 113-118.

Hébraud, Pierre / Raynaud, Pierre,

— "Jurisprudence française en matière de procédure civile", in *RTDC*, 1953, págs. 364-394.

— "Jurisprudence française en matière de procédure civile", in *RTDC*, 1954, págs. 688-716.

Heiderhoff, Bettina, "Der entschiedene Lebenssachverhalt und die Rechtskraftssperre bei klageabweisenden Urteilen", in *ZZP*, 118 (2005), págs. 185-204.

Heinitz, Ernesto,

— *I limiti oggettivi della cosa giudicata*, Padova, Cedam, 1937.

— "Considerazioni attuali sui limiti oggettivi del giudicato", in *Giur. it.*, 1955, I, 1, págs. 755-768.

HELLWIG, Konrad,
— *Wesen und subjektive Begrenzung der Rechtskraft (Eine prozessuale Abhandlung mit Beiträgen zum bürgerlichen Recht, insbesondere zur Lehre von der Rechtsnachfolge und der Verfügungsmacht des Nichtberechtigen)*, Aalen, Scientia, 1967 (Leipzig, 1901).
— *System des deutschen Zivilprozessrechts*, I, Aalen, Scientia, 1968 (Leipzig, 1912).
— *Anspruch und Klagrecht (Beiträge zum Bürgerlichen und zum Prozessrecht)*, Aalen, Scientia, 1967 (Leipzig, 1924).

HENCKEL, Wolfram,
— *Parteilehre und Streitgegenstand im Zivilprozess*, Heidelberg, Carl Winter, 1961.
— *Prozessrecht und materielles Recht*, Göttingen, Otto Schwartz & Co., 1970.

HENGSTLER, Richard, *Der Führergedanke im deutschen Gemeinderecht*, Erlangen-Bruck, Buchdruckerei M. Krahl, 1935.

HENRICH, Dieter, "Die Abänderungsklage gegen ausländische Unterhaltsurteile", in *IPRax*, 1982, págs. 140-141.

HEREDIA CERVANTES, Ivan, *Competencia de los tribunales españoles para modificar decisiones extranjeras (Comentario a la STC 61/2000, de 13 de marzo)*, in *Derecho Privado y Constitución*, 14, Año 8, 2000, págs. 185-205.

HILL, Flávia Pereira, "O jurisdicionado e a aparente "crise" do princípio da coisa julgada", in *Revista Brasileira de Direito Constitucional*, nº 6, 2005, págs. 10-22.

HITTERS, Juan Carlos, *Revisión de la cosa juzgada*, 2ª ed. (col. Manuel Hernandez), La Plata, Librería Editora Platense, 2001.

HOMEM, António Pedro Barbas, *Judex perfectus (Função jurisdicional e estatuto judicial em Portugal. 1640-1820)*, Coimbra, Almedina, 2003.

HÖNN, Günther, "Dogmatische Kontrolle oder Verweigerung (Zur Rechtskraftdurchbrechung über § 826 BGB)", in *Verfahrensrecht am Ausgang des 20. Jahrhunderts (Festschrift für Gerhard Lüke zum 70. Geburtstag)*, München, C. H. Beck, 1997, págs. 265-277.

HOPPENZ, Rainer,
— "Zum Verhältnis von Rechtsmittelverfahren und Abänderungsklage", in *FamRZ*, 1986, págs. 226-229.
— "Zum Vorrang der Abänderungsklage vor der Vollstreckungsabwehrklage", in *FamRZ*, 1987, págs. 1097-1101.
— "Die unterhaltsrechtliche Pflicht zu ungefragter Information", in *FamRZ*, 1989, págs. 337-343.

HORNHARDT, Rudolf v., "Versorgungsausgleich und nacheheliches Unterhaltsrecht", in *FamRZ*, 1979, págs. 655-660.

HÖRSTER, Heinrich Ewald, "Nótula referente a alguns aspectos pontuais dos direitos potestativos (motivada pela Lei nº 24/89, de 1 de Agosto), *RDE*, ano XV, 1989, págs. 347-357.

HUMMEL, Fritz, "Hintereinander geschaltete Klagen auf Abänderung des Unterhalts", in *FamRZ*, 1972, págs. 124-126.

IAFISCO, Luca, "Ennesimo intervento della Corte di cassazione in tema di formazione progressiva del giudicato penale: acquisibili *ex* art. 238-*bis* c.p.p. anche le sentenze parzialmente irrevocabili", in *Rivista italiana di diritto e procedura penale*, 2001, págs. 543-556.

IANNIRUBERTO, Giuseppe, "Natura giuridica e parti del processo d'interdizione e d'inabilitazione", in *RDP*, 1988, págs. 1022-1047.

INVREA, Francesco, "La sentenza di condanna", in *RDPC*, 1935, págs. 30-53.

JAEGER, Felix, *Die Umwandlungsklage im deutschen Haftrechte jetzt und nach 1900*, Berlin, Julius Sittenfeld, 1898.

JAEGER, Wolfgang, "Die Übergangsregelung des Unterhaltsrechtsänderungsgesetzes", in *FamRZ*, 1986, págs. 737-754.

JAHN, M., "Unzulänglichkeit der Restitutionsklage nach § 580 Ziff. 7 ZPO", in *JW*, 1909, págs. 187-188.

JAKOBY, Markus, *Das Verhältnis der Abänderungsklage gemäss § 323 ZPO zur Vollstreckungsgegenklage gemäss § 767 ZPO*, Berlin, Duncker & Humblot, 1991.

JAUERNIG, Othmar,

— "Auswirkungen von Treu und Glauben im Prozess und in der Zwangsvollstreckung", in *ZZP*, 66 (1953), págs. 398-417.

— *Das fehlerhafte Zivilurteil*, Frankfurt am Main, Vittorio Klostermann, 1958.

— *Verhandlungsmaxime, Inquisitionsmaxime und Streitgegenstand*, Tübingen, J. C. B. Mohr (Paul Siebeck), 1967.

— "Materielles Recht und Prozessrecht", in *JuS*, 1971, págs. 329-334.

— "Teilurteil und Teilklage", in *50 Jahre Bundesgerichtshof (Festgabe aus der Wissenschaft)*, III, München, C.H. Beck, 2000, págs. 311-336.

— *Zivilprozessrecht*, 29ª ed., München, C.H. Beck, 2007.

JEMOLO, Arturo Carlo, "Cosa giudicata ed ordine pubblico", in *Giur. it.*, 1949, I, 2, págs. 417-418.

JÈZE, Gaston, "De la force de vérité légale attachée par la loi à l'acte juridictionnel", in *Revue du droit pubblic*, 1913, págs. 437-502.

JODLOWSKY, Jerzy,

— "La procedura civile non contenziosa in diritto comparato", in *RTDPC*, 1968, págs. 1564-1601.

— "L'efficacité des décisions dans la procedure gracieuse", in *Atti del 3º congresso internazionale di diritto processuale civile* (Venezia 12-15 Aprile 1962), Milano, Giuffrè, 1969, págs. 326-343.

JOHANNSEN, Kurt,

— "Rechtfertigung und Begrenzung der Wiederaufnahme des Verfahrens nach § 580 ZPO", in *Festschrift für den 45. Deutschen Juristentag*, Karlsruhe, C. F. Müller, 1964, págs. 81-122.

— "Die Rechtsprechung des IV. Zivilsenats des BGH zum Ehescheidungsrecht in der Zeit vom 1.3.1968 bis zum 28.2.1969", in *FamRZ*, 1969, págs. 353-365.

— / HENRICH, Dieter / BRUDERMÜLLER, Gerd, *Eherecht (Scheidung, Trennung, Folgen)*, 3ª ed., München, C.H. Beck, 1998.

JORGE, Fernando de Sandy Lopes Pessoa,

— *Ensaio sobre os pressupostos da responsabilidade civil*, Lisboa, s.e., 1968.

— *Direito processual civil – 5º ano (Recursos)*, Lisboa, Faculdade de Direito de Lisboa, 1973/1974.

JÚNIOR, Fredie Souza Didier, *Cognição, construção de procedimentos e coisa julgada: os regimes de formação da coisa julgada no direito processual civil brasileiro*, in http://www1.jus.com.br/doutrina/texto.asp?id=3202

JUNIOR, Nelson Nery, "Coisa julgada e o Estado democrático de direito", in *Tratado luso-brasileiro da dignidade humana*, São Paulo, Editora Quartier Latin do Brasil, 2008, págs. 1195-1212.

KAHLERT, Henner, "Nochmals: Ende der Zukunftszinsen?", in *NJW*, 1990, págs. 1715-1717.

KAINZ, Martin, *Funktion und dogmatische Einordnung der Vollstreckungsabwehrklage in das System der Zivilprozessordnung*, Berlin, Duncker & Humblot, 1984.

KALLWEIT, Uwe, *Die Prozessförderungspflicht der Parteien und die Präklusion verspäteten Vorbringens im Zivilprozess nach der Vereinfachungsnovelle vom 3.12.1976*, Frankfurt am Main – Bern – New York, Peter Lang, 1983.

KALTHOENER, Elmar / BÜTTNER, Helmut / NIEPMANN, Birgit, *Die Rechtsprechung zur Höhe des Unterhalts*, München, C.H. Beck, 2002.

KAMM, Walter, "Die materielle Rechtskraft in der freiwilligen Gerichtsbarkeit", in *ZZP*, 44 (1914), págs. 84-113.

KAPPEL, Christian, *Die Klageabweisung "zur Zeit"*, Berlin, Duncker & Humblot, 1999.

KARTZKE, Ulrich, "Abänderung von Unterhaltsentscheidungen und neues Internationales Unterhaltsrecht", in *NJW*, 1988, págs. 104-108.

KAUFMANN, Arthur, "La struttura ontologica del diritto", in *Rivista internazionale di filosofia del diritto*, 1962, págs. 549-582.

KEITEL, Burkhardt, *Rechtskräftiges Urteil und neue Tatsachen im Zivilprozess*, Marburg, Görich & Weiershäuser, 1971.

KELSEN, Hans,

— *Teoria geral do Estado* (trad. de Fernando de Miranda), Coimbra, Arménio Amado, 1938.

— *Teoria Pura do Direito* (trad. de João Baptista Machado), 6ª ed., Coimbra, Arménio Amado, 1984.

KIESSNER, "Statusklage und Alimentationsprozess", in *NJW*, 1954, págs. 329-332.

KISCH, Wilhelm,

— *Beiträge zur Urteilslehre*, Aalen, Scientia, 1969 (Leipzig, 1903).

— *Elementos de derecho procesal civil*, (trad. da 4ª ed. alemã de L. Prieto Castro), 1ª ed., Madrid, Revista de Derecho Privado, 1932.

KLADOS, Charalabos, "§ 826 BGB – Ein legitimes Mittel zur Durchbrechung der Rechtskraft?", in *JuS*, 1997, págs. 705-710.

KLAUSER, Karl-August,

— "Abänderung von Unterhaltstiteln", in *MDR*, 1981, págs. 711-718.

— "Beweislast und Beweismass im Unterhaltsprozess", in *MDR*, 1982, págs. 535529.

KNAU, Hugo, *Die Erweiterung der Restitutionsgründe*, Diss. Giessen, 1938.

KNECHT, Heinz, *Die Abänderungsklagen*, Diss. Zürich, 1954.

KÖBLER, Ralf, *Die "clausula rebus sic stantibus" als allgemeiner Rechtsgrundsatz*, Tübingen, J. C. B. Mohr (Paul Siebeck), 1991.

KOHLER, Josef,

— *Der Prozess als Rechtsverhältnis*, Aalen, Scientia, 1969 (Mannheim, 1888).

— "Ueber die Grundlagen des Zivilprozesses", in *AcP*, 97 (1905), págs. 1-16.

— *Lehrbuch des bürgerlichen Rechts*, vol. I, Berlin, Carl Heymann, 1906.

— "Das materielle Recht im Urteil", in *Festschrift für Franz Klein zu seinem 60. Geburtstag*, Wien, 1914, págs 1-13.

— "*Aequitas* gegen *res judicata*", in *AcP*, 1916, págs. 270-280.

KÖHLER, Wolfgang, "Das Verhältnis der Abänderungsklage zur Vollstreckungsgegenklage", in *FamRZ*, 1980, pág. 1088.

KORNBLUM, Udo, "Zum Verhältnis von Gesetzesänderungen und materieller Rechtskraft verwaltungsrechtlicher Entscheidungen", in *JZ*, 1962, págs. 654-658.

KOUSSOULIS, Stelius, *Beiträge zur modernen Rechtskraftlehre*, Köln – Berlin – Bonn – München, Carl Heymann, 1986.

KRALIK, Winfried, "Die Wirksamkeit der Verfügungen der freiwilligen Gerichtsbarkeit in Österreich", in *Atti del 3º congresso internazionale di diritto processuale civile* (Venezia 12-15 Aprile 1962), Milano, Giuffrè, 1969, págs. 306-325.

KRATZ, Sven, *Die Abänderungs— und Nachtragsklage – § 323 ZPO als Rechtskraftproblem*, Diss. Köln, 1970.

KUMMER, Max, *Das Klagerecht und die materielle Rechtskraft im schweizerischen Recht*, Bern, Stämpfli, 1954.

KÜNKEL, J., "Zur Frage der Relation zwischen abzuändernder und neuer Entscheidungen im Unterhaltsrechtsstreit nach § 323 ZPO", in *FamRZ*, 1961, págs. 245-246.

Kurz, Peter, *Die Reformbedürftigkeit der Absätze 3, 4 und 5 des § 323 ZPO insbesondere für das Unterhaltsrecht*, Diss. Bonn, 1992.

Kuschmann, Horst, "Die materielle Rechtskraft bei verdeckten Teilklagen in der Rechtsprechung des Bundesgerichtshofs", in *Festschrift für Schiedermair zum 70. Geburtstag*, München, C. H. Beck, 1976, págs. 351-376.

Kuttner, Georg, *Urteilswirkungen ausserhalb des Zivilprozesses*, Aalen, Scientia, 1971 (München, 1914).

Labareda, João, "Notícia sobre os processos destinados ao exercício de direitos sociais", in *Direito e Justiça*, vol. XIII, tomo 1, 1999, págs. 43-111.

Lacoste, P., *De la chose jugée en matière civile, criminelle, disciplinaire et administrative*, 3ª ed., Paris, Sirey, 1914.

Lambert-Faivre, Yvonne, "L'évolution du dommage après le jugement", in *Responsabilité civile et assurances*, Mai 1998, págs. 28-31.

Lancellotti, Franco, "Variazioni dell'implicito rispetto alla domanda, alla pronuncia ed al giudicato", in *RDP*, 1980, págs. 463-486.

Lanfranchi, Lucio,

— "Note sull'interesse ad agire", in *RTDPC*, 1972, págs. 1098-1152.

– "Profili sistematici dei procedimenti decisori sommari", in *RTDPC*, 1987, págs. 88-172.

— "I rimedi endofallimentari (in particolare la vicenda giurisprudenziale, costituzionale e ordinaria degli artt. 23 e 26 legge fallimentare)", in *RDP*, 1988, págs. 1066-1077.

— "Diritti soggettivi e garanzia della cognizione ordinaria e del giudicato", in *Garanzie costituzionali e diritti fondamentali* (a cura di Lucio Lanfranchi), Roma, Istituto della Enciclopedia Italiana, 1997, págs. 384-401.

Larenz, Karl,

— "Zum Wegfall der Geschäftsgrundlage", in *NJW*, 1952, págs. 361-363.

— *Base del negocio juridico y cumplimiento de los contratos* (trad. de Carlos Fernandez Rodriguez), Madrid, Revista de Derecho Privado, 1956.

— *Lehrbuch des Schuldrechts*, vol. I, 14ª ed., München, C. H. Beck, 1987.

— *Allgemeiner Teil des bürgerlichen Rechts*, München, C. H. Beck, 2004.

Lazzaroni, Luis J., *El conocimiento de los hechos en el proceso civil*, Buenos Aires, Abeledo-Perrot, 1982.

Leal-Henriques, Manuel de Oliveira, *Organização Tutelar de Menores*, Porto, Porto Editora, 1979.

Leipold, Dieter,

— "Das anwendbare Recht bei der Abänderungsklage gegen ausländische Urteile", in *Beiträge zum internationalen Verfahrensrecht und zur Schiedsgerichtsbarkeit (Festschrift für Heinrich Nagel zum 75. Geburtstag)*, München, Aschendorf, 1987, págs. 189-208.

— "Zur zeitlichen Dimension der materiellen Rechtskraft", in *Keio Law Review*, 1990, págs. 277-293.

Leitão, Luís Manuel Teles de Menezes,

— "Acidentes de trabalho e responsabilidade civil (A natureza jurídica da reparação de danos emergentes de acidentes de trabalho e a distinção entre as responsabilidades obrigacional e delitual)", in *ROA*, ano 48, 1988, págs. 773-843.

— *O enriquecimento sem causa no direito civil (Estudo dogmático sobre a viabilidade da configuração unitária do instituto, face à contraposição entre as diferentes categorias de enriquecimento sem causa)*, Lisboa, Centro de Estudos Fiscais, 1996.

— *Direito das obrigações*, vol. I (Introdução. Da constituição das obrigações), Coimbra, Almedina, 2000.
— *Direito das obrigações*, vol. II (Transmissão e extinção das obrigações. Não cumprimento e garantias do crédito), 3ª ed., Coimbra, Almedina, 2005.
— *Direito das obrigações*, vol. III (Contratos em especial), 6ª ed., Coimbra, Almedina, 2009.
LENT, Friedrich,
— *Die Gesetzeskonkurrenz im bürgerlichen Recht und Zivilprozess*, vol. II, Aalen, Scientia, 1970 (Leipzig, 1916).
— "Zur Lehre vom Streitgegenstand", in *ZZP*, 1952, págs. 315-360.
— "Zivilprozess und freiwillige Gerichtsbarkeit", in *ZZP*, 66 (1953), págs. 267-284.
— "Erhöhung von Unterhaltsrenten", in *NJW*, 1955, págs. 1865-1867.
— "Streitgegenstand im Zivilprozess", in *Scritti giuridici in memoria di Piero Calamandrei*, vol. II, Padova, Cedam, 1958, págs. 315-323.
— "Anmerkung", in *NJW*, 1958, págs. 1540-1541.
— *Zivilprozessrecht (Ein Studienbuch)*, 9ª ed., München-Berlin, C. H. Beck, 1959.
— "Zur Lehre vom Entscheidungsgegenstand", in *ZZP*, 72 (1959), págs. 63-98.
— "Anmerkung", in *NJW*, 1959, págs. 392-393.
— "Albrecht Zeuner, Die objektiven Grenzen der Rechtskraft im Rahmen rechtlicher Sinnzusammenhänge. I. C. B. Mohr, Tübingen 1959", in *ZZP*, 73 (1960), págs. 316-320.
LEWALD, Walter, "Anmerkung", in *NJW*, 1952, págs. 935-936.
LIBONE, Elena, "Corte costituzionale e tutela della *res iudicata* tra illusione e realtà", in *Giur. Cost.*, 2000, págs. 4387-4398.
LIEBMAN, Enrico Tullio,
— "Giurisdizione volontaria e competenza", in *RDPC*, 1925, págs. 274-285.
— *Efficacia ed autorità della sentenza*, Milano, Giuffrè, 1935.
— "Ancora sulla sentenza e sulla cosa giudicata", in *RDPC*, 1936, págs. 237-259.
— "Revocabilità dei provvedimenti pronunciati in camera di consiglio", in *Foro it.*, 1948, I, págs. 327-380.
— "La precisazione delle conclusioni e l'art. 184 cod. proc. civ.", in *RDP*, 1952, págs. 333-334.
— "Nuove questioni sulla revoca dei decreti "volontari"", in *Giur. it.*, 1958, I, 2, págs. 489-492.
— "Intorno ai limiti della giurisdizione volontaria", in *RDP*, 1962, págs. 278-282.
-"Effetti della sentenza e cosa giudicata", in *RDP*, 1979, págs. 1-10.
— "Sentenza e cosa giudicata: recenti polemiche", in *RDP*, 1980, págs. 1-25.
— "Unità del giudicato", in *RDP*, 1986, págs. 233-236.
— "Giudicato (Diritto processuale civile)", in *Enciclopedia giuridica*, vol. XV, Roma, Instituto della Enciclopedia Italiana Fondata da Giovanni Treccani, 1989.
LIMA, F. A. Pires de, "Algumas notas acerca do problema dos foros em ouro", *RLJ*, ano 78º, nº 2821, 1946, págs. 401-404.
LIMA, Pires de / VARELA, Antunes, *Código Civil anotado*, vol. I, 4ª ed., Coimbra Editora, Coimbra, 1987.
LINDACHER, Walter F.,
— "Individualisierte und nichtindividualisierte Teilklagen", in *ZZP*, 76 (1963), págs. 451-460.
— "Divergenzen zwischen Urteilstenor und Entscheidungsgründen", in *ZZP*, 1975, págs. 64-73.
— "Verfahrensgrundsätze in der Freiwilligen Gerichtsbarkeit", in *JuS*, 1978, págs. 577-584.
LIPARI, F. G., "L'annullamento degli atti di autorizzazione di giurisdizione volonta-

ria e i diritti dei terzi", in *RDPC*, 1927, págs. 57-72.

Lobão, Manoel de Almeida e Sousa de, *Segundas linhas sobre o processo civil*, Parte I, Lisboa, Imprensa Nacional, 1910.

López Simó, Francisco / Cavanillas Múgica, Santiago / Gascón Inchausti, Fernando, *Las condenas de futuro (Su régimen en la Ley 1/2000, de Enjuiciamiento Civil)*, Navarra, Aranzadi, 2001.

Luiso, Francesco P.,
— "Rinnovazione dell'atto di licenziamento e limiti cronologici della cosa giudicata", in *Giust. civ.*, 1985, I, págs. 559-563.
— *Diritto processuale civile*, vol. I (Principi generali) e vol. IV (I processi speciali), Milano, Giuffrè, 1997.
— *Diritto processuale civile*, vol. II (Il processo di cognizione), 4ª ed., Milano, Giuffrè, 2007.

Lüke, Gerhard,
— "Zum Streitgegenstand im arbeitsgerichtlichen Kündigungsschutzprozess", in *JZ*, 1960, págs. 203-209.
— "Die Prozessführungsbefugnis", in *ZZP*, 76 (1963), págs. 1-31.
— "Zum zivilprozessualen Klagensystem", in *JuS*, 1969, págs. 301-307.
— "Die wiederholte Unterlassungsklage", in *Festschrift für Gerhard Schiedermair zum 70. Geburtstag*, München, C.H.Beck, 1976, págs. 377-390.
— "Zur Streitgegenstandslehre Schwabs – eine zivilprozessuale Retrospektive", in *Festschrift für Karl Heinz Schwab zum 70. Geburtstag*, München, C. H. Beck, 1990, págs. 309-320.
— "Präjudizielle Bindungswirkung der materiellen Rechtskraft und nichtige Gesetzesnorm – BVerfG, NJWE-MietR 1996, 121", in *JuS* 1996, págs. 782-783.
— "Die Bindungswirkung im Zivilprozess", in *JuS*, 2000, págs. 1042-1046.

Lukes, Rudolf, "Die Vollstreckungsabwehrklage bei sittenwidrig erschlichenen und ausgenutzten Urteilen", in *ZZP*, 72 (1959), págs. 99-126.

Luthin, Horst / Koch, Elisabeth, *Handbuch des Unterhaltsrechts*, 11ª ed., München, Franz Vahlen, 2010.

Maçãs, Maria Fernanda, "A caducidade no Direito Administrativo: breves considerações", in *Estudos em homenagem ao Conselheiro José Manuel Cardoso da Costa*, vol. II, Coimbra, Coimbra Editora, 2005, págs. 121-174.

Machado, António Montalvão,
— *O dispositivo e os poderes do tribunal à luz do novo Código de Processo Civil*, 2ª ed. revista e actualizada, Coimbra, Almedina, 2001.
— / Pimenta, Paulo, *O novo processo civil*, 10ª ed., Coimbra, Almedina, 2008.

Machado, João Baptista,
— *Sobre a aplicação no tempo do novo Código Civil (Casos de aplicação imediata. Critérios fundamentais)*, Coimbra, Almedina, 1968.
— *Introdução ao Direito e ao discurso legitimador*, 12ª reimpr., Almedina, Coimbra, 2000.
— "Anotação", in *RLJ*, ano 118º, nº s 3738-3740, 1986, págs. 274-282, 317-320, e 328-332.

Machete, Rui Chancerelle de, "Caso julgado (nos recursos directos de anulação)", in *Dicionário Jurídico da Administração Pública*, vol. II, Coimbra, Atlântida Editora, 1972, págs. 270-292.

Magalhães, José Barbosa de,
— "A teoria da imprevisão e o conceito classico do caso de fôrça maior", in *GRLx*, ano 37, 1923, nº 9, págs.129-131.
— "O novo Cód. de Proc. Civ.", in *GRLx*, ano 53, 1939, nº s 3 e 4, págs. 33-35 e 49-51.
— *Estudos sôbre o novo Código de Processo Civil*, vol. I, Lisboa, 1940.
— *Processo civil e comercial*, Lisboa, 1939-1940.

— "Prazos de caducidade, de prescrição e de propositura de acções", Lisboa, Jornal do Fôro, 1950.

MAGALHÃES, Luiz Gonzaga de Assis Teixeira de, "Do caso julgado", in *Rev. Trib.*, ano 63º, nº 1508, 1945, págs. 306-307.

MAGALHÃES, Sofia Maria Ferro Espadanal Torres, *O caso julgado nas situações plurilocalizadas*, Faculdade de Direito de Lisboa, 1996.

MAGALHÃES, Virgílio Manuel dos Anjos, "Da novação da sentença", in *ROA*, ano 10º, nº s 1 e 2, 1950, págs. 398-416.

MAIER, Hermann, "Die "entsprechende" Abänderung bei Unterhaltsurteilen", in *FamRZ*, 1960, págs. 127-128.

MÁLAGA DIÉGUEZ, Francisco, *La litispendencia*, Barcelona, Bosch, 1999.

MANDRIOLI, Crisanto,

— "In tema di condanna a prestazione condizionata", in *Giur. it.*, 1956, I, 1, págs. 810-814.

— "Per una nozione strutturale dei provvedimenti anticipatori o interinali", in *RDP*, 1964, págs. 551-581.

— "Opposizione all'esecuzione e agli atti esecutivi", in *Enc. Dir.*, vol. XXX, 1980, págs. 431-478.

— "In tema di onere del patrocinio nei procedimenti camerali", in *Giur. it.*, 1988, I, págs. 977-980.

— "C.d. "Procedimenti camerali su diritti" e ricorso straordinario per cassazione", in *RDP*, 1988, pág. 921

— *Corso di diritto processuale civile*, 6ª ed., *editio minor*, Torino, G. Giappichelli, 2007.

MARBURGER, Peter, *Wissenschaftlich-technischer Sachverstand und richterliche Entscheidung im Zivilprozess*, Heidelberg, C.F. Müller,1986.

MARELLI, Fabio,

— "La stabilità dei provvedimenti cautelari", in *RDP*, 1999, págs. 761-795.

— "L'esecutività della sentenza costitutiva è limitata ai soli capi di condanna accessori?", in *RDP*, 2008, págs. 1100-1113.

MARIANO, João Cura, *A providência cautelar de arbitramento de reparação provisória*, 2ª ed., Coimbra, Almedina, 2006.

MARINONI, Luiz Guilherme,

— *Sobre a chamada "relativização" da coisa julgada material*, in http://www1.jus.com.br/doutrina/texto.asp?id=5716

— *Tutela inibitória e tutela de remoção do ilícito*, in http://www1.jus.com.br/doutrina/texto.asp?id=5041

— *Coisa julgada inconstitucional (A retroatividade da decisão de (in)constitucionalidade do STF sobre a coisa julgada; a questão da relativização da coisa julgada)*, São Paulo, Revista dos Tribunais, 2008.

MARINUCCI, Elena, "Gli effetti della sentenza inibitoria prevista dall'art. 1469 *sexies* C.C.", in *RDP*, 2002, págs. 216-248.

MARL, B., "ZPO: Voraussetzungen der Abänderungsklage", in *JA*, 1986, págs. 334-335.

MARQUES, António Rocha, "O Tribunal Constitucional e os outros tribunais: a execução das decisões do Tribunal Constitucional", in *Estudos sobre a jurisprudência do Tribunal Constitucional*, Lisboa, Aequitas – Editorial Notícias, s/ data, págs. 453-495.

MARQUES, J. P. Remédio,

— *Lei da Organização Tutelar de Menores (Anotado). Legislação Complementar. Acordos e Convenções Internacionais*, Coimbra, Coimbra Editora, 1991.

— "Investigação de paternidade – Concubinato duradouro e aplicação no tempo da Lei nº 21/98, de 12 de Maio (A nova presunção de paternidade da alínea *e)* do nº 1 do artigo 1871º do CC)", in *BFDUC* 78 (2002), págs. 533-593.

— "Aspectos sobre o cumprimento coercivo das obrigações de alimentos, competência judiciária, reconhecimento e execução de decisões estrangeiras", in *Comemorações dos 35 anos do Código Civil e dos 25 anos da Reforma de 1977*, vol. I (Direito da Família e das Sucessões), Coimbra, Coimbra Editora, 2004, págs. 613-709.

— *Algumas notas sobre alimentos (devidos a menores)*, 2ª ed., Coimbra, Coimbra Editora, 2007.

— "Em torno do estatuto da pessoa idosa no direito português (Obrigação de alimentos e segurança social)", in *BFDUC*, vol. 83, 2007, págs. 183-217.

— *Acção declarativa à luz do código revisto*, 2ª ed., Coimbra, Coimbra Editora, 2009.

Martens, Joachim, "Rechtskraft und materielles Recht", in *ZZP*, 79 (1966), págs. 404-450.

Martin, Anton, *Die zeitlichen Grenzen der Rechtskraft des Zivilurteils; insbesondere der Gebrauch von Gestaltungsmöglichkeiten nach einem Prozess*, Diss. München, 1965.

Martín de la Vega, Augusto, *La sentencia constitucional en Italia (Tipologia y efectos de las sentencias en la jurisdicción constitucional italiana: medio siglo de debate doctrinal)*, Madrid, Centro de Estudios Políticos y Constitucionales, 2003.

Martinez, Pedro Romano / Monteiro, Luís Miguel / Vasconcelos, Joana / Brito, Pedro Madeira de / Dray, Guilherme / Silva, Luís Gonçalves da, *Código do Trabalho anotado*, 4ª ed., Coimbra, Almedina, 2005.

Massari, Alberto, "La protezione legale degli incapaci e l'articolo 742 del codice processuale", in *Giur. it.*, 1952, I, 1, págs. 821-828.

Matias, Carlos, "Anotação" (ao acórdão do STJ de 13 de Novembro de 1990), in *Textos*, Centro de Estudos Judiciários, 1990-91, págs. 258-260.

Mattern, Friedrich, "Neues Vorbringen in der Revisionsinstanz", in *JZ*, 1963, págs. 649-655.

Mattirolo, Luigi, *Trattato di diritto giudiziario civile italiano*, vol. V, 5ª ed., Torino, Fratelli Bocca, 1905.

Maurer, Hans-Ulrich,

— "Abänderung von Unterhaltsurteilen ab Zugang eines Prozesskostenhilfegesuches beim Abänderungsgegner?", in *FamRZ*, 1988, págs. 445-452.

— "Versäumnisurteil und Abänderungsklage", in *FamRZ*, 1989, págs. 445-450.

— "Zum Unterhaltsrecht im Beitrittsgebiet", in *DtZ*, 1993, págs. 130-135.

— "Kindesunterhalt im Beitrittsgebiet", in *FamRZ*, 1994, págs. 337-346.

Maurnböck, Erich Roland von, *Die Abänderungsklage des § 323 und die Vollstreckungsabwehrklage des § 767 DZPO in ihrem Verhältnis zum Recht des Landes Österreich*, Nürnberg-Zirndorf, Bollmann-Verlag, 1938.

Mayer, Karl, *Anspruch und Rechtskraft im deutschen Zivilprozessrecht*, Stuttgart, W. Kohlhammer, 1930.

Mayer, Otto, *Zur Lehre von der materiellen Rechtskraft in Verwaltungssachen*, Leipzig, 1907.

Mazeaud, M. Léon, "De la distinction des jugements déclaratifs et des jugements constitutifs de droits", in *RTDC*, 1929, págs. 17-56.

Medeiros, Rui, *A decisão de inconstitucionalidade (Os autores, o conteúdo e os efeitos da decisão de inconstitucionalidade da lei)*, Lisboa, Universidade Católica Editora, 1999.

Meenen, Dieter, *Die Änderung von Urteilen über künftig fällig werdenden wiederkehrende Leistungen*, Diss. Saarlandes, 1969.

Meiss, Wilhelm, "Die Berücksichtigung von Gesetzesänderungen in der Revisionsinstanz", in *ZZP*, 1952, págs. 114-124.

MEISTER, Hans, "Zum Verhältnis von Abänderungs-, Vollstreckungsabwehr— und Zusatz-(Nachforderungs-) Klage", in *FamRZ*, 1980, págs. 864-870.

MELO, António Moreira Barbosa de, *Sobre o problema da competência para assentar*, Coimbra, 1988.

MELO, Vítor, "Ainda um breve olhar sobre a temática da remição obrigatória das pensões (por incapacidade permanente parcial igual ou superior a 30%, ou por morte, relativas a acidentes ocorridos antes de 01-01-2000) após a recente publicação do ac. uniformizador de jurisprudência nº 04/2005, de 16-03-2005", in *Prontuário de Dto do Trabalho*, nº 70, Janeiro-Abril de 2005, págs. 99-105.

MENCHINI, Sergio,

— *I limiti oggettivi del giudicato civile*, Milano, Giuffrè,1987.

— *Il giudicato civile*, Torino, UTET, 1988.

MENDES, Armindo Ribeiro,

— "Le principe de non rétroactivité des lois (Portugal)", in *Annuaire International de Justice Constitutionnelle*, VI, 1990, págs. 413-423.

— *Recursos em processo civil*, Lisboa, Lex, 1994.

— *Recursos em processo civil (Reforma de 2007)*, Coimbra, Coimbra Editora, 2009.

MENDES, João de Castro,

— *O direito de acção judicial (Estudo de processo civil)*, Lisboa, Revista da Faculdade de Direito da Universidade de Lisboa (Suplemento: Dissertações de alunos - IV), 1957.

— *Manual de processo civil*, Lisboa, 1963.

— "A causa de pedir na acção executiva", in *RFDUL*, vol. XVIII, 1964, págs. 199-218.

— "Dr. José Inácio Clímaco de Sousa e Brito - Identidade e variação do objecto em processo declarativo", in *RFDUL*, vol. XX, 1966, págs. 441-451.

— *Limites objectivos do caso julgado em processo civil*, Lisboa, Edições Ática, 1968.

— "L'obligation alimentaire en droit comparé", in *RFDUL*, vol. XXIV, 1972, págs. 51-83.

— "Art. 206º (Função jurisdicional)", in *Estudos sobre a Constituição*, 1º vol., Lisboa, Petrony, 1977, págs. 395-396.

— "Caso julgado, poder judicial e Constituição" (nota de 1978), in *RFDUL*, vol. XXVI, 1985, págs. 47-49.

— *Direito processual civil*, 1º e 3º vols., A.A.F.D.L., 1986 e 1989.

-/ SOUSA, Miguel Teixeira de, *Direito da Família*, Associação Académica da Faculdade de Direito de Lisboa, 1990/1991.

— / SOUSA, Miguel Teixeira de Sousa (*Manual de processo civil* – em publicação –, na versão disponibilizada em 7 de Julho de 2010).

MENDONÇA, Luís Correia, *Direito processual civil (As origens em José Alberto dos Reis)*, Lisboa, Quid Juris?, 2002.

MERÊA, Paulo, "Bosquejo histórico do recurso de revista", in *BMJ*, nº 7, 1948, págs. 43-72.

MERKL, Adolf, *Die Lehre von der Rechtskraft entwickelt aus dem Rechtsbegriff*, Leipzig und Wien, Franz Deuticke, 1923.

MERTENS, Bernd, "Unterhaltsrückforderung und Vertrauensschutz", in *FamRZ*, 1994, págs. 601-604.

MESSINA, Giuseppe, "Sui cosiddetti "diritti potestativi"", in *Studi giuridici in onore di Carlo Fadda*, vol. VI, Napoli, Luigi Pierro, 1906, págs. 279-330.

MESSINEO, Francesco, *Manuale di diritto civile e commerciale (Codice e norme complementari)*, 9ª ed., vol. II, Milano, Giuffrè, 1965.

MEYER, Karl E., "Der Zeitpunkt der "Erhebung der Abänderungsklage" gemäss § 323 III ZPO", in *FamRZ*, 1956, págs. 67-68.

MIATTI, Franck, "L'autorité de la chose jugée en matière électorale: absolue ou relative?", in *Revue française de droit administratif*, 11 année (3), Mai-Juin 1995, págs. 522-531.

MICHELAKIS, Emmanuel M., "Rechtsnorm und Rechtskraft", in *Festschrift für Hans Schima zum 75. Geburtstag*, Wien, Manz, 1969, págs. 303-312.

MICHELI, Gian Antonio

— "Per una revisione della nozione di giurisdizione volontaria", in *RDP*, 1947, I, págs. 18-45.

— "Forma e sostanza nella giurisdizione volontaria", in *RDP*, 1947, págs. 101-124.

— "Efficacia, validità e revocabilità dei provvedimenti di giurisdizione volontaria", in *RDP*, 1947, págs. 190-209.

— "Significato e limiti della giurisdizione volontaria", in *RDP*, 1957, págs. 526-554.

— *Corso di diritto processuale civile*, vol. I, Milano, Giuffrè, 1959.

MIRANDA, Jorge,

— "Constituição e Processo Civil", in *Direito e Justiça*, vol. VIII, tomo 2, 1994, págs. 9-26.

— "O Tribunal Constitucional em 2003", in *O Direito*, ano 136º, 2004, IV, págs. 773-801.

— *Manual de Direito Constitucional*, tomo VI (Inconstitucionalidade e garantia da Constituição), 2ª ed., Coimbra, Coimbra Editora, 2005.

-/ MEDEIROS, Rui, *Constituição portuguesa anotada*, tomo III (Organização do poder político – Garantia e revisão da Constituição – Disposições finais e transitórias), Coimbra, Coimbra Editora, 2007.

MIRANDA, Pontes de,

— *A acção rescisória contra as sentenças*, Rio de Janeiro, Livraria Jacinto, 1934.

— *Tratado da ação rescisória (Das sentenças e de outras decisões)*, 4ª ed., Rio de Janeiro, Forense, 1964.

— *Tratado das ações*, tomo I, Revista dos Tribunais, 1970.

MODERNE, Franck, "Le principe de non rétroactivité des lois (Rapport de synthèse)", in in *Annuaire International de Justice Constitutionnelle*, VI, 1990, págs. 435-448.

MOLINA PORTELA, Carlos, *Condena de futuro*, Buenos Aires, Ghersi Editor, 1984.

MONCADA, Luís Cabral de, *Lições de direito civil (Parte geral)*, 4ª ed., Coimbra, Almedina, 1995.

MONTANARI, Massimo, "L'efficacia delle sentenze non definitive su questioni preliminari di merito", in *RDP*, 1986, págs. 392-475 e 834-912, e 1987, págs. 324-405.

MONTEIRO, António Pinto,

— "Inflação e direito civil", in *Estudos em homenagem ao Prof. Doutor Ferrer-Correia*, II, Coimbra, 1989, págs. 871-907.

-/ GOMES, Júlio, "A "hardship clause" e o problema da alteração das circunstâncias (Breve apontamento)", in *Juris et de Jure* (Nos 20 anos da Faculdade de Direito da UCP – Porto), Porto, 1998, págs. 17-40

— *Erro e vinculação negocial (A propósito da aplicação do bem a fim diferente do declarado)*, Coimbra, Almedina, 2002.

— "Erro e teoria da imprevisão", in *Estudos de direito do consumidor*, nº 6, Coimbra, 2004, págs. 319-339.

MONTELEONE, Girolamo, *Manuale di diritto processuale civile*, vol. I, 4ª ed., Padova, Cedam, 2007.

MONTERO AROCA, Juan / GÓMEZ COLOMER, Juan Luis / MONTÓN REDONDO, Alberto / BARONA VILAR, Silvia, *Derecho jurisdiccional*, I (Parte general), 13ª ed., Valencia, Tirant lo Blanch, 2004.

MONTESANO, Luigi,

— "Critica della teoria della condanna in futuro", in *RDP*, 1954, págs. 39-51.

— *Condanna civile e tutela esecutiva*, Napoli, Jovene, 1965.

— "Le prove disponibili d'ufficio e l'imparzialità del giudice civile", in *RTDPC*, 1978, págs. 189-206.

— "Obbligo a contrarre", in *Enc. dir.*, vol. XXIX, 1979, págs. 508-529.

— "Sull'efficacia, sulla revoca e sui sindacati contenziosi dei provvedimenti non contenziosi dei giudici civili", in *RDC*, 1986, I, págs. 591-621.

— *La tutela giurisdizionale dei diritti*, Torino, Utet, 1988.

— "Provvedimento camerale di autorizzazione non motivato e cognizione contenziosa sul negozio autorizzato", in *RDP*, 1989, págs. 569-572.

— "*Dovuto processo" su diritti incisi da giudizi camerali e sommari*, in *RDP*, 1989, págs. 915-948.

— "Limiti oggettivi di giudicati su negozi invalidi", in *RDP*, 1991, págs. 15-51.

MORAIS, Carlos Blanco de, *Justiça constitucional*, tomo II (O contencioso constitucional português entre o modelo misto e a tentação do sistema de reenvio), Coimbra, Coimbra Editora, 2005.

MOREIRA, Guilherme Alves, *Instituições do direito civil português*, vol. I, Coimbra, 1907.

MOREIRA, José Carlos Barbosa,

— *Temas de direito processual*, São Paulo, Saraiva, 1977.

— "Uma novidade: o Código de Processo Civil inglês", in *Revista Brasileira de Direito Comparado*, nº 18, 1º Semestre 2000, págs. 148-161.

MORITZ, Jan Robert, *Probleme der Abänderungsklage gemäss § 323 ZPO, dargestellt am Urteil auf Abfindung in Kapital*, Aachen, Shaker, 1998.

MORTARA, Lodovico, *Commentario del codice e delle leggi di procedura civile*, vol. V, Milano, Francesco Vallardi, s/d. (1910?).

Motive zu dem Entwurfe eines Bürgerlichen Gesetzbuches für das Deutsche Reich, vols. I e II, 2ª ed., Berlin, I. Guttentag, 1896.

MÜNCH, Ingo v., "Die Zeit im Recht", in *NJW*, 2000, págs. 1-7.

Münchener Kommentar zum Bürgerlichen Gesetzbuch, vol. 5, 5ª ed., München, C. H. Beck, 2009 (= *MünchKommBGB/...*).

Münchener Kommentar zur Zivilprozessordnung mit Gerichtsverfassungsgesetz und Nebengesetzen, vols. 1 e 2, 3ª ed., München, C. H. Beck, 2007-2008 (= *MünchKommZPO/...*).

MÜNZBERG, Wolfgang, "Bemerkungen zum Haftungsgrund der Unterlassungsklage", in *JZ*, 1967, págs. 689-694.

MÜNZEL, Karl, "Freiwillige Gerichtsbarkeit und Zivilprozess in der neueren Entwicklung", in *ZZP*, 66 (1953), págs. 334-386.

MUSGER, Gottfried, "Zur "Abänderung" von Unterhaltstiteln in Sachverhalten mit Auslandsberührung", in *IPRax*, 1992, págs. 108-117.

MUSIELAK, Hans-Joachim

— "Zur Klage nach § 826 BGB gegen rechtskräftige Urteile", in *JA*, 1982, págs. 7-13.

— "Einige Gedanken zur materiellen Rechtskraft", in *Festschrift für Hideo Nakamura zum 70. Geburtstag am 2. März 1996*, Tokyo, Seibundo, 1996, págs. 423-443.

— "Der rechtskräftig entschiedene Lebenssachverhalt", in *NJW*, 2000, págs. 3593-3599.

— "Rechtskraftprobleme bei Nachforderungsklagen", in *Festschrift für Ekkehard Schumann zum 70. Geburtstag*, Tübingen, Mohr Siebeck, 2001, págs. 295-308.

— *Kommentar zur Zivilprozessordnung*, herausg. von Dr. Hans-Joachim Musielak, 4ª ed., München, Franz Vahlen, 2005 (= Musielak/..., *ZPO*).

— *Grundkurs ZPO*, 10ª ed., München, C.H. Beck, 2010.

NASTELSKI, Karl, "Die Zeit als Bestandteil des Leistungsinhalts", in *JuS*, 1962, págs. 289-298.

NATOLI, Carmelo, "Considerazioni sul criterio discretivo tra giudicato implicito e giudicato sul deducibile", in *RTDPC*, 1979, págs. 274-278.

NAZARETH, Francisco J. Duarte, *Elementos do processo civil*, 3ª ed., Coimbra, 1860.

NEVES, Cândida da Silva Antunes Pires Ferreira das, "O recurso de revisão em processo civil", in *BMJ*, nº 134, 1964, págs. 21-325.

NICKLISCH, Fritz, *Die Bindung der Gerichte an gestaltende Gerichtsentscheidungen und Verwaltungsakte*, Bielefeld, Gieseking, 1965.

NIEVA FENOLL, Jordi, *La cosa juzgada*, Barcelona, Atelier, 2006.

NIKISCH, Arthur,

— *Der Streitgegenstand im Zivilprozess*, Tübingen, J.C.B. Mohr, 1935.

— *Zivilprozessrecht (Ein Lehrbuch)*, 2ª ed., Tübingen, J.C.B. Mohr (Paul Siebeck), 1952.

— "Zur Lehre vom Streitgegenstand im Zivilprozess", in *AcP*, 154 (1955), págs. 269-299.

— "Dr. Walther J. Habscheid (...) Der Streitgegenstand im Zivilprozess und im Streitverfahren der freiwilligen Gerichtsbarkeit. Bielefeld (...) 1956 (...)", in *AcP*, 156 (1957), págs. 71-77.

NIKLAS, Uwe,

— "Nachschieben von "ursprünglichen Änderung" trotz § 323 II ZPO?", in *FamRZ*, 1987, págs. 869-873.

— *Das Erfordernis der "wesentlichen" Änderung der Verhältnisse in § 323 I ZPO*, Frankfurt am Main-Bern-New York-Paris, Peter Lang, 1988.

— "Klage auf zusätzlichen Unterhalt", in *MDR*, 1989, págs. 131-135.

NIKLOWITZ, Gerhard, *Über die Grenzen der objektiven Rechtskraft des Zivilurteils Massgeblichkeit von Entscheidungsgründen zur Sicherung des Prozessergebnisses*, München, Ludwig-Maximilians-Universität, 1968.

OERTMANN, Paul,

— "Zur Lehre von der Abänderungsklage (ZPO, § 323)", in *AcP*, 1912, págs. 265-320.

— *Die Geschäftsgrundlage (Ein neuer Rechtsbegriff)*, Leipzig-Erlangen, A. Deichert'sche (Werner Scholl), 1921.

OETKER, Hartmut, "Die materielle Rechtskraft und ihre zeitlichen Grenzen bei einer Änderung der Rechtslage", in *ZZP*, 115 (2002), págs. 3-24.

OLIVEIRA, Elsa Marina Rosa Dias,

— *O risco na alteração das circunstâncias / Alguns problemas*, Lisboa (Faculdade de Direito de Lisboa), 1998.

— "Convenções Internacionais e Direito Comunitário no domínio do Direito dos Menores", in *Revista do CEJ*, 2º semestre 2004 (nº 1), págs. 53-75.

OLIVEIRA, Guilherme de,

— *Temas de Direito da Família*, 2ª ed. aumentada, Coimbra, Coimbra Editora, 2001.

— "Caducidade das acções de investigação", in *Lex Familiae*, ano 1, nº 1, 2004, págs. 7-13.

OLIVEIRA, Nuno Manuel Pinto, "Causalidade adequada e previsibilidade (Comentário ao artigo 7.4.4. dos Princípios UNIDROIT e ao artigo 9:503 dos Princípios de Direito Europeu dos Contratos)", in *Estudos em memória do Professor Doutor António Marques dos Santos*, vol. I, Coimbra, Almedina, 2005, págs. 797-826.

OPPERMANN, Walter, "Zur Lehre von der Änderungsklage (§ 323 ZPO)", in *ZZP* 38 (1909), págs. 445-460.

OPPO, Giorgio, "I contratti di durata", in *Riv. dir. comm.*, 1943, I, págs. 143-180.

ORTELLS RAMOS, Manuel, *Derecho procesal civil*, 7ª ed., Pamplona, Aranzadi, 2007.

OST, François, *O tempo do direito* (trad. de Maria Fernanda Oliveira), Lisboa, Instituto Piaget, 2001

OSTI, Giuseppe,
— "La così detta clausola "rebus sic stantibus" nel suo sviluppo storico", in *RDC*, 1912, págs. 1-58.
— "Appunti per una teoria della "sopravvenienza" (La così detta clausola "rebus sic stantibus" nel diritto contrattuale odierno)", in *RDC*, 1913, págs. 471-498 e 647-697.

OTERO, Paulo, *Ensaio sobre o caso julgado inconstitucional*, Lisboa, Lex, 1993.

OTTO, Hansjörg, *Die Präklusion (Ein Beitrag zum Prozessrecht)*, Berlin, Duncker & Humblot, 1970.

PAGENSTECHER, Max,
— *Zur Lehre von der materiellen Rechtskraft*, Berlin, Franz Vahlen, 1904.
— "Die praktische Bedeutung des Streites über das Wesen der Rechtskraft", in *ZZP*, 37 (1908), págs. 1-36.
— "L'efficacia del giudicato contro il vincitore nel diritto processuale civile germanico", in *Studi di diritto processuale in onore di Giuseppe Chiovenda nel venticinquesimo anno del suo insegnamento*, Padova, Cedam, 1927, págs. 627-6509.

PALADIN, Livio, "Appunti sul principio di irretroattività delle leggi", in *Il Foro amministrativo*, 1959, I, págs. 946-950.

PAOLINI, Renata, "Note sulla condanna in futuro", in *RTDPC*, 1976, págs. 507-585.

"Parecer sobre a proposta de lei nº 67 (Acidentes de trabalho)", rel. João Duarte, in *Diário das Sessões*, suplemento ao nº 74, 7 de Fevereiro, 1936, págs. 426-A a 426 AA.

"Parecer nº 21/VIII (Regime jurídico dos acidentes de trabalho e das doenças profissionais)", rel. José Augusto Vaz Pinto, in *Pareceres da Câmara Corporativa*, VIII Legislatura, Ano de 1965, Lisboa, 1966, págs. 43-110.

PAWLOWSKI, Hans-Martin
— "Die bestimmte Angabe des Gegenstandes und des Grundes bei Teilklagen", in *ZZP*, 78 (1965), págs. 307-323.
— "Aufgabe des Zivilprozesses", in *ZZP*, 80 (1967), págs. 345-391.

PENTZ, Adolf,
— "Wann liegt eine Abänderungsklage vor?", in *NJW*, 1953, págs. 1460-1461.
— "Abänderungsklage oder Zusatzforderungsklage bei vollstreckbaren Urkunden?", in *FamRZ*, 1956, págs. 271-272.
— "Die rechtlichen Folgen der neuen Auslegung des § 323 ZPO", in *ZZP*, 69 (1956), págs. 351-355.
— "Nochmals: Abänderungsklage oder Zusatzforderungsklage", in *ZZP*, 73 (1960), págs. 211-214.

PEREIRA, José de Lima Ramos, *Ação de modificação ou revisional do artigo 471 do Código de Processo Civil – Aspectos polêmicos e atuais*, in http://www.prt21.gov.br/dt_2_03.htm

PEREIRA, Maria Miguel de Sá Rebelo, *A boa fé na alteração das circunstâncias*, Lisboa (Faculdade de Direito de Lisboa), 1998.

PEREIRA, Rui, "A relevância da lei penal inconstitucional de conteúdo mais favorável ao arguido", in *Revista Portuguesa de Ciência Criminal*, ano 1, 1991, págs. 55-76.

PEREZ MARTIN, Antonio Javier,
— *Derecho de familia (La ejecución de las resoluciones dictadas en procedimientos matrimoniales)*, 3ª ed., Valladolid, Editorial Lex Nova, 1997.
— *Derecho de familia (El procedimiento contencioso de separación y divorcio)*, 2ª ed., Valladolid, Editorial Lex Nova, 1998.

PERROT, Roger,
— "La cosa giudicata: recenti sviluppi nel diritto francese", in *RDP*, 1982, págs. 1-14.
— *Institutions judiciaries*, 13ª ed., Paris, Montchrestien, 2008.

PESSOA, José Carlos de Carvalho, *Codigo do processo civil annotado*, vol. I, Almada, Typographia Almadense, 1883.

PETERS, Egbert, "Zur Rechtskraftlehre Zeuners", in *ZZP*, 76 (1963), págs. 229-243.

PETZOLDT, Thomas Martin, *Die Rechtskraft der Rentenurteile des § 258 ZPO und ihre Abänderung nach § 323 ZPO*, Köln – Berlin – Bonn – München, Carl Heymann, 1992.

PINHEIRO, Luís de Lima,

— "Regime interno de reconhecimento de decisões judiciais estrangeiras", in *ROA*, ano 61, II, 2001, págs. 561-628.

— "A triangularidade do Direito Internacional Privado – Ensaio sobre a articulação entre o Direito de Conflitos, o Direito da Competência Internacional e o Direito de Reconhecimento", in *Estudos em homenagem à Professora Doutora Isabel de Magalhães Collaço*, vol. I, Coimbra, Almedina, 2002, págs. 311-378.

— "Reconhecimento autónomo de decisões estrangeiras e controlo do direito aplicável", in *RFDUL*, vol. XLVI, 2005, págs. 215-240.

— *Estudos de direito internacional privado*, vol. II, Coimbra, Almedina, 2009.

PINHO, David Valente Borges de, *Da Protecção Judiciária dos Menores e do Estado*, 2ª ed., Braga, Barbosa & Xavier, Lda. Editores, 1981.

PINTO, Carlos Alberto da Mota,

— "Anotação" (ao Ac. STA de 14.3.1972), in *RDES*, ano XVIII, 1971, págs. 342-374.

— *Teoria geral do Direito Civil*, 4ª ed., Coimbra, Coimbra Editora, 2005.

PINTO, Eduardo Vera-Cruz, *O Direito das Obrigações em Roma*, in *Revista Jurídica*, nº 18 e 19, Out.-Dez.1995, Nova Série, págs. 19-125.

PINTO, Fernando A. Ferreira, *Do conflito de leis em matéria de obrigação de alimentos* (Estudo de DIP convencional), Lisboa, Livraria Petrony, 1992.

PINTO, Rui, *A questão de mérito na tutela cautelar (A obrigação genérica de não ingerência e os limites da responsabilidade civil)*, Coimbra, Coimbra Editora, 2009.

PIZZORUSSO, Alessandro / PASSAGLIA, Paolo, "Constitution et sécurité juridique (Italie)", in *Annuaire International de Justice Constitutionnelle*, XV, 1999 (ed. 2000), págs. 199-225.

PLANIOL, Marcel / RIPERT, Georges / ESMEIN, Paul, *Traité pratique de droit civil français*, 2ª ed., tomo VI, Paris, Librairie Générale de Droit et de Jurisprudence, 1952.

PLANIOL, Maurice, *Caractère et effets des décisions rendues en matière de juridiction gracieuse*, Paris, Librairie Générale de Droit et de Jurisprudence, 1910.

PLIESTER, Emil, *Die Abänderungsklage § 323 ZPO*, Diss. Jena, H. Pöppinghaus o. H.-G., Bochum-Langendreer, 1936.

POHLE, Albrecht Peter, *Die Verfassungswidrigerklärung von Gesetzen (Eine Untersuchung des Voraussetzungen und Folgen des Verzichts auf die gesetzestechnisch mögliche Nichtigerklärung durch das Bundesverfassungsgericht)*, Frankfurt am Main – Bern – Cirencester – U.K., Peter Lang, 1979.

POHLE, Rudolf,

— "Zur Lehre vom Rechtsschutzbedürfnis", in *Festschrift für Friedrich Lent zum 75. Geburtstag*, München – Berlin, C. H. Beck, 1957, págs. 195-235.

— "Gedanken über das Wesen der Rechtskraft", in *Scritti giuridici in memoria di Piero Calamandrei*, vol. II, Padova, Cedam, 1958, págs. 377-402.

— "Anmerkung", in *JZ*, 1961, pág. 548.

— "Erstreckung der Rechtskraft auf nicht vorbehaltene Nachforderung des siegreichen Klägers?", in *ZZP*, 77 (1964), págs. 98-115.

POLITI, Fabrizio, *Gli effetti nel tempo delle sentenze di accoglimento della Corte costituzionale (Contributo ad una teoria dell'invalidità costituzionale della legge)*, Padova, Cedam, 1997.

PORTOCARRERO, Maria Francisca, "Notas sobre variações em matéria de discricionariedade. A propósito de algumas novidades terminológicas e da importação de construções dogmáticas pelas nossas doutrina e jurisprudência do Supremo Tribunal Administrativo", in *Juris et de jure (Nos vinte anos da Faculade de Direito da Universidade Católica Portuguesa – Porto)*, Porto, Universidade Católica Portugesa (Porto), 1998, págs. 643-715.

PREGLER, Gudrun, "Die Abänderung von Unterhaltstiteln. Von Hans-Ulrich Graba.", in *NJW*, 2000, págs. 2568-2569.

PRIETO-CASTRO FERRÁNDIZ, Leonardo,

— "La condena a prestación", in *Revista de Derecho Procesal*, 1954-1, págs. 3-19.

— *Derecho procesal civil*, 4ª ed., Madrid, Tecnos, 1988.

Projecto de Código de Processo Civil (organizado pelo Professor José Alberto dos Reis), Imprensa Nacional de Lisboa, 1935.

Projecto de Código de Processo Civil (organizado pelo Professor José Alberto dos Reis), Imprensa Nacional de Lisboa, 1936.

Projectos de revisão do Código de Processo Civil, vols. I e III (Relator: A. Eurico Lopes Cardoso), Imprensa Nacional de Lisboa, 1958 e 1960.

PROTO PISANI, Andrea

— "Osservazioni in tema di limiti oggettivi del giudicato", in *Foro it.*, 1972, I, págs. 89-96.

— "L'effettività dei mezzi di tutela giurisdizionale con particolare riferimento all'attuazione della sentenza di condanna", in *RDP*, 1975, págs. 620-634.

— "Appunti sulla tutela di condanna", in *RTDPC*, 1978, págs. 1104-1210.

— (anotação às sentenças da Corte di Cassazione de 23 de Outubro de 1986 e de 24 de Fevereiro de 1986), in *Foro it.*, 1986, I, págs. 3009-3011.

— "Note problematiche e no sui limiti oggettivi del giudicato civile", in *Foro it.*, 1987, I, págs. 446-454.

— "La tutela giurisdizionale dei diritti della personalità: strumenti e tecniche di tutela", in *Foro it.*, 1990, V, págs. 1-19.

— "Appunti sul giudicato civile e sui suoi limiti oggettivi", in *RDP*, 1990, págs. 386-419.

— "Appunti sulla tutela c.d. costitutiva (e sulla tecniche di produzione degli effetti sostanziali)", in *RDP*, 1991, págs. 60-100.

— *Lezioni di diritto processuale civile*, 5ª ed., Napoli, Jovene, 2006.

— "Garanzia del giusto processo e tutela degli interessi dei minori", in *Questione giustizia*, n. 3, 2000, págs. 467-476.

PROVERA, Giuseppe, *Degli alimenti (Art. 433-448)*, in *Commentario del codice civile a cura di Antonio Scialoja e Giuseppe Branca*), Bologna-Roma, Zanichelli-Foro Italiano, 1972.

PUGLIESE, Giovanni,

— "*Res iudicata pro veritate accipitur*", in *RTDPC*, 1967, págs. 503-550.

— "Giudicato civile", in *Enc. Dir.*, vol. XVIII, 1969, págs. 727-893.

PULVIRENTI, Marco Gaetano, "Intangibilità del giudicato, primato del diritto comunitario e teoria dei controlimiti costituzionali", in *Rivista Italiana di Diritto Pubblico Comunitário*, 2009, págs. 341-379.

QUEIRÓ, Afonso Rodrigues, *Lições de Direito Administrativo*, vol. I, Coimbra, 1976.

QUEVEDO MENDOZA, Efraín I., *Cosa juzgada y sumariedad*, La Plata, Jus – Fundación para la Investigación de las Ciencias Juridicas, 1983.

RAMIÃO, Tomé d' Almeida,

— *Lei Tutelar Educativa* (anotada e comentada), Lisboa, Quid Juris, 2004.

— *Lei de Protecção de Crianças e Jovens em Perigo* (anotada e comentada), 4ª ed., Lisboa, Quid Juris, 2006.

— *Organização Tutelar de Menores anotada e comentada (Jurisprudência e legislação conexa)*, 9ª ed., Lisboa, Quid Juris, 2010.

Ramos Méndez, Francisco, *El sistema procesal español*, 7ª ed., Barcelona, Atelier, 2005.

Rapisarda, Cristina, *Profili della tutela civile inibitoria*, Padova, Cedam, 1987.

Raselli, Alessandro,

— "Appunti intorno alla funzione della Magistratura del lavoro", in *Studi di diritto processuali in onore di Giuseppe Chiovenda nel venticinquesimo anno del suo insegnamento*, Padova, Cedam, 1927, págs. 689-726.

— *Il potere discrezionale del giudice civile*, vols. I e II, Padova, Cedam, 1927 e 1935.

— *La magistratura del lavoro (Giurisdizione ed azione)*, Padova, Cedam, 1934.

— "Le sentenze determinative e la classificazione generale delle sentenze", in *Scritti giuridici in onore di Francesco Carnelutti*, vol. II, Padova, Cedam, 1950, págs. 567-623.

Redenti, Enrico,

— "Il giudicato sul punto di diritto", in *RTDPC*, 1949, págs. 257-270.

— *Diritto Processuale Civile*, vol. I, Milano, Giuffrè, 1957.

Rego, Carlos Francisco de Oliveira Lopes do, *Comentários ao Código de Processo Civil*, vols. I e II, 2ª ed., Coimbra, Almedina, 2004.

Reichenbach, Sandy Bernd, "Tenor und Klageantrag bei gesetzlichen Zinssätzen mit variablen Bezugsgrössen", in *MDR*, 2001, págs. 13-14.

Reinicke, Gerhard, "Die Kollision zwischen Rechtsfrieden und Gerechtigkeit", in *NJW*, 1952, págs. 3-6.

Reis, José Alberto dos,

— *Processo ordinário civil e comercial*, vol. I, Coimbra, Imprensa Académica, 1907.

— "Os poderes do juiz no julgamento da acção", in *Revista da Universidade de Coimbra*, vol. III, 1914, págs. 399-410.

— *Acções de despejo de predios rusticos e urbanos*, Coimbra, F. França Amado, 1918.

— *Processo ordinário e sumário*, vol. 1º, 2ª ed., Coimbra, Coimbra Editora, 1928.

— *Curso de processo ordinário e sumário civil e comercial* (Lições coligidas por António Batoque e António Cesar Abranches), Coimbra, Livraria Neves, 1928.

— *Breve estudo sôbre a reforma do processo civil e comercial*, Coimbra, Coimbra Editora, 1929.

— *Curso de processo ordinário, sumário e sumaríssimo civil e comercial* (Lições coligidas por António Batoque e António Cesar Abranches), 2ª ed. (com a colaboração de José Ilharco Alvares de Moura e Manuel Gomes Abreu), Coimbra, Coimbra Editora, 1932.

— *Código de Processo Civil explicado*, Coimbra, Coimbra Editora, 1939.

— "O novo Código de processo civil", in *RLJ*, 72º ano, 1939-1940, págs. 2-5, 17-21, 81-85, 97-102, 113-117, 161-166 e 193-196.

— "Anotação" (ao acórdão do STJ de 7 de Novembro de 1939), *RLJ*, ano 73º, nº 2672, 1940, págs. 118-122.

— *Jurisprudência crítica sôbre processo civil*, sep. do vol. VI do supl. ao BFDUC, Coimbra, 1944.

— "O novo Código de Processo Civil português", in *BFDUC* (Suplemento VI), 1945, págs. 340-367.

— *Comentário ao Código de Processo Civil*, vol. 1º, 2ª ed., Coimbra, Coimbra Editora, 1960; vol. 2º, Coimbra, Coimbra Editora, 1945; vol. 3º, Coimbra, Coimbra Editora, 1946.

— "Causa de pedir nas acções de divórcio e separação (Comentário a um acórdão)", in *RLJ*, ano 81º, 1948, nº 2890, págs. 260-265.

— "Recurso de revisão", in *RLJ*, ano 85º, nºs 2991 e 2992, 1953, págs. 283-285 e 300-301.

— *Código de Processo Civil anotado*, vol. III, 4ª ed., reimpr., Coimbra, Coimbra Editora, 1985; vol. V, reimpr., Coimbra, Coimbra Editora, 1984; vol. VI, reimpr., Coimbra, Coimbra Editora, 1985.

— *Processo de execução*, vol. 2º, reimpr., Coimbra, Coimbra Editora, 1985.

REISCHL, Klaus,

— *Die objektiven Grenzen der Rechtskraft im Zivilprozess*, Tübingen, Mohr Siebeck, 2002.

— "Anmerkung", in *ZZP*, 116 (2003), págs. 493-498.

RESCIGNO, Pietro, "Situazione e *status* nell'esperienza del diritto", in *RDC*, 1973, I, págs. 209-229.

Revista de Legislação e de Jurisprudência,

— ano 53º, nº 2158, 1921, págs. 339-344.

— ano 63º, nº 2418, 1930, págs. 227-232.

— ano 69º, nº 2584, 1937, págs. 376-379.

Revista dos Tribunais,

— "Simulação processual e caso julgado na investigação de paternidade ilegítima", in *Rev. Trib.*, ano 62º, nº s 1481 e 1482, págs. 258-259 e 274-276.

— ano 65º, nº 1542, 1947, págs. 82-84.

— ano 74º, nº 1695, 1956, pág. 70.

— ano 76º, nº 1717, 1958, pág. 78.

— ano 81º, nº 1779, 1963, págs. 137-139 (anotação ao acórdão do STJ de 21-XII-962).

— ano 83º, nº 1800,1965, págs. 161-163 (anotação ao Assento de 6-IV-965: *nos processos de jurisdição voluntária todas as sentenças constituem resoluções*).

RIBEIRO, Ernesto Rodolpho Hintze / VILHENA, Júlio Marques, *O caso julgado e os documentos particulares*, Coimbra, Imprensa da Universidade, 1872.

RIBEIRO, Milton Gomes Baptista, *Da coisa julgada incompatível com a realidade social*, in http://www1.jus.com.br/doutrina/texto.asp?id=3566

RIBEIRO, Vítor,

— *Acidentes de trabalho (Reflexões e notas práticas)*, Lisboa, Rei dos Livros, 1984.

— *Acidentes de trabalho*, Cadernos da Revista do Ministério Público, 1986.

RIMMELSPACHER, Bruno,

— *Zur Prüfung von Amts wegen im Zivilprozess*, Göttingen, Otto Schwartz & Co., 1966.

— *Materiellrechtlicher Anspruch und Streitgegenstandsprobleme im Zivilprozess*, Göttingen, Otto Schwartz & Co., 1970.

RITTER, Ulf, "Die Bestimmung der objektiven Rechtskraftgrenzen in rechtsvergleichender Sicht", in *ZZP*, 87 (1974), págs. 138-199.

ROCCO, Arturo, *Opere giuridiche*, vol. II (Trattato della cosa giudicata come causa di estinzione della azione penale), Roma, Società Editrice del "Foro Italiano", 1932.

ROCHA, M. A. Coelho da, *Instituições de direito civil portuguez*, 3ª ed., tomo I, Coimbra, Imprensa da Universidade, 1852.

RODRIGUES, Manuel,

— *Lições de direito processual civil*, Lisboa, 1940.

— *Dos recursos* (Ano lectivo de 1942-1943: prelecções coligidas por Adriano Borges Pires), 1943

— *Do processo declarativo*, vol. I, Lisboa, 1944-1945.

— "Observações e propostas de alterações ao projecto do Código de Processo Civil – Da instância (Relatório apresentado à Comissão Revisora sôbre o Capítulo V do Livro I da Parte I do Projecto – artºs 49º e segs.), in *ROA*, ano 5º, nº s 3 e 4, 1945, págs. 232-246.

— "Observações e propostas de alterações ao projecto do Código de Processo Civil - Da sentença (Relatório apresentado à Comissão Revisora sobre o Capítulo V do Tit. II do Lº III do Projecto, artºs 584º e segs.), in *ROA*, ano 9º, nº s 3 e 4, 1949, págs. 334-344.

RODRÍGUEZ ROSSI, Ernesto, *Cosa juzgada*, Buenos Aires, Ediar, 1974.

RODRÍGUEZ VALCARCE, Francisco, "La acción de condena a una prestación futura (Su posibilidad en el derecho patrio)", in *Revista de Derecho Procesal*, 1948-1, págs. 89-95.

ROGNONI, Virginio, *La condanna in futuro*, Milano, Giuffrè, 1958.

RÖHL, Klaus F., "Der unbezifferte Klagantrag", in *ZZP*, 85 (1972), págs. 52-77.

ROMEIRO, Jorge Alberto, *Da revisão*, Rio de Janeiro, Forense, s.d. (1964?)

ROQUE, Helder, "Os conceitos jurídicos indeterminados em direito da família e sua integração", in *Lex Familiae*, ano 2, nº 4, 2005, págs. 93-98.

ROSENBERG, Leo,

— *Lehrbuch des deutschen Zivilprozessrechts*, Berlin, Otto Liebmann, 1927.

— "Zur Lehre vom Streitgegenstand", in *Festgabe für Richard Schmidt*, vol. I (Straf- -und Prozessrecht), Aalen, Scientia, 1979 (Leipzig, 1932), págs. 256-271.

— "Anmerkung", in *ZZP*, 68 (1955), pág. 312.

— "Anmerkung", in *JZ*, 1963, pág. 713.

— / SCHWAB, Karl Heinz / GOTTWALD, Peter, *Zivilprozessrecht*, 15ª ed., München, C.H.Beck, 1993.

— / GAUL, Hans Friedhelm / SCHILKEN, Eberhard, *Zwangsvollstreckungsrecht*, 11ª ed., München, C.H. Beck, 1997.

— / SCHWAB, Karl Heinz / GOTTWALD, Peter, *Zivilprozessrecht*, 17ª ed., München, C.H. Beck, 2010.

ROSENTHAL, Alfred, in *JW*, 1922, págs. 1536-1537.

ROTH, Herbert,

— "Die Klage auf künftige Leistung nach §§ 257-259 ZPO", in *ZZP*, 1985, págs. 287-313.

— "Richterliche Prognoseentscheidungen, Rechtskraftwirkung und materielle Gerechtigkeit im Fall der nach § 323 ZPO", in *NJW*, 1988, págs. 1233-1240.

— "Thomas Martin Petzoldt: Die Rechtskraft der Rentenurteile des § 258 ZPO und ihre Abänderung nach § 323 ZPO", in *ZZP*, 107 (1994), págs. 560-562.

ROTHE, Wolfgang, *Möglichkeiten und Schranken der Abänderung von Entscheidungen in der freiwilligen Gerichtsbarkeit* (Inaugural-Dissertation), Kiel, 1964.

RULAND, Franz, "Das Gesetz über weitere Massnahmen auf dem Gebiet des Versorgungsausgleichs", in *NJW*, 1987, págs. 345-352.

RÜSSMANN, Helmut, "Die Bindungswirkung rechtskräftiger Unterlassungsurteile", in *Verfahrensrecht am Ausgang des 20. Jahrhunderts (Festschrift für Gerhard Lüke zum 70. Geburtstag)*, München, C. H. Beck, 1997, págs. 675-699.

SÁ, Eduardo Alves de, *Commentario ao Codigo do Processo Civil portuguez*, 3 vols., Lisboa, Typ. de Christovão Augusto Rodrigues, 1877.

SACCO, Rodolfo, "La tutela del terzo nel caso di cui all'art. 742 cod. proc. civ.", in *Rivista del diritto commerciale e del diritto generale delle obbligazioni*, 1951, II, págs. 39-53.

SACHS, Michael, "Das Wiederaufgreifen des Verwaltungsverfahrens", in *JuS*, 1982, págs. 264-267.

SAJA, Francesco, "L'efficacia nel tempo delle sentenze di accoglimento", in *Quad. Cost.*, 1989, págs. 7-15.

SAKAMOTO, Keizo, *Rechtskräftige Entscheidung und Nachforderung in Unterhalts— und Schadensersatzsachen in Japan (zugleich ein Beitrag zur japanisch-deutschen Rechtsvergleichung)*, Köln-Berlin-Bonn-München, Carl Heymann, 1990.

SALVADOR, Manuel Júlio Gonçalves, "Pedidos genéricos", in *Rev. Trib.*, ano 88º, nº 1847, 1970, págs. 5-16 e ano 88º, nº 1848, 1970, págs. 51-62.

SAMPAIO, Flávia Cerqueira, *Uma abordagem normativa acerca da desconsideração do caso julgado*, Faculdade de Direito de Lisboa, 2007.

SAMPAIO, J. M. Gonçalves, *A acção executiva e a problemática das execuções injustas*, Lisboa, Cosmos, 1992.

SÁNCHEZ GONZÁLEZ, María Paz, *Alteraciones económicas y obligaciones contractuales: la cláusula* rebus sic stantibus, Madrid, Tecnos, 1990.

SANTO, João Espírito, *O documento superveniente para efeito de recurso ordinário e extraordinário*, Coimbra, Almedina, 2001.

SANTOS, António de Almeida, *A teoria da imprevisão ou da superveniência contratual e o novo Código Civil*, Lourenço Marques, Minerva Central, 1972.

SANTOS, Cláudio Sinoé Ardenghy dos, *Coisa julgada e as ações de revisão*, in http://www.tex.pro.br/wwwroot/34de020402/coisajulgadaeasacoesderevisaoclaudiosinoeardenghy.htm

SANTOS, Jonny Maikel, *O novo Direito de Família e a prestação alimentar*, in http://www1.jus.com.br/doutrina/texto.asp?id=4740

SANTOS, M. Simas, e LEAL-HENRIQUES, M., *Código de Processo Penal anotado*, II vol., 2ª ed., Lisboa, Editora Rei dos Livros, 2004.

SANTOS, Teresa Mafalda Nunes, *O recurso extraordinário de revisão no processo civil*, Faculdade de Direito de Lisboa, 2004.

SASSANI, Bruno, *Impugnativa dell'atto e disciplina del rapporto (Contributo allo studio della tutela dichiarativa nel processo civile e amministrativo)*, Padova, Cedam, 1989.

SATTA, Salvatore,

— "Premesse generali alla dottrina della esecuzione forzata", in *RDPC*, 1932, I, págs. 333-377.

— "Efficacia e autorità della sentenza (a proposito di una recente pubblicazione)", in *Riv. dir. comm.*, 1935, I, págs. 363-369.

— "Sulla natura giuridica del processo di divisione", in *Foro it.*, 1947, I, págs. 356-362.

— "La giurisdizione volontaria nell' unità dell' ordinamento", in *Festschrift für Hans Schima*, Wien, Manz, 1969, págs. 349-365.

— / PUNZI, Carmine, *Diritto processuale civile*, 13ª ed., Padova, Cedam, 2000.

SAUER, Hans-Joachim, *Die Reihenfolge der Prüfung von Zulässigkeit und Begründetheit einer Klage im Zivilprozess*, Köln-Berlin-Bonn-München, Carl Heymann, 1974.

SAUER, Wilhelm,

— "Zum Streit um die materielle Rechtskraft", in *Festgabe für Richard Schmidt*, Aalen, Scientia, 1979 (Leipzig, 1932), págs. 308-329.

— *Allgemeine Prozessrechtslehre*, Berlin-Detmold.-Köln-München, Carl Heymann, 1951.

SAVIGNY, Friedrich Carl von, *System des heutigen römischen Rechts*, vols. VI e VIII, Berlin, Veit & Comp., 1847-1849.

SAX, W., "Das unrichtige Sachurteil als Zentralproblem der allgemeinen Prozessrechtslehre", in *ZZP*, 67 (1954), págs. 21-54.

SCAGLIONI, Alfredo, "Limiti del processo volontario", in *RDP*, 1947, II, págs. 140-154.

SCHACK, Haimo,

— "Drittwirkung der Rechtskraft?", in *NJW*, 1988, págs. 865-873.

— *Internationales Zivilverfahrensrecht*, 2ª ed., München, C.H. Beck, 1996.

SCHÄFER, Hans-Bernd / OTT, Claus, *Manual de análisis económico del derecho civil* (trad. de Macarena von Carstenn-Lichterfelde), Madrid, Tecnos, 1991.

SCHÄFER, Ulrike A., *Abänderbarkeit und Rechtskraft im Verfahren der freiwilligen Gerichtsbarkeit* (– Insbesondere zum Anwendungsbereich des § 18 FGG und zur Rechtskraft antragsabweisen-

der Entscheidungen –), Bielefeld, Gieseking, 1992.
SCHEFFLER, Karl, "Vorläufige Vollstreckbarkeit bei Abänderung von Unterhaltstiteln nach § 323 ZPO", in *FamRZ*, 1986, págs. 532-533.
SCHELLHAMMER, Kurt, *Zivilprozess (Gesetz-Praxis-Fälle: mit Zivilprozessreform)*, 9ª ed., Heidelberg, C. F. Müller, 2001.
SCHIEDERMAIR, Gerhard, "Zum Verhältnis von Wiederaufnahmeverfahren und Vorprozess", in *Vom deutschen zum europäischen Recht (Festschrift für Hans Dölle)*, vol. I, Tübingen, J. C. B. Mohr (Paul Siebeck), 1963, págs. 329-356.
SCHILKEN, Eberhard, *Zivilprozessrecht*, 5ª ed., Köln – Berlin – Bonn – München, Carl Heymann, 2006.
SCHLOSSER, Peter,
— *Gestaltungsklagen und Gestaltungsurteile*, Bielefeld, Gieseking, 1966.
— "Das völkerrechtswidrige Urteil nach deutschem Prozessrecht", in *ZZP*, 79 (1966), págs. 164-198.
— "Urteilswirkungen und rechtliches Gehör (Zum Beschluss des Bundesverfassungsgerichtes vom 1.2.1967 – 1 BvR 630/64)", in *JZ*, 1967, págs. 431-437.
— "Unterhaltsansprüche vor den Gerichten der Alt-EWG-Staaten", in *FamRZ*, 1973, págs. 424-430.
— "Zur Abänderung ausländischer Unterhaltsentscheidungen", in *IPRax*, 1981, págs. 120-122.
— *Zivilprozessrecht*, vol. I (*Erkenntnisverfahren*), 2ª ed., München, Franz Vahlen, 1991.
— "EMRK und Waffengleichheit im Zivilprozess", in *NJW*, 1995, págs. 1404-1406.
— *EU – Zivilprozessrecht*, 3ª ed., München, C. H. Beck, 2009.
SCHMIDT, Karsten, "Vollstreckungsgegenklage – Prozessrecht und materielles Recht in der Bewährung", in *50 Jahre Bundesgerichtshof (Festgabe aus der Wissenschaft)*, III, München, C.H. Beck, 2000, págs. 491-519.
SCHMIDT, Hans-Joachim, "Ist eine Nachtragsabänderungsklage insbesondere bei Erhöhung der Unterhaltsrenten unehelicher Kinder möglich?", in *MDR*, 1963, págs. 187-188.
SCHNEIDER, Egon, "Streitgegenstandstheorien und Relationstechnik", in *JZ*, 1958, págs. 345-350.
SCHOLLMEYER, F. "Kritische Bemerkungen zur Lehre von dem Umfang der Rechtskraft bei Theilansprüchen", in *AcP*, 76 (1890), págs. 439-489.
SCHOLZ, Helmut, *Historische Entwicklung und rechtliche Natur der Abänderungsklage*, Diss. Göttingen, Potsdam, 1929.
SCHÖNKE, Adolf / SCHRÖDER, Horst / NIESE, Werner, *Lehrbuch des Zivilprozessrechts*, 8ª ed., Karlsruhe, C.F. Müller, 1956.
SCHREIBER, K.,
— "Anmerkung", in *JR*, 1982, págs. 107-108.
— "Anmerkung", in *JR*, 1984, pág. 154.
SCHRÖDER, Jochen, "Rudolf Bruns, Zivilprozessrecht – Eine systematische Darstellung", in *FamRZ*, 1969, págs. 348-352.
SCHUMACHER, Klaus / GRÜN, Klaus-Jürgen, "Das neue Unterhaltsrecht minderjähriger Kinder", in *FamRZ*, 1998, págs. 778-797.
SCHUMANN, Ekkehard, "Fehlurteil und Rechtskraft (Eine dogmengeschichtliche Auseinandersetzung mit den Leugnern des Fehlurteils)", in *Festschrift für Eduard Bötticher*, Berlin, Duncker & Humblot, 1969, págs. 289-320.
SCHUR, Wolfgang, "Die Behandlung neuer Sachanträge nach Schluss der mündlichen Verhandlung im Zivilprozess", in *ZZP*, 114 (2001), págs. 319-349.
SCHWAB, Dieter / MAURER, Hans-Ulrich, *Handbuch des Scheidungsrechts*, 4ª ed., München, Franz Vahlen, 2000.

SCHWAB, Karl Heinz,
— "Der Streitgegenstand im Eheprozess", in *ZZP*, 1952, págs. 101-113.
— *Der Streitgegenstand im Zivilprozess*, München-Berlin, C. H. Beck, 1954.
— "W. J. Habscheid, Der Streitgegenstand im Zivilprozess und im Streitverfahren der freiwilligen Gerichtsbarkeit, Deutscher Heimatverlag Bielefeld, 1956, 328 S.", in *ZZP*, 71 (1958), págs. 155-160.
— "Zeuner, Albrecht: Die objektiven Grenzen der Rechtskraft im Rahmen rechtlicher Sinneszusammenhänge (...) Tübingen (...) 1959 (...)", in *JZ*, 1959, págs. 786-787.
— "Der Stand der Lehre vom Streitgegenstand im Zivilprozess", in *JuS*, 1965, págs. 81-86.
— "La teoria dell'oggetto del processo nell'attuale dottrina tedesca", in *Studi in onore di Antonio Segni*, IV, Giuffrè, Milano, 1967, págs. 311-330.
— "Die Bedeutung der Entscheidungsgründe", in *Festschrift für Eduard Bötticher*, Berlin, Duncker & Humblot, 1969, págs. 321-340.
— "Gegenwartsprobleme der deutschen Zivilprozessrechtswissenschaft", in *JuS*, 1976, págs. 69-74.
— "Noch einmal: Bemerkungen zum Streitgegenstand", in *Verfahrensrecht am Ausgang des 20. Jahrhunderts (Festschrift für Gerhard Lüke zum 70. Geburtstag)*, München, C. H. Beck, 1997, págs. 793-807.
SCHWARTZ, Johann Christoph, *Das Billigkeitsurtheil des § 829 B.G.B. (Eine civilistische Studie)*, Halle, Max Niemeyer, 1904.
SEABRA, Alexandre de,
— *Motivos do projecto do Codigo do Processo Civil (apresentado ao Ministro e Secretario d'Estado dos Negocios Ecclesiasticos e de Justiça)*, Lisboa, Imprensa Nacional, 1869.
— *Projecto definitivo de Codigo do Processo Civil portuguez*, Lisboa, Imprensa Nacional, 1872.
SEGNI, Antonio
— "La natura dell'eccezione di cosa giudicata e il procedimento per le controversie individuali di lavoro", in *Foro it.*, 1937, I, págs. 826-834.
— "Il processo civile nello Stato contemporaneo", in *Jus*, 1954, págs. 23-42.
SEITTER, Oswald, "Die Wirkung der Abänderung des Urteils nach § 323 ZPO auf bereits fällige Unterhaltsleistungen", in *MDR*, 1965, pág. 970.
SENDLER, Horst, "Richter und Sachverständige", in *NJW*, 1986, págs. 2907-2915.
SERRA, Adriano Pais da Silva Vaz,
— "Caso fortuito ou de fôrça maior e teoria da imprevisão", in *BFDUC*, vol. X, 1926-28, págs. 192-215.
— "Obrigações pecuniárias", in *BMJ*, nº 52, 1956, págs. 5-337.
— "Resolução ou modificação dos contratos por alteração das circunstâncias", in *BMJ*, nº 68, 1957, págs. 293-385.
— "Objecto da obrigação. A prestação – suas espécies, conteúdo e requisitos", in *BMJ*, nº 74, 1958, págs.15-283.
— "Manuel de Andrade, civilista", in *BFDUC*, vol. XXXV, 1959, págs. 21-38.
— "Obrigação de indemnização (Colocação. Fontes. Conceito e espécies de dano. Nexo causal. Extensão do dever de indemnizar. Espécies de indemnização). Direito de abstenção e de remoção", in *BMJ*, nº 84, 1959, págs. 5-303.
— "Prescrição do direito de indemnização", in *BMJ*, nº 87, 1959, págs. 23-67.
— "Obrigação de alimentos", in *BMJ*, nº 108, 1961, págs. 19-194.
— "Anotação" (ao Acórdão do STJ de 9 de Junho de 1961), in *RLJ*, 95º ano, nº 3217, 1962, págs. 60-64.
— "Anotação" (ao Acórdão do STJ de 5 de Julho de 1968), in *RLJ*, 102º ano, nº 3400, 1969-1970, págs. 296-298.

— "Anotação" (ao Acórdão do STJ de 12 de Fevereiro de 1971), in *RLJ*, 105º ano, nº 3468, 1972-1973, págs. 42-48.

— "Anotação" (ao Acórdão do STJ de 6 de Julho de 1971), in *RLJ*, 105º ano, nº 3475, 1972-1973, págs. 153-156.

— "Anotação" (ao Acórdão do STJ de 4 de Junho de 1974), in *RLJ*, 108º ano, nº s 3551 e 3552, 1975-1976, págs. 221-224 e 227-235.

— "Anotação" (ao Acórdão do STJ de 5 de Novembro de 1974), in *RLJ*, 108º ano, nº 3557, 1975-1976, págs. 311— 315.

— "Anotação" (ao Acórdão do STJ de 6 de Abril de 1978), in *RLJ*, 111º ano, nº s 3631 e 3632, 1979, págs. 345-352 e 354-356.

— "Anotação" (ao Acórdão do STJ de 8 de Março de 1979), in *RLJ*, 112º ano, nº 3650, 1979-1980, págs. 262-264.

— "Anotação" (ao Acórdão do STJ de 22 de Maio de 1979), in *RLJ*, 112º ano, nº 3654, 1979-1980, págs. 327-330.

— "Anotação" (ao Acórdão do STJ de 22 de Janeiro de 1980), in *RLJ*, 113º ano, nº 3678, págs. 326-328.

SEYBOLD, Hans, *Die Umwandlungsklage des § 323 ZPO*, Diss. Stuttgart, 1910.

SHAPIRO, David L., *Civil procedure: preclusion in civil actions*, New York, Foundation Press, 2001.

SIEHR, Kurt, "Ausländische Unterhaltsentscheidungen und ihre Abänderung im Inland wegen veränderter Verhältnisse", in *Festschrift für Friedrich Wilhelm Bosch zum 65. Geburtstag*, Bielefeld, Gieseking, 1976, págs. 927-962.

SILVA, António Tavares da, "O enquadramento jurídico dos acidentes de trabalho (Do regime português às soluções nos países comunitários)", in *RDES*, ano XXXIV - nº 4, 1992, págs. 417-446.

SILVA, Fernando Emygdio da, *Acidentes de trabalho*, vol. I, Lisboa, Imprensa Nacional, 1913.

SILVA, Fernando José da, *Caso julgado nos processos de jurisdição voluntária*, Lisboa (Faculdade de Direito de Lisboa), 1996.

SILVA, Germano Marques da, *Regime jurídico-penal dos cheques sem provisão*, Lisboa, Principia, 1997.

SILVA, Manuel Dias da, *Processos civis especiais*, 2ª ed., Coimbra, F. França Amado, 1919.

SILVA, Manuel Gomes da,

— *O dever de prestar e o dever de indemnizar*, vol. I, Lisboa, 1944.

— "Sentenças com trato sucessivo e caso julgado", in *RLJ*, ano 78º, nº 2820, 1946, págs. 385-389.

SILVA, Paula Costa e,

— *Acto e Processo (O dogma da irrelevância da vontade na interpretação e nos vícios do acto postulativo)*, Coimbra, Coimbra Editora, 2003.

— "O título executivo europeu", in *Estudos em memória do Professor Doutor António Marques dos Santos*, vol. I, Coimbra, Almedina, 2005, págs. 557-606.

— "A liquidação da massa insolvente", in *ROA*, ano 65, tomo 3, 2005, págs. 713-744.

— *A litigância de má fé*, Coimbra, Coimbra Editora, 2008.

SILVA, Vasco Pereira da, *Verde cor de direito: lições de direito do ambiente*, Coimbra, Almedina, 2002.

SILVEIRA, José dos Santos,

— *Questões Subsequentes em Processo Civil (Excepções, Nulidades, Reconvenções e Incidentes)*, Coimbra, Livraria Almedina, 1964.

— *Impugnação das Decisões em Processo Civil (Reclamações e Recursos)*, Coimbra, Coimbra Editora, 1970.

SILVESTRI, Gaetano, "Effetti normativi ed effetti temporali delle sentenze della Corte costituzionale", in *Quad. Cost.*, 1989, págs. 61-66.

SINANIOTIS, Lambros, "Prozessstandschaft und Rechtskraft (Beitrag zur Lehre von der Rechtskrafterstreckung aus prozessualen Gründen)", in *ZZP*, 1966, págs. 78-98.

SOARES, Carlos Manuel Oliveira,

— *Revisão de sentença e prova superveniente*, Faculdade de Direito de Lisboa, 1998.

— "O caso julgado na acção executiva", in *Themis*, ano IV – nº 7, 2003, págs. 241-259.

SOLAZZI, Siro, "*Iurisdictio contentiosa* e *voluntaria* nelle fonti romane", in *Archivio Giuridico*, 1927, vol. XCVIII, págs. 3-50.

SOLUS, Henry / PERROT, Roger, *Droit judiciaire privé*, tomo I, Paris, Sirey, 1961.

SOTTOMAYOR, Maria Clara, *Exercício do poder paternal relativamente à pessoa do filho após o divórcio ou a separação de pessoas e bens*, 2ª ed., Porto, Publicações Universidade Católica, 2003.

SOUSA, Joaquim José Caetano Pereira e, *Primeiras linhas sobre o processo civil*, tomos I, II, III e IV, 5ª ed., Lisboa, Typographia de José Baptista Morando,1849-1850.

SOUSA, Marcelo Rebelo de,

— *O valor jurídico do acto inconstitucional*, Lisboa, 1988.

— "As indemnizações por nacionalização e as comissões arbitrais em Portugal", in *ROA*, 1989, págs. 369-463.

— *Orgânica judicial, responsabilidade dos juízes e Tribunal Constitucional*, Lisboa, AAFDL, 1992.

SOUSA, Miguel Teixeira de,

— "Prejudicialidade e limites objectivos do caso julgado", in *RDES*, ano XXIV, nº 4, 1978, págs. 299-316.

— "Acções de simples apreciação (objecto; conceito; ónus da prova; legitimidade)", in *RDES*, ano XXV, nº 1-2, 1979, págs. 123-148.

— *Sobre a teoria do processo declarativo*, Coimbra, Coimbra Editora, 1980.

— *O objecto da sentença e o caso julgado material (Estudo sobre a funcionalidade processual)*, sep. do BMJ, Lisboa, 1983.

— *O concurso de títulos de aquisição da prestação (Estudo sobre a dogmática da pretensão e do concurso de pretensões)*, Coimbra, Almedina, 1988.

— *As partes, o objecto e a prova na acção declarativa*, Lisboa, Lex, 1995.

— *Estudos sobre o novo processo civil*, Lisboa, Lex, 1997.

— *Acção executiva singular*, Lisboa, Lex, 1998.

— *Introdução ao processo civil*, 2ª ed., Lisboa, Lex, 2000.

— "Arguição de nulidades processuais e diligência das partes (Anotação ao Acórdão nº 678/98 do Tribunal Constitucional)", in *ROA*, ano 61, III, 2001, págs.1455-1478.

— "Aplicação da lei no tempo", in *Direito Privado*, nº 18, 2007, págs. 3-15.

SOUSA, Silva e, "O *jus* superveniens", in *Rev. Trib.*, ano 59º, 1941, nº 1405, págs. 194-198, e nº 1406, págs. 210-213.

SOUTO, Azevedo, *Código de Processo Civil actualisado e comentado*, 1ª ed., Lisboa, 1930.

SOUZA, Gelson Amaro de, *Coisa julgada na ação de alimentos*, in http://gelsonamaro.sites.uol.com.br/artigo2.html

SOYKA, Jürgen,

— *Die Abänderungsklage im Unterhaltsrecht (Änderung der Verhältnisse – Präklusion – Bindungswirkung – Störung der Geschäftsgrundlage)*, 1ª ed., Berlin, Erich Schmidt, 2001.

— *Die Abänderungsverfahren im Unterhaltsrecht (Änderung der Verhältnisse – Präklusion – Bindungswirkung – Störung der Geschäftsgrundlage)*, 3ª ed., Berlin, Erich Schmidt, 2010.

SPELLENBERG, Ulrich,

— "Rechtskraft und Gerechtigkeit – LG Hannover, NJW 1979, 221", in *JuS*, 1979, págs. 554-559.

— "Abänderung ausländischer Unterhaltsurteile und Statut der Rechtskraft", in *IPRax*, 1984, págs. 304-308.

SPERL, Hans, "Unwahrheit im Urteil", in *Festschrift für Frank Klein*, Wien, Manz, 1914, págs. 15-49.

SPIAZZI, Dante, "Ancora sull'applicabilità, nel giudizio di rinvio, d'una legge di interpretazione autentica sopravvenuta dopo la pronuncia di cassazione", in *Giur. it.*, 1983, I, 1, págs. 333-336.

SPIESS, Heinz Josef, "Anmerkung", in *FamRZ*, 1961, págs. 278-279.

STALEV, Zhivko, "Non-contentious proceedings and their development", in *Effektiver Rechtsschutz und verfassungsmässige Ordnung* (Die Generalberichte zum VII. Internationalen Kongress für Prozessrecht, Würzburg 1983), herausg. von Walther H. Habscheid, Bielefeld, Gieseking, 1983, págs. 253-289

STANKEWITSCH, Peter, "Kollisionsrechtliche Probleme bei der Abänderung von DDR-Urteilen auf Geschiedenenunterhalt", in *IPRax*, 1994, págs. 103-109.

STEIN, Friedrich,

— *Ueber die bindende Kraft der richterlichen Entscheidung nach der neuen österreichischen Civilprozessordnung*, Wien, Manz, 1897.

— "Zu dem Gesetzentwurf, betreffend die Abänderung der Civilprozessordnung", in *ZZP*, 24 (1898), págs. 209-253.

— / JONAS, Martin, *Kommentar zur Zivilprozessordnung*, 22ª ed., vol. 4, Tübingen, Mohr Siebeck, 2008.

STEINER, Udo, "Wirkung der Entscheidungen des Bundesverfassungsgerichts auf rechtskräftige und unanfechtbare Entscheidungen (§ 79 BVerfGG)", in *Bundesverfassungsgericht und Grundgesetz* (Festgabe aus Anlass des 25jährigen Bestehens des Bundesverfassungsgerichts), I, Tübingen, J.C.B. Mohr (Paul Siebeck), 1976.

STOLFI, Giuseppe, "Ancora sull'art. 742 cod.proc.civile", in *Giur. it.*, 1951, I, 2, págs. 836-840.

STRAUSS, Hildegard, "Probleme des Kindesunterhaltsgesetzes in der gerichtlichen Praxis", in *FamRZ*, 1998, págs. 993-1004.

STÜRNER, Rolf, "Rechtskraft in Europa", in *Wege zur Globalisierung des Rechts (Festschrift für Rolf A. Schütze zum 65. Geburtstag)*, München, C. H. Beck, 1999, págs. 913-934.

TACCHI-VENTURI, Pier Cesare, "I limiti oggettivi del giudicato", in *RTDPC*, 1960, págs. 1198-1215.

TAPIA FERNÁNDEZ, Isabel, *El objeto del proceso. Alegaciones. Sentencia. Cosa juzgada*, Madrid, La Ley, 2000.

TARCHI, Rolando, *Le leggi di sanatoria nella teoria del diritto intertemporale*, Milano, Giuffrè, 1990.

TARTAGLIA, Paolo, *L'adeguamento del contratto alle oscillazioni monetarie*, Milano, Giuffrè, 1987.

TARUFFO, Michele, ""Collateral estoppel" e giudicato sulle questioni", in *RDP*, 1971, págs. 651-687, e *RDP*, 1972, págs. 272-300.

TARZIA, Giuseppe, "Recenti orientamenti della dottrina germanica intorno all'oggetto del processo", in *Jus*, 1956, págs. 266-276.

TAVORMINA, Valerio

— "Impugnazioni sostitutive e impugnazioni rescindenti", in *RTDPC*, 1977, págs. 651-715.

— "In tema di condanna, accertamento ed efficacia esecutiva", in *RDC*, 1989, II, págs. 21-42.

TEDESCHI, Guido, "Alimenti (Diritto civile)", in *NssDI*, vol. I, 1, 1974, págs. 484-504.

TELES, Miguel Galvão,

— *Direito Constitucional. Sumários desenvolvidos relativos ao Título II da Parte III do*

Curso (Direito Constitucional português vigente), Lisboa, Associação Académica da Faculdade de Direito de Lisboa, 1970.

— "Inconstitucionalidade pretérita", in *Nos dez anos da Constituição* (org. Jorge Miranda), Imprensa Nacional-Casa da Moeda, 1987, págs. 265-343.

— "A competência da competência do Tribunal Constitucional", in *Legitimidade e legitimação da justiça constitucional* (Colóquio no 10º Aniversário do Tribunal Constitucional - Lisboa, 28 e 29 de Maio de 1993), Coimbra, Coimbra Editora, 1995, págs. 105-125.

TELLES, Inocêncio Galvão,

— *Direito das obrigações*, 7ª ed. (revista e actualizada), Coimbra, Coimbra Editora, 1997.

— *Manual dos contratos em geral*, refundido e actualizado, 4ª ed., Coimbra, Coimbra Editora, 2002.

TELLES, J. H. Corrêa, *Manual do processo civil (Supplemento do Digesto Portuguez)*, Lisboa, Livraria Classica Editora, 1909.

TESHEINER, José Maria Rosa, *Elementos para uma teoria geral do processo*, in http://www.tex.pro.br/wwwroot/livroelementos/livroelementosindex.htm

THALMANN, Wolfgang, "Die Abänderungsklage nach § 323 ZPO (Eine aktuelle Bestandsaufnahme der BGH-Rechtsprechung)", in *Festschrift für Dieter Henrich zum 70. Geburtstag 1. Dezember 2000*, Bielefeld, Gieseking, 2000, págs. 621-644.

THOMAS, Heinz / PUTZO, Hans, *Zivilprozessordnung*, 29ª ed., München, C.H. Beck, 2008.

TIEDTKE, Klaus, "Rechtskraftwirkungen eines die negative Feststellungsklage abweisenden Urteils (– Zugleich eine Besprechung des BGH-Urteils vom 10. April 1986 – VII ZR 286/85 –)", in *JZ*, 1986, págs. 1031-1038.

TIMM, Jürgen, "Abänderungsklage und/oder Vereinfachtes Verfahren bei der Anpassung von Unterhaltsrenten?", in *NJW*, 1978, págs. 745-746.

TINTELNOT, Albrecht, "Unterhaltsausgleich nach verheimlichter Besserstellung versus Rechtskraft", in *FamRZ*, 1988, págs. 242-246.

TOGNONI, Augusta, "Bambini contesi e processo civile (i limiti dell'attuale normativa)", in *RDP*, 1999, págs. 903-913.

TOMASIN, Daniel, *Essai sur l'autorité de la chose jugée en matière civile*, Paris, Librairie Générale de Droit et de Jurisprudence, 1975.

TOMMASEO, Ferruccio,

— "I processi a contenuto oggettivo", in *RDC*, 1988, I, págs. 495-532 e 686-712.

— *Appunti di diritto processuale civile (Nozioni introduttive)*, 4ª ed., Torino, G. Giappichelli, 2000.

TRABUCCHI, Alberto, "Alimenti (Diritto civile)", in *NssDI*, Appendice, I, 1980 (?), págs. 225-238.

TROCKER, Nicolò, "Enrico Allorio e la dottrina della riflessione della cosa giudicata rispetto ai terzi", in *RDP*, 2001, págs. 339-375.

TUOR, Peter / SCHNYDER, Bernhard, *Das schweizerische Zivilgesetzbuch*, 10ª ed., Zürich, Schulthess Polygraphischer, 1986.

TURRI, Gian Cristoforo, "La valutazione dell'interesse del minore. Profili giuridici e profili psicologici", in *Questione giustizia*, nº 4, 2000, págs. 705-719.

UFFHAUSEN, "Zur Wiederaufnahme des Scheidungsrechtsstreits nach § 580 Ziff. 7 b ZPO", in *JR*, 1953, págs. 326-328.

ULRICH, Gustav-Adolf, "Die Vollstreckungsabwehrklage in Wettbewerbssachen", in *Festschrift für Fritz Traub zum 65. Geburtstag*, Frankfurt am Main, Deutscher Fachverlag, 1994, págs. 423-435.

VACCARELLA, Romano / GIORGETTI, Mariacarla, *Codice di Procedura Civile (Annotato com la giurisprudenza)*, Torino, Utet, 2008.

VALCARCE, Arodin, "Revisión de la cosa juzgada", in *Direito e cidadania*, ano III, nº 10/11, Julho de 2000/Fevereiro de 2001, págs. 361-370.

VARELA, João de Matos Antunes,

— *Ineficácia do testamento e vontade conjectural do testador*, Coimbra, Coimbra Editora, 1950.

— / MESQUITA, Henrique, "Resolução ou modificação do contrato por alteração das circunstâncias", in *CJ*, ano VII, tomo 2, 1982, págs. 5-17.

— / BEZERRA, J. Miguel / NORA, Sampaio e, *Manual de processo civil*, 2ª ed., Coimbra, Coimbra Editora, 1985.

— "Anotação" (ao acórdão do STJ de 30 de Janeiro de 1985), in *RLJ*, ano 123º, 1990, nº 3790, págs. 25-28.

— "Os tribunais judiciais, a jurisdição voluntária e as conservatórias do registo civil", in *RLJ*, ano 128º, 1995, nº 3854, págs.130-135.

— *Das obrigações em geral*, vol. I, 10ª ed., Coimbra, Almedina, 2004.

VARELA, José Maria Mendes, *Limites temporais do caso julgado em processo civil*, Faculdade de Direito de Lisboa, 1996.

VASCONCELOS, Pedro Pais de, *Teoria geral do direito civil*, 6ª ed., Coimbra, Almedina, 2010.

VASSALLI, Filippo, "La sentenza condizionale", in *Studi giuridici*, vol. I, Roma, Foro Italiano, 1939, págs. 403-509.

VELLANI, MARIO, *Naturaleza de la cosa juzgada* (trad. de Santiago Sentís Melendo), Buenos Aires, Ediciones Juridicas Europa-America, 1963.

VERDE, Giovanni,"Sulla "minima unità strutturale" azionabile nel processo (a proposito di giudicato e di emergenti dottrine)", in *RDP*, 1989, págs. 573-583.

VIADA LÓPEZ PUIGCERVER, Carlos, "Embargos de futuro", in *Revista de Derecho Procesal*, 1948-1, págs. 75-87.

VIDALES RODRÍGUEZ, Caty, *La eficacia retroactiva de los cambios jurisprudenciales*, Valência, Tirant Lo Blanch, 2001.

VILELA, Álvaro, *A revisão no processo criminal*, Coimbra, Imprensa da Universidade, 1897.

VINCENT, Jean, e GUINCHARD, Serge, *Procédure civile*, 26ª ed., Paris, Dalloz, 2001.

VITAGLIANO, José Arnaldo, *Coisa julgada e ação anulatória*, in http://www1.jus.com.br/doutrina/texto.asp?id=4206

VOCINO, Corrado,

— "Sulla c.d. "attuazione della legge" nel processo di cognizione", in *Studi in onore di Enrico Redenti*, vol. II, Milano, Giuffrè, 1951, págs. 587-692.

— "Considerazioni sul giudicato (Spunti da un libro di appunti e da altre pubblicazioni recenti)", in *RTDPC*, 1962, págs. 1483-1606.

— "L'efficacia dei provvedimenti di giurisdizione volontaria (Diritto italiano)", in *Atti del 3º congresso internazionale di diritto processuale civile* (Venezia 12-15 Aprile 1962), Milano, Giuffrè, 1969, págs. 497-531.

VOGEL, Ernst, *Die sogen. Abänderungsklage des § 323 ZPO*, Borna-Leipzig, Buchdruckerei Robert Noske, 1912.

VOGEL, Harald, "Hans-Ulrich Graba, Die Abänderung von Unterhaltstiteln", in *FamRZ*, 2000, págs. 875-876.

VOGEL, Klaus, "Rechtskraft und Gesetzeskraft der Entscheidungen des Bundesverfassungsgerichts", in *Bundesverfassungsgericht und Grundgesetz* (Festgabe aus Anlass des 25jährigen Bestehens des Bundesverfassungsgerichts), Tübingen, J.C.B. Mohr (Paul Siebeck), 1976, págs. 568-627.

VOIGT, Werner, *Die Abänderungsklage des § 323 ZPO*, Würzburg, Konrad Triltsch, 1933.

VOLLKOMMER, Max, "Neuere Tendenzen im Streit um die "geminderte" Rechtskraft des Vollstreckungsbescheids", in *Festschrift für Hans Friedhelm Gaul zum 70. Geburtstag*, Bielefeld, Gieseking, 1997, págs. 759-777.

VÖLP, Fromut, "Änderung der Rechts-oder Sachlage bei Unterlassungstiteln", in *GRUR*, 1984, págs. 486-493.

WACH, Adolf,

— *Handbuch des deutschen Civilprozessrechts*, vol. I, Leipzig, Duncker & Humblot, 1885.

— "Zur Lehre vom Klaggrund", in *Gruchot* 33 (1889), págs. 1-9.

— / LABAND, Paul, *Zur Lehre von der Rechtskraft (Drei Rechtsgutachten)*, Leipzig, Duncker & Humblot, 1899.

— *Conferencias sobre la ordenanza procesal civil alemana* (trad. de Ernesto Krotoschin), Buenos Aires, Ediciones Juridicas Europa-America, 1958.

WAGENITZ, Thomas, "Abschied von der Rechtskraft (Zur Abänderbarkeit rechtskräftiger Entscheidungen über den Versorgungsausgleich)", in *JR*, 1987, págs. 53-57.

WALCHSHÖFER, Alfred, "Die Abweisung einer Klage als "zur Zeit" unzulässig oder unbegründet", in *Festschrift für Karl Heinz Schwab zum 70. Geburtstag*, München, C. H. Beck, 1990, págs. 521-534.

WALDNER, Wolfram, "Kein Verstoss von § 323 ZPO gegen das Recht auf Gehör", in *NJW*, 1993, págs. 2085-2086.

WALKER, Wolf-Dietrich, "Beseitigung und Durchbrechung der Rechtskraft", in *50 Jahre Bundesgerichtshof (Festgabe aus der Wissenschaft)*, III, München, C.H. Beck, 2000, págs. 367-395.

WALTER, Gerhard, "I diritti fondamentali nel processo civile tedesco", in *RDP*, 2001, págs. 733-749.

WAX, Peter,

— "Anmerkungen zur Auslegung des § 323 ZPO durch den BGH", in *FamRZ*, 1982, págs. 347-349.

— "Zur Dogmatik des Unterhaltsanspruchs", in *FamRZ*, 1993, págs. 22-23.

— "Grundfragen der Abänderungsklage. Von Johann Braun.", in *NJW*, 1995, pág. 2278.

WEBER, Albrecht, "Das Gesetz zur Vereinheitlichung des Unterhaltsrechts minderjähriger Kinder", in *NJW*, 1998, págs. 1992-2004.

WEBER, Reinhold, "Der Umfang der Rechtskraft bei Änderungs-und Nachforderungsklagen", in *FamRZ*, 1955, págs. 232-236.

WEIMAR, Wilhelm, "Verjährung und Verwirkung bei der Abänderungsklage (§ 323 ZPO)", in *JR*, 1965, págs. 220-221.

WENDL, Philipp / STAUDIGL, Siegfried / THALMANN, Wolfgang, *Das Unterhaltsrecht in der familienrichterlichen Praxis*, 5ª ed., München, C.H. Beck, 2000.

WERNER, Bernhard, *Rechtskraft und Innenbindung zivilprozessualerBeschlüsse im Erkenntnis -und summarischen Verfahren*, Köln, Carl Heymann, 1983.

WESSER, Sabine, "Abwehr sittenwidrigen Titelmissbrauchs: welche Rechtsschutzformen stehen dem Vollstreckungsschuldner zur Verfügung?", in *ZZP*, 2000, págs. 161-183.

WETZELL, Georg Wilhelm, *System des ordentlichen Civilprozesses*, vol. II, Aalen, Scientia, 1969 (Leipzig, 1878).

WINDSCHEID, Bernhard,

— *Die Lehre des römischen Rechts von der Voraussetzung*, Düsseldorf, Julius Buddeus, 1850.

— *Die actio des römischen Zivilrechts vom Standpunkte des heutigen Rechts*, Aalen, Scientia, 1984 (Düsseldorf, 1856).

— "Über den Begriff der Voraussetzung", in *AcP* 78 (1892), págs. 161-202.

— *Diritto delle Pandette*, vol. I (trad. C. Fadda e P. E. Bensa), Torino, Unione Tipografico–Editrice Torinese, 1930.

WÜRTHWEIN, Susanne, "Neue wissenschaftliche Erkenntnisse und materielle Rechtskraft", in *ZZP*, 112 (1999), págs. 447-472.

XAVIER, Vasco da Gama Lobo, "Alteração das circunstâncias e risco (Arts. 437º e 796º do Código Civil)", in *CJ*, ano VIII, tomo 5, 1983, págs. 15-23.

YMAZ, Esteban, *La esencia de la cosa juzgada y otros ensayos*, Buenos Aires, La Ley, 1995.

YOSHIMURA, Tokushige, "Streitgegenstand und Verfahrensmaxime - zugleich eine Auseinandersetzung mit der Schrift von Jauernig: "Verhandlungsmaxime, Inquisitionsmaxime und Streitgegenstand"", in *ZZP*, 83 (1970), págs. 245-266.

ZAGREBELSKY, Gustavo,

— "Il controllo da parte della Corte costituzionale degli effetti temporali delle sue pronunce", in *Quad. Cost.*, 1989, págs. 67-90.

— / PIZZORUSSO, Alessandro, / CARAVITA, Beniamino, "Le principe de non-rétroactivité des lois (Italie)", in *Annuaire International de Justice Constitutionnelle*, VI, 1990, págs. 389-393.

ZANDONA, Thiago Costa Monteiro, *A relativização da coisa julgada no Direito Ambiental*, in http://www1.jus.com.br/doutrina/texto.asp?id=5361

ZANETI JUNIOR, Hermes, *A eficácia constitutiva da sentença, as sentenças de eficácia preponderantemente constitutiva e a força normativa do comando judicial*, in http://www.abdpc.org.br

ZANOBINI, Guido, "Sull'amministrazione pubblica del diritto privato", in *Rivista di Diritto Pubblico*, 1918, I, págs. 169-230.

ZANZUCCHI, Marco Tullio, *Diritto processuale civile*, vol. I, 6ª ed., Milano, Giuffrè, 1964.

ZEISS, Walter,

— "Rechtskrafterstreckung bei Teilklagen", in *NJW*, 1968, págs. 1305-1309.

— "Restitutionsklage und Klage aus § 826 BGB - BGHZ 50, 115", in *JuS*, 1969, págs. 362-367.

— *El dolo procesal (Aporte a la precisación teorica de una prohibición del dolo en el proceso de cognición civilistico)* (trad. de Tomas A. Banzhaf), Buenos Aires, Ediciones Juridicas Europa-America, 1979.

— / SCHREIBER, Klaus, *Zivilprozessrecht*, 11ª ed., Tübingen, Mohr Siebeck, 2009.

ZEKORN, Klaus, "Der Einfluss der Nichtigerklärung von Gesetzen durch das Bundesverfassungsgericht auf die Zwangsvollstreckung", in *ZZP*, 74 (1961), págs. 401-434.

ZEUNER, Albrecht,

— "Wiederholung der Kündigung und Rechtskraft im Kündigungsschutzstreit (Zum Verhältnis von Rechtskraft und neuen Tatsachen im Zivilprozess)", in *MDR*, 1956, págs. 257-261.

— *Die objektiven Grenzen der Rechtskraft im Rahmen rechtlicher Sinnzusammenhänge (Zur Lehre über das Verhältnis von Rechtskraft und Entscheidungsgründen im Zivilprozess)*, Tübingen, J.C.B. Mohr (Paul Siebeck), 1959.

— "Anmerkung", in *JZ*, 1962, págs. 497-498.

— "Gedanken zur Unterlassungs— und negativen Feststellungsklage", in *Vom deutschen zum europäischen Recht (Festschrift für Hans Dölle)*, vol. I, Tübingen, J. C. B. Mohr (Paul Siebeck), 1963, págs. 295-327.

— "Zur Rechtskraftwirkung des Unterlassungsurteils für den nachfolgenden Schadensersatzprozess - *BGHZ* 42, 340", in *JuS*, 1966, págs. 147-152.

— "Anmerkung", in *MDR*, 1972, págs. 84-87.
— *Rechtliches Gehör, materielles Recht und Urteilswirkungen*, Karlsruhe, C. F. Müller, 1974.
— "Rechtsvergleichende Bemerkungen zur objektiven Begrenzung der Rechtskraft im Zivilprozess (Aspekte der anglo--amerikanischen, der französischen und der deutschen Lösungskonzeption)", in *Festschrift für Konrad Zweigert zum 70. Geburtstag*, Tübingen, J.C.B. Mohr (Paul Siebeck), 1981, págs. 603-622.
— "Beobachtungen und Gedanken zur Behandlung von Fragen der Rechtskraft in der Rechtsprechung des Bundesgerichtshofes", in *50 Jahre Bundesgerichtshof (Festgabe aus der Wissenschaft)*, III, München, C.H. Beck, 2000, págs. 337-366.

ZIMMERMANN, Walter,
— "Das neue Verfahren in Betreuungssachen", in *FamRZ*, 1991, págs. 270-279.
— *Zivilprozessordnung (mit Gerichtsverfassungsgesetz und Nebengesetzen. Kommentar anhand der höchstrichterlichen Rechtsprechung)*, 6ª ed., Heidelberg, C.F. Müller, 2002.

ZÖLLER, *Zivilprozessordnung*, 23ª ed., Köln, Otto Schmidt, 2002.

JURISPRUDÊNCIA

TRIBUNAIS PORTUGUESES

Tribunal Constitucional
(http://www.tribunalconstitucional.pt)

Acórdão (da Comissão Constitucional) nº 87, de 16.02.1978 (*Apêndice ao Diário da República*, de 3 de Maio de 1978, págs. 24-31)
Acórdão nº 107/85, de 02.07 (*Acórdãos do Tribunal Constitucional*, 6º vol., Imprensa Nacional-Casa da Moeda, 1985, págs. 239-241)
Acórdão nº 302/1999, de 18.05
Acórdão nº 155/2003, de 19.03
Acórdão nº 209/2004, de 24.03
Acórdão nº 232/2004, de 31.03
Acórdão nº 486/2004, de 07.07
Acórdão nº 310/2005, de 08.06
Acórdão nº 306/2005, de 08.06
Acórdão nº 147/2006, de 22.02
Acórdão nº 59/2007, de 30.01
Acórdão nº 163/2008, de 05.03
Acórdão nº 490/2008, de 07.10
Acórdão nº 612/2008, de 10.12
Acórdão nº 161/2009, de 25.03
Acórdão nº 408/2010, de 09.11
Acórdão nº 280/2011, de 07.06
Acórdão nº 400/2011, de 22.09

Supremo Tribunal de Justiça

STJ, 30.07.1926 (*BFDUC*, vol. X, 1926-1928, págs. 192-197)
STJ, 30.05.1944 (*Rev. Trib.*, ano 62º, nº 1481, 1944, págs. 260-265)

STJ, 25.07.1944 (*Rev. Trib.*, ano 62º, nº 1481, 1944, págs. 265-267)
STJ, 29.10.1946 (*Rev. Trib.*, ano 65º, nº 1542, 1947, págs. 84-86)
STJ, 19.06.1951 (*BMJ*, nº 25, 1951, págs. 407-413)
STJ, 13.05.1952 (*BMJ*, nº 31, 1952, págs. 348-350)
STJ, 06.01.1956 (*Rev. Trib.*, ano 74º, nº 1695, 1956, págs. 68-70)
STJ, 10.01.1958 (*Rev. Trib.*, ano 76º, nº 1717, 1958, págs. 76-78)
STJ, 16.05.1962 (*BMJ*, nº 117, 1962, págs. 390-392)
STJ, 22.05.1962 (*Rev. Trib.*, ano 80º, nº 1772, 1962, págs. 252-254)
STJ, 06.04.1965 (assento) (*Rev. Trib.*, ano 83º, nº 1800, págs. 159-161)
STJ, 15.10.1968 – Proc. 062370 (http://www.dgsi.pt)
STJ, 13.02.1970 (*BMJ*, nº 194, 1970, págs. 170-172)
STJ, 06.07.1971 (*RLJ*, 105º ano, 1972-1973, nº 3475, págs. 147-152)
STJ, 21.07.1972 – Proc. 064014 (http://www.dgsi.pt)
STJ, 26.01.1973 (*BMJ*, nº 223, 1973, págs. 178-180)
STJ, 09.03.1973 (*BMJ*, nº 225, 1973, págs. 176-180)
STJ, 25.05.1973 – Proc. 64454 (*BMJ*, nº 227, 1973, págs. 117-122)
STJ, 05.11.1974 (*BMJ*, nº 241, 1974, págs. 237-241)
STJ, 03.02.1976 – Proc. 065971 (http://www.dgsi.pt)
STJ, 10.02.1976 – Proc. 066046 (http://www.dgsi.pt)
STJ, 28.02.1978 (*BMJ*, nº 274, 1978, págs. 208-211)
STJ, 06.04.1978 – Proc. 067039 (http://www.dgsi.pt)
STJ, 20.06.1978 – Proc. 067239 (http://www.dgsi.pt)
STJ, 09.01.1979 (*BMJ*, nº 283, 1979, págs. 193-195)
STJ, 22.05.1979 (*BMJ*, nº 287, 1979, págs. 244-249)
STJ, 23.10.1979 (*BMJ*, nº 290, 1979, págs. 315-317)
STJ, 07.02.1980 (*BMJ*, nº 294, 1980, págs. 308-311)
STJ, 06.06.1980 (*BMJ*, nº 298, 1980, págs. 170-174)
STJ, 13.01.1981(*BMJ*, nº 303, 1981, págs. 240-243)
STJ, 12.03.1981 – Proc. 068723 (http://www.dgsi.pt)
STJ, 08.04.1981 (*BMJ*, nº 306, 1981, págs. 231-235)
STJ, 10.12.1981 – Proc. 000226 (http://www.dgsi.pt)
STJ, 20.04.1982 (*BMJ*, nº 316, 1982, págs. 255-259)
STJ, 06.05.1982 – Proc. 070171 (http://www.dgsi.pt)
STJ, 04.02.1983 – Proc. 000434 (http://www.dgsi.pt)
STJ, 18.03.1983 (*Acórdãos Doutrinais do Supremo Tribunal Administrativo*, ano XXII, 1983, págs. 824-827)
STJ, 25.03.1983 (*BMJ*, nº 325, 1983, págs. 499-503)
STJ, 06.05.1983 – Proc. 000471 (http://www.dgsi.pt)
STJ, 17.06.1983 – Proc. 000466 (*BMJ*, nº 328, 1983, págs. 458-461)
STJ, 17.06.1983 – Proc. 000525 (http://www.dgsi.pt)
STJ, 01.07.1983 – Proc. 000450 (http://www.dgsi.pt)
STJ, 06.10.1983 (*BMJ*, nº 330, 1983, págs. 469-471)
STJ, 20.10.1983 (*BMJ*, nº 330, 1983, págs. 483-485)
STJ, 06.01.1984 – Proc. 000637 (http://www.dgsi.pt)

STJ, 25.05.1984 – Proc. 071441 (http://www.dgsi.pt)
STJ, 20.07.1984 – Proc. 000799 (http://www.dgsi.pt)
STJ, 27.07.1984 – Proc. 000822 (http://www.dgsi.pt)
STJ, 30.11.1984 – Proc. 000894 (http://www.dgsi.pt)
STJ, 08.02.1985 – Proc. 000922 (http://www.dgsi.pt)
STJ, 08.02.1985 – Proc. 000951 (http://www.dgsi.pt)
STJ, 13.02.1985 – Proc. 000845 (http://www.dgsi.pt)
STJ, 22.02.1985 – Proc. 000972 (http://www.dgsi.pt)
STJ, 28.02.1985 (*BMJ*, nº 344, 1985, págs. 397-400)
STJ, 08.03.1985 – Proc. 000965 (http://www.dgsi.pt)
STJ, 23.05.1985 – Proc. 072350 (http://www.dgsi.pt)
STJ, 11.07.1985 – Proc. 072014 (http://www.dgsi.pt)
STJ, 15.07.1985 – Proc. 072542 (http://www.dgsi.pt)
STJ, 15.04.1986 – Proc. 073459 (http://www.dgsi.pt)
STJ, 23.10.1986 – Proc. 073015 (http://www.dgsi.pt)
STJ, 06.11.1986 – Proc. 074080 (http://www.dgsi.pt)
STJ, 08.01.1987 – Proc. 074305 (http://www.dgsi.pt)
STJ, 20.01.1987 – Proc. 073602 (http://www.dgsi.pt)
STJ, 15.05.1987 – Proc. 001531 (http://www.dgsi.pt)
STJ, 24.02.1988 – Proc. 039408 (http://www.dgsi.pt)
STJ, 13.07.1988 – Proc. 1950 (http://www.dgsi.pt)
STJ, 20.10.1988 – Proc. 076354 (http://www.dgsi.pt)
STJ, 14.12.1988 – Proc. 076728 (http://www.dgsi.pt)
STJ, 13.01.1989 (*BMJ*, nº 383, 1989, págs. 560-566)
STJ, 03.05.1989 – Proc. 076827 (http://www.dgsi.pt)
STJ, 15.06.1989 – Proc. 077337 (http://www.dgsi.pt)
STJ, 25.10.1989 (*BMJ*, nº 390, 1989, pág. 168)
STJ, 15.11.1989 – Proc. 076917 (http://www.dgsi.pt)
STJ, 20.12.1989 – Proc. 040432 (http://www.dgsi.pt)
STJ, 24.04.1990 – Proc. 078804 (http://www.dgsi.pt)
STJ, 22.11.1990 – Proc. 079876 (http://www.dgsi.pt)
STJ, 06.12.1990 – Proc. 079591 (http://www.dgsi.pt)
STJ, 07.02.1991 (*BMJ*, nº 404, 1991, págs. 351-358)
STJ, 15.10.1991 – Proc. 081174 (http://www.dgsi.pt)
STJ, 12.11.1991 – Proc. 081287 (http://www.dgsi.pt)
STJ, 17.12.1991 – Proc. 081509 (http://www.dgsi.pt)
STJ, 21.01.1992 (*BMJ*, nº 413, 1992, págs. 453-456)
STJ, 13.02.1992 – Proc. 081479 (http://www.dgsi.pt)
STJ, 26.02.1992 – Proc. 003359 (http://www.dgsi.pt)
STJ, 25.03.1992 – Proc. 003365 (http://www.dgsi.pt)
STJ, 09.06.1992 – Proc. 081377 (http://www.dgsi.pt)
STJ, 09.07.1992 – Proc. 082441 (http://www.dgsi.pt)
STJ, 22.09.1992 – Proc. 082326 (http://www.dgsi.pt)
STJ, 08.10.1992 – Proc. 081456 (http://www.dgsi.pt)

STJ, 17.12.1992 – Proc. 080497 (http://www.dgsi.pt)
STJ, 12.05.1993 – Proc. 003714 (http://www.dgsi.pt)
STJ, 26.05.1993 – Proc. 084006 (http://www.dgsi.pt)
STJ, 21.09.1993 (*CJ/STJ*, ano I, tomo III, 1993, págs. 19-22)
STJ, 21.10.1993 – Proc. 083885 (http://www.dgsi.pt)
STJ, 04.11.1993 – Proc. 084541 (http://www.dgsi.pt)
STJ, 02.12.1993 – Proc. 003811 (http://www.dgsi.pt)
STJ, 26.01.1994 – Proc. 003735 (http://www.dgsi.pt)
STJ, 26.01.1994 – Proc. 003852 (http://www.dgsi.pt)
STJ, 09.02.1994 – Proc. 003830 (http://www.dgsi.pt)
STJ, 17.02.1994 – Proc. 084205 (http://www.dgsi.pt)
STJ, 17.03.1994 – Proc. 085066 (http://www.dgsi.pt)
STJ, 13.04.1994 – Proc. 085251 (http://www.dgsi.pt)
STJ, 21.06.1994 – Proc. 085248 (http://www.dgsi.pt)
STJ, 28.06.1994 – Proc. 085304 (http://www.dgsi.pt)
STJ, 11.10.1994 (*CJ/STJ*, ano II, tomo III, 1994, págs. 83-87)
STJ, 11.10.1994 – Proc. 084036 (http://www.dgsi.pt)
STJ, 18.10.1994 – Proc. 085547 (http://www.dgsi.pt)
STJ, 10.01.1995 – Proc. 086093 (http://www.dgsi.pt)
STJ, 10.01.1995 – Proc. 086269 (http://www.dgsi.pt)
STJ, 12.01.1995 – Proc. 085696 (http://www.dgsi.pt)
STJ, 17.01.1995 – Proc. 085801 (http://www.dgsi.pt)
STJ, 01.02.1995 – Proc. 084550 (http://www.dgsi.pt)
STJ, 02.03.1995 – Proc. 085962 (http://www.dgsi.pt)
STJ, 04.04.1995 – Proc. 086889 (http://www.dgsi.pt)
STJ, 04.07.1995 – Proc. 081043 (http://www.dgsi.pt)
STJ, 04.07.1995 – Proc. 086653 (http://www.dgsi.pt)
STJ, 26.09.1995 – Proc. 087160 ((http://www.dgsi.pt)
STJ, 17.10.1995 – Proc. 086991 (http://www.dgsi.pt)
STJ, 25.10.1995 – Proc. 004246 (http://www.dgsi.pt)
STJ, 02.11.1995 – Proc. 046783 (http://www.dgsi.pt)
STJ, 29.02.1996 – Proc. 088303 (http://www.dgsi.pt)
STJ, 05.03.1996 – Proc. 088302 (http://www.dgsi.pt)
STJ, 30.04.1996 – Proc. 083698 (http://www.dgsi.pt)
STJ, 21.05.1996 – Proc. 96A175 (http://www.dgsi.pt)
STJ, 18.06.1996 – Proc. 96B277 (http://www.dgsi.pt)
STJ, 28.11.1996 – Proc. 96B500 (http://www.dgsi.pt)
STJ, 10.12.1996 – Proc. 96A470 (http://www.dgsi.pt)
STJ, 08.04.1997 – Proc. 96A720 (http://www.dgsi.pt)
STJ, 08.04.1997 – Proc. 96A883 (http://www.dgsi.pt)
STJ, 30.04.1997 – Proc. 97A249 (http://www.dgsi.pt)
STJ, 10.07.1997 – Proc. 97B432 (http://www.dgsi.pt)
STJ, 30.09.1997 – Proc. 97A507) (http://www.dgsi.pt)
STJ, 02.10.1997 – Proc. 97B258 (http://www.dgsi.pt)

STJ, 07.10.1997 – Proc. 97A513 (http://www.dgsi.pt)
STJ, 07.10.1997 – Proc. 97A587 (http://www.dgsi.pt)
STJ, 28.10.1997 – Proc. 97A680 (http://www.dgsi.pt)
STJ, 29.10.1997 – Proc. 97S129 (http://www.dgsi.pt)
STJ, 27.11.1997 – Proc. 97B567 (http://www.dgsi.pt)
STJ, 04.12.1997 – Proc. 97B765 (http://www.dgsi.pt)
STJ, 19.02.1998 – Proc. 96B980 (http://www.dgsi.pt)
STJ, 03.03.1998 – Proc. 084111 (http://www.dgsi.pt)
STJ, 03.03.1998 – Proc. 97B258 (http://www.dgsi.pt)
STJ, 21.05.1998 – Proc. 98B353 (http://www.dgsi.pt)
STJ, 23.09.1998 – Proc. 98B601 (http://www.dgsi.pt)
STJ, 25.11.1998 – Proc. 98B801 (http://www.dgsi.pt)
STJ, 03.12.1998 – Proc. 98A854 (http://www.dgsi.pt)
STJ, 20.01.1999 – Proc. 98B1092 (http://www.dgsi.pt)
STJ, 09.02.1999 – Proc. 99A025 (http://www.dgsi.pt)
STJ, 18.02.1999 – Proc. 99B040 (http://www.dgsi.pt)
STJ, 24.02.1999 (*BMJ*, nº 484, 1999, págs. 359-368)
STJ, 11.03.1999 – Proc. 98A1236 (http://www.dgsi.pt)
STJ, 11.03.1999 – Proc. 99A027 (http://www.dgsi.pt)
STJ, 11.03.1999 – Rev. 158/99 (*CJ/STJ*, ano VII, tomo I, 1999, págs. 139-141)
STJ, 11.05.1999 – Proc. 99A334 (http://www.dgsi.pt)
STJ, 13.05.1999 – Proc. 99B168 (http://www.dgsi.pt)
STJ, 18.05.1999 – Proc. 99B156 (http://www.dgsi.pt)
STJ, 18.05.1999 – Proc. 99B267 (http://www.dgsi.pt)
STJ, 25.05.1999 – Proc. 99A422 (http://www.dgsi.pt)
STJ, 24.06.1999 – Proc. 99B300 (http://www.dgsi.pt)
STJ, 07.07.1999 – Proc. 99A615 (http://www.dgsi.pt)
STJ, 19.10.1999 – Proc. 99A356 (http://www.dgsi.pt)
STJ, 28.10.1999 – Proc. 99B717 (http://www.dgsi.pt)
STJ, 09.11.1999 – Proc. 99A837 (http://www.dgsi.pt)
STJ, 09.12.1999 – Proc. 99A846 (http://www.dgsi.pt)
STJ, 18.01.2000 – Proc. 99A997 (http://www.dgsi.pt)
STJ, 25.01.2000 – Proc. 99A1038 (http://www.dgsi.pt)
STJ, 17.02.2000 – Proc. 00B033 (http://www.dgsi.pt)
STJ, 21.03.2000 (*CJ/STJ*, ano VIII, tomo I, 2000, págs. 132-135)
STJ, 03.05.2000 – Proc. 00S005 (http://www.dgsi.pt)
STJ, 03.05.2000 – Rev. 1118/99 (*Vida Judiciária*, nº 42, 2000, pág. 54)
STJ, 16.05.2000 – Proc. 374/00 (*CJ/STJ*, ano VIII, tomo II, 2000, págs. 67-69)
STJ, 06.06.2000 – Proc. 00A327 (http://www.dgsi.pt)
STJ, 27.06.2000 – Proc. 00A1937 (http://www.dgsi.pt)
STJ, 06.07.2000 (*CJ/STJ*, ano VIII, tomo II, 2000, págs. 143-144)
STJ, 01.03.2001 – Proc. 00A3851 (http://www.dgsi.pt)
STJ, 01.03.2001 – Proc. 00A4091 (http://www.dgsi.pt)
STJ, 27.03.2001 – Proc. 01A747 (http://www.dgsi.pt)

STJ, 29.03.2001 – Proc. 01P247 (http://www.dgsi.pt)
STJ, 07.06.2001 – Proc. 01B634 (http://www.dgsi.pt)
STJ, 14.03.2002 – Proc. 02B329 (http://www.dgsi.pt)
STJ, 23.04.2002 – Proc. 02A1018 (http://www.dgsi.pt)
STJ, Acórdão nº 4/2002, de 9 de Maio (*DR*, I Série, nº 146, de 27 de Junho de 2002, pág. 5057)
STJ, 25.06.2002 (*CJ/STJ*, ano X, tomo II, 2002, págs. 128-135)
STJ, 25.09.2002 – Proc. 02S2909 (http://www.dgsi.pt)
STJ, 16.10.2002 – Proc. 02S1061 (http://www.dgsi.pt)
STJ, 07.11.2002 – Proc. 02B3256 (http://www.dgsi.pt)
STJ, 23.01.2003 – Proc. 02B4379 (http://www.dgsi.pt)
STJ, 02.10.2003 – Proc. 03B1727 (http://www.dgsi.pt)
STJ, 02.10.2003 – Proc. 03B1976 (http://www.dgsi.pt)
STJ, 16.10.2003 – Proc. 03P4187 (http://www.dgsi.pt)
STJ, 23.10.2003 – Proc. 03B086 (http://www.dgsi.pt)
STJ, 13.11.2003 – Proc. 03B3088 (http://www.dgsi.pt)
STJ, 15.01.2004 – Proc. 03B3746 (http://www.dgsi.pt)
STJ, 22.01.2004 – Proc. 03B3704 (http://www.dgsi.pt)
STJ, 27.01.2004 – Proc. 03A4192 (http://www.dgsi.pt)
STJ, 29.01.2004 – Proc. 03B2747 (http://www.dgsi.pt)
STJ, 03.02.2004 – Proc. 03A3984 (http://www.dgsi.pt)
STJ, 19.02.2004 – Proc. 03B4271 (http://www.dgsi.pt)
STJ, 19.02.2004 – Proc. 04A097 (http://www.dgsi.pt)
STJ, 26.02.2004 – Proc. 04B294 (http://www.dgsi.pt)
STJ, 26.02.2004 – Proc. 04B410 (http://www.dgsi.pt)
STJ, 01.04.2004 – Proc. 04B863 (http://www.dgsi.pt)
STJ, 22.04.2004 – Proc. 04B1184 (http://www.dgsi.pt)
STJ, 17.06.2004 – Proc. 04B1472 (http://www.dgsi.pt)
STJ, 16.11.2004 (*CJ/STJ*, ano XII, tomo III, 2004, págs. 113-118)
STJ, 18.11.2004 – Proc. 04B3356 (http://www.dgsi.pt)
STJ, 24.11.2004 (*CJ/STJ*, ano XII, tomo III, 2004, págs. 274-276)
STJ, 16.12.2004 – Proc. 04B3872 (http://www.dgsi.pt)
STJ, 13.01.2005 – Proc. 04B3378 (http://www.dgsi.pt)
STJ, 27.01.2005 – Proc. 04B4135 (http://www.dgsi.pt)
STJ, 03.02.2005 – Proc. 04B4377 (http://www.dgsi.pt)
STJ, 03.02.2005 – Proc. 4309/04 (*CJ/STJ*, ano XIII, tomo I, 2005, págs. 191-194)
STJ, 10.02.2005 – Proc. 04B4506 (http://www.dgsi.pt)
STJ, 15.02.2005 – Proc. 04A3621 (http://www.dgsi.pt)
STJ, Acórdão nº 4/2005, de 16 de Março (*DR*, I Série, nº 84, de 2 de Maio de 2005, pág. 3255)
STJ, 07.04.2005 – Proc. 05B516 (http://www.dgsi.pt)
STJ, 05.05.2005 – Proc. 05B521 (http://www.dgsi.pt)
STJ, 31.05.2005 – Proc. 05B1812 (http://www.dgsi.pt)
STJ, 09.06.2005 – Proc. 05B1196 (http://www.dgsi.pt)
STJ, 22.06.2005 – Proc. 05B1597 (http://www.dgsi.pt)
STJ, 06.07.2005 – Proc. 04B1171 (http://www.dgsi.pt)

STJ, 11.10.2005 – Proc. 05B2674 (http://www.dgsi.pt)
STJ, 15.12.2005 – Proc. 05B4101 (http://www.dgsi.pt)
STJ, 08.06.2006 – Proc. 06A1435 (http://www.dgsi.pt)
STJ, 14.09.2006 – Proc. 06B2634 (http://www.dgsi.pt)
STJ, 03.10.2006 – Proc. 06A2776 (http://www.dgsi.pt)
STJ, 15.02.2007 – Proc. 07B209 (http://www.dgsi.pt)
STJ, 10.05.2007 – Proc. 07B1341 (http://www.dgsi.pt)
STJ, 31.05.2007 – Proc. 07B1678 (http://www.dgsi.pt)
STJ, 12.09.2007 – Proc. 07P2431 (http://www.dgsi.pt)
STJ, 08.04.2008 – Proc. 08A493 (http://www.dgsi.pt)
STJ, 22.04.2008 – Proc. 08B389 (http://www.dgsi.pt)
STJ, 27.05.2008 – Proc. 08B1203 (http://www.dgsi.pt)
STJ, 10.07.2008 – Proc. 08A1860 (http://www.dgsi.pt)
STJ, 11.09.2008 – Proc. 08B2087 (http://www.dgsi.pt)
STJ, 25.09.2008 – Proc. 08P2860 (http://www.dgsi.pt)
STJ, 30.09.2008 – Proc. 08A2953 (http://www.dgsi.pt)
STJ, 30.10.2008 – Proc. 08B2675 (http://www.dgsi.pt)
STJ, 04.11.2008 – Proc. 08A3127 (http://www.dgsi.pt)
STJ, 11.11.2008 – Proc. 08A3252 (http://www.dgsi.pt)
STJ, 11.12.2008 – Proc. 08B3692 (http://www.dgsi.pt)
STJ, 18.12.2008 – Proc. 08B4008 (http://www.dgsi.pt)
STJ, 21.01.2009 – Proc. 08P3922 (http://www.dgsi.pt)
STJ, 12.02.2009 – Proc. 09B076 (http://www.dgsi.pt)
STJ, 28.05.2009 – Proc. 197/06.6TCFUN.S1 (http://www.dgsi.pt)
STJ, 16.06.2009 – Proc. 43/07.3TBPTL.S1 (http://www.dgsi.pt)
STJ, Acórdão nº 12/2009, de 7 de Julho (*DR*, I Série, nº 150, de 5 de Agosto de 2009, pág. 5084)
STJ, 14.07.2009 – Proc. 115/06.1TBVLG.S1 (http://www.dgsi.pt)
STJ, 12.01.2010 – Proc. 846-F/1997.L1.S1 (http://www.dgsi.pt)
STJ, 09.09.2010 – Proc. 2799/08.7TBVCD.P1.S1 (http://www.dgsi.pt)
STJ, 07.04.2011 – Proc. 419/06.3TCFUN.L1.S1 (http://www.dgsi.pt)
STJ, 12.07.2011 – Proc. 129/07.4TBPST.S1 (http://www.dgsi.pt)
STJ, 20.10.2011 – Proc. 994/2003.4TMBRG.S1.L1 (http://www.dgsi.pt)
STJ, 11.09.2012 – Proc. 1622/04.6TBEVR.E1.S1 (http://www.dgsi.pt)

Tribunal da Relação de Coimbra

RC, 05.07.1988 (*CJ*, ano XIII, tomo IV, 1988, págs. 100-102)
RC, 04.06.1991 (*CJ*, ano XVI, tomo III, 1991, pág. 84)
RC, 13.04. 1999 – Proc. 46/99 (http://www.dgsi.pt)
RC, 13.04.1999 – Proc. 749/99 (http://www.dgsi.pt)
RC, 23.11.1999 – Proc. 2374/99 (http://www.dgsi.pt)
RC, 08.02.2000 – Proc. 2873/99 (http://www.dgsi.pt)
RC, 09.05.2000 – Proc. 579/00 (http://www.dgsi.pt)
RC, 13.06.2000 – Proc. 1209/2000 (http://www.dgsi.pt)

RC, 27.06.2000 – Proc. 1227/2000 (http://www.dgsi.pt)
RC, 12.06.2001 – Proc. 3424/2000 (http://www.dgsi.pt)
RC, 27.11.2001 – Proc. 2688/01 (http://www.dgsi.pt)
RC, 29.01.2002 – Proc. 3028/01 (http://www.dgsi.pt)
RC, 16.04.2002 – Proc. 3073/2001 (295) (http://www.dgsi.pt)
RC, 02.12.2003 – Proc. 3265/03 (http://www.dgsi.pt)
RC, 09.03.2004 (*CJ*, ano XXIX, tomo II, 2004, págs. 55-56)
RC, 30.03.2004 – Proc. 85/04 (http://www.dgsi.pt)
RC, 15.04.2004 (*CJ*, ano XXIX, tomo II, 2004, págs. 58-60)
RC, 04.05.2004 – Proc. 1079/04 (http://www.dgsi.pt)
RC, 28.09.2004 – Proc. 2193/04 (http://www.dgsi.pt)
RC, 19.10.2004 (*CJ*, ano XXIX, tomo IV, 2004, pág. 34)
RC, 25.11.2004 (*CJ*, ano XXIX, tomo V, 2004, págs. 64-65)
RC, 16.12.2004 – Proc. 2733/04 (http://www.dgsi.pt)
RC, 08.03.2005 – Proc. 4306/04 (http://www.dgsi.pt)
RC, 05.04.2005 (*CJ*, ano XXX, tomo II, 2005, págs. 16-18)
RC, 12.04.2005 (*CJ*, ano XXX, tomo II, 2005, págs. 21-24)
RC, 03.05.2005 – Proc. 668/05 (http://www.dgsi.pt)
RC, 22.09.2005 (*CJ*, ano XXX, tomo IV, 2005, págs. 60-61)
RC, 04.10.2005 (*CJ*, ano XXX, tomo IV, 2005, págs. 21-23)
RC, 31.01.2006 – Proc. 3930/05 (http://www.dgsi.pt)
RC, 22.03.2006 – Proc. 575/06 (http://www.dgsi.pt)
RC, 24.05.2006 – Proc. 1291/06 (http://www.dgsi.pt)
RC, 03.10.2006 – Proc. 115/05.9TBVGS.C1 (http://www.dgsi.pt)
RC, 16.01.2007 –Proc. 45-C/1992.C1 (http://www.dgsi.pt)
RC, 06.03.2007 – Proc. 609-A/1998.C1 (http://www.dgsi.pt)
RC, 13.03.2007 – Proc. 874/03.3TMAVR-B.C1(http://www.dgsi.pt)
RC, 30.10.2007 – Proc. 4-D/1997.C1 (http://www.dgsi.pt)
RC, 04.12.2007 – Proc. 862/05.5TBAND.C1 (http://www.dgsi.pt)
RC, 29.01.2008 – Proc. 554/07.0TBTND.C1 (http://www.dgsi.pt)
RC, 27.05.2008 – Proc. 668-F/2002.C1 (http://www.dgsi.pt)
RC, 08.07.2008 – Proc. 1045/04.7TBILH-B.C1 (http://www.dgsi.pt)
RC, 18.11.2008 – Proc. 3/08.7YRCBR (http://www.dgsi.pt)
RC, 20.01.2009 – Proc. 545/07.1TBOBR.C1 (http://www.dgsi.pt)
RC, 10.02.2009 – Proc. 4999/06.5TBSTB.C1 (http://www.dgsi.pt)
RC, 12.02.2009 – Proc. 602/04.6TTAVR.C1 (http://www.dgsi.pt)
RC, 01.04.2009 – Proc. 1525/07.2TBVIS.C1 (http://www.dgsi.pt)
RC, 26.05.2009 – Proc. 30/08ATBVLF-C.C1(http://www.dgsi.pt)
RC, 08.09.2009 – Proc. 1589/08.1TBGRD.C1 (http://www.dgsi.pt)
RC, 10.09.2009 – Proc. 119-H/1996.C1 (http://www.dgsi.pt)
RC, 10.09.2009 – Proc. 129/07.4TTGRD.C1 (http://www.dgsi.pt)
RC, 10.11.2009 – Proc. 870/09.7TBCTB.C1 (http://www.dgsi.pt)
RC, 25.03.2010 – Proc. 1330/07.6TBPBL.C1 (http://www.dgsi.pt)
RC, 28.04.2010 – Proc. 1810/05.8TBTNV-A.C1(http://www.dgsi.pt)
RC, 15.06.2010 – Proc. 152/09.4TBVZL.C1 (http://www.dgsi.pt)

Tribunal da Relação de Évora

RE, 29.03.1979 (*CJ*, ano IV, tomo 2, 1979, págs. 384-385)
RE, 25.05.2004 (*CJ*, ano XXIX, tomo III, 2004, págs. 271-272)
RE, 14.07.2004 (*CJ*, ano XXIX, tomo IV, 2004, págs. 239-244)
RE, 30.05.2005 – Proc. 518/05-3 (http://www.dgsi.pt)
RE, 28.09.2006 – Proc. 301/06-2 (http://www.dgsi.pt)
RE, 15.02.2007 – Proc. 1791/06-2 (http://www.dgsi.pt)
RE, 08.03.2007 – Proc. 56/07-3 (http://www.dgsi.pt)
RE, 22.03.2007 – Proc. 86/07-3 (http://www.dgsi.pt)
RE, 04.11.2008 – Proc. 1556/08-3 (http://www.dgsi.pt)

Tribunal da Relação de Guimarães

RG, 25.09.2002 – Proc. 551/2002 (*RMP*, ano 24º, 2003, nº 94, págs. 181-183)
RG, 30.10.2002 (*CJ*, ano XXVII, tomo V, 2002, págs. 267-268)
RG, 07.05.2003 (*CJ*, ano XXVIII, tomo III, 2003, págs. 279-281)
RG, 06.04.2005 – Proc. 2282/04-02 (http://www.dgsi.pt)
RG, 01.06.2005 – Proc. 587/05-1 (http://www.dgsi.pt)
RG, 01.02.2007 – Proc. 64/07-02 (http://www.dgsi.pt)
RG, 26.04.2007 – Proc. 697/07-1 (http://www.dgsi.pt)
RG, 02.11.2010 – Proc. 614/08.0TMBRG.G1 (http://www.dgsi.pt)

Tribunal da Relação de Lisboa

RL, 06.05.1977 (*CJ*, ano II, tomo 3, 1977, págs. 592-593)
RL, 15.02.1978 – Proc. 0018472 (http://www.dgsi.pt)
RL, 09.02.1981 (*CJ*, ano VI, tomo 1, 1981, págs. 291-293)
RL, 09.02.1982 – Proc. 0020121 (http://www.dgsi.pt)
RL, 26.05.1983 – Proc. 15222 (http://www.dgsi.pt)
RL, 17.11.1983 – Proc. 0021188 (http://www.dgsi.pt)
RL, 21.04.1986 (*CJ*, ano XI, tomo II, 1986, págs. 118-123)
RL, 28.05.1987 (*CJ*, ano XII, tomo III, 1987, págs. 97-99)
RL, 07.11.1989 – Proc. 0004594 (http://www.dgsi.pt)
RL, 08.03.1990 – Proc. 0005522 (http://www.dgsi.pt)
RL, 17.10.1990 – Proc. 0045964 (http://www.dgsi.pt)
RL, 15.11.1990 – Proc. 0036712 (http://www.dgsi.pt)
RL, 19.12.1990 – Proc. 0065174 (http://www.dgsi.pt)
RL, 20.12.1990 – Proc. 0035582 (http://www.dgsi.pt)
RL, 07.02.1991 – Proc. 21496 (http://www.dgsi.pt)
RL, 07.02.1991 – Proc. 0043142 (http://www.dgsi.pt)
RL, 21.02.1991 – Proc. 0027252 (http://www.dgsi.pt)
RL, 26.02.1991 – Proc. 0038451 (http://www.dgsi.pt)
RL, 28.02.1991 – Proc. 0022006 (http://www.dgsi.pt)

RL, 19.03.1991 – Proc. 0041481 (http://www.dgsi.pt)
RL, 02.05.1991 – Proc. 0026716 (http://www.dgsi.pt)
RL, 07.05.1991 – Proc. 0038691 (http://www.dgsi.pt)
RL, 09.05.1991 – Proc. 0042922 (http://www.dgsi.pt)
RL, 21.05.1991 – Proc. 0013405 (http://www.dgsi.pt)
RL, 27.06.1991 – Proc. 0029856 (http://www.dgsi.pt)
RL, 04.07.1991 – Proc. 0033676 (http://www.dgsi.pt)
RL, 10.10.1991 – Proc. 0041921 (http://www.dgsi.pt)
RL, 07.11.1991 – Proc. 0029076 (http://www.dgsi.pt)
RL, 12.11.1991 – Proc. 0046271 (http://www.dgsi.pt)
RL, 20.11.1991 – Proc. 0071404 (http://www.dgsi.pt)
RL, 10.12.1991 – Proc. 0046941 (http://www.dgsi.pt)
RL, 18.12.1991 – Proc. 0275523(http://www.dgsi.pt)
RL, 29.01.1992 – Proc. 0067604 (http://www.dgsi.pt)
RL, 04.02.1992 – Proc. 0051301 (http://www.dgsi.pt)
RL, 13.02.1992 – Proc. 39956 (http://www.dgsi.pt)
RL, 05.03.1992 – Proc. 0036226 (http://www.dgsi.pt)
RL, 17.03.1992 – Proc. 0056321 (http://www.dgsi.pt)
RL, 18.03.1992 – Proc. 0075254 (http://www.dgsi.pt)
RL, 26.03.1992 – Proc. 0026096 (http://www.dgsi.pt)
RL, 26.03.1992 – Proc. 0054172 (http://www.dgsi.pt)
RL, 05.05.1992 – Proc. 0056721 (http://www.dgsi.pt)
RL, 23.06.1992 – Proc. 0055131 (http://www.dgsi.pt)
RL, 09.07.1992 – Proc. 0030895 (http://www.dgsi.pt)
RL, 24.09.1992 – Proc. 0064462 (http://www.dgsi.pt)
RL, 05.11.1992 – Proc. 4045 (*BMJ*, nº 421, 1992, págs. 481-482)
RL, 18.02.1993 (*CJ*, ano XVIII, tomo I, 1993, págs. 149-151)
RL, 29.03.1993 (*CJ*, ano XVIII, tomo II, 1993, págs. 166-167)
RL, 01.06.1993 – Proc. 0065281 (http://www.dgsi.pt)
RL, 09.11.1993 – Proc. 0072441 (http://www.dgsi.pt)
RL, 16.11.1993 – Proc. 0075481 (http://www.dgsi.pt)
RL, 30.11.1993 – Proc. 0073721 (http://www.dgsi.pt)
RL, 11.01.1994 – Proc. 0066341 (http://www.dgsi.pt)
RL, 27.01.1994 – Proc. 0061996 (http://www.dgsi.pt)
RL, 22.02.1994 – Proc. 0075761 (http://www.dgsi.pt)
RL, 23.02.1994 – Proc. 0326683 (http://www.dgsi.pt)
RL, 26.04.1994 – Proc. 0077781 (http://www.dgsi.pt)
RL, 05.05.1994 – Proc. 4799 (*CJ*, ano XIX, tomo III, 1994, págs. 81-86)
RL, 10.05.1994 – Proc. 76931 (http://www.dgsi.pt)
RL, 23.06.1994 – Proc. 0072416 (http://www.dgsi.pt)
RL, 04.10.1994 (*CJ*, ano XIX, tomo IV, 1994, pág. 98)
RL, 11.10.1994 – Proc. 0080441 (http://www.dgsi.pt)
RL, 07.12.1994 – Proc. 0096312 (http://www.dgsi.pt)
RL, 30.05.1995 – Proc. 0091631 (http://www.dgsi.pt)

RL, 31.05.1995 – Proc. 0098954 (http://www.dgsi.pt)
RL, 13.07.1995 – Proc. 0008186 (http://www.dgsi.pt)
RL, 27.09.1995 – Proc. 0336713 (http://www.dgsi.pt)
RL, 19.10.1995 – Proc. 0083086 (http://www.dgsi.pt)
RL, 26.10.1995 – Proc. 0010556 (http://www.dgsi.pt)
RL, 15.11.1995 – Proc. 0004163 (http://www.dgsi.pt)
RL, 29.02.1996 – Proc. 0000526 (http://www.dgsi.pt)
RL, 30.04.1996 – Proc. 0009291 (http://www.dgsi.pt)
RL, 09.05.1996 – Proc. 0004426 (http://www.dgsi.pt)
RL, 26.06.1996 – Proc. 0003513 (http://www.dgsi.pt)
RL, 02.07.1996 – Proc. 0002341 (http://www.dgsi.pt)
RL, 03.10.1996 – Proc. 0014226 (http://www.dgsi.pt)
RL, 16.01.1997 – Proc. 0000642 (http://www.dgsi.pt)
RL, 01.10.1997 – Proc. 0007873 (http://www.dgsi.pt)
RL, 01.04.1998 – Proc. 0004164 (http://www.dgsi.pt)
RL, 07.07.1998 – Proc. 0045192 (http://www.dgsi.pt)
RL, 09.07.1998 – Proc. 0032181 (http://www.dgsi.pt)
RL, 12.11.1998 – Proc. 0062486 (http://www.dgsi.pt)
RL, 10.12.1998 – Proc. 0061012 (http://www.dgsi.pt)
RL, 23.02.1999 – Proc. 0072941 (http://www.dgsi.pt)
RL, 26.05.1999 – Proc. 0012043 (http://www.dgsi.pt)
RL, 19.10.1999 – Proc. 0044321 (http://www.dgsi.pt)
RL, 12.01.2000 – Proc. 00000174 (http://www.dgsi.pt)
RL, 13.01.2000 – Proc. 0060188 (http://www.dgsi.pt)
RL, 02.05.2000 – Proc. 0001331 (http://www.dgsi.pt)
RL, 01.06.2000 (*CJ*, ano XXV, tomo III, 2000, págs. 111-114)
RL, 27.06.2000 – Proc. 0027337 (http://www.dgsi.pt)
RL, 21.11.2000 – Proc. 0065037 (http://www.dgsi.pt)
RL, 23.11.2000 – Proc. 0059452 (http://www.dgsi.pt)
RL, 18.01.2001 (*CJ*, ano XXVI, tomo I, 2001, págs. 91-94)
RL, 25.01.2001 (*CJ*, ano XXVI, tomo I, 2001, pág. 143)
RL, 03.05.2001 – Proc. 0021518 (http://www.dgsi.pt)
RL, 11.10.2001 – Proc. 0009002 (http://www.dgsi.pt)
RL, 20.11.2002 – Proc. 0070434 (http://www.dgsi.pt)
RL, 04.02.2003 – Proc. 0086211 (http://www.dgsi.pt)
RL, 27.05.2003 (*CJ*, ano XXVIII, tomo III, 2003, págs. 91-93)
RL, 22.01.2004 – Proc. 8834/2003-8 (http://www.dgsi.pt)
RL, 11.02.2004 (*CJ*, ano XXIX, tomo I, 2004, págs. 153-155)
RL, 09.03.2004 – Proc. 5506/2003-7 (http://www.dgsi.pt)
RL, 27.04.2004 (*CJ*, ano XXIX, tomo II, 2004, págs. 106-107)
RL, 20.05.2004 – Proc. 2788/2004-6 (http://www.dgsi.pt)
RL, 17.06.2004 – Proc. 3306/2004-2 (http://www.dgsi.pt)
RL, 04.11.2004 (*CJ*, ano XXIX, tomo V, 2004, pág. 128)
RL, 14.12.2004 (*CJ*, ano XXIX, tomo V, 2004, págs. 110-114)

RL, 10.03.2005 – Proc. 1896/2005-6 (http://www.dgsi.pt)
RL, 28.04.2005 – Proc. 3631/2005-6 (http://www.dgsi.pt)
RL, 24.05.2006 – Proc. 8994/2004-4 (http://www.dgsi.pt)
RL, 22.06.2006 – Proc. 4379/2006-6 (http://www.dgsi.pt)
RL, 07.11.2006 – Proc. 6338/2006-7 (http://www.dgsi.pt)
RL, 08.11.2006 – Proc. 5109/2006-4 (http://www.dgsi.pt)
RL, 15.03.2007 – Proc. 9669/06-2 (http://www.dgsi.pt)
RL, 15.03.2007 – Proc. 713/07-6 (http://www.dgsi.pt)
RL, 22.03.2007 – Proc. 1457/07-2 (http://www.dgsi.pt)
RL, 24.05.2007 – Proc. 1628/2007-2 (http://www.dgsi.pt)
RL, 19.09.2007 – Proc. 7548/2007-8 (http://www.dgsi.pt)
RL, 06.05.2008 – Proc. 2508/2008-1 (http://www.dgsi.pt)
RL, 06.11.2008 – Proc. 7053/2008-2 (http://www.dgsi.pt)
RL, 06.11.2008 – Proc. 7509/2008-2 (http://www.dgsi.pt)
RL, 19.03.2009 – Proc. 641/1987.L1-2 (http://www.dgsi.pt)
RL, 28.04.2009 – Proc. 3858/04.8TBOER.L1-7 (http://www.dgsi.pt)
RL, 30.04.2009 – Proc. 8771/08-2 (http://www.dgsi.pt)
RL, 30.04.2009 – Proc. 9297/08-2 (http://www.dgsi.pt)
RL, 16.07.2009 – Proc. 2528/09.7TTLSB.1.L1-4 (http://www.dgsi.pt)
RL, 09.09.2009 – Proc. 2315/08.0TTLSB.L1-4 (http://www.dgsi.pt)
RL, 15.09.2009 – Proc. 1071/06.1TMLSB.L1-1 (http://www.dgsi.pt)
RL, 19.11.2009 – Proc. 7861/09.6T2SNT.L1-6 (http://www.dgsi.pt)
RL, 28.04.2011 – Proc. 2921/08.3TBBRR.L1-6 (http://www.dgsi.pt)
RL, 05.05.2011 – Proc. 4393/08.3TBAMD.L1-2 (http://www.dgsi.pt)
Rl, 22.09.2011 – Proc. 1729/10.0TMLSB-B.L1-8 (http://www.dgsi.pt)
RL, 17.11.2011 – Proc. 27739/09.2T2SNT.L1-2 (http://www.dgsi.pt)
RL, 23.11.2011 – Proc. 250/11.4YRLSB-2 (http://www.dgsi.pt)

Tribunal da Relação do Porto

RP, 03.03.1972 (*Rev. Trib.*, ano 90º, nº 1869, 1972, págs. 129-132)
RP, 26.01.1978 (*CJ*, ano III, tomo 1, 1978, págs. 150-151)
RP, 11.12.1980 (*BMJ*, nº 302, 1981, pág. 314)
RP, 28.01.1982 – Proc. 0015700 (http://www.dgsi.pt)
RP, 18.02.1982 (*CJ*, ano VII, tomo 1, 1982, págs. 299-303)
RP, 17.07.1984 (*CJ*, ano IX, tomo 4, 1984, págs. 203-207)
RP, 03.04.1986 (*CJ*, ano XI, tomo 2, 1986, págs. 192-194)
RP, 17.01.1989 – Proc. 0023666 (http://www.dgsi.pt)
RP, 23.01.1990 – Proc. 0408801 (http://www.dgsi.pt)
RP, 17.04.1990 – Proc. 9050022 (http://www.dgsi.pt)
RP, 20.12.1990 – Proc. 0409970 (http://www.dgsi.pt)
RP, 08.01.1991 – Proc. 9050369 (http://www.dgsi.pt)
RP, 08.01.1991 – Proc. 9050398 (http://www.dgsi.pt)
RP, 19.02.1991 – Proc. 0124526 (http://www.dgsi.pt)

RP, 26.02.1991 – Proc. 0409805 (http://www.dgsi.pt)
RP, 09.04.1991 – Proc. 0310836 (http://www.dgsi.pt)
RP, 11.04.1991 – Proc. 0500925 (http://www.dgsi.pt)
RP, 27.05.1991 – Proc. 9110082 (http://www.dgsi.pt)
RP, 06.06.1991 – Proc. 9150107 (http://www.dgsi.pt)
RP, 01.10.1991 – Proc. 9140281 (http://www.dgsi.pt)
RP, 08.10.1991 – Proc. 9130302 (http://www.dgsi.pt)
RP, 22.10.1991 – Proc. 9110422 (http://www.dgsi.pt)
RP, 03.12.1991 – Proc. 9150184 (http://www.dgsi.pt)
RP, 18.12.1991 – Proc. 9140748 (http://www.dgsi.pt)
RP, 13.01.1992 – Proc. 9110703 (http://www.dgsi.pt)
RP, 13.01.1992 – Proc. 9130412 (http://www.dgsi.pt)
RP, 04.02.1992 – Proc. 9130318 (http://www.dgsi.pt)
RP, 12.02.1992 – Proc. 9120042 (http://www.dgsi.pt)
RP, 20.02.1992 – Proc. 9120719 (http://www.dgsi.pt)
RP, 19.03.1992 – Proc. 9120797 (http://www.dgsi.pt)
RP, 24.03.1992 – Proc. 9240058 (http://www.dgsi.pt)
RP, 22.04.1992 – Proc. 9240009 (http://www.dgsi.pt)
RP, 27.04.1992 (*CJ*, ano XVII, tomo II, 1992, págs. 241-243)
RP, 05.05.1992 – Proc. 9140791 (http://www.dgsi.pt)
RP, 21.05.1992 – Proc. 9210291 (http://www.dgsi.pt)
RP, 22.10.1992 – Proc. 9230369 (http://www.dgsi.pt)
RP, 10.11.1992 – Proc. 9230365 (http://www.dgsi.pt)
RP, 19.11.1992 – Proc. 9230463 (http://www.dgsi.pt)
RP, 23.11.1992 – Proc. 9220408 (http://www.dgsi.pt)
RP, 21.12.1992 – Proc. 9120261 (http://www.dgsi.pt)
RP, 21.12.1992 – Proc. 9210557 (http://www.dgsi.pt)
RP, 07.01.1993 – Proc. 9210808 (http://www.dgsi.pt)
RP, 26.01.1993 – Proc. 9150776 (http://www.dgsi.pt)
RP, 02.02.1993 – Proc. 9240951 (http://www.dgsi.pt)
RP, 17.02.1993 – Proc. 9330002 (http://www.dgsi.pt)
RP, 23.02.1993 – Proc. 9230889 (http://www.dgsi.pt)
RP, 06.05.1993 – Proc. 9320129 (http://www.dgsi.pt)
RP, 20.05.1993 – Proc. 9241067 (http://www.dgsi.pt)
RP, 01.06.1993 – Proc. 9220967 (http://www.dgsi.pt)
RP, 07.06.1993 – Proc. 9230727 (http://www.dgsi.pt)
RP, 08.06.1993 – Proc. 9240921 (http://www.dgsi.pt)
RP, 28.06.1993 – Proc. 9350040 (http://www.dgsi.pt)
RP, 11.07.1993 – Proc. 9340613 (http://www.dgsi.pt)
RP, 14.10.1993 – Proc. 9320227 (http://www.dgsi.pt)
RP, 18.10.1993 – Proc. 9320741 (http://www.dgsi.pt)
RP, 21.10.1993 – Proc. 9250301 (http://www.dgsi.pt)
RP, 28.10.1993 – Proc. 9320442 (http://www.dgsi.pt)
RP, 08.11.1993 – Proc. 9350687 (http://www.dgsi.pt)

RP, 13.06.1994 – Proc. 9420520 (http://www.dgsi.pt)
RP, 20.06.1994 – Proc. 9351323 (http://www.dgsi.pt)
RP, 03.11.1994 – Proc. 9430775 (http://www.dgsi.pt)
RP, 17.11.1994 – Proc. 9440241 (http://www.dgsi.pt)
RP, 21.11.1994 – Proc. 9430455 (http://www.dgsi.pt)
RP, 09.01.1995 – Proc. 9430663 (http://www.dgsi.pt)
RP, 20.02.1995 – Proc. 9451076 (http://www.dgsi.pt)
RP, 27.03.1995 – Proc. 9550092 (http://www.dgsi.pt)
RP, 30.03.1995 – Proc. 9430766 (http://www.dgsi.pt)
RP, 02.05.1995 (*CJ*, ano XX, tomo III, 1995, págs. 197-198)
RP, 30.05.1995 – Proc. 9520500 (http://www.dgsi.pt)
RP, 08.06.1995 – Proc. 9530156 (http://www.dgsi.pt)
RP, 14.09.1995 – Proc. 9540683 (http://www.dgsi.pt)
RP, 19.09.1995 – Proc. 9421184 (http://www.dgsi.pt)
RP, 25.10.1995 – Proc. 9510320 (http://www.dgsi.pt)
RP, 09.11.1995 – Proc. 9530740 (http://www.dgsi.pt)
RP, 18.12.1995 – Proc. 9550728 (http://www.dgsi.pt)
RP, 02.05.1996 – Proc. 9530707 (http://www.dgsi.pt)
RP, 13.06.1996 – Proc. 9630545 (http://www.dgsi.pt)
RP, 24.09.1996 – Proc. 9620251 (http://www.dgsi.pt e *BMJ*, nº 459, 1996, págs. 600-601)
RP, 01.10.1996 – Proc. 9620401 (http://www.dgsi.pt)
RP, 07.10.1996 – Proc. 9650555 (http://www.dgsi.pt)
RP, 19.11.1996 – Proc. 9521150 (http://www.dgsi.pt)
RP, 19.11.1996 – Proc. 9650470 (http://www.dgsi.pt)
RP, 26.11.1996 – Proc. 9621015 (http://www.dgsi.pt)
RP, 05.12.1996 – Proc. 9630241 (http://www.dgsi.pt)
RP, 26.06.1997 – Proc. 9720153 (http://www.dgsi.pt)
RP, 10.07.1997 – Proc. 9750079 (http://www.dgsi.pt)
RP, 27.10.1997 – Proc. 9540236 (http://www.dgsi.pt)
RP, 12.01.1998 – Proc. 9750623 (http://www.dgsi.pt)
RP, 09.02.1998 – Proc. 9751315 (http://www.dgsi.pt)
RP, 02.04.1998 – Proc. 9830401 (http://www.dgsi.pt)
RP, 02.06.1998 – Proc. 9820257 (http://www.dgsi.pt)
RP, 08.06.1998 – Proc. 9810482 (http://www.dgsi.pt)
RP, 12.11.1998 – Proc. 9831206 (http://www.dgsi.pt)
RP, 17.05.1999 – Proc. 9950447 (http://www.dgsi.pt)
RP, 28.10.1999 – Proc. 9930973 (http://www.dgsi.pt)
RP, 09.11.1999 – Proc. 9920912 (http://www.dgsi.pt)
RP, 09.11.1999 – Proc. 9921155 (http://www.dgsi.pt)
RP, 18.01.2000 – Proc. 9921424 (http://www.dgsi.pt)
RP, 17.02.2000 (*CJ*, ano XXV, tomo I, 2000, págs. 218-220)
RP, 04.05.2000 – Proc. 0030028 (http://www.dgsi.pt)
RP, 08.05.2000 – Proc. 0050335 (http://www.dgsi.pt)
RP, 08.05.2000 – Proc. 0050433 (http://www.dgsi.pt)

RP, 05.06.2000 – Proc. 0050291 (http://www.dgsi.pt)
RP, 28.11.2000 – Proc. 0021144 (http://www.dgsi.pt)
RP, 30.11.2000 – Proc. 0031482 (http://www.dgsi.pt)
RP, 12.02.2001 – Proc. 0051507 (http://www.dgsi.pt)
RP, 13.03.2001 – Proc. 0021821 (http://www.dgsi.pt)
RP, 15.03.2001 – Proc. 0130338 (http://www.dgsi.pt)
RP, 20.03.2001 (*CJ*, ano XXVI, tomo II, 2001, págs. 181-183)
RP, 05.04.2001 – Proc. 0130300 (http://www.dgsi.pt)
RP, 03.05.2001 – Proc. 0130349 (http://www.dgsi.pt)
RP, 06.06.2001 – Proc. 0110445 (http://www.dgsi.pt)
RP, 20.09.2001 – Proc. 0130566 (http://www.dgsi.pt)
RP, 25.09.2001 – Proc. 0120832 (http://www.dgsi.pt)
RP, 26.11.2001 – Proc. 0151505 (http://www.dgsi.pt)
RP, 10.01.2002 – Proc. 0131796 (http://www.dgsi.pt)
RP, 21.01.2002 – Proc. 0151635 (http://www.dgsi.pt)
RP, 22.01.2002 – Proc. 0121751 (http://www.dgsi.pt)
RP, 22.01.2002 – Proc. 1389/2001 (http://www.dgsi.pt)
RP, 24.01.2002 – Proc. 0132025 (http://www.dgsi.pt)
RP, 21.02.2002 – Proc. 0131988 (http://www.dgsi.pt)
RP, 07.03.2002 – Proc. 0132124 (http://www.dgsi.pt)
RP, 14.05.2002 – Proc. 0220557 (http://www.dgsi.pt)
RP, 23.05.2002 – Proc. 0230576 (http://www.dgsi.pt)
RP, 06.06.2002 – Proc. 0230726 (http://www.dgsi.pt)
RP, 30.09.2002 – Proc. 0250994 (http://www.dgsi.pt)
RP, 15.10.2002 – Proc. 0220917 (http://www.dgsi.pt)
RP, 05.11.2002 – Proc. 0230402 (http://www.dgsi.pt)
RP, 11.11.2002 – Proc. 0251107 (http://www.dgsi.pt)
RP, 27.02.2003 – Proc. 0121867 (http://www.dgsi.pt)
RP, 29.04.2003 – Proc. 0121688 (http://www.dgsi.pt)
RP, 05.12.2003 – Proc. 0355837 (http://www.dgsi.pt)
RP, 16.12.2003 – Proc. 0325905 (http://www.dgsi.pt)
RP, 26.01.2004 – Proc. 0356365 (http://www.dgsi.pt)
RP, 03.03.2004 – Proc. 0322808 (http://www.dgsi.pt)
RP, 03.03.2004 – Proc. 398/04 (*CJ*, ano XXIX, tomo II, 2004, págs. 219-221)
RP, 15.04.2004 (*CJ*, ano XXIX, tomo II, 2004, págs. 181-187)
RP, 10.05.2004 (*CJ*, ano XXIX, tomo III, 2004, págs. 225-226)
RP, 17.05.2004 (*CJ*, ano XXIX, tomo III, 2004, págs. 180-182)
RP, 25.10.2004 – Proc. 4217/04 (*CJ*, ano XXIX, tomo IV, 2004, págs. 235-236)
RP, 25.10.2004 – Proc. 4995/04 (*CJ*, ano XXIX, tomo IV, 2004, págs. 234-235)
RP, 06.12.2004 – Proc. 0456219 (http://www.dgsi.pt)
RP, 07.03.2005 (*CJ*, ano XXX, tomo II, 2005, págs. 225-227)
RP, 24.10.2005 (*CJ*, ano XXX, tomo IV, 2005, págs. 253-255)
RP, 22.11.2005 – Proc. 0525693 (http://www.dgsi.pt)
RP, 12.12.2005 – Proc. 0513681 (http://www.dgsi.pt)

RP, 09.02.2006 – Proc. 0630373 (http://www.dgsi.pt)
RP, 18.05.2006 – Proc. 0632170 (http://www.dgsi.pt)
RP, 09.10.2006 – Proc. 0654347 (http://www.dgsi.pt)
RP, 26.10.2006 – Proc. 0634785 (http://www.dgsi.pt)
RP, 31.10.2006 – Proc. 0625465 (http://www.dgsi.pt)
RP, 23.11.2006 – Proc. 0635220 (http://www.dgsi.pt)
RP, 05.02.2007 – Proc. 0656592 (http://www.dgsi.pt)
RP, 05.02.2007 – Proc. 0657165 (http://www.dgsi.pt)
RP, 10.04.2007 – Proc. 0625464 (http://www.dgsi.pt)
RP, 23.04.2007 – Proc. 0751375 (http://www.dgsi.pt)
RP, 13.11.2007 – Proc. 0725196 (http://www.dgsi.pt)
RP, 26.06.2008 – Proc. 0812759 (http://www.dgsi.pt)
RP, 21.10.2008 – Proc. 0823712 (http://www.dgsi.pt)
RP, 21.10.2008 – Proc. 0825421 (http://www.dgsi.pt)
RP, 03.11.2008 – Proc. 0855416 (http://www.dgsi.pt)
RP, 09.12.2008 – Proc. 0845614 (http://www.dgsi.pt)
RP, 09.02.2009 – Proc. 0825474 (http://www.dgsi.pt)
RP, 26.10.2009 – Proc. 1208/07.3TTPRT.1.P1 (http://www.dgsi.pt)
RP, 11.01.2010 – Proc. 143/07.0TBPFR-M.P1 (http://www.dgsi.pt)
RP, 22.06.2010 – Proc. 2536/08.6TBVFR.P1 (http://www.dgsi.pt)
RP, 05.05.2011 – Proc. 871-C/1995.P1 (http://www.dgsi.pt)
RP, 31.05.2011 – Proc. 513/09.9TBSTS.P1 (http://www.dgsi.pt)
RP, 18.10.2011 – Proc. 8436/09.5TBVNG-A.P1 (http://www.dgsi.pt)
RP, 25.10.2011 – Proc. 187/06.9TBCDR.P1 (http://www.dgsi.pt)

Procuradoria Geral da República

— Parecer do Conselho Consultivo da PGR (rel. Miller Simões), de 11.07.1974 (http://www.dgsi.pt)

Tribunal Europeu dos Direitos do Homem
(http://www.echr.coe.int)

— Ac. 20.07.2000

Tribunal de Justiça das Comunidades Europeias (http://curia.europa.eu/jurisp/cgi-bin/form.pl?lang=pt)

- Ac. 30.09.2003 (Proc. C-224/01)
- Ac. 16.03.2006 (Proc. C-234/04)
- Ac. 18.07.2007 (Proc. C-119/05)

TRIBUNAIS ALEMÃES

Bundesverfassungsgericht

BVerfG, 31.05.1960 (*Entscheidungen des Bundesverfassungsgerichts*, 11. Band, Tübingen, J.C.B. Mohr (Paul Siebeck), 1961, págs. 139-149).

Bundesgerichtshof

BGH, 27.10.1959 (*FamRZ*, 1960, págs. 60-62)
BGH, 20.12.1960 (*FamRZ*, 1961, págs. 263-266)
BGH, 09.07.1963 (*NJW*, 1963, págs. 2076-2079)
BGH, 19.09.1967 (*NJW*, 1967, págs. 2403-2404)
BGH, 07.05.1975 (*NJW*, 1975, pág. 2196)
BGH, 21.12.1977 (*NJW*, 1978, págs. 753-755)
BGH, 14.03.1979 (*FamRZ*, 1979, págs. 573-576)
BGH, 16.05.1979 (*FamRZ*, 1979, págs. 694-696)
BGH, 08.01.1981 – VI ZR 128/79 (*BGHZ* 79, págs. 187-(?))
BGH, 27.05.1981 (*JR*, 1982, págs. 105-107)
BGH, 02.12.1981 (*FamRZ*, 1982, 259-262)
BGH, 20.01.1982 (*FamRZ*, 1982, págs. 365-367)
BGH, 03.02.1982 (*FamRZ*, 1982, págs. 479-480)
BGH, 17.02.1982 (*FamRZ*, 1982, págs. 470-471)
BGH, 03.03.1982 (*FamRZ*, 1982, págs. 480-482)
BGH, 04.10.1982 (*ZZP*, 96 (1983), págs. 254-260)
BGH, 08.12.1982 (*FamRZ*, 1983, págs. 260-262)
BGH, 26.01.1983 (*FamRZ*, 1984, págs. 353-356)
BGH, 01.06.1983 (*NJW*, 1983, págs. 1976-1978)
BGH, 13.07.1983 (*ZZP*, 97 (1984), págs. 337-340)
BGH, 11.01.1984 (*FamRZ*, 1984, págs. 374-377)
BGH, 18.04.1984 (*FamRZ*, 1984, págs. 772-774)
BGH, 27.06.1984 (*FamRZ*, 1984, págs. 1001-1003)
BGH, 19.12.1984 (*FamRZ*, 1985, págs. 374-376)
BGH, 16.01.1985 (*FamRZ*, 1985, págs. 582-584)
BGH, 30.01.1985 (*FamRZ*, 1985, págs. 376-378)
BGH, 03.04.1985 (*FamRZ*, 1985, págs. 690-691)
BGH, 19.09.1985 (*NJW*, 1986, págs. 1046-1047)
BGH, 06.11.1985 (*FamRZ*, 1986, págs. 43-45)
BGH, 19.02.1986 (*NJW*, 1986, págs. 1751-1754)
BGH, 23.04.1986 (*FamRZ*, 1986, págs. 790-793)
BGH, 10.07.1986 (*NJW*, 1986, págs. 3142-3143)
BGH, 15.10.1986 (*FamRZ*, 1987, págs. 259-261)
BGH, 25.11.1987 (*FamRZ*, 1988, págs. 270-272)
BGH, 19.10.1988 (*FamRZ*, 1989, págs. 159-162)

BGH, 15.11.1989 (*FamRZ*, 1990, págs. 283-288)
BGH, 31.01.1990 (*NJW*, 1990, págs. 2752-2754)
BGH, 11.04.1990 (*NJW*, 1990, págs. 3274-3276)
BGH, 12.07.1990 (*NJW*, 1990, págs. 3020-3022)
BGH, 28.11.1990 (*FamRZ*, 1991, págs. 542-544)
BGH, 29.01.1992 (*FamRZ*, 1992, págs. 539-541)
BGH, 23.11.1994 (*NJW*, 1995, págs. 534-536)
BGH, 09.04.1997 (*ZZP*, 110 (1997), págs. 499-501
BGH, 15.07.1997 (*NJW*, 1997, págs. 3019-3021)
BGH, 09.02.1999 (*NJW*, 1999, pág. 1257)
BGH, 05.09.2001 (*FamRZ*, 2001, págs. 1687-1691)
BGH, 05.02.2003 (*FamRZ*, 2003, págs. 848-854)
BGH, 08.06.2005 (*ZZP*, 119 (2006), págs. 109-113)
BGH, 28.02.2007 – XII ZR 37/05 (http://www.bundesgerichtshof.de)
BGH, 28.03.2007 – XII ZR 163/04 (http://www.bundesgerichtshof.de)
BGH, 04.07.2007 – XII ZR 251/04 (http://www.bundesgerichtshof.de)
BGH, 20.02.2008 – XII ZR 101/05 (http://www.bundesgerichtshof.de)
BGH, 14.03.2008 – V ZR 16/07 (http://www.bundesgerichtshof.de)
BGH, 03.12.2008 – XII ZR 182/06 (http://www.bundesgerichtshof.de)
BGH, 21.01.2009 – XII ZR 54/06 (http://www.bundesgerichtshof.de)
BGH, 02.07.2009 – I ZR 146/07 (http://www.bundesgerichtshof.de)
BGH, 25.11.2009 – XII ZR 8/08 (http://www.bundesgerichtshof.de)
BGH, 02.12.2009 – XII ZB 207/08 (http://www.bundesgerichtshof.de)
BGH, 27.01.2010 – XII ZR 100/08 (http://www.bundesgerichtshof.de)
BGH, 12.05.2010 – XII ZR 98/08 (http://www.bundesgerichtshof.de)
BGH, 29.09.2010 – XII ZR 205/08 (http://www.bundesgerichtshof.de)

Bundesarbeitsgericht

BAG, 01, 02.1983 (*NJW*, 1984, págs. 1710-1712)
BAG, 12.06.1990 (*FamRZ*, 1991, págs. 57-58)

Oberlandesgerichte

OLG Düsseldorf, 16.06.1979 (*FamRZ*, 1979, págs. 803-804)
OLG Düsseldorf, 12.05.1981 (*FamRZ*, 1981, págs. 883-887)
OLG Düsseldorf, 03.02.1989 (*FamRZ*, 1989, págs. 1207-1208)
OLG Frankfurt, 06.03.1978 (*FamRZ*, 1979, pág. 238)
OLG Hamburg, 27.04.1978 (*FamRZ*, 1978, págs. 936-937)
OLG Hamm, 09.02.1978 (*FamRZ*, 1978, pág. 446)
OLG Hamm, 10.09.1997 (*NJW*, 1998, págs. 1800-1801)
OLG Karlsruhe, 22.05.1980 (*FamRZ*, 1980, págs. 1125-1126)
OLG Karlsruhe, 21.10.1980 (*FamRZ*, 1981, págs. 388-389)
OLG Köln, 01.06.1979 (*NJW*, 1979, págs. 1661-1663)

OLG Köln, 22.08.1980 (*FamRZ*, 1980, pág. 1144)
OLG Oldenburg, 25.09.1979 (*FamRZ*, 1980, págs. 394-397)

Kammergericht

KG, 13.02.1979 (*FamRZ*, 1979, págs. 961-962)

Landgerichte

LG Aachen, 22.11.1955 (*FamRZ*, 1956, págs. 24-25)
LG Berlin, 15.12.1969 (*FamRZ*, 1970, págs. 100-101)
LG Essen, 12.05.1955 (*ZZP*, 68 (1955), págs. 310-312)
LG Koblenz, 13.07.1955 (*FamRZ*, 1955, págs. 328-331)
LG Köln, 22.01.1958 (*NJW*, 1958, págs. 637-638)
LG Oldenburg, 29.01.1958 (*FamRZ*, 1958, págs. 336-337)
LG Stuttgart, 26.04.1979 (*FamRZ*, 1980, págs. 393-394)

LEGISLAÇÃO

Pela frequência da sua citação, indicam-se de seguida os textos originais de vários preceitos da lei processual alemã e italiana.

ALEMANHA

§ 323 da ZPO (na redacção anterior à FGG-RG, de 17 de Dezembro de 2008)

"§ 323 Abänderungsklage

(1) Tritt im Falle der Verurteilung zu künftig fällig werdenden wiederkehrenden Leistungen eine wesentliche Änderung derjenigen Verhältnisse ein, die für die Verurteilung zur Entrichtung der Leistungen, für die Bestimmung der Höhe der Leistungen oder der Dauer ihrer Entrichtung massgebend waren, so ist jeder Teil berechtigt, im Wege der Klage eine entsprechende Abänderung des Urteils zu verlangen.

(2) Die Klage ist nur insoweit zulässig, als die Gründe, auf die sie gestütz wird, erst nach dem Schluss der mündlichen Verhandlung, in der eine Erweiterung des Klageantrages oder die Geltendmachung von Einwendungen spätestens hätte erfolgen müssen, entstanden sind und durch Einspruch nicht mehr geltend gemacht werden können.

(3) Das Urteil darf nur für die Zeit nach Erhebung der Klage abgeändert werden. Dies gilt nicht, soweit die Abänderung nach § 1360a Abs. 3. § 1361 Abs. 4 Satz 4, § 1585b Abs. 2, § 1613 Abs. 1 des Bürgerlichen Gesetzbuchs zu einem früheren Zeitpunkt verlangt werden kann.

(4) Die vorstehenden Vorschriften sind auf die Schuldtitel des § 794 Abs. 1 Nr. 1, 2a und 5, soweit darin Leistungen der im Absatz 1 bezeichneten Art übernommen oder festgesetz worden sind, entsprechend anzuwenden.

(5) Schuldtitel auf Unterhaltszahlungen, deren Abänderung nach § 655 statthaft ist, können nach den vorstehenden Vorschriften nur abgeändert warden, wenn eine Anpassung nach § 655 zu einem Unterhaltsbetrag führen würde, der wesentlich von dem Betrag abweicht, der der Entwicklung der besonderen Verhältnisse der Parteien Rechnung trägt".

§§ 323, 323a e 323b da ZPO (na redacção da FGG-RG, de 17 de Dezembro de 2008)

"§323 Abänderung von Urteilen

(1) Enthält ein Urteil eine Verpflichtung zu künftig fällig werdenden wiederkehrenden Leistungen, kann jeder Teil die Abänderung beantragen. Die Klage ist nur zulässig, wenn der Kläger Tatsachen vorträgt, aus denen sich eine wesentliche Veränderung der der Entscheidung zugrunde liegenden tatsächlichen oder rechtlichen Verhältnisse ergibt.
(2) Die Klage kann nur auf Gründe gestützt werden, die nach Schluss der Tatsachenverhandlung des vorausgegangenen Verfahrens entstanden sind und deren Geltendmachung durch Einspruch nicht möglich ist oder war.
(3) Die Abänderung ist zulässig für die Zeit ab Rechtshängigkeit der Klage.
(4) Liegt eine wesentliche Veränderung der tatsächlichen oder rechtlichen Verhältnisse vor, ist die Entscheidung unter Wahrung ihrer Grundlagen anzupassen.

§ 323a Abänderung von Vergleichen und Urkunden

(1) Enthält ein Vergleich nach § 794 Abs. 1 Nr. 1 oder eine vollstreckbare Urkunde eine Verpflichtung zu künftig fällig werdenden wiederkehrenden Leistungen, kann jeder Teil auf Abänderung des Titels klagen. Die Klage ist nur zulässig, wenn der Kläger Tatsachen vorträgt, die die Abänderung rechtfertigen.
(2) Die weiteren Voraussetzungen und der Umfang der Abänderung richten sich nach den Vorschriften des bürgerlichen Rechts.

§ 323b Verschärfte Haftung

Die Rechtshängigkeit einer auf Herabsetzung gerichteten Abänderungsklage steht bei der Anwendung des § 818 Abs. 4 des Bürgerlichen Gesetzbuchs der Rechtshängigkeit einer Klage auf Rückzahlung der geleisteten Beträge gleich".

§ 18 da FGG

"§ 18

(1) Erachtet das Gericht eine von ihm erlassene Verfügung nachträglich für ungerechtfertig, so ist es berechtigt, sie zu ändern; soweit eine Verfügung nur auf Antrag erlassen worden kann und der Antrag zurückgewiesen worden ist, darf die Änderung nur auf Antrag erfolgen.
(2) Zu der Änderung einer Verfügung, die der sofortigen Beschwerde unterliegt, ist das Gericht nicht befugt".

§ 48 da FamFG

"§ 48 Abänderung und Wiederaufnahme

(1) Das Gericht des ersten Rechtszugs kann eine rechtskräftige Endentscheidung mit Dauerwirkung aufheben oder ändern, wenn sich die zugrunde liegende Sach- oder Rechtslage nachträglich wesentlich geändert hat. In Verfahren, die nur auf Antrag eingeleitet werden, erfolgt die Aufhebung oder Abänderung nur auf Antrag.

(2) Ein rechtskräftig beendetes Verfahren kann in entsprechender Anwendung der Vorschriften des Buches 4 der Zivilprozessordnung wiederaufgenommen werden.

(3) Gegen einen Beschluss, durch den die Genehmigung für ein Rechtsgeschäft erteilt oder verweigert wird, findet eine Wiedereinsetzung in den vorigen Stand, eine Rüge nach § 44, eine Abänderung oder eine Wiederaufnahme nicht statt, wenn die Genehmigung oder deren Verweigerung einem Dritten gegenüber wirksam geworden ist.".

§§ 238 a 241 da FamFG

"§238 Abänderung gerichtlicher Entscheidungen

(1) Enthält eine in der Hauptsache ergangene Endentscheidung des Gerichts eine Verpflichtung zu künftig fällig werdenden wiederkehrenden Leistungen, kann jeder Teil die Abänderung beantragen. Der Antrag ist zulässig, sofern der Antragsteller Tatsachen vorträgt, aus denen sich eine wesentliche Veränderung der der Entscheidung zugrunde liegenden tatsächlichen oder rechtlichen Verhältnisse ergibt.

(2) Der Antrag kann nur auf Gründe gestützt werden, die nach Schluss der Tatsachenverhandlung des vorausgegangenen Verfahrens entstanden sind und deren Geltendmachung durch Einspruch nicht möglich ist oder war.

(3) Die Abänderung ist zulässig für die Zeit ab Rechtshängigkeit des Antrags. Ist der Antrag auf Erhöhung des Unterhalts gerichtet, ist er auch zulässig für die Zeit, für die nach den Vorschriften des bürgerlichen Rechts Unterhalt für die Vergangenheit verlangt werden kann. Ist der Antrag auf Herabsetzung des Unterhalts gerichtet, ist er auch zulässig für die Zeit ab dem Ersten des auf ein entsprechendes Auskunfts- oder Verzichtsverlangen des Antragstellers folgenden Monats. Für eine mehr als ein Jahr vor Rechtshängigkeit liegende Zeit kann eine Herabsetzung nicht verlangt werden.

(4) Liegt eine wesentliche Veränderung der tatsächlichen oder rechtlichen Verhältnisse vor, ist die Entscheidung unter Wahrung ihrer Grundlagen anzupassen.

§239 Abänderung von Vergleichen und Urkunden

(1) Enthält ein Vergleich nach § 794 Abs. 1 Nr. 1 der Zivilprozessordnung oder eine vollstreckbare Urkunde eine Verpflichtung zu künftig fällig werdenden wiederkehrenden Leistungen, kann jeder Teil die Abänderung beantragen. Der Antrag ist zulässig, sofern der Antragsteller Tatsachen vorträgt, die die Abänderung rechtfertigen.

(2) Die weiteren Voraussetzungen und der Umfang der Abänderung richten sich nach den Vorschriften des bürgerlichen Rechts.

§240 Abänderung von Entscheidungen nach den §§ 237 und 253

(1) Enthält eine rechtskräftige Endentscheidung nach § 237 oder § 253 eine Verpflichtung zu künftig fällig werdenden wiederkehrenden Leistungen, kann jeder Teil die Abänderung beantragen, sofern nicht bereits ein Antrag auf Durchführung des streitigen Verfahrens nach § 255 gestellt worden ist.

(2) Wird ein Antrag auf Herabsetzung des Unterhalts nicht innerhalb eines Monats nach Rechtskraft gestellt, so ist die Abänderung nur zulässig für die Zeit ab Rechtshängigkeit des Antrags. Ist innerhalb der Monatsfrist ein Antrag des anderen Beteiligten auf

Erhöhung des Unterhalts anhängig geworden, läuft die Frist nicht vor Beendigung dieses Verfahrens ab. Der nach Ablauf der Frist gestellte Antrag auf Herabsetzung ist auch zulässig für die Zeit ab dem Ersten des auf ein entsprechendes Auskunfts- oder Verzichtsverlangen des Antragstellers folgenden Monats. § 238 Abs. 3 Satz 4 gilt entsprechend.

§241 Verschärfte Haftung
Die Rechtshängigkeit eines auf Herabsetzung gerichteten Abänderungsantrags steht bei der Anwendung des § 818 Abs. 4 des Bürgerlichen Gesetzbuchs der Rechtshängigkeit einer Klage auf Rückzahlung der geleisteten Beträge gleich.".

ITÁLIA

Art. 669 *septies* do c.p.c.

"Art. 669 *septies* (Provvedimento negativo)
[...] L'ordinanza di rigetto non preclude la riproposizione dell'istanza per il provvedimento cautelare quando si verifichino mutamenti delle circostanze o vengano dedotte nuove ragioni di fatto o di diritto. [...]"

Art. 669 *decies* do c.p.c.

"Art. 669 *decies* (Revoca e modifica)
Salvo che sia stato proposto reclamo ai sensi dell'articolo 669 *terdecies*, nel corso dell'istruzione il giudice istruttore della causa di merito può, su istanza di parte, modificare o revocare con ordinanza il provvedimento cautelare, anche se emesso anteriormente alla causa, se si verificano mutamenti nelle circostanze o se si allegano fatti anteriori di cui si è acquisita conoscenza successivamente al provvedimento cautelare. In tale caso, l'istante deve fornire la prova del momento in cui ne è venuto a conoscenza.
§ Quando il giudizio di merito non sia iniziato o sia stato dichiarato estinto, la revoca e la modifica dell'ordinanza di accoglimento, esaurita l'eventuale fase del reclamo proposto ai sensi dell'articolo 669 *terdecies*, possono essere richieste al giudice che ha provveduto sull'istanza cautelare se si verificano mutamenti nelle circostanze o se si allegano fatti anteriori di cui si è acquisita conoscenza successivamente al provvedimento cautelare. In tale caso l'istante deve fornire la prova del momento in cui ne è venuto a conoscenza.
Se la causa di merito è devoluta alla giurisdizione di un giudice straniero o ad arbitrato, ovvero se l'azione civile è stata esercitata o trasferita nel processo penale, i provvedimenti previsti dal presente articolo devono essere richiesti al giudice che ha emanato il provvedimento cautelare".

Art. 742 do c.p.c.

"Art. 742 (Revocabilità dei provvedimenti)
I decreti possono essere in ogni tempo modificati o revocati, ma restano salvi i diritti acquistati in buona fede dai terzi in forza di convenzioni anteriori alla modificazione o alla revoca.".

RESUMO / ABSTRACT

Resumo

Modificação do caso julgado material civil por alteração das circunstâncias

Esta tese versa sobre a aplicabilidade do artigo 619º, nº 2, do Código de Processo Civil – preceito que admite a modificação de certas decisões judiciais transitadas em julgado, particularmente das que condenam em alimentos, com fundamento em alteração das circunstâncias – à generalidade das decisões judiciais. Para o efeito de determinar o objecto possível dessa modificação são consideradas decisões judiciais de conteúdo diverso (por exemplo, decisões absolutórias ou decisões que condenam numa indemnização ou em alimentos sob forma de capital), testando a respectiva permeabilidade à superveniência. Identificam-se também as circunstâncias que podem constituir fundamento da modificação (aqui se discutindo, nomeadamente, se uma alteração legislativa ou jurisprudencial ou um novo meio de prova configuram uma relevante alteração das circunstâncias). São igualmente analisadas as condições de admissibilidade e de procedência da modificação e o processo da modificação, verificando, entre o mais, se esta impõe o uso de um meio processual exclusivo. Finalmente, examina-se a decisão modificativa, tendo em vista definir a respectiva natureza. Autonomiza-se o regime legal da modificação do caso julgado material por alteração das circunstâncias face ao regime legal do recurso extraordinário de revisão. Tal autonomização não significa a expressão, pelo regime da modificação, de limites temporais do caso julgado, atendendo a que, tal como o da revisão, representa uma quebra do caso julgado.

Abstract

Res judicata and supervening change in circumstances

The main aim of this thesis is to discuss how article 619, paragraph 2, of the Portuguese *Code of Civil Procedure* – a provision that allows the modification of certain final judicial decisions on grounds of supervening change in circumstances – applies to judicial decisions other than alimony decisions ("sentenças de alimentos", under Portuguese law).

Firstly, it considers a number of hypothetical decisions – among which acquittals and decisions stipulating payment of a fixed sum – and the issues they raise in terms of response to supervening change in circumstances. Secondly, it determines the circumstances which may be relevant in the modification of a judicial decision (i.e. any change in the law or jurisprudence or offering new evidence). Thirdly, it examines the procedural requirements for modifying a judicial decision, namely discussing whether such requirements entail initiating separate legal proceedings. Finally, it provides a definition of the nature of the decision that modifies the *res judicata* on grounds of supervening change in circumstances. A distinction is drawn between the framework that allows for the *res judicata* modification on grounds of supervening change in circumstances, on the one hand, and the review or cancel of the *res judicata* framework, on the other hand. Regardless of that distinction, this thesis argues that the former legal framework is unable to adequately convey the time limits of *res judicata* since it expresses instead a breach of *res judicata*.

ÍNDICE